DIREITO DAS SUCESSÕES

O GEN | Grupo Editorial Nacional – maior plataforma editorial brasileira no segmento científico, técnico e profissional – publica conteúdos nas áreas de concursos, ciências jurídicas, humanas, exatas, da saúde e sociais aplicadas, além de prover serviços direcionados à educação continuada.

As editoras que integram o GEN, das mais respeitadas no mercado editorial, construíram catálogos inigualáveis, com obras decisivas para a formação acadêmica e o aperfeiçoamento de várias gerações de profissionais e estudantes, tendo se tornado sinônimo de qualidade e seriedade.

A missão do GEN e dos núcleos de conteúdo que o compõem é prover a melhor informação científica e distribuí-la de maneira flexível e conveniente, a preços justos, gerando benefícios e servindo a autores, docentes, livreiros, funcionários, colaboradores e acionistas.

Nosso comportamento ético incondicional e nossa responsabilidade social e ambiental são reforçados pela natureza educacional de nossa atividade e dão sustentabilidade ao crescimento contínuo e à rentabilidade do grupo.

ARNALDO RIZZARDO

DIREITO DAS SUCESSÕES

11.ª edição
Revista, atualizada e reformulada

- A EDITORA FORENSE se responsabiliza pelos vícios do produto no que concerne à sua edição (impressão e apresentação a fim de possibilitar ao consumidor bem manuseá-lo e lê-lo). Nem a editora nem o autor assumem qualquer responsabilidade por eventuais danos ou perdas a pessoa ou bens, decorrentes do uso da presente obra.

- Nas obras em que há material suplementar *on-line*, o acesso a esse material será disponibilizado somente durante a vigência da respectiva edição. Não obstante, a editora poderá franquear o acesso a ele por mais uma edição.

- Todos os direitos reservados. Nos termos da Lei que resguarda os direitos autorais, é proibida a reprodução total ou parcial de qualquer forma ou por qualquer meio, eletrônico ou mecânico, inclusive através de processos xerográficos, fotocópia e gravação, sem permissão por escrito do autor e do editor.

Impresso no Brasil – *Printed in Brazil*

- Direitos exclusivos para o Brasil na língua portuguesa
Copyright © 2019 by
EDITORA FORENSE LTDA.
Uma editora integrante do GEN | Grupo Editorial Nacional
Travessa do Ouvidor, 11 – Térreo e 6º andar – 20040-040 – Rio de Janeiro – RJ
Tel.: (21) 3543-0770 – Fax: (21) 3543-0896
faleconosco@grupogen.com.br | www.grupogen.com.br

- O titular cuja obra seja fraudulentamente reproduzida, divulgada ou de qualquer forma utilizada poderá requerer a apreensão dos exemplares reproduzidos ou a suspensão da divulgação, sem prejuízo da indenização cabível (art. 102 da Lei n. 9.610, de 19.02.1998). Quem vender, expuser à venda, ocultar, adquirir, distribuir, tiver em depósito ou utilizar obra ou fonograma reproduzidos com fraude, com a finalidade de vender, obter ganho, vantagem, proveito, lucro direto ou indireto, para si ou para outrem, será solidariamente responsável com o contrafator, nos termos dos artigos precedentes, respondendo como contrafatores o importador e o distribuidor em caso de reprodução no exterior (art. 104 da Lei n. 9.610/98).

- Capa: Danilo Oliveira

- Data de fechamento: 07.01.2019

- **CIP – BRASIL. CATALOGAÇÃO NA FONTE.**
SINDICATO NACIONAL DOS EDITORES DE LIVROS, RJ.

R533d
Rizzardo, Arnaldo

Direito das sucessões / Arnaldo Rizzardo. – 11. ed. – Rio de Janeiro: Forense, 2019.

Inclui bibliografia
ISBN 978-85-309-8372-7

1. Herança e sucessão – Brasil. I. Título.

18-53911   CDU: 347.65(81)

Vanessa Mafra Xavier Salgado – Bibliotecária – CRB-7/6644

ÍNDICE SISTEMÁTICO

ÍNDICE SISTEMÁTICO V

OBRAS DO AUTOR XXVII

PRÓLOGO XXIX

CAPÍTULO I – DIREITO DAS SUCESSÕES 1

1. Conceituação 1
2. Elementos históricos 2
3. Espécies de sucessões 5
4. Acepções de sucessão 9
5. Fundamentos jurídicos das sucessões 10
6. Herança, sucessão hereditária e natureza jurídica 12
7. Finalidades 14
8. Herança e legado 14
9. Conteúdo do direito das sucessões 15
10. Vocação hereditária 16
11. Pactos sucessórios 16
12. Lei incidente em matéria de sucessões 18

CAPÍTULO II – TRANSMISSÃO DA HERANÇA 19

1. O óbito ou o fato determinante da sucessão 19
2. A abertura da sucessão 20
3. Lugar da abertura da sucessão 22
4. Objeto da sucessão 25
    4.1. Direitos de caráter pessoal e familiar 25
    4.2. Direitos a alimentos 26

VI • Direito das Sucessões | *Arnaldo Rizzardo*

4.3. Direitos patrimoniais em coisa alheia 27

4.4. Direito e obrigações 27

4.5. Direitos testamentários 28

4.6. Direitos indenizatórios 28

4.7. Direitos indenizatórios por dano moral 29

4.8. Direitos sobre os bens doados ao casal e direito de revogar a doação 29

4.9. Direitos em bens inalienáveis 30

4.10. Direitos em espaços destinados a sepulturas 31

4.11. Direitos em bem de família 31

4.12. Direitos patrimoniais de autores intelectuais 32

4.13. Direitos sobre a conta-corrente bancária do *de cujus* contratada em conjunto com outra pessoa 33

5. O patrimônio sucessível e doações inoficiosas 36

5.1. Momento em que se apura o excedente 36

5.2. Cálculo da parte disponível e da legítima 37

5.3. Partilha da parte inoficiosa 38

6. Indivisibilidade da herança 38

7. A administração da herança 40

8. Sucessão das Quotas Sociais do Sócio Falecido 42

CAPÍTULO III – AGENTES DA SUCESSÃO E VOCAÇÃO HEREDITÁRIA 45

1. Capacidade e legitimação para suceder 45

2. Incidência da lei vigente quando da abertura da sucessão 46

3. As pessoas capacitadas para suceder 46

3.1. Na sucessão legítima 47

3.2. Na sucessão testamentária 48

4. Herdeiros necessários 51

4.1. Cálculo da legítima 52

4.2. Cláusulas restritivas impostas no testamento 53

4.3. Conversão dos bens da legítima em outros 54

4.4. Venda dos bens gravados e sub-rogação do produto em outros 54

4.5. Direito à legítima do herdeiro contemplado com testamento 55

5. O autor da herança 56

6. Herdeiros e legatários 56

ÍNDICE SISTEMÁTICO • VII

7. Modos de sucessão e de partilha 57

8. Comoriência 58

CAPÍTULO IV – ACEITAÇÃO DA HERANÇA 61

1. A morte e a transferência da herança 61

2. O ato de aceitação 62

3. Características da aceitação 63

4. Espécies de aceitação 64

5. Aceitação obrigatória 66

6. A aceitação no caso de morte do herdeiro 67

7. Aceitação por incapazes 68

CAPÍTULO V – RENÚNCIA DA HERANÇA 69

1. Direito a não participar da herança 69

2. Conceito e características 70

3. Incapacidade para a renúncia 72

4. Retratação da renúncia 74

5. Renúncia e abandono 75

6. Renúncia por legatário insolvente 75

7. Representação de herdeiro renunciante 75

8. A renúncia em legados e herança 76

9. Alcance da renúncia 77

10. Renúncia e o imposto de transmissão 77

CAPÍTULO VI – INDIGNIDADE NA SUCESSÃO 79

1. Limitações à capacidade sucessória 79

2. Conceito de indignidade 80

3. Causas de indignidade 81

4. A ação para declarar a indignidade 84

5. Reabilitação do indigno 85

6. Efeitos da indignidade 86

CAPÍTULO VII – CESSÃO DE DIREITOS HEREDITÁRIOS 89

1. Distinções 89

2. Conceito e classificação 90

VIII • Direito das Sucessões | *Arnaldo Rizzardo*

3. Cessão a estranho, em preterição a coerdeiros 91

4. Título instrumental da cessão 93

5. Responsabilidade pela evicção 96

6. Participação do cônjuge 96

7. Efeitos da cessão 97

8. Cessão da herança e direito dos credores 97

9. Compra e venda de quinhão hereditário e de bens do acervo hereditário 98

10. Extensão da cessão 99

CAPÍTULO VIII – HERANÇA JACENTE E VACANTE 101

1. Configuração jurídica 101

2. Natureza jurídica 103

3. Condições para a herança ser jacente 104

4. O processo de arrecadação 105

5. Nomeação e funções do curador 109

6. Convocação e habilitação dos herdeiros, e alienação dos bens 110

7. Habilitação dos credores da herança 114

8. Herança vacante 115

9. Momento da transferência 116

CAPÍTULO IX – PETIÇÃO DE HERANÇA 121

1. Conceito 121

2. Abrangência da petição de herança 122

3. Natureza da ação 123

4. Legitimação ativa e passiva na ação e imposição de restituir 124

5. O herdeiro aparente 127

6. A ação de petição de herança 131

7. Prescrição ou decadência da ação 133

CAPÍTULO X – A ORDEM NA VOCAÇÃO HEREDITÁRIA 137

1. O chamado a herdar 137

2. Sucessão legítima 138

3. Justificação para a sucessão legítima 139

4. O montante da legítima 140

5. A meação 141

   5.1. No regime de comunhão parcial 141

      5.1.1. Bens e encargos excluídos da comunhão 141

      5.1.2. Bens que integram a comunhão 145

      5.1.3. Comunicabilidade dos bens móveis 146

   5.2. No regime de comunhão universal 147

      5.2.1. Bens excluídos da comunhão e, em consequência, da meação 147

   5.3. No regime de participação final nos aquestos 154

   5.4. No regime de separação de bens 156

      5.4.1. Separação obrigatória de bens 157

   5.5. Meação nos bens adquiridos durante a separação de fato 162

6. A ordem da vocação hereditária estabelecida na lei 163

7. Os descendentes e o cônjuge 165

   7.1. Quanto aos descendentes 165

      7.1.1. Pluriparentalidade 168

   7.2. Quanto ao cônjuge 171

8. Os ascendentes e o cônjuge 175

   8.1. Quanto aos ascendentes 175

   8.2. Quanto ao cônjuge 177

   8.3. Sucessão dos ascendentes no casamento putativo 177

   8.4. Sucessão dos pais adotivos e sucessão nos bens dos pais biológicos do filho adotado 178

   8.5. Representação dos filhos do adotado na sucessão do adotante ... 180

   8.6. Representação do adotado na sucessão dos pais do adotante 180

9. Cônjuge sobrevivente 181

   9.1. Na separação de fato 182

   9.2. No casamento putativo 183

   9.3. Inexistência do direito ao usufruto 184

   9.4. Sucessão em bens do cônjuge estrangeiro 184

10. Os colaterais 185

   10.1. Sucessão de irmãos 186

   10.2. A sucessão de sobrinhos e irmãos do *de cujus* 188

   10.3. Sucessão de sobrinhos e tios 189

   10.4. Sucessão de sobrinhos filhos de irmãos unilaterais e irmãos bilaterais 190

11. A união conjugal estável e a sucessão 191

    11.1. Direito à meação 192

    11.2. Direito à herança 193

    11.3. União estável e homoafetividade 196

    11.4. Direitos patrimoniais no concubinato 198

12. A transmissão hereditária do direito de habitação 199

CAPÍTULO XI – HERDEIROS NECESSÁRIOS 203

1. A legítima e a porção disponível 203

2. Cálculo da porção disponível 204

3. O direito à legítima pelo herdeiro testamentário 207

4. Exclusão dos herdeiros legítimos 208

CAPÍTULO XII – SUCESSÃO POR DIREITO DE REPRESENTAÇÃO 209

1. Caracterização 209

2. Natureza da representação 210

3. Justificação para a participação dos filhos do herdeiro morto na sucessão 212

4. Requisitos para a representação 212

5. Linhas de representação 213

    5.1. Representação na linha descendente 213

    5.2. Representação na linha colateral 214

    5.3. Representação na indignidade e na deserdação 215

6. Representação na renúncia de herança 215

7. Representação na ausência 216

8. Representação por filhos adotivos 216

9. Efeitos da representação 217

CAPÍTULO XIII – SUCESSÃO TESTAMENTÁRIA 219

1. A importância do direito das sucessões 219

2. Conceito 220

3. Natureza e características 221

4. Elementos históricos 223

5. Pressupostos gerais do testamento 226

6. Formas ou tipos de testamento 227

ÍNDICE SISTEMÁTICO • **XI**

7. Testamentos ordinários e especiais 228

8. Testamento conjuntivo, nas formas simultânea, recíproca ou correspectiva ... 229

CAPÍTULO XIV – CAPACIDADE PARA TESTAR 231

1. Capacidade civil e capacidade para testar 231

2. As incapacidades 232

    2.1. Os menores de dezesseis anos 232

    2.2. Os que não tiverem pleno discernimento ao testar 233

        2.2.1. A falta de discernimento e os portadores de enfermidade ou deficiência mental 235

        2.2.2. A falta de discernimento e os portadores de causas que impeçam a expressão da vontade, como a surdo-mudez, a surdez, a mudez, a doença grave e os estados mórbidos 236

    2.3. Situações especiais 238

3. Superveniência da incapacidade ou da capacidade após o ato do testamento 240

CAPÍTULO XV – CAPACIDADE PARA ADQUIRIR EM TESTAMENTO 241

1. Direito das pessoas existentes 241

2. Momento da aferição da capacidade 242

3. A capacidade no testamento condicional 243

4. Filhos ainda não concebidos 243

5. Pessoas jurídicas 245

6. Pessoa jurídica de direito público externo 246

7. Incapacidades para receber 246

    7.1. Quem escreve o testamento e seus parentes próximos 247

    7.2. As testemunhas testamentárias 248

    7.3. O concubino do testador casado 248

    7.4. O tabelião e outras pessoas junto às quais se faz o testamento 249

8. Testamento por interposição de pessoa 250

CAPÍTULO XVI – TESTAMENTO ENTRE CONCUBINOS 253

1. O concubino contemplado em herança ou legado de testador casado 253

2. A disposição testamentária em favor do concubino no Código Civil 254

3. Disposição testamentária do solteiro, viúvo, separado ou divorciado em favor do concubino 255

XII • Direito das Sucessões | *Arnaldo Rizzardo*

4. Caráter remuneratório da disposição testamentária 256

5. Validade do testamento se verificada a convivência 257

6. Concubino favorecido com bens na sociedade de fato e no testamento 259

CAPÍTULO XVII – INTERPRETAÇÃO DO TESTAMENTO 261

1. Regras gerais 261

2. Regras especiais de interpretação 264

3. Importância de todas as palavras ou expressões do texto 265

4. Conteúdo das palavras 265

5. Conteúdo subjetivo de valores e qualidades 266

6. Motivação subjetiva 266

7. Individuação do objeto da liberalidade 266

8. Compreensão de bens particulares na universalidade 267

9. Abrangência do patrimônio 267

10. Instituição de beneficiários identificáveis no futuro 267

11. Instituição de legado especial e de legado geral 268

12. Designação de entidades de fins sociais e caritativos 268

13. Designação de herdeiros por representação 268

14. Designação de parentes do mesmo grau, com individuação de alguns deles ... 268

15. Excesso das liberalidades e redução aos limites legais 268

16. Indicação de acessórios e limitação na distribuição do patrimônio 269

17. Interpretação restritiva 269

18. Legados de dinheiro restritos aos montantes existentes quando da morte 270

19. Predominância das disposições restritivas 270

20. Indicação dos bens aos herdeiros, concomitantemente com cláusula destacando um bem a determinado herdeiro 270

21. Disposições que se opõem entre si 270

22. Atribuição genérica e específica dos mesmos bens 271

23. Integração de elementos e circunstâncias para compreender a disposição 271

24. Dúvidas quanto à existência da disposição 271

25. Dúvida quanto ao modo de beneficiar os herdeiros 272

26. Complementação dos bens legados com outros, se insuficientes 272

27. Modificações ou substituições no testamento 273

CAPÍTULO XVIII – TESTAMENTO PÚBLICO 275

1. Caracterização 275
2. Requisitos e formalidades 276
3. Impedimentos quanto ao tabelião 284

CAPÍTULO XIX – TESTAMENTO CERRADO 287

1. Caracterização 287
2. Requisitos 288
3. Capacidade para realizar o testamento 295
4. Abertura, registro e cumprimento do testamento 296

CAPÍTULO XX – TESTAMENTO HOLÓGRAFO OU PARTICULAR 299

1. Conceito e dados históricos 299
2. Requisitos 300
    2.1. Quanto ao testamento escrito de próprio punho 301
    2.2. Quanto ao testamento elaborado por processo mecânico 308
3. Testamento sem testemunhas 309
4. Capacidade para testar 310
5. Confirmação do testamento 310
6. Inconveniências do testamento particular 314

CAPÍTULO XXI – TESTEMUNHAS INSTRUMENTÁRIAS 315

1. Aspectos gerais 315
2. Pessoas não habilitadas para serem testemunhas 316
3. Incapacidades previstas em dispositivos especiais 321
4. Requisitos externos para a admissão de testemunhas 322

CAPÍTULO XXII – CODICILO 323

1. Conceito 323
2. Finalidade 324
3. Valor dos bens que pode a pessoa dispor no codicilo 325
4. Requisitos e formas de apresentação 325
5. Espécies de codicilos 326
6. Execução do codicilo 327
7. Redução do valor ou dos bens pelo juiz 327

XIV • Direito das Sucessões | *Arnaldo Rizzardo*

8. Revogação do codicilo 328

9. Cláusula codicilar e outras formas antigas de testar. Testamento ao vivo ou pelo vídeo 329

CAPÍTULO XXIII – TESTAMENTO MARÍTIMO E TESTAMENTO AERONÁUTICO 331

1. Conceito de testamento marítimo 331

2. Requisitos 332

3. Conteúdo do testamento 333

4. Formas de testamento marítimo 333

5. Pessoas capacitadas a testar 335

6. Caducidade do testamento 335

7. Testamento em aeronave 336

CAPÍTULO XXIV – TESTAMENTO MILITAR 339

1. Conceito 339

2. Requisitos 340

3. Pessoas habilitadas a fazer o testamento 340

4. Formas do testamento 341

5. Caducidade do testamento 344

6. Execução e cumprimento do testamento 345

7. Reconstituição do testamento 345

CAPÍTULO XXV – DISPOSIÇÕES TESTAMENTÁRIAS 347

1. Finalidades e conteúdo das disposições testamentárias 347

2. Disposições puras e simples 349

3. Disposições condicionais 350

4. Disposições motivadas, modais ou com encargos 353

5. Disposições a termo 354

6. A disposição em favor de pobres e estabelecimentos de caridade 355

7. Erro na designação de pessoa ou coisa 356

8. Pluralidade de pessoas contempladas no testamento e divisão da partilha 357

9. Testamento parcial do patrimônio 358

10. Testamento em montante superior à parte disponível 358

11. Designação de herdeiros com quotas e de herdeiros sem quotas 359

12. Disposição que exclui determinados bens aos herdeiros instituídos 359

CAPÍTULO XXVI – NULIDADES E ANULABILIDADES DOS TESTAMENTOS 361

1. Distinções 361

2. Inexistência do ato jurídico 361

3. Nulidade do testamento 361

4. Anulabilidade do testamento 363

5. A discriminação das nulidades e anulabilidades pelo Código Civil 365

6. Prazo para invalidar o testamento 365

CAPÍTULO XXVII – CADUCIDADE DO TESTAMENTO 367

1. Âmbito de abrangência 367

2. Superveniência de descendente após o testamento 368

3. Conhecimento da existência de outros herdeiros necessários após o testamento 370

4. Caducidade por inocorrência das condições para a convalidação dos testamentos marítimo, aeronáutico e militar 371

5. Outras formas de caducidade 372

CAPÍTULO XXVIII – NULIDADES E ANULABILIDADES DAS DISPOSIÇÕES TESTAMENTÁRIAS 373

1. Nulidades 373

   1.1. Disposição captatória 373

   1.2. Pessoa incerta 375

   1.3. Pessoa incerta identificável por terceiro 376

   1.4. Fixação do valor do legado pelo herdeiro ou por terceiro 377

   1.5. Favorecimento de pessoas não legitimadas a receber herança 377

2. Anulabilidades 378

3. Prazo para invalidar a disposição 379

4. Extensão da ineficácia da disposição testamentária 380

CAPÍTULO XXIX – INALIENABILIDADE, IMPENHORABILIDADE E INCOMUNICABILIDADE NO TESTAMENTO 381

1. Conceito e caracterização da inalienabilidade, impenhorabilidade e da incomunicabilidade 381

2. A justa causa para valer a instituição 383

3. Incidência da restrição 385

4. Situações de afastamento das restrições 386

5. Dívidas do sucessor contemplado com a cláusula 387

6. Distinção do fideicomisso 387

7. A não implicação de inalienabilidade pela impenhorabilidade e incomunicabilidade 387

8. Sub-rogação e venda dos bens inalienáveis 388

9. Conversão dos bens da legítima 390

CAPÍTULO XXX – LEGADOS 391

1. Conceito 391

2. Elementos históricos 392

3. Sujeitos que integram o legado 393

4. Objeto do legado 394

5. Espécies de legados 396

    5.1. Legado de coisa certa 396

    5.2. Legado condicional 397

    5.3. Legado a termo 397

    5.4. Legado modal 397

    5.5. Legado de coisa alheia 398

    5.6. Legado de coisa do herdeiro ou do legatário 399

    5.7. Legado de coisa comum 400

    5.8. Legado de coisa móvel 400

    5.9. Legado de coisa singularizada 401

    5.10. Legado de coisa localizada 402

    5.11. Legado de crédito 403

    5.12. Legado de quitação de dívida 404

    5.13. Legado de dívida 404

    5.14. Legado compensatório de dívida do testador 405

    5.15. Legado de alimentos 406

    5.16. Legado de usufruto 408

    5.17. Legado de imóvel 409

    5.18. Legado de renda vitalícia ou pensão periódica 410

5.19. Legado em dinheiro 411

5.20. Legado de quantidades certas em prestações periódicas 412

5.21. Legado de coisa genérica 413

5.22. Legado alternativo 415

6. Cumprimento do legado 416

CAPÍTULO XXXI - EFEITOS DOS LEGADOS 417

1. Aceitação e renúncia do legado 417

2. Transmissão do domínio e da posse 418

3. O processamento da transmissão da propriedade 419

4. O processamento da transmissão da posse 420

5. O direito de pedir o legado 420

6. Transmissão no legado não submetido a condições e de coisa certa 421

7. Transmissão do legado condicional, ou a prazo 423

8. Direito à percepção dos frutos e rendimentos 424

9. Direito à percepção dos juros no legado em dinheiro 425

10. Direito à percepção das rendas e prestações periódicas 425

11. Direito à escolha no legado genérico 426

12. Direito à escolha no legado alternativo 426

13. Direito ao recebimento de quantidades certas e prestações periódicas 427

14. Responsabilidade pela entrega do legado 427

15. Entrega do legado e titularidade dos acessórios e encargos 428

16. Despesas e riscos na entrega do legado 430

17. Descumprimento dos encargos no legado 431

CAPÍTULO XXXII - EXTINÇÃO DOS LEGADOS 433

1. Causas gerais de extinção 433

2. Causas especiais de extinção. Caducidade 434

2.1. Modificação substancial do bem legado, procedida pelo próprio testador 434

2.2. Alienação da coisa legada 435

2.3. Perecimento ou evicção da coisa 435

2.4. Indignidade do legatário 436

2.5. Premoriência do legatário 436

3. Extinção no legado alternativo, e de parte do legado 437

4. Outros casos de extinção 437

5. Imprescritibilidade do direito de postular o legado 438

CAPÍTULO XXXIII – DIREITO DE ACRESCER 441

1. Disposições conjuntas em favor de herdeiros e legatários 441

2. Conceito do direito de acrescer 442

3. Fundamentos do direito de acrescer 444

4. Espécies de direitos de acrescer e pressupostos 444

5. Direito de acrescer entre coerdeiros 447

6. Direito de acrescer entre os colegatários 448

7. Direito de acrescer no legado de usufruto 449

8. Direito de acrescer no fideicomisso 449

9. Repúdio pelo beneficiário do acréscimo 450

CAPÍTULO XXXIV – REDUÇÃO DAS DISPOSIÇÕES TESTAMENTÁRIAS 451

1. Os limites das disposições testamentárias 451

2. Conceito 452

3. Liberalidades inoficiosas 452

4. A redução na metade disponível 454

5. Redução das doações 456

6. Imputação das liberalidades 457

7. Formalização judicial do pedido de redução 458

8. A redução de legados em imóveis 459

9. Disposição parcial dos bens 460

CAPÍTULO XXXV – SUBSTITUIÇÃO TESTAMENTÁRIA 461

1. O conteúdo de substituição 461

2. Conceito e finalidade 462

3. Princípios determinantes da substituição 462

4. Espécies de substituição 463

    4.1. Substituição vulgar 464

        4.1.1. Caducidade da substituição vulgar 466

    4.2. Substituição recíproca 466

4.3. Fideicomisso e substituição fideicomissária 467

    4.3.1. Conceito de substituição fideicomissária 468

    4.3.2. Designações e capacidade 469

    4.3.3. Elementos da substituição fideicomissária 471

    4.3.4. O objeto da substituição fideicomissária 473

    4.3.5. Direitos e deveres do fiduciário 474

    4.3.6. Direitos e deveres do fideicomissário 476

    4.3.7. Nulidade e caducidade da substituição fideicomissária 478

    4.3.8. A prescrição e renúncia na substituição fideicomissária 480

    4.3.9. Substituição fideicomissária e usufruto 480

4.4. Substituição compendiosa 481

CAPÍTULO XXXVI – REVOGAÇÃO E ROMPIMENTO DOS TESTAMENTOS 483

1. A mutabilidade da vontade humana e revogação 483

2. Conceito de revogação 483

3. Invalidade e revogação 484

4. Natureza da revogação 484

5. Conteúdo da revogação 485

6. Espécies de revogação 486

   6.1. A revogação expressa 487

   6.2. Revogação tácita 487

   6.3. Revogação presumida 488

7. Formas de revogação 489

8. Revogação do testamento cerrado 490

9. Revogação do testamento por pessoa incapaz 490

10. Efeitos da revogação 491

11. Revogação da revogação 492

12. Rompimento do testamento 492

13. Superveniência de descendente sucessível 493

14. Rompimento diante do aparecimento de herdeiros necessários ignorados, depois do testamento 495

15. Subsistência do testamento se conhecida a existência de herdeiros necessários 495

CAPÍTULO XXXVII – DESERDAÇÃO 497

1. Disposição testamentária de caráter negativo 497

2. Conceito 498

3. Elementos intrínsecos 498

4. Causas de deserdação 500

    4.1. Causas comuns para a deserdação de descendentes e de ascendentes 501

    4.2. Causas específicas de deserdação dos descendentes pelos ascendentes ... 502

    4.3. Causas específicas de deserdação dos ascendentes pelos descendentes ... 503

5. Efeitos da deserdação 504

6. Processamento da deserdação 506

CAPÍTULO XXXVIII – EXECUÇÃO DOS TESTAMENTOS 509

1. O testamento no plano teórico e no plano prático 509

2. O testamenteiro 510

3. A nomeação do testamenteiro 511

4. Características da função do testamenteiro 513

5. Testamentaria 514

6. Natureza da testamentaria 515

7. Prazo para o cumprimento das disposições testamentárias 517

8. Atribuições do testamenteiro 518

9. A remuneração do testamenteiro 524

10. Cessação da testamentaria 527

CAPÍTULO XXXIX – CONFERÊNCIA E APROVAÇÃO JUDICIAL DOS TESTAMENTOS 529

1. Apresentação dos testamentos 529

2. Competência do juízo para a apresentação do testamento 530

3. Abertura, registro e cumprimento do testamento cerrado 531

4. Abertura, registro e cumprimento do testamento público 536

5. Confirmação do testamento particular 536

6. Confirmação do testamento marítimo, aeronáutico, militar, nuncupativo e do codicilo 542

CAPÍTULO XL – O INVENTÁRIO JUDICIAL 545

1. A transmissão hereditária e a entrega dos bens 545

2. Definição de inventário judicial 546

3. Caráter da ação de inventário judicial 547

4. Inventário e partilha 548

5. A obrigatoriedade do inventário 548

6. Inventário negativo 551

7. A insolvência do espólio 552

8. O foro do inventário 553

    8.1. Competência pelo domicílio, ou pela residência, ou pelo local da situação dos bens 553

    8.2. Competência relativamente a estrangeiros com bens no Brasil e relativamente a brasileiros com bens no exterior 556

    8.3. Competência para as ações que envolvem a sucessão 559

    8.4. Competência em imóveis que abrangem o território de mais de uma comarca 560

    8.5. Competência no inventário do cônjuge supérstite ou do companheiro e do herdeiro 561

9. Questões de alta indagação 562

10. Administração provisória da herança 565

11. Administração definitiva da herança 567

12. Prazo para o ajuizamento e o término do inventário 567

13. Legitimidade para requerer o inventário e partilha 569

14. Formas de inventário 570

CAPÍTULO XLI – SONEGAÇÃO DE BENS 573

1. Conceituação 573

2. Momento da caracterização 574

3. Posse dos bens pelo sonegador 574

4. Conhecimento dos bens 574

5. Cominações ao sonegador 575

6. Recuperação dos bens 576

7. Momento e prazo para o ingresso do pedido 576

CAPÍTULO XLII – O INVENTARIANTE 579

1. Conceito e natureza 579

2. Nomeação para o cargo 580

3. Compromisso do inventariante 585

4. Atribuições do inventariante 585

5. Atribuições dependentes de autorização judicial 589

6. As primeiras declarações 592

    6.1. Quanto ao inventariado 593

    6.2. Quanto aos herdeiros 593

    6.3. Quanto à qualidade dos herdeiros 594

    6.4. Quanto aos bens 594

7. Remoção do inventariante 597

8. Procedimento para a remoção 601

9. Substituição de inventariante 603

CAPÍTULO XLIII – CITAÇÕES E IMPUGNAÇÕES 605

1. Momentos processuais do inventário 605

2. Citações 605

3. Impugnações 609

4. Adiantamento de legítimas 611

5. Reclamação de herdeiro preterido 611

CAPÍTULO XLIV – AVALIAÇÃO OU ESTIMATIVA DOS BENS 615

1. Informações estimativas da Fazenda Pública sobre os bens e imposto de transmissão 615

2. Alíquota do imposto de transmissão 617

3. Bens excluídos da incidência do imposto 619

4. A avaliação judicial dos bens 620

5. Casos de dispensa da avaliação 621

6. Aspectos formais da avaliação 621

7. Momento de se realizar a avaliação 622

8. Avaliação do estabelecimento empresarial 623

9. Avaliação dos bens situados fora da comarca 624

10. Manifestações sobre a avaliação 625

11. Repetição da perícia 625

12. Decisão do juiz sobre a avaliação e últimas declarações 627

13. O cálculo do imposto 627

ÍNDICE SISTEMÁTICO • XXIII

CAPÍTULO XLV – COLAÇÕES 631

1. Conferência dos bens dados em vida aos herdeiros 631

2. Natureza da colação 633

3. Dados históricos 633

4. Campo de aplicação e objeto das colações 634

5. Pessoas obrigadas à colação 636

6. Colação pelo renunciante ou excluído da herança 640

7. Legitimidade para pedir a colação 641

8. Dispensa de colação 643

9. Colação pelo valor dos bens 648

10. Estimativa do valor na colação 649

11. Colação nas doações realizadas por ambos os cônjuges 651

12. Cálculo das colações na partilha e a decorrência da redução 652

13. Momento da colação e procedimento judicial 655

14. A prescrição da ação para a anulação 657

CAPÍTULO XLVI – O PAGAMENTO DAS DÍVIDAS 661

1. As obrigações do espólio 661

2. As dívidas cobradas antes da partilha 662

    2.1. Concordância dos herdeiros no pagamento 664

    2.2. A discordância dos herdeiros no pagamento 666

3. As dívidas cobradas depois da partilha 667

4. Preferência no pagamento dos créditos 668

5. A cobrança de dívidas ainda não vencidas 669

6. Participação do legatário no pagamento 670

7. Credores da herança e do herdeiro 671

8. Dívidas do herdeiro 672

9. Separação de bens para o pagamento de dívidas 672

10. Responsabilidade pelos honorários do advogado da sucessão 673

11. Liquidação das obrigações 675

CAPÍTULO XLVII – PARTILHA DOS BENS 679

1. A distribuição do patrimônio aos herdeiros 679

2. Natureza jurídica da partilha 680

3. Efeitos da partilha 680

4. Objeto da partilha 681

5. Espécies de partilha 682

    5.1. Partilha amigável 682

    5.2. A partilha feita em vida pelos ascendentes 684

    5.3. A partilha pelo partidor do juízo 686

6. Pessoas habilitadas a pedir a partilha 686

7. Decadência do direito de pedir a partilha 687

8. O esboço de partilha 688

9. Critérios e diretrizes para a partilha 691

10. O lançamento ou confecção da partilha 695

11. A divisão geodésica 697

12. O pagamento dos impostos e a apresentação de certidões negativas 697

13. O julgamento da partilha 700

14. Formal ou certidão de partilha 701

15. Emendas à partilha 704

16. Anulação da partilha amigável 704

17. Rescisão da partilha judicial 707

18. Sobrepartilha 710

19. Falecimento do cônjuge supérstite, ou do herdeiro, antes da partilha 712

20. Garantias dos quinhões hereditários 716

21. Cessação das medidas de tutela provisória concedidas no inventário 718

22. Nomeação de curador ao ausente e ao herdeiro incapaz 719

23. O imposto de renda e transmissão hereditária 721

24. Taxa judiciária, custas e meação 722

CAPÍTULO XLVIII – ARROLAMENTO, INVENTÁRIO E PARTILHA PELA VIA ADMINISTRATIVA OU EXTRAJUDICIAL 725

1. Distinções 725

2. Arrolamento sumário 726

    2.1. Requisitos da petição inicial 727

    2.2. Certidões da regularidade perante o fisco 727

    2.3. O imposto de transmissão 728

    2.4. Pagamento das dívidas e avaliação dos bens 730

2.5. A decisão homologatória 731

3. Arrolamento comum 732

4. Adjudicação da herança 733

5. Valores não dependentes de arrolamento 734

6. Inventário ou arrolamento de bens móveis de valor não elevado e levantamento por meio de alvará 737

7. Cumprimento de obrigações do espólio por meio de alvará 738

8. Inventário e partilha pela via administrativa ou extrajudicial 739

CAPÍTULO XLIX – NULIDADE DE PARTILHA 745

1. Distinções 745

2. A decadência do direito na partilha anulável e na partilha nula 747

3. Início do prazo de decadência 749

4. A partilha anulável 750

5. A partilha nula 753

6. A ação de nulidade ou de anulação 754

BIBLIOGRAFIA 757

Nota da Editora: as alterações na organização básica dos órgãos da Presidência da República e dos Ministérios, estabelecidas pela Medida Provisória 870/2019, não foram incorporadas ao conteúdo da obra tendo em vista que, até o fechamento desta edição, as novas estruturas regimentais que constam nos Decretos regulamentadores não estavam em vigor (início previsto para 30.01.2019).

OBRAS DO AUTOR

Direito de família. 10. ed. Rio de Janeiro: Forense, 2019.

Condomínio edilício e incorporação imobiliária. 6. ed. Rio de Janeiro: Forense, 2018.

Direito do agronegócio. 4. ed. Rio de Janeiro: Forense, 2018.

Direito de empresa. 6. ed. Rio de Janeiro: Forense, 2018.

Direito das obrigações. 9. ed. Rio de Janeiro: Forense, 2018.

Direito das sucessões. 11. ed. Rio de Janeiro: Forense, 2019.

Prescrição e Decadência. 3. ed. Rio de Janeiro: Forense, 2018. Em coautoria com Arnaldo Rizzardo Filho e Carine Ardissone Rizzardo.

Contratos. 17. ed. Rio de Janeiro: Forense, 2018.

Curso de direito agrário. 4. ed. *São Paulo:* Revista dos Tribunais, 2018.

Direito das Coisas. 8. ed. Rio de Janeiro: Forense, 2016.

Introdução ao direito e parte geral do Código Civil. 8. ed. Rio de Janeiro: Forense, 2016.

Responsabilidade civil. 7. ed. Rio de Janeiro: Forense, 2015.

Títulos de crédito. 5. ed. Rio de Janeiro: Forense, 2015.

A reparação nos acidentes de trânsito. 13. ed. São Paulo: Revista dos Tribunais, 2014.

Ação civil pública e ação de improbidade administrativa. 3. ed. Rio de Janeiro: Forense, 2014.

Promessa de compra e venda e parcelamento do solo urbano – Lei nº 6.766/79. 10. ed. São Paulo: Revista dos Tribunais, 2014.

Servidões. 2. ed. Rio de Janeiro: Forense, 2014.

Comentários ao Código de Trânsito Brasileiro. 9. ed. São Paulo: Revista dos Tribunais, 2013.

Contratos de crédito bancário. 10. ed. São Paulo: Revista dos Tribunais, 2013.

O "leasing" – Arrendamento mercantil no direito brasileiro. 6. ed. São Paulo: Revista dos Tribunais, 2011.

Limitações do trânsito em julgado e desconstituição da sentença. Rio de Janeiro: Forense, 2009.

Factoring. 3. ed. São Paulo: Revista dos Tribunais, 2004.

Planos de assistência e seguros de saúde (em coautoria com Eduardo Heitor Porto, Sérgio B. Turra e Tiago B. Turra). Porto Alegre: Livraria do Advogado Editora, 1999.

Casamento e concubinato – Efeitos patrimoniais. 2. ed. Rio de Janeiro: Aide Editora, 1987.

O uso da terra no direito agrário (loteamentos, desmembramentos, acesso às terras rurais, usucapião especial – Lei nº 6.969). 3. ed. Rio de Janeiro: Aide Editora, 1986.

Reajuste das prestações do Banco Nacional da habitação. Porto Alegre: Sérgio Antônio Fabris Editor, 1984.

Da ineficácia dos atos jurídicos e da lesão no direito. Rio de Janeiro: Forense, 1983.

PRÓLOGO

Não são muitas as obras sobre direito das sucessões que apareceram nas últimas décadas. Afora os compêndios que envolvem o estudo sistematizado do Código Civil, de autores que sobressaíram no cenário jurídico (exemplificativamente, Pontes de Miranda, Caio Mário da Silva Pereira, Silvio Rodrigues, Washington de Barros Monteiro), merece destaque o *Direito das Sucessões* de Ney de Mello Almada, e as obras sobre inventário e partilha de Wilson Oliveira e José da Silva Pacheco, que eram as mais recentes ao tempo do Código Civil de 1916. Relativamente ao Código Civil de 2002, despontam algumas obras de grande valia, como a de Eduardo de Oliveira Leite (incluída na coleção *Comentários ao Novo Código Civil*, dirigida pelo saudoso Ministro do Superior Tribunal de Justiça Sálvio de Figueiredo Teixeira); os comentários de Zeno Veloso (que integram a abordagem ao *Novo Código Civil Comentado*, com a coordenação de Ricardo Fiúza); a obra de Cristiano Chaves de Farias e Nelson Rosenvald, *Curso de Direito Civil – Sucessões*, vol. 7; a coleção de Direito Civil, na qual está incluído o *Direito das Sucessões* de Sílvio de Salvo Venosa. Outras obras surgiram posteriormente, de vários autores, como Maria Berenice Dias, Pablo Stolze Gagliano e Rodolfo Pamplona Filho, Fábio Ulhoa Coelho, José Maria Leoni Lopes de Oliveira, Carlos Roberto Gonçalves, Euclides de Oliveira, Sebastião Amorim, Mário Roberto Carvalho de Faria, Flávio Tartuce, Carlos Alberto Dabus Maluf, Cristiano Imhof, Luiz Paulo Vieira de Carvalho, Cristiano Chaves de Farias e Nelson Rosenvald, José Luiz Gavião de Almeida, que enriquecem a literatura jurídica na interpretação e análise do Código nesta parte.

No curso do tempo, até o vigente Código Civil, manteve-se bastante estático o Direito das Sucessões, sendo poucos os diplomas que introduziram inovações. Entre eles, destacam-se a Lei nº 6.858, de 1980, a respeito do pagamento, aos dependentes ou sucessores, de valores monetários não recebidos em vida pelos respectivos titulares; a Lei nº 7.019, de 1982, sobre o arrolamento com partilha amigável, sem importar o valor dos bens, desde que acordes todos os herdeiros; a Lei nº 8.069, de 1990, quanto à igualdade de todos os filhos concorrerem à sucessão, neles incluídos os adotivos; a criticada Lei nº 8.971, de 1994, respeitante ao direito do companheiro do *de cujus* em participar na herança, sendo esta, talvez, a modificação mais importante verificada, e que sobreviveu até a entrada do Código Civil atual; a Lei nº 9.278, de 1996, no tocante ao conceito de união estável, com repercussão no Direito das Sucessões, também já sem efeitos em face do Código em vigor, que passou a regular as relações.

Nesse contexto, vale lembrar as repercussões de alguns dispositivos da Constituição Federal de 1988, como o art. 226, § 3º, que reconhece a equiparação ao casamento da união estável entre o homem e a mulher, e o art. 227, § 6º, estendendo aos filhos adotivos os mesmos direitos reconhecidos aos naturais ou legítimos.

De certa forma, a solidez de uma legislação reflete a maturidade e a sua própria perfeição, regulando satisfatoriamente as relações em determinados campos da vida e das atividades humanas. Tal, porém, não importa em afirmar que os litígios se mantenham sempre nos mesmos setores, ou que não surgem novas problemáticas. No Direito das Sucessões, embora o nível de discussões centre-se geralmente nos passos a serem seguidos para colimar-se o final do inventário, revelam-se acentuadas as dúvidas e divergências de pensamento quando a matéria envolve, entre outras situações, as doações inoficiosas, a sonegação de bens, a comunicação dos aquestos no regime de separação de bens, a titularidade das quantias depositadas em contas bancárias conjuntas, o direito de representação, a nulidade do inventário e do testamento, a petição de herança, o prazo prescricional para pedir a herança, a alíquota do imposto de transmissão *causa mortis*, a dispensa de colação, e o momento para a aferição do valor dos bens colacionados.

O Código de 2002, no entanto, trouxe algumas inovações de grande importância, especialmente no que se refere à sucessão hereditária, incluindo-se o cônjuge na qualidade de herdeiro necessário, em concorrência com os descendentes e ascendentes, e disciplinando a sucessão na união estável; introduziu regras a respeito da petição de herança, da cessão de direitos à sucessão hereditária; possibilitou mais concretamente a sucessão de filhos ainda não concebidos de pessoas indicadas e vivas quando da abertura da sucessão, e a sucessão de pessoas jurídicas. Modificou a redação de grande parte dos dispositivos que vinha no Código de 1916, melhorando, atualizando e simplificando os textos, embora mantendo a substância dos conteúdos. Nesse aspecto, constitui o Livro do Código Civil que se destacou em mudanças, tanto que, dos 243 artigos que compõem este ramo do direito, o total de 170 sofreram alterações no conteúdo ou na forma, relativamente ao Código de 1916.

Merece destaque a introdução do inventário e da partilha administrativa ou extrajudicial, mediante escritura pública, no tabelionato, o que veio por meio da Lei nº 11.441/2007, com modificações da Lei nº 11.965/2009 (alterando os §§ 1º e 2º do art. 982, dispositivos que correspondem ao art. 610, §§ 1º e 2º, do CPC/2015) e da Lei nº 12.195/2010 (alterando os incisos I e II do art. 990 do CPC/1973, que equivalem ao art. 617, incs. I e II, do CPC/2015); atualmente, a regulamentação está no CPC/2015. Igualmente repercutiu na sucessão dos companheiros a união estável formada por pessoas do mesmo sexo, em face do reconhecimento dos direitos pelo Supremo Tribunal Federal, no julgamento da Arguição de Descumprimento de Preceito Fundamental (ADPF) nº 132, e da Ação Direta de Inconstitucionalidade (ADI) nº 4.277, ambas julgadas em 05.05.2011. Mereceu análise a igualdade na ordem sucessória da união estável ao casamento, o que foi decidido nos Recursos Extraordinários 646.721 e 878.694, de 10.05.2017, com repercussão geral reconhecida, declarando a inconstitucionalidade do art. 1.790 do Código Civil.

Mostrar uma exegese atual e objetiva deste amplo campo do Direito, sem as longas digressões, mais de interesse teórico, dos autores do início do século passado, e até daqueles de algumas décadas atrás, dentro da dinâmica e das conturbações que afetam os tempos de hoje, foi um dos objetivos do presente livro, atualizado e enriquecido em sucessivas reedições, sem deixar de dar o devido destaque aos assuntos de grande controvérsia, não somente perante a atual interpretação pretoriana como também em vista da literatura jurídica comparada.

Em face da aprovação do CPC de 2015, introduzido pela Lei nº 13.105, de 16.03.2015, publicada no dia seguinte, que entrou em vigor um ano após a publicação, isto é, em 18.03.2016, desenvolveu-se o estudo diante da nova regulamentação.

Direito das Sucessões

1. CONCEITUAÇÃO

Na humanidade nada é eterno, duradouro ou definitivo. É o homem perseguido pelo estigma de sua finitude, que o acompanha em sua consciência e limita os anseios no futuro. Esta a verdade mais concreta, dura e incontestável. Mas a sucessão, de algum modo, tem uma sensação de prolongamento da pessoa, ou de atenuação do sentimento do completo desaparecimento, especialmente quando são realizadas obras que refletem o ser daquele que morre, e que o tornam vivo ou presente nas memórias.

Essa ideia retrata uma tendência à aspiração de perpetuidade do homem, assim manifestando-se Arthur Vasco Itabaiana de Oliveira: "A propriedade corporificou a ideia de sucessão hereditária como um poderoso fator da perpetuidade da família".[1]

A morte desencadeia uma ruptura no domínio dos bens. Cessa a vida corporal, mas subsiste a da alma, que é imortal. No entanto, como os bens materiais estão ligados à vida corporal, é necessário que outras pessoas venham e assumam a titularidade, de modo a se recompor a ordem ou a estabilidade no patrimônio.

Daí o acerto da afirmação de Lacerda de Almeida, ainda atual: "A ideia de sucessão implica a continuação em outrem de uma relação jurídica que cessou para o respectivo sujeito".[2]

Temos, pois, um conceito natural de sucessão, pelo qual uma pessoa toma o lugar de outra e assume os direitos que a esta tocavam. Ou, no sentido lato, explica Jefferson Daibert que "suceder significa vir depois dela, tomar o seu lugar, recolhendo todo ou parte dos direitos que lhe pertencem".[3]

O sentido de sucessão, aqui, restringe-se aos casos de morte. Não envolve o significado de transferência em vida, como nas transmissões, quando o comprador sucede o vendedor no domínio de uma coisa. Num sentido mais lato, "suceder a uma pessoa significa vir depois dela, tomar o seu lugar, recolhendo todo ou parte dos direitos que lhe pertencem". Trata-se mais de uma sucessão *inter vivos*, "em que o comprador sucede o vendedor, do

---

1 *Tratado de Direito das Sucessões*, São Paulo, Max Limonad Editor, 1952, vol. I, p. 47.
2 Francisco de Paula Lacerda de Almeida, *Sucessões*, Rio de Janeiro, Edições Livraria Cruz Coutinho, 1915, p. 15.
3 *Direito das Sucessões*, Rio de Janeiro, Forense, 1974, p. 10.

mesmo modo que o donatário ao doador, tomando um o lugar do outro relativamente à coisa vendida ou doada".[4]

Também há a sucessão no Direito das Obrigações, onde encontramos instituto como a cessão, a sub-rogação, e igualmente a transmissão das obrigações de um sujeito a outro; no Direito das Coisas, com o significado de tradição; e no Direito de Família, quando o poder familiar sobre os filhos, exercido por um dos cônjuges, se transmite ao outro.

No caso em exame, que é o sentido restrito, opera-se a sucessão em que acontece um modo especial de aquisição, consistente na transmissão dos bens de uma pessoa já falecida a uma ou mais pessoas vivas. A sucessão, aqui, é sinônimo de herança. E para distingui-la de qualquer modalidade de outras sucessões, diz-se "sucessão hereditária". Lacerda de Almeida define herança "como o patrimônio do morto (tal a noção objetiva da sucessão hereditária), ou o conjunto dos direitos e obrigações que se transmitem ao herdeiro ou aos herdeiros".[5] Carvalho Santos particulariza os conceitos em discussão: "No sentido restrito, que é o empregado no Código, neste livro, a palavra sucessão designa um modo especial de aquisição, consistente na transmissão universal do patrimônio de uma pessoa falecida a uma ou mais pessoas vivas".

Não se dá a transmissão hereditária dos bens de pessoa viva, a teor do seguinte exemplo: "Revela-se nula a partilha de bens realizada em processo de separação amigável que atribui ao cônjuge varão promessa de transferência de direitos sucessórios ou doação sobre imóvel pertencente a terceiros, seja por impossível o objeto, seja por vedado contrato sobre herança de pessoas vivas".[6]

"No seu sentido subjetivo, sucessão vem a ser o direito por força do qual a herança é devolvida a alguém; no conceito objetivo, considera-se a universalidade dos bens de um defunto que ficaram com todos os seus encargos, vale dizer, é o próprio patrimônio objeto da transmissão, equivalendo aí a expressão como sinônimo de herança".[7]

A morte extingue a personalidade da pessoa, a quem, a partir daí, não mais se lhe atribuem direitos e obrigações. Desaparecem as prerrogativas, dentre as quais a titularidade dos bens. E isto só com a morte física ou biológica. Não como a morte civil, como outrora era admitido, quando se cassavam os direitos; ou como a profissão religiosa, em que alguém abnegava as riquezas temporais para entregar-se a uma vida dedicada unicamente a Deus.

Com a morte apenas se dá a sucessão hereditária – *nulla viventis hereditas*, ou do vivente não se pode exigir a transmissão da herança. Há o desaparecimento do sucedido, vindo em seu lugar o sucessor. Por outras palavras, verifica-se a mutação do sujeito da relação jurídica que liga alguém aos bens.

2. ELEMENTOS HISTÓRICOS

Em Roma, numa primeira fase, dizia-se que o herdeiro continuava a personalidade do defunto, de quem hauria sua força e coragem. Havia, no começo, mais uma transmissão do ser espiritual do parente falecido. Lacerda de Almeida explicava o direito sucessório:

---

4 *Código Civil Brasileiro Interpretado*, 9ª ed., Rio de Janeiro, Livraria Freitas Bastos S.A., 1964, vol. XXII, pp. 5 e 6.

5 Ob. cit., p. 32.

6 REsp. nº 300.143/SP, da 4ª Turma do STJ, j. em 21.11.2006, *DJU* de 12.02.2007.

7 Ob. cit., vol. XXII, p. 6.

"A necessidade de perpetuar o culto, o nome, as tradições da família, a glória de viver na pessoa do herdeiro. O que se deve ver no testamento como ato de última vontade é o pensamento do morto, a sua vontade continuando no herdeiro, vontade morta, incapaz de manifestar-se e realizar-se, não fora subsistir no herdeiro, seu continuador, a vida e movimento que se extinguiram no de cujo".[8]

Numa estrutura rígida da família, o *pater* era o soberano. Por testamento, escolhia ele o herdeiro mais habilitado para exercer o comando na família, e realizar as práticas religiosas domésticas, em favor do defunto, além de administrar o patrimônio existente. Conforme, ainda, Lacerda de Almeida, "a instituição de herdeiro não tinha outrora, na antiguidade romana, outro intuito mais que escolher ou firmar o continuador na dignidade, autoridade e funções do defunto".[9]

A sucessão evoluiu através de fases.

Primeiramente, havia uma comunhão familiar, ou seja, os bens ficavam com o grupo familiar, já que persistia a comunidade agrária, sendo as terras de propriedade coletiva da *gens*. Isto numa fase anterior, o que também se verificou em outros povos.

Posteriormente, foram prevalecendo os sentimentos individualistas, surgindo a propriedade familiar, um grupo restrito e ligado pelo parentesco próximo. Transmitia-se a propriedade do varão aos descendentes, considerados como um pequeno grupo.

Finalmente, firma-se a propriedade individual, com o arrefecimento dos laços políticos, religiosos e de parentesco. Opera-se a transmissão não aos membros da família, mas aos herdeiros, assim considerados os que estavam submetidos diretamente à potestade do pai, e aos escravos instituídos herdeiros por testamento.

Pinto Ferreira aduz que "a transmissão se operava tão-somente na linha masculina, e a este varão cabia recolher a herança, isto é, o patrimônio da família, assim também o continuador do culto. A herança, o culto e as famílias são inseparáveis, pois quem recebeu a fortuna é o continuador do culto".[10]

Prevaleciam, pois, sobretudo, os privilégios hereditários – herdavam os filhos varões, e o primogênito de preferência aos demais.

Quanto aos varões, recorda Washington de Barros Monteiro: "A Lei Sálica, que apenas contemplava os varões na distribuição da propriedade imobiliária, constituía típico exemplo dessa injustiça social. Assim também a Lei Vocônia, inspirada por Catão, no intento de colocar um freio à dissipação e à independência das mulheres e que vigorou em certo período do Direito romano, as privava de capacidade testamentária passiva; mas essa lei, que contrariava a equidade e a própria natureza, logo foi revogada".[11]

O testamento se expandiu mais na época da Lei das XII Tábuas, quando começaram a perder força os privilégios, e foi se impondo a liberdade absoluta de dispor dos bens para depois da morte.

Inocêncio Galvão Telles traz estes dados: "Com a Lei das XII Tábuas, o princípio fundamental passou a ser, na opinião de grande número de autores, a liberdade de testar. Funda-se este parecer nas Leis n°s 3 e 4 da Tábua V (...). A Lei n° 3 ordena que se cumpra aquilo que cada um estatuir, para depois da sua morte – *super pecunia*. A Lei n°

---

8   Ob. cit., p. VIII.
9   Ob. cit., p. IX.
10 *Tratado das Heranças e dos Testamentos*, 2. ed., São Paulo, Saraiva, 1990, p. 19.
11 *Curso de Direito Civil, Direito das Sucessões*, 4ª ed., São Paulo, Saraiva, 1962, p. 2.

4 manda que se devolva aos agnados o patrimônio daquele que morrer sem testamento e do qual não houver *heredes sui*".[12]

Nesse tempo, ainda, estabeleceram-se classes de herdeiros preferenciais, na seguinte ordem, em caso de inexistir testamento:

a) Os *sui*, ou *heredes sui et necessarii*, isto é, os filhos sob pátrio poder (atualmente "poder familiar"), a mulher com filhos e demais parentes sujeitos ao *de cujus*. O Código Civil adotou a expressão "herdeiros necessários". Nessa classe se incluíam os *heredes necessarii*, que eram os escravos libertados no testamento e concomitantemente herdeiros.

b) Os *agnati*, ou as pessoas sob o então chamado pátrio poder (no Código Civil vigente "poder familiar"), ou que se subordinavam ao *pater familias*, sendo contemplado o agnado mais próximo.

c) Os *gentiles* – ou pessoas que pertenciam aos membros da mesma *gens*, ou da estirpe.

Segue Orlando Gomes: "O sistema foi substituído pelo Direito pretoriano, que admitiu quatro ordens de sucessíveis: *liberi*, *legitimi*, *cognati* e cônjuge sobrevivente (*vir et uxor*).

A primeira classe compreendida os *sui heredes* e os *emancipati*. A segunda, os *consanguinei* e os *agnati*. A terceira, todos os parentes até o sexto grau. A quarta, o marido, ou a mulher".[13]

Realmente, ao tempo dos pretores, houve reformas contemplando-se classes de sucessores, evoluindo o Direito até se consolidar com Justiniano, quando veio a prevalecer o parentesco natural como causa para herdar (Novelas), num sistema bastante igual ao hoje vigente.

Teve grande preponderância o testamento no Direito romano, o que representava um forte individualismo, em contraposição com o Direito germânico, onde praticamente se desconhecia a sucessão testamentária. Vale recordar Washington de Barros Monteiro, a respeito: "Como adverte Sumner Maine (*L'Ancien Droit*, p. 207), os romanos tinham verdadeiro horror pela morte sem testamento. Para eles, nenhuma desgraça superava a de falecer *ab intestato*; maldição alguma era mais forte do que augurar a um inimigo morrer sem testamento. Finar-se *ab intestato* redundava numa espécie de vergonha".[14]

Todavia, diante dos muitos abusos no direito de testar, relata Jefferson Daibert que "na defesa e preservação da própria família, o Direito romano, copiando o Direito grego, estabeleceu uma primeira restrição, um primeiro limite à liberdade de testar. Era uma quarta parte que deveria ser reservada aos parentes próximos do testador... Justiniano elevou aquela parte, chamada legítima, a um terço da sucessão, quando o sucessor tivesse quatro filhos, e à metade se tivesse mais de quatro filhos. Era a garantia e preservação do patrimônio em benefício da família".[15]

Já no Direito germânico, primitivamente os bens permaneciam na sua totalidade com a família. Eram propriedade de seus membros, pois forte o vínculo que os unia, com o que não era aceita a sucessão testamentária, quando foi se impondo a propriedade individual.

---

12 *Apontamentos para a História do Direito das Sucessões Português*, Lisboa, 1963, p. 63.
13 *Sucessões*, 1ª ed., Rio de Janeiro, Forense, 1970, pp. 23 e 24.
14 *Direito das Sucessões*, ob. cit., p. 4.
15 Ob. cit., p. 13.

Acrescenta mais uma faceta histórica Zeno Veloso: "Na França, desde o Século XIII, fixou-se o *droit de saisine*, instituição de origem germânica, pelo qual a propriedade e a posse da herança passam aos herdeiros, com a morte do hereditando – *le mort saisit le vif*. O Código Civil francês, de 1804 – *Code Napoléon* –, diz, no art. 724, que os herdeiros legítimos, os herdeiros naturais e o cônjuge sobrevivente recebem de pleno direito (*son saisis de plein droit*) os bens, direitos e ações do defunto, com a obrigação de cumprir todos os encargos da sucessão".[16]

Em todos os povos primitivos, de modo geral, havia características comuns: os direitos patrimoniais não se partilhavam, mas pertenciam à família. Com a morte do pai, a administração passava ao filho primogênito, sempre do sexo masculino. E nestes sistemas (em que só o filho primogênito herdava), ficava o patrimônio nas mãos de um ramo familiar. O primogênito tornava-se opulento. Os demais filhos trabalhavam para aquele, a quem ficavam subordinados, e numa situação econômica inferior. A Bíblia traz exemplos de privilégios em favor da primogenitura.

Nos povos em que a sucessão restringia-se à linha masculina, não havendo filho, adotava-se um herdeiro, que recebia o encargo de dirigir as práticas religiosas.

Nota-se que a mulher era discriminada, não herdando sequer por morte do marido. A ela se atribuía um dote quando solteira, ou um patrimônio para amparar seu futuro. Nem capacidade para testar se lhe atribuiu em certas épocas e em alguns regimes.

3. ESPÉCIES DE SUCESSÕES

Já ressaltado que a sucessão pode ocorrer em vida ou em consequência da morte. Na primeira, há em geral um ato de transferência do titular do direito ou de quem se encontra revestido de legitimidade para dispor do bem. Na segunda, verifica-se a morte como fator fundamental da transmissão. Ocorrido o óbito, opera-se a separação entre a patrimonialidade e a personalidade.

Aquela efetivada em vida do próprio substituído assume as formas de doações, cessão de crédito e compra e venda.

A última envolve a transmissão de direitos e obrigações de uma pessoa morta, chamada *de cujus*, a uma outra pessoa sobreviva.

E é justamente esta sucessão que interessa, e que tem como fundamento o óbito da pessoa, o qual sinaliza o momento cronológico determinante da abertura da sucessão e opera o fenômeno da separação entre o patrimônio e a personalidade. Acontece o que se denomina "vacância dos bens", até que se habilitem os que se revestem de direitos a receber, ou de obrigações a responder, se o defunto as devia.

Vem regulada a sucessão *stricto sensu* no Livro V da Parte Especial do Código Civil, com o título "Do Direito das Sucessões", seguindo a estrutura do Código de 1916 – e constando as disposições nos arts. 1.784 a 2.027 –, que se orientou pela linha delineada ainda por Teixeira de Freitas no seu *Esboço*. Buscou a ordem no Código Civil alemão de 1896, sem ter sofrido substancial modificação no curso dos tempos e, induvidosamente, fixando-se como uma parte do Direito das mais estáveis.

---

16 *Novo Código Civil Comentado*, coordenação de Ricardo Fiúza, 1ª ed., 2ª tiragem, São Paulo, Saraiva, 2002, p. 1.597.

Poucas as modificações havidas, ressaltando aquelas introduzidas especialmente pela Lei do Divórcio (Lei nº 6.515, de 1977), mais concernentes aos regimes de casamento; aos vários textos que tornaram iguais nos direitos quaisquer espécies de filhos, inclusive os adotivos (Constituição Federal de 1988, e Lei nº 8.069, que regula o Estatuto da Criança e do Adolescente); à igualdade absoluta entre o homem e a mulher, o que iniciou desde o Estatuto da Mulher Casada (Lei nº 4.121, de 1962); e à herança jacente que, pela Lei nº 8.049, de 1990, passa aos Municípios. No Código Civil de 2002, sentiram-se mais fortes as inovações, especialmente quanto à participação do cônjuge na herança.

A pessoa morta, como já referido, chama-se *de cujus*, expressão muito utilizada e que se consagrou na nomenclatura jurídica. Proveniente da locução latina *de cujus sucessione agitur*, traduz-se, no vernáculo, como "aquele de cuja sucessão se trata". Em português, alguns passaram a usar a forma "de cujo".

Em toda sucessão *mortis causa* há o momento inicial, que é a abertura da sucessão, a qual se dá com a morte. O passo seguinte é a transmissão, que se efetiva nas pessoas legitimadas a herdar, ou naquelas que têm vocação hereditária. Mas dependente esta fase da aceitação da herança, pois admissível a renúncia ou recusa.

Por outro lado, segundo a classificação ou formas de aquisição, é a herança do tipo derivado, eis que provém de outra pessoa. Não parte de uma relação imediata com o objeto. Há interferência de alguém, que é o transmitente, embora pelo fato da morte. Clara a explicação de Betti, transcrita por Ney de Mello Almada: "Se a aquisição é justificada e qualificada por uma relação do adquirente com outra pessoa legitimada, por intermédio da qual a transmissão necessariamente se opera, ela tem caráter derivado. Se, pelo contrário, a aquisição é justificada por uma relação imediata com o objeto de cuja aquisição se trata, sem passar pelas mãos de outra pessoa, nem depender da relação com outro indivíduo, então ela tem caráter originário".[17]

Como é facilmente perceptível, transmitem-se os mesmos bens ou os mesmos direitos que se encontravam com o *de cujus*. Simplesmente há uma transferência, ou considera-se translativa a sucessão, pois o herdeiro recebe aqueles mesmos direitos que compunham o patrimônio do falecido.

A sucessão *causa mortis* tem várias espécies, conforme observamos a seguir, cujas denominações aparecem disseminadas na linguagem jurídica.

A sucessão legítima, ou *ab intestato*, é aquela decorrente da lei, regulada pelo Código Civil, e em que não há testamento.

Inocêncio Galvão Telles dizia: "Sucessão legítima é a deferida por lei, mas em termos tais que as pessoas por esta designadas como sucessores só o serão efetivamente se o *de cujus* nada houver disposto em sentido contrário".[18]

Existe um patrimônio em nome de uma pessoa, a qual falece sem deixar testamento ou disposição de última vontade. Nesta sucessão, uma classe de herdeiros exclui a outra. Tem preferência a que está mais próxima. Esta a lição de Sebastião Luiz Amorim e Euclides Benedito de Oliveira: "Com efeito, a ordem na vocação hereditária consagrada no Direito brasileiro é de caráter excludente, de modo que, chamados a suceder herdeiros de determinada classe, ficam automaticamente afastados os das classes subsequentes".[19]

---

17 *Direito das Sucessões*, 2ª ed., São Paulo, Brasiliense Coleções Livros Ltda., 1991, pp. 22 e 23.
18 *Apontamentos para a História do Direito das Sucessões Português*, ob. cit., p. 11.
19 *Inventários e Partilhas*, 6ª ed., São Paulo, Livraria e Editora Universitária de Direito Ltda. (LEUD), 1992, p. 12.

A expressão *ab intestato* significa a sucessão sem testamento, proveniente de *testare*, com o acréscimo do prefixo *in*, traduzido como *não*. Portanto, considerada a palavra *testato* com o *in*, tem-se a sucessão não testamentada.

Eis a explicação de Sílvio Rodrigues: "A sucessão legítima é aquela que decorre da lei. Se o defunto, por exemplo, deixou de fazer testamento, seu patrimônio, por força da lei, irá aos seus descendentes; inexistindo descendentes, irá aos seus ascendentes; não havendo nem descendentes, nem ascendentes, irá ao seu cônjuge; à falta daqueles parentes e do cônjuge, a herança será deferida aos colaterais até o quarto grau. Note-se que a transmissão da herança aos sucessores se efetua sem manifestação de última vontade do falecido, mas decorre da lei. Trata-se da sucessão legítima".[20] É óbvio que, frente ao Código Civil em vigor, a referida ordem recebeu modificações, passando a concorrer o cônjuge sobrevivente com os descendentes e ascendentes.

Inexistindo, pois, testamento, defere-se todo o patrimônio do *de cujus* às pessoas nomeadas no Código Civil, ou conforme a ordem hereditária hoje vigorante – art. 1.829 do Código Civil, em obediência ao estabelecido no art. 1.788, cuja primeira parte estatui: "Morrendo a pessoa sem testamento, transmite a herança a seus herdeiros legítimos".

Esta forma, a ser longamente desenvolvida, é a que prevalece e vem defendida, posto que representa uma justiça no mais alto grau na distribuição do patrimônio deixado pelo morto.

De outro lado, há também a sucessão testamentária, ou *ex testamento*, cujo significado exsurge da própria designação, ou a sucessão que se processa de acordo com a vontade do titular do patrimônio. Possui ele liberdade de dispor quanto à partilha dos bens que ficarão após sua morte. Assim, havendo herdeiros necessários, nesta classe considerados os descendentes e ascendentes necessários, unicamente metade dos bens disponíveis pode ser distribuída em testamento – não se permitindo olvidar que os bens disponíveis são aqueles que constituem a meação, em sendo casado o falecido, no tocante ao casamento pelo regime de comunhão universal; aos bens adquiridos na constância da sociedade conjugal, no regime de comunhão parcial; e aos adquiridos de forma onerosa, com algumas exceções, no regime de participação final nos aquestos.

Quanto mais socializados os regimes políticos, menor a liberdade de testar, pois contrário ao exacerbamento do individualismo, e mais dirigidos à preponderância do conjunto social da família, a merecer uma continuidade nos bens que foram adquiridos na vigência da mesma. Acrescentava Sílvio Rodrigues: "A respeito de sua conhecida vetustez, o direito hereditário encontra opositores que não só lhe negam a legitimidade, como também a conveniência. Dentre esses opositores destacam-se os escritores socialistas. É óbvio que estes, negando a legitimidade da propriedade privada, têm, como corolário dessa posição, de contestar a legitimidade da transmissão de bens *causa mortis*".[21]

Na verdade, deveria prevalecer sempre o intuito social, de modo a manterem-se incólumes os bens que serviam para a residência e o uso da família, a menos que não mais deles necessitasse para a moradia e o sustento.

Conhecida, ainda, é outra divisão: a sucessão "a título universal" e a sucessão "a título particular" (ou "singular"), de relevância apenas para indicar a transmissão da totalidade do patrimônio, ou de uma parte especificada.

---

20 *Direito Civil. Direito das Sucessões*, São Paulo, Max Limonad Editor, Editora Saraiva, 1972, vol. VII, p. 25.
21 *Direito Civil. Direito das Sucessões*, ob. cit., p. 13.

Opera-se, com a sucessão, a mudança de sujeito na relação jurídica de propriedade. Ou, simplesmente, a relação jurídica continua em outrem, cessada para determinado sujeito. E tal relação de titularidade se transfere na totalidade abstrata, ou em concreto, sobre um bem.

Para a doutrina, a sucessão a título singular tem em vista mais o objeto em que se sucede do que o sujeito a quem se sucede. Tal é a sucessão em uma dívida ativa ou passiva, a sucessão em um imóvel, em uma coisa ou mesmo em uma universalidade de coisas. Explica Inocêncio Galvão Telles: "Diversa é a sucessão singular ou a título singular. Esta respeita não ao patrimônio como unidade, mas a elementos positivos ou negativos que dele são destacados. Vende-se, doa-se ou lega-se uma casa, uma quinta, uma coleção de quadros; ou faz-se uma assunção de dívida tomando alguém sobre si um débito alheio com autorização do credor. Pode tratar-se, inclusive, de uma universalidade de fato ou de direito que faça parte do patrimônio, como uma herança que alguém tenha recebido de terceiro e venda ou legue a outrem. O que importa é que a transmissão não se refira ao patrimônio *qua tale*, mas a elementos do patrimônio, ainda que muito importantes e formando até conjuntos ou mesmo universalidades".[22]

Já a sucessão universal trata de "relações jurídicas em sua totalidade abstrata. Não se refere a uma coisa ou a uma coletividade de coisas, ou a direitos, mesmo *in universum*, senão mediatamente e como consequência da qualidade de sucessor. É uma regra a sucessão em um patrimônio ou em um todo ideal equiparado ao patrimônio, como tal encarado".[23]

Inocêncio Galvão Telles dimensiona esta ideia: "Ora, a sucessão no patrimônio como tal, ou seja, como unidade, como um todo abstrato, diz-se sucessão universal ou a título universal. Fala-se de sucessão universal precisamente porque se transmite o patrimônio como universalidade. O patrimônio passa de um sujeito a outro na sua configuração complexiva e unitária, mantendo nas mãos do adquirente essa sua fisionomia. E porque o patrimônio tem uma composição híbrida abrangendo direitos e obrigações, assim se transfere ao sucessor, que tanto recebe os bens como as dívidas. Se forem vários os sucessores universais, a cada um tocará uma quota como parte abstrata da *universitas*, cabendo-lhe um quinhão no ativo e um quinhão igual no passivo".[24]

Na sucessão universal, portanto, a pessoa substitui o *de cujus* na totalidade ou em uma quota ideal do patrimônio, enquanto na sucessão a título singular, ou particular, há substituição de titularidade em um bem, ou em determinados bens.

Naquela, há a herança; na última, o legado.

Carlos Maximiliano, com clareza, elucida: "Pode ser atribuída (a herança) a título universal, ou singular: no primeiro caso, à pessoa beneficiada cabe o acervo hereditário em conjunto ou fracionado em parte ideais (metade, um terço, um quarto etc., do monte partível); no segundo, recebe determinados bens; em uma hipótese, o titular do direito se denomina herdeiro; na outra, legatário".[25]

Não se deve confundir o bem particular, ou especificado, com uma quota, ou quinhão ideal, pois é possível e frequente os herdeiros sucederem em uma quota ideal. Esta a ideia que já dava Pinto Ferreira: "Por quota deve-se entender a fração matemática do todo ou a unidade; assim, pode-se ser herdeiro pela metade da herança, pelo terço, pelo quarto, por

---

22 *Direito das Sucessões*, 2ª ed., Lisboa, Coimbra Editora Ltda., 1973, p. 33.
23 Lacerda de Almeida, ob. cit., pp. 17 e 18.
24 *Direito das Sucessões*, ob. cit., pp. 32 e 33.
25 *Direito das Sucessões*, Rio de Janeiro, Livraria e Editora Freitas Bastos, 1937, 1º vol., p. 31.

um décimo. Ao contrário, o legatário recebe um bem singular, mesmo que este constitua a parte mais importante e principal do ativo hereditário".[26]

Vale ressaltar, também, que na sucessão singular opera-se o recebimento de uma coisa especificamente determinada, ou um legado, o que se dá com o testamento. Daí ser própria esta sucessão no testamento, quando se estabelece um legado. Há uma disposição testamentária concedendo a alguém uma coisa ou uma determinada vantagem econômica. E coisa é um bem com uma expressão econômica, que serve para satisfazer uma necessidade. Nesta sucessão, o patrimônio é enfocado como um elemento retirado do patrimônio, mesmo que estabelecido em uma universalidade, como um estabelecimento comercial. Mas se contemplado em uma quota ou parte ideal do bem, ou na universalidade, já se trata de sucessão universal.

E a herança sempre é uma universalidade de bens, ou um patrimônio, sendo o herdeiro chamado a suceder na generalidade de bens, ou na quota ideal da globalidade.

Conhece-se, também, a sucessão "por cabeça", pela qual a herança é dividida pelo número de herdeiros. Simplesmente procede-se à partilha pelo número de pessoas capacitadas a herdar. Para tanto, uma divisão nesta ordem importa em que haja igualdade de grau de parentesco. Obviamente, tal não acontece se concorrem dois filhos e três netos, porquanto estes receberão uma quota, que se partilhará entre eles, enquanto aos dois filhos restará uma quota a cada um por inteiro.

Há, ainda, a sucessão "por estirpe", onde existe diversidade de grau de parentesco desde quando aberta a sucessão. Exemplificando, de um lado, concorrem os filhos de um irmão premorto, em número de dois; de outro, aparece um irmão vivo; e, por último, restam três filhos de um irmão também falecido. O patrimônio, em quotas, é divido em três partes. E a parte relativa aos irmãos falecidos resultará dividida em porções iguais ao número de filhos respectivos.

Dentro do instituto da ausência, temos a sucessão "provisória" e a "definitiva" – a primeira aberta passado um ano desde o desaparecimento – art. 26 do Código Civil; e a segunda pode ser requerida depois de dez anos, a contar da sentença que concedeu a abertura da sucessão provisória – art. 37 do Código Civil.

Mas já na primeira forma os herdeiros entram na posse dos bens do ausente, desde que ofereçam garantias de restituição.

Das espécies vistas, a legítima e a testamentária são as efetivamente mais complexas, sendo as outras derivações de regras comuns aplicadas à sucessão em geral.

4. ACEPÇÕES DE SUCESSÃO

O Direito das Sucessões compreende a parte do Direito Civil que trata da transmissão do patrimônio de uma pessoa falecida aos seus herdeiros. Envolve o conjunto de regras jurídicas que regula a transmissão do patrimônio por falecimento.

Tem-se em conta, sempre, o patrimônio do falecido, que é o acervo de bens, direitos e obrigações que ficam após a morte do ser humano. Ou, mais realisticamente, a diferença entre o ativo e o passivo que fica após a morte da pessoa.

O Direito das Sucessões regula, pois, a transferência do patrimônio – herança ou legado –, por morte de alguém.

---

26 Ob. cit., p. 23.

Variam as designações: Direito das Sucessões, Direito de Herança, Direito Hereditário, Direitos das Heranças, prevalecendo a primeira forma, adotada pelo nosso Código Civil (inclusive o de 1916) e pela maioria dos Códigos.

Dir-se-á que envolve parte do Direito das Obrigações, parte do Direito de Empresa, parte do Direito das Coisas, parte do Direito de Família.

Do Direito das Obrigações, diante das implicações de ordem pessoal, como a cessão, a sub-rogação, a responsabilidade do espólio pelas dívidas, a composição do ativo e passivo; do Direito de Empresa, porque há sucessão das quotas ou do capital das sociedades; do Direito das Coisas, porque compreende a transmissão dos bens; do Direito de Família, por ter estreitas relações com o parentesco. Mais corretamente seria identificá-lo com todos os ramos do Direito, pois sempre há tangências ou aproximações que interligam os vários institutos jurídicos que compõem uma codificação.

Lacerda de Almeida apresentava idêntico pensamento: "A ideia de sucessão, que está toda na permanência de uma relação de direito que perdura e subsiste a despeito da mudança dos respectivos titulares, encontra-se frequente no Direito das Coisas, onde a tradição a opera; no Direito de Família, quando a morte do marido transmite à mulher o pátrio poder sobre os filhos; e principalmente no direito das Obrigações, onde aparece nos institutos da cessão e sub-rogação, sem falar na transmissão das obrigações de sujeito indeterminado, onde se manifesta clara a relação de sucessão".[27]

Válida a colocação do Direito das Sucessões como um misto de direitos reais e direitos pessoais, ponto de vista defendido por Pinto Ferreira, que busca as fontes em Teixeira de Freitas: "O que fazer com o direito de herança? Não é direito real, mas um dos direitos absolutos... Constitui uma continuação do domínio e dos direitos reais do morto, transmissíveis aos herdeiros. É uma universalidade, a propriedade em complexo ideal, contendo não só os direitos reais, como os direitos pessoais, ativa e passivamente... A herança, portanto, tem natureza comum, que a faz entrar nas duas espécies de direitos pessoais e reais".[28]

5. FUNDAMENTOS JURÍDICOS DAS SUCESSÕES

No sentido técnico, a sucessão corresponde à transmissão do patrimônio de alguém que deixa de existir. Suceder conceitua-se como herdar ou receber o patrimônio daquele que faleceu. Verifica-se o fenômeno da extinção da relação jurídica que ligava a pessoa ao patrimônio, como bem revela Ney de Mello Almada: "Ocorre, assim, mutação do sujeito da relação jurídica, ativa ou passiva, desaparecendo o sucedido e, em seu lugar, apresentando-se o sucessor, sem que se modifique o objeto da sucessão, seja ele de direito, obrigação, relação jurídica. É, todavia, pertinente lembrar que Carnelutti, em sua *Teoria Generale del Diritto*, tem ponto de vista contrário, entendendo que a mudança de sujeito implica a desconstituição do direito, dando lugar à gênese de outro".[29]

Assenta-se o fundamento no patrimônio constituído dos bens ou relações econômicas que vinculam alguém aos bens. E os bens são o fulcro de toda a gênese e evolução do ser humano, motivo de suas aspirações e batalhas travadas no curso da História. Numa fase primitiva, no entanto, o ser humano vivia mais em determinado grupo, e como todos

---

27 Ob. cit., p. 102.
28 *Tratado das Heranças e dos Testamentos*, ob. cit., pp. 6 e 7.
29 Ob. cit., vol. I, p. 19.

os seres humanos encontravam na natureza o que necessitavam para viver, não possuíam ainda o sentimento de apego a certos bens. Exceto quanto aos objetos de uso pessoal, como a clava, ou o arco e flecha, e alguns adornos. Bem lembra Carlos Maximiliano: "Os primeiros bens individuais (armas e adornos) não se transmitiam a ninguém, eram enterrados com o dono; a gruta onde morava, os produtos de caça ou da pesca, revertiam à família".[30]

Não se fazia sentir a pretensão de outros em se apropriar das coisas que se encontravam no poder ou no uso de um indivíduo.

Na medida em que se acentuavam e formavam relações entre a pessoa e os bens, foi surgindo a ideia da transmissão hereditária, mas no intuito de preservação da própria família. Neste ponto está o móvel fulcral determinante da transmissão sucessória, apesar das múltiplas teorias a respeito: a proteção aos membros familiares dos parentes do falecido, numa espiral que se inicia, em seu centro, no parente de sangue mais próximo. O sentimento encarnado, senão o instinto de preservar os parentes próximos, de dar segurança futura, de garantir a vida material e, também, a própria perenidade, no recôndito das consciências, que se materializa na conquista ou aquisição de bens valiosos, sabendo que passarão a um grupo de pessoas ligadas por laços sanguíneos.

A continuidade da vida humana, para Cimbali, seria o fator principal.[31]

Esta aspiração inata, segundo Carlos Maximiliano, implica logicamente em continuidade no gozo dos bens necessários à existência e ao desenvolvimento progressivo dos indivíduos.[32]

Afora isto, sobressaem outras justificações, como a da utilidade social, embora não apropriada a designação. Verificar-se-ia a falta de empenho ou de motivação na produção e conquista de bens se, depois da morte, o patrimônio se transfere a terceiras pessoas ou a entidades totalmente desvinculadas do autor da herança. José Arias dá esta explicação: "... Existen, para mantener la herencia, conveniencias sociales, particularmente económicas: el hombre que sabe que no podrá disponer de sus bienes para después de su morte, no tiene ningún interés nien el ahorro, nien al trabajo que sólo será productivo después de largos años. Nadie sembraría, plantaría, ni edificaría, decia Portalis, si no le asegurase su derecho de posesión y, desde luego, su reverso, la transmisión".[33]

Pinto Ferreira, após citar algumas teorias, conclui: "No fundo, a herança origina-se de um fundamento complexo: o vínculo de sangue próprio de hereditariedade, em que o filho herda as particularidades gerais da espécie e da raça, como da própria família, assim como, além do laço de hereditariedade, as consequentes relações de afeto e atração geradas da continuidade do sangue".[34]

O próprio reconhecimento da propriedade particular importa em se admitir a necessidade da sucessão. Expressiva a lição de Inocêncio Galvão Telles: "O instituto sucessório é absolutamente indispensável desde que se reconheça a propriedade individual. Uma vez que os indivíduos podem ser proprietários no sentido geral ou amplo da palavra, isto é, podem ter um patrimônio maior ou menor, podem ter bens e dívidas, podem ser titulares de direitos sobre coisas, de créditos, de débitos, é forçoso que alguém se lhes substitua nessas posições quando falecem, que tenham um ou mais sucessores, tomando o termo

---

30 *Direito das Sucessões*, ob. cit., 1º vol., p. 34.
31 Washington de Barros Monteiro, *Direito das Sucessões*, ob. cit., p. 31.
32 *Direito das Sucessões*, ob. cit., p. 32.
33 *Derecho Sucesorio*, 2ª ed., Buenos Aires, Editorial Guillermo Kraft Limitada, 1950, p. 43.
34 *Tratado das Heranças e dos Testamentos*, ob. cit., pp. 9 e 10.

com a amplitude que atrás ficou definida para este efeito. Do contrário, dar-se-ia uma ruptura injustificada da vida jurídica, com perturbação da ordem e frustração de legítimas expectativas. As coisas imóveis ficariam sem dono e pergunta-se qual seria o seu destino".[35]

Conclui-se que há vários fundamentos, não sendo possível ater-se a apenas um deles, e não se esquecendo, também, aqueles que negam qualquer justificação, como as escolas socialistas, firmadas no entendimento de ser avesso ao interesse social um sistema que origina desigualdades entre as pessoas e cerceia o aproveitamento indistintamente por todos das riquezas econômicas.

6. HERANÇA, SUCESSÃO HEREDITÁRIA E NATUREZA JURÍDICA

A palavra herança envolve um conteúdo com significado de propriedade, já que proveniente de *hereditas*, que é formada por *herus*, que se traduz por dono.

Sem dificuldade, pois, a conceituação, tida como aquele conjunto de bens pertencente ao sucedido, no momento de sua morte, e que são transferidos aos herdeiros legítimos ou testamentários. Tito Prates da Fonseca, com algumas palavras, diz tudo: "O patrimônio de quem morreu é herança".[36]

Clóvis Beviláqua equipara a herança ao patrimônio, no que tem razão, procurando dar o conteúdo deste último termo: "Patrimônio é a totalidade das relações econômicas de uma pessoa, consideradas como unidade jurídica. É a projeção da personalidade jurídica do homem sobre os bens. Enquanto a pessoa vive, o patrimônio se lhe acha tão intimamente ligado..., que não o percebemos claramente, e achamos quase uma ingenuidade repetir com os Códigos que, contraindo uma obrigação, empenhamos todos os nossos bens".[37]

Há uma equivalência com o significado de "sucessão", enquanto expressa o patrimônio. No entanto, esta última denominação serve, também, para abranger o conjunto de bens e as pessoas chamadas a receber suas quotas ou os direitos que lhe são reconhecidos. Neste aspecto, envolve o ponto de vista mais subjetivo, e até puramente subjetivo, quando se emprega o termo sucessão para designar aqueles que se sub-rogaram na universalidade dos direitos e obrigações que ficaram com a morte do *de cujus*, ou as pessoas às quais se transmitem os direitos e obrigações de outra pessoa.

Daí afirmar, com razão, José Arias que "la palabra sucesión tiene varias acepciones e también admite sinonimia con la herencia", inclusive "en el orden procesal, el juego de varias disposiciones de fondo y forma original en el lenguaje forense y en los hechos una identidad – discutible persona moral – a la que se llama sucesión, esto es, la unidad formada por el conjunto de herederos".[38]

Mas tem-se em conta, aqui, o lado objetivo, enquanto visa designar a massa patrimonial, ou o patrimônio do defunto, apenas o patrimônio, e não o acervo patrimonial, que é diferente, por abranger igualmente as obrigações ou dívidas.

Clóvis Beviláqua coloca a herança em tal sentido: "A universalidade dos bens que alguém deixa por ocasião de sua morte, e que os herdeiros adquirem. É o conjunto dos bens, o patrimônio, que alguém deixa ao morrer".[39]

---

35 *Direito das Sucessões*, ob. cit., p. 227.
36 *Sucessão Testamentária*, São Paulo, Livraria Acadêmica Saraiva & Cia. Editores, 1928, p. 329.
37 *Direito das Sucessões*, 3ª ed., Rio de Janeiro, Livraria e Editora Freitas Bastos, 1938, p. 18.
38 Ob. cit., p. 22.
39 *Direito das Sucessões*, ob. cit., p. 19.

O sentido mais comum, pois, compreende apenas o ativo patrimonial, ou os bens. Já no significado de acervo patrimonial, abarca direitos e obrigações. Enquanto direitos, há o ativo; enquanto obrigações, temos o passivo patrimonial. Chama-se aqui, também, o termo "espólio", ou a expressão "monte-mor".

No ativo, englobam-se todos os bens, isto é, os de raiz, como imóveis, as posses, os direitos reais em coisa alheia, os direitos autorais, os móveis, o dinheiro, os títulos da dívida pública, os créditos, as joias, as ações, os semoventes etc.

No passivo relacionam-se os ônus, as dívidas, os encargos, as obrigações civis, as despesas, os impostos e quaisquer débitos para com terceiros.

Ocorrido o fato "morte", transmite-se o acervo, isto é, os direitos e obrigações – mas, quanto a estas, até o *quantum* pode suportar o acervo ativo. Efetivamente, respondem os herdeiros pelas obrigações até onde permitem as forças da herança, no que se revela claro o art. 1.792 do Código Civil: "O herdeiro não responde por encargos superiores às forças da herança; incumbe-lhe, porém, a prova do excesso, salvo se houver inventário que a escuse, demonstrando o valor dos bens herdados".

Vê-se, aí, pois, uma universalidade – incluindo coisas e direitos, créditos e débitos –, ou o patrimônio ativo e o passivo. Sentido este que vem da jurisprudência: "O espólio é o conjunto de bens que constitui o patrimônio deixado pelo falecido. É uma universalidade, sem qualidade para agir, adquirir direitos e contrair obrigações. Não tem, portanto, personificação legal". Daí: "O espólio não pode figurar como adquirente de imóvel por escritura no Registro de Imóveis. Esta deve ser lavrada em nome do autor da herança, mediante alvará judicial e o bem partilhado entre os herdeiros".[40]

Após o confronto dos direitos e das obrigações, feitos os pagamentos de todas a dívidas, em sobrando algum patrimônio, dá-se o que se denomina "herança líquida", que compreende o resíduo material apurado após satisfeitas as dívidas do espólio.

Com a herança, ocorre uma sucessão no universo patrimonial do falecido. O sucessor ou herdeiro sucede no universo dos bens que ficaram. É ele chamado para receber os bens. Fica sub-rogado na posição jurídica do morto, pois as relações jurídicas, de modo geral, não se extinguem com a morte. Persistem, e devem ser atendidas ou concluídas pelo espólio, com o pagamento das dívidas, o recebimento dos créditos, o cumprimento dos encargos, a conservação do patrimônio etc.

Quanto à natureza jurídica, sem dúvida, a matéria conduz a controvérsias, porém suscitadas mais por doutrinadores que discutem a existência de uma relação jurídica, já que se trata de uma sucessão *causa mortis*, em que inexiste um nexo de vontade entre o autor da herança e os herdeiros. Alega-se que o *de cujus* não tem qualquer ato de vontade, o que é óbvio.

No entanto, deve-se apreciar a questão sob o enfoque de como se dá a transferência. E tal acontece em virtude da lei, ou do direito, isto é, *ipso jure*. Transferem-se os direitos, ou os bens e obrigações para os herdeiros, simplesmente em virtude da lei, sem qualquer manifestação das vontades. O herdeiro recebe os bens independentemente de seu querer, embora a possibilidade de renúncia, a qual, em algumas vezes, é prevista em lei. Aí, sim, existe um ato de vontade.

Mas não é possível afirmar que a aquisição exige um ato de vontade. Impõe-se tal manifestação para a renúncia, jamais se podendo concebê-la de modo tácito. Tanto que

---

40 Ag. Inst. nº 140.516-1/0, 4ª Câmara Cível do TJSP, de 23.05.91, *RT*, 674/104.

repudiar a herança é uma faculdade. Não se materializa tacitamente, pois a aquisição emana de um favor da lei e não de uma imposição.[41] Verifica-se, na sucessão, uma translação patrimonial.

Aquisição, como já observado, de forma derivada, e não originária, posto que na sucessão se ocupa o lugar antes ocupado pelo autor da herança. Ou seja, há transferência de bens, que passam de um titular para uma nova pessoa.

Trata-se de um direito real?

Evidentemente, a resposta é afirmativa, pois, pelo art. 1.784 do Código Civil, "aberta a sucessão, a herança transmite-se, desde logo, aos herdeiros legítimos e testamentários". O só fato da abertura da sucessão determina a transmissão da herança. Não se concretiza a transferência com o registro do formal de partilha. O herdeiro adquire a propriedade dos bens que lhe tocam na herança independentemente do registro, que apenas se faz presente ao final, quando da expedição do formal de partilha.

7. FINALIDADES

Não há muito a observar neste setor, pois são claras as finalidades da sucessão. Na perfeita colocação de Carlos Maximiliano, o patrimônio e a herança nascem do instinto de conservação e melhoramento da existência.[42]

E a finalidade básica é manter o patrimônio no grupo familiar. Argumenta Carlos Alberto Bittar: "Com efeito, instituído para regular a substituição do finado nas relações com o respectivo acervo e para posterior atribuição definitiva a seus titulares, esse direito permite à família a preservação do patrimônio, diante dos laços conjugais e parentais, mantidos com o autor da herança...".

Além disso, continua o autor, "permite a perpetuação de certas relações jurídicas reais em uma família, com a sucessiva transmissão do patrimônio a várias gerações, compreendidos, conforme o caso, bens corpóreos ou incorpóreos, universalidades de direitos, empresas ou outros elementos suscetíveis de valoração econômica. Tutela, assim, os interesses familiares, preservando, para os descendentes, na linha normal da vida humana, o respectivo patrimônio".[43]

E justamente por visualizar no horizonte uma certa eternização da família, com a transmissão de conquistas pessoais especialmente aos descendentes, o que sugere uma impressão e mesmo convicção de transcendência temporal, nasce o ânimo ou a disposição de adquirir e produzir bens, isto é, de manter e desenvolver o dinamismo da vida.

8. HERANÇA E LEGADO

Convém fazer a distinção entre herança e legado.

Como já mencionado, a herança significa o patrimônio do *de cujus*. Legado refere-se a um bem determinado, o que é próprio do testamento. Não corresponde necessariamente a um bem determinado, mas a um patrimônio determinado. Possível que abranja todos os bens, se assim dispuser o testador, ou somente a fração ideal do patrimônio, ou de um

---

41 Lacerda de Almeida, ob. cit., p. 93.
42 *Direito das Sucessões*, ob. cit., 1º vol., p. 41.
43 *Direito das Sucessões*, Rio de Janeiro, Editora Forense Universitária, 1992, pp. 2 e 3.

imóvel. Mas, evidentemente, só ingressará a totalidade do patrimônio se não há cônjuge e herdeiros.

Por sua vez, o herdeiro sucede na herança, enquanto o legatário recebe em testamento. Aduz Christiano Almeida do Valle: "A diferença entre herdeiro e legatário é que este é obrigado a requerer ao herdeiro a coisa legada. Por outro lado, o legatário não pode ser responsabilizado pelas dívidas da herança. Se ele paga dívidas da herança, assiste-lhe ação contra os herdeiros. Porém, o legado poderá ser reduzido se os herdeiros nada receberem".[44]

Inocêncio Galvão Telles resume a distinção: "O herdeiro é um sucessor a título universal, o legatário é um sucessor a título particular".[45]

Itabaiana de Oliveira vai mais além na distinção: "*a*) O herdeiro sucede a título universal e o legatário a título singular ou particular; *b*) o herdeiro responde pelas dívidas e encargos da herança na proporção de sua quota hereditária, pois sucede *in omne jus quod defunctus habuit*; enquanto o legatário está isento dessa responsabilidade, por isso mesmo que sucede somente *in rem aliquam singularem*".[46]

A herança, num sentido amplo, envolve o próprio legado. Inocêncio Galvão Telles explica: "Mas o termo herança também tem um sentido amplo em que é sinônimo de sucessão. Abrange, então, os próprios legados. Nesta acepção, tudo é herança. É este vasto conceito que está na base da expressão "direito hereditário" ou das heranças, que aparece em alguns livros como equivalente a direito sucessório ou das sucessões... Na linguagem dos leigos, chama-se correntemente "herdeiros" a todos os sucessores, dizendo que se herdou num caso em que se recebeu um legado".[47]

9. CONTEÚDO DO DIREITO DAS SUCESSÕES

A regulamentação do Direito das Sucessões está no Livro V da Parte Especial, que se compõe de quatro Títulos, indo do art. 1.784 ao art. 2.027.

No primeiro Título – compreendendo a sucessão em geral –, têm-se a abertura da sucessão, a sua administração, as espécies, a transmissão, a aceitação e renúncia da herança, os excluídos da herança, a herança jacente e a vacante, e a petição de herança.

O segundo Título envolve a sucessão legítima, e, nesse campo, a ordem da vocação hereditária, os herdeiros necessários e o direito de representação.

No terceiro, trata-se da sucessão testamentária, ou da sucessão que decorre do ato de última vontade do *de cujus*, com realce quanto ao testamento em geral, à capacidade e liberdade de testar, que, como sabido, não é absoluta, pois no Direito brasileiro houve uma simbiose dos sistemas romano e germânico; às formas ordinárias do testamento; aos codicilos, aos testamentos especiais, às disposições testamentárias, aos legados, ao direito de acrescer, às substituições, à deserdação, à redução das disposições testamentárias, à revogação do testamento, ao rompimento do testamento e ao testamenteiro.

Disciplina o quarto Título o inventário e a partilha, sendo de importância o inventário propriamente dito, o procedimento, no que se encontram inúmeras disposições, em consonância com a regulamentação trazida pelo Código de Processo Civil, e mais os sonegados,

---

44 *Teoria e Prática do Direito Sucessório*, Rio de Janeiro, Forense, 1984, p. 3.
45 *Apontamentos para a História do Direito das Sucessões*, ob. cit., p. 25.
46 *Tratado de Direito das Sucessões*, ob. cit., vol. I, p. 57.
47 *Direito das Sucessões*, ob. cit., p. 142.

16 • Direito das Sucessões | *Arnaldo Rizzardo*

o pagamento das dívidas, a colação, a partilha, a garantia dos quinhões hereditários, e a anulação da partilha.

Em cada Título, aparecem múltiplas regulamentações de assuntos especificados.

10. VOCAÇÃO HEREDITÁRIA

Significa a vocação hereditária a capacidade de receber na sucessão, ou corresponde ao ordenamento legal que confere às pessoas a condição de herdeiras para o fim de receber o quinhão hereditário.[48]

As pessoas sucedem por força da lei ou do testamento. Isto é, em razão de se colocarem em determinada ordem numa escala de parentesco, ou por serem contempladas em ato de última vontade. Nesse sentido, o disposto no art. 1.786: "A sucessão dá-se por lei ou por disposição de última vontade".

Eis a didática explicação plenamente atual de Caio Mário da Silva Pereira: "Com a morte de uma pessoa, seus herdeiros são chamados a suceder. Este chamamento ou vocação pode obedecer ao impulso da vontade (sucessão testamentária) ou da lei (sucessão legítima). A primeira atende ao que dispõe o testador, e a sua disciplina coincide com o duplo aspecto da facção testamentária e da capacidade para receber por testamento".[49]

Normalmente, prevalece a sucessão em virtude de uma ordem de parentesco, ou por impulso da lei, ou por sangue e colateralidade, cuja classificação é estabelecida por lei.

O parentesco vai até certo grau no tocante à colateralidade, como se observará adiante.

11. PACTOS SUCESSÓRIOS

Pelo pacto sucessório, uma pessoa organiza a sua sucessão de acordo com outros interessados, ou estes, em combinação com tal pessoa, transferem ou abdicam de seus direitos. Jorge O. Maffía apresentava este conceito: "Pacto sucesorio es el contrato cuyo objeto es el todo o la parte de uma herencia futura y cujo contenido concierne a su organización o a un aspecto de esa organización, por referirse a disposición o trasferencia de derechos sucesorios eventuales, o por hacerlo a reglas de distribución de la herencia o a otras cuestiones sucesorias".[50]

Inadmite-se a realização de pactos sucessórios. Não prevalecem quaisquer disposições que as pessoas possam fazer em vida sobre a sucessão, assim como não existe no Direito brasileiro o inventário em vida. Realmente, proclama o art. 426: "Não pode ser objeto de contrato a herança de pessoa viva".

Se possível a sucessão em vida, ficaria a pessoa privada de seus bens, sujeita a todos os percalços econômicos. E se a partilha fosse em vida, mas com a transferência da posse dos bens após a morte, não se afiguraria impossível que os contemplados augurassem a morte e até atentassem contra a vida do sucedido, a fim de se adonarem de imediato dos bens.

Valiosa a seguinte colocação de Itabaiana de Oliveira: "Compreende-se, perfeitamente, esta proibição da lei; além de ser lógico não se poder adquirir ou renunciar um direito

---

48 Jefferson Daibert, ob. cit., p. 23.
49 *Instituições de Direito Civil, Direito das Sucessões*, Rio de Janeiro, Forense, 1974, vol. VI, p. 73.
50 *Tratado de las Sucesiones*, Buenos Aires, Ediciones Depalma, 1981, tomo I, pp. 93 e 94.

Cap. I | Direito das Sucessões • **17**

ainda não existente, reputam-se tais contratos contrários à moral pública e ofensivos aos bons costumes, porque constituem eles uma especulação sobre a morte de uma pessoa e, até mesmo, para evitar atentados contra a vida da pessoa a quem pertencem os bens, objeto do contrato sucessório".[51]

Distingue-se do testamento, conforme demonstra o argentino Horácio E. Cejas: "Esta convención difiere del testamento en dos aspectos de la mayor importancia: mientras aquél es el fruto de la voluntad del testador exclusivamente, ésta lo es de la reunión de las voluntades de las personas que intervinieron en su otorgamiento; y segundo, mientras el testamento es esencialmente revocable, el pacto sucesorio presenta carácter obligatorio".[52]

Ressaltava-se, no Código de 1916, porém, uma situação de possibilidade de disposição em vida do titular de bens, segundo alguns escritores, verificada nos contratos antenupciais, quando havia licitude ou previsão legal em os nubentes disporem a respeito da respectiva recíproca e da futura sucessão.

O fulcro desta disposição estava no art. 312 do então Código, que preceituava: "Salvo o caso de separação obrigatória de bens (art. 258, parágrafo único), é livre aos contraentes estipular, na escritura antenupcial, doações recíprocas, ou de um ao outro, contanto que não excedam à metade dos bens do doador (arts. 263, nº VIII, e 232, nº II)".

E no art. 314, mais especificamente dispondo para depois da morte: "As doações estipuladas nos contratos antenupciais, para depois da morte do doador, aproveitarão aos filhos do donatário, ainda que este faleça antes daquele".

Percebia-se nos dois dispositivos que, em escritura antenupcial, ficavam previstas doações para depois do ato da formalização. Mas tal não se considerava dispor sobre inventário, ou partilha. Assim dizia Jefferson Daibert: "... Quando os nubentes pactuam doações recíprocas, o fazem antes do casamento; o fazem com o patrimônio que ainda não está vinculado à sucessão, posto que inexiste o vínculo de parentesco pelo patrimônio. É, efetivamente, um modo de regular a sucessão para depois de casados, isto é, falecendo qualquer um dos dois, depois de casados, aquela doação que efetuou antes do casamento estará excluída do patrimônio partilhável entre os herdeiros necessários".[53]

A previsão do art. 314 caracterizaria uma exceção mais acentuada à regra do art. 1.089 do diploma civil de 1916, por encontrar-se previsto que as doações realizavam-se para depois da morte. Caracterizavam uma forma de dispor. Todavia, o núcleo da contratação era a doação.

Atualmente, pode-se ver alguma semelhança de pacto sucessório no art. 2.018, pelo qual autoriza-se ascendentes, por ato *inter vivos*, partilhar aos descendentes: "É válida a partilha feita por ascendente, por ato entre vivos ou de última vontade, contanto que não prejudique a legítima dos herdeiros necessários".

O que transparece na regra é uma doação, tanto que preserva o dispositivo a legítima dos herdeiros necessários. Valem-se os ascendentes da disponibilidade dos bens, para efetuarem doações aos filhos ou netos, reservados os direitos dos herdeiros necessários. Nada impede que procedam à venda. Nem que façam doações. Não existe uma partilha, ou um inventário, com a distribuição de quinhões. Há uma simples faculdade em se distribuírem bens aos descendentes.

---

51 *Tratado de Direito das Sucessões*, ob. cit., vol. I, p. 73.
52 *Sucesiones*, Buenos Aires, Libreria Editorial Macchi Hnos, 1950, tomo I, pp. 129 e 130.
53 Ob. cit., p. 27.

12. LEI INCIDENTE EM MATÉRIA DE SUCESSÕES

Segundo amplamente dissertado, com a morte opera-se de logo a transmissão da herança. Não há solução de continuidade na titularidade do patrimônio. E isto mesmo que os herdeiros não tenham conhecimento de que faleceu o sucedendo.

A lei vigente no momento em que acontece a morte é a que se aplica. Não a vigente quando do inventário. A lei nova não pode comprometer o direito vigente quando da abertura da sucessão. A legislação que surgir não alcança o passado. Se há uma lei estabelecendo a ordem da sucessão, ela deve se aplicar mesmo que se altere tal ordem. Afasta-se de pronto a alteração que surgir.

Se o cônjuge vier a ser colocado numa posição mais favorável na relação vigente, não sucederá ele vindo a mudança da lei no dia seguinte ao da abertura da sucessão. Neste sentido, a regra do art. 1.787 da lei civil, em redação bem diferente do correspondente art. 1.577 do Código de 1916, mantendo-se, porém, o sentido: "Regula a sucessão e a legitimação para suceder a lei vigente ao tempo da abertura daquela".

E quanto ao testamento, vigora a lei que existia no momento de sua celebração, ou aquela que imperava ao tempo da morte do testador?

A regra é a mesma: impera a ordem jurídica disciplinada quando da abertura da sucessão. Assim, se antes era permitido dispor uma quantidade maior do patrimônio, e reduzindo-se o *quantum* em lei posterior, evidente que prevalecerá o limite instituído no último momento.

Mas há aspectos que não se coadunam com esta regra, especialmente aqueles que se referem à capacidade. Se incapaz o testador quando da confecção do testamento, e capaz quando de sua morte, parece coerente que não valerá o ato de disposição de última vontade, eis que se exigiria a ratificação do ato. Isto sem considerar o disposto no art. 1.860, preceituando: "Além dos incapazes, não podem testar os que, no ato de fazê-lo, não tiverem pleno discernimento".

Inversamente, se, embora capaz quando da lavratura, do testamento, verificar-se a incapacidade ao tempo do óbito, nada invalida o ato, pois vale a capacidade no primeiro momento, mais em virtude da lei, que discrimina as hipóteses de invalidade. Não interessa a possibilidade de revogação do testamento a todo tempo, ou o argumento de que, fosse capaz o testador, poderia tornar insubsistente aquele ato de vontade. A presunção firma-se no entendimento de prevalecerem os testamentos, sendo exceção a revogação.

II

Transmissão da Herança

1. O ÓBITO OU O FATO DETERMINANTE DA SUCESSÃO

A morte é o elemento que determina a transmissão da herança. A partir de sua verificação, opera-se a transferência dos bens, dos direitos e das obrigações.

É o que esclarecia Clóvis Beviláqua: "Para que o patrimônio de uma pessoa seja transmitido a outra, dois pressupostos são necessários: '*a*) A morte natural do *de cujus*, pois que o direito civil moderno desconhece a sucessão de pessoa viva – *viventis nulla hereditas...* *b*) A sobrevivência do beneficiário, quer dizer, da pessoa em proveito da qual é deferida a herança'"[1].

A morte, que é fato natural, transforma-se em fato jurídico, ao desencadear tal gama de efeitos, porquanto dela advém, dentre outras consequências, a mudança na titularidade dos bens. Ao mesmo tempo em que põe termo aos direitos e obrigações do *de cujus*, faz emergir direitos e obrigações relativamente aos herdeiros.

Embora seja um fato natural, apurável com a simples constatação física, é necessário registrá-lo em livros e repartições competentes, para que fique marcada a sua ocorrência como um fato condizente com a própria ciência do Estado. E o instrumento para marcar o evento é o registro no Cartório do Registro de Pessoas Naturais, dentro da ordem prevista na Lei dos Registros Públicos (Lei nº 6.015, de 31.12.1973, arts. 29, inc. III, e 80).

Assim, indispensável o assentamento de tão importante fato, ou a inclusão do nome do falecido na relação dos que deixaram de existir.

Não procedido este ato, por múltiplas razões, como naufrágio ou o desaparecimento em outro desastre, autoriza-se a justificação judicial, de marcada jurisdição voluntária, como está no art. 88 da referida Lei: "Poderão os juízes togados admitir justificação para o assento de óbito de pessoas desaparecidas em naufrágio, inundação, incêndio, terremoto ou qualquer outra catástrofe, quando estiver provada a sua presença no local do desastre, e não for possível encontrar-se o cadáver para exame".

E, de acordo com art. 79 da Lei nº 6.015, as providências do registro cabem às pessoas ligadas ao falecido, dentro de vinte e quatro horas do falecimento.

Quais são estas pessoas?

---

1 *Direito das Sucessões*, ob. cit., p. 19.

A ordem aparece discriminada no mesmo art. 79: cabe declarar o óbito, no cartório, ao marido, ou ao chefe de família, a respeito da morte de sua mulher, de seus filhos, dos hóspedes, agregados e empregados; à viúva, quanto ao marido e às pessoas antes indicadas; ao filho, se morrer o pai ou a mãe; ao irmão, relativamente ao irmão e demais pessoas da casa; ao parente mais próximo e maior, ao administrador, diretor ou gerente de qualquer estabelecimento público ou particular, com referência ao que neles falecerem, a menos que faça a declaração algum parente; à pessoa que assistiu ao defunto nos momentos finais de sua vida, como o médico e o sacerdote; ao vizinho, à autoridade policial, e mesmo a quaisquer pessoas que saibam do falecimento.

Em verdade, se uma pessoa é encontrada morta, deverá ser comunicado o fato à autoridade policial, que providenciará o registro e diligenciará para descobrir a identidade, os parentes e a causa da morte.

A fim de registrar, na morte natural, exige-se a atestação médica (art. 77 da Lei nº 6.015). Nos casos de desaparecimentos em naufrágios, inundações, incêndios, terremotos ou qualquer tipo de catástrofe, quando a morte é presumida, impõe-se, conforme salientado, a justificação judicial, inclusive com a ouvida de testemunhas e juntada de relatórios, ocorrências policiais e quaisquer documentos porventura encontrados.

2. A ABERTURA DA SUCESSÃO

Como se disse, a morte determina a imediata abertura da sucessão. É a mesma um fato natural enquanto rompe o liame da vida, desaparecendo inteiramente a pessoa.

Mas por trazer efeitos sucessórios, ou em vista da transferência da propriedade que se opera, considera-se também um fato jurídico. Realmente, em virtude da lei, os parentes mais próximos tornam-se titulares dos bens que eram do falecido. Assim expõe Robert Beudant: "La transmission de la propriété de biens héréditaires s'opère par le seul effet de l'ouverture de la succession, instantanément; elle s'opère légalement ipso jure. C'est un effet de droit".[2]

De imediato, dá-se a transmissão do domínio e da posse, segundo o art. 1.784: "Aberta a sucessão, a herança transmite-se, desde logo, aos herdeiros legítimos e testamentários".

É o que se conhece por delação, assim conceituada por Walter Moraes, ao tempo do Código anterior, mas perdurando a atualidade da lição: "Aberta a sucessão, defere-se a herança imediatamente aos sucessíveis. É esta a etapa da delação no fenômeno sucessório. A ela se refere o Código Civil frequentemente como devolução, o que vem a dar no mesmo.

Delação é o oferecimento da herança aos sucessíveis, o pôr-se ela à disposição de herdeiros e legatários".[3]

Os herdeiros entram na posse e adquirem a titularidade do domínio. Com isso, estão autorizados a usar de todas as ações possessórias, para que imperem seus direitos sobre os bens.

Para tomarem posse dos bens, não precisam ingressar com a ação de imissão de posse, na ilustração de Orlando Gomes: "Em consequência, de regra, não precisa o herdeiro usar da ação de imissão de posse para se investir nesta, continuando-se de pleno direito, ainda

---

2 *Cours de Droit Civil Français*, 2ª ed., Paris, Librairie Arthur Rousseau, 1936, tome V-bis, p. 4.
3 *Teoria Geral e Sucessão Legítima*, São Paulo, Editora Revista dos Tribunais, 1980, p. 34.

Cap. II | Transmissão da Herança • 21

que se considere possuidor direto o inventariante. Quanto ao legatário, precisa pedi-la, não obstante adquirir, desde logo, a propriedade do bem legado, se pura e simples a deixa".[4]

De modo que nos próprios autos do inventário pode o herdeiro postular a posse dos bens. Mas a posse de imediato de seu quinhão é um tanto difícil, em face de imprecisão de sua individuação, o que, não raramente, reclama a competente ação de divisão ou reivindicatória. E se indivisível o bem, exclusivamente a venda judicial mostra-se viável.

A transferência imediata da posse e do domínio corresponde à expressão francesa *droit de saisine*. Todo o acervo, tanto ativo como passivo, é transferido aos herdeiros. Aduzia Sílvio Rodrigues que "o herdeiro se sub-roga, no que diz respeito à posse da herança, na própria situação que o finado desfrutava. Se era ele titular de uma posse justa e de boa-fé, o herdeiro adquirirá uma posse justa e de boa-fé. Se, ao contrário, for injusta a posse do *de cujus*, a posse de seu sucessor terá igual defeito, pois ninguém pode transmitir mais direitos do que tem. É verdade, entretanto, que se a posse for violenta ou clandestina, pode ela convalescer desses vícios, após transcurso de ano e dia a contar da cessação da violência ou da clandestinidade".[5]

De reforçar que a imissão na posse e na propriedade dos bens é no todo, e não em um bem, ou em bens individualizados. Ocorre a imissão *ipso jure*, e sem a necessidade de uma petição dirigida ao juiz, com o que não sofrem solução de continuidade as relações jurídicas do finado. Verifica-se a substituição de sujeito, ou mudança subjetiva. Mesmo que esteja o herdeiro em local distante ou desconhecido, a ele distribui-se a herança na porção que lhe cabe, tão logo ocorra a morte do titular do patrimônio. Assim enfatiza Jorge O. Maffía: "El heredero, aunque fuera incapaz o ignorase que la herencia se le ha deferido, es, sin embargo, propietario de ella desde la muerte del autor de la sucesión".[6]

Sendo a posse na fração ideal, difícil a individuação. Todos os herdeiros assumem frações ideais, ou são coproprietários dentro do todo. Mesmo nesta condição, autoriza-se a defesa. Dissertava Pontes de Miranda a respeito, permanecendo aplicáveis os princípios: "O herdeiro, embora dono de fração ideal de um imóvel, tem permissão da lei para acionar o possuidor ou tenedor dos bens. Pode, portanto, exercer qualquer ação quanto à parte dos bens ou quanto ao total da herança".[7]

O inventário representa apenas a formalização da sucessão, a qual, no entanto, se dá com a morte. Não passa o mesmo de exteriorização administrativa da transmissão. Por isso, é evidente que independe da promoção do inventário o exercício de ações que exijam a preservação dos bens. Neste assunto, ensinava Carlos Alberto Bittar: "De fato, ocorrida a morte, o acervo passa aos herdeiros como um todo indiviso, devendo, ao final, ser partilhado entre os interessados, respeitadas as respectivas posições e saldadas as dívidas e encargos que oneravam o monte. Ora, isso se perfaz através de procedimentos judiciais próprios, a fim de que se preservem todos os direitos compreendidos em seu contexto e se distribua o patrimônio entre os reais titulares e nas proporções próprias, asseguradas as disposições de última vontade do *de cujus*.

Na sequência formal, cujas regras se espraiam por entre as codificações civil e processual, nomeia-se o inventariante, descrevem-se os bens, são arrolados os herdeiros, e apontam-se as dívidas para que, sob controle judicial, se efetue a partilha, resgatando-se débitos porventura existentes. Intervêm nesse procedimento o Ministério Público, o

---

4 *Sucessões*, ob. cit., p. 34.
5 *Direito Civil. Direito das Sucessões*, ob. cit., vol. VII, p. 24.
6 Ob. cit., tomo I, pp. 93 e 94.
7 *Tratado de Direito Privado*, 3ª ed., São Paulo, Revista dos Tribunais, vol. 55, p. 18.

22 • Direito das Sucessões | Arnaldo Rizzardo

representante da Fazenda Pública e de outras pessoas interessadas, que fiscalizam ou defendem suas posições em relação ao acervo, obedientes todos às prescrições legais de ordem pública que comandam a matéria".[8]

Há uma translatividade de direitos que precisa ser documentada mediante o inventário. O rompimento do elo entre a pessoa e os bens de imediato é sanado com a assunção da titularidade por um novo indivíduo, restabelecendo-se o equilíbrio rompido, agora com mais de um sujeito, se vários os herdeiros.

Os bens do falecido vão para outras pessoas. Não mais pertence o morto ao mundo terreno. Decompondo-se a matéria, até o completo desaparecimento, tudo o que se refere às riquezas e aos direitos entra no vazio insanável do nada.

Isto inclusive quanto aos frutos. Explicava Beudant: "Enfin, de la même idée de transmission s'opèrant le plein droit résulte une troisième conséquence: le successeur, quel qu'il soit, a droit du jour de l'ouverture de la succesion, aux fruits est la conséquence de la propriété".[9]

3. LUGAR DA ABERTURA DA SUCESSÃO

O lugar da abertura da sucessão será o do último domicílio do finado, de acordo com o art. 1.785 do Código Civil, reeditando o art. 1.578 do Código revogado:

"A sucessão abre-se no lugar do último domicílio do falecido".

No centro dos interesses do *de cujus* deve-se processar a apuração de seu patrimônio. Não se mostra relevante a localidade onde ocorreu o falecimento, ou se o autor da herança residia em local distinto. Importa levar em conta onde estavam situados seus principais interesses ou concentravam-se a administração e as decisões do falecido. O domicílio, pois, determinará o foro do processamento do inventário. Além disso, há a previsão no art. 48 do Código de Processo Civil, com as exceções do parágrafo único, no caso de o falecido não ter domicílio certo:

> Art. 48. O foro de domicílio do autor da herança, no Brasil, é o competente para o inventário, a partilha, a arrecadação, o cumprimento de disposições de última vontade, a impugnação ou anulação de partilha extrajudicial e para todas as ações em que o espólio for réu, ainda que o óbito tenha ocorrido no estrangeiro.
>
> Parágrafo único. Se o autor da herança não possuía domicílio certo é competente:
>
> I – o foro de situação dos bens imóveis;
>
> II – havendo bens imóveis em foros diferentes, qualquer destes;
>
> III – não havendo bens imóveis, o foro do local de qualquer dos bens do espólio.

Em geral, a residência se confunde com o domicílio. Mas a regra é constituir o domicílio o lugar onde a pessoa mora com a intenção de ali permanecer – art. 70 do Código Civil.

Caio Mário da Silva Pereira assim conceituava, no que segue plenamente atual a lição: "O domicílio é a sede jurídica da pessoa (...), como também do patrimônio do *de cujus*. Se não coincidirem a residência e o domicílio, prevalece este último. Afastado dele,

---

8 *Direito das Sucessões*, ob. cit., p. 11.
9 Ob. cit., tomo V-bis, p. 7.

em caráter eventual ou permanente, dentro ou fora do país, a abertura da sucessão no último domicílio resolve grande número de questões, especialmente quanto à competência do foro para os processos relativos à herança: abertura do inventário, petição de herança, investigação de paternidade, ações relativas aos bens da herança, a cujo respeito se litigará no juízo universal do inventário, ainda que situados em comarca diversa".[10]

Do texto acima se vê que, além do inventário, todas as ações que dizem respeito ao espólio serão ajuizadas onde corre o inventário, ou onde deve o mesmo tramitar. Assim, a petição de herança; a nulidade de testamento; as ações que terceiros promoverem contra a sucessão ou contra os herdeiros e legatários; e as de cobrança, de indenização e até de caráter real. O mesmo acontece no Direito comparado, por exemplo, o argentino, conforme Jorge O. Maffía: "Todo lo referente a la validez e interpretación de las disposiciones testamentarias, la forma de cumprilas, la reducción de las montas, las exigencias de cumplimientos de cargos o, en una palabra, la ejecución de la voluntad del testador. Igualmente, competen al juez del sucesorio las controversias referidas a la validez del título del cesionario de los derechos del legatario. El precepto enmarca en la conveniencia de la intervención de un solo juez y de la unicidad de la liquidación.

Interesa advertir que todas las acciones relativas a la ejecución del testamento continúan siendo atraídas por el juez del sucesorio, aun cuando el juicio hubiera terminado por la partición de los bienes entre los sucesores universales; tal el caso, por ejemplo, que se demandara la revocación de un legado en virtud de la inejecución del encargo".[11]

Maria Helena Diniz arrola mais pormenorizadamente as ações relacionadas à herança: "O juízo do inventário é o competente para as ações concernentes à herança (CPC, art. 96), enquanto esta se conservar *pro indiviso*, dado o caráter universal da sucessão (Código Civil, art. 57). Deveras, será ajuizada, no foro do inventário, qualquer ação relativa à herança, como: a sobrepartilha; a divisão geodésica (CPC, arts. 946, 967 e ss.); a ação de nulidade de partilha (CC, art. 1.805); a ação anulatória de decisão que concede alvará para venda de bens em inventário (*RT*, 283/359); a ação de sonegados (CC, art. 1.782); a ação de nulidade ou de anulação do testamento; a prestação de contas do inventariante ou do testamentário; os pedidos de herdeiros e legatários quanto a substituições e sub-rogações de ônus relativamente a bens da herança (*RT*, 292/286, 182/273, 256/62; AJ, 108/75); a ação de petição de herança (*RT*, 236/120); a ação de entrega de legados; a ação de exclusão do herdeiro por indignidade; ação de deserdação; a nomeação de tutor, se o *de cujus* deixou herdeiros órfãos; os pedidos de alienação de bens herdados por esses incapazes (*RT*, 145/108), etc."[12]

Consigne-se que o art. 57 do Código Civil de 1916, acima citado, está inserido no art. 91 do Código em vigor; já os arts. 1.805 e 1.782 do mesmo anterior diploma civil, também referidos, equivalem aos arts. 2.027 e 1.994 do Código atual. Por sua vez, os artigos processuais 96, 946 e 967 correspondem respetivamente, aos arts. 48, 569 e 588 do CPC/2015.

Mas aquelas lides que não mais envolvem a herança em si, embora derivem da relação da sucessão, fogem da competência do juízo do inventário. Nesta classe encontra-se a prestação de contas demandando o inventariante, ou o mandatário, promovida pelos herdeiros; a execução do formal de partilha; as cobranças contra o espólio; as ações reais imobiliárias; a investigação de paternidade contra o autor da herança, desde que não acom-

---

10 Ob. cit., *Direito das Sucessões*, 1974, vol. VI, p. 25.
11 Ob. cit., vol. I, p. 126.
12 *Curso de Direito Civil Brasileiro, Direito das Sucessões*, 3ª ed., São Paulo, Saraiva, 1987, 6º vol.

panhada de petição de herança. Não há um litígio que interfira na destinação da herança. O objeto da discussão não atinge propriamente a herança, definindo-a ou alterando-a. Há outra *persecutio*, ou uma pretensão decorrente das relações entre herdeiros. Mas não advirá uma nulidade se a tramitação for conjunta, no mesmo juízo. Até é aconselhável que assim aconteça, dada a relação íntima com o inventário.

Justificável que seja escolhido o foro do domicílio. De um lado, era a jurisdição que imperava quando se transmitiu a herança, isto é, quando morreu a pessoa, o que se mostra mais apropriado, pois lá era ela conhecida; de outro, ressalta a conveniência em estabelecer um ponto ou lugar comum para todas as questões concernentes à sucessão, sejam quais forem as ações que envolvem o centro dos interesses, da vida e da família do falecido. Predominam desde os tempos antigos a unidade e a universalidade da sucessão, isto é, que tudo se partilhe e se resolva num único inventário e em um único lugar. Já dizia Lacerda de Almeida: "Em matéria de sucessão, sob pena de violar-se a regra da igualdade e ir parar nos mais absurdos resultados, não há como não admitir a coordenação ao menos das jurisdições, não para sujeitá-las a uma só dentre elas, mas para terem um centro, sem o qual só pode haver desigualdade, desordem e injustiça. É esta doutrina fruto não de cogitações teóricas, mas de imposição de necessidades práticas, do próprio arranjo e disposição das coisas que abrem e ensinam o caminho à teoria".[13]

Existe um juízo universal. E este juízo universal, ensinava Orlando de Souza, "é aquele a que se dirigem todas as questões ou controvérsias suscitadas sobre os bens ou obrigações que tenham identidade com interesses patrimoniais, com exceção de qualquer outro na causa que for nele intentada; por outras palavras, é um juízo ordinário de competência indivisível por disposição de lei, com exclusão de outro juízo, para todas as questões, reclamações ou impugnações sobre bens, interesses ou negócios concernentes a determinada pessoa ou coletividade".[14]

Se, no entanto, vários os domicílios, em qualquer deles autoriza-se o processamento do inventário. Fica, aí, competente o juiz que tomou conhecimento do inventário em primeiro lugar.

Se estrangeiro o falecido, obedece-se a regra da competência pela lei do país do domicílio do autor da herança, por força do art. 10 da Lei de Introdução às normas do Direito Brasileiro (ementa alterada pela Lei nº 12.376/2010): "A sucessão por morte ou por ausência obedece à lei do país em que era domiciliado o defunto ou o desaparecido, qualquer que seja a natureza e a situação dos bens". Disposição já aplicada pelo STJ: "Tratando-se da sucessão de pessoa de nacionalidade libanesa domiciliada no Brasil, aplica-se à espécie o art. 10, *caput*, da Lei de Introdução, segundo o qual 'a sucessão por morte ou por ausência obedece à lei em que era domiciliado o defunto ou desaparecido, qualquer que seja a natureza e a situação dos bens'".[15]

De outro lado, se no Brasil estiverem situados os bens, é a lei brasileira que incide, diante do § 1º do citado artigo 10, acima citado: "A sucessão de bens de estrangeiros situados no país, será regulada pela lei brasileira em benefício do cônjuge ou dos filhos brasileiros, ou de quem os represente, sempre que não lhes seja mais favorável a lei pessoal do *de cujus*".

Escreve explicativamente sobre a matéria Eduardo de Oliveira Leite: "Na ordem internacional, a lei competente para reger uma sucessão mobiliária é a lei de abertura da

---

13 Ob. cit., pp. 50 e 51, nota nº 11.
14 *Inventários e Partilhas*, 10ª ed., Rio de Janeiro, Forense, 1981, pp. 7 e 8.
15 REsp. nº 275.985-SP, da 4ª Turma, j. em 17.05.2003.

sucessão. Conforme prescreve a Lei de Introdução ao Código Civil brasileira, a sucessão obedece à lei do país em que era domiciliado o defunto, qualquer que seja a situação de seus bens. Dispõem o art. 10, *caput*, e § 2º da Lei de Introdução ao Código Civil que a capacidade do herdeiro ou legatário para suceder regular-se-á pela lei do seu domicílio. Quanto à sucessão de bens de estrangeiros situados no país, será regulada pela lei brasileira em benefício do cônjuge ou dos filhos brasileiros, ou de quem os represente, sempre que não lhes seja mais favorável a lei pessoal do *de cujus*".[16] De notar que a Lei de Introdução ao Código Civil passou a denominar-se Lei de Introdução às Normas do Direito Brasileiro pela Lei nº 12.376/2010.

4. OBJETO DA SUCESSÃO

Como foi observado, a universalidade dos bens e dos direitos que possuía o *de cujus* constitui a herança. E a sucessão corresponde à aquisição da herança.

Objeto da sucessão será a universalidade dos direitos, ou dos bens que alguém deixou em razão de sua morte.

Mais especificamente, com a sucessão opera-se a transferência do patrimônio. Dizem os doutrinadores que direitos reais, obrigacionais e intelectuais, abrangentes dos direitos de autoria e de propriedade industrial, compõem o rol dos direitos transmissíveis. Seu trânsito de pessoa a pessoa, física ou jurídica, consulta de perto ao interesse econômico que pressiona as relações intersubjetivas em sociedade. Até mesmo os direitos eventuais ou, para outros, expectativas de direito transmitem-se por via hereditária, o que habilitará o espólio ou o herdeiro a providências conservatórias.

Não, porém, os valores puramente espirituais, ou de ordem estritamente pessoal; assim os valores da personalidade, que merecem uma estimativa moral e de apreciação unicamente de parte da pessoa.

São intransmissíveis a cultura, a fama, a honra, a integridade moral, a sanidade psíquica, o decoro social, o conhecimento público, as qualidades artísticas e intelectuais – por razões que não carecem de explicações. Formam, é verdade, um patrimônio para a pessoa; e mesmo para as pessoas ligadas por parentesco de laços familiares. Não podem, todavia, ser aproveitados referidos valores por indivíduos diferentes, a quem não trazem nenhuma vantagem de ordem patrimonial, se bem que repercutem para a própria posição social dos herdeiros; para a sua aceitação, não raramente, em determinados ambientes; e mesmo para a consecução de empregos ou investimentos econômicos.

No âmbito concreto da sucessão, formado o ativo, arrolam-se os imóveis, os direitos reais sobre coisa alheia, os direitos autorais, os móveis, o dinheiro, os semoventes etc., e, formando o passivo, os bens alheios, as obrigações ou dívidas, os encargos e as despesas.

4.1. Direitos de caráter pessoal e familiar

Há uma série de direitos pessoais que não entram na sucessão. Nesta ordem, arrolam-se as obrigações e direitos que se encontram relacionados no Direito de Família – exceto quanto à obrigação alimentar, sustentada pelo patrimônio que é transmitido aos sucessores. Também não se incluem a tutela e a curatela. Eis a justificação de Lacerda de Almeida,

---

16 *Comentários ao Novo Código Civil – Do Direito das Sucessões*, Rio de Janeiro, Editora Forense, 2003, vol. XXI, pp. 22 e 23.

ainda plenamente vigorante: "A natureza patrimonial do Direito das Sucessões leva a excluí-los do campo da sucessão hereditária, posto que diretamente apareçam aqui e ali relações pertencentes do Direito de Família, que denunciam as afinidades recíprocas e a antiga inclusão de um no outro".[17]

Igualmente, ficavam fora da herança, por constituírem Direito de Família, os direitos do marido sobre o dote, que o direito anterior consagrava. Da mesma forma, as prerrogativas e as obrigações que estão fora da sucessão hereditária, como os direitos e encargos ligados a emprego ou função pública ou privada; e as obrigações impostas à pessoa.

Com referência às ações judiciais que possuem fundo econômico ou objetivam algum resultado patrimonial, estas são transmissíveis. Como exemplos de tais ações, citam-se a contestatória, a ação negatória, a investigação de paternidade e de maternidade e a de impugnação ao reconhecimento do filho, sendo o autor da herança quem procurava afastar a sua paternidade, ou contestava ante o fato de alguém, dizendo-se filho, tentar conseguir o reconhecimento judicial.

Realmente, se era contestada a pretendida paternidade, deve prosseguir a ação, com a habilitação dos herdeiros.

O resultado da lide refletirá no patrimônio partilhável.

Não prosseguem as ações de separação e divórcio, em face da morte de uma das partes. É que a morte extingue o vínculo conjugal, o que retira a finalidade da separação ou do divórcio. Por isso, induvidosa a intransmissibilidade.

No caso da anulação do casamento, há a possibilidade de o resultado trazer reflexos patrimoniais. Se o casamento está celebrado pelo regime de comunhão universal, participando, pois, os cônjuges do patrimônio trazido pelo casamento, a anulação acarretará consequências patrimoniais aos herdeiros das partes envolvidas na ação. Procedente a ação, ficará sem efeito a comunhão no patrimônio. Não haverá meação. Os herdeiros, portanto, com a morte do progenitor, ficarão aquinhoados com maior quantidade de patrimônio. Daí haver sucessão tanto no polo ativo quanto no passivo. Ressalve-se sempre, porém, os bens adquiridos durante a constância da união conjugal, que remanescerá embora anulado o casamento, e se manifestada a pretensão de um dos conviventes.

4.2. Direitos a alimentos

Relativamente aos alimentos, cessa o dever com a morte do obrigado. O *quantum* devido, entretanto, pode ser exigido pelo credor. E se é este que falece, pendendo de pagamento prestações, seus herdeiros não poderão habilitar-se para receber tais atrasos, dado o caráter inteiramente pessoal da obrigação alimentar.

Aspectos mais complexos exsurgem.

Reza o art. 1.700 (antes do atual Código, o preceito constava no art. 23 da Lei do Divórcio – Lei nº 6.515, de 1977): "A obrigação de prestar alimentos transmite-se aos herdeiros do devedor, na forma do art. 1.694 do Código Civil".

O artigo referido define: "Podem os parentes, os cônjuges ou companheiros pedir uns aos outros os alimentos de que necessitem para viver de modo compatível com a sua condição social, inclusive para atender as necessidades de sua educação".

---

17 Ob. cit., pp. 36 e 37.

Portanto, vigora a transmissão. Nota-se, pois, a repercussão no patrimônio do espólio, e daí depreende-se o interesse em os herdeiros seguirem no processo, uma vez que o resultado positivo na exoneração do dever de dar alimentos, ou a improcedência da ação, determina consequências no patrimônio partilhável.

4.3. Direitos patrimoniais em coisa alheia

Há direitos patrimoniais transmissíveis *inter vivos*, mas que não são *causa mortis*. Assim acontece com referência ao usufruto. O art. 1.393 prescreve: "Não se pode transferir o usufruto por alienação; mas o seu exercício pode ceder-se por título gratuito ou oneroso". Isto durante a vida do usufrutuário. Falecendo, fica extinto o encargo, segundo deflui do art. 1.410, inc. I, assim expresso: "O usufruto extingue-se, cancelando-se o registro no Cartório de Registro de Imóveis: I – pela renúncia ou morte do usufrutuário". Isto é, o encargo não se transmite aos herdeiros usufrutuários. O seu proprietário passa a ter a utilização plena do imóvel.

Da mesma forma quanto ao uso, o art. 1.413 dispõe que os mesmos regramentos relativos ao usufruto se estendem a esta figura, desde que não contrariem sua natureza. O usuário frui a utilidade da coisa, e não seus herdeiros. Falecendo, a utilidade retorna ao titular do domínio.

No tocante à habitação, em vista do art. 1.416, consistindo no uso de habitar gratuitamente casa alheia, o proveito vai até a morte do titular do direito.

No Código de 1916, havia a renda constituída sobre imóvel, em que o tratamento era mais especificado. Falecendo o credor da renda, não havia a transmissão da mesma aos sucessores. Considerava-se limitada a constituição à pessoa do credor. Não eram atingidos os sucessores ou herdeiros. Se, porém, falecesse o titular do prédio gravado, perdurava o ônus real, segundo norma do então art. 754 daquela lei civil: "No caso de transmissão do prédio gravado a muitos sucessores, o ônus real da renda continua a gravá-lo em todas as suas partes". Por outras palavras, o encargo de prestar renda acompanhava o prédio, onerando os herdeiros.

4.4. Direito e obrigações

Além dos direitos, as obrigações assumidas em vida pelo *de cujus* também se transmitem, ficando obrigados os herdeiros. Se impossível o cumprimento, converte-se a obrigação em indenização. O Código de 1916 era explícito a respeito, de acordo com seu art. 928: "A obrigação, não sendo personalíssima, opera, assim entre as partes, como entre seus herdeiros". Não trouxe o vigente diploma regra particular em razão de que o princípio está implícito nas disposições que tratam da sucessão em geral.

Na hipótese de se encontrar obrigada uma pessoa a fornecer uma obra, ou uma prestação de serviço, e vindo ela a falecer, os herdeiros são obrigados ao atendimento, sob pena de converter-se em indenização o dever, até o montante suportável pelas forças da herança. A menos, é evidente, que se revista a obrigação de caráter personalíssimo, como uma obra de arte (pintura, escultura, um texto escrito), quando não se transfere a obrigação. Mas, se já remunerada a obra, a devolução da importância, pelos herdeiros, é de rigor, até o montante do patrimônio deixado. É o que se extrai do art. 1.792 do Código Civil: "O herdeiro não responde por encargos superiores às forças da herança;

incumbe-lhe, porém, a prova do excesso, salvo se houver inventário que a escuse, demonstrando o valor dos bens herdados".

Referência especial merece a promessa de compra e venda de bens móveis ou imóveis. Ocorrendo o pagamento de determinado número de prestações, até o falecimento, transmitem-se unicamente os valores restantes, ou que pendem de pagamento, que entrarão na herança.

Caso integralmente satisfeito o preço do momento do decesso, resta apenas a obrigação de transmitir o domínio, ou o título, não ingressando o bem no inventário. Pede-se alvará judicial de transferência, que se efetuará por escritura pública. Sendo assim, decidiu-se: "Não é de se incluir, no monte-mor, bem que o inventariado e o cônjuge prometeram vender, ainda em vida do falecido, e cujo numerário foi devidamente recebido. Cabível a expedição de alvará, autorizando o inventariante a honrar o compromisso de compra e venda".[18]

Nem há de se cogitar do imposto de transmissão *causa mortis*. Unicamente o *inter vivos* torna-se exigível, já que o fato gerador é a compra e venda, e não a sucessão.

4.5. Direitos testamentários

As disposições testamentárias não poderão transmitir obrigações. Isto é, o testador não poderá transmitir suas dívidas por testamento, o que se mostra óbvio. De igual modo, não se permite que, pela mesma forma, exclua um herdeiro de suportar o passivo que resultará após a morte. É da natureza do instituto que a finalidade é favorecer o contemplado, e não trazer obrigações. Até porque não está o favorecido ou legatário obrigado a aceitar a disposição testamentária.

4.6. Direitos indenizatórios

As indenizações a que fazia jus o falecido, e mesmo por atos ilícitos contra ele praticados, passam aos herdeiros, eis que de caráter patrimonial, integrando o acervo hereditário. Os direitos emergentes, se já em trâmites judiciais, transferem-se e partilham-se. Há, aí, uma expectativa de direito, com repercussão econômica. Mas se a vítima não promoveu a ação, tendo ela suportado prejuízos, os herdeiros têm legitimidade para buscar a reparação? A resposta é negativa, pois a integridade física ou o patrimônio lesado refere-se ao *de cujus*. A menos que os herdeiros suportem prejuízos com o ato ilícito, o qual atingiu diretamente o morto quando em vida ou dependessem economicamente da vítima, como os filhos dependentes e o então cônjuge.

A matéria deve ser vista com cuidado, pois há uma exegese contrária, de respeitável fundamento. Existindo um crédito, ou um direito de cunho patrimonial, e não promovida a respectiva exigibilidade, os herdeiros, obedecendo a ordem vocacional prevista em lei, habilitados se encontram para promover a ação competente. Mantendo-se omissos, entende-se a renúncia à ação. Daí a possibilidade de ingressarem os herdeiros da classe seguinte para buscar a reparação.

---

18 Agr. Instr. nº 592068647, 7ª Câmara Cível do TJRGS, de 02.09.92, *Revista de Jurisprudência do TJRGS*, 157/224.

4.7. Direitos indenizatórios por dano moral

No dano moral, somente se já intentada a ação, admite-se a transmissão. Se não houve o ajuizamento, supõe-se que o ofendido não se sentira abalado moralmente. Mas, em andamento a ação, existe a esperança de um acréscimo no patrimônio suscetível de partilha.

Muitos defendem a possibilidade de os herdeiros ingressarem com a demanda correspondente, inclusive com suporte no Direito comparado, posição esta adotada por Ney de Mello Almada: "A compensação referida ao dano moral pode concretizar-se em pecúnia, arbitramento judicial, incluindo-se, assim, no montante hereditário. Teria por desiderato minorar a angústia e o padecimento infligidos ao lesado. Um tanto forçado, reconheça--se que haja, no caso, uma indenização em sentido próprio, porque na escala de valores quantitativos nenhum caberia adequadamente a compô-la.

O evoluído diploma civil português, art. 496, 2, acolhe a sucessibilidade da compensação do dano moral, em linguagem de puro lavor técnico: "Por morte da vítima, o direito à indenização por danos não patrimoniais cabe, em conjunto, ao cônjuge não separado judicialmente de pessoas e bens e aos filhos ou outros descendentes; na falta destes, aos pais ou outros descendentes; e, por último, aos irmãos ou sobrinhos que os representam".[19]

Mas não cabe o direito acima se os danos morais foram suportados pela vítima. Unicamente pelos danos morais que sofreram os parentes próximos ante a perda do ente querido é que se admite a indenização. Nesta parte, equivocado o eminente doutrinador ao interpretar erradamente a lei portuguesa, pois o cânone indica as pessoas habilitadas a procurarem a reparação em face do dano moral que lhes advém pela morte do parente.

A dor moral, os sentimentos de tristeza, a frustração causada por um fato e outros estados de espírito depressivos variam de pessoa a pessoa. Às vezes, um acontecimento é transtornante para alguém e nada significa para outra pessoa. Se a vítima não ajuizou a ação competente, é admissível concluir que assim procedeu em face de nada haver sentido, ou por desculpá-la, ou por fatores que nem interessa saber. Se ela própria desinteressou-se da indenização, não encontra apoio na sã razão procurarem os herdeiros a reparação por um sentimento ou estado de espírito que, talvez, nem o *de cujus* tenha sofrido.

4.8. Direitos sobre os bens doados ao casal e direito de revogar a doação

As doações feitas ao casal possuem uma previsão especial. Falecido um dos cônjuges, transmite-se a respectiva meação? Há o cânone do art. 551, parágrafo único, assim redigido: "Se os donatários, em tal caso, forem marido e mulher, subsistirá na totalidade a doação para o cônjuge sobrevivo". Nota-se, com clareza, que a totalidade da doação ficará com o outro cônjuge, ficando fora da herança, isto é, nada percebendo dos herdeiros. Naturalmente, isto somente quando na doação for contemplado o casal.

Há casos em que a doação pode ser revogada, como no art. 555: "A doação pode ser revogada por ingratidão do donatário, ou por inexecução do encargo".

Se onerosa a doação, o descumprimento do encargo torna mais certo o direito de revogação.

O art. 557 arrola hipóteses de revogação em vista de atitudes de ingratidão do donatário, como o atentado contra a vida do doador ou a prática de homicídio doloso contra

---

19 Ob. cit., vol. I, p. 112.

30 • Direito das Sucessões | *Arnaldo Rizzardo*

ele, a ofensa física, a injúria grave ou a calúnia, e a recusa em prestar alimentos, desde que tenha o favorecido condições: "Podem ser revogadas por ingratidão as doações:

> I – se o donatário atentou contra a vida do doador ou cometeu crime de homicídio doloso contra ele;
>
> II – se cometeu contra ele ofensa física;
>
> III – se o injuriou gravemente ou o caluniou;
>
> IV – se, podendo ministrá-los, recusou ao doador os alimentos de que este necessitava".

A controvérsia é saber se, não tendo o doador ingressado com a ação de revogação, e vindo a morrer, há transmissibilidade do direito para tanto aos herdeiros. De esclarecer que na ação de revogação adota-se o procedimento comum, por força do art. 318 e por determinação do parágrafo único do art. 1.049 do CPC/2015.

É lógico que o sentido de ingratidão varia de pessoa a pessoa. Por isso, se o doador não providenciou as medidas para a revogação, não o poderão fazer seus herdeiros. Dado, pois, o cunho personalíssimo da causa de revogação, unicamente se iniciada a lide poderão os sucessores prosseguir com a mesma, para uma posterior partilha do bem doado.

O art. 560 da lei civil bem resolve a questão: "O direito de revogar a doação não se transmite aos herdeiros do doador, nem prejudica os do donatário. Mas aqueles podem prosseguir na ação iniciada pelo doador, continuando-a contra os herdeiros do donatário, se este falecer depois de ajuizada a lide".

Inocêncio Galvão Telles mostrava o seguinte entendimento, ao tempo do Código anterior, mas de plena aplicação ao Código em vigor: "Alguém faz uma doação, mas o donatário mostra-se ingrato, praticando alguma daquelas ações que caracterizam a ingratidão segundo a lei (causas determinantes de indignidade sucessória ou justificativas de deserdação). Suponhamos que o donatário é condenado por crime de calúnia (...) Perante este ato de ingratidão, reconhece a lei ao doador a faculdade de retirar o benefício concedido, mas tal faculdade não é transmissível em vida: o doador não pode cedê-la a terceiro; não pode, por exemplo, declarar que transfere a outrem para o efeito de, se assim quiser, obter em juízo a rescisão da doação, ficando com os bens que o cedente lhe doaria ou venderia. A lei entende que só o doador deve decidir se é ou não caso de promover a rescisão, para isso intentando e levando até o fim a necessária ação judicial. A sorte da doação fica ao exclusivo arbítrio do doador; a ele compete resolver se a ofensa feita aos seus sentimentos pessoais através da ingratidão é de molde a justificar a rescisão do benefício".[20]

Todavia, no tocante à anulação, em vista da presença de vícios ou qualquer outra causa, não se verifica tal restrição, facultando-se o ingresso da competente ação desconstitutiva.

4.9. Direitos em bens inalienáveis

E no que toca aos bens inalienáveis por cláusula instituída pelo doador ou testador?

A sua imposição, além de obrigar a intransmissibilidade, torna os bens impenhoráveis e incomunicáveis, estipulando o art. 1.911: "A cláusula de inalienabilidade, imposta aos bens por ato de liberalidade, implica impenhorabilidade e incomunicabilidade".

---

20 *Direito das Sucessões*, ob. cit., pp. 59 e 60.

O parágrafo único: "No caso de desapropriação de bens clausulados, ou de sua alienação, por conveniência econômica do donatário ou do herdeiro, mediante autorização judicial, o produto da venda converter-se-á em outros bens, sobre os quais incidirão as restrições opostas aos primeiros".

Vê-se que atualmente, em sensível evolução quanto ao regramento anterior, em termos prepondera a inalienabilidade. A limitação não persegue o bem para depois da morte de seu titular. Não se encontra sentido algum na permanência desta restrição indefinidamente, pois a proteção na preservação do patrimônio possui alguma justificativa enquanto vive a pessoa favorecida. Não se localiza algum motivo em coibir a livre circulação das riquezas, posto que os bens posteriores têm importância enquanto servem para facilitar a vida, ou satisfazem determinadas necessidades.

4.10. Direitos em espaços destinados a sepulturas

De observar, ainda, que muitas pessoas são titulares de sepulcros, ou espaços reservados a sepulturas. Há cemitérios públicos, em geral dos municípios, ou entidades públicas. Adquirem as pessoas o direito ao uso, por determinado lapso de tempo, mediante o pagamento de uma taxa em dinheiro.

Há, também, cemitérios particulares, de associações ou irmandades, onde são alugados espaços; ou cemitérios organizados por pessoas jurídicas, que vendem os espaços. Nada impede a aquisição de vários desses espaços. Neste caso, entram no inventário, e são partilháveis.

4.11. Direitos em bem de família

O bem de família, ou o prédio destinado à moradia por escritura pública, com o devido registro imobiliário, assim como os valores mobiliários destinados à conservação do imóvel e ao sustento da família, dentro das regras dos arts. 1.711 a 1.722 do Código Civil, não são penhoráveis, e só entram em inventário após a morte dos cônjuges e a maioridade dos filhos.

Quanto à impenhorabilidade, está no art. 1.716: "A isenção de que trata o artigo antecedente durará enquanto viver um dos cônjuges, ou, na falta destes, até que os filhos completem a maioridade".

Mesmo que existam outros bens, não fica afastado o direito à impenhorabilidade, como vem entendendo o STJ: "A jurisprudência deste Tribunal é firme no sentido de que a Lei nº 8.009/1990 não retira o benefício do assim de família daqueles que possuem mais de um imóvel. O parágrafo único do artigo 5º da Lei nº 8.009/1990 dispõe expressamente que a impenhorabilidade recairá sobre o bem de menor valor na hipótese em que a parte possuir vários imóveis utilizados como residência, o que não ficou demonstrado nos autos" (REsp nº 1.608.415/SP, Rel. Min. Ricardo Villas Bôas Cueva, 3ª T., j. em 02.08.2016).

No tocante a não inclusão no inventário, a regra vem no art. 1.722: "Extingue-se, igualmente, o bem de família com a morte de ambos os cônjuges e a maioridade dos filhos, desde que não sujeitos a curatela".

Outrossim, em caso de morte de um dos cônjuges, o parágrafo único do art. 1.721 faculta ao sobrevivente promover a extinção do bem de família: "Dissolvida a sociedade conjugal pela morte de um dos cônjuges, o sobrevivente poderá pedir a extinção do bem de família, se for o único bem do casal".

Nota-se que a faculdade independe da existência ou não de filhos.

4.12. Direitos patrimoniais de autores intelectuais

A confecção de obras de arte, ou de livros, confere aos autores os direitos sobre os trabalhos realizados, que são transmissíveis hereditariamente. Neste sentido, a redação do art. 24, § 1º, da Lei nº 9.610, de 19.02.1998, que expressa, relativamente aos direitos morais: "Por morte do autor, transmitem-se a seus sucessores os direitos a que se referem os incisos I a IV". De acordo com tais incisos, transmitem-se, pois: I – o direito de reivindicar, a qualquer tempo, a autoria da obra; II – o de ter seu nome, pseudônimo ou sinal convencional indicado ou anunciado, como sendo o do autor, na utilização de sua obra; III – o de conservar a obra inédita; IV – o de assegurar a integridade da obra, opondo-se a quaisquer modificações ou à prática de atos que, de qualquer forma, possam prejudicá-la ou atingi-la, em sua reputação ou honra.

Se assim rege-se a matéria quanto aos direitos morais, com maior força os de valor patrimonial, desde que incluídos no lapso de proteção de setenta anos, contado a partir de 1º de janeiro do ano subsequente ao de seu falecimento. O elenco de direitos está no art. 29 da mesma Lei nº 9.610, sendo o seguinte:

I – A reprodução parcial ou integral;

II – a edição;

III – a adaptação, o arranjo musical e quaisquer outras transformações;

IV – a tradução para qualquer idioma;

V – a inclusão em fonograma ou produção audiovisual;

VI – a distribuição, quando não intrínseca ao contrato firmado pelo autor com terceiros para uso ou exploração da obra;

VII – a distribuição para oferta de obras ou produções mediante cabo, fibra ótica, satélite, ondas ou qualquer outro sistema que permita ao usuário realizar a seleção da obra ou produção para percebê-la em um tempo e lugar previamente determinados por quem formula a demanda, e nos casos em que o acesso às obras ou produções se fará por qualquer sistema que importe em pagamento pelo usuário;

VIII – a utilização, direta ou indireta, da obra literária, artística ou científica, mediante:

a) representação, recitação ou declamação;

b) execução musical;

c) emprego de alto-falante ou de sistemas análogos;

d) radiodifusão sonora ou televisiva;

e) captação de transmissão de radiodifusão em locais de frequência coletiva;

f) sonorização ambiental;

g) a exibição audiovisual, cinematográfica ou por processo assemelhado;

h) emprego de satélites artificiais;

i) emprego de sistemas óticos, fios telefônicos ou não, cabos de qualquer tipo e meios de comunicação similares que venham a ser adotados;

j) exposição de obras de artes plásticas e figurativas;

IX – a inclusão em base de dados, o armazenamento em computador, a microfilmagem e as demais formas de arquivamento do gênero;

X – quaisquer outras modalidades de utilização existentes ou que venham a ser inventadas.

O principal direito está evidentemente na percepção do pagamento pelo contrato de edição ou de cessão.

A duração fica limitada pelo espaço de setenta anos, iniciando o prazo no dia 1º de janeiro do ano subsequente ao falecimento do autor. Esta a previsão do art. 41 da Lei nº 9.610: "Os direitos patrimoniais do autor perduram por setenta anos contados de 1º de janeiro do ano subsequente ao de seu falecimento, obedecida a ordem sucessória da lei civil".

Mesmo às obras póstumas dá-se o mesmo prazo de proteção, naturalmente incluindo os sucessores, em consonância com o parágrafo único do mesmo artigo. Já pelo art. 42, quando a obra literária, artística ou científica for realizada em coautoria e for indivisível, conta-se o prazo da morte do último dos coautores sobreviventes. Acrescenta seu parágrafo único que passarão para os sobreviventes os direitos do coautor que falecer sem sucessores. Inexistindo, porém, parentes, a obra cairá em domínio público na data do seu falecimento (art. 45, inc. I).

Daí inferir que nos direitos autorais constituem um patrimônio e formam um valor de fundo econômico, o que autoriza considerá-los como herança.

De igual modo, pode-se falar no pertinente à propriedade industrial, regulada pela Lei nº 9.279, de 14.05.1996, como se depreende do § 2º de seu art. 6º. Uma vez conseguida uma patente, ou registrada uma marca, a respectiva propriedade transfere-se, com a abertura da sucessão, aos herdeiros, que passarão a usufruir das vantagens decorrentes e, em especial, do privilégio da invenção.

Nota-se a configuração de uma transferência de bens com estimativa econômica. O objeto inventado, a sua marca e a carta patente transmitem-se aos herdeiros, pois representam um patrimônio, seguindo-se o proveito do privilégio pelo período de tempo ainda faltante.

4.13. Direitos sobre a conta-corrente bancária do *de cujus* contratada em conjunto com outra pessoa

Assunto de muita controvérsia, que sempre enseja dúvidas, relaciona-se à conta-corrente bancária em conjunto de duas ou até mais pessoas.

Qual o valor que é partilhável, se um dos correntistas ainda vive?

Primeiro, vai a definição de conta-corrente do tipo "e/ou", ou conta conjunta indistinta: é a conta aberta em nome de duas ou mais pessoas, em um banco, podendo cada uma depositar e sacar valores. Cada pessoa, por si e sem anuência dos demais, pode exercer a totalidade dos direitos, ou fazer funcionar livremente a conta. O banco tem a obrigação de receber os depósitos que são enviados pelos clientes ou terceiros, e cumprir ordens de pagamento até o limite da provisão existente ou do crédito que se tenha estabelecido.

Há copropriedade, ou comunhão do dinheiro. Esta a compreensão que se colhe da jurisprudência: "A pluralidade do depositante implica copropriedade do depósito-dinheiro ou, melhor dito, cotitularidade do direito de crédito, ao qual se aplicam as regras sobre comunhão de bens. O fato de que os fundos são levantados indistintamente por qualquer dos depositantes não significa que o autor da retirada não se torne proprietário exclusivo do dinheiro recebido. No tocante à divisão do depósito, aplicam-se as regras do condomínio, por remissão destas, a de partilha da herança (art. 641 do CC). Falecendo um dos cotitulares da conta indistinta ou depósito alternativo, transmite-se aos seus sucessores a sua quota no depósito.

Consequentemente, a importância desse crédito, no dia da abertura do crédito, deve ser incluída entre os bens do espólio".[21] Registre-se que o citado art. 641 corresponde ao art. 1.321 do Código de 2002, rezando: "Aplicam-se à divisão do condomínio, no que couber, as regras de partilha de herança (arts. 2.013 a 2.022)".

Mas algumas dificuldades surgem. A conta em nome de dois ou mais indivíduos, solidariamente ou sem estabelecer limites na responsabilidade, sugere outras indagações, ou que leva a não se aplicar a parte final da decisão acima. As movimentações cabem a cada cônjuge ou sócio da conta, tanto que a qualquer deles nenhum óbice é colocado em sacar os valores depositados. Nada impede os levantamentos, ou movimentações. Os titulares tornam-se proprietários das contas, havendo uma doação feita pelo depositário ao cotitular. Nasce uma figura um pouco diferente do condomínio, ou da comunhão, e que, na prática, admite uma doação com reservas – estas até o limite do que o titular saca.

Assim, embora a comunhão ou o condomínio, pois a titularidade é de todos os assinantes, está presente a possibilidade ou a autorização de cada um retirar o total depositado – o que institui um regime de comunicação e doação mútua da parte que alguém saca e não decorre da quantia que ele depositou antes. Vem a propósito o ensinamento de Sérgio Carlos Covello: "A morte de um dos titulares não extingue a relação contratual; os correntistas sobreviventes continuam a manter a conta, conservando todos os direitos inerentes, e se desejarem poderão retirar todos os fundos, sem nenhum impedimento. Não assiste ao herdeiro do correntista falecido o direito de sucedê-lo na cotitularidade da conta. Se por ocasião da morte de um dos correntistas solidários a conta apresenta saldo devedor, pode o banco cobrar, indistintamente, o que lhe é devido ao concorrente supérstite ou aos herdeiros do defunto".[22]

Daí, então, pelo regime deste tipo de contrato, totalmente *sui generis*, no caso de morte de um dos depositantes, o outro pode continuar efetuando retiradas de fundos, se a conta for movimentável indistintamente por qualquer um dos titulares.

A cotitularidade, pois, ao mesmo tempo em que envolve uma comunhão ou condomínio, também deixa presente, subjacentemente, a exclusividade na disposição – o que é inerente na conta conjunta.

Existe, não se desconhece, uma corrente de jurisprudência determinando a divisão do saldo existente, entre o titular sobrevivente e os herdeiros do falecido, com ofensa à própria natureza da conta-corrente em conjunto. Nesta linha, citam-se as seguintes ementas:

"Sucessões. Inventário. Partilha do saldo deixado em conta-corrente conjunta de herdeira e *de cujus*. Copropriedade dos valores. Partes iguais. 1. A conta bancária conjunta importa em transmissão mútua de valores depositados. 2. Admitida a disponibilidade total do montante por qualquer dos correntistas. 3. A ocorrência de pluralidade dos depositantes implica copropriedade do dinheiro depositado. 4. Comprovada existência de saldo no momento do óbito, ao menos parte deve ser transmitida aos sucessores. 5. Caso dos autos indica para a posição de repartir, em partes iguais, o saldo deixado, ante a escassez de provas sobre a origem dos depósitos. Negado provimento ao agravo".[23]

---

21 Apel. Cív. nº 583017793, 2ª Câmara Cível do TJRGS, de 08.06.83, *Revista de Jurisprudência do TJRGS*, 100/435.
22 *Contratos Bancários*, São Paulo, Editora Saraiva, 1981, p. 106.
23 Agravo de Instrumento nº 70012370227, 7ª Câmara Cível do TJRGS, rel. Des. Maria Berenice Dias, j. em 24.08.2005.

Nos depósitos bancários com dois ou mais titulares, cada um dos correntistas, isoladamente, exercita a totalidade dos direitos na movimentação da conta-corrente. No advento da morte de um dos titulares, no silêncio ou omissão sobre a quem pertenciam as quantias depositadas, presume-se que o numerário seja de titularidade dos correntistas em iguais quinhões. A cotitularidade gera estado de condomínio e como tal, a cada correntista pertence a metade do saldo (art. 639 do CC).[24]

Merecem destaque as seguintes razões, colhidas do voto do Relator:

A conta conjunta não integra a universalidade de bens pelo valor total nela depositado.

Isso porque, nos depósitos bancários com dois ou mais titulares, cada um dos correntistas, isoladamente, exercita a totalidade dos direitos na movimentação da conta-corrente. No advento da morte de um dos titulares, no silêncio ou omissão sobre a quem pertenciam as quantias depositadas, presume-se que o numerário seja de titularidade dos correntistas em iguais proporções.

A propósito, o art. 639 do CC dispõe que, sendo dois ou mais depositantes, e divisível a coisa, a cada um só entregará o depositário a respectiva parte, salvo se houver entre eles solidariedade.

A cotitularidade gera estado de condomínio e, como tal, a cada correntista pertence a metade do saldo (*concursu partes fiunt*).

Dessa forma, ocorrido o falecimento de um dos titulares da conta, a metade caberá ao outro titular, que poderá efetuar o saque independentemente de qualquer formalidade judicial. A quantia restante deverá ser atribuída aos sucessores do falecido, devendo ser incluída no monte partível.

Esse é o entendimento adotado por Maria Berenice Dias:

"(...) se o crédito pertence a ambos os titulares, os valores ou os débitos existentes quando da abertura da sucessão necessitam ser partilhados entre os correntistas, integrando o acervo sucessório do falecido a metade do saldo, quer positivo, quer negativo. A parte correspondente ao crédito do correntista sobrevivente não depende de inventário e sequer é necessária a expedição de alvará para o saque" (Manual das Sucessões. Ed. Revista dos Tribunais, SP, 2ª edição revista, atualizada e ampliada, 2011, pág. 257).

Sebastião Amorim e Euclides de Oliveira compartilham do mesmo entendimento:

"Também não se sujeitam a inventário e partilha: (...) parte das contas conjuntas que os Bancos abrem para duas ou mais pessoas, podendo qualquer delas fazer o saque da sua cota condominial" (Inventários e Partilhas – Direito das Sucessões – Teoria e Prática. Ed. Universitária de Direito, São Paulo, 21ª ed., 2008, pág. 322).

Sob a ótica defendida, porém, inadmissível o arrolamento do saldo existente. Antes do decesso já se operara a comunhão, mas com a autorização de disponibilidade total por qualquer um dos correntistas.

A menos isto que se vislumbre, na espécie, apenas uma autorização para um cotitular sacar.

Fato possível em situações especiais, como na impossibilidade ou incapacidade de o titular sacar valores, e sendo concomitante a autorização ou o contrato ao momento da superveniência da incapacidade.

---

24 REsp 1.511.976/MG, da 3ª Turma, rel. Min. Moura Ribeiro, j. em 28.04.2015, *DJe* de 12.05.2015.

Desde, porém, que os cotitulares formem uma sociedade ou pertençam a um grupo familiar, permite-se a participação, ou a comunhão dos haveres, com a mútua transmissão dos fundos existentes.

Muito menos há que se falar em prestação de contas contra aquele que perdurou a efetuar movimentações, de acordo com o antigo julgado: "Prestação de contas. Devida por todos aqueles que administram ou têm, sob sua guarda, bens ou adiantamentos alheios para execução de incumbência previamente determinada ou por lei ou convenção a tanto obrigados. Conta conjunta solidária ou indistinta ou, ainda, do tipo "e/ou", em que cada correntista integrante tem plena disponibilidade do exercício dos direitos emanados de relação contratual com o banco, não obriga à prestação de contas do sobrevivo aos herdeiros de um dos correntistas premorto. O decesso, aliás, de um dos correntistas não extingue nem interrompe a relação contratual, que prossegue com o remanescente, conservando estes direitos inerentes e com possibilidade de retirada de todos os fundos da conta. Descabimento da ação, por não ser o correntista supérstite, administrador, ter sob sua guarda bens ou adiantamentos só cocliente, cuja defunção ocorreu. Se inexistia pacto ou estipulação restritiva, sua disponibilidade dos fundos existentes era plena, nada podendo, em termos de pedir contas, os herdeiros ou o espólio".[25]

5. O PATRIMÔNIO SUCESSÍVEL E DOAÇÕES INOFICIOSAS

Todo o patrimônio da pessoa que morre entra na sucessão. Não importa o tipo de bens, ou a sua quantidade.

Todavia, a pessoa pode dispor de metade de seus bens em testamento, assim computada depois de excluída a meação do outro cônjuge. Existe, pois, uma restrição ao direito de dispor a título gratuito, de modo a não se criar uma situação lesiva à legítima, ou à parte do patrimônio que é obrigatoriamente reservada aos herdeiros necessários. Se alguém exceder o *quantum* permitido, dá ensejo ao que se chama de "redução das disposições testamentárias". O mesmo acontece quanto à doação. A lei considera nula a doação quanto à parte que excedeu o que o autor da liberalidade poderia dispor em testamento. Há a ineficácia no montante excedente à metade do patrimônio do testador ou do doador.

O *quantum* excedente, na doação, denomina-se "liberalidade inoficiosa", que vem a definir-se como atribuição de patrimônio por ato *inter vivos* ou *causa mortis* em quantidade superior à meação permitida, a ponto de ofender a legítima dos herdeiros.

O art. 1.967 manda que se reduza o testamento: "As disposições que excederem a parte disponível reduzir-se-ão aos limites dela, de conformidade com o disposto nos parágrafos seguintes".

E com relação à doação, está no art. 549: "Nula é também a doação quanto à parte que exceder à de que o doador, no momento da liberalidade, poderia dispor em testamento".

Não valem, pois, as doações e o testamento na parte que ultrapassa a metade do montante permitido.

5.1. Momento em que se apura o excedente

Há um momento para a conferência do excedente, tanto no testamento como na doação.

---

25 Apel. Cív. nº 583017793, 2ª Câmara Cível do TJRGS, de 08.06.1983, *Revista de Jurisprudência do TJRGS*, 100/435.

No testamento, a verificação é na oportunidade do óbito do testador, abatendo-se, antes, as dívidas e despesas de funeral. O art. 1.847 é expresso: "Calcula-se a legítima sobre o valor dos bens existentes na abertura da sucessão, abatidas as dívidas e as despesas do funeral, adicionando-se, em seguida, o valor dos bens sujeitos a colação".

É claro que aí vai aferir-se a obediência ou não aos limites legais.

Quanto às doações, o exame far-se-á no instante da liberalidade. O art. 549, acima transcrito, imputa de nulidade a porção que exceder aquilo que o doador, quando da liberalidade, poderia dispor em testamento.

Depreende-se, então, que o patrimônio deve ser observado e aquilatado ao ocorrer a liberalidade. Com isto, tenta-se evitar fraudes de toda ordem e possível incapacidade para uma posterior reposição, quando da partilha por morte do doador.

5.2. Cálculo da parte disponível e da legítima

Como já referido, a parte disponível é calculada de uma forma bem simples: subtraem-se as dívidas e despesas de funeral existentes, dividindo-se o montante que resultar em duas partes.

Já a legítima possui uma fórmula um pouco mais complexa. Primeiramente, convém lembrar que legítima significa a porção a que tem direito em receber o herdeiro. Havendo herdeiro necessário (descendentes, ascendentes e cônjuge), é obrigatória a reserva das legítimas.

Há de se lembrar que o testador poderá dispor de até a metade de seus bens, ou da meação, se for casado.

No testamento, é possível que conste a cláusula de testar como adiantamento da legítima.

As doações sempre se computam como adiantamento.

Havendo, pois, herdeiros necessários, como calcular a legítima, que é a porção de bens reservada aos herdeiros necessários?

Considera-se, aqui, que, havendo testamento, existiu a cláusula estabelecendo o adiantamento, visto que as doações sempre possuem tal caráter.

Ao patrimônio existente quando da morte somam-se os adiantamentos dividindo-se em duas porções. Uma delas equivale à parte disponível, enquanto a outra é de direito dos herdeiros necessários. E os herdeiros já contemplados com parte do patrimônio, em até metade do mesmo (descontada, é evidente, a meação do cônjuge supérstite, quando existir), terão a legítima descontada da parcela adiantada.

É o que se depreende do art. 1.847: "Calcula-se a legítima sobre o valor dos bens existentes na abertura da sucessão, abatidas as dívidas e as despesas do funeral, adicionando-se, em seguida, o valor dos bens sujeitos à colação".

Desconta-se, ou retira-se, sempre a importância relativa às dívidas e às despesas de funeral. Acrescenta-se o valor que tiverem os bens doados, ficando sujeitos à colação. Em consequência, irá essa parte compor os quinhões dos herdeiros.

De outro lado, observe-se que as doações constituem adiantamentos; no tocante às disposições testamentárias, tal ocorrerá somente quando o autor da disposição tal consignar no instrumento.

A partilha, portanto, envolverá aquela parte não abrangida no testamento, e que nunca poderá ser inferior à metade do valor do patrimônio existente quando do decesso.

Vindo os adiantamentos em doações sucessivas, não se faz o cálculo a cada ocorrência. Somam-se todos eles, e apura-se a repercussão ou o reflexo junto ao patrimônio que restou ao se dar a morte.

5.3. Partilha da parte inoficiosa

Tendo o herdeiro sido contemplado por doação ou testamento com uma porção superior à quota a que teria direito, nada devendo, pois, receber, terá que devolver o excesso.

Mas necessário lembrar, antes, que o testamento em favor do herdeiro necessário não afasta a legítima em seu favor. O art. 1.849 assim ordena: "O herdeiro necessário, a quem o testador deixar a sua parte disponível, ou algum legado, não perderá o direito à legítima".

Para que a doação não arrede o direito de herdar, exige-se que desta forma disponha o doador, de modo claro e explícito, mesmo que não em testamento. É o conteúdo do art. 2.005: "São dispensadas da colação as doações que o doador determinar que saiam da parte disponível, contanto que não a excedam, computando o seu valor ao tempo da doação".

Nota-se a diferença quanto ao testamento: neste, somente se constar expressamente em cláusula é que a disposição se inserirá como adiantamento; do contrário, sempre participará o herdeiro necessário na herança. Na doação, é imprescindível que seu autor diga textualmente para se dispensar a colação. Nada referindo, enquadra-se a liberalidade como adiantamento.

Toda vez que, no entanto, as liberalidades excederem a legítima, opera-se o que se chama de redução de disposição inoficiosa, considerada como o meio jurídico para reconstituir o quinhão a que têm direito os herdeiros necessários, de modo a receberem os mesmos a legítima no inventário.

A redução tem lugar quando foram doados bens em um *quantum* superior ao permitido e quando são preteridos os herdeiros legítimos, por instituir o testador um estranho como herdeiro universal, ou dispor em testamento mais do que a lei autoriza.

Em suma, há liberalidades lesivas aos herdeiros legitimários, o que se corrige com a redução.

E para corrigir tais distorções, ou sanar a ofensa à legítima, o herdeiro deverá requerer a redução no próprio inventário, se não oferecer a questão controvérsia maior, quando, então, procurar-se-á a via ordinária.

A parte restituída entrará na partilha, ou os bens reduzidos serão reintegrados na massa sucessória e distribuídos segundo a vocação hereditária.

6. INDIVISIBILIDADE DA HERANÇA

Já anotado que o domínio e a posse transmitem-se, desde logo, aos herdeiros. Todos os herdeiros são revestidos do domínio e da posse. Todavia, o direito será indivisível, como um todo unitário, segundo emana do art. 1.791: "A herança defere-se como um todo unitário, ainda que vários sejam os herdeiros". Complementa o parágrafo único, sem regra similar no anterior Código: "Até a partilha, o direito dos coerdeiros, quanto à propriedade e posse da herança, será indivisível, e regular-se-á pelas normas relativas ao condomínio".

Expunha Maria Helena Diniz, ainda sob o domínio da lei civil de 1916, mas inteiramente de acordo com o atual sistema: "Para os efeitos legais, a sucessão aberta é tida como imóvel (CC, art. 44, III). Imobilizada a massa hereditária, exige-se, para a sua cessão, escritura pública (CC, art. 134, II), e, para a demanda judicial, outorga uxória, para que o respectivo titular possa estar em juízo. E a herança, conforme o art. 57 do Código Civil, é uma universalidade *juris* indivisível até a partilha, de modo que, se houver mais de um herdeiro, o direito de cada um relativo à posse e ao domínio do acervo hereditário permanecerá indivisível até que se ultime a partilha (CC, art. 1.580, parágrafo único)".[26] Alerta-se que os apontados arts. 44, III, 134, II, 57 e 1.580 equivalem respectivamente aos arts. 80, II, 108, 91 e 1.791 do vigente Código Civil.

De modo que não é possível situar a posse de cada herdeiro nos bens da herança, pois formam os mesmo um todo indivisível até a partilha, quando então será especificado o quinhão do respectivo herdeiro ou se individualizam os bens, de conformidade com o plano de partilha. Desde a abertura da sucessão, forma-se um regime de condomínio sucessório.

Todos os herdeiros mantêm a posse conjuntamente, não se podendo, desde logo, separar os bens.

É como reconhece a jurisprudência do STJ: "O patrimônio deixado pelo *de cujus* permanece indiviso até a partilha, de forma que cada herdeiro é titular de uma fração ideal daquela universalidade e não de qualquer dos bens individualizados que a compõem. Assim, a constrição de imóvel integrante do acervo do espólio, destinada à satisfação de dívida do falecido, não enseja a obrigatória intimação do cônjuge do herdeiro coexecutado".[27]

Cada um poderá exercer os direitos que tinha o autor da herança. No entanto, como sempre foi reconhecido pela doutrina e pela jurisprudência, admite-se a localização da posse, desde que exercida de modo manso e pacífico, e se exerça *cum animo domini*, o que leva a possibilitar o usucapião, se o exercício se estende pelo tempo suficiente que a lei prevê. Nesse posicionamento, além de outros autores, está Pontes de Miranda,[28] reeditando o pensamento que vinha defendido por Pedro Nunes.[29]

Seja qual for o herdeiro, faculta-se ingressar com as ações possessórias em defesa dos bens que constituem a herança, reivindicar o patrimônio ou promover outras demandas contra terceiros, sempre no interesse da herança. Mais propriamente, autoriza-se proceder ou litigar em favor da herança, ou em defesa do acervo hereditário, sem facultar ao terceiro a exceção de não ser o pretendente titular de todos os bens.

Não é necessário, daí, em quaisquer ações, que se abra o inventário para reivindicar ou para defender os bens. Era claro Clóvis Beviláqua: "Qualquer dos herdeiros pode reclamar de terceiro, estranho à herança, a totalidade dos bens. Um herdeiro não pode pedir de outro a entrega da totalidade da herança, porque ambos têm direito igual".[30]

Sintetiza-se, pois, afirmando que, nas ações, o herdeiro tem direito à totalidade do patrimônio, mesmo que, posteriormente, seja-lhe pago somente um quinhão.

Mas esta abrangência não importa em reconhecer-se o direito de hipotecar, ou onerar, ou ceder a totalidade do patrimônio. Para tanto, mister a participação de todos os herdeiros. Quanto muito, admite-se ao sucessor a cessão dos direitos hereditários que possui sobre o monte da herança, através de escritura pública.

---

26 Ob. cit., 6º vol., p. 36.
27 REsp. nº 319.719/SP, da 3ª Turma, j. em 27.06.2002, *DJU* de 16.09.2002.
28 *Comentários ao Código de Processo Civil*, Forense, 1997, vol. XIII, p. 160.
29 *Do Usucapião*, Freitas Bastos, 1964, p. 79.
30 *Código Civil dos Estados Unidos do Brasil Comentado*, edição histórica, Rio de Janeiro, Editora Rio, 1958, p. 744.

40 • Direito das Sucessões | *Arnaldo Rizzardo*

Unicamente com a partilha concretiza-se o direito do herdeiro em individualizar o domínio e a posse, recebendo o competente formal. Aí os atos de defesa ou vindicação terão caráter individual.

7. A ADMINISTRAÇÃO DA HERANÇA

Questão importante refere-se à administração da herança ou dos bens após a morte da pessoa, até que se ultime a partilha.

O art. 1.797 atribui o mister ao cônjuge ou companheiro sobrevivente, e a outras pessoas, conforme quem se encontrar na posse: "Até o compromisso do inventariante, a administração da herança caberá, sucessivamente:

> I – ao cônjuge ou companheiro, se com o outro convivia ao tempo da abertura da sucessão;
>
> II – ao herdeiro que estiver na posse e administração dos bens, e, se houver mais de um nessas condições, ao mais velho;
>
> III – ao testamenteiro;
>
> IV – a pessoa de confiança do juiz, na falta ou escusa das indicadas nos incisos antecedentes, ou quando tiverem de ser afastadas por motivo grave levado ao conhecimento do juiz".

É evidente que a administração importa em nomeação para o cargo de inventariante. Não se compactua a administração em uma pessoa e a nomeação de inventariante para pessoa distinta. Jurisprudencialmente, assim se entende: "A posse e a administração dos bens do espólio é direito do inventariante, direito este que não é dele pessoalmente, mas do próprio espólio. É esse direito, assegurado no art. 991, II, do CPC, que afastaria, de forma inapelável, a pretensão da impetrante. Não pode ela pretender, unicamente pelo direito de meação de que desfruta, a posse de bens que devem ser conservados com a pessoa que assumiu o encargo de inventariante, por motivos óbvios".[31] O citado art. 991, II, corresponde ao art. 618, II, do CPC vigente.

Assim, o coerente é que se invista no cargo de inventariante aquele que se encontra na administração.

Aliás, o Código de Processo Civil mantém certa coerência com a nomeação para o cargo de inventariante, que recai naquele que exerce a administração, acrescentando mais outras pessoas, como se vê no art. 617 do CPC:

> Art. 617. O juiz nomeará inventariante na seguinte ordem:
>
> I – o cônjuge ou companheiro sobrevivente, desde que estivesse convivendo com o outro ao tempo da morte deste;
>
> II – o herdeiro que se achar na posse e na administração do espólio, se não houver cônjuge ou companheiro sobrevivente ou se estes não puderem ser nomeados;
>
> III – qualquer herdeiro, quando nenhum deles estiver na posse e na administração do espólio;

---

31 Mandado de Segurança nº 589016260, 2ª Câmara Cível do TJRGS, de 24.05.89, *Revista de Jurisprudência do TJRGS*, 140/149.

IV – o herdeiro menor, por seu representante legal;

V – o testamenteiro, se lhe tiver sido confiada a administração do espólio ou se toda a herança estiver distribuída em legados;

VI – o cessionário do herdeiro ou do legatário;

VII – o inventariante judicial, se houver;

VIII – pessoa estranha idônea, quando não houver inventariante judicial.

A administração, normalmente, exige a posse. Da mesma forma, a nomeação para a função de inventariante. Todavia, uma situação não é condição da outra. É possível a administração sem a posse. Não se admite apenas a inventariança sem a administração.

Relativamente ao cônjuge ou companheiro, pressupõe-se que tenha existido a convivência com o falecido quando de seu decesso. De modo geral, em vista do inc. I do art. 617 do CPC/2015, encontrando-se os cônjuges separados de fato, não é de se nomear inventariante o sobrevivente. Se a separação é judicial, presume-se que já se procedera à partilha de bens, e aí não se justifica qualquer dúvida.

Mas a exigência da convivência para o cargo não é absoluta, especialmente quando os filhos são menores e se encontram sob o poder familiar do sobrevivente. Ninguém é melhor que o progenitor, ou a progenitora, para cuidar dos interesses da prole, posto que meeiro ou meeira, com amplo conhecimento da situação da família e dos bens e aptidão para a direção dos interesses dos filhos.

Quanto à administração, conforme se retira do inc. I do art. 1.797, não se condiciona ao regime de bens do cônjuge sobrevivente para a nomeação. Leva-se em conta somente a posição ocupada junto ao *de cujus* para ensejar o direito à administração. Nem o regime de separação total afasta o exercício do cargo. Tem preponderância a posição de quem já exerce o comando em conjunto com o cônjuge que faleceu, e, assim, está a par dos negócios, dos bens, das dívidas e mesmo dos meandros que envolvem a herança. Aliás, cumpre acrescentar, em vista do art. 617 do CPC, que ficou ratificada a inexistência de diferenciação no concernente ao regime de bens.

Quanto aos herdeiros, a nomeação recairá no herdeiro que se achar na posse corporal e na administração dos bens. Entre os coerdeiros, ou se mais de um ocupar essa posição, exercerá a função o mais velho. Não se impede a modificação da ordem, se justificadamente entender o juiz, graduando a preferência pela idoneidade.

Em síntese, assume a inventariança quem está na administração, que em geral tem a posse, merecendo preponderância, porém, aquele que inspira ou reflita maior idoneidade e capacidade. Não há de recair a nomeação no herdeiro que não merece confiança, ou que litigou contra o autor da herança, ou que o prejudicou, ou se aproveitou de sua pessoa e desbaratou os bens da mesma. Nesta situação encontra-se, também, a pessoa falida, ou insolvente, ou envolvida em falcatruas, ou que tem seu patrimônio sequestrado, indisponível e comprometido.

Já o inc. III do art. 1.797 transfere a administração para o testamenteiro. Supõe-se, aqui, não apenas que não haja herdeiro, mas sobretudo que os existentes não ofereçam condições para o desempenho do cargo.

O art. 617, inc. V, do CPC restringe mais a possibilidade de nomear o testamenteiro: "o testamenteiro, se lhe tiver sido confiada a administração do espólio ou se toda a herança estiver distribuída em legados".

Na verdade, impende se compreenda com alguma elasticidade a regra, porquanto mais importante é a preservação do espólio, ou sua boa administração.

E inexistindo as pessoas acima nomeadas, recairá a nomeação em inventariante judicial (art. 617, inc. VII, do CPC). Geralmente, não existe o cargo de inventariante judicial. Conhecem-se profissionais com funções afins, os quais são normalmente advogados contratados ou nomeados para desempenhar a defensoria dos necessitados, e que podem merecer a nomeação.

Finalmente, será administrador, na falta das pessoas referidas, ou na impossibilidade de elas desempenharem a função, alguém da confiança do juiz. Igualmente para inventariante, na hipótese, a nomeação se fará em pessoa estranha e idônea (art. 617, inc. VIII, do CPC). Isto é, tanto se inexistirem cônjuge sobrevivente, herdeiros e testamenteiro, como se a nomeação de algum contemplado na ordem legal causar extremas controvérsias, e não se verificar um consenso na escolha de qualquer das pessoas relacionada na lei.

Deve preponderar um certo lastro de liberdade ao tirocínio do juiz, que procurará agir no interesse geral da sucessão.

Não importa, na hipótese, a recomendação da lei para nomeação dentre as pessoas elencadas. O pensamento de Jefferson Daibert é concernente a respeito, no que se refere ao inventariante: "Se o juiz se convencer de que o inventário será melhor processado; de que o inventário terá um curso normal e sem incidentes processuais em nomeando diferentemente da ordem legal, deve fazê-lo porque a regra não é absoluta e nem a ordem deverá ser obrigatoriamente seguida".[32]

As soluções devem ser maleáveis e próprias para resolver os incidentes, evitando longos peticionamentos e constantes discussões.

Se, além da administração, a posse for exercida pelo inventariante, os demais herdeiros não deixam de exercer também uma posse sobre os bens, que alguns a consideram indireta, enquanto a do inventariante seria direta. Não cabe ao inventariante, ou àquele que exerce a administração, se não houver, ainda, nomeação para o primeiro cargo, impedir o proveito dos bens pelos herdeiros, máxime se se constituírem de imóveis, e se destinados a produzirem frutos.

8. SUCESSÃO DAS QUOTAS SOCIAIS DO SÓCIO FALECIDO

Parte-se do princípio de que, se a sociedade tiver por objeto matéria indicada no art. 997 do Código Civil, as modificações do contrato social dependem do consentimento de todos os sócios, de conformidade com o art. 999 do mesmo diploma: "As modificações do contrato social, que tenham por objeto matéria indicada no art. 997, dependem do consentimento de todos os sócios; as demais podem ser decididas por maioria absoluta de votos, se o contrato não determinar a necessidade de deliberação unânime".

Dentre as matérias do art. 997, há a do inc. I. relativa ao "nome, nacionalidade, estado civil, profissão e residência dos sócios, se pessoas naturais, e a firma ou a denominação, nacionalidade e sede dos sócios, se jurídicas".

Assim, em face do inc. I acima, o ingresso de novo sócio, através da cessão de quotas ou de direitos hereditários, por importar em modificação do contrato social, sujeita-se à aprovação de todos os sócios, por exigência também do art. 999.

A disciplina encontra sua regência no art. 999, c/c. o art. 997, pertinente à sociedade simples; no art. 1.040, relativamente à sociedade em nome coletivo; e no art. 1.046, quanto

---

32 Ob. cit., p. 51.

à sociedade em comandita simples, dispositivos que impõem a obediência à forma que regulamenta a alteração da sociedade simples. Em relação à sociedade limitada, seguem--se os arts. 1.053, 1.071, inc. V, e 1.076, inc. I, exigindo a aprovação por três quartos do capital social, para a modificação do contrato social, que ocorre quando se dá a entrada de novo sócio. Pertinente às sociedades por ações, se opera o ingresso por meio da venda de ações, em não havendo impedimentos.

A conclusão é a obrigatoriedade da alteração do contrato social para o ingresso de novo sócio, o que somente se viabiliza mediante o consentimento da totalidade dos sócios, exceto quanto à sociedade limitada, quando é suficiente a aprovação por três quartos do capital social.

A matéria relativa ao ingresso de herdeiros do sócio falecido foi palco de longos debates, provocando acirradas discussões na doutrina e na jurisprudência, destacando-se em realce a sociedade de responsabilidade limitada, em que é maior a oposição ao ingresso, por se tratar de sociedade de pessoas.

Realmente, sobressaindo justamente o caráter personalista dessas sociedades, não se permite a introdução forçada de novos sócios, ou a cessão forçada das quotas do capital dos sócios. José Edwaldo Tavares Borba tratou da matéria ainda quando da vigência do Código Civil de 1916:

"O falecimento do sócio poderá acarretar a partilha de suas cotas entre os herdeiros ou a apuração dos respectivos haveres em favor do espólio. O contrato social deverá disciplinar essa matéria. Não o fazendo, a sucessão nas cotas ocorreria apenas nas sociedades de capitais. Nas sociedades de pessoas, salvo determinação contratual no sentido da partilha das cotas, a solução a ser adotada será a da apuração de haveres"[33].

Sem a previsão no contrato social, ou a sua alteração, não pode o estranho ingressar na sociedade, e muito menos impor a alteração do capital social da sociedade. Daí que os herdeiros do sócio estão autorizados a buscar a resolução da sociedade quanto à quota que herdaram. Não se lhes facultando o ingresso na sociedade, sem a alteração do contrato social e o consentimento na devida proporção exigida pelo Código, resta a apuração dos haveres da quota herdada.

---

33 *Direito Societário*. 5ª ed., Rio de Janeiro, Editora Renovar, p. 52.

III

Agentes da Sucessão e Vocação Hereditária

1. CAPACIDADE E LEGITIMAÇÃO PARA SUCEDER

Capacidade corresponde à aptidão das pessoas em adquirir direitos e contrair obrigações.

A indagação de quem pode suceder pressupõe a definição, em primeiro lugar, da capacidade da pessoa, que é a virtude que a mesma tem, por si própria, de exercer os atos da vida civil, fazendo valer os direitos que lhe são atribuídos pela ordem jurídica.[1] O conceito envolve a dimensão de exercer os atos da vida civil, tendo em vista o estado pessoal de alguém. Provém a capacidade do fato natural do nascimento com vida. E justamente por ter capacidade, enquanto titular de direitos e obrigações, afirma-se que a pessoa possui personalidade jurídica, assim considerada enquanto exerce direitos e suporta obrigações.

Mas a capacidade de exercer e a personalidade enquanto exerce, se dirigidas para um determinado campo dos direitos, em face de uma qualidade que possui alguém, podem levar a pessoa a um campo específico, que é a legitimação, isto é, a aptidão para ser contemplada num determinado setor de direitos. Reconhece-se, então, a habilitação de se tornar sujeito de uma relação jurídica.

E, no caso do Direito das Sucessões, esta legitimação de alguém ser herdeiro, por preencher certos requisitos, chama-se vocação hereditária. Enquadrando-se no ordenamento legal que atribui à pessoa a condição de herdeira, diz-se que possui vocação hereditária. Mais resumidamente, há legitimação para herdar.

A vocação hereditária, que envolve a capacidade para suceder, ou decorre de lei, a qual estabelece a ordem sucessória, ou de testamento, quando alguém, independentemente da classificação de herdeiro ou não, é contemplado com bens. Daí a distinção dos herdeiros em legítimos ou testamentários, que se capacitam a recolher a herança, podendo ser pessoas físicas ou jurídicas, nascidas ou por nascer.

Conveniente salientar que a capacidade de suceder não se confunde com a capacidade civil das pessoas. Alguém que é incapaz civilmente pode ser contemplado na sucessão hereditária. E há casos de capacidade civil sem a capacidade sucessória, o que acontece com o herdeiro indigno. Oportuna a lição de Caio Mário da Silva Pereira: "Não basta ao herdeiro invocar a sua vocação hereditária. É preciso, ainda, seja ele capaz e não indigno. Mas não se confunde capacidade sucessória com capacidade civil, ou poder de ação no mundo jurídico. Deve entender-se em acepção estrita de aptidão da pessoa para receber

---

1   Jefferson Daibert, ob. cit., p. 31.

46 • Direito das Sucessões | *Arnaldo Rizzardo*

os bens deixados pelo falecido. Assim é que uma pessoa pode ser incapaz para os atos da vida civil, e não lhe faltar capacidade para suceder; e vice-versa, incapaz de suceder, não obstante gozar de plena capacidade para os atos da vida civil. Nesse sentido restrito, a incapacidade sucessória identifica-se como implemento legal para adir à herança".[2]

2. INCIDÊNCIA DA LEI VIGENTE QUANDO DA ABERTURA DA SUCESSÃO

Alguns dispositivos procuram definir a capacidade para suceder. Assim o art. 1.787 do Código Civil: "Regula a sucessão e a legitimação para suceder a lei vigente ao tempo da abertura daquela".

O dispositivo traz dimensões importantes, posto que põe a salvo os direitos do herdeiro, não importando posterior alteração.

De suma relevância o momento da transmissão, sem olvidar, todavia, por exemplo, que, com a declaratória da filiação, não remontam os efeitos à data da ação, de pouco valendo se já aberta a sucessão. Nascem os efeitos desde quando ocorreu a concepção.

O entendimento torna-se fácil com o seguinte tópico de uma decisão, proferida na vigência do Código de 1916, com inolvidável atualidade perante o Código de 2002, lembrando que o conteúdo do atual art. 1.787 corresponde ao art. 1.577 do diploma civil anterior: "A capacidade para suceder, ou possibilidade para adquirir a herança, deve existir no momento em que a sucessão se abre ou, havendo alguma condição, no momento em que esta se verifica, porque então é que a propriedade é transferida. Era inútil acrescentar, como se faz no art. 1.577, 'que se regulará conforme a lei então em vigor', porque essa ideia já se acha contida na proposição antecedente. É a lei que determina a capacidade, e não a poderíamos apreciar por outra lei, senão por aquela que vigora ao tempo em que se trata de reconhecer a existência da capacidade. É também, necessariamente, a lei vigente que há de regular a abertura da sucessão e disciplinar os interesses que nesta se agrupam (Clóvis Beviláqua, *Código Civil Comentado*, art. 1.577, 2)".

E, adiante, mostrando até onde vão os efeitos no passado: "Sucede que, ao reconhecer a filiação alegada, a sentença não está criando algo no mundo jurídico, mas, tão só, reconhecendo a existência de um fato jurídico que lhe é preexistente. Ou seja, trata-se de sentença puramente declaratória, e não constitutiva, visto como, enquanto se limita a apreciar a pretensão à filiação, a decisão nada mais faz do que declarar a relação de direito afirmada, sem aumentar-lhe os contornos ou dispor sobre seus efeitos... A sentença que proclamou a filiação não atribuiu capacidade sucessória (nem poderia fazê-lo), mas apenas veio a desvendar a existência de tal capacidade de suceder, a qual, embora desconhecida no mundo jurídico, já nele existia: a capacidade de herdar é efeito da filiação e, com ela, nasce".[3]

3. AS PESSOAS CAPACITADAS PARA SUCEDER

O art. 1.829 traz a ordem hereditária, enquanto os arts. 1.798 e 1.799 limitam a capacidade de receber na sucessão por vocação hereditária e em testamento aos concebidos até a morte do testador, exceto se expressamente for contemplada prole eventual de pessoas

---

2 *Instituições de Direito Civil*, ob. cit., vol. VI, p. 30.
3 RE nº 103.535-MG, 1ª Turma do STF, 07.12.84, *Revista Trimestral de Jurisprudência*, 112/927.

Cap. III | Agentes da Sucessão e Vocação Hereditária • **47**

designadas e vivas ao abrir-se a sucessão, consignando-se que, no caso de testamento, são ainda aptas a figurar como beneficiadas as pessoas jurídicas e aquelas pessoas jurídicas que se determinar a organização na forma de fundações.

Eis a redação do art. 1.798, sem regra paralela no Código revogado, que se restringia à sucessão testamentária: "Legitimam-se a suceder as pessoas nascidas ou já concebidas no momento da sucessão".

Já o art. 1.799:

> "Na sucessão testamentária podem ainda ser chamados a suceder:
>
> I – os filhos, ainda que não concebidos, de pessoas indicadas pelo testador, desde que vivas estas ao abrir-se a sucessão;
>
> II – as pessoas jurídicas;
>
> III – as pessoas jurídicas, cuja organização for determinada pelo testador sob a forma de fundação".

Segundo se analisará mais longamente, o dispositivo sobremodo importante é o art. 1.829, de onde se conclui que o vínculo de consanguinidade liga o herdeiro legítimo ao autor da herança.

A capacidade de suceder se confunde com a ordem da vocação hereditária, assunto que se estudará em capítulo à parte.

3.1. Na sucessão legítima

Todas as pessoas nascidas e as já concebidas são contempladas na abertura da sucessão, dentro da previsão do art. 1.798. Está-se diante, aqui, da sucessão legítima. Não se transmite a herança para pessoa que não existe, ou já falecida, ou ficticiamente criada e imaginada. É condição decisiva que se verifique a existência de vida da pessoa. Caso falecida, pode operar-se a sucessão por direito de representação. Certos parentes serão contemplados no lugar daquele que faleceu, como no caso de morte dos filhos ou dos irmãos do *de cujus*.

Aquele já concebido ingressa na relação de herdeiros. A lei põe a salvo e protege o nascituro, ou aquele que já está concebido, como vem garantido no art. 2º do Código, o qual, se nascer com vida, quando adquire personalidade civil ou capacidade de exercer direitos, torna-se herdeiro. Nascendo morto, não se dá a inclusão na herança, e indo, assim, todo o patrimônio aos demais herdeiros. Assim, não há a personalidade a partir da concepção, embora alguns direitos já sejam reconhecidos desde aquele momento.

Pelo fato de se reconhecer o direito sucessório, tem o nascituro a existência jurídica. Deve ser respeitado como ente. O exercício de direitos e a prática de atos jurídicos é que iniciam com o nascimento.

Para reconhecer-se o direito à sucessão, cumpre se observem certas regras. Assim a do art. 1.597: "Presumem-se concebidos na constância do casamento os filhos:

> I – nascidos cento e oitenta dias, pelo menos, depois de estabelecida a convivência conjugal;
>
> II – nascidos nos trezentos dias subsequentes à dissolução da sociedade conjugal, por morte, separação judicial, nulidade e anulação do casamento;

III – havidos por fecundação artificial homóloga, mesmo que falecido o marido;

IV – havidos, a qualquer tempo, quando se tratar de embriões excedentários, decorrentes de concepção artificial homóloga;

V – havidos por inseminação artificial heteróloga, desde que tenha prévia autorização do marido".

Explicita-se que a inseminação é homóloga quando o sêmen e o óvulo pertencem ao marido e à esposa; e heteróloga será se um destes elementos é doado por estranho.

Difícil é a prova para apurar o momento da concepção, pendendo sempre a presunção da filiação se ocorre o nascimento dentro dos períodos acima. No entanto, se provada a filiação a qualquer tempo, desde que não se opere a prescrição aquisitiva em favor daquele que detém a posse, não se afasta o direito à ação para a anulação da partilha, com a competente reclamação ou reivindicação do quinhão hereditário.

3.2. Na sucessão testamentária

Conforme acima visto, quando da transcrição do art. 1.799, dentre os chamados a participar na sucessão testamentária estão os filhos ainda não concebidos, de pessoas indicadas pelo testador, desde que vivas estas ao abrir-se a sucessão. No Código revogado, art. 1.718, previa-se a prole eventual de pessoas designadas pelo testador e existentes quando da abertura da sucessão.

O testador indica a prole que terão determinadas pessoas, reservando-lhe a participação ou o quinhão na herança que no futuro se abrir. É evidente que se trata de uma previsão incerta e condicional. Opera-se a sucessão unicamente se nascerem os filhos da pessoa indicada.

Aberta a sucessão, e feita a partilha, deve-se nomear curador para o fim de administrar os bens e deles cuidar, em obediência à ordem do art. 1.800 do Código: "No caso do inciso I do artigo antecedente, os bens da herança serão confiados, após a liquidação ou partilha, a curador nomeado pelo juiz".

O curador é considerado depositário, incumbindo-lhe todos os deveres próprios que incumbem a quem administra o patrimônio de outrem, respondendo pelos prejuízos acarretados, e devendo dar conta dos rendimentos e frutos advindos.

O § 1º do mesmo art. 1.800 designa quem se nomeará curador, se o contrário não vier disposto no testamento: "Salvo disposição testamentária em contrário, a curatela caberá à pessoa cujo filho o testador esperava ter por herdeiro, e, sucessivamente, às pessoas indicadas no art. 1.775". Parece normal que fique curador o pai ou a mãe da pessoa que o testador contemplara no testamento. Efetivamente, os pais são os curadores naturais dos filhos. Se inexistirem os mesmos, incide o cargo em pessoa que o juiz nomear.

A referência ao art. 1.775 está equivocada, devendo considerar-se o art. 1.797, que trata das pessoas legitimadas a administrar a herança, até ser prestado o compromisso de inventariante.

Os mesmos deveres e responsabilidades estabelecidos para a curatela dos incapazes incidem no caso, como, aliás, assinala o § 2º do mesmo artigo: "Os poderes, deveres e responsabilidades do curador, assim nomeados, regem-se pelas disposições concernentes à curatela dos incapazes, no que couber". Tais deveres e responsabilidades concernem à administração dos bens, à representação do herdeiro a partir de seu nascimento, ao

Cap. III | Agentes da Sucessão e Vocação Hereditária • **49**

recebimento de rendas e outros valores, aos gastos necessários, à prestação de contas, em obediência ao art. 1.781, que remete às disposições sobre a tutela, e, dentre elas, às do art. 1.747.

Vindo a nascer a pessoa indicada, defere-se-lhe a sucessão com os frutos e rendimentos, a partir da morte do testador. É o que está no § 3º do art. 1.800: "Nascendo com vida o herdeiro esperado, ser-lhe-á deferida a sucessão, com os frutos e rendimentos relativos à deixa, a partir da morte do testador". Nota-se que se faz mister o nascimento com vida, mesmo que num breve momento. Falecendo, transferem-se os bens aos herdeiros. Nascendo morta a pessoa, não se dá a transmissão sucessória. Outrossim, a sucessão se verificará somente com o decesso do testador.

O § 4º contempla o caso de decaimento da sucessão se não concebida a pessoa designada no testamento em dois anos após a abertura da sucessão: "Se decorridos dois anos após a abertura da sucessão, não for concebido o herdeiro esperado, os bens reservados, salvo disposição em contrário do testador, caberão aos herdeiros legítimos". Nota-se, pois, que não se impõe a obrigação de aguardar indefinidamente o nascimento da prole eventual.

A concepção pode dar-se por inseminação *in vitro*, desde que se faça a devida comprovação quanto ao momento da ocorrência.

Há, ainda, a ineficácia da designação se algum evento surgir que impeça o nascimento futuro. Morrendo a pessoa que iria gerar o filho contemplado, ou tornando-se ela irremediavelmente estéril, ou impotente, fica sem efeito a disposição testamentária. Transferem-se os bens que iriam aos filhos da pessoa indicada aos demais herdeiros.

Em vista do período de dois anos reservado para ser concebido o filho ou os filhos das pessoas designadas no testamento, resta evidente que a quota ou o legado destinado deve ficar sobrestado até o decurso do prazo, devendo ser entregue ao administrador ou curador, a quem compete preservar os bens e prestar contas dos frutos e rendimentos.

Quanto às pessoas jurídicas, unicamente a sucessão testamentária é reconhecida em seu favor, na forma do art. 1.799, incisos II e III do Código Civil, consoante acima se transcreveu. Cumpre lembrar, porém, a exceção no pertinente aos Municípios, ao Distrito Federal ou à União, na inexistência dos herdeiros relacionados no art. 1.829, conforme art. 1.844, assim redigido: "Não sobrevivendo cônjuge, ou companheiro, nem parente algum sucessível, ou tendo eles renunciado à herança, esta se devolve ao Município ou ao Distrito Federal, se localizada nas respectivas circunscrições, ou à União, quando situada em território federal". Opera-se, no caso, a arrecadação por um daqueles entes, sem que se configure propriamente a qualificação de herdeiro.

Apenas as pessoas físicas podem suceder na sucessão legítima, de acordo com o art. 1.829. Amparado o direito sucessório nos laços de parentesco e matrimoniais, tal não ocorre com pessoas jurídicas, razão pela qual devem ser designadas, dentro do *quantum* permitido, em testamento, para que haja alguma transmissão de bens a elas em virtude da sucessão por morte.

Já era a lição de Orlando Gomes: "Equiparadas às pessoas físicas na órbita patrimonial, podem as pessoas jurídicas ser chamadas à sucessão. Necessária, porém, a designação em testamento, como é intuitivo".

Alguma regularidade na constituição das pessoas jurídicas deve existir, ou aconselha-se que se procure exigir conforme o citado mestre: "Em princípio, devem estar constituídas pela forma exigida na lei. Debate-se, no entanto, a possibilidade do chamamento de pessoa por se constituir. A relação de continuidade que deve existir entre o *de cujus* e o herdeiro impede, em tese, a designação de herdeiro inexistente. Mas, podendo o testador instituir

50 • Direito das Sucessões | *Arnaldo Rizzardo*

fundação, óbvio se torna que essa pessoa jurídica, ainda não constituída, pode suceder, formando-se, precisamente, com a dotação especial que aquele lhe fizer.

Admitem outros a capacidade sucessória das sociedades de fato, no pressuposto de que atuam no mundo jurídico, podendo, a qualquer tempo, tornar-se sociedade regular. À semelhança do nascituro, confirmar-se-ia a delação no momento em que se convertesse, de direito, em pessoa jurídica".[4]

Qualquer pessoa jurídica pode incluir-se na deixa, vindo a enumeração principalmente nos arts. 41 e 44 do Código Civil, assim destacadas: a União, os Estados, o Distrito Federal, os Territórios, as autarquias, as empresas públicas ou outras entidades de caráter público, as associações, as sociedades e as fundações.

Sobreleva observar o inc. III do art. 1.799, contemplando a destinação de herança por testamento em favor de pessoa jurídica cuja organização for determinada pelo testador sob a forma de fundação. Há uma disposição ordenando a constituição de uma fundação através de bens. O art. 62 estabelece que, para criar uma fundação, o seu instituidor fará, por escritura pública ou testamento, dotação especial de bens livres, especificando o fim a que se destina, e declarando, se quiser, a maneira de administrá-la.

Dentro do presente item, incluem as incapacidades para suceder indicadas nos arts. 1.801 e 1802, que serão aqui apenas referidas, já que a matéria é objeto da sucessão testamentária, a ser analisada adiante.

Na redação do art. 1.801, não podem ser nomeados herdeiros nem legatários:

> I – a pessoa que, a rogo, escreveu o testamento, nem o seu cônjuge ou companheiro, ou os seus ascendentes e irmãos;
>
> II – as testemunhas do testamento;
>
> III – o concubino do testador casado, salvo se este, sem culpa sua, estiver separado de fato do cônjuge há mais de cinco anos;
>
> IV – o tabelião, civil ou militar, ou o comandante ou escrivão, perante quem se fizer, assim como o que fizer ou aprovar o testamento.

Salienta-se, quanto ao item III (culpa ou não na separação do testador há mais de cinco anos), nas palavras de Maria Aracy Menezes da Costa, "certamente a discussão não se fará nos próprios autos, pois não se presta o inventário a discutir questões de alta indagação. Qualquer questão de alta indagação é remetida para as vias ordinárias. E não será de outra forma na discussão da culpa".[5]

O art. 1.802 tem como nulas as disposições em favor de pessoas não legitimadas a suceder: "São nulas as disposições testamentárias em favor de pessoas não legitimadas a suceder, ainda quando simuladas sob a forma de contrato oneroso, ou feitas mediante interposta pessoa".

Indica o parágrafo único quem se considera interposta pessoa: "Presumem-se pessoas interpostas os ascendentes, os descendentes, os irmãos e o cônjuge ou companheiro do não legitimado a suceder".

---

4   *Sucessões*, ob. cit., p. 49.

5   "Direito das Sucessões no Novo Código Civil Brasileiro", em *Revista da AJURIS* – Associação dos Juízes do RGS, Porto Alegre, n° 88, tomo I, p. 265, dez. 2002.

Extrai-se que a lei proíbe o favorecimento de pessoa não legitimada a receber em herança por testamento, usando o subterfúgio malicioso, o embuste, a fraude, a interposição de outra pessoa na disposição, já considerando o parágrafo único esta última manobra quando são utilizadas determinadas pessoas, como os ascendentes, os descendentes, os irmãos, o cônjuge ou o companheiro do não legitimado a suceder.

De modo que as pessoas indicadas no art. 1.801 não podem ser contempladas em testamento, mesmo que o testador se valha de contrato oneroso, ou utilize interposta pessoa no testamento.

Abre uma exceção o art. 1.803, que constitui novidade em relação ao Código revogado: "É lícita a deixa ao filho do concubino, quando também o for do testador". Por outras palavras, ao testador faculta-se contemplar filho seu e do concubino.

4. HERDEIROS NECESSÁRIOS

Há, no direito sucessório, os herdeiros legítimos e os testamentários. Os primeiros são aqueles sucessores estabelecidos na lei, vindo enumerados na ordem da vocação hereditária. Já os segundos correspondem aos instituídos em disposição de última vontade, isto é, em testamento.

Dentre os legítimos, ou na sucessão legítima, existem os herdeiros necessários. São aqueles herdeiros que a lei protege e obriga a reserva a eles da metade do patrimônio que a pessoa tinha ao falecer. Denominam-se também herdeiros obrigatórios, legitimários, forçados, reservatórios, impostos, sendo sempre contemplados em qualquer sucessão, desde que existentes. A sua importância e o tratamento especial decorrem do grau de parentesco com o autor da herança, seja por laços sanguíneos ou grau de parentesco, seja pela proximidade afetiva existente, que no caso se consubstancia na união conjugal – situações que sempre envolvem uma dependência econômica de certas pessoas em relação ao *de cujus* quando vivia.

Dentre, pois, os herdeiros legítimos, que constituem aqueles nomeados pela lei, ou os que a lei elege para receberem a herança, seguindo uma ordem de preferência, existem três classes que impõem o limite para testar em até cinquenta por cento do acervo deixado: os descendentes, as ascendentes e o cônjuge. Os demais, que são os colaterais, consideram-se facultativos, pois não está a pessoa, quando testar, obrigada a reservar uma parte de seu patrimônio para eles. Embora legítimos, não são herdeiros necessários. Para excluí-los, basta que disponha a totalidade do patrimônio, sem qualquer justificação ou esclarecimento da causa, no que encontra suporte no art. 1.850: "Para excluir da sucessão os herdeiros colaterais, basta que o testador disponha de seu patrimônio sem os contemplar".

A indicação dos herdeiros necessários está no art. 1.845: "São herdeiros necessários os descendentes, os ascendentes e o cônjuge".

Desponta uma alteração das pessoas que constavam no Código revogado, em seu art. 1.721, e que se restringiam aos descendentes e ascendentes. Introduziu-se o cônjuge, que concorre, em certos casos, com os descendentes e os ascendentes.

Havendo, pois, cônjuge, embora sem descendentes ou ascendentes, deve-se respeitar o equivalente a cinquenta por cento do acervo que se apura quando do decesso do titular dos bens. É a previsão do art. 1.846, que dispôs com mais síntese regra que vinha no art. 1.721 do Código de 1916: "Pertence aos herdeiros necessários, de pleno direito, a metade dos bens da herança, constituindo a legítima". Está repetida a regra do art. 1.789, nos seguintes termos: "Havendo herdeiros necessários, o testador só poderá dispor da metade da herança". Nas disposições iniciais sobre a sucessão testamentária, mais uma vez insere-se o princípio, que vem no § 1º do art. 1.857: "A legítima dos herdeiros necessários não poderá ser incluída no testamento".

Encontra-se a razão da limitação na necessidade de proteger os interesses da família, que abrange os parentes mais próximos e o cônjuge sobrevivente. Esta a posição que prevaleceu das vivas discussões que grassavam desde tempos antigos, com raízes no *officium pietatis* do direito romano, sob o enfoque de que se deve reservar parte do patrimônio aos parentes consanguíneos – descendentes e ascendentes – e, presentemente, ao cônjuge sobrevivente. Ao direito que se concede ao titular dos bens de fazer, em vida, o que bem quiser, e, assim, de nada deixar para a herança, colocou-se um limite quanto às disposições por negócios gratuitos ou por testamento, embora isso não traga segurança absoluta, dada a liberdade de proceder alienações de todo o patrimônio.

4.1. Cálculo da legítima

O montante da legítima virá mais extensamente examinado no capítulo sobre a "ordem na vocação hereditária".

Adianta-se que unicamente a metade de sua meação poderá testar a pessoa, se existirem herdeiros necessários, isto é, descendentes, ascendentes, e o cônjuge, por força do art. 1.789, que prescreve: "Havendo herdeiros necessários, o testador só poderá dispor da metade da herança". Reforça o art. 1.846: "Pertence aos herdeiros necessários, de pleno direito, a metade dos bens da herança, constituindo a legítima".

O total da herança é calculado seguindo a diretriz do art. 1.847 do Código Civil, que reza: "Calcula-se a legítima sobre o valor dos bens existentes na abertura da sucessão, abatidas as dívidas e as despesas do funeral, adicionando-se, em seguida, o valor dos bens sujeitos à colação".

Para o cálculo, pois, abatem-se as dívidas e as despesas do funeral, e adiciona-se o valor dos bens que devem ser colacionados.

A realização do cálculo, no que é pertinente às colações, requer um procedimento bastante complexo, que merecerá um exame prolongado quando de seu estudo.

Deve-se procurar o total da herança bruta; depois, calculam-se as dívidas e despesas, abatendo-se daquele total. Feita esta subtração, encontra-se um líquido ativo e adicionam-se os correspondentes às liberalidades ou doações feitas pelo testador em vida aos descendentes.

O resultado será o permitido na legítima. E a legítima conceitua-se como a porção hereditária certa, atribuível aos herdeiros necessários.

O acréscimo dos adiantamentos advém do art. 544, que assim prevê: "A doação de ascendentes a descendentes, ou de um cônjuge a outro, importa adiantamento do que lhes cabe por herança". Dessa forma todas as doações devem vir computadas na herança, depois de abatidas as dívidas, de modo a resultar uma igualdade na partição do patrimônio, sem que algum herdeiro ou o cônjuge seja mais bem aquinhoado. Vêm ao inventário as liberalidades, consideradas adiantamentos da legítima, através da chamada "colação", que é dispensada se, no testamento, tal consignar-se, e estiver contida a disposição nos limites da quota permitida.

Incluem-se, nas dívidas, todos os encargos pendentes de pagamento quando da morte do autor da herança, as despesas de administração, as do funeral, os compromissos pendentes, os pagamentos devidos a título de impostos ou tributos etc.

4.2. Cláusulas restritivas impostas no testamento

No testamento, desde que verificada uma justa causa, faculta-se ao testador impor cláusula de inalienabilidade, impenhorabilidade e incomunicabilidade, por força do art. 1.848: "Salvo se houver justa causa, declarada no testamento, não pode o testador estabelecer cláusula de inalienabilidade, impenhorabilidade, e de incomunicabilidade, sobre os bens da legítima".

Em princípio, os bens da legítima são intangíveis, não se admitindo o seu afastamento da sucessão, como vem dos primórdios do direito luso.

Todavia, embora as candentes críticas, com objetivos protetivos da família, ou mais propriamente dos parentes mais próximos e do cônjuge supérstite, autorizado encontra-se o testador a instituir cláusulas restritivas através de disposição testamentária, desde que venham acompanhadas da devida justificativa, no que se afastou do Código de 1916, que não colocava tal exigência.

Não se manteve, pois, a faculdade de impor livremente a cláusula restritiva. Cumpre que venha expressamente referida no testamento, de modo a viabilizar a sua razoabilidade, e se deve ou não se manter. Tanto isto que mencionou que deve ser justa. Não se depreendendo, pois, essa qualidade do motivo, não se convalida a restrição.

Importa que se esclareça a razão que levou o autor da disposição ao desiderato sobre o patrimônio transmissível. Parece que são razões suficientes a existência de filhos ou descendentes menores, o aparecimento de possíveis obrigações contraídas pelos herdeiros, a vida perdulária a que estão habituados, o envolvimento em constantes jogatinas, o desinteresse na exploração econômica dos bens, a má administração, a entrega a vícios, o relacionamento com pessoas puramente interesseiras. Tais situações são eventos possíveis, que aconteciam na antiguidade e que perduram a se repetir, pois a pessoa humana é sempre a mesma, não mudando significativamente os hábitos e perdurando as fraquezas e vicissitudes do gênero humano.

Ao contrário da rebeldia de ponderável parcela da doutrina, ostenta-se útil e salutar o instituto, pois evita a ruína total de descendentes despreparados ou mal orientados, significando um fator de estabilidade e segurança.

Resta evidente que o justo motivo há de estar presente quando da instituição da cláusula, mas devendo aferir a sua permanência quando da abertura da sucessão. Se, posteriormente, vier a desaparecer, não se justifica a sua manutenção. Se depende de uma razoável justificativa para prevalecer, fica óbvio que, se a mesma desaparecer, não se prolonga indefinidamente a cláusula, permitindo-se a sua revogação, por determinação de instância judicial.

A inalienabilidade é a disposição imposta pelo autor de uma liberalidade, determinando que o beneficiário não pode dispor da coisa recebida. De sorte que o domínio que o beneficiário recebe é um domínio limitado, pois, embora tenha ele a prerrogativa de usar, gozar e reivindicar a coisa, falta-lhe o direito de dela dispor. Através de tal cláusula, não pode o herdeiro vender, doar, permutar ou dar em pagamento.

Pela impenhorabilidade, os bens não podem ser penhorados pelos credores, constituindo uma garantia em favor da pessoa, atribuída a certos bens patrimoniais.

A incomunicabilidade define-se como a restrição que impede a comunicação de certos bens. Constitui-se ou consensualmente, através de uma cláusula por força da qual são excluídos da comunhão determinados bens, externada em pacto antenupcial ou testamento;

ou em decorrência de lei, tornando alguns bens incomunicáveis, embora o casamento se firme pelo regime de comunhão universal.

Importante observar a existência da Súmula n° 49 do STF: "A cláusula de inalienabilidade inclui a incomunicabilidade dos bens". No entanto, ficou ultrapassada a Súmula, diante do art. 1.911 do vigente Código, com firma: "A cláusula de inalienabilidade, imposta aos bens por ato de liberalidade, implica impenhorabilidade e incomunicabilidade".

Sobre as cláusulas acima, nas Disposições Finais e Transitórias – art. 2.042 –, encontra-se a previsão do prazo de um ano após a entrada em vigor do Código, para a aplicação da regra do *caput* do dispositivo em exame, devendo o testador aditar o testamento, colocando a justa causa; se não o fizer, fica sem efeito a restrição. Eis o texto: "Aplica-se o disposto no *caput* do art. 1.848, quando aberta a sucessão no prazo de um ano após a entrada em vigor deste Código, ainda que o testamento tenha sido feito na vigência do anterior, Lei n° 3.071, de 1° de janeiro de 1916; se, no prazo, o testador não aditar o testamento para declarar a justa causa de cláusula aposta à legítima, não subsistirá a restrição".

Em capítulo específico, as cláusulas restritivas serão estudadas mais a fundo.

4.3. Conversão dos bens da legítima em outros

Diferentemente do que assinalava o art. 1.723 do Código revogado, não é permitido ao testador proceder a conversão dos bens da legítima em outros de espécie diversa. Assim ordena o § 1° do art. 1.848 do Código em vigor: "Não é permitido ao testador estabelecer a conversão dos bens da legítima em outros de espécie diversa".

O conteúdo da norma proíbe que o testador decida sobre os bens que irão compor a legítima dos herdeiros. Não lhe cabe, a menos que disponha em legado, firmar que unicamente imóveis, ou apenas móveis, ou alguns bens específicos, comporão a legítima. Muito menos se tolera que ordene a conversão de bens em dinheiro, ou que os imóveis se convertam em dinheiro. Nem pode impor a venda de propriedades para o emprego do valor em outros bens. Fica sem validade a cláusula que incumbe ao testamenteiro proceder a alienação de terras rurais e, com o valor, adquira, em nome dos herdeiros, imóveis urbanos.

4.4. Venda dos bens gravados e sub-rogação do produto em outros

Em princípio, mantém-se a cláusula da inalienabilidade durante toda a existência do herdeiro instituído. Os bens carregam esta limitação sem possibilidade de revogação. Caso desrespeitada a cláusula, o negócio envolvendo a transferência sujeita-se à anulação.

Há, no entanto, várias situações que autorizam a alienação com a finalidade de serem adquiridos outros bens com o valor obtido.

A casuística forense revelava, na vigência do Código anterior (que não encerrava regras genéricas sobre o assunto), a prática constante de autorizações judiciais, colhendo-se, como diretriz básica, a necessidade ou conveniência do titular do bem. Assim quanto ao imóvel improdutivo, ou sito em local distante, ou com o prédio em decomposição. Mesmo para investir o dinheiro em outro imóvel, que trouxesse maiores rendimentos, dava-se a autorização.

O § 2° do art. 1.848 da lei civil de 2002 aportou regra permitindo a sub-rogação: "Mediante autorização judicial e havendo justa causa, podem ser alienados os bens gravados, convertendo-se o produto em outros bens, que ficarão sub-rogados nos ônus dos primeiros".

Dois os requisitos exigidos para o ato: a autorização judicial e a justa causa.

O parágrafo único do art. 1.911, além de repetir a alienação por ordem judicial, contemplou também a desapropriação: "No caso de desapropriação de bens clausulados, ou de sua alienação, por conveniência econômica do donatário ou do herdeiro, mediante autorização judicial, o produto da venda converter-se-á em outros bens, sobre os quais incidirão as restrições impostas aos primeiros".

O procedimento judicial para conseguir a autorização é singelo. Basta formular o pedido, com a devida justificação, indicando-se, desde já, qual o bem que será adquirido com o valor advindo da venda.

Citam-se os interessados, se existirem. Realiza-se, depois, uma perícia de avaliação para saber a estimativa ou o valor do bem a ser vendido e daquele que adquirirá o proprietário, culminando com a decisão do juiz, que aferirá, sempre, a conveniência da operação pretendida.

O caminho processual, a teor do art. 725, II, do CPC, obedecerá aos passos dos arts. 721 e seguintes do mesmo estatuto, que, em última análise, não se afastam daquele esquema. É obrigatória a intervenção do Ministério Público, bem como da Fazenda Pública, posto que exigível o imposto de transmissão, pois, na verdade, a sub-rogação envolve a venda de um e a compra de outro imóvel.

Quanto à justa causa, impende que se demonstre a conveniência econômica da alienação, com a sub-rogação em outro bem. Para tanto, normalmente se procede a avaliação do que é vendido e daquele que se pretende adquirir.

É prática constante, também, a transferência da restrição de um bem para outro. A pessoa contemplada com a cláusula busca a autorização judicial para a sua transferência em outro bem – que merece acatamento se caracterizada a equivalência de valor entre uma e outra coisa.

Não revela maior importância o bem indicado no testamento, mas a própria garantia instituída, que deve perdurar através dos tempos.

4.5. Direito à legítima do herdeiro contemplado com testamento

Embora não carecesse de regra expressa, garante o art. 1.849 o direito à legítima em favor do herdeiro contemplado com testamento ou legado: "O herdeiro necessário, a quem o testador deixar a sua parte disponível, ou algum legado, não perderá o direito à legítima".

Ao testador é assegurado dispor livremente, dentro de sua metade disponível, seja a favor de parentes, de estranhos ou de pessoas jurídicas. Se o beneficiado é parente, não é afastado ele da herança, participando da sucessão, e não se procedendo à colação daquilo que lhe foi concedido por testamento, ou a conferência do total do monte herdado por testamento com o que lhe garantiria a simples qualidade de simples herdeiro necessário. Unicamente se ultrapassada, na liberalidade, a quota disponível, é que se impõe a colação.

Diversamente acontece com as doações. São elas trazidas à colação, mesmo que se mantiverem nos limites da porção disponível. A razão do tratamento diverso está na natureza de cada espécie: enquanto as doações consideram-se adiantamento da legítima, as disposições testamentárias revelam um caráter de disposição incondicional de parte do patrimônio.

Sabe-se que a legítima é formada por metade dos bens do testador, enquanto a quota disponível constitui-se da outra metade, a qual forma a quota disponível. Assim, se herdeiro necessário o favorecido no testamento, depreende-se que ficará ele com a metade disponível e mais a quota calculada sobre a outra metade indisponível. Ganha o mesmo duas vezes. Não decorre qualquer comprometimento, quanto a suceder, a inclusão do herdeiro no testamento.

5. O AUTOR DA HERANÇA

O autor da herança é o *de cujus*, também denominado hereditando, que, em vida, era titular do patrimônio que veio a formar a herança.

Naturalmente, só os bens da pessoa física podem entrar na sucessão. A pessoa jurídica, ao ser extinta, terá o patrimônio distribuído entre os sócios.

Com o fato da morte da pessoa física, opera-se o que se conhece por delação, ou nasce o direito de herdar. Transfere-se a quem de direito; ou defere-se a herança ao herdeiro. Lacerda de Almeida ensinava: "A delação é um fato de significação relativa, indica que tal herdeiro tem a possibilidade de adquirir a herança, isto é, que para ele se acham consumadas as condições dependentes de fato acidental ou de vontade alheia exigidas para poder operar-se a aquisição e que esta só espera pelo pronunciamento do herdeiro, manifestado, ao menos, pela ausência de vontade em contrário".[6]

Mais tecnicamente, o termo "delação" expressa oferecimento da herança. Distingue-se de termos que, na prática, encerram todos o mesmo conteúdo, ou pouco se diferenciam. "Devolução" representa transmissão da herança imediatamente. Já o termo "deferimento" dirige-se mais aos testamentários. Mas, como foi observado, opera-se de imediato a transmissão com a morte da pessoa. No sentido de "delação", haveria mais uma expectativa, e não uma transmissão, pois viável a renúncia. No entanto, pelo menos enquanto não aparece a renúncia, há transmissão.

Não importa a causa da morte. Seja qual for, sempre há a abertura da sucessão. Possível que a pessoa tenha sido morta em razão de uma vingança, ou por ter agredido um terceiro, ou pela reação em um assalto, ou por suicídio. Nada repercute no Direito das Sucessões. De igual modo, não tem maior reflexo a capacidade do falecido. Se capaz ou incapaz, ou viúvo, ou jovem, ou velho, sempre se transmite a herança. Jamais se admite alguma ressalva em virtude da capacidade do autor da herança.

6. HERDEIROS E LEGATÁRIOS

A distinção entre herdeiros e legatários é singela, não oferecendo maiores indagações. O herdeiro sucede na totalidade da herança, ou em parte da mesma, não se delimitando o bem. Já legatária é a pessoa contemplada em testamento, a quem o testador destina bens ou objetos determinados. Como explicitava Washington de Barros Monteiro, mantendo-se o sentido no vigente Código, o herdeiro legatário "recebe coisa certa, determinada, precisa e individuada pelo testador (...) Se o testador contempla o beneficiário com efeitos concretos, definidos, singularizados, haverá nomeação de legatário".[7]

---

6 Ob. cit., pp. 55 e 56.
7 *Direito das Sucessões*, ob. cit., pp. 18 e 19.

Cap. III | Agentes da Sucessão e Vocação Hereditária • 57

Eis a síntese perfeita de Tito Prates da Fonseca: "O sucessor *causa mortis* a título universal é herdeiro. O sucessor *causa mortis* a título particular é legatário".[8]

De outra parte, o herdeiro pode ser legítimo ou testamentário. Legítimo, quando a lei o considera como tal. Vem ele indicado na lei, dentro de uma ordem de preferência. Segue explicando Itabaiana de Oliveira: "O herdeiro legítimo denomina-se necessário quando lhe pertence, de pleno direito, a metade dos bens do *de cujus*, a qual constitui a legítima, e por não poder dela dispor o testador quando tiver descendentes ou ascendentes, únicos incluídos nessa classe de herdeiros. Os herdeiros necessários (descendentes e ascendentes) são chamados, também, legitimários ou reservatários".[9]

O art. 1.829 diz quais são os herdeiros, colocando-os em ordem, isto é, indicando quem herda em primeiro lugar, em segundo lugar, e assim por diante.

Já testamentário é o herdeiro quando instituído ou nomeado pelo testador, como já salientado. Há o que se denomina ato de última vontade, onde se designa a pessoa contemplada nos bens do testador. Não é o legatário, pois este recebe apenas um legado, como explicado acima, enquanto o testamentário, ou instituído, é aquele designado pelo testador no ato de última vontade.

Por outro lado, no que se refere aos herdeiros legítimos, surge outra distinção, que os classifica em "necessários" ou "facultativos". Os primeiros, também conhecidos como legitimários, ou reservatórios, são os parentes do autor da herança, a quem a lei destina uma parte da sucessão, a qual deve ser reservada e excluída do testamento. Assim, havendo herdeiros necessários, o testador não pode testar todos os bens, mas unicamente a metade. São eles os descendentes, os ascendentes, sem limite de grau ou parentesco, e o cônjuge. É explícita a relação no art. 1.845: "São herdeiros necessários os descendentes, os ascendentes e o cônjuge".

De sorte que, havendo herdeiros necessários, a pessoa encontra um limite em dispor dos bens: apenas a metade, calculada sobre o total do patrimônio, existente quando do óbito, descontando-se as dívidas e as despesas com o funeral. Estas, pois, são computadas antes de se medir a metade.

Quanto aos facultativos, também legítimos, são os parentes colaterais, até o quarto grau. Herdam unicamente na ausência dos necessários, a menos que incluídos no testamento.

A matéria sobre os colaterais vem regulada nos arts. 1.839 e seguintes.

Conhece-se, ainda, a figura do herdeiro universal, assim considerado aquele que recolhe todos os bens, ou a universalidade da herança. Isto em virtude da lei ou por renúncia dos demais herdeiros, ou em razão de testamento. Nem se pode falar, no caso, em partilha, mas sim em adjudicação, que se procede mediante termo nos autos, com a devida homologação pelo juiz.

7. MODOS DE SUCESSÃO E DE PARTILHA

Conhecidos e implantados no Direito Sucessório são os modos de suceder: por direito próprio, por direito de representação e por direito de transmissão.

Por direito próprio, quando o herdeiro pertence a uma determinada classe, como descendente, ou ascendente, ou cônjuge. Herda porque integra a relação de herdeiros.

---

8 Ob. cit., p. 4.
9 *Tratado de Direito das Sucessões*, ob. cit., vol. I, p. 55.

Por direito de representação, em razão de não mais existir o herdeiro que pertence a uma determinada classe. Assim, o sobrinho herda em representação do irmão do *de cujus*. Esta forma de sucessão, adianta-se, ocorre por já estar premorto o herdeiro, por indignidade e por deserdação.

Por direito de transmissão, quando o herdeiro pertencente a uma determinada classe é substituído, por transmitir seus direitos hereditários.

De outra parte, costuma-se distinguir modos de partilha: por cabeça, por estirpe, e em linhas de herdeiros da mesma classe.

Na primeira, ou *in capita*, a herança é partilhada entre herdeiros da mesma classe, *v. g.*, aos descendentes. Apenas herdeiros do mesmo grau de parentesco e da mesma classe concorrem.

Na segunda modalidade, ou *in stirpes*, dá-se a partilha por representação. Convocam-se pessoas a suceder em lugar de outras, que faleceram. Morrendo o pai em primeiro grau, herdam os filhos. Encontrando-se um deles falecido, os netos serão contemplados, mas não cada um em proporção igual à dos demais filhos, e sim distribuído entre eles o quinhão que receberia o pai respectivo.

O último modo – *in lineas* – envolve a partilha igual entre herdeiros da mesma classe. Falecendo uma pessoa que não possui pais, distribui-se a herança entre os avós paternos e maternos, isto é, por linhas, que também se processa por direito próprio.

Na linha de ascendentes não se dá o direito de representação. Consequentemente, se existem pai e avós maternos, o primeiro herda a totalidade, e nada se distribuirá aos avós.

Nesta forma, opera-se a sucessão por linha reta ou colateral. Mas uma exclui a outra.

8. COMORIÊNCIA

Segundo já longamente abordado, requer-se que seja feita a prova completa e pormenorizada da morte do autor da herança. Não que seja difícil a prova da morte, já que é a mesma um fato natural, constatável pela sua simples ocorrência.

É que a falta de precisão, no que diz respeito com o dia, a hora, minutos e até segundos, embora não se observem estes dados, pode trazer sérias complicações; ou se duas ou mais pessoas morrerem simultânea e concomitantemente, sendo elas parentes, o que dificultará a transmissão da herança aos herdeiros legítimos e testamentários.

Não são raros os casos de morte na mesma hora e em idêntico lugar, especialmente em acidentes de trânsito, de pessoas parentes e vinculadas por liame sucessório, como cônjuges. Conforme quem precedeu no desenlace final, poderão herdar determinadas pessoas, ou outras. Assim, sabendo-se que a sucessão se abre com a morte da pessoa, obrigatoriamente herdarão os filhos. Mas se não tiverem herdeiros necessários os que faleceram, isto é, descendentes e ascendentes, ou se estes também faleceram, em se provando que primeiro morreu o marido, a mulher herda, nem que seja por fração de instantes, e daí seus herdeiros (irmãos ou sobrinhos) receberão todo o patrimônio – isto é, o seu e o do marido. O inverso ocorre se a primeira morte é da mulher, quando os colaterais do marido é que serão contemplados. Isto porque tem-se em conta a ordem da vocação hereditária: descendentes em concorrência com o cônjuge, ascendentes em concorrência com o cônjuge, cônjuge sobrevivente e colaterais. Na escala, o cônjuge sozinho aparece em terceiro lugar. Os colaterais receberão aquilo que pertencia ao irmão ou tio, e aquilo que este recebeu de seu cônjuge.

Mas havendo herdeiros necessários, na hipótese ascendentes em concorrência com o cônjuge, demonstrada a anterioridade da morte de um dos cônjuges, os respectivos herdeiros ficarão contemplados. Por outros termos, os ascendentes do marido e aqueles da mulher sucederão nos bens que deixou cada um destes, sempre em concorrência com o cônjuge sobrevivente.

A comprovação de quem faleceu antes poderá fazer-se nos próprios autos do inventário, seguindo exemplo pretoriano: "Inventário. Comoriência. Esta pode ser afirmada no próprio inventário, se há dados de fato disponíveis e seguros para tanto, sem necessidade de remessa da controvérsia para as vias ordinárias".[10] Igualmente a doutrina de Sebastião Luiz Amorim e Euclides Benedito de Oliveira: "A matéria é evidentemente de conteúdo fático, exigindo prova judicial. Todavia, a comoriência pode ser afirmada no próprio inventário se há dados de fato disponíveis e seguros para tanto, sem necessidade da controvérsia para as vias judiciais".[11]

Não se apurando a precedência, ter-se-ão como ocorridas no mesmo momento as mortes. Tal a norma do art. 8º do Código Civil: "Se dois ou mais indivíduos falecerem na mesma ocasião, não se podendo averiguar se algum dos comorientes precedeu aos outros, presumir-se-ão simultaneamente mortos".

Ensinava Clóvis, sendo que a regra atual corresponde à do Código de 1916: "Em relação aos comorientes, regulavam, entre nós, os princípios do Direito romano, isto é, se duas pessoas falecerem no mesmo desastre, sem se poder reconhecer qual delas primeiro sucumbiu, ter-se-á por certo que a morte colheu a ambas no mesmo instante. Se fosse uma delas ascendente da outra, nesta emergência presumia a lei que o descendente morrera primeiro ou depois do ascendente, conforme fosse impúbere ou púbere. São, porém, inúteis estas e outras distinções, como ensina a razão e vão compreendendo os legisladores".[12]

De modo que, ocorrendo a morte simultânea, decorre que as pessoas não serão herdeiras entre si, ou não transmitirão uma à outra a herança. A solução é a habilitação dos herdeiros de cada uma das pessoas falecidas, abrindo a sucessão por morte em separado. Ou seja, *v. g.*, os pais do marido receberão os bens que a ele pertenciam, neles incluída a meação. Da mesma forma quanto aos progenitores da mulher. Nesta ótica, Walter Moraes, plenamente aplicável ao Código em vigência: "Não sendo possível precisar a precedência da morte entre os comorientes, presumem-se simultaneamente mortos. Assim, nenhum herda do outro. Os sucessores subsequentes de cada um recolhem as respectivas heranças, como se os comorientes não estivessem na ordem da vocação sucessória um do outro".[13]

Exemplifica-se uma hipótese, seguidamente ocorrível: no caso de pai e filho morrerem, desde que provado que o primeiro morreu antes, o filho sucedeu, em concorrência com o cônjuge. E, daí, tendo o filho também descendentes, com a sua morte a herança desloca-se para estes. Se não possuir, a progenitora será a contemplada na integralidade, ou seu cônjuge, ou os colaterais.

Na anterioridade da morte do filho, os respectivos bens partilhar-se-ão aos descendentes; se não existirem, irão aos ascendentes – sempre em concorrência com o cônjuge

---

10 Agr. Instr. nº 81.223-7-MG, 2ª Turma do STF, 02.06.81, *Lex – Jurisprudência do Supremo Tribunal Federal*, 33/15.
11 *Inventários e Partilhas*, ob. cit., p. 8.
12 *Direito das Sucessões*, ob. cit., p. 20.
13 *Teoria Geral e Sucessão Legítima*, ob. cit., p. 31.

sobrevivente. E como o progenitor faleceu em seguida, os bens do pai, incluídos os recebidos pela morte do filho, serão herdados pelos descendentes, ou ascendentes (nas duas hipóteses em concorrência com o cônjuge), ou cônjuge sobrevivente, ou irmãos do pai, ou sobrinhos do pai.

IV

Aceitação da Herança

1. A MORTE E A TRANSFERÊNCIA DA HERANÇA

Com a morte da pessoa, a posse e a propriedade de seus bens transferem-se para os herdeiros, como expressamente vem consignado no art. 1.784 do Código Civil. Todas as relações então existentes entre o *de cujus* e os bens transmitem-se aos herdeiros legítimos e testamentários. A morte é o evento determinante dessa operação, dando causa à abertura da sucessão. Se bem que a transferência se processa em três momentos, como alertava Caio Mário da Silva Pereira, mantendo-se a atualidade da lição: "São três fases ou três momentos que uma terminologia adequada distingue: *a*) a abertura da sucessão como fenômeno fático determina a transferência abstrata do acervo; *b*) a delação da herança, concomitante e consequente à primeira, é o conceito jurídico que consiste no oferecimento do patrimônio do defunto aos herdeiros; *c*) a aquisição é o fato jurídico do ingresso dos bens no patrimônio dos herdeiros em decorrência da manifestação de vontade destas (negócio jurídico) em virtude da qual a herança já deferida é aceita. Nos sistemas, como o brasileiro, que fazem decorrer da abertura da sucessão a transferência *pleno jure* do domínio, a aceitação tem o efeito de atribuir ao herdeiro os bens que lhe pertencem *causa mortis*, confirmando o direito que o óbito lhe ofereceu. Não se pode, porém, dizer que o ato aquisitivo é a aceitação, porque os direitos hereditários não nascem com ela, mas recuam à data da morte, produzindo a aceitação efeito retro-operante".[1]

Em princípio, de imediato as pessoas chamadas a suceder se tornam titulares dos direitos e do patrimônio do defunto. Há, pois, um momento em que é tácita a transferência. Todos recebem o patrimônio. Inexiste possibilidade de recusa. Como não pode uma pessoa inexistente ser titular de bens, e como estes não ficam sem um liame de vinculação, é obrigatória a transmissão incontinenti.

Querendo ou não, os herdeiros adquirem os direitos e os bens. Independe do ato de vontade a transferência, processando-se automaticamente com o fato da morte.

Posteriormente, no entanto, admissível a recusa do patrimônio, mas por manifestação expressa da vontade. Enquanto não exposta a disposição de não receber, o herdeiro sucedeu nos bens e direitos.

Enquanto não manifestada a aceitação, entrementes, não é definitiva a transmissão, no que foi claro o Código em vigor, ao estatuir em seu art. 1.804: "Aceita a herança,

---

1 *Instituições de Direito Civil, Direito das Sucessões*, ob. cit., vol. VI, p. 47.

torna-se definitiva a sua transmissão ao herdeiro, desde a abertura da sucessão". E isto porque ninguém se torna herdeiro contra a sua vontade. Embora se dê a transmissão imediata, a aceitação vem a ser uma confirmação da aquisição que se dá a partir da abertura da sucessão.

2. O ATO DE ACEITAÇÃO

A aceitação da herança é um ato de vontade pelo qual o herdeiro se dispõe a aceitar a herança. Através de sua manifestação, aceita-se receber os bens, ou parte deles, que antes pertenciam ao falecido. Beudant expressava: "En soi, l'acceptation est l'adhésion que l'appelé donne aux suites légales qui la transmission entraîne pour lui. En la forme, c'est la manifestation par l'appelé de l'intention où il est de confirmer la transmission héréditaire".[2]

Nem sempre é conveniente ao herdeiro participar da herança. Várias razões podem existir que o desaconselham a receber o quinhão a que tem direito, como o comprometimento do patrimônio com dívidas, em nada se lucrando com o recebimento de parte do mesmo; ou o alto custo em sua manutenção e conservação; ou a sua litigiosidade, não compensando a condução do processo e os inúmeros encargos decorrentes.

Em suma, não obriga a lei a aceitação da condição de herdeiro. Apenas mantém tal posição quem concorda, no que acrescentava Carvalho Santos: "O Código Civil Brasileiro aceita o princípio dominante de que só é herdeiro quem quer. Em nossa legislação, todo herdeiro é voluntário, nem precisando se dizer que não se conhecem os herdeiros necessários, no sentido do Direito romano, para os quais a herança era imediatamente deferida, mesmo contra sua vontade – *necessarii ideo dicuntur quia omnimodo sive velint sive nolint tam ab intestato quam ex testamento heredes ficent*".[3]

Daí se concluir que, se num primeiro momento, a posse e o domínio se transmitem desde logo, ou desde a morte, e, assim, desde a abertura da sucessão; exige-se, posteriormente, uma aceitação, que é a confirmação, ou o ato de deliberação do herdeiro. Há um interregno em que o herdeiro tem a posse e o domínio. O ato de confirmação posterior reafirmará tal disposição. Surgindo a recusa, retroagirá ela até a morte da pessoa cujos bens são inventariados, desconstituindo o período em que durou a aquisição. Do mesmo modo que a aquisição se processa *ipso jure* e *pleno jure* com a morte, de igual maneira se destitui da herança o herdeiro quando expressa a recusa.

A transmissão, portanto, apesar de operada de imediato com o decesso do ser humano, subordina-se a uma condição resolutória, verificável depois da abertura da sucessão, e dependente do seu conhecimento pelo herdeiro. Enquanto a transmissão de imediato independe do conhecimento e do consentimento, a confirmação futura não prescinde de tal exigência.

E uma vez advindo a recusa, mesmo que tenha ocorrido a transmissão desde a abertura, o resultado será a sua não verificação, no que ficou expresso no parágrafo único do art. 1.804: "A transmissão tem-se por não verificada quando o herdeiro renuncia à herança".

Muitas consequências jurídicas advêm da transmissão imediata da herança, como a responsabilidade de todos os herdeiros pelas decorrências que trouxerem os bens. Trazen-

---

2 Ob. cit., tomo V-bis, p. 113.
3 *Código Civil Brasileiro Interpretado*, 8ª ed., Rio de Janeiro, Livraria Freitas Bastos, 1963, vol. XXII, pp. 104 e 105.

Cap. IV | Aceitação da Herança • **63**

do eles algum dano, como num acidente de trânsito, a responsabilidade pela indenização recai na pessoa da totalidade dos sucessores, mesmo que os bens do *de cujus* sejam insuficientes para suportar a indenização. Unicamente se manifestada a recusa, ou renúncia, desvincula-se o herdeiro. Assim como o proprietário de um bem que provoca um acidente deve indenizar os danos mesmo que em valor superior ao do bem, de idêntica maneira os herdeiros suportam a responsabilidade, eis que a eles se transferiu a herança, independentemente do valor desta.

3. CARACTERÍSTICAS DA ACEITAÇÃO

A aceitação não é um ato simples, mas complexo, com várias características.

Primeiramente, é um ato que exige a manifestação da vontade, de modo expresso ou tácito. Mesmo que nenhuma manifestação explícita se exija, há, no entanto, elementos que levam a induzir a aceitação, como a não recusa quando chamado o herdeiro a participar do inventário. Por outras palavras, a omissão de qualquer ato contrário à sua participação na relação dos herdeiros conduz a concluir pela aceitação.

Parece, de outra parte, que se trata de um ato unilateral, pois não depende de duas vontades para valer. Não é necessário que os outros herdeiros aquiesçam com a disposição em aceitar ou renunciar.

Nesta linha, inútil a oposição dos demais herdeiros. Indiferente qualquer concordância ou inconformidade dos mesmos. Além disso, não é aceitável a subordinação da aceitação a determinadas exigências, ou a condições. Não se sujeita a eficácia ou validade a um evento futuro – análise que se ampliará adiante. Mostra-se inconcebível condicionar a aceitação a eventos estranhos, como à desocupação de imóvel no poder de estranho. Por ser um ato de vontade puro, não se sujeita a condições ou termos, como aliás, está no art. 1.808. A não ser desta maneira, ficariam os demais herdeiros subordinados, no recebimento dos quinhões, no seu *quantum*, à realização da condição, ou do evento, que impôs o herdeiro.

Nem é admissível submeter a aceitação à contemplação em bens específicos, preferidos em relação a outros. Quem aceita fica sujeito a receber o correspondente a um quinhão, que abrange uma porção ideal sobre o monte-mor.

Nesta visão, surge mais uma característica, que é a indivisibilidade da herança, eis que formado por um todo. Beudant leciona, a respeito: "Elle ne peut être faite pour partie, car, nous l'avons vu, l'héritier est un successeur *in universum jus*; et, par suite, l'accroissement est forcé entre cohéritiers, s'il en est qui renoncent".[4]

Assim, inteiramente inaceitável querer o recebimento de bens determinados, que mais interessam aos herdeiros, mesmo que em menor quantidade. Muito menos há de se atender a pretensão de receber somente créditos, rejeitando as obrigações. Ou buscar que o quinhão seja composto unicamente por dinheiro. Mas é conveniente, se existirem vários bens, a distribuição da quota num deles, evitando, tanto quanto possível, a comunhão condominial.

Dominava, em nosso Direito anterior, a retratabilidade da aceitação, ou adição, termo por muitos usado. O art. 1.590 do Código revogado, na segunda parte, a tanto autorizava, desde que não prejudicados os credores do retratante, o que não se conformava com o direito comparado: "A aceitação pode retratar-se, se não resultar prejuízo a credores, sendo lícito a estes, no caso contrário, reclamar a providência referida no art. 1.586", isto

---

4   Ob. cit., tomo V-bis, p. 115.

é, pedir ao juiz para aceitar o quinhão do renunciante até o montante suficiente para a satisfação de seus créditos.

Antônio José de Souza Levenhagen aprofundava o assunto: "Quanto à retratação da aceitação da herança, pode ela se dar, desde que não acarrete prejuízo a credores, segundo dispõe o artigo em exame. Se o herdeiro se retratar de sua aceitação, isto é, vier a renunciar a herança depois dela já aceita expressa ou tacitamente, qualquer credor que possa sofrer prejuízo com essa retratação poderá insurgir-se contra ela, valendo-se da medida prevista no art. 1.586".[5]

Embora muitos criticassem a possibilidade de se retratar da aceitação, nada havia de estranho, eis que prejuízos não surgiam aos herdeiros, e nem se consumava a espécie se os credores ficassem com seus direitos a descoberto de garantias.

No entanto, o vigente Código, no art. 1.812, afastou a possibilidade, em termos claros e insuscetíveis de discussão, estendendo a regra à renúncia: "São irrevogáveis os atos de aceitação ou de renúncia da herança".

Por constituir a aceitação um ato que traz enriquecimento, ou que, em tese, beneficia, não está sujeito a exigir uma autorização especial do juiz se o herdeiro for menor ou incapaz. Se os representantes não justificarem qualquer inconveniência, automaticamente opera-se a aceitação.

4. ESPÉCIES DE ACEITAÇÃO

De uma forma ou de outra, a aceitação deve se manifestar. Mas nem sempre se exige que ela venha expressa, ou revelada através da palavra. Possível que decorra de uma série de atos que leva a admiti-la implicitamente, como a simples nomeação do herdeiro, e a não oposição deste.

Percebem-se daí duas espécies: a expressa e a tácita, sendo que alguns autores arrolam um terceiro tipo, que é a presumida.

Pela primeira, na clara conceituação de Washington de Barros Monteiro, "o herdeiro declara por escrito, público ou particular, que deseja receber a herança".[6] Caracteriza-a, também, José de Oliveira Ascensão: "A aceitação expressa supõe a elaboração de um documento escrito. E exige-se ainda que o herdeiro aí declare que aceita, ou que assume o título de herdeiro com a intenção de adquirir a herança. A descoberta desta intenção resultará da interpretação da declaração. É esta sem dúvida a modalidade menos frequente".[7]

O ato de vontade vem materializado em documento, não sendo suficiente a palavra oral. Assim, considera-se escrita a aceitação com o arrolamento do herdeiro no inventário, desde que ele seja autor com procuração. Aparece evidente o ânimo de receber a herança.

Tácita, por outro lado, será a aceitação quando a pessoa está arrolada e não se insurge contra este ato. Colhe-se do conjunto de providências e escritos que o herdeiro tem a intenção de aceitar a herança. Tal se dá quando alguém, embora não esteja representado nos autos, tem ciência da tramitação do inventário, não oferecendo qualquer impugnação, e recebe o formal de partilha. Ilustra o professor argentino Juan Carlos Rébora: "La aceptación tácita se tiene por prestada cuando el heredero ejecuta um acto que supone

---

5 *Código Civil – Comentários Didáticos* (*Direito das Sucessões*), São Paulo, Editora Atlas S.A., 1983, p. 36.
6 Ob. cit., *Direito das Sucessões*, p. 43.
7 *Direito Civil das Sucessões*, Lisboa, Coimbra Editora Limitada, p. 403.

necesariamente la intención de aceptar y que sólo en su calidad de heredero habría tenido derecho de ejecutar".[8]

Já a constituição de advogado ou a inexistência de oposição à ordem hereditária apresentam-se suficientes para tornar expressa a aceitação. Parece correto pensar que a declaração expressa da aceitação tem várias formas para se manifestar. Quem concorda em participar na partilha está confirmando que aceita o seu quinhão.

Vem a calhar a explicação de Arnoldo Wald: "A aceitação ainda pode ser tácita, como ocorre quando, sem declarar a sua aceitação, o herdeiro pratica atos que pela sua natureza implicam a aceitação da herança. Não são consideradas como tais as providências meramente conservatórias dos bens do espólio, mas importam em aceitação tácita da herança a concordância do herdeiro com os bens trazidos pelo inventariante, a cessão onerosa de sua quota da herança ou a cessão gratuita da mesma, desde que não seja feita proporcionalmente aos quinhões dos outros herdeiros. Sendo a cessão gratuita a todos os outros herdeiros sem proporção aos seus quinhões hereditários, considera-se que o cedente renunciou aos seus efeitos na sucessão".[9]

O terceiro tipo, que na verdade não passa de uma tênue diferenciação da tácita, denomina-se presumida, dela cuidando-se quando, intimado o herdeiro, não traz resposta sobre sua disposição. Em face do silêncio, diz-se que há a aceitação. Itabaiana de Oliveira explica: "É presumida quando o herdeiro deixa passar o prazo marcado pelo juiz, a requerimento do interessado, sem se manifestar sobre a herança que lhe é deferida".[10]

O art. 1.807 dispõe sobre a aceitação presumida: "O interessado em que o herdeiro declare se aceita, ou não, a herança, poderá, vinte dias depois de aberta a sucessão, requerer ao juiz prazo razoável, não maior de trinta dias, para, nele, se pronunciar o herdeiro, sob pena de se haver a herança por aceita".

O interessado provoca o herdeiro, a fim de ouvir sua manifestação. Decorridos vinte dias da abertura da sucessão sem o pronunciamento, então requererá ao juiz a intimação, em até trinta dias; caso se mantenha novamente em silêncio, considera-se presumida a aceitação.

Como resulta da norma, o prazo conta-se da abertura da sucessão, isto é, do decesso do *de cujus*. É possível que nem haja, ainda, o inventário. Aguarda-se o dito decurso, a fim de oportunizar a manifestação espontânea. Após, em qualquer tempo autoriza-se provocar ao herdeiro, e não apenas a ele, ou aos demais herdeiros, mas igualmente aos credores da herança, aos legatários e outros interessados, inclusive ao Fisco e ao Ministério Público.

Conhecem-se, também, a aceitação pura, sem qualquer condição ou desprovida de um incentivo, e a beneficiária, ou a benefício do inventário judicial, ou aquela que intervém simplesmente no inventário pendente.

Normalmente, nem se cogita, no inventário, da aceitação. De modo geral, sempre querem os herdeiros receber seus quinhões. Aqueles que não revelam interesse simplesmente fazem uma cessão de seus direitos hereditários.

O art. 1.806, diferentemente do que vinha no art. 1.581 do Código de 1916, restringe à renúncia a exigência de exteriorização expressa: "A renúncia da herança deve constar expressamente de instrumento público ou termo judicial".

---

8 *Derecho de las Sucesiones*, 2ª ed., Buenos Aires, Editorial Bibliográfica Argentina, 1952, tomo I, p. 262.
9 *Curso de Direito Civil Brasileiro, Direito das Sucessões*, 9ª ed., São Paulo, Revista dos Tribunais, 1992, vol. V, p. 35.
10 *Tratado de Direito das Sucessões*, ob. cit., vol. I, p. 90.

No entanto, o art. 1.805 expõe como se manifestarão a aceitação expressa e a tácita: "A aceitação da herança, quando expressa, faz-se por declaração escrita; quando tácita, há de resultar tão somente de atos próprios da qualidade de herdeiro".

Afasta seu § 1º certos atos como simbolizando a aceitação: "Não exprimem aceitação de herança os atos oficiosos, como o funeral do finado, os meramente conservatórios, ou os de administração e guarda provisória".

Na mesma posição, a cessão gratuita não significa a aceitação – § 2º do mesmo art. 1.805: "Não importa igualmente aceitação a cessão gratuita, pura e simples, da herança, aos demais coerdeiros".

A cessão gratuita tem azo quando nada se exige em troca, quando feita em benefício dos demais herdeiros, e quando é pura e simples, isto é, sem nenhuma condição ou termo.

De acordo, pois, com o Código, a cessão dentro desta linha de pensamento, não tem o condão de perfectibilizar a aceitação. Não se pode dizer que, para haver cessão, impõe--se seja o doador proprietário. Realmente, assim é, mas, pelo Código, a circunstância de fazer doações não significa aceitar. Diferente a hipótese de ceder mediante remuneração, ou pagamento. Neste caso estaria o herdeiro vendendo. E para que assim possa dispor do quinhão, presente ou futuro, impende que seja titular dos direitos.

Quanto à extensão, a aceitação da herança não importa em aceitação de legados, bem como a do legado não acarreta a aceitação da herança, nos termos do § 1º do art. 1.808: "O herdeiro, a que se testarem legados, pode aceitá-los, renunciando a herança; ou, aceitando-a, repudiá-los".

Já o § 2º do mesmo artigo autoriza a aceitação de um quinhão e a recusa de outros, se chamado o herdeiro a mais de um quinhão hereditário, na mesma sucessão: "O herdeiro, chamado, na mesma sucessão, a mais de um quinhão hereditário, sob títulos sucessórios diversos, pode livremente deliberar quanto aos quinhões que aceita e aos que renuncia".

Como se nota, dos preceitos extrai-se que é preservada a independência da aceitação, relativamente à herança, ao legado, e a um ou mais quinhões na mesma sucessão. Esclareça-se, quanto a concorrer a mais de um quinhão, tal se dá se o herdeiro participa do inventário como herdeiro pela legítima que tem a receber, e por disposição testamentária.

5. ACEITAÇÃO OBRIGATÓRIA

No contexto do art. 1.813 da lei civil, extrai-se a obrigatoriedade da aceitação, se a renúncia trouxer prejuízos a terceiros: "Quando o herdeiro prejudicar os seus credores, renunciando à herança, poderão eles, com autorização do juiz, aceitá-la em nome do renunciante".

Assim, possuindo dívidas pessoais, o herdeiro é coagido a aceitar o quinhão, sob pena de, por ele, os credores ou interessados aceitarem a parte que lhe cabe. E isto com o fito de serem pagos em seus créditos.

Não fosse desta maneira, a mera renúncia importaria em fraude, ou maquinações entre o devedor e os demais herdeiros, para o não cumprimento das obrigações pendentes. Nos próprios autos do inventário, ou em expediente apensado, formularão os credores o pedido de aceitar a herança pelo herdeiro devedor. Em processo próprio, proceder-se-á à execução. Depois de satisfeitas as obrigações, o restante do quinhão incorporar-se-á à herança partilhável aos outros herdeiros.

No entanto, têm os credores o prazo de trinta dias para se habilitarem, ingressando no feito, ou postulando em expediente que será apenso, na previsão do § 1º do mesmo

Cap. IV | Aceitação da Herança • 67

dispositivo: "A habilitação dos credores se fará no prazo de 30 (trinta) dias seguintes ao conhecimento do fato". Não se pode olvidar que os credores devem ser informados da renúncia com a antecedência de trinta dias. Insta, pois, que se faça a prévia notificação pessoal, para a devida habilitação. Não basta a mera publicação da ciência por edital.

No pertinente à prevalência da renúncia do remanescente, ou do que sobra depois de satisfeitos os credores, existe a previsão do § 2º: "Pagas as dívidas do renunciante, prevalece a renúncia quanto ao remanescente, que será devolvido aos demais herdeiros". Assim, vai o que restou para os demais herdeiros, e não para os herdeiros do renunciante, e muito menos para os credores.

6. A ACEITAÇÃO NO CASO DE MORTE DO HERDEIRO

Se, depois da morte do *de cujus*, vem a falecer o herdeiro, sem que se tenha definido a aceitação, como ficará seu quinhão hereditário?

A solução vem ditada no art. 1.809, nestes termos: "Falecendo o herdeiro antes de declarar se aceita a herança, o poder de aceitar passa-lhe aos herdeiros, a menos que se trate de vocação adstrita a uma condição suspensiva, ainda não verificada".

Em princípio, pois, o poder ou a faculdade de aceitar a herança passa aos herdeiros do herdeiro.

Mas, importante ressaltar a observância da condição básica, de acordo com o dispositivo acima: desde que não verificada a aceitação de modo expresso, ou tácito, ou presumido – isto é, ou por declaração escrita, ou por atos que levam a concluir pela aceitação, ou por não ter exteriorizado a recusa, depois de intimado para tanto.

Nada de anormal se encontra neste poder, já que a transmissão hereditária envolve bens e direitos. No caso, dá-se a transmissão do poder de adir, expressão esta comum em direito hereditário. Ocorrendo a morte do vocacionado a herdar, transmite-se também a faculdade de aceitar ou recusar a herança. Mas desde que se encontre na ordem sucessória do art. 1.829, e não seja herdeiro testamentário sob condição suspensiva, visto que, nesta hipótese, realiza-se a transmissão se, após a morte do *de cujus*, é cumprida a condição para o recebimento, como se colar grau em certo curso superior, ou se tiver filho. Portanto, os herdeiros do herdeiro testamentário não são contemplados de imediato com o direito de adir, eis que a transmissão acontece apenas se verificada a condição suspensiva. A menos que omissa a designação de tal condição, ou se se tratar de testamento incondicional. Neste caso, realmente, opera-se a transmissão do direito de aceitar, como, aliás, de herdar qualquer bem, pois o herdeiro é contemplado com a herança no mesmo instante em que se opera o decesso.

Em suma, os herdeiros do herdeiro testamentário também estão habilitados a formalizar a aceitação, se a mesma não for exercitada antes. Assegura-se-lhes, no entanto, aceitar a herança do primeiro autor da herança em relação a eles, e recusar a do anterior. Por outras palavras, estão autorizados a aceitar a herança por morte do progenitor, e não aceitar por morte do avô. Assim se extrai do parágrafo único do art. 1.809: "Os chamados à sucessão do herdeiro falecido antes da aceitação, desde que concordem em receber a segunda herança, poderão aceitar ou renunciar à primeira". Para se viabilizar a hipótese, devem existir acervos patrimoniais distintos. Em termos práticos, o herdeiro falece sem declarar se aceita ou não a herança. Os herdeiros dele poderão recusar a herança a que ele tinha direito, embora aceitem participar da herança que tal herdeiro deixou. Ou seja, há a faculdade de aceitar ou recusar a herança do herdeiro premorto, mas desde que aceitem

68 • Direito das Sucessões | *Arnaldo Rizzardo*

a herança do herdeiro pós-morto. Se manifestada a recusa da herança do herdeiro que faleceu depois, e do qual são herdeiros, não podem aceitar a herança daquele que faleceu antes. Falecendo o pai, e figurando naturalmente como herdeiro um filho, o qual também vem a morrer sem expressar se aceitava ou recusava a herança, aos filhos deste faculta--se a recusa da herança do avô caso não recusarem a herança advinda por morte do pai.

Costuma-se definir como direta a aceitação quando manifestada pelos herdeiros, e indireta no caso de alguém declará-la em lugar do herdeiro, isto é, aquela declarada pelos herdeiros do herdeiro.

7. ACEITAÇÃO POR INCAPAZES

Até recentemente, defendiam alguns que os herdeiros incapazes não podiam receber a herança se não estivessem representados ou assistidos.

Mas como a regra é a aceitação, não se invalida o inventário se faltar a representação, desde que não resulte em nenhum prejuízo ao herdeiro menor, ou ao portador de alguma incapacidade.

Não há sentido em não se convalidar o ato por questões meramente formais, como também não é possível raciocinar em termos que comparem este ato aos negócios jurídicos, como venda e comprometimento de bens móveis, quando não se prescinde da autorização judicial, pois, no primeiro caso, o herdeiro está sendo beneficiado, acrescendo seu patrimônio com a parte daquele que se encontrava em nome do *de cujus*.

O mesmo é possível dizer quanto aos imóveis. Além disso, há a presença do Ministério Público, com o papel de um verdadeiro curador.

V

Renúncia da Herança

1. DIREITO A NÃO PARTICIPAR DA HERANÇA

Ocorrido o fenômeno natural da morte de uma pessoa e frente ao patrimônio deixado, não é inviável que o herdeiro simplesmente se desinteresse em receber qualquer participação ou quinhão, mantendo-se alheio à sucessão.

É um direito da pessoa recusar qualquer herança. Não há lei que a obrigue a receber, se ela não se dispõe a tanto.

O normal é todos os seres humanos aceitarem o patrimônio. Está ínsito na natureza de cada pessoa o impulso constante em se assenhorear de bens, ou aumentar o patrimônio próprio. Todos revelam satisfação e tendência quando são agraciados com riquezas ou valores.

Mas, por várias razões, alguém pode não se interessar pela herança da qual participa em face do grau de parentesco. Se existe um único bem, sendo ele imprestável para a divisão; ou se há conveniência que o patrimônio fique apenas com um ou dois herdeiros; ou se os encargos em participar do inventário são tantos que não compensam o quinhão a receber; ou se existem mais obrigações passivas, justifica-se a renúncia exercitável ou formalizada pelo herdeiro.

A renúncia envolve um ato omissivo, ou simplesmente a saída e exclusão da pessoa da relação de herdeiros. Não há uma transferência de bens, ou transmissão de quinhão, e muito menos uma cessão de direitos hereditários, pois, para qualquer um desses atos, é necessário, antes, o domínio ou a titularidade. Aí, sim, isto é, já sendo dono ou titular o renunciante, se caracterizaria mais uma cessão ou mesmo doação, pressupondo, sempre, a prévia aceitação. Somente depois de ser a pessoa proprietária ou titular do direito se reveste do poder de dispor, ou de atribuir a outrem seus bens. Na renúncia, nem alienação há, pois apesar da transmissão imediata da herança com a morte, surge um ato de vontade que inutiliza a transmissão operada e, assim, quem não recebeu não pode alienar. Efetivamente, a renúncia inutiliza ou torna sem efeito, inexistente, a transmissão imediata nos termos do art. 1.784. O mesmo vazio patrimonial que existia antes da morte da pessoa passa a existir com a renúncia. Aliás, um vazio maior, eis que, quando viva a pessoa, havia a expectativa de herdar, que não mais subsiste com a renúncia.

Pontes de Miranda expunha sobre a renúncia, ou abdicação: "O renunciante, quer seja herdeiro legítimo, quer seja testamentário, abdica. Abdicação, que é renúncia (...). Quando ele renuncia à herança, não a transmite: ele é que desaparece da sucessão; reputa-se nunca ter sido herdeiro (...). A renúncia da herança apaga a ligação do renunciante para com a herança. Ele, para os efeitos sucessórios, não foi herdeiro, legítimo ou testamentário; não teve a *saisina*; tiveram-na os que se beneficiaram com sua renúncia. Os outros herdeiros ou os herdeiros do grau subsequente na sucessão legítima foram os donos e possuidores da herança desde o instante da morte do hereditando".[1]

Diante deste fenômeno, que é o simples e puro afastamento do herdeiro do conjunto hereditário, nada ele transmitindo, embora, com isso, os demais herdeiros recebam um quinhão maior, não há como falar em contraprestação, ou pagamento, ou remuneração, pela renúncia. Abdicando o herdeiro de sua qualidade através da manifestação da vontade de nada receber, jamais é exigível um pagamento do beneficiário. Justamente porque o renunciante demite de si, pura e simplesmente, o direito de herdar, ou abdica de tal direito, nada transmitindo, ou transferindo, não pode exigir a menor contraprestação.

De outra parte, seu ato de vontade é soberano, inserido no campo de sua deliberação, ou constituindo um *jus deliberandi*, independe do consentimento de outras pessoas. Não importa o casamento, a menos que seja pelo regime de comunhão universal, eis que, aí, indiretamente, estaria o renunciante influindo no patrimônio do cônjuge, já que todos os bens entram no patrimônio comum em tal regime, inclusive os recebidos por herança. Ney de Mello Almada reflete este entendimento, mostrando-se afeiçoado ao atual Código, porquanto não diverge da disciplina do regime anterior: "Com efeito, o CC, art. 262, pertinente ao regime de comunhão universal de bens no casamento, dispõe no sentido de que importa dito regime na comunicação de todos os bens, presentes e futuros dos cônjuges. Ao elencar as exceções à comunicabilidade, apenas ressalva as hipóteses dos legados com cláusula de incomunicabilidade, do fideicomisso e dos bens da herança necessária, desde que gravados de incomunicabilidade (art. 263, II, III e XI).

Vale, outrossim, consignar que a alienação de imóveis demanda a participação dual dos cônjuges (CC, arts. 235, I, e 242, I), sendo imóvel o direito à sucessão aberta".[2] Alerta-se que os referidos arts. 262, 263, II, III e X, 235, I, e 242, I, equivalem, na mesma ordem, aos arts. 1.667, 1.668, I, 1.647, I, e 1.647, *caput*, do vigente Código Civil.

2. CONCEITO E CARACTERÍSTICAS

Dentro do que já se viu, constitui a renúncia um ato jurídico, ou uma declaração unilateral de vontade do herdeiro, declarando que não aceita a herança. Como muito bem diz Jorge O. Maffía, "la renuncia es la contrafigura de la aceptación de la herencia. Por ella, el interesado, mediante la manifestación de su voluntad, hace abandono de los derechos y se excluye de las obligaciones ínsitas a la calidad hereditaria".[3]

Não há muito a explicar. A renúncia equivale à desistência, ou à recusa da herança. E aí já se tem uma ideia definitiva: alguém se demite do direito de herdar.

Julius Bender lembra com exatidão o sentido: "A causa de la renuncia a la herencia, el renunciante queda excluído de la sucesión o del legado, como si ya no viviera al tiempo de la apertura de la sucesión. Por consiguiente, como se ha hecho notar, no se le cuenta en el cálculo de la legitima".[4]

Sobressaem as seguintes características:

---

1   *Tratado de Direito Privado*, 2ª ed., Rio de Janeiro, Borsoi, 1972, vol. 56, pp. 37 e 38.
2   Ob. cit., vol. I, p. 158.
3   Ob. cit., tomo I, p. 328.
4   *Derecho de las Sucesiones*, trad. da 2ª ed. alemã, Barcelona, Editorial Labor S.A., 1953, p. 349.

Cap. V | Renúncia da Herança • **71**

I – A "unilateralidade", por não depender da vontade de outros herdeiros. Prescinde-se da adesão dos beneficiários, isto é, daqueles que, em face da renúncia, terão aumentado o quinhão. Embora não se interessem estes com tal acréscimo, e mesmo não o queiram, é inexigível seu consentimento. Quando muito, poderão recusar a parte que se juntou ao respectivo quinhão.

II – A "abstratividade", isto é, a ausência de motivações. Não é colocada nenhuma razão, e muito menos vem mencionado algum pagamento, posto que, aí, a figura seria a cessão de direitos. Por isso, parece significar a renúncia uma retirada do renunciante do rol de herdeiros.

III – A "indivisibilidade", porquanto a renúncia se opera em relação à herança, e não a um bem, continuando o herdeiro a concorrer na partilha do restante do patrimônio. Mostra-se impraticável, e mesmo causa de inúmeras questões controvertidas, a renúncia parcial, ou de um bem, ou de parte do patrimônio. O herdeiro, na hipótese contrária, recusaria participar nas obrigações do falecido, ou naqueles bens que se encontram onerados, ou que podem trazer encargos. O art. 1.808 bem estabelece a proibição: "Não se pode aceitar ou renunciar a herança em parte..."

IV – "Ato jurídico puro", ou seja, sem depender de condições ou termo. Exemplificativamente, é nula a renúncia se efetuada sob condição de doarem os demais herdeiros parte do patrimônio a uma instituição de assistência social, ou valendo desde que não se case o cônjuge sobrevivente. No próprio art. 1.808 vem estatuída a renúncia pura, envolvendo, também, a proibição de que passe a valer em determinada época, ou a partir de uma data específica, e muito menos estendê-la para durar somente durante um período delimitado de tempo.

V – A "gratuidade", jamais se permitindo algum pagamento ou uma compensação, sob pena de confundir-se, então, com a venda. O renunciante se afasta do inventário, sendo seu espaço ocupado por todos os demais herdeiros. E como há um herdeiro a menos, os demais terão aumentados os quinhões, mas isso não em vista de transmissão, eis que a renúncia significa a saída ou retirada do renunciante.

VI – "Efeito retroativo", valendo a contar da morte do autor da herança. Realmente, como observado mais de uma vez, diante do art. 1.784 todos os sucessores têm a herança, desde a morte do *de cujus*. Entre a morte e a renúncia, há um lapso temporal de exercício dos direitos sobre a herança por quem a repudia. No entanto, uma vez materializada a renúncia, de imediato seu ato retroage até o momento da abertura da sucessão. O parágrafo único do art. 1.804 trouxe regra específica sobre o assunto, suprindo omissão do Código de 1916: "A transmissão tem-se por não verificada quando o herdeiro renuncia à herança".

VII – O "formalismo", que é de rigor, nunca se acolhendo que seja reconhecida a renúncia por manifestação verbal. Procede-se à renúncia através de duas formas: ou por termo nos autos, ou mediante escritura pública.

O termo nos autos é a maneira mais simples, bastando que se assinale o comparecimento da parte, a qual declara o firme propósito de renunciar pura e simplesmente à herança.

O termo poderá ser assinado pelo procurador, desde que o instrumento de procuração contenha poderes expressos para tanto. Colhe-se de um julgamento o seguinte: "Quando houver renúncia de um ou de todos os herdeiros, não tendo tal renúncia sido feita por escritura pública, deverá constar um termo de renúncia assinado pelo renunciante e pelo magistrado que preside o feito e lavrado pelo escrivão do mesmo. Se todos os herdeiros renunciam em favor de um terceiro, lavrado o termo de renúncia citado, requerido ou

72 • Direito das Sucessões | *Arnaldo Rizzardo*

não pelo beneficiário (...), o juiz então manda lavrar um segundo termo, o termo da adjudicação, e finalmente homologará, por sentença, tal adjudicação".[5]

A escritura pública, feita perante o tabelião, se esta a modalidade escolhida, é um instrumento perfeitamente válido, e condiz com o ato por envolver uma relação relativa a imóveis, como se considera a herança.

Mas a vontade manifestada em documento particular não é válida, e isto não apenas em vista do art. 1.806, mas também pela sua natureza, de máxima importância, envolvendo o despojamento de bens e reclamando, assim, total clareza ou transparência na expressão do propósito, a ponto de se operar na presença de autoridade judiciária ou de pessoa revestida de fé pública. Tal a orientação que parte do Superior Tribunal de Justiça: "A renúncia à herança depende de ato solene, a saber, a escritura pública ou termo nos autos de inventário; petição manifestando a renúncia, com a promessa de assinatura do termo judicial, não produz efeitos sem que essa formalidade seja ultimada".[6]

De uma maneira ou de outra, admissível que se expresse em momento exclusivo para o inventário, ou dentro dos respectivos autos, notando observar a lição que se mantém vigorante de Carvalho Santos: "O essencial é que a renúncia conste de escritura pública. Não se exige que a escritura tenha sido lavrada especialmente para esse fim. Mesmo que para outro fim, válida será a renúncia a qualquer herança, se da escritura constar de modo inequívoco, deixando expressa e clara a vontade de renunciar manifestada pelo herdeiro. Pode a escritura, também, ser lavrada em qualquer localidade, onde haja oficial competente para semelhantes atos.

Com relação ao termo judicial, não se exige que seja feito no processo de inventário, bastando que seja feito em qualquer processo referente ao espólio".[7]

3. INCAPACIDADE PARA A RENÚNCIA

Não é possível a renúncia por quem não tem a plena capacidade civil. Em princípio, somente aqueles que possuem a livre disposição sobre os bens encontram-se habilitados para se desfazerem dos mesmos ou deixarem de os receber. Nesta ordem, não podem renunciar os menores e outros incapazes, exceto em situações especiais, como por exemplo se a herança não trouxer vantagens para eles, ou constituir-se mais de encargos e obrigações, mas sempre, aí, com a autorização judicial.

Maria Helena Diniz sintetiza esta exigência, estendendo-se a outros casos, em doutrina coerente com o atual Código: "Os incapazes não poderão renunciar à herança senão por meio de seu representante legal, previamente autorizados pelo juiz; o mandatário, para renunciar pelo mandante, deverá estar munido de poderes especiais e expressos (CC, art. 1.295, § 1º). A pessoa casada pode aceitar ou renunciar à herança independentemente do prévio consentimento do cônjuge".[8] O art. 1.295, § 1º, acima referido, tem redação igual ao art. 661, § 1º, do vigente Código.

Todavia, apesar da última afirmação da autora, o cônjuge casado pelo regime de comunhão universal não prescinde do consentimento do consorte para a renúncia, pois mesmo somente ele sendo herdeiro de seu ato decorrerão consequências patrimoniais ao cônjuge.

---

5 RE nº 96.193-MA, 1ª Turma do STF, de 01.10.82, *Revista Trimestral de Jurisprudência*, 103/1.270.
6 REsp. nº 431.695-SP, da 3ª Turma, de 21.05.2002, *DJU* de 05.08.2002.
7 Ob. cit., vol. XXII, p. 110.
8 Ob. cit., 6º vol., p. 59.

Com amparo jurisprudencial, esta a conclusão, no que não existiu alteração face ao atual Código Civil: "Sendo a renúncia à herança um ato alienativo, na hipótese de o renunciante ser casado sob o regime de comunhão de bens faz-se necessário, para que se torne eficaz, o consentimento do outro cônjuge não herdeiro. A falta de outorga marital, todavia, apenas torna o ato anulável, pois passível de ratificação".[9]

Mais recentemente:

> Embora os bens recebidos por herança não se comuniquem ao outro cônjuge, nem por isto está o cônjuge renunciante isento de obter a autorização do outro cônjuge para alienação ou cessão gratuita de bens, o que só ocorreria se casado fosse sob o regime da separação total, *ex vi legis* do art. 1.647 do Código Civil.
>
> Não há que se falar na possibilidade de o filho do herdeiro renunciante ingressar na sucessão por direito próprio. Trata-se aqui de renúncia translativa em favor da meeira do autor da herança e não de renúncia simples ou abdicativa em prol do monte.[10]

Há casos especiais em que não prevalece a renúncia.

O herdeiro casado pelo regime de comunhão universal não pode renunciar se o cônjuge faleceu depois do sucedido, desde que tenha herdeiros. A parte do cônjuge transmitiu-se, com seu decesso, aos respectivos herdeiros. Por isso, a convivência destes é indispensável.

Os bens recebidos pelo herdeiro integram a meação do cônjuge em razão do regime de comunhão universal de bens. E com o falecimento deste, por força do art. 1.784, a posse e o domínio transmitem-se, desde logo, aos seus herdeiros legítimos e testamentários, se houver.

De acordo com o art. 129, V, da Lei de Recuperação Judicial e Extrajudicial e de Falência (Lei nº 11.101, de 09.02.2005), aquele que se encontra falido não está autorizado a renunciar, sob pena de tornar-se ineficaz o ato em relação à massa falida, valendo a ineficácia para o período de até dois anos antes da quebra. E isto por óbvios motivos, eis que presume a lei estar o renunciante beneficiando parentes, em prejuízo de terceiros.

Nesta ordem, nem o herdeiro que tenha credores está em condições de renunciar, se ficarem prejudicados, segundo o art. 1.813: "Quando o herdeiro prejudicar os seus credores, renunciando à herança, poderão eles, com autorização do juiz, aceitá-la em nome do renunciante".

Ou seja, não adianta o herdeiro recusar a herança, mesmo que seu propósito nada tenha com o prejuízo dos demais herdeiros. Seria muito cômodo para fugir da responsabilidade se fosse o contrário.

Os credores, tão logo tenham conhecimento da renúncia, poderão pedir ao juiz autorização para aceitar a herança, em lugar do renunciante.

Para considerar-se que tenham ficado cientes os credores importa que recebam a notificação do intento da renúncia. Assegura-se, então, o prazo de trinta dias para se habilitarem, nos termos do § 1º, do artigo acima: "A habilitação dos credores se fará no prazo de 30 (trinta) dias seguintes ao conhecimento do fato".

Qual a medida utilizável para salvaguardar os interesses dos credores? Há certa discussão a respeito, sobressaindo a opinião de que não basta a simples reclamação nos autos do inventário. Mas, realmente, é suficiente comprovar o crédito, com o prejuízo advindo da renúncia.

---

9   Agr. de Instr. nº 143.696-1/2, 1ª Câmara Cível do TJSP, de 19.11.91, *RT*, 675/102. Em idêntica linha, RE nº 97.044-RJ, 2ª Turma do STF, de 24.04.82, *Revista Trimestral de Jurisprudência*, 109/1.086.
10 Agravo de Instrumento nº 0046942-37.2013.8.19.0000, da 15ª Câmara Cível do TJ do RJ, Relator designado para o voto: Des. Ricardo Rodrigues Cardozo, j. em 15.10.2013.

74 • Direito das Sucessões | *Arnaldo Rizzardo*

Caso não se operar a notificação prévia, e operar-se assim mesmo a renúncia, ingressa-se com pedido ao juiz, para tornar sem efeito o ato. Junta-se a prova da dívida do herdeiro e da inexistência de garantia em outros bens, ou de que nada mais é encontrado em seu nome. Com isto, o juiz reveste-se de segurança para declarar ou autorizar a ineficácia da renúncia. Tudo nos mesmos autos, mas se promovido o pedido até o julgamento da partilha. Se após, não mais é permitida esta forma de sub-rogação no quinhão que toca ao herdeiro devedor. Terá o credor que ajuizar a competente ação pauliana, ou qualquer demanda, de desconstituição da renúncia, impondo-se a prova da fraude contra os credores e a má-fé.

Não basta, todavia, postular a ressalva do patrimônio partilhável ao renunciante. É indispensável que os titulares do crédito procurem o recebimento dos valores, o que se fará mediante a ação executória, ou de cobrança, ou a habilitação de credor da herança. Não pode o credor ficar inerte indefinidamente. Terá que procurar o recebimento do crédito. Assegura-se exigir, inclusive, uma definição do *quantum*, com o ajuizamento de uma ação ordinária. Se tal não ocorre, deixando o credor de providenciar em prazo concedido pelo juiz, é possível que se autorize a renúncia, ou se convalide a mesma.

Aquilo que sobrar do pagamento da dívida ingressa na renúncia, em consonância com o § 2º do art. 1.813: "Pagas as dívidas do renunciante, prevalece a renúncia quanto ao remanescente, que será devolvido aos demais herdeiros". Nota-se que tal excedente não fica com os credores, e nem vai para os herdeiros do renunciante.

4. RETRATAÇÃO DA RENÚNCIA

Apenas se decorrente de ato de vontade atingido por vício é possível anular a renúncia, o que dificilmente ocorre. Anotava Pinto Ferreira: "A renúncia solene é irretratável, de regra. Como observa Clóvis Beviláqua, 'a firmeza e a seriedade das relações jurídicas oriundas da sucessão assim o exigem' (Código Civil, vol. 6, p. 39).

Excepcionalmente a renúncia, como declaração de vontade, pode ser anulada, quando resulta de vício proveniente de violência, erro ou dolo, ouvidos os interessados (CC, art. 1.590)".[11] O citado art. 1.590 corresponde ao art. 1.812 do Código de 2002.

No mesmo sentido manifestava-se Itabaiana de Oliveira: "A renúncia é retratável quando proveniente de violência, erro ou dolo, ouvidos os interessados, porque são causas que viciam o consentimento, que é uma das condições essenciais à validade de qualquer ato jurídico, por traduzir a livre manifestação da vontade, sem a qual o ato não pode subsistir. A violência, o erro e o dolo não se presumem: devem ser provados em ação competente, ouvidos todos aqueles interessados a quem a retratação da renúncia possa prejudicar".[12]

O art. 1.812 revela peremptoriedade na irrevogabilidade: "São irrevogáveis os atos de aceitação ou de renúncia da herança".

Obviamente, ressalva-se o ato quando atingido em sua higidez por vício de consentimento ou por outras causas de anulação ou de nulidade. Nota-se que a irrevogabilidade não impede a anulação. Apenas à parte renunciante não se concede a faculdade de revogar o ato.

Assim, é anulável a renúncia, quando proveniente de violência, erro ou dolo, ouvidos os interessados. Da mesma forma, se decorrer prejuízo ao credor, não tendo ele sido notificado da abdicação dos bens, nos termos do art. 1.813 e parágrafos do Código.

---

11 *Tratado das Heranças e dos Testamentos*, ob. cit., p. 40.
12 *Tratado de Direito das Sucessões*, ob. cit., vol. I, p. 108.

Impõe-se a irretratabilidade por questão de segurança, eis que, do contrário, geraria total insegurança. Se, a qualquer momento, aquele patrimônio acrescido aos quinhões dos outros herdeiros estivesse sujeito a retornar para o renunciante, impediria a própria alienação posterior do patrimônio.

5. RENÚNCIA E ABANDONO

O abandono não equivale à renúncia, porquanto esta envolve um ato de vontade normalmente expresso, trazendo transmissão do domínio. Com efeito, o herdeiro despe-se da titularidade na renúncia; já no abandono, perdura ele como titular do domínio, mesmo que sem a posse. Marcelo Planiol e Jorge Ripert delineiam a distinção: "El abandono no es una renuncia; no priva al heredero ni de su condición de tal ni de su derecho como propietario. *Semel heres, semper heres*. Se trata de un simple abandono de la posesión y de la administración de los bienes. Como consecuencia, el heredero queda sujeto a todas las obligaciones y mantiene todas las garantías unidas a sus títulos, pudiendo (y debiendo) exigir la colación y la reducción. Si hubiere un sobrante después de la liquidación y el pago total, conserva el derecho a reclamarlo. En fin, el abandono no produce la transmisión de la propiedad, por lo que no ha lugar al pago de un nuevo derecho de transmisión".[13]

Ademais, não é o abandono uma situação definitiva, sendo sempre viável a reconsideração da decisão pelo herdeiro, retomando a posse ou o bem.

6. RENÚNCIA POR LEGATÁRIO INSOLVENTE

Há restrições quanto à possibilidade do legatário insolvente em renunciar.

O legatário é contemplado, no testamento, em coisa certa e determinada, como, *v.g.*, uma residência, ou um valor em dinheiro, uma propriedade rural, um usufruto, um crédito etc. Já o herdeiro recebe uma quota ou um quinhão ideal da herança.

O § 2º do art. 1.813 ordena que, depois de pagas todas as dívidas do renunciante, prevalece a renúncia quanto ao remanescente, que será devolvido aos demais herdeiros. Diante da referência da entrega aos demais herdeiros daquilo que remanescer, e não sendo o legatário herdeiro, não existiria óbice para ele renunciar. Acontece, porém, que a norma do art. 1.813 e seus parágrafos, que trata da sucessão em geral, abrange a legítima e a testamentária. Resultaria uma exceção discriminatória em favor do legatário se ficasse ele fora da restrição do dispositivo. Ademais, a exegese neste sentido levaria a uma saída para evadir-se o devedor de suas obrigações, o que desaconselha aceitar a liberdade total em renunciar.

7. REPRESENTAÇÃO DE HERDEIRO RENUNCIANTE

Regra bastante importante está no art. 1.811: "Ninguém pode suceder, representando herdeiro renunciante. Se, porém, ele for o único legítimo da sua classe, ou se todos os outros da mesma classe renunciarem à herança, poderão os filhos vir à sucessão, por direito próprio e por cabeça".

Embora mais de um juízo jurídico contido no cânone, não oferece maior complexidade a sua inteligência.

Em primeiro lugar, não se admite que o herdeiro do renunciante o substitua, ou herde por ele. Mas comparece no inventário por direito próprio. Aparecendo o renunciante como

---

13 *Tratado Práctico de Derecho Civil Francés*, Havana, Cultural Havana S.A., 1945, tomo IV, p. 482.

filho do *de cujus*, os seus descendentes comparecem no inventário por direito próprio, ou por cabeça. Bem definia a exegese de Carvalho Santos, mantendo-se aplicável: "Considerando, em virtude da renúncia, como se nunca tivesse sido herdeiro, nos termos já expostos, claro que o renunciante não poderá transmitir aos seus sucessores direito algum sobre o espólio. A parte que deveria caber ao renunciante é atribuída a pessoas que a lei chama à herança em sua falta, isto é, aos outros herdeiros da mesma classe ou, no caso de ser ele o único dessa classe, aos da subsequente (...) Mesmo porque o representante não pode adquirir direitos que não tinha, em consequência da renúncia, o representado".[14]

De modo que, falecendo o progenitor, seu filho é o herdeiro natural. Mas se este renuncia, por direito próprio herdarão os seus descendentes, ou os filhos do filho do *de cujus*, ou os netos do *de cujus*. Não que representem o renunciante, mas por força do direito que possuem de herdar, eis que, em face da renúncia, é como se não existisse o renunciante.

Se o *de cujus* tiver dois ou mais filhos, e um apenas renunciar, toda a herança se concentra no filho não renunciante, sem que os filhos do herdeiro renunciante ou dos herdeiros renunciantes tenham algum direito.

Mas não tendo o renunciante descendentes, a herança passa para a classe seguinte, isto é, para os ascendentes. De igual modo, se todos os filhos renunciaram, sem que tenham descendentes.

O art. 1.810 não permite dúvidas: "Na sucessão legítima, a parte do renunciante acresce à dos outros herdeiros da mesma classe, e, sendo ele o único desta, devolve-se aos da subsequente".

Deve-se partir do pressuposto de que o herdeiro renunciante é reputado como se não tivesse sido herdeiro em tempo algum. E, no exemplo, os netos vão herdar na totalidade do patrimônio, embora o sejam de apenas um filho do autor da herança. Leva-se em conta que a classe dos descendentes precede a dos ascendentes e demais classes. Esse é o entendimento manifestado também pelo STJ: "A renúncia de todos os herdeiros da mesma classe, em favor do monte, não impede seus filhos de sucederem por direito próprio ou por cabeça. Homologada a renúncia, a herança não passa à viúva, e sim aos herdeiros remanescentes. Esta renúncia não configura doação ou alienação à viúva, não caracterizando o fato gerador do ITBI, que é a transmissão da propriedade ou do domínio útil de bens imóveis".[15]

Vemos, pois, que para renunciar há certa complexidade. Havendo descendência do renunciante, resulta praticamente uma impossibilidade de os ascendentes receberem a integralidade da herança.

Importa que os descendentes do que renuncia igualmente expressem a sua renúncia, resultando inviável se há herdeiros incapazes, os quais não podem abdicar da posição de herdeiros.

Unicamente o juiz poderá autorizar a renúncia, mas se conveniente aos interesses do incapaz.

8. A RENÚNCIA EM LEGADOS E HERANÇA

Admite-se que, na sucessão, o herdeiro seja contemplado com herança e legado. A abdicação da herança não determina a renúncia ao legado. Isto, por evidente, quando no inventário se cumularem as sucessões legítima e testamentária. De igual forma prevalece o oposto: a renúncia do legado não acarreta a da herança. A redação do art. 1.947 con-

---

14 Ob. cit., vol. XXII, p. 163.
15 REsp. nº 36.076/MG, da 1ª Turma, rel. Min. Garcia Vieira, j. em 03.12.1998, *DJU* de 29.03.1999.

Cap. V | Renúncia da Herança • 77

duz a tal interpretação, ao prever a substituição de legatários, no caso do nomeado vir a renunciar, ou desistir. Eis a redação do dispositivo: "O testador pode substituir outra pessoa ao herdeiro ou ao legatário nomeado, para o caso de um ou outro não querer ou não poder aceitar a herança ou o legado, presumindo-se que a substituição foi determinada para as duas alternativas, ainda que o testador só a uma se refira".

Daí impor-se a seguinte distinção: se a renúncia objetivar o legado, este não vai para o monte-mor, e sim caberá ao legatário substituto. Em inexistindo, comporá a herança que será partilhada. Mas se a renúncia compreender o quinhão hereditário, o mesmo será devolvido à massa hereditária.

9. ALCANCE DA RENÚNCIA

Importante lembrar o alcance da renúncia: abrangerá as dívidas ou obrigações da herança. Não será, pois, chamado o renunciante a responder pelo passivo do espólio. Aliás, o fato não tem maiores repercussões, visto que a herança responde pelas dívidas até o equivalente ao seu limite. Os herdeiros não terão que adicionar recursos próprios para honrar compromissos do *de cujus*.

De outra parte, a renúncia não dispensa a colação de bens, para fins de repor a porção inoficiosa ou recebida a mais, imposição esta contemplada no art. 2.008: "Aquele que renunciou à herança ou foi dela excluído, deve, não obstante, conferir as doações recebidas, para o fim de repor o que exceder o disponível". É que a renúncia não importa em abrir mão daquilo que foi recebido em vida do *de cujus*. Perde a herança, permanecendo, porém, com as doações.

Não é rara a eventualidade de as doações, em vida, terem sido tantas que ultrapassam a parte disponível do doador e o quinhão a que teria direito o herdeiro. Mesmo que manifestada a renúncia, já recebera o favorecido além do que lhe caberia. Daí a obrigação da conferência, aportando ao inventário os bens que porventura excederem aquilo que era permitido doar. Por outras palavras, o herdeiro terá que conferir o valor das liberalidades, e restituir ao monte--mor o *quantum* que ultrapassou aquilo que, em vida, estava o doador autorizado a dispor.

É possível a renúncia pelo fiduciário na substituição fideicomissária, transferindo-se, de imediato, a herança ou o legado para o fideicomissário, no que se revela claro o art. 1.954: "Salvo disposição em contrário do testador, se o fiduciário renunciar a herança ou o legado, defere-se ao fideicomissário o poder de aceitar".

10. RENÚNCIA E O IMPOSTO DE TRANSMISSÃO

Em vista de tudo quanto foi dito, não cabe o imposto de transmissão – desde, porém, que se trate de renúncia pura e simples. O herdeiro simplesmente abdica de sua parte na herança. Ele não está destinando a alguém especificamente a porção que lhe cabia.

Mas, se for em favor de alguém, cabe o imposto, visto que se verifica, então, uma cessão, ou doação, conforme vem sendo decidido: "A renúncia em favor de determinada pessoa equivale à doação ou cessão de direitos hereditários, e tal se equivale à renúncia translativa (STF, *RTJ*, 93/243 e 293). Pela troca de vocábulos, não se prejudica a substância do ato, claramente dúctil na manifestação de vontade".[16]

---

16 Agr. Instr. n° 591071733, 8ª Câmara Cível do TJRGS, de 19.09.91, *Revista de Jurisprudência do TJRGS*, 155/208.

78 • Direito das Sucessões | *Arnaldo Rizzardo*

Ter-se-ia, aí, uma renúncia translativa, por envolver duas declarações de vontade, comportando a aceitação e a alienação em favor do beneficiário. Impõe-se, neste caso, o recolhimento do tributo devido – imposto de transmissão.

Unicamente na renúncia abdicativa é incabível o tributo.

Às vezes, entretanto, surge impropriedade de linguagem, sem descaracterizar a natureza da renúncia. Assim, renuncia-se em favor de um herdeiro remanescente, que é o único da sucessão. Automaticamente, com ou sem a designação de seu nome, ele será o contemplado. Válida a explicação do Min. Moreira Alves, em um antigo julgamento: "Para haver a denominada renúncia translativa, é mister que o ato de renúncia implique ao mesmo tempo a aceitação tácita da herança e a subsequente desta, pois não se pode transferir o que, se não tiver havido aceitação prévia, ainda não se adquiriu. E para que esses dois atos, logicamente sucessivos, se exteriorizem por meio de um ato só (a chamada renúncia translativa), se faz necessário que o ato de renúncia acrescente algo que não se compatibilize com a renúncia pura e simples (a chamada renúncia abdicativa), como se declare, ou se limite a beneficiar alguns – e não todos – coerdeiros. Nesses dois casos, no ato de renúncia há fatores que a incompatibilizam com a renúncia abdicativa, que por ser abdicativa não se compadece com a contraprestação existente nos negócios onerosos e que, por produzir o efeito de o renunciante ser considerado como se não houvesse herdado (o que beneficiaria a todos os coerdeiros), não pode trazer benefício apenas a alguns, e não a todos. Nada disso ocorre (é o caso dos autos) quando o ato de renúncia alude a todos os coerdeiros, ou ao único coerdeiro (como é o caso presente). Com efeito, essa alusão não acrescenta nada à renúncia capaz de incompatibilizá-la com a renúncia abdicativa, pois, existisse ou não a menção, a consequência do ato de renúncia seria exatamente a mesma. Por isso mesmo é que o art. 1.582 do CC declara: 'Não importa igualmente aceitação a cessão gratuita, pura e simples, da herança aos demais coerdeiros'".[17] Esclarece-se que o mencionado art. 1.582 corresponde ao § 2º do art. 1.805 do Código vigente.

Já em outra decisão, no mesmo sentido: "Inventário. Renúncia de todos os herdeiros em favor da inventariante meeira, por termo judicial (CC, art. 1.581). Validade, *in casu*, do termo nos autos.

Se os atos jurídicos devem atender à forma prescrita ou não defesa em lei (art. 82 do CC), também há que atender à intenção, nas declarações de vontade, que, na hipótese, expressamente se respeitou (art. 85 do CC)".[18] Os mencionados arts. 1.581, 1.582 e 1.585 correspondem ao *caput* do art. 1.805, ao art. 104 e ao art. 112 do Código de 2002.

Mas, de observar a diferença quando a renúncia aparece feita pelo cônjuge meeiro. Opera-se, aí, uma verdadeira doação, posto que não é ele herdeiro, pelo menos na parte que excede à porção a que tem direito. Inexistindo a transmissão hereditária, incide obrigatoriamente o imposto, que será o de transmissão *inter vivos*: "A renúncia à meação implica doação, razão pela qual há incidência do imposto de transmissão *inter vivos* (cf. Sebastião Luiz Amorim e Euclides Benedito de Oliveira, *Inventários e Partilhas*, 5ª ed., 1991, LEUD, pp. 177 e 178). Pouco importa tenha havido reserva de usufruto na medida em que ambos os institutos não se confundem e não se compensam".[19]

---

17 *Revista Trimestral de Jurisprudência*, 93/293 e ss., j. em 24.04.79, 2ª Turma do STF, transcrição feita no acórdão do Agr. Instr. nº 587031139, 1ª Câmara Cível do TJRGS, de 15.09.87, *Revista de Jurisprudência do TJRGS*, 127/191.
18 RE nº 96.193-3, 1ª Turma do STF, *Lex – Jurisprudência do Supremo Tribunal Federal*, 49/160.
19 Agr. Instr. nº 177.419-1/3, 2ª Câmara Cível do TJSP, de 30.06.92, *RT*, 689/164.

VI

Indignidade na Sucessão

1. LIMITAÇÕES À CAPACIDADE SUCESSÓRIA

Em princípio, havendo o parentesco até determinado grau, existe o direito de suceder. A regra é a capacidade. Estar viva e ter um parentesco específico são os requisitos bastantes para a pessoa adquirir a capacidade, que deverá ser considerada ao tempo da abertura da sucessão, ou regulando-se conforme a lei então em vigor.

A lei enumera os graus de parentesco e a ordem de vocação hereditária. Quem se enquadra em tais requisitos pode suceder.

Mas há exceções. Embora normalmente estejam as pessoas na ordem da vocação hereditária, por razões especiais ou particulares ficam excluídas, sendo que os casos aparecem expressamente previstos na lei, e não podendo ser incluídos outros.

O Código Civil, tratando da matéria, dá ao assunto a rubrica "dos excluídos da sucessão" (no Código anterior, "dos que não podem suceder"), incutindo a ideia de que são taxativamente enumeradas as situações.

Poder-se-ia cogitar de um título de maior extensão, como 'incapacidade para suceder', seguramente de maior abrangência, englobando não apenas as hipóteses de indignidade.

Não se cuida, porém, de incapacidade propriamente dita. Na verdade, tal expressão nem deveria ser usada, pois revela a inaptidão para adquirir através da sucessão. Envolveria a incapacidade falta de pressupostos, como um determinado grau de parentesco, o qual habilitaria o herdeiro a receber a herança.

Exclusivamente por faltar o parentesco exigido, ou da qualidade expressa na lei, não pode a pessoa herdar, ou não tem a capacidade sucessória.

Antigamente, quando as discriminações sociais e pessoais eram comuns, havia muitas classes de incapazes, como os estrangeiros, os hereges ou apóstatas, os escravos, os criminosos de lesa-majestade, os filhos espúrios, os exilados e deportados, e mesmo transmitia-se por várias gerações a perda de direitos.

No tratamento do Código Civil, embora a pessoa tenha capacidade para ser contemplada na sucessão, há, no entanto, determinados eventos e circunstâncias que afastam tal condição.

Aqui, cuida-se da indignidade, ou de uma incapacidade que surge em vista de atos praticados pelo herdeiro. Não fossem tais atos, ele figuraria na sucessão. Há, também, as hipóteses de deserdação, mas, aí, temos uma exclusão do herdeiro em razão do ato da vontade do autor da herança. Em certas situações, tem-se até uma incapacidade para adquirir em testamento, como a relação dos arts. 1.801 e 1.802. Não podem ser contemplados, *v.g.*, as pessoas que escrevem o testamento, nem os respectivos cônjuges ou companheiros, ou seus ascendentes e irmãos.

A matéria a ser examinada, neste Capítulo, diz respeito apenas à indignidade. As demais formas de exclusão merecerão o estudo no momento da abordagem do testamento.

Aqui, a exclusão, por incidência de hipóteses legais, é *ab intestato*, isto é, independente da manifestação da vontade do autor da herança.

2. CONCEITO DE INDIGNIDADE

A compreensão do que seja indignidade não oferece dificuldades. O conceito envolve a ideia de atos ofensivos praticados contra a pessoa, a honra e os interesses do autor da herança. A lei enumera alguns atos que, uma vez praticados, afastam os herdeiros. Com isso, incute a ideia de que um desrespeito exagerado, ou uma ofensa ao falecido, pode trazer consequências na sucessão, com o afastamento ou exclusão do herdeiro.

Justamente pelas ofensas praticadas, de pungente significação moral, afasta-se o herdeiro não de sua qualidade de sucessor, mas de ser contemplado no recebimento do quinhão que lhe era reservado. É que, lembra com propriedade o autor argentino Horacio E. Cejas, "sería contrario a todo principio de justicia que aquel que ofeindió gravemente el causante o a sua memoria, o que atentó contra su vida, o terminó con ella, pudiera venir a beneficiarse con sus bienes".[1]

Passa, pois, a indignidade a conceituar-se como a exclusão do herdeiro pela prática de atos criminosos ou ofensivos contra o autor da herança. Já era tal a definição de Clóvis: "Indignidade é a privação do direito hereditário cominada por lei, a quem cometeu certos atos ofensivos à pessoa ou aos interesses do hereditando".[2]

Quem está incurso em falta grave contra o *de cujus* fica indigno de receber o quinhão que lhe estava reservado. Vemos, então, que há aplicação de uma pena ao que vinha ligado à pessoa falecida, e que atentara contra a sua vida, a honra e os interesses. Isto tanto ao herdeiro legítimo como ao testamentário.

A rigor, não há uma incapacidade de receber em herança. A pessoa está contemplada na relação da ordem sucessória. Mas o ato que praticou afasta o direito, fazendo que surja a superveniência da incapacidade. Incapacidade não natural, e sim em vista de uma determinada conduta.

De outro lado, distingue-se da deserdação, ocorrível somente em testamento. Washington de Barros Monteiro traz a distinção, plenamente atual: "A pena de indignidade é cominada pela própria lei, nos casos expressos que enumera, ao passo que a deserdação repousa na vontade exclusiva do autor da herança, que a impõe ao culpado no ato de última vontade, desde que fundada em motivo legal. A primeira, portanto, é peculiar à sucessão legítima, embora possa alcançar também o legatário (art. 1.595), enquanto a segunda só se verifica na sucessão testamentária".[3] O art. 1.595 referido corresponde ao art. 1.814 do Código de 2002.

Isto apesar da idêntica finalidade em ambos os institutos, que é o afastamento da herança de quem foi ingrato ou se portou insidiosamente com o autor da herança. Real-

---

1 Ob. cit., tomo I, pp. 129 e 130.
2 *Direito* das Sucessões, ob. cit., p. 79.
3 Ob. cit., Direito das Sucessões, p. 63.

mente, mostra-se contrário à moral humana que o ofensor, ou o que prejudicou o falecido, seja, após, favorecido com os bens que este tinha.

Não fosse o alijamento da herança, até possibilidades surgiriam de os herdeiros atentarem contra a vida dos progenitores e outros parentes para se apropriarem dos respectivos bens.

3. CAUSAS DE INDIGNIDADE

O Código Civil, no art. 1.814 enumera as causas da indignidade, que coincidem, embora alguma diferença de redação, mais explicitamente e maior extensão, com as do art. 1.595 do Código de 1916:

> São excluídos da sucessão os herdeiros ou legatários:
>
> I – Que houverem sido autores, coautores ou partícipes de homicídio doloso, ou tentativa deste, contra a pessoa de cuja sucessão se tratar, seu cônjuge, companheiro, ascendente ou descendente;
>
> II – que houverem acusado caluniosamente em juízo o autor da herança ou incorreram em crime contra a sua honra, ou de seu cônjuge ou companheiro;
>
> III – que, por violência ou meios fraudulentos, inibirem ou obstarem o autor da herança de dispor livremente de seus bens por ato de última vontade.

Vêm estabelecidos alguns atos contra o falecido, considerados graves pelo legislador. Embora outros possam existir, e talvez com maior gravidade, não podem trazer a mesma cominação. Unicamente os previstos na lei possuem o caráter de afastar o herdeiro da sucessão.

Na enumeração, em primeiro lugar se encontra o crime de atentado contra a vida da pessoa falecida, seu cônjuge, companheiro, ascendente ou descendente, desde que presente o elemento dolo, ou o *animus necandi*, na conduta do agente. Assim, não está excluído o herdeiro se a morte decorreu de culpa, nas formas de imprudência, imperícia ou negligência, facilmente verificável em acidente de trânsito. E embora não se admita a tentativa de homicídio nos eventos decorrentes de culpa, com mais razão não se reconhece a indignidade nos ferimentos graves derivados da culpa.

Não se reclama a condenação penal para tipificar-se a indignidade. Basta a prova da ocorrência do atentado contra a vida para a sua aplicação. Mas havendo condenação no crime, nem mais cabe qualquer discussão.

Entretanto, havendo uma excludente de criminalidade, como legítima defesa, ou a execução do ato em estado de necessidade, fica afastada a pena de exclusão da herança. E isto desde que haja absolvição criminal, mesmo por fatores diversos dos citados acima. Já encontrava amparo esta *ratio* na jurisprudência do Código revogado, cuja exegese do então art. 1.595, inc. I, equivalia ao art. 1.814, inc. I, do atual Código: "Ação ordinária de exclusão da sucessão, com base no art. 1.595, inc. I, do Código Civil. A absolvição da acusada em virtude do reconhecimento da excludente de responsabilidade – doença mental –, a gerar inimputabilidade absoluta, afasta a exclusão da legatária, embora autora do homicídio do testador. Não se pode reabrir debate sobre o ato delituoso, quando declarado inimputável o réu (art. 22 do Código Penal), mediante sentença criminal que transitou em julgado".[4]

---

4   RE nº 93.623-8-AL, 2ª Turma do STF, de 03.12.82, Lex – Jurisprudência do Supremo Tribunal Federal, 52/165.

A lição de Pontes de Miranda era clara, plenamente incidente no vigente Código: "O homicídio há de ter sido querido (homicídio voluntário); de jeito que o homicídio por culpa e o homicídio que não é crime escapam à conceituação. O ato há de ser homicídio voluntário e criminoso (...) A sentença absolutória que disse não constituir crime o fato imputado tem de ser atendida, se houver trânsito em julgado, pelo juiz da ação de exclusão da sucessão por indignidade".[5]

Não se impede que as excludentes, ou as razões do afastamento da criminalidade, sejam provadas no juízo civil. Porém, desde que, reconhecidas na sentença criminal, constituam coisa julgada no cível.

O induzimento ao suicídio, delito capitulado no art. 122 do Código Penal, que inclui a prestação de auxílio a quem tira a própria vida, se encontra incluído no rol de delitos contra a vida. De igual forma, a eutanásia e o infanticídio, eis que presente a *voluntas occidendi*. De outra parte, o coautor sofre a mesma penalização, não importando o grau de participação ou concorrência na perpetração do evento criminoso.

Além do autor da herança, incluiu o Código em vigor o seu cônjuge, o companheiro, o ascendente ou descendente. O delito contra essas pessoas também importa na exclusão da herança.

De outro lado, qualquer pessoa suscetível de vir a herdar ingressa no rol de impedidos, como no seguinte exemplo pretoriano, sobre o assassinato do sogro pelo genro, casado pelo regime de comunhão universal, e que busca a meação em virtude de divórcio, na qual integra bens herdados pelo outro cônjuge: "Princípio consagrado no inc. I. do art. 1.595 do CC revela a repulsa do legislador em contemplar com direito sucessório quem atenta contra a vida do autor da herança, rejeitando a possibilidade de que, quem assim age, venha a ser beneficiado. Esta norma jurídica de elevado teor moral deve ser respeitada ainda que o autor do delito não seja herdeiro legítimo. No caso, tendo o genro assassinado o sogro, não faz jus ao acervo patrimonial decorrente da abertura da sucessão, mesmo quando do divórcio, e ainda que o regime do casamento seja o da comunhão de bens, não podendo o varão receber a meação constituída de bens percebidos por herança".[6]

Como segunda causa, está, de um lado, a acusação caluniosa, que corresponde à figura penal da denunciação caluniosa o autor da herança, estatuído o art. 339 do Código Penal, o qual encerra: "Dar causa à instauração de investigação policial, de processo judicial, instauração de investigação administrativa, inquérito civil ou ação de improbidade administrativa contra alguém, imputando-lhe crime de que o sabe inocente...".

Já desponta, aí, o requisito básico da imputação de crime no juízo criminal, e não no cível, ou na esfera administrativa. Necessário, também, para tipificação, a instauração de algum procedimento criminal ou judicial. A pessoa deve ter postulado, seja na repartição policial ou no juízo criminal, a instauração de um procedimento contra a pessoa do *de cujus*, imputando-lhe uma figura penal. Nessa linha é a exegese da jurisprudência:

> Para fins de fixação de tese jurídica, deve-se compreender que o mero exercício do direito de ação mediante o ajuizamento de ação de interdição do testador, bem como a instauração do incidente tendente a removê-lo (testador sucedido) do cargo de inventariante, não é, por si, fato hábil a induzir a pena deserdação do herdeiro nos moldes do artigo 1.744, II, do Código Civil e 1916 ("injúria grave"), o que poderia, ocorrer, ao

---

5 Tratado de Direito Privado, ob. cit., vol. 55, pp. 124 e 125.
6 Apel. nº 70005798004, da 7ª Câmara Cível do TJ do RGS, j. em 09.04.2003, in Boletim ADCOAS, nº 28, 2003, p. 441.

Cap. VI | Indignidade na Sucessão • 83

menos em tese, se restasse devidamente caracterizado o abuso de tal direito, circunstância não verificada na espécie.

Realçando-se o viés punitivo da deserdação, entende-se que a melhor interpretação jurídica acerca da questão consiste em compreender que o artigo 1.595, II, do Código Civil 1916 não se contenta com a acusação caluniosa em juízo qualquer, senão em juízo criminal.[7]

De referir que o art. 1.595, II, corresponde ao art. 1.814, II, do atual diploma civil.

Para caracterizar-se esta causa, basta que seja dado início à ação policial ou judicial. Não é necessária a prévia manifestação do juiz criminal, reconhecendo a culpabilidade, com a condenação. Isto porque não é fora de cogitação que a investigação policial não prossiga, ou que, em juízo, termine a ação penal sem uma definição da conduta delituosa.

Se, todavia, advier a absolvição, nenhuma penalidade há no juízo civil – o que também acontece se a denunciação não for caluniosa, mas basear-se em delito realmente praticado pelo *de cujus*.

De outro lado, encontra-se nessa segunda causa incluído, ainda, o crime contra a honra, ou seja, os crimes de calúnia, difamação e injúria, perpetrado em prejuízo da pessoa do *de cujus*, de seu cônjuge ou companheiro. Mas, aqui, diversamente que nas situações anteriores, o dispositivo fala-nos que "incorreram em crime contra a sua honra, ou de seu cônjuge ou companheiro". Transparece, daí, que se requer a condenação judicial. Somente depois de passar em julgado a ação ofensiva da honra, com a definição da culpabilidade, o fato é considerado crime.

A indignidade se configura mesmo que já morta a pessoa contra a qual é dirigida a calúnia – eis que há, aí, ofensa ou desrespeito aos mortos (art. 138, § 2º, do Código Penal).

Já a última previsão de indignidade, bem difícil de ocorrer, envolve interferência na vontade de testar do falecido, seja através de violência ou meios fraudulentos, seja mediante óbice à execução dos atos testamentários.

Em última instância, há uma inibição do autor da herança de dispor livremente de seus bens.

Aparecem formas procedimentais bastante possíveis de ocorrerem, como forçar uma pessoa a fazer um testamento a favor de alguém e a revogar um testamento que beneficiava outra pessoa.

As causas acima são *numerus clausus*, esgotando as possibilidades de indignidade. Têm aplicação apenas se devidamente provadas.

Para a sua aplicação, ou a exclusão do herdeiro, impõe-se a propositura da ação competente. Não tem o juiz a iniciativa de simplesmente afastar o herdeiro ante o conhecimento de alguma das causas.

Qualquer sucessor incorre na penalização, não importando a espécie, como bem explicita Eduardo de Oliveira Leite: "Incorrem em indignidade tanto os herdeiros legítimos como os sucessores irregulares ou ilegítimos, os universais e os singulares, os que herdam por força da lei e os favorecidos em testamento. É o que declara o art. 1.814 do Código Civil, quando, no seu *caput*, declara explicitamente que são excluídos da sucessão os herdeiros ou legatários".[8]

---

7   REsp 1.185.122/RJ, da 3ª Turma, rel. Min. Massami Uyeda, j. em 17.02.2011, *DJe* de 02.03.2011.
8   *Comentários ao Novo Código Civil – Do Direito das Sucessões*, ob. cit., p. 158.

4. A AÇÃO PARA DECLARAR A INDIGNIDADE

De passagem, referiu-se que a declaração de indignidade depende da manifestação judicial, por sentença, cabendo a iniciativa da ação a quem tiver interesse no inventário.

Realmente, impende o ajuizamento de uma ação, normalmente de rito ordinário, para conseguir afastamento de alguém da herança. O art. 1.815 não dá margem a dúvidas: "A exclusão do herdeiro ou legatário, em qualquer desses casos de indignidade, será declarada por sentença".

Invocando por fundamento uma das causas do art. 1.814, instruindo a inicial com os elementos de prova existentes, o herdeiro pedirá a exclusão do indigno, que será citado, assegurando-se-lhe a defesa. Trata-se de uma ação personalíssima, e deve vir em juízo enquanto for vivo o herdeiro, mas somente depois da morte do ofendido.

Tem o herdeiro ou interessado quatro anos para entrar com a ação. Após, há a decadência, segundo está consignado no § 1º do art. 1.815, em redação da Lei nº 13.532, de 7.12.2017. Conta-se o lapso decadencial da abertura da sucessão. Não interessa que o inventário tenha sido concluído antes, e nem impede a decorrente necessidade de ser anulado. Eis a regra: "O direito de demandar a exclusão do herdeiro ou legatário extingue-se em quatro anos, contados da abertura da sucessão".

Sendo o herdeiro menor, no entanto, o prazo inicia a contar da sua maioridade, nos termos do art. 198, inc. I.

Possuem legitimidade ativa para a lide, além dos herdeiros, os legatários, os credores, o Fisco, os donatários – isto é, todos aqueles que, pelo resultado do inventário, serão contemplados com alguma parcela da herança.

Não se reconhecia ao Ministério Público qualquer iniciativa, a menos que o herdeiro fosse incapaz. No entanto, em vista de precedentes que marcaram os anais dos crimes violentos, a Lei nº 13.532/2017, em que filhos assassinaram os pais, alterando o art. 1.815, renumerou o parágrafo único para § 1º e incluiu o § 2º, dando legitimidade ao Ministério Público "para demandar a exclusão do herdeiro ou legatário".

Sobre a prova, escrevia Antônio José de Souza Levenhagen, mantendo-se a atualidade do ensinamento: "Nessa ação, os atos imputados indignos deverão ser provados devidamente. Julgada procedente a ação, o juiz declarará a exclusão por sentença. Como se trata de ação referente à capacidade da pessoa (incapacidade para herdar), o seu procedimento será o ordinário, independentemente do valor que for atribuído à ação, segundo regra constante do parágrafo único do art. 275 do Código de Processo Civil".[9] Não mais existe o procedimento sumário no CPC atual, que era regido pelo art. 275 do CPC de 1973, passando a adotar-se o procedimento comum como regra geral, e que se aplica na ausência de rito específico, a teor de seu art. 318.

Vindo a falecer no curso da ação o ofensor ou herdeiro, não se extingue a ação, o que era contrariado pela maioria dos autores.[10] Ponderava, não convictamente, Washington de Barros Monteiro, que a ação pode prosseguir contra os sucessores do falecido. E assim deve ser, visto que a propositura da demanda já representa a expectativa de uma vantagem, a qual poderá advir. Constitui, pois, um valor mensurável economicamente, eis que os sucessores do autor da ação encontram-se sujeitos a receber um quinhão maior se procedente a demanda.

---

9   Ob. cit., p. 41.

10   Pinto Ferreira, *Tratado das Heranças e dos Testamentos*, ob. cit., p. 65; Ney de Mello Almada, ob. cit., vol. I, p. 204.

Com mais razão, não se extingue a ação no caso de sobrevir a morte do demandante, ou autor da ação. Seus herdeiros habilitar-se-ão para substituir o antigo autor.

A ação, em casos especiais, poderá ser dispensada, por exemplo, quando o ato contra o inventariado ou as demais pessoas elencadas nos incisos do art. 1.814 consistiu em homicídio, ou qualquer outro crime grave. Máxime se há sentença criminal condenatória, restando, então, definida a culpabilidade do indigno.

Partindo da sintonia que deve existir entre o direito e a moral, as seguintes passagens de uma decisão evidenciam o tratamento coerente e dentro do bom-senso que a matéria merece, lembrando a lição de Korkounow (*Teoria Geral do Direito*, pp. 48-49): "A distinção entre a moral e o direito pode ser formulada muito simplesmente: a moral fornece o critério para a apreciação de nossos interesses, enquanto o direito marca os limites dentro dos quais nossos interesses se realizam. Destacar um critério para a apreciação de nossos interesses é a função da moral; determinar os limites de sua recíproca limitação é a função do direito. As demais distinções decorrem desta, que é fundamental, o que também justifica a harmonia que deve reinar entre a moral e o direito...

Entende a Câmara que a sentença advinda de ação de indignidade é meramente declaratória, porque proclama o que preexiste.

Ocorre que a referida declaração não precisa ser proclamada em certos casos, principalmente porque no juízo criminal foram reconhecidas a autoria e a materialidade, afastada qualquer exclusão da criminalidade. Assim, restou o autor da presente ação condenado, daí por que válida a conclusão legal de que a condenação na esfera criminal torna certa a obrigação de indenizar no cível.

A invocada interdependência jurisdicional tem pertinência à espécie, devendo-se promover a conjunção entre os preceitos contidos nos arts. 63 e seguintes do estatuto processual primitivo e o art. 1.525 do CC pátrio (...).

Ora, no caso concreto, já promovido um juízo de reprovação na esfera criminal, com trânsito em julgado, nada mais restaria ao juízo civil, cuja sentença adredemente se sabe como seria embasada. A indignidade foi proclamada com repercussão ampla em todas as esferas. Nada mais há a constituir ou proclamar (...)

A conjugação do juízo de reprovação na esfera criminal à orientação familiar de excluí-lo da partilha permite dispensar a ação própria, porque todo o processo pressupõe uma angularização, um contraditório. No caso, nada mais havia a se proclamar, porque nenhuma defesa seria possível. Seria o demandar pelo demandar".[11] O citado art. 1.525 equivale ao art. 935 do Código Civil vigente.

5. REABILITAÇÃO DO INDIGNO

O art. 1.818 define a possibilidade da reabilitação do indigno, que se efetiva através do perdão do autor da herança. Neste sentido o conteúdo do dispositivo: "Aquele que incorreu em atos que determinem a exclusão da herança será admitido a suceder, se o ofendido o tiver expressamente reabilitado em testamento, ou em outro ato autêntico".

Desponta, no conteúdo da regra, o perdão do ofendido, que é o *de cujus*. Não importa que se encontre viva a vítima das imprecações. Exige-se a existência de um documento

---

11 Apel. Cív. nº 586058141, 5ª Câmara Cível do TJRGS, de 19.05.87, *Revista de Jurisprudência do TJRGS*, 125/324.

demonstrando o perdão, como já constava do Código de 1916, mesmo que seja lavrado por documento particular, não aceitando este último Jefferson Daibert: "O artigo diz que a pessoa ofendida assim o resolveu por ato autêntico ou testamento. É forma solene que a lei exige, não bastando documento ou instrumento particulares. Logo, por escritura pública, ou no próprio testamento, o hereditando o fará constar que perdoa o herdeiro sucessível (ou legatário)".[12]

Todavia, a escritura pública não pode ser considerada como único documento autêntico. A própria avença particular constitui documento autêntico.

A fim de melhor esclarecer o assunto, recorda-se que existia antes do atual diploma civil uma classificação que dividia a reabilitação em expressa e tácita, mantendo-se sob o atual regime, eis que a disciplina da matéria não se alterou em sua substância. A primeira decorre de ato autêntico, ou do testamento, nele constando claramente a reabilitação; e a segunda advém do favorecimento do herdeiro, em testamento, o qual incorrera em indignidade, que era conhecida do testador, mas que, mesmo assim, foi contemplado no testamento.

Em suma, interessa que fique claro haver o testador perdoado o herdeiro, de modo inequívoco, mas sem dar importância à forma. Vale o princípio da clemência humana, que leva a relegar a ofensa, indultando o indigno, o que se justifica por razões que nem convém, às vezes, indagar. Em geral, atuam valorações de ordem sentimental e filial, explicáveis no lado do sentimento humano.

No entanto, é de se observar, na reabilitação tácita, a limitação do parágrafo único do art. 1.818, sem regra paralela no Código antigo: "Não havendo reabilitação expressa, o indigno, contemplado em testamento do ofendido, quando o testador, ao testar, já conhecia a causa da indignidade, pode suceder no limite da disposição testamentária".

Por conseguinte, apesar de incorrer em causa de indignidade conhecida do testador, se após dar-se a inclusão do indigno em testamento, opera-se a reabilitação, mas parcialmente, isto é, apenas no *quantum* constante na cláusula testamentária.

6. EFEITOS DA INDIGNIDADE

De grande repercussão prática os efeitos da indignidade. Em síntese, o herdeiro fica alijado da herança. Aliás, mais apropriadamente, até a condição de herdeiro desaparece, efeito este por todos reconhecido, observando Jorge O. Maffía: "El efecto sustancial de la declaración de indignidad es apartar el indigno de la herencia, y si éste hubierse entrado en posesión de ella, deberá reintegrarla".[13]

Em primeiro lugar, ressalta a norma do art. 1.816, que diz serem pessoais os efeitos da indignidade. Unicamente o excluído suportará as consequências. Qual o destino, então, de seu quinhão? Irá para os outros herdeiros? Absolutamente. Só os descendentes do herdeiro excluído é que serão aquinhoados.

Eis o conteúdo do preceito acima: "São pessoais os efeitos da exclusão; os descendentes do herdeiro excluído sucedem, como se ele morto fosse antes da abertura da sucessão".

Nota-se uma equiparação à premoriência, ou trata-se de matéria como se o herdeiro desamoroso tivesse morrido antes.

De outro lado, por encontrar-se expresso na regra, unicamente os descendentes substituem o indigno. Se inexistirem, a sua parte engrossará o quinhão dos demais herdeiros

---

12 Ob. cit., p. 92.
13 Ob. cit., tomo I, p. 208.

Cap. VI | Indignidade na Sucessão • 87

do *de cujus*, conforme Washington de Barros Monteiro, mantendo-se sob o regime do Código em vigor a inteligência: "Sublinha-se, ainda que a substituição, a que se refere o texto, ocorre apenas na linha reta descendente; o indigno não poderá, dest'arte, ser sucedido pelos ascendentes ou pelos colaterais".[14]

Não recebendo herança, o exonerado, naturalmente, não será chamado a suportar as obrigações do espólio, mesmo porque a responsabilidade se adstringirá até a porção de bens que receberia.

Em segundo lugar, se porventura tiver o herdeiro usufruído algum proveito, tudo terá que devolver ou ressarcir – como aparece no parágrafo único do art. 1.817, ficando a salvo apenas a indenização pelas despesas acarretadas na conservação dos bens: "O excluído da sucessão é obrigado a restituir os frutos e rendimentos que dos bens da herança houver percebido, mas tem direito a ser indenizado das despesas com a conservação deles".

Tal obrigatoriedade deverá ser cumprida a partir do momento da abertura da sucessão, visto que pela indignidade não existe a pessoa para fins de direito. Daí que a totalidade do patrimônio há de se devolver. O resultado é, portanto, retroativo. A esta conclusão chega-se pelo fato de considerar-se o indigno possuidor de má-fé, o que importa na perda das benfeitorias.

As alienações e outros atos efetuados antes da sentença, no entanto, subsistem, como observava Clóvis: "As alienações dos bens hereditários e os atos de administração realizados, segundo os preceitos legais, antes da declaração da indignidade, devem subsistir porque, até então, o herdeiro, que foi julgado indigno, era considerado herdeiro e, como tal, proprietário dos bens da herança. Esses atos não poderão aproveitar ao indigno, e realmente não aproveitam porque ele é obrigado à restituição dos bens, com seus acréscimos e melhoramentos; porém, é de justiça que seja mantido, em atenção à boa-fé dos terceiros, salvo aos herdeiros definitivos o direito de agir contra o indigno, por perdas e danos".[15]

E na situação de má-fé, o indigno de suceder é obrigado, na explicação de Carvalho Santos e outros autores, que cita: *a)* a pagar os juros legais do dinheiro que embolsou, sem dele fazer uso; *b)* a repor, com os respectivos juros e vantagens auferidas, o dinheiro de herança que tenha utilizado; *c)* a responder pelos atos de administração em geral praticados sobre a herança percebida; *d)* a restituir o preço da venda que porventura tenha feito, se o fez por preço excedente ao valor da coisa, ou o valor se a venda foi feita por preço inferior; *e)* a perder as benfeitorias, salvo as necessárias que houver feito, assim como o direito de levantar as voluptuárias e responder pela perda ou deterioração da coisa, ainda que acidentais, salvo quando prove que o mesmo se teria dado em poder do legítimo proprietário.[16]

Sobre a venda de bens pelo excluído, reza o art. 1.817: "São válidas as alienações de bens hereditários a terceiros de boa-fé, e os atos de administração legalmente praticados pelo herdeiro, antes da sentença de exclusão; mas aos herdeiros subsiste, quando prejudicados, o direito de demandar-lhes perdas e danos".

Nota-se que se, antes da sentença, se efetuarem alienações, são as mesmas mantidas, pois ainda não é possível ter-se como excluído o herdeiro. A invalidade é, pois, *ex nunc*, a começar da sentença. De outro lado, há de preponderar a presunção de boa-fé dos terceiros, que nada têm a ver com os atos de indignidade.

Caio Mário da Silva Pereira salientava no pertinente aos terceiros de boa-fé, no que se coaduna a matéria com o Código vigente: "No seu efeito retro-operante, a sentença

---

14 Ob. cit., *Direito das Sucessões*, p. 69.
15 *Direito das Sucessões*, ob. cit., p. 85.
16 Ob. cit., vol. XXII, p. 229.

não poderá prejudicar direitos de terceiros de boa-fé, respeitando, portanto, as alienações, bem como os atos de administração praticados antes da prolação da sentença. Mas aos coerdeiros é lícito demandar ao alienante o ressarcimento dos danos causados".[17] Como se percebe, mantém-se o negócio desde que provada a boa-fé. Do contrário, haveria a eventualidade de mancomunar-se o indigno com estranhos, ou pessoas de suas ligações, e prejudicar a herança, através de cessões e até doações. E no tocante a estas últimas, uma vez existente a boa-fé, que é o elemento preponderante, prevalecem, posto que incluídas no gênero "alienações".

A validade encontra o limite na sentença de exclusão, desde que definitiva.

O Código não é explícito, e assim acontecia com o anterior. Entretanto, com a sentença desaparece a boa-fé, e fica o herdeiro ciente de sua situação, com probabilidade de ser irreversível. E o terceiro, ao celebrar avenças, um mínimo de cuidados deverá ter, procurando cientificar-se da posição do alienante. Inclusive aos atos de administração legalmente praticados aplica-se tal tratamento, como os realizados pelo inventariante; da mesma forma, nos arrendamentos, nas locações e mesmo nas hipotecas.

Mas, se prejudicados os demais herdeiros, assistirá a eles intentar o pedido de indenização por perdas e danos, evidentemente contra o herdeiro. Direito este natural, que se aplica, aliás, mesmo contra aquele não excluído. Todos os atos nocivos ao espólio são reparáveis, seja quem for que o praticou.

Ao herdeiro excluído apenas assiste indenizar-se dos gastos que teve com a conservação dos bens, cobrando-os do espólio, como decorre do parágrafo único do art. 1.817, que se estende a todos os casos de exigência de despesas, quando assegura o direito à indenização das perdas e danos com a conservação dos bens.

Direito este natural, eis que das despesas havidas a herança restou favorecida. Não importa, aí, a boa ou má-fé. Não sendo desta forma, haveria enriquecimento à custa de outrem.

Igualmente se algum crédito tiver, cabível ao excluído a cobrança, pelos meios legais permitidos, como se autoriza a qualquer estranho.

Não apenas os créditos são garantidos, mas também outras ações, de cunho real ou pessoal. Assim, não se impede que ajuíze uma lide reivindicatória ou possessória, e até a que verse sobre compromissos assumidos, prestação de contas, desconstituição de garantias etc.

Como foi antes referido, o herdeiro excluído é substituído por seus descendentes. Eles serão contemplados na herança. E, se menores, será o progenitor afastado da administração e do usufruto dos bens, em obediência ao contemplado no parágrafo único do art. 1.816: "O excluído da sucessão não terá direito ao usufruto e à administração dos bens que a seus sucessores couberem na herança, nem à sucessão eventual desses bens".

Não fosse assim, pouco representaria a indignidade em termos práticos, ou o castigo pela conduta atentatória ao autor da herança.

Embora a penalidade atinja apenas ao herdeiro, eis que pessoal, ela alcança o cônjuge. De sorte que, se casado o indigno pelo regime de comunhão universal, seu cônjuge nada receberá, eis que a comunhão se dá com o recebimento pelo cônjuge herdeiro, e não pelo decesso do autor da herança, como se na sucessão também concorresse o cônjuge não herdeiro.

---

17 Ob. cit., vol. VI, *Direito das Sucessões*, p. 40.

VII

Cessão de Direitos Hereditários

1. DISTINÇÕES

Na cessão de direitos hereditários, há a transferência, ou venda, da porção que toca a um determinado herdeiro, a outro herdeiro. Opera-se uma transferência onerosa, para uma pessoa certa, o que se distingue completamente da renúncia, onde o herdeiro abdica de todos os direitos, ou se afasta do círculo do inventário, sem nada receber e sem dirigir seu quinhão para uma ou mais pessoas.

Nominada por Itabaiana de Oliveira como cessão onerosa ou venda da herança, vem a ser "a transferência que o herdeiro, legítimo ou testamentário, faz a outrem de seus direitos hereditários, que lhe competem depois de aberta a sucessão a seu favor".[1]

Daí que, na cessão, há a alienação, pela qual os direitos hereditários passam para outra pessoa, que pode integrar a relação de herdeiros ou ser um estranho. Na renúncia, ficam apenas acrescidos os quinhões dos que fazem parte da sucessão por direito sanguíneo.

Mas não equivale a uma compra e venda de coisa certa, como nas transferências de bens em geral. Transferem-se os direitos hereditários, que se definirão na individuação posterior do quinhão. A menos que haja um único bem, ou que se restrinja a um legado, quando envolverá coisa certa e determinada.

Por isso, compreende-se a distinção entre cessão e venda, feita por Ney de Mello Almada, ao insistir que "são institutos distintos. A venda e compra é contrato regulado pelo direito positivo, típico por excelência, o que inocorre na cessão de direitos hereditários.

Efetivamente, ao fazer nosso CC referência ao cessionário restringe-se a legitimá-lo ao requerimento da partilha (art. 1.772, § 1º), ou para indicar hipótese em que a cessão não implica aceitação da herança (art. 1.582). Mas, sistematicamente, deixa de regulamentar o instituto. Isto levou a doutrina a preconizar a utilização subsidiária dos postulados da compra e venda e da cessão de créditos, sob o liame da Lei de Introdução às normas do Direito Brasileiro, art. 4º".[2] O art. 1.772, § 1º, e o art. 1.582, citados acima, equivalem aos arts. 2.013 e 1.805, § 2º, do Código Civil em vigor.

Realmente, não há uma igualdade estrita com a venda, que pressupõe sempre, a transferência do domínio e o pagamento do preço. Na cessão, é possível que fiquem

---

1 *Tratado de Direito das Sucessões*, ob. cit., vol. I, p. 99.
2 Ob. cit., vol. I, p. 176.

envolvidos bens incorpóreos, ou apenas direitos de crédito, ou até obrigações, e que o cessionário, por isso, seja pago.

2. CONCEITO E CLASSIFICAÇÃO

O conceito de cessão não demanda discussão maior, pois que se resume na transferência, ou alienação, de direitos. Cuidando-se de herança, há transferência de direitos hereditários. Daí dizer-se que é o negócio translativo, justamente porque passa o quinhão, ou parte dele, de uma pessoa a outra.

Geralmente oneroso, e daí a semelhança ou mesmo a correspondência com a venda, é um contrato que deve se revestir dos qualificativos e elementos da mesma venda.

Envolve o contrato direitos hereditários, tendo em conta, sempre, o quinhão a conceder-se, ou concedido, ao sucessor.

Desde o momento da abertura admite-se a sua realização, até a ultimação da partilha.

Realmente, o limite para esta espécie de negócio não pode ultrapassar o momento da partilha, quando se dá a extinção da universalidade da herança e da comunhão entre todos os sucessores no patrimônio. Consumada a partilha, qualquer transferência obedecerá a forma e as regras da compra e venda, ou da doação, ou da dação em pagamento. Não interessa que ainda não tenha sido expedido o formal, ou efetuado o registro imobiliário.

Para sua perfectibilização, requer princípios e requisitos exigidos em todos os contratos. Assim, a capacidade das partes, a consensualidade, a bilateralidade, a comutatividade e a onerosidade, dentre outros elementos.

Quanto à capacidade, observa-se que "nula é a cessão de direitos hereditários relativa a imóveis, envolvendo interesses de herdeiro incapaz, sem assistência, tendo ainda sido efetivada por instrumento particular".[3]

Em especial, transparece o caráter aleatório, não muito comum em outros contratos, pois nem sempre, quando consumada a cessão, há o conhecimento da quantidade e da extensão do patrimônio e dos encargos. Isto principalmente se o contrato envolve a quota do herdeiro, integrada por bens e dívidas. Possível, pois, que uma aparente vantagem, evidenciada por razoável patrimônio, venha a desaparecer frente às obrigações que posteriormente surgem. Jorge O. Maffía diz, com acerto: "El carácter aleatorio está dado por el objeto del contrato, ya que no se trasmiten bienes específicamente individualizados, sino el derecho hereditario que puede variar en su extensión. Si bien es cierto que el álea aceptada no tiene el alcance que reviste en otros contratos, como los de juego o lotería, ella no deja de estar presente".[4]

Não acontece, a rigor, a entrega do bem quando do contrato, mas unicamente no momento da partilha. Isto pelo menos para efeitos da lei, no sentido de individuação dos bens, posto que a posse e o domínio na quota ideal acontecem com a transferência. Tendo o cedente a posse e o domínio desde a abertura da sucessão, a partir do negócio se transferem tais atributos.

Inexistiam dispositivos, no Código Civil de 1916, dirigidos especificamente para a cessão. A disciplina seguia os postulados da compra e venda, os princípios gerais do direito, e outros paradigmas, segundo o previsto no art. 4º da Lei de Introdução às normas

---

3   REsp. nº 301-PR, 4ª Turma do STJ, de 30.10.90, *Revista do Superior Tribunal de Justiça*, 17/267.
4   Ob. cit., tomo I, p. 591.

do Direito Brasileiro. Subsidiariamente, também, socorria-se o instituto dos cânones que regulam a cessão de crédito.

Com o Código introduzido pela Lei nº 10.406, a matéria veio disciplinada pelos arts. 1.793 a 1.795, o que dissipou várias discussões e dúvidas que grassavam sobre o assunto, em especial quanto à forma de se exteriorizar, às pessoas entre as quais é celebrada, aos direitos que envolve, à faculdade de adjudicação pelo coerdeiro, se preterido por terceiro estranho.

Eis a regra básica, que está no art. 1.793: "O direito à sucessão aberta, bem como o quinhão de que disponha o coerdeiro, pode ser objeto de cessão por escritura pública".

Depreende-se que a cessão abrange o direito à sucessão e o quinhão de que vai dispor o herdeiro. Não se faz a cessão de coisa individuada, posto que, desde a morte do *de cujus*, embora se dê imediatamente a transmissão, persiste a indivisão, tendo cada herdeiro o direito a uma quota-parte ideal nos bens.

Outrossim, formaliza-se a cessão por escritura pública, no que também impõem os arts. 166, inc. IV, e 108. Exige-se, dentre outros requisitos, a participação ou autorização do cônjuge, por força do art. 1.647 do Código Civil, exceto na situação de celebrado o casamento pelo regime de separação absoluta.

Costuma-se distinguir a cessão em universal e parcial.

A primeira espécie dá-se quando envolve todos os direitos do cedente, ou a sua quota por inteiro. A segunda restringe-se a uma parte do patrimônio componente do quinhão do cedente, o que lhe dá direito a participar do inventário.

Salienta-se, no entanto, que toda cessão, de modo geral, tem um alcance universal, mas dentro do quinhão a que tem direito o cedente. Unicamente se há um legado, ou um bem individuado para cada herdeiro, do mesmo valor patrimonial, pode-se afirmar que a cessão se particulariza. O objeto, porém, é uma universalidade de direitos, ou um conjunto de bens que integra a massa, e não uma série de coisas individualmente determinadas. Cedem-se os direitos em uma coisa, ou em uma universalidade. Veja-se, sobre o assunto, a regra clara do § 2º do art. 1.793: "É ineficaz a cessão, pelo coerdeiro, de seu direito hereditário sobre qualquer bem da herança considerado individualmente".

Ressalte-se que, a menos que haja previsão expressa, cede-se no patrimônio, e não nas dívidas. Nesse caso, entretanto, a situação está sujeita a se complicar. Se o espólio responde por obrigações, o patrimônio arcará com o pagamento. A cessão não serve como recurso de o herdeiro se subtrair à responsabilidade. A venda não retira do herdeiro a responsabilidade na proporção do *quantum* a que corresponde o quinhão.

Divide-se a cessão, ainda, em onerosa e gratuita, sendo predominante a primeira. Há, todavia, cessões sem incluir qualquer contraprestação, ou sem constar o preço. Não se iguala à renúncia unicamente no fato de indicar o herdeiro, ou até um estranho, a ser contemplado no inventário.

3. CESSÃO A ESTRANHO, EM PRETERIÇÃO A COERDEIROS

Assim como na compra e venda pura há o direito de preferência do condômino, se a coisa é indivisível, da mesma forma ocorre no pertinente à herança, que é indivisível a partir do momento da morte do *de cujus* até a partilha. É indispensável a ciência dos coerdeiros condôminos, para que exerçam o direito de preferência, nos termos do art. 1.794 do Código Civil: "O coerdeiro não poderá ceder a sua quota hereditária a pessoa estranha à sucessão, se outro coerdeiro a quiser, tanto por tanto". Sendo assim, por ser a herança coisa indivisa, a todos pertencendo, o cedente deve, antes de efetuar a cessão, comunicar aos coerdeiros, concedendo um prazo para expressarem o interesse ou não em adquirir. Sem esta providência, o coerdeiro preterido, depositando o preço, poderá adjudicar para si o quinhão cedido, desde que busque desconstituir a avença no prazo de cento e oitenta dias após a transmissão, e contado naturalmente da data da efetiva ciência. Aliás, não se trata propriamente de desconstituição, e sim de uma adjudicação. Veio bem explícito o regramento sobre o assunto, que está no art. 1.795: "O coerdeiro, a quem não se der conhecimento da cessão, poderá, depositando o preço, haver para si a quota cedida a estranho, se o requerer até 180 (cento e oitenta) dias após a transmissão".

O Supremo Tribunal Federal já havia alinhado tal entendimento, invocando apoio no art. 1.139 do Código revogado, que corresponde ao art. 504 do atual diploma civil: "Direito das Sucessões. Direito de preferência. Sendo indivisível o bem ao qual concorrem vários herdeiros, aplica-se, em caso de cessão de quotas hereditárias, a regra do art. 1.139 do Código Civil, se algum dos herdeiros exercer o direito de preferência".

Socorre-se o acórdão da lição de Caio Mário da Silva Pereira: "Sendo a venda feita a estranho, e não tendo o cedente oferecido aos coerdeiros a sua parte para que exerçam o seu direito de preferência, tanto por tanto, qualquer deles que, no prazo de seis meses, depositar a quantia, haverá para si a herança cedida. E, se mais de um herdeiro a quiser, preferirá o que tiver benfeitorias mais valiosas; e, na falta de benfeitorias, o de quinhão maior; se forem iguais os quinhões, haverão a parte cedida os herdeiros que a quiserem, depositando o preço (Código Civil, art. 1.139 e seu parágrafo) (*Instituições de Direito Civil*, vol. VI, p. 64)".[5]

Com a ordem do Código de 2002, não mais se faz necessário invocar dispositivos destinados mais propriamente a outros institutos, já que normas pertinentes vieram introduzidas.

Havia, entretanto, entendimentos diferentes, conforme se colhe de antigos julgados quando a matéria era julgada pelo STF: "A herança é uma universalidade. Não é indivisível. Os herdeiros podem ceder seu direito hereditário a estranhos sem consentimento dos demais". Isto ocorre principalmente quando os bens do espólio são divisíveis, o que seria mais consentâneo com a interpretação dos dispositivos do Código Civil. O art. 1.580 do Código Civil quer expressar, conforme o acórdão, apenas que, "enquanto não se fizer a partilha, cada herdeiro tem uma parte ideal na herança, porque esta é uma universalidade de bens, cuja reivindicação de terceiros, que os detenham ilicitamente, pode ser promovida por qualquer herdeiro antes da partilha. Tal o sentido de indivisibilidade".[6] O art. 1.580 mencionado equivale ao art. 1.791 do atual estatuto civil.

Em outro julgamento do STF, também antigo, sem muita fundamentação: "... É razoável a interpretação no sentido de que a cessão de direito hereditário, por parte do coerdeiro, não depende do consentimento dos demais sucessores..." No voto: "Com efeito, no RE 39.582 chegou-se à conclusão de que o 'coerdeiro pode ceder seu direito à herança sem o consentimento dos demais', e no RE 13.741 se diz que: 'A herança não é coisa ou bem indivisível, porque constitui uma universalidade, antes de partilhada mediante inventário. Não depende, pois, do consentimento dos demais interessados à venda, por parte dos herdeiros, daquilo que lhes tocar, oportunamente'. Nos RREE 51.866, 17.637 e Agr. 28.353, se alcanço idêntico entendimento".[7]

---

5   RE nº 112.791-SP, 2ª Turma do STF, de 15.09.87, *Revista Trimestral de Jurisprudência*, 123/290.
6   RE nº 92.919-BA, 1ª Turma do STF, de 19.08.80, *RT*, 100/789.
7   RE nº 89.987-1-SE, de 05.12.80, *Lex – Jurisprudência do Supremo Tribunal Federal*, 29/118.

Cap. VII | Cessão de Direitos Hereditários • 93

Todavia, atualmente o STJ impõe o respeito ao direito de preferência: "O direito hereditário é indivisível até a partilha, por força de lei (CC/1916, art. 1.580; CC/2002, art. 1.791), de maneira que sua cessão submete-se ao disposto no art. 1.139 do Código Civil de 1916 (CC/2002, art. 504), que assegura o direito de preferência ao consorte".[8]

Os herdeiros legítimos serão intimados da cessão no próprio inventário. A partir daí inicia o prazo decadencial de cento e oitenta dias para a adjudicação.

Assim resumia a matéria Maria Helena Diniz: "Em caso de cessão onerosa feita a estranho, sem que o cedente tenha oferecido aos coerdeiros a sua quota ideal para que exerçam seu direito de preferência, tanto por tanto, qualquer deles que, dentro de seis meses, depositar a quantia, haverá para si o quinhão hereditário cedido".[9]

Havendo vários herdeiros interessados, divide-se entre eles o quinhão vendido a terceiro, ou que se pretende ceder, solução esta trazida pelo parágrafo único do art. 1.795: "Sendo vários os coerdeiros a exercer a preferência, entre eles se distribuirá o quinhão cedido, na proporção das respectivas quotas hereditárias".

4. TÍTULO INSTRUMENTAL DA CESSÃO

Lavra-se a cessão no tabelionato, por meio de escritura pública, não importando que tenha por objeto a cessão de bens móveis ou imóveis. Acontece que intitula-se imóvel o "direito à sucessão aberta", em obediência ao art. 80, inc. II.

Exige o art. 108 a obrigatoriedade da escritura pública nos negócios que envolvem direitos reais sobre imóveis: "Não dispondo a lei em contrário, a escritura pública é essencial à validade dos negócios jurídicos que visem a constituição, transferência, modificação ou renúncia de direitos reais sobre imóveis de valor superior a 30 (trinta) vezes o maior salário-mínimo vigente no País".

É no art. 1.793 que encontramos mais incisivamente a imposição da escritura pública da cessão do direito à sucessão aberta bem como do direito ao quinhão de que dispõe o herdeiro: "O direito à sucessão aberta, bem como o quinhão de que disponha o coerdeiro, pode ser objeto de cessão por escritura pública".

Apenas a renúncia permite que se faça por termo nos autos, em consonância com o art. 1.806, no que a jurisprudência sempre endossou: "Por termo nos autos, somente é admissível a renúncia, pura, simples e incondicionada, de quinhão hereditário, nunca, porém, de direitos de meação".[10]

Todavia, poderia ser mais maleável a lei, não dando exagerada importância à forma. Por termo nos autos, ou mesmo instrumento particular, desde que venha a homologação do juiz, ressaltam maiores autenticidade e publicidade que a escritura pública, tanto que todos os herdeiros poderão examinar com atenção o título, eis que participam do inventário, enquanto tal não acontece quando da celebração por escritura pública.

Fortes argumentos encontram-se em uma decisão do magistrado gaúcho Geraldo César Fregapani, cuja juridicidade merece a transcrição de seu teor, adotados no recurso por um dos integrantes da Câmara, embora tenha restado vencido: "O passar do tempo, por si só, reclamou e a legislação extravagante veio paulatinamente abrandando o rigorismo da norma

---

8   REsp. 729.705/SP, da 4ª Turma, rel. Min. Raul Araújo, j. em 13.08.2013, *DJe* de 23.08.2013.
9   Ob. cit., 6º vol., pp. 65 e 66.
10   Agr. Instr. nº 591020136, 7ª Câmara Cível. do TJRGS, de 18.09.91, *Revista de Jurisprudência do TJRGS*, 155/191.

94 • Direito das Sucessões | Arnaldo Rizzardo

contida no citado art. 134, II, do CC. Veja-se que, ali, excetuava-se tão somente o penhor agrícola; hoje podem ser por instrumento particular os contratos com entidades vinculadas ao SFH (Lei nº 4.380/64), os relacionados com a cédula hipotecária (Decreto-Lei nº 70/66), os compromissos de compra e venda, respectivas cessões e promessas (Decreto-Lei nº 58/37; Lei nº 6.766/79) e ainda os atos lavrados nos livros do Serviço do Patrimônio da União ou na Fazenda Nacional, que adquirem força da escritura pública (...) Por outro lado, verifica-se que a cessão, por termo nos autos, além de abreviar o processo sucessório, evita maiores ônus às partes contratantes, que se veem desobrigadas de comparecer ao Tabelionato a fim de perfectibilizar por escritura pública aquilo que, com igual segurança, pode ser feito nos autos do inventário ou arrolamento, sob direta fiscalização do juiz.

A praxe é cediça e o costume dela decorrente tem força, por vezes, de revogar a própria lei, mormente legislação antiga, defasada no tempo e que hoje desatende à prática das relações negociais". O referido art. 134, II, equivale ao art. 108 do vigente Código Civil.

Adiante, no voto vencido: "Com efeito, a forma da cessão por termo nos autos não é de ser desprezada. Adotadas as cautelas necessárias, têm os interessados segurança. A exigência do instrumento público, para a cessão de direito hereditário, é requinte, quando, nos autos do inventário, é possível realizar o ato com os cuidados que se impõem. A insistência no escrito público até parece dar a ideia, meramente especiosa, no entanto, de que o ato confere absoluta autenticidade, segurança e eficácia, sem riscos, quando é sabido que nem sempre é assim (...) As cautelas e a solenidade inerentes ao escrito público podem ser substituídas por outras, de não menor qualidade. Com a lavratura do termo, nos autos, presentes os interessados e o juiz, maior cautela não se pode exigir".[11]

Aliás, o próprio Supremo Tribunal Federal havia dirimido a controvérsia no sentido acima, ao dar o mesmo valor à escritura pública e ao ato cartorário do termo de cessão, ou à renúncia nos autos do inventário: "O escrito público, emanado do tabelião de notas ou do escrivão, tem a sua autenticidade assegurada pela mesma fé pública. São escrituras públicas, em sentido amplo, revestidas do mesmo valor. A questão da validade do ato jurídico por eles documentado se desloca, assim, para o âmbito da competência para fazê--lo. Não se cuida de forma; que públicos e dotados de fé pública são os escritos. Mas de saber se podia fazê-lo o serventuário que o fez. Se cabe na competência de um escrivão a documentação de determinado ato, os efeitos deste ato serão aqueles que a lei atribua".

Adiante, considera a cessão renúncia translativa: "Compreende-se, assim, que a chamada renúncia translativa seja admitida por termo nos autos, como ato que se realiza no procedimento, ato prévio à futura partilha ou adjudicação, que também se documenta nos autos".[12]

O STJ deu validade ao instrumento particular, inclusive frente a terceiros, se efetuado o registro do documento no Cartório de Títulos e Documentos. Veja-se a seguinte ementa:[13]

> Civil. Cessão de Direitos Hereditários. Ausência de Escritura Pública. Instrumento particular registrado no Cartório de Títulos e Documentos. Ação ajuizada na vigência do Código Civil de 1916.
>
> I – O novo Código Civil, em seu art. 1.793 é claro ao dispor que o direito à sucessão pode ser objeto de cessão "por escritura pública". Essa precisão, contudo, não existia no direito brasileiro, e a questão era controvertida na doutrina e jurisprudência.

---

11 Apel. Cív. nº 587045519, 4ª Câm. Cív. do TJRGS, de 09.12.87, *Revista do Tribunal de Justiça do RGS*, 133/233.

12 RE nº 110.756-RS, 2ª Turma do STF, de 19.09.86, *Revista Trimestral de Jurisprudência*, 120/430.

13 REsp. nº 502.873/MT, da 3ª Turma, j. em 07.04.2005, *DJU* de 02.05.2005.

II – *In casu*, o documento foi levado a registro no Cartório competente, concedida, assim, a devida publicidade. Além disso, é anterior ao segundo, cuja validade não foi reconhecida pelas instâncias ordinárias, que concluíram pela má-fé dos cedentes e cessionários ora recorrentes.

III – Contrato particular de cessão de direitos hereditários registrado em cartório cuja validade se reconhece ante a sua natureza obrigacional e, especialmente, tendo em vista as particularidades ocorridas no presente caso.

IV – Recurso especial não conhecido.

Merece a transcrição do texto abaixo do voto, que dá realce ao fato da realização do ato sob o regime do Código Civil de 1916:

> Entendo que a cessão de direito hereditário deva ser firmada por escritura pública, como agora determina o novo Estatuto Civil em seu art. 1.793.
>
> Contudo, no caso dos autos, a ação transcorreu na vigência do Código Civil de 1916 que não previa especificamente a forma como a cessão de direitos hereditários deveria ser efetuada. O art. 1.078 do anterior Código manda que se apliquem a outras cessões as disposições da cessão de crédito. Esta, como se sabe, tem evidente cunho contratual. Por essa razão, que esta Corte ao examinar o REsp nº 46.726-SP, ... entendeu que a cessão de direito, mesmo relativa a imóvel, tem natureza obrigacional. Transcrevo a parte do voto condutor do acórdão citado que se assemelha à hipótese tratada nestes autos: "Quanto aos direitos hereditários do recorrente, de fato, por ficção jurídica, tem natureza de um bem imóvel, nos termos do art. 44, item III, do Código Civil. Porém, essa circunstância não é suficiente para fazer incidir a nulidade prevista nos artigos 145, III, e 146 do CC. É que a exigência prevista no art. 134, II, do CC, pertinente à escritura pública, refere-se a contratos constitutivos ou translativos de direitos reais, entretanto o contrato de cessão de direitos tem natureza obrigacional e, como tal, deve ser tratado. Com efeito, não se pode dizer que a cessão de direitos hereditários, mesmo sendo este um imóvel, seja um contrato translativo de um direito real, para os fins almejados pelo recorrente, bastando o seu registro no Cartório de Notas, hipótese dos autos, para ampliar a sua eficácia em relação a terceiros conforme preveem os artigos 135 do CC e 129, item 9º da Lei nº 6.015, de 31.12.1973 (Lei de Registros Públicos)".

Os arts. 1.078, 134, II, 44, II, invocados acima, não têm correspondência no CC/2002; já os arts. 145, III, 146 e 135 equivalem aos arts. 166, IV, 168 e 221 do atual CC, respectivamente.

Há, também, um entendimento generalizado que defende sempre a escritura pública, não interessando se móvel ou imóvel o bem que integra a sucessão. Isto em vista do art. 80, inc. II, do Código de 2002, considerando como imóvel o direito à sucessão aberta. Não possuiriam valor, pois, os documentos particulares.

Excetuam-se certas situações, em que os bens não comportam uma escritura pública de cessão, se reduzido o valor do monte-mor, ou inexpressivos os bens. Existindo apenas um veículo automotor, e para evitar certa complexidade, com a renúncia, em que comparecem os descendentes se o renunciante tiver filhos, melhor afigura-se a cessão mediante simples documento particular, com as firmas reconhecidas.

Estas eventualidades comportam também outras soluções, como o pedido de alvará para a venda, ou para a transferência a um dos herdeiros, desde que presente a aquiescência de todos. Resulta, aí, implícita a cessão.

De modo algum se deve pensar que é registrável a cessão. Basicamente, porque não se transfere um bem concreto, individuado, mas o quinhão. Na partilha, posteriormente, descrevem-se os bens que constituem o pagamento do herdeiro, e que compõem o quinhão.

Nem resta definido o que receberá o cessionário. Há, com o negócio, uma transferência de direitos, ou de quota, e não de coisas.

Efetuado o instrumento, será introduzido nos autos do inventário para que todos dele tenham conhecimento e para viabilizar o processamento até o final.

Não é rara a cessão da cessão, isto é, a transferência, pelo cessionário (que fica cedente), a outra pessoa, que também será cessionária.

Embora cedidos os quinhões, os credores do espólio não ficam prejudicados. As obrigações continuam garantidas, segundo já referido. O adquirente do quinhão está sujeito a ficar sem bem algum, pois todo o patrimônio deixado suportará o passivo. Apenas se houve sobra promover-se-á a partilha.

No curso do inventário, intervirá o cessionário como qualquer herdeiro. Faculta-se a postulação em defesa de seus direitos, e inclusive visando a remoção do inventariante.

Nada impede que seja destacado o cessionário para ocupar o referido cargo, se outros sucessores não aparecerem em melhor classificação.

Em vista de se encontrar no lugar de um herdeiro, justifica-se, inclusive, que ocupe a posição na ordem da vocação, antes ocupada pelo cedente – o que muitos não aceitam, diante da omissão de seu nome pelo Código.

5. RESPONSABILIDADE PELA EVICÇÃO

Não pode o cedente garantir o cessionário dos riscos da evicção. Isto, em primeiro lugar, porque há a transferência de direitos recebidos em face da morte do *de cujus*, não se apresentando impossível que ele já tivera alienado os bens em vida. Em segundo lugar, leva-se em conta que a transferência envolve direitos, e não coisas específicas. Daí não estar obrigado o alienante a garantir que existam os bens. Não que haja uma aleatoriedade definida no contrato, como alguns autores consideram, pois é inerente a qualquer negócio quanto à realidade ou existência do interesse transacionado. Mas é impraticável garantir, por se impor, na hipótese, a comprovação de cada bem que forma o monte-mor.

Unicamente se a cessão envolve um único bem, individuado e específico, com a demonstração de sua existência, e restritamente em relação à pessoa do cessionário, pode-se aceitar a evicção, que será uma garantia para a seriedade do negócio.

6. PARTICIPAÇÃO DO CÔNJUGE

Exige-se o consentimento do cônjuge do renunciante, para possibilitar a cessão. Não se pode olvidar que a cessão se constitui de negócio jurídico translativo de bens. Ademais, foi dito, antes, que a herança se encontra numa classificação que a nomeia como imóvel – art. 80, inc. II, embora o seja por ficção legal.

O art. 1.647 estipula que nenhum dos cônjuges pode, sem a autorização do outro, exceto no regime da separação absoluta de bens, alienar ou gravar de ônus real os bens imóveis.

Ora, sendo a herança bem imóvel para os efeitos legais, é imprescindível a participação do cônjuge na cessão de direitos hereditários, não importando o regime de bens, desde que não se constitua daquele de separação obrigatória.

Nesse sentido o pensamento de Zeno Veloso: "E se o herdeiro é casado, é necessária, para a cessão, a autorização do cônjuge, exceto no regime da separação absoluta (art. 1.647, *caput*, e inciso I). A falta de autorização, quando necessária, tornará anulável o ato praticado (art. 1.649)".[14]

A participação do cônjuge também foi exigida pelo STJ[15]: "A ausência de outorga uxória na cessão de direitos hereditários de bem imóvel inventariado acarreta a invalidade do ato em relação à alienação da parte dos esposos e a ineficácia quanto à meação de suas esposas, casadas pelo regime da comunhão universal. Vício, contudo, que não atinge a mesma cessão feita pela viúva meeira, cujo patrimônio é apartado dos demais herdeiros".

7. EFEITOS DA CESSÃO

Ressalta evidente que a cessão determina a transferência de tudo o que pertence ao herdeiro, relativamente à herança, ou da parte que compreende a cessão. O cessionário, que pode ser outro herdeiro ou estranho, passa a ocupar a posição do cedente. Há, em outros termos, uma atribuição real dos bens componentes da quota a outra pessoa. Entram, nesta quota, os bens móveis, imóveis, direitos e obrigações.

Quanto a estas, ou ao passivo da herança, o adquirente, ou contemplado, passa a ocupar o papel que antes pertencia ao cedente, isto é, responderá ela pelas dívidas. Isto, porém, na medida do capital ativo recebido, ou dos bens que adquiriu, sem entrar o patrimônio particular – que fica indene a uma possível expropriação, no caso de exigibilidade do crédito por quem de direito. Em suma, o cessionário, na qualidade de adquirente da quota, só responde pelas dívidas *intra vires hereditatis*.

No entanto, cumpre ressaltar que, ficando o transmitente com alguma parte, primeiramente suportará as dívidas esta porção que permanece com ele, porquanto a venda da herança não afasta a qualidade de sucessor a título universal do falecido.

8. CESSÃO DA HERANÇA E DIREITO DOS CREDORES

De todo o acima exposto, deflui que a venda ou cessão da herança não exime o patrimônio transferido do direito que têm os credores de executar seus créditos em bens transferidos. Há como que uma hipoteca, a qual acompanha os bens, ou um caráter de sequela.

Os titulares de crédito vão acionar o espólio, ingressando no ativo todos os bens, que suportarão as obrigações.

E se já houve a partilha?

Não importa. Persiste o direito de receber o crédito, mesmo que já registrado o formal de partilha. Somente em caso de prescreverem os créditos exime-se o cessionário da obrigação de arcar com o patrimônio adquirido na composição das dívidas.

---

14 O *Novo Código Civil Comentado*, coordenação de Ricardo Fiúza, ob. cit., p. 1.608.
15 REsp. nº 274.432/PR, da 4ª Turma, j. em 07.12.2006, *DJe* de 12.02.2007.

Não importa a ciência da venda que o cedente dá aos credores. Não fica o comprador livre da obrigação. Irrelevante o silêncio em se oporem eles (credores) à transferência da quota. Não há previsão que faça emergir tal feito da notificação.

9. COMPRA E VENDA DE QUINHÃO HEREDITÁRIO E DE BENS DO ACERVO HEREDITÁRIO

É possível se lavre escritura pública de compra e venda de quinhão hereditário, se definido o bem que caberá ao herdeiro cedente ou programada já a partilha. Unicamente o registro da escritura dependerá do formal de partilha. Ou seja, efetuar-se-á o da compra e venda após aquele do formal de partilha.

Há uma decisão que bem representa esta possibilidade, onde se colhem os seguintes tópicos, com invocação de doutrina respeitável, e fazendo referência ao art. 1.572 do Código anterior, o qual equivale ao art. 1.784 do vigente Código: "Ainda que não muito utilizada na esfera notarial, a modalidade de o herdeiro alienar seu quinhão, em caráter definitivo, ainda assim se proclama que isso é possível, encontrando supedâneo no art. 1.572 do CC pátrio, que adota o princípio da *saisine*. Obviamente, o registro de tal escritura fica condicionado a que o herdeiro alienante seja contemplado na partilha, com o bem alienado. A verdade é que o herdeiro se apresenta como proprietário, às vezes em estado de comunhão com outros. A condição de proprietário advém em razão da abertura da sucessão, e não do processamento do inventário, nem da confecção da partilha, nem de sua homologação ou mesmo do registro do respectivo formal. O registro do formal de partilha tem o único dom de tornar disponível, para efeitos de registro, em atenção ao princípio da continuidade, daí por que se diz que o registro tem o caráter *ad disponibilitatem*.

O adquirente, pois, corre o risco de comprar determinado bem que não venha a tocar ao herdeiro. Mas, sabendo que se cuida de herdeiro único, de que a partilha já está programada, ou de que, inequivocamente, tal bem tocará ao herdeiro alienante porque se cuidaria de um único bem, pode o adquirente se munir de um ato instrumentalizado que tem caráter definitivo, sem os inconvenientes de um pré-contrato ou uma cessão de direitos hereditários. Aguardará o término do inventário estando munido de documento definitivo, que tem acesso no álbum imobiliário.

Não é outra a lição de Carlos Maximiliano (*in Direito das Sucessões*, II/55), onde preleciona: "Por exceção expressa, o domínio passa aos sucessores independente de transcrição no Registro de Imóveis, a qual só se efetua depois da partilha" (III/253).

Adiante, o mesmo doutrinador, em inequívoca lição, assim se manifesta: "Em consequência de tal preceito, cada um deles validamente aliena a parte ideal que tem no espólio, a sua quota, antes mesmo de se expressar ou terminar o inventário".

Se, no entanto, há alvará judicial de autorização e transmitente é o espólio, pode efetuar-se desde logo o registro.

A matéria acima vem desta forma ementada, mantendo-se a sua aplicabilidade: "Venda do quinhão. O herdeiro pode vender propriedade, antes ou no curso do inventário, porque é o *dominus*. O registro ulterior é que dependerá do prévio registro do formal de partilha, tendo esse cunho *ad disponibilitatem*, e isso porque o Brasil adota o princípio da *saisine*. A outorga da escritura definitiva tem a vantagem de não ser um pré-contrato, e não fica condicionada à habilitação nos autos do inventário, principalmente porque a cessão de direitos hereditários é irregistrável, não precisando a lei os princípios para solução de um conflito quando existir mais de uma cessão. Se a venda se dá em nome do espólio, o registro pode efetivar-se desde logo, mantido o princípio da continuidade. Se a alienação se dá pelo herdeiro, deve-se inserir na escritura que o registro pende da conclusão do inventário, e o registro fica condicionado à apresentação do formal e à coincidência do pagamento recair no bem vendido. Mas alienar, pode o herdeiro. Lição de Carlos Maximiliano. Agravo provido".[16]

Quanto à venda de bens componentes do acervo hereditário, a venda depende de autorização do juiz, enquanto pendente a indivisibilidade. Depois de destacadas a composição e definição de cada quinhão, não persiste a restrição, a teor do § 3º do art. 1.793: "Ineficaz é a disposição, sem prévia autorização do juiz da sucessão, por qualquer herdeiro, de bem componente do acervo hereditário, pendente a indivisibilidade".

É natural que venha a permissão judicial, porquanto perdura a comunhão do acervo hereditário. Para qualquer autorização, revela-se indispensável oportunizar a concordância ou a oposição dos demais herdeiros, sopesando o juiz as razões dos que se manifestarem, e decidindo de modo a não acarretar prejuízo a qualquer das partes.

10. EXTENSÃO DA CESSÃO

Unicamente aquilo que constitui o direito do herdeiro, no momento do negócio, entra na cessão, e desde que envolva a posição hereditária de quem cede, ou a quota de que é titular por direito hereditário. Não ingressam na sua extensão futuros direitos, ou porções deferidas por substituição ou direito de acrescer, por ordem do § 1º do art. 1.793: "Os direitos, conferidos ao herdeiro em consequência de substituição ou de direito de acrescer, presumem-se não abrangidos pela cessão feita anteriormente".

A substituição vem regrada nos arts. 1.947 a 1.960, verificando-se quando o testador substitui outra pessoa ao herdeiro ou ao legatário nomeado, para o caso de um ou outro não querer ou não poder aceitar a herança ou o legado, presumindo-se que a substituição foi determinada para as duas alternativas, ainda que o testador só a uma se refira. Assim, ocorre a espécie no testamento, e revela-se na designação de um outro favorecido, se manifestada a recusa em receber pelo primeiro favorecido.

Já o direito de acrescer está regulamentado nos arts. 1.941 a 1.946. Opera-se a figura quando os coerdeiros nomeados conjuntamente, por uma só disposição testamentária, sem a determinação ou definição de quinhões, recebem a parte que caberia a outro coerdeiro que não aceitou ou não podia aceitar a herança. Há, para ocorrer o direito de acrescer, a recusa ou a impossibilidade de outro herdeiro em receber ou aceitar o quinhão. A porção que se entregaria a este último herdeiro aumentará as partes dos herdeiros que concorriam com ele.

Tanto a substituição como o direito de acrescer serão objetos de abordagens pormenorizadas em capítulos à parte.

No caso, na esteira do § 1º do art. 1.793, não abrange a cessão a porção que tocar ao herdeiro cedente a título de substituição ou do direito de acrescer. Nova cessão há se proceder, relativamente a essa porção, se for da vontade do herdeiro.

---

16 Agr. Instr. nº 585038144, 5ª Câm. Cív. do TJRGS, de 25.05.86, rel. Des. Sérgio Pilla da Silva, *Revista de Jurisprudência do TJRGS*, 119/261.

VIII

Herança Jacente e Vacante

1. CONFIGURAÇÃO JURÍDICA

Há uma estreita vinculação entre a herança jacente e a vacante. A fim de ficar vacante, reclama-se a sua declaração de jacente.

Inicia-se com a herança jacente.

Para a sua conceituação, deve-se, até certo ponto, deixar de lado o princípio de que o domínio e a posse do *de cujus* transmitem-se, desde logo, aos seus herdeiros. Mas em razão de não serem conhecidos os herdeiros, fica a herança no vazio, sem um titular efetivo. Apenas abstratamente possui um titular – o que nada representa na prática.

Apropriada a seguinte colocação de Sílvio Rodrigues: "A herança pode ser jacente a despeito de haver herdeiro sucessível. Apenas ela jaz, enquanto tal herdeiro não se apresenta, sendo ignorada sua existência".[1]

No sentido do direito, como jacente define-se a herança quando inexiste herdeiro certo e determinado, ou caso não se conhecer se continua sua existência temporal, e quando na hipótese de se materializar a renúncia. Pontes fornece uma ideia simples de bens jacentes: "Bens jacentes são bens de quem morreu sem alguém aparecer como sucessor. A falta de aparição é restrita aos herdeiros parentais e testamentários, ou legatários, uma vez que se não pode pensar em não aparição do Estado. A definição é, pois, a de bens a que se ignoram herdeiros, ou não existem herdeiros parentais ou testamentários. Um é certo, se não existem outros: o Estado".[2]

Resumindo, falta a determinação dos herdeiros sucessíveis, ou há a renúncia ao patrimônio por todos os herdeiros. Desde o momento, porém, em que aparece um herdeiro, perde tal caráter a herança.

Não sendo conhecidos os herdeiros, ou renunciando à herança os conhecidos, há um procedimento de arrecadação e administração dos bens, objetivando a posterior e possível entrega aos herdeiros que aparecerem.

Admite-se a figura na sucessão legítima e na testamentária. Isto é, na primeira, quando o falecido não deixa algum parente sucessível, ou cônjuge, ou companheiro, tudo dentro da discriminação do art. 1.829 do Código Civil, ou quando os conhecidos renunciarem.

---

1 *Direito Civil. Direito das Sucessões*, ob. cit., vol. VII, p. 51.
2 *Comentários ao Código de Processo Civil*, 1ª ed., Rio de Janeiro, Forense, 1977, tomo XVI, p. 285.

E na testamentária, se inexistirem ou desconhecidos, além dos herdeiros legítimos, neles incluído o cônjuge, o companheiro, o testamentário e os colaterais; ou, se conhecidos, for levada a efeito a renúncia.

Pressuposto, pois, para as duas espécies, é a inexistência de herdeiro ou beneficiado em testamento. Se conhecido o nome do herdeiro, embora não o seja o endereço, não haverá a herança jacente. A menos que presumido o desaparecimento, por estar o herdeiro ausente há longos anos, além de outras razões.

O art. 1.819 do Código Civil, em conteúdo bem diferente do correspondente art. 1.591 do Código revogado, bem explica como ficará tal herança: "Falecendo alguém sem deixar testamento nem herdeiro legítimo notoriamente conhecido, os bens da herança, depois de arrecadados, ficarão sob a guarda e administração de um curador, até a sua entrega ao sucessor devidamente habilitado ou à declaração de sua vacância". Como os bens da herança não têm um titular certo e determinado, a lei intervém para que não sejam usurpados ou deteriorados, impondo a sua entrega à guarda e administração de um curador, que é nomeado pelo juiz, que exercerá a representação em juízo e fora dele.

Caio Mário da Silva Pereira apresentava uma ideia bastante abrangente, plenamente atual, envolvendo a herança quando os herdeiros não são conhecidos:

> "*a*) Seja porque o falecido não deixou cônjuge, descendentes, ascendentes, ou colateral notoriamente conhecido; *b*) seja porque a tal estado se venha a chegar em razão de renúncias; *c*) ou seja, ainda, na falta de uns e de outros, por não ter o defunto deixado testamento, ou ser este caduco, ou o herdeiro instituído ou legatário ser desconhecido, não existir, ou repudiar a herança ou o legado".[3]

Vacante, por sua vez, considera-se a herança, como o termo indica, quando após a declaração de jacente, ficam vagos os bens, ou não aparece algum herdeiro. Bem clara a explicação de Carlos Alberto Bittar, que leva, também, à distinção com a herança jacente: "Jacência, portanto, é o estado em que se encontra a herança, enquanto se não conhecerem os respectivos titulares. Procede-se, então, sob a fiscalização do juiz, à administração, à guarda e à conservação do acervo por um curador designado, enquanto se espera a habilitação dos interessados. Caso não surja, decreta-se por sentença a vacância, passando os bens ao domínio do Poder Público, observado o procedimento próprio estabelecido no estatuto processual (arts. 1.142 e 1.158)".[4] Os arts. 1.142 e 1.158 correspondem aos arts. 738 e 743, § 2º, do CPC/2015.

Após processada a arrecadação e realizados outros atos, não aparecendo herdeiros, passa a denominar-se vacante a herança, transferindo-se ao Estado. Washington de Barros Monteiro dava a diferença entre a herança jacente e a vacante, mantendo-se útil a distinção: "Ocorre a primeira (a jacente) quando não há o herdeiro certo, ou quando não se sabe de sua existência. A segunda (vacante) é a herança devolvida ao Estado, por ter-se verificado não haver herdeiro. Naquela, aguarda-se ainda o aparecimento do beneficiário. Nesta, uma vez praticadas todas as diligências, comprova-se afinal que não há herdeiro, não mais se espera sua habilitação e, por isso, defere-se a herança ao Estado".[5]

---

3 Ob. cit., vol. VI, p. 58.
4 *Direito das Sucessões*, ob. cit., p. 38.
5 Ob. cit., *Direito das Sucessões*, pp. 56 e 57.

Cap. VIII | Herança Jacente e Vacante • **103**

O art. 1.844 sintetiza a ideia acima: "Não sobrevivendo cônjuge, ou companheiro, nem parente algum sucessível, ou tendo eles renunciado à herança, esta se devolve ao Município ou ao Distrito Federal, se localizada nas respectivas circunscrições, ou à União, quando situada em território federal".

O art. 1.820 delineia o caminho para declarar jacente a herança: "Praticadas as diligências e ultimado o inventário, serão expedidos editais na forma da lei processual, e, decorrido um ano de sua primeira publicação, sem que haja herdeiro habilitado, ou penda habilitação, será a herança declarada vacante".

Muito apropriadamente, encerrava o art. 1.593 do Código Civil anterior que "serão declarados vacantes os bens da herança jacente, se, praticadas todas as diligências legais, não aparecerem herdeiros". É como sintetizou um julgado: "Iniciado o inventário e, no seu curso, verificada a inexistência de herdeiro testamentário, é de considerar-se jacente a herança, nos termos do art. 1.592, inc. II, CC, caso em que o 'juiz, em cuja comarca tiver domicílio o falecido, precederá sem perda de tempo à arrecadação de todos os seus bens'".[6] Esclarece-se que o dispositivo citado não veio reafirmado no Código de 2002, eis que o conteúdo está subentendido em outros dispositivos.

Nota-se, portanto, que a vacância depende da jacência. Constitui um momento de todo um procedimento. Não é autônoma, e sim mais uma fase de um longo procedimento de transferência de bens ao Poder Público.

A presente ementa de um julgamento enriquece a explicação: "Tem-se por jacente a herança sem herdeiros conhecidos, em situação indefinida; vacante, quando definitivamente comprovada a ausência de herdeiros sucessíveis. Na primeira hipótese, o acervo de bens é arrecadado após a defunção do *de cujus*, submetido à administração de um curador sob controle da autoridade judiciária, *si et in quantum*, pelo menos em perspectiva, hajam habilitações de herdeiros, incertos e desconhecidos na segunda. No claro da sucessão deriva o ato judicial da vacância, tomando lugar a pessoa de direito público interno".[7]

2. NATUREZA JURÍDICA

No Direito romano havia um determinado conceito que praticamente permitia a aquisição de todos os bens por quem detinha a posse *ad usucapionem*. No Direito atual, em razão da universalidade como é definida, não pode materializar-se à semelhança de coisas materiais. Não passa de um direito que se concretiza unicamente quando os bens são transferidos a um titular de direito. E isto com base no art. 1.784 do diploma civil, pelo qual os bens do que falece transmitem-se aos herdeiros, mas dentro da universalidade de todos eles e da indivisibilidade ou da individuação relativamente a cada herdeiro.

Daí não se comparar ou igualar a um patrimônio ou acervo autônomo sem titular atual, ou sem sujeito, pois não há uma independência que o faz subsistir por si. Nada, aliás, tem de autônomo a dita herança, que nem subsiste por si. Justamente em face da ausência de um sujeito, ou de um titular, coloca-se como acéfala, o que lhe retira qualquer possibilidade de autonomia. Aliás, é difícil ver direitos desacompanhados da titularidade.

Muito menos uma pessoa jurídica pode ser considerada, eis que não se encontra estruturada, organizada e dirigida para certa finalidade. A unanimidade dos autores repele esta concepção, pois lhe faltam estrutura e escopos determinados, não está personalizada,

---

6   REsp. nº 147.959-SP, da 4ª Turma, j. em 14.12.2000, *DJU* de 19.03.2001.
7   Apel. Cív. nº 1.973/91, da 1ª Câmara Cível do TJRJ, de 05.11.91, *Revista Forense*, 320/92.

e nem pode se apresentar com autonomia, já que nem determinada é sua existência. Terá um prazo aleatório de duração, e nada a dirige para alcançar algum objetivo.

Coloca-se a herança jacente numa posição de acervo, massa ou conjunto de bens arrecadados em razão da morte de uma pessoa que não deixou, em geral, algum herdeiro pelo menos conhecido. É administrada por um curador nomeado pelo juiz. Na opinião de Itabaiana de Oliveira, eis a sua configuração básica: "Forma, antes, um conjunto de direitos e obrigações, embora sem sujeito, dando lugar às medidas acauteladoras do fisco, durante cujo período transitório, que a caracteriza, se praticam as diligências legais para o aparecimento de herdeiros eventuais até o seu estado definitivo, que é o característico da vacância, pela devolução de bens à Fazenda Pública, por não se terem habilitado tais herdeiros".[8]

De duração temporária, a herança em questão, na verdade, não tem uma configuração jurídica, mas se resume em um conjunto de bens recolhidos e administrados por alguém que a Justiça designa.

Trata-se de "um patrimônio especial, ou seja, o acervo dos bens arrecadado, sob fiscalização de um curador nomeado pela autoridade judiciária, até que se habilitem os interessados com direito à participação na herança".[9]

Realiza-se, com a herança jacente, uma das funções do Estado, através do Poder Judiciário, que é a proteção do patrimônio, não o deixando à mercê das deteriorações ou dos vândalos e meliantes. Arrecadando-se e administrando-o, fica conservado para possíveis herdeiros que porventura apareçam, ou para a transferência à Fazenda Pública, com o que reverterá ao bem comum. Essa função de proteção é reconhecida pela jurisprudência: "O instituto da herança jacente foi desenvolvido para proteger o patrimônio do *de cujus* de eventuais abusos de terceiros, destinando-o à coletividade, na pessoa do Estado. Em assim sendo, a *mens legis* que orienta o instituto é de considerá-lo como a última *ratio*, isto é, considerar a ocorrência da jacência em última análise quando, de nenhuma outra forma, for possível atribuir a herança a quem de direito".[10]

Salienta-se, por último, que a sucessão para o Município, ou para o Distrito Federal, ou para a União, decorre não em razão do direito hereditário, eis que inexiste vínculo dos referidos entes relativamente ao sucedido, mas em virtude de se constituírem em meros sucessores por força da lei, diante da falta de outros ligados por laços de parentesco. Por tal razão o vigente Código Civil, diversamente do Código anterior, em seu art. 1.603, inc. V, não incluiu os Municípios, o Distrito Federal ou a União como herdeiros.

Antes de serem transferidos os bens ao ente público, deverão ser separados tantos quantos bastem para satisfazer as obrigações pendentes. Somente o patrimônio líquido é transmitido ao Fisco.

3. CONDIÇÕES PARA A HERANÇA SER JACENTE

Consta em nosso Direito a concorrência de duas condições necessárias para comportar a herança jacente: pela primeira, não há herdeiros conhecidos ou, mesmo que existam, a ela renunciaram; e a segunda consistente na inexistência de testamento. Quanto ao

---

8 *Tratado de Direito das Sucessões*, ob. cit., vol. I, p. 110.
9 "Destinação da Herança Vacante", de Euclides Benedito de Oliveira e Sebastião Luiz Amorim, *RT*, 689, p. 85.
10 REsp 1.532.544/RJ, da 4ª Turma do STJ, rel. Min. Marco Buzzi, j. 8.11.2016, *DJe* de 30.11.2016.

Cap. VIII | Herança Jacente e Vacante • 105

testamento, mesmo que verificado, considera-se jacente a herança quando os herdeiros contemplados manifestarem a renúncia.

Por outro lado, o art. 1.819 fala em herdeiro legítimo notoriamente conhecido. Qual o significado? Pinto Ferreira explicava, embora, atento ao Código de 1916, se refira a colaterais: "A expressão tem a sua fonte no Decreto Imperial nº 2.433, de 13.06.1859, com o significado de 'herdeiros presente na terra' (art. 3º, nº 2), e se refere aos 'colaterais sucessíveis' (art. 4º). Assim, conforme a doutrina dos jurisconsultos e a jurisprudência dos tribunais, herdeiros presentes na terra e notoriamente conhecidos são os colaterais sucessíveis do *de cujus*, e, como tais, conhecidos na terra onde se abriu a sucessão".[11] No caso, têm-se os parentes sucessíveis conhecidos na localidade onde se deu a abertura da herança. Assim consideram-se aqueles parentes cuja existência não depende de prova. Se é necessária alguma investigação, com a produção de prova, não se incluem eles nesta ordem. Prevalece como jacente a herança.

Em vista da regra acima, as previsões para admitir a herança jacente dependem da inexistência de descendentes ou ascendentes, de cônjuge, da inaceitação pelo herdeiro nomeado, ou de não haver herdeiro notoriamente conhecido; ou da falta de testamento, e, mesmo havendo, verifica-se a não aceitação da disposição pelo herdeiro nomeado.

Extrai-se do dispositivo, em última instância, de um modo mais simplificado, que jacente será a herança se inexistir herdeiro sucessível, se não há herdeiro nomeado por testamento, ou se os herdeiros, numa e em outra espécie, manifestaram a renúncia.

Desta maneira se expressava Carvalho Santos, cujo ensinamento sintetiza a previsão do vigente art. 1.819: "Na sucessão *ab intestato*, esgotada a ordem de vocação hereditária, seja em virtude de não existir herdeiro nenhum, seja porque os existentes tenham renunciado à herança, a herança é jacente. Na sucessão com testamento, para que venha a se tornar jacente a herança, é preciso que, além dos herdeiros sucessíveis, a ela não concorram, por morte ou por haver renunciado, o herdeiro nomeado".[12]

Não se pode esquecer o art. 1.821, para se chegar ao total da herança jacente, que se afere após a retirada da parte necessária ao pagamento dos credores: "É assegurado aos credores o direito de pedir o pagamento das dívidas reconhecidas, nos limites das forças da herança". E isto porque a herança responde pelo pagamento das dívidas do falecido, podendo os credores habilitar-se no inventário, ou propor a devida cobrança, e satisfazendo-se de seus créditos até os limites das forças do patrimônio deixado. Assim, é necessária a prévia intimação dos eventuais credores, que se desenvolverá no curso do procedimento de arrecadação.

4. O PROCESSO DE ARRECADAÇÃO

É de relevante interesse do Estado a arrecadação dos bens, a qual tem um procedimento processual próprio.

Devem ser mantidos incólumes e não dispersos os bens componentes do acervo hereditário. Procura-se resguardar o patrimônio para possíveis herdeiros, desempenhando o Estado a sua função também dirigida à proteção dos cidadãos e do patrimônio particular.

---

11 *Tratado das Heranças e dos Testamentos*, ob. cit., p. 49.
12 Ob. cit., vol. XXII, p. 201.

106 • Direito das Sucessões | Arnaldo Rizzardo

Num plano mais profundo, Walter Moraes dá a seguinte justificação para o processo: "A situação especial de jacência em que se coloca a herança tem por causa determinante a necessidade de dar continuidade às relações jurídicas do patrimônio, quando se convocam eventuais sucessíveis e até que se defina o estado da deixa, quer pelo ingresso de herdeiros, quer pela declaração de vacância e subsequente sucessão do Estado. Ao conjunto de atos que visam realizar esses objetivos, dá-se o nome de processo de arrecadação, muito embora a arrecadação seja, em si mesma, um dos atos que compõem dito processo. Vê-se daí que o processo de arrecadação constitui dado indesligável da situação de jacência. Corolário necessário deste conhecimento: uma coisa não se justifica sem a outra".[13]

Procede-se à arrecadação justamente para que não fique dizimado o patrimônio em situações de não haver alguém na sua administração e posse.

O Código de Processo Civil traz um procedimento bem minucioso da arrecadação, mas que, na verdade, dificilmente é seguido.

Inicia ordenando como deve agir o juiz quando surgir a notícia da morte de uma pessoa, sem deixar herdeiros: ele próprio poderá providenciar a arrecadação, não exigindo que haja a provocação de alguém. Nesse sentido, reza o art. 738 do CPC: "Nos casos em que a lei considere jacente a herança, o juiz, em cuja comarca tiver domicílio o falecido, procederá imediatamente à arrecadação dos respectivos bens".

Nota-se, aí, uma disposição completamente vazia, difícil de ser colocada em prática. Alguma viabilidade de se realizar há numa comarca de uma única vara. Do contrário, especialmente nas comarcas das capitais, qual o juiz que tomará tal providência? Em princípio, incumbe a função aos juízes das varas de família e sucessões, obedecendo-se as normas administrativas de competência e jurisdição interna.

Na prática, a iniciativa depende de alguma pessoa. Mas inexistindo alguém com tal legitimidade, o fato será levado ao conhecimento do agente do Ministério Público, que provocará a medida perante o Judiciário, com uma petição, a qual será distribuída a um juiz.

Mesmo, porém, que um terceiro comunique ao juiz, providenciará ele na arrecadação de ofício, comunicando ao órgão da curadoria dos ausentes, ou ao Ministério Público, ou à Procuradoria do Município, ou ordenando que se lavre termo em um livro especial, e ordenando ao oficial de justiça a verificação. Não se admite fiquem os bens abandonados por questões processuais acerca da legitimidade.

Alcides de Mendonça Lima deixava entrever o procedimento, ao tempo do diploma processual anterior, mas cujo procedimento se assemelha ao do atual: "Em princípio, pois, a arrecadação será sempre feita por iniciativa judicial de ofício. Mas não há objeção em ser formulado pedido por terceiro interessado, pela alta finalidade social e jurídica na declaração de jacência de uma herança. O importante é ser alcançado o fim de proteger o patrimônio e de acautelar os direitos dos eventuais herdeiros a serem localizados; ou, então, como desfecho, a declaração de vacância, para o espólio ser atribuído ao Estado, na ordem legal de preferência das entidades públicas".[14]

Na prática, não é raro que se inicie o inventário e, depois, nenhum herdeiro apareça, ou exista.

A abertura do inventário pode ser da iniciativa do Ministério Público, ou mesmo da Fazenda Municipal. Converte-se, então, o inventário em arrecadação. Ilustrava a jurispru-

---

13 *Teoria Geral da Sucessão Legítima*, ob. cit., p. 76.
14 *Comentários ao Código de Processo Civil*, São Paulo, Editora Revista dos Tribunais, 1982, vol. XII, p. 306.

dência tal situação: "Conversão de inventário *mortis causa* (indevidamente aberto) em arrecadação. Se o *de cujus* não deixou testamento nem herdeiro sucessível conhecido, a espécie é de herança jacente (art. 1.591, I, do Código Civil), impondo-se a arrecadação dos bens, a teor do disposto no art. 1.142 do CPC.

Destarte, afigura-se correta a decisão de conversão em arrecadação, não se justificando o pedido de sobrestamento da decisão a pretexto de ajuizamento da ação declaratória para reconhecimento de sociedade de fato, porque a lei só permite que a arrecadação não seja feita, ou seja suspensa, ocorrendo uma das hipóteses previstas no art. 1.151 do Código de Processo Civil".[15] Os dispositivos 1.142 e 1.151, invocados acima, correspondem, respectivamente, aos arts. 738 e 740, § 6º, do CPC/2015.

Pelo diploma processual de 1973, o juiz deveria ir à casa do morto. Não bastava que a arrecadação fosse feita por um funcionário. Assim defendia Alcides de Mendonça Lima: "Diligências similares – penhora, arresto, busca e apreensão, etc. – são confiadas, apenas, ao oficial de justiça, embora, às vezes, deva ser acompanhado de um colega (*v. g.*, arts. 661 e 842). Na espécie, porém, a medida é executada pelo próprio juiz, acompanhado de escrivão e, se já nomeado, do curador".[16] O citado art. 661 equivale ao art. 846, § 1º, do atual CPC. Já o art. 842 não possui regra correspondente no CPC/2015.

Com o CPC em vigor, altera-se a disposição, ficando o oficial de justiça incumbido da diligência, acompanhado do escrivão, ou chefe da secretaria, e do curador nomeado (se já tiver sido nomeado). É o que dispõe o art. 740: "O juiz ordenará que o oficial de justiça, acompanhado do escrivão ou do chefe de secretaria e do curador, arrole os bens e descreva-os em auto circunstanciado".

Entretanto, pela letra do § 1º, quanto à arrecadação, que é um ato posterior ao arrolamento ou descrição, não podendo o juiz fazer-se presente no local, requisitará a arrecadação à autoridade policial: "Não podendo comparecer ao local, o juiz requisitará à autoridade policial que proceda à arrecadação e ao arrolamento dos bens, com 2 (duas) testemunhas, que assistirão às diligências".

Não existindo, ainda, curador, nomeia-se um depositário, para o ato, na forma do § 2º: "Não estando ainda nomeado o curador, o juiz designará depositário e lhe entregará os bens, mediante simples termo nos autos, depois de compromissado".

Quanto ao curador, aplicam-se as regras dos arts. 159 a 161 do diploma processual, por ordem do § 2º do art. 739, regras que dizem respeito à guarda e conservação dos bens, à remuneração que o juiz fixar, à nomeação de prepostos que auxiliem o curador, à responsabilidade pelos prejuízos e má conservação, além de outras obrigações e consequências.

Qual a natureza do cargo de curador? Para Walter Moraes, mantendo-se a lição frente ao Código de Processo Civil em vigor, dada a equivalência do regramento, não representa o curador qualquer outra pessoa: "Como óbvio, ocupa o lugar do herdeiro para cumprir as funções que a este incumbiriam. Mas não se pode dizer que representa o herdeiro. Quem representa, atua em nome do representado. Ora, se ao estado da jacência é ordinária a existência do herdeiro, não poderia ter curador quem não existe (...) No que se refere ao *nomen* do cargo, a curadoria da herança jacente é *munus* provisório, correspondente a encargo de administração de um patrimônio de titularidade incerta, parecendo não se justificar o esforço para enquadrá-lo no esquema normal das curadorias".[17]

---

15 Agr. Instr. nº 1.165/91, 5ª Câmara Cível do TJRJ, de 26.02.92, *RT*, 691/153.
16 Ob. cit., vol. XII, p. 317.
17 *Teoria Geral e Sucessão Legítima*, ob. cit., pp. 77 e 78.

108 • Direito das Sucessões | *Arnaldo Rizzardo*

Enquanto se leva a efeito a arrecadação, cabe à autoridade diligenciar sobre os sucessores do morto e demais bens, no que é expresso o § 3º do art. 740: "Durante a arrecadação, o juiz ou a autoridade policial inquirirá os moradores da casa e da vizinhança sobre a qualificação do falecido, o paradeiro de seus sucessores e a existência de outros bens, lavrando-se de tudo auto de inquirição e informação".

Não concluída no mesmo dia, subentende-se que a arrecadação prosseguirá nos dias seguintes, com a incumbência do juiz em determinar providências para proteção e guarda dos bens, ou, mais concretamente, ordenará o juiz que fiquem guardados e vigiados, enquanto não confiados a um depositário.

O exame abrange os papéis ou documentos encontrados, e mais arquivos, fichas, pastas, livros contábeis e anotações domésticas. Mesmo que não revelem interesse econômico, serão os documentos empacotados e conservados, para a possível entrega aos herdeiros que porventura aparecerem. Não surgindo qualquer herdeiro, e declarando-se vagos os bens, posteriormente serão incinerados. Assim está no § 4º do art. 740: "O juiz examinará reservadamente os papéis, as cartas missivas e os livros domésticos e, verificando que não apresentam interesse, mandará empacotá-los e lacrá-los para serem assim entregues aos sucessores do falecido ou queimados quando os bens forem declarados vacantes".

A competência para a arrecadação enseja certa dúvida. Insere o art. 738 do CPC, como constava no art. 1.142 do CPC de 1973, que a arrecadação será levada a efeito no domicílio da comarca onde faleceu o autor da herança – regra que traz algumas dificuldades, visto que viável não coincidir o domicílio com local onde se encontram os bens. Pontes colocava o problema com perfeição: "A solução do foro do domicílio encontra alguns problemas. Por exemplo: o lugar do domicílio não é onde o falecido deixou bens e o juiz da comarca da situação dos bens tem ciência do que ocorreu e se convence de que é necessária a medida cautelar. Por outro lado, pode a morte ter sido alhures".[18]

Parece que a única solução se encontra na expedição de carta precatória de arrecadação. Mesmo, no entanto, que o juiz da comarca onde está o patrimônio, sabendo do falecimento, faça a arrecadação, não há nulidade. Em seguida, remetem-se os documentos do ato para o juiz do domicílio.

Também se expedirá carta precatória de arrecadação se existirem bens em outra comarca, por determinação do § 5º do art. 740: "Se constar ao juiz a existência de bens em outra comarca, mandará expedir carta precatória a fim de serem arrecadados".

De outro lado, se aparecer algum herdeiro, ou parente sucessível, ou o testamenteiro, ou mesmo o cônjuge, suspendem-se os trabalhos, pois aí já não mais é jacente a herança. O § 6º do art. 740 revela-se peremptório sobre o assunto: "Não se fará a arrecadação, ou essa será suspensa, quando, iniciada, apresentarem-se para reclamar os bens o cônjuge ou companheiro, o herdeiro ou o testamenteiro notoriamente reconhecido e não houver oposição motivada do curador, de qualquer interessado, do Ministério Público ou do representante da Fazenda Pública".

Quanto ao parente sucessível, para acarretar a suspensão, deve ser notoriamente conhecido. Do contrário, impõe-se a habilitação. Edson Prata salientava que fica dispensada a habilitação se presentes os seguintes requisitos: "1. Que sejam notoriamente conhecidos como herdeiros do *de cujus*, os que, como tais, se apresentam, reclamando

---

18 *Comentários ao Código de Processo Civil*, ob. cit., tomo XVI, p. 289.

Cap. VIII | Herança Jacente e Vacante • 109

herança. 2. Que não haja outros parentes à sucessão. 3. Que nenhuma oposição levantem o curador ou representantes do Ministério Público, ou da Fazenda Pública".[19]

Poderão, todavia, o curador, o Ministério Público e qualquer interessado se opor à suspensão, o que se atenderá unicamente se fortes as razões invocadas, corroboradas em documentos. Seria o caso de vir a prova da falta de parentesco entre o falecido e o pretenso herdeiro. Como, aliás, expõe o mesmo Edson Prata: "A oposição deverá ser fundada. Não se aceitará a oposição por capricho, com o objetivo de dificultar a tarefa do legítimo herdeiro, em favor do Estado. Não se acolherá oposição pura e simples, que não destrua completamente as provas carreadas para os autos pelo reclamante".[20]

5. NOMEAÇÃO E FUNÇÕES DO CURADOR

Desde o começo do procedimento deve-se nomear curador, que ficará com a posse e administração dos bens. Unicamente na eventualidade de não ser possível nomear curador, ou de resolver o juiz aguardar para um posterior exame de quem merece maior confiança, é nomeado um depositário.

Há a regra do art. 739 da lei instrumental, sobre o assunto: "A herança jacente ficará sob a guarda, a conservação e a administração de um curador até a respectiva entrega ao sucessor legalmente habilitado ou até a declaração de vacância".

Edson Prata fornece o sentido dos termos "guarda", "conservação" e "administração", termos que vinham na lei processual anterior: "*Guarda* exprime obrigação atribuída a alguém para manter em seu poder e sob vigilância a coisa, que lhe foi entregue. *Conservar* consiste em manter a coisa nas mesmas condições recebidas, por ela zelando para que não se estrague, deteriore, ou perca o valor. *Administrar* compreende mais do que guardar e conservar, porque entende com o poder negocial, gerencial, abrangendo todos os atos que o proprietário praticaria, tais como de conservação, de proteção, de defesa, de disposição, no sentido de possibilitar rendimento e ampliação dos bens".[21]

Há de se observar critérios para a escolha do curador, como a probidade, o teor das relações entre o falecido e o nomeado, o conhecimento do patrimônio e da situação familiar do extinto. Para o cargo, não se exige alguma qualificação profissional ou um nível superior de cultura.

O curador, como referido, tem a função de administrar e de depositário dos bens. Assim, em princípio, compete-lhe a guarda, a conservação, a defesa e a proteção do patrimônio. Na função de depositário, poderá até sofrer a cominação de pena carcerária se desviar os bens, ou mostrar-se relapso. E, na qualidade de administrador, cumpre que preste contas ao juiz sempre que solicitado, ou ao final da gestão, se não estabelecido outro prazo. Todavia, mensalmente fará balancetes da receita e da despesa.

Arnoldo Wald apresentava a seguinte discriminação: "Os poderes do curador são de caráter administrativo, cabendo-lhe arrecadar e conservar os bens da herança, reivindicar o domínio, retornar a posse dos bens, representar a herança e defendê-la em juízo, cobrar as dívidas, solicitar a venda em hasta pública dos bens que tiverem que ser vendidos, promover o cumprimento das disposições contidas no testamento, se houver, etc. É um administrador de bens que não pode fazer pagamentos sem ordem judicial, não lhe ca-

---

19 *Comentários ao Código de Processo Civil*, Rio de Janeiro, Forense, 1978, vol. VII, p. 229.
20 Ob. cit., vol. VII, p. 226.
21 Ob. cit., vol. VII, p. 201.

110 • Direito das Sucessões | *Arnaldo Rizzardo*

bendo transigir nem fazer venda amigável, embora esteja incumbido, em muitos casos, de continuar a administrar o estabelecimento comercial do *de cujus* (art. 1.144 do CPC)".[22] Corresponde o art. 1.144 ao § 1º do art. 739 do atual Código de Processo Civil.

O art. 739, § 1º, do CPC, elenca as incumbências com minúcias, revelando, assim, a importância que dá ao encargo:

> § 1º Incumbe ao curador:
>
> I – representar a herança em juízo ou fora dele, com intervenção do Ministério Público;
>
> II – ter em boa guarda e conservação os bens arrecadados e promover a arrecadação de outros porventura existentes;
>
> III – executar as medidas conservatórias dos direitos da herança;
>
> IV – apresentar mensalmente ao juiz balancete da receita e da despesa;
>
> V – prestar contas ao final de sua gestão.

Não ficam aí as regras legais. O § 2º acrescenta que se aplicam ao curador o disposto nos arts. 159 a 161, como observado no item anterior. Estes dispositivos contêm normas aplicáveis ao depositário e ao administrador de bens penhorados, arrestados, sequestrados ou arrecadados, prevendo, outrossim, a remuneração a ser atribuída pelo exercício da função, sempre em consideração à situação dos bens, ao tempo de serviço exigido e às dificuldades para a execução.

Permite-se a nomeação de prepostos para auxiliar nas funções. Prevista a responsabilidade a que se encontram sujeitos os nomeados, inclusive perdendo a remuneração, podendo ser condenados a indenizar os prejuízos causados, se agirem com dolo ou culpa. Neste caso, têm direito a exigir unicamente o reembolso das despesas feitas no desempenho do cargo.

No pertinente ao caráter de representação que encerra o cargo, incumbência esta de suma importância, colhe-se de Pontes de Miranda: "Em tudo concerne à herança jacente, quer no campo dos negócios jurídicos, quer no do direito material, quer no direito processual, o curador da herança jacente, qualquer que seja, mesmo oficial, é quem a representa. Isso não afasta que, no tocante aos interesses do Estado, não possa o órgão do Ministério Público ou da Fazenda Pública não a defender e até mesmo manifestar-se contra a atividade exercida pelo curador, que tem a herança jacente sob sua guarda e administração".[23]

Quanto à guarda e conservação, procederá com toda a diligência habitual – art. 866 do Código Civil.

Nas medidas conservatórias, impedirá que haja deteriorações ou perda de patrimônio, inclusive ingressando com ações cabíveis, se necessário.

6. CONVOCAÇÃO E HABILITAÇÃO DOS HERDEIROS, E ALIENAÇÃO DOS BENS

Uma vez ultimada a arrecadação – que normalmente não se faz, pois algum interessado, como o Ministério Público, ou o representante da Fazenda Pública, ingressa com a ação, já arrolando os bens –, inicia-se propriamente a fase da judicialização da herança jacente, que posteriormente poderá converter-se em vacante.

---

22 Ob. cit., *Direito das Sucessões*, 9ª ed., 1992, vol. V, pp. 43 e 44.
23 *Comentários ao Código de Processo Civil*, ob. cit., tomo XVI, p. 291.

Cap. VIII | Herança Jacente e Vacante • **111**

Logicamente, transformadas em processo judicial as providências realizadas, determinará o juiz o chamamento dos interessados por edital, pela internet, ou, não havendo sítio do tribunal, no órgão oficial da imprensa, que será publicado em três oportunidades, a cada trinta dias, na imprensa oficial e na loca da Comarca, dando o prazo de seis meses para os herdeiros se habilitarem, a contar da primeira publicação.

Com efeito, reza o art. 741 do CPC:

> Ultimada a arrecadação, o juiz mandará expedir edital, que será publicado na rede mundial de computadores, no sítio do tribunal a que estiver vinculado o juízo e na plataforma de editais do Conselho Nacional de Justiça, onde permanecerá por 3 (três) meses, ou, não havendo sítio, no órgão oficial e na imprensa da comarca, por 3 (três) vezes com intervalos de 1 (um) mês, para que os sucessores do falecido venham a habilitar-se no prazo de 6 (seis) meses contado da primeira publicação.

Se, por acaso, há notícias de algum herdeiro, a citação procede-se também por mandado. A respeito, escrevia José Olympio de Castro Filho: "Se o juiz, no ato de arrecadação, através da leitura reservada de papéis (art. 1.147), ou através da inquirição de moradores (art. 1.150), tem notícia do possível paradeiro dos sucessores, ou do testamenteiro instituído pelo falecido, não cabe determinar a publicação de edital, senão lhe cumpre expedir mandado de citação, ou, se o paradeiro é em outra comarca, precatória, ou, se no estrangeiro, rogatória, com comunicação à autoridade consular competente se o finado for estrangeiro (§ 2º do CPC de 1973). E o objetivo desse procedimento de jurisdição voluntária não é somente proceder à arrecadação de bens, senão também encontrar os herdeiros ou legatários, e em tal tipo de procedimento domina o princípio inquisitório, em que é predominante e obrigatória a iniciativa do juiz".[24] Os arts. 1.147, 1.150, § 2º, do art. 1.152 referidos no texto correspondem, respectivamente, ao 740, § 4º, 740, § 3º, e 741, § 2º, do vigente CPC.

Efetivamente, encerra o § 1º do art. 741: "Verificada a existência de sucessor ou de testamenteiro em lugar certo, far-se-á a sua citação, sem prejuízo do edital".

E o § 2º do mesmo artigo: "Quando o falecido for estrangeiro, será também comunicado o fato à autoridade consular".

Nota-se o intuito de conseguir algum sucessor do falecido. Não dispensa o edital a citação de herdeiros ou do testamenteiro por mandado, eis que possível a existência de outros interessados na herança.

Sendo conhecidos os nomes, colocar-se-ão nos editais. O nome do falecido sempre figurará.

Outrossim, parece necessário referir, nas segunda e terceira publicações, a data em que se efetivou a primeira. Do contrário, como saberão os interessados o início do prazo para a contestação ou o comparecimento aos autos?

O dispositivo acima fala que a publicação far-se-á na imprensa da comarca, em não havendo sítio ou local no tribunal, e na plataforma de editais do Conselho Nacional de Justiça, e não em periódico local. Transparece que, além do jornal oficial, em todos os jornais da comarca far-se-á a publicação, pois o vocábulo "imprensa" envolve os jornais e outros meios de comunicação.

---

24 *Comentários ao Código de Processo Civil*, Rio de Janeiro, Forense, 1976, vol. X, p. 204.

112 • Direito das Sucessões | *Arnaldo Rizzardo*

Todavia, é impossível prevalecer tal exegese. Imagine-se a despesa que daria tal publicação, se obrigatória em todos os periódicos de grandes metrópoles. Importa se dê a divulgação necessária. O sentido "imprensa da comarca" envolve a utilização de algum meio de comunicação existente, assim como a expressão "publicação na imprensa" não quer significar a veiculação em todos os jornais, mas em qualquer um deles.

Enquanto não esgotado o prazo do edital, admite-se a habilitação dos herdeiros porventura citados por mandado. Como a finalidade é também encontrar herdeiros, interessa mais dar à herança o destino instituído pela lei do que as formalidades extrínsecas, como prazos e formas de chamamento. Daí que, mesmo se depois de encerrado o prazo aparecer algum herdeiro, finaliza-se o processo da herança jacente, que se transformará em inventário.

De lembrar, também, o que consigna o § 3º do art. 741: "Julgada a habilitação do herdeiro, reconhecida a qualidade do testamenteiro ou provada a identidade do cônjuge ou companheiro, a arrecadação converter-se-á em inventário".

É natural que, para tanto, basta o aparecimento de um único herdeiro, ou do cônjuge supérstite, desde que o documento comprobatório porte a qualidade de sucessor ou de cônjuge. Diligências, no entanto, poderão ser realizadas junto ao cartório, se dúvidas existirem quanto à autenticidade dos documentos.

Daí a expressão "julgada a habilitação", constante da regra, como significando a necessidade de exame, e não querendo dizer alguma restrição.

Como se procede a habilitação?

Nos arts. 687 a 692 do Código de Processo Civil, tem-se um longo caminho para sucederem os herdeiros em um processo judicial, que se encontra em andamento por morte de uma das partes. Estão autorizados a se habilitarem a parte, em relação aos sucessores do falecido; e os sucessores do falecido, em relação à parte. Busca-se a habilitação nos autos do processo principal, seja qual for a instância, dando-se a sua suspensão até a decisão final que aprecia o pedido. Citam-se pessoalmente os requeridos quanto ao pedido de habilitação, reservando-se o prazo de cinco dias para a manifestação. Havendo representação nos autos por meio de advogado, abrem-se vistas. Depois, decidirá o juiz de imediato. No entanto, havendo necessidade de produção, autua-se o pedido em separado, fazendo-se a instrução. Somente depois do trânsito em julgado o processo principal retomará o seu curso.

Não se impede a habilitação do companheiro ou da companheira, desde que comprovada a união estável. No caso, a situação pode ficar complexa, pois não é possível tirar de cogitação um provável intento de alguém em afirmar um relacionamento conjugal unicamente para se apropriar do patrimônio que não lhe pertence, mediante o inventário.

Indispensável, pois, primeiro a decisão judicial declaratória da união estável para, depois, admitir-se a habilitação.

E se tanto for conseguido, dada a inexistência de herdeiro, o "cônjuge de fato" ou companheiro sucederá à maneira ordenada no art. 1.790 da lei civil. Isto é, ficará com toda a herança, eis que a união estável é equiparada ao casamento pela vigente Constituição Federal (art. 226, § 3º), e máxime pelo Código Civil, nos arts. 1.723 a 1.727, que oportunamente será abordada, no que toca à parte que diz com a sucessão.

A alienação dos bens está prevista no art. 742 do CPC, permitida em determinados casos:

Art. 742. O juiz poderá autorizar a alienação:

I – de bens móveis, se forem de conservação difícil ou dispendiosa;

II – de semoventes, quando não empregados na exploração de alguma indústria;

Cap. VIII | Herança Jacente e Vacante • 113

III – de títulos e papéis de crédito, havendo fundado receio de depreciação;

IV – de ações de sociedade quando, reclamada a integralização, não dispuser a herança de dinheiro para o pagamento;

V – de bens imóveis:

a) se ameaçarem ruína, não convindo a reparação;

b) se estiverem hipotecados e vencer-se a dívida, não havendo dinheiro para o pagamento.

Vemos, aí, várias hipóteses que autorizam a venda – todas discriminadas, mas que não impedem outros casos. Sempre que recomendável a venda, como na dificuldade da conservação ou da guarda, indica-se a mesma, com o depósito do valor apurado. Não compensa, em muitos casos, empregar importâncias vultosas para a conservação, pois com o tempo não valerão os bens o montante das despesas exigidas. Além disso, o depositário e o administrador nem sempre podem dedicar-se a uma constante vigilância e guarda, sob pena de ficarem prejudicados em seus afazeres e compromissos.

Isto em especial com os semoventes, seja qual for o seu emprego, visto que facilmente sujeitos a múltiplas fatalidades, ou passíveis de doenças, perda de peso e outras vicissitudes. Um curador ou pessoa que não tenha interesse pessoal dificilmente cuidará devidamente de uma criação de animais de raça, cuja manutenção no mesmo padrão exige constante apuração de qualidade e inúmeros tratamentos, de alto custo econômico, além do tino comercial na venda, a que estava afeito o proprietário.

Da relação de hipóteses de venda, constante no art. 742, transparece uma tônica comum, que é a autorização para a venda sempre que conveniente para a herança. Este, realmente, o ponto determinante da alienação. Antevendo-se vantagens para a herança jacente, é aconselhável a venda.

O § 1º do art. 742 exclui a venda se a Fazenda Pública ou o habilitando adiantar a importância para as despesas. Isto, naturalmente, quando a venda é exigida para satisfazer despesas da herança. De acordo com o § 2º, os bens com valor de afeição, como retratos, objetos de uso pessoal, livros e obras de arte, só serão alienados depois de declarada a vacância da herança.

Para a venda, de modo geral, segue-se o procedimento do art. 730 do CPC, ordenando que se observe o disposto na Seção I do Capítulo XV, e o disposto, no que se mostrar aplicável, nos arts. 879 a 903, os quais discriminam a alienação de bens no processo de execução por quantia certa. Em síntese, faz-se a avaliação, intervindo sempre o Ministério Público; após, levam-se a leilão os bens, a menos que não convenha esta forma de venda e depreenda-se que o valor alcançável não corresponde ao preço real. Isto principalmente no que se refere aos bens móveis, e mesmo a outros, descobrindo-se que, mediante outras formas, há viabilidade de se alcançar um preço superior.

De notar que a alienação pode efetuar-se por iniciativa particular ou por leilão judicial eletrônico ou presencial.

Existem alguns bens que, por ser desaconselhável, a lei não permite a venda imediata. Trata-se dos bens de valor afetivo, ou de cunho eminentemente pessoal. Encerra o art. 742, § 2º, do CPC: "Os bens com valor de afeição, como retratos, objetos de uso pessoal, livros e obras de arte, só serão alienados depois de declarada a vacância da herança".

Se a venda é transferida para depois de declarada a vacância, por conseguinte a sua concretização dependerá de requerimento da Fazenda Pública, como acontece com os bens vacantes, pois a ela são os mesmos transferidos. Caso não haja necessidade da venda, mantém-se a totalidade do patrimônio para posterior transferência à Fazenda Pública.

7. HABILITAÇÃO DOS CREDORES DA HERANÇA

Prevê o Código de Processo Civil, no art. 741, § 4º, uma regra relativamente aos credores da herança: "Os credores da herança poderão habilitar-se como nos inventários ou propor a ação de cobrança".

O direito ao pagamento vem consubstanciado também no art. 1.821 do Código Civil: "É assegurado aos credores o direito de pedir o pagamento das dívidas reconhecidas, nos limites das forças da herança".

O patrimônio do devedor, como é de praxe, responde pelas dívidas. O caminho está na habilitação para o recebimento. Assim, antes da transferência dos bens à Fazenda Pública, seguindo-se os trâmites dos arts. 642 a 646 do CPC, que mantêm a linha que vinha no anterior diploma processual, impõe-se o pagamento das obrigações definitivamente estabelecidas. Alcides de Mendonça Lima dava as linhas da habilitação: "Para obter o pagamento, os credores se devem habilitar, como se aberto estivesse o inventário, cumprindo as disposições dos arts. 1.017 a 1.021 deste Código, juntando os documentos comprobatórios para a devida apreciação pelo curador, órgão do Ministério Público e representante da Fazenda Pública. Posteriormente, se houver a conversão em inventário, o pedido do credor, com a documentação, que forma autos apartados (art. 1.017, § 1º), será encaminhado ao juízo competente, juntamente com os autos da própria arrecadação, para a solução final, mas dispensada se já houverem recebido".[25] Os dispositivos citados correspondem aos arts. 642 a 646, e 642, § 1º, do atual CPC.

Dentro das regras acima, a petição exigindo o crédito é distribuída por dependência, autuando-se em apenso ao processo. Este já era o entendimento de Pontes: "As verificações de crédito são incidentais; não atacam a procedência da ação de arrecadação, nem os pressupostos dessa. Podem coexistir, uma vez que os seus conteúdos são diferentes, e não opostos. Tais verificações são ações declarativas incidentais; portanto, sem o efeito executivo, imediato, das sentenças condenatórias".[26]

Edson Prata descrevia o caminho para a cobrança, que não foi alterado pela Lei Processual Civil de 2015: "A petição, acompanhada da prova literal da dívida, será distribuída por dependência e autuada em apenso aos autos da herança jacente. Concordando os interessados com o pedido, o juiz, ao declarar habilitado o credor, mandará que se faça a separação de dinheiro, ou, em sua falta, de bens suficientes para o seu pagamento. Separados os bens, tantos quantos forem necessários para o pagamento dos credores habilitados, o juiz mandará aliená-los em praça ou leilão, observadas as regras contidas nos arts. 686 e seguintes, e 708 e seguintes".[27] Os dispositivos invocados correspondem aos arts. 881 e seguintes e 904 e seguintes do CPC em vigor.

Havendo concordância, lançará o juiz a decisão homologatória. Do contrário, ou sofrendo impugnações, remeter-se-á a discussão ao procedimento comum. Mas não basta a mera oposição para tanto. Se possível o veredicto sem um questionamento dependente da elaboração de provas, admite-se a solução no próprio feito em apenso.

Por outras palavras, a ação de cobrança será ajuizada na eventualidade de se declarar ou definir o crédito, como nas ações de indenização.

---

25 Ob. cit., vol. XII, pp. 346 e 347.
26 *Comentários ao Código de Processo Civil*, ob. cit., tomo XVI, p. 309.
27 Ob. cit., vol. VII, pp. 236 e 237.

Edson Prata preconizava o mesmo entendimento: "Não se tratando de título de dívida líquida, certa e exigível, proporá o credor a competente ação de cobrança, mediante procedimento, no curso do qual fará prova do crédito".[28]

Sempre, no entanto, o juiz ordenará a reserva de bens, em montante suficiente para garantir o crédito pretendido, isto tanto na habilitação simples como na ação de cobrança.

Dentro do examinado acima, se há concordância, de imediato o juiz ordenará a separação da quantia para a satisfação do pagamento.

Não havendo disponibilidade em dinheiro, ficam reservados bens tantos quantos bastem para cobrir a obrigação, os quais posteriormente serão vendidos em uma das modalidades previstas para a realização do valor cobrado.

Uma vez definido o crédito, em sentença com o trânsito em julgado, ordena-se o pagamento, com o dinheiro disponível, ou com a alienação judicial de bens. Mas se o preferir o credor, em vez de apurar-se o *quantum* monetário mediante a alienação judicial, autorizar-se-á o pagamento por meio da adjudicação de bens suficientes. Assim permite o § 4º do art. 642: "Se o credor requerer que, em vez de dinheiro, lhe sejam adjudicados, para o seu pagamento, os bens já reservados, o juiz deferir-lhe-á o pedido, concordando todas as partes".

Mesmo que não vencido o crédito, é permitida a habilitação, com a separação de bens art. 644 do atual CPC. Isto máxime se a dívida constar de documento.

Precaução há de se ter na admissão das dívidas, posto que diante da ausência de herdeiros ou interessados diretos não é incogitável que se criem ficticiamente obrigações ou encargos, com o fulcro de se apropriar do patrimônio, impedindo a sua transferência à Fazenda Pública. Daí o acompanhamento e o exame atentos pelo Ministério Público, de modo a impedir a perpetração de falcatruas.

Não se admite um despacho do juiz que se limite a uma simples homologação do pedido de habilitação.

8. HERANÇA VACANTE

Como já referido anteriormente, a herança, enquanto é constatada a arrecadação com a possibilidade da habilitação dos herdeiros, denomina-se jacente. Uma vez já efetuada a arrecadação, com a publicação de editais e decorrido um ano a contar da primeira publicação, passa a ter uma nova configuração, que é a herança vacante.

Neste rumo o art. 743 do diploma processual civil: "Passado 1 (um) ano da primeira publicação do edital e não havendo herdeiro habilitado nem habilitação pendente, será a herança declarada vacante".

A disposição ficou ressaltada no art. 1.820 do Código Civil: "Praticadas as diligências de arrecadação e ultimado o inventário, serão expedidos editais na forma da lei processual, e, decorrido um ano de sua primeira publicação, sem que haja herdeiro habilitado, ou penda habilitação, será a herança declarada vacante".

Define desta forma o doutrinador Ney de Mello Almada a herança vacante: "Herança vacante é a que não possui herdeiros. O adnominal 'vacante' cinge-se ao aspecto subjetivo, e não ao patrimônio sucessível. Completa-se a conceituação ao ajuntar-se a destinação dos bens para o Fisco".[29]

---

28 Ob. cit., vol. VII, p. 237.
29 Ob. cit., vol. I, p. 65.

116 • Direito das Sucessões | *Arnaldo Rizzardo*

Está ressaltada a nota característica: a herança sem que tenham aparecido herdeiros na fase intermediária da jacência.

Para a sua configuração, impende que se tenha publicado edital na rede mundial de computadores, no sítio do tribunal a que estiver vinculado o juízo e na plataforma de editais do Conselho Nacional de Justiça, onde permanecerá por três meses, ou, não havendo sítio, no órgão oficial e na imprensa da comarca, por três vezes com intervalos de um mês. Na comunicação, deve-se consignar a arrecadação de bens do falecido, com a referência de que os herdeiros são desconhecidos. Insere-se a advertência do prazo de seis meses para os sucessores do falecido habilitarem-se, contado da primeira publicação.

Sobre o tipo de imprensa, e o que se deve entender por "primeira publicação", ensinava Alcides de Mendonça Lima: "Como primeira publicação se deve entender a divulgação independentemente do periódico que a inseriu: 'órgão oficial' ou 'imprensa da comarca', mencionados no art. 1.152, sem qualquer ordem de precedência obrigatória. Isso, aliás, se nota também na citação por edital normal (art. 232, III). Como no edital da praça no teor primitivo do art. 687, antes da alteração proveniente da Lei nº 6.851, de 17.11.80, excluindo a inserção em órgão oficial".[30] Os referidos arts. 1.152, 232, III, e 687, correspondem aos arts. 741, 257, II, e 887, 1º, do CPC atual.

Apesar de todas as providências desencadeadas, decorrido um ano da publicação de editais, não aparecendo nenhum herdeiro, a herança jacente pode transformar-se em herança vacante, de acordo com o art. 743 da lei processual civil.

A situação é extremamente fácil: verificados os pressupostos do não aparecimento de herdeiros e do decurso de um ano da publicação dos editais, o juiz proferirá uma sentença, ou uma simples decisão, declarando vacante a herança. Os bens mudam de jacentes para vacantes, isto é, tornam-se sem titular, o que leva a concluir que a sentença é constitutiva.

A decisão de vacância apreciará, também, o pedido de habilitação, caso houver. Ou somente poderá ser proferida após o julgamento de todas as habilitações, como está no art. 743, § 1º, do CPC: "Pendendo habilitação, a vacância será declarada pela mesma sentença que a julgar improcedente, aguardando-se, no caso de serem diversas as habilitações, o julgamento da última".

Naturalmente, considerando habilitado algum herdeiro, não se declararão vacantes os bens.

Do contrário, os bens transferem-se à Fazenda Pública Municipal, ou ao Distrito Federal, ou à União Federal, conforme se localizarem no território do Município, do Distrito Federal ou de um Território. O curador demite-se do encargo de administrador ou depositário, devendo, também, prestar contas.

9. MOMENTO DA TRANSFERÊNCIA

A transferência definitiva se consome unicamente depois de cinco anos da abertura da sucessão, isto é, da morte do autor da herança. Ela se dá com a declaração da vacância, mas se torna definitiva, sem possibilidade de se desfazer, passados cinco anos da declaração judicial. Neste sentido, o conteúdo do art. 1.822 do Código Civil: "A declaração de vacância da herança não prejudicará os herdeiros que legalmente se habilitarem; mas, decorridos 5 (cinco) anos da abertura da sucessão, os bens arrecadados passarão ao do-

---

30 Ob. cit., vol. XII, p. 359.

mínio do Município ou do Distrito Federal, se localizados nas respectivas circunscrições, incorporando-se ao domínio da União quando situados em território federal".

Lembra-se que a declaração da vacância se fará após um ano da primeira publicação do edital, em face do art. 743 do CPC, mantendo disposição que vinha no regime anterior.

Sobre o assunto, Euclides Benedito de Oliveira e Sebastião Luiz Amorim expõem uma decisão do Supremo Tribunal Federal: "Manifestou-se o STF a respeito, no RE 92.352/7, de 25.08.1981 (...) O recurso foi provido com a adoção da tese de que a transmissão do domínio e posse dos bens constitutivos da herança jacente se dá com a abertura da sucessão e não pelo julgamento da vacância (*RTJ*, 102/267; *RJTJESP*, 76/251; *RT*, 510/111).

A decisão foi tomada por maioria de votos (...): 'Momento a partir do qual se contam os cinco anos a que alude o art. 1.594 do CC. Para que os bens arrecadados passem ao domínio do Estado, como imperativamente estabelece o art. 1.594 do CC, é preciso apenas que, nos cinco anos que fluem da abertura da sucessão, a herança realmente seja vacante, quer a declaração de vacância se faça anteriormente aos cinco anos, quer se faça posteriormente a eles, e isso porque se trata de sentença que não é constitutiva da vacância, mas simplesmente declaratória dela. Transmitindo, ao término desse prazo de cinco anos, o imóvel ao Estado, tornou-se ele, a partir de então, insuscetível de ser usucapido'".[31] Lembra-se que o art. 1.594 citado equivale ao art. 1.822 do atual diploma civil.

De observar, ainda, que o prazo de cinco anos assegurado não é para a declaração de vacância, que só se dá após um ano a contar da primeira citação por edital. Os bens ficam desde logo vacantes e passam à administração do ente público. No entanto, a transferência definitiva ocorre somente depois de cinco anos da abertura da sucessão. É como expõe Maria Berenice Dias:

> Assim, durante esse período, a propriedade é resolúvel. A municipalidade mantém a condição de depositária até consolidar-se o domínio pleno e definitivo. Somente depois do decurso desse prazo é que os bens arrecadados passam definitivamente ao domínio público (CC, art. 1.822). Depois de cinco anos da morte, e tendo neste período sido declarada a vacância, extingue-se o direito sucessório dos herdeiros.[32]

A partir desses elementos, conclui-se que não há titularidade dos bens no período situado entre a abertura da sucessão e o momento da efetiva transferência. No seu decurso, pode correr ou fluir o prazo da prescrição aquisitiva – assunto bem desenvolvido nestas passagens de um julgamento: "O Estado não pode ser considerado herdeiro de herança jacente, ainda que se reconheça que integra a enumeração do art. 1.603 do CC, porque não herda, mas apenas recolhe a herança, que, na ausência de herdeiros, só confirmada com a declaração de vacância, é considerada devolvida ao Estado. Assim, sua titularidade não pode retroagir à data da abertura da sucessão, sendo o bem, portanto, suscetível de usucapião". Corresponde o art. 1.603 mencionado ao art. 1.829 da vigente lei civil.

Até a data da transferência, "existe um período de transitória inexistência de titularidade de domínio, exatamente quando se verifica a chamada jacência da herança. Nesse intervalo, a herança, efetivamente, literalmente, jaz sem dono, sem titular".

Realça-se que a transferência só se opera após cinco anos contados da abertura da sucessão: "O legislador, por certo, ao reduzir o tempo para 5 (cinco) anos não cuidou que

---

31 *Destinação da Herança Vacante*, ob. cit., p. 88.
32 *Manual das Sucessões*. 4ª ed., São Paulo. Revista dos Tribunais, 2015, p. 533.

esse prazo fora estipulado a contar da abertura da sucessão, tendo em vista a prescrição aquisitiva. Se em 5 (cinco) anos os bens passarão ao domínio do Estado, contados da abertura da sucessão, desnecessária se torna a sentença decretando a vacância. Seria essa sentença mera superfetação, pois com ela ou sem ela o decurso do tempo, por si só, determinaria a incorporação do bem arrecadado ao patrimônio do Estado".[33]

Em outro exemplo: "Satisfeitos os requisitos legais, para ambas as espécies de usucapião, postuladas no pleito, não havia razões válidas para o indeferimento da pretensão deduzida, pois a herança jacente só se integra ao patrimônio público após ser declarada vaga, quando então é ela insuscetível de ser usucapida. Se antes dessa declaração ultimaram--se os prazos para aquisição da propriedade do imóvel pelas modalidades de usucapião extraordinário e constitucional, não há empeço legal para o deferimento desses pedidos, pois a simples arrecadação dos bens não interrompe, por si só, a posse dos autores, que continuaram a exercê-la sobre o imóvel da lide".[34]

Enquanto, pois, não declarada judicialmente a vacância da herança, e não decorrido prazo de cinco anos, não há titularidade definitiva e incontestável. Isto a menos que, chamados os herdeiros, e presentes nos autos, expressamente renunciem aos direitos hereditários, quando se declarará desde logo a vacância, a teor do art. 1.823: "Quando todos os chamados a suceder renunciarem à herança, será esta desde logo declarada vacante". Neste caso, não há a fase da jacência, eis que presentes os herdeiros no processo, e expressamente optam pela renúncia.

No período da herança jacente, ou de não declaração da vacância, não há um titular, podendo os bens hereditários ser adquiridos por usucapião. Exerce o possuidor a posse *ad usucapionem*, podendo opor-se à arrecadação inclusive através dos embargos de terceiro, a teor de orientação jurisprudencial.[35]

Assim, não se opera a propriedade em favor do Município, ou do Distrito Federal, ou da União, com a abertura da sucessão, exigindo-se a sentença declaratória da vacância, que tem caráter constitutivo da propriedade, conforme prevalece perante os Tribunais.[36]

Após decorrido o período de cinco anos, consolida-se a propriedade em favor do Município, ou do Distrito Federal, ou da União, conforme já visto. Isto porque o cônjuge, os herdeiros e os credores poderão reclamar seus direitos em ação direta, segundo estipula o § 2º do art. 743 do CPC durante o referido período: "Transitada em julgado a sentença que declarou a vacância, o cônjuge, o companheiro, os herdeiros e os credores só poderão reclamar o seu direito por ação direta".

O titular de algum direito poderá reclamar a herança se for herdeiro, ou o crédito se credor da herança. Mas somente em ação direta, e não naquela da herança jacente, posteriormente transformada em vacante. Assim, terá que ajuizar uma ação contra o Município, ou contra do Distrito Federal, ou contra a União.

Os bens, desde o trânsito em julgado da sentença que os converte de jacentes em vacantes, já são da Fazenda Pública. Mas dentro do prazo de cinco anos é possível a cassação da transferência, eis que somente após este prazo se incorporam ao domínio público.

---

33 Emb. Infr. nº 79.485-1, de 09.02.89, do TJSP, *RT*, 641/119.
34 Apel. nº 2588/2001, da 8ª Câmara Cível do TJ do RJ, *DJ* de 04.11.2002, *in Boletim ADCOAS*, nº 9, p. 137, 2003.
35 REsp. nº 73.458-SP, da 4ª Turma do STJ, j. em 25.03.1996, *in RT*, 735/238.
36 REsp. nº 34.330-0-SP, da 3ª Turma do STJ, j. em 15.12.1993, *in RT*, 710/178; e REsp. nº 63.976-0-SP, da 3ª Turma do STJ, j. em 08.08.1995, *in* 727/131.

No tocante ao prazo para reclamar o direito, porém, e relativamente aos colaterais, há uma exceção, que está no parágrafo único do art. 1.822: "Não se habilitando até a declaração de vacância, os colaterais ficarão excluídos da sucessão".

Escreve sobre o assunto Maria Berenice Dias:

> Após a declaração de vacância, os herdeiros facultativos não podem mais se habilitar. Ficam excluídos da sucessão (CC, art. 1.822, parágrafo único). A lei não faz qualquer referência aos herdeiros testamentários e legatários. A omissão, porém, não permite que se tenha por excluído o direito de buscarem o quinhão hereditário que lhes foi deferido por testamento. Tal qual os herdeiros necessários, eles preservam a capacidade sucessória.[37]

De modo que devem os colaterais se habilitar até o momento da declaração da vacância. Do contrário, ficam excluídos da sucessão.

Na visão de Alcides de Mendonça Lima, aplicável no regime atual, "tanto o cônjuge, como os herdeiros colaterais, esses dentro da linha sucessível (art. 1.612 – quarto grau), têm de provar a sua qualidade em relação ao falecido, e o credor o fundamento de sua condição. Somente o testamenteiro, referido no art. 1.153, cuja presença determina, também, a conversão da jacência em inventário, não é titular para propor a mencionada ação direta, que, como ação de petição de herança, diz respeito somente ao cônjuge e ao herdeiro, salvo se o testamenteiro aparecer numa daquelas posições, que absorverão, evidentemente, a que decorre da nomeação na verba".[38] O art. 1.612 acima citado equivale ao art. 1.839 do atual Código Civil. Por sua vez, o art. 1.153 do CPC de 1973 equivale ao art. 741, § 3º, do CPC/2015.

Os interessados deverão provar a legitimidade mediante documentos, propondo a ação somente depois do trânsito em julgado da sentença que declarou a vacância.

---

37 *Manual das Sucessões*, ob. cit., p. 533.
38 Ob. cit., vol. XII, p. 364.

IX

Petição de Herança

1. CONCEITO

Não é difícil aclarar e conceituar a petição de herança. Há o princípio da transmissão imediata da posse e do domínio –, que se opera com a abertura da sucessão – art. 1.784 – o princípio da *saisine*. Isto, porém, em geral, no plano teórico, visto que apenas quando feita a partilha ocorre, realmente, a transmissão. Mas pode ocorrer de alguém, com direito sucessório, ficar excluído do inventário e da partilha. De pouco valeria, então, o dispositivo acima, se o herdeiro não tivesse a seu favor o instrumento ou meio para defender e impor o título hereditário.

Um dos instrumentos, o mais específico, é a petição de herança, ou *petitio hereditatis*, que significa a faculdade garantida ao herdeiro de reclamar a sua quota-parte, ou o seu quinhão, em uma sucessão hereditária. O instituto veio regulado pelo Código Civil de 2002, nos arts. 1.824 a 1.828, integrando o Capítulo VII, Título I do Livro V da Parte Especial. Todavia, embora omisso o Código revogado, já era conhecido e consagrado o direito de procurar o recebimento da herança.

Reza o art. 1.824, encontrando certa similitude com o parágrafo único do art. 1.580 do Código revogado: "O herdeiro pode, em ação de petição de herança, demandar o reconhecimento de seu direito sucessório, para obter a restituição da herança, ou de parte dela, contra quem, na qualidade de herdeiro, ou mesmo sem título, a possua".

Conforme Orlando Gomes, destina-se "ao reconhecimento da qualidade sucessória de quem a intenta; ou visa, precipuamente, à positivação em um *status*, do qual deriva a aquisição da herança". É proposta pelo interessado não unicamente "no propósito de ter reconhecida a sua condição de herdeiro, mas, também, para obter a restituição de todos os bens da herança, ou de parte deles".[1]

Em vista dessa dupla finalidade, na exposição de Maria Berenice Dias,

> a ação tem dupla carga de eficácia: declaratória da qualidade de herdeiro e condenatória à restituição da herança, com seus rendimentos e acessórios. A pretensão do autor é o recebimento do quinhão hereditário, em face de sua qualidade de herdeiro. A sentença declara sua condição de sucessor e condena quem está na posse da herança a entregá-

---

1 *Sucessões*, 1984, ob. cit., p. 266.

-la. Trata-se de verdadeira "devolução" a quem é titular desde a abertura da sucessão. Por isso, os efeitos da sentença são *ex tunc*, retroagem à data da abertura da sucessão.[2]

Esta ação constitui o meio judicial de receber os direitos hereditários, ou de salvaguardá-los, contra as usurpações de terceiros. Não propriamente para defender os direitos ou bens, eis que, para tanto, há as ações possessórias, utilizáveis no caso de turbação ou esbulho, ou de ameaça de perda. Serve mais para reclamar e conseguir o bem ou o quinhão hereditário.

2. ABRANGÊNCIA DA PETIÇÃO DE HERANÇA

Embora evidente que esta ação visa a busca do quinhão hereditário, na verdade possui ela contornos especiais que reclamam explicitações a respeito de quando é cabível e qual o seu real objeto.

Em primeiro lugar, caso simplesmente omitido o nome do herdeiro na relação das primeiras declarações, ou no curso do inventário, não se exige que se afore uma ação. Suficiente que se apresente um pedido nos autos do inventário, noticiando e provando a sua qualidade de herdeiro e reclamando o quinhão que lhe cabe na herança. Isto se ainda não julgada a partilha. Do contrário, ou já havendo os sucessores recebido os respectivos quinhões através dos formais, a ação mais apropriada será a de nulidade ou anulatória de partilha.

Admissível o ingresso do pedido de habilitação mesmo se julgada a partilha, mas não transitada em julgado a decisão, conforme este aresto: "Herdeiro excluído. Admissível é o pedido de habilitação, formulado após a sentença de partilha, mas antes de seu trânsito em julgado. Se bem que ao juiz da instância originária já não fosse lícito retratar a sentença, pode o juízo recursal cassar o decisório, para assegurar o processamento do pedido de habilitação, sem submeter o interessado às moras e gravames da via rescisória. Inteligência do art. 1.001 do CPC". O citado art. 1.001 corresponde ao art. 628 e aos seus §§ 1º e 2º do CPC/2015, que aumenta o prazo para quinze dias a fim de as partes se manifestarem.

Justificando a exegese dada ao então referido art. 1.001, que corresponde ao art. 628 e aos seus §§ 1º e 2º do CPC/2015, argumenta-se, no voto: "Visto em perspectiva teleológica, só o que o art. 1.001 proíbe é a reabertura de procedimento de inventário já encerrado, para que, nos seus autos, se examine a habilitação do herdeiro excluído. Veja-se um ilustrativo excerto de doutrina: 'Até a partilha, qualquer interessado tem legitimação para requerer o seu ingresso no inventário. Depois da partilha, não; porque aí já estaria encerrado o inventário, e somente através de ação específica, de petição de herança, é que poderia alguém pretender sua parte no patrimônio hereditário' (Clóvis do Couto e Silva, *Comentários ao CPC*, RT, 1977, XI-I/329)".[3]

A petição de herança envolve, geralmente, uma dúplice declaração: a de herdeiro e a do quinhão atribuível ao pretendente. Resulta, daí, vir cumulado o pedido de herança com o de investigação de paternidade.

O que não impede, todavia, o ingresso da petição de herança quando já definida a situação de herdeiro, embora mais apropriada, como referido, a ação de nulidade ou anulação de partilha.

---

2   *Direito das Sucessões*, ob. cit., p. 646.
3   Embs. Infr. nº 586029027, do 3º Grupo de Câmaras Cíveis do TJRGS, 02.05.87, *Revista de Jurisprudência do TJRGS*, 124/144.

Cap. IX | Petição de Herança • **123**

Outrossim, cumpre esclarecer que a ação pode abranger a totalidade dos bens hereditários, embora ajuizada por um único herdeiro, no que transparece claro o art. 1.825 do Código Civil: "A ação de petição de herança, ainda que exercida por um só dos herdeiros, poderá compreender todos os bens hereditários". Faculta-se a pretensão sobre toda a herança, e não restritamente ao quinhão do herdeiro, eis que se trata a mesma de uma universalidade, dada a sua indivisibilidade. Mesmo aparecendo vários herdeiros, reconhece-se a legitimidade para o herdeiro buscar para si só a totalidade dos bens, sem necessidade de se convocar os demais herdeiros, pois não se admite a exceção de que os bens não lhe pertencem por inteiro.

3. NATUREZA DA AÇÃO

Parece semelhante a ação à reivindicatória, pois o titular do domínio busca o bem que lhe foi reconhecido. Realmente, se indiscutível a qualidade de herdeiro, bem próxima está a petição de herança à reivindicatória. Mas tendo como pressuposto o reconhecimento da qualidade de herdeiro, há uma pretensão declaratória, no mínimo subjacente, e, de qualquer forma, figurando como pressuposto para o segundo passo, que é receber o quinhão.

Distingue-se substancialmente da reivindicatória, em vista de que, nesta, procura o titular do direito o recebimento do próprio bem, enquanto na petição de herança persegue--se o quinhão, às vezes sem especificar os bens.

O objeto, aliás, da petição centraliza-se na busca do quinhão – nem sempre individualizável, diferentemente do que se dá com a reivindicatória. Tem a petição de herança caráter universal, visando o pretendente o reconhecimento de seu direito sobre a universalidade da herança. Neste sentido, válida a colação de Humberto Theodoro Júnior: "Na essência, não há diferença substancial entre a ação de petição de herança e a ação reivindicatória. O que as distingue, praticamente, é que a petição de herança tem caráter universal, isto é, com ela visa-se uma universalidade, que é o patrimônio deixado pelo *de cujus*. Já a reivindicatória propriamente dita é sempre uma ação singular ou particular, ou seja, uma demanda em torno apenas da coisa ou coisas individualizadas".[4]

Realmente, parece, assim, ter sido atingido o fulcro básico da distinção: enquanto na reivindicatória procura-se o reconhecimento do direito de propriedade, na *petitio hereditatis* busca-se a declaração do direito de reclamar a herança, ou que se reconheça o direito na universalidade hereditária. Além disso, naquela, pede-se a restituição de coisa singular e determinada, enquanto na última persegue-se um título para, posteriormente, vindicar o bem ou o conjunto de bens que integra o quinhão.

Mesmo delimitando-se o campo de atuação de cada ação, existe uma semelhança quanto à natureza. Ambas são de cunho real, pois exercitáveis contra todos, ou oponíveis a terceiros, e culminando que prevaleça um direito real. A petição de herança tem, é verdade, uma extensão que antecede a natureza real, e que a torna também uma ação pessoal: na parte que envolve o reconhecimento da qualidade de herdeiro, considerada como preliminar, é prejudicial ou não ao direito de peticionar o recebimento do quinhão. Realmente, em geral todas as ações de petição de herança envolvem previamente a declaração do postulante como herdeiro, sendo o direito à herança um mero corolário ou consequência de tal pressuposto. Na parte que se refere à fase posterior de reivindicação do patrimônio

---

4   "A Petição de Herança Encarada Principalmente Dentro do Prisma do Direito Processual Civil", *Revista Jurídica Mineira*, nº 408, p. 14.

124 • Direito das Sucessões | *Arnaldo Rizzardo*

a ação é real, eis que exercitável contra todos, e mesmo terceiros, à relação sucessória. Se reconhecidos os direitos do herdeiro, tornam-se oponíveis a terceiros, não se restringindo ao círculo de pessoas determinadas. O exercício da ação atinge o sucessor irregular, ou aquele que exerce a posse irregular, ou precária e injusta. Mesmo quando se objetiva a declaração do direito sucessório, os reflexos estendem-se relativamente aos terceiros.

Além disso, por ficção legal, a herança classifica-se como imóvel – art. 80, inc. II, do Código Civil. Daí o porquê de a propositura da ação vir com a vênia conjugal, além de dirigir-se contra o herdeiro e seu cônjuge, com a citação de ambos – tudo segundo o disposto no art. 73, § 1º, inc. I, do CPC.

4. LEGITIMAÇÃO ATIVA E PASSIVA NA AÇÃO E IMPOSIÇÃO DE RESTITUIR

O herdeiro que se considera prejudicado na sucessão habilita-se ao ingresso da ação. Não simplesmente aquele esquecido, ou omitido na relação de herdeiros, embora com o direito reconhecido por título já constituído, como certidão de nascimento ou sentença declaratória, mas também a pessoa sem título, e que visa o reconhecimento de sua posição na herança.

Quem renuncia à herança não se reveste de legitimidade, visto ficar afastado da sucessão, já que devolve a parte que lhe cabia aos herdeiros da classe subsequente, se inexistirem outros da mesma classe. Ficando alijado da sucessão, a exclusão opera-se quanto à totalidade da herança, mesmo que posteriormente outros bens venham a aparecer.

No tocante ao cessionário de herdeiro, ou daquele que se julga com direito sucessório, tem legitimidade, pois dá-se a cessão nos direitos, nenhum impedimento havendo para a sua transferência. Ressalte-se, ainda, que desimporta a qualidade de herdeiros legítimos ou testamentários, no dizer de Carvalho Santos, no que reflete perfeita atualidade: "De resto, pouco importa que os herdeiros sejam legítimos ou testamentários, que pertençam antes a uma que a outra ordem ou categoria, pois que cabe tanto aos sucessores mediatos como aos imediatos do *de cujus*. A ação emerge do direito e não da posse da herança, pelo que não importa que continue em suas pessoas a posse do defunto; como é indiferente que os sucessores venham por direito próprio ou por direito de representação".[5]

Inclusive o Estado revela legitimidade quando, pela declaração da herança jacente, é o titular dos bens hereditários. Havendo uma pessoa que, por meio inválido, ou fraudulentamente, se apossou ou assenhoreou do patrimônio, há legitimidade para postular ou a desconstituição do inventário, ou a petição de herança. Afigurável a apropriação indevida, como no caso de alguém falsificar um documento de filiação ou, mais frequentemente, apresentar-se na qualidade de companheiro partícipe na formação do patrimônio e requerer a reserva da meação, ou mesmo, por equiparação ao casamento, a atribuição de todos os bens.

Suponha-se, agora, que um herdeiro omitido na sucessão não apresente interesse em ingressar com a petição de herança. Poderão os herdeiros da classe seguinte substituí-lo?

Embora a questão não seja pacífica, pensa-se que não cabe excluir o interessado da classe subsequente. Tacitamente ocorreu uma renúncia do primeiro legitimado à ação. Assim, por exemplo, quando o filho renuncia, os netos do autor da herança podem habilitar-se em lugar daquele. Se o dito filho, sendo, na verdade, herdeiro, não pretender ingressar

---

5 Ob. cit., vol. XXII, p. 88.

Cap. IX | Petição de Herança • 125

com a investigação de paternidade, cumulada com petição de herança, em seu lugar os respectivos filhos o poderão fazer, não sendo justo que sejam prejudicados em razão do desinteresse do progenitor. Mas cabe a notificação para o primeiro interessado promover a demanda. Se ele ingressar em juízo, é interesse dos herdeiros da classe seguinte ingressar na lide na qualidade de assistente.

Em realidade, em caso da morte do herdeiro direto, não existiria dúvida no tocante ao direito dos sucessores deste. Impedir, no entanto, o exercício desta faculdade quando ainda vivo o primeiro sucessor corresponde a negar a substituição, com o grave risco de, após a morte do sucessor direto, nada mais existir da herança, e de nem se verificar a solvabilidade dos herdeiros.

Quanto à relação avoenga, evidente a legitimidade. Nesta relação, vem se permitindo aos netos procurar a investigação da paternidade do avô, no concernente aos pais dos mesmos. Não há dúvida de que domina o entendimento de que a ação de investigação de paternidade é personalíssima. No entanto, o princípio sofre mitigações, ou exceções, a ponto de se agasalhar a petição de herança, ajuizada por descendentes. Nesta linha, ementou o Superior Tribunal de Justiça: "Relação avoenga. Conquanto sabido ser a investigação de paternidade do art. 363 do Código Civil personalíssima, admissível a ação declaratória para que diga o Judiciário existir ou não a relação material de parentesco com o suposto avô que, como testemunha, firmou na certidão de nascimento dos autores declaração que fizera seu pai ser este, em verdade, seu avô, caminho que lhes apontara o Supremo Tribunal Federal quando, excluídos do inventário, julgou o recurso que interpuseram".[6] Lembra-se que o art. 363 do Código revogado, por tratar de filiação ilegítima, não constou do Código atual.

No polo da legitimidade passiva, para responder à ação, situa-se a sucessão do morto, desde que não procedida a partilha.

Acrescenta Wagner Barreira, professor cearense: "A ação de petição de herança, pelo que se vê, só tem cabimento quando possui o réu *pro heredere*, ou seja, na qualidade ou posição de herdeiro, as coisas ou os bens que o autor dele reclama. É esta uma afirmativa na qual insistem todos os doutrinadores que se ocuparam até hoje do assunto e que se acha sempre fundamentalmente sustentada pelas decisões judiciais alusivas à matéria.

Estas, por isso mesmo, sempre têm sido como partes ilegítimas, como ilegitimidade passiva, aqueles que possuem as coisas objeto do pedido de restituição sem a condição de herdeiro, isto é, simplesmente *pro possessione*. É parte ilegítima para figurar como réu na ação de petição de herança aquele que possui a título singular".[7]

Se já consumada a partilha, dirige-se a ação contra aqueles que tenham recebido algo da herança, ou contra quem ofendeu o direito hereditário do autor. Oportuna a colocação de Julius Binder: "Es demandado quien ha conseguido algo de la herencia sobre el fundamento de un derecho hereditario que no le compete. Esto es, debe haberse puesto en posesión de los objetos de la herencia afirmando que él es el heredero".[8]

O art. 1.826 veio a fortalecer a imposição de restituir, mas ressalvando-se os direitos assegurados ao possuidor de boa-fé: "O possuidor da herança está obrigado à restituição dos bens do acervo, fixando-se-lhe a responsabilidade segundo a sua posse, observado o disposto nos arts. 1.214 a 1.222".

---

6   REsp. nº 269-RS, 03.04.90, publicado no *DJ* de 07.06.90, rel. Min. Waldemar Zveiter.
7   "A Ação de Petição de Herança", *RT*, nº 659, p. 26.
8   Ob. cit., p. 272.

De acordo com os arts. 1.214 a 1.222, asseguram-se ao possuidor de boa-fé os frutos percebidos e os pendentes até cessar tal característica de posse; reputam-se naturais e industriais os frutos colhidos e percebidos logo que são separados, enquanto os civis assim consideram-se percebidos dia por dia; responde o possuidor de má-fé pelos frutos colhidos e percebidos, e pelos que, por culpa, deixou de perceber, assegurando-se-lhe apenas o ressarcimento das despesas; não responde o possuidor de boa-fé pela perda ou deterioração da coisa a que não der causa, enquanto responde o possuidor de má-fé, inclusive que acidentais a perda e a deterioração, a menos que prove que ocorreriam mesmo que estivessem na posse do reivindicante; assegura-se ao possuidor de boa-fé a indenização pelas benfeitorias necessárias e úteis, com o direito de retenção enquanto não se der o pagamento, podendo levantar as voluptuárias; já ao possuidor de má-fé se garante apenas a indenização pelas benfeitorias necessárias, sem o direito de retenção, e de levantar as voluptuárias; compensam-se as benfeitorias com os danos; ao reivindicante, obrigado a indenizar as benfeitorias ao possuidor de má-fé, se oferece a alternativa de optar entre o seu valor atual e o seu custo, enquanto ao possuidor de boa-fé se garante a indenização pelo valor atual.

A partir da citação, no entanto, tem-se a herança ou o herdeiro como possuidores ou detentores de má-fé, na esteira do parágrafo único do art. 1.826: "A partir da citação, a responsabilidade do possuidor se há de aferir pelas regras concernentes à posse de má-fé e à mora". Nesta dimensão, não há o direito aos frutos colhidos e percebidos, nem se garante a retenção enquanto não se der a indenização; a indenização restringe-se unicamente às benfeitorias necessárias. Mesmo que de boa-fé a posse, cessa esta característica. Ademais, incide em mora, o que importa em incidir as cominações do art. 395: responde pelos prejuízos a que sua mora der causa, e mais os juros atualizados monetariamente.

Nesta posição, também é dirigida a lide contra aquele a quem foram transmitidos os bens pelo herdeiro, desde que feita a transmissão por um herdeiro, e não verificada a aquisição originária, ou através de usucapião. Não importa, no caso, como se procedeu a transmissão, isto é, se de boa ou má-fé. Tem relevância unicamente o fato da lesão ao direito sucessório do demandante. Afirmando o direito sucessório de uma pessoa, emerge a posse injusta do possuidor, ou do titular, por força de um pretenso direito hereditário, ou de uma transmissão viciada em sua origem.

O art. 1.827 veio a consolidar o princípio: "O herdeiro pode demandar os bens da herança, mesmo em poder de terceiros, sem prejuízo da responsabilidade do possuidor originário pelo valor dos bens alienados".

A extensão da legitimidade passiva a quem adquiriu o bem herdado está ressaltada pela jurisprudência: "Ação de nulidade de partilha cumulada com petição de herança. Litisconsórcio passivo necessário dos herdeiros e cessionários contemplados na partilha". Assim, "evidentemente ineficaz a sentença desconstitutiva de partilha em feito para o qual não houve citação de todos os herdeiros ou cessionários. A partilha não pode ser anulada restritamente àqueles sucessores escolhidos pelas autoras, nem apenas os bens com que foram contemplados hão de responder, com exclusividade, pelo quinhão hereditário reclamado. Formar-se-á este, exitosa a ação, de cota proporcional incidente sobre cada pagamento feito. Afigura-se assim óbvio, na espécie, o litisconsórcio necessário no polo passivo, que a natureza da relação jurídica impõe decisão uniforme para todas as partes dela integrantes, vale dizer, para todos aqueles contemplados na partilha de bens cuja desconstituição é pretendida".[9]

---

9   Apel. Cív. nº 589025956, 4ª Câmara Cível do TJRGS, 13.12.89, *Revista de Jurisprudência do TJRGS*, 147/346.

Cap. IX | Petição de Herança • **127**

A base de tudo encontra-se no princípio de que, aberta a sucessão, o domínio e a posse da herança transmitem-se, desde logo, aos herdeiros legítimos e testamentários – art. 1.784. Ou seja, a transmissão dá-se aos herdeiros legítimos e testamentários. Está na lei, e constitui um princípio universal, de que apenas aos herdeiros legítimos e testamentários ocorre a transmissão. Nenhum terceiro, ou qualquer pessoa, que não revestida da qualidade exigida pela lei, recebe o bem e a posse legítima. A abertura da sucessão constitui a causa ou o título da transmissão, e não o que se realiza com o inventário. Não importa que venha e se habilite um herdeiro aparente. Equivocadamente instrumentaliza-se a ele a transmissão. A escritora uruguaia Susana Cambiasso apreendeu bem esta realidade jurídica: "La posesión hereditaria tiene características que la distingue de la posesión ordinaria. En primero lugar, da posesión hereditaria coloca, desde la muerte del causante, al sucesor con tal posesión hereditaria en la situación del difunto. Y lo hace sin toma de posesión efectiva y hasta sin saberlo el sucesor. El heredero se beneficia, como el causante inmediatamente y sin aprehensión, de todas las acciones posesorias del *de cujus*. En segundo lugar, el usucapiente de un bien hereditario verá volar su posesión al ámbito patrimonial del heredero, a partir del fallecimiento del causante".[10]

Nada é transmitido aos terceiros não herdeiros. Daí submeterem-se eles às consequências da petição de herança. Exclusivamente a invocação do usucapião ou de alguma causa justa de aquisição garante-se. No mais, asseguram-se apenas direitos acessórios, como a indenização pelas benfeitorias, desde que necessárias ou úteis, e feitas de boa-fé pelo usurpador do quinhão alheio. No entanto, se o terceiro adquirente estiver de boa-fé, e se a alienação se operou a título oneroso, protege-se a aquisição, considerando-se eficaz, restando ao verdadeiro sucessor o ressarcimento contra o alienante, com base na teoria que não admite o enriquecimento sem causa. É o que se retira do parágrafo único do art. 1.827: "São eficazes as alienações feitas, a título oneroso, pelo herdeiro aparente a terceiro de boa-fé".

A petição de herança pode, pois, ir contra o cessionário, ou o terceiro ocupante, ou o adquirente com título aparente, não afastando o direito a aquisição de boa-fé a título gratuito, posto que, por direito hereditário, a transmissão se efetiva somente para os herdeiros reais. A causa constitui o decesso do *de cujus*, e a relação sucessória, em geral de parentesco, restringe-se entre este e o herdeiro. Ao terceiro de boa-fé, entretanto, como ressalva expressamente o art. 1.827, assiste responsabilizar o possuidor originário pelo valor dos bens alienados, se o alienante não se enquadrar como herdeiro aparente.

5. O HERDEIRO APARENTE

Não é incomum que alguém receba a herança sem estar na qualidade de herdeiro, embora pareça se revestir desta qualidade. Uma pessoa não é titular de direitos hereditários, mas vem a ser considerada legítima proprietária da herança, ou tem afirmado o seu estado de herdeira. Está ela na posse de bens hereditários como se fosse a legítima sucessora do *de cujus*, assumindo a posição notória de herdeira. Nessa qualidade é vista, mas por erro, ou equívoco, ou falta de conhecimento de uma realidade ou de um fato que afasta aquela qualidade.

Suponha-se que uma pessoa faça um testamento, vindo, depois, a falecer. Ninguém conhece o testamento, e procede-se o inventário, com a partilha aos herdeiros legítimos. Se, posteriormente, aparece um herdeiro testamentário, como proceder-se?

---

10 "La Petición de Herencia y la Publicidad Registral", *Cuadernos de Derecho Inmobiliario*, nº 5, Montevideo, 1987, pp. 35 e 36.

Esta é a situação que se enfrentará, mas suscetível de ocorrer por várias causas, como:

I – Realização do inventário, sem conhecimento do testamento.

II – Distribuição da herança a herdeiros indignos.

III – Partilha dos bens aos herdeiros instituídos em testamento, o qual vem a ser depois anulado.

IV – Atribuição do patrimônio a herdeiros colaterais, vindo-se, mais tarde, a descobrir um herdeiro com preferência na ordem da vocação sucessória, como um descendente.

Hipóteses como as citadas e outras não são de fácil deslinde, principalmente, porque a aquisição reveste-se, normalmente, de boa-fé. A transmissão decorre de erro comum e invencível, visto que, *v. g.*, ninguém conhecia o herdeiro preferencial que posteriormente apareceu, ou o testamento, descoberto somente depois de concluído o inventário. As discussões desenvolveram-se longamente, concluindo em se admitir a validade das aquisições, relativamente aos terceiros de boa-fé, o que acabou sendo adotado pelo art. 1.828 do Código Civil brasileiro atual, desde que presentes alguns requisitos, os quais vieram da doutrina francesa, colacionados por Marco Aurélio S. Viana, e que constituem uma exceção ao aforisma latino *nemo plus juris ad alium transferre potest quam ipse habet.* Eis os requisitos:

> "a) O ato deve ser a título oneroso: os atos excepcionais, como são as doações, não merecem uma proteção especial. Em outras palavras, nas hipóteses de transferência a título gratuito prevalece o interesse do herdeiro, sacrificando-se o donatário.
>
> b) Convalidam-se apenas as cessões a título singular: as transmissões a título universal não põem em jogo o interesse do crédito, porque continuaram sendo operações excepcionais. Além disso, a cessão de direitos sucessórios apresenta geralmente um caráter especulativo.
>
> c) O terceiro adquirente deve estar de boa-fé: sem distinção entre o erro de fato e o erro de direito, bastando que haja erro sobre o caráter jurídico do sucessor.
>
> d) Haja erro comum: o erro deve ser compartilhado por todos; cada qual se equivocou ou se teria equivocado.
>
> e) O erro deve ser invencível".[11]

Aplica-se, na espécie, uma máxima latina, de grande significação: *Error communis facit jus*. Defende Carvalho Santos que a boa-fé é capaz, "ainda hoje, no sistema da maioria das legislações, de salvar, nos atos jurídicos, as irregularidades que as partes não puderam prever ou impedir".[12]

Dentro desta ótica, o terceiro de boa-fé tem protegida a aquisição, não se invalidando a aquisição feita junto ao herdeiro aparente, de acordo com o parágrafo único do art. 1.827: "São eficazes as alienações feitas, a título oneroso, pelo herdeiro aparente". Como se apreende, validam-se as alienações que o herdeiro aparente faz, desde que não a título gratuito. Não que este fique imune de responder, como se observará. A proteção firma-se em favor do terceiro.

---

11 *Da Ação de Petição de Herança*, São Paulo, Editora Saraiva, 1986, pp. 60 e 61.
12 Ob. cit., vol. XXII, p. 99.

Cap. IX | Petição de Herança • **129**

Deve-se dar amplo valor às alienações de boa-fé, feitas pelo herdeiro aparente. Na jurisprudência, assenta-se: "Herdeiro aparente. Alienação por ele feita não pode subsistir quando anulado o seu título, em virtude de ação anterior, e não comprovada a boa-fé do adquirente".[13]

É possuidor de boa-fé, ensina Orlando Gomes, "se houver adquirido a posse na convicção, por erro escusável, de ser vero herdeiro. Não se configura esse elemento psicológico quando o erro decorre de culpa grave. Necessário o título de herdeiro, proveniente da lei ou de testamento. Admite-se, porém, o título putativo, bastando, assim, estar ele convencido de sua qualidade hereditária. Estará de boa-fé, por exemplo, se ignora a existência de parente que o precede na ordem de vocação hereditária, ou se supõe válido testamento absolutamente nulo".[14]

Assim, a solução não pode ignorar o princípio da boa-fé, que deve ser observado como condição de segurança e tranquilidade nas relações sociais.

A legislação anterior não havia regulamentado a matéria. Todavia, dispositivos existiam que inspiravam princípios fomentadores dos direitos reconhecidos em favor do herdeiro de boa-fé. Na seguinte decisão, estampa-se o direito: "Herdeiro aparente. Validade da alienação feita por herdeiro aparente quanto ao adquirente de boa-fé".

Empresta-se, no curso do acórdão, destaque a dispositivo do Código de 1916 que levava a dar valor à herança em tal situação, e analisam-se as correntes de pensamento vigentes: "A alienação feita pelos herdeiros aparentes, via de autorização judicial, é válida quanto ao adquirente de boa-fé. Ademais, o registro imobiliário deu fé pública ao ato registrado (...)

Nossa legislação em vigor não regulamenta a matéria. Apenas o art. 1.600 do Código Civil assentou, em questão de indignidade, serem válidas as alienações de bens hereditários praticadas pelo herdeiro excluído, antes da sentença de exclusão, cabendo aos coerdeiros prejudicados o direito de demandar-lhe perdas e danos.

Para a solução dos demais casos, na doutrina e jurisprudência estabeleceram-se, diante da lacuna da lei, duas correntes antagônicas. Para os adeptos da primeira, os atos do herdeiro aparente não podem prevalecer porque, segundo o clássico princípio *nemo dat quo non habet*, só o dono pode alienar. 'Imola-se assim' – no dizer de Washington de Barros Monteiro – 'o direito de terceiros em homenagem ao direito de propriedade do direito real' (*Direito de Sucessões*, p. 71).

Para a segunda corrente, a solução deve ser a inversa. Por questões inspiradas em consideração de origem prática, na equidade e principalmente na máxima *error communis facit jus*, no conflito entre a boa fé e domínio é preferível sacrificar-se o último. 'As necessidades do crédito, segundo Cremieu, exigem que os terceiros, que se fiaram em determinada aparência, não sejam enganados. Se essa aparência não corresponde à realidade, tanto pior para o verdadeiro proprietário. Terá este de suportar as consequências do risco que lhe é imposto por todos, no interesse superior da coletividade' (*apud* W. B. Monteiro, *op. cit.*, p. 71)".[15] O art. 1.600 invocado acima corresponde ao art. 1.817 do atual Código Civil.

Em julgamento mais recente, da mesma Corte, deu-se prestígio à aquisição pelo herdeiro aparente de boa-fé: "Os efeitos da ação de petição de herança não poderão

---

13 RE nº 96.847-GO, de 07.12.82, *Revista Trimestral de Jurisprudência*, 105/1.208.
14 *Sucessões*, ob. cit., 1984, nº 211.
15 RE nº 93.998-9-GO, 16.11.81, *Lex – Jurisprudência do Supremo Tribunal Federal*, 39/171.

130 • Direito das Sucessões | *Arnaldo Rizzardo*

prejudicar aquele que, de boa-fé, adquiriu do herdeiro aparente qualquer bem do espólio. Cuidando-se, na espécie, de herdeiro retardatário, que o acórdão afirmou não ser conhecido dos cessionários e mesmo dos outros herdeiros, certo está que, ao cederem as rés os direitos hereditários sobre todo o imóvel, procederam de boa-fé, como expressamente reconheceu o aresto".[16]

Tudo, no entanto, sem esquecer o princípio de que ninguém pode enriquecer sem justa causa. Neste alinhamento de coordenadas, o terceiro fica resguardado em seus direitos de adquirente dos bens transmitidos pelo herdeiro aparente. Este, porém, não se exime de responder pelas perdas e danos perante o verdadeiro herdeiro, ou de indenizá-lo. Tal o sentido resguardado pelo Código Civil de 2002, insculpido no art. 1.828, em redação não das melhores: "O herdeiro aparente, que de boa-fé houver pagado um legado, não está obrigado a prestar o equivalente ao verdadeiro sucessor, ressalvado a este o direito de proceder contra quem o recebeu". Nota-se que há a transmissão hereditária, dando-se a transmissão do legado. O adquirente de boa-fé do legado, e mesmo de qualquer quinhão, tem protegido o legado, ou a quota recebida do herdeiro aparente. Entrementes, ao verdadeiro sucessor se garante a ação contra aquele que figurou como herdeiro e transmitiu ao terceiro, a fim de indenizar-se.

Esta também a solução que já vinha no Direito luso, ensinando José de Oliveira Ascensão: "Pode acontecer que o possuidor dos bens seja herdeiro aparente, isto é, pode ser reputado herdeiro por força de erro comum ou geral (art. 2.076-3). Estabelece então o nº 2 do mesmo artigo que a ação não procede contra terceiro que haja adquirido do herdeiro aparente, por título oneroso e de boa-fé, bens determinados ou quaisquer direitos sobre eles; neste caso, estando também de boa-fé, o alienante é apenas responsável segundo as regras do enriquecimento sem causa".[17]

Se de má-fé o herdeiro aparente e o terceiro – ou seja, não ignorando eles o obstáculo à aquisição da herança, ou se agiram com culpa (porque foram negligentes, ou descuidados), indiscutível o direito à restituição dos bens.

Se, porém, e aí não importa a boa ou má-fé, ou a culpa, realizadas a título gratuito as alienações pelo herdeiro aparente ao terceiro, apresentam-se elas nulas, porquanto o adquirente nada perde – solução esta construída pela doutrina francesa.[18] Conforme consta no invocado art. 1.828, reserva-se a proteção a quem de boa-fé houver 'pago um legado', ou seja, não o tenha recebido gratuitamente. É também como pensa Maria Berenice Dias:

> Caso a transferência tenha sido gratuita – ao fim e ao cabo, uma doação –, independe se o donatário estava de boa ou má-fé: cabe sempre a restituição do bem. Ou seja, são eficazes as aquisições de boa-fé por título oneroso, e ineficazes as de má-fé e as feitas a título gratuito.[19]

Nunca ficará impedido o herdeiro real de postular o ressarcimento perante o herdeiro aparente. Faculta-se que se dirija contra o terceiro adquirente se ele manobrou a aquisição de má-fé, ou a título gratuito. Do contrário, a ação é dirigida contra o herdeiro aparente para o reembolso do equivalente econômico.

---

16 RE nº 90.706-RJ, da 1ª Turma do STF, 12.08.88, *Revista Trimestral de Jurisprudência*, 137/322.
17 Ob. cit., pp. 444 e 445.
18 Marco Aurélio Viana, ob. cit., p. 64.
19 *Manual das Sucessões*, ob. cit., p. 652.

Cap. IX | Petição de Herança • **131**

Importante o exame das circunstâncias que envolveram a transação – principalmente na aferição da culpa, configurando-se não escusável o erro.

De outra parte, desde que presente a boa-fé, não cabe a restituição dos frutos e rendimentos, impondo-se, também, a indenização pelas benfeitorias necessárias e úteis, e mais o direito de levantar as voluptuárias.

Na constatação da má-fé, apenas admite-se a indenização das benfeitorias necessárias, como assegura o art. 1.220: "Ao possuidor de má-fé serão ressarcidas somente as benfeitorias necessárias; mas não lhe assiste o direito de retenção pela importância destas, nem o de levantar as voluptuárias".

Mais consequências decorrem da boa ou má-fé. Conforme o art. 1.217, o possuidor dos bens recebidos indevidamente, desde que de boa-fé, não responde pela perda ou deterioração da coisa a que não der causa. Pelo art. 1.218, ocorre o contrário com o possuidor de má-fé, isto é, "responde pela perda, ou deterioração da coisa, ainda que acidentais, salvo se provar que de igual modo se teriam dado, estando ela na posse do reivindicante".

Federico D. Quinteros exemplifica situações de má-fé: "Por ello, el antecedente que condiciona de mala fe es el conocimiento de que el pariente más próximo no se ha presentado a recoger la sucesión, no por espontánea determinación, sino porque ignoraba que la sucesión le fué deferida y porque esa ignorancia, al ser un vicio de la voluntad (...), excluye la conducta voluntaria de no presentarse (...)

Por ello consideramos que siempre que se dé el hecho antecedente del conocimiento por parte de la existencia de un pariente – lo que no excluye su buena fe (...), sino también el conocimiento de la presentación por una conducta que deja de ser voluntaria, en el sentido jurídico, por la existencia de vicios (error, dolo o violencia) debe imputarse la mala fe".[20]

6. A AÇÃO DE PETIÇÃO DE HERANÇA

O herdeiro preterido ingressará com uma ação ordinária reclamando o seu quinhão, o que, automaticamente, se não anula, retifica ou muda a partilha.

O ingresso é permitido tanto antes como depois da homologação ou decisão da partilha.

Na ação de inventário postula-se a reserva de porção de bens, ou a indisponibilidade no correspondente ao quinhão. O pedido refletirá o tom de tutela provisória de urgência cautelar, no sentido de prevenir e assegurar o direito, com a evidência das providências para a declaração da paternidade. Essa a posição do STJ:

> "A reserva de quinhão é medida cautelar e, portanto, sujeita aos requisitos do *fumus boni iuris* e do *periculum in mora*.
>
> O *fumus boni iuris* se verifica presente na propositura da ação de nulidade parcial de assento de nascimento cumulada com investigação de paternidade.
>
> O *periculum in mora* está caracterizado no pedido de reserva de bens, porquanto a posterior procedência do pedido de investigação de paternidade gerará o desfazimento da partilha com risco de não ser possível repor o monte partível no estado anterior.
>
> Recurso Especial conhecido e provido".[21]

---

20 *Petición de Herencia*, Buenos Aires, Editorial Depalma, 1950, pp. 93 e 94.
21 REsp nº 628.724/SP, da 3ª Turma, j. em 03.05.2005, *DJU* de 30.05.2005.

Sendo de anulação ou nulidade a lide, a partilha ficará desconstituída, elaborando-se outra posteriormente, já com o quinhão definido do herdeiro não incluído, o que, porém, requer a prova absoluta da relação hereditária. No caso de se tratar de petição de herança, com a procedência do pedido, fica sem efeito a partilha elaborada. Na realidade, há uma anulação. Procede-se, no devido tempo, nova distribuição do patrimônio, com o quinhão do herdeiro prejudicado no inventário devidamente reservado. Não se faz preciso o ingresso de uma ação de nulidade da partilha. Simplesmente retifica-se a anterior. Firmou-se a inteligência, no Superior Tribunal de Justiça, de que, procedentes os pedidos de investigação de paternidade e de petição de herança, resulta lógica e automaticamente a nulidade da partilha na parte que excedeu a distribuição de quinhões. Executa-se a sentença que deferiu a participação na herança mediante simples pedido de retificação de partilha.[22]

A ação mais comum na reclamação da porção hereditária é a de investigação de paternidade cumulada com a petição de herança, e obedecendo ao rito ordinário.

A petição de herança será um mero corolário do resultado da investigatória.

Uma das questões de maior preocupação refere-se à prova. A inicial acompanhará a certidão de óbito do autor da herança, em obediência ao princípio de que não existe sucessão de pessoa viva – *viventis nulla hereditas*. Igualmente, indispensável a comprovação da relação hereditária, se a certidão de nascimento não revelar o vínculo com o autor da sucessão. Para tanto, na ordem dos colaterais, anexam-se cópias da certidão de nascimento do filho pretendente, ou do colateral e do respectivo pai. Na hipótese de o pretendente do quinhão ser o herdeiro-neto, necessário que a certidão de óbito do pai também esteja nos autos.

Havendo testamento, o original, ou a certidão do inteiro conteúdo, se público, ou uma cópia, desde que admitida a autenticidade, mostra-se suficiente. Sendo cerrado ou particular, requisito indispensável será o documento respectivo. Cumulada a reclamação de herança com a investigação de paternidade, permite-se maior dilação probatória, inclusive com a ouvida de testemunhas e a realização de perícia, caso possível.

A defesa do réu não se restringe a assuntos relativos à não filiação. O principal meio de opor-se à demanda reside na obediência à ordem preferencial. Atacará, se for o caso, a validade do testamento, ou do alcance da vocação hereditária. Cabe-lhe, também, verificar se não está presente algum caso de exclusão do herdeiro, como a indignidade, ou a deserdação.

Uma modalidade eficaz de defesa está no usucapião, que é um modo específico de aquisição de domínio, dependente da posse com duração de quinze a cinco anos de conformidade com o tipo de imóvel, isto é, comum sem justo título e boa-fé, comum com justo título e boa-fé, rural, residencial. Entretanto, do demandado não se reclama que promova uma ação de usucapião, visto que implementados os seus pressupostos. Basta que prove unicamente a concorrência dos requisitos do usucapião, em qualquer de seus tipos: extraordinário, especial ou urbano.

A sentença surtirá efeitos *inter partes*, sem atingir terceiros ou pessoas que não participaram no processo. A eficácia é *erga omnes*, isto é, todos deverão aceitar a decisão judicial, anotando Humberto Theodoro Júnior: "Inexiste a autoridade da coisa julgada perante quem não foi parte no processo onde se proferiu a sentença (CPC, art. 472). Por isso, se o herdeiro tinha direito à herança, como veio a reconhecer a nova sentença

---

22 *Revista do Superior Tribunal de Justiça*, 74/204.

Cap. IX | Petição de Herança • 133

da ação de petição de herança, e não participou do inventário, a sentença de partilha é nenhuma para ele, e até mesmo para os demais contemplados no juízo sucessório, por violação do litisconsórcio necessário".[23] O art. 472 do CPC de 1973 corresponde ao art. 506 do CPC/2015.

Todos deverão participar do processo para o surtimento de efeitos. Do contrário, procedente a petição de herança, insta que se anule a partilha com nova ação, dirigida também contra os herdeiros não chamados ao processo de petição.

Como se disse, a eficácia é *erga omnes*, no sentido de valor, porque traz uma nova realidade sobre a situação da herança – o que se aplica a todos que vão tratar com os titulares dos bens. No entanto, impossível querer que, pela simples decisão, um herdeiro devolva parte do que recebeu para perfazer o novo quinhão, se não esteve presente no processo.

7. PRESCRIÇÃO OU DECADÊNCIA DA AÇÃO

Dominava e ainda domina, quanto à investigação de paternidade, o entendimento da imprescritibilidade da ação, podendo ser promovida durante toda a existência do filho, porque não decai o direito relativamente a matérias que envolvem a personalidade.

No Direito antigo, quando da elaboração do Código Civil, a maior parte dos autores sustentava a prescrição em vinte anos, com a aplicação do então art. 177 do Código Civil de 1916. Arnoldo Medeiros da Fonseca, um dos seguidores desta corrente, procurava justificar a posição nestes termos: "Na verdade, não há razões sérias para crer que, por não se haver referido especialmente a investigação de paternidade ilegítima, quisesse o legislador brasileiro seguir orientação diferente da adotada na generalidade das nações civilizadas quanto ao princípio de que não é imprescritível aquela ação, estabelecendo-se mesmo prazos mais reduzidos para o seu exercício, como também fez o nosso Código relativamente a outras ações de natureza semelhante (...) Prazo especial não foi fixado, o lógico é julgar a hipótese compreendida na regra geral da prescrição de vinte anos, em face da disposição ampla do art. 179, que manda regular pelo art. 177 os casos não previstos.

Sendo a prescrição um instituto indispensável à paz social, imposto pela necessidade de evitar que as ações judiciais fiquem eternamente na iminência de serem propostas, não seria aconselhável prescindir desse elemento de segurança quando se trata de demandas tendentes à modificação do estado das pessoas e que interessam, portanto, de modo fundamental, à ordem pública".[24] Os arts. 177 e 179, citados acima, equivalem ao art. 205 do vigente diploma civil.

Ocorre que o estado da pessoa constitui emanação da personalidade, sendo indisponível, sequer podendo a lei subtrair o direito inato no ser humano em fazê-lo valer a qualquer tempo. A ninguém é facultado abdicar de seu próprio estado, e nem é sustentável a fixação de prazo para o exercício do direito a determinada paternidade.

Daí decidia-se, já em época posterior, não conter nenhum valor a desistência ou a renúncia do direito de investigar a paternidade, admitindo-se a qualquer tempo o seu exercício: "Investigação de paternidade. Não tem qualquer validade a desistência ou renúncia

---

23 *A Petição de Herança Encarada Principalmente Dentro do Prisma do Direito Processual Civil*, ob. cit., p. 33.
24 *Investigação de Paternidade*, 3ª ed., Rio de Janeiro, Editora Forense, 1958, pp. 349 e 350.

do direito de investigar a paternidade, por se tratar de ação referente a estado e, desta maneira, de direito indisponível".[25]

De outro lado, lembrava Carvalho Santos: "Não tendo o Código determinado qual a época em que a ação deve ser intentada, a consequência é que pode a mesma ser iniciada em todo o tempo, em qualquer momento da vida do filho, quaisquer que sejam a sua idade e condição social".[26]

Era do amplo entendimento que a petição de herança, no entanto, prescrevia em vinte anos, por ser uma ação pessoal, incidindo as disposições prescricionais dos arts. 177 e 179 do estatuto civil de 1916, que equivalem ao art. 205 do vigente Código Civil, o qual reduziu, todavia, o prazo para dez anos nas situações não abrangidas por menor prazo. Iniciaria o lapso temporal na data da abertura da sucessão, isto é, a partir da morte do pretendido progenitor. Não se aceitava, outrossim, a aplicação do § 9°, inc. V, letra 'b', do art. 178 do Código revogado, regra cuja correspondência está no art. 178, inc. II, do vigente diploma civil, e que limita em quatro anos o prazo de decadência para pleitear a anulação do negócio jurídico contaminado de vício do consentimento (erro, dolo, fraude, estado de perigo, ou lesão), contado do dia em que se realizou o negócio ou do ato.

Inteligência essa que era comum no Supremo Tribunal Federal: "Ação de investigação de paternidade, cumulada com petição de herança. Não há que falar em ação única de investigação de paternidade. Não tem pertinência a alegação de negativa de vigência ao disposto no art. 473 do Código de Processo Civil.

Infrutífera é a arguição de negativa de vigência ao disposto no art. 178, § 9°, inc. V, letra *b*, do Código Civil. A ação de investigação de paternidade é imprescritível, enquanto a prescrição de petição de herança é vintenária (art. 177 do CC). O *dies a quo* do prazo prescricional é o da abertura da sucessão do pretendido pai, eis que não há sucessão de pessoa viva. Na espécie não fluiu o prazo prescricional". O citado art. 473 corresponde ao art. 507 do CPC/2015.

Eis o voto do Min. Djaci Falcão: "No que se prende à ocorrência da prescrição prevista no art. 178, § 9°, inc. V, letra *b*, do Código Civil, também não vinga a arguição. É que no caso se cogita de ações de investigação de paternidade (imprescritível segundo a jurisprudência) e de petição de herança, cuja prescrição é vintenária, subordinando-se à regra do art. 177 do Código Civil. Não se trata de simples ação de anulação de partilha por erro, simulação ou fraude, ou de rescisão de partilha.

O *dies a quo* do prazo prescricional é o da abertura da sucessão do pretendido pai, eis que não há sucessão de pessoa viva (...) Não se pode postular acerca de pessoa viva, como é da boa jurisprudência. Somente depois da morte é que há legitimação ativa para suceder, por parte de quem tiver de pleitear a herança".[27]

Em pretórios inferiores, seguia-se a mesma linha.[28]

A matéria, em nível de jurisprudência, ficara pacificada através da Súmula n° 149, do Supremo Tribunal Federal: "É imprescritível a ação de investigação de paternidade, mas não o é a de petição de herança".

---

25 *Revista de Jurisprudência do TJRGS*, 138/185.
26 Ob. cit., 9ª ed., 1963, vol. V, p. 491.
27 RE n° 94.931-RJ, 2ª Turma do STF, 07.12.82, *Lex – Jurisprudência do Supremo Tribunal Federal*, 53/87.
28 *Revista de Jurisprudência do TJRGS*, 115/393; *RT*, 430/57.

Mas, quanto à prescrição da petição de herança, tinha força uma corrente sustentando que o início se dava a partir do dia em que o direito puder ser exercido, isto é, do momento em que foi reconhecida a paternidade e não da abertura da sucessão, o que revela que perdurava o dissídio. Sintetizava a posição Mário Moacyr Porto: "É princípio universalmente aceito que o prazo de prescrição somente se inicia quando surge o direito à ação. O Código Civil italiano, em seu art. 2.935, acolhe o princípio, ao dispor: 'A prescrição começa a correr do dia em que o direito pode ser exercido'.

Parece-nos, assim, que, antes do julgamento da ação de investigação de paternidade ilegítima, o filho natural, não reconhecido pelo pai, jamais poderá propor a ação de petição de herança para o fim de lhe ser reconhecida a qualidade de herdeiro, com o direito à herança do seu indigitado pai. A ação de investigação de paternidade, na hipótese em causa, é um inafastável pressuposto, uma prejudicial incontornável, para que o filho possa intentar a ação de petição de herança. Ao que parece, Orlando Gomes acolhe idêntico entendimento, ao escrever: 'Ação de estado é premissa da petição quando o título de herdeiro depende da prova do parentesco, como acontece em relação ao filho ilegítimo' (*Direito das Sucessões*, 4ª ed., p. 267, nº 208).

Por abundância, acrescentamos: a ação de estado (investigação de paternidade) tem como objetivo a declaração judicial de que o demandante é filho de uma determinada pessoa e, como tal, parente sucessível. Na ação de petição de herança, pretende-se que o filho reconhecido seja admitido como herdeiro em relação à herança deixada pelo proclamado pai, reconhecimento que exige, como condição indeclinável, a prévia declaração de que o postulante é filho natural da pessoa que deixou a herança. Conclui-se, de tudo, que não corre contra o filho natural não reconhecido a prescrição da ação de petição de herança".[29]

Efetivamente, esta a melhor exegese, porquanto não podia iniciar a prescrição sobre um direito não formado judicialmente.

Com o Código vigente, altera-se o tratamento da questão.

Resta evidente que a não inclusão de herdeiro no inventário revela nulidade absoluta, tornando a omissão suscetível de invocação a qualquer momento, por força do art. 169 da lei civil, proclamando a impossibilidade de confirmação do negócio jurídico nulo, sequer convalescendo pelo decurso do tempo.

Em decorrência, sempre possível o aviamento da ação de descoberta da paternidade, com a posterior busca da herança sonegada. Àqueles que se encontram na posse e mesmo na propriedade dos bens herdados resta a oposição por direito de usucapião, alegando o decurso do prazo que acarreta a prescrição aquisitiva, na linha alhures já defendida, especialmente no Capítulo que trata da nulidade da partilha, em seu item nº 2.

---

29 "Ações de Investigação de Paternidade Ilegítima e Petição de Herança", *RT*, nº 645, p. 10.

X

A Ordem na Vocação Hereditária

1. O CHAMADO A HERDAR

Uma vez falecendo alguém, os seus parentes, o cônjuge e o companheiro são chamados a herdar, isto é, a receber o patrimônio que ficou com a morte. Transferem-se os bens a essas pessoas parcialmente ou na sua integridade, conforme tenha ou não havido testamento. Os bens são deferidos ou transferidos a determinadas pessoas, segundo a proximidade de parentesco, a união pelo casamento ou a estável com o *de cujus*, sendo que, no parentesco, o contemplado mais próximo no grau afasta o outro.

Os herdeiros parentes sucedem ou por direito próprio (*iure proprio*), ou por direito de representação (*iure representationis*), ou por direito de transmissão (*iure transmissionis*).

Na primeira forma, os parentes mais próximos são chamados a suceder, todos em igualdade de condições, por se encontrarem no mesmo grau.

A segunda verifica-se quando, por lei, são chamados os parentes do herdeiro falecido a suceder em todos os direitos em que sucederia este último.

A última modalidade opera-se quando, falecendo o herdeiro sem antes declarar se aceita a herança, tal direito transfere-se aos respectivos herdeiros do falecido.

Relativamente à igualdade ou desigualdade de graus de parentesco ou de linha em que se acham os herdeiros quanto ao autor da herança, temos três espécies ou, mais propriamente, tipos de sucessão:

a) A "sucessão por cabeça" (*in capita*), quando a herança é dividida, em partes iguais, pelo número de herdeiros (incluído o cônjuge ou o companheiro), eis que sucedem aqueles do mesmo grau. Fica clara a ideia com a explicação de Caio Mário da Silva Pereira, ainda aplicável: "Os herdeiros adquirem os bens por direito próprio – *iure proprio*. É a modalidade mais comum e normal da sucessão legítima. A herança é deferida a cada um individualmente ou por cabeça – *in capita*. Cada descendente recebe o que lhe cabe; na falta de descendentes, devolve-se o acervo aos ascendestes, também individualmente; não havendo ascendentes, ao cônjuge; na falta deste, aos colaterais; ou, não os havendo, ao Estado".[1]

---

1 *Direito das Sucessões*, ob. cit., vol. VI, p. 79.

b) A "sucessão por estirpe" (*in stirpes*), se a divisão da herança opera-se pelo número de herdeiros, em partes iguais, do mesmo grau. Em vista do falecimento de alguns, dividem-se os respectivos quinhões pelo número de herdeiros deixados que os representam, como se dá com a morte do filho do autor da herança, indo a respectiva quota aos filhos daquele.

c) A "sucessão por linha" (*in lineas*), verificada no caso de haver ascendentes da linha paterna e da linha materna, concorrendo à sucessão na herança conjuntamente, e em igualdade de condições.

Na distribuição ou partilha da herança, dominam as seguintes regras básicas:

– Havendo igualdade de parentesco, sendo todos filhos (e incluindo-se o cônjuge ou companheiro) ou todos colaterais, divide-se a herança por cabeça.

– Havendo igualdade de parentesco por linhas, a partilha se fará por linha. Nesta ordem, não importará se há somente um ascendente na linha paterna, e dois na linha materna. Cada linha receberá metade do patrimônio.

– Havendo parentes em graus diversos, no momento da abertura da sucessão, como filhos vivos e netos, proceder-se-á à divisão por estirpe, ou pelo número de filhos. Os netos sucederão por representação.

– Se depois da abertura da sucessão ocorrer a morte de um herdeiro, far-se-á a divisão por estirpe, em existindo descendentes ou colaterais; ou por linhas, se restarem unicamente ascendentes.

2. SUCESSÃO LEGÍTIMA

Assim costuma-se chamar aquela sucessão que deriva da lei, contemplando os parentes. Define-a Clóvis: "Sucessão legítima é a deferida por determinação da lei, em atenção ao vínculo familiar, ou, na falta deste, ao vínculo político, existente entre a pessoa do sucedendo e a do sucessor".[2] Ou, como sintetiza Maria Berenice Dias, "a lei indica os legitimados para receber a herança: todos os parentes, bem como o cônjuge e o companheiro. Daí a expressão: herdeiros legítimos".[3]

Por seguir a atribuição da herança aos parentes e ao cônjuge sobrevivente ou companheiro uma ordem previamente estabelecida, denomina-se legítima. Tal o sentido solidificado no direito, ou seja, a contemplação, na herança, de certas pessoas, segundo a proximidade do parentesco, ou o liame conjugal, ou da união de fato. Não que a sucessão testamentária não seja legítima, eis que também regulada por lei. No entanto, não existe na mesma uma determinada relação de pessoas, às quais deve ser deferida a herança.

Na chamada sucessão legítima, discriminam-se aqueles que devem receber a herança, numa ordem de preferência que os contemplados excluem os demais. Mas não se impede a coexistência com a sucessão testamentária, posto que os bens não compreendidos no testamento são partilhados aos outros herdeiros, conforme art. 1.829 do Código Civil.

Na sucessão legítima, ressaltam algumas características, assim consideradas:

---

2 *Direito das Sucessões*, ob. cit., p. 63.
3 *Manual das Sucessões*, ob. cit., p. 145.

Cap. X | A Ordem na Vocação Hereditária • **139**

a) A "hereditariedade", visto que não se admite como herdeiro aquele que não é parente, ou o liame conjugal ou da união de fato. Constitui o fator decisivo para o enquadramento do herdeiro o elemento parentesco.

b) A "legalidade", eis que a lei especifica quem é herdeiro, não sendo possível sair de tal relação e incluir outra pessoa, a menos que sejam cedidos os bens.

c) A "universalidade", porquanto todos os bens sujeitam-se ao inventário, e não apenas parte deles – exceto se alguns tenham sido dados em testamento.

d) A "subsidiariedade", no sentido de que são partilhados os bens que sobrarem do testamento. Sabe-se que apenas a metade da parte disponível sujeita-se ao testamento, em havendo herdeiros necessários – art. 1.789, considerados estes os descendentes e os ascendentes.

Conclui-se, daí, que a sucessão legítima unicamente se processa caso inexista a sucessão testamentária, ou caso não tenha esta abrangido a totalidade dos bens (e desde que possível).

Observava Orlando Gomes: "A existência de testamento não exclui, portanto, o sucessor legal, porquanto, ainda sendo válido e eficaz, se dará, quer havendo herdeiros obrigatórios, quer havendo bens excedentes das disposições testamentárias. Quando ineficaz, por haver caducado, ou inválido, por ter sido nulo, aplicam-se, em substituição, as regras da sucessão *ab intestato*".[4]

Sinteticamente, só há sucessão legítima nas seguintes ocorrências: quando houver herdeiros necessários ou obrigatórios; no caso de não dispor o testador de todos os seus bens; se caducar o testamento e se o testamento for considerado inválido.

3. JUSTIFICAÇÃO PARA A SUCESSÃO LEGÍTIMA

Várias razões justificam a sucessão legítima.

Em primeiro lugar, a necessidade de proteção aos membros da família do *de cujus*, os quais, em geral, formam o mesmo grupo sanguíneo, residindo quase sempre em idêntico prédio, e todos usufruindo das vantagens que advêm dos bens.

Sobretudo as relações de parentesco aconselham que fique a herança concentrada no círculo familiar do morto, grupo de pessoas unidas por laços sanguíneos. Muito embora nem sempre a proximidade de grau de parentesco signifique maior ou menor união entre o autor da herança e os parentes, tem o direito mantido tal critério, que corresponde a um consenso universal, pois, de regra, revela normalmente uma relação de proximidade e convivência da pessoa que faleceu com os contemplados na herança.

Há, por último, certo interesse do Estado em manter um vínculo de união entre os parentes, o que se consegue também com a permanência do patrimônio no respectivo grupo, alcançando-se uma certa garantia econômica para o futuro dos familiares do morto.

Já a distribuição da herança tem diversos fundamentos, que não deixam de ser justificativas, como discorre Pinto Ferreira: "Por conseguinte, o relacionamento entre o autor da herança e o herdeiro fundamenta-se de diversas maneiras: a) *jus familiae* ou *jus sanguinis*, como uma vinculação entre parentes consanguíneos; b) *jus conjugis*, vinculando-se ao

---

4   *Sucessões*, ob. cit., p. 57.

cônjuge; c) *jus imperii*, como a vinculação do autor da herança com o Estado, na falta de herdeiros anteriores previstos na legislação sucessória".[5]

O que leva a concluir que a herança se distribui, também, ao cônjuge e ao Estado, em certas circunstâncias, como adiante se verá. Assim, a sucessão legítima compreende os herdeiros necessários (descendentes, ascendentes e cônjuge) e os herdeiros não necessários (colaterais e Fazenda Pública).

4. O MONTANTE DA LEGÍTIMA

Unicamente a metade de sua meação poderá testar a pessoa, se existirem herdeiros necessários, isto é, descendentes, ascendentes, e o cônjuge, como decorre do art. 1.789, pelo qual, "havendo herdeiros necessários, o testador só poderá dispor da metade da herança"; e do art. 1.846, que encerra: "Pertence aos herdeiros necessários, de pleno direito, a metade dos bens da herança, constituindo a legítima".

Em vista do limite, explicava Ney de Mello Almada, valendo a lição no tocante à metade disponível, eis que se manteve no Código de 2002: "Tais regras forçam o testador a respeitar a metade limitativa da testamentificação ou da doação, pois pertence de pleno direito aos herdeiros das mencionadas classes. Preceitos, assinale-se, cogentes e de ordem pública. Não os pode desconsiderar o testador, impunemente. Sua vontade, em contradição a eles, tem-se por irrelevante".[6]

Se desrespeitado o *quantum* no testamento, os herdeiros necessários têm o direito de reduzir a liberalidade para que a mesma chegue a seus reais limites. Não sendo assim, os demais herdeiros podem agir contra aquele mais bem-aquinhoado.

O total da herança é considerado após abatidas as dívidas ou encargos, e à legítima chega-se depois de calculada a herança, na forma do art. 1.847 do Código Civil, que reza: "Calcula-se a legítima sobre o valor dos bens existentes na abertura da sucessão, abatidas as dívidas e as despesas do funeral, adicionando-se, em seguida, o valor dos bens sujeitos a colação".

Como se percebe, a legítima é alcançada depois de abater as dívidas e outras despesas existentes. Por isso, compreende apenas o líquido da herança.

Deve-se procurar o total da herança bruta; depois, calculam-se as dívidas e despesas, abatendo-se daquele total. Feita esta subtração, encontra-se um líquido ativo e adiciona-se o correspondente às liberalidades ou doações feitas pelo testador em vida aos descendentes.

O resultado será o permitido na legítima. E a legítima conceitua-se como a porção hereditária certa, atribuível aos herdeiros necessários.

O acréscimo dos adiantamentos advém do art. 544, que assim prevê: "A doação de ascendentes a descendentes, ou de um cônjuge a outro, importa adiantamento do que lhes cabe por herança". Dessa forma todas as doações devem vir computadas na herança, após abatidas as dívidas, de modo a resultar uma igualdade na partição do patrimônio, sem que algum herdeiro ou o cônjuge seja mais bem aquinhoado. Vêm ao inventário as liberalidades, consideradas adiantamentos da legítima, através da chamada 'colação', que é dispensada se, no testamento, tal consignar-se, e estiver contida a disposição nos limites da quota permitida.

---

5   *Tratado das Heranças e dos Testamentos*, ob. cit., p. 74.
6   Ob. cit., vol. I, p. 257.

Incluem-se, nas dívidas, todos os encargos pendentes de pagamento quando da morte do autor da herança, as despesas de administração, as do funeral, os compromissos pendentes, os pagamentos devidos a título de impostos ou tributos, etc. Aduz Ney de Mello Almada: "As despesas de funeral, à parte exageros de pompa, são descontadas, sendo realizadas após aberta a sucessão. Também podem abater-se as de sufrágio pela alma do morto, se previstas em testamento ou codicilo. Atender a seu desígnio é respeitar-se a unção mística da memória do morto.

Além disto, o preparo da câmara ardente, o caixão, o enterro, o serviço de encomendação da alma, o transporte ao cemitério, a sepultura e demais despesas ligadas à inumação do corpo, ou à sua cremação, são de deduzir-se, salvo se incompatíveis com a condição socioeconômica do morto, ou o costume do lugar".[7]

5. A MEAÇÃO

Várias questões podem aparecer relativamente à meação.

Reserva-se a mesma aos regimes de comunhão parcial, de comunhão universal, de participação final nos aquestos e de separação total.

5.1. No regime de comunhão parcial

Por meio deste regime, realiza-se a distribuição do patrimônio de conformidade com o espírito e a finalidade própria do casamento: os bens amealhados na constância do casamento, exceto os recebidos por testamento, herança ou doação, consideram-se comuns por serem o resultado ou o fruto da estreita colaboração que se forma entre o marido e a mulher. Mais propriamente, "comunicam-se os bens que sobrevierem ao casal, na constância do casamento, com as exceções dos artigos seguintes" – art. 1.658 da lei civil, não tendo o diploma civil anterior trazido a conceituação.

Denominado, também, regime de comunhão dos aquestos, ou dos bens adquiridos, por ele conservam os cônjuges a propriedade exclusiva dos bens que possuíam quando do casamento, os que venham a receber por doação e herança durante a vigência da sociedade conjugal, e aqueles que serão adquiridos com valores particulares.

É o regime oficial, considerando-se adotado na ausência de convenção ou pacto antenupcial elegendo outro regime, interrompendo uma tradição que vinha desde os primórdios do Direito luso-brasileiro. A Lei nº 6.515, de 1977, substituiu como oficial o regime de comunhão universal pelo de regime de comunhão parcial, dando uma nova feição ao art. 258 do Código Civil anterior, que equivale ao art. 1.640 do Código atual.

De sorte que entram na comunhão os bens que não são excluídos. Passa-se a discriminar os bens excluídos.

5.1.1. Bens e encargos excluídos da comunhão

É evidente que, neste regime, são excluídos bens em número muito maior que no de comunhão universal, onde ficam fora da propriedade comum principalmente os bens

---

7 Ob. cit., vol. I, pp. 262 e 263.

particulares. A comunhão é reduzida aos bens adquiridos na constância do casamento, a título oneroso. Excluem-se os bens levados por qualquer dos cônjuges para o casamento e aqueles adquiridos a título gratuito, além de certas obrigações.

A enumeração completa está nos arts. 1.659, 1.660 e 1.661 do diploma civil.

Excluem-se, pois:

I – Os bens que cada cônjuge possuir ao casar, e os que lhe sobrevierem, na constância do casamento, por doação ou sucessão e os sub-rogados em seu lugar.

Isto em face do princípio de que são comuns os bens adquiridos na vigência do regime, a título oneroso. Há uma limitação pertinente à comunhão dos aquestos durante o casamento, o que expressa ter havido uma real cooperação dos cônjuges.

Nas doações, e mesmo na sucessão testamentária, para que haja comunicação é necessário o ato de vontade do doador e do testador, dispondo expressamente nesse sentido.

Nas sucessões quaisquer bens recebidos são particulares, não se comunicando com o outro cônjuge. A regra é clara a respeito, pois menciona literalmente a exclusão dos bens recebidos por sucessão. E esta, talvez, seja uma das linhas marcantes dos regimes, diferenciando-o profundamente da comunhão de bens.

Conforme vem expresso no final do inc. I do vigente Código, excluem-se igualmente os bens que foram sub-rogados naqueles conseguidos durante a vigência do casamento, desde que por doação ou sucessão. A aquisição de novos bens com o preço conseguido na venda daquelas formas mantém a propriedade individuada. Todavia, lembra-se que ingressa na comunhão o patrimônio formado dos frutos ou rendimentos advindos dos bens pessoais de cada cônjuge – art. 1.660, inc. V.

II – Os bens adquiridos com valores exclusivamente pertencentes a um dos cônjuges em sub-rogação dos bens particulares.

Cuida-se, aqui, de bens adquiridos durante o casamento, que ficam excluídos da comunhão quando conseguidos com o produto da venda daqueles existentes ou possuídos antes do enlace matrimonial. É a aplicação do princípio da sub-rogação. Vende-se um bem que o cônjuge tinha quando casou, e compra-se outro em negócio celebrado durante a sociedade conjugal. Perdura a manutenção do patrimônio próprio, embora se altere a espécie de bens.

Os valores resultantes de créditos ou direitos nascidos de causas anteriores ao casamento, e assim os bens com eles adquiridos durante a sua vigência, conservam a individualidade do patrimônio. Verifica-se uma conexão entre o novo patrimônio e o bem anterior, ou a relação entre o bem adquirido e a causa preexistente. Neste sentido, não se comunicam as indenizações por dano, os pagamentos de seguros, as importâncias entregues por desapropriação, desde que visem satisfazer prejuízos ou o valor de bens que eram do cônjuge, antes da celebração do matrimônio.

Se a substituição de bens trouxe aumentos ou rendimentos, como no caso de investimentos, aplicações, ou produções através da indústria, do comércio ou da agricultura, mantém-se a qualidade de próprios.

São acréscimos que derivam do fato do homem, mas desde que provenientes do emprego de valores recebidos da venda de bens que o cônjuge possuía antes de casar, não se referindo, pois, aos frutos dos bens particulares – art. 1.660, inc. V.

Cap. X | A Ordem na Vocação Hereditária • 143

III – As obrigações anteriores ao casamento.

Dois os requisitos necessários para caracterizá-las: a época em que as dívidas foram constituídas, que deve ser anterior ao casamento; e a finalidade da obrigação, não relacionada ao casamento. A dívida não contribuiu para o outro cônjuge. Apenas entra na responsabilidade comum se proveniente de despesas com os aprestos do casamento, ou se reverteu em proveito comum.

IV – As obrigações provenientes de atos ilícitos, salvo reversão em proveito do casal.

Só responde pela reparação dos danos causados pelos atos ilícitos o cônjuge que lhe deu causa. Não importa a época em que ocorreram tais atos – isto é, antes ou após o casamento.

Obriga-se somente o cônjuge causador porque, segundo Carvalho Santos, "a responsabilidade pelo ato ilícito é pessoal e, por isso mesmo, como consequência, pessoal é a dívida resultante dessa responsabilidade. No próprio regime da comunhão universal as obrigações de atos ilícitos não se comunicam".[8]

Mas se o dano ocorreu no exercício da profissão ou da atividade da qual depende o sustento da família, ou se proporcionou proveito ao patrimônio comum, a indenização será suportada pela totalidade dos bens.

V – Os bens de uso pessoal, os livros e instrumentos de profissão.

Os bens de uso pessoal abrangem todos os apetrechos, objetos, joias, adornos, enfeites, roupas e até móveis que a pessoa necessita e usa. São utilizados no quotidiano da vida, para a vivência do indivíduo, não se estendendo ao proveito de outras pessoas, mesmo que familiares. Não são compartilhados, e nem expressam, em geral, um conteúdo econômico elevado. Não se incluem neles bens que, embora também do uso pessoal, se prestam ao proveito de outros familiares, ou de terceiros, como os automóveis e máquinas.

Os livros e instrumentos de profissão entram nessa ordem de incomunicabilidade desde que deles dependa o exercício da atividade própria dos cônjuges e não integrem um fundo de comércio, ou o patrimônio de uma instituição industrial ou financeira, da qual participa o consorte, ou não tenham sido adquiridos a título oneroso com dinheiro comum.

Neste item deve-se incluir toda a série de bens de interesse particular. Há vários objetos, instrumentos e adornos que se afeiçoam a um cônjuge em face de sua atividade, de suas qualidades e dotes pessoais, de suas aptidões e preferências, de seus interesses e tipo de ser e de se apresentar como pessoa. Incluem-se neste rol os aparelhos profissionais e os instrumentos de manifestação artística, como máquinas de escrever e computação, pincéis, telas de desenho e pintura, materiais de gesso e pedras para esculturas, gaitas, pianos, flautas, joias, adereços, materiais de pesquisa, e toda série de bens que servem para satisfazer ou realizar as manifestações pessoais do cônjuge. Isto porque os princípios da comunhão não podem despersonalizar o ser humano, ou descaracterizar as individualidades.

VI – Os proventos do trabalho pessoal de cada cônjuge.

Por tal disposição, os proventos de trabalho de cada cônjuge não se comunicam. O dispositivo se restringe unicamente aos proventos, salários, vencimentos, ou rendimentos

---

8   Ob. cit., 9ª ed., 1963, vol. V, p. 92.

144 • Direito das Sucessões | *Arnaldo Rizzardo*

de atividade pessoal, seja no comércio ou em outros setores, não incluindo os bens adquiridos com os proventos. As aquisições, mesmo que resultantes dos proventos, passam para a comunhão.

Os valores concernentes ao Fundo de Garantia por Tempo de Serviço se incluem nos proventos, não ingressando na partilha quando da separação do casal. No entanto, o STJ tem inteligência contrária: devem ser partilhados. Confira-se:

> O Supremo Tribunal Federal, no julgamento do ARE 709.212/DF, debateu a natureza jurídica do FGTS, oportunidade em que afirmou se tratar de "direito dos trabalhadores brasileiros (não só dos empregados, portanto), consubstanciado na criação de um pecúlio permanente, que pode ser sacado pelos seus titulares em diversas circunstâncias legalmente definidas (cf. art. 20 da Lei 8.036/1995)" (ARE 709212, Relator (a): Min. Gilmar Mendes, Tribunal Pleno, julgado em 13.11.2014, *DJe*-032 Divulg. 18.02.2015 Public. 19-02-2015).
>
> No âmbito do Superior Tribunal de Justiça, a Egrégia Terceira Turma enfrentou a questão, estabelecendo que o FGTS é "direito social dos trabalhadores urbanos e rurais", constituindo, pois, fruto civil do trabalho (REsp 848.660/RS, Rel. Ministro Paulo de Tarso Sanseverino, Terceira Turma, *DJe* 13/05/2011).
>
> O entendimento atual do Superior Tribunal de Justiça é o de que os proventos do trabalho recebidos, por um ou outro cônjuge, na vigência do casamento, compõem o patrimônio comum do casal, a ser partilhado na separação, tendo em vista a formação de sociedade de fato, configurada pelo esforço comum dos cônjuges, independentemente de ser financeira a contribuição de um dos consortes e do outro não.
>
> Assim, deve ser reconhecido o direito à meação dos valores do FGTS auferidos durante a constância do casamento, ainda que o saque daqueles valores não seja realizado imediatamente à separação do casal[9].
>
> Os valores oriundos do Fundo de Garantia do Tempo de Serviço configuram frutos civis do trabalho, integrando, nos casamentos realizados sob o regime da comunhão parcial sob a égide do Código Civil de 1916, patrimônio comum e, consequentemente, devendo serem considerados na partilha quando do divórcio. Inteligência do art. 271 do CC/16.
>
> Interpretação restritiva dos enunciados dos arts. 269, IV, e 263, XIII, do Código Civil de 1916, entendendo-se que a incomunicabilidade abrange apenas o direito aos frutos civis do trabalho, não se estendendo aos valores recebidos por um dos cônjuges, sob pena de se malferir a própria natureza do regime da comunhão parcial.
>
> Precedentes específicos desta Corte.
>
> Recurso especial desprovido[10].

VII – As pensões, meios-soldos, montepios e outras rendas semelhantes.

Compreendem rendimentos do exercício de atividades profissionais, de contribuições feitas durante um certo período de tempo, da aplicação de valores para receber, decorrido um prazo fixado, vantagens especiais de longa duração no tempo.

São bens personalíssimos. Válida a explicação dos significados, trazida por Maria Helena Diniz, que se referia também à tença, incluída no inc. I do art. 263 do Código

---

9   REsp 1.399.199/RS, da Segunda Seção, relatora Ministra Maria Isabel Gallotti, Relator p/ o acórdão Ministro Luis Felipe Salomão, j. em 09.03.2016, *DJe* 22.04.2016.

10 REsp. 848.660/RS, da 3ª Turma, rel. Min. Paulo de Tarso Sanseverino, j. em 03.05.2011, *DJe* de 13.05.2011.

Cap. X | A Ordem na Vocação Hereditária • 145

revogado: "A pensão é a quantia que se paga, periodicamente, em virtude de lei, decisão judicial, ato *inter vivos*..., ou *causa mortis*, a alguém, visando sua subsistência; o meio--soldo é metade do soldo que o Estado paga a militar reformado; o montepio é a pensão que o Estado paga aos herdeiros de funcionário falecido, em atividade ou não; e a tença é a pensão alimentícia, geralmente em dinheiro, paga periodicamente, pelo Estado, por pessoa de direito público ou privado, para assegurar a subsistência de alguém. Assim, se uma pessoa que é beneficiária de montepio casar-se, essa vantagem pecuniária não se comunica ao seu consorte, por ser uma renda pessoal".

De observar que o montepio equivale, também, a um benefício mensal satisfeito por entidade de previdência privada, após certo período de contribuições.

Pelo art. 1.661, são excluídos os bens incomunicáveis por causa anterior ao casamento.

Esta razão que exclui a comunhão vem prevista no art. 1.661: "São incomunicáveis os bens cuja aquisição tiver por título uma causa anterior ao casamento".

Embora um tanto vaga a hipótese por sua acentuada generalização, e praticamente envolver a situação já assinalada no inc. II do art. 1.659, compreendem-se, no seu âmbito, os bens que qualquer dos cônjuges adquirir antes do casamento, com a cláusula de reserva de domínio; os prêmios ganhos por sorteios em loteria na qual a participação também ocorreu antes do matrimônio; os valores percebidos depois, mas relativos à venda de imóvel ou qualquer bem quando ainda solteiro o vendedor. Aventa-se, também, a incomunicabilidade do imóvel reivindicado, ou discutido em outra ação judicial, cuja sentença de procedência vem a ser proferida definitivamente quando já realizado o casamento.

5.1.2. Bens que integram a comunhão

Discriminam-se os bens que integram a comunhão, adquiridos na constância do matrimônio. Na sucessão, dividem-se em duas porções: uma para o cônjuge meeiro e outra para os herdeiros.

A discriminação vem no art. 1.660 do Código Civil:

I – Os bens adquiridos na constância do casamento por título oneroso, ainda que só em nome de um dos cônjuges.

O patrimônio comum será formado pelos bens adquiridos ao longo da vida conjugal, ainda que colocados em nome de apenas um dos cônjuges. Presume a lei que a aquisição se fez com o fruto do trabalho do marido e de mulher. Por isso a referência à aquisição por título oneroso. Não advém o patrimônio gratuitamente. É pago ou dá-se a contraprestação durante a vida em comum dos consortes, com o resultado dos esforços mútuos empregados para a prosperidade da sociedade conjugal, e a atuação de ambos na atividade profissional ou na economia doméstica.

O simples convívio, e mesmo que um dos cônjuges não preste a menor colaboração na obtenção de rendimentos ou em trabalhos no lar, o patrimônio é comum, o que gera, seguidamente, profundas injustiças. Não raramente, só um dos cônjuges adquire as riquezas da família, enquanto o outro não traz a menor colaboração; ou, em seguida ao casamento, ocorre a separação de fato. Adquirindo o cônjuge um patrimônio, a partilha é consequência natural e obrigatória. Todavia, tem-se admitido a não partilha na aquisição durante a separação de fato.

II – Bens adquiridos por fato eventual, com ou sem o concurso de trabalho ou despesa anterior.

Os bens adquiridos por fato eventual entram na comunhão. Assim ocorre com os prêmios ganhos em loterias, sorteios, disputas e jogos. Mesmo as recompensas concedidas a um dos cônjuges, as descobertas, as retribuições pela prática de um favor, os ganhos auferidos em vista de um dom especial ou científico, as criações artísticas, entram na comunhão, a menos que se trate de direitos patrimoniais de autor, por força do art. 39 da Lei nº 9.610, de 1998.

III – Os bens adquiridos por doação, herança ou legado, em favor de ambos os cônjuges.

Segundo já foi observado, em vista do art. 1.659, inc. I, os bens recebidos pelos cônjuges através de doação ou sucessão classificam-se como próprios, não se comunicando.

Se, no entanto, o testador ou o doador atribuir expressamente a liberalidade a ambos os cônjuges, configura-se a comunhão. Há, então, uma derrogação da regra geral do dispositivo acima, sobressaindo a vontade de favorecer o conjunto familiar, e não apenas um cônjuge.

IV – As benfeitorias em bens particulares de cada cônjuge.

Todas as benfeitorias, sejam necessárias, úteis ou voluptuárias, e assim quaisquer melhoramentos em bens particulares de um ou outro cônjuge, ingressam na comunhão e passam a pertencer ao patrimônio comum. Não interessa o montante da contribuição de cada cônjuge no investimento. A partilha envolverá partes iguais – como ocorre na divisão dos bens comuns.

Há de se distinguir no pertinente às cessões – que são construções e plantações –, e que não se transferem ao casal, mas ao cônjuge que as fez. Se ambos participaram na edificação, leva-se em conta o montante despendido que investiu cada um.

V – Os frutos dos bens comuns, ou dos particulares de cada cônjuge, percebidos na constância do casamento, ou pendentes ao tempo de cessar a comunhão.

Observava, a respeito, Sílvio Rodrigues sobre a regra do então inc. V do art. 271, que coincide com a do estatuto civil em vigor: "Em relação ao inc. V, só os bens, ou seja, o capital, é que constituem o patrimônio incomunicável do cônjuge. A escolha do regime da comunhão parcial visa, justamente, a impedir a confusão do patrimônio atual e obter a confusão dos ganhos futuros. De modo que é absolutamente lógico e consequente o princípio segundo o qual os frutos produzidos pelos bens de cada qual dos cônjuges se comunicam".[11]

5.1.3. Comunicabilidade dos bens móveis

Firma o art. 1.662 do diploma civil importante regra quanto aos bens móveis: "No regime da comunhão parcial, presumem-se adquiridos na constância do casamento os móveis, quando não se provar que o foram em data anterior".

---

11 *Direito Civil, Direito de Família*, 13ª ed., São Paulo, Editora Saraiva, 1987, vol. VI, p. 202.

Cap. X | A Ordem na Vocação Hereditária • 147

No sentido ôntico da regra, conserva-se a propriedade comum dos bens que advierem durante a sociedade conjugal. E todos os bens móveis mereceram, no dispositivo, a presunção de que foram adquiridos durante a vigência do casamento. Consequentemente, consideram-se os mesmos como integrantes da comunhão, a menos que haja prova escorreita em sentido contrário. E a melhor prova, no caso, é a escritura de pacto antenupcial, que afasta quaisquer dúvidas sobre a época da procedência, tanto que afirmava Caio Mário da Silva Pereira, em opinião que se aplica ao regime do atual Código: "Daí, a necessidade do pacto antenupcial descrever minuciosamente os bens móveis, sob pena de se reputarem comuns".[12]

Os documentos de aquisição de coisas ou bens móveis, desde que identifiquem perfeitamente as características, apresentam-se suficientes para destruir a presunção de terem sido adquiridos no curso da sociedade conjugal.

Aconselhava Arnoldo Wald: "Será conveniente um inventário minucioso dos bens já pertencentes a cada um dos cônjuges no momento do casamento, especialmente tratando-se de móveis, a fim de estabelecer quais os haveres de cada um dos cônjuges e quais os pertencentes em comum ao casal".[13]

Esta relação é viável se procedida mediante documento particular, de preferência com o expresso conhecimento do outro cônjuge, e o reconhecimento das assinaturas em momento que antecedeu ao matrimônio.

Na dúvida e na ausência de prova, sempre se torna incontroversa a qualificação dos bens móveis como comuns. Esta presunção beneficia os terceiros e dá segurança às relações com os cônjuges.

5.2. No regime de comunhão universal

Primeiramente, de caracterizar o regime de comunhão universal. Através de sua adoção, todos os bens, presentes e futuros, dos cônjuges, assim como as dívidas, se comunicam. Não importa a natureza: sejam móveis ou imóveis, direitos ou ações, apreciáveis ou não economicamente, passam a formar um único acervo, um patrimônio comum, que se torna indivisível até a dissolução da sociedade conjugal. Os bens que um cônjuge leva para o casamento se fundem com os trazidos pelo outro, constituindo uma única massa, e não voltando à propriedade originária quando do desfazimento do matrimônio.

Reza, a respeito, o art. 1.667 do Código Civil: "O regime da comunhão universal importa na comunicação de todos os bens presentes e futuros dos cônjuges e sua dívidas passivas, com as exceções do artigo seguinte".

Assim, com a sucessão, fica ressalvada a meação, posto que certa a comunhão.

O regime de comunhão universal deve ser adotado em escritura pública de pacto antenupcial, conforme compreensão do art. 1.640.

5.2.1. Bens excluídos da comunhão e, em consequência, da meação

Já observado que entram na propriedade comum, no regime de comunhão universal, todos os bens presentes e futuros, desde que não declarados próprios de cada cônjuge, nem excluídos pela vontade dos nubentes, de modo expresso no pacto antenupcial.

---

12 *Instituições de Direito Civil, Direito de Família*, 2ª ed., Rio de Janeiro, Forense, 1975, vol. V, p. 160.
13 *Curso de Direito Civil Brasileiro, Direito de Família*, ob. cit., 5ª ed., 1985, p. 104.

Os bens afastados da comunhão vêm discriminados expressamente. Todos os demais, não incomunicáveis e não excluídos, consideram-se comuns. São os bens residuais, não mencionados no art. 1.668.

Este cânone elenca tudo o que é excluído da comunhão, abrangendo também algumas espécies que não se comunicam no regime de separação parcial e que estão no art. 1.659, incisos V a VII e que, assim, não participam da meação:

I – Os bens doados ou herdados com a cláusula de incomunicabilidade e os sub--rogados em seu lugar.

Como se dessume da regra, a incomunicabilidade restringe-se às liberalidades com tal restrição. As demais aquisições por ato gratuito entram na comunhão. Da mesma forma, os valores e outros bens adquiridos com o produto da alienação de bens incomunicáveis, isto é, os sub-rogados. Bem clara é a explicação de Carlos H. Vidal Taquini, evidenciando que o princípio integra o direito de outros países: "Revisten el carácter de bienes propios los que se adquieren por permuta con otro de alguno de los cónyuges, o el inmueble que se compre con dinero de alguno de ellos (...) Los nuevos bienes deben tener el mismo carácter que los anteriores en virtud del principio de la subrogación real".[14]

Alguns pretendem diferenciar o sentido entre inalienabilidade e incomunicabilidade. Sustenta-se que os bens inalienáveis são incomunicáveis, não ocorrendo, porém, o inverso. A incomunicabilidade não abrangeria a inalienabilidade. Revelaria a cláusula um significado mais restrito.

Em verdade, assim é. A inalienabilidade revela uma extensão maior. Mas a incomunicabilidade estabelecida no casamento tem o fulcro de somente impedir a propriedade comum de certos bens, sem impedir a alienação a terceiros. Se fosse inserida a inalienabilidade, além de não se comunicarem os bens ao outro cônjuge, aplicar-se-ia a impossibilidade de sua transferência a terceiros.

Ressalte-se que, apesar do silêncio da lei, são incomunicáveis os bens doados com a cláusula de reversão. Diz o art. 547: "O doador pode estipular que os bens doados voltem ao seu patrimônio, se sobreviver ao donatário". Para viabilizar a aplicação do retorno dos bens ao doador, obviamente é indispensável que permaneçam no domínio do beneficiado.

II – Os bens gravados de fideicomisso e o direito do herdeiro fideicomissário, antes de realizar a condição suspensiva.

Esclarece-se o sentido do fideicomisso, consoante o art. 1.951 do Código Civil: a disposição testamentária através da qual o testador ordena que o legado ou a herança, implementada certa condição, se transmita a outra pessoa chamada a suceder.

Nesta figura, há três pessoas: o fideicomitente, que é o autor da liberalidade; o fiduciário ou gravado, isto é, a pessoa chamada a suceder em primeiro lugar; e o fideicomissário, aquele a quem por último se transfere a herança ou o legado.

O fiduciário e o fideicomissário têm vocação hereditária. Entre eles há uma ordem sucessiva, aparecendo em primeiro lugar o fiduciário, que está obrigado a conservar o bem para depois restituí-lo ou transmiti-lo ao fideicomissário.

---

14 *Derecho de Familia – Régimen de Bienes en el Matrimonio*, 2ª ed., Buenos Aires, Editorial Astrea, 1978, p. 237.

O fideicomitente fixa a duração do fideicomisso – até certo tempo, ou até se verificar determinada condição, ou ainda enquanto vivo for o fiduciário.

Na forma do art. 1.953, o fiduciário tem a propriedade da herança ou legado, mas restrita e resolúvel, como que à espera da realização da condição, ou de sua morte, enquanto passa para o fideicomissário.

E enquanto não verificada, os bens gravados com fideicomisso conservam a incomunicabilidade, pois a sua propriedade é resolúvel.

De igual modo, o direito do fideicomissário, que é eventual, não se comunica ao outro cônjuge, pois se o mesmo falecer antes do fiduciário, caduca o fideicomisso, consolidando-se a propriedade na posse deste último, na ordem do art. 1.958. Se o fiduciário, no entanto, falecer antes, passam os bens automaticamente ao fideicomissário, e se comunicam ao cônjuge.

III – As dívidas anteriores ao casamento, salvo se provierem de despesas com seus aprestos, ou reverterem em proveito comum.

As dívidas anteriores ao casamento são pessoais do respectivo contraente, por elas devendo responder com seus bens particulares ou com aqueles que trouxe para a comunhão conjugal.

Mormente pessoal é a obrigação se decorreu de ato ilícito. A responsabilidade civil é individual porque o ato decorreu de conduta pessoal do cônjuge, sem que tenha havido qualquer proveito ao outro consorte. Aliás, sobre esta matéria havia o Decreto nº 24.216, de 1934, que previa sobre a responsabilidade civil perante a Fazenda Pública, e cujo art. 2º rezava: "A obrigação de indenizar por motivo de atos ilícitos não é excluída da comunhão quando os mesmos tiverem proporcionado qualquer proveito ao casal". Todavia, aparece no Anexo I do Decreto sem número, com a data de 25.04.1991, como revogado o referido Decreto.

Unicamente os bens particulares e a meação respondem pela reparação decorrente, facultando-se ao cônjuge, eventualmente prejudicado, defender seu patrimônio com os embargos de terceiro.

A execução ou a cobrança de tais dívidas não fica na expectativa da dissolução do casamento. Desde logo cabe a exigibilidade. Seria contrário ao justo admitir que se postergue indefinidamente um direito de terceiro, favorecendo o violador de um regramento jurídico.

De igual modo, mesmo os bens que integram a meação, por aporte do outro cônjuge, devem suportar o pagamento. Se ao cônjuge pertencem, por disposição de lei, não se justifica a recusa no seu aproveitamento para suportar a cobrança.

De observar, no entanto, que os bens comuns responderão pelos referidos débitos desde que, embora contraídos por um dos cônjuges, reverteram em benefício de ambos, ou decorreram dos preparativos para as bodas, ou dos aprestos do casamento, como aquisição de móveis, enxoval da noiva, utensílios domésticos; ou servirem para atender a despesas de viagens, ou à aquisição do imóvel do casal, dentre outras finalidades comuns.

IV – As doações antenupciais feitas por um dos cônjuges ao outro com a cláusula da incomunicabilidade.

Nesta situação, o bem doado por um cônjuge ao outro será próprio do donatário, não entrando na comunhão, segundo a mesma razão do inciso II do art. 1.668.

Convém, entretanto, ter em conta se a doação não constitui uma forma de fraude à execução, conforme as hipóteses do art. 792 do CPC/2015, ou de fraude contra credores, de acordo com as regras dos arts. 158 e 159 da lei civil. Se tornar-se insolvente o doador, poderá ser desconstituída a liberalidade pela ação pauliana, ou considerar-se ineficaz a mesma se pendia processo objetivando o reconhecimento da dívida.

V – Os bens de uso pessoal, os livros e instrumentos de profissão.

Incluem-se na exceção os vários bens que, por caráter particular ou especial, consideram-se pessoais ou mais de interesse íntimo do cônjuge. Refletem sentimento de união e afeto de um relativamente ao outro, sendo exemplos as roupas, as joias, os enfeites e adornos, as lembranças, os álbuns, os prêmios, os presentes, e todos aqueles objetos ou bens móveis que infundem uma consideração singular que os liga à pessoa que os recebeu.

Os livros e instrumentos para a prática de profissão entram nessa ordem de incomunicabilidade, desde que deles dependa o exercício da atividade própria do cônjuge e não integrem um fundo de comércio, ou o patrimônio de uma instituição industrial ou financeira, da qual participa o consorte, ou não tenham sido adquiridos a título oneroso com dinheiro comum, segundo vem expresso no art. 1.404, alínea 2, do Código Civil francês.

Neste item, deve incluir-se toda a série de bens de interesse particular. Há vários objetos, instrumentos e adornos que se afeiçoam a um cônjuge em face de sua atividade, de suas qualidades e dotes pessoais, de suas aptidões e preferências, de seus interesses e tipo de ser e de se apresentar como pessoa. Incluem-se neste rol os aparelhos profissionais e os instrumentos de manifestação artística, como máquinas de escrever e computação, pincéis, telas de desenho e pintura, materiais de gesso e pedras para escultura, gaitas, pianos, flautas, joias, adereços, materiais de pesquisa, e toda série de bens que servem para satisfazer ou realizar as manifestações pessoais do cônjuge. Isto porque os princípios da comunhão não podem despersonalizar o ser humano, ou descaracterizar as individualidades.

VI – Os proventos do trabalho pessoal de cada cônjuge.

Por tal disposição, os proventos de trabalho de cada cônjuge não se comunicam. O dispositivo se restringe unicamente aos proventos, salários, vencimentos, ou rendimentos de atividade pessoal, seja no comércio ou em outros setores, não incluindo os bens adquiridos com os proventos. As aquisições, mesmo que resultantes dos proventos, passam para a comunhão.

O patrimônio que vai se formando, todavia, mesmo que originado dos trabalhos, como de honorários advocatícios, torna-se comum, como exemplificado no seguinte aresto do STJ:

"No regime de comunhão universal de bens, os honorários advocatícios, provenientes do trabalho do cônjuge inventariado, percebidos no decorrer do casamento, ingressam no patrimônio comum do casal, porquanto lhes guarneceram do necessário para seu sustento, devendo, portanto, integrar a meação da viúva inventariante.

Muito embora as relações intrafamiliares tenham adquirido matizes diversos, com as mais inusitadas roupagens, há de se ressaltar a peculiaridade que se reproduz infindavelmente nos lares mais tradicionais não só brasileiros, como no mundo todo, em que o marido exerce profissão, dela auferindo renda, e a mulher, mesmo que outrora inserida no mercado de trabalho, abandonou a profissão que exercia antes do casamento, por opção ou até mesmo por imposição das circunstâncias, para se dedicar de corpo e alma à criação dos filhos do casal e à administração do lar, sem o que o falecido não teria a tranquilidade

Cap. X | A Ordem na Vocação Hereditária • 151

e serenidade necessárias para ascender profissionalmente e, consequentemente, acrescer o patrimônio, fruto, portanto, do trabalho e empenho de ambos".[15]

O voto da rel.ª Ministra Nancy Andrighi, apresenta as razões fáticas da exegese:

"Como se vê, ambas as Turmas que compõem a Seção de Direito Privado do STJ, pacificaram o entendimento de que, no regime de comunhão universal de bens, admite-se a comunicação entre os cônjuges das verbas trabalhistas desde que nascidas e pleiteadas na constância do matrimônio, ainda que percebidas após a ruptura da vida conjugal. Em julgamento posterior – EREsp. nº 421.801-RS, rel. para acórdão Min. Cesar Asfor Rocha, *DJ* de 17.12.2004 –, a Segunda Seção ratificou a orientação adotada pelas Turmas que a compõem, nos termos da seguinte ementa: '(...) Integra a comunhão a indenização trabalhista correspondente a direitos adquiridos durante o tempo de casamento sob o regime de comunhão universal'.

Não destoa dos julgados desta Corte a premissa fática delineada no processo em julgamento, porquanto ao receber sob forma de dação em pagamento uma Fazenda e TDA's, pelos serviços profissionais prestados como advogado, o então marido da recorrente incorporou ao patrimônio do casal frutos civis percebidos na constância do matrimônio, o que impõe, por conseguinte, a comunicabilidade de tais bens à viúva meeira.

Por certo, não paira dúvida a respeito da assertiva de que no regime de comunhão universal de bens, os proventos – leia-se na hipótese honorários advocatícios –, provenientes do trabalho de cada cônjuge ou de ambos, percebidos e vencidos no decorrer do casamento, ingressam no patrimônio comum do casal, porquanto lhes guarnecem do necessário para seu sustento.

Muito embora as relações intrafamiliares tenham adquirido matizes diversos, com as mais inusitadas roupagens, há de se ressaltar a peculiaridade presente neste processo, que se reproduz infindavelmente nos lares mais tradicionais não só brasileiros, como no mundo todo, em que o marido exerce profissão notável, na hipótese, professor de Direito em Universidade Federal e advogado conceituado, dela auferindo renda, e a mulher, antes inserida no mercado de trabalho como funcionária de um estabelecimento de crédito, deixa a profissão que exercia antes do casamento, para se dedicar de corpo e alma à criação dos oito filhos do casal e à administração do lar, sem o que o falecido não teria a tranquilidade e serenidade necessárias para ascender profissionalmente e, consequentemente, acrescer o patrimônio, fruto, portanto, do trabalho e empenho de ambos".

Relativamente aos valores concernentes ao Fundo de Garantia por Tempo de Serviço, a matéria é controversa.

De um lado, defende-se que se incluem nos proventos, não ingressando na partilha quando da separação do casal. Trata-se de instituto criado em benefício do trabalhador, a ser utilizado em circunstâncias especialmente previstas em lei. Historicamente, é sucedâneo da garantia da estabilidade no emprego. Não integra o FGTS, assim, o patrimônio comum. Incabível a partilha em caso de separação ou divórcio judicial. Decorrem os valores depositados do trabalho da pessoa. Faz parte dos proventos, tanto que, omitidos os depósitos, há as cominações da lei.

De outro lado, impera o entendimento que devem os depósitos ser partilhados. O Superior Tribunal de Justiça tem aplicado essa exegese, pois tais depósitos formam um patrimônio decorrente do trabalho, no que se estende também às verbas indenizatórias.

---

15 REsp. nº 895.344-RS, da 3ª Turma, j. em 18.12.2007, *DJe* de 13.05.2008.

No item 5.1.1. deste Capítulo, ficou transcrita tal exegese, sendo desnecessário tornar a repetir a matéria.

VII – As pensões, meios-soldos, montepios e outras rendas semelhantes.

Compreendem rendimentos do exercício de atividades profissionais, de contribuições feitas durante um certo período de tempo, da aplicação de valores para receber, decorrido um prazo fixado, vantagens especiais de longa duração no tempo.

São bens personalíssimos. A pensão corresponde à quantia que se paga, periodicamente, em virtude de lei, ou decisão judicial, ou de ato *contratual*, ou *em razão da morte*, a uma pessoa, para a finalidade de seu sustento. O meio-soldo equivale à metade do soldo que o Estado paga a militar reformado. Já o montepio tem o significado de pensão que o Estado paga aos herdeiros de funcionário falecido, em atividade ou não. A tença é a pensão alimentícia, de modo geral em dinheiro, paga periodicamente pelo Estado, isto é, por pessoa de direito público, ou de direito privado, para assegurar a subsistência de alguém.

De observar que o montepio equivale, também, a um benefício mensal satisfeito por entidade de previdência privada, após certo período de contribuições.

Clóvis Beviláqua já enfatizava, no entanto, que não se comunica o direito de perceber tais benefícios. As prestações, entretanto, que vencerem no curso do casamento, transmitem-se e ingressam na massa comum.[16] Ou seja, a incomunicabilidade não atinge as rendas percebidas se vencerem na constância do casamento – distinção, todavia, não prevista na lei. Como o direito preexistiu ao casamento, não se justifica tal *ratio*. Se a intenção do legislador não fosse limitar a titularidade particular do cônjuge, sequer era necessário expressar a limitação.

Com isto, não se infira o descompromisso em colaborar ou participar nas despesas comuns e no sustento dos filhos.

Não raramente, outros bens regulados por leis próprias incluem-se entre os incomunicáveis, como os direitos patrimoniais do autor, segundo previsão do art. 39 da Lei nº 9.610, de 1998: "Os direitos patrimoniais do autor, excetuados os rendimentos resultantes de sua exploração, não se comunicam, salvo pacto antenupcial em contrário".

Os bens adquiridos com os frutos dos incomunicáveis ou próprios, ou sub-rogados, conservam a mesma qualidade dos vendidos. Eis a correta explicação de Carlos H. Vidal Taquini: "Revisten un carácter de bienes propios los que se adquieren por permuta con otro de alguno de ellos (...) Se contemplan así las evoluciones que el capital propio de los cónyuges pueda sufrir y es indudable que en virtud de eses movimientos económicos, los nuevos bienes deben tener el mismo carácter que los anteriores en virtud del principio de la subrogación real. Como consecuencia de lo enunciado tienen también carácter propio: el dinero procedente de la venta de un inmueble propio; las indemnizaciones por daños sufridos en un bien propio y las derivadas de la expropiación de un bién propio.

Por la observancia de la subrogación real el pretende el mantinimiento de los patrimonios propios de cada cónyuge".[17]

Os bens próprios ou excluídos da comunhão não se partilham com a dissolução do casamento. Permanecem com o respectivo titular que os trouxe para o casamento, ou que os adquiriu ao longo de seu curso. Assim, não entram na meação.

---

16 *Código Civil dos Estados Unidos do Brasil Comentado*, ob. cit., 1945, vol. II, p. 139.
17 Ob. cit., p. 227.

Situações especiais ainda existem, relativamente a determinados bens.

Não se comunicam, ou não entram na comunhão, aqueles bens adquiridos entre o acordo da separação consensual e a decisão homologatória, como vem definido na seguinte ementa: "O fato de a homologação judicial do ato de separação consensual ocorrer após o falecimento do genitor da desquitada não implica a que se tenha como direito a aquisição dos bens do *de cujus* pelo varão separado".

No curso do voto: "A abertura da sucessão, em decorrência da morte do sogro do apelante, ocorreu depois da ratificação do acordo no desquite amigável do casal.

A homologação do desquite amigável, como no caso, ou da separação consensual, atualmente, retroage à data da ratificação do acordo, a partir do qual, portanto, não se comunicam os bens havidos por qualquer dos separandos, ainda que casados fossem pelo regime da comunhão universal de bens, conforme jurisprudência predominante.

A sentença meramente homologatória prolatada em procedimento especial de jurisdição voluntária difere da sentença eminentemente constitutiva proferida em separação litigiosa, de jurisdição contenciosa: aquela representa apenas que o Estado-juiz examinou os aspectos formais e aprovou, por respeitadas as exigências legais, o acordo resultante da vontade das partes, que constitui, em verdade, o núcleo material da decisão; daí decorrendo, nesse caso, a possibilidade de produção de efeitos retroativamente. Incomunicabilidade dos bens havidos pela mulher em decorrência de sucessão aberta depois da ratificação do acordo no desquite amigável do casal, irretratável unilateralmente (Súmula nº 305 do STF)".[18]

Os bens doados a um dos cônjuges se comunicam, exceto se houver cláusula de incomunicabilidade – arts. 1.667 e 1.668, inc. I. Falecendo um dos cônjuges, por conseguinte, ficará o sobrevivente com a meação, partilhando-se a outra parte. Se, no entanto, a doação contemplar ambos os cônjuges, por força do parágrafo único do art. 551, a parte do que faleceu vai para o sobrevivente. Nada se partilha aos herdeiros.

Eis o disposto no art. 551: "Salvo declaração em contrário, a doação em comum a mais de uma pessoa entende-se distribuída entre elas por igual". E, no parágrafo único: "se os donatários, em tal caso, forem marido e mulher, subsistirá na totalidade a doação para o cônjuge sobrevivo".

Esta a inteligência dada pelo Superior Tribunal de Justiça, sobre o parágrafo único do art. 1.178 do Código revogado, com idêntica redação ao parágrafo único do art. 551 do Código em vigor: "O parágrafo único do art. 1.178 do Código Civil somente tem aplicação quando figurarem como donatários ambos os cônjuges. Quando, no entanto, somente um deles aceitou a doação, a comunicabilidade do bem, por força do regime de comunhão de bens, conduz à inclusão do bem doado no monte hereditário, para a composição da meação e das legítimas dos herdeiros, em caso de morte de qualquer dos cônjuges. Conflito aparente com o art. 262 do Código Civil, a determinar interpretação estrita do primeiro dispositivo".[19] Lembra-se que o citado art. 262 corresponde ao art. 1.667 do Código de 2002.

Devem figurar ambos os cônjuges como donatários, para operar-se a transferência ao sobrevivo. Pontes de Miranda, sobre o assunto, lembrando a permanência da atualidade da lição, eis que igual o tratamento da matéria pelo anterior e pelo atual Código: "O que o parágrafo único faz entender-se é que, se os donatários são cônjuges, a parte do cônjuge que premorre passa ao sobrevivo. Nada tem isso com a doação a um dos cônjuges se o

---

18 Agr. Reg. nº 9.293-RS, 3ª Turma do STJ, de 26.11.91, *RT* 687/190.
19 REsp. nº 6.358-SP, 3ª Turma do STJ, de 29.04.91, *Revista do Superior Tribunal de Justiça*, 23/354.

154 • Direito das Sucessões | *Arnaldo Rizzardo*

regime é da comunhão de bens, ou outro regime. O parágrafo único supõe pluralidade, aí duas pessoas, que foram os outorgados, e em atenção à situação jurídica entre eles estatui que toda a doação vai ao que está vivo".[20]

5.3. No regime de participação final nos aquestos

Como o título sugere, trata-se da participação final de ambos os cônjuges no patrimônio formado durante a sociedade conjugal a título oneroso. Veio o regime introduzido no direito brasileiro com o Código de 2002.

Expõe o art. 1.672 do Código Civil: "No regime de participação final nos aquestos, cada cônjuge possui patrimônio próprio consoante disposto no artigo seguinte, e lhe cabe, à época da dissolução da sociedade conjugal, direito à metade dos bens adquiridos pelo casal, a título oneroso, na constância do casamento".

Os cônjuges devem expressar a opção através de pacto antenupcial. É, pois, convencional a presente espécie, pela qual cada cônjuge conserva como de seu domínio os haveres que trouxe para o casamento, e os conseguidos ao longo de sua duração, administrando-os e aproveitando os seus frutos. Mas, na época da dissolução do vínculo conjugal, procede-se à divisão do acervo constituído a título oneroso durante o casamento.

Daí que a meação restringe-se à metade dos bens conseguidos a título oneroso durante o curso do casamento.

O art. 1.673 do mesmo diploma define o patrimônio próprio: "Integram o patrimônio próprio os bens que cada cônjuge possuía ao casar e os por ele adquiridos, a qualquer título, na constância do casamento". Assegura, também, o parágrafo único, a administração pelo respectivo cônjuge titular, reservando-se-lhe o direito da livre disposição em se tratando de móveis.

Como se percebe, duas espécies formam o patrimônio próprio: os bens já existentes ao se formar a sociedade conjugal e os adquiridos durante o casamento, a título gratuito ou oneroso.

Distingue-se do regime de comunhão parcial, pois neste existe comunicação dos bens que sobrevierem ao casal, na constância do matrimônio, segundo art. 1.658. A comunicação dá-se no ato da aquisição. A administração é comum, ou cabe a qualquer dos cônjuges. Na comunhão universal, de modo geral, a comunicação estende-se aos bens presentes e futuros, com algumas ressalvas, como estabelece o art. 1.667 e se discrimina no art. 1.668, cabendo, igualmente, a ambos a administração.

Na espécie em exame, a divisão acontece só após a dissolução da sociedade conjugal, que se dá por morte ou por separação judicial, e restritamente àquele patrimônio formado pelos aquestos, que é o adquirido pelo casal a título oneroso, sem envolver aqueles bens próprios constantes na ordem do art. 1.674:

> I – os bens anteriores ao casamento e os que em seu lugar se sub-rogaram;
>
> II – os que sobrevieram a cada cônjuge por sucessão ou liberalidade;
>
> III – as dívidas relativas a esses bens.

---

20 *Tratado de Direito Privado*, 3ª ed., 2ª reimpressão, São Paulo, Editora Revista dos Tribunais, vol. 46, p. 237.

Consoante se percebe, unicamente aqueles bens próprios não entram na partilha excluindo-se, pois, da formação dos aquestos. Tais bens já constam afastados pelo regime de comunhão parcial. Não poderiam ficar incluídos na aferição dos aquestos. Nem ingressam para a contagem dos bens próprios, ou para estabelecer o montante para fins de partilha dos aquestos.

Na verdade, parece que o art. 1.674 está redigido defeituosamente. Se tais bens próprios não integram os aquestos para fim de partilha, não carecia que viesse ressaltada a disposição.

Normas especiais vêm ditadas em proteção aos aquestos.

O art. 1.675 manda computar, para se apurar o montante dos aquestos, o valor das doações feitas por um dos cônjuges sem a necessária autorização do outro. Ao prejudicado, ou a seus herdeiros, se garante o direito de reivindicar o bem, ou imputá-lo ao monte partilhável, por valor equivalente ao da época da dissolução.

Pelo art. 1.676, "incorpora-se ao monte o valor dos bens alienados, em detrimento da meação, se não houver preferência do cônjuge lesado, ou de seus herdeiros, de os reivindicar". Verifica-se que, se o cônjuge aliena bens com a finalidade de defasar a meação, ao cônjuge lesado, ou a seus herdeiros, é permitido encetar as providências legais cabíveis, com a competente ação para desconstituir tal situação.

A reivindicação, entretanto, nem sempre é possível, mormente, se a transmissão se operou por venda. Tendo o adquirente agido de boa-fé, importa seja ressarcido do prejuízo. Ademais, cabe o direito em apenas metade do valor, já que existe o domínio da meação em favor do transferinte. Melhor se adapta às situações fáticas interpretar o termo no sentido de anulação do negócio feito indevidamente.

Várias regras regulamentam as relações do cônjuge neste regime de bens, especialmente no que se refere às dívidas. Assim, as obrigações contraídas por um deles mereceram a atenção do art. 1.677: "Pelas dívidas posteriores ao casamento, contraídas por um só dos cônjuges, somente este responderá, salvo prova de terem revertido, parcial ou totalmente, em benefício outro". Completa o art. 1.678: "Se um dos cônjuges solveu uma dívida do outro com bens do seu patrimônio, o valor do pagamento deve ser atualizado e imputado, na data da dissolução, à meação do outro cônjuge". Ou seja, o valor satisfeito será compensado na meação do outro cônjuge, quando da dissolução da sociedade conjugal. A medida pode ser procurada pelos herdeiros do cônjuge falecido que saldou a obrigação.

No caso dos bens adquiridos pelo trabalho conjunto, terá cada um dos cônjuges, em função do art. 1.679, uma quota igual no condomínio, ou no crédito por aquele modo estabelecido. O problema é o ônus da prova da proveniência do trabalho conjunto, que fica ao encargo de quem alega a titularidade, ou de quem a impugna, se pretendida apenas por um dos cônjuges.

Quanto aos imóveis, são havidos de propriedade da pessoa em cujo nome se encontram escriturados ou registrados. A norma emana do art. 1.681: "Os bens imóveis são de propriedade do cônjuge cujo nome constar no registro". Havendo a impugnação da titularidade, o parágrafo único atribui ao cônjuge proprietário a prova da aquisição regular dos bens. Nota-se a inversão do ônus da prova, eis que, normalmente, cabe a quem alega o fato constitutivo de seu direito, por força do art. 373, inc. I, do Código de Processo Civil. Acontece que, a rigor, a presunção é da aquisição conjunta, se efetuada no curso da sociedade conjugal.

Com respeito aos bens móveis, eis o regramento que os regula:

156 • Direito das Sucessões | *Arnaldo Rizzardo*

Em primeiro lugar, a pessoa casada poderá livremente aliená-los, se de sua proprie-dade. Mas a hipótese não afasta a possibilidade de compensação, quando da conferência da meação, se demonstrada a aquisição comum.

De outra parte, prevalece a presunção da consecução dos mesmos na vigência do casamento, o que, pela lógica, impede a livre alienação, contrariamente ao permitido pelo art. 1.673, parágrafo único da lei civil, cuja regra autoriza a livre alienação.

Por fim, "as coisas móveis, em face de terceiros, presumem-se do domínio do cônjuge devedor, salvo se o bem for de uso pessoal do outro" (art. 1.680). Nota-se uma pálida tentativa para garantir as obrigações assumidas perante os credores particulares, que pouco efeito resultará na prática. Mas, não se conclua que outros haveres não possam garantir as dívidas pessoais. Segundo o art. 1.686, todo o patrimônio próprio do cônjuge está à disposição do credor: "As dívidas de um dos cônjuges, quando superiores à sua mea-ção, não obrigam ao outro, ou aos seus herdeiros". Vale afirmar que a metade dos bens adquiridos durante sociedade conjugal e os particulares suportarão os encargos pessoais assumidos pelo cônjuge.

Há um preceito inspirado especialmente na finalidade de proteger a meação – art. 1.682: "O direito à meação não é renunciável, cessível ou penhorável na vigência do regime matrimonial". Não se impede, entrementes, a alienação após o término da sociedade marital.

No que concerne à divisão do patrimônio, notam-se as seguintes disposições, que devem ser obedecidas:

– Na dissolução do regime de bens por separação judicial ou divórcio, verificar-se-á o montante dos aquestos na data em que cessou a convivência (art. 1.683), e não quando se deu a separação ou o divórcio.

– Não sendo possível, nem conveniente a divisão de todos os bens em natureza, calcular-se-á o valor de alguns ou de todos para reposição em dinheiro ao cônjuge não proprietário. Mas caso não se consiga a reposição em dinheiro avaliam-se e alienam-se tantos bens quantos bastarem para completar a meação do outro cônjuge, sempre com autorização do juiz (art. 1.684 e parágrafo único).

– A partilha na dissolução por morte terá em conta a meação do cônjuge sobre-vivente de conformidade com as disposições anteriores, deferindo-se a herança aos herdeiros na forma estabelecida pelo direito positivo (art. 1.685). Por outras palavras, os herdeiros do cônjuge herdam segundo as regras comum da sucessão.

– As dívidas de um dos cônjuges, quando superiores à sua meação, não obrigam ao outro, ou a seus herdeiros (art. 1.686).

5.4. No regime de separação de bens

Por este regime, os cônjuges conservam exclusivamente para si os bens que possuíam quando do casamento e aqueles que adquirem ou vão adquirir na constância do mesmo. Há a completa separação do patrimônio dos cônjuges, nada tornando-se comum, inclusive aquilo que advém do esforço conjunto.

A ideia do conteúdo deste regime está no art. 1.687 do Código Civil: "Estipulada a separação de bens, estes permanecerão sob a administração exclusiva de cada um dos cônjuges, que os poderá livremente alienar ou gravar de ônus real".

Cap. X | A Ordem na Vocação Hereditária • **157**

Acrescenta-se que nesta separação total estão incluídas as dívidas, pelas quais responderá o cônjuge que as contraiu.

Adota-se o regime mediante pacto antenupcial, exceto nos casos em que é obrigatório em virtude de lei. Não mais se excluem, no sistema do atual Código, a alienação e a oneração livre dos imóveis pelo respectivo cônjuge titular, diferentemente do Código revogado, que impunha, quanto aos mesmos, o assentimento recíproco, restringindo-se a liberdade plena aos móveis.

As benfeitorias, acessões e melhoramentos, que porventura venham a se realizar nos bens de cada cônjuge, integram o respectivo patrimônio. Se há participação nas edificações levadas a efeito pelo cônjuge não proprietário, o máximo que lhe assiste é pleitear a correspondente indenização.

5.4.1. Separação obrigatória de bens

Dentro do regime de separação de bens, há hipóteses expressamente previstas de separação, instituídas, sobretudo, com o escopo de proteger o patrimônio de cada cônjuge em certas situações, ou por motivos de ordem pública, ou como forma de punição por infringência a certos impedimentos de menor relevância.

Estas as situações que obrigam o regime da separação obrigatória, extraídas do art. 1.641, com a modificação da Lei nº 12.344, de 09.12.2010, do Código Civil:

I – Das pessoas que o contraírem com inobservância das causas suspensivas da celebração do casamento.

As causas suspensivas constam arroladas no art. 1.523, sendo as que seguem:

   a) o viúvo ou a viúva que tiver filho do cônjuge falecido, enquanto não fizer inventário dos bens do casal e der partilha aos herdeiros;

   b) a viúva, ou a mulher cujo casamento se desfez por ser nulo ou ter sido anulado, até 10 (dez) meses depois do começo da viuvez, ou da dissolução da sociedade conjugal;

   c) o divorciado, enquanto não houver sido homologada ou decidida a partilha dos bens do casal;

   d) o tutor ou o curador e os seus descendentes, ascendentes, irmãos, cunhados ou sobrinhos, com a pessoa tutelada ou curatelada, enquanto não cessar a tutela ou curatela, e não estiverem saldadas as respectivas contas.

II – Da pessoa maior de setenta anos, tenham ambos os nubentes ou um apenas tal idade.

Visa a lei prevenir situações de casamentos de pessoas com excessiva diferença de idade, quando a mais nova nada mais procura que se servir do casamento para conseguir vantagem econômica, ou seja, participar do patrimônio do cônjuge mais idoso. O correto apresentar-se-ia excepcionar a obrigatoriedade do regime de separação se ambos os nubentes fossem maiores de setenta anos.

No tocante aos aquestos, ou bens surgidos depois do enlace matrimonial, comunicam-se. Assim decidiu-se, o que espelha a tendência da interpretação atual, e que deve manter-se sob a égide do Código de 2002:

"O regime de separação obrigatória de bens só abrange os anteriores ao casamento, não se aplicando aos adquiridos na constância da sociedade conjugal".

Destaca-se o seguinte fundamento colhido no voto:

"O grande Arnoldo Wald, no seu *Curso de Direito Civil Brasileiro, Direito de Família*, 5ª ed., p. 70, declara, taxativamente, que 'atualmente a jurisprudência se firmou no sentido de reconhecer que o regime de separação obrigatória, a que aludem os arts. 226 e 258, parágrafo único, do CC, só abrange os bens anteriores ao casamento, não se aplicando aos adquiridos na constância da sociedade conjugal'.

Tal orientação doutrinária e jurisprudencial encontrou eco no STF, que consubstanciou na Súmula nº 377 sua orientação a respeito do assunto, fixando que: 'No regime de separação legal de bens, comunicam-se os adquiridos na constância do casamento.'

Em recente decisão da 3ª Câmara Civil deste Tribunal, tal orientação foi seguida pela Turma julgadora (...), afirmando que é indispensável qualquer ajuda da esposa na aquisição dos bens (*RJTJSP*, 107/291). Igual orientação seguida foi pela 5ª Câmara deste Tribunal, no julgamento da Ap. 66.223-1, em que se citou, inclusive, orientação do TJRJ, conforme acórdão publicado na *RT* 542/184".[21] De observar, quanto aos dispositivos acima citados, que o art. 226 não foi reproduzido pelo Código atual, enquanto art. 258 equivale ao art. 1.640 do mesmo.

Efetivamente, se na própria união estável há a comunhão, seria um contrassenso o tratamento diferenciado da matéria no casamento, embora celebrado pelo regime de separação obrigatória.

Há os que defendem a comunicação mesmo no regime de separação convencional, como o faz Yussef Said Cahali:

"Haverá incongruência, a meu ver, em admitir-se que, não obstante norma cogente, pela qual se impõe a separação de bens como penalidade, a separação diz respeito unicamente aos bens presentes, e não aos futuros, havidos na constância do casamento, quando estabelecida por contrato, por vontade dos cônjuges.

Se norma cogente, de caráter penal, decretando a separação obrigatória de bens, se interpretou como permissivo da comunhão dos aquestos, não é possível, sem quebra do sistema, afastar essa mesma interpretação, quando a separação for convencional.

Argumenta-se que, num caso, o da separação legal, a lei não diz ser absoluta a separação, ao passo que, no segundo, a lei implicitamente permite se convencione esse regime. Sucede, porém, que no tocante à separação legal e obrigatória, justamente por ser legal e obrigatória, não era mister se dissesse que a separação era pura, completa ou absoluta, pois esse caráter decorria da própria índole do dispositivo, da sua feição proibitiva e penal. Logo, o estabelecimento de regra jurisprudencial de que a separação de bens, sob esses regimes, não é impeditiva da comunicação dos bens adquiridos na constância do casamento, leva à consequência forçosa de que, no caso de separação convencional, esta não obsta, igualmente, à comunicação dos aquestos.

A não ser assim, ter-se-ia o reconhecimento de que à vontade dos cônjuges se atribui maior respeito do que à lei, visto como aquela se reputa intocável, ao passo que esta se considera menos resistente ao jogo interpretativo".[22]

---

21 Emb. Infr. nº 97.892-1, 2ª Câmara Cível do TJSP, de 12.12.89, *RT*, 663/69.
22 *A Comunhão dos Aquestos no Regime da Separação de Bens*, em *Família e Casamento*, coordenação de Yussef Said Cahali, São Paulo, Editora Saraiva, 1988, pp. 713 e 714.

Cap. X | A Ordem na Vocação Hereditária • **159**

Ponderáveis, pois, as razões que defendem a comunicabilidade dos aquestos, quando formados pela atuação comum do marido e da mulher.

Quanto aos aquestos formados por estrangeiros residentes no Brasil, mesmo com o casamento pelo regime de separação, adotado segundo as leis de onde são procedentes, também se comunicam, dentro de certas condições, segundo transparece neste aresto:

> "A jurisprudência, é certo, tem admitido, em casos de casamento de estrangeiros que vieram morar no Brasil e aqui construíram fortuna, um abrandamento dessa regra, para impedir injustiças e o enriquecimento dos herdeiros do *de cujus* em detrimento do cônjuge supérstite com cujo esforço e colaboração do casal foi construída. Em tais circunstâncias, tem sido admitida a comunhão dos aquestos quando provada a existência de verdadeira sociedade de fato entre os cônjuges, cujo patrimônio foi construído com o esforço e o trabalho de ambos. Todavia, a existência dessa sociedade de fato não poder ser presumida, pondo-se de lado a lei vigente à época em que o consórcio ocorreu. Tem que ser provada em ação própria e em processo contraditório".[23]

Entendimento que é sufragado pelo STJ:

> "Apesar de o casamento haver sido contraído pelo regime da separação de bens no exterior, os bens adquiridos na constância da vida comum, quase à totalidade transcorrida no Brasil, devem se comunicar, desde que resultantes do esforço comum.
>
> Exclusão, portanto, do patrimônio existente em nome da viúva, obtido pelo labor individual, doação ou herança, incorporando-se os demais ao espólio do cônjuge varão, para partilha e meação, a serem apurados em ação própria.
>
> Recurso especial conhecido em parte e parcialmente provido".[24]

Merece transcrição o esclarecedor voto do Min. Aldir Passarinho Junior:

"Anota o recorrente que, segundo as regras de conexão de direito internacional privado, a legislação austríaca seria aplicável para regular o regime de bens de seu matrimônio. Nesse norte, invoca regra contida no § 1233 do Código Civil Austríaco (...):

'A união matrimonial por si só não fundamenta uma comunhão de bens entre cônjuges. Para isso torna-se necessário um contrato especial, cuja extensão e forma jurídica se orientarão pelo disposto nos §§ 1177 e 1178 da Parte Principal anterior'.

Aponta, ainda, para o disposto no § 1237, que estabelece 'a separação de bens como regime de bens legal, o que significa que, inexistindo acordo específico (§ 1233 ABGB), cada cônjuge é proprietário do patrimônio trazido para o casamento e será proprietário exclusivo do patrimônio adquirido ou herdado por quaisquer meios' (...). De fato, conquanto a jurisdição brasileira esteja apta a processar e decidir quanto ao inventário (art. 89, II, do CPC), o artigo 7º, § 4º, da Lei de Introdução às Normas do Direito Brasileiro determina que, no tocante ao regime de bens, incide a 'lei do país em que tiveram os nubentes domicílio'.

Restou comprovado nos autos que a agravada contraiu núpcias na Áustria, imigrando para o Brasil, para formar novo domicílio conjugal, somente após três anos de permanência naquele país. Não obstante o curto período na Europa, o regime de bens de seu matrimônio é regulado pela legislação austríaca, conforme solução oferecida pela Lei de

---

23 Agr. Instr. nº 123.834-1, 4ª Câmara Cível do TJSP, de 26.10.89, *RT*, 648/80.
24 REsp. nº 123.633/SP, da 4ª Turma, j. em 17.03.2009, *DJe* de 30.03.2009.

Introdução às normas do Direito Brasileiro para conflito externo de leis. Assim dispõe o art. 7º, § 4º, da Lei de Introdução: 'A lei do país em que for domiciliada a pessoa determina as regras sobre o começo e o fim da personalidade, o nome, a capacidade e os direitos de família'.

(...) § 4º 'O regime de bens, legal ou convencional, obedece à lei do país em que tiverem os nubentes domicílio, e, se este for diverso, à do primeiro domicílio conjugal'.

Contudo, ainda que, na hipótese, reconheça-se o regime de bens imposto pela lei austríaca, há regramentos internos que devem ser compatibilizados, em busca da solução mais justa para o caso concreto. São as normas de ordem pública, que, no plano interno, devem prevalecer. Confira-se lição de Jacob Dolinger: 'No seu primeiro nível a ordem pública funciona no plano do direito interno para garantir o império de determinadas regras jurídicas, impedindo que sua observância seja derrogada pela vontade das partes. São, dentre outras, as leis de proteção aos menores, aos incapazes, à família, à economia nacional e a outros institutos civis comerciais, que constituem, de certa forma, a publicização do direito privado' (Jacob Dolinger, *Direito internacional privado*: parte geral, 9ª ed., Rio de Janeiro, Renovar, 2008, p. 406).

Resta saber se a regra contida no artigo 259 do Código Civil de 1916 e aplicada pela Corte local pode ser compreendida como uma norma cogente e de aplicação imediata.

Acerca da questão, colhe-se da doutrina: 'Ao longo do estudo das instituições jurídicas no plano internacional vai-se detectando a efetivação do princípio da ordem pública na sua obra de impedir, às vezes total, às vezes parcialmente, a aplicação de leis estrangeiras que, apesar de indicadas por uma das regras de conexão do D. I. P., sejam consideradas atentatórias a algum princípio básico nos planos político, econômico, jurídico ou moral do foro. Neste trabalho de proteção, a doutrina desempenha um papel menor, pois a autoridade em matéria de ordem pública emana do Judiciário de cada país' (Jacob Dolinger, *Direito internacional privado*: parte geral, 9ª ed., Rio de Janeiro, Renovar, 2008, p. 418).

É a hipótese dos autos, em que a jurisprudência evoluiu no sentido de permitir a comunicação do patrimônio amealhado na constância do casamento, conjugando e preservando a aplicação do direito brasileiro mesmo nos casos em que a legislação, no país de origem, determina a separação absoluta de bens.

Nesse sentido, transcrevo elucidativo precedente do Supremo Tribunal Federal:

'Alemães casados pelo regime da separação de bens de acordo com a lei nacional de ambos, que se radicaram no Brasil após o casamento. Se o marido e a mulher se mantiveram sempre unidos e conjugaram esforços para levar a cabo a formação do patrimônio comum, ainda que a cooperação da esposa tenha sido limitada ao trabalho doméstico, tem ela indiscutivelmente o direito, até mesmo natural, de compartilhar daquele complexo de bens, como dispõe o art. 259 do Código Civil. Não importa que o marido e a mulher sejam estrangeiros e hajam celebrado o casamento pelo regime da separação de bens, nos termos da lei nacional de ambos, porque, no pormenor da comunhão dos aquestos, o importante e decisivo e o esforço comum e construtivo desenvolvido pelo casal no domicílio em que ele construiu ou formou o patrimônio pelo trabalho constante e conjugado do marido e da mulher. Trata-se de uma realidade que o direito positivo se limita a homologar, tão difícil é sua negação.

Recurso Extraordinário provido, nos termos do verbete 377 da Súmula do STF (RE nº 78.811, rel. Min. Antonio Neder, 1ª Turma, j. em 29.04.1975, *DJ* de 06.06.1975, p. 03949, Ement., Vol-00988-01, pp-00234, *RTJ* Vol-00074-01, p.00194).

Esse entendimento também é sufragado pela doutrina autorizada: 'Por isso os tribunais brasileiros desenvolveram interessante teoria acerca da comunhão dos aquestos, para os regimes de bens regidos por lei estrangeira, e para os casos da lei brasileira que previa a obrigatoriedade da separação de bens em algumas hipóteses, como a dos maiores de 60 anos. Os tribunais brasileiros deram uma interpretação mais elástica a esse conceito de separação de patrimônio, de forma a privilegiar o esforço comum, mesmo quando a lei aplicável fosse a estrangeira e dispusesse de forma diferente.

Essas decisões atingiram somente àqueles bens situados no Brasil, em razão da competência exclusiva da Justiça brasileira. O tema foi consolidado pelo STF, através da Súmula nº 377, que dispôs serem comunicáveis os bens adquiridos na constância do casamento, apesar de o regime legal ser o da separação' (Nadia de Araújo, *Direito Internacional Privado*: Teoria e Prática Brasileira, 4ª ed., Rio de Janeiro, Renovar, 2008, pp. 457-458).

Essa solução veio a confirmar orientação assente do Supremo Tribunal Federal, consolidada na Súmula nº 377, que determina: 'No regime de separação legal de bens comunicam-se os adquiridos na constância do casamento'.

Por fim, vale destacar que tal entendimento está em consonância com a posição de destaque atribuída à unidade familiar pela Constituição Federal, conforme se depreende do *caput* de seu artigo 226, *in verbis*: 'A família, base da sociedade, tem especial proteção do Estado'.

O entendimento manifestado pelo Ministro relator oferece resposta mais adequada ao caso concreto, ao determinar a comunicação dos aquestos somente nas hipóteses em que o patrimônio foi comprovadamente adquirido pelo esforço comum.

Por oportuno, transcrevo precedente desta 4ª Turma: 'Civil. Regime de bens. Separação obrigatória. Aquestos. Esforço comum. Comunhão. Súmula nº 377/STF. Incidência.

No regime da separação legal de bens comunicam-se os adquiridos na constância do casamento pelo esforço comum dos cônjuges (art. 259, CC/1916). Precedentes.

Recurso especial conhecido e provido' (REsp. nº 442.629-RJ, rel. Ministro Fernando Gonçalves, 4ª Turma, j. em 02.09.2003, *DJ* de 15.09.2003, p. 324, *REPDJ*, p. 332, 17.11.2003).

Colhem-se diversos outros precedentes do STJ na mesma linha: (REsp. nº 9.938/SP, rel. Ministro Sálvio de Figueiredo Teixeira, *DJU* de 03.08.92; REsp. nº 138.431-RJ, rel. Ministro Waldemar Zveiter, *DJU* de 12.03.01; REsp. nº 442.165-RS, rel. Ministro Ruy Rosado, *DJU* de 28.10.02; REsp. nº 208.640-RS, rel. Ministro Carlos Alberto Menezes Direito, *DJU* de 28.05.01)".

O art. 89, inc. II, do CPC de 1973, citado no texto acima, corresponde ao art. 23, inc. II, do CPC/2015. Já o art. 259 do CC/1916, também referido, não tem dispositivo equivalente no CC/2002.

III – De todos os que dependerem, para casar, de suprimento judicial.

O suprimento se requer quando os nubentes não houverem completado a idade núbil, que é de dezesseis anos, mas permitindo-se o casamento para evitar imposição ou cumprimento de pena criminal ou em caso de gravidez – art. 1.520. Não se incluem aqueles menores entre dezesseis e dezoito anos, cujos pais ou representantes negam a autorização, e deve intervir o juiz – arts. 1.517, parágrafo único, e 1.631, parágrafo único. Nesta eventualidade, o juiz solucionará o desacordo, fazendo prevalecer o consentimento daquele

162 • Direito das Sucessões | *Arnaldo Rizzardo*

que autoriza, ou decidindo pela inconsistência da recusa se proveniente de ambos os pais. Autorizando o juiz o casamento, conclui-se que a recusa era injusta. E se aos que se encontram na idade núbil não se impõe o regime de separação obrigatória, naturalmente idêntica solução se estende àqueles que se encontram na mesma idade e que, entrementes, ilegal e injustamente, não obtêm o consentimento dos pais ou responsáveis.

5.5. Meação nos bens adquiridos durante a separação de fato

Tanto no regime de comunhão universal como no de comunhão parcial e no de participação final nos aquestos, o patrimônio formado durante a separação de fato pertence exclusivamente ao cônjuge que o constituiu. Quanto ao regime de separação total, a matéria não enseja dúvida, já que os patrimônios não se tornam comuns por força de lei.

Mas não importa a continuidade do casamento, se estiverem separados os cônjuges, nos outros regimes.

Mesmo a jurisprudência não recente se firmou nesse entendimento: "Afigura-se injusto, atingindo as raias do enriquecimento ilícito, considerar de ambos os cônjuges, dado o casamento sob o regime de comunhão universal de bens, mas havendo separação de fato, o patrimônio adquirido durante relação concubinária, ainda que proveniente de loteria esportiva".

Destaca-se, no julgamento, que cabe: "ao julgador, em cada caso, atento às suas peculiaridades, buscar a solução justa e equânime. Na Apelação Cível 240.850, sendo relator o Des. Yussef Said Cahali, foi examinado aspecto semelhante ao dos autos, oportunidade em que foi negada a meação de bem adquirido na constância do casamento, mas estando o casal há muito separado de fato. Admitiu-se, naquela oportunidade, que estava demonstrado que o bem havia sido adquirido exclusivamente com a economia da mulher, sem nenhuma participação do outro cônjuge que se encontrava desaparecido.

São vários os precedentes relativamente à consideração de bens reservados à mulher (*RT*, 561/69; *RJTJSP*, 100/256 e 108/52).

O TJSP, por sua Primeira Câmara Cível, deferiu pretensão de divórcio, deixando para execução pedido formulado pelo varão, quanto a bem que teria adquirido após a separação de fato (rel. Des. Luiz de Macedo, *in RJTJSP*, 92/80)".[25]

O Superior Tribunal de Justiça tornou pacífica essa *ratio*:

> "A cônjuge-virago separada de fato do marido há muitos anos não faz jus aos bens por ele adquiridos posteriormente a tal afastamento, ainda que não desfeitos, oficialmente, os laços mediante separação judicial. Precedentes do STJ".[26]

No voto do relator, apontaram-se precedentes, como o REsp. nº 10.278/SP, *DJU* de 18.12.1998, sintetizado na seguinte ementa: "Separação de fato. Quando se prolonga no tempo, produz efeitos também sobre o regime de bens, de tal sorte que se deve reconhecer como antijurídica a recusa do marido em autorizar a mulher a alienar bem imóvel que ela adquiriu por herança de sua mãe, vinte anos depois da separação".

---

25 Apel. Cív. nº 147.634/0, 3ª Câmara Cível do TJSP, de 24.09.91, *RT*, 674/111.
26 REsp. nº 32.218-SP, de 17.05.2001, da 4ª Turma, *DJU* de 03.09.2001.

Constitui a *ratio* acima uma flexibilização na compreensão do regime de comunhão total ou parcial, e, agora, do regime de participação final dos aquestos, mas que nem sempre mereceu aceitação nos pretórios, como se constata da seguinte ementa: "No regime de comunhão universal de bens, ainda que sobrevenha separação de fato do casal, como na espécie, os bens adquiridos após essa separação, ainda que como produto do trabalho do marido, são bens da comunhão até a dissolução do casamento".[27]

Isto porque, acrescentou-se, no regime de comunhão universal, marido e mulher são condôminos em todos os bens, exceto naqueles incomunicáveis por lei.

6. A ORDEM DA VOCAÇÃO HEREDITÁRIA ESTABELECIDA NA LEI

Cuida-se de estabelecer a ordem de preferência na contemplação da herança, segundo uma hierarquia, que forma uma relação preferencial entre as pessoas com possibilidade de suceder.

A matéria não envolve muitos questionamentos, visto que, em assunto de sucessões, o trato da lei é bastante objetivo e literal, sem deixar margens a grandes discussões.

Há uma ordem que deve ser obedecida na distribuição da herança que segue os estritos termos da lei. Trata-se de uma sucessão legal, assim denominada por derivar da lei, ou em virtude de se encontrar prevista na lei. É preferencial a relação, pois chamados os herdeiros em obediência à ordem legal, contemplando-se a que consta em segundo lugar unicamente se faltar a anterior, exceto quanto ao cônjuge sobrevivente, que acompanha as duas primeiras classes.

Esta classe é a seguinte, prevista no art. 1.829:

"I – aos descendentes, em concorrência com o cônjuge sobrevivente, salvo se casado este com o falecido no regime da comunhão universal, ou no da separação obrigatória de bens (art. 1.640, parágrafo único); ou se, no regime da comunhão parcial, o autor da herança não deixar bens particulares;

II – aos ascendentes, em concorrência com o cônjuge;

III – ao cônjuge sobrevivente;

IV – aos colaterais".

No entanto, o STF, em decisão proferida no julgamento dos Recursos Extraordinários 646.721 e 878.694, em data de 10.05.2017, com repercussão geral reconhecida, declarou, por maioria de votos, a inconstitucionalidade do art. 1.790 do Código Civil, passando a valer a igualdade da união estável ao casamento, no pertinente à partilha dos bens dos conviventes. Isto tanto na relação heteroafetiva como na homoafetiva. Ficou aprovada a seguinte tese: "É inconstitucional a distinção de regimes sucessórios entre cônjuges e companheiros prevista no art. 1.790 do CC/2002, devendo ser aplicado, tanto nas hipóteses de casamento quanto nas de união estável, o regime do art. 1.829 do CC/2002".

A matéria tornará a ser analisada no item 11.2. deste Capítulo, que trata da sucessão por morte de um dos conviventes.

---

27 RE nº 95.258, *Revista Trimestral de Jurisprudência*, 103/236.

164 • Direito das Sucessões | *Arnaldo Rizzardo*

Esta a ordem que prevalece com o atual Código, com a exceção acima no tocante à união estável, não atingindo as sucessões abertas na vigência do Código anterior, o que é natural, e consta expresso no art. 2.041:

"As disposições deste Código relativas à ordem da vocação hereditária (arts. 1.929 e 1.844) não se aplicam à sucessão aberta antes de sua vigência, prevalecendo o disposto na lei anterior (Lei nº 3.071, de 1º de janeiro de 1916)".

Na verdade, nem carecia que viesse a disposição, em face do art. 1.787, que estabelece reger a sucessão e a legitimação a lei vigente ao tempo de sua abertura. Necessário observar a irrelevância da inclusão do art. 1.844, porquanto outros dispositivos que disciplinam a arrecadação em favor de determinados entes públicos na inexistência de herdeiros legítimos regulam a transferência da herança para tais entes, quando não há herdeiros legítimos ou testamentários.

Não mais são colocados os Municípios, o Distrito Federal ou a União como herdeiros, o que vinha no Código anterior, em seu art. 1.603, inc. V. Ocorre que esses entes públicos comparecem unicamente porque não há os demais herdeiros, e para a finalidade de não ficar sem titular a herança. Opera-se a sua presença no sentido de arrecadar a herança, que ficou sem titular.

Neste encadeamento, as pessoas são chamadas a receber os bens deixados por um parente, mas sempre umas na falta de outras. A sequência de convocação ou chamamento, dentro do elenco previsto, importa que os primeiros excluam os subsequentes, jamais se admitindo a concomitância de categorias diferentes, resultando exclusivamente da lei, e nem podendo ser modificada pela vontade do morto, quando em vida, através de testamento. A sua vontade tem força quanto ao patrimônio, podendo dispor parte dele; nunca, porém, quanto à classificação dos herdeiros estabelecida pela lei. É possível que outras pessoas venham a receber parte do patrimônio, não incluídas naquele rol, por império único de sua vontade, e sem qualquer vínculo de parentesco – mas quanto à legítima nada é alterável, ou seja, quanto à metade dos bens do falecido.

Nota-se do dispositivo acima que os herdeiros de cada classe preferem os das classes imediatas. Herdam os ascendentes unicamente na inexistência de herdeiros da classe de descendentes. E, quanto ao cônjuge sozinho, se também não houver ascendentes. Já os colaterais, mais remotamente, dependem, para o recebimento, da inexistência de todos os outros parentes. Ainda na participação do cônjuge como herdeiro, a totalidade do patrimônio ingressa na contemplação de sua quota. Não se pense que se leva na apuração de sua quota o princípio que domina no regime de comunhão parcial, estabelecendo que ingressam na comunhão os bens adquiridos na constância do casamento, e não originados de doação ou herança. Na totalidade da herança participa independentemente do regime de bens.

Percebe-se, pois, a existência de várias classes. Três delas, porém, se subdividem em graus. São os descendentes, os ascendentes e os colaterais. Prevalece sempre o parente de grau mais próximo do falecido. O filho antecede o neto. O pai receberá a herança se inexistirem descendentes, e não o avô. Quanto aos colaterais, antecede o irmão, e não o sobrinho.

De outro lado, naquela ordem temos a sucessão direta, posto que as pessoas indicadas vão receber o respectivo quinhão. Todavia, é possível que um outro parente seja chamado a receber no lugar de quem deveria ser contemplado, e que não o é em razão de sua morte. Ocorre, aí, a sucessão indireta, que se materializa pelo direito de representação, o qual, no magistério de Orlando Gomes, constitui um "artifício imaginado pelo legislador para abrir exceção à regra de que, na mesma classe, os parentes mais próximos preferem os mais afastados. Obtém-se esse resultado atribuindo-se a esses parentes mais

Cap. X | A Ordem na Vocação Hereditária • **165**

remotos a posição dos mais próximos, aos quais substituem como se fossem estes que estivessem a recolher a herança. Eles ingressam nessa posição por determinação legal".[28]

7. OS DESCENDENTES E O CÔNJUGE

A primeira classe de herdeiros diz respeito aos descendentes e ao cônjuge sobrevivente, isto é, àqueles que advieram do tronco a que pertencia o autor da herança e à pessoa com a qual contraiu casamento, e que continua vivendo. Outrossim, a totalidade do patrimônio ingressa para a destinação da quota, sendo irrelevante o regime de bens. Em relação aos descendentes, não se trata apenas dos filhos, mas de todos os herdeiros descendentes, como netos e bisnetos.

7.1. Quanto aos descendentes

Pensa-se, quanto à descendência, que constitui a forma mais correta de chamar alguém a herdar, pois são os filhos ou netos os parentes unidos ao falecido por um amor mais intenso, por uma afetividade bem viva, e por um sentimento íntimo e natural de proteção de suas pessoas. Importa, acima de tudo, o instinto natural de conservação, que leva a dar condições à perpetuidade da vida humana.

O primeiro postulado sobre esta sucessão assenta-se na igualdade de todos os herdeiros, situados no mesmo grau ou mesma classe, sem distinção de leito, sexo ou progenitura, sempre, no entanto, observando que um grau precede ao outro, afastando-o, no que trouxe o Código em vigor regra explícita, no art. 1.833: "Entre os descendentes, os de grau mais próximo excluem os mais remotos, salvo o direito de representação".

Não subsiste qualquer limitação, como outrora ocorria, relativamente à filiação espúria ou adulterina. O Código de 2002 trouxe uma regra clara a respeito, consubstanciada no art. 1.834: "Os descendentes da mesma classe têm os mesmos direitos à sucessão de seus ascendentes".

Não está isenta de dificuldade a configuração da sucessão pelos descendentes. Várias regras tentam solucionar questões um pouco confusas, e que podem ensejar dúvidas.

Se todos pertencem ao mesmo grau, sucedem por cabeça. Do contrário, os que se encontram no mesmo grau, por cabeça; os demais, por estirpe. Assim dispõe o art. 1.835: "Na linha descendente, os filhos sucedem por cabeça, e os outros descendentes, por cabeça ou por estirpe, conforme se achem, ou não, no mesmo grau".

Os filhos sempre sucedem por cabeça. Nesta ótica, se todos os filhos que ficaram estão vivos, não há dificuldade em se proceder à partilha, que se fará por cabeça, ou em porções iguais. O total dos bens, após o desconto das obrigações, será dividido em partes iguais.

Mas, sendo falecido um filho, que é o parente em primeiro grau, o qual, por sua vez, deixou dois filhos, netos do falecido, cujos bens são inventariados, e parentes em segundo grau, altera-se a situação.

A divisão do patrimônio é por estirpe para fins de apurar o quanto caberá a cada filho. No tocante ao filho morto, a parcela que lhe tocaria se subdividirá pelo número de filhos que deixou.

---

28 *Sucessões*, ob. cit., p. 61.

A clareza de Sílvio Rodrigues afasta dúvidas: "Se à herança concorrem descendentes de graus diversos, a sucessão se processa por estirpes. Assim, por exemplo, se o *de cujus* ao morrer tinha dois filhos vivos e netos havidos de um filho premorto, a herança se divide em três partes, referentes a três estirpes. As duas primeiras partes cabem, respectivamente, aos dois filhos vivos do *de cujus*, que herdam por direito próprio; e a terceira pertence aos netos, filhos do filho premorto, que dividem referido quinhão entre si, e que sucedem representando seu pai falecido".[29]

Há, aqui, a representação, autorizada pelo art. 1.833, que acontece somente na linha reta descendente, e nunca na ascendente, conforme define o art. 1.852: "O direito de representação dá-se na linha reta descendente, mas nunca na ascendente".

Em vista do art. 1.835, havendo somente herdeiro do mesmo grau, embora não filho, também se procede à partilha por cabeça. Exemplificando, se apenas netos restaram, o total dos bens é dividido pelo número de netos. Não importa que um filho tivesse, por sua vez, dois filhos, e o outro somente um. Aí não se faz a partilha por estirpe, que na verdade seria mais justa.

Proveitosa a seguinte síntese de Carvalho Santos, de inteira pertinência frente ao atual Código: "O que se deduz do texto legal é que somente quando haja herdeiros de graus diversos, e quando todos ou alguns sucedem por direito de representação, é que, em virtude do preceito que comentamos, dever-se-á operar a sucessão por estirpes ou formando ramos, pelos quais será distribuída e subdividida nos ramos em que houver mais de um herdeiro, observada a devida igualdade".[30]

Na antiga jurisprudência, o mesmo ensinamento: "Se concorrem à sucessão somente descendentes de segundo grau, os netos também sucedem por cabeça. Doutrinariamente, pode-se defender a tese perfeitamente aceitável de que deveriam suceder por estirpe. Determina o Código Civil, porém, que se divida a herança igualmente entre todos os netos, se não há filho sobrevivente, declarando que sucedem por cabeça ou por estirpe, conforme se achem, ou não, no mesmo grau (Orlando Gomes, *Sucessões*, 3ª ed., nº 47, p. 55)".[31]

Se há dois filhos, em que já era predefunto um deles, tendo este também filhos, e o outro vir a falecer no curso do inventário, não se fará a partilha por cabeça, e sim por estirpe, pois a transmissão da herança ocorre com a morte.

Não há diferença no direito de participação dos filhos, não decorrendo qualquer preterição ou restrição o fato de a filiação não ter se dado no casamento, ou fora dele. Vigora o princípio do art. 227, § 6º, da Constituição Federal: "Os filhos, havidos ou não, da relação casamento, ou por adoção, terão os mesmo direitos e qualificações, proibidas quaisquer designações discriminatórias relativas à filiação".

O preceito constitucional representou longa evolução, até chegar à equiparação entre todos os filhos, igualdade esta que já era reconhecida nas leis surgidas ao tempo da Revolução Francesa, como discorre Julio J. Lopez Del Carril: "La Revolución al adoptar el principio de igualdad, por la ley del 12 de Brumario del año II, les reconoció los mismos derechos que los hijos legítimos".[32]

Primitivamente, no Brasil, nem reconhecível era o filho ilegítimo. Com a Lei nº 883, de 1949, apenas se dissolvida a sociedade conjugal permitia-se o reconhecimento. Houve o

---

29 *Direito Civil*, vol. VII, *Direito das Sucessões*, ob. cit., p. 84.
30 Ob. cit., vol. XXII, p. 254.
31 Agr. Instr. nº 153.216-1/1, 6ª Câmara Cível do TJSP, de 12.09.91, *RT*, 677/120.
32 *Derecho Sucesorio*, Buenos Aires, Abeledo-Perrot, 1970, p. 142.

Cap. X | A Ordem na Vocação Hereditária • 167

tempo em que ao filho natural, ou filho havido *ex soluto et soluta*, isto é, aquele nascido de pais não casados, mas sem comprometimento para casarem, era reconhecida metade do quinhão que coubesse ao filho legítimo.

Quanto ao filho adulterino, diante da então previsão da mesma Lei nº 883, dois terços do que coubesse ao filho legítimo tocariam àquele. Cumpre informar, no entanto, que a Lei nº 883 restou revogada pela Lei nº 12.004, de 29.07.2009.

Não mais subsistem, hoje, quaisquer diferenciações. Inclusive quanto ao filho havido fora do casamento, ou nascido de relações ilícitas, por parentesco. Da mesma forma quanto aos filhos adotivos, que herdam na mesma proporção do que herda o filho sanguíneo. E, assim, quanto aos adotivos, como acontece com os demais filhos, concorrem à herança mesmo por direito de representação. Participarão, ainda, se for o caso, da sucessão dos avós, ou de parentes colaterais. Não se poderá colocar qualquer restrição, como, se fosse o caso, de não serem contemplados na sucessão de parentes do adotante, em vista da regra constitucional. Até porque, na verdade, importaria em ofensa aos direitos humanos do adotando.

Bem define, sobre o assunto, o art. 41, § 2º, do Estatuto da Criança e do Adolescente (Lei nº 8.069, de 13.07.1990): "É recíproco o direito sucessório entre o adotado, seus descendentes, o adotante, seus ascendentes, descendentes e colaterais até o quarto grau, observada a ordem da vocação hereditária".

Relativamente, ainda, ao filho adotivo, em vista do art. 227, § 6º, da Carta da República, tem-se entendido que, aberta a sucessão antes da Constituição de 1988, não lhe assistiria o direito em igualdade com os filhos sanguíneos: "Filho adotivo. Tendo ocorrido o decesso do *de cujus* antes da vigência da Constituição de 1988, que garante aos filhos adotivos o direito à sucessão em igualdade com os demais filhos, e havendo filhos legítimos do adotante, não se beneficia dessa prerrogativa constitucional o agravante, visto que, ainda sob a vigência da CF anterior, o domínio e posse da herança passam àqueles na data da abertura da sucessão, dado que a capacidade de suceder se regula pela lei então em vigor".[33]

Rege a participação na herança a lei vigente quando da abertura da sucessão, na esteira também do STJ[34]: "Ocorrida a morte da autora da herança em 1989, quando já em vigor o art. 227, § 6º, da Constituição Federal, vedando qualquer tipo de discriminação entre os filhos havidos ou não do casamento, ou os adotivos, a recorrida, ainda que adotada em 1980, tem direito de concorrer aos bens deixados pela falecida, em igualdade de condições com os outros filhos, prevalecendo, nesse caso, os arts. 1.572 e 1.577, ambos do Código Civil de 1916".

Os artigos citados equivalem aos arts. 1.784 e 1.787 do vigente diploma civil.

Isto porque, pelo art. 1.787 do atual Código Civil, regula a sucessão e a legitimação para suceder a lei vigente ao tempo da abertura daquela, isto é, impõe-se o regramento lei então em vigor, e, consoante o art. 1.784, transmitem-se desde logo o domínio e a posse, com a abertura da sucessão.

Já reiterava a jurisprudência anterior tal inteligência: "Embora de hierarquia superior e de aplicação imediata, o § 6º do art. 227 da Carta de 1988 não pode retroagir para assegurar o direito à sucessão aberta antes da Constituição, pois, com a morte, a posse

---

33 Agr. Instr. nº 588079772, 4ª Câmara Cível do TJRGS, de 18.10.89, *Revista Forense*, 315/174.
34 REsp. nº 260.079/SP, da 4ª Turma, j. em 17.05.2005, *DJ* de 20.06.2005.

168 • Direito das Sucessões | *Arnaldo Rizzardo*

e o domínio da herança se transmitiriam aos herdeiros, que tomaram o lugar do defunto, não mais havendo qualquer direito hereditário a ser transmitido".[35]

Há forte posição, no entanto, em se afastar a discriminação, porquanto, conforme Sérgio Gischkow Pereira, citado em um julgado, a igualdade quebra uma das mais deploráveis hipocrisias, de efeitos perniciosos, consistente em punir filhos por eventos no tocante aos quais não têm eles qualquer responsabilidade.[36]

Dentro desta linha, o filho que foi adotado não herda por morte de seu pai biológico, como bem desponta neste julgado: "A capacidade de suceder regula-se pela lei vigente ao tempo da sucessão. Se esta se dá após o advento da Constituição Federal de 1988 e na vigência da Lei nº 8.069/90 – Estatuto da Criança e do Adolescente – afasta-se o direito do filho biológico, ainda que adotado sob o regime do Código Civil, de concorrer à herança de seu pai natural. O art. 227, § 6º, da CF/1988, eliminou a distinção... entre filhos legítimos e filhos adotivos, equiparando-os em direitos e deveres, estabelecendo o art. 41 do ECA que a estes últimos e a seus descendentes se reconhecem direitos sucessórios recíprocos em relação aos adotantes, seus ascendentes e descendentes. A partir, portanto, desta nova ordem jurídica o filho adotivo passou a ter a capacidade de suceder na herança de seu pai adotivo, inclusive direito de representação, não mais persistindo o vínculo com a família natural para os efeitos sucessórios sob pena de outorgar-lhe duplicidade de direitos hereditários..."[37]

Finalmente, importa observar que o direito dos descendentes, juntamente com o cônjuge em certas situações, é sobre a legítima, ou metade do acervo hereditário. Este acervo, porém, diminui se o *de cujus* houver disposto em testamento. Como é sabido, em princípio, do total do patrimônio do casal somente metade pertence ao cônjuge que falece. A outra metade é do cônjuge supérstite. E do total que constituirá a herança, apenas a metade é disponível por ato de última vontade. Mesmo que, em vida, as doações ou liberalidades tenham ultrapassado aquele limite, no inventário admite-se a anulação, porquanto ofendido o direito dos descendentes à legítima, assinalando Orlando Gomes, no que se mantém o ensinamento com o Código atual: "Preserva-o a lei, declarando nulas, no excesso, as doações que, no momento da liberalidade, ultrapassem a parte que o doador poderia dispor em testamento. Outra condenação a essas doações inoficiosas encontra-se na proibição de doar o marido à mulher, e vice-versa, em pacto antenupcial, bens que excedam a metade do que possuem, se casado pelo regime da separação".[38]

7.1.1. Pluriparentalidade

Já faz já algum tempo que se defende a pluriparentalidade, ou seja, mais correntemente, a dupla parentalidade. Reconhece-se a possibilidade de um filho ter dois pais, ou mais, aplicando-se essa exegese quanto às mães.

Ou seja, reconhecem-se a paternidade afetiva e a paternidade biológica, o mesmo estendendo-se quanto à mãe. Se criado um filho ou filha pelo companheiro ou segundo marido da mãe, a ponto de se formar um vínculo de afetividade, de amor, de carinho, e até de hierarquia familiar na orientação e obediência, por um período considerável, e,

---

35 Apel. Cív. nº 35.421, 3ª Câmara Cível do TJSC, de 05.02.91, *RT*, 670/147.
36 *Revista Forense*, 308/170.
37 Agravo nº 1.870/2002, da 7ª Câmara Cível do TJ do Rio de Janeiro, *DJ* de 19.12.2002, *in Boletim ADCOAS*, nº 15, p. 233, 2003.
38 *Sucessões*, ob. cit., p. 75.

no mesmo sentido, embora bem mais raramente, quanto à mulher que cria o filho do companheiro ou atual marido, decorre a filiação afetiva, com a possibilidade do reconhecimento judicial e o registro civil. A filiação socioafetiva é uma realidade, admitida pelos tribunais, com todos os efeitos da filiação comum.

No entanto, não se impede a busca pela filiação biológica, se já não reconhecida e registrada. Realmente, ao filho a quem se formou o fato da paternidade afetiva concede-se o direito de obter o reconhecimento da paternidade biológica. O inverso também se aplica, isto é, àquele que está registrado como filho de uma determinada pessoa oportuniza-se que busque a paternidade afetiva, sem perder aquela.

De acordo com o entendimento que se formou, ambas as paternidades ou maternidades surtem efeitos patrimoniais. Se alguém pode ter dois pais ou duas mães, decorre o direito de concorrer à herança nas duas filiações reconhecidas.

A pluriparentalidade não importa em limites. Um filho pode ter até três ou mais pais, ou mães, se confirmado o vínculo nas diversas relações mantidas pelos pais.

Essa multiplicidade ou pluralidade de filiações é capaz de resultar em um caos psíquico na formação da pessoa. Conduz a uma diversidade de orientações, a diferentes critérios de educação e traz insegurança ou instabilidade nas linhas de conduta, desajustes, disputa de preferências. Surgem, ainda, problemas de representação, de autoridade quanto à conduta do filho, de responsabilidade pelos atos praticados. Sem desconsiderar uma série de outras situações de desajuste, um dos pais pode desaprovar o comportamento do filho, desautorizar um pedido, enquanto o outro, mais complacente, dá o apoio e permite. A qual pai deve o filho obediência? Na verdade, afastam-se do ser humano princípios naturais ou próprios e ínsitos do indivíduo, que fazem parte do *gens* ôntico que vem desde ao início da humanidade. Não se dimensionaram os problemas familiares, que surgem no dia a dia da vida, se colocada em prática a teoria.

O Supremo Tribunal Federal, em decisão festejada por aqueles que, ávidos de novidades, não encaram as consequências dos desvios da natureza do ser humano, à luz de mal interpretados princípios constitucionais, como o art. 226, §§ 3º, 4º, 6º e 7º, e do direito comparado, admitiu a dupla paternidade (*dual paternity*) ou maternidade.

Veja-se parte da ementa que tratou do assunto, entornando princípios que acompanham desde as origens o ser humano e que revela o afã do típico evolucionismo pragmático do direito, mas sem impacto metafísico, em decisão com repercussão geral:

> "... Multiplicidade de vínculos parentais. Reconhecimento concomitante. Possibilidade. Pluriparentalidade. Princípio da paternidade responsável (art. 226, § 7º CRFB). Recurso a que se nega provimento. Fixação de tese para aplicação a casos semelhantes...".[39]

É longo e repleto de criação cultural o voto do relator, Min. Luis Fux, transcrevendo-se as seguintes passagens:

> "Estabelecida a possibilidade de surgimento da filiação por origens distintas, é de rigor estabelecer a solução jurídica para os casos de concurso entre mais de uma delas."

---

39 RE 898.060, com repercussão geral, Min. Luis Fux, Pleno do STF, j. de 21.09.2016, *DJe* de 24.08.2017.

170 • Direito das Sucessões | *Arnaldo Rizzardo*

O sobreprincípio da dignidade humana, na sua dimensão de tutela da felicidade e realização pessoal dos indivíduos a partir de suas próprias configurações existenciais, impõe o reconhecimento, pelo ordenamento jurídico, de modelos familiares diversos da concepção tradicional. O espectro legal deve acolher, nesse prisma, tanto vínculos de filiação construídos pela relação afetiva entre os envolvidos, quanto aqueles originados da ascendência biológica, por imposição do princípio da paternidade responsável, enunciado expressamente no art. 226, § 7º, da Constituição.

Não cabe à lei agir como o Rei Salomão, na conhecida história em que propôs dividir a criança ao meio pela impossibilidade de reconhecer a parentalidade entre ela e duas pessoas ao mesmo tempo.

Da mesma forma, nos tempos atuais, descabe pretender decidir entre a filiação afetiva e a biológica quando o melhor interesse do descendente é o reconhecimento jurídico de ambos os vínculos. Do contrário, estar-se-ia transformando o ser humano em mero instrumento de aplicação dos esquadros determinados pelos legisladores. É o direito que deve servir à pessoa, não o contrário.

O conceito de pluriparentalidade não é novidade no Direito Comparado. Nos Estados Unidos, onde os Estados têm competência legislativa em matéria de Direito de Família, a Suprema Corte de Louisiana ostenta jurisprudência consolidada quanto ao reconhecimento da "dupla paternidade" (*dual paternity*). No caso Smith *v.* Cole (553 So.2d 847, 848), de 1989, o Tribunal aplicou o conceito para estabelecer que a criança nascida durante o casamento de sua mãe com um homem diverso do seu pai biológico pode ter a paternidade reconhecida com relação aos dois, contornando o rigorismo do art. 184 do Código Civil daquele Estado, que consagra a regra *pater ist est quem nuptiae demonstrant*. Nas palavras da Corte, a "aceitação, pelo pai presumido, intencionalmente ou não, das responsabilidades paternais, não garante um benefício para o pai biológico. (...) O pai biológico não escapa de suas obrigações de manutenção do filho meramente pelo fato de que outros podem compartilhar com ele da responsabilidade" ("The presumed father's acceptance of paternal responsibilities, either by intent or default, does not ensure to the benefit of the biological father. (...) The biological father does not escape his support obligations merely because others may share with him the responsibility").

Em idêntico sentido, o mesmo Tribunal assentou, no caso T.D., *wife of* M.M.M. v. M.M.M., de 1999 (730 So. 2d 873), o direito do pai biológico à declaração do vínculo de filiação em relação ao seu filho, ainda que resulte em uma dupla paternidade. Ressalvou-se, contudo, que o genitor biológico perde o direito à declaração da paternidade, mantendo as obrigações de sustento, quando não atender ao melhor interesse da criança, notadamente nos casos de demora desarrazoada em buscar o reconhecimento do *status* de pai ("a biological father who cannot meet the best-interest-of-the-child standard retains his obligation of support but cannot claim the privilege of parental rights").

Na doutrina brasileira, encontra-se a valiosa conclusão de Maria Berenice Dias, *in verbis*: "não mais se pode dizer que alguém só pode ter um pai e uma mãe. Agora é possível que pessoas tenham vários pais. Identificada a pluriparentalidade, é necessário reconhecer a existência de múltiplos vínculos de filiação. Todos os pais devem assumir os encargos decorrentes do poder familiar, sendo que o filho desfruta de direitos com relação a todos. Não só no âmbito do direito das famílias, mas também em sede sucessória. (...) Tanto é este o caminho que já há a possibilidade da inclusão do sobrenome do padrasto no registro do enteado" (*Manual de Direito das Famílias*. 6ª ed. São Paulo: RT, 2010. p. 370). Tem-se, com isso, a solução necessária ante os princípios constitucionais da dignidade da pessoa humana (art. 1º, III) e da paternidade responsável (art. 226, § 7º).

Deu-se a criação do Tema 622, que serve de parâmetro para as decisões de casos semelhantes:

"A paternidade socioafetiva, declarada ou não em registro público, não impede o reconhecimento do vínculo de filiação concomitante baseado na origem biológica, com os efeitos jurídicos próprios".

Os efeitos práticos do novo paradigma, e é fácil depreender, conduzem a permitir a participação de um ser humano em várias sucessões, ou seja, de todas as sucessões cujos autores tenham sido seus progenitores.

7.2. Quanto ao cônjuge

No pertinente ao cônjuge, à semelhança do Código Civil português, deu-se a sua inclusão como herdeiro concorrente com os descendentes pelo Código de 2002, rompendo uma tradição secular, e refletindo uma tendência que vinha se fazendo sentir fazia algum tempo, especialmente a partir da adoção do regime de comunhão parcial como o oficial. Passou a se levar em conta que, normalmente, em face do regime de comunhão parcial que predomina, fica o cônjuge mais sujeito à debilidade econômica, se não resultar patrimônio durante a vigência do casamento. No dizer de Miguel Reale, "seria injusto que o cônjuge somente participasse daquilo que é produto comum do trabalho, quando outros bens podem vir a integrar o patrimônio a ser objeto da sucessão". Destaca duas razões que justificam para tanto: "De um lado, uma razão de ordem jurídica, que é a mudança do regime de bens do casamento; e a outra, a absoluta equiparação do homem e da mulher, pois a grande beneficiada com tal dispositivo é, no fundo, mais a mulher do que o homem".[40]

Na jurisprudência, o STJ já se manifestou sobre a inclusão do cônjuge[41]:

"A nova ordem de sucessão legítima estabelecida no CC/2002 incluiu o cônjuge na condição de herdeiro necessário e, conforme o regime matrimonial de bens, concorrente com os descendentes.
Quando casado no regime da comunhão universal de bens, considerando que metade do patrimônio já pertence ao cônjuge sobrevivente (meação), este não terá o direito de herança, posto que a exceção do art. 1.829, I, o exclui da condição de herdeiro concorrente com os descendentes".

É ele, portanto, herdeiro, recebendo, em princípio, a mesma quota destacada para os descendentes, sobre todos os bens deixados pelo cônjuge. Divide-se, pois, o monte hereditário pelo número de herdeiros descendentes mais o cônjuge, desde que não caiba a este quota inferior à quarta parte da herança, se for ascendente dos descendentes. Realmente, reza o art. 1.832: "Em concorrência com os descendentes (art. 1.829, inciso I) caberá ao cônjuge quinhão igual ao dos que sucederem por cabeça, não podendo a sua quota ser inferior à quarta parte da herança, se for ascendente dos herdeiros com que concorrer".

Há uma inteligência, em face da parte final do inc. I do art. 1.829 ("... ou se, no regime de comunhão parcial, o autor da herança não houver deixado bens particulares").

---

40 *O Projeto do Novo Código Civil – situação após a aprovação pelo Senado Federal*, São Paulo, Saraiva, 1999, p. 18.
41 RMS 22.684/RJ, da 3ª Turma, j. em 07.05.2007, *DJU* de 28.05.2007.

Defende-se que, por referir que o cônjuge sobrevivente não participa se o autor da herança não houver deixado bens particulares, o entendimento é de que, em havendo deixado bens particulares, somente nestes participa.

No entanto, está-se indo além ao que consta na lei. Não ficando bens particulares, realmente não há participação. Todavia, não diz a lei que, ficando bens particulares do autor da herança, somente nestes herda o cônjuge sobrevivente.

É necessária a exata compreensão. Se o cônjuge sobrevivente for ascendente (progenitor, avô) dos descendentes do autor da herança, o mínimo que lhe está reservado, além da meação, é uma quarta parte da herança. Nesta previsão, havendo três herdeiros, opera-se a divisão em quatro porções, cabendo uma a cada herdeiro e ao cônjuge. Se existirem quatro descendentes, retira-se a quarta parte da herança, que é reservada ao cônjuge que ficou. As restantes três porções são divididas entre os herdeiros.

Por outras palavras, nessa concorrência a partilha se faz pela divisão por cabeça. Visa-se uma divisão igualitária entre o cônjuge sobrevivente e os filhos. Daí se dividir a herança em tantas porções quantos forem os herdeiros – filhos e cônjuge. No entanto, a quota do cônjuge sobrevivente não poderá ficar em quantidade inferior à quarta parte da herança.

A regra especial assenta-se no fato de ficarem mais de quatro filhos. Até três filhos, a divisão, incluindo-se o cônjuge, se faz por quatro. A partir do quarto filho acontece a mudança da regra. Faz-se, novamente, a divisão por quatro, para destacar a porção que toca ao cônjuge. O que sobrar se partilha entre os filhos, em porções iguais.

Todavia, se o cônjuge sobrevivente não for ascendente dos filhos, far-se-á a divisão por cabeça, incluído o cônjuge. Ou seja, não figurando como ascendente – pai ou mãe, ou avô ou avó –, opera-se a divisão pelo número de herdeiros com o acréscimo do cônjuge. É a situação de os filhos terem progenitor ou progenitora, ou avô ou avó, pessoa diferente que o cônjuge do *de cujus*.

E se constarem descendentes filhos ou netos do autor da herança e do cônjuge, e filhos ou netos de outra pessoa? Está-se diante de uma situação que o Código não cuidou. No entanto, não se afasta da prerrogativa de manter-se a garantia da quarta parte. Uma exegese seria no sentido de prevalecer o mínimo legal desde que haja um herdeiro descendente. O objetivo assentar-se-ia na garantia de certa porção ao cônjuge que teve filhos com o falecido. Entrementes, acarretaria um prejuízo aos herdeiros não descendentes do cônjuge, com a redução da quota hereditária, sem vínculo com eles a causa de preservação da quota mínima do cônjuge sobrevivente. Assim, a melhor solução assenta-se na divisão do monte hereditário partilhável pelo número de herdeiros descendentes, com o acréscimo do cônjuge, cabendo a cada um uma quota igual. Naturalmente, o intento do legislador teve em conta garantir uma certa porção mínima na situação de verificada a ascendência dos herdeiros com os quais concorre. Não se pense que caberia reservar a quota mínima da quarta parte em relação às porções distribuídas aos herdeiros descendentes do cônjuge, retirando deles a porção que faltar para completar aquele mínimo, pois ocorreria o perigo de ficarem eles sem herança.

No entanto, não é sempre que figura o cônjuge como herdeiro. O inc. I do art. 1.829 elenca as hipóteses em que não se dá a participação na herança, sendo as seguintes:

a) se casado pelo regime de comunhão universal de bens com o falecido;

b) se casado pelo regime de separação obrigatória, o que acontece nos casos do art. 1.641, em redação dada pela Lei nº 12.344, de 9.12.2010, embora a referência equivocada do inc. I do art. 1.829 ao parágrafo único do art. 1.640, que diz respeito ao regime de comunhão parcial; ou seja, se as pessoas tiverem casado com inobservância das causas suspensivas da celebração do casamento, destacadas no art. 1.523 do Código; de pessoas que casarem com mais de setenta anos de idade; e de todos quantos dependerem do suprimento judicial para casarem. Insta que fique claro, de modo a não restar qualquer dúvida a respeito, a pessoa casada pelo regime de separação convencional de bens tem direito à herança, concorrendo na sucessão legítima com os descendentes deixados pelo falecido.

c) Se, casado pelo regime de comunhão parcial, não houver o autor da herança deixado bens particulares.

Justificam-se as exceções, posto que, na primeira, já fica mais amparado o cônjuge sobrevivente se a meação envolve a totalidade do patrimônio; na segunda, desnaturaria o próprio regime se viesse a receber parcela da herança, ou repudia a divisão daquilo que nunca foi comum; e na terceira, acarretaria demasiado enfraquecimento patrimonial aos herdeiros descendentes se não deixar o *de cujus* bens particulares. Sobre esta última hipótese, a corrente mais justa é a que defende justamente essa interpretação, ou seja, de que participa o cônjuge sobrevivente na hipótese de existirem bens particulares.

Na seguinte ementa, em julgado do STJ, encontramos as justificativas que levam a respeitar a escolha do regime de bens:

"O regime de separação obrigatória de bens, previsto no art. 1.829, inc. I, do CC/2002, é gênero que congrega duas espécies: (i) separação legal; (ii) separação convencional. Uma decorre da lei e a outra da vontade das partes, e ambas obrigam os cônjuges, uma vez estipulado o regime de separação de bens, à sua observância.

Não remanesce, para o cônjuge casado mediante separação de bens, direito à meação, tampouco à concorrência sucessória, respeitando-se o regime de bens estipulado, que obriga as partes na vida e na morte. Nos dois casos, portanto, o cônjuge sobrevivente não é herdeiro necessário.

Entendimento em sentido diverso suscitaria clara antinomia entre os arts. 1.829, inc. I, e 1.687, do CC/2002, o que geraria uma quebra da unidade sistemática da lei codificada e provocaria a morte do regime de separação de bens. Por isso, deve prevalecer a interpretação que conjuga e torna complementares os citados dispositivos.

No processo analisado, a situação fática vivenciada pelo casal – declarada desde já a insuscetibilidade de seu reexame nesta via recursal – é a seguinte: (i) não houve longa convivência, mas um casamento que durou meses, mais especificamente, 10 meses; (ii) quando desse segundo casamento, o autor da herança já havia formado todo seu patrimônio e padecia de doença incapacitante; (iii) os nubentes escolheram voluntariamente casar pelo regime da separação convencional, optando, por meio de pacto antenupcial lavrado em escritura pública, pela incomunicabilidade de todos os bens adquiridos antes e depois do casamento, inclusive frutos e rendimentos.

A ampla liberdade advinda da possibilidade de pactuação quanto ao regime matrimonial de bens, prevista pelo Direito Patrimonial de Família, não pode ser toldada pela imposição fleumática do Direito das Sucessões, porque o fenômeno sucessório 'traduz a continuação da personalidade do morto pela projeção jurídica dos arranjos patrimoniais feitos em vida'.

Trata-se, pois, de um ato de liberdade conjuntamente exercido, ao qual o fenômeno sucessório não pode estabelecer limitações.

Se o casal firmou pacto no sentido de não ter patrimônio comum e, se não requereu a alteração do regime estipulado, não houve doação de um cônjuge ao outro durante o

174 • Direito das Sucessões | *Arnaldo Rizzardo*

casamento, tampouco foi deixado testamento ou legado para o cônjuge sobrevivente, quando seria livre e lícita qualquer dessas providências, não deve o intérprete da lei alçar o cônjuge sobrevivente à condição de herdeiro necessário, concorrendo com os descendentes, sob pena de clara violação ao regime de bens pactuado.

Haveria, induvidosamente, em tais situações, a alteração do regime matrimonial de bens *post mortem*, ou seja, com o fim do casamento pela morte de um dos cônjuges, seria alterado o regime de separação convencional de bens pactuado em vida, permitindo ao cônjuge sobrevivente o recebimento de bens de exclusiva propriedade do autor da herança, patrimônio ao qual recusou, quando do pacto antenupcial, por vontade própria.

Por fim, cumpre invocar a boa-fé objetiva, como exigência de lealdade e honestidade na conduta das partes, no sentido de que o cônjuge sobrevivente, após manifestar de forma livre e lícita a sua vontade, não pode dela se esquivar e, por conseguinte, arvorar-se em direito do qual solenemente declinou, ao estipular, no processo de habilitação para o casamento, conjuntamente com o autor da herança, o regime de separação convencional de bens, em pacto antenupcial por escritura pública.

O princípio da exclusividade, que rege a vida do casal e veda a interferência de terceiros ou do próprio Estado nas opções feitas licitamente quanto aos aspectos patrimoniais e extrapatrimoniais da vida familiar, robustece a única interpretação viável do art. 1.829, inc. I, do CC/2002, em consonância com o art. 1.687 do mesmo código, que assegura os efeitos práticos do regime de bens licitamente escolhido, bem como preserva a autonomia privada guindada pela eticidade".[42]

Traz-se à tona o seguinte trecho do voto da relatora, quando aprofunda a análise da matéria:

"Uma vez estipulado o regime de separação de bens expresso no art. 1.687 do CC/2002, cada cônjuge conservará a integral administração e fruição do que lhe pertence, sendo que nem mesmo dependerá da outorga conjugal para alienar imóveis ou gravar seus bens de ônus real. A distinção de patrimônio dos cônjuges é, pois, absoluta, não se comunicando os frutos e aquisições, afastando inclusive a comunhão de aquestos, porquanto nessa modalidade não existem bens comuns, tampouco bens passíveis de integrar eventual meação. Isolado totalmente o patrimônio de cada um dos cônjuges, são eles livres para dispor e administrar seus bens.

A índole da norma legal foi a de conferir maior independência aos cônjuges na disposição e administração de seus bens. Dessa forma, a ampla liberdade advinda da possibilidade de pactuação quanto ao regime matrimonial de bens, prevista pelo Direito Patrimonial de Família, não pode ser toldada pela imposição fleumática do Direito das Sucessões, porque o fenômeno sucessório, nas palavras de Miguel Reale e Judith Martins Costa (In: *Casamento sob o regime da separação de bens*, voluntariamente escolhido pelos nubentes. Compreensão do fenômeno sucessório e seus critérios hermenêuticos. A força normativa do pacto antenupcial. *Revista Trimestral de Direito Civil*, Rio de Janeiro, Editora Padma, Ano 6, vol. 24, 2005, p. 226, out.-dez. 2005) 'traduz a continuação da personalidade do morto pela projeção jurídica dos arranjos patrimoniais feitos em vida'. Trata-se, pois, de um ato de liberdade conjuntamente exercido, ao qual o fenômeno sucessório não pode estabelecer limitações".

---

42 REsp. nº 992.749/MS, da 3ª Turma, j. em 1º.12.2009, rel.ª Ministra Nancy Andrighi, *DJe* de 05.02.2010, em *RSTJ*, vol. 217, p. 820.

Outra condição aparece no art. 1.830: que o cônjuge sobrevivente não se encontre separado judicialmente nem separado de fato há mais de dois anos, a menos que, neste caso, a separação se dera sem culpa do sobrevivente. Eis o texto: "Somente é reconhecido direito sucessório ao cônjuge sobrevivente se, ao tempo da morte do outro, não estavam separados judicialmente, nem separados de fato há mais de dois anos, salvo prova, neste caso, de que essa convivência se tornara impossível sem culpa do sobrevivente". A matéria será desenvolvida adiante.

8. OS ASCENDENTES E O CÔNJUGE

Aparecem, em segundo lugar, na ordem da vocação hereditária, em concorrência com o cônjuge, os ascendentes, que são parentes igualmente em linha reta e considerados herdeiros necessários.

Herdam os descendentes por um princípio baseado na proteção, ou por necessidade de proteção ao conjunto familiar, enquanto os ascendentes em razão de consideração e gratidão de que são merecedores relativamente aos filhos e netos. Não apenas por deles decorrer a vida, mas, sobretudo, pela criação e educação recebidas, e máxime com fundamento nos liames afetivos que são, geralmente, mais próximos que em outros parentescos.

De modo que, inexistindo descendentes, são contemplados os pais, avós etc., juntamente com o cônjuge supérstite, como está previsto no art. 1.836: "Na falta de descendentes, são chamados à sucessão os ascendentes, em concorrência com o cônjuge sobrevivente".

A totalidade do patrimônio deixado ingressa na destinação da quota, inclusive em relação ao cônjuge, sendo indiferente, no ponto, o tipo de regime de bens eleito.

8.1. Quanto aos ascendentes

O filho que falece coloca-se no mesmo grau de parentesco, tanto em relação aos seus parentes paternos como aos maternos. Sendo os pais os herdeiros, não há maior controvérsia, visto que eles receberão a herança. Mas, figurando os avós, haverá, então, duas linhas: a paterna e a materna. Isto é, divide-se a herança em duas partes – sendo uma dos ascendentes paternos e outra dos ascendentes maternos.

Se, no entanto, apenas um progenitor existir quando do decesso do filho, a totalidade da herança caberá a tal progenitor. Realmente, herda quem é parente em grau mais próximo da pessoa falecida. O § 1º do art. 1.836 traz justamente tal princípio: "Na classe dos ascendentes, o grau mais próximo exclui o mais remoto, sem distinção de linhas". Desta sorte, ficando pais e avós, restringe-se aos primeiros a participação na herança. E estando falecidos os pais, não se dá o direito de representação, isto é, não são contemplados, em seu lugar, os filhos, que são irmãos do autor da herança.

O patrimônio recebido pelos pais será comum. Integra a massa dos bens que são de ambos. Se, porém, o regime de casamento adotado era o de separação de bens, cada progenitor receberá a quota da herança disponível, afigurando-se admissível o condomínio entre os cônjuges se indivisíveis os bens. Na comunhão parcial, não recebem os progenitores em conjunto os bens, porquanto o patrimônio colhido na herança não se comunica. Regra que está bem clara no art. 1.659, inc. I: "Excluem-se da comunhão:

I – os bens que cada cônjuge possuir ao casar, e os que lhe sobrevierem, na constância do casamento, por doação ou por sucessão e os sub-rogados em seu lugar".

O dispositivo parece introduzir uma situação anômala. Todavia, mesmo que do filho advenha o patrimônio, não há comunhão: duas pessoas herdam individualmente. É possível que, em face da indivisão dos bens, se forme um condomínio.

Mas, voltando ao regime de comunhão universal, há uma comunhão estranha, ou um recebimento indireto de bens, num caso: sendo o *de cujus* filho apenas de um dos cônjuges, justamente em face da comunhão universal, os bens recebidos pelo progenitor comunicam-se ao seu cônjuge.

Não aparece dispositivo que excepcione a comunhão de bens herdados, a menos que imposta a cláusula da incomunicabilidade – art. 1.668, inc. I. Daí que a madrasta ou o padrasto poderá se proprietário dos bens do filho falecido do cônjuge.

Desperta, igualmente, a atenção a hipótese de somente um dos progenitores estar vivo, quando da morte do filho. Em face da ordem da vocação hereditária, o progenitor do filho terá a ele distribuído todo o patrimônio. Os pais do progenitor morto nada recebem. Prevalece o parentesco do progenitor vivo em um grau mais próximo relativamente aos avós do falecido. Inexiste, aqui, o direito de representação.

Passa-se à sucessão dos ascendentes avós ou bisavós.

Em caso de ambos os pais já estarem mortos, então, conforme a ordem da vocação, virão contemplados os avós, mas por linha, isto é, divide-se a herança em duas partes: uma para os avós paternos e outra para os avós maternos.

Está, aí, a regra do § 2º do art. 1.836: "Havendo igualdade em grau e diversidade em linha, os ascendentes da linha paterna herdam a metade, cabendo a outra aos da linha materna". Nota-se que tem preponderância a igualdade em graus de parentesco, o que leva a não considerar se um ou dois dos avós de cada linha se encontram vivos.

As linhas devem ser diferentes, isto é, os avós devem ser paternos e maternos.

A maior decorrência da regra é observar se os ascendentes se encontram ou não no mesmo grau. Exemplificativamente: os avós estão em um grau; já os bisavós ascendem para outro grau. Se na linha paterna e na linha materna há graus diferentes, como, por exemplo, somente avós na primeira e bisavós na segunda, como se organizará a sucessão?

Fatalmente, herdarão apenas os avós paternos na totalidade do monte-mor, porque os ascendentes em um grau acima de outros receberão o patrimônio no inventário somente na inexistência de qualquer ascendente mais próximo do falecido. Aqui tem força o § 2º do art. 1.836, ou seja, o grau mais próximo, na classe dos ascendentes, exclui o mais remoto, sem distinção de linhas. Não importa se há bisavós, que nada herdarão caso, na outra linha, estiver vivo um único progenitor. Assim, não se pense que os irmãos da pessoa extinta substituam os avós, que se encontram falecidos, embora vivam os bisavós, ainda que difícil de ocorrer a situação.

Outra indagação desponta, embora raramente: como se atribuirá a herança se, vivendo ambos os progenitores, uma fatalidade tira suas vidas após o decesso do filho? Não se dará aí, a sucessão por linha.

Como salta do art. 1.572, opera-se a transmissão com a morte do autor da herança. Em consequência, tendo os pais recebido a herança, herdarão seus descendentes ou herdeiros, e não os avós, a menos que sejam os parentes mais próximos dos pais do filho morto, ou seja, se os pais não tiverem outros descendentes.

Cap. X | A Ordem na Vocação Hereditária • **177**

8.2. Quanto ao cônjuge

Uma importante novidade apareceu quanto ao cônjuge, se o autor da herança não tiver descendentes: herda o cônjuge em concorrência com os ascendentes, e sobre a totalidade do patrimônio, não importando o regime de bens escolhido. Eis a regra do art. 1.837: "Concorrendo com ascendente em primeiro grau, ao cônjuge tocará um terço da herança; caber-lhe-á a metade desta se houver um só ascendente, ou se maior for aquele grau".

Em princípio, verificada a existência de ascendentes em primeiro grau (pais do *de cujus*) e cônjuge, participará este último em um terço, indo os outros dois terços para aqueles.

Já havendo apenas um ascendente em primeiro grau, ou qualquer número de ascendentes em grau superior (avós ou bisavós), a partilha far-se-á em porção igual, isto é, divide-se a herança em metade para o cônjuge e na outra metade para o ascendente em primeiro grau ou para os ascendentes em grau superior.

Suponha-se que, tendo vigorado o regime de comunhão universal de bens, o falecido deixou a mãe e dois avós paternos, além do cônjuge. Assim como se dá na concorrência com os descendentes, os parentes de grau mais próximo preferem aos mais remotos, chamando-se, pois, à sucessão o cônjuge, a quem se repartirá a metade da herança, e a mãe do falecido, que ficará com a outra metade do acervo.

Verificada a concorrência com apenas um ascendente, divide-se a herança em duas partes. De igual modo, se o ascendente não for de grau acima dos pais do falecido.

Outrossim, não prevalecem aqui as exceções do inciso I do art. 1.829, isto é, não deixa de herdar se o casamento se deu pelo regime de comunhão universal, ou pelo regime de separação obrigatória, ou pelo regime de comunhão parcial quando o autor da herança não houver deixado bens particulares. Restringem-se as hipóteses na concorrência dos herdeiros com o cônjuge supérstite.

Todavia, prevalece a hipótese do art. 1.830, afastando o direito de herdar se está o cônjuge separado judicialmente, ou separado de fato há mais de dois anos, salvo prova, neste caso, de que a convivência se tornara impossível por culpa do cônjuge sobrevivente. Como se percebe pela posição do dispositivo no Código, aparece ele após as disposições que tratam da ordem hereditária, a qual abrange a participação dos descendentes e dos ascendentes, em concorrência com o cônjuge sobrevivente.

8.3. Sucessão dos ascendentes no casamento putativo

Sabe-se que no casamento putativo – art. 1.561 –, embora anulável ou mesmo nulo se contraído de boa-fé por ambos os cônjuges, mantêm-se todos os efeitos decorrentes, tanto em relação aos cônjuges como aos filhos, até o dia da sentença anulatória.

Se, todavia, apenas um dos cônjuges estava de boa-fé – § 1º do art. 1.561 –, ao celebrar o casamento, os seus efeitos só a ele e aos filhos aproveitarão.

Dentro da ordem constante no § 2º do mesmo cânone, que reproduz o sentido do art. 14, parágrafo único, da Lei do Divórcio (Lei nº 6.515/1977), "se ambos os cônjuges estavam de má-fé ao celebrar o casamento, os seus efeitos civis só aos filhos aproveitarão".

Em vista de tais regras, os direitos dos filhos ficam resguardados, não influindo a boa ou má-fé dos progenitores, quando casaram. No caso de boa-fé, não se faz qualquer restrição aos direitos dos pais.

178 • Direito das Sucessões | *Arnaldo Rizzardo*

E como fica a herança, na morte dos filhos sem descendentes, tendo os pais contraído o matrimônio com má-fé, o qual foi anulado?

A rigor, não havendo boa-fé, não refletirá o casamento efeitos jurídicos. Todavia, como exsurge dos dispositivos, não é o casamento, no caso, que traz efeitos hereditários. O direito à sucessão deriva do parentesco. Daí, pois, herdarem os pais, em tal eventualidade de ausência de descendência do filho, em concorrência com o cônjuge do falecido.

Sem razão, dentro desta ótica, o pensamento de Ney de Melo Almada, quando enfatiza: "Restrição, apontada na doutrina, proscreve do direito sucessório, em vista do casamento putativo, o genitor de má-fé. Pois bem, com a derrogação do parágrafo único do art. 221 do CC, pela LD, art. 14, parágrafo único, indaga-se da sobrevivência da restrição. Pensamos que ela perdura, porquanto o art. 1.610 referencia apenas o parentesco ilegítimo, ao passo que, na hipótese em pauta, trata-se de paternidade legítima, independentemente do elemento subjetivo que serviu aos cônjuges no casamento putativo. Basta a leitura comparada do CC, arts. 221 e 337".[43] O art. 221 e seu parágrafo único correspondem ao art. 1.561 e ao seu § 1º do Código em vigor, enquanto os arts. 1.610 e 337 não possuem regras paralelas neste mesmo diploma.

Entretanto, não é a qualidade de filiação que determinará o direito à sucessão, posto que totalmente abolido qualquer preconceito pela ordem constitucional sobre a matéria.

8.4. Sucessão dos pais adotivos e sucessão nos bens dos pais biológicos do filho adotado

A rigor, não mais deve existir distinção alguma entre pais adotivos e pais biológicos, inclusive quanto à sucessão, em vista do art. 41 do Estatuto da Criança e do Adolescente. Consumada a adoção, os pais adotivos são simplesmente pais, em tudo iguais aos pais biológicos. Isto por força do art. 227, § 6º, da Constituição Federal. A sucessão resultante da adoção consta garantida no art. 41, § 2º do Estatuto da Criança e do Adolescente: "É recíproco o direito sucessório entre o adotado, seus descendentes, o adotante, seus ascendentes, descendentes e colaterais até o quarto grau, observada a ordem de vocação hereditária".

Nenhuma diferença existe, portanto, entre a sucessão na filiação biológica e na adotiva. Já o art. 20 encerra o primado da igualdade: "Os filhos, havidos ou não da relação do casamento, ou por adoção, terão os mesmos direitos e qualificações, proibidas quaisquer designações discriminatórias relativas à filiação".

Quanto aos pais biológicos, por determinar a adoção o rompimento de qualquer vínculo com pais e parentes, salvo os impedimentos matrimoniais (art. 41 do Estatuto da Criança e do Adolescente), são totalmente alijados da herança, mesmo que não tenha o adotado qualquer parente com a qualidade de uma das previsões do art. 1.829 do Código Civil.

Mesmo aos filhos adotados não mais se reconhece o direito de suceder por morte dos pais biológicos. Há um rompimento completo do vínculo anteriormente existente.

Ao tempo do Código revogado, muitos restringiam tais efeitos à adoção disciplinada pelo Estatuto da Criança e do Adolescente, sem qualquer reflexo na disciplinada pelo

---

43 Ob. cit., vol. I, p. 302.

Código Civil. Isto porque, defendia-se, se impunha a combinação do § 6º do art. 227 do texto constitucional ao *caput* do mesmo dispositivo: a igualdade limitar-se-ia à adoção de menores porque exclusivamente às crianças, aos adolescentes e jovens é dirigido o *caput* do art. 227.

Inúmeras outras razões vinham adotadas, como as enumeradas por Antônio Chaves. A adoção de pessoas com mais de dezoito anos estaria ferindo a finalidade do próprio instituto, pois não existiria razão em proteger pessoa com idade superior através da adoção, quando muitas outras formas existiam. Daí se extraía que outros objetivos, em geral escusos ou duvidosos, estariam por baixo da adoção, após aquela idade, em geral patrimoniais ou de puro interesse econômico. Ademais, se a adoção visava sobretudo o exercício do poder familiar, em sendo maior o adotado, não haveria uma justificação que leve à adoção.[44]

Não resistia a argumentação, e não resiste se ainda perdurarem resquícios para situações anteriores ao vigente Código, a uma análise mais atenta dos dispositivos constitucionais. Ocorre que o art. 227, com alterações da Emenda Constitucional nº 65/2010, em seus vários parágrafos, trata de outros assuntos, e não apenas de crianças, adolescentes e jovens. Assim no § 2º, quando prevê a proteção que se deve dispensa às pessoas portadoras de deficiências físicas ou mentais, que não se limitam àquelas previstas no *caput* do art. 227.

Além disso, o texto constitucional expressamente impõe que os filhos havidos por adoção terão os mesmo direitos e qualificações que aqueles biológicos ou nascidos durante o casamento. Não há algum indício, no referido texto, para se diferenciar o tratamento. Como proceder à distinção se o legislador constituinte não o fez? A seguir-se tal posicionamento, formar-se-iam duas classes de adotivos: uma, com todos os direitos, idênticos aos dos filhos biológicos; a outra, com somente alguns direitos, quando ambas as espécies de adoção conduzem ao mesmo resultado, que é tornar uma pessoa filha de outra.

Nem as razões de Antônio Chaves se mostravam fortes, de modo a convencer o contrário, além de se revestirem de caráter sociológico. É verdade que muitas adoções, envolvendo pessoas adultas, encerram mais uma razão materialista e interesseira. Mas não pode este elemento ser levado a uma regra geral. Existem adoções que refletem, sobretudo, uma forte aproximação afetiva das pessoas. Forma-se entre o adotante e o filho uma comunhão de interesses, ideais e sentimentos paterno-filiais que torna-se difícil generalizar o puro interesse econômico.

De outro lado, justamente em vista de uma das finalidades da adoção, que é de propiciar filhos aos que não podem tê-los, embora atualmente domine o caráter assistencial, mostra-se de todo inviável afastar a igualdade jurídica dos efeitos, por se entender que não teria sentido a adoção acima de dezoito anos, visto que desaparece o poder familiar ao atingir a pessoa a maioridade. Sempre permanecerá um dos fulcros da adoção, que é de dar filhos aos que não podem ter naturalmente. Por isso, não se justificava e não se justifica afastar a igualdade de direitos com os adotados menores de dezoito anos, sob aquele argumento.

Neste posicionamento, o filho adotivo não pode herdar do pai sanguíneo, pois não calha com o bom-senso que herde de dois pais. Nem o pai sanguíneo herdará do filho adotado.

A regulamentação pelo Código Civil não dá ensanchas a qualquer exegese ou interpretação que leve a alguma distinção nos efeitos entre os adotados menores e maiores.

---

44 *Adoção, Adoção Simples e Adoção Plena*, 3ª ed., São Paulo, Editora Revista dos Tribunais, 1983, p. 493.

180 • Direito das Sucessões | *Arnaldo Rizzardo*

8.5. Representação dos filhos do adotado na sucessão do adotante

Os filhos do adotado necessariamente herdam, por direito de representação, nos bens que ficam por morte do adotante. É o que Walter Moraes ensina: "Na adoção, a integração jurídica do adotado na família do adotante se limita ao adotado, não se estendendo aos demais parentes seus. Mas há filiação (vínculo definitivo de solidariedade), conquanto incompleta. O caráter definitivo está marcado na regra que não lhe permite condição, nem termo. E como filiação tem continuidade, estende-se ao descendente do adotado. Prova disto é o art. 1.605, combinado com o art. 1.604 do Código Civil. Aquele equipara as posições sucessórias. Este diz a regra da linha descendente por cabeça e por estirpe, sem reparos".[45] O mencionado art. 1.604 corresponde ao art. 1.835 do Código de 2002. Já o art. 1.605 não tem regra equivalente no atual diploma civil.

Herdam os filhos por direito de representação, visto que o adotado adquire um direito: o de suceder dentro de certos parâmetros. E este direito de sucessão é transmitido aos filhos. Com a qualidade de herdeiro do adotado, necessariamente terá o filho os direitos de suceder por representação.

Indaga-se, ainda, se há representação dos filhos de pai adotado, ou netos do adotante. A resposta é afirmativa, valendo as fundamentações da isonomia de qualquer espécie de filhos. Já antes da Constituição de 1988 afirmava-se, em aresto: "Concorrendo os descendentes do filho adotivo com outro filho adotivo da inventariante, tem ele direito à herança por direito de representação...".

Ao longo do acórdão, destaca-se esta parte: "Não se pode também concluir que o art. 1.620 limite o direito de representação ao parente consanguíneo, quando se trata de linha descendente. Embora se possa sustentar que a representação é exceção, no caso de adoção não vejo como afastar o benefício em favor do agravado, quando concorre com o irmão de seu pai. Se é certo que nas relações de parentesco, no Código Civil, restringem-se os vínculos de parentesco civil, a posição de Clóvis Beviláqua atende melhor aos fins sociais da lei, ao asseverar que os descendentes do adotado se tornam descendente do adotante. Por isso, defensável o entendimento de que o parentesco civil se prolonga até os filhos do adotado".[46] O citado art. 1.620 equivale ao art. 1.851 do Código em vigor.

8.6. Representação do adotado na sucessão dos pais do adotante

O filho adotivo representa o adotante na sucessão dos pais deste?

A questão ficou bastante singela, frente, primeiramente, ao art. 1.626 do Código Civil de 2002, e, depois, através da Lei nº 12.010, de 03.08.2009, que revogou o citado art. 1.626, passando a reger a matéria o art. 41 do Estatuto da Criança e do Adolescente (Lei nº 8.069, de 13.07.1990). O citado art. 41 proclama que "a adoção atribui a condição de filho ao adotado, com os mesmos direitos e deveres, inclusive sucessórios, desligando-o de qualquer vínculo com os pais e parentes consanguíneos, salvo os impedimentos matrimoniais". Já em face do art. 376 do Código revogado, o parentesco limitava-se ao adotante e ao adotado, exceto quanto aos impedimentos matrimoniais. A diferença nos efeitos é saliente, impondo o surgimento, em relação ao adotado, por imposição do citado art. 41, de uma nova ordem de parentesco. De modo que a sucessão não atingia os parentes do adotado, como os seus descendentes. Na inexistência de descendentes

---

45 *Adoção e Verdade*, São Paulo, Revista dos Tribunais, 1974, p. 115.
46 Agr. Instr. nº 584006878, 1ª Câmara Cível do TJRGS, de 04.04.89, *Revista Forense*, 290/259.

Cap. X | A Ordem na Vocação Hereditária • **181**

ou ascendentes do adotante, recaía a herança nos colaterais. Foi a orientação do STJ: "Nas questões que versam acerca de direito sucessório, aplica-se a lei vigente ao tempo da abertura da sucessão. As adoções constituídas sob a égide dos arts. 376 e 378 do CC/16 não afastam o parentesco natural, resultante da consanguinidade, estabelecendo um novo vínculo de parentesco civil tão somente entre adotante(s) e adotado. Tem, portanto, legitimidade ativa para instaurar procedimento de arrolamento sumário de bens, o parente consanguíneo em 2º grau na linha colateral (irmão natural), notadamente quando, pela ordem de vocação hereditária, ausentes descendentes, ascendentes (naturais e civis), ou cônjuge do falecido".[47]

O art. 227, § 6º, da Carta Magna havia retirado qualquer tratamento diferenciado entre filhos sanguíneos e filhos adotivos. Por conseguinte, o adotado representa o adotante na sucessão dos ascendentes deste último. Falecendo, pois, o adotante antes de seus pais, será ele representado pelo filho adotado.

Em face, primeiramente, do art. 1.626 do atual Código, e, depois, do art. 41 da Lei nº 8.069/1990, surgiu um novo parentesco e, assim, uma nova relação em matéria sucessória.

Viva é a nova ordem que vem desde os arts. 227, § 6º, da Constituição, e 41, § 2º, da Lei nº 8.069/1990. Novo relacionamento foi introduzido, dando realce mais aos valores espirituais, que refletem a grandeza de um gesto humano, do que fatores de ordem natural. A adoção adquire mais valor quando a mesma é integral, com as decorrências e os desprendimentos de quem acolhe um ser humano na mesma dimensão que se o gerasse biologicamente.

9. CÔNJUGE SOBREVIVENTE

Sabe-se perfeitamente que o cônjuge sobrevivente, no regime de comunhão universal, no de comunhão parcial quanto ao patrimônio adquirido durante o casamento, e no regime de participação final nos aquestos relativamente aos bens advindos de forma onerosa na constância do casamento, possui o direito à meação dos bens do casal. Assim, com a morte de um dos cônjuges, fica reservada a metade dos bens ao outro, dentro da especialidade de cada regime. Inclusive no regime de separação obrigatória, consoante amplamente abordado, se firmou convicção da partilha do patrimônio conseguido ao longo da convivência.

Se, no entanto, inexistem descendentes e ascendentes, a herança partilha-se ao cônjuge sobrevivente, que, ao cabo da dissolução da sociedade conjugal por morte, fará jus, então, a todo o patrimônio, por força do art. 1.838: "Em falta de descendentes e ascendentes, será deferida a sucessão por inteiro ao cônjuge sobrevivente".

Não se pode olvidar que o cônjuge passou a ser herdeiro necessário, o que está expresso no art. 1.829 do Código. Herda juntamente com os descendentes e ascendentes, em uma porção discriminada, e desde que preenchidas certas condições.

Muitas eram as críticas ao tempo do Código antigo, por constar o cônjuge supérstite em terceiro lugar, na ordem da sucessão. Na verdade, parecia e ainda mostra-se coerente pensar que, embora a atenuação do atual Código que incluiu o cônjuge entre os herdeiros necessários, ao lado dos descendentes e dos ascendentes, seria mais consentâneo com a realidade colocar o cônjuge depois dos descendentes, em vista dos laços matrimoniais que envolvem duas existências entrelaçadas pelo afeto, pela união, pelos esforços comuns, pelas lutas na aquisição do patrimônio, com toda sorte de esforços e sacrifícios.

---

47   REsp. nº 740.127/SC, da 3ª Turma, j. em 11.10.2005, *DJU* de 13.02.2006.

Na partilha ao cônjuge, em inexistindo descendentes e ascendentes, não importa o regime de bens. Mesmo que não exista meação, partilha-se, aqui, ao cônjuge que permanece. É claro a respeito Jefferson Daibert: "Em qualquer regime de bens do casal, o cônjuge sobrevivente é o herdeiro, muito embora facultativo. Se morre *ab intestato* quem tenha casado pelo regime de separação de bens, o cônjuge sobrevivente colherá todo o patrimônio (herança), desde que o *de cujus* não tenha deixado herdeiros das classes anteriores".[48]

Igualmente no STJ:

> Na hipótese do art. 1.829, III, do Código Civil de 2002, o cônjuge sobrevivente é considerado herdeiro necessário independentemente do regime de bens de seu casamento com o falecido.
>
> Precedentes.[49]

Mas nem sempre foi assim, lembrava Washington de Barros Monteiro: "No direito pré-codificado, os colaterais até o décimo grau tinham primazia sobre o cônjuge sobrevivente. Bem se pode aquilatar os graves inconvenientes desse primitivo sistema".[50]

9.1. Na separação de fato

Herdará o cônjuge, evidentemente, se o casal não se encontrava, à época, separado judicialmente ou divorciado, ou separado de fato há mais de dois anos, a menos que prove, neste caso, que a convivência se tornara impossível sem culpa sua. Eis o teor do art. 1.830: "Somente é reconhecido direito sucessório ao cônjuge sobrevivente se, ao tempo da morte do outro, não estavam separados de fato há mais de dois anos, salvo prova, neste caso, de que essa convivência se tornara impossível sem culpa do sobrevivente". A solução atual, na parte que afasta o direito se apurada a separação de fato, já era defendida por Ney de Mello Almada, quando se encontrava ainda em projeto o Código: "Ora, a extinção do direito sucessório, proposta no direito projetado, é apropriada à realidade. Uma separação prolongada traduz a falência nupcial e, de qualquer modo, põe de manifesto a iniquidade da participação patrimonial, pela ausência do fator acima enaltecido. Não é digno que um cônjuge se locuplete com o produto do trabalho do outro, de quem se separou irreversivelmente. Há precedente no direito comparado, pois o Código Civil argentino, art. 3.515, decretou a caducidade da vocação hereditária no caso de separação de fato".[51]

Com a separação judicial e o divórcio, desde que proferida a sentença, e mesmo que não levada a efeito da partilha, ou com a separação de fato nas condições acima observadas, afasta-se o direito à sucessão, eis que desfeita a sociedade conjugal. Os bens do casal poderão ser partilhados posteriormente.

Todavia, aparece uma situação complexa, decorrente da condição constante do mesmo dispositivo: "... salvo prova, neste caso, de que essa convivência se tornara impossível sem culpa do sobrevivente". Decorre da previsão que, embora a não convivência do casal, o cônjuge sobrevivente pode beneficiar-se da sucessão se provar a inexistência de culpa na

---

48 Ob. cit., p. 112.
49 AgRg no AREsp 585.544/RS, da Terceira Turma, rel. Min. Ricardo Villas Bôas Cueva, j. em 04.05.2017, *DJe* de 22.05.2017.
50 *Direito das Sucessões*, ob. cit., p. 79.
51 Ob. cit., vol. II, p. 312.

Cap. X | A Ordem na Vocação Hereditária • **183**

separação. Depara-se com situação de fato que deve restar provada, o que oportunizará longas discussões incidentais, com a paralisação do próprio inventário.

Nesta parte, não se revelou feliz o legislador. Ou está ou não está separado o cônjuge. Basta a primeira hipótese para afastar qualquer participação no patrimônio que surgiu depois da separação de fato. A questão envolve direito patrimonial. Para ensejar qualquer participação, condição inafastável reside na efetiva união, ou convivência. Ademais, coloca-se uma condição praticamente impossível aos demais herdeiros para afastar o direito do cônjuge sobrevivente, que consiste na prova da culpa da separação de fato. Fica quase impossível lograr a consecução dessa prova se falecido o outro cônjuge. Faltarão aos demais herdeiros elementos para discutir a culpa daquele que sobreviveu.

Imagina-se a pessoa que falece já se encontrando separada de fato há dez ou mais anos, e que convive com outra durante oito ou mais anos. Como exigir que esta última e mesmo os demais herdeiros comprovem a culpa do ex-cônjuge na separação? Haverá uma querela judicial de difícil, senão impossível, solução. Quem se lembrará de fatos passados, ocorridos na restrita esfera familiar, e normalmente do desinteresse das demais pessoas?

Assim, o melhor caminho consistiria em afastar a participação diante do mero fato da existência da separação quando se dera a aquisição do patrimônio.

De outra parte, mais indagações aparecem. Assim, como se fará se a separação, inferior a dois anos, decorreu em razão de uma medida liminar, como de separação de corpos? Passará a herdar o cônjuge pelo simples fato de adquirir os outros bens nesse lapso de tempo? A solução que se afigura está em considerar esta separação como judicial.

9.2. No casamento putativo

Uma outra questão bastante controvertida surge quanto ao casamento putativo. Se os cônjuges casaram de boa-fé, não há problema, observava Itabaiana de Oliveira, no que perdura em relação ao atual Código: "Embora anulável, ou mesmo nulo, se contraído de boa-fé por ambos os cônjuges, o casamento, em relação a estes como aos filhos, produz todos os efeitos civis até o dia da sentença anulatória. Portanto, qualquer que seja o cônjuge sobrevivente, sucede ele ao predefunto, com a exclusão dos colaterais, se a dissolução da sociedade conjugal foi judicialmente decretada depois da morte do cônjuge, de cuja sucessão se trata; se porém, o casamento foi declarado putativo em vida dos cônjuges, desaparece o direito hereditário entre eles, por não existir casamento válido, desde o dia da sentença anulatória".[52]

Se apenas um dos cônjuges casou de boa-fé, a este também não haverá problema, eis que contemplado na sucessão. Mas quanto ao cônjuge de má-fé, nada herdará. Tudo em vista do art. 1.561, parágrafo único, porquanto os efeitos atingem unicamente o cônjuge de boa-fé. No casamento de ambos os cônjuges, por má-fé, nenhum herdará um do outro, já que sem efeito o casamento.

Isto, evidentemente, desde que feita a anulação após a morte de um dos cônjuges (se ambos se consorciarem com má-fé), ou do decesso daquele que agiu de má-fé (se um estava com boa-fé).

Na anulação em vida, não se fala em sucessão, pois os bens se partilham com a anulação.

---

52 *Tratado de Direito das Sucessões*, ob. cit., vol. I, p. 208.

184 • Direito das Sucessões | *Arnaldo Rizzardo*

Vale transcrever, a respeito do assunto, novamente a lição de Itabaiana de Oliveira, anotando que se manteve a inteligência que vigorava sob a égide do Código revogado: "Portanto, se o cônjuge inocente, ou de boa-fé, é o sobrevivente, sucede ele ao predefunto, ao de má-fé, excluindo os colaterais, quando decretada judicialmente a nulidade ou a anulação, depois da morte do cônjuge culpado, porque, se a decretação da nulidade ou da anulação foi feita em vida dos cônjuges, o sobrevivente, embora inocente (de boa-fé), não sucede ao culpado. O cônjuge culpado não sucede ao predefunto, porque, em relação ao que contraiu o casamento de má-fé, os efeitos civis não lhe aproveitarão. É este, também, outro caso de restrição à reciprocidade da sucessão lógica. Declarado putativo o casamento depois da morte de um dos cônjuges (porque a declaração em vida deles em hipótese alguma autoriza a sucessão), o inocente, o de boa-fé, herda do culpado, mas este, o de má-fé, não sucede ao inocente".[53]

Claro, no entanto, que em qualquer hipótese fica ressalvada a meação.

De idêntico modo, os bens particulares não entram na partilha.

9.3. Inexistência do direito ao usufruto

Por derradeiro, no sistema do Código de 1916, em seu art. 1.611, § 1º, se o regime de bens não era o de comunhão universal, reconhecia-se o direito ao usufruto, enquanto durasse a viuvez. Incidia tal favor na quarta parte dos bens do cônjuge falecido se houvesse filhos deste ou do casal, e na metade se inexistentes filhos, embora sobrevivessem ascendentes do *de cujus*. Tendo em conta que pelo atual Código o cônjuge passou a figurar como herdeiro, exceto no regime de comunhão universal, ou no de separação obrigatória, ou no de comunhão parcial caso não tenha o autor da herança deixado bens particulares, não persistem, em parte, razões justificativas para a manutenção do referido benefício. Diz-se em parte porque no regime de separação obrigatória não é contemplado o cônjuge com a herança junto com os descendentes ou ascendentes; de modo igual se o *de cujus* não era titular de bens particulares. De sorte que persistiriam hipóteses que justificam a permanência do usufruto.

9.4. Sucessão em bens do cônjuge estrangeiro

Sendo estrangeiro o cônjuge, e tendo bens no Brasil, a sucessão regula-se pela lei brasileira.

Nesta linha, o art. 10, § 1º, da Lei de Introdução às Normas do Direito Brasileiro: "a sucessão de bens de estrangeiros, situados no País, será regulada pela lei brasileira em benefício do cônjuge ou dos filhos brasileiros, ou de quem os represente, sempre que não lhes seja mais favorável a lei pessoal do *de cujus*".

No mesmo sentido o art. 5º, inc. XXXI, da Carta Federal: "a sucessão de bens estrangeiros situados no País será regulada pela lei brasileira em benefício do cônjuge ou dos filhos brasileiros, sempre que não lhes seja mais favorável a lei pessoal do *de cujus*".

Não importa que resida no exterior o cônjuge estrangeiro. Seguirá a partilha conforme a lei do Brasil. Somente desta forma lograr-se-á a validade da sucessão, com a posterior efetivação do registro imobiliário dos bens imóveis.

---

53 *Tratado de Direito das Sucessões*, ob. cit., vol. I, pp. 208 e 209.

Não haveria alguma viabilidade de trazer-se ao Brasil o formal de partilha confeccionado em país estrangeiro, e efetuar o registro imobiliário aqui, quando os requisitos podem ser diferentes daqueles exigidos no país onde morreu o autor da herança.

Com isso, evidentemente, procura-se uma proteção ao cônjuge brasileiro, bem como à descendência havida da união conjugal.

Mas se a lei do país de onde é originário o estrangeiro apresentar-se mais favorável, tem o cônjuge brasileiro a opção para seguir a lei daquele país.

Orlando Gomes disseca o dispositivo, dando os seguintes detalhes: "Para a aplicação da regra precisam reunir-se as seguintes condições: *a*) ser nacional o cônjuge sobrevivente, marido ou mulher; *b*) ser estrangeiro o cônjuge falecido; *c*) deixar o finado bens sitos no País; *d*) ter domicílio no estrangeiro; *e*) não ser mais benéfica a lei do país em que era domiciliado".[54]

10. OS COLATERAIS

Segundo o escalonamento do art. 1.829, os colaterais aparecem em quarto lugar para serem aquinhoados no inventário. Remota é a possibilidade de acontecer a hipótese, eis que antes deles se encontram os descendentes, os ascendentes e o cônjuge (ou companheiro do *de cujus*, conforme o art. 1.790 e seus incisos).

Os colaterais herdam até o parentesco em quarto grau, sendo que descendem de um tronco ancestral comum, mas sem descenderem uns dos outros. O morto e os colaterais provêm de um mesmo parente. Os irmãos e os sobrinhos, dentre outros, se encontram nesta classe, eis que os respectivos progenitores são filhos de um mesmo pai.

O art. 1.839 apresenta esta classe de herdeiros: "Se não houver cônjuge sobrevivente, nas condições estabelecidas no art. 1.830, serão chamados a suceder os colaterais até o quarto grau".

A norma não oferece maiores dificuldades. Ou seja, inexistindo cônjuge sobrevivente, ou, se existir, incorrer ele na incapacidade do art. 1.830, convocam-se os irmãos, ou os tios, ou os sobrinhos, para herdarem.

O art. 1.830 afasta o direito de herdar se está o cônjuge separado judicialmente, ou separado de fato há mais de dois anos, salvo prova, neste caso, de que a convivência se tornara impossível por culpa do cônjuge sobrevivente.

É preciso, num primeiro momento, definir o grau de parentesco.

Entre um parente e outro, há um grau de parentesco. Falecendo uma pessoa, não havendo descendentes, ascendentes e cônjuge, procura-se ver qual o grau de parentesco dos colaterais. Para tanto, na linha colateral, também chamada oblíqua e transversal, percorrem-se duas sublinhas: a linha direta ascendente e a linha reta descendente. Isto é, parte-se do falecido, subindo até o seu ascendente, e depois retorna-se ao herdeiro. Na eventualidade de se tratar de um irmão do falecido, o primeiro passo é encontrar o ascendente comum, ou o pai, e daí desce-se até o irmão. Há, aqui, dois graus.

Já quanto ao sobrinho, temos o parentesco em terceiro grau. Com efeito, o tio será a pessoa autora da herança. Qual o ancestral comum? Sem dúvida, é o progenitor do morto, que se torna o avô do sobrinho. O morto e o pai do herdeiro são irmãos. Daí, partindo-se do sobrinho, sobe-se até seu pai (que é irmão já falecido do morto), alcançando-se

---

54 *Sucessões*, ob. cit., p. 89.

um grau; prossegue-se até o avô (que é pai do morto), o que permite somar mais um grau. Depois, retorna-se ao morto (filho do falecido), somando-se, agora, o último grau e fornecendo, portanto, o parentesco em terceiro grau.

E falecendo o sobrinho, sem descendentes, ascendentes, cônjuge e irmãos, herda o tio, que também é parente em terceiro grau. Calcula-se este grau partindo-se do tio, e indo até o tronco comum do qual vem o sobrinho, resultando um grau. Assim, chega-se ao pai do tio, que também é tio-avô do sobrinho. Ou o pai do sobrinho é filho do mesmo pai do tio. E do ascendente comum do tio e do pai do sobrinho, desce-se até este, alcançando-se mais dois graus. De modo que está, aí, o parentesco colateral em terceiro grau.

Os primos são parentes em quarto grau – limite máximo que admite a sucessão dos colaterais. Procura-se encontrar a escala a contar do primo falecido. Para tanto, deve-se saber que os progenitores dos sobrinhos são irmãos entre si, enquanto os sobrinhos, entre eles, consideram-se primos. Daí atingir-se o quarto grau em razão de se iniciar a contagem desde o primo, indo-se ao pai (e tio do morto), o que resulta um grau. Segue-se mais um grau, e atinge-se o avô do primo herdeiro (progenitor de seu pai e progenitor do pai do primo que faleceu). O terceiro grau está no retorno desde o ascendente comum até o pai do primo falecido. O último e quarto grau consiste na passagem do pai do falecido (tio do herdeiro) até o falecido (primo do herdeiro).

No mesmo grau se encontram o tio-avô e o sobrinho-neto.

Mas, é claro, tais parentes herdam se inexistirem outros herdeiros mais próximos, isto é, inexistindo descendentes, ascendentes, cônjuge, irmãos e tios.

Neste sentido dispõe o art. 1.840, quanto aos colaterais: "Na classe dos colaterais, os mais próximos excluem os mais remotos, salvo o direito de representação concedido aos filhos dos irmãos".

Sobre o assunto, conclui Orlando Gomes: "Não havendo sobrinhos de terceiro grau, chama a lei à sucessão: *a*) os tios que se acham no mesmo grau de parentesco; *b*) o sobrinho-neto, o tio-avô e o primo-irmão do *de cujus*, uma vez que estão todos no mesmo grau de parentesco, o quarto, partilhando-se a herança por cabeça, sempre".[55]

Importa especificar a sucessão em cada classe de colaterais.

10.1. Sucessão de irmãos

Estes participam da herança se antes deles não há herdeiro preferencial e se não tiver o inventariado disposto a totalidade do patrimônio em testamento.

O art. 1.841 faz a distinção na distribuição do patrimônio entre duas classes de irmãos: os bilaterais e os unilaterais. Os primeiros, também chamados germanos, têm pai e mãe comuns. Nos segundos, somente um progenitor é comum de todos eles, sendo cognominados de uterinos caso a mãe seja comum, e consanguíneos se o pai é comum.

Reza o dispositivo supra: "Concorrendo à herança do falecido irmãos bilaterais com irmãos unilaterais, cada um destes herdará metade do que cada um daqueles herdar".

Tem-se, aí, a morte de uma pessoa, a qual deixa apenas irmãos. Sendo eles irmãos de pai e mãe, ou seja, germanos ou bilaterais, não se afigura dificuldade na partilha, que se processa por cabeça, ou dividindo-se o patrimônio pelo número de irmãos.

---

55 *Sucessões*, ob. cit., pp. 80 e 81.

Se, entretanto, o falecido é irmão unicamente de parte do pai, ou da mãe de alguns dos herdeiros, já se altera o quanto da partilha: os herdeiros receberão metade daquilo que é assegurado aos demais irmãos. É natural que assim seja, em razão do maior parentesco de sangue quando os irmãos descendem de pai e mãe comuns.

Mas, o que é uma decorrência do dispositivo acima, se apenas irmãos unilaterais concorrem à herança, aí altera-se o princípio da partilha naquela forma: todos recebem quinhões exatamente iguais.

Como é calculado o quinhão, havendo herdeiros bilaterais e unilaterais? Por certo, não se dividirá o monte-mor pelo número de herdeiros, recebendo os irmãos germanos o dobro do reservado aos demais, posto que, então, faltaria patrimônio para todos.

Contar-se-ão os herdeiros; para cada irmão germano acrescenta-se uma unidade. Sendo, pois, quatro os herdeiros, classificados em dois germanos e dois unilaterais, a divisão se efetuará por seis. O resultado encontrado multiplica-se por duas unidades, que corresponderá ao quinhão de cada irmão germano. Os unilaterais receberão o equivalente a um quinhão apenas.

Precisa é a lição do Min. Paulo de Tarso Sanseverino, em voto proferido, trazendo exemplo no cálculo:

"Com efeito, a fórmula correta de cálculo que se extrai do enunciado normativo do art. 1.841 do Código Civil é no sentido de que, cabendo ao irmão germano (bilateral) o dobro do devido aos irmãos unilaterais, na divisão da herança, atribui-se peso dois (2) para cada irmão bilateral e peso um (1) para cada irmão unilateral.

Nesse sentido, é precisa lição de Carlos Maximiliano, comentando a regra do art. 1.614 do Código Civil de 1916, correspondente ao art. 1.841 do Código Civil de 2002 (*Direito das Sucessões*, Rio de Janeiro, Freitas Bastos, 1958, 4ª ed., vol. I, nº 150, p. 175), *in verbis:*

'*Quando concorrem irmão unilaterais com bilaterais, para se calcularem os quinhões contam-se os últimos cada um por dois; o quociente é a parte do unilateral; o dobro será a do germano. Exemplo: A tem 3 irmãos bilaterais e 5 unilaterais; divide-se o valor global do espólio, excluídas as dívidas, por 3 + 3 + 5, isto é, por 11. Sendo o acervo de Cr$ 33.000,00, o unilateral recolhe – Cr$ 33.000,00 / 11 = Cr$ 3.000,00; o germano, o dobro – Cr$ 6.000,00.*

No caso dos autos, existindo um irmão bilateral e três irmãs unilaterais, a herança divide-se em cinco partes, sendo 2/5 (dois quintos) para o irmão germano e 1/5 (um quinto) para cada irmã unilateral, totalizando para elas 60% (ou 3/5) do patrimônio deixado pelo irmão unilateral falecido. Assim, o valor a ser depositado pelo recorrido, enquanto persistir a polêmica em torno da validade do testamento deixado pelo irmão falecido em seu favor, é de 60% do montante dos aluguéis auferidos com a locação do imóvel, podendo ficar para si com os 40% restantes por se tratar de parcela incontroversa".[56]

Nesta linha o magistério de Pinto Ferreira, de inteira aplicação: "Assim, o irmão bilateral ou germano receberá o dobro do que tiver de herdar o irmão unilateral, ou, à maneira inversa, o irmão unilateral receberá um quinhão hereditário igual à metade do que percebe o irmão bilateral. Exemplificando: J. B. S. tem dois irmãos germanos ou bilaterais e dois irmãos unilaterais, morrendo solteiro, sem ascendentes ou descendentes, com uma herança de (...). A herança é dividida pelo dobro dos irmãos colaterais (dois

---

56 REsp nº 1.203.182, da 3ª Turma, j. em 19.09.2013, *DJe* de 24.09.2013.

188 • Direito das Sucessões | *Arnaldo Rizzardo*

irmãos, cujo dobro é quatro), com a soma do número de irmãos unilaterais (...). Soma que dá seis (...). Divide-se a herança por seis".[57]

No art. 1.842 disciplina-se a forma de partilha se concorrem apenas irmãos unilaterais: "Não concorrendo à herança irmão bilateral, herdarão, em partes iguais entre si, os unilaterais".

Evidente que, no caso, todos são de igual parentesco, posto que filhos ou do mesmo pai ou da mesma mãe.

Regra que também se aplica se concorrem unicamente irmãos bilaterais.

A sucessão é, sem dúvida, por cabeça.

10.2. A sucessão de sobrinhos e irmãos do *de cujus*

Há permissão legal para a sucessão de irmãos e sobrinhos. Mas unicamente por representação quanto aos sobrinhos, e não por direito próprio. Eles representam o progenitor premorto, e irmão do extinto autor da herança. Há, em outras palavras, o direito de representação.

O art. 1.840 bem define esta sucessão: "Na classe dos colaterais, os mais próximos excluem os mais remotos, salvo o direito de representação concedido aos filhos de irmãos".

Percebe-se que os filhos de irmãos (sobrinhos do falecido) representam o pai premorto. Mas, aí, a herança, quanto a estes, não será por cabeça, e sim por estirpe. Divide-se o monte-mor pelo número de herdeiros (irmãos). Após, o monte que tocaria ao herdeiro premorto será partilhado pelo número de filhos que este deixou.

O direito de representação dá-se unicamente em relação aos filhos do irmão. Não é possível estendê-lo a outras classes de colaterais, como no caso dos tios. Assim já se manifestava a jurisprudência da época do Código de 1916, com apoio na doutrina, perenizando na vigência do Código em vigor a inteligência: "Como se sabe, a sucessão por direito de representação ocorre quando alguém é chamado a ocupar o lugar vago de herdeiro presumido que faleceu antes da abertura da sucessão a que concorre, como afirma Carlos Maximiliano (*Direito das Sucessões*, nº 123): 'Se morre um homem antes de seu pai ou do avô, os filhos tomam o seu lugar, representam-no. Tal direito de representação, na linha de descendentes, vai ao infinito; porém, na linha colateral, inicialmente a lei estabelece que os mais próximos excluem os mais remotos (art. 1.613 do CC), para depois estabelecer que esse direito só ocorre em favor dos filhos e irmãos do falecido quando com o irmão deste concorrerem (art. 1.622 do CC), exatamente porque o filho do irmão premorto irá representá-lo, excluindo da sucessão o tio do falecido, que é parente em igual grau com o sobrinho e filho do irmão que estaria no terceiro grau.'"[58] Lembra-se de que o art. 1.613 equivale ao vigente art. 1.840, enquanto o art. 1.622 tem a mesma redação do atual art. 1.853.

Jefferson Daibert, no tocante a colaterais mais distantes que os sobrinhos, assim preceituava: "Na continuidade da linha colateral, não haverá tal direito de representação, tanto que se todos os colaterais que vêm à sucessão pertencem à mesma classe, herdarão por direito próprio e por cabeça (...). Mas se entre os sobrinhos um só que houvesse premorrido (...), deixando filhos (...), não herdariam (estes) porque não têm, por lei, o direito de repre-

---

57 *Tratado das Heranças e dos Testamentos*, ob. cit., p. 106.
58 Apel. Cív. nº 592064075, 7ª Câmara Cível do TJRGS, de 19.05.93, *Revista de Jurisprudência do TJRGS*, 160/311.

sentação, não pertencem à mesma classe chamada, que é a do terceiro grau, posto que são do quarto grau, sendo que ainda há herdeiros da classe anterior, com direito à sucessão".[59]

Exsurgia, no Código de 1916, uma disposição de certa importância, também na concorrência de irmãos e sobrinhos do *de cujus*, inserida no então art. 1.615: "Se com tio ou tios concorrerem filhos dos irmãos unilateral ou bilateral, terão eles, por direito de representação, a parte que caberia ao pai ou à mãe, se vivessem".

O dispositivo tinha por objetivo maior estabelecer uma distinção entre filhos de irmãos unilaterais e bilaterais, ficando induvidoso que se tratava da sucessão em que concorriam tios e filhos do irmão do morto, ou tios e sobrinhos. Tios, no entanto, dos sobrinhos, e não do morto, do qual eram irmãos.

A aplicação, no entanto, tem por diretriz o art. 1.841. Daí a omissão na reprodução de regra específica no Código de 2002.

De que maneira se procede à partilha, quando concorrem irmãos e sobrinhos do autor da herança?

Em princípio, não haverá dificuldades. Sendo todos os irmãos unilaterais, e na hipótese em número de três, necessariamente divide-se em três partes a herança. Se um dos irmãos for premorto e possuir dois filhos, a respectiva porção tocará para seus dois filhos.

Não é diferente a divisão se unicamente bilaterais os irmãos: partilha-se por cabeça. Tendo um irmão falecido antes do autor da herança, a respectiva porção caberá aos filhos que ele teve.

Mas se dois irmãos classificam-se como bilaterais e o outro como unilateral, e recebendo aqueles o dobro do último, para seguir este critério impõe-se a divisão por cinco, cabendo duas partes a cada irmão bilateral. Sobrevivendo filhos de algum desses irmãos, em face do falecimento anterior ao do autor da herança, o respectivo quinhão transmitir-se-á aos ditos filhos.

E se o irmão que faleceu antes do autor da herança não deixar filhos? Evidente que a sua parte integrará aquela que for destinada aos demais irmãos.

Naturalmente, não existindo herdeiros do mesmo, e aqui seriam apenas seus filhos, de conformidade com os arts. 1.852 e 1.853, a respectiva porção comporá aquela dos demais irmãos.

E se o irmão, não possuindo descendência, deixar cônjuge? Participará este da sucessão?

A resposta é negativa, se houver falecido antes do autor da herança, eis que unicamente aos descendentes reserva-se a representação. Os dispositivos que cuidam da sucessão por representação não contemplam o cônjuge, caso falecido o irmão do sucedido. Mas diferente é o tratamento da matéria caso o irmão falecer após o autor da herança. Em vista do art. 1.784, o respectivo quinhão passa para o cônjuge supérstite. Mesmo que haja descendentes ou ascendentes, o cônjuge participará como herdeiro. Outrossim, a sua meação envolverá também a parcela acrescida com o decesso do dito irmão, se o casamento houver sido contraído pelo regime de comunhão universal.

10.3. Sucessão de sobrinhos e tios

Conforme já desenvolvido antes, tanto os sobrinhos como os tios se encontram na mesma escala de parentesco, isto é, em terceiro grau.

---

59 Ob. cit., p. 115.

190 • Direito das Sucessões | *Arnaldo Rizzardo*

Se o falecido, quando de seu óbito, deixou apenas sobrinhos e tios, todos herdarão ou apenas alguns? Por se encontrarem no mesmo grau, todos herdariam em igualdades de condições. Mas os sobrinhos têm preferência, não sendo de pensar na divisão da herança entre eles e os tios. Isto em razão do art. 1.843, que assim está redigido: "Em falta de irmãos, herdarão os filhos destes e, não os havendo, os tios".

Pensa-se que, aqui, a atribuição da herança é por direito próprio, visto que não subsistem irmãos vivos. Realmente, se apenas vivem sobrinhos, não tem razão de se falar em representação. Ressalte-se o interesse social em proteger as gerações mais novas e em formação.

Este ponto de vista era um tanto controvertido, segundo emerge da lição de Orlando Gomes: "Tios e sobrinhos estão no mesmo grau de parentesco. Deveriam ser chamados, portanto, juntamente, por igual a proximidade do parentesco. Entende-se, porém, que a regra de exclusão dos parentes mais próximos e a consequência de que os do mesmo grau concorrem com direitos iguais não prevalecem, em face do preceito conforme o qual são chamados em falta de irmãos. A tese é contestável até porque o direito de representação somente se concede quando os sobrinhos concorrem com irmãos do *de cujus*. No mesmo grau de parentesco, não pode haver exclusão de uns parentes por outros. Inclina-se a doutrina, todavia, para a interpretação de que a lei quis assegurar preferência, em falta de irmãos, aos filhos destes, afastando os tios e o autor da herança".[60]

A jurisprudência, buscando apoio em Maria Helena Diniz, já encontrava a razão para favorecer os sobrinhos numa ficção da lei, que os coloca em segundo grau, por direito de representação: "Ensina a Professora Maria Helena Diniz (*Curso de Direito Civil*, 5ª ed., 1989, VI/92-95) que 'os irmãos, em relação do *de cujus*, estão em segundo grau, mas pelo direito de representação os sobrinhos e filhos de irmãos aproximam-se do falecido em grau, ficando, ficticiamente, no segundo, excluindo os tios do finado, que também se encontram no terceiro grau, porque no que concerne a este não existe direito de representação.' Mais adiante, assevera: 'Os sobrinhos são parentes em terceiro grau; na falta de irmãos, eles serão chamados à sucessão do *de cujus*; embora os tios também sejam parentes de terceiro grau, a lei dá preferência aos sobrinhos (CC, art. 1.617). Na concorrência entre sobrinhos, a regra é a sucessão por cabeça e não por estirpe (CC, art. 1.617, § 1º)'.

Continua a mestra: 'Depois dos sobrinhos chamam-se os tios do *de cujus*, e depois os sobrinhos netos, tios-avós e primos-irmãos dos autos da herança, que se encontram no quarto grau de parentesco para com este; inexistindo representação, sucedem por direito próprio, partilhando-se a herança por cabeça, sem que se faça qualquer distinção entre os que o são por linha simples e por linha duplicada, herdando todos igualmente'".[61]

Diante da atual regra do art. 1.843, não resta mais espaço para discussão, havendo referência expressa de que os tios serão contemplados se inexistirem sobrinhos.

10.4. Sucessão de sobrinhos filhos de irmãos unilaterais e irmãos bilaterais

Detalha-se com mais abrangência o assunto, que já teve destaques nos itens anteriores.

Conforme deflui do art. 1.843, na falta de irmãos a herança recai nos sobrinhos, ou filhos dos irmãos do morto; não havendo sobrinhos, vai a herança para os tios.

---

60 Ob. cit., p. 80.
61 Apel. Cív. nº 592064075, 7ª Câmara Cível do TJRGS, de 19.05.93, *Revista de Jurisprudência do TJRGS*, 160/311.

Trata-se de uma norma que coloca os sobrinhos em um nível de preferência quanto aos tios do extinto, embora todos parentes do mesmo grau, matéria já analisada.

Há algumas regras que especificam detalhadamente a forma da partilha, conforme sejam os sobrinhos filhos de irmãos unilaterais ou bilaterais do morto.

O § 1º do dispositivo acima repete uma regra que já defluíra de preceitos anteriores: "Se concorrerem à herança somente filhos de irmãos falecidos, herdarão por cabeça". Divide-se o patrimônio pelo número de herdeiros, o que não oferece qualquer dificuldade de entendimento. Assim, não importa se um irmão tenha dois filhos, e o outro apenas um: a divisão procede-se por três, e não pela estirpe, ou por dois.

Já o § 2º traz uma distinção entre filhos unilaterais e bilaterais: "Se concorrem filhos de irmãos bilaterais com filhos de irmãos unilaterais, cada um destes herdará a metade do que herdar um daqueles".

Verifica-se, neste caso, uma atribuição maior de herança aos filhos de irmãos bilaterais do morto, isto é, irmãos de pai e de mãe.

Como se procede à partilha?

Não será através da divisão do montante da sucessão pelo número de sobrinhos, mas sim pela quantidade de sobrinhos acrescida de mais tantas unidades quantos forem os sobrinhos filhos de irmãos bilaterais, tudo de acordo com o observado anteriormente. Exemplificando, havendo dois sobrinhos filhos de irmãos unilaterais, e dois filhos de irmãos bilaterais, a divisão far-se-á por seis. A parte atribuível aos últimos será multiplicada por dois.

O § 3º, por sua vez, prevê a possibilidade de todos os filhos serem da mesma espécie: "Se todos forem filhos de irmãos bilaterais, ou todos de irmãos unilaterais, herdarão por igual".

Nota-se que prevalece a partilha *per capita*. Há uma simples divisão do monte-mor pelo número de herdeiros.

11. A UNIÃO CONJUGAL ESTÁVEL E A SUCESSÃO

Consoante escreve Tarlei Lemos Pereira, em excelente obra sobre a matéria, a Constituição Federal de 1988, no art. 226, consagrou ampla definição de família, como base da sociedade, garantindo-lhe proteção especial do Estado, independentemente do modo pelo qual tenha se originado a união.

Dos §§ 1º ao 4º do mencionado preceito constitucional, extraem-se três formas de família, em razão de suas respectivas origens, sendo a *primeira* pelo casamento, que poderá ser civil ou religioso com efeitos civis; a *segunda*, pela união estável, estabelecida entre homem e mulher; e a *terceira*, pela comunidade integrada por qualquer dos pais e seus descendentes.[62]

Assim, dada a proteção constitucional, decorre naturalmente o direito à sucessão pela morte de um dos conviventes em favor do sobrevivente, observados os regramentos que vão descritos.

Em princípio, o companheiro não pode habilitar-se de imediato no inventário, para salvaguardar a meação do patrimônio construído durante a união, sem, antes, ser declarada e reconhecida a união estável. É indispensável a prova ou a definição de que existiu a

---

62 *Direito Sucessório dos Conviventes na União Estável*, São Paulo, Letras Jurídicas, 2013, p. 37.

comunhão conjugal, como os julgados já proclamavam ao tempo do Código anterior: "A simples alegação da existência de união estável entre o agravante e a falecida companheira não gera direito à meação, tampouco autoriza habilitação no inventário dos bens deixados pela companheira conhecida, pois tal direito deve ficar sobejamente demonstrado nas vias ordinárias". E, com apoio na doutrina de outrora: "A esse respeito bem esclarece Caio Mário da Silva Pereira em *Instituições de Direito Civil*, V/37, Direito de Família, ao tratar do concubinato: 'A partilha de haveres adquiridos pelo esforço comum, a título de liquidação de uma sociedade de fato, é mais aceita, no pressuposto de que se comprove sua existência, prova esta que pode ser dada por todos os meios, exigindo contudo se apure a circunstância de haverem os amantes colocado recursos e esforços em comum para a obtenção dos resultados, bem como se verifique a intenção de participarem um e outro de ganhos e perdas'".[63]

A matéria não oferecia maior dissenso jurisprudencial e doutrinário. No tocante ao direito de herdar (e não à meação), o companheiro não podia, até a Constituição Federal de 1988, ser contemplado.

Houve uma substancial inovação legislativa sobre o assunto, não propriamente quanto à meação, mas sim relativamente ao direito de herdar.

Surgiram as Leis nos 8.971, de 29.12.1994, e 9.278, de 10.05.1996, regulando o direito dos companheiros aos alimentos, à sucessão e à conversão da união estável em casamento. Praticamente, no que diz com a meação, vieram a legalizar aquilo que a doutrina e jurisprudência já desde longo tempo admitiam, e passou a constar previsto na Constituição Federal, cujo art. 226, § 3º, não condiciona os direitos à existência ou não do casamento. Eis sua redação: "Para efeito da proteção do Estado, é reconhecida a união estável entre o homem e a mulher como entidade familiar, devendo a lei facilitar sua conversão em casamento".

Desde o momento em que a ordem constitucional tornou reconhecida a união estável como entidade familiar, evidente que o alcance atinge os direitos patrimoniais, incluída neles a sucessão, independentemente de um dos companheiros ter sido ou não casado.

Cumpre se proceda ao estudo destacando matéria restritamente à meação e à herança, em face dos ditames aportados pelo Código Civil.

11.1. Direito à meação

Quanto à meação, a regra é a mesma do regime de comunhão parcial: reparte-se o patrimônio formado no curso da união, exceto o proveniente de doação e de sucessão hereditária. A disciplina legal está no art. 1.725 do Código Civil, o qual estatui: "Na união estável, salvo contrato escrito entre os companheiros, aplica-se às relações patrimoniais, no que couber, o regime da comunhão parcial de bens". Antes do Código Civil de 2002, constava o regramento no art. 3º da Lei nº 8.971, de 1994, que rezava: "Quando os bens deixados pelo(a) autor(a) da herança resultarem de atividade em que haja colaboração do(a) companheiro(a), terá o sobrevivente direito à metade dos bens".

Pelo atual sistema, partilham-se os bens amealhados durante a convivência, tanto em decorrência do rompimento pela mera separação dos conviventes, como pela morte de um deles. Aquele que sobreviver terá direito à meação.

---

63 Agr. Instr. nº 593147630, 8ª Câmara Cível do TJRGS, de 16.12.93, *Revista de Jurisprudência do TJRGS*, 163/255.

11.2. Direito à herança

Relativamente à herança é que aparece a maior novidade. Ou seja, foi ampliada a ordem da sucessão hereditária, por equiparar o companheiro ou a companheira ao cônjuge, embora o evidente erro de técnica legislativa, por não vir constando a sua inclusão na mesma parte do Código que estabelece a ordem da vocação hereditária em geral (arts. 1.829 e seguintes do Código). Neste particular, são procedentes as críticas que se fizeram sentir, pois inadmissível a inclusão da disciplina nas disposições gerais sobre a sucessão, quando a matéria trata de disposição particular. Daí a coerência da declaração de inconstitucionalidade do art. 1.790 do Código Civil pelo STF, como se analisará abaixo.

Há a participação na herança, vindo ditada a distribuição no art. 1.790 do Código Civil: "A companheira ou o companheiro participará da sucessão do outro, quanto aos bens adquiridos onerosamente na vigência da união estável, nas condições seguintes:

I – se concorrer com filhos comuns, terá direito a uma quota equivalente à que por lei for atribuída ao filho;

II – se concorrer com descendentes só do autor da herança, tocar-lhe-á a metade do que couber a cada um daqueles;

III – se concorrer com outros parentes sucessíveis, tem direito a 1/3 (um terço) da herança;

IV – não havendo parentes sucessíveis, terá direito à totalidade da herança".

Do *caput* do dispositivo extrai-se que o direito à sucessão restringe-se quanto aos bens adquiridos onerosamente, ficando fora, pois, aqueles recebidos em doação ou em herança.

Outrossim, envolve unicamente o patrimônio constituído durante a união estável, e não aqueles bens trazidos por um dos conviventes.

Na dicção do dispositivo, participa o convivente da sucessão do outro restritamente nas proporções assinaladas, se existirem sucessores filhos comuns, ou sucessores filhos só do autor da herança, ou sucessores outros parentes. Não havendo parentes sucessíveis, o sobrevivente receberá a totalidade da herança, mas restritamente quanto aos bens surgidos, de forma onerosa, durante a união estável.

Em relação ao inc. I, dá-se a sucessão de igual modo como é atribuída ao cônjuge supérstite. Quanto ao inc. II, entrementes, abre-se um tratamento discriminatório em relação ao casamento, atribuindo ao companheiro somente a metade do que couber a cada um dos descendentes só do autor da herança. Já em vista a outros parentes sucessíveis – inc. III –, não importando o grau ou a classe, o companheiro participa de um terço da herança, enquanto no casamento ao cônjuge supérstite cabe igual porção se concorre com ascendentes em primeiro grau, sendo-lhe deferida a metade se houver um só ascendente, ou se maior for aquele grau – art. 1.837. No pertinente à inexistência de parentes sucessíveis – inc. IV –, é incompreensível a diferença referentemente ao casamento, onde o cônjuge receberá o total da herança se não houver parente descendente ou ascendente – art. 1.838. Na união estável, têm prioridade os parentes em ordem inferior, significando a discriminação frente ao casamento, à toda evidência mais prestigiado.

As diferenças entre o casamento e a união estável, no campo da sucessão, aparecem bem destacadas por Maria Aracy Menezes da Costa: "O cônjuge continua preferindo os colaterais na herança, herdando a totalidade na falta de descendentes, ao passo que o companheiro sobrevivente, nessa hipótese de não haver descendente nem ascendentes, não fica com a totalidade da herança, mas a divide com os colaterais. Somente ficará o

194 • Direito das Sucessões | *Arnaldo Rizzardo*

companheiro com a totalidade da herança se não houver parentes sucessíveis do falecido. E, mesmo assim, o *caput* do art. 1.790 é bem explícito quando dispõe somente com relação aos bens havidos a título oneroso e na vigência da união estável. Então, se não há colaterais, e os bens forem anteriores à união estável, herdará o ente público: Município, Distrito Federal ou União.

Evidencia-se no Código Civil Brasileiro de 2002 visível tratamento diferenciado entre os institutos familiares do casamento e da união estável, favorecendo o casamento. Para os que entendem as entidades familiares como 'gênero', e casamento e união estável como 'espécies', a distinção se mostra correta e justa. Já para quem faz a leitura constitucional como sendo iguais todas as entidades familiares, a distinção evidenciada no Código Civil de 2002 é tida como uma inaceitável discriminação".[64]

O STF, em decisões proferidas no julgamento dos Recursos Extraordinários 646.721 e 878.694, com repercussão geral reconhecida, declarou, por maioria de votos, a inconstitucionalidade do art. 1.790 do Código Civil.

A matéria vinha sendo discutida nos meios jurídicos desde a vigência do Código Civil de 2002, e constituiu uma das bandeiras do Instituto Brasileiro de Direito de Família (IBDFAM), e da Associação de Direito de Família e das Sucessões (ADFAS), tanto que ingressaram como *amicus curiae* nos mencionados recursos.

Os julgamentos foram concluídos no dia 10 de maio de 2017. A inconstitucionalidade tem como fundamento a violação aos princípios da igualdade, da dignidade da pessoa humana, da proporcionalidade e da vedação ao retrocesso. Reconheceu-se a igualdade de direitos na sucessão entre cônjuges e companheiros, tanto na relação heteroafetiva como na homoafetiva. Na apreciação dos temas 809 e 498, restou aprovada a seguinte tese: "É inconstitucional a distinção de regimes sucessórios entre cônjuges e companheiros prevista no art. 1.790 do CC/2002, devendo ser aplicado, tanto nas hipóteses de casamento quanto nas de união estável, o regime do art. 1.829 do CC/2002".

O STJ adotou a posição, conforme a seguinte ementa:

> Recurso especial. Civil. Processual civil. Direito de família e das sucessões. Distinção de regime sucessório entre cônjuges e companheiros. Impossibilidade. Art. 1.790 do Código Civil de 2002. Inconstitucionalidade. STF. Repercussão geral reconhecida. Art. 1.829 do Código Civil de 2002. Princípios da igualdade, dignidade humana, proporcionalidade e da razoabilidade. Incidência. Vedação ao retrocesso. Aplicabilidade.
>
> 1. No sistema constitucional vigente é inconstitucional a distinção de regimes sucessórios entre cônjuges e companheiros, devendo ser aplicado em ambos os casos o regime estabelecido no artigo 1.829 do CC/2002, conforme tese estabelecida pelo Supremo Tribunal Federal em julgamento sob o rito da repercussão geral (Recursos Extraordinários nos 646.721 e 878.694).
>
> 2. O tratamento diferenciado acerca da participação na herança do companheiro ou cônjuge falecido conferido pelo art. 1.790 do Código Civil/2002 ofende frontalmente os princípios da igualdade, da dignidade humana, da proporcionalidade e da vedação ao retrocesso.
>
> 3. Ausência de razoabilidade do discrímen à falta de justo motivo no plano sucessório.
>
> 4. Recurso especial provido.[65]

---

64 *Direito das Sucessões no Novo Código Civil Brasileiro*, trabalho citado, p. 271.
65 REsp 1.332.773/MS, da Terceira Turma, rel. Min. Ricardo Villas Bôas Cueva, j. em 27.06.2017, *DJe* de 1º.08.2017.

Persistem, porém, as críticas, em especial sob o ponto de vista de que o casamento e a união estável são institutos similares e não iguais, justificando o tratamento diferenciado, embora a mesma conotação de instituição familiar.

Seja como for, termina o caos jurisprudencial de decisões divergentes nos tribunais, visto que a repercussão geral reconhecida afetará todos os casos assemelhados. A decisão não se limita ao caso concreto julgado, mas alcançará todas as situações equivalentes.

A união estável ou sociedade conjugal de fato é que interessa para a formação de direitos, devendo conter os pressupostos ou requisitos externados no art. 1.723 do Código: "É reconhecida como entidade familiar a união estável entre o homem e a mulher, configurada na convivência pública, contínua e duradoura e estabelecida com o objetivo de constituição de família". Exige-se, para a caracterização, apenas a convivência pública, contínua e duradoura de um homem e de uma mulher, com o objetivo de constituição de família. O importante é a convivência com aquelas qualidades. Dispensa-se a exigência de um determinado período de tempo, desde que suficiente a duração para a formação de bens em a sua vigência.

Não incide, para o reconhecimento, o esforço comum na constituição do patrimônio, que era imposto pela Súmula nº 380 do STF, com esta redação: "Comprovada a existência de sociedade de fato entre os concubinos, é cabível a sua dissolução judicial, com a partilha do patrimônio adquirido pelo esforço comum".

Todavia, se impõe a exigência de ser a pessoa solteira, ou viúva, ou separada (de fato ou judicialmente), ou divorciada. Não importa a existência ou inexistência de prole para a caracterização da união. Desde que estabelecida a sociedade conjugal de fato, e provada, com a formação de patrimônio durante a sua vigência, adquirido onerosamente, desponta o direito à meação e à herança.

Outro aspecto importante cumpre observar, e que se retira do § 1º do art. 1.723: "A união estável não se constituirá se ocorrerem os impedimentos do art. 1.521; não se aplicando a incidência do inc. VI no caso de a pessoa casada se achar separada de fato ou judicialmente".

Ou seja, não incidem, nas situações acima, as normas que regulamentam a união estável e o direito sucessório.

Uma vez envolvendo a união estável pessoas impedidas de casarem, cuja relação ditada no art. 1.521, não encontra amparo na busca da meação e da quota hereditária. Eis a relação que está no citado dispositivo: "Não podem casar:

I – os ascendentes com os descendentes, seja o parentesco natural ou civil;

II – os afins em linha reta;

III – o adotante com quem foi cônjuge do adotado e o adotado com quem o foi do adotante;

IV – os irmãos, unilaterais ou bilaterais, e demais colaterais, até o terceiro grau inclusive;

V – o adotado com o filho do adotante;

VI – as pessoas casadas;

VII – o cônjuge sobrevivente com o condenado por homicídio ou tentativa de homicídio contra o seu consorte".

Consoante o § 1º do art. 1.723, não entram nas situações impeditivas as pessoas casadas que ainda não se divorciaram, mas que estiverem separadas judicialmente ou de

196 • Direito das Sucessões | *Arnaldo Rizzardo*

fato. Cumpre, na separação de fato, a devida comprovação da não coexistência de duas uniões concomitantes, estado que configuraria o adultério e levaria para o concubinato.

Para exercitar tanto o direito à meação como o de herança, não basta o simples arrolamento do companheiro no inventário. Impende se provem os requisitos legais, máxime no que diz com a convivência marital, o que parece manter a necessidade de uma antecedente ação ordinária para a declaração da sociedade ou união conjugal, se controvérsias surgirem com outros herdeiros. A menos que tamanhas as evidências que suficientes para o imediato reconhecimento, conforme assentou a jurisprudência: "Tratando-se de habilitação de companheira em sucessão hereditária do convivente que faleceu no estado civil de solteiro, sem deixar descendentes nem ascendentes sucessíveis, e comprovando-se a convivência marital do casal, que durou longos anos, justificada pela inscrição da mulher, pelo homem, em organismos da previdência oficial e privada, inclusive para fins securitários, e por declarações de pessoas que com elas se relacionaram, pode o juiz aceitar a habilitação da convivente-herdeira e dar início ao processamento do inventário do seu ex-companheiro, decidindo eventuais incidentes que possam surgir, na forma da lei, sem a exigência da prévia declaração do juízo de família sobre a sua condição de convivente do inventariado".[66]

Vivendo uma pessoa com o cônjuge e o companheiro, separam-se as meações de conformidade com as aquisições durante cada união. Devem ser distinguidos os patrimônios, exceto se impossível determinar a época de aquisição. E, neste caso de indeterminação de época, como proceder? Vale, aí, o bom-senso, não se afigurando injusta a divisão da meação entre o cônjuge e o companheiro, solução que se encontra na jurisprudência: "Não tenho elementos para quantificar isso de modo diverso, porque eu não encontraria fundamentos dentro dos autos para dizer que a uma competiria um terço e a outra dois terços, e assim por diante. Eu teria que fazer uma quantificação, para a qual não tenho elementos... Se é verdade que a companheira ficou vinte anos junto com o *de cujus* deu-lhe um filho, ajudou-o nos negócios, a legítima também lá ficou, educando-lhe os filhos, criando-os, formando-os para a vida, sozinha, porque neste momento ela teve que ser deles o amigo e o pai".[67]

11.3. União estável e homoafetividade

Têm sido admitidas a meação e a participação na herança em favor de companheiros do mesmo sexo que formam a união estável. O assunto mereceu longos debates e pendeu para a abrangência dos efeitos patrimoniais nas relações mantidas por pessoas de igual sexo. Reconhece-se o direito à proteção do Estado, afastando-se qualquer discriminação. Assim, parte da doutrina e da jurisprudência vem se inclinando em admitir inclusive o casamento de homossexuais, a conversão da união estável em casamento, os benefícios previdenciários em favor de companheiros do mesmo sexo, a adoção por homoafetivos, além de outros vários direitos.

O Supremo Tribunal Federal, em decisão concluída no dia 5 de maio de 2011, julgando conjuntamente a Arguição de Descumprimento de Preceito Fundamental (ADPF) nº 132, em que foi autor o Governador do Estado do Rio de Janeiro, e a Ação Direta de Incons-

---

66 Agravo nº 2002.002.12536, da 8ª Câmara Cível do TJ do Rio de Janeiro, *DJ* de 07.08.2003, *in Boletim ADCOAS*, nº 41, p. 646, 2003.
67 Emb. Infr. nº 590064515, do 4º Grupo de Câmara Cível do TJRGS, de 09.08.91, *Revista de Jurisprudência do TJRGS*, 152/196.

Cap. X | A Ordem na Vocação Hereditária • 197

titucionalidade (ADI) nº 4.277, promovida pela Procuradoria-Geral da República, aprovou por unanimidade o reconhecimento legal da união homoafetiva, estendendo os direitos às uniões formadas por homossexuais e pondo fim à discriminação legal que antes existia.

Por meio de uma interpretação construída à base de conceitos pessoais e extensivos, reconhecem-se os mesmos direitos estabelecidos para a união estável e o casamento formado por pessoas heterossexuais, para todo tipo de união de pessoas do mesmo sexo. Naturalmente, neste conceito evolutivo de uniões, incluem-se os direitos à herança. Veja-se o seguinte excerto da ementa da ADPF nº 132:

"O sexo das pessoas, salvo disposição constitucional expressa ou implícita em sentido contrário, não se presta como fator de desigualação jurídica. Proibição de preconceito, à luz do inciso IV do art. 3º da Constituição Federal, por colidir frontalmente com o objetivo constitucional de 'promover o bem de todos'. Silêncio normativo da Carta Magna a respeito do concreto uso do sexo dos indivíduos como saque da kelseniana 'norma geral negativa', segundo a qual 'o que não estiver juridicamente proibido, ou obrigado, está juridicamente permitido'. Reconhecimento do direito à preferência sexual como direta emanação do princípio da 'dignidade da pessoa humana': direito a autoestima no mais elevado ponto da consciência do indivíduo. Direito à busca da felicidade. Salto normativo da proibição do preconceito para a proclamação do direito à liberdade sexual. O concreto uso da sexualidade faz parte da autonomia da vontade das pessoas naturais. Empírico uso da sexualidade nos planos da intimidade e da privacidade constitucionalmente tuteladas. Autonomia da vontade. Cláusula pétrea.

Tratamento constitucional da instituição da família. Reconhecimento de que a Constituição Federal não empresta ao substantivo 'família' nenhum significado ortodoxo ou da própria técnica jurídica. A família como categoria sociocultural e princípio espiritual. Direito subjetivo de constituir família. Interpretação não reducionista. O *caput* do art. 226 confere à família, base da sociedade, especial proteção do Estado. Ênfase constitucional à instituição da família. Família em seu coloquial ou proverbial significado de núcleo doméstico, pouco importando se formal ou informalmente constituída, ou se integrada por casais heteroafetivos ou por pares homoafetivos. A Constituição de 1988, ao utilizar-se da expressão 'família', não limita sua formação a casais heteroafetivos nem a formalidade cartorária, celebração civil ou liturgia religiosa. Família como instituição privada que, voluntariamente constituída entre pessoas adultas, mantém com o Estado e a sociedade civil uma necessária relação tricotômica. Núcleo familiar que é o principal *lócus* institucional de concreção dos direitos fundamentais que a própria Constituição designa por 'intimidade e vida privada' (inciso X do art. 5º). Isonomia entre casais heteroafetivos e pares homoafetivos que somente ganha plenitude de sentido se desembocar no igual direito subjetivo à formação de uma autonomizada família. Família como figura central ou continente, de que tudo o mais é conteúdo. Imperiosidade da interpretação não reducionista do conceito de família como instituição que também se forma por vias distintas do casamento civil. Avanço da Constituição Federal de 1988 no plano dos costumes. Caminhada na direção do pluralismo como categoria sociopolítico-cultural. Competência do Supremo Tribunal Federal para manter, interpretativamente, o Texto Magno na posse do seu fundamental atributo da coerência, o que passa pela eliminação de preconceito quanto à orientação sexual das pessoas.

União estável. Normação constitucional referida a homem e mulher, mas apenas para especial proteção desta última. Focado propósito constitucional de estabelecer relações jurídicas horizontais ou sem hierarquia entre as duas tipologias do gênero humano. Identidade constitucional dos conceitos de 'entidade familiar' e 'família'. A referência constitucional à dualidade básica homem/mulher, no § 3º do seu art. 226, deve-se ao centrado intuito de

198 • Direito das Sucessões | Arnaldo Rizzardo

não se perder a menor oportunidade para favorecer relações jurídicas horizontais ou sem hierarquia no âmbito das sociedades domésticas. Reforço normativo a um mais eficiente combate à renitência patriarcal dos costumes brasileiros. Impossibilidade de uso da letra da Constituição para ressuscitar o art. 175 da Carta de 1967/1969. Não há como fazer rolar a cabeça do art. 226 no patíbulo do seu parágrafo terceiro. Dispositivo que, ao utilizar da terminologia 'entidade familiar', não pretendeu diferenciá-la da 'família'. Inexistência de hierarquia ou diferença de qualidade jurídica entre as duas formas de constituição de um novo e autonomizado núcleo doméstico. Emprego do fraseado 'entidade familiar' como sinônimo perfeito de família. A Constituição não interdita a formação de família por pessoas do mesmo sexo. Consagração do juízo de que não se proíbe nada a ninguém senão em face de um direito ou de proteção de um legítimo interesse de outrem, ou de toda a sociedade, o que não se dá na hipótese *sub judice*. Inexistência do direito dos indivíduos heteroafetivos à sua não equiparação jurídica com os indivíduos homoafetivos. Aplicabilidade do § 2º do art. 5º da Constituição Federal, a evidenciar que outros direitos e garantias, não expressamente listados na Constituição, emergem 'do regime e dos princípios por ela adotados', *verbis*: 'Os direitos e garantias expressos nesta Constituição não excluem outros decorrentes do regime e dos princípios por ela adotados, ou dos tratados internacionais em que a República Federativa do Brasil seja parte'".

De sorte que, pela decisão do Supremo Tribunal Federal, os homossexuais passam a ter reconhecido o direito ao recebimento da pensão alimentícia, ao acesso à herança de seu companheiro em caso de morte, à inclusão como dependentes nos planos de saúde, à adoção de filhos e registrá-los em seus nomes, dentre outros direitos. Nesse sentido vão se firmando as decisões de tribunais inferiores e a doutrina, merecendo destaque a visão ponderada de Tarlei Lemos Pereira, que repudia o cunho excessivamente liberal que alguns procuram imprimir ao direito: "Se parceiros homossexuais (masculinos ou femininos) efetivamente se unem movidos por afeto e respeito recíprocos, com o sério propósito de constituição de família – o que é muito diferente de pura libertinagem e de um relacionamento do tipo 'aberto', sem compromissos nem obrigações –, deve a lei garantir-lhes o direito concorrencial à herança, além da meação. Trata-se de pura decorrência do princípio da dignidade da pessoa humana consagrado no art. 1º, inc. III, da Constituição Federal, aliado à função social do direito sucessório".[68]

Pode-se depreender que uniões homoafetivas ficaram incluídas ao lado dos três tipos de família reconhecidos pela Constituição: a família convencional formada com o casamento, a família decorrente da união estável, e a família constituída por qualquer um dos pais com seus descendentes. É tida como entidade familiar, com direito à proteção do Estado.

Assim, aos casais homossexuais estendem-se as obrigações e os direitos atribuídos aos casais heterossexuais. Nesta dimensão, assiste o direito à meação e à herança, na mesma extensão que nas uniões estáveis de pessoas de sexo diferente.

11.4. Direitos patrimoniais no concubinato

As uniões formadas desrespeitando os impedimentos do art. 1.521 constituem concubinato, de acordo com a previsão do art. 1.727.

Desta sorte, não pode alguém buscar a partilha e a quota hereditária com amparo nos preceitos do Código Civil se infringidas as vedações do art. 1.521, com a exceção

---

68 *Direito Sucessório dos Conviventes na União Estável*, ob. cit., p. 262.

da hipótese do inc. VI, por força do § 1º do art. 1.723, e que consiste na formação de patrimônio por pessoas ainda casadas, mas separadas judicialmente ou de fato, consoante analisado no item anterior.

Não cabe, todavia, impedir que se procure outro caminho jurídico, como a mera dissolução de uma sociedade civil, e a apuração do patrimônio formado, à semelhança do que se fazia em época anterior à regulamentação da união estável.

Para uma melhor digressão do assunto, esclarece-se, com Mílton Fernandes, que existe a mancebia pura e impura. Ocorre a primeira "quando as pessoas estão desimpedidas para o casamento e mantêm apenas uma união concubinária. É o que se dá com os solteiros, viúvos ou judicialmente separados". E a segunda, "quando houver obstáculo matrimonial para ambos ou um dos parceiros ou qualquer deles ou os dois tiverem outros amantes".[69]

Aos casados, portanto, e que mantêm em vigor a coabitação marital, é possível uma união paralela e concomitante com terceira pessoa. O que importa é o fato da mancebia. Existindo a mesma, admite-se a dissolução, com todas as consequências decorrentes. Basta a comprovação de alguns elementos exigidos para a caracterização da sociedade de fato, sendo o principal a concorrência na aquisição de bens comuns. Aplicáveis as razões aduzidas por Mário Moacyr Porto: "Dissolvida a sociedade de fato, o patrimônio comum deverá ser partilhado entre os sócios (art. 1.218, inc. VII, do CPC). É totalmente irrelevante ou descabido indagar se os sócios eram ou não concubinos, se um dos sócios ou os sócios são pessoas casadas, se durou muito ou pouco o concubinato... A existência ou inexistência da sociedade é assunto que respeita só ao direito das obrigações. Se, por acaso, um dos sócios concubinos é pessoa casada, tal situação pode repercutir no âmbito familiar, dando lugar, por exemplo, a que o cônjuge inocente promova a dissolução judicial da sociedade conjugal etc. Mas em coisa alguma essa circunstância afeta a sociedade de fato porventura constituída entre os parceiros, sendo de esclarecer-se que somente o cônjuge inocente poderá arguir o desvio de comportamento do cônjuge adulterino nos termos do que estabelece o direito de família... A Súmula nº 380 deveria ter a seguinte redação: 'Comprovada a existência de sociedade de fato, é cabível a sua dissolução judicial com a partilha do patrimônio adquirido pelo esforço comum, não obstante a condição de concubinos dos sócios'.[70] Esclarece-se que o § 3º do art. 1.046 do CPC/2015 submete ao procedimento comum os processos mencionados no art. 1.218 da Lei nº 5.869/1973 (CPC de 1973), cujo procedimento ainda não tenha sido incorporado por lei.

Em idêntica linha a jurisprudência: "Para fins da Súmula 380 do STF, é de reconhecer a existência e sociedade de fato entre concubinos que vivam em união estável, ainda que qualquer deles seja casado".[71]

12. A TRANSMISSÃO HEREDITÁRIA DO DIREITO DE HABITAÇÃO

Ao cônjuge sobrevivente assiste o direito de residir no imóvel destinado à moradia.

Está a previsão no art. 1.831: "Ao cônjuge sobrevivente, qualquer que seja o regime de bens, será assegurado, sem prejuízo da participação que lhe caiba na herança, o direito

---

69 "Efeitos jurídicos da dissolução do concubinato", em *AJURIS – Revista da Associação dos Juízes do RGS*, nº 31, Porto Alegre, p. 206, 1984.

70 O *Concubinato e as Súmulas nºs 35 e 380 do STF*, apud *AJURIS – Revista da Associação dos Juízes do RGS*, Porto Alegre, pp. 130 e 131, 1984.

71 Apel. Cível nº 46.474/3-00, da 2ª Câmara Cível do TJ de São Paulo, de 09.02.1999, *in ADV Jurisprudência*, boletim semanal nº 21, p. 332, expedição de 30.05.1999.

real de habitação relativamente ao imóvel destinado à residência da família, desde que seja o único bem daquela natureza a inventariar".

Concernentemente ao mesmo direito que previa o Código anterior, facilitaram-se os requisitos exigidos para o deferimento do direito.

Em qualquer regime de casamento concede-se o direito, enquanto no regime passado restringia-se unicamente ao casamento celebrado sob o regime de comunhão universal, quando não podia o benefício conviver com o usufruto legal estabelecido no então § 1º do art. 1.611, o qual se destinava ao casamento com regime de separação parcial ou total. Na verdade, sendo a previsão uma proteção de ordem econômica ao cônjuge, não se justificava a sua limitação a determinado regime.

O primeiro elemento imposto para o reconhecimento do direito está na natureza do imóvel que deve ser residencial. Incabível a pretensão em outros bens, ou imóveis, mesmo que de maior valor.

A segunda condição é que seja o bem o único imóvel a inventariar de tal natureza. Não pode haver mais de um imóvel residencial.

Há, aqui, um aspecto duvidoso. O dispositivo reclama que não haja outro imóvel com a mesma finalidade. Se dois os imóveis com moradias, ou prédios construídos, já não cabe qualquer pretensão ao direito de habitação. Se muitos os herdeiros, e formando-se uma comunhão sobre os imóveis, é possível a extinção do condomínio unicamente através da venda, o que resultaria em deixar o cônjuge supérstite sem residência, com graves prejuízos, especialmente se já idoso.

Daí que a interpretação deve ter em conta a finalidade da lei, que é reservar um imóvel para não ficar desprovido de moradia o cônjuge, que ao longo da vida, juntamente com o outro já falecido, não mediu esforços e sacrifícios no emprego das economias na construção ou aquisição de imóvel residencial.

Por isso, não teria sentido uma exegese literal da lei, o que desfiguraria a sua própria natureza, conforme, aliás, reconheciam os pretórios ao tempo do Código revogado, mas devendo permanecer o tratamento no atual Código: "Observadas, na partilha dos bens, as regras previstas no art. 1.775 do CC, em sua forma equitativa, respeitados os valores, não há como atender a vontade de quem, como herdeiro, queira impor ao seu quinhão parte da casa e terreno em que reside a viúva meeira, tirando desta a comodidade que lhe resguarda o citado dispositivo da lei substantiva civil".[72] O art. 1.775 corresponde ao art. 2.017 do Código em vigor.

Exclusivamente ao cônjuge favorece o benefício. Não aos demais herdeiros, ou incapazes e menores, no que se mostrou imperfeita e lei. Realmente, em vista do caráter protetivo, cumpria viesse dirigida ao grupo familiar, de modo especial abrigando o cônjuge e herdeiros incapazes.

Não perde o cônjuge favorecido a meação e o quinhão hereditário. Permanece o direito à herança, pois um direito não exclui o outro.

Outrossim, tem caráter personalíssimo o direito, não se transferindo a outros herdeiros. A destinação é específica, com a utilização exclusiva para a habitação. Veda-se a locação ou o empréstimo, tendo incidência o art. 1.414: "Quando o uso consistir no direito de habitar gratuitamente casa alheia, o titular deste direito não a pode alugar, nem emprestar, mas simplesmente ocupá-la com sua família". Percebe-se, pois, que a pessoalidade da ocupação não exclui a convivência com familiares.

---

72 Apel. Cív. nº 1.470/81, 2ª Câmara Cível do TJ do Paraná, de 26.05.82, *Revista Forense*, 283/226.

Como resulta óbvio do direito de o cônjuge herdar, é condição primária a persistência do casamento quando da morte do *de cujus*. Não interessa se o casal vivia separado de fato, desde que persistindo a sociedade conjugal.

Mesmo que pendente lide de separação judicial, ou de divórcio, se não transitada em julgado a sentença, favorece-se o cônjuge com o direito, em vista de a sentença que julgar a separação judicial produzir seus efeitos à data de seu trânsito em julgado. Somente então fica definido o novo estado civil do ex-cônjuge.

Por evidente que o direito de habitação tem razão de ser na existência de herdeiros necessários – descendentes e ascendentes. Não havendo, independentemente do regime, o patrimônio vai todo para o cônjuge.

De outra parte, não havendo tais herdeiros e, assim, diante da liberdade de testar, não fica o cônjuge sobrevivo prejudicado, se a disposição de última vontade atingir o bem residencial. A indisponibilidade do uso persiste enquanto viver o supérstite.

É óbvio que só tem razão de ser o favor legal se o cônjuge não for contemplado com o imóvel da residência.

De qualquer forma, não se impede a venda, mesmo pelo herdeiro que fica com a sua propriedade no bem. Unicamente permanece a garantia da habitação, devendo ser respeitada pelo adquirente.

O cônjuge indigno não tem afetado o direito, eis que a indignidade restringe-se unicamente aos herdeiros e legatários. É possível que seja afastado da herança, a que se restringe a indignidade; não, porém, quanto à habitação.

No que toca à deserdação, por se limitar à transmissão da herança, não é afetado o direito de habitação.

Verificada a separação de fato, não se coaduna com o bom-senso conceder-se o direito, afigurando-se irrelevante pesquisar quem foi o culpado pela separação. A menos isto se constituído o patrimônio quando da convivência, e se ficou o cônjuge residindo no imóvel. Com razão esta interpretação na separação judicial e no divórcio, sem ter se efetuado a partilha.

Não se pense que se reconhece aos demais herdeiros a faculdade de cobrar aluguel, ou demandar alguma contraprestação em face do uso do imóvel pelo cônjuge sobrevivente. Do contrário, ficaria inviabilizado o exercício do direito.

Convém acrescentar que, ao contrário do Código revogado, não desaparece o direito se o cônjuge convolar novas núpcias, ou se unir estavelmente com outra pessoa.

Não ficou ressalvado o direito na dissolução da união estável por morte, diferentemente do que constava na Lei nº 9.278, de 10.05.1996, cujo art. 7º, parágrafo único, o estendia ao companheiro sobrevivente, enquanto vivesse ou não constituísse nova união ou casamento, relativamente ao imóvel destinado à residência da família. Contrariamente às ressalvas, no aspecto, de alguns críticos, os problemas que decorreriam seriam maiores que os benefícios, pois gerariam atritos e prejuízos aos herdeiros, em geral descendentes apenas de um dos conviventes. Ademais, inviabilizar-se-ia o benefício, dada a dependência da produção de prova da efetividade da união.

XI

Herdeiros Necessários

1. A LEGÍTIMA E A PORÇÃO DISPONÍVEL

Trata-se de matéria importante, pois visa definir até onde o testador pode dispor de seus bens, com o que se respeita determinada quantidade, a qual é transmitida a certos herdeiros, que sucederão obrigatoriamente, ou mesmo que contrariando a vontade do *de cujus*.

As pessoas mais chegadas ao titular do patrimônio, sempre por parentesco, possuem reservada uma quantidade específica de tudo quanto ficou no monte-mor. Faz parte das finalidades da sucessão prestar um auxílio, ou proteger economicamente os membros da família do falecido. Tem-se em alta conta a segurança da família, que repousa no fator econômico, com o que se objetiva preservar pelo menos parte do patrimônio aos membros mais próximos daquele que faleceu. Assume importância a unidade familiar, ou a preservação da relação de parentesco, o que se procura manter com um suporte econômico.

E a legítima é justamente uma quantidade dos bens reservada pela lei aos herdeiros chamados necessários. Existindo herdeiros de parentesco próximo, com uma ligação familiar muito íntima, é obrigatória a destinação de metade dos bens a eles. Esta quantidade é chamada de *pars hereditatis* pelos Mazeaud, autores franceses: "El carácter de *pars hereditatis* prevalece incuestionablemente: la legítima es, en el derecho frances, *pars hereditatis* (...) La porción de los bienes que el padre y la madre pueden dar, ya sea a sus hijos fuera de parte, ya sea a extraños, resulta que la legítima no es otra cosa que la sucesión misma, disminuida en esa porción, si se ha dispuesto de ella. Es una parte de la sucesión que está defendida contra las liberalidades".[1]

E parece elementar que os parentes mais chegados ou próximos são os descendentes, os ascendentes e o cônjuge sobrevivente, aos quais é reservada metade do patrimônio do *de cujus*. Não pode o testador preteri-los, ou prejudicá-los no ato de última vontade, que somente deixam de herdar se indignos, ou deserdados, ou se renunciarem à herança.

Denominam-se necessários justamente porque não podem ser afastados, não se confundindo com os legítimos, cujo termo é mais amplo, abrangendo aqueles e mais outros, como os colaterais até o quarto grau. Pode-se afirmar que os herdeiros necessários obrigatoriamente são legítimos, mas nem todos os herdeiros legítimos são necessários.

---

1   Ob. cit., Parte 4ª, vol. II, p. 236.

No art. 1.845, discriminam-se os herdeiros necessários: "São herdeiros necessários os descendentes, os ascendentes e o cônjuge".

Já o art. 1.846 traça o parâmetro na disponibilidade dos bens pelo testador: "Pertence aos herdeiros necessários, de pleno direito, a metade dos bens da herança, constituindo a legítima".

Daí conclui-se que existe a herança, a qual compreende a universalidade dos direitos que possuía o *de cujus*. Envolve a totalidade dos bens, ou todo o patrimônio. A parte indisponível, que pertence aos herdeiros necessários, denomina-se "legítima" e atinge metade do patrimônio do falecido. Como se percebe, o sentido de "legítima" não é igual ao sentido de "legítimos", quando anexa a palavra a herdeiros. Aqui, corresponde às pessoas com vocação hereditária, enquanto no outro termo se restringe ao patrimônio que é destinado aos herdeiros necessários. Específico, também, o significado de "sucessão legítima", que compreende aquela sucessão transmitida aos herdeiros nomeados na lei – art. 1.829. Do seu significado decorre o de "herdeiros legítimos", que são aqueles para quem se opera a sucessão legítima. Mais propriamente, expressa a sucessão que advém de um parentesco que inclui não só as pessoas descendentes da mesma genealogia, mas também as de relação adotiva e aquelas unidas por um vínculo derivado do casamento e de um relacionamento marital estável.

Quando realizada a sucessão testamentária, o âmbito de sucessão legítima reduz-se para envolver apenas os herdeiros necessários, ou seja, unicamente não é total a liberdade de testar na existência de herdeiros necessários. Se presentes apenas outros sucessores, o testamento pode abranger todos os bens. Aí não há a parte disponível e a parte necessária, no que se revela firme a jurisprudência, de quando, ainda, não se incluía no rol o cônjuge ou o companheiro: "Se não houver herdeiros necessários (ascendentes ou descendentes), o companheiro pode, em testamento, dispor livremente de seus bens; a companheira só tem o direito de reclamar a meação, não o direito que resultaria da condição de herdeira".[2]

Mesmo que haja a união estável, não há limites para testar, segundo decidiu o STJ: "Se não houver herdeiros necessários (ascendentes ou descendentes), o companheiro pode, em testamento, dispor livremente de seus bens; a companheira só tem o direito de reclamar a meação, não o direito que resultaria da condição de herdeira".[3]

O art. 1.789 resume o conteúdo do art. 1.846, afirmando: "Havendo herdeiros necessários, o testador só poderá dispor da metade da herança".

2. CÁLCULO DA PORÇÃO DISPONÍVEL

A quota disponível é calculada sobre o total dos bens do testador existentes quando de seu falecimento. Separa-se a metade dos bens que tiver, o que obriga a observar, no casamento pelo regime universal, naquele pelo regime parcial (quanto ao patrimônio formado durante o casamento), e no de participação final nos aquestos (em relação aos bens adquiridos de forma onerosa e que se comunicam somente ao final do casamento) que será, no primeiro regime, metade da metade de todo o patrimônio do casal; no segundo e no terceiro, metade daqueles bens que tiver o testador, e metade dos adquiridos na constância da vida matrimonial.

---

2   REsp. nº 191.393-SP, da 3ª Turma do STJ, j. em 20.08.2001, *DJU* de 29.10.2001.
3   REsp. nº 191.393/SP, da 3ª Turma, j. em 20.08.2001, *DJU* de 29.10.2001.

Mais detalhadamente, para que fique claro o modo do cálculo: havendo o regime de comunhão universal, considera-se metade de todo o patrimônio do casal, posto que a outra porção é do cônjuge sobrevivente. A meação do *de cujus* será subdividida em duas quantidades iguais, para chegar-se à porção disponível e à indisponível. Não importa, neste regime, o nome no qual se encontram os bens. Também irrelevante se adquiridos com economia própria do falecido ou do supérstite.

Já quanto ao regime de comunhão parcial, o acervo formado na constância do casamento, excluído o advindo de doação ou herança, é que será partilhado apenas na sua metade, pertencendo a outra ao cônjuge que fica. Desta metade, há a divisão em duas partes, para definir a legítima e a disponível. Já no que se refere aos bens particulares, como os adquiridos quando solteira a pessoa e por doação ou herança, não se fala em meação. Assim, a metade disponível abrange a metade do patrimônio constituído durante o casamento, excluídos na apuração os bens doados ou herdados, e metade do patrimônio particular, isto é, advindo antes do casamento e erigido durante o casamento por doação ou herança.

Relativamente ao regime de participação final nos aquestos, a porção disponível é calculada da mesma forma que no regime de comunhão parcial, lembrando que a diferença entre esses regimes está no momento em que se opera a comunhão do patrimônio adquirido onerosamente, que é ao se dissolver a sociedade conjugal quando se trata do regime de participação final nos aquestos.

Como se realiza o cálculo?

A forma está no art. 1.847: "Calcula-se a legítima sobre o valor dos bens existentes na abertura da sucessão, abatidas as dívidas e as despesas do funeral, adicionando-se, em seguida, o valor dos bens sujeitos à colação".

Tem-se, aí, uma regra bem importante, que obriga, primeiramente, a satisfazer o espólio as dívidas e obrigações pendentes de pagamento. Somente depois desta providência procede-se à divisão do patrimônio restante, para separar a legítima da disponível, objeto do testamento. Não ficam os herdeiros instituídos livres das dívidas, pois também o quinhão respectivo será reduzido em face das obrigações que forem adimplidas.

O que restar denomina-se herança, que é o patrimônio líquido, aí procedendo-se à divisão em duas porções. Sílvio Rodrigues, a respeito, lecionou: "Para calcular-se a metade disponível, abatem-se do monte-mor as dívidas do *de cujus* e as despesas de funeral. Isto constitui o passivo da herança e dela, como é natural, deve ser deduzido. Após tal dedução, reparte-se ao meio o espólio e a metade encontrada constitui quota disponível, ou seja, a porção do patrimônio do finado de que ele pode dispor, por testamento, sem qualquer restrição".[4]

Isto antes de levar-se a efeito a divisão, pois todos os bens existentes respondem pelas obrigações. Não se pense que os legados ficam livres. Proporcionalmente, também suportarão as dívidas e as despesas existentes, como as de funeral e enterro, e as que surgirem com o inventário.

Os legados são retirados da meação disponível. Aliás, qualquer legado, mesmo aquele que impõe cláusulas restritivas, que limita o uso pleno, como o usufruto, e a incomunicabilidade ou a inalienabilidade. O testador não é autorizado a abranger nas liberalidades o patrimônio que integra a herança indisponível. Carvalho Santos bem dava as razões, com base na doutrina antiga: "O testador não pode impor sobre a legítima nenhum ônus

---

4   *Direito Civil, Direito das Sucessões*, ob. cit., vol. VII, p. 209.

ou condição, nem pode impor qualquer outra modalidade restritiva, porque em qualquer dessas hipóteses haveria necessariamente um ato de disposição, quanto ao ônus, posto que diminui o valor ou a quantidade dos bens, e quanto à condição, porquanto torna incerta a obtenção da porção legítima, que pode ainda falhar".[5]

Efetivamente, do contrário não haveria o respeito à legítima.

Se os débitos ultrapassam o valor dos haveres, não existirá herança, eis que, em primeiro lugar, a herança garantirá as dívidas, até quanto o seu limite garantir.

Só depois é que se fará a divisão em duas partes. Isto quando houver herdeiros necessários. Os legados serão descontados da parte disponível, não se comprometendo a outra porção, que é intocável.

Obtida a parte indisponível, devem-se descontar as doações aos herdeiros, eis que equivalem a adiantamentos da herança, o que se faz adicionando-se à metade dos bens que então possuía o testador a importância das doações por ele feitas aos seus descendentes.

Em face disso, exige-se uma atenção especial se, em vida, o testador fez algumas doações aos descendentes, o que não é incomum, mas bastante frequente. As liberalidades devem ser compensadas, com o que for partilhado aos mesmos descendentes, isto é, aos filhos e netos, ou bisnetos. Mais precisamente, impõe-se o desconto das doações. É o que se denomina de conferência das liberalidades, matéria que se submeterá a exame mais adiante, no capítulo sobre colações.

Para o cálculo das legítimas, adiciona-se à metade da herança a importância das liberalidades feitas aos descendentes, e que estes devem conferir.

Isto para cada legítima, com o objetivo de atingir-se total igualdade na partilha do patrimônio da herança.

Orosimbo Nonato segue esclarecendo no mesmo sentido: "A metade se aumenta assim com a colação dos bens doados, por metade de seu valor, se se trata de doação aos filhos por ambos os pais...

Assim se procede ao fito de igualar as partes dos herdeiros.

A igualdade se impõe na porção reservada na lei. Nada impede, porém, venha a receber um herdeiro necessário mais do que outro, se mais lhe é atribuído da porção disponível".[6]

Conveniente pormenorizar a forma do cálculo.

Deve-se avaliar o patrimônio existente quando da liberalidade, nele incluída a quantia correspondente ao bem objeto da liberalidade. Adiciona-se a parcela que é considerada como integrante do patrimônio indisponível. Divide-se o resultado pelo número de herdeiros legítimos, obtendo-se, com isso, o quanto caberia a cada herdeiro. Nesta ordem, se na data em que entregou o *de cujus* um bem, o montante equivale, com a adição das liberalidades, a cem, e sendo cinco herdeiros, cada um receberá uma grandeza representada por vinte.

Mas, no momento da partilha, chegando-se a oitenta o correspondente ao patrimônio existente, conclui-se que faltará a cada herdeiro algo equivalente à grandeza quatro para completar o respectivo quinhão, pois a divisão do que falta (20) pelo número de herdeiros (5), resulta quatro. Como comporão os herdeiros não favorecidos com a liberalidade este déficit?

---

5 Ob. cit., vol. XXIV, p. 79.
6 Ob. cit., vol. II, p. 370.

Naturalmente, descontando daqueles que receberam a liberalidade. Dois afigurando-se como contemplados, cada um, tendo em conta o quinhão equivalente ao valor dezesseis, e diante da reposição aos outros três, obrigam-se a devolver o que representa uma equivalência a seis de seus quinhões. Assim, o quinhão final resultará em algo representado por dez.

Como se chegou ao número seis?

É que foram somadas as porções que faltaram para completar o quinhão a que tem direito o herdeiro não favorecido. No caso, três os herdeiros não beneficiados com doações, e considerando que faltava o equivalente a quatro para cada um, atinge a soma a quantidade doze. Divide-se o resultado pelo número de herdeiros agraciados com as liberalidades. Isto é, divide-se o número doze por dois, chegando-se a seis, que é a cifra que se descontará de cada um dos agraciados em vida do testador.

Finalmente, fez-se a subtração da parte descontável ou da reposição (6) da quantidade que tocaria a cada um dos cinco herdeiros (16), com vista ao patrimônio apurado existente quando do decesso (80), concluindo-se que receberá o herdeiro o correspondente a dez.

Daí resumir Carvalho Santos: "Quanto ao cálculo das legítimas, o procedimento é diferente, não se atendendo somente o valor dos bens deixados. Deduzidas as dívidas e despesas de funeral, à metade dos bens restantes se adicionam as doações pelo testador feitas aos seus descendentes. A razão é clara: manter-se a igualdade entre os herdeiros desta classe, para que alguns não recebam, dos ascendentes, quinhões maiores do que os dos outros, na proporção legal. As doações feitas aos descendentes se consideram adiantamentos da legítima e são obrigados à colação".[7]

E se as doações em vida foram em porções desiguais? Na exemplificação acima, tendo faltado o equivalente a vinte, de cada beneficiado com liberalidades se subtraiu o excesso de seis. Mas, ao final, entre os beneficiados com liberalidades em vida procura-se encontrar a proporcionalidade relativamente ao que recebeu. Se o herdeiro "A" ficou contemplado com dezesseis (80%), e o herdeiro "B" com quatro (20%), retira-se o respectivo equivalente para a reposição.

Deve-se justificar o motivo de não se dar a conferência, ou não haver a compensação, dos valores nas liberalidades feitas em favor dos ascendentes. Em princípio, porque expressam as doações mais uma gratidão dos filhos, e não têm, para eles, uma importância tão grande como acontece com os descendentes, especialmente os filhos, que precisam dos bens para a própria segurança da subsistência, e para ter algum amparo no futuro. Daí o tratamento igual para todos, sem discriminação. Leva-se, ainda, em conta que, no futuro, diante do falecimento dos progenitores em geral antes dos filhos, os bens que aqueles receberam retornam de qualquer sorte à posse e ao domínio dos últimos.

3. O DIREITO À LEGÍTIMA PELO HERDEIRO TESTAMENTÁRIO

O herdeiro necessário não perde o direito à legítima. O art. 1.849 é bem claro: "O herdeiro necessário, a quem o testador deixar a sua parte disponível, ou algum legado, não perderá o direito à legítima".

O tratamento é diferente das doações feitas em vida, onde há necessidade de conferência, computando-se a liberalidade no quinhão do herdeiro, pois correspondem a adiantamento da legítima.

---

7   Ob. cit., vol. XXIV, p. 77.

208 • Direito das Sucessões | *Arnaldo Rizzardo*

Aqui, se imposto o abatimento do que se concede no testamento, perderia este sua natureza e razão de ser, que é dar bens ou liberalidades.

O quinhão do testamento não influi na divisão da herança. A liberalidade que o beneficia, a título de testamento, não compromete o direito de herdar como herdam os outros herdeiros.

De modo que receberá ele o *quantum* atribuído aos demais herdeiros, e mais o concentrado no testamento. Enquanto as doações são consideradas adiantamentos da legítima, adicionando-se ao valor dos bens para fins de cálculo dos quinhões necessários, os legados ou liberalidades testamentárias não se computam no quinhão do herdeiro necessário.

E quanto aos demais herdeiros?

É possível que se contemple parte do patrimônio a um herdeiro legítimo, que não testamentário. Mas, neste caso, dada a inexistência de herdeiros necessários, não há que se respeitar a legítima, ou metade do patrimônio. Daí aventar-se admissível conceder parte dos bens a um irmão, por testamento. Os que sobrarem, não interessando o seu montante, entrarão na partilha tanto ao já beneficiado como aos demais, em porções iguais, sem o desconto daquilo que já recolheu o herdeiro testamentário.

Sempre prepondera a liberalidade de testar, sem conceber-se como adiantamento a transmissão testamentária.

4. EXCLUSÃO DOS HERDEIROS LEGÍTIMOS

Para excluir os herdeiros legítimos, exceto os necessários (descendentes, ascendentes e cônjuge), prevê uma fórmula o art. 1.850, que, aliás, não precisaria que viesse elaborada: "Para excluir da sucessão os herdeiros colaterais, basta que o testador disponha de seu patrimônio sem os contemplar". Está reafirmada a faculdade de excluir os herdeiros facultativos, que são os colaterais até o quarto grau (irmãos, tios, sobrinhos), através da disposição de todo o seu patrimônio. Basta a simples vontade do testador, não carecendo que justifique a sua decisão, ou apresentar alguma causa.

É óbvio que, dispondo totalmente do patrimônio, nada restando, sem contemplar os colaterais, excluem-se os mesmos da sucessão. Ou seja, para a sua exclusão, basta ao testador dispor, em favor de terceiros, a totalidade do patrimônio. Não sendo herdeiros necessários, restam implicitamente afastados pela indicação de outros beneficiários da herança.

No caso dos herdeiros necessários para a exclusão, imprescindível que venha uma disposição testamentária, como uma causa enquadrável dentro das hipóteses de deserdação.

XII

Sucessão por Direito de Representação

1. CARACTERIZAÇÃO

Já no direito precodificado, através de Antônio Joaquim Gouvêa Pinto, tem-se a ideia de representação dos sucessores *causa mortis* como "aquela em que figurarem como tais por seus antecessores, fazendo-se às vezes deles nos direitos e nas obrigações da sua sucessão".[1]

Costuma-se dizer que é direta a sucessão quando se convocam, por direito próprio, pessoas vinculadas a suceder nos bens deixados por outra pessoa, em razão dos laços de parentesco ou do vínculo conjugal. Um determinado grau de parentesco com o indivíduo que faleceu autoriza a sucessão.

Já a vocação indireta determina a sucessão não em vista do grau de parentesco propriamente dito, mas sim em virtude de o sucessor ter falecido, sendo que os filhos do mesmo, o qual se encontrava na ordem da vocação hereditária, o representam ou, mais propriamente, passam a ser contemplados na herança.

Neste contexto, o adendo de José Oliveira Ascensão: "Porque o representante é chamado tendo-se em conta a sua relação com o representado, torna-se evidente que a representação origina uma vocação indireta: aquele que é tomado como ponto de referência não entra na sucessão. Isto basta para distinguir o direito de representação e a transmissão do direito de suceder".[2]

Didática a explicação de Carlos Alberto Bittar: "Além da vocação direta, também indiretamente pode ser processada a sucessão legítima, convocando-se outros parentes para substituir o herdeiro premorto. Denominado direito de representação, permite esse fenômeno que os chamados ocupem o lugar do sucessor falecido antes do *de cujus*, subindo, pois, na escala sucessória, mas recolhendo a herança por estirpe; daí o nome de sucessão por estirpe que recebe".[3]

Desponta, como elemento definidor, a substituição do ascendente na sucessão de uma pessoa. Não se pode falar em direito de representação em outras classes de parentes. Assim, o sobrinho não herda em substituição de seu tio. Mas será convocado na hipótese de seu progenitor já se encontrar premorto. Igualmente, como herdaria o

---

1   *Testamentos e Sucessões*, Rio de Janeiro, B. L. Garnier – Livreiro e Editor, 1881, p. 434.
2   *Direito Civil das Sucessões*, ob. cit., pp. 186 e 187.
3   *Direito das Sucessões*, ob. cit., p. 57.

210 • Direito das Sucessões | Arnaldo Rizzardo

colateral, na qualidade de irmão, e encontrando-se falecido, chama-se o respectivo filho, que é sobrinho do *de cujus*, para substituí-lo.

Sempre chama-se o descendente do herdeiro premorto ou julgado indigno para ficar no lugar do sucessor, não se estendendo o direito aos outros parentes, ou ao cônjuge, ou ao convivente sobrevivente na união estável, não se obedecendo, assim, o rol que se encontra contemplado na ordem do art. 1.829.

Vem a propósito a lição de Planiol e Ripert: "El representante ha de ser un descendiente del representado. Esa solución tradicional resulta de la noción misma de la representación; los grupos familiares a los que se garantizan derechos iguales están compuestos solamente por personas cuyo causante común es el representado, o sus herederos de una misma estirpe. Esa condición es necesaria y suficiente".[4]

Diríamos que há uma quebra da regra segundo a qual os parentes mais próximos antecedem os mais remotos. Observa-se que os filhos, ao lado do cônjuge em algumas eventualidades, aparecem em primeiro lugar na contemplação da herança. E mesmo entre os demais descendentes, eles gozam da preferência. Se, no entanto, um filho já é premorto relativamente ao autor da herança, seus filhos concorrem, mas por estirpe, junto com os demais filhos do autor da herança, e que são tios dos mesmos.

A representação ocorre unicamente na sucessão legítima, porquanto constitui criação da lei, que praticamente excepciona certas regras de âmbito geral em matéria de sucessão. No testamento, igualmente há a quebra da ordem vocacional, posto que pessoas sem qualquer parentesco passam a ser contempladas. Entretanto, não há representação. A elas não cabe a herança em face da impossibilidade de receberem os respectivos progenitores, mas sim em razão de se autorizar a disposição de parte do patrimônio, sem observar a classificação do art. 1.829. De outro lado, mesmo que falecido o testamentário, não vêm seus filhos representá-lo, e receber o respectivo quinhão.

De tudo extrai-se que é chamado a suceder o descendente de herdeiro falecido antes do autor da herança, que ficará no seu lugar, e passando, por ficção legal, a enquadrar-se na mesma posição que ocuparia o ascendente, sempre, no entanto, dando-se a ele o quinhão por estirpe.

O art. 1.851 põe em relevo esta mesma ideia: "Dá-se o direito de representação, quando a lei chama certos parentes do falecido a suceder em todos os direitos, em que ele sucederia, se vivo fosse". A lição de José de Oliveira Ascensão manifestava-se e continua oportuna: "Como vimos, é pressuposto desta que o transmissário fosse beneficiário de uma vocação e morresse sem ter aceitado nem repudiado. O seu sucessível teria de aceitar a herança para encontrar dentro dela o direito de suceder ao autor da primeira sucessão. O transmitente tem de poder suceder ao autor, e o transmissário ao transmitente, mas não o transmissário ao autor".[5]

2. NATUREZA DA REPRESENTAÇÃO

Na verdade, a expressão é mal empregada. Não existe uma sucessão de pessoas alheias à ordem da vocação hereditária. A lei especifica que, em certos casos, determinados parentes sucedem no lugar de outros, mais próximos do autor da herança. Indiretamente

---

4   Ob. cit., tomo 4°, p. 87.
5   *Direito Civil das Sucessões*, ob. cit., p. 187.

Cap. XII | Sucessão por Direito de Representação • 211

são colocados na classificação de herdeiros. Esta a visão que ostentava Washington de Barros Monteiro: "Assim sendo, o representante, em realidade, não representa ninguém, se a palavra "representação" for tomada em sentido comum. Ele sucede igualmente em seu nome e por direito próprio, porque é a lei que o chama à sucessão. Chama-se de substituição operada pela lei".[6]

Neste quadro de concepção, nem em ficção legal é possível falar. A ficção estaria em colocar o representante num grau de parentesco mais próximo daquele em que se encontra. O filho é deslocado para o lugar do pai ou da mãe, com a finalidade de receber a herança que lhe caberia. Todavia, nada há de fictício na disposição da lei. Objetivou--se racionalizar o princípio de que o mais próximo exclui o mais remoto, já que alcança preponderância maior a sucessão não tanto pela pessoa, mas sim pela classe que ela representa. Vale conferir a herança às pessoas ligadas ao que figuraria como sucessor. Se ele se revestisse do direito de ser herdeiro, esta prerrogativa legal deve ir além de sua pessoa, e abranger os que a ele se encontram ligados por laços próximos de parentesco.

Há uma regra de equidade, pela qual merece relevo a classe de pessoas, e não um ser individual, entendimento que leva a ver na natureza da representação uma forma de manter o patrimônio no círculo não apenas de indivíduos, mas do grupo que representa o filho do sucedido. Não se visualiza, pois, nem uma substituição legal, ou uma sub--rogação nos direitos hereditários, e sim um conceito social do que deve compreender-se como herdeiro. Admoesta Orlando Gomes que visa a lei corrigir "o absurdo que derivaria da rigorosa aplicação do princípio segundo o qual o parente mais próximo exclui o mais afastado, pois é incongruente que se alguém morre deixando um filho e tendo outro mor-rido antes, os filhos deste fiquem excluídos da sucessão, indo toda a herança para o filho sobrevivo. Tutela a lei legítima expectativa desses parentes mais remotos, evitando que uma circunstância fortuita, como é a premorte, perturbe o mecanismo normal da sucessão".[7]

Nesta linha, não se pode falar em substituição hereditária ou substituição de herdeiro. Se o filho do *de cujus* nem herdeiro foi, pois morreu antes deste, sequer se constitui uma relação jurídica. Há uma continuação normal e natural na ordem de escalonamento de herdeiros. Na falta do filho, ou do irmão do sucedido, naturalmente recai a indicação em seus herdeiros, que passam a receber a parte correspondente do monte-mor. Visando expli-citação da redação de linguagem, no entanto, admite-se falar em substituição de herdeiro. Não, porém, em representante, pois o herdeiro que passa a figurar no inventário não está agindo em nome do progenitor, que não mais existe, e não lhe obedece ordens. Muito menos está obrigado a prestar contas. Com efeito, o herdeiro procede em nome próprio, defendendo seus interesses e reivindicando os próprios direitos. Assim, atua, participa e integra a relação sucessória em virtude da lei, mais propriamente de um direito natural, procurando receber o que lhe foi transmitido com a morte do autor do espólio.

A natureza, pois, da figura ora dissecada assenta-se no Direito de Família, que leva a prevalecer o recebimento da herança nos laços consanguíneos. Tal a ideia que divulga-va Caio Mário da Silva Pereira: "Pelo direito de representação corrige-se a injustiça da rigorosa aplicação do princípio que exclui os mais remotos em favor dos mais próximos, no caso da premorte de um descendente ou de um irmão.

Verificada a representação e colocado o representante no lugar do herdeiro premorto, recebe por direito próprio e em seu próprio nome. Em consequência, é necessário que,

---

6 *Direito das Sucessões*, ob. cit., p. 87.
7 *Sucessões*, ob. cit., p. 65.

além de sobreviver ao defunto, possa ele próprio recolher a herança, isto é, tenha a capacidade sucessória".[8]

3. JUSTIFICAÇÃO PARA A PARTICIPAÇÃO DOS FILHOS DO HERDEIRO MORTO NA SUCESSÃO

Da própria natureza da representação, ou mais apropriadamente da substituição de herdeiro, deflui que é uma questão de justiça manter, em última instância, uma ordem de contemplação na herança que atinge o grupo de pessoas constituído pelos descendentes do premorto. Não estão estes desligados do autor da herança. O parentesco consanguíneo permanece. E atingem-se justamente aquelas pessoas que mais carecem do patrimônio, eis que, em geral, ainda em formação e na busca de encontrar estabilidade econômica.

Resultaria uma grave injustiça alijarem-se do inventário os filhos do herdeiro premorto, embora indiretamente por causa do fato natural da morte, e com isto levar ao enriquecimento os demais herdeiros. Busca-se, com esta forma de distribuição do patrimônio, alcançar uma equidade maior, de modo a que todos os membros do grupo familiar do falecido participem do patrimônio formado. Isto, por certo, significará a satisfação da própria vontade da pessoa cujos bens são levados a inventário e partilha.

Aliás, o mais indicado é que se faça a partilha por estirpe, no caso. Evita-se, com isto, às vezes, que apenas um herdeiro receba considerável patrimônio, enquanto vários outros, filhos do falecido, nada recebam, embora mais necessitados.

4. REQUISITOS PARA A REPRESENTAÇÃO

Para o reconhecimento da representação, ou mais propriamente da substituição de herdeiro, alguns elementos são exigidos que, explicitados, melhor irão identificar a figura em estudo.

O primeiro requisito está na morte do representado, isto é, morte do pai do representante, tanto na representação de descendentes como na de colaterais.

Realmente, é admissível unicamente a espécie se falecido o filho do autor da herança, o qual deixou filhos, ou o irmão do mesmo, também tendo ficado filhos.

Neste entender, Walter Moraes: "Que o representado seja premorto ao *de cujus*. Ninguém herda representando pessoa viva – *viventis non datur representatio*".[9]

Excepcionam-se algumas hipóteses em que não há a morte, e que são a indignidade e a deserdação.

O segundo elemento está no parentesco em linha descendente e na linha colateral. Apenas nestes dois parentescos ocorre a representação, devendo o representante ser descendente ou filho do irmão do autor da herança.

Por sua vez, o parentesco exige a seguinte ordem de pessoas que sucedem ao *de cujus*: que, no mínimo, restem um filho e os filhos do outro filho do autor da herança, anteriormente falecido; ou que existam, na linha colateral, um irmão do falecido e os filhos do outro irmão (sobrinhos do *de cujus*).

---

8 *Direito das Sucessões*, ob. cit., vol. VI, p. 82.
9 *Teoria Geral e Sucessão Legítima*, ob. cit., p. 153.

Na descendência, a relação de parentesco envolve o concurso entre filhos e netos; no parentesco colateral, há o concurso entre irmãos e sobrinhos. Não há representação entre os outros parentes, exceto, segundo observado, nos casos de indignidade e de deserdação.

Mas tanto na linha descendente, como na colateral, somente os descendentes podem ser representantes. Sempre os pais figuram como representados, sendo que os mesmos ou se apresentam como filhos, ou como irmãos do *de cujus*.

Em outras palavras, eis a explicação de Sílvio Rodrigues: "O requisito de o representante descender do representado é fundamental. Porque a representação se caracteriza pela chamada do descendente para substituir o ascendente em uma sucessão. Quando a representação é feita na linha reta, o filho substitui o pai na sucessão do avô, e assim por diante. Quando se dá na linha colateral, o filho substitui seu pai, na sucessão de um tio, em concorrência com outros tios. Em todas as hipóteses, mister se faz que o representado seja sucessor do representante".[10]

O terceiro requisito refere-se à existência de encadeamento, ou de continuidade no encadeamento de graus entre representante e representado. Inadmite-se, pois, que o bisneto represente o filho do autor da herança, se vivo o seu pai, que é neto do *de cujus*. Em decorrência, o pai do bisneto representará o filho do *de cujus*.

O quarto e último requisito envolve a capacidade em ser representante. Quem não é herdeiro não poderá revestir-se de tal função. O indigno e o deserdado ficam alijados, pois, do direito, porquanto não podem receber em herança. Seus filhos, todavia, ficam habilitados a substituir aquelas pessoas, não podendo elas suportar as consequências de atos pessoais dos ascendentes.

5. LINHAS DE REPRESENTAÇÃO

A primeira linha restringe-se aos descendentes do herdeiro morto; a segunda envolve somente os filhos do irmão falecido, nas sucessões sem herdeiros necessários, neles incluído o cônjuge.

Nos casos de indignidade e deserdação, quando os herdeiros são considerados sem capacidade necessária, igualmente é admitida a substituição por representantes, que são filhos do excluído.

O Código Civil regula as duas primeiras modalidades. A última decorre automaticamente da declaração de indignidade.

5.1. Representação na linha descendente

A previsão aparece no art. 1.852 do Código Civil, assim redigido: "O direito de representação dá-se na linha reta descendente, mas nunca na ascendente".

O dispositivo é de mediana clareza, inferindo-se que, não vivendo o filho do *de cujus*, necessariamente herdarão os netos deste último, que são os filhos daquele. Observa Walter Moraes: "Inadmissível vocar à representação netos, havendo algum filho vivo do representado, o que afrontaria a proibição da representação *per saltum et omisso medio*. Todavia, faltando ao premorto filho vivo, representam, legitimamente, os netos, como

---

10 *Direito Civil. Direito das Sucessões*, ob. cit., vol. VII, p. 103.

214 • Direito das Sucessões | *Arnaldo Rizzardo*

estirpe do herdeiro pré-extinto; e assim por diante. Se todos os filhos do *de cujus* forem mortos, ficando netos, estes herdam *iure proprio e in capita*, e não *iure representationis*".[11]

Normal é que se dê esta representação, pois os filhos são a continuação do progenitor.

Não se estende a representação aos filhos quando falece, *v. g.*, o cônjuge do herdeiro. Mesmo sendo o casamento pelo regime de comunhão de bens, e dando-se o decesso do dito cônjuge posteriormente à morte do progenitor-herdeiro, os filhos deste ficarão com a metade do que toca a ele. Assim é definido num julgamento: "Marido de herdeira vindo a falecer não enseja direito de representação do filho no inventário dos avós. A parte do marido, no regime de comunhão universal de bens, é a meação do quinhão que tocar à mulher herdeira. Se falecer o marido desta, herda o filho a metade do quinhão da mãe viúva. O óbito do genro não modifica a divisão dos bens no inventário dos sogros".[12]

A partilha efetua-se pelo número de herdeiros filhos, que é por cabeça. Entretanto, o quinhão reservado ao herdeiro prefalecido será transferido aos filhos deste, dividindo-se pelo número deles. Daí afirmar-se que a divisão será, então, por estirpe.

Na hipótese de todos os filhos já terem falecido, herdando, por conseguinte, unicamente os netos, a herança reparte-se em quinhões iguais, ou seja, em vista de herdarem os netos por direito próprio, pertencendo à mesma classe, cada um receberá um quinhão igual. Não se procederá, aí, à divisão por estirpe, o que poderia diferenciar os quinhões, dependendo do número de filhos existente de cada herdeiro premorto. O art. 1.835 realmente conduz a esta conclusão: "Na linha descendente, os filhos sucedem por cabeça, e os outros descendentes, por cabeça ou por estirpe, conforme se achem ou não no mesmo grau". Nem há, no caso, representação, mas simplesmente transmissão de herança para herdeiros pertencentes a um mesmo grau de parentesco.

De outra parte, como aparece no art. 1.852, não se dá a representação na linha reta ascendente. Se um filho, ao falecer, deixa o pai vivo e a mãe já se encontra falecida, sem quaisquer herdeiros descendentes, o progenitor vivo será contemplado com toda a herança. Os progenitores de sua mãe (avós maternos) nada herdarão. Nem quanto aos demais filhos poder-se-ia cogitar que herdariam no lugar da mãe.

5.2. Representação na linha colateral

Na linha colateral, restringe-se a representação aos filhos dos irmãos, segundo o art. 1.853: "Na linha transversal, somente se dá o direito de representação em favor dos filhos de irmãos do falecido, quando com irmãos deste concorrerem".

Vemos, em princípio, pois, que os filhos de irmãos mortos (ou sobrinhos do autor da herança), quando concorrem com irmãos do morto, também herdam, mas por estirpe. Divide-se a herança pelo número de irmãos, subdividindo-se, de outro lado, o quinhão do morto pelo número de filhos que deixou. Daí a afirmação de que a partilha aos sobrinhos que concorrem com tios será por estirpe, e não por cabeça. Apenas se concorrem por direito próprio, ou se inexistem tios, a partilha se fará por cabeça, isto é, pelo número de herdeiros, em obediência ao art. 1.843, § 1º: "Se concorrerem à herança somente filhos de irmãos falecidos, herdarão por cabeça".

Visível a diferença entre suceder por estirpe e por cabeça. Os sobrinhos, caso se encontrem sozinhos, ou na inexistência de algum irmão vivo do autor da herança, receberão

---

11 *Teoria Geral e Sucessão Legítima*, ob. cit., p. 154.
12 Agr. Instr. nº 9.825, 1ª Câmara Cível do TJRJ, de 16.12.85, *Revista Forense*, 297/195.

Cap. XII | Sucessão por Direito de Representação • **215**

bem mais que na eventualidade de concorrerem com os tios. Haverá, então, igualdade absoluta na distribuição do patrimônio.

5.3. Representação na indignidade e na deserdação

Na indignidade, como já amplamente estudado, opera-se a privação do direito hereditário, em vista de atos criminosos ou imorais praticados pelo herdeiro ou legatário contra aquele de quem adviria a herança ou o legado. Há uma pena imposta ao herdeiro, que o alija da sucessão hereditária, como nos crimes contra a vida, nas acusações caluniosas, ou em prejuízos patrimoniais causados com violência ou fraude.

Já na deserdação, que acontece em testamento, opera-se a privação do direito à sucessão legítima e à sucessão hereditária, imposta pelo testador aos herdeiros necessários, expondo a causa determinante. Realmente, por esta forma de exclusão de herança, uma pessoa afasta de sua sucessão um herdeiro necessário, apontando uma das razões previstas na lei, como ofensas físicas, injúria grave, desonestidade do filho, além de outras e daquelas que justificam o reconhecimento da indignidade.

Tanto a indignidade como a deserdação constituem exceção à regra segundo a qual aos vivos não é dada a representação. No caso, vivem o herdeiro e o prejudicado no testamento, diversamente ao que acontece na representação de descendentes e dos colaterais, porquanto premorto aquele que deveria receber segundo a ordem sucessória.

Não vindo contemplados o indigno e o deserdado, obviamente a pena ou punição restringe-se às suas pessoas, não se estendendo a estranhos, ou aos parentes, que poderão representá-los. Por outros termos, os herdeiros do deserdado e do indigno sucedem como se estes estivessem mortos, recebendo o que caberia a eles. Tal se dá porque os efeitos das penas são pessoais. Incabível estendê-los aos parentes. O art. 1.816 vem em abono a esta conclusão: "São pessoais os efeitos da exclusão; os descendentes do herdeiro excluído sucedem, como se ele morto fosse antes da abertura da sucessão". E isto, sem dúvida, também quanto ao deserdado, eis que excluído da herança inclusive por causas idênticas às que permitem a indignidade. Efetivamente, encerra o art. 1.962: "Além das causas mencionadas no art. 1.814, autorizam a deserdação (...)", o que enseja deduzir sobre a existência de causas iguais para o reconhecimento da indignidade e da deserdação.

6. REPRESENTAÇÃO NA RENÚNCIA DE HERANÇA

Pela renúncia, um herdeiro simplesmente declara que não quer participar da sucessão, a que teria direito, desde que expresse a decisão por escritura pública ou termo em autos judiciais.

Deixa o renunciante de participar do inventário. Seu ato, entretanto, revela o caráter de pessoalidade, não podendo estender os efeitos para outras pessoas, no caso para os filhos, que virão ao inventário por direito próprio. Esta a regra do art. 1.811 da lei civil pátria: "Ninguém pode suceder, representando herdeiro renunciante. Se, porém, ele for o único legítimo de sua classe, ou se todos os outros da mesma classe renunciarem à herança, poderão os filhos vir à sucessão, por direito próprio, e por cabeça".

Nota-se da norma que os herdeiros do renunciante encontram-se capacitados a receber a herança que tocaria ao renunciante, mas por direito próprio.

Eis a doutrina de Ripert e Planiol: "En caso de que todos los herederos de grado más cercano, por ejemplo los hijos del *de cujus*, hayan renunciado o sean indignos, los descendientes de esos herederos, los nietos, herdarán no por representación, sino por su propio derecho, dividiendose la herencia por cabezas".[13]

Há, entretanto, restrição quanto ao tipo de herdeiros: unicamente os filhos virão à sucessão, efetuando-se a partilha por cabeça, ou pelo número de filhos. A lei explicita a forma como se herdará. No caso, pois, do renunciante não ter filhos, a sua parte acrescentará o quinhão dos demais herdeiros.

Não se pode falar, aqui, em possibilidade de substituição pelos filhos do irmão, como acontece na representação em razão da morte do irmão do *de cujus*.

Finalmente, deve-se acrescentar que a renúncia em uma herança não se estende à outra herança. É possível que o filho manifeste a renúncia na sucessão do pai sem que, por isso, importe na renúncia naquela do avô. Assim, viável a representação, pelo filho, na herança do avô, embora a renúncia na herança do próprio pai. Uma sucessão nada tem a ver com a outra. Não se pode ampliar o ato de renúncia, que significa a abdicação de um direito, e, portanto, de interpretação restritiva.

7. REPRESENTAÇÃO NA AUSÊNCIA

Uma vez declarada a ausência de uma pessoa, não apenas presume-se, mas declara-se a sua morte civil. "À morte efetiva se equipara a ausência", diz Ney de Mello Almada, o que permite a representação. Prosseguindo, anota o autor: "São pressupostos da ausência, destacado no CC, arts. 463 e seguinte, um, 'fático', consistente na não presença e falta de notícia do desaparecido; outro, 'de direito', cifrado na sentença declaratória, e consequente designação de um curador.

Ainda na sucessão provisória (CPC/1973, arts. 1.163 e segs.), é de respeitar o direito de representação, que então se consolida quando verificada a sucessão definitiva".[14] O art. 463 acima citado equivale ao art. 22 do Código Civil em vigor. Já os arts. 1.163 e seguintes do CPC/1973 correspondem aos arts. 745 e segs. do CPC/2015.

Havendo a morte, não se justifica impedir a representação, que é admissível até na sucessão provisória, com a competente partilha dos bens, embora a possibilidade de aparecer o ausente e de restituir, assim, o quinhão recebido.

A morte é para os efeitos jurídicos. O desaparecimento equipara-se à morte. Na verdade, é possível o retorno do ausente nos termos do art. 745, § 4º, do Código de Processo Civil. Não é colocado limite de tempo para o regresso, mas como tal não impede a sucessão definitiva, não há de se colocar entrave para a representação, com a possibilidade de os filhos representarem os pais na sucessão.

Opera-se, aqui, algo semelhante à representação na indignidade e na deserdação, afastando-se a rigidez do princípio de que a representação não se dá com pessoa viva. Muito embora, como se disse, mais se justifica a representação, visto que a ausência se equipara à morte efetiva.

8. REPRESENTAÇÃO POR FILHOS ADOTIVOS

A respeito da matéria, estudada quando se tratou da "ordem da vocação hereditária", seguem as especificações abaixo.

---

13 Ob. cit., tomo 4º, p. 84.
14 Ob. cit., vol. I, p. 347.

Segundo já várias vezes observado, com fulcro no art. 277, § 6°, da Constituição Federal e art. 41 e seu § 2°, da Lei n° 8.069/1990 (Estatuto da Criança e do Adolescente), estando os filhos adotivos em tudo equiparados aos biológicos, não há de se colocar qualquer óbice ao direito de representação dos mesmos, por morte do adotante.

De modo que, no decesso do pai adotivo antes do autor da herança, como descendente o filho adotivo exercerá a substituição: no caso de concorrerem apenas irmãos e sobrinhos do *de cujus*, da mesma forma poderão exercer o direito os últimos, no lugar do pai adotivo e irmão do autor da herança, que faleceu antes deste último.

Pretender alguma distinção com os filhos sanguíneos equivale a manter a diferença de tratamento entre filhos, o que está abolido pelos diplomas acima mencionados.

A jurisprudência endossa esta inteligência: "Também é de ver que se trata de suceder por representação do pai premorto, sem herdeiro, que não a requerente, e filho único da *de cujus*, esta, avó adotiva daquela (requerente). Por isso que, para os efeitos necessários, os filhos adotivos se equiparam aos legítimos (Código Civil, art. 1.605). A existência de filho adotivo arreda da sucessão todos os demais herdeiros do adotante, que não tenham a qualidade de filhos legítimos, legitimados ou reconhecidos".[15] O art. 1.605 referido no texto não encontra paralelo no Código em vigor.

9. EFEITOS DA REPRESENTAÇÃO

Depreendem-se facilmente os efeitos da representação.

O primeiro deles é de só se poder receber em herança aquilo que tocaria ao representado – o que é normal, e consta do art. 1.854: "Os representantes só podem herdar, como tais, o que herdaria o representado, se vivo fosse".

Ou seja, recebe o representante aquilo que estava reservado ao representado. Cabem-lhe, no entanto, os encargos que ao substituído estavam reservados. Se houve adiantamentos ou doações, é de rigor trazer tudo à colação, a fim de se proceder à devida conferência, e definir-se, ao final, o que lhe falta para receber.

Há norma expressa sobre a matéria, cristalizada no art. 2.009: "Quando os netos, representando os seus pais, sucederem aos avós, serão obrigados a trazer à colação, ainda que não o hajam herdado, o que os pais teriam de conferir".

Mas se os netos e representantes tiverem sido aquinhoados com doações ou favores econômicos?

Ocorre que, embora não por direito próprio, torna-se o representante herdeiro. Daí incumbir-lhe trazer ao inventário a relação e o valor dos adiantamentos ou das doações, para o devido exame, e a compensação, com outros herdeiros, daquilo que lhes foi passado.

Uma diretriz diferente importaria em pesada injustiça quanto aos demais sucessores, que ficariam com um quinhão inferior.

Não se isentam dos encargos do espólio, sejam dívidas ou despesas exigidas – sempre, no entanto, limitada a obrigação à quota que está reservada a ele.

Mas as dívidas do representado não são da responsabilidade da quota, eis que não contraídas pelo autor da herança; pelo contrário, dada a índole pessoal, nenhuma influência tem no patrimônio deixado pelo *de cujus*.

---

15 REsp. n° 806-RS, 3ª Turma do STJ, de 29.06.90, *Revista do Superior Tribunal de Justiça*, 24/268.

De outra parte, como várias vezes mencionado, aos representantes cabe a quota que será destinada ao representado. Entre eles far-se-á partilha do montante. Daí falar-se em herança por estirpe, aos representantes, a menos que todos os herdeiros pertençam à mesma classe (como filhos, sem haver progenitores). Regra esta implantada no art. 1.855: "O quinhão do representado partir-se-á por igual entre os representantes".

Em outros termos, cada estirpe receberá aquilo que cabia ao herdeiro substituído. Os componentes partilharão entre si aquilo que se individualmente seria atribuído ao herdeiro substituído.

O citado dispositivo, na sua redação literal, pode conduzir a uma interpretação equivocada, pois refere que se repartirá por igual entre os representantes o quinhão do representado, o que enseja a concluir a divisão do patrimônio por cabeça.

No entanto, o princípio vigorante é a repartição por estirpe: repartir o quinhão do representado por igual dentro da mesma estirpe, isto é, os membros da estirpe – tal o significado. Entre eles, o quinhão do representado dividir-se-á por cabeça. Não há como dividir a herança pelo número de filhos, representados e representantes, dando-se a cada um partes iguais.

Ressalte-se, ainda, a norma do art. 1.856: "O renunciante à herança de uma pessoa poderá representá-la na sucessão de outra".

O assunto já foi observado. No disposto acima, em nada prejudicará o herdeiro que renuncia à herança de seu pai concorrer e ser representante na herança por morte do avô. De observar, entretanto, a hipótese em que, após falecer o avô, acontece o decesso do filho. O descendente deste último, que renuncia à herança de seu pai, não poderá concorrer na herança do avô. E tal pela simples razão de que, ao falecer o progenitor, já havia ocorrido a transferência para o filho, por força do art. 1.784. Ao renunciar à participação na sucessão deste último, automaticamente recusará receber o quinhão que lhe estaria reservado na sucessão do ascendente mais distante.

XIII
Sucessão Testamentária

1. A IMPORTÂNCIA DO DIREITO DAS SUCESSÕES

Tão grande a importância dada pelo Código Civil à sucessão testamentária que disciplinou a matéria, em sequência, sem considerar outros dispositivos pertinentes, em cento e trinta e três preceitos – do art. 1.857 ao art. 1.990, enquanto, no Código anterior, um total de cento e quarenta e três artigos cuidava do assunto – art. 1.626 ao art. 1.769. O número revela-se expressivo relativamente aos dispositivos que tratam da sucessão legítima, de setenta e dois – art. 1.784 ao art. 1.856, ao passo que, no Código revogado, chegava a cinquenta e três – art. 1.572 ao art. 1.625.

Em parte, explica-se o maior realce em vista da liberdade individual que predominava nos tempos de formulação do Direito codificado de 1916, e perdurou, embora com menor intensidade, no Código de 2002. Mesmo assim, no entanto, uma reduzida parcela de pessoas deixa testamento – talvez uma média em torno de dez por cento. As demais pessoas falecem *ab intestato*, ou sem fazer testamento.

De um lado, justifica-se a prática de não se fazer testamento, que vai se acentuando, em razão de representar a sucessão legítima um grau de justiça mais social e equitativa, visto ser distribuída a todos os herdeiros a fortuna do *de cujus*, abolindo-se as preferências, privilégios e distinções entre filhos ou demais herdeiros.

Mas há de se considerar, ainda, que o testamento encerra um significado também de ordem social, na medida em que se viabiliza a distribuição das riquezas fora do círculo restrito dos parentes, às vezes não bastante necessitados quanto um estranho contemplado pelo autor da herança. Muitas pessoas, na verdade, encontram na sucessão testamentária o único caminho de remediar a situação econômica e de serem compensadas pela dedicação e desvelo que revelaram ao morto quando vivia.

Com redobrada razão é justificado o testamento na hipótese de falecer a pessoa sem descendentes, ficando sobrevivente o cônjuge, e podendo, então, conservar a maior parte do patrimônio com o mesmo, evitando a sua pulverização com as ascendentes, especialmente se tais bens são necessários como moradia e para a subsistência. Além disso, não deixando sucessores mais próximos, e sim colaterais em terceiro ou quarto grau, às vezes sem uma vinculação de amizade ou relacionamento afetivo, há a possibilidade de contemplar aquelas pessoas realmente próximas no convívio e merecedoras de recompensa, e inclusive o companheiro ou companheira, a quem estava unido o *de cujus* em sociedade conjugal de fato, ou em união estável.

220 • Direito das Sucessões | *Arnaldo Rizzardo*

Seu escopo último, no entanto, é dar continuidade à personalidade jurídica do patrimônio da pessoa extinta, valendo recordar, a respeito, Lacerda de Almeida: "Não tem o testamento por objeto primário prover a dação ou distribuição dos bens deixados; seu principal intento é a continuação da personalidade jurídico-patrimonial do defunto, e essa continuação se opera na sucessão testamentária pela instituição de herdeiro".[1]

Está a matéria regulada com minúcias tais, especialmente em certas modalidades de testamento, que dificulta a generalização ou a maior prática desta espécie de sucessão. Nos tempos atuais, não se justifica a complexidade de regras e fórmulas sacramentais exigidas para dar em testamento, que foram mantidas pelo vigente Código, quando as legislações tendem a simplificar a manifestação da vontade e os procedimentos judiciais.

Não tem a matéria gerado grandes discussões, exceto quanto a matérias relativas à colação, às nulidades das disposições, e mesmo aos requisitos formais, com a suscitação de questões que têm acalentado as discussões.

2. CONCEITO

Pelo testamento, há a faculdade de estender a vontade do ser humano para depois de sua morte, através de um ato de vontade, relativamente à disposição dos bens, e inclusive quanto à pessoa dos filhos menores.

Tem-se, com a sucessão testamentária, um ato unilateral de vontade, dispondo especialmente quanto aos bens em favor de terceiro, para valer após a morte daquele que dispõe com a possibilidade de revogação. Não pode valer enquanto vivo o testador, eis que é proibido pactuar herança de pessoa viva, o que decorre do art. 426 do Código Civil. Unicamente doações vêm permitidas em vida e, mesmo assim, consideradas como adiantamento de legítima quanto aos descendentes. Nem é admitida qualquer remuneração ou contraprestação, o que torna o ato gratuito. São aceitos como favorecidos os parentes legítimos, isto é, os definidos por lei, e os terceiros sem nenhum laço de parentesco com o testador.

Dessas exposições extrai-se a definição do testamento como o ato unilateral de vontade de uma pessoa, dispondo gratuitamente sobre os bens, ou parte dos bens, ou até sobre os filhos menores, para valer após a sua morte. Ou a manifestação da vontade, de forma documental pública ou particular, atribuindo gratuitamente seu patrimônio a terceiros, herdeiros ou não.

Washington de Barros Monteiro fornecia o seguinte conceito, mantendo-se atual, que prima pela abrangência de todos os elementos componentes: "Testamento é ato unilateral e gratuito, de natureza solene, essencialmente revogável, pelo qual alguém dispõe dos bens para depois de sua morte, ou determina a própria vontade sobre a situação dos filhos e outros atos de última vontade".[2]

O Código Civil traz um conceito mais restrito ao patrimônio, ou aos bens, embora contemple a possibilidade de disposição sobre outros interesses, que envolvem, inclusive, o estado da pessoa. Assim, tem a pessoa autorização para decidir sobre o reconhecimento de filhos – art. 1.609, inc. III, do Código Civil e art. 26 do Estatuto da Criança e do Adolescente (Lei nº 8.069, de 13.07.1990); sobre a nomeação de tutor quanto a filho menor – art. 1.634, inc. VI, redação dada pela Lei nº 13.058/2014; sobre a reabilitação

---

1 Ob. cit., pp. 247 e 248.
2 *Direito das Sucessões*, ob. cit., p. 95.

de herdeiro indigno – art. 1.818; e até sobre a instituição de beneficiário em seguro de vida – art. 791.

Há um entendimento aceitando que a pessoa disponha sobre seus derradeiros momentos de vida, caso se encontre em estado terminal, e não disponha de condições mentais de ela decidir. Mantém-se a disposição pela qual a pessoa decide sobre o tipo de tratamento ou de não tratamento para a eventualidade de se encontrar em estado terminal, e sem aptidão de manifestar a sua vontade. Reconhece-se a validade do ato de vontade na hipótese de dispensar o tratamento médico, ou na prática da eutanásia, com vistas a evitar o sofrimento, se não existem perspectivas mínimas de vida. Levam-se em alta conta os princípios da dignidade humana e da liberdade, que são baluartes do estado de direito brasileiro, garantidos pelos arts. 1º, III, e 5º, da Carta Constitucional, e que têm o significado de garantir à pessoa o direito de decidir e realizar, sem interferências de estranhos, as próprias escolhas individuais. O testamento, considerado um negócio jurídico personalíssimo e ato de última vontade de uma pessoa, é instituto não restrito a valores ou bens patrimoniais, mas extensivo a situações existenciais. E justamente na eventualidade de inexistência do exercício da manifestação da vontade é que se revela eficaz o ato que decidiu sobre esse momento, o qual se conhece como testamento vital, ou *living will*, servindo, sobretudo, para oficializar a escolha do médico que apressou os últimos momentos de existência unicamente vegetativa.

Realmente, admite-se fazer disposições que não tenham caráter patrimonial, havendo regra clara sobre a possibilidade no § 2º do art. 1.857 do Código de 2002: "São válidas as disposições testamentárias de caráter não patrimonial, ainda que o testador somente a elas se tenha limitado".

No entanto, o estudo, aqui, refere-se primordialmente ao testamento do patrimônio, até porque raras as outras formas envolvendo pessoas.

Reza o art. 1.857: "Toda pessoa capaz pode dispor, por testamento, da totalidade dos seus bens, ou de parte deles, para depois de sua morte".

Está claro o conteúdo que envolve o instituto, concernentemente à declaração de última vontade do defunto.

3. NATUREZA E CARACTERÍSTICAS

Com o testamento, há uma manifestação da vontade de alguém sobre o que quer que seja feito depois de sua morte, especialmente quanto aos seus bens.

Não se trata de um contrato, a toda evidência, pois faltam os elementos próprios desta figura, como a bilateralidade, a irredutibilidade das vontades e, especialmente, a comutatividade. Nem quase contrato configura-se, justamente por faltar a obrigatoriedade de cumprir o testador aquilo que estipula, dada a possibilidade de revogação.

Não é concebido rigorosamente como um modo de adquirir a propriedade, posto que depende tal ato de posterior manifestação da vontade do favorecido. Possível, no entanto, que leve à aquisição da propriedade.

Trata-se de um ato unilateral da vontade, e assim prevalece enquanto é mantida válida a declaração. Pela unilateralidade, não obriga, pois a toda pessoa autoriza-se mudar ou revogar aquilo que ele decidiu, e que tem valor somente para ela.

Prosseguindo, acrescenta o professor germano Julius Binder: "Las declaraciones de última voluntad no son declaraciones de voluntad recepticias, necesitadas de aceptación:

esto es, para ser eficaces, no necesitan llegar a aquél a quien por el contenido se refieren, ni por consiguiente estar dirigidas a él".[3]

Jamais se admite que duas pessoas combinem ou acertem fazer conjuntamente o testamento, ou coloquem condições para valer o que foi declarado. Aliás, a vontade deve ser livre, espontânea, clara, sem qualquer vício de consentimento, sob pena de nulidade. Acrescentam os autores franceses Ambrosio Colin e H. Capital: "Del carácter unilateral y de la revocabilidad del testamento se deriva la prohibición de los testamentos conjuntos o mancomunados contenida en el art. 968, según el cual 'no podrá otorgarse testamento en un mismo documento por dos o más personas, ni en favor de un tercero ni en provecho recíproco'".[4]

Tal a natureza, que significa uma característica do ato, e leva a exigir um outro elemento, que seja o mesmo personalíssimo, a fim de justamente impedir qualquer mácula de dúvida na declaração de vontade. Realmente, proíbe-se que haja a intermediação de procurador, ou que se faça a mando de terceiros. A presença, no ato, do que dispõe é indispensável, afirmando o professor argentino Héctor Roberto Goyena Copello: "Dentro de los derechos indelegables por medio de mandato y menos aún por cualquier otra forma de representación, sea voluntaria, legal o necesaria, está el de hacer testamento".[5]

A gratuidade igualmente desponta. Não há o pagamento de qualquer contraprestação, embora possa haver, no texto do instrumento, algum encargo, como o erguimento de um busto, a realização do enterro em determinado cemitério, e mesmo se imponha, mas não sob pena de não valer, ou de revogação, o atendimento de uma obrigação, como prestar assistência a um certo parente. Na hipótese de descumprimento, ao prejudicado assiste exigir o cumprimento do encargo.

Marca o testamento a solenidade. Há princípios como que sacramentais, tornando o ato essencialmente formal, dentro de um rigorismo que impõe a estrita observância de várias formalidades, com o que resta induvidosa a livre manifestação da vontade e arreda possíveis alegações posteriores de nulidade. Máxime isto porque o teor do texto somente será lido e observado após a morte do testador, quando não mais viáveis esclarecimentos ou ratificações.

Suponha-se uma redação truncada e repleta de erros, ou a incompleta menção de pessoas favorecidas, ou a indefinição quanto ao montante de patrimônio incluído, além de outros defeitos. Melhor será invalidar o testamento, já que não compreendida a deliberação da vontade. Aspectos estes também observados por Orlando Gomes, com alguns adendos: "O negócio testamentário é essencialmente formal. A forma escrita participa de sua substância, e em cada uma das formas autorizadas exigem-se solenidades, de estrita observância, sob pena de não valer. Não se dispensa, por mais insignificantes que sejam, nem podem ser substituídas por outras, ainda mais seguras. O testamento pode ser do próprio punho do testador ou escrito por outrem, conforme o modelo preferido, mas há de se ter sempre a forma escrita, salvo o nuncupativo, que se faz oralmente. Justifica-se o formalismo pela necessidade de dar maior segurança a uma declaração de vontade que somente se torna eficaz após a morte do declarante".[6]

A revogabilidade é da essência do testamento. A qualquer tempo pode o testador, além de modificar o conteúdo, revogar ou tornar sem efeito, no todo ou em parte, o testamen-

---

3 Ob. cit., p. 82.
4 *Curso Elemental de Derecho Civil*, 2ª ed., Madrid, Instituto Editorial Reus, 1951, tomo 8º, p. 5.
5 *Procedimiento Sucesorio*, 5ª ed., Buenos Aires, Editorial Astrea, 1987, p. 346.
6 *Sucessões*, ob. cit., p. 117.

to. Por não ser obrigatório, não há a exigência de mantê-lo, em respeito à soberania da vontade humana. Motivos e circunstâncias especiais podem aparecer após a lavratura do instrumento, como atos de injustiça, ingratidões, ofensas, que aconselham mudar o que antes decidira o testador.

Pontes de Miranda desenvolve as razões: "A vida é mudança. Legado que hoje se faz, amanhã talvez não o mereça o legatário. Quem hoje se aconselhou e se incluiu entre os herdeiros, talvez, no ano próximo, no mês que vem, seja inimigo, e se deva excluir. Pode bem ser que, feito o testamento, se descubram o manejo, os ardis, as insinceridades, com que se conseguiu o testamento. O próprio testador pode cair em si da paixão, da maldade, ira, contemplação, fraqueza moral, demasiado rigor, com que instituiu ou excluiu herdeiro. Maior experiência da vida pode sugerir-lhe expedientes clausuladores, que acautelam os bens dos descendentes ou beneficiados. Talvez simples maneira de execução dos encargos. Impunha-se tinha de induzir-se esta regra fundamental da revogabilidade inderrogável dos testamentos".[7]

O Código Civil de 2002 deixou marcada a revogabilidade no art. 1.858: "O testamento é ato personalíssimo, podendo ser mudado a qualquer tempo".

Comumente é considerado um ato de última vontade para significar que é a derradeira decisão da pessoa sobre os bens ou certos assuntos de seu interesse. Vale enquanto não surgir nova manifestação, e somente é executável e adquire efeitos depois da morte. Menos em se tratando de reconhecimento de filhos, quando se aproveitará a declaração em vida do testador. Nesta linha, há decisões: "A cláusula de reconhecimento de filho ilegítimo voluntariamente feito através de testamento prevalece, mesmo que nulo ou revogado o testamento. Não é necessário cumprir-se o testamento para serem efetuadas as averbações nos registros de nascimento de quem as requereu, pois cláusula de reconhecimento não é cláusula testamentária. Constitui, sim, confissão expressa, exprime um ato essencialmente irrevogável, e não podendo o reconhecimento ser considerado como disposição testamentária, é possível distinguir-se uma da outra, podendo ser averbado o reconhecimento separadamente, independendo do cumprimento das cláusulas testamentárias referentes aos bens".[8]

Emerge das colocações acima o caráter de *causa mortis*, isto é, para valer depois da morte, sendo feito por motivo da morte, e havendo total ineficácia durante a vida do testador. Vem daí a lição de Colin e Capitant: "El que testa, a diferencia del que hace una donación, no se despoja por el momento de sus bienes legados, sino que los retiene hasta su muerte, y hasta después de ésta no pertenecerán al legatario".[9]

4. ELEMENTOS HISTÓRICOS

A palavra "testamento" tem sua origem no verbo latino *testari*, com o significado de testemunhar. Foi acrescentado o sufixo *mentum*, do que derivou o substantivo. Todavia, há textos de Justiniano com a expressão *testatio mentis*. Assim, o termo veio da conjugação das palavras *testari* e *mentum* ou *mentis*, com a tradução original de expressar a vontade

---

7   *Tratado dos Testamentos*, Rio de Janeiro, Livraria Pimenta de Mello & Cia., 1930, vol. I, pp. 60 e 61.
8   Agr. Instr. nº 5.940, 1ª Câmara Cível do TJ de Alagoas, de 01.06.93, *RT*, 697/157.
9   Ob. cit., tomo 8º, pp. 116 e 117.

ou a mente (*mentis*), em presença de testemunhas (*testis*). E, realmente, o testador diz a sua vontade na presença de testemunhas.

Nos primórdios da história do ser humano não havia sucessão. As pessoas viviam em grupos, chamados de clãs, ou tribos e *gens*, a quem tudo pertencia, e apresentando-se uma comunhão geral.

Posteriormente, já existente a família, transmitia-se o privilégio de dirigir os cultos aos deuses e a veneração aos antepassados. Ao filho mais velho (primogênito) estendeu-se a transmissão do patrimônio.

Os escritos antigos não mencionam o testamento entre os egípcios, os hebreus e mesmo entre os babilônios. Assim historia Clóvis Beviláqua: "No Egito antigo, não se conhecia o testamento, como não se conhecia no Direito mosaico, como não se conhecia no direito hindu".[10]

Na Grécia, após as reformas de Sólon, era conhecido o testamento em Atenas e em Esparta, mencionadas nos documentos as formas oral e solene, ou escrita, feita pelo próprio testador. Pontes de Miranda apresenta os seguintes elementos históricos: "Em Esparta, a propriedade era indivisível e inalienável; passava, necessariamente, ao filho mais velho. Os cidadãos chamavam-se iguais, e constituíram a camada do povo com direitos políticos e elegiam os éforos, soberania nacional diante dos dois reis hereditários, chefes religiosos, do exército e do conselho dos gerontes (gerontos). Esses, sob a presidência dos reis, dirigiam a política interna e a exterior, julgando os próprios reis. Foi o éforo Epitodeus que, por simples decreto, permitiu a doação entre vivos e o testamento (Plutarco, Ágis, 5), o que é para surpreender pela transformação que à sociedade espartana trazia tal medida".[11]

Apareceu o testamento, nas culturas antigas, para também dar continuidade ao parentesco familiar. Lembra Clóvis: "Ficou afirmado que o testamento devia ter aparecido pela necessidade de dar um continuador àquela família que estava ameaçada de extinguir-se. Portanto, na falta de parentes, com direito à sucessão, é que era admissível chamar um estranho para receber a herança".[12]

No Direito romano, conheciam-se formas primárias de sucessão entre parentes da classe dos nobres. Segue Jefferson Daibert: "As duas primeiras espécies de testamentos admitidos pelos romanos foram: os testamentos chamados *in calatis comitiis*, feitos em tempo de paz, perante as cúrias reunidas; e os chamados *in procinctu*, feitos em tempo de guerra, perante o exército, prestes a ferir a batalha".[13]

Ao tempo da Lei das XII Tábuas, evoluiu o testamento, estendendo-se aos plebeus e marcado pela irrevogabilidade, sendo feito por escrito e em presença de testemunhas, se bem que existiu uma fase em que eram orais as declarações.

Aquelas duas formas acima evoluíam para o chamado testamento *per aes et libram*, correspondentes a uma venda fictícia da sucessão, feita perante testemunhas.

Com os pretores, surgiu o testamento com sete testemunhas, testificando-se com o sinete das mesmas.

Houve, também, o *testamentum in procinctum*, que evoluiu para o testamento militar.

---

10 *Direito das Sucessões*, ob. cit., p. 177.
11 *Tratado de Direito Privado*, ob. cit., vol. 56, pp. 60 e 61.
12 *Direito das Sucessões*, ob. cit., p. 178.
13 Ob. cit., p. 134.

Prosseguindo na evolução dos povos, lembra Pontes: "Nos germanos, com a compropriedade familiar, força intensa e inerte do costume, não aparece o testamento. *Nulla testamenta*. Nas leis bárbaras, a despeito do contato com os romanos, não o vemos brotar (...) A instituição nasce com os merovíngios e os carolíngios. A família perde a rigidez. Intervinham considerações de ordem afetiva (filhos de descendente premorto, cônjuge), religiosa (legados a pobres, corporações religiosas, principalmente), ou de amor próprio (privação de sepultura, se não provia a necessidades piedosas)".[14]

Veio a implantar-se, por volta do Século XI, o testamento no meio desses povos, mais por influência da Igreja, que pregava sua doutrina de prevenção da alma em vista da morte, levando a disseminar ideias de caridade, que se materializavam em testamentos a favor dos pobres e de instituições religiosas.

Com o domínio dos povos bárbaros e a difusão de novas culturas, desenvolveram-se as regras que disciplinam o testamento, surgindo várias formas, inclusive aquela permitindo que outrem escrevesse e assinasse a rogo do testador. Foi quando começou a ceder a influência religiosa, já no Século XV, em vista da laicização dos tempos, recordando ainda Pontes: "Só no Século XV começa a laicização do testamento no mundo cristianizado. Certo, continuaram as fórmulas de invocação de Deus e dos santos, os cuidados da alma, ainda hoje assaz frequentes, e as disposições de intenção piedosa. Mas tendem a crescer a distribuição arreligiosa dos bens e a jurisdição dos tribunais civis.

Afinal, proclama-se o princípio da legítima e da reserva costumeira".[15]

No Direito reinícola, quando das Ordenações Manuelinas e posteriormente das Filipinas, foram implantadas e desenvolvidas várias formas de testamento, que emanavam de antigos escritos romanos e visigóticos. Da mesma forma quanto ao testamento feito e assinado pelo próprio testador, e subscrito também por testemunhas; quanto ao que era apenas subscrito pelo testador, acompanhado das testemunhas; ao escrito e assinado por outrem, a rogo do testador; e ao nuncupativo, feito manualmente, em momento de perigo.

No cenário brasileiro, ao tempo da Colônia e mesmo do Império, era frequente o testamento, conforme esses dados históricos, trazidos por Maria Beatriz Nizza da Silva: "Estas disposições testamentárias encontramos duas classes de preocupações: em primeiro lugar, a expressão de uma religiosidade forte que coloca acima de tudo os cuidados com a alma, não só da testadora, mas de todos aqueles que ela estava ligada, inclusive os próprios escravos; em segundo lugar, o desejo de proteger os elementos mais desprotegidos da família, ou seja, os membros do sexo feminino, filhas, netas, sobrinhas".[16]

A tradição de nosso Direito, em última instância, com algumas alterações, manteve a estrutura antiga, implantada que foi no *Esboço* de Teixeira de Freitas, e vindo a incorporar-se no Código Civil de 1916, ficando mantida no Código de 2002, mas com inúmeras modificações e maior precisão no pertinente às limitações e ao direito de dispor, preservando-se a finalidade familiar da propriedade, e aperfeiçoando-se a tipologia em espécies definidas na seguinte ordem: testamento público, cerrado e particular, além de prever as formas marítimas e militar, que estão fora de uso, e o codicilo.

---

14 *Tratado de Direito Privado*, ob. cit., vol. 56, p. 61.
15 *Tratado dos Testamentos*, ob. cit., vol. I, pp. 40 e 41.
16 *Vida privada e quotidiana no Brasil* (na época de D. Maria I e D. João VI), São Paulo, Referência/Editorial Estampa, 1993, p. 130, *in Comentários ao Novo Código Civil*, coordenador Sálvio de Figueiredo, ob. cit., vol. XXI, p. 299.

226 • Direito das Sucessões | *Arnaldo Rizzardo*

Em suas linhas fundamentais, remanescem os princípios introduzidos pelo Direito romano, como a liberdade de testar, e exigência da forma solene, a reserva da parte indisponível, considerada legítima.

5. PRESSUPOSTOS GERAIS DO TESTAMENTO

O testamento é um negócio jurídico e não ato jurídico, embora personalíssimo, porque repercute efeitos jurídicos relativamente a terceiros, que somente se produzem após o falecimento de seu autor.

Alguns pressupostos impõem-se para admiti-lo, ou para que se irradiem em efeitos.

Em primeiro lugar, exige-se que se disponha para depois da morte do autor da herança. Inadmissível estabelecer a transmissão dos próprios bens enquanto viver a pessoa que faz o testamento.

Em segundo lugar, não se dispensa a capacidade civil do autor do testamento, encontrando-se ele no pleno gozo de seus direitos, ou tenha capacidade de fato e de direito para dispor de seus bens – assunto este a ser desenvolvido oportunamente. A exigência emana dos princípios gerais ditados para a validade dos atos jurídicos, de acordo com os arts. 104, inc. I e 166, inc. I do Código Civil.

Acrescente-se que o objeto deve ser lícito, e aqui se entende, também, o limite de testar. Não entram na transmissão bens ou direitos que não pertencem à herança, ou que pertençam a terceiros, ou de natureza estritamente espiritual, como os valores morais e inerentes à personalidade; muito menos os considerados ilícitos – no caso os que digam com atividades ilícitas, *v. g.*, substâncias tóxicas, coisas furtadas, estabelecimentos proscritos, bancas de jogo de azar, a exploração do lenocínio ou da prostituição.

Não pode o testador dispor ou colocar em testamento todos os bens, se há herdeiros necessários, posto que, em nosso Direito, a liberdade de testar não é absoluta, e sim limitada, tendo surgido regra expressa no Código de 2002, esculpida no § 1º do art. 1.857, embora já decorresse de disposições do Código revogado: "A legítima dos herdeiros necessários não poderá ser incluída no testamento".

Advertia Pontes de Miranda: "O primeiro limite que se impõe à liberdade ao testar é das regras jurídicas asseguradoras de porção destinada aos herdeiros necessários. O testar só se exerce no que sobra, na outra porção do patrimônio. Se o excede, constitui disposição que, ao morrer o *de cujus*, ofende o direito dos herdeiros necessários. Tanto assim que se não invalida o ato inteiro de dispor – reduz-se, apenas, à metade disponível. Mais precisamente: tem-se por nulo e ineficaz o que apanha o quanto inviolável. É isso o que se estabelece no Código Civil, art. 1.727".[17] A regra do art. 1.727 repete-se no art. 1.967 do CC/2002.

No entanto, não havendo herdeiros necessários, da totalidade se pode dispor, ou doar, até que por meio de venda disfarçada a parentes. Daí não caber qualquer ação para anular, ou reduzir, mesmo que existam herdeiros colaterais, princípio este que remanesce do velho direito, e era enfatizado pelos pretórios: "Herdeiros colaterais. Venda, pelo *de cujus*, ainda em vida, dos bens de que era proprietário. Carência de ação de nulidade das alienações, simuladas ou não, vez que, quando elas se efetuaram, o *de cujus*, não tendo herdeiros necessários, podia dispor livremente de todos os seus bens".[18]

---

17 *Tratado de Direito Privado*, ob. cit., vol. 56, p. 89.
18 RE nº 86.498, 1ª Turma do STF, de 20.03.77, *Revista Trimestral de Jurisprudência*, 86/646.

A forma solene, ou prescrita na lei, é um outro elemento, segundo as peculiaridades previstas para os tipos de testamento. A escolha de um tipo não admitido no ordenamento não faz nascer o ato – é ele inexistente.

Reclama-se também a capacidade em receber, ou seja, que não tenha sido deserdada a pessoa. De modo muito simples, mas suficiente, dizia Itabaiana de Oliveira: "As condições exigidas para a sucessão testamentária são as seguintes: ser capaz e não ser deserdado. A capacidade testamentária é o conjunto de condições necessárias e suficientes para que uma pessoa possa, juridicamente, fazer o seu testamento ou ser, por este título, beneficiada".

E especificamente para receber, prosseguia: "Podem adquirir por testamento as pessoas existentes ao tempo da morte do testador, que não forem pelo Código Civil declaradas incapazes".[19] De observar, porém, que a incapacidade civil não alija de ser beneficiado no testamento, a menos que submetido o recebimento do patrimônio a um encargo inconveniente ao incapaz. Não fica, todavia, invalidado o ato de disposição dos bens, mas sim a condição imposta despe-se de efeito. Isto tudo em consonância com os princípios que tratam dos atos jurídicos em geral, estatuídos no art. 104: "A validade do negócio jurídico requer: I – agente capaz; II – objeto lícito, possível, determinado ou determinável; III – forma prescrita ou não defesa em lei".

Em itens à parte, adiante, esta matéria será, em face de sua relevância, mais desenvolvida.

A unilateralidade do negócio ressurge como outra marca, o que importa em não exigir a manifestação receptícia da vontade do beneficiário para imprimir validade, e em afastar qualquer pretensão de natureza contratual, porquanto não se cuida de negócio jurídico bilateral. A possibilidade de posterior recusa ou não aceitação não acarreta a invalidade.

A gratuidade revela-se inerente a este tipo de manifestação da vontade, trazendo a proibição de se reclamar a reciprocidade de favores ou benefícios. Mesmo que venha a deixa impondo um encargo ou ônus, não perde a preponderância do caráter gratuito.

A revogabilidade está inerente ao instituto, sendo-lhe própria, a qual se estende até a morte do testador, e que veio a se exteriorizar no art. 1.858 do vigente Código: "O testamento é ato personalíssimo, podendo ser mudado a qualquer tempo". Daí a proibição em se inserir cláusula dando o cunho de irrevogabilidade ou irretratabilidade da disposição.

6. FORMAS OU TIPOS DE TESTAMENTO

Vêm discriminados pela lei os tipos de testamento, ou mais propriamente as formas como podem se apresentar exteriormente. Em todas as legislações, não há liberdade em a parte estabelecer a maneira de se expressar ou revestir o ato de vontade.

Aparece na lei uma série de exigências ou as solenidades que devem ser rigorosamente seguidas. Isto para proteger as próprias pessoas envolvidas no testamento, e não dar margem a entendimentos ou interpretações equivocadas. Eis a justificação apregoada outrora por Pontes de Miranda, e que se mantém, dada a equivalência de disposições sobre a matéria entre o antigo e o novo regime: "O Estado protege a última vontade; cerca-a de forma que a livrem de insídias e maquinações. Mas dificultar, pela exigência de formalidades,

---

19 *Elementos de Direito das Sucessões*, Rio de Janeiro, Oficinas Gráficas do Jornal do Brasil, 1918, pp. 128 e 129.

não é prejudicar, ou postergar o que se quis garantir: a vontade de testar (...) Interessa à utilidade pública que se respeitem as vontades últimas dos homens.

Todos os atos jurídicos têm forma. Há o conteúdo e há a forma, que é algo que exprime. Atos jurídicos há que até oralmente se compõem. Basta-lhes a fala. Não se lhes exige a escrita, ou, a *posteriori*, o instrumento público.

Para os testamentos, negócios jurídicos que só têm eficácia na abertura da sucessão, a técnica legislativa teve de impor requisitos protetivos, inclusive quanto ao número de testemunhas".[20]

Nem é autorizada a mudança, ou a conversão, de uma forma para outra. Assim, impossível aproveitar o testamento de cerrado para o particular, ou vice-versa.

Em épocas remotas, e anteriores ao Código do Século passado, mais variadas eram as formas, compreendendo as ordinárias e as extraordinárias, nestes termos explicadas por Washington de Barros Monteiro: "As formas ordinárias compreendiam o testamento privado (oral, nuncupativo e escrito, alógrafo e hológrafo) e os testamentos públicos (*apud acta* e *principi oblatum*).

As formas extraordinárias reduziam-se ao testamento do cego e do mudo, ao testamento rural, ao testamento em tempo de peste e ao testamento militar".[21]

Presentemente, foi mantida uma certa variedade mais quanto à sua exteriorização, sem importância às circunstâncias da sua formação.

7. TESTAMENTOS ORDINÁRIOS E ESPECIAIS

Costumava a doutrina dividir a classificação em duas categorias: os testamentos comuns ou ordinários e os especiais. É mantida a divisão pelo Código em vigor.

Os primeiros, como o nome indica, podem ser feitos por todas as pessoas, em qualquer circunstância; os especiais são permitidos em momentos anormais ou circunstâncias extraordinárias, como quando se encontra o testador em campanha de guerra, não havendo possibilidade de se recorrer à forma comum.

Três as modalidades ordinárias: o testamento público, o cerrado e o particular, que se encontram no art. 1.862: "São testamentos ordinários: I – o público; II – o cerrado; III – o particular".

Já os testamentos especiais não passam de três: o marítimo, o aeronáutico e o militar, constantes no art. 1.886, e definidos nos arts. 1.888, 1.889 e 1.893. Apenas determinadas pessoas capazes podem utilizá-los, e em certas circunstâncias, como quando em perigo de vida. Valem por um certo período de tempo.

O testamento aeronáutico, embora admitido pela doutrina anteriormente, veio implantado pelo Código vigente.

Desde a vigência do Código Civil de 1916 encontram-se em vigor as mencionadas formas, sem que nenhuma inovação tenha sido introduzida, exceto obviamente quanto ao testamento aeronáutico. Mais comum é o testamento público, como, aliás, sempre aconteceu.

---

20 *Tratado de Direito Privado*, 3ª ed., Rio de Janeiro, Editor Borsoi, 1973, vol. 58, p. 279.
21 *Direito das Sucessões*, ob. cit., p. 101.

Cap. XIII | Sucessão Testamentária • **229**

Existe, também, o codicilo, para muitos uma especialidade particular de testamento, embora sem uma direta instituição de herdeiro, exigindo-se menos rigor nas formalidades e um menor número de testemunhas.

Importante ressaltar a origem das várias formas, dada por Pontes de Miranda: "O testamento cerrado lembra o que havia no Direito romano, porém são diferentes as solenidades. Tinham os romanos o nuncupativo verbal, ao tempo da morte, que depois se proibiu. Os testamentos públicos, que houvemos das Ordenações, criou-se no uso das nações, e bem assim o particular. Em 1512, em Portugal, ao tempo das Ordenações Manuelinas, o imperador Maximiliano adota expressamente, na sua pátria, o testamento público (...) Nem este, nem o particular necessariamente hológrafo foram de fontes romanas; e quase sempre será impróprio buscar elementos naquele Direito para resolver os casos".[22]

8. TESTAMENTO CONJUNTIVO, NAS FORMAS SIMULTÂNEA, RECÍPROCA OU COR-RESPECTIVA

Algumas normas gerais aparecem no Código Civil, regulando os testamentos.

Assim o art. 1.863, proibindo o testamento conjuntivo: "É proibido o testamento conjuntivo, seja simultâneo, recíproco ou correspectivo".

Conjuntivo considera-se quando duas pessoas, como marido e mulher, fazem conjuntamente, ou no mesmo ato, o testamento. No Direito antigo, era denominado "de mão comum". Marido e mulher dispunham do patrimônio próprio um para o outro, ou os dois em favor de uma terceira pessoa. Costumavam os autores subdividi-lo em três tipos, como, aliás, está no transcrito do preceito citado. Era simultâneo quando os testadores contemplavam, num único ato, para terceira pessoa. Recíproco considerava-se quando dois testadores, no mesmo ato, se instituem herdeiros um do outro, vindo a ficar com todo o patrimônio, por óbvio, aquele que sobreviver ao outro. Já correspectivo intitulava-se no caso de uma pessoa instituir outra como favorecida em retribuição por ter sido contemplada por ela.

Segundo se encontra no ordenamento do Código, abolidas estão estas categorias no Direito vigente, embora permitidas anteriormente. Não se impede, porém, que separadamente marido e mulher façam o testamento um para o outro, ou mesmo duas pessoas casadas.

Pontes de Miranda estende-se em descrever hipóteses que não tipificam o testamento conjuntivo: "O Código Civil não proíbe: *a)* Que, sem qualquer combinação dos cônjuges, ou dos testadores, não casados, ainda em atos da mesma data, ou dois ou mais testadores instituam herdeiros ou legatários a mesma ou as mesmas pessoas. Pessoas que vão viajar podem querer que os interesses fiquem regulados *intuitu mortis*. Nada obsta, por exemplo, a que marido e mulher testem a favor dos filhos, ou de alguém, que ambos – sem concerto ou dependência – queiram beneficiar. *b)* Que *A*, sem qualquer dependência do ato de *B*, que contemplou no testamento, no seu contemple a *B*. É preciso que haja reciprocidade intencional: a coincidência ocasional não basta. No mesmo ato, tem de presumir-se a intencionalidade. Fora, não. A reciprocidade das disposições é fato que ordinariamente

---

22 *Tratado dos Testamentos*, ob. cit., vol. I, p. 269.

230 • Direito das Sucessões | *Arnaldo Rizzardo*

acontece, pela própria ordinariedade do caráter recíproco das afeições. Se a retribuição não é fundada no testamento do outro, não há correspectividade".[23]

Por outro lado, proíbe o art. 1.887 qualquer outra forma, além das enumeradas: "Não se admitem outros testamentos especiais além dos contemplados neste Código". Isto quanto a outras espécies de testamentos ordinários. Daí não valerem quaisquer escritos que não obedeçam aos requisitos dos previstos. Nem cabe dar uma exegese ou interpretação ampla a certas cartas de intenções ou recomendações, e mesmo de disposição de bens, de modo a enfeixá-las numa das modalidades previstas.

Assim, atualmente, não há que se falar em "testamento nuncupativo", ou aquele feito antes da morte, ou em perigo de morte, e que era admitido ao tempo do Brasil Império. A pessoa, de viva voz, manifestava sua última vontade, perante seis testemunhas, quanto aos bens. Só depois da morte era instrumentalizada esta disposição de bens. Ingressava-se em juízo com a narrativa do evento, e pedindo a aprovação. Citavam-se os herdeiros e as testemunhas, cabendo a estas reproduzir o que dispusera o falecido. Se fielmente espelhassem conteúdos verdadeiros e não resultassem contradições, o juiz homologava o testamento. Perdia, naturalmente, o valor, se não viesse a falecer o testador.

Desapareceu de nosso Direito a "carta de consciência", que era admitida e vigorava no tempo do Império. Por ela, uma pessoa encaminhava a outra, que teria a função de testamenteiro, uma comunicação na forma de epístola, onde constavam diversos atos a serem realizados após a morte do remetente, e que não podiam ser do conhecimento público, pois as incumbências eram secretas e não vinham referidas no testamento. A carta de consciência era um complemento do testamento, sendo encaminhada ao próprio testamenteiro, o que não significa que isso acontecia obrigatoriamente. Uma outra pessoa poderia ser escolhida.

Comum, também, nos tempos antigos, incluir no testamento o que se denominava "cláusula codicilar", com o fim específico de que, caso não valesse o ato como testamento, valesse então como codicilo. Assim, se porventura fosse nulo o testamento, prevalecia a última forma. De qualquer modo, procurava-se ressalvar a validade da disposição da última vontade.

Lembra-se, finalmente, da "doação por causa da morte" (*mortis causa donatio*), introduzida no Direito romano e, posteriormente, passando para o Direito luso, bem como no precodificado do Brasil. Por esta modalidade, alguém prometia doar bens a outrem. Doação, entretanto, que se consumava ou vinha a ser usufruída somente após a morte do promitente.

De modo que, atualmente, somente os testamentos prestam-se para decidir quanto aos bens para depois da morte, ou para contemplar, com eles, pessoas depois que falecer o titular dos bens. Exceto quanto aos seguros. Possível o seguro de vida, instituindo beneficiários para depois da morte do segurado, ou instituidor, de conformidade com as regras dos arts. 796 e seguintes.

---

23 *Tratado de Direito Privado*, ob. cit., vol. 58, pp. 338 e 339.

XIV
Capacidade para Testar

1. CAPACIDADE CIVIL E CAPACIDADE PARA TESTAR

Condição primordial para testar é a capacidade da pessoa. E, neste capítulo, abordar-se-ão as questões relativas à validade do testamento quanto às pessoas, considerando-se, como regra geral, capazes de testar todas aquelas que a lei as arrola como capazes para os atos da vida civil em geral.

Há, no entanto, regras especiais, adstritas ao testamento, e que não coincidem totalmente com aquelas que tratam da capacidade jurídica em geral e estabelecida para quaisquer pessoas. Nesta parte, *v. g.*, a capacidade civil plena para os atos da vida civil é alcançável aos dezoito anos, enquanto a capacidade relativa verifica-se aos dezesseis anos.

O Código Civil, ao tratar do testamento, parte por excluir quem não possui a capacidade civil, exceto quanto aos maiores de dezesseis anos, e quem não tiver o pleno discernimento ao fazê-lo. Por decorrência, todas as demais pessoas podem testar. O art. 1.860 indica os que não possuem capacidade para o ato: "Além dos incapazes, não podem testar os que, no ato de fazê-lo, não tiverem pleno discernimento".

Completa o parágrafo único, no que constitui uma exceção ao *caput* do dispositivo: "Podem testar os maiores de 16 (dezesseis) anos".

O texto revela-se mais sucinto e enxuto que o do Código revogado, que discriminava particularizadamente os incapazes.

Em princípio, quanto à capacidade em testar e à autenticidade da assinatura, basta a conferência pelo tabelião, no ato da confecção:

> Não há motivo razoável em exigir prova grafotécnica para comprovação da autenticidade de assinatura lançada em escritura pública de testamento quando esta mesma escritura foi lavrada por tabelião público e ratificada, pelo testador, na presença de testemunhas.
>
> Tampouco há de se exigir perícia complementar para a comprovação da sanidade mental do testador, se essa circunstância, segundo consta, foi confirmada por outras provas.[1]

---

1 AgRg no REsp 1.432.988/PR, da 3ª Turma, rel. Min. Sidnei Beneti, j. em 05.08.2014, *DJe* de 04.09.2014.

2. AS INCAPACIDADES

As incapacidades, de acordo com a descrição do art. 1.860 do Código Civil, merecem considerações especiais. Estabelece o dispositivo que não podem testar os incapazes e os que não tiverem pleno discernimento quando do ato.

Os incapazes são aqueles arrolados no art. 3º do Código Civil, e que se constituem unicamente dos menores de dezesseis anos, em razão da reforma do Código pela Lei 13.146/2015. No regime do Código de 1916, se incluíam os que, por enfermidade ou deficiência mental, não tivessem o necessário discernimento para a prática desses atos; e os que, mesmo por causa transitória, não pudessem exprimir sua vontade.

Não se incluem as incapacidades relativas, discriminadas no art. 4º do Código Civil, sendo (I) os maiores de dezesseis e menores de dezoito anos; (II) os ébrios habituais e os viciados em tóxico; (III) aqueles que, por causa transitória ou permanente, não puderem exprimir sua vontade; e (IV) os pródigos.

Acrescenta o parágrafo único que a capacidade dos indígenas será regulada por legislação especial.

Quanto aos situados entre dezesseis e dezoito anos, por expressa previsão do parágrafo único do art. 1.860, estão aptos a testar: "Podem testar os maiores de dezesseis anos". Os demais, sendo várias as categorias, como os ébrios habituais, os viciados em tóxicos, os deficientes mentais e os excepcionais, possuem algum grau de discernimento, não se enquadrando no significado da parte final do art. 1.860, que exige a falta de pleno discernimento para se enquadrar na proibição de testar.

Em suma, diante das alterações vindas com a Lei 13.146/2015, unicamente aos menores de dezesseis anos e aos que não tiverem pleno discernimento, quando do ato, é vedado dispor em testamento.

2.1. Os menores de dezesseis anos

A incapacidade, abaixo dessa idade, é absoluta (não existindo outras no art. 3º do Código Civil), por razões bastante óbvias, e que já eram bem lembradas por Clóvis Beviláqua: "Esta incapacidade do menor é natural e absoluta, porque, nessa idade, não dispõe o homem de madureza de espírito e de firmeza de vontade, para dispor de seus bens. Por esse motivo o Direito, que providencia no sentido de proteger e guiar a infância, criando o instituto da tutela e dando forma jurídica ao pátrio poder, não podia consentir que uma criança, débil ainda de corpo e de espírito, exercesse um ato de tamanha gravidade, qual é o testamento. Os menores de dezesseis anos não poderiam ser legitimamente assistidos por seus pais ou tutores, nem essa assistência validaria o testamento, porque este é um ato personalíssimo, exclusivamente próprio de seu autor".[2] Lembra-se que a expressão "pátrio poder", acima citada, no vigente Código passou a denominar-se "poder familiar".

Mas, e se o menor encontrar-se sob o poder familiar, ou sob tutela? Há a necessidade da assistência do responsável, como ocorre para quaisquer atos comuns da vida civil? A resposta é negativa. Referindo o Código que a incapacidade refere-se apenas aos menores de dezesseis anos, deduz-se a capacidade plena aos que ultrapassaram tal idade. Nota-se que o *caput* do art. 1.860 é enfático em encerrar a proposição: "Além dos incapazes, não

---

2 *Direito das Sucessões*, ob. cit., p. 192.

podem testar...". A forma imperativa e impeditiva já constava no art. 1.627 do Código revogado, embora com redação diferente. Por conseguinte, unicamente as pessoas não enquadradas no citado dispositivo comportam a capacidade. Encontrando-se acima de tal faixa de idade, há a capacidade, não cabendo cogitar-se de relativa ou absoluta, nem de assistência ao testador. Tanto que o parágrafo único do art. 1.860 refere a capacidade dos maiores de dezesseis anos: "Podem testar os maiores de 16 (dezesseis) anos". Nesse entendimento eram as palavras de Ney de Mello Almada, quando se dizia que os menores ficavam sob o pátrio poder, denominação que passou para poder familiar no Código em vigor: "Pouco importa encontrar-se ou não o testador de dezesseis anos sob o pátrio poder ou tutela, podendo testar no todo ou em parte seu patrimônio. De qualquer forma testamentária pode valer-se. Como, em nosso Direito positivo, a emancipação só pode ser concedida àquele menor cujos dezoito anos estejam perfeitos, não oferece interesse algum indagar da capacidade testamentária do emancipado, que se revele incontestável".[3] Cumpre esclarecer que a maioridade, pelo presente Código (art. 5°, inc. I), está sujeita à concessão aos dezesseis anos, enquanto no Código anterior só podia ser concedida aos dezoito anos.

Estendia-se Itabaiana de Oliveira, na justificação: "Não obstante determinar o Código Civil, no art. 426, n° I, que ao tutor compete assistir o menor, após dezesseis anos de idade, nos atos da vida civil, entretanto, para a facção testamentária ativa, o menor não precisa da assistência de seu tutor, porque o testamento é ato personalíssimo, que não admite procurador, nem ajudante, como é o testemunho. Assistência do tutor, para suprir consentimento do menor, não se refere à testamentificação ativa, como se não refere ao depoimento do menor, pois o Código Civil não faz restrição quando autoriza o menor com dezesseis, ou mais anos, a fazer seu testamento (art. 1.627, n° I), ou a servir de testemunha (art. 1.650, n° I), ou a depor em juízo (art. 142, n° III). Se, da disposição do art. 426, n° I, do Código Civil, se concluísse pela assistência do tutor na testamentificação ativa do pupilo, forçoso seria concluir por essa mesma assistência nos depoimentos; não haveria maior absurdo do que a intervenção do tutor no depoimento do pupilo".[4] Os citados artigos 426, n° I, 1.627, n° I, e 142, n° III, correspondem aos arts. 1.747, n° I, 1.860, e 228, I, do atual Código, enquanto o art. 1.650, n° I, não encontra regra paralela.

O dispositivo (art. 1.860) preocupou-se em firmar a idade inicial. Nada quanto à idade final para testar. E nem havia necessidade, pois inexiste um limite de idade a vedar o exercício do direito. Desde que a capacidade não seja atingida pelas contingências da idade, como desmemorização ou insanidade mental, fica mantida a capacidade. Continua aplicável este tópico de um julgamento: "Testamento. Nulidade por incapacidade mental da testadora, em avançada idade e padecendo de alto grau de esclerose, que lhe comprometia discernir o valor do legado".[5]

2.2. Os que não tiverem pleno discernimento ao testar

Além dos incapazes contemplados no art. 3°, não podem testar os que não tiverem o pleno discernimento no momento da confecção do testamento. A caracterização destes últimos não se revela fácil. Dirige-se às pessoas que, embora sãs, não gozam da plenitude da lucidez ou do discernimento ao lançarem as disposições testamentárias.

---

3 Ob. cit., 1991, vol. II, p. 91.
4 *Tratado de Direito das Sucessões*, ob. cit., vol. II, p. 406.
5 Apel. Cív. n° 587044637, 3ª Câmara Cível do TJRGS, de 12.05.88, *Revista de Jurisprudência do RGS*, 133/251.

234 • Direito das Sucessões | *Arnaldo Rizzardo*

Se a pessoa apresenta uma alteração relativa da mente, ou não total, de modo a ter certa consciência de si e da realidade que a cerca, aparentemente transparece que a consciência do ato está presente.

Todavia, a pessoa irada, ou a encolerizada, ou fortemente emocionada, perde não apenas a racionalidade na percepção das coisas e dos fatos que a cercam, mas também o próprio sentido que a levara a agir naturalmente. Entretanto, não é alguém doente mentalmente. Houve, apenas, fatores internos que refletem na conduta externa e nas alterações momentâneas do espírito.

Nesta linha, situação que não invalida o ato é aquela representada por momentâneos internamentos em clínicas, mas sem que o testador tenha perdido a consciência, em consonância com o pensamento externado no seguinte *decisum*:

> Os seus internamentos em clínica psiquiátrica foram decorrência de surtos episódicos e que, atenuados ou cessados, permitiam o retorno à vida normal. Essa convicção reforça--se na medida em que, pela leitura da cláusula testamentária de interesse, revelou o testador consciência de que estava no seu juízo, pois relacionou corretamente sua identidade, a dos seus filhos, genros e noras, e não praticou nenhum ato de liberalidade além daqueles que se poderia esperar fizesse uma pessoa fora do seu juízo.[6]

A embriaguez em si igualmente não constitui um desvio radical de conduta. Unicamente quando no estado de completo alcoolismo a pessoa perde a noção e a consciência de si e do mundo, aí revela a perda de lucidez e discernimento quanto aos atos que pratica. Desde que verificados tais estados, não é possível considerar válido o testamento. A vontade ficará ofuscada, e opaca a inteligência, como também acontece no hipnotismo, no sonambulismo e no desaparecimento da memória por choques emocionais fortes e traumas cerebrais.

Em todas as situações, a pessoa revela não se encontrar com o pleno discernimento, ou no domínio da razão. Na velhice, não é incomum tal fenômeno, máxime se de tudo esquece a pessoa, se não coordena as ideias, e se a conduta mostra uma involução total, a ponto de nem mais ter condições de raciocinar e de comunicação social.

O mesmo sucede nas ocasiões de doença grave, ou de dores agudas, e indisposição psíquica. Quando se agravam as doenças, entra o ser humano em prostração e desânimo, ficando sem o pleno discernimento. Especialmente se conduz a antever a morte, ou a estágios de total abatimento físico e moral. Já a preconizava Clóvis:

> A proximidade da morte só pode determinar incapacidade testamentária se a moléstia, que impele o testador ao túmulo, produz delírio ou estado de obnubilação mental, porque, como judiciosamente preceituava o Direito romano (...) *in eo qui testatur, ejus temporis quo testamentum facit, integritas mentis non corporis sanitas exigenda est.*[7]

Em geral, há momento de delírio, ou estados comatosos, principalmente na fase terminal da vida. No entanto, mesmo que presente a consciência, a prostração, a fraqueza,

---

6 Apel. Cív. nº 590031977, 5ª Câmara Cível do TJRGS, de 29.11.90, *Revista de Jurisprudência do TJRGS*, 150/550.
7 *Direito das Sucessões*, ob. cit., p. 197.

Cap. XIV | Capacidade para Testar • 235

o desânimo, a indisposição e as degenerações da memória e da inteligência conduzem a não bem ponderar o moribundo o ato que realiza.

Existem doenças que afetam mais o cérebro – como a congestão cerebral, a meningite, a contusão, os tumores – que diluem a capacidade de percepção e até de decisão.

Não requerem tais anomalias uma declaração judicial de interdição, mas, ficando demonstradas, resta comprometida a espontaneidade do ato de vontade, com reflexos no testamento.

Nesta ordem, quanto à velhice, se a pessoa já não coordena suas ideias, ou não mensura o valor dos atos, ou se encontra em estado adiantado de senilidade, com o esquecimento de situações normais da vida, parece mais coerente impedir que faça o testamento. Caio Mário da Silva Pereira descreveu o quadro que leva a evitar o testamento:

> Se em razão de condições patológicas que a acompanham, como a arteriosclerose, debilidade mental etc., perturbar-se a lucidez do espírito, erige-se em incapacidade de testar. Não é preciso que a senilidade haja carreado a interdição, pois se isto acontecer recai-se na hipótese de incapacidade específica. Torna-se obstáculo à facção testamentária se determinar a redução do discernimento a ponto de fazer a declaração de última vontade viciada ou inidônea.[8]

2.2.1. A falta de discernimento e os portadores de enfermidade ou deficiência mental

Em aprofundamento da matéria, insta observar que estão incluídos na classe de falta de discernimento os alienados de qualquer espécie, como o idiota, que está parado no desenvolvimento mental; o demente; o regredido pela senilidade; os psicopatas; enfim, todos os que sofrem de afecções mentais, incapazes de conformar a sua conduta com a conveniência de uma determinada situação.

Mais discriminadamente, e especificando, consideram-se portadores de enfermidade ou deficiência mental os perturbados mentalmente, os furiosos, os mentecaptos, os amentais, os idiotas, os imbecis, os desmemoriados e dementes, ou os afetados por doenças psíquicas de tal intensidade que não possuem o necessário discernimento para os atos da vida civil. Em verdade, esta categoria de pessoas equivale aos outrora chamados loucos de todo o gênero; aos alienados, desde que o sejam mentalmente, e não da realidade, ou do mundo presente, simplesmente por não se interessarem e nem darem a mínima importância ao que acontece à sua volta; aos que revelam doença mental grave, expressão utilizada no art. 748 do CPC, embora alguns transtornos de ordem psíquica não tornam a pessoa incapaz, máxime sabendo que a maioria dos seres humanos traz congenitamente, ou adquirem especialmente nos primeiros anos da existência, traumas, neuroses, frustrações e outras afecções de fundo psicológico, que, todavia, não atingem a capacidade mental.

Em relação à denominação do art. 5º, inc. II, Código Civil de 1916 (os loucos de todo o gênero), parece que a nova designação (os que não tiverem livre discernimento) é mais abrangente, compreendendo a pessoa deficiente mental, ou perturbada mentalmente, seja em que grau for, não importando a intensidade, e acarretando a falta de percepção de si e da realidade que a circunda, ou seja, do necessário discernimento para os atos da vida civil.

---

8   *Instituições de Direito Civil*, ob. cit., vol. VI, p. 147.

236 • Direito das Sucessões | *Arnaldo Rizzardo*

A ausência de equilíbrio mental, a desorganização das ideias e do raciocínio, as alternâncias nas decisões, a confusão de pensamentos e imagens que se passam na memória, as mudanças imprevisíveis de conceitos e da vontade, além de outros sintomas, não permitem que o insano se dirija e decida por si, nem que manuseie grandes importâncias em dinheiro, efetue contratos ou transações, e administre os bens próprios, e, assim, decida sobre o futuro de seu patrimônio. Com efeito, embora alguma lucidez se encontre presente em seu espírito, não coordena duradouramente as ideias e não tem alcance para dimensionar as consequências do que diz, resolve e determina.

Em face da falta de percepção mental, ou de senso crítico dos respectivos atos, o que decorre de várias causas, como por desorganização mental, moléstia no cérebro, não possui o indivíduo uma dimensão exata ou aproximada de seu ato. Tito Prates da Fonseca justificava o motivo, em uma descrição que se mostra atual: "O essencial, para o jurista, é a consideração de que o enfermo não pode compreender o alcance do ato jurídico que realiza. A demência pode ser intermitente. Os intervalos lúcidos devem, logicamente, trazer consigo a volta à capacidade. A extrema dificuldade de exame e prova desses intervalos, máxime quando a constatação tem de ser muito posterior ao ato, explicam a feliz iniciativa do Código Civil, não tomando em consideração essa lucidez intercalada que, no Direito anterior, determinava o restabelecimento da capacidade".[9]

Os intervalos de lucidez, ou os momentos de "capacidade" e compreensão da realidade, mesmo que provados, não convalidam o ato. Se convalidasse, traria muita insegurança nas relações jurídicas, pois difícil concluir que, em determinado instante, a sanidade era total ou suficiente para a perfeita compreensão do ato. Exigir-se-ia uma pesquisa sobre o estado mental quando do testamento, para aquilatar de seu proveito ou não para a validade. E a prova da capacidade de entender, da inexistência de transtorno persistente das funções psíquicas, não é fácil, posto que muitas manifestações do louco revelam, em alguns períodos, higidez, não levando as pessoas a perceber de imediato sua alienação ou anormalidade. Em geral, há demências de diferentes graus – umas que levam o ser humano à total ausência de consciência de si e do mundo, e outras mais superficiais, caracterizando o louco pela alteração do estado de ânimo, com momentos de melancolia, ou de uma autoconfiança exacerbada, ou de falta de coordenação do pensamento e mesmo das palavras, mostrando-se inconveniente e inapropriado o comportamento.

Pontes de Miranda lembrava: "O Direito brasileiro não conhece os intervalos lúcidos. No sistema do Código, a loucura é continuidade, não há momentos de lucidez (...) A vida do louco constitui, para a lei, escuridade contínua, sem relâmpagos de consciência jurídica".[10]

Se declarada a interdição, não há maior problema em se invalidar o ato. A dificuldade aponta quando inexiste uma declaração judicial sobre a capacidade, e impõe uma pesquisa quanto à higidez mental no momento do ato.

2.2.2. A falta de discernimento e os portadores de causas que impeçam a expressão da vontade, como a surdo-mudez, a surdez, a mudez, a doença grave e os estados mórbidos

No Código de 1916, colocavam-se, no rol dos incapazes absolutos, os surdos-mudos sem educação que os habilitasse a enunciar precisamente a sua vontade, isto é, os pri-

---

9 Ob. cit., p. 52.
10 *Tratado dos Testamentos*, ob. cit., vol. I, pp. 108 e 109.

Cap. XIV | Capacidade para Testar • 237

vados da sensação auditiva e do uso da palavra, e que não tinham adquirido uma forma substitutiva de comunicar ou externar a sua vontade. A incapacidade envolvia aqueles que não ouviam e não podiam falar ou emitir sons articulados, ou os infensos aos sons e sem linguagem oral, não tendo se educado para apreender as manifestações externas a eles dirigidas e para que os outros entendessem as exteriorizações emanadas de sua vontade.

A surdo-mudez, quando congênita, advém de uma lesão dos centros nervosos. Em vista disto, é mais difícil ter adquirido algum desenvolvimento mental maior o indivíduo com tal deficiência. Nem conhecimento ou cultura possui, por falta de capacidade receptiva.

A única maneira para aferir a capacidade é saber o surdo-mudo escrever. Aí, então, autoriza-se que faça testamento. Eis, sobre o assunto, antiga lição de Itabaiana de Oliveira, que se mantém atual, pois persistem pela coerência de raciocínio: "Os surdos-mudos, que souberem ler e escrever, podem testar, mas somente na forma do art. 1.642 do Código Civil. Assim, o surdo-mudo pode fazer o testamento cerrado, e unicamente este, contanto que o escreva todo, e o assine de sua mão, e que, ao entregá-lo ao tabelião, ante as cinco testemunhas, escreva, na face externa do papel, ou do envoltório, que aquele é o seu testamento, cuja aprovação lhe pede".[11] O citado art. 1.642 equivale ao art. 1.873 do Código em vigor.

Reza o citado art. 1.873: "Pode fazer testamento cerrado o surdo-mudo, contanto que o escreva todo, e o assine de sua mão, e que, ao entregá-lo ao oficial público, ante as 2 (duas) testemunhas, escreva na face externa do papel ou do envoltório, que aquele é o seu testamento, cuja aprovação lhe pede".

Depreende-se, ainda, que o surdo-mudo analfabeto está completamente alijado da possibilidade de testar. Daí conclui Maria Berenice Dias:

> Ainda que capaz, só pode testar por instrumento cerrado, sendo indispensável que saiba ler e escrever. Precisa escrever o testamento de próprio punho, não podendo utilizar meios mecânicos nem a assinatura a rogo. A única exigência é que escreva na parte externa do testamento ou no envelope que aquele é o testamento que quer ver aprovado (CC, art. 1.873).[12]

E se a pessoa for apenas surda? É permitido o testamento público, eis que há capacidade de falar. Depois de lavrado, não sendo possível a leitura, pelo oficial, por falta do sentido da audição de parte do testador, este mesmo lerá o testamento, como emerge da parte final do inc. II do art. 1.864. Ou poderá ser designada terceira pessoa para esta incumbência, que a fará em presença das testemunhas. Não permite dúvidas o art. 1.866: "O indivíduo inteiramente surdo, sabendo ler, lerá o seu testamento, e, se não o souber, designará quem o leia em seu lugar, presentes as testemunhas".

De observar, porém, que se não souber ler também não saberá escrever. Daí estar afastado o testamento particular neste caso. É autorizado, no entanto, este testamento se há possibilidade de leitura pelo testador. E com mais razão, quanto ao cerrado.

Relativamente ao mudo, não lhe estão reservadas as formas pública e particular, posto que impossibilitado de ditar no tocante à forma pública, e de fazer a leitura, em relação à forma particular.

---

11 *Tratado de Direito das Sucessões*, vol. II, p. 408.
12 *Manual das Sucessões*, ob. cit., p. 380.

238 • Direito das Sucessões | *Arnaldo Rizzardo*

Não verificadas as exceções acima, e nas demais situações de impossibilidade de exprimir a vontade, embora não se incluem essas pessoas entre os doentes mentais, eis que nem sempre são elas portadoras de enfermidade ou deficiência mental, mesmo assim não podem testar. Apesar de sua sanidade psíquica e mental, não externam a vontade, diante da falta de canais para as sensações externas chegarem ao seu cérebro, e para o ato de sua vontade ser conduzido e apreendido pelos outros indivíduos. Daí a incapacidade.

É exemplo de impossibilidade de manifestar a vontade a doença grave que torna a pessoa completamente imóvel, ou que leva à falta de controle dos movimentos, ou que impossibilita qualquer comunicação. Assim na isquemia e no derrame cerebral, na doença degenerativa do sistema nervoso, em que se mantém certa integridade da razão, mas não conseguindo o indivíduo captar aquilo que os outros lhe transmitem, e nem logra expressar o que vai na sua mente.

A incapacidade revela-se, outrossim, nos estados mórbidos da pessoa, em que a natureza da doença, sua intensidade, duração, deficiência de nutrição e abatimento do enfermo influem na liberdade interior. Na ainda atual lição de Hélio Gomes, "há doenças que terminam, geralmente, pelo delírio: as infecciosas, as tóxicas, as do cérebro. Outras existem que terminam por sonolência, prostração, doenças crônicas, hemorragias, estados mórbidos caquetizantes (tuberculose, câncer)... O moribundo sonolento, prostrado, vencido pelo sofrimento e pela moléstia, ou o doente delirante pela febre ou pela autointoxicação, não tem lucidez, está perturbado no seu juízo e na sua vontade, em situação equiparável a de um alienado".[13]

Excluem-se da incapacidade aqueles que, mesmo com lesões de nervos cerebrais, estão educados ou capacitados, por escrito ou sinais convencionados, a comunicar-se com outras pessoas.

2.3. Situações especiais

Ao cego, não traz o Código qualquer restrição, mas impõem-se mais exigências, como duas leituras do texto (uma pelo oficial e a segunda por uma testemunha). Realmente, expressa o art. 1.867: "Ao cego só se permite o testamento público, que lhe será lido, em alta voz, duas vezes, uma pelo tabelião ou por seu substituto legal, e a outra por uma das testemunhas, designada pelo testador, fazendo-se de tudo circunstanciada menção no testamento".

Ao mero deficiente visual dispensam-se as formalidades do dispositivo acima, consoante *ratio* jurisprudencial: "Testamento. Nulidade calcada na alegação de ausência das formalidades exigidas pelo art. 1.637. Ação improcedente porque demonstrado que o testador sofria de deficiência visual".[14]

Não há outras incapacidades. Os índios, os condenados criminalmente, os ausentes, o falido, o insolvente e o pródigo permanecem capazes para testar. Mas cumpre se procedam algumas observações.

Quanto aos índios, não coloca a lei qualquer restrição. Falando a língua nacional, não os impede de testar na forma pública. No testamento particular ou hológrafo, por

---

13 Medicina Legal, vol. I, p. 227, *Revista dos Tribunais*, nº 429, p. 191.
14 Apel. Cív. nº 590063814, 5ª Câmara Cível do TJRGS, de 01.11.90, *Revista de Jurisprudência do TJRGS*, 150/697.

Cap. XIV | Capacidade para Testar • **239**

força do art. 1.880, que mantém a redação do art. 1.649 do Código pretérito, aceita-se, inclusive, a utilização do idioma indígena.

Sobre o assunto, eis a lição de Pontes, de plena aplicação no vigente Código: "Ora, se o silvícola comparece e fala em língua nacional ao tabelião, pode testar por testamento público. Se escreve o testamento, ou, escrito a rogo, o assina, e o leva, em presença, pelo menos, de cinco testemunhas, ao oficial público para que o aprove – vale esse testamento cerrado. Com maior razão, se o escreve todo e o assina, com as demais formalidades do testamento hológrafo. Donde se tira o princípio: o exercício da testamentificação pelo silvícola prova, por si, o estado em que se achava de suficiência social. Se testou, era capaz".[15] Cumpre esclarecer, em face do art. 1.868 do Código de 2002, que duas são as testemunhas de apresentação do testamento.

Relativamente ao ausente, embora se lhe nomeie curador, não há uma incapacidade. Não se encontra ele no local constante como o do domicílio. Mas, estando vivo, não importando onde se encontra, válida é a deliberação de seu patrimônio, embora possíveis as dúvidas quanto à sua existência real, ou à autenticidade do ato. Desde que solvidas estas dificuldades, o testamento vale, pois é pessoa existente e viva.

No pertinente aos falidos e insolventes, também não se veda qualquer capacidade de formas o testamento. Mas, é evidente, se em vida processada a apuração do ativo, de nada adianta o testamento, já que, é óbvio, constitui o mesmo uma forma de destinação dos bens para depois da morte. E, falecendo, o patrimônio responde pelas obrigações pendentes, nada significando a existência do testamento. De modo que, malgrado nenhuma objeção se oferecer para o ato, os efeitos práticos dependem da existência ou não de passivo. Do contrário, haveria um caminho para burlar as obrigações.

O pródigo também não aparece arrolado como impedido de realizar o testamento. Entretanto, uma vez declarada a interdição, é ele ou não incapaz? À primeira vista, aquele que não possui discernimento e controle mental, tanto que desbarata desordenadamente os bens, sem medir as consequências, não possuiria capacidade mental, enquadrando-se entre os enfermos ou portadores de deficiência mental. Ora, se estas pessoas se encontram afastadas da faculdade de dispor dos bens, o mesmo deveria entender-se quanto ao pródigo.

Todavia, as incapacidades são restritamente as elencadas na lei.

Ademais, dirime-se a questão com base no art. 1.782, que enumera os atos vedados: "A interdição do pródigo só o privará de, sem curador, emprestar, transigir, dar quitação, alienar, hipotecar, demandar ou ser demandado, e praticar, em geral, os atos que não sejam de mera administração". Não se encontra incluída a faculdade de realizar testamento.

O Código procurou possibilitar ao máximo o direito de dispor em testamento, o que não impede, porém, o tabelião de se negar a lavrar o ato, quando verificar que faltam pressupostos essenciais, ou constatar a ignorância total ou quase total do testador quanto ao alcance e ao próprio significado da deliberação que se propõe a fazer. Igualmente, se a pessoa revela uma total debilidade mental e mesmo física, aparecendo com o favorecido ou acompanhante do ato pessoa altamente influente e de propósitos duvidosos. Situações peculiares e constrangedoras realmente acontecem, em que é visível a consecução de falcatruas formalizadas em atos aparentemente jurídicos. Por exemplo, quando se apresentar um testador idoso e alquebrado, favorecendo pessoa flagrantemente mais jovem, a quem se unira por casamento ou mesmo concubinato pouco tempo antes. Impõe-se, aí, uma profunda análise da manifestação livre e consciente da vontade.

---

15 *Tratado de Direito Privado*, ob. cit., vol. 56, p. 130.

3. SUPERVENIÊNCIA DA INCAPACIDADE OU DA CAPACIDADE APÓS O ATO DO TESTAMENTO

Não é cogitável que a pessoa fique incapaz depois de já ter feito o testamento; ou, celebrado o testamento quando incapaz, venha depois a adquirir a capacidade.

Vale o testamento na primeira hipótese; mas se nulo por se caracterizar a incapacidade quando de sua realização, não fica sanado ou válido com a superveniência da capacidade. Para validar o ato, novamente terá que ser feito.

Nesta linha, o art. 1.861: "A incapacidade superveniente do testador não invalida o testamento, nem o testamento do incapaz se valida com a superveniência da capacidade". Isto porque a capacidade é inferida quando da realização do ato jurídico. Não há retroatividade da incapacidade superveniente, nem convalescência posterior daquilo que é viciado. Neste último caso, não adquire validade o ato dada a sua celebração por pessoa que ainda não possuía maturidade bastante do espírito para dispor de seu patrimônio, a menos que apareça documento evidenciando que o testador, tendo já alcançado a capacidade plena, manifestou a vontade de manter a disposição testamentária.

Segundo Pinto Ferreira, em lição afeiçoada ao Código em vigor, dada a similitude de seu texto ao do diploma anterior, eis o momento para medir a capacidade: "No testamento público, é o dia do seu lançamento no livro de notas; no testamento cerrado, é o dia da sua aprovação, sem importar o dia da data em que foi escrito ou assinado; no testamento particular, é o da data da sua escrita e assinatura, não importando o da posterior data da sua publicação; nos testamentos especiais, no dia de suas disposições".[16]

Tais momentos especificados são aqueles em que a vontade se expressou ou se exteriorizou.

---

16 *Tratado das Heranças e dos Testamentos*, ob. cit., p. 203.

XV
Capacidade para Adquirir em Testamento

1. DIREITO DAS PESSOAS EXISTENTES

Estuda-se, neste item, a capacidade de figurar alguém como beneficiário do testamento.

Obviamente, somente a pessoas vivas quando do falecimento do testador limita-se o direito, como observou o Superior Tribunal de Justiça: "A capacidade para adquirir por testamento pressupõe a existência do herdeiro, ou legatário, à época da morte do testador. Tendo falecido antes o herdeiro, perde validade a cédula testamentária".[1]

Se falecida a pessoa, e não há outra pessoa sucessível, torna-se jacente a herança, prossegue o acórdão referido: "Iniciado o inventário e, no seu curso, verificada a inexistência de herdeiro testamentário, é de considerar-se jacente a herança, nos termos do art. 1.592, II, CC, caso em que 'o juiz, em cuja comarca tiver domicílio o falecido, procederá sem perda de tempo à arrecadação de todos os seus bens' (art. 1.142, CPC). A conversão do procedimento e a nomeação do curador dá cumprimento a essa norma e atende ao princípio da economia processual, nele expressamente assentado". O art. 1.592, II, invocado no texto, não foi reproduzido no CC/2002. Já o art. 1.142, também referido, corresponde ao art. 738 do CPC/2015.

Todos podem receber o patrimônio mediante testamento, inclusive com a previsão de pessoas não nascidas ou concebidas, indo mais além o princípio que a regra genérica do art. 1.798, restrita à sucessão legítima, a qual estabelece: "Legitimam-se a suceder as pessoas nascidas ou já concebidas no momento da abertura da sucessão".

Como herdeiros legítimos incluem-se apenas as pessoas já nascidas ou concebidas.

O art. 1.799, dirigido à sucessão testamentária, estende a previsão do direito à sucessão em favor de filhos ainda não concebidos, além de outros favorecidos, lembrando que o correspondente art. 1.717 do anterior Código Civil se referia à prole eventual:

"Na sucessão testamentária podem ainda ser chamados a suceder:

> I – os filhos, ainda não concebidos, de pessoas indicadas pelo testador, desde que vivas estas ao abrir-se a sucessão;
>
> II – as pessoas jurídicas;

---

1   REsp. nº 147.959/SP, da 4ª Turma, j. em 14.12.2000, *DJU* de 19.03.2001.

III – as pessoas jurídicas, cuja organização for determinada pelo testador sob a forma de fundação".

Depreende-se que não se dá a contemplação de pessoas não concebidas, mas deixa-se pendente a possibilidade de ficarem favorecidos filhos que irão nascer de pessoas especificadas no ato de disposição de última vontade. Com o decesso do testador, não se opera a transferência de herança ou quinhão da mesma aos filhos que irão nascer. Tal fenômeno não se afiguraria possível, porquanto não se verifica a sua existência.

É natural que a pessoa inexistente está fora do testamento. Não se mostra possível efetuar uma doação, ou prever a destinação de bens para alguém, se não há a realidade de sua pessoa, ou se um determinado nome não passa de uma imagem ou ideia.

Não afasta, porém, tal axioma o testamento em favor de nascituro, como logo adiante será examinado.

Idêntica exegese aplica-se aos filhos já concebidos, mas não nascidos. Se aos não concebidos se preserva a possibilidade de receberem em testamento, com sobradas razões estende-se a faculdade quanto aos filhos já concebidos, mas como direito em expectativa, que se concretiza quando do nascimento com vida.

Já era assim no direito anterior, explicando Caio Mário da Silva Pereira que o nascituro, embora *nondum natis*, "é, entretanto, *iam conceptus*, pondo a lei a salvo os seus interesses. Trata-se de capacidade condicional, que se consolida pelo nascimento com vida. Caducará, contudo, a instituição se vem a nascer morto, ou se morre antes da abertura da sucessão".[2]

Há incapazes de receber, os quais não se confundem com os incapazes para a vida civil, arrolados no art. 3º do Código Civil (art. 5º do diploma revogado). São os proibidos de receber bens por meio de testamento, que aparecem elencados no Código Civil, matéria que merecerá a devida análise.

2. MOMENTO DA AFERIÇÃO DA CAPACIDADE

De aduzir que a capacidade regula-se pela lei vigente ao tempo da abertura da sucessão, e não daquela vigente quando do testamento, como deixava claro Itabaiana de Oliveira: "A capacidade é regulada pela lei em vigor no momento da abertura da sucessão, e, portanto, a incapacidade anterior, ou superveniente, à abertura da sucessão, não tem importância alguma, desde que o instituído seja capaz ao tempo da morte do testador. Assim, se, ao tempo da facção do testamento, a pessoa instituída era capaz, mas se tornou incapaz ao tempo da morte do testador, a disposição testamentária não tem eficácia alguma; ao contrário, se era incapaz ao tempo da facção do testamento mas se tornou capaz ao tempo da morte do testador, a disposição é válida".[3]

O art. 1.787 é claro: "Regula a sucessão e a legítima para suceder a lei vigente ao tempo da abertura daquela".

Tais observações revelam-se importantes na medida em que aparece a diferença quanto à capacidade de fazer o testamento. Como foi desenvolvido no capítulo anterior, a capacidade do testador é aferida quando da realização do testamento.

---

2 *Direito das Sucessões*, ob. cit., vol. VI, p. 149.
3 *Tratado de Direito das Sucessões*, ob. cit., vol. II, p. 411.

Cap. XV | Capacidade para Adquirir em Testamento • **243**

3. A CAPACIDADE NO TESTAMENTO CONDICIONAL

Sendo a instituição condicional, embora difícil de ocorrer, dizem os autores que a capacidade regula-se pela lei vigente quando da condição. Esclareça-se que a condição constitui um acontecimento futuro e incerto, levando a ficar suspenso o testamento até a sua ocorrência, não se confundindo com o encargo ou o *modus*, que se revela em uma obrigação pendente de cumprimento pelo favorecido.

Difícil de ocorrer, foi dito, visto que o testamento condicionado se afasta da própria natureza que lhe é inerente, e consiste na disposição gratuita dos bens. Assim mesmo, consta a permissão no art. 1.897, que já era permitida no art. 1.664 do Código revogado: "A nomeação de herdeiro, ou legatário, pode fazer-se pura e simplesmente, sob condição, para certo fim ou modo, ou por certo motivo".

Neste caso, ou no testamento condicional, já se altera a regra da capacidade, pois terá em conta a capacidade quando da realização da condição, e não do momento da abertura da sucessão. Sobrevivendo a incapacidade na época do implemento da condição, não haverá qualquer sucessão testamentária.

Lembra-se, porém, que as condições devem ser possíveis de cumprimento, justas e de cunho moral. A nada pode obrigar uma condição imoral ou ilícita, bem como de impossível ou mesmo difícil cumprimento, ou aquela que sujeita ao arbítrio de outrem a pessoa – art. 122 do Código Civil.

4. FILHOS AINDA NÃO CONCEBIDOS

Conforme acima visto, quando da transcrição do art. 1.799, dentre os chamados a participar na sucessão testamentária estão, os filhos ainda não concebidos, de pessoas indicadas pelo testador, desde que vivas estas ao abrir-se a sucessão. No Código revogado, art. 1.718, previa-se a prole eventual de pessoas designadas pelo testador e existentes quando da abertura da sucessão.

Orlando Gomes dava a explicação desta sucessão de alguém inexistente, ou da existência de direito sem sujeito: "Uma vez que não se admite a existência de direitos sem sujeito, o testador somente pode atingir esse propósito pelo mecanismo da substituição fideicomissária, nomeando fiduciário para guardar os bens, a título de proprietário resolúvel".[4]

O testador indica a prole que terão determinadas pessoas, reservando-lhe a participação ou o quinhão na herança que no futuro se abrir. É evidente que se trata de uma previsão incerta e condicional. Opera-se a sucessão unicamente se nascerem os filhos da pessoa indicada.

Não se permite a especificação dos filhos, ou a distinção de quem será contemplado, como o filho primogênito, ou o último que nascer. Simplesmente a prole futura aparecerá como designada.

Nada impede que o testador indique os filhos de somente uma pessoa identificada e que exista quando da abertura da sucessão. Ou seja, não se exige a filiação de uma mãe e de um pai, e isto em especial diante do reconhecimento das famílias monoparentais pelo art. 226, § 4º, da Carta Constitucional. Todavia, por ofensa a dispositivos da mesma Carta, mormente em seu art. 227, § 6º, não se admitirá que o testador aponte qualquer

---

4 *Sucessões*, ob. cit., p. 114.

244 • Direito das Sucessões | *Arnaldo Rizzardo*

condição para a validade do testamento, como ser o eventual filho do sexo masculino ou do sexo feminino, ou que tenha origem consanguínea ou de outra origem.

Ainda, não é aceitável a hipótese de colocar o testador como condição para que os futuros ou atuais embriões sejam formados a partir de seu material fecundante. Não pode o testador indicar a sua própria prole eventual diante da imposição legal do art. 1.799, I, que traz a imposição legal a respeito da existência da pessoa indicada no momento da abertura da sucessão.

Aberta a sucessão, e feita a partilha, deve-se nomear curador para o fim de administrar os bens e deles cuidar, em obediência à ordem do art. 1.800 do Código: "No caso do inciso I do artigo antecedente, os bens da herança serão confiados, após a liquidação ou partilha, a curador nomeado pelo juiz".

O curador é considerado depositário, incumbindo-lhe todos os deveres próprios que incumbem a quem administra o patrimônio de outrem, respondendo pelos prejuízos acarretados, e devendo dar conta dos rendimentos e frutos advindos.

O § 1º do mesmo art. 1.800 designa quem se nomeará curador, se o contrário não vier disposto no testamento: "Salvo disposição testamentária em contrário, a curatela caberá à pessoa cujo filho o testador esperava ter por herdeiro, e, sucessivamente, às pessoas indicadas no art. 1.775". Parece normal que fique curador o pai ou a mãe da pessoa que o testador contemplara no testamento. Efetivamente, os pais são os curadores naturais dos filhos. Se inexistirem os mesmos, incide o cargo em pessoa que o juiz nomear.

A referência ao art. 1.775 está equivocada, devendo considerar-se o art. 1.797, que trata das pessoas legitimadas a administrar a herança, até ser prestado o compromisso de inventariante.

Os mesmos deveres e responsabilidades estabelecidos para a curatela dos incapazes incidem no caso, como, aliás, assinala o § 2º do mesmo artigo: "Os poderes, deveres e responsabilidades do curador, assim nomeados, regem-se pelas disposições concernentes à curatela dos incapazes, no que couber". Tais deveres e responsabilidades concernem à administração dos bens, à representação do herdeiro a partir de seu nascimento, ao recebimento de rendas e outros valores, aos gastos necessários, à prestação de contas, em obediência ao art. 1.781, que remete às disposições sobre a tutela, e, dentre elas, às do art. 1.747.

Vindo a nascer a pessoa indicada, defere-se-lhe a sucessão com os frutos e rendimentos, a partir da morte do testador. É o que está no § 3º do art. 1.800: "Nascendo com vida o herdeiro esperado, ser-lhe-á deferida a sucessão, com os frutos e rendimentos relativos à deixa, a partir da morte do testador". Nota-se que se faz mister o nascimento com vida, mesmo que num breve momento. Falecendo, transferem-se os bens aos herdeiros. Nascendo morta a pessoa, não se dá a transmissão sucessória. Outrossim, a sucessão se verificará somente com o decesso do testador.

O § 4º contempla o caso de decaimento da sucessão se não concebida a pessoa designada no testamento em dois anos após a abertura da sucessão: "Se decorridos dois anos após a abertura da sucessão, não for concebido o herdeiro esperado, os bens reservados, salvo disposição em contrário do testador, caberão aos herdeiros legítimos". Nota-se, pois, que não se impõe a obrigação de aguardar indefinidamente o nascimento da prole eventual.

A concepção pode dar-se por inseminação *in vitro*, desde que se faça a devida comprovação quanto ao momento da ocorrência.

Há, ainda, a ineficácia da designação se algum evento surgir que impeça o nascimento futuro. Morrendo a pessoa que iria gerar o filho contemplado, ou tornando-se ela irremediavelmente estéril, ou impotente, fica sem efeito a disposição testamentária. Transferem-se os bens que iriam aos filhos da pessoa indicada passam aos demais herdeiros.

Em vista do período de dois anos reservado para ser concebido o filho ou os filhos das pessoas designadas no testamento, resta evidente que a quota ou o legado destinado deve ficar sobrestado até o decurso do prazo, devendo ser entregue a administrador ou curador, a quem compete preservar os bens e prestar contas dos frutos e rendimentos.

Não herdam os herdeiros do natimorto, a menos que se insira no testamento o direito à sucessão, segundo explicava Maria Helena Diniz, ao observar que nada obsta "a que o testador, prevendo premorte do herdeiro instituído, declare que, na ocorrência desse fato, o direito à sua sucessão passará aos descendentes daquele, ou herdarão em razão da substituição ordenada no testamento e não em razão de direito de representação, que inexiste na sucessão testamentária".[5]

5. PESSOAS JURÍDICAS

Quanto às pessoas jurídicas, unicamente a sucessão testamentária é reconhecida em seu favor, na forma do art. 1.799, incisos II e III do Código vigente, consoante acima se transcreveu. Cumpre lembrar, porém, a exceção no pertinente aos Municípios, ao Distrito Federal ou à União, na inexistência dos herdeiros relacionados no art. 1.829, conforme art. 1.844, assim redigido: "Não sobrevivendo cônjuge, ou companheiro, nem parente algum sucessível, ou tendo eles renunciado à herança, esta se devolve ao Município ou ao Distrito Federal, se localizada nas respectivas circunscrições, ou à União, quando situada em território federal". Opera-se, no caso, a arrecadação por um daqueles entes, sem que se configure propriamente a qualificação de herdeiro.

A capacidade das pessoas jurídicas em receber no testamento é reconhecida no Direito universal. Doutrina Walter D'Avanzo quanto ao Direito italiano: "Le persone giuridiche, e private e publique, essendo dotate di capacità giuridica patrimoniale, possono anche succedere per testamento (e solo per tal titolo, poichè, se si eccettua lo Stato, nessuna persona giuridica ha diritto di succedere ab intestato), osservate le formalità di legge, che da noi sono state già considerate nella parte generale".[6]

Alguma regularidade na constituição das pessoas jurídicas deve existir, ou aconselha-se que se procure exigir, conforme Orlando Gomes: "Em princípio, devem estar constituídas pela forma exigida na lei. Debate-se, no entanto, a possibilidade do chamamento de pessoa por se constituir. A relação de continuidade que deve existir entre o *de cujus* e o herdeiro impede, em tese, a designação de herdeiro inexistente. Mas, podendo o testador instituir fundação, óbvio se torna que essa pessoa jurídica, ainda não constituída, pode suceder, formando-se, precisamente, com a dotação especial que aquele lhe fizer.

Admitem outros a capacidade sucessória da sociedade de fato, no pressuposto de que atuam no mundo jurídico, podendo, a qualquer tempo, tornar-se sociedade regular. À semelhança do nascituro, confirmar-se-ia a delação no momento em que se convertesse, de direito, em pessoa jurídica".[7]

Em princípio, porém, ineficaz será a deixa testamentária se instituir como herdeira uma pessoa jurídica sem constituição, ou que deixou de existir, embora constituída anteriormente.

---

5 *Direito das Sucessões*, ob. cit., 6º vol., p. 121.
6 *Delle Successioni*, Firenze, 1941, tomo II, pp. 773 e 774.
7 *Sucessões*, ob. cit., p. 49.

246 • Direito das Sucessões | *Arnaldo Rizzardo*

A falta de capacidade para receber está no dado de que a existência legal da pessoa jurídica inicia com o registro ou a inscrição de seus contratos, atos constitutivos ou estatutos.

Se autorizasse a lei a indicação de entidade não constituída legalmente, seria o mesmo que permitir a designação, como herdeiros testamentários, de pessoas físicas que compõem a dita sociedade.

Mas, se no testamento constar expressamente a transmissão desde que regularizada a entidade, considera-se válido o ato. Deve-se, no entanto, estabelecer um prazo para o registro ou constituição legal.

Qualquer pessoa jurídica pode incluir-se na deixa, vindo a enumeração principalmente nos arts. 41 e 44 do Código Civil, assim destacadas: a União, os Estados, o Distrito Federal, os Territórios, as autarquias, as empresas públicas ou outras entidades de caráter público, as associações, as sociedades, as fundações, as organizações religiosas, os partidos políticos e as empresas individuais de responsabilidade limitada.

Sobreleva observar o inc. III do art. 1.799, contemplando a destinação de herança por testamento em favor de pessoa jurídica cuja organização for determinada pelo testador sob a forma de fundação. Há uma disposição ordenando a constituição de uma fundação através de bens. O art. 62 estabelece que, para criar uma fundação, o seu instituidor fará, por escritura pública ou testamento, dotação especial de bens livres, especificando o fim a que se destina, e declarando, se quiser, a maneira de administrá-la.

Deve constar no testamento a finalidade a que se destinará a fundação. Do contrário, torna-se inviável a sua existência. Há casos de instituir o testador uma entidade para conservar ou manter uma obra por ele desenvolvida e organizada, ou para dar prosseguimento a uma pesquisa ou um trabalho científico.

Se a pessoa mantinha uma casa de assistência social a deficientes físicos, e desejando que prossiga a obra, tal ocorrerá por meio de uma disposição testamentária que ordene a destinação dos bens para esta finalidade, e instituindo a fundação. Cumpre que se explicite como se fará a administração, e, assim, o âmbito da atividade a ser desempenhada.

6. PESSOA JURÍDICA DE DIREITO PÚBLICO EXTERNO

Não podem ser contempladas em testamento entidades públicas de outros países, quanto aos bens existentes no Brasil. O art. 11, § 2º, da Lei de Introdução às Normas do Direito Brasileiro, proíbe a aquisição de bens, no Brasil, por tais entidades públicas: "Os governos estrangeiros, bem como as organizações de qualquer natureza, que eles tenham constituído, dirijam ou hajam investido de funções públicas, não poderão adquirir no Brasil bens imóveis ou suscetíveis de desapropriação".

Isto exceto quanto à propriedade de prédios necessários à sede de embaixadas ou consulados, consoante o mesmo dispositivo, § 3º.

Se proibida está a aquisição, na mesma encerra-se a forma testamentária. Mas evidente que unicamente os bens situados no Brasil, como acertadamente referido no preceito acima transcrito.

7. INCAPACIDADES PARA RECEBER

Dentro do presente item, incluem as incapacidades para suceder indicadas nos arts. 1.801 e 1802.

Na redação do art. 1.801,

Não podem ser nomeados herdeiros nem legatários:

I – a pessoa que, a rogo, escreveu o testamento, nem o seu cônjuge ou companheiro, ou os seus ascendentes e irmãos;

II – as testemunhas do testamento;

III – o concubino do testador casado, salvo se este, sem culpa sua, estiver separado de fato do cônjuge há mais de cinco anos;

IV – o tabelião, civil ou militar, ou o comandante ou escrivão, perante quem se fizer, assim como o que fizer ou aprovar o testamento.

O art. 1.802 tem como nulas as disposições em favor de pessoas não legitimadas a suceder, decorrência essa óbvia e consequente da proibição em testar: "São nulas as disposições testamentárias em favor de pessoas não legitimadas a suceder, ainda quando simuladas sob a forma de contrato oneroso, ou feitas mediante interposta pessoa".

Indica o parágrafo único quem se considera interposta pessoa: "Presumem-se pessoas interpostas os ascendentes, os descendentes, os irmãos e o cônjuge ou companheiro do não legitimado a suceder".

Extrai-se que a lei proíbe o favorecimento de pessoa não legitimada a receber em herança por testamento, usando o subterfúgio malicioso, o embuste, a fraude, a interposição de outra pessoa na disposição, já considerando o parágrafo único esta última manobra quando são utilizadas determinadas pessoas, como os ascendentes, os descendentes, os irmãos, o cônjuge ou o companheiro do não legitimado a suceder.

Abre uma exceção o art. 1.803, que constitui novidade em relação ao Código revogado: "É lícita a deixa ao filho do concubino, quando também o for do testador". Por outras palavras, ao testador faculta-se contemplar filho seu e do concubino.

Essas incapacidades são assim colocadas porque verificadas em certas ocasiões, ou em vista da situação que ocupa a pessoa relativamente ao testador. Ela tem capacidade em receber. Somente em determinado caso está alijada. Neste diapasão, prevalece o sentido de incapacidade relativa, podendo convalescer, se não alegada.

Cumpre se faça a análise de cada incapacidade.

7.1. Quem escreve o testamento e seus parentes próximos

Justa e compreensível a vedação. Aquele que escreve poderá favorecer-se, caso ele figurar como herdeiro. Há uma evidente suspeição, com a possibilidade de valer-se da confiança, ou de aproveitar-se das circunstâncias para se beneficiar. Igualmente, para favorecer os parentes. Nem o cônjuge, os ascendentes e irmãos podem figurar, pelos mesmos motivos que se afasta da relação hereditária a pessoa que assinou a rogo. No Código de 1916, o art. 1.719, inc. I, incluía os descendentes. O vigente Código deixou fora essa classe de parentes pela razão de que a considera, no parágrafo único do art. 1.802, como interpostas pessoas. Uma vez favorecidas em testamento elaborado ou escrito pelos ascendentes, tornam-se nulas as disposições. No entanto, não apenas os descendentes consideram-se interpostas pessoas, mas também os ascendentes, os irmãos e o companheiro do não legitimado a suceder. A rigor, não carecia que viesse redigido o inc. I do art. 1.801 do atual Código. Se se admitir a utilidade, não se justifica a omissão dos descendentes.

248 • Direito das Sucessões | *Arnaldo Rizzardo*

Está evidente que se encontra a razão da proibição em suceder na franca possibilidade de influências, de captação dolosa da vontade, do seguimento de sugestões. Parece claro que a vontade fica coagida ou cerceada.

7.2. As testemunhas testamentárias

Se ficasse autorizada a participação das testemunhas no testamento, não teriam a isenção de ânimo necessária para acompanhar devida e corretamente o testamento. Aduzia Tito Prates da Fonseca, valendo advertir que é idêntica a redação da causa de nulidade no Código revogado: "A importância excepcional do testemunho nas disposições de última vontade acarreta a necessidade de se vedar a todos que tenham vantagens a tirar do ato testamentário, quer em caráter de legado, quer no de instituição de herdeiro".[8]

Em qualquer forma de testamento vige a proibição. Não importa que seja o cerrado, onde há total ignorância do conteúdo, restringindo-se as testemunhas a assinar o auto de aprovação. Todavia, como advertiu o STJ, "a regra referente a proibição de ser o legatário testemunha no testamento é de interpretação estrita, não atingindo a sócio de entidade beneficiaria da liberalidade".[9]

Como na previsão anterior, se permitida a sucessão, ficaria comprometida a liberdade de testar.

7.3. O concubino do testador casado

A matéria é deveras controvertida, devendo-se recordar que, pelo inc. III do art. 1.801, a proibição atinge o concubino do testador, salvo se este, sem culpa sua, estiver separado de fato do cônjuge há mais de cinco anos.

Lembra-se que não abrange a nulidade o testamento em favor de outras pessoas com as quais está o testador impedido de casar, e que se encontram elencadas nos incisos do art. 1.521, assim nomeadas: os ascendentes com os descendentes, seja o parentesco natural ou civil; os afins em linha reta; o adotante com quem foi cônjuge do adotado e o adotado com quem o foi do adotante; os irmãos, unilaterais ou bilaterais, e demais colaterais, até o terceiro grau inclusive; o adotado com o filho do adotante; e o cônjuge sobrevivente com o condenado por homicídio ou tentativa de homicídio contra o seu consorte.

Mister considerar, também, que o § 1º do art. 1.723, o qual dá os elementos para a caracterização da união estável, a torna possível entre pessoas separadas de fato ou judicialmente. Quanto à separação de fato, não consta explicitada quando se afigura, ou o prazo exigido para seu reconhecimento.

Parece, pois, que não carecia viesse contemplado o requisito da duração mínima de cinco anos para viabilizar a faculdade de dispor em testamento a favor do assim considerado concubino. Na verdade, nem concubina é a pessoa separada de fato que se encontra unida a outra pessoa. Se o art. 1.723, no § 1º, a cognomina com o termo "companheira", o mesmo tratamento cumpria se observasse no testamento. Daí que o correto consistiria na referência exclusiva do concubino, sem nada mais referir, porquanto a caracterização

---

8   Ob. cit., p. 73.
9   REsp. nº 19.764, da 3ª Turma do STJ, j. em 30.11.1992, *DJU* de 08.02.1993.

Cap. XV | Capacidade para Adquirir em Testamento • 249

de concubinato já vinha no art. 1.727, que expressa: "As relações não eventuais entre o homem e a mulher, impedidas de casar, constituem o concubinato".

A complexidade da norma, podendo trazer graves dificuldades, assume proporções maiores quando condiciona a faculdade de testar à prova da culpa do outro cônjuge na separação, cabendo a produção dessa prova evidentemente ao chamado "concubino", que ficou favorecido com a deixa.

Em suma, a uma, a união entre homem e mulher com duração acima de cinco anos, encontrando-se o testador separado de fato, não se enquadra no concubinato, e sim no conteúdo da união estável; a duas, a imposição da prova da culpa do cônjuge pela separação constitui um verdadeiro absurdo, e praticamente inviabiliza o testamento, mantendo-se os percalços, e até ultrapassando-os, imperantes quando do Código anterior.

O mais certo é que a restrição atinja apenas a adulterinidade concomitante com o casamento. Inexiste qualquer proibição para a união quando já desfeita a sociedade conjugal.

A rigor, mesmo que mantido o casamento, em vista da absoluta igualdade das pessoas, dentro e fora do casamento, não se coaduna a impossibilidade, desde que observado o limite da metade do patrimônio do testador.

O entendimento jurisprudencial da possibilidade do testamento, se desfeita a sociedade conjugal, quer de direito, quer de fato, já prevalecia quando da vigência do Código antecedente, deixando transparecer que não passa de um retrocesso a atual regra: "Testamento em favor da concubina, feito por homem casado. Interpretação do art. 1.719, III, do CC, quando a sociedade conjugal do testador já se encontra dissolvida *de jure* ou de fato, neste segundo caso pela voluntária separação dos cônjuges, passando posteriormente o marido a viver *more uxorio* durante longos anos com a beneficiária do testamento".[10] O mencionado art. 1.719, inc. III, equivale ao art. 1.801, inc. III, do vigente diploma civil.

A juridicidade deste axioma transparece nos seguintes argumentos: "Assim, a mulher, no regime que lhe dá esse direito, usufrui de sua meação na dissolução ou na separação obrigatória de bens aquestos da sociedade. À concubina já é assegurado o mesmo direito se comprovado que formou patrimônio com o esforço comum juntamente com o concubino (Súmula nº 380 do STF). E, por fim, a companheira tem direitos outros de perceber pagamento pelo seu trabalho doméstico, e, no caso presente, e em hipóteses assemelhadas, de receber legado, doação ou seguro feito pelo testador casado, se o conúbio legal estava desativado, enquanto tinha vigência o estado de companheirismo ou união de fato".[11]

7.4. O tabelião e outras pessoas junto às quais se faz o testamento

O testamento é feito perante o tabelião. Mas a incapacidade atinge todos aqueles que atuaram no ato, em razão do cargo a que foram revestidos, e assim, nas formas especiais de testamento, como no militar e no marítimo.

Visa-se, com a proibição, impedir abusos de confiança daqueles que atuaram na lavratura do testamento, embora dificilmente possa ocorrer um proveito dos mesmos. Evidentemente, não há a restrição quanto aos agentes ou funcionários judiciais que atuam na abertura do testamento, ou no foro.

---

10 *Revista de Jurisprudência do TJRGS*, 80/126 – Emb. Infr. 29.849, de 23.11.79.
11 *RT*, 573/219.

250 • Direito das Sucessões | *Arnaldo Rizzardo*

Os deserdados também não podem figurar, desde que assim o sejam considerados depois de lavrado o testamento. Mas se constam como deserdados, foram afastados da sucessão pelo testador. E se, posteriormente, vier ele a favorecê-los, é claro que afastou a deserdação.

Quanto aos indignos – art. 1.814 –, a lei retira a capacidade de receber em qualquer forma de sucessão.

Não contempla o Código mais incapazes. Em outras legislações, a relação varia frente à nossa. Assim, há regimes que não permitem como testamentários os médicos que trataram do testador, e mesmo quem lhe prestou assistência religiosa. De igual modo, e nesta parte com procedência, há inibições para o tutelado ou curatelado instituir testamentário o tutor ou o curador, diante da probabilidade da influência que pode incutir nas disposições testamentárias.

Para questionar a validade, em tais situações, importa que, em nosso Direito, se constate a ocorrência de vício de consentimento ou alguma outra nulidade. Não decorre a invalidade pelo simples fato de se fazer o testamento em favor do médico, ou do tutor.

8. TESTAMENTO POR INTERPOSIÇÃO DE PESSOA

Não importa que se proceda ao testamento por interpostas pessoas, vulnerando as normas acima, estatuídas no art. 1.801. A nulidade persiste. É rígido o Código Civil a respeito, como emana do art. 1.802: "São nulas as disposições testamentárias em favor de pessoas não legitimadas a suceder, ainda quando simuladas sob a forma de contrato oneroso, ou feitas mediante interposta pessoa".

Presumem-se interpostas pessoas, na sequência do parágrafo único, os ascendentes, os descendentes, os irmãos e o cônjuge ou companheiro do não legitimado a suceder".

Quanto à incriminação de nulidade, já decorre a mesma da vedação constante do art. 1.801. A oração "pessoas não legitimadas a receber", empregada no texto, corresponde às pessoas às quais não pode o testador contemplar em disposição testamentária.

Se utilizada uma terceira pessoa para favorecer as pessoas não legitimadas, está-se diante de uma nulidade absoluta, eis que presente a simulação, e, consequentemente, emerge evidente um objetivo escuso. No caso, não se faz o testamento porque proibido. No entanto, procura-se fraudulentamente ilidir a norma legal.

Assim, desde que beneficiada alguma das pessoas referidas no art. 1.801, embora apareça uma venda de bens, não valerá o ato. Indiferente que se revista de venda, ou dação em pagamento.

De acordo com este dispositivo, há uma fraude em prejuízo dos herdeiros, e que pode ser engendrada de duas maneiras. A primeira, quando o testador dissimula a liberalidade sob a vestimenta de um contrato oneroso, como venda. A segunda, na hipótese de se valer o testador de interposta pessoa: o testamento em favor do pai, ou de um outro parente, de quem é realmente beneficiado, e atuou, *v. g.*, como testemunha.

A primeira situação é impraticável. Como invalidar o testamento, se não há testamento? Aflorará, daí, uma venda que, sabe-se, é fictícia. Então, não emergem as incapacidades instituídas para o testamento. Se não existe testamento, não aparecerá quem o redige. Da mesma forma, inexistem testemunhas testamentárias. Não é possível como vislumbrar, por conseguinte, esta forma de simulação. Quem se acha prejudicado ingressará com a ação de nulidade ou anulação da venda, ou de uma declaração de dívida, que justifica o pagamento através da entrega de um bem.

Suponha-se que alguém queira favorecer a concubina. Se o testamentário for seu filho, será fácil vislumbrar a simulação. Mas caso a transferência de patrimônio se operar mediante uma compra e venda, é evidente que não se ingressará com a ação anulatória de testamento, e sim da compra e venda. Daí a relatividade no alcance do art. 1.802 e de seu parágrafo único.

Necessário levar em conta, porém, a exceção do art. 1.803, sem preceito similar no Código revogado, de onde se infere que não se presume a simulação se o favorecido no testamento é filho do testador e do concubino, porquanto válida a deixa. Isto porque o favorecido é a prole comum, ou seja, o filho de quem testou e da pessoa com a qual mantinha relacionamento amoroso. Se permitido que se inclua filho no testamento, a situação de decorrer a filiação do concubino não retira a liberdade de testar em favor do filho.

A antiga Súmula nº 447 do STF, já havia implantado o princípio: "É válida a disposição testamentária em favor de filho adulterino do testador com sua concubina".

XVI

Testamento entre Concubinos

1. O CONCUBINO CONTEMPLADO EM HERANÇA OU LEGADO DE TESTADOR CASADO

Em princípio, estão proibidos o legado ou a doação testamentária ao concubino do testador casado.

No Código Civil revogado, o art. 1.719, inc. III, era claro: "Não podem também ser nomeados herdeiros, nem legatários: (...) III – a concubina do testador casado". O Código Civil de 2002, no art. 1.801, inc. III, em redação totalmente inadequada aos avanços do direito, conserva a vedação, fazendo confusão entre conceitos de concubinato e união estável, ao inserir: "Não podem ser nomeados herdeiros nem legatários: (...) III – o concubino do testador casado, salvo se este, sem culpa sua, estiver separado de fato do cônjuge há mais de cinco anos".

O art. 1.802 reforça a impossibilidade legal: "São nulas as disposições testamentárias em favor de pessoas não legitimadas a suceder, ainda quando simuladas sob a forma de contrato oneroso, ou feitas mediante interposta pessoa".

Cuida-se, aqui, de nulidade absoluta, segundo se extrai da redação dos preceitos transcritos, ao passo que, quanto à doação do cônjuge ao cúmplice, na forma do art. 550, o ato é anulável, o que revela uma grande diferença no tratamento das duas espécies, concedendo a uma a incapacidade absoluta e à outra a incapacidade relativa. Por isso, a primeira é de ordem pública, podendo ser alegada pelo próprio Ministério Público. A segunda depende da iniciativa da parte interessada.

O princípio está na afirmação do casamento monogâmico, que predomina no mundo ocidental, não se equiparando à união conjugal livre.

E neste sentido, a começar por Clóvis Beviláqua, restou firmada uma cultura que se prolonga ao longo do tempo, tendo em vista sempre a instituição pelo homem casado: "Cabendo ao homem, em regra, a direção econômica do lar, exercendo ele, ordinariamente, a sua atividade fora do lar, e não sendo normal que a mulher mantenha concubino à sua custa, a lei dispôs somente quanto às liberalidades testamentárias do homem casado à sua concubina. E não se referiu a qualquer cúmplice do homem casado, para evitar investigações escandalosas. O concubinato é notório. Além disso, a contumácia na violação da

254 • Direito das Sucessões | Arnaldo Rizzardo

fé conjugal revela a desorganização da família, e, por isso mesmo, oferece maior perigo aos legítimos interesses desta...".[1]

É o que já enfatizava Francisco de Paula Lacerda de Almeida, que lembra uma plêiade de autores defendendo a mesma restrição.[2]

Na mesma linha seguiam Pontes de Miranda,[3] Carvalho Santos,[4] Itabaiana de Oliveira,[5] Tito Prates da Fonseca,[6] Carlos Maximiliano,[7] além de outros autores mais atuais, como Orlando Gomes, Washington de Barros Monteiro, Orosimbo Nonato, Jefferson Daibert e José Lopes de Oliveira.

A jurisprudência, até 1988, sufragava a doutrina, despontando numa linha bastante ortodoxa a emanada da Suprema Corte: "Não pode ser nomeada legatária a concubina do testador casado. O fato de ser a concubina teúda e manteúda, por longos anos, não revoga a proibição legal, art. 1.719, III, do Código Civil. A família é constituída pelo casamento e terá direito à proteção dos poderes públicos, art. 175 da Constituição Federal. É lícito ao juiz interpretar a lei, porém não lhe é facultado revogá-la ou deixar de aplicá-la".[8] Equivale o art. 1.719, inc. III, ao art. 1.801, inc. III, do Código de 2002. Já o art. 175 da CF/1967, alterada pela Emenda Constitucional nº 1/1969, não tem regra no mesmo sentido da Carta de 1988, porquanto o § 4º do art. 226 tem em conta a entidade familiar como a formada por qualquer dos pais e seus descendentes.

Evidente que o texto acima revela o ranço de um entendimento que deixou de se aplicar há bastante tempo.

2. A DISPOSIÇÃO TESTAMENTÁRIA EM FAVOR DO CONCUBINO NO CÓDIGO CIVIL

Lembra-se que, no Código Civil de 1916, a proibição de testar em favor de concubino não se estendia à mulher, em face da redação do então art. 1.719, inc. III. Washington de Barros Monteiro já condenava a norma: "A respeito da liberalidade feita por testamento, porém, o Código circunscreveu a anulação apenas à hipótese do homem casado, que beneficia a concubina; não se referiu ele à mulher casada que vem a favorecer o amásio. Em tais condições, a concubina não possui *testamenti factio* passiva para adquirir de testador casado; mas nada impede que o concubino seja contemplado pela testadora casada. Valerá, portanto, disposição testamentária de mulher casada em benefício de amásio, o que não é lógico, nem moral".[9]

A maioria dos autores antigos entendia no mesmo sentido.

É evidente que em face dos arts. 5º, inc. I, e 226, § 5º, da Constituição Federal, não prevalecia a distinção.

Se aplicável a proibição de testar em favor de concubinos ou amantes, estender-se-ia a mesma tanto para o marido como para a mulher – pois ambos iguais em direitos e deveres.

---

1 *Código Civil dos Estados Unidos do Brasil Comentado*, 5ª ed., Livraria Francisco Alves, 1944, vol. VI, p. 184.
2 *Sucessões*, Rio de Janeiro, Livraria Cruz Coutinho, 1915, p. 67.
3 *Tratado de Direito Privado*, ob. cit., vol. 58, p. 37.
4 Ob. cit., 8ª ed., 1963, vol. XXIV, pp. 50 e 51.
5 *Tratado de Direito das Sucessões*, ob. cit., vol. II, pp. 415 e 416.
6 *Sucessão Testamentária*, ob. cit., pp. 73 e ss.
7 *Direito das Sucessões*, 5ª ed., 1964, vol. II, p. 512.
8 *Lex – Jurisprudência do Supremo Tribunal Federal*, 48/150.
9 *Direito das Sucessões*, ob. cit., pp. 193 e 194.

Pelo Código Civil de 2002, foi gerada uma verdadeira confusão, porquanto aplicado o significado de união estável ao concubinato. Basta examinar a redação do inc. III do art. 1.801, que proíbe a nomeação de herdeiro ou legatário que seja "concubino do testador casado, salvo se este, sem culpa sua, estiver separado de fato do cônjuge há mais de cinco anos".

Ora, havendo a separação de fato, e verificada a união com outra pessoa de sexo diferente, o que se caracteriza não é o concubinato, e sim a união de fato. Isto porque, pelo § 1º do art. 1.723, do Código Civil, a união estável não se constitui se ocorrerem os impedimentos do art. 1.521, exceto no tocante ao seu inc. VI, que impede a união estável entre pessoas casadas. Encontrando-se, no entanto, a pessoa casada separada de fato ou judicialmente, reconhece-se a possibilidade da união estável.

Se está protegida a união estável de pessoas separadas de fato, vindo a ser um instituto jurídico, não era possível considerá-la no sentido de concubinato porque um dos conviventes se encontra casado. Verificada a separação de fato, a nova vivência com outra pessoa importa em união estável, sem ter em conta o período de tempo, que pode ser inferior a cinco anos, pois não fixado um período mínimo para o reconhecimento nos dispositivos que a disciplinam.

Em última instância, o art. 1.801, inc. III, e mesmo o art. 1.802, desconsideram o conceito de união estável, o qual se encontra firmado no art. 1.723 e em seu § 1º.

Aumenta a gravidade da situação a imposição de se demonstrar que a separação não se deu por culpa do testador, quando esse elemento não se exige na caracterização da união estável.

Conclui-se, daí, o quanto desandou o legislador dos elementos formadores da união estável. O ensejo é que se dê a interpretação em consonância com o art. 1.723 e seu § 1º, sem entrar no aspecto da duração e da culpa pela separação havida do cônjuge.

3. DISPOSIÇÃO TESTAMENTÁRIA DO SOLTEIRO, VIÚVO, SEPARADO OU DIVORCIADO EM FAVOR DO CONCUBINO

Plenamente válido é, entrementes, não encontrando controvérsias, segundo a linha já do Código Civil de 1916, e com mais razão no Código em vigor, o testamento nas hipóteses acima epigrafadas. De Washington de Barros Monteiro vinha o paradigma da interpretação padrão, ainda aplicável, com a ressalva de que as disposições se aplicam tanto ao testador como à testadora, e relativamente, assim, à concubina como ao concubino: "Desaparecerá, no entanto, a incapacidade testamentária passiva se o testador se achava desquitado. A expressão 'testador casado' constante do art. 1.719, inc. III, não abrange o testador desquitado. Dissolvida a sociedade conjugal, pode o testador aquinhoar livremente a concubina, porque ele, juridicamente, não pode mais ser considerado casado. Efetivamente, se pelo citado art. 1.177 a doação à concubina só pode anular-se quando foi feita na vigência da sociedade conjugal, tanto que a prescrição se conta de sua dissolução por morte, ou desquite (art. 178, § 7º, nº VI, e § 9º, letra 'a'), segue-se que o mesmo se há de entender com relação à liberalidade efetuada por ato *causa mortis*. Não há dúvida de que o vínculo persiste após o desquite (...) Quanto aos bens, entretanto, permanecem inteiramente livres depois da partilha e nada impede que o cônjuge, em seu testamento, os atribua à concubina (...) Referentemente ao testador solteiro ou viúvo, nada obsta que o mesmo contemple a concubina: inexiste, em tal hipótese, incapacidade testamentária passiva".[10] Os citados arts. 1.719, inc. III, e 1.177 equivalem aos arts. 1.801, inc. III, e 550 do Código atual, enquanto os arts. 178, § 7º, nº VI e § 9º, letra "a", não encontram regra similar, esclarecendo-se que se referem ao prazo para a anulação, o qual já consta no art. 550 do vigente Código, sendo de dois anos, iniciando com a dissolução da sociedade conjugal.

Quid juris, se o processo de separação ou divórcio se encontrar em tramitação, aguardando o trânsito em julgado da sentença?

Se as partes procederam consensualmente à desconstituição da sociedade conjugal, com a partilha dos bens, a disposição testamentária vale desde que feita após a deliberação da dita divisão de patrimônio. Os efeitos dos atos passam a vigorar desde o momento de sua celebração. Pois se a ratificação do acordo em separação consensual é irretratável, não sendo mais possível a alteração unilateral, decorre, igualmente, que as partes ficam livres para dispor dos bens que se reservaram espontaneamente, inexistindo óbice para legar ou dar em testamento.

A reconciliação do casal não invalida a instituição de legatário ou herdeiro, procedida durante o interregno da separação, pois nenhuma proibição legal impedia o ato quando da inexistência do vínculo.

Relativamente ao viúvo, a capacidade estende-se mesmo em prol do concubino existente ao tempo do casamento daquele. Apropriada a colocação de Carlos Maximiliano a este respeito, no que se coaduna com o direito atual: "Toda incapacidade é de direito estrito: viúvo não é homem casado. Se dispusesse dos bens *causa mortis* na vigência do matrimônio, isto é, em vida da esposa legítima, sim: cairia a deixa. Prevaleceria esta, quando documentada depois de anulado o casamento, ou decretado o divórcio a *vínculo*. Convém lembrar que o fim da lei é evitar sofismas contra a proibição de doar, única expressa nas Ordenações; ora, as próprias doações podem ser anuladas só até dois anos após a dissolução do matrimônio, e isto mesmo quando feitas por homem casado, não por viúvo".[11]

4. CARÁTER REMUNERATÓRIO DA DISPOSIÇÃO TESTAMENTÁRIA

É inviável o legado testamentário ou a instituição de herdeiro com a finalidade de resgate de serviços prestados, pois a forma conduz à simulação, ferindo o preceito do art. 1.802 do Código Civil, cujo conteúdo é o seguinte: "São nulas as disposições testamentárias em favor de pessoas não legitimadas a suceder, ainda quando simuladas sob a forma de contrato oneroso, ou feitas mediante interposta pessoa". A pessoa casada envolveria em uma aparência de legitimidade a doação ao concubino, burlando a vedação legal. É o pensamento de Adahyl Lourenço Dias, que argumenta com base no então art. 1.720, que equivale ao atual art. 1.802: "Não se trata de torcer a vontade do testador, mas de evitar que o art. 1.720 seja vulnerado no seu espírito. O disfarce em legado, de um pagamento reputável, sem embargo, devido pelo testador, subtrai, ferindo o pensamento legal, os caminhos que as leis traçam ao credor do serviço reconhecido".[12]

Edgard de Moura Bittencourt, apreciando a questão, admitia, no entanto, a instituição de legado ou herança quando se lhe empresta o caráter remuneratório. A disposição sub-

---

10 *Direito das Sucessões*, ob. cit., p. 194.
11 *Direito das Sucessões*, ob. cit., vol. II, pp. 512 e 513.
12 *A Concubina e o Direito Brasileiro*, 2ª ed., São Paulo, Editora Saraiva, 1975, p. 198.

sistiria, sem embargo da adulterinidade do concubinato. É que a lei proíbe a liberalidade e não o ressarcimento de dívidas reconhecidas. E arremata: "Se o doador ou testador, ao instituir a liberalidade, objetivou reparar serviços ou indenizar a parte com que sua concubina colaborou na aquisição dos bens, não há como deixar de admitir a validade da remuneração, ou reparação. Isto quando as condições de fato demonstrarem que a concubina teria direito à partilha ou ao valor dos serviços prestados, de conformidade com a orientação dos julgados que amparam a concubina de homem casado".[13]

Segundo sua fundamentação, não seria compreensível admitir a nulidade da cláusula e depois, concluído o processo de dissolução de sociedade conjugal ou de indenização por serviços prestados, se vá repor o patrimônio retirado ao concubino ou à concubina, o que equivale a revalidar a cláusula testamentária.

A contemplação, por outro lado, encontrava, para alguns, apoio no art. 1.664, o qual corresponde ao art. 1.897 do vigente Código, que embasa a nomeação de legatário ou herdeiro. Carvalho Santos explicava a expressão como o motivo que induziu o testador a dispor de seus bens, a favor de pessoas que instituiu herdeira ou legatária: "Causa suficiente para a validade da disposição testamentária é o espírito de liberalidade, o qual pode animar o testador ainda com relação a um indivíduo para ele desconhecido. Por isso mesmo o testador não precisa esclarecer o motivo ou a razão da disposição".[14]

5. VALIDADE DO TESTAMENTO SE VERIFICADA A CONVIVÊNCIA

Desde que a mulher fosse companheira, e não apenas concubina, admitia-se o testamento já antes da Constituição de 1988.

O Supremo Tribunal Federal estabelecia a diferença, embora para efeitos de seguro instituído por homem casado em benefício da companheira. A palavra "concubina", enfatiza-se, tem um conteúdo relacionado à mulher adúltera, assim entendida como aquela que mantém uma vivência unicamente sexual com um homem, fora do lar, esporadicamente, não coabitando com ele. Equivale ao significado de "amante". Em contrapartida, constatando-se uma união de fato, faltando só as *justae nuptiae* para se equiparar ao casamento, a mulher merece a denominação de "companheira". No primeiro caso, o homem tem duas mulheres. No segundo, ele convive apenas com a "companheira", tendo se afastado da esposa, rompendo faticamente a vida conjugal.[15]

A caracterização é clara no RE 99.195, onde se define a concubina como "amante, a mulher do lar clandestino, oculto, velado aos olhos da sociedade, como prática de bigamia e que o homem frequenta, simultaneamente ao lar legítimo e constituído segundo as leis". A companheira é "a mulher que se une ao homem já separado da esposa e que se apresenta à sociedade como se legitimamente casados fossem".[16] Em suma, o *status* da companheira é diferente do *status* da concubina.

O art. 1.801, inc. III, do Código Civil, se refere a concubino. Não empregou a palavra "companheiro", embora o significado, conforme acima amplamente abordado, compreenda o sentido de convivente próprio da união estável.

---

13 *O Concubinato no Direito*, 2ª ed., Rio de Janeiro e São Paulo, Editora Jurídica e Universitária, 1969, vol. II, p. 143.
14 Ob. cit., 7ª ed., 1962, vol. XXIII, p. 235.
15 *Revista Trimestral de Jurisprudência*, 82/930, RE nº 83.930.
16 *Revista Forense*, 197/97. Igualmente no RE nº 20.550, *Revista Forense*, 156/265, e nos pretórios inferiores, *RT*, 40/351 e 318/505.

Arnoldo Wald retratava a distinção e a repercussão nos efeitos jurídicos, que já dominavam sob o império do Código revogado: "Admite-se, pois, que o concubinato possa produzir efeitos jurídicos desde que não haja impedimento para o casamento dos concubinos ou, no mínimo, desde que não se apresente como relação adulterina, ou seja, quando nenhuma das partes esteja vinculada a uma sociedade conjugal, ainda não dissolvida *de jure* ou de fato".[17]

Em verdade, o companheiro, por elaboração doutrinária e jurisprudencial, pode ser beneficiário de seguro de vida, ou seja, ficou consagrado, indissonantemente, a validade da cláusula que institui beneficiário do seguro de vida o companheiro que vive com o segurado, durante longos anos, embora casado este com outra, da qual está separado.[18]

Se para uma situação restou assentada esta distinção, juridicamente não se justifica o tratamento diferente no testamento. Em outras palavras, por analogia à sua posição no seguro de vida, encontra-se o companheiro no mesmo plano relativamente ao testamento, quando nomeado, pelo testador, herdeiro ou legatário.

Foi a exegese que já era aplicada pelo Tribunal de Justiça do RGS: "Testamento em favor da concubina, feito por homem casado. Interpretação do art. 1.719, III, do CC. Não incide a regra proibitiva do art. 1.719, III, CC, quando a sociedade conjugal do testador já se encontra dissolvida *de jure*, ou de fato, neste segundo caso pela voluntária separação dos cônjuges, passando posteriormente o marido a viver *more uxorio* durante longos anos com a beneficiária do testamento".[19] O art. 1.719, III, tem regra equivalente no art. 1.801, III, do vigente Código Civil.

A juridicidade transparece nos seguintes argumentos, embora elaborados em época quando se reconhecia o direito mais à mulher:

"Assim, a mulher, no regime que lhe dá esse direito, usufrui de sua meação na dissolução ou na separação obrigatória dos bens aquestos da sociedade. À concubina já é assegurado o mesmo direito se comprovado que formou patrimônio com esforço comum juntamente com o concubino (Súmula 380 do STF). E, por fim, a companheira tem direitos outros de perceber pagamento pelo seu trabalho doméstico, e, no caso presente, e em outros assemelhados, de receber legado, doação ou seguro feito pelo testador casado, se o conúbio legal estava desativado, enquanto tinha vigência o estado de companheirismo, ou união de fato".[20]

Já então não se colocava como exigência a convivência por determinado período de tempo.

Aplicando-se o pensamento de Francisco Pereira de Bulhões Carvalho, extraído de seu livro sobre o assunto[21], que serviu de fundamento a esta corrente de interpretação, aduz-se que a doação à concubina só é vedada durante a vigência da sociedade conjugal, conforme se verifica do art. 550 do Código Civil atual, pois este dispositivo da lei civil em vigor toma como marco do prazo para a anulação o momento da dissolução da sociedade conjugal, dando a entender que os atos se efetuaram durante a sua existência.

O STJ, no REsp. nº 192.976/RJ, da 4ª Turma, j. em 26.09.2000, publicado no *DJU* de 20.11.2000, reafirmou a inteligência acima, sendo o citado art. 1.719, III, correspondente

---

17 "O Concubinato". *RT*, 413/53.
18 *RT*, 218/503, 356/346, 453/213; *Revista de Jurisprudência do TJRGS*, 24/247, 70/857, 77/413, 75/140.
19 *Revista de Jurisprudência do TJRGS*, 80/126, Emb. Infr. 29.849, de 23.11.79, publicados também na *RT*, 543/199.
20 *RT*, 573/219.
21 *Incapacidade Civil e Restrições de Direito*, vol. II, Rio de Janeiro, Borsoi, 1957, pp. 633/634.

ao art. 1.801, III, do vigente diploma civil: "A concubina se distingue da companheira, pois esta última tem com o homem união estável, em caráter duradouro, convivendo com o mesmo como se casados fossem. A proibição inserta no art. 1.719, III, do Código Civil não se estende à companheira de homem casado, mas separado de fato".

Assim há de se compreender referentemente ao testamento.

De outro lado, tendo a lei definido o significado de concubinato, deve-se levar o seu conteúdo à situação do testamento. Pelo art. 1.727, "as relações não eventuais entre o homem e a mulher, impedidos de casar, constituem concubinato". Todavia, não se pode olvidar a abrangência dada pelo § 1º do art. 1.723: "A união estável não se constituirá se ocorrerem os impedimentos do art. 1.521; não se aplicando a incidência do inciso VI no caso de a pessoa casada se achar separada de fato, ou judicialmente". Por este cânone, não se impede a união estável entre pessoas casadas, caso separadas de fato ou judicialmente. Daí se depreender que, mesmo se utilizando a expressão concubinato à união formada por pessoas casadas, mas separadas de fato ou judicialmente, não se lhes subtraem os efeitos da união estável, por força do § 1º do art. 1.723.

A vigente Constituição, ao contrário da anterior, que no art. 175 protegia apenas a família formada pelo casamento, estende sua tutela também à união estável, que pode vir a formar uma família. Com efeito, preceitua o art. 226, § 3º: "Para efeito da proteção do Estado, é reconhecida a união estável entre o homem e a mulher como entidade familiar, devendo a lei facilitar a sua conversão em casamento".

Não apenas há a família constituída pelo casamento. Desde que implantada uma união conjugal estável, há a proteção do Estado. Em consequência, está certo que o testamento de um dos companheiros em favor do outro se reveste de validade plena, não obstando ao direito as condições do inc. III do art. 1.801. Não há de se exigir a separação por um período superior a cinco anos, e muito menos a prova de que a culpa dessa ruptura recaia na pessoa do outro cônjuge. A condição básica está na configuração da união estável, isto é, daquela união perene entre o homem e a mulher, de forma a parecer que vivem como se fossem casados, em geral na mesma residência, ambos contribuindo para a vida em comum.

O Superior Tribunal de Justiça vinha decidindo nessa ótica, dando uma inteligência coerente com os tempos atuais ao então art. 1.719: "Legado. Validade de instituição de legado à companheira. Distinção de companheira e concubina. Inteligência do art. 1.719 do CC.

Refletindo as transformações vividas pela sociedade dos nossos dias, impõe-se construção jurisprudencial a distinguir a companheira da simples concubina, ampliando, inclusive, com suporte na nova ordem constitucional, a proteção à primeira, afastando a sua incapacidade para receber legado em disposição de última vontade, em exegese restritiva do art. 1.719, III, do CC".[22]

Importa, pois, o fato da convivência.

6. CONCUBINO FAVORECIDO COM BENS NA SOCIEDADE DE FATO E NO TESTA-MENTO

Desde que se admita a capacidade do companheiro em figurar como herdeiro ou legatário, mesmo relativamente ao testador casado, sem importar o tempo da separação

---

22 REsp. nº 195-RS, 4ª Turma do STJ, de 08.08.89, *Revista dos Tribunais*, 651/170. Igualmente em *Revista Forense*, 306/180.

do cônjuge, ou da culpa na separação, é possível seja ele aquinhoado com a meação a que tem direito pela sociedade de fato, sobre os bens adquiridos ao longo da vida em comum, e com o legado ou a herança por disposição testamentária.

A meação não exclui o testamento, nem implica compensação no montante que lhe foi dado sob este título, sem olvidar que o cálculo respeitará a meação da mulher legítima.

Se o estado civil do companheiro for solteiro, viúvo, separado ou divorciado, não transparecem dúvidas quanto ao raciocínio acima. Nenhum empecilho sofre o testador em contemplar o concubino, se respeitada a medida do art. 1.846, isto é, se não ultrapassado o limite da metade do patrimônio.

São inconfundíveis o direito à verba deixada em testamento, validamente instituída, e o direito à meação, de natureza diversa, segundo determinação da lei, que se inspirou na doutrina e jurisprudência, esta consagrada já faz tempo pela Súmula nº 380 do STF.

XVII
Interpretação do Testamento

1. REGRAS GERAIS

Não é fácil a interpretação do testamento. A dificuldade advém de várias causas, como a sua publicação somente após a morte de seu autor e a necessidade de se apreender a real vontade do testador.

Nos contratos ou pactos negociais em geral, a interpretação é dirigida de modo a favorecer a parte mais fraca. Amoldam-se certas cláusulas a um senso maior de justiça. Não é admitido um grau de liberdade que venha a ofender os direitos do contratante, ou a provocar-lhe uma injustiça na comutatividade das prestações, ou que desrespeite a função social e os princípios da probidade e boa-fé, em obediência aos arts. 421 e 422 do Código Civil.

Nos testamentos, no entanto, é de rigor a interpretação formal, com o fito de evitar enganos ou desobediência à vontade do testador.

O grande problema é se chegar ao cerne, perscrutar o íntimo da vontade do testador, ou sua real intenção, como sustenta José de Oliveira Ascensão.[1]

Embora sucintamente regulada a matéria, a importância é indiscutível, pois várias as dificuldades em se compreender os testamentos.

Apenas o art. 1.899 do Código Civil trata especificamente sobre a interpretação: "Quando a cláusula testamentária for suscetível de interpretações diferentes, prevalecerá a que melhor assegure a observância da vontade do testador".

Não disse o dispositivo mais do que se encontra no art. 112: "Nas declarações de vontade se atenderá mais à sua intenção nelas consubstanciada do que ao sentido literal da linguagem".

O cerne do problema reside em chegar à vontade do testador, mas sempre de modo a fixar-se o intérprete no texto, ou na expressão literal. Uma interpretação muito dissociada das palavras conduz ao perigo de não se satisfazer a vontade do morto.

E a compreensão de sua vontade exige, às vezes, que se transporte o intérprete ao mundo e ao ambiente onde vivia o *de cujus*. É de suma relevância que sejam entendidos o ambiente social e o relacionamento entre o morto e os que aparecem contemplados no testamento. Difícil admitir que uma pessoa sem qualquer vínculo com o autor da

---

1   Ob. cit., p. 287.

liberalidade apareça favorecida. É de se duvidar da autenticidade do ato quando aparece algum testamentário que mantinha relações de inimizade com o testador. Ou se era deste completamente desconhecido. Igualmente, se entre eles existiam diferenças econômicas acentuadas. Um progenitor, de modo geral, trata os filhos de forma semelhante. Assim, figurando alguns beneficiados e apenas um excluído, há motivos para a pesquisa sobre a existência de vícios de consentimento, como, aliás, nos demais casos. Princípio primordial, neste tipo de disposição do patrimônio, é que a vontade deve avultar como soberana e decisiva. A simulação, a fraude, a coação, o dolo e o erro aparecem com frequência, levando uma pessoa, especialmente se fraca de personalidade, a viciar a vontade.

Não é possível desligar o testamento da vida de seu autor, visto ser um ato pessoal, tendo profunda ligação com o modo de ser da pessoa. Válida a aferição do conteúdo do ato com a realidade do testador. Nesta posição o pensamento de Orlando Gomes, sempre atual: "Por outras palavras, os contratos exigem interpretação típica; e o testamento, interpretação pessoal, determinando-se a intenção do testador do seu próprio comportamento, ainda posterior ao ato, de suas convicções, afetos e, até, preconceitos, enfim, de todos os elementos que possam concorrer para determinar sua vontade real, sem consideração às expectativas ou desejos de quem quer que seja".[2]

Mas sempre no sentido de que pretendia realizar o testamento, posto a sua previsão na lei, bem como a liberdade de cada cidadão. Assim, na dúvida, é de se admiti-lo. Havendo cláusulas obscuras, porém, e favorecendo um herdeiro em detrimento de outros, a melhor solução será não lhe dar validade.

Existem, também, vários preceitos que tratam mais das disposições testamentárias em situações determinadas, mas aplicadas a todos os testamentos. Ao mesmo tempo em que conduzem a encontrar um alcance ou significado do testamento, fornecem as diretrizes até onde pode ir a liberdade de testar. Por isso, o seu estudo se fará adiante, em capítulo especial, levando-se tais regras, aqui, em consideração unicamente para efeitos de interpretação dos atos de última vontade.

Nesta ordem, o art. 1.902, que traça diretrizes para fixar a extensão da cláusula testamentária, quando a mesma, dispondo a favor dos pobres e estabelecimentos de caridade ou assistência social, não delimita precisamente os beneficiários. Ordena que se interprete a disposição como visando a proteção dos pobres ou estabelecimentos situados no domicílio do testador.

Já o art. 1.903 é um pouco mais complexo. Numa primeira parte, preceitua como proceder quando houver erro na designação da pessoa do herdeiro, do legatário, ou da coisa legada. Decorre necessariamente a nulidade da designação, como, aliás, está no art. 171, inc. II.

Na segunda parte, prevê a possibilidade de se apurar o engano mediante elementos precisos e esclarecedores que estão no próprio teor do ato. Então vale a disposição. Ilustrava a hipótese Sílvio Rodrigues, em considerações plenamente conformadas ao atual Código Civil: "Se o testador deixou seus bens a determinada pessoa a quem chama de filha e se se provar que tal pessoa não era sua filha, a disposição testamentária, ordinariamente, pode ser anulada por seus herdeiros legítimos. Porém, se do próprio contrato do testamento se evidencia que o testador desejava instruir referida pessoa, que considerava como filha embora soubesse não o ser; se de outros documentos ou outras disposições se verifica a alta estima que dedicava à herdeira. Sendo inegável o propósito de aquinhoá-la com

---

2 *Sucessões*, ob. cit., p. 173.

considerável parte de seus bens, o erro foi desfeito; precisou-se, com exclusão de qualquer dúvida, a decisão do testador de dispor em favor da pessoa em causa".[3] Em resumo, não se anula a disposição, apesar do erro da designação, se possível a identificação da pessoa ou da coisa pelo contexto do testamento por outros elementos ou por fatos inequívocos.

Efetivamente, o que deve prevalecer, em se tratando de matéria que envolve disposição testamentária, é a vontade do testador.

Ademais, a regra do art. 1.903 deve ser interpretada em consonância com o disposto no art. 142, o qual traz luz à questão de maneira explícita: "O erro na indicação da pessoa ou da coisa, a que se referir a declaração de vontade, não viciará o negócio quando, por seu contexto e pelas circunstâncias, se puder identificar a coisa ou pessoa cogitada".

Percebe-se do próprio conteúdo dos dispositivos invocados que, despontando dúvidas entre haver ou não realmente a deixa em favor de um herdeiro instituído, a tendência é reconhecê-la. Caso não existisse, certamente nem o testamento seria providenciado. Apesar de eventual confusão ou dúvida que a redação possa trazer, inclusive em virtude de um erro na escrita, ou no preenchimento de um numeral (o que parece verificado *in casu*), convém o reconhecimento da vontade do testador, como leciona Carlos Maximiliano: "(...) Nos testamentos, se o debate surge acerca da existência mesma de uma deixa, devem decidir a favor do beneficiado, pois o ato de última vontade é feito exatamente para substituir a sucessão legítima pela dativa".[4]

Como já referido, cabe ao intérprete, em casos tais, salvar as ideias básicas do testamento, ou seja, a intenção do testador, na esteira da lição de Arnold Wald: "Se houver disposições contraditórias, ou pouco claras, o intérprete deverá tentar salvar as ideias básicas do testamento, pois o seu autor já não o pode mais defender. Se não for possível, por lacuna ou falta de clareza do testamento, atender minuciosamente a todas as suas disposições, o magistrado tem a função de se aproximar o mais possível da vontade inteligível do testador. O princípio da defesa do testamento é que explica o extremo rigor da lei e a severidade da jurisprudência em matéria de nulidade testamentária. A ideia dominante é evitar a declaração de nulidades, e, havendo nulidade de uma cláusula, não deverá esta prejudicar o resto do instrumento".[5]

A predominância da ideia de salvar o testamento, não aceitando irregularidades se não atingirem a vontade do testador, foi reconhecida pelo STJ, o que se verifica na seguinte ementa:

"1. Em matéria testamentária, a interpretação deve ser voltada no sentido da prevalência da manifestação de vontade do testador, orientando, inclusive, o magistrado quanto à aplicação do sistema de nulidades, que apenas não poderá ser mitigado, diante da existência de fato concreto, passível de colocar em dúvida a própria faculdade que tem o testador de livremente dispor acerca de seus bens, o que não se faz presente nos autos.

2. O acórdão recorrido, forte na análise do acervo fático-probatório dos autos, afastou as alegações da incapacidade física e mental da testadora; de captação de sua vontade; de quebra do sigilo do testamento, e da não simultaneidade das testemunhas ao ato de assinatura do termo de encerramento".[6]

---

3 *Direito Civil, Direito das Sucessões*, ob. cit., vol. VII, pp. 140 e 141.
4 *Hermenêutica e Aplicação do Direito*, 9ª ed., Rio de Janeiro, Forense, 1979, p. 291.
5 *Direito das Sucessões*, 9ª ed., São Paulo, Revista dos Tribunais, 1992, vol. V, p. 122.
6 Recurso Especial nº 1.001.674/SC, 3ª Turma, rel. Min. Paulo de Tarso Sanseverino, j. em 05.10.2010, *DJe* de 15.10.2010.

264 • Direito das Sucessões | *Arnaldo Rizzardo*

Arremata-se, com Carvalho Santos, que o erro somente é causa de nulidade se irremediável: "Se a obscuridade é irremediável, quer a respeito da pessoa, quer em relação à coisa legada, não sendo possível averiguar a intenção do testador, a disposição é nula".[7]

Pelo art. 1.904, nomeados vários herdeiros, sem discriminação da parte de cada um, dividir-se-á entre todos a porção disponível do testador.

Já em vista do art. 1.905, nomeando o testador individualmente certos herdeiros, e coletivamente outros, a herança dividir-se-á em tantas quotas quantos forem os indivíduos e os grupos designados. Os indicados individualmente serão contemplados com uma quota para cada um; e os coletivamente, com uma quota para todos, que a dividirão entre eles.

Segundo o art. 1.906, se o testamento não abranger todos os bens do testador, com os remanescentes contemplar-se-ão os herdeiros legítimos.

Em consonância com o art. 1.907, determinando o *de cujus* os quinhões de uns e não os de outros herdeiros, a estes últimos caberá somente o que restou depois de completados os quinhões especificados dos primeiros.

O art. 1.920 ordena que o legado de alimentos abrange o sustento, a cura, o vestuário e a casa, enquanto o legatário viver, além da educação, se ele for menor.

O art. 1.921 ordena que o legado de usufruto, sem fixação de tempo, entende-se deixado ao legatário por toda a sua vida.

Prevê o art. 1.932 que, no legado alternativo, presume-se deixado ao herdeiro a opção pela escolha que mais lhe aprouver.

2. REGRAS ESPECIAIS DE INTERPRETAÇÃO

Interpretar o testamento, como foi observado, envolve perscrutar o contexto da realidade. Assim, deve-se compreender o conteúdo das palavras e expressões usadas em função do sentido usual e próprio do lugar onde residia e vivia o testador. Nesta linha mantém-se vigorante a orientação de Carvalho Santos, que apresenta hipóteses concretas: "Se o testador, pelo hábito, originalidade, ou ignorância, empregou linguagem diferente da usual e correta, com expressões bem dele ou próprias do lugar onde residia ou se criou, em tal caso, tomam-se os vocábulos no sentido peculiar àquele modo de falar (...)

Não se presume, em regra, a preferência pelos termos técnicos, em geral ignorados, salvo quando o ato, ou a respectiva minuta, é obra de profissional".[8]

Por isso, embora nem sempre seja fácil, o intérprete deve colocar-se na época e no lugar em que vivia o testador.

Lembrava o advogado paulista Paulo Modesto, ainda quando do Código anterior: "Nos casos de lacuna ou obscuridade, deve o intérprete utilizar não só as máximas da experiência como, principalmente, levar em conta os pontos de vista pessoais do testador, procurando verdadeiramente encarná-los, considerando a cultura, a situação social e econômica do testador, seus hábitos, preferências, idiossincrasias. Somente contextualizadas as expressões empregadas pelo testador, reduzindo ao mínimo a ambiguidade e vagueza dos seus termos pela consideração do seu ambiente social e afetivo, adequando os sentidos encontrados aos usos pragmáticos com que o mesmo empregava tal ou qual expressão é

---

7 *Código Civil Brasileiro Interpretado*, ob. cit., vol. XXIII, p. 307.
8 Ob. cit., 7ª ed., vol. XXIII, 1962, p. 242.

que se pode descobrir os desígnios, a vontade, os motivos que conduziram o testador às disposições testamentárias".[9]

O conhecimento de palavras e expressões usadas pelas pessoas revela-se importante. O emprego do termo "colônia" varia conforme, às vezes, o tipo ou a origem das pessoas. Há regiões do País em que o significado envolve uma determinada quantidade de áreas de terra enquanto, em outras, nada expressa, ou quer corresponder à localização do imóvel em zona rural. Úteis revelam-se, por conseguinte, as observações em cartas, escritos, manuscritos, anotações, bilhetes, diários, gravações, vídeos do testador, com a finalidade de melhor apreender seu estilo e os hábitos, a linguagem que empregava, o significado que dava às palavras e expressões típicas do lugar.

Prossegue Carlos Maximiliano: "Prefere-se adotar, como base da exegese, o significado vulgar dos vocábulos ao invés do científico; a linguagem própria da localidade, de determinada época, dos profissionais de um ramo de ocupações, ou peculiar ao que ditou ou redigiu o ato; e tomam-se em consideração até os gracejos habituais dos indivíduos. Nas declarações unilaterais atende-se ao modo de falar regional, ou pessoal, do estipulante; nas bilaterais o mesmo se verifica somente quando a outra parte se exprime semelhantemente, ou conhecia o dizer original do coobrigado".[10]

Pode-se, outrossim, discriminar alguns princípios, como os que seguem.

3. IMPORTÂNCIA DE TODAS AS PALAVRAS OU EXPRESSÕES DO TEXTO

Não se desconsideram palavras ou expressões. Tudo o que o testador diz possui um significado. Não se colocam em testamentos frases inúteis ou de mero efeito literário. A parte quer encerrar, em cada frase ou palavra, uma finalidade, dentro do texto geral. Nesta ordem, instituído um legado com as referências a "campos" e "várzeas", parece evidente que unicamente as terras com tais características ingressam no legado. Mas há necessidade de, às vezes, se procurar o significado de "campos", isto é, se o termo, na localidade, é empregado para expressar terras de pastagem para animais, ou áreas de cultivo de produtos agrícolas. De modo que se constar que são legadas terras de campos e várzeas, a extensão é bem maior que se aparecer um legado referindo apenas terras de campos.

De acordo com o art. 112, leva-se em conta mais a intenção do que as palavras de quem declarar a vontade. Em geral, o testador é leigo em assuntos jurídicos. Nesta visão, não valendo a transferência *causa mortis* do usufruto, por exegese do art. 1.393, mas extinguindo-se com a morte do usufrutuário, não se pode simplesmente invalidar o testamento, se enseja dúvidas quanto à transferência, devendo a interpretação obedecer aos parâmetros legais vigentes.[11] Por outras palavras, considera-se válida a instituição do usufruto por testamento, desconsiderando-se a disposição que estabeleceu uma ordem de sucessão de beneficiários do mesmo.

4. CONTEÚDO DAS PALAVRAS

É de se ver o conteúdo de certas palavras, máxime das que dizem respeito às pessoas. Sabe-se que na menção de toda a prole utiliza-se o termo "filhos", que abrange

---

9   "Hermenêutica do Testamento", *RT*, nº 676, pp. 76 e 77.
10 *Hermenêutica e Aplicação do Direito*, 9ª ed., Rio de Janeiro, Editora Forense, 1979, p. 346.
11 RE nº 91.803-5-SP, de 10.11.81, *Lex – Jurisprudência do Supremo Tribunal Federal*, 39/110.

também as filhas. Identicamente, outras designações, como "sobrinhos", "netos", "tios", e "primos", que envolvem parentes do sexo masculino e do sexo feminino. Mas é diferente se designadas apenas "filhas", "netas", "sobrinhas", as "avós", ou as "primas". Não se queria ampliar o círculo de contemplados para parentes do sexo masculino.

O sentido de prole, no âmbito do conhecimento comum, equivale a filhos consanguíneos. Não pode abranger os adotivos – que nem sempre, dentro da atual extensão de igualdade de qualquer espécie de filhos, eram considerados no mesmo *status* ou grau dos consanguíneos. Eis, sobre o assunto, texto de uma decisão: "Se a vontade do testador impera na execução dos testamentos – sendo essencialíssimo pesquisá-la até ser entendida – não se deve desprezar um só dos métodos interpretativos. E o primeiro deles é o gramatical. Partindo-se da significação vernacular, 'prole' significa progênie, descendência (Aulete, *Dicionário Contemporâneo*, vol. 4, § 4.095), ou geração, progênie, descendência: filhos ou filhas (Buarque de Holanda, *Novo Dicionário*, p. 1.153). O testador previu a possibilidade de advir 'prole' à sua filha. Mas como prole não se pode compreender a existência de filho adotivo. O testador, neste passo de seu testamento, mencionou e usou de expressões que sinalizam a possível existência de uma descendência, de filhos consanguíneos de sua filha. Tanto que, para enfeixar sua vontade, arrematou claramente: 'Se falecer algum filho meu sem deixar descendentes, sua herança caberá a todos os meus netos em partes iguais'".[12]

5. CONTEÚDO SUBJETIVO DE VALORES E QUALIDADES

Nem sempre se deve interpretar o testamento sob o ângulo do "justo" ou "injusto". A vontade do testador pode ter decidido com base em múltiplas motivações, e sob enfoque diverso de tais conceitos. Para uma pessoa, a ideia de justo pode traduzir-se em distribuição de bens; para outra, é possível que signifique a observância rígida de regramentos; e, em relação a uma terceira, que procure a distribuição equânime e igual dos bens. Assim, ao se examinar o testamento, não importa cumpri-lo sob o enfoque de uma correta divisão dos bens, considerada a totalidade de herdeiros.

6. MOTIVAÇÃO SUBJETIVA

Em todo testamento, há uma motivação subjetiva. Não é crível que seja alguém incluído na relação de herdeiro testamentário sem que tenha existido uma relação forte ou um motivo sério com o autor da liberalidade. Se um progenitor institui a cláusula de inalienabilidade referentemente a apenas um filho, certamente assim aconteceu em virtude de ser perdulário o mesmo, ou se encontrar casado com um cônjuge cujo casamento esteja para findar. De modo que, quando do cumprimento do testamento, se pretendida anular a cláusula, urge se analise a situação peculiar de cada herdeiro.

7. INDIVIDUAÇÃO DO OBJETO DA LIBERALIDADE

Deve existir a indicação dos bens ou do patrimônio, e isto de modo claro, coerente e individuado, de sorte a não resultarem confusões, ou mesmo dúvidas. Do contrário, é

---

12 RE nº 99.589-46, 1ª Turma do STF, de 06.11.84, *Revista Trimestral de Jurisprudência*, 118/993.

Cap. XVII | Interpretação do Testamento • **267**

preferível considerar o ato nulo. Ensinava Carlos Maximiliano: "Também nos instrumentos reveladores de última vontade, a letra adquire importância considerável; porque se deve nos mesmos designar, em forma suficientemente nítida, não só a intenção dadivosa do testador, mas também o objeto da liberalidade e o respectivo beneficiário. O ato escrito concretiza o intuito generoso, especifica em que consiste o legado, com todas as individuações necessárias, e com a possível clareza indica ainda a pessoa a quem o mesmo se destina. O silêncio guardado sobre qualquer dos três requisitos não é suprido por nenhum gênero de prova; inutiliza o testamento".[13]

8. COMPREENSÃO DE BENS PARTICULARES NA UNIVERSALIDADE

Atribuindo-se uma universalidade de bens ao testamentário, natural que as coisas menores, contidas na universalidade, integrem a disposição. Nesta ordem, se se assinalar que integrarão o testamento os móveis de uma sala de estar, parece claro que se incluirão na mesma os enfeites e até as obras de arte que ornamentam os móveis. Segue esta hermenêutica Paulo Modesto: "Deixada uma universalidade de coisas, entendem-se incluídas as coisas particulares de que a mesma se compõe, bem assim aquelas descobertas posteriormente, desconhecidas do testador".[14]

9. ABRANGÊNCIA DO PATRIMÔNIO

Inserida a disposição dos bens que possuir, sem mencionar que transmite aqueles que existirem quando da morte, ou aqueles que tiver o testador em época determinada, fica abrangido no testamento somente o patrimônio verificado quando de sua confecção.

Os bens futuros não integram o ato de vontade. Não é possível integrar na disposição aquilo que não se encontrava, ainda, no poder do disponente.

10. INSTITUIÇÃO DE BENEFICIÁRIOS IDENTIFICÁVEIS NO FUTURO

É possível instituir beneficiários não individuados, mas que se tornarão identificáveis por certa atividade ou conduta. A pessoa faz inserir, na disposição de última vontade, como beneficiários os filhos que lhe derem assistência pessoal e econômica nos derradeiros anos de sua vida; ou aqueles que permanecerem residindo com ela até morrer, ou que se tornam identificáveis em vista de sua filiação. Úteis os seguintes ensinamentos, ditados por Caio Mário da Silva Pereira: "Ao instituir herdeiro ou legatário, o testador terá de nomear pessoa certa, isto é, identificada. A designação conterá o nome do instituído, ou mencionará características que o distinguem exatamente (*ex. gr.*, 'instituo minha afilhada, filha de Tício'), ou, ainda, elementos que permitam, dentro de uma indeterminação relativa, vir a determinar-se o beneficiado (como, *ex. gr.*, se o testador institui a prole eventual de determinado casal). Se, entretanto, não for possível, quer direta quer indiretamente, determinar o favorecido, é nula a disposição".[15]

Necessária a concordância de todos os herdeiros quanto aos contemplados; do contrário, haverá necessidade de se proceder, em uma ação judicial para tanto ajuizada, à prova de que, *v. g.*, determinados herdeiros cumpriram o encargo instituído.

---

13 *Hermenêutica e Aplicação do Direito*, ob. cit., p. 342.
14 Ob. cit., em *RT*, nº 676, p. 77.
15 *Direito das Sucessões*, ob. cit., vol. VI, p. 188.

268 • Direito das Sucessões | *Arnaldo Rizzardo*

11. INSTITUIÇÃO DE LEGADO ESPECIAL E DE LEGADO GERAL

A disposição de um legado especial para um herdeiro e a atribuição de um legado geral para os herdeiros leva a concluir que aquele herdeiro não participará do legado geral. O testador destaca um imóvel residencial e com ele contempla apenas um herdeiro. No mesmo testamento, distribui outro imóvel aos herdeiros. O primeiro não participará no inventário do imóvel que aparece para ser partilhado a todos os herdeiros. A maior porção que recebeu afasta-o da participação junto aos demais herdeiros.

12. DESIGNAÇÃO DE ENTIDADES DE FINS SOCIAIS E CARITATIVOS

Dirigindo-se a designação de beneficiados a entidades sociais, caritativas e outras de uma determinada localidade, serão consideradas aquelas que existirem quando da morte do testador, e não quando da confecção do ato de última vontade. É que alguma delas poderá não mais satisfazer as finalidades visadas quando do testamento. Com toda a certeza, esta é a melhor forma de respeitar a pretensão objetivada por quem está imbuído de um propósito caritativo e humano.

13. DESIGNAÇÃO DE HERDEIROS POR REPRESENTAÇÃO

Mencionando o testador parentes de um certo grau, como filhos, ou irmãos, não é possível excluir o direito de representação. Daí que, encontrando-se falecido um filho, sucederão os filhos deste, isto é, os netos do testador. Da mesma forma se um irmão já não existir. Os sobrinhos é que irão representar o pai, que é irmão do testador. Pensa-se que a intenção foi beneficiar o filho ou o irmão e aqueles que descendem dele, mas que tenham nascido ou sido concebidos até a morte do testador. Para tanto, porém, é necessário que não venham individuados os herdeiros instituídos, e sim que haja a menção de parentes em um determinado grau.

14. DESIGNAÇÃO DE PARENTES DO MESMO GRAU, COM INDIVIDUAÇÃO DE ALGUNS DELES

E se o testador individuar um ou mais parentes, como os filhos "A" e "B", e, generalizando, contemplar também todos os demais que se encontram no mesmo grau daqueles especificados?

Pensa-se, aí, que, por nomear dois parentes, faz-se a distribuição da porção disponível do patrimônio em três partes, pois dois os parentes nomeados, enquanto aos restantes é distribuída apenas uma parte, que será dividida entre eles.

Esta solução justifica-se pelo fato de terem sido designados individualmente os herdeiros. Se não fosse para serem distinguidos com uma porção maior, não haveria necessidade de indicar nominalmente os dois herdeiros. Bastaria agrupá-los – filhos de tal pessoa – ou, então, seriam citados um a um todos os filhos. Nota-se que a interpretação envolve detalhes que, se não bem observado o testamento, podem passar despercebidos.

15. EXCESSO DAS LIBERALIDADES E REDUÇÃO AOS LIMITES LEGAIS

Excedendo as somas das liberalidades a metade disponível, mas recebendo os beneficiados quotas diferentes, como se fará para reduzi-las aos limites legais? Observa-se, *v.*

g., que a distribuição a diferentes herdeiros pode chegar a sessenta por cento do total do patrimônio. No entanto, um herdeiro foi contemplado com vinte por cento dos bens; o outro com trinta por cento; e, finalmente, a terceira pessoa recebeu somente dez por cento.

Como reduzir o excedente até chegar a cinquenta por cento? Basta uma simples retificação das quotas, mas proporcionalmente ao montante excedente. Assim, calcula-se em quanto por cento excedeu o testamento. Tendo sido de dez por cento, diminui-se neste percentual cada quota atribuída. Aponta-se outro exemplo, mais discriminado, supondo-se que a herança total equivale ao número duzentos. A parte disponível, de cinquenta por cento, será o número cem. Ao herdeiro "A" o testador legou ou atribuiu o correspondente a vinte; ao herdeiro "B", coube o *quantum* de quarenta; e ao último, herdeiro "C", ficou o montante em noventa. Somando-se os números, alcança-se o resultado de cento e cinquenta. Há, pois, um excesso de cinquenta. Este quantitativo, sobre cento e cinquenta, atinge trinta e três unidades e trinta e três centésimos por cento (33,33%). Ou seja, cada contemplado terá o quinhão reduzido em trinta e três unidades e trinta e três centésimos por cento (33,33%). Assim, o herdeiro "A", que recebera vinte, ficará com um quinhão reduzido em seis unidades e sessenta e seis centésimos (6,66), resultando em treze unidades e trinta e quatro centésimos (13,34); já o herdeiro "B", que possuía quarenta, sofrerá a diminuição em treze unidades e trinta e dois centésimos (13,32), o que o leva a ficar com vinte e seis unidades e sessenta e oito centésimos (26,68); e, por fim, o herdeiro "C", a quem o testador concedera o montante de noventa unidades, perderá vinte e nove unidades e noventa e nove centésimos por cento (29,99%), restando-lhe sessenta unidades e um centésimo (60,01). O total dos percentuais alcança aproximadamente cinquenta por cento (50%), com insignificante diferença em décimos de unidade em virtude da divisão. E a soma das porções atribuídas, após o cálculo acima, chega a resultado em torno de cem (100), que é o correspondente à herança disponível.

16. INDICAÇÃO DE ACESSÓRIOS E LIMITAÇÃO NA DISTRIBUIÇÃO DO PATRIMÔNIO

Nem sempre a indicação de acessórios ou características dos bens significa limitação na distribuição do patrimônio. Exemplificando, imagine-se ser o testador proprietário de inúmeros imóveis urbanos de diversos tipos. Aparecendo no testamento que lega os imóveis urbanos com os prédios a um descendente, não importa que está favorecendo-o apenas com os imóveis que possui prédios construídos. Se, entrementes, não antepõe o artigo definido plural *os*, ou consignando que está legando "os imóveis urbanos com prédios", parece mais coerente que o legado envolve somente os terrenos que sobre eles foram erguidas construções.

17. INTERPRETAÇÃO RESTRITIVA

A interpretação é no sentido restritivo, como acontece, em geral, com os contratos benéficos. Nesta ordem, individualizando-se os bens dados, apenas os mencionados fazem parte da disposição, não comportando interpretação ampliativa, mesmo que se encontrem num conjunto determinado. Compondo o acervo testamentário os móveis de uma sala, e mesmo de toda uma residência, não comporta entender-se que se incluam os quadros que ornamentam as paredes, ou os adornos fixados na casa; nem os objetos e valores localizados nas gavetas e repartições de armários e roupeiros.

Em idêntica compreensão, o legado de uma fazenda para criação de gado restringe-se às terras ou campos próprios para tal finalidade, e não ao gado existente. Mas como as construções e galpões constituem acessórios, não pode haver exclusão destes bens, nem quanto às pastagens e cercados. Exceto, evidente, se nas disposições testamentárias houver detalhada referência.

18. LEGADOS DE DINHEIRO RESTRITOS AOS MONTANTES EXISTENTES QUANDO DA MORTE

Os legados de dinheiro restringem-se unicamente aos valores monetários verificados quando da morte, ou encontrados no local da residência, em estabelecimentos bancários, e com herdeiros. Dúvidas surgem no pertinente às quantias a serem recebidas, entendendo alguns que fazem parte de direitos. Realmente, se o testamento mencionar as palavras "dinheiro", "depósitos", "valores existentes em estabelecimento de crédito", parece consentâneo com a realidade que o ato de vontade restringiu-se unicamente a tais itens, sem ampliação para títulos, ações, créditos pendentes de pagamento ou investimento com prazo de resgate.

19. PREDOMINÂNCIA DAS DISPOSIÇÕES RESTRITIVAS

Prevalecem as disposições restritivas, que surgem depois das gerais. Aparecendo no testamento que a testadora possui três filhas, a quem é deixado o patrimônio, em princípio as três herdam em partes iguais. Se, após, vem incluída uma cláusula referente a uma parte do patrimônio, mencionando expressamente a denominação de uma fazenda, ou de um imóvel, ou qualquer outro bem, e atribuindo-o especificamente a duas herdeiras, fica excluída na partilha do bem em questão a terceira filha, mesmo que o restante do patrimônio não baste para completar uma parte igual às que receberão as outras duas filhas.

Mas, instituindo as três filhas no testamento, e vindo, depois, uma disposição que clausula de inalienabilidade um imóvel a duas delas atribuído, não significa, decididamente, que apenas as duas recebam o imóvel, e sim que as porções a elas atribuídas ficam clausuladas. Desde que apareça alguma confusão na redação das disposições, a exegese mais coerente pende sempre para beneficiar todos os sucessores da mesma classe, eis que, de regra, os pais não diferenciam os filhos no tratamento.

20. INDICAÇÃO DOS BENS AOS HERDEIROS, CONCOMITANTEMENTE COM CLÁUSULA DESTACANDO UM BEM A DETERMINADO HERDEIRO

A interpretação em disposições contraditórias oferece algumas dificuldades. Encontram-se, às vezes, cláusulas que atribuem todos os bens aos herdeiros. Há, aí, menção expressa neste sentido. Mas, adiante, outra cláusula destaca um bem para determinado herdeiro. Neste caso, em vista da referência da totalidade do patrimônio em favor dos herdeiros, o máximo que se pode fazer, quanto ao posteriormente indicado com um bem específico, é proceder a partilha de modo a recair a sua parte no bem indicado. Não que ele receba a mais, em detrimento dos outros.

21. DISPOSIÇÕES QUE SE OPÕEM ENTRE SI

Se a deixa aparece em um emaranhado de frases que se opõem entre si, ou contraditórias, o melhor caminho é desconsiderar a disposição. Neste sentido, não há de se validar

Cap. XVII | Interpretação do Testamento • 271

um mesmo ato de última vontade que encerra atribuição de um legado ora para um herdeiro, ora para outro. Nem prevalece a validade pela ordem de primazia na contemplação que está no testamento. Não se diga que a primeira disposição representa o que pretendia o testador, ou que a segunda efetivamente corresponde ao derradeiro ato de vontade, por vir depois da anterior. Tal seria admitido se distintos os testamentos: o último revoga o anterior. Na hipótese, porém, diante da contradição, depreende-se que o testador não havia chegado a uma conclusão, ou que ele se encontrava inseguro. Isto, apesar do ensinamento de Carlos Maximiliano: "Entre várias disposições inconciliáveis, prevalece a última, em virtude da natureza do ato, que deve espelhar o sentir derradeiro do estipulante".[16]

22. ATRIBUIÇÃO GENÉRICA E ESPECÍFICA DOS MESMOS BENS

Na atribuição de uma quantidade ou categoria de bens do mesmo gênero a um herdeiro, com exceção de um número determinado com o qual é favorecida outra pessoa, esta segunda disposição somente valerá se existirem os bens atribuídos ao herdeiro.

Assim, constando que o gado leiteiro ficará com um irmão, exceto duas vacas que são destinadas a um sobrinho, parece que, restando apenas estes dois animais, deverão os mesmos ser partilhados ao irmão. Isto porque o autor do testamento deu preferência a esta pessoa. Mas se três os animais, aí se torna possível seguir a vontade do testador, que não referiu o número de semoventes destinado ao irmão, e mencionou os animais que tocariam ao sobrinho.

23. INTEGRAÇÃO DE ELEMENTOS E CIRCUNSTÂNCIAS PARA COMPREENDER A DISPOSIÇÃO

Vários elementos constantes no testamento, ou as circunstâncias, podem levar a uma conclusão afirmativa de uma disposição testamentária. Pelos elementos que aparecem torna-se possível, *v. g.*, concluir sobre o destinatário do testamento.

Os elementos se juntam ou se combinam um com o outro – isto é, se integram, chegando a uma relação testamentária definida.

José de Oliveira Ascensão apresenta as hipóteses: "Se falta um elemento que toma compreensíveis outras disposições – quando, por exemplo, se começam a nomear os beneficiários de cada bem, mas ficam incertas as pessoas dos destinatários – parece possível completar essa disposição lacunosa, permitindo que ocupe o lugar no conjunto.

Outra hipótese, que poderá receber a mesma solução: o testador tem seis netos e seis casas. Determina que cada neto terá uma casa; especifica cinco casas que cabem a cinco netos, mas esquece o sexto. A disposição pode ser integrada pela atribuição a este da casa restante".[17]

24. DÚVIDAS QUANTO À EXISTÊNCIA DA DISPOSIÇÃO

Despontando dúvidas entre haver ou não realmente a deixa a favor de um herdeiro instituído, a tendência é reconhecê-la. Caso não existisse, certamente nem o testamento

---

16 *Hermenêutica e Aplicação do Direito*, ob. cit., p. 351.
17 Ob. cit., p. 291.

272 • Direito das Sucessões | Arnaldo Rizzardo

seria providenciado. Apesar da confusão que a redação pode trazer, convém o reconhecimento do mesmo, o que também reconhece Carlos Maximiliano: "(...) Nos testamentos, se o debate surge acerca da existência mesma de uma deixa, devem decidir a favor do beneficiado, pois o ato de última vontade é feito exatamente para substituir a sucessão legítima pela dativa".[18]

A tendência é o reconhecimento também pela jurisprudência, no caso de dúvida: "Testamento cerrado. Alegação de falsidade da assinatura da testadora na cédula testamentária e de inobservância das previsões legais na solenidade de aprovação. Prova pericial que não infunde certeza de falsificação. Formalidades tidas como observadas, ante a prova colhida. Na espécie, eventuais dúvidas resolvem-se em favor da vontade da testadora, cujos motivos para um segundo testamento descabem indagados".[19]

Cabe, neste caso, ao intérprete salvar as ideias básicas do testamento, como salienta Arnoldo Wald: "Se houver disposições contraditórias, ou pouco claras, o intérprete deverá tentar salvar as ideias básicas do testamento, pois o seu autor já não o pode mais defender. Se não for possível, por lacuna ou falta de clareza do testamento, atender minuciosamente a todas as suas disposições, o magistrado tem a função de se aproximar o mais possível da vontade inteligível do testador. O princípio da defesa do testamento é que explica o extremo rigor da lei e a severidade da jurisprudência em matéria de nulidade testamentária. A ideia dominante é evitar a declaração de nulidades, e, havendo nulidade de uma cláusula, não deverá esta prejudicar o resto do instrumento".[20]

25. DÚVIDA QUANTO AO MODO DE BENEFICIAR OS HERDEIROS

Na dúvida sobre o modo de se beneficiar cada herdeiro, o mais justo é beneficiar a todos de forma igual. Arnoldo Wald, a respeito, enseja: "Se, por qualquer motivo, não pode o testador deixar clara a parte que desejava coubesse a cada um, e, por este motivo, o intérprete não teve a possibilidade de obedecer a vontade do falecido, ao menos o desejo de que tais pessoas fossem beneficiadas deve ser atendido. Podemos afirmar que, ao contrário do que acontece em matéria de contratos, o magistrado deve evitar, na medida do possível, que as ambiguidades do testamento levem-no a declarar a sua nulidade, aceitando, sempre que possível, a interpretação que atribui efeito ao ato".[21]

26. COMPLEMENTAÇÃO DOS BENS LEGADOS COM OUTROS, SE INSUFICIENTES

A referência específica a alguns bens no legado não exclui que se complete o montante disponível com outros, se insuficientes aqueles para completá-lo, e desde que envolva a cláusula testamentária a parte disponível, conforme exemplifica a seguinte ementa: "Testamento. Cláusula dispondo legado da parte disponível à companheira, com recomendação de que à mesma devem tocar os bens móveis e utensílios que guarnecem a residência do casal, assim como o automóvel. Concorre a herdeira testamentária nos demais bens até formar o seu quinhão, por não serem os móveis destinados suficientes".[22]

---

18 *Hermenêutica e Aplicação do Direito*, ob. cit., p. 352.
19 Emb. Infr. nº 588035536, 3º Grupo de Câmaras Cíveis, de 27.10.88, do TJRGS, *Revista de Jurisprudência do TJRGS*, 144/100.
20 *Direito das Sucessões*, ob. cit., vol. V, p. 122.
21 *Direito das Sucessões*, ob. cit., vol. V, p. 122.
22 Agr. Instr. nº 589003847, 3ª Câmara Cível do TJRGS, de 13.04.89, *Revista de Jurisprudência do TJRGS*, 146/174.

27. MODIFICAÇÕES OU SUBSTITUIÇÕES NO TESTAMENTO

As modificações e substituições de beneficiários no testamento seguirão a forma do testamento, sendo vedada a representação do testador. Nessa direção orienta o STJ:

"A mitigação do rigor formal em prol da finalidade é critério que se impõe na interpretação dos textos legais. Entretanto, no caso dos testamentos, deve-se redobrar o zelo na observância da forma, tanto por não viver o testador no momento de esclarecer suas intenções, quanto pela suscetibilidade de fraudes na elaboração do instrumento e, consequentemente, na deturpação da vontade de quem dispõe dos bens para após a morte.

A revogação parcial do testamento, para substituir a herdeira anteriormente nomeada e já falecida, deve dar-se pelo mesmo modo e forma do anterior (art. 1.746 do Código Civil), não tendo a procuração *ad judicia* por instrumento particular esse condão revogador.

A capacidade para adquirir por testamento pressupõe a existência do herdeiro, ou legatário, à época da morte do testador. Tendo falecido antes o herdeiro, perde validade a cédula testamentária.

Na lição de Pontes, 'a nulidade dos atos jurídicos de intercâmbio ou *inter vivos* é, praticamente, reparável: fazem-se outros, com as formalidades legais, ou se intentam ações que compensem o prejuízo, como a ação de *in rem verso*. Não se dá o mesmo com as declarações de última vontade: nulas, por defeito de forma, ou por outro motivo, não podem ser renovadas, pois morreu quem as fez. Razão maior para se evitar, no zelo do respeito à forma, o sacrifício do fundo' (*Tratado de Direito Privado*, t. LVIII, 2ª ed., Rio de Janeiro: Borsoi, 1969, § 5.849, p. 283)".[23]

O referido art. 1.746 corresponde ao art. 1.969 do vigente Código Civil.

---

23 REsp. nº 147.959-SP, da 4ª Turma, j. em 14.12.2000, *DJU* de 19.03.2001,em *LEX-STJ*, vol. 143, p. 112.

XVIII
Testamento Público

1. CARACTERIZAÇÃO

Cuida-se de forma ordinária de testamento, regulada nos arts. 1.864 a 1.867 do Código Civil, de ampla aplicação, ou a modalidade que ainda mais subsiste dentre todas as outras. A grande diferença com os demais tipos está no fato de sua elaboração material pelo tabelião no livro de notas, o que lhe empresta maior grau de seriedade, com poucas chances de anulação.

A pessoa dirige-se ao tabelião, e expõe que pretende fazer o seu testamento. É designada uma data para lavrar o texto, se não for possível elaborá-lo no mesmo dia.

Quando de sua confecção, o tabelião indaga o teor do ato de última vontade, na presença das duas testemunhas, e depois procede à lavratura do escrito, num livro previamente preparado para tanto. Em geral, baseia-se num texto previamente elaborado, ou minutas, notas e apontamentos, que a parte traz, e já procedida a análise pelo tabelião ou por seu substituto legal. No dia da assinatura, procede-se à leitura, consultando-se o testador se está de acordo com o texto, para, em seguida, serem colhidas as assinaturas.

Pode-se, pois, conceituar o testamento público como o ato de disposição dos bens, feito perante o tabelião e por ele transcrito no livro de notas, segundo expressar o testador, diante de duas testemunhas. O oficial público exara a última vontade de uma pessoa, na presença de testemunhas, relativamente aos bens, ou aos filhos, raramente ocorrendo quanto a esta hipótese.

Diz-se público não apenas em vista de seu registro no livro próprio, mas especialmente porque elabora perante testemunhas, que, de certo modo, representam a sociedade ou o público em geral. Tem origem no *in colati comitiis*, que era um testamento realizado na frente de uma assembleia popular. E justamente porque não é reservado, ou sigiloso, tanto que não há obrigação de mantê-lo oculto, ou de não ser revelado a estranhos, havia uma designação antiga, que o cognominava de aberto, e que era comum ao tempo das Ordenações Filipinas. Aduzia Caio Mário da Silva Pereira: "Ele é público não só pela participação direta e imediata do notário que o escreve, como porque não se resguarda a declaração de nenhum sigilo. O contexto é conhecido das testemunhas (obrigatoriamente), como de toda pessoa que o queira (facultativamente)".[1]

---

1 *Direito das Sucessões*, ob. cit., vol. VI, p. 159.

276 • Direito das Sucessões | Arnaldo Rizzardo

Realmente, não se revestem de sigilo as declarações de última vontade, tanto que permitida a reprodução por certidão, a qual é possível de ser conseguida por qualquer pessoa.

De modo que não há qualquer exigência em ser mantido oculto ou protegido do interesse de terceiros, apesar da necessidade de discrição na sua divulgação. Unicamente quem revelar algum interesse por laços de família, ou por ligações à pessoa do testador, é que pode ter acesso ao livro onde se encontra lavrado.

2. REQUISITOS E FORMALIDADES

O Código Civil, no art. 1.864, na parte que trata do testamento público, discrimina, de imediato, os requisitos que devem ser rigorosamente observados para o reconhecimento da validade do ato.

Veio imprimida maior simplificação no Código Civil de 2002, mantendo-se, porém, a certeza e a segurança, que se obtém pela obediência às formalidades ordenadas.

Reza o dispositivo acima:

"São requisitos essenciais do testamento público:

I – ser escrito por tabelião ou por seu substituto legal em seu livro de notas, de acordo com as declarações do testador, podendo este servir-se de minuta, notas ou apontamentos;

II – lavrado o instrumento, ser lido em voz alta pelo tabelião ao testador e a duas testemunhas, a um só tempo; ou pelo testador, se o quiser, na presença destas e do oficial;

III – ser o instrumento, em seguida à leitura, assinado pelo testador, pelas testemunhas e pelo tabelião".

Várias outras regras estão nos dispositivos seguintes, que explicitam as dos incisos acima, e mesmo acrescentam outras exigências para a validade do ato. Para a completa explicitação de tais requisitos, que podem ser qualificados como externos, pois concernentes à forma, passam a ser estudados destacadamente.

a) *Ato notarial escrito por oficial público*

Unicamente o tabelião tem a capacidade para lavrar o testamento, a menos que leis especiais outorguem a capacidade a outras pessoas. Mais propriamente, reveste-se de capacidade quem exerce a função de tabelião, disciplinada pela Lei nº 8.935, de 18.11.1994, e que também se subordina a leis estaduais, e mesmo a regulamentações emanadas do órgão próprio do Poder Judiciário local, pelo menos quanto às escrivanias constituídas anteriormente à lei acima, ou até recentemente. Nesta linha, observa-se num julgamento: "Comprovado que, na época da lavratura da disposição de última vontade, os escrivães distritais tinham competência legal para escrever tais atos, o testamento, assim lavrado, tem validade, merece ser aprovado, e determinado seu cumprimento".[2]

A Lei nº 8.935, em seu art. 7º, inc. II, firma a competência aos tabeliães de notas, com exclusividade, para lavrar testamentos públicos e aprovar os cerrados. Seu art. 20 autoriza aos notários a contratação de escreventes, escolhendo dentre eles os substitutos,

---

2 Apel. Cív. nº 590087193, 7ª Câmara Cível do TJRGS, de 20.03.91, *Revista de Jurisprudência do TJRGS*, 151/579.

Cap. XVIII | Testamento Público • **277**

constando do § 4º que os substitutos poderão, simultaneamente com o notário, praticar todos os atos próprios do tabelionato, excetuando, porém, que lavrassem testamentos. No entanto, em face do inc. I do art. 1.864 do Código Civil atual, modificando o texto do art. 1.632 do Código revogado, fica o substituto autorizado a escrever o testamento, no que resta revogada, no pertinente, a Lei nº 8.935, de conformidade com o art. 2º, § 1º, da Lei de Introdução às normas do Direito Brasileiro.

Os brasileiros residentes no estrangeiro poderão realizar o testamento perante os agentes consulares, como está no art. 18 da Lei de Introdução às normas do Direito Brasileiro: "Tratando-se de brasileiros, são competentes as autoridades consulares brasileiras para lhes celebrar o casamento e os mais atos de registro civil e de tabelionato, inclusive o registro de nascimento e de óbito dos filhos de brasileiro ou brasileira nascido no país da sede do consulado".

O local para lavrar a escritura é o da sede do tabelionato, ou onde são lavrados os atos notariais, sempre em livro de notas. Mas nada impede que, máxime em circunstâncias especiais, se faça o testamento na própria casa onde reside o testador, ou no hospital em que se encontra, ou mesmo em outro lugar, seja qual for o horário, deslocando-se até lá o oficial, com o respectivo livro. Deverá, no entanto, ficar consignado no termo, anotando-se, a fim de manter a transparência dos atos públicos, a razão determinante da realização da solenidade fora do tabelionato. Desnecessário ressaltar que as testemunhas comparecerão junto com o tabelião, não se permitindo que posteriormente assinem o livro.

As disposições testamentárias serão ditadas pelo testador. Ou seja, impõe-se que seja manifestada pela palavra a sua vontade. Terá ele que falar e relatar ao oficial o que tem decidido quanto aos bens, de tal sorte que seja ouvido pelas testemunhas. O que não impede, entretanto, que leve escrita sua minuta, ou que consulte anotações ou apontamentos, previamente elaborados, e que simplesmente leia o oficial o escrito, mas indagando, em seguida ao testador, com detalhes, sobre o que se encontra no papel, na presença das testemunhas. Não se dispensa a manifestação expressa do testador, mesmo que entregue um escrito para ser transcrito. Afigura-se indispensável que se expresse verbalmente sobre os termos ou o conteúdo do testamento.

Cumpre que se identifique o testador ao oficial, apresentando documentos que revelem quem é ele. Não há obrigação de ser o mesmo conhecido pelo oficial, mas sim que se identifique, de modo a ficar sabendo com quem se encontra fazendo o testamento. Exige-se, por isso, que sejam anotadas as indicações da cédula de identidade. Se tal não acontece, não fica sem efeito o ato, ou nulo, se não prejudicada a identificação.

Durante a realização do ato, ficarão no mesmo compartimento o testador, as testemunhas e o tabelião ou seu substituto, sem intervalos ou lacunas, a menos que seja por breves momentos, e ante uma contingência que imponha a interrupção, como a falta de energia elétrica, o atendimento a um telefonema urgente, o recebimento de um recado, ou o surgimento de uma necessidade de natureza fisiológica.

Do contrário, torna-se nulo o ato, possível de verificar-se ausentes o tabelião, ou não permanecerem no recinto as testemunhas, que se limitam a assinar o ato, quando chamadas.

b) *Presença das testemunhas*

É essencial que ao ato compareçam duas testemunhas, de modo a presenciar a expressão da vontade, a lavratura do texto no livro, e a leitura. Perante elas e o testador o tabelião lerá as disposições. Sob o império do Código revogado, previa-se o número

278 • Direito das Sucessões | *Arnaldo Rizzardo*

de cinco testemunhas, entendendo o legislador do atual diploma civil que bastam apenas duas testemunhas, numa volta ao antigo direito luso, ao tempo das Ordenações Filipinas, tendo já Teixeira de Freitas procurado adotar igual quantidade em sua Consolidação das Leis Civis.

Será justamente por meio delas que se provarão os elementos de validade do ato notarial, como o fato de haver o disponente declarado a sua vontade, a confecção do texto naquele momento, a sua leitura perante todos os participantes da cena, e a aprovação pelo testador. Daí vê-se a importância no cumprimento desta exigência, que leva a conferir validade ao testamento. Afastando-se elas em algum momento durante a solenidade, resta a mesma coimada de nulidade.

Estas recomendações estão expostas em um julgado a respeito: "Qualquer escrito pode transmitir a vontade; mas no testamento deve haver maior rigor, para se ter a garantia de que traduz a vontade verdadeira, espontânea, livre de toda influência ilegítima (...) Requisitos essenciais do testamento público são aqueles expressamente elencados no art. 1.632 do CC. O que se extrai do mencionado preceito legal é que se não basta a simples presença das cinco testemunhas instrumentárias, mas é necessário que todas elas assistam à integralidade do ato de redação do testamento no livro de notas". Sabe-se que o art. 1.632 corresponde ao art. 1.864 do Código em vigor, o qual trata dos requisitos essenciais do testamento público.

No tocante à relatividade da fé pública do oficial: "(...) a fé pública inerente à certidão do oficial não se confunde com a verdade absoluta, não podendo prevalecer se as testemunhas instrumentárias do testamento fazem declaração contraposta ao certificado".[3]

Em outra decisão: "É nulo o testamento público se todas as testemunhas não acompanharam todo o ato, ausentando-se algumas delas, ainda que ligeiramente".[4]

Reiterando a causa de nulidade, em pronunciamento posterior do Tribunal de Justiça de Minas Gerais, ainda quando da vigência do Código anterior: "O testamento público elaborado na vigência do CC de 1916 deveria ser lavrado na presença de pelo menos cinco testemunhas. Essas deveriam, em conjunto, assistir a todo o ato, isto é, ditado e ulterior leitura. É absolutamente inválido o testamento lavrado e lido na presença de apenas quatro testemunhas, assinando a quinta em momento posterior e sem ter estado no local de elaboração do ato".[5]

A lei prescreve que duas serão as testemunhas. O número deverá ser observado com rigor. Mas surgirá nulidade caso compareçam em uma quantidade superior? Em princípio, a resposta é negativa, exceto se algum intuito obscuro e prejudicial ficar, depois, comprovado. Não se admite, no entanto, um número inferior a duas, pois, aí, estaria faltando um elemento de constituição do ato.

A capacidade das testemunhas é fundamental – o que leva a deduzir que nem todas as pessoas se prestam para exercer tal mister. O Código anterior, tratando da questão, discriminava no art. 1.650 as pessoas que, de modo algum, podiam exercer o encargo. O Código vigente não mais reproduziu disposição específica. No entanto, resta claro que a capacidade é regida pelas mesmas disposições que cuidam da prova em geral. Nesta

---

3   Apel. Cív. nº 163.881-1/3, 6ª Câmara Cível do TJSP, de 09.04.92, *RT*, 687/80.
4   Emb. no RE nº 106.890, Sessão Plenária do STF, de 24.06.87, *Revista Trimestral de Jurisprudência*, 122/709.
5   Apel. nº 300.032.-0/00, da 3ª Câmara Cível do TJ de Minas Gerais, *DJ* de 09.05.03, *in Boletim ADCOAS*, nº 47, p.745, 2003.

Cap. XVIII | Testamento Público • **279**

nova concepção, não são admitidas como testemunhas as pessoas arroladas no art. 228, na redação da Lei 13.146/2015, assim discriminadas:

I – os menores de 16 (dezesseis) anos;

II – (revogado pela Lei nº 13.146/2015);

III – (revogado pela Lei nº 13.146/2015);

IV – o interessado no litígio, o amigo íntimo ou o inimigo capital das partes;

V – os cônjuges, os ascendentes, os descendentes e os colaterais, até o terceiro grau de alguma das partes, por consanguinidade, ou afinidade.

Transparece, aí, que despontam na proibição os incapazes por idade, os interessados no testamento, os que mantêm relações íntimas ou são inimigos, o cônjuge e algumas categorias de parentes próximos.

Mas outras exigências reclamam-se.

É necessário que conheça a testemunha a língua nacional, ou que saiba falar o idioma português – o que é básico ou elementar. Não sendo assim, inexistiria possibilidade de conhecer o próprio teor do testamento. Pontes assim entendia: "As testemunhas no testamento público precisam compreender a língua nacional, posto que não no-lo diga a lei: o Código Civil só se refere, no art. 1.649, ao testamento particular. Mas a própria regra jurídica do art. 1.649 supõe outra, geral, que ela, permitindo a língua estrangeira, ressalva: a do entendimento do falar do testador pelas testemunhas. No testamento cerrado, sim; porque, nesse, a língua em que se escreveu pode ser diferente daquela com que se entregou o testamento e se pediu a aprovação: o ato de entrega e o pedido é que as testemunhas devem ver, ouvir e compreender".[6] O art. 1.649, acima referido, teve a redação mantida pelo art. 1.880 do vigente Código Civil.

Não se conclui, daí, que a pessoa estrangeira se encontre proibida para o encargo. Nenhuma restrição oferece a origem da nacionalidade, se não prejudicado o conhecimento do idioma nacional – tanto na escrita como na palavra.

Decorre, ainda, do próprio texto do art. 1.864, inc. III, a exigência de saberem escrever as testemunhas. Do contrário, como assinariam o termo? Resumindo-se, no entanto, a escrita à assinatura, parece que ao tabelião caberá unicamente aferir se possuem elas esta capacidade.

De modo geral, não se apresentam outras incapacidades. O parentesco, afora os ascendentes, os descendentes, os irmãos e o cônjuge, não impede o testemunho.

Se ficar apurado que uma testemunha é inimiga do testamentário, ou se algumas eram suas amigas íntimas, ao tabelião assistirá exigir a substituição, mais por uma medida de cautela ou precaução. Apurando-se, posteriormente, estas circunstâncias, não significa que o testamento fique nulo, ou seja passível de automática anulação. Tal ocorrerá se lograr-se demonstrar a influência da testemunha nos desígnios que levaram o testador a expressar sua vontade.

Adiante, em capítulo à parte, o estudo será mais desenvolvido e abrangente.

c) *A leitura do testamento*

O inc. II do art. 1.864, antes transcrito, ordena que a leitura se faça, a um só tempo, ante o testador e as testemunhas, ou seja procedida pelo testador na presença do oficial e das testemunhas.

---

6   *Tratado de Direito Privado*, 1ª ed., Rio de Janeiro, editor Borsoi, 1969, vol. 59, p. 27.

Daí inferir-se que, uma vez concluída a confecção no livro próprio, de imediato se fará a leitura, pelo tabelião ou por alguém do cartório. Mas leitura em voz alta e inteligível, pausadamente, de modo a todos ouvirem e entenderem o texto. Terá ela seguimento ininterrupto, ou evitar-se-á qualquer solução de continuidade.

Preferindo o testador, ele fará a leitura, de modo que todos ouçam. Já dizia Clóvis Beviláqua: "Se o testador quiser, fará ele mesmo a leitura na presença do oficial e das testemunhas. É um meio de verificar se a escritura reproduz, com fidelidade, a enunciação oral do testador e de fazer com que esta mais uma vez reflita sobre as disposições que acaba de fazer".[7]

Não se deve entender o dispositivo como querendo permitir a leitura pessoal do testador, e depois passar o testamento às testemunhas, para que também o leiam. Está no texto legal a leitura a um só tempo. Ouvindo os dizeres transcritos, as pessoas presentes terão condições de observar se foi mantida a autenticidade, ou se expressa realmente a vontade do testador. A fim de que seja entendido, e haja clareza, devem ser admitidas perguntas, ou pedidos de esclarecimentos de cláusulas. De igual modo, nada impede que se façam correções, ou sejam acrescidos adendos, ou se proceda a retificações.

Mais regras existem, com a indispensável observância.

No caso de surdez do testador, decorre necessariamente que ele procederá à leitura. Daí indagar, caso não saiba ler, se não fica prejudicado o testamento. A resposta é negativa, em face do art. 1.866: "O indivíduo inteiramente surdo, sabendo ler, lerá o seu testamento, e, se não o souber, designará quem o leia em seu lugar, presentes as testemunhas".

Conclui-se que não impede o testamento de pessoa que não saiba ler, mas desde que esteja capacitado de expressar sua vontade, por meio de sinais, que serão interpretados por uma pessoa habilitada para tanto.

O texto poderá ser reproduzido pela leitura em voz alta por pessoas designadas, inclusive por uma das testemunhas.

Ao cego nenhuma vedação é colocada para testar, desde que se faça a leitura duas vezes – uma pelo oficial do cartório, e outra por uma das testemunhas. O art. 1.867 é expresso: "Ao cego só se permite o testamento público, que lhe será lido, em voz alta, duas vezes, uma pelo tabelião ou por seu substituto legal, e a outra por uma das testemunhas, designada pelo testador; fazendo-se de tudo circunstanciada menção no testamento".

Percebe-se que não se apresentam maiores dificuldades. Anota-se, no testamento, a falta do sentido da visão, e observa-se como se procedeu à leitura: pelo oficial e por uma testemunha.

d) *As assinaturas lançadas no testamento*

Como em quaisquer atos de declaração de vontade, é necessária a assinatura dos envolvidos.

Na hipótese, logo após a leitura lançam-se as assinaturas do tabelião ou seu substituto, do testador e das testemunhas. Sem esta formalidade, fica automaticamente nulo o testamento, sendo a mesma essencial, por revelar a manifestação da vontade devidamente comprovada.

Não sabendo escrever o testador, ou estando para tanto impossibilitado, uma das testemunhas o fará por ele, tudo consignando o oficial. A obrigatoriedade consta no art.

---

7   *Direito das Sucessões*, ob. cit., pp. 218 e 219.

1.865 da lei civil: "Se o testador não souber, ou não puder assinar, o tabelião ou seu substituto legal assim o declarará, assinando, neste caso, pelo testador, e, a seu rogo, uma das testemunhas instrumentárias".

Quanto à assinatura a rogo, aconselhava Maria Helena Diniz: "Pelo Código Civil, art. 1.633, se o testador não souber ou não puder assinar, o oficial assim o declarará, assinando, nesse ato, pelo testador, a seu rogo, uma das testemunhas, embora não constitua nulidade assinatura a rogo por sexta pessoa, que esteve presente a todo o ato, conforme decisões do Tribunal de Justiça de São Paulo (*RT*, 146/128, 182/182, 431/72). Apesar de a lei não o exigir, é de boa cautela que o oficial público tome a impressão digital do disponente à margem do texto, quando se tratar de assinatura a rogo. Será inválido o testamento se o disponente não o assinar, bem como qualquer das testemunhas ou o oficial, e se um dos coparticipantes falecer antes da assinatura não haverá testamento".[8] Lembra-se que o art. 1.633 equivale ao art. 1.865 do Código atual, e que, presentemente, duas são as testemunhas necessárias, de modo que uma terceira, em vez de uma sexta, poderá assinar pelo testador.

Como se procederá caso uma das testemunhas não saiba escrever? Parece que não se apresenta impedimento que outrem assine por ela, ou a rogo.

Todas essas questões deverão ser mencionadas pelo tabelião na escritura.

Uma minúcia importante deve ser lembrada: quando chamada uma testemunha instrumentária para assinar a rogo do testador, lançará ela duas vezes a assinatura. Do contrário, pode haver dúvidas se realmente alguém assinou pelo testador. Acrescentará, abaixo da assinatura, a expressão "a rogo de", ou "assina no lugar de".

Mas é admitida uma única assinatura, desde que observado que tal é feito por si e a rogo do testador.

Mesmo que nada anotado, ou se lançada uma única assinatura, não há nulidade do testamento, posto que o oficial referirá no testamento quem assinou no lugar do testador. Possuindo fé pública o tabelião, naturalmente presume-se verdadeiro tudo quanto certificado no ato que registra.

As assinaturas deverão ser as usuais, ou comuns dos figurantes. Não se impõe, entretanto, que haja absoluta semelhança com outra das mesmas pessoas, posto que há a menção do tabelião, certificando as pessoas que lançaram seus nomes.

e) *Declarações do testador em língua nacional*

É de rigor que o testador faça as declarações no idioma nacional. A exigência constava no parágrafo único do art. 1.632 do Código que vigorava antes: "As declarações do testador serão feitas na língua nacional". Malgrado o silêncio do atual diploma civil, decorre naturalmente que os atos oficiais sejam lançados no idioma oficial, em obediência ao art. 13 da Constituição Federal: "A língua portuguesa é o idioma oficial da República Federativa do Brasil".

Não há outra saída. Vedada está a escrita em outro idioma, com a versão ao português, mesmo que seja por tradutor juramentado. Mas se a pessoa é estrangeira, e desconhece o idioma do Brasil? Fica ela impedida de realizar o testamento?

---

8 *Curso de Direito Civil Brasileiro*, ob. cit., 6° vol., p. 134.

282 • Direito das Sucessões | *Arnaldo Rizzardo*

Pensa-se que não. A pessoa redige o ato no idioma que conhece. Após, procurará alguém que faça a tradução para a língua portuguesa. Quando de sua confecção perante o oficial público, procederá à leitura em português.

E caso não saiba ler? Entende-se que nem aí é possível tolher-se o direito de testar. Em épocas passadas, ocorria a existência de pessoas, no Brasil, que não conheciam nosso idioma, e nem sabiam ler. Mesmo atualmente não se tira de cogitação encontrarem-se indivíduos neste obscurantismo. De qualquer forma, requer-se que saiba os favorecidos e os bens que pretende dispor, com a devida menção a quem se destinam. Admite-se a expressão mesmo por desenhos, ou sinais, e nada impede que se desloquem os figurantes (inclusive o notário e as testemunhas) para o local onde se encontram os bens. Interessa, aí, o ato de vontade, que de um modo ou outro transparece nitidamente.

Embora moderadamente, Pontes aceitava a linguagem truncada ou misturada de palavras em outra língua: "No Brasil, se o estrangeiro pode exprimir-se em português, ainda que mesclado de dicções estrangeiras, como sói acontecer a espanhóis e italianos residentes no Brasil, ou que aprenderam algo de essencial no trato dos negócios, tem-se isso por língua nacional. O essencial não é a pureza da língua, mas a inteligibilidade pelo oficial público e pelas testemunhas, por mais defeituoso que seja o falar, ou, como ocorre aos povos nórdicos e ao francês, as irregularidades e discordâncias de pronúncia, de conjugação dos verbos e de formação dos gêneros e do plural".[9]

Em última instância, o caminho desenha-se na eleição de outra modalidade de testamento, como o cerrado ou aquele por instrumento particular, cujos dispositivos regulamentadores não contêm a obrigatoriedade de as declarações serem em idioma nacional. Pinto Ferreira esposava tal solução: "A exigência do Código Civil pátrio, entretanto, só se refere ao testamento aberto ou público, quando das disposições do testador devem ser declaradas e escritas no idioma nacional; porém, no testamento cerrado a cédula testamentária pode ser feita em língua estrangeira, o que também é possível no testamento hológrafo ou particular".[10]

f) *A forma de manifestação do testador e de se lavrar ou inserir o testamento*

Consta do inc. I do art. 1.864 que o oficial escreverá o testamento de acordo com as declarações do testador, o que leva a deduzir-se que deverá este falar, mas não afastando outras maneiras de manifestação, ao se lhe permitir o uso de minuta, notas ou apontamentos.

A expressão preferencial é o uso da palavra, ou a manifestação em voz alta e inteligível das declarações. Admite-se que as leia, se anteriormente redigidas, ou que sintetize oralmente o que está em uma minuta, que é entregue ao tabelião. Também se autoriza a entrega a ele de texto redigido, que corresponde a minuta, notas ou apontamentos. Sempre, porém, é repetido o texto, em voz alta, pelo que lavra o ato, a fim de obter a aquiescência daquele que faz a disposição de vontade, e para que as testemunhas fiquem informadas de seu conteúdo.

O tabelião ou seu substituto lançara no livro de notas o testamento, através da escrita manual ou mecânica, ou mesmo mediante a inserção por outro meio técnico, como a digitação computadorizada, rubricando os presentes as páginas, como faculta o parágrafo único do art. 1.864: "O testamento público pode ser escrito manualmente ou mecanica-

---

9 *Tratado de Direito Privado*, ob. cit., vol. 59, p. 27.
10 *Tratado das Heranças e dos Testamentos*, ob. cit., pp. 223 e 224.

Cap. XVIII | Testamento Público • **283**

mente, bem como ser feito pela inserção da declaração de vontade em partes impressas de livro de notas, desde que rubricadas todas as páginas pelo testador, se mais de uma".

Inadmissível que não se facultasse o uso do computador para lançar o ato de vontade, dada a sua difusão generalizada e a facilitação como instrumento de expressão do pensamento e dos atos de vontade.

Conforme se retira da regra transcrita, o próprio testador fará as declarações, não sendo permitido que outrem o represente, ou que alguém o faça a rogo por ele.

Todos deverão estar presentes, quando das declarações, leituras e assinaturas. Não é tolerado que a leitura se realize isoladamente pelas testemunhas, ou que se proceda ora perante uma testemunha, ora perante a outra. Assim também quanto às declarações, que deverão ser ouvidas por todos os figurantes do ato.

g) *Tabelionato competente*

O normal é que o tabelionato do domicílio do testador será o competente para a realização da solenidade. Nas comarcas maiores, vários são os tabelionatos. Qualquer um deles pode ser escolhido, de acordo com a preferência do interessado. Não há circunscrição ou divisão territorial, segundo a residência ou o domicílio do testador.

O problema aparece quando a pessoa escolhe outra cidade, ou mesmo um Estado diferente do qual onde reside. Haverá nulidade aí? Absolutamente. Ao testador reserva-se o direito de eleição do notariado. Nenhum dispositivo dispõe o contrário.

Para aferir a celebração no território da jurisdição do oficial, insiste-se na colocação do lugar e da data da realização do testamento. A observação é de Pontes de Miranda: "O primeiro requisito do testamento público é o da competência territorial do oficial público. Daí dever-se indicar o lugar em que o testamento foi feito: 'na casa da rua A', 'na Fazenda Santa Rosa', para que se saiba se o fez competentemente o tabelião. No interior do Brasil, é de grande importância, porque, não raro, a mesma fazenda pertence a dois municípios".[11]

Ressalte-se, como já foi analisado, que o tabelião tem permissão para celebrar a solenidade fora de seu cartório. Inexiste proibição em fazer o testamento na casa da pessoa, num salão, em hospital, ou qualquer outro local. Não é incomum que assim aconteça quando doente o testador, ou impossibilitado de se locomover.

Mas isto desde que atue o notário dentro dos limites de sua competência. Há, nas comarcas, a delimitação territorial dos tabelionatos, fora da qual veda-se a realização de atos cartorários. Nesta linha, nulo o testamento se o oficial se dirige a outra cidade, ou invade a circunscrição de outro tabelionato público. Mesmo que fique na comarca, é-lhe proibido transpor os limites de seu território, e fazer o testamento numa residência, ou num hospital da competência de outro tabelião.

h) *Horário e data da celebração do testamento*

Em qualquer horário permite-se a celebração do testamento: durante o dia, à noite, no período de descanso, ou fora do horário de atendimento do público. A lei não coloca óbices quanto a isto. Mas, convenha-se, em horários especiais, como no curso da noite, ou em feriados, afigura-se estranha a realização. Deve, no mínimo, existir uma justificação,

---

11 *Tratado dos Testamentos*, ob. cit., vol. II, p. 28.

284 • Direito das Sucessões | *Arnaldo Rizzardo*

ou uma necessidade premente. Nesta ordem, o caso de doença grave do testador, ou um fato súbito, que obrigue a imediata procura para formalizar o ato.

Quanto à data, constitui a tônica na realização de determinado ato no tempo. Em todas as operações, e mais naquelas que se referem a imóveis e testamentos, são indispensáveis os elementos que situem o ato no tempo. Dificilmente, no entanto, aparece um testamento sem esse elemento. Assim, quase impossível que surjam litígios em torno do assunto. Entretanto, não invalida o ato a inexistência da data. Primeiro, porque dentre as exigências impostas pelo Código Civil não há qualquer referência a este elemento; em segundo lugar, pela razão de ser possível aferir e chegar à época da realização do testamento pelas datas dos atos anteriores e posteriores lavrados no mesmo livro. Embora não apurado o dia exato, atinge-se, no tempo, um momento aproximado dentro do qual surgiu o testamento. É quanto basta para ver se o autor do ato se encontrava, na ocasião, incapaz, ou impossibilitado de comparecer ao cartório.

Mas se completamente impossível determinar no tempo a época, mais coerente declarar a nulidade.

3. IMPEDIMENTOS QUANTO AO TABELIÃO

O Código Civil refere apenas uma regra sobre o impedimento do tabelião, que está no art. 1.801, inc. IV, mas relativa à incapacidade em ser contemplado no testamento: "Não podem também ser nomeados herdeiros nem legatários: (...) IV – o tabelião, civil ou militar, ou comandante ou escrivão, perante quem se fizer, assim como o que fizer ou aprovar o testamento". Quem, pois, for contemplado, impedido está de lavrar o ato.

Existem inúmeras outras situações que devem ser observadas. Pode o tabelião lavrar o testamento de seus parentes, como irmão, pai, filhos, afins etc.? Nos dispositivos que disciplinam o testamento, nada se encontra que coloque algum obstáculo. Aparentemente, estaria autorizado o tabelião a formalizar o testamento. Repugna, porém, que o tabelião lavre o testamento de seus progenitores, ou filhos, ou demais parentes próximos. Se admissível, não se afiguraria inviável que lavrasse o testamento de seus pais, em favor de um filho também seu, em detrimento de outros herdeiros. Sua influência junto aos pais não descartaria esta maneira de transmissão da herança.

Os mesmos impedimentos e suspeições que traz o Código de Processo Civil devem estender-se ao tabelião e outros agentes de serviços cartorários.

Os impedimentos e as suspeições constam discriminados nos arts. 144 e 145, do estatuto acima, adstritos aos juízes. Pelo art. 148, estendem-se a várias outras pessoas ligadas aos serviços forenses. Nada proíbe que se apliquem a outras categorias de pessoas, ligadas a atividades cartorárias extrajudiciais.

Assim, por ser também do bom senso das pessoas, o impedimento do tabelião abrange as seguintes situações, mais claramente detectáveis, sem excluir outras:

a) Quando ele tiver interesse nos bens, ou discuta a sua titularidade.

b) Nos casos em que interveio como mandatário ou representante do testador.

c) Se for credor ou devedor do testador.

d) Sendo amigo íntimo ou inimigo do testador, do testamenteiro ou do contemplado.

e) Do mesmo modo, se a amizade íntima ou inimizade envolve seu cônjuge, ou os parentes consanguíneos ou afins, em linha reta, até o terceiro grau quanto aos consanguíneos, e até o segundo no tocante aos afins.

f) Sendo o tabelião empregador do testamentário.

g) No parentesco com o testador, por laços de descendência, de ascendência e de colateralidade, sendo que neste caso no mínimo até o terceiro grau; igualmente, e com maior razão, se for o testador cônjuge do titular do cartório.

h) Da mesma maneira, havendo o referido parentesco com o testamenteiro e os favorecidos; ou do cônjuge do tabelião com tais pessoas.

Enfim, sempre que preexista alguma relação de parentesco, ou de vínculo pessoal – relação esta que diferencie no tratamento e nos sentimentos relativamente e a outras pessoas.

Persiste o impedimento enquanto se mantiver uma das relações acima com o testador.

XIX

Testamento Cerrado

1. CARACTERIZAÇÃO

Constitui este um testamento que visa manter total sigilo perante terceiros, tanto que nem testemunhas possui. Denomina-se também testamento secreto, e no Direito antigo era conhecido como místico, apresentando a vantagem de ficarem ignoradas as disposições que contém até a abertura, após a morte de seu autor. Seu objetivo básico é manter em segredo a declaração de vontade do testador.

Para Clóvis, vem a ser o "escrito em carta sigilada, pelo punho do testador ou por outra pessoa a seu rogo, e completado pelo instrumento de aprovação, feito pelo oficial público, presentes cinco testemunhas idôneas."[1] Atualmente, duas são as testemunhas.

Num primeiro momento, existe a confecção pelo testador, unicamente por ele, ou por meio de pessoa que ele convocou, se analfabeto. Nem o tabelião, nem as pessoas que assistiram sua apresentação a este, conhecem seu conteúdo. Em geral, procura-se não melindrar as pessoas, ocultando seu conteúdo, para ser revelado unicamente depois da morte. Presta-se sobretudo para firmar certas disposições que podem trazer controvérsias ou oposições, e que não convém sejam conhecidas em vida do testador, como aquelas sobre a deserdação, o perdão ao indigno, a clausulação de restrições de bens (inalienabilidade, impenhorabilidade e indisponibilidade), a nomeação de tutor ou curador, o reconhecimento de filho, a destinação de parcela de bens em favor de entidades caritativas ou a pobres, e recomendações sobre o futuro de alguns herdeiros.

A diferença com relação ao testamento particular está mais no ato de aprovação pelo tabelião, na assinatura pelas testemunhas, e na leitura perante estas.

Segundo relembra Pinto Ferreira, esta forma nasceu no Direito romano em face da dificuldade que oferecia a celebração do testamento então denominado *calatis comitiis*, que deu origem ao testamento público.

O nome era *testamentum per aes et libram* – isto é, através dele se fazia uma venda simulada. A palavra *aes* significava bronze, ou moeda; e a palavra *libra* expressava balança, usada para pesar o bronze e estabelecer o valor. O comprador (*familiae eruptor*) era apenas intermediário, eis que designava logo o verdadeiro adquirente, que viria a receber quando da morte do comprador. Segue o mestre acima: "O disponente ou testador fazia a *nuncupatio* oralmente, esta era a indicação dos herdeiros, porém depois se admitia que

---

1 *Direito das Sucessões*, ob. cit., p. 224.

288 • Direito das Sucessões | *Arnaldo Rizzardo*

a indicação de herdeiros fosse feita não mais oralmente, porém por escrito, em tabuinhas de cera, que eram presas e fechadas por cordões. As testemunhas imprimiam na parte externa, através de um sinete, ou anel, o seu brasão d'armas. Todo o testamento era feito *unu actu*, ou de uma única vez, sem interrupção, e daí também se verifica a presença do formalismo romano no Direito moderno".[2]

O Direito luso primitivo manteve o formalismo de sua apresentação, desde o tempo das Ordenações Manuelinas, com a necessidade da presença de testemunhas quando da conferência e do encerramento pelo oficial público. Pouco evoluiu até chegar ao Direito vigente, mostrando-se, atualmente, uma forma de cédula testamentária não frequente, ou de pouca utilização. Embora simples para ser feito, o pouco uso talvez derive do desconhecimento público a respeito de sua existência.

Impõe-se rigor na obediência aos requisitos, com o objetivo de afastar qualquer dúvida sobre sua autenticidade. Exigência já lembrada por Lacerda de Almeida, na forma vigente ao tempo das Ordenações: "O testamento cerrado é das formas de testar a mais delicada e a que mais escrupulosa observância exige das solenidades que a lei a cerca e resguarda; porque trata-se então não só de garantir a verdade das disposições do testador, mas ainda de constatar a identidade do escrito em que são exaradas, do qual as testemunhas não podem ter outro conhecimento senão o dos atos que se passaram em sua presença".[3]

2. REQUISITOS

Será o testamento cerrado escrito pelo testador, ou por outra pessoa a seu rogo, desde que fique assinado por aquele, devendo ser aprovado pelo tabelião ou seu substituto legal. Daí se depreender que se compõe de duas partes: a cédula ou carta testamentária propriamente dita, onde vêm inseridas as declarações de última vontade; e o auto de aprovação, feito pelo tabelião, quando a ele apresentado o testamento.

Houve sensível modificação das regras civis atuais que disciplinam a sua confecção, relativamente ao regime do Código de 1916.

O art. 1.868 do Código Civil, com bastante diferença do art. 1.638 do Código pretérito, além de caracterizar o testamento, enumera vários requisitos exigidos na confecção, mas que são de fácil observância. Eis sua redação: "O testamento escrito pelo testador, ou por outra pessoa, a seu rogo, e por aquele assinado, será válido se aprovado pelo tabelião ou seu substituto legal, observadas as seguintes formalidades:

I – que o testador o entregue ao tabelião em presença de duas testemunhas;

II – que o testador declare que aquele é o seu testamento e quer que seja aprovado;

III – que o tabelião lavre, desde logo, o auto de aprovação, na presença de duas testemunhas, e o leia, em seguida, ao testador e testemunhas;

IV – que o auto de aprovação seja assinado pelo tabelião, pelas testemunhas e pelo testador".

Encerra-se dentro dos requisitos a forma de sua exteriorização, ditada pelo parágrafo único do mesmo art. 1.868: "O testamento cerrado pode ser escrito mecanicamente, desde que seu subscritor numere e autentique, com a sua assinatura, todas as páginas".

---

2 *Tratado das Heranças e dos Testamentos*, ob. cit., p. 241.
3 Ob. cit., pp. 225 e 226.

Igualmente se enquadra nos requisitos a maneira de se proceder a aprovação, que vem delineada no art. 1.869: "O tabelião deve começar o auto de aprovação imediatamente depois da última palavra do testador, declarando, sob sua fé, que o testador lhe entregou para ser aprovado na presença das testemunhas; passando a cerrar e coser o instrumento aprovado".

Complementa o parágrafo único, quanto à falta de espaço para o termo de aprovação: "Se não houver espaço na última folha do testamento, para início da aprovação, o tabelião aporá nele o seu sinal público, mencionando a circunstância no auto".

Como transparece dos regramentos acima, vem traçado um caminho que deve seguir cada passo na materialização desta espécie de testamento, centrado em dois pontos: a sua confecção e a aprovação. É costume decompor em dois elementos o testamento, perfeitamente caracterizados pelas codificações que o contemplam: a cédula testamentária e o auto de aprovação. Vai aí a lição de Tito Prates da Fonseca, de inteira atualidade: "Os elementos do testamento cerrado são dois: a cédula ou carta testamentária e o auto de aprovação. O testador exara nessa carta ou cédula – folha de papel comum – a sua última vontade. O oficial público aprova o ato escrito. Esse conjunto forma o testamento cerrado".[4]

Mas para bem visualizar todo o encadeamento, necessário traçar o roteiro, desde o começo até o seu final, segundo a ordem dos dispositivos transcritos, com a junção que se fará de regras especiais.

a) *A redação do testamento*

Primeiramente, tanto ao testador, como à outra pessoa por ele escolhida, autoriza-se a lavratura da carta testamentária. Qualquer pessoa, assim, tem capacidade para tanto, desde que possa testar. Já era assim no Código revogado.

Pontes de Miranda discriminava todas as alternativas de quem pode redigir: "A cédula para o testamento cerrado pode ser escrita pelo testador e por ele assinada; escrita por outrem, a seu rogo, e assinada por ele; escrita por outrem e assinada pela pessoa que, a seu rogo, escreveu. O encarregado de escrever pode ser o próprio oficial público, que o vai aprovar".[5] Adverte-se, no entanto, que pelo atual Código somente o testador está autorizado a assinar, não podendo fazê-lo a pessoa que o redigiu a seu rogo.

A autorização para que outrem o redija não está no fato de ser analfabeto o testador. Se não souber ler, se encontra impedido de manifestar através deste modo a sua última vontade. Caso não saiba ou não possa escrever, cumpre que tenha instrução suficiente ou condições de entender e ler, encontrando-se consciente do ato que está sendo realizado. Vê-se, pois, que saber ler é indispensável, tanto como o é saber assinar, em obediência ao *caput* do art. 1.868.

O art. 1.872, sobre o assunto, reforça: "Não pode dispor de seus bens em testamento cerrado quem não saiba, ou não possa ler".

Assim, tem a ver a redação da cédula por terceiro apenas a particularidade de não saber ou não poder escrever, sem dispensar a exigência de saber ler.

"No entanto, tem prevalência, sobretudo, a manifestação da vontade de testar, que se sobrepõe à mera exigência rígida de formalidades, segundo o norte traçado pelo STJ:

---

4 Ob. cit., p. 277.
5 *Tratado de Direito Privado*, ob. cit., vol. 59, p. 73.

Em matéria testamentária, a interpretação deve ser voltada no sentido da prevalência da manifestação de vontade do testador, orientando, inclusive, o magistrado quanto à aplicação do sistema de nulidades, que apenas não poderá ser mitigado, diante da existência de fato concreto, passível de colocar em dúvida a própria faculdade que tem o testador de livremente dispor acerca de seus bens, o que não se faz presente nos autos.

O acórdão recorrido, forte na análise do acervo fático-probatório dos autos, afastou as alegações da incapacidade física e mental da testadora; de captação de sua vontade; de quebra do sigilo do testamento e da não simultaneidade das testemunhas ao ato de assinatura do termo de encerramento.

A questão da nulidade do testamento pela não observância dos requisitos legais à sua validade, no caso, não prescinde do reexame do acervo fático-probatório carreado ao processo, o que é vedado em âmbito de especial, em consonância com o Enunciado nº 7 da Súmula desta Corte".[6]

O próprio titular do cartório ou tabelião encontra-se autorizado a lançar a escrita, o que não o impede de aprová-la. É explícito sobre o assunto o art. 1.870: "Se o tabelião tiver escrito o testamento a rogo do testador, poderá, não obstante, aprová-lo".

O texto inicia com a referência de que se trata o escrito do testamento de determinada pessoa, que o faz de forma cerrada, sem precisar explicitar a razão. Menciona-se a localidade onde é feita a cédula, com o nome da rua, o número do prédio, a data, e outras circunstâncias. O disponente será qualificado e individuado, com o nome por inteiro, o estado civil, a profissão, a idade, nacionalidade, residência, domicílio, números das pessoas físicas na Receita Federal e do registro civil. Não se dispensa a menção de que se encontrava o testador em seu juízo perfeito, e que decidia sobre os seus bens com inteira liberdade. Prosseguindo, indicam-se o testamenteiro e os herdeiros contemplados, sempre com a melhor individuação possível, e nomeiam-se os bens dados em testamento, ou o modo de dispor da herança. No final, virá especificada a pessoa que lavrou o ato, embora a falta de referência não acarrete a nulidade ou dê ensejo de anulação. Nem a assinatura é exigida, pois o *caput* do art. 1.868 impõe a assinatura unicamente pelo testador.

No tocante à falta de referência de quem escreveu ou mesmo digitou, a jurisprudência tem mantido o testamento na vigência do Código anterior, mas mostrando-se viável a aplicação da inteligência sob o Código de 2002: "Não importa em nulidade do testamento cerrado o fato de não haver sido consignado, na cédula testamentária, nem no auto da aprovação, o nome da pessoa que, a rogo do testador, o datilografou. Inexistência, nos autos, de qualquer elemento probatório no sentido de que qualquer dos beneficiários haja sido o escritor do testamento, ou seu cônjuge, ou parente seu. Exegese razoável dos arts. 1.638, I, e 1.719, I, combinados, do Código Civil.

Entende-se cumprida a formalidade do art. 1.638, XI, do Código Civil, se o envelope que contém o testamento está cerrado, costurado e lacrado, consignando o termo de apresentação sua entrega ao magistrado sem vestígio algum de violação". Relembra-se que os arts. 1.638, incisos I e XI, e 1.719, inciso I, acima referidos, têm seus conteúdos inseridos nos arts. 1.868 e 1.869 do Código Civil em vigor.

Transcreve-se passagem, no acórdão, de um parecer escrito por Darcy Bessone: "'Assim, enquanto não se prove que o testamento foi escrito, a máquina ou a mão, por

---

6   REsp. nº 1.001.674-SC, da 3ª Turma, j. em 05.10.2010, *DJe* de 15.10.2010.

herdeiro ou legatário, ou por cônjuge, ascendente, descendentes, ou irmão de herdeiro ou legatário, não se poderá decretar a nulidade do testamento' (*Revista Forense*, 158/96)".[7]

A quem tem capacidade de testar, naturalmente se deve reconhecer capacidade de escrever o testamento. Nesta ótica, unicamente os incapazes e os que não tiverem o pleno discernimento ficam proibidos de fazer a escrita, conclusão a que se chega em face do art. 1.860. Os surdos-mudos não ficam impedidos, desde que o escrevam e o assinem, nas condições do art. 1.873: "Pode fazer testamento cerrado o surdo-mudo, contanto que o escreva todo, e o assine de sua mão, e que, ao entregá-lo ao oficial público, ante as 2 (duas) testemunhas, escreva, na face externa do papel ou do envoltório, que aquele é o seu testamento, cuja aprovação lhe pede".

Nota-se que, além de escrevê-lo e assiná-lo, providenciará a pessoa neste estado em expressar, por gestos ou sinais, o que está encaminhando, e, ante as duas testemunhas, redija um texto na capa, envelope ou envoltório, que tal escrito constitui o seu testamento, assinalando, também, que pretende a sua aprovação pelo oficial.

A redação do testamento feita por terceira pessoa refletirá a confiança que nela deposita o testador. Não há impedimentos pessoais que impeçam a realização do ato por qualquer indivíduo. Mas certas pessoas devem ser afastadas, como o herdeiro instituído, ou inscrito, ou legatário. Os respectivos progenitores, ou cônjuges, ou descendentes, também se encontram afastados desta providência. Evidente o comprometimento das disposições, se não mantidas estas exceções, posto elaboradas por alguém com interesse direto ou indireto no testamento.

A redação não será obrigatoriamente manual. Nada impede que venha datilografado o texto, ou por outro instrumento se manifeste, como através de digitação computadorizada, desde que devidamente rubricadas todas as páginas do instrumento, providência que importa na sua autenticação. Não se admite que deixem de ser utilizados os meios atuais de produção da escrita.

O Supremo Tribunal Federal, ainda quando ao tempo da datilografia, professou a validade: "Testamento cerrado, datilografado por terceiro, a rogo do testador (art. 1.638, I, do CC). Validade". E, adiante da ementa: "(...) O testamento cerrado pode ser datilografado, pois a lei (art. 1.638, inc. I, do CC) não distingue entre escrito 'a mão' ou 'a máquina' pelo testador. O Código Civil é de 1916, quando era pouco usada a máquina de escrever, meio mecânico. O essencial é que o instrumento ou auto de aprovação seja lido pelo oficial, assinando ele, as testemunhas e o testador, se souber e puder. (inc. IX), o que no caso dos autos se cumpriu".[8] Cumpre lembrar que o art. 1.638, inc. I, equivale ao vigente art. 1.868.

Não se aceitará uma cópia do testamento, ou reprodução de um documento original.

Nesta espécie, não se coloca óbice algum quanto ao idioma, podendo ser estrangeiro. Posteriormente, quando do cumprimento, através de tradutor juramentado, promover-se-á a versão à língua nacional.

O art. 1.871 assinala a permissão de se lavrar o testamento em língua estrangeira: "O testamento pode ser escrito em língua nacional ou estrangeira, pelo próprio testador, ou por outrem, a seu rogo". Não se cogite da necessidade de tradução, porquanto é sigiloso o testamento. Unicamente quando da abertura é que se procede tal ato, por tradutor oficial, ou perito compromissado.

---

7   REsp. nº 228, 4ª Turma do STJ, de 14.08.89, *Revista do Superior Tribunal de Justiça*, 7/284.

8   RE nº 113.401-MG, 1ª Turma do STF, de 05.04.88, *Revista Trimestral de Jurisprudência*, 125/854.

292 • Direito das Sucessões | *Arnaldo Rizzardo*

b) *Assinatura do testamento*

O testador lançará a assinatura. Se não souber, ou estiver impossibilitado, uma outra pessoa não poderá suprir a providência, tudo consoante regra do art. 1.868, onde expressamente se consigna que será "por aquele assinado", isto é, pelo testador. O Código de 1916, nos incs. II e III do art. 1.638, e no art. 1.640, parte final, autorizava a assinatura, a rogo, pela mesma pessoa que escreveu o testamento. Devia constar a declaração referindo quem havia lançado a assinatura, por não saber ou não poder o testador assinar.

Quem não sabe assinar, ignora totalmente a escrita. Obviamente, não saberá ler, ocorrendo grande risco de falsidade do texto, razão que afastou a faculdade de assinar a rogo aquele que escreveu ou digitou o texto. Daí, por medida de precaução, revelar-se correta a inovação trazida pelo estatuto civil de 2002.

Já assim se decidia antes do vigente Código Civil, segundo ilustra o seguinte aresto: "Falta de assinatura da testadora em testamento datilografado por uma sobrinha, que aparece na relação de herdeiros.

Por mais elástica que possa ser a interpretação em matéria testamentária, de modo a fazer prevalecer a vontade do testador, não é possível admitir o testamento cerrado, datilografado por outra pessoa, no caso uma sobrinha, ausente a assinatura do testador, que é requisito essencial nos termos da lei (art. 1.638, II, do Código Civil)".[9] Corresponde o art. 1.638, II, mencionado, ao art. 1.868, *caput*, do atual diploma civil.

Ao final da escrita, refere-se que a assinatura se deu do próprio punho do testador.

A assinatura, por constituir o remate do escrito, será lançada logo depois do escrito, sem deixar algum espaço entre ela e o texto, com o que serão evitadas possibilidades de adendos ou falsificações.

Embora outra pessoa tenha redigido o texto, não precisa vir a assinatura desta. Sempre, no entanto, referir-se-á quem escreveu, para garantia do próprio testamento. Parece que, do contrário, sendo do conhecimento das pessoas próximas do testador que ele não sabia escrever, a própria autenticidade é colocada em dúvida, embora, posteriormente, tenha havido a indagação pelo tabelião.

Não é necessário que seja colocada a data do testamento, posto que valerá aquela do instrumento de aprovação, ato este que dá existência e autenticidade ao testamento.

c) *A entrega do testamento ao tabelião*

Deverá o testador, pessoalmente, entregar a cédula ao tabelião. Não poderá encarregar outra pessoa para a realização desta medida, ou constituir um procurador. É pessoal o ato, a fim de aferir o tabelião a autenticidade do escrito que está recebendo.

O testamento virá fechado para o oficial. Não é necessário que se encontre costurado o invólucro, como se exigia ao tempo das Ordenações. Ao entregar o documento, naturalmente pedirá o testador a aprovação.

As testemunhas, em número de duas, presenciarão a entrega, e para isso acompanharão elas o testador até o tabelionato. Deverão testemunhar a entrega, mais a menção ou declaração do testador de que se trata do seu testamento, e a leitura do termo de aprovação. Não precisam, no entanto, conhecer o texto da cédula. Se tal se impusesse, perderia a razão de ser esta forma de testar.

---

9 REsp. nº 163.617/RS, da 3ª Turma, j. em 07.10.1999, *DJU* de 24.04.2000.

d) *A aprovação do testamento*

Tendo recebido o tabelião o documento, com a informação de que se trata de testamento, iniciará a solenidade de aprovação, que é a escrita de um texto contendo o ato de aprovação, a iniciar na linha seguinte onde termina o testamento, ou, mais precisamente, "imediatamente depois da última palavra do testador" – exigência que já vinha igual no Código de 1916. Instruía, então, Clóvis Beviláqua: "Este instrumento deverá começar na última folha do papel, que contém as disposições, imediatamente depois da última palavra; se não for possível, por estar a folha inteiramente escrita, o tabelião porá, em qualquer parte do texto, o seu sinal público, e redigirá o instrumento em outra folha, não deixando de dar conta da razão por que assim procedeu".[10]

Importante, igualmente, o ensinamento de Pinto Ferreira, sobre o assunto: "O tabelião lavra o termo de aprovação, começando-o entretanto logo em seguida à última palavra do testamento, no dito instrumento, precisando mencionar que o disponente lhe entregou pessoalmente o testamento e que este mesmo testador lhe declarou que o tinha como seu, bom, firme e valioso".[11]

Caso não couber o termo de aprovação no próprio papel do testamento, referirá esta circunstância, seguindo a escrever em folha apartada.

O tabelião lançará o auto de aprovação imediatamente, isto é, desde logo à declaração prestada pelo testador de que está apresentando seu testamento.

Não é necessário que esteja fechada ou lacrada a cédula, como se exigia no Direito antigo. Nada impede que se encontre aberta, não devendo, entretanto, ser lida pelo tabelião. Observará ele se há rasuras, emendas, borrões, espaços em branco, ou riscaduras. Seu dever é proceder uma análise para aferir a sua regularidade. Nada mais que isto. E tanto ocorrendo, aconselhará para que se lavre ou escreva um novo texto, o que é possível que ele mesmo faça.

De importância a colocação da data do auto de aprovação, sem maiores particularizações, como a referência do horário, do local e do dia da semana. Não se impõe a coincidência das datas da lavratura do testamento e do auto de aprovação. Normal até que a cédula já se encontre preenchida anteriormente.

Apesar de dificilmente ocorrer, não se considera nulo o instrumento de aprovação se faltar a data. O Código Civil não traz exigência da data. Entretanto, a omissão não torna imune de possível anulação o escrito, se algumas dúvidas aparecerem, especialmente quanto à autenticidade e à capacidade do testador, como, na última hipótese, se ele apresentava, em alguma época, desvios mentais.

No auto, o tabelião, depois de receber a carta e ser informado de que se trata da entrega do testamento cerrado, na presença do testador e de, no mínimo, duas testemunhas, passará a lavrar o termo de aprovação, no próprio papel do testamento, consignando o nome e qualificação do testador, a localidade, a data e a individuação de cada testemunha. Na qualificação das pessoas serão colocados o nome completo, o estado civil, a profissão, idade, nacionalidade, residência e domicílio, número da carteira de identidade e o do cadastro na Receita Federal, e, inexistindo, a filiação.

Observará que o testador lhe pareceu encontrar-se em seu juízo perfeito. Igual anotação fará quanto às testemunhas.

---

10 *Direito das Sucessões*, ob. cit., p. 229.
11 *Tratado das Heranças e dos Testamentos*, ob. cit., p. 255.

Mencionará a entrega do testamento, com o número de folhas, ou de laudas e de linhas, e a forma escrita, isto é, se manual, datilográfica ou computadorizada. Indispensável, também, que o texto do auto mencione quem fez a escrita da cédula, isto é, se o testador ou outra pessoa a seu rogo, e qual razão, como impossibilidade ou não saber escrever.

É indispensável a referência de haver declarado o testador que aquele era o testado de seus bens disponíveis. Relatará que, examinando o documento sem lê-lo, não encontrou defeitos no mesmo, como entrelinhas, rasuras, borrões, emendas ou riscaduras.

Caso não for conhecido o testador do tabelião, não é necessário que diga o contrário. Mas anotará a identificação, através do documento oficial que for entregue. Ou exigirá a presença de duas testemunhas que digam conhecê-lo e certifiquem ser a mesma pessoa que está representada nos documentos entregues.

e) *Leitura do auto de aprovação*

O inc. III do art. 1.868 ordena a leitura do auto de aprovação. Não do testamento, como é claro.

A leitura se fará na presença do testador e de suas testemunhas. É indispensável que se faça na presença de todos, pois se trata a aprovação de um ato público. A fim de dirimir dúvidas quanto à apresentação, não se permite a leitura individual para cada pessoa presente. Quanto às testemunhas, devendo elas provar a regularidade dos atos, impõe-se que ouçam a leitura, além de assistir a apresentação e a aprovação.

No próprio auto é referido que se fez a leitura em voz alta, clara, nítida e inteligível, por todos ouvida.

Nota-se, aí, que é inserida uma declaração sobre algo que ocorrerá, eis que é escrito o texto antes da leitura. Da mesma forma quanto a certificar que foi costurado e bem lacrado o testamento.

f) *As assinaturas no auto de aprovação*

Uma vez lavrado o termo de aprovação do instrumento, e concluída a leitura, colhem-se as assinaturas do testador e das testemunhas. Não há qualquer problema no atendimento da exigência, porquanto se todos se encontram presentes, é porque sempre existiu um consenso.

Explicava Pontes o rito como se processam as assinaturas, revelando a importância dada antigamente ao formalismo: "A assinatura do oficial é a primeira do auto de aprovação: trata-se de um ato público. Seguem-se as testemunhas e o testador, que, pela lei, deve ser o último a assinar".[12]

O tabelião apõe, junto à assinatura, o seu sinal público. E não sabendo ou não podendo o testador assinar, não valerá o testamento, contrariamente ao que prevalecia no regime do Código de 1916, quando uma das testemunhas o fazia por ele, consignando este fato junto à assinatura – isto é, declarando que assinava por si e pelo testador, por não saber ou não poder este subscrever seu nome. A omissão ou o esquecimento desta formalidade, no entanto, não redundava em nulidade do ato, se no termo de aprovação ficasse anotado o nome de quem assinava pelo testador.

---

12 *Tratado dos Testamentos*, ob. cit., vol. II, p. 139.

O STJ, no REsp. nº 223.799, por sua 4ª Turma, j. em 18.11.1999, *DJU* de 17.12.1999, não convalidou a nulidade por falta de assinatura, se não houve impugnação ou dúvida sobre a autenticidade: "Inexistindo qualquer impugnação à manifestação da vontade, com a efetiva entrega do documento ao oficial, tudo confirmado na presença das testemunhas numerárias, a falta de assinatura do testador no auto de aprovação é irregularidade insuficiente para, na espécie, causar a invalidade do ato. Art. 1.638 do Código Civil". O art. 1.638 corresponde ao art. 1.868 do vigente diploma civil.

As testemunhas também lançam suas assinaturas, não cabendo que alguém as substitua neste ato, ou que assine a rogo por elas.

g) *Fechamento e lacre do testamento*

Concluídas todas as fases do testamento, ao final deverá o notário fechá-lo e cosê-lo, colocando lacre nos pontos da costura – isto é, fecha-se o testamento, depois será costurado e, finalmente, coloca-se o lacre. Tais providências são as derradeiras, ficando, depois, totalmente pronto o documento, e passando a valer.

Sobre o lacre, aporá o tabelião o seu carimbo ou sinete, embora a sua falta não provoque qualquer tipo de nulidade. Sintetizava Orlando Gomes: "Desdobra-se a operação em dois atos, posto que seja o meio de cerrar o testamento a costura, e não outro. Mas, antes de coser, é preciso fechar, dobrando-se as folhas como de praxe. Costuma-se, também, derramar lacre sobre os nós da linha usada para cosê-los".[13]

Unicamente com esta formalidade forma-se o testamento. Não é constituído o mesmo apenas do escrito, ou da cédula testamentária. Integra-o o instrumento de aprovação.

h) *Entrega do testamento ao testador*

Uma vez atendidos todos os requisitos previstos na lei, o tabelião entregará o testamento para o testador. O art. 1.874 assim ordena: "Depois de aprovado e cerrado, será o testamento entregue ao testador, e o tabelião lançará, no seu livro, nota do lugar, dia, mês e ano em que o testamento foi aprovado e entregue". Vê-se que existe um livro no tabelionato destinado a registrar este tipo de testamento, onde constarão o nome do testador, o lugar, o dia e o ano da aprovação, sem qualquer referência ao conteúdo das disposições. O testamento será guardado pelo testador, sem abri-lo ou proceder qualquer alteração. Do contrário, considera-se violado, perdendo o valor, visto que se torna nulo. A fim de evitar qualquer possibilidade de falsificação, ou para revestir de maior segurança o instrumento, seria de bom alvitre o tabelião lançar, sobre o lacre e a costura, o seu nome, ou o carimbo do cartório.

Vale, finalmente, repetir a observação de Jefferson Daibert: "Resta aguardar o óbito do testador para que sua sigilosa vontade seja cumprida. Dissemos sigilosa porque ninguém, além do testador ou da pessoa que em seu lugar escreveu o testamento, sabe o conteúdo. O oficial público não pode lê-lo, detendo-se somente na contagem das linhas preenchidas pelo testador, analisando, como foi dito, a sua forma material".[14]

3. CAPACIDADE PARA REALIZAR O TESTAMENTO

A todos, de modo geral, reconhece-se o direito de efetuar o testamento cerrado, como ocorre com o testamento público, observadas as incapacidades do art. 1.860.

---

13 *Sucessões*, ob. cit., p. 142.
14 Ob. cit., p. 151.

296 • Direito das Sucessões | *Arnaldo Rizzardo*

Há exceções que, embora venham referidas na lei, decorrem da própria forma do testamento.

Assim, quanto aos analfabetos, não há propriamente vedação, já que autorizada a elaboração por outra pessoa – art. 1.868, tornando a observar que o Código anterior autorizava, ainda, a assinatura a rogo, como aparecia nos seus arts. 1.638, incs. I, III e X, e 1.640.

Mas, de outra parte, o art. 1.872, coloca o óbice de fazer este tipo de testamento aos que não sabem ler. O dispositivo é claro e não permite dúvidas: "Não pode dispor de seus bens em testamento cerrado quem não saiba ou não possa ler".

É possível configurar-se como analfabeta a pessoa que, não sabendo escrever normalmente, consegue, no entanto, assinar o nome e ler?

Por uma decorrência natural, uma deficiência determina a outra. Exceto na hipótese de não poder escrever a pessoa porque está sem os dedos, ou sem as mãos. O Código da atualidade não admite a viabilidade de saber ler e não saber escrever. Se ocorrente uma situação deste tipo, não se permite o testamento. É evidente que aquele que não tem condições de assinar o nome, não terá a habilidade da escrita. Seguindo, se não possui a desenvoltura da escrita, decorre a falta da habilidade da leitura, a menos de resultar aquela incapacidade de defeito físico nas mãos ou nos dedos.

Embora capaz de escrever o nome, mas não podendo ou não chegando a pessoa a ler, pelo Código não há possibilidade de testar. Possível alguém ser capaz unicamente de escrever o nome, eis que treinado para isso, e não revelar aptidão para a leitura. Então, mesmo que o testador lance a assinatura no testamento, não valerá o mesmo, se não demonstrar que lê razoavelmente. Diz-se razoavelmente, pois o que o Código exige é possibilitar ao testador o exame, a análise, no texto, se a sua intenção e a vontade ficaram realmente retratadas.

Nesta ótica, igualmente ao cego veda-se o testamento cerrado, e ao surdo-mudo que não saiba ler.

Quanto ao cego, poder-se-ia conjecturar que a utilização de caracteres especiais, como a linguagem braile, autorizaria a aferição do texto. Entretanto, não se resume unicamente à leitura a necessidade de visão, mas também à constatação da entrega do testamento ao oficial público. Deve o testador ver e conferir se o documento passado ao oficial corresponde àquele que encerra o testamento, evitando-se, com isto, possíveis trocas ou substituições.

Já relativamente ao surdo-mudo, sabendo escrever, depreende-se que é capaz de ler. Consoante o art. 1.873, entregará pessoalmente o testamento ao notário, perante duas testemunhas, e junto ao tabelião escreverá na capa ou envoltório que aquele é o seu testamento, bom, firme e valioso, que pede a aprovação.

Isto porque não pode ele expressar, através de sons articulados, a sua vontade.

Eis o texto da regra: "Pode fazer testamento cerrado o surdo-mudo, contanto que o escreva todo, e o assine de sua mão, e que, ao entregá-lo ao oficial público, ante as 2 (duas) testemunhas, escreva na face externa do papel ou do envoltório, que aquele é o seu testamento, cuja aprovação lhe pede".

4. ABERTURA, REGISTRO E CUMPRIMENTO DO TESTAMENTO

Esta matéria é de ordem processual, merecendo uma análise detalhada no devido tempo. No entanto, o art. 1.875 do Código Civil encerra uma regra a respeito: "Falecido o testador, o testamento será apresentado ao juiz, que o abrirá e o fará registrar, ordenando seja cumprido, se não achar vício externo que o torne eivado de nulidade ou suspeito de falsidade".

Vindo a falecer o testador, há uma série de formalidades externas a serem seguidas.

A pessoa que o encontrar, ou o testamenteiro, o apresentará ao juiz, através de uma petição, requerendo a abertura, o registro e o cumprimento.

A primeira providência, depois da distribuição da petição consiste na apresentação ao juiz, que, junto com o escrivão e o apresentante, procederá uma análise quanto à incolumidade e fará a leitura do texto. Isto é, examinará se está intacto, sem violação, ou perfeitamente lacrado. Se notar algum defeito, perceptível por uma simples inspeção, declarará de imediato a nulidade. Sendo duvidosas as irregularidades, ou ensejando as mesmas debates, o conveniente seria mandar citar os herdeiros, o testamenteiro, e até os interessados diretos.

Tudo constará no auto de abertura, onde se anotarão o nome do apresentante, a forma ou maneira de ter chegado a ele o instrumento, a data e o local do falecimento do testador, e todo fato que interesse ao testamento.

Pinto Ferreira sintetiza da seguinte maneira as formalidades do auto, o qual mencionará: "I – a data e o lugar em que o testamento foi aberto; II – o nome do apresentante e como houve ele o testamento; III – a data e o lugar de falecimento do testador; IV – qualquer circunstância digna de nota, encontrada no invólucro ou no interior do testamento".[15]

Após isto, abrem-se vistas ao Ministério Público, que acompanhará em todos os atos o andamento do processo. O registro proceder-se-á mediante a transcrição em um livro próprio do cartório.

Em seguida, intima-se o testamenteiro, para que venha ao cartório prestar o devido compromisso de testamentaria, no prazo de cinco dias. Não comparecendo, ou mesmo inexistindo ou não aceitando, o juiz nomeará um dativo, que assumirá o encargo com a devida prestação de compromisso, cabendo-lhe, depois, encaminhar o inventário.

Uma cópia do testamento é remetida à competente repartição da Fazenda Pública, para fins de se oportunizar o acompanhamento quando do inventário, e mesmo a fim de promover a sua abertura.

De lembrar, ainda, que, vindo em idioma estrangeiro redigido o documento, antes do registro e arquivamento providencia-se na tradução à linguagem portuguesa, com a nomeação de um perito tradutor, ou de um tradutor juramentado.

---

15 *Tratado das Heranças e dos Testamentos*, ob. cit., p. 260.

XX
Testamento Hológrafo ou Particular

1. CONCEITO E DADOS HISTÓRICOS

Considera-se particular o testamento quando escrito e assinado pelo próprio testador e lido perante três testemunhas, que também o assinam. Washington de Barros Monteiro bem colocou esta caracterização: "O testamento particular, também chamado testamento hológrafo (de *holos*, inteiro e *graphein*, escrever), é o escrito e assinado pelo testador, lido perante cinco testemunhas idôneas que também o assinarão."[1]

Ponderáveis as modificações verificadas em face do Código de 2002, sendo a principal a previsão de sua impressão por meio mecânico, que envolve a forma eletrônica, e, assim, neste caso, não se exigindo sua redação pelo próprio testador. Basta que venha sem rasuras e espaços em branco, que o testador o assine e o leia perante as testemunhas, as quais passaram a ser em número de três.

Particular, hológrafo ou privado, como é conhecido, constitui a modalidade mais fácil de dispor dos bens por ato de última vontade, não havendo a interferência do oficial público ou tabelião, e vindo regulado nos arts. 1.876 a 1.880 do Código Civil. Mas depende da publicação em juízo para adquirir valor, o que significa mais uma confirmação. Em tempos remotos, observava Lacerda de Almeida: "É ato imperfeito (...) Não vale, aberta a sucessão do *de cujus*, senão depois de publicado ou reduzido à forma.

A publicação ou redução à forma pública é o processo destinado a dar autenticidade às duas espécies de testamento – o particular e nuncupativo – as quais a lei não julga suficientemente firmes, e estremes de qualquer suspeita, para poderem, sem mais formalidades, entrar em execução. Consiste na inquirição das testemunhas, que aqui são signatárias da cédula testamentária, em presença do juiz e das partes, dos herdeiros a quem caberia a herança, sobre a verdade de autenticidade do testamento".[2]

A palavra "hológrafo", proveniente do grego, é empregada por significar uma escrita inteira; aplicada ao caso, quer dizer o testamento escrito por inteiro pelo testador.

Remonta sua origem ao Império Romano, constituindo uma versão do testamento *per aes et libram*. Envolvia uma aparente venda, passando o comprador a designar seus herdeiros. Embora não incluído no Direito por Justiniano, era permitido no caso de doença grave, valendo posteriormente se as testemunhas o confirmassem. Mas inclusive

---

1 *Direito das Sucessões*, ob. cit., p. 113.
2 Ob. cit., pp. 217 e 218.

sem testemunhas era autorizado em certas ocasiões, prática que passou a ser admitida no primitivo Direito luso. Tanto ocorria em situações de necessidade, como, por exemplo, se o testador se encontrasse em uma viagem, e na iminência de perigo; ou, ainda, se vivia na solidão, ou era surpreendido por um perigo na navegação. O Código de 2002 reintroduziu essa forma em seu art. 1.879: "Em circunstâncias excepcionais declaradas na cédula, o testamento particular de próprio punho e assinado pelo testador, sem testemunhas, poderá ser confirmado, a critério do juiz". Resta claro que tal se dá em casos não comuns, mas quando a situação especial obriga, servindo de base a exemplificação do direito luso.

O STJ já acolheu a validade sem testemunhas:

> É possível flexibilizar as formalidades prescritas em lei no tocante ao testamento particular, de modo que a constatação de vício formal, por si só, não enseja a invalidação do ato, mormente quando demonstrada, por ocasião do ato, a capacidade mental do testador para livremente dispor de seus bens.
>
> Nos termos do art. 1.879 do CC, permite-se seja confirmado, a critério do juiz, o testamento particular realizado de próprio punho pelo testador, sem a presença de testemunhas, quando há circunstância excepcional declarada na cédula.[3]

No Direito moderno, o testamento particular foi acolhido pelos principais sistemas dos países europeus. Em Portugal, ao tempo das Ordenações, admitia-se o testamento aberto e privado, assinado pelo testador ou a seu rogo. Da mesma forma ocorria no Brasil Império, isto é, não se exigia que fosse escrito pelo testador, mas admitia que terceira pessoa o fizesse. Daí estabelecer que não era hológrafo.

Destaca-se, basicamente, do cerrado por não exigir a aprovação pelo tabelião; por depender sua confirmação, após a morte do testador, de sua prova, de pelo menos três testemunhas que assinaram o ato. Ademais, acrescenta Jefferson Daibert, "o testamento cerrado não tem o seu conteúdo conhecido a não ser pelo testador ou por quem o faça a mando dele, porque até o tabelião não poderá lê-lo, contando simplesmente as linhas preenchidas na sua leitura. Porém, o particular é lido para as testemunhas, que o ficam conhecendo".[4] Realmente, as testemunhas, no cerrado, não conhecem o conteúdo das disposições. São elas apenas testemunhas da apresentação para que seja aprovado. Não importa que venha escrito em outra língua, ao contrário do particular, exigindo-se, neste, testemunhas do conteúdo, que naturalmente devem conhecer o idioma do testador.

Não é permitida a transformação de uma espécie pela outra – como de testamento cerrado para particular. Em vista da falta de alguns requisitos, parece que nada impediria ser o testamento concebido como particular. Entretanto, para que assim se processe, todos os requisitos legais que regulam esta última espécie devem estar preenchidos. Do contrário, é simplesmente nulo.

2. REQUISITOS

De modo geral, ficaram mais simplificadas as formalidades ou os requisitos para a formação do testamento particular, com o Código Civil de 2002, cujo art. 1.876, com

---

3 AgRg no AREsp 773.835/SP, da 3ª Turma, rel. Min. João Otávio de Noronha, j. em 23.02.2016, *DJe* de 10.03.2016.
4 Ob. cit., p. 155.

redação bastante diferente do art. 1.645 do Código de 1916, traz a caracterização: "O testamento particular pode ser escrito do próprio punho ou mediante processo mecânico".

Quanto às exigências, vêm especificadas para o testamento escrito de próprio punho e o elaborado por processo mecânico.

O § 1º discrimina separadamente os requisitos se escrito do próprio punho: "Se escrito de próprio punho, são requisitos essenciais à sua validade seja lido e assinado por quem o escreveu, na presença de pelo menos três testemunhas, que o devem subscrever".

O § 2º aponta como se fará quando exteriorizado por meio de processo mecânico: "Se elaborado por processo mecânico, não pode conter rasuras ou espaços em branco, devendo ser assinado pelo testador, depois de o ter lido na presença de pelo menos três testemunhas, que o subscreverão".

Observa-se que diferentes se apresentam os elementos, coincidindo, no entanto, a leitura pelo testador e as assinaturas tanto dele como das testemunhas. Outrossim, de uma maneira ou outra, deve o testador escrever e assinar. Não se presta esta modalidade de testamento para o analfabeto.

Evidentemente, após a morte do testador, virão outros requisitos, como a citação dos herdeiros legítimos, a publicação e confirmação – o que se estudará adiante –, mas estas exigências referem-se ao cumprimento.

Abordam-se os requisitos de cada tipo.

2.1. Quanto ao testamento escrito de próprio punho

Eis as exigências que devem vir obedecidas:

a) *Redação e assinatura de próprio punho*

Como foi referido, antiga é esta forma testamentária. Inicialmente, porém, no Direito luso e em nosso Direito, não era hológrafo, isto é, não se exigia a redação pelo próprio testador. Assim foi até a promulgação do Código Civil de 1916, mantendo-se a imposição no de 2002.

É indispensável que o testador o elabore, ou o redija. A lei não permite que terceira pessoa substitua o testador na redação e na assinatura. Daí reservar-se esta modalidade apenas àqueles que sabem escrever, isto é, que não sejam simplesmente alfabetizados. Cumpre que saibam expressar o pensamento e a vontade pela escrita.

Todavia, se a pessoa não possui as mãos ou os dedos? Neste caso, se ela pode utilizar os dedos dos pés, ou a boca, capacita-se para testar. Há de existir uma atividade gráfica pessoal do indivíduo, mesmo que alguém o auxilie, segurando a mão, se trêmula, ou amparando-o até no desenhar as letras. Se desconexar os movimentos, ou houver a perda de grande parte da mobilidade da mão ou dos dedos, proferindo o testador as letras, ditando-as a terceira pessoa, que firme o movimento do pulso na grafia, deve reconhecer-se a validade do ato.

No entanto, presentemente tais percalços são supríveis pela elaboração mecânica, que não impõem se proceda pelo autor da disposição de última vontade.

Já ao tempo do diploma civil revogado, contornava-se a imposição da exigência mediante soluções fundadas no bom-senso e na razoabilidade, desde que ficasse evidente a presença da vontade do testador.

302 • Direito das Sucessões | Arnaldo Rizzardo

Atenta-se para esta ementa, em uma decisão do Superior Tribunal de Justiça: "Testamento particular. Hipótese em que escrito sob ditado do testador, na presença de cinco testemunhas, que confirmaram o fato em juízo, assim como que o texto lhes foi lido, não havendo dúvida de que subscrito pelo autor das declarações. Validade reconhecida, com afastamento da interpretação literal do art. 1.645 do Código Civil".[5] Equivale o art. 1.645 ao art. 1.876 do CC/2002.

Além disso, já se defendia que não obrigatoriamente a escrita manual se impunha, recordando que os autores mais antigos defendiam a impossibilidade da datilografia, ou outra maneira de mecanografia. E mais: unicamente a letra comum e usual do testador seria permitida – não a letra de imprensa. Tudo para não ensejar dúvidas quanto à autenticidade.

Havia, porém, a exegese de que a exigência consistia a confecção do testamento por quem dispunha dos bens. Não vinha determinado no Código que devia ser a manual a escrita. Demonstrando as testemunhas que a redação fora do testador, e que assistiram à lavratura do ato, já preponderava a validade. Isto desde que, posteriormente, não viesse a ser descoberto desconhecer o testador qualquer técnica de datilografia, estenografia, ou digitação computadorizada.

Sobre o uso da datilografia, dominavam os pronunciamentos jurisprudenciais: "É válido o testamento particular datilografado, desde que cumpridas as demais formalidades previstas em lei. Precedente do STF (*RTJ*, 92/1.234)".[6]

A datilografia deverá ser do testador: "Ocorre ter sido o instrumento datilografado por terceiro (...). Isso é repelido pela jurisprudência reiterada, pois se entende que o ato deve ser elaborado pelo próprio testador, para evitar acréscimos ou omissões. Pode ser manuscrito ou datilografado, admite-se, mas que o seja sempre pela atividade pessoal do testador.

Neste sentido, as decisões do egrégio STF, como se pode ver nas *RTJ*, 64/399, 69/559, e, mais recentemente, *RTJ*, 92/1.234, decisão plenária".[7]

Não importava caso o testamento em parte viesse datilografado e em parte manuscrito: "Testamento particular datilografado, em parte, pelo próprio testador, e, em parte, por ele manuscrito, preenchidos os demais requisitos do art. 1.645 do Código Civil, é válido e deve ser cumprido como manifestação de última vontade".[8] Corresponde o dispositivo citado ao art. 1.876 do vigente diploma civil.

Mas, posteriormente, deveria ser comprovada a autenticidade: "Irrelevante o fato de o testamento particular não haver sido manuscrito, pois admite-se possa o testamento hológrafo ser datilografado, desde que o faça integralmente o testador. Entretanto, não há juízo seguro de autenticidade, se nenhuma das testemunhas signatárias da cédula sabe informar se foi o disponente quem datilografou o instrumento, impossível considerar-se válido o testamento particular se a assinatura do testador não foi reconhecida por nenhuma das testemunhas, ou sem que o testador o tenha lido perante elas".[9]

Em idioma estrangeiro é autorizada a elaboração, desde que as testemunhas a entendam, e isto indistintamente para o testamento de próprio punho como para o externado

---

5   REsp. nº 21.026-RJ, 3ª turma do STJ, de 19.04.94, *Revista do Superior Tribunal de Justiça*, 60.
6   Apel. Cív. nº 590051587, 1ª Câmara Cível do TJRGS, de 04.12.90, *Revista de Jurisprudência do TJRGS*, 151/633.
7   Apel. Cív. nº 588038698, 5ª Câmara Cível do TJRGS, de 13.12.88, *Revista de Jurisprudência do TJRGS*, 136/216.
8   RE nº 87.203-SP, de 13.09.79, *Lex – Jurisprudência do Supremo Tribunal Federal*, 15/134.
9   Apel. Cív. nº 5.369/4, 5ª Câmara Cível do TJSP, de 12.08.93, *RT*, 703/133.

por meio mecânico. É a permissão do art. 1.880: "O testamento particular pode ser escrito em língua estrangeira, contanto que as testemunhas a compreendam".

Nota-se, aí, a condição primordial: devem as testemunhas entender a linguagem, a escrita e saber ler o idioma usado no documento. Do contrário, não possui valor o testamento. No mínimo, o entendimento do idioma se exige. A não ser deste modo, inútil a leitura.

Qualquer papel serve para a escrita. Aliás, até outro material, como couro e fazenda. Admite-se a utilização de caderno, bloco, cartas, rascunhos; desde que mantenham certa resistência e não se decomponham com o passar do tempo.

O material de escrita não se restringe à tinta, ou substância indelével. Até o lápis é utilizável, assim como o carvão, o giz, as resinas de árvores etc., desde que, no momento da abertura, preserve-se conservado o texto. A existência de rasuras, entrelinhas, borrões, espaços em branco e erros crassos de palavras não tiram a validade do testamento se, à exceção dos erros, tudo se ressalvar ao final do texto, ou em adendo, subscrito pelo testador e testemunhas. Mas, se compreensível a rasura, ou não desvirtuando o sentido da palavra ou da oração, deve ser tolerada. Se a superposição de uma palavra na outra coloca em dúvida o significado, aí não se convalida o testamento. No tocante aos borrões, de idêntico modo, limita-se a nulidade quando não aparece a palavra, ou se decorre dúvida na interpretação. Já as entrelinhas, ou espaços em branco, levam à nulidade quando se depreender que permitiram acréscimos, ou dizeres alterando cláusulas anteriores.

Conforme se verá, na forma vinda por processo mecânico, não se permitem rasuras e espaços em branco.

Mesmo se as correções ou retoques forem feitos por terceira pessoa, não se proclama a nulidade se presente a autorização do testador, ou se não contêm nada de especial, ou não introduzam alterações, mas simples acréscimos de esclarecimentos.

A data, embora não a refiram os dispositivos pertinentes ao assunto, é de capital importância não apenas para situar a época da confecção, mas, sobretudo, para aquilatar se o testador possuía capacidade quando fez as disposições. Embora não colocada, através da inquirição das testemunhas é possível aferir o momento da elaboração.

Orlando Gomes salientava uma forte razão para exigir-se a data: aferir a validade se outro testamento aparecer ou existir: "A data deve ser escrita do próprio punho do testador, indicando o dia, o mês e o ano em que é feito o testamento. Destina-se tal carência não somente à verificação da capacidade do testador como, igualmente, à apuração da persistência do testamento apresentado, no caso de existir outro. Sem estarem datados, torna-se difícil averiguar qual dos dois é posterior e, portanto, se está revogado o que se publicou. Podem ser contraditórios e não valerem, por não se saber qual deles sucedeu ao outro. É possível que se imponha o rompimento pelo nascimento de filho depois de sua feitura, sem, entretanto, que deva ser reconhecida a capacidade pela imprecisão do momento em que se fez".[10]

Entretanto, é rara a viabilidade de não se determinar a obrigatoriedade da data. Unicamente se aparecer outro testamento surge o problema. E não se apurando qual é o posterior, contrapondo-se o conteúdo de um e outro, nenhum deles terá validade.

O local onde se fez o testamento não é elemento essencial. A sua ausência pode suscitar alguma dúvida que, se isolada de outros elementos, não possui a menor importância.

---

10 *Sucessões*, ob. cit., p. 150.

304 • Direito das Sucessões | *Arnaldo Rizzardo*

No que diz respeito à assinatura, considerando-se o fato da obrigatoriedade de ser escrito o testamento pelo que dispõe de seus bens, depreende-se que a mesma deverá ser pessoal, não se permitindo que alguém assine pelo testador. Justamente para os casos de analfabetismo, ou impossibilidade de assinar, há o testamento público.

Exige-se a assinatura, não a rubrica. Se esta aparece no escrito, não é caso, porém, de anulação imediata do ato. Impõe-se uma análise da situação, máxime confrontando a rubrica com outras. A persistência de qualquer dúvida leva à nulidade.

b) *A presença das testemunhas*

No testamento, devem constar, no mínimo, três testemunhas, assinando o ato juntamente com o testador, lembrando que no Código de 1916 o número de testemunhas era de cinco.

Ressalte-se esta colocação histórica da matéria, inserida em um julgamento: "Nas Ordenações, necessária a assinatura de cinco testemunhas que, morto o testador, haveriam de confirmar o testamento. Poderia, entretanto, ser subscrito pelo autor das disposições ou por terceiro a seu rogo. Em outros países, requer-se a lavratura de mão própria, mas não se exigem testemunhas. Não se demandando a presença dessas, muito natural não se prescinda de que o testador escreva pessoalmente o texto. Assim, o Código de Napoleão, em seu art. 970, consigna que não será válido se não for escrito por inteiro pelas mãos do testador. Acrescenta, entretanto, que não se sujeita a outro requisito formal. Norma semelhante contém-se no art. 602 do Código italiano. O testador o escreverá pessoalmente. Não se fazem necessárias, entretanto, outras formalidades, além da data e da assinatura. Assim também o Código alemão (§ 2.247), e o espanhol (art. 688), em que as testemunhas serão ouvidas apenas para confirmar que o testamento foi realmente escrito e assinado pelo testador, com base no conhecimento que tinham de sua letra e firma, podendo-se proceder à perícia, se necessária. Não discrepa o Código argentino, como se verifica em seu art. 3.639".[11]

Em geral, nos raros casos de abertura, registro e cumprimento de testamento que aparecem, encontram-se imperfeições na indicação das testemunhas, ou colocam-se os nomes escritos com grafia errada, ou não são elas devidamente qualificadas ou individuadas.

Tais contingências não levam a invalidar o testamento. Se localizadas as testemunhas e identificadas com as mencionadas no testamento, nenhuma consequência anulatória advirá.

Vedado é que uma das três falte na assinatura. Mas não basta que as três assinem; imprescindível que se encontrem referidas pelo testador, sob pena de não se conhecer a razão da assinatura de uma pessoa não citada no testamento.

Devem elas assinar somente depois da leitura.

Evidentemente, contam-se as testemunhas capazes. Não entram no *quantum* necessário aquelas impedidas pela lei para exercer esta função.

Explicava Pontes que "a lei não proíbe que o filho teste e chame por testemunha o pai. Se este é herdeiro instituído, ou alguém do art. 1.650, IV, ou se é legatário a testemunha, nulo é o testamento. Mas se o pai nenhum benefício para si tirou, não lhe é proibido ser testemunha no testamento do filho".[12] Recorda-se que não mais consta reproduzida a matéria do art. 1.650 no vigente Código, porquanto as testemunhas de testamento têm

---

11 REsp. nº 21.026-8-RJ, 3ª Turma do STJ, de 19.04.94, *Revista do Superior Tribunal de Justiça*, 60/242.
12 *Tratado dos Testamentos*, ob. cit., vol. II, p. 212.

Cap. XX | Testamento Hológrafo ou Particular • 305

sua capacidade aquilatada pelas normas gerais sobre a capacidade das testemunhas para qualquer ato.

c) *Leitura do testamento e assinatura pelas testemunhas*

Conforme lição de Pontes, "a lei quer que o testamento particular seja conhecido, em seu texto, pelas testemunhas, porém não vai ao excesso de querer que se lembrem do que ouviram; por ocasião do processo para se publicar, satisfaz-se com a memória do fato da leitura".[13] Sobre o assunto, a disciplina do Código vigente é igual a do Código anterior.

Somente após o testador ler o texto de suas disposições para as testemunhas é que as mesmas assinam. A leitura é ato indispensável, de exclusiva competência do testador, o que salienta a diferença quanto ao testamento cerrado. No texto do § 1º do art. 1.876 consta ordenado que a leitura se faça por quem escreveu, só podendo fazê-lo o testador. O Código anterior, no inc. III do art. 1.646, não obrigava a leitura pelo testador.

Constituindo a leitura ato pessoal do testador, depreende-se que o mudo, o surdo-mudo e o cego, em princípio, não estão habilitados a fazer o testamento particular, havendo exceções, que serão observadas adiante, no item "capacidade para testar".

Justamente em vista da leitura é que, posteriormente, quando da abertura do testamento, se indagam pelo menos três das testemunhas sobre o testamento.

Não se invalidava o testamento caso a leitura se procedesse separadamente para cada testemunha, decidiu o Superior Tribunal de Justiça, na vigência do Código de 1916: "Não havendo dúvida quanto à autenticidade do testamento de última vontade e conhecida, induvidosamente, no próprio, a vontade do testador, deve prevalecer o testamento particular, que as testemunhas ouviram ler e assinaram uma a uma, na presença do testador, mesmo sem que estivessem elas reunidas, todas, simultaneamente, para aquele fim.

Não se deve alimentar a superstição do formalismo obsoleto, que prejudica mais do que ajuda. Embora as formas testamentárias operem como *jus cogens*, entretanto a lei da forma está sujeita à interpretação e construção apropriadas às circunstâncias".[14]

Entrementes, o texto em vigor ordena que se faça a leitura na presença de três testemunhas, levando a induzir que seja concomitante o ato, e não separadamente para cada testemunha.

Verifica-se, entrementes uma flexibilização na apreciação da falta de formalidades, que remonta mesmo aos testamentos elaborados sob a vigência do Código de 1916, sendo exemplo o seguinte aresto, emanado de uma decisão do STJ:

"Testamento particular. Artigo 1.645, II, do CC. Interpretação. Ainda que seja imprescindível o cumprimento das formalidades legais a fim de preservar a segurança, a veracidade e legitimidade do ato praticado, deve-se interpretar o texto legal com vistas à finalidade por ele colimada. Na hipótese vertente, o testamento particular foi digitado e assinado por quatro testemunhas, das quais três o confirmaram em audiência de instrução e julgamento. Não há, pois, motivo para tê-lo por inválido.

Interpretação consentânea com a doutrina e com o atual Código Civil, artigo 1.876, §§ 1º e 2º. A leitura dos preceitos insertos nos artigos 1.133 do CPC e 1.648 do CC/1916 deve conduzir a uma exegese mais flexível do artigo 1.645 do CC/1916, confirmada inclusive, pelo novo Código Civil, artigo 1.876, §§ 1º e 2º (...) Não pairam dúvidas que

---

13 *Tratado dos Testamentos*, vol. II, p. 208.
14 REsp. nº 1.422-RS, 3ª Turma do STJ, de 04.03.91, *RT*, 673/168.

306 • Direito das Sucessões | *Arnaldo Rizzardo*

o documento foi firmado pela testadora de forma consciente e no uso pleno de sua capacidade mental. Precedentes deste STJ.

Recurso especial conhecido e provido"[15].

O art. 1.645, II, tem regra equivalente no art. 1.876, e em seu § 1º, do CC/2002. Já o art. 1.133 do CPC/1973, invocado acima, corresponde, de certa forma, ao § 2º do art. 737 do CPC/2015.

Está a matéria extensamente justificada no voto do rel. Min. Luis Felipe Salomão:

Cinge-se a controvérsia a estabelecer se é válido o testamento assinado por quatro testemunhas, três delas contestes, em face do disposto no artigo 1.645 do CC/1916, assim redigido: "São requisitos essenciais do testamento particular:

I – que seja escrito e assinado pelo testador;

II – que nele intervenham cinco testemunhas, além do testador (redação dada pelo Decreto do Poder Legislativo nº 3.725, de 15.01.1919);

III – que seja lido perante as testemunhas, e, depois de lido, por elas assinado".

É certo que, especialmente no caso do testamento particular, a lei busca assegurar as medidas necessárias a evitar o cometimento de fraudes. Contudo, essa proteção não pode ser levada a extremos tais que, ao invés de resguardar a intenção do testador, em verdade venha a prejudicar, por outro lado, o cumprimento de sua última disposição de vontade.

Além disso, não se deve olvidar que, na hipótese vertente, a anulação do testamento funda-se exclusivamente em defeito formal. Não se contestou, em nenhum momento, a higidez das declarações de vontade manifestadas por sua testadora.

O parecer ministerial lançado às fls. 280/285 salienta que: 'A lei civil em questão (artigo 1.645, II, do Código Civil de 1916) exige que na formação do testamento particular intervenham cinco testemunhas além do testador, visando à possibilidade de que mais da metade delas (pelo menos três) venha a juízo confirmar o que foi determinado pelo testador como sua última vontade (CPC, artigo 1.133). Ou seja, o testamento é válido ainda que duas das cinco testemunhas não o confirmem. Destarte, não há razão para desconsiderar a validade de testamento elaborado *in extremis* estando presentes quatro testemunhas, das quais três atestaram judicialmente as disposições anteriormente firmadas pelo *de cujus* (...)'.

Nesse mesmo sentido, o julgado proferido no REsp. nº 828.616-MG de relatoria do Ministro Castro Filho: '(...) Não há falar em nulidade do ato de disposição de última vontade (testamento particular), apontando-se preterição de formalidade essencial (leitura do testamento perante as três testemunhas), quando as provas dos autos confirmam, de forma inequívoca, que o documento foi firmado pelo próprio testador, por livre e espontânea vontade, e por três testemunhas idôneas, não pairando qualquer dúvida quanto à capacidade mental do *de cujus* no momento do ato. O rigor formal deve ceder ante a necessidade de se atender à finalidade do ato, regularmente praticado pelo testador (...)'.

Transcreva-se, a corroborar tal entendimento, a doutrina citada pelo ilustre Subprocurador-Geral da República, Dr. Washington Bolívar Júnior, no parecer ministerial de fls. 145, *verbis*: 'As testemunhas do testamento particular são inquiridas pelo juiz. Se forem contestes, acordes, sobre o fato da disposição, ou, ao menos sobre a sua leitura perante elas, e se reconhecerem as próprias assinaturas, assim como a do testador, o testamento

---

15 REsp. nº 701.917/SP, da 4ª Turma, j. em 02.02.2010, *DJe* de 1º.03.2010.

Cap. XX | Testamento Hológrafo ou Particular • **307**

será confirmado (Ricardo Fiúza, *Novo Código Civil Comentado*, 1ª ed., São Paulo, Editora Saraiva, 2003, p. 1.699).

A inquirição das testemunhas, no procedimento de confirmação do testamento particular, é feita pelo juiz. Se as testemunhas não contestarem a disposição, isto é, se forem acordes sobre o fato da disposição, o testamento será confirmado. (...) Dispõe, ainda e de forma inédita, o parágrafo único do artigo sob comento, que a presença de no mínimo uma testemunha, garante a confirmação do testamento se, a critério do juiz houver prova suficiente de sua veracidade. (...)

A nova versão do artigo 1.878 diminui o excesso de formalismo do testamento particular e aumenta o poder discricionário do juiz, minorando os inconvenientes anteriormente apontados. É que o critério do juiz preenche eventual vazio aberto pela ausência de outras testemunhas. Com efeito, na versão atual – não há como fugir das evidências – o testamento particular pode ser confirmado pela tão só presença de uma única testemunha...' (Eduardo de Oliveira Leite, *Comentários ao Novo Código Civil*, Editora Forense, Rio de Janeiro, 2005, vol. XXI, arts. 1.784 a 2.027, pp. 391-395).

E como bem salientou o ilustre Ministro Gueiros Leite (REsp. nº 1.422-RS, *DJ* de 04.03.1991), citando em seu voto o mestre Pontes de Miranda: '(...) Demonstra que a forma é processo técnico que no setor não pode operar com caráter ritual. O ritualismo não merece ser erigido como um fim em si mesmo e, assim, como um desvalor resultante da degeneração da ordem. (...) Seria inconsequência, nos tempos de hoje, em que a inteligência tem finura bastante para reconhecer e discernir os fatos do direito e para discriminar relações em sua realidade material, alimentar superstição dos formalismos obsoletos, que prejudicam ao invés de ajudar'. E continua, seguindo a lição do renomado mestre: 'Novamente Pontes, ao escrever sobre a interpretação estrita, literal, ensina que a mesma terá o grave resultado de matar ato de extraordinária importância, como é o testamento, sem a culpa e contra a vontade, provada, do testador. Assim, o artifício, que tinha por fito proteger a testamentificação, passa a constituir injunção contrária à Justiça, nessa discordância entre o meio e o fim. O possível conflito entre o texto imperfeito e as realidades que compõem a situação jurídica, deve resolver-se segundo o direito e não pela capitulação diante da letra injusta' (cf. *Comentários*, vol. III, pp. 152-153; *Tratado*, vol. V, p. 368 – *apud* Castro Filho, ob. cit., pp. 173-174).

No mesmo sentido o voto no Ag 621.663, rel. Min. Carlos Alberto Menezes Direito. (...).

Não há, pois, motivo para tê-lo por inválido, especialmente diante da dicção dos artigos 1.133 do CPC e 1.648 do CC de 1916, abaixo transcritos:

Art. 1.133. 'Se pelo menos três testemunhas contestes reconhecerem que é autêntico o testamento, o juiz, ouvido o órgão do Ministério Público, o confirmará, observando-se quanto ao mais o disposto nos arts. 1.126 e 1.127'.

Art. 1.648. 'Faltando até duas das testemunhas, por morte, ou ausência em lugar não sabido, o testamento pode ser confirmado, se as três restantes forem contestes, nos termos do artigo antecedente'.

A leitura dos preceitos acima citados conduz à exegese mais flexível do artigo 1.645 do CC/1916, confirmada, inclusive, pelo atual Código Civil, cujo artigo 1.876, §§ 1º e 2º, dispõe: 'O testamento particular pode ser escrito de próprio punho ou mediante processo mecânico'.

§ 1º 'Se escrito de próprio punho, são requisitos essenciais à sua validade seja lido e assinado por quem o escreveu, na presença de pelo menos três testemunhas, que o devem subscrever'.

§ 2º 'Se elaborado por processo mecânico, não pode conter rasuras ou espaços em branco, devendo ser assinado pelo testador, depois de o ter lido na presença de pelo menos três testemunhas, que o subscreverão'".

O art. 1.133 do CPC, citado no voto acima, não encontra regra correspondente no CPC/2015, posto que a norma que trata das testemunhas está no art. 1.648 do Código Civil. Os arts. 1.126 e 1.127 encontram correspondência no art. 735, §§ 2º e 3º, do CPC/2015. Em relação aos dispositivos citados do CC/1916, a equivalência é a seguinte: o art. 1.645 corresponde ao art. 1.876 do CC/2002; o art. 1.645, II, corresponde ao art. 1.876, § 1º, do CC/2002; o art. 1.648 corresponde ao parágrafo único do art. 1.878 do CC/2002.

Depois de efetuada a leitura, que se procederá pelo testador, todas as testemunhas lançarão suas assinaturas de próprio punho, ficando vedada qualquer substituição ou assinatura a rogo. O texto legal é incisivo, ao assinalar que o testamento será por elas assinado.

Tanto a assinatura do testador como a das testemunhas não reclamam o reconhecimento pelo tabelião. Nada impõe, quanto a isto, o Código. Simplesmente, se tomada a providência, tem-se maior segurança quanto à autenticidade do documento, evitando possíveis impugnações, sempre próprias de herdeiros não favorecidos.

Instrumentalizado o testamento, permanecerá ele com o testador, ou com a pessoa a quem ele encarregar. Não se exige que seja depositado com o tabelião, a quem, aliás, a lei não lhe comina esta incumbência. O mais coerente é que fique com o testamenteiro, ou um parente da confiança da pessoa que o lavrou. Mas para evitar a perda ou a destruição por parentes excluídos, de boa cautela é a sua confecção em várias vias, referindo o número no próprio instrumento.

Em princípio, é possível aceitar-se o cumprimento em uma cópia autenticada, se oposição à validade e autenticidade não aparecer.

2.2. Quanto ao testamento elaborado por processo mecânico

Mais singelas as exigências se elaborado por meio mecânico o testamento, o que se dá por datilografia ou digitação computadorizada. Não se pode exigir, aqui, que a elaboração se dê pelo testador. Impossível, aliás, comprovar quem datilografou ou digitou o texto, porquanto inexistir a pessoalidade dessas formas de externar o pensamento. Eis os elementos:

a) *Inexistência de rasuras ou espaços em branco*

Não se aceitam adições, emendas, cancelamentos, borrões, adendos, retificações porquanto maior fica o risco de fraude. No processo mecânico, aumenta a possibilidade de preenchimento de vazios ou colocação de texto nos espaços em branco, alteração de letras e palavras, mudança de pontuação. Acontece que é mais viável o risco de falsificações ou fraudes. Daí que a assinatura deve constar logo depois de encerrado o texto, com que se evita acréscimos, pois não se permite o preenchimento de espaços. Se houver necessidade de alterações, ou retificações, um novo testamento há de se elaborar, de preferência com a observação da revogação do anterior.

Cap. XX | Testamento Hológrafo ou Particular • 309

b) *Leitura pelo testador na presença das testemunhas*

Assim como acontece com o testamento escrito pessoalmente de próprio pulso, decorre, se formalizado por meio mecânico, a imposição da leitura pelo testador em presença das testemunhas, no mínimo em número de três. Depois de elaborado o texto, deve o testador conferir se expressa realmente sua vontade, e, consciente da fidelidade entre o que pretende e o teor escrito, passa a proceder a leitura ante as testemunhas, que devem entender o conteúdo, de modo a se lembrarem, posteriormente, que a leitura envolvia a disposição de última vontade.

Procede-se a leitura na presença de pelo menos três testemunhas. Deverão encontrar-se elas simultaneamente presentes no momento da leitura, tanto que o dispositivo legal expressa que se faça a leitura na presença de pelo menos três testemunhas. Ou seja, insta que se encontrem presentes três testemunhas, no mínimo. E isto com a finalidade de evitar a possibilidade de uma testemunha contradizer a outra, ou de afirmar que ocorreu o fato diferentemente do que narrarem as outras duas. Realmente, torna-se mais difícil a apresentação do mesmo fato de modo diferente se constar que a leitura ocorreu perante as três testemunhas, do que se o fato foi levado ao conhecimento em ocasiões diferentes.

Se, porém, há omissão quanto à leitura, se atendidos os demais requisitos, o STJ manteve a validade:[16] "Não há falar em nulidade do ato de disposição de última vontade (testamento particular), apontando-se preterição de formalidade essencial (leitura do testamento perante as três testemunhas), quando as provas dos autos confirmam, de forma inequívoca, que o documento foi firmado pelo próprio testador, por livre e espontânea vontade, e por três testemunhas idôneas, não pairando qualquer dúvida quanto à capacidade mental do *de cujus*, no momento do ato. O rigor formal deve ceder ante a necessidade de se atender à finalidade do ato, regularmente praticado pelo testador".

No mais, incidem as observações esboçadas no item relativo à letra 'c' do item anterior.

c) *Assinatura do testador e das testemunhas*

Conforme já se discerniu, não se pode impor que a redação mecânica seja do testador, e nem se afiguraria possível realizar a prova da autoria, se tal fosse a exigência. O testamento vale pela impressão, não se admitindo que fique arquivado em alguma pasta do computador, ou guardado em disquete. Deve-se, após a elaboração e a conferência, passar para o conhecimento das testemunhas, o que se faz através da leitura procedida pelo testador.

Depois de ouvida a leitura, seguem-se as assinaturas, a começar pelo testador, e concluindo-se pelas testemunhas. Compondo-se de mais de uma folha, faz-se necessário que todos lancem as rubricas em todas elas. Para a validade, não se impõe o reconhecimento das assinaturas, pois que nada ordena o Código a respeito.

3. TESTAMENTO SEM TESTEMUNHAS

Enseja o art. 1.879 do Código a dispensa de testemunhas, em circunstâncias excepcionais, o que, aliás, vinha contemplado em nosso direito precodificado e está permitido nos Códigos da Alemanha, da Itália, da França, da Espanha, dentre outros países. Eis o texto: "Em circunstâncias excepcionais declaradas na cédula, o testamento particular

---

16 REsp. nº 828.616/MG, da 3ª Turma, j. em 05.09.2006, *DJU* de 23.10.2006.

310 • Direito das Sucessões | *Arnaldo Rizzardo*

de próprio punho e assinado pelo testador, sem testemunhas, poderá ser confirmado, a critério do juiz".

Em primeiro lugar, necessário que na própria carta testamental se consigne a ausência de testemunhas, dando-se a razão. A mera dispensa não basta, afastando a validade. Nos termos do preceito acima, é indispensável a justificação, que só merecerá acolhida se ponderável e convincente, de modo a formar a convicção da impossibilidade de serem procuradas testemunhas, ou da extrema dificuldade em serem encontradas.

Costuma-se apontar como situações que justificam a dispensa as seguintes: a iminência da morte, a falta de comunicação, a localização em local isolado e distante, o cárcere privado e oculto, o sequestro, e toda gama de perigos de vida sem presença de pessoas, não se oferecendo ao testador oportunidade para convidar pessoas a assistirem o ato de disposição que lavra.

Naturalmente, submetem-se ao crivo do juiz a justeza e a relevância do motivo apontado, que o apreciará de acordo com seu arbítrio ou critério, a teor da parte final do art. 1.879. De anotar, porém, que a decisão deverá ater-se às circunstâncias, não se admitindo a recusa da convalidação se se configurar a excepcionalidade do caso.

4. CAPACIDADE PARA TESTAR

Como em outras formas, a capacidade rege-se pelos princípios gerais aplicados às demais espécies. Há, no entanto, exceções peculiares, decorrentes deste tipo de testamento.

Segundo salientado, apenas os que sabem praticar a escrita, seja em qual for o idioma, habilitam-se a fazer o testamento particular. Não virá escrito a rogo por terceira pessoa, mesmo que porte poderes especiais passados em um instrumento público. Daí que ao analfabeto, ao mudo, ao surdo-mudo e ao cego, em princípio não se reconhece capacidade de disporem através de um instrumento privado, já que normalmente impossibilitados de efetuar a leitura.

Bem verdade que, na utilização de processo mecânico, viável que um terceiro indivíduo elabore e escreva o texto. Mesmo assim, a imposição de sua leitura ao testador conduz a exigir que se encontre alfabetizado, que saiba falar e tenha a visão, a menos que escrito pelo método braile o ato de vontade.

Realmente, quanto ao cego, em situações especiais, admite-se, desde que use a escrita própria para portadores dessa deficiência. A sua validade, todavia, dependerá da possibilidade de serem ou não decifrados os caracteres. Requer-se, ainda, que as testemunhas declarem que leram o texto na linguagem em que veio representado, o que leva a exigir-se a prova de aptidão e conhecimento em escrever e ler naqueles tipos gráficos.

E no pertinente ao mudo? Desde que haja conhecimento de escrita, fica autorizado. Assim igualmente ao surdo-mudo, em tais condições. Mas impende que as testemunhas leiam o escrito, em toda a sua extensão. Quando da confirmação, ao serem ouvidos os depoimentos, cumpre se indague o conteúdo do testamento, para aferir se realmente houve a leitura, e assim chegar à originalidade de quem o elaborou.

5. CONFIRMAÇÃO DO TESTAMENTO

Por não exigir muitas formalidades, pensa-se que o testamento particular é o mais fácil de ser feito. Entretanto, as dificuldades aparecem quando da confirmação e execução, pelas várias providências que se reclamam até o cumprimento.

Cap. XX | Testamento Hológrafo ou Particular • **311**

A primeira exigência, dentre as várias que alguns as denominam de requisitos externos, refere-se às testemunhas.

Observa-se que a validade do testamento está na dependência de três testemunhas o confirmarem, em audiência feita junto ao juiz.

Aberta a sucessão, o herdeiro instituído, o legatário ou o testamenteiro podem requerer ao juiz a abertura, a confirmação e a publicação do testamento.

O processo de publicação oficial do testamento, para Itabaiana de Oliveira, é um ato complementar, e "o meio de se chegar à confirmação, mediante sentença proferida pelo juiz, para que o testamento tenha eficácia jurídica".[17]

Far-se-á um requerimento, anexando o original, pedindo, primeiramente, a sua abertura, com a citação dos herdeiros, e a posterior confirmação e execução, obedecendo-se o disposto no art. 737 e parágrafos do Código de Processo Civil.

Recebido o pedido, o juiz abre o testamento e manda publicá-lo. Providencia-se na citação dos herdeiros, dentro do previsto do art. 1.877: "Morto o testador, publicar-se-á em juízo o testamento, com citação dos herdeiros legítimos".

Qual a finalidade da citação dos herdeiros legítimos, ou já reconhecidos? Para assistirem os depoimentos das testemunhas e para impugnarem o testamento.

A impugnação, oferecida no prazo de cinco dias, será autuada em apenso, seguindo a instrução normalmente, até o julgamento.

A ouvida das testemunhas instrumentárias visará a confirmação e a autenticidade do testamento. E a confirmação é justamente o ato pelo qual reconhece-se a autenticidade, com a ouvida das testemunhas testamentárias.

Do que depende a validade?

Do depoimento das testemunhas, de modo conforme ou inconteste ao que se encontra no testamento, pois isto se lê no art. 1.878: "Se as testemunhas forem contestes sobre o fato da disposição, ou, ao menos, sobre a sua leitura perante elas, e se reconhecerem as próprias assinaturas, assim como a do testador, o testamento será confirmado".

Nota-se, pois, o objeto da inquirição das testemunhas: sobre o fato da disposição, ou, ao menos, sobre a sua leitura, e sobre as assinaturas não apenas delas, mas também do próprio testador.

Então, em vista disto, o que deve ficar provado?

Em primeiro lugar, que viram o testamento sendo elaborado pelo testador, ou que ouviram a leitura. Não se exige que se lembrem do conteúdo das disposições. Em segundo lugar, que as assinaturas constantes do escrito pertencem a elas, e, quanto a do testador, por ele foi lançada. A respeito do assunto, doutrinava Carvalho Santos: "As testemunhas, como em todos os casos, hão de ser contestes. Mas não se exige que reproduzam as disposições, o que em verdade, só a uma excepcional memória seria possível: o que a lei quer é que possam afirmar que o *de cujus* efetivamente testou por instrumento particular, e que as chamou para testemunhar a leitura".[18]

Assim, o mínimo indispensável é a leitura e a confirmação das assinaturas. Do contrário, não é confirmado o testamento. Para tanto, são elas notificadas a fim de que compareçam em juízo, na data que o juiz marcar. Para a audiência, devem ser intimados os herdeiros.

---

17 *Curso de Direito das Sucessões*, Rio de Janeiro, Editorial Andes Ltda., 1954, p. 132.
18 Ob. cit., vol. XXIII, p. 165.

Alguma dificuldade processual pode surgir no tocante à citação dos herdeiros e à impugnação ou contestação. Para dirimir dúvidas, cumpre que, primeiramente, citem-se os herdeiros, que terão o prazo de cinco dias para impugnar o testamento, e somente depois se designa a data para a ouvida das testemunhas. O prazo para a contestação procede a inquirição das testemunhas, que instrumentárias passam a judiciais.

A fim de saber o cerne de uma possível discussão, é aconselhável que a citação dos interessados, isto é, daqueles que têm ou teriam direto à sucessão, se proceda antes da inquirição. O Código de Processo Civil ordena, em seu art. 737, a intimação dos herdeiros que não participaram do pedido de cumprimento, sem fixar o prazo, subentendendo-se que podem se manifestar no prazo geral destinado às defesas, que é de quinze dias.

O procedimento será delineado no capítulo específico sobre o processo do inventário e do testamento. Agora, aborda-se mais a parte material.

Nesta linha, aduz-se que o procedimento, em princípio de jurisdição voluntária, pode transformar-se em contencioso ou litigioso. Se atingir tal estágio, todos os meios de prova são admissíveis. Não se resume a fase processual à simples audição das testemunhas. Até perícia torna-se viável, e inclusive há possibilidade de ouvida de outras testemunhas. Válido o ensinamento de Ney de Mello Almada: "Neste caso, em obséquio à economia processual, abre-se cognição mais ampla, permitindo-se provas, notadamente a pericial, e o testamento, tornado contencioso, será ou não confirmado por sentença. Encerrando juízo de valor sobre a validade da cédula, é ela de mérito, e como tal sujeita não só à apelação, como à ação rescisória".[19]

O CPC/2015 não trouxe disposição a respeito. Todavia, não é admissível suprimir o contraditório.

Anota-se, ainda, que passando a ser litigiosa a lide, todas as questões suscitadas não mais se sujeitam a nova apreciação judicial. Uma possível ação posterior de nulidade é autorizada unicamente no tocante a aspectos não aventados no juízo de confirmação. Mas impede-se quanto a aspectos de ordem processual, pois a oportunidade para suscitá-los precluiu.

Resumindo-se, porém, a sentença a uma simples homologação, a anulação posterior, através de ação ordinária, parece sempre permitida. Necessário, pois, que surjam situações novas, não alegadas no momento da homologação.

Inexistindo qualquer oposição ao pedido, suficiente a inquirição das testemunhas, não em número inferior a três, a menos que faltarem por morte ou ausência, quando, então, torna-se suficiente a inquirição de uma somente, segundo emana do parágrafo único do art. 1.878: "Se faltarem testemunhas, por morte ou ausência, e se pelo menos uma delas o reconhecer, o testamento poderá ser confirmado, se, a critério do juiz, houver prova suficiente de sua veracidade".

Este dispositivo mostra-se bastante controverso, pela quantidade de dúvidas que sugere.

Como se constata da redação, basta que uma testemunha deponha, se as restantes não viverem, ou estão ausentes porque não forem localizadas. Mas isto desde que a única testemunha ouvida esteja conteste, ou seja, conheça o fato da disposição, ou se lembre do mesmo, diga que assistira a leitura e reconheça a assinatura própria e a do testador.

Entretanto, estando uma delas em lugar conhecido, e recusando-se a depor? Ou depondo duas testemunhas e uma delas de nada se recordar, e até desmentir a sua presença

---

19 Ob. cit., vol. 2°, p. 61.

Cap. XX | Testamento Hológrafo ou Particular • **313**

no ato do testamento? Mesmo assim, dá-se cumprimento ao testamento. É viável que a testemunha tenha sido subornada, ou sofra de um fenômeno mental que obstruiu sua lembrança. Isto porque, havendo alguma contrariedade ao testamento, virá ela expressa em impugnação, com motivos que serão alegados e deverão restar comprovados.

O termo "ausência" empregado no texto acima não tem o alcance da ausência como estado da pessoa, declarado pelo juiz, nos termos dos arts. 22 a 25 do Código Civil, mas prende-se à situação de não se localizar a testemunha porque mudou de endereço, e porque se desconhece onde se encontra, apesar das diligências para encontrá-la.

Na hipótese de uma ou duas testemunhas negarem o testamento, não confirmando as assinaturas, ao juiz cabe ordenar a realização de perícia, para aferir a autenticidade. Apurando-se a falsidade, o testamento não terá validade. O juiz negará a homologação, inclusive se ausente alguma impugnação, visto que, para o ato, a lei impõe a presença de três testemunhas. Com a constatação da falsidade de uma ou mais testemunhas, não se implementou a condição para a existência do ato.

Falecendo as três testemunhas, ficaria irredutivelmente sem efeito o testamento, exceto em situações especialíssimas, como quando as assinaturas se encontram reconhecidas e, até por meio de provas, restar evidenciado que o testador realmente elaborou o testamento. Máxime no caso de ninguém ingressar com impugnação.

Pontes mostrava que é relativa a ocorrência da invalidade: "*Quid juris*", indaga, "se a morte ou incapacidade ocorrer em três ou mais testemunhas?"

Eis a resposta: "O testador não podia prever. Não será possível atribuir qualquer culpa ao testador, e a solução negativa resolveria duramente contra a própria suposição deste ter morrido com testamento válido. Por outro lado, o próprio juiz pode estar plenamente convencido da verdade do escrito e da observância instrumental das formas solenes do art. 1.645. Ainda mais: pode ser apresentante o único interessado na nulidade, o herdeiro legítimo. Ou que todos os herdeiros legítimos reputem valioso, expressão exata e indiscutível da verdade do testador, de tudo aquilo que no escrito se insere.

Seria ofensivo à verdade, à realidade perceptível das coisas, dar ao testamento o caráter de prova insuprível".[20] Sabe-se que o art. 1.645 acima apontado corresponde ao art. 1.876 do atual diploma civil.

Na jurisprudência anterior ao Código atual encontrava-se respaldo a este entendimento: "O rigor de interpretação dos preceitos relativos à confirmação do testamento particular não se justifica. Cumpre ao intérprete atentar para a finalidade da exigência legal, admitindo a eficácia do ato toda vez que a autenticidade possa confirmar-se por outros meios probatórios e não seja estorvada por outro princípio de direito. No caso, as duas testemunhas ouvidas comprovaram autenticidade do documento efetivamente, e externando a última vontade da autora da herança, tendo ela mesma datilografado o testamento.

De outra parte, as testemunhas falecidas sobreviveram à testadora e todas as assinaturas lançadas tiveram as respectivas firmas reconhecidas".

Lembrando lição de Orlando Gomes, procura-se dar mais fundamentos à posição: "Assim, Orlando Gomes em *Sucessões*, 3ª ed., Rio de Janeiro, Editora Forense, p. 132, explica que a exigência da confirmação suscita diversas questões e traduz o grau de desvantagem do testamento particular. Se três das testemunhas falecem antes do testador, o testamento não pode ser confirmado. A rigor, a prova é insuprível, mas invocam-se

---

20 *Tratado de Direito Privado*, ob. cit., vol. 59, p. 181.

314 • Direito das Sucessões | *Arnaldo Rizzardo*

princípios que justificariam interpretação adversa. Entretanto, descaberia sua aplicação sempre que provasse o conhecimento da parte do testador de que o testamento não pode ser confirmado por terem falecido as testemunhas em número que impossibilita a prova da autenticidade. Neste caso, desaparece a justificativa de que o testador teria morrido na suposição de que deixaria testamento eficaz, já que, conhecendo o obstáculo, deveria ter feito outro testamento. Se o desconhecia, admite-se que outros meios probatórios se utilizem para comprovação da autenticidade do instrumento".[21]

Em tudo há interpretação, que não pode ater-se aos rigores do formalismo.

Princípio que também se aplica nos testamentos mal escritos, com entrelinhas, borrões e rasuras, sobretudo quando utilizada a escrita mecânica. Constatando falta de nexo na redação apresentada, ou certa dúvida, ou não se apreendendo qual a vontade do disponente, é incontestável a não homologação.

A comum existência de erro de ortografia, ou de redação, e mesmo de espaços em branco (no testamento de próprio punho), não impede que o juiz homologue, considerando, inclusive, a natureza da sentença homologatória, de mera verificação do cumprimento de preceitos legais, e, assim, observando mais os elementos que devem trazer as testemunhas. Mas não significa isto que não se dê atenção ao aspecto formal e material da cédula testamentária. Sendo assim, se, *v. g.*, transparente a inautenticidade, apesar do depoimento das testemunhas conforme a lei, nega-se a homologação.

6. INCONVENIÊNCIAS DO TESTAMENTO PARTICULAR

Reconhece-se, de um lado, que existem algumas conveniências no testamento particular, por dispensar a presença do notário, por não exigir formalismos maiores na elaboração e por representar mais fielmente a vontade do testador, já que ele o escreve.

Mas sobressaem os deméritos, o que, talvez, justifica a pouca utilização desta modalidade de testar. Por exemplo, em face da facilidade com que pode extraviar-se, tanto durante o tempo em que se encontra com o testador, como no caso de ser guardado por um parente, além de ficar o testamento mais passível de falsificação, máxime se usada a escrita mecânica, ou computadorizada, e prestar-se a manobras de sugestão ou influência de interessados ou aproveitadores, em detrimento aos herdeiros naturais.

Em razão de ficar guardado pelo próprio testador, ou por alguém de sua confiança, torna-se fácil a subtração ou destruição, sem restar o menor vestígio de que existira em algum momento. Ou, mesmo que venha a ser noticiada a sua realidade, nada é possível fazer, visto que admissível a destruição pelo seu autor, sem que alguém tenha direito a reclamar.

Finalmente, sendo o testador, às vezes, pessoa de instrução rudimentar, e não reconhecendo regras, *v. g.*, de ortografia, não é fora de cogitação a redação truncada e desprovida de atenção.

---

21 Apel. Cív. nº 177.779, 2ª Câmara Cível do TJSP, de 07.08.92.

XXI

Testemunhas Instrumentárias

1. ASPECTOS GERAIS

Após disciplinar as formas ordinárias de testamento, tratava o Código Civil de 1916, no art. 1.650, das testemunhas instrumentárias, destinando-se a matéria restritamente ao testamento público, cerrado e particular. Sem, pois, qualquer pertinência aos codicilos e aos testamentos nas formas militar e marítima, então existentes.

O Código Civil de 2002 não manteve o regramento especial, tendo o legislador preferido a incidência, na espécie, das normas concernentes à prova testemunhal em geral, e aplicável a qualquer negócio ou ato jurídico.

Diziam-se e ainda dizem-se instrumentárias as testemunhas porque utilizadas para servirem de provas em um documento, sem o crivo do Judiciário.

De modo que a averiguação e a análise da idoneidade e capacidade da prova testemunhal no testamento merecem o enfoque sob o prisma do art. 228 do Código Civil, o qual discrimina quem não possui capacidade para servir de testemunha. Com efeito, eis seu texto: "Não podem ser admitidas como testemunhas:

> I – os menores de 16 (dezesseis) anos;
>
> II – (revogado pela Lei nº 13.146/2015);
>
> III – (revogado Lei nº 13.146/2015);
>
> IV – o interessado no litígio, o amigo íntimo ou o inimigo capital das partes;
>
> V – os cônjuges, os ascendentes, os descendentes e os colaterais, até o terceiro grau de alguma das partes, por consanguinidade, ou afinidade".

De alguns dispositivos retiram-se regras concernentes ao impedimento de certas pessoas servirem como testemunhas. Nesta ótica, estão algumas das pessoas indicadas nos arts. 1.801 e 1.802, e que podem ser incluídas nos incisos IV e V acima, pois evidentes o interesse no testamento e o parentesco: a pessoa que escreveu a rogo o testamento, e, inclusive, o cônjuge ou companheiro, os seus ascendentes e irmãos; o concubino do testador casado, o tabelião que lavrar o ato ou seu substituto legal; os ascendentes, os descendentes, os irmãos e o cônjuge ou companheiro do herdeiro contemplado na deixa; e, com toda obviedade, os herdeiros contemplados.

316 • Direito das Sucessões | *Arnaldo Rizzardo*

A primordial função das testemunhas é ver e ouvir o testador, de modo a saber identificá-lo e confirmar que as disposições de última vontade são do testador e autênticas, posto que ouviram serem proferidas por ele. Elas são chamadas para assistir não apenas a realização do testamento, mas especialmente para comprovar o cumprimento das exigências legais. Imprimem solenidade ao ato, ou possuem também a finalidade de dar seriedade ao testamento, ou para emprestar rigorismo formal.

2. PESSOAS NÃO HABILITADAS PARA SEREM TESTEMUNHAS

De acordo com o art. 228, há determinadas pessoas que não podem servir de testemunhas para qualquer negócio ou ato e para os testamentos.

Discriminam-se as causas de nulidade na ordem e com as dissertações que seguem, extraídas do dispositivo acima, e em outros ditames jurídicos.

a) *Os menores de dezesseis anos*

Simplesmente não podem assistir a celebração de um testamento, testemunhando-o. Não possuem, ainda, o discernimento suficiente, presumindo a lei que lhes falta o alcance para entender a testamentificação.

Os menores entre dezesseis e dezoito anos, incapazes relativos, não ficam afastados da função, embora sujeitos à assistência dos pais ou de tutor.

De conformidade com os arts. 1.634, inc. VII, em redação da Lei nº 13.058/2014, e 1.747, inc. I, os menores de dezesseis anos devem ser representados pelos pais ou tutores em todos os atos jurídicos da vida civil, o que, aliás, não basta para a realização de certos atos ou negócios, desde que envolvam o patrimônio e a assunção de obrigações em nome dos menores, posto que necessária a autorização judicial.

Para testemunhar, não precisam, no entanto, de qualquer acompanhamento do responsável por eles.

A lei coloca um limite apenas para a idade mínima, absolutamente nada dispondo quanto à idade máxima. Desde que apurado o discernimento da pessoa, ou a plena consciência do ato, não se colocam entraves para a função.

b) *O interessado no testamento, o amigo íntimo ou o inimigo capital*

Como interessado está o herdeiro instituído, pois inadmissível que testemunhe a seu favor. Não teria o testamento condições de validade, pelas várias implicações decorrentes ou possíveis, como coação psicológica, influência nas demais testemunhas, e alterações, inclusive, na quota que lhe é reservada. Os demais herdeiros, não instituídos, não ficam excluídos da proibição. Restando prejudicados pelo testamento, parece presente o impedimento. É difícil não ocorrer algum ressentimento, ou influência no sentido de diminuir a quota atribuída ao herdeiro testamentário.

O fundamento é encontrado nos arts. 1.801, inc. II, e 1.802.

O primeiro encerra: "Não podem ser nomeados herdeiros nem legatários: (...) II – As testemunhas do testamento".

E o segundo: "São nulas as disposições testamentárias em favor de pessoas não legitimadas a suceder, ainda quando simuladas sob a forma de contrato oneroso, ou feitas mediante interposta pessoa". Acrescenta o parágrafo único: "Presumem-se pessoas

Cap. XXI | Testemunhas Instrumentárias • 317

interpostas os ascendentes, os descendentes, os irmãos e o cônjuge ou companheiro do não legitimado a suceder".

Consideram-se também interessados os legatários, que são os contemplados com uma coisa certa, ou uma coisa determinada e precisa. O conceito de legado e de legatário vem com clareza fornecido por Tito Prates da Fonseca, mantendo-se atual sob o Código advindo em 2002, já que manteve os regramentos que vinham no diploma de 1916:

> Na definição romana, legado é a escolha, a separação feita na herança, pela qual o testador desliga uma coisa da universalidade do herdeiro, para conferi-la ou dá-la a outrem. Legatário, em nosso Direito, é tão somente aquele a quem o *de cujus* deixa coisa determinada, ainda que genericamente...[1]

Portanto, a pessoa, para ser legatária, está proibida de figurar na qualidade de testemunha.

Não se estende a proibição quando a pessoa jurídica figura como legatária, e o respectivo sócio funciona como testemunha, segundo vigorou em decisão pretoriana: "A regra referente à proibição de ser o legatário testemunha no testamento é de interpretação estrita, não atingindo o sócio de entidade beneficiária da liberalidade".

Por isso, mais adiante, afirma-se:

> Aqui, no entanto, não é o legatário quem figura como testemunha, mas sim seu associado, como pessoa física, sem interesse algum na captação do benefício, destinado que é a entidade sem finalidade lucrativa, mas, notoriamente, assistencial e religiosa, que nada destina a seus administradores e sócios.
>
> A interpretação da lei, em casos que tais, há de ser feita estritamente, de sorte que não atinge a proibição de ser testemunha se não o próprio legatário e jamais quem a ele esteja ligado, ainda que por parentesco (...).[2]

Já bem antes, o Supremo Tribunal Federal decidia no mesmo sentido, trazendo o pensamento de Pontes de Miranda:

> A incapacidade da testemunha só ocorre quando ela é legatária, não bastando que aproveite do legado por qualquer outro título que não aquele. Ademais, as testemunhas da aprovação do testamento cerrado de nenhuma forma participam da feitura de suas disposições. Elas não o são do testamento, ensina Pontes de Miranda, mas da apresentação do testamento. Atestam, diz o insigne jurista, a identidade da carta e as declarações do testador de que aquele é o seu testamento e quer que seja aprovado. São testemunhas deste ato e não das disposições testamentárias propriamente ditas (*Tratado dos Testamentos*, II, n° 285).[3]

Incluem-se na incapacidade testemunhal o amigo pessoal e o inimigo capital das partes, isto é, do testador e do testamentário. É difícil, no entanto, que venha colocada

---

1 Ob. cit., p. 5.
2 REsp. n° 19.764-0/SP, 3ª Turma do STJ, de 30.11.92, *Revista do Superior Tribunal de Justiça*, 45/300.
3 RE n° 79.504/RJ, 1ª Turma do STF, j. de 11.11.75, *Revista Trimestral de Jurisprudência*, 77/880.

318 • Direito das Sucessões | *Arnaldo Rizzardo*

uma pessoa inimiga para servir de testemunha, posto que o testador convida aqueles que integram o círculo de seu relacionamento. Quanto a ser amigo pessoal, não se vislumbra aplicabilidade ao testamento, até porque nem sequer é tomado o compromisso de dizer, no futuro, a verdade. Nem indaga o tabelião a respeito das relações entre o testador e o beneficiário.

c) *O cônjuge, os ascendentes, os descendentes e os colaterais*

Há nulidade do testamento em se colocando como testemunhas as pessoas acima referidas, isto é, o cônjuge, os ascendentes, os descendentes e os colaterais, até o terceiro grau, sanguíneos ou por afinidade, do testador ou do testamentário. As pessoas estão ligadas por liame conjugal ou parentesco direto, naturalmente pressupondo-se que possam influir na decisão do testador.

Todos os parentes tornam-se suspeitos, comprometendo o ato, neles incluídos os avós, os tios e sobrinhos, e, na verdade, mesmo o parentesco por afinidade (sogros, genros, noras, cunhados), consoante previsão do art. 228, inc. V. Por evidente que o testemunho, caso verificado, será normalmente favorável ao testamentário.

Os ascendentes, descendentes e o cônjuge do testador ou do favorecido naturalmente revelam interesse a seu favor, por também comporem a ordem da sucessão necessária em razão do parentesco em linha reta. Além disso, do *quantum* que for disposto, dentro da parte assim reservada pela lei, resultará o montante a ser partilhável a eles.

Quanto ao cônjuge, está na mesma categoria de impedimento, não importando o regime de comunhão de bens no casamento com o herdeiro instituído. A restrição deve estender-se inclusive se desfeita a sociedade conjugal pela separação ou pelo divórcio. Uma vez não mais vigorando relações conjugais, torna-se estranho que o ex-cônjuge sirva de testemunha. Parece evidente que interesses ou fulcros escusos se encontram subjacentes ao testamento. De igual modo, na hipótese de anulação do matrimônio. Nas uniões de fato, por analogia há de se imprimir igual tratamento. Em suma, não são admissíveis testemunhas que tenham tido ou que mantenham um relacionamento íntimo ou muito pessoal com o herdeiro instituído.

Os irmãos também figuram na proibição. Dado o parentesco, na linha colateral, é incontestável o interesse direto no testamento, embora não tão acentuado como nos demais parentes. O impedimento, entretanto, centraliza-se mais em vista da influência que podem exercer os irmãos em favor do contemplado, visto que nem sempre herdariam eles se não fosse o testamento, unicamente no caso de inexistirem herdeiros necessários, e se o favorecido tivesse relação de parentesco sucessível com o testador.

O mesmo se estende quanto aos tios e sobrinhos.

d) *Outras categorias de pessoas inabilitadas*

Antes da alteração do art. 228 do Código Civil, pela Lei 13.146/2015 (o Estatuto da Pessoa com Deficiência), consignava o art. 228, incisos II e III, mais duas categorias de pessoas inabilitadas para servirem como testemunhas: aqueles que, por enfermidade ou retardamento mental, não tivessem discernimento para a prática dos atos da vida civil; e os cegos e surdos, quando a ciência do fato que se quer provar depender dos sentidos que lhes faltarem.

A revogação dos incisos II e III pela Lei 13.146/2015 não importa em reconhecer a capacidade de tais pessoas atuarem como testemunhas. A aferição da possibilidade ou não

Cap. XXI | Testemunhas Instrumentárias • 319

se fará em consonância com o § 2º do art. 228, incluído pela mesma Lei 13.146/2015: "A pessoa com deficiência poderá testemunhar em igualdade de condições com as demais pessoas, sendo-lhe assegurados todos os recursos de tecnologia assistiva".

Insere-se no dispositivo a pessoa com deficiência, mas que, decorre naturalmente, se tiver algum discernimento ou capacidade de entender. Ao deficiente não mais se coloca óbice para servir de testemunha, desde que tenha discernimento. Do contrário, nem existirá o ato.

Aliás, à testemunha incapaz não se reconhece a capacidade de prestar o depoimento em juízo. Veja-se o art. 447 do CPC:

> Art. 447. Podem depor como testemunhas todas as pessoas, exceto as incapazes, impedidas ou suspeitas.
>
> § 1º São incapazes:
>
> I – o interdito por enfermidade ou deficiência mental;
>
> II – o que, acometido por enfermidade ou retardamento mental, ao tempo em que ocorreram os fatos, não podia discerni-los, ou, ao tempo em que deve depor, não está habilitado a transmitir as percepções;
>
> III – o que tiver menos de 16 (dezesseis) anos;
>
> IV – o cego e o surdo, quando a ciência do fato depender dos sentidos que lhes faltam.

Se em juízo é vedado o depoimento de pessoas incapazes, interditadas, com deficiência mental, além de outras limitações no entendimento, inadmissível deduzir, da leitura do art. 228 do Código Civil, a permissão de serem tais pessoas testemunhas testamentárias.

A vedação extrai-se do § 2º do art. 228. Autoriza-se o ato desde que haja o entendimento, ou a capacidade de discernimento, no que encontra apoio, também, no art. 4º, inc. III, da lei civil, em texto da Lei 13.146/20154: "São incapazes, relativamente a certos atos ou à maneira de os exercer: (...) III – aqueles que, por causa transitória ou permanente, não puderem exprimir sua vontade".

Realmente, se privado o indivíduo de juízo e consciência, ou não sabendo o que faz, encontra-se inabilitado para testemunhar as declarações de última vontade.

Mais discriminadamente, incluem-se nos incapacitados os portadores de enfermidade ou retardamento mental, os perturbados mentalmente, os furiosos, os mentecaptos, os amentais, os idiotas, os imbecis, os desmemoriados e dementes, ou os afetados por doenças psíquicas de tal intensidade que não possuem o necessário discernimento para os atos da vida civil.

Como retardados, com discernimento reduzido, compreendem-se aqueles que revelam algum entendimento, e sabem portar-se convenientemente mais pelo hábito, pelo instinto, pelo costume, pela imposição do meio ambiente, mas que resta evidente a deficiência de conduta relativamente aos padrões um pouco acima dos normais, dada a escassa capacidade de apreender as situações mais complexas da vida e de saber contorná-las e conviver com elas. Não se trata da pessoa com pouca ou reduzida inteligência, ou de escasso raciocínio, ou de completa falta de cultura, pois não sabe discernir e raciocinar diante de alternativas que se lhe oferecem.

Em verdade, essas categorias de pessoas equivalem aos outrora chamados loucos de todo o gênero; aos alienados, desde que o sejam mentalmente, e não da realidade, ou do mundo presente, simplesmente por não se interessarem e nem darem a mínima importância ao que acontece a sua volta; aos que revelam anomalia psíquica.

Não se reclama a interdição para impedir o testemunho. Caso esta já se encontre declarada, dúvidas inexistem para afastar o ato. Suficiente, porém, afira o tabelião a insanidade para impedir a presença da testemunha.

E se vier a ser descoberta a incapacidade total, por loucura, somente depois de feito o ato?

O testamento sujeita-se à nulidade, mas não obrigatoriamente. Analisar-se-á o testemunho no contexto com outros elementos, e especialmente diante do interesse dos herdeiros.

Não se pode passar por alto quanto aos *cegos* e *surdos*. Em princípio, exige-se das testemunhas que não apenas ouçam o conteúdo do testamento, mas também a percepção do testador e acompanhem o auto de aprovação. Configurada a incapacidade sensorial, fica reduzida a própria intelecção do ato.

A restrição não é total, mas restrita aos fatos cuja prova se pretende fazer depende dos sentidos que faltam.

Várias razões impedem o testemunho do cego. Seja qual for o tipo de testamento, a testemunha deve aferir se realmente o testador é a pessoa que assim se proclama. Máxime no testamento cerrado, a testemunha deverá presenciar a entrega do testamento ao tabelião. E, no particular, é indispensável a visão para constatar que a leitura está se procedendo no instrumento que se encontra com o testador.

Entretanto, não importa em afirmar que sua presença sempre significa nulidade. No testamento público e particular, prepondera a ouvida daquele que é testamentado. Neste sentido, desde que, no processo de impugnação, venha referido o que lhe foi lido ou se lembre o cego das disposições testamentárias, não vingará a pretensão de nulidade.

Conforme ensinava Pontes de Miranda, "dizer que o cego não pode ser testemunha instrumentária dos testamentos não vale dizer que o seu testemunho seja nenhum. No art. 1.650, a exclusão é completa; porém, no art. 142, II, não o é: o cego pode ser testemunha do que ouviu, como o surdo-mudo, que pode exprimir-se por sua linguagem (art. 5º, III), pode testemunhar o que viu (art. 142, II)".[4] O art. 1.650 não veio reproduzido no Código atual, enquanto os arts. 142, inc. II, e 5º, inc. III, equivalem aos arts. 228, inc. III, e 3º, inc. III, do Código atual.

Já quanto ao surdo, ele não ouve. Assim, não se encontra habilitado a servir de testemunha, posto que, no testamento público, deve ele ouvir a leitura, ou a pergunta sobre se o documento entregue constitui o ato de última vontade daquele que o apresenta. De modo que o surdo, embora não mudo, encontra-se impedido de figurar no rol das testemunhas.

Diferente a situação da pessoa apenas muda. Ela vê e ouve. E é isso que a lei impõe. Por conseguinte, não se lhe proíbe a presença ao ato, que será válido, pois nada precisa dizer. Basta que ouça e veja, desde, porém, que, se necessário, saiba exprimir-se, naturalmente pela escrita, sobre o ato que assistiu.

Todavia, embora manifeste o que deseja e quer, para figurar no papel de testemunha impõe-se a audição. Exige-se que ouça. Do contrário, não sabe o que foi lido, e não terá condições de testemunhar, se necessário. Daí que, se também surdo, não serve como testemunha.

Extrai-se, porém, do art. 447, § 1º, inc. IV, do CPC, que a incapacidade é reconhecida, relativamente ao cego e ao surdo, quando a ciência do fato depender dos sentidos que faltam a essas pessoas.

---

4 *Tratado de Direito Privado*, ob. cit., vol. 59, p. 204.

Cap. XXI | Testemunhas Instrumentárias • **321**

3. INCAPACIDADES PREVISTAS EM DISPOSITIVOS ESPECIAIS

Embora não constantes na relação do art. 228, colhem-se outras impossibilidades, que tornam o testamento altamente suspeito e podem levá-lo à nulidade.

a) *O analfabeto*

Há incapacidade, visto que exigida a sua assinatura, como consta no art. 1.864, inc. III (testamento público); no art. 1.868, inc. IV (testamento cerrado); e no art. 1.876, §§ 1º e 2º (testamento particular).

Quanto ao testamento marítimo, também devem assinar as testemunhas, eis que o art. 1.888 manda que se observe a forma do testamento público, no qual assinarão as testemunhas. No testamento aeronáutico, igual a exigência, já que o art. 1.889 ordena que se obedeça ao disposto no testamento marítimo. Em relação ao testamento militar, diante da inteligência que se extrai do art. 1.983, pelo fato de possibilitar que uma testemunha assine pelo testador, clara a necessidade de se exigir que todos assinem e saibam, pois, escrever.

Quem apenas assina o nome, mas não sabe ler, em princípio não incorre em incapacidade, visto não haver dispositivo que obrigue as testemunhas a lerem o testamento. Cumpre-lhes que assinem e ouçam a leitura, quer do teor do testamento público, quer do auto de aprovação do cerrado, e quer do teor da deixa particular. A leitura se fará sempre ou pelo oficial público ou pelo testador.

Todavia, depreende-se o quanto se afigura fraco ou precário o testemunho de tais pessoas, tornando-se bastante vulnerável a validade do ato de disposição de última vontade.

b) *Funcionários ou empregados do cartório*

Nada impede o desempenho da função de testemunhas, embora comprometidos na elaboração do texto, ou do auto de encerramento.

Seria mais indicado excluir estas pessoas, com o que se evitará possíveis inculcações de suspeição ou envolvimento com o ato.

c) *Os parentes do testador*

Nada, no Código, aparece referente ao testador, concluindo que seus ascendentes, descendentes, cônjuge e até irmãos podem servir de testemunhas. Pontes de Miranda enfatizava que não havia proibição, o mesmo prevalecendo no Código em vigor, pois não trazida regra especial: "No testamento do pai, pode o filho menor de vinte e um anos e maior de dezesseis anos ser testemunha. Não se trata de testemunha acidental, mas instrumentária. Acidental, só para atestar, não poderia ser (art. 142, IV). Mas, quanto ao testemunho testamentário, não há, na lei, exclusão de ascendentes, descendentes, colaterais ou cônjuge dos testadores. Os parentes que se excluem são os dos herdeiros instituídos. Só estes".[5] O art. 142, inc. IV, equivale ao art. 228, inc. IV, do atual Código. Outrossim, a menoridade, atualmente, vai até os dezoito anos.

Reclamam-se, entretanto, mais observações.

Há a impossibilidade de o filho sob o poder familiar servir de testemunha de uma instituição de herança para outros parentes, ou para irmãos, ou para o próprio progenitor. Ficaria constrangedora a posição do filho. Parece não fora de cogitação que teria sido

---

5   *Tratado de Direito Privado*, ob. cit., vol. 59, p. 216.

compelido a testemunhar. Como não duvidar de um testamento onde um filho testemunha a disposição em favor de outro? Ou na situação de um irmão chamado a dar certeza quanto às liberalidades feitas aos demais irmãos do testador? E mesmo quando um filho testifica para um progenitor, servindo o outro de testemunha?

Percebe-se a vulnerabilidade a que ficaria sujeito o testamento, a menos que razões de ordem extremamente delicada intervenham.

d) *O testamenteiro*

Em face da posição que ocupa, de providenciar no cumprimento do testamento, fica difícil que ocupe o testamenteiro as duas funções. De que modo testemunhará ele o teor ou a validade do testamento, se incumbe-lhe até opinar sobre o mesmo?

Apesar da ausência de um comando legal específico para impedir o seu testemunho, razões de ordem inclusive moral não aconselham a atuação na qualidade de testemunha.

e) *Tutores, curadores e representantes*

Quanto aos tutores e curadores, seja do testador, seja do testamentário, inconveniente a função de testemunha. Devem desempenhar a contento o cargo que exercem. Assim também no tocante aos representantes jurídicos, sociais e comerciais. Faculta-se-lhes o ingresso de ações, por corresponder a eles, antes de qualquer outra função, a proteção e a representação de seus pupilos – funções que podem ser prejudicadas se igualmente atuam na qualidade de testemunhas.

4. REQUISITOS EXTERNOS PARA A ADMISSÃO DE TESTEMUNHAS

Como ponto primordial, aparece a obrigatoriedade do testador em conhecer as testemunhas. É preciso que o mesmo tenha confiança naqueles que presenciarem o ato de última vontade.

Além disso, para evitar possível confusão, e identificar realmente o testador, também é importante que as testemunhas o conheçam. Se chamadas para depor, em caso de controvérsia sobre o testamento, devem elas saber identificá-lo e retratar a sua conduta quando do ato. Do contrário, não saberão informar sobre o seu estado mental.

Do tabelião não se pode exigir que conheça o testador e as testemunhas. Incumbe-lhe, porém, aferir a identidade, através de documentos competentes.

Às testemunhas cumpre que ouçam e vejam. Não bastam a simples presença e a assinatura. O texto do instrumento deve ser observado, para concluir que a leitura repita ou reproduza o que está escrito.

O oficial aferirá o número, não se permitindo enganos. Por isso, além de consignarem-se os nomes, deverão as assinaturas corresponder ao número legal das testemunhas.

Indispensável que as testemunhas se encontrem sãs quando da solenidade. Não podem ser aceitas caso estejam embriagadas, ou sob o efeito de substâncias tóxicas, ou em estado doentio, com indisposições orgânicas. Necessário que revelem plenas condições físicas e mentais de bem apreender o conteúdo do ato, ficando conscientes do seu significado, para que, no futuro, saibam manifestar-se sobre a prática e o conteúdo daquilo que assistiram e assinaram, de sorte a incutir a convicção de certeza e veracidade nos dados que transmitirem.

XXII
Codicilo

1. CONCEITO

Praticamente em desuso, e já se considerava um instituto em extinção quando da elaboração do Código de 1916, chamado em épocas antigas de pequeno testamento, corresponde a quase um testamento. Aliás, é menos que o testamento. Compreende um ato de última vontade, no qual o testador dispõe sobre questões de interesse mais pessoal, ou sobre assuntos de importância maior, como as despesas e doações de valor não elevado.

Pode ser definido como um escrito particular, onde são lançadas determinadas disposições ou recomendações para serem atendidas e cumpridas após a morte. Disposições estas não relativas a bens de maior valor.

Segundo o escólio de Carlos Maximiliano, "Codicilo vem a ser o ato de última vontade pelo qual o disponente traça diretrizes sobre assuntos pouco importantes, despesas e dádivas de pequeno valor".[1]

Tito Prates da Fonseca bem revelava o motivo da instituição, com a seguinte explicação: "Toda pessoa capaz de testar poderá, mediante escrito particular seu, datado e assinado, fazer disposições especiais sobre o seu enterro, sobre esmolas de pouca monta a certas e determinadas pessoas, ou, indeterminadamente, aos pobres de uma região especial, assim como legar móveis, roupas ou joias não muito valiosas de seu uso".[2]

Provém a palavra do diminutivo de *codex*, termo latino que se traduz por "código". Assim, em vernáculo quer dizer pequeno código, mas que mudou o significado para pequeno testamento, ou cédula testamentária. Constitui um escrito particular, onde são lançadas certas disposições ou recomendações para serem atendidas e cumpridas depois da morte da pessoa.

A origem e significado da palavra são bem explicadas por Gouvêa Pinto: "Nota-se que a palavra codicilo entre os latinos é o mesmo que epístola, ou carta etc.; porém, propriamente a palavra codicilo significa carta pequena, ou bilhete; e assim chama-se como uma diminuição de *codex*, porque o testamento era o *codex* grande, e o codicilo era como um pequeno testamento. Costumavam os testadores, depois de fazerem os seus testamentos, escrever bilhetes aos herdeiros instituídos, aos quais se ordenava alguma coisa, como uma espécie de advertência feita aos herdeiros, sem que aí nada entrasse

---

1 *Direito das Sucessões*, 3ª ed., Rio de Janeiro, Editora Forense, 1952, vol. I, p. 557.
2 Ob. cit., p. 299.

324 • Direito das Sucessões | *Arnaldo Rizzardo*

sobre instituição hereditária – e por isso vemos disposto que a herança não se podia dar, nem tirar, nos codicilos, o que passou para a Ordenação".[3]

Não se confunde com o testamento, posto que, nele, não há atribuição de patrimônio a determinadas pessoas. No máximo, alguns bens podem ser atribuídos a pessoas referidas, mais a título de esmolas ou benemerências. Diferente é o seu conteúdo atual daquele que vigorava em épocas antigas, quando, explica Caio Mário da Silva Pereira, assumia "condições de verdadeiro testamento, cujas deficiências podia suprir. Era frequente aditar a este uma 'cláusula codicilar', segundo a qual o testamento, em não valendo como tal, deveria respeitar-se como codicilo. Ele não validava o testamento nulo, mas convalescia aquele que pudesse atacar-se por ser superior o número de testemunhas, ou figurar entre elas uma do sexo feminino".[4]

A diferença básica do testamento está na disposição de bens de pouca monta, ou de reduzido valor, como adiante será examinado. Poderá coexistir com o testamento, ou vir só, mas revestindo sempre a forma hológrafa.

2. FINALIDADE

Como antes denotado, destina-se mais para transmitir recomendações e desejos de ordem religiosa, ou em sufrágio da alma, posto que abrange a atribuição de bens e esmolas aos necessitados. Corretamente, Orlando Gomes explana a finalidade: "Destina-se atualmente o codicilo à prescrição de disposições concernentes ao enterro, a esmolas de pouca monta, a pessoas certas e determinadas, aos pobres de um lugar especificado, e às que compreendem legados de móveis, roupas, ou joias não muito valiosas, de uso pessoal de seu autor. Permite-se, ainda, a nomeação, ou substituição, de testamenteiros".[5]

O art. 1.881 do Código Civil encerra, além do conteúdo, a finalidade do codicilo: "Toda pessoa capaz de testar poderá, mediante escrito particular seu, datado e assinado, fazer disposições especiais sobre o seu enterro, sobre esmolas de pouca monta a certas e determinadas pessoas, ou, indeterminadamente, aos pobres de certo lugar, assim como legar móveis, roupas ou joias, de pouco valor, de seu uso pessoal".

Complementa o art. 1.883: "Pelo modo estabelecido no art. 1.881, poder-se-ão nomear ou substituir testamenteiros".

Dentro deste contexto, pode-se elencar as seguintes finalidades:

– Dizer como deseja o enterro, referindo o cemitério, e mesmo reservando certa quantia em dinheiro para a aquisição de sepultura ou mausoléu.
– Destinar parcelas de dinheiro para esmolas a pessoas necessitadas, ou a instituições, ou aos pobres em geral de certo local, ou sem os individuar.
– Legar móveis, roupas e joias de valor não elevado, e de uso pessoal, para determinadas pessoas.
– Nomear ou substituir testamenteiros.

---

3 Ob. cit., p. 173.
4 *Instituições de Direito Civil*, ob. cit., vol. VI, p. 175.
5 *Sucessões*, ob. cit., p. 118.

3. VALOR DOS BENS QUE PODE A PESSOA DISPOR NO CODICILO

Primeiramente, quanto às esmolas, não traz o Código o montante a que devem equivaler os bens ou as joias que se destinam a uma ou mais pessoas. Há a inserção, no texto, de que devem as esmolas ser de pouca monta, isto é, de valor reduzido. Mas não se tem um parâmetro na lei, estabelecendo até que valor os bens são de pouca monta. Parece que o Código deixou ao prudente arbítrio do juiz a determinação do que se enquadra na expressão "pouca monta", não podendo, v. g., representar a estimativa de um imóvel, pois este integra o patrimônio.

A estimativa depende, também, do patrimônio que ficou com a morte. O equivalente a dez salários-mínimos não se enquadra neste conceito, se o monte-mor ativo chega a algo em torno de cinquenta salários-mínimos. Já é de pouca expressão a esmola para alguém com apreciável patrimônio. O mais coerente afigura-se em fixar uma proporção, não podendo ultrapassar a um ou dois por cento do patrimônio líquido, se bem que os autores chegam a admitir um percentual bem superior, como fazia Washington de Barros Monteiro: "Há, certamente, tendência no sentido de fixar-se determinada porcentagem: haver-se-á como de pequeno valor a liberalidade, podendo por isso ser objetivada num codicilo, se não ultrapassar de dez por cento do valor do monte. Parece, no entanto, que não se deve prefixar, de antemão, uma norma inflexível; melhor apreciar-se caso por caso, entregue a respectiva solução ao critério e prudente arbítrio da autoridade judiciária".[6]

Não calha concluir que o critério é subjetivo do juiz, pois sempre se aferirá em função do patrimônio, numa proporção percentual sobre o patrimônio.

No concernente aos móveis, em princípio, abrangem também os utensílios domésticos, como televisores, fogões, refrigeradores etc. Admite-se que tudo seja destinado, através de codicilo, para uma única pessoa, mesmo que parente próximo, e signifique pequeno valor frente ao patrimônio total transmitido com a morte. Consistindo em apenas os móveis o patrimônio, ou nos móveis e em prédio residencial, não prevalecerá esta forma de disposição; do contrário, se transmudaria em um autêntico testamento, com prejuízo para as partes, e mesmo ultrapassando a parte disponível.

Não se compreenderá em disposição codicilar aquela que transfira para uma pessoa valiosos móveis que ornamentam uma sala, de apreciável estimativa artística ou artesanal. No máximo, tolerado o codicilo restrito a uma peça do mobiliário.

Quanto às joias, é de tradição que as mães as deixem para as filhas, o que parece normal. Igualmente, aqui, porém, padece a lei de critérios objetivos, em vista de permitir a disposição das mesmas desde que não mui valiosas. Ou seja, representando um considerável valor patrimonial, cerceia-se essa faculdade. E com razão, visto que advirá o enriquecimento de um herdeiro em detrimento dos outros, e não sendo impossível, às vezes, o desrespeito à legítima a que têm os demais direitos. Como aceitar, v. g., que um único filho herde todas as joias, como brilhantes, anéis e outros adornos preciosos?

Finalmente, no que se refere às roupas, se não mais valiosas, há liberdade em transferi-las a um herdeiro. O assunto, aqui, não revela maior interesse diante, inclusive, do constrangimento em usar roupas de um defunto.

4. REQUISITOS E FORMAS DE APRESENTAÇÃO

Segundo a lei, o codicilo deverá ser escrito pelo disponente, portar a data e ter a assinatura de seu autor.

---

6 *Direito das Sucessões*, ob. cit., p. 121.

326 • Direito das Sucessões | *Arnaldo Rizzardo*

Adverte Pontes de Miranda que "A lei estatui que seja escrito pelo disponente, que tenha data (exigência que, ainda aí, só eventualmente será essencial, dado o sistema do direito brasileiro). Nada mais se lhe exige...".

Adiante, ao enfrentar a questão da importância da data no documento, a fim de caracterizá-lo como codicilo ou não, o mestre destaca:

"Se ao codicilo falta a data, não vale como codicilo, por infração do art. 1.651 do Código Civil. Assim, se o testamento hológrafo não vale se lhe falta a data, não se pode dizer que vale como codicilo (cf. 2ª Turma do Supremo Tribunal Federal, 23 de janeiro de 1951, *RF*, 136/114)".[7] O citado art. 1.651 equivale ao art. 1.881 do atual Código.

No entanto, revela-se importante, mas não indispensável a data. Se no testamento nada se impõe a respeito, a eventual omissão, por si só, não possui o condão de invalidar a disposição. Fica válido o codicilo, exceto se se comprovar a sua realização em momento de incapacidade do disponente.

Na verdade, a assinatura supre qualquer deficiência porventura cogitável com o uso da escrita mecanizada, como a datilografia ou a computação.

Não está vedada a datilografia ou qualquer outro processo mecânico, como a digitação eletrônica. Se para o testamento comum são permitidos tais meios, com mais razão quanto ao codicilo. No entanto, há de existir meio de identificação. A forma mecânica induz a dificuldades em definir a originalidade.

Pelo fato de constar no art. 1.881 a forma particular, não se conclua estar proibida alguma outra, como a pública. Se esta traz maior segurança e garantia, não se vislumbra razão para excluí-la. Realmente, a lei conhece o testamento público e o cerrado, além do particular. Assim, vindo por escritura pública, ou por instrumento cerrado, é de rigor observar as formalidades e os requisitos que se encontram estatuídos para estes testamentos. E isto com as testemunhas, auto de aprovação e outros reclames instrumentais.

Devendo vir assinado pelo autor da disposição, depreende-se que unicamente a pessoa que sabe escrever e assinar está habilitada a utilizar o codicilo.

Quanto a exteriorizar-se como cerrado, vem esta previsão no art. 1.885: "Se estiver fechado o codicilo, abrir-se-á do mesmo modo que o testamento cerrado".

Neste caso, abre-se da maneira que se faz para o testamento cerrado, a qual está no art. 1.875: "Falecido o testador, o testamento será apresentado ao juiz, que o abrirá e o fará registrar, ordenando seja cumprido, se não achar vício externo que o torne eivado de nulidade ou suspeito de falsidade". Sobre a matéria, discorreu Pontes de Miranda: "Resta saber se precisa ser hológrafo. Sim, ainda que cerrado, com aprovação. Se não for, terá de ter todas as solenidades dos testamentos cerrados. Mas público, terá de ter o mesmo número de testemunhas que os testamentos? Aqui, a holografia não é possível. O oficial deve exigir as formalidades dos testamentos".[8]

A predominância, porém, será sempre o escrito particular, à semelhança do testamento particular. Não há, todavia, testemunhas. Nenhuma regra impõe a presença de testemunhas. E nem se faz necessário, visto o pouco alcance econômico de suas disposições.

5. ESPÉCIES DE CODICILOS

O codicilo pode surgir como disposição de vontade autônoma, ou como parte integrante de outro testamento. O art. 1.882 discrimina esta dualidade de apresentar-se: "Os

---

7 *Tratado de Direito Privado*, Parte Especial, tomo 59, pp. 251-252.
8 *Tratado dos Testamentos*, ob. cit., vol. II, p. 315.

atos a que se refere o artigo antecedente, salvo direito de terceiro, valerão como codicilos, deixe ou não testamento o autor".

Mas não se deflui que poderá vir no mesmo instrumento de um testamento. Não teria sentido incluir essas disposições no testamento, se a extensão deste é bem maior.

Referindo-se a um testamento, por aparecer a fim de completá-lo, ou acrescentar esclarecimentos e deliberações diferentes relativamente ao mesmo, perderá qualquer razão de ser com a revogação do testamento. Na modalidade autônoma, cumprir-se-ão as suas disposições, exceto se em testamento posterior vier a ser modificada cláusula a que se referia o codicilo.

Ao consignar o dispositivo que deverão ser ressalvados os direitos de terceiro, parece fora de dúvida que está protegendo os direitos dos herdeiros necessários. A porção que lhes pertence está ressalvada, não vindo a sofrer efeitos pelo conteúdo do codicilo. O que se encontra, aliás, amparado pelo art. 1.846.

6. EXECUÇÃO DO CODICILO

Da mesma forma que o testamento particular, é cumprido o codicilo. Nomeia-se sempre um testamenteiro, que terá o encargo de levar ao conhecimento do juiz as disposições. Se inexistir, ou já falecido, o parente ou qualquer pessoa que encontrar o escrito procederá ao encaminhamento judicial, ou mesmo o apresentará ao Ministério Público competente. Chegando ao conhecimento do juízo, será nomeado um testamenteiro. Formula-se um requerimento, acompanhando-o o original, com o pedido da abertura, caso se encontre fechado ou lacrado. Autuada a petição, citam-se os herdeiros, ou o inventariante, com a concessão do prazo de cinco dias para as impugnações. Em seguida, providenciará o juiz a homologação, ou decidirá, se litigiosa ficar a questão. Depreende-se que, inexistindo testemunhas, somente serão ouvidas aquelas que forem arroladas, se a instrução do feito for necessária.

7. REDUÇÃO DO VALOR OU DOS BENS PELO JUIZ

Trata-se de assunto bastante delicado, dada a omissão tanto do Código anterior como do atual sobre a matéria. Em princípio, procura-se cumprir o máximo possível a vontade do testador, em vista de estar garantido o direito de dar em testamento, desde que não ultrapassada a parte disponível.

Exagerando na disposição de bens ou dinheiro, à parte interessada assiste reclamar ao juiz. Não resta nula a cédula codicilar. Tenta-se encontrar uma solução, com a redução do valor ou dos bens aos limites permitidos considerados razoáveis. Assim se expressava Pontes: "Tudo isso serve para persuadir os intérpretes da necessidade, assim jurídica como condicional, de evitar invalidações de codicilos, a respeito de cuja feitura, liberdade e autenticidade não há dúvidas. Ainda que os legados orcem pela décima parte da herança. Sempre que parecer exagerado, para a cédula codicilar, o de que se dispôs, e sendo possível, tem o juiz de cumprir, ouvidos os interessados, com o mesmo critério que acolheu o legislador quanto às disposições testamentárias exageradas – a redução proporcional das esmolas, ou, se isto mais se aproximar do que poderia ter querido, conhecendo o testador a redução proporcional de todas as disposições, esmolas, legados ou outras liberalidades. Com isto, observa o juiz o que resulta da lei".[9]

---

9 *Tratado de Direito Privado*, ob. cit., vol. 59, p. 256.

Não se admite que as esmolas superem de dez por cento o monte-mor, ou um percentual bem menor, se mais vultoso o patrimônio deixado. Nem que os legados atinjam considerável parcela das joias, ou dos móveis. Se o Código admitisse valores exacerbantes, ou significativos, não usaria as expressões "esmolas" ou "de pouca monta". Ora, esmolas é um termo que exprime pequena quantia, algo de pouca significação, que não abala as economias de alguém.

8. REVOGAÇÃO DO CODICILO

Como acontece com o testamento, autoriza-se ao codicilante revogar o que dispôs. Assegura este direito o art. 1.884: "Os atos previstos nos artigos antecedentes revogam-se por atos iguais, e consideram-se revogados, se, havendo testamento posterior, de qualquer natureza, este os não confirmar ou modificar".

Com clareza peculiar, resumia a questão Carvalho Santos: "Um codicilo revoga outro, da mesma forma que o testamento posterior revoga o anterior (...) A revogação do codicilo tanto se faz por outro ato da mesma natureza como por qualquer espécie de testamento".[10]

Mais desenvolvidamente, assenta-se que um codicilo pode ser revogado por outro, ao introduzir novas disposições que se opõem às anteriores. Mas nem é necessário que haja contradição. O mero redigir de outro codicilo apaga ou anula o anterior.

Ressalte-se que, sobrevindo um testamento com disposições diversas daquelas contidas no codicilo, este automaticamente perde sua validade. Não é preciso que haja menção expressa da revogação. É suficiente que se cogite diferentemente da matéria. Perdurará, no entanto, caso não tratado no testamento.

A simples averbação de que fica revogado o codicilo, ou a sua inutilização, é suficiente, sem outros embaraços.

Mesmo que não revogado, mas se desaparece ao longo do tempo, perderá o mesmo qualquer efeito.

Por outro lado, limitando-se o codicilo a dispor ou alterar algo que se encontra em um testamento, a revogação deste automaticamente faz desaparecer aquele. Diversa a situação se o codicilo tratar de matéria não contida no testamento. Aí perdura a cédula codicilar, pelo menos na parte não atingida pelo testamento.

De acordo com os arts. 1.973 e 1.974, rompe-se o testamento caso sobrevenha descendente sucessível ao testador, que o não tinha, ou não o conhecia ao testar, lhe sobrevivendo o mesmo; da mesma forma, no caso de ignorar a existência de outros herdeiros necessários.

Isto também se aplica ao codicilo?

Entende-se negativamente, se o mesmo é com sucessão intestada, isto é, se autônomo, e não para completar ou alterar o testamento. Ao contrário, se tem relação com o testamento, desaparecendo este, o codicilo igualmente perde qualquer razão de ser. Mas uma terceira hipótese remanesce: embora haja testamento, não somente a ele encerra disposições o codicilo. No caso, persiste aquilo que é autônomo, sem relação com o testamento.

---

10 Ob. cit., vol. XXIII, p. 185.

9. CLÁUSULA CODICILAR E OUTRAS FORMAS ANTIGAS DE TESTAR. TESTAMENTO AO VIVO OU PELO VÍDEO

Existiam, em épocas remotas, e mais no Direito romano, declarações de convalidação do testamento externadas em cartas, pelas quais o testador expressava que se não valia como testamento aquilo que deliberava, valeria como doação *inter vivos*, ou como codicilo.

Ensina Ney de Mello Almada que as cláusulas codicilares serviam "de instrumento à convalidação do testamento quando, deficientes as formalidades testamentárias, tivessem sido preenchidas as dos codicilos. Seu escopo não alcançava, porém, o testamento nulo, mas convalescia o que constasse com número deficitário de testemunhas ou testemunhas mulheres. Era cláusula de estilo nos testamentos. Mas não mais subsiste".[11]

A fim de prevenir nulidades, impunha-se a validade. De qualquer forma, buscava-se que prevalecesse aquilo que dispusera o testador. Dirigia-se uma carta ao testamenteiro, onde era lançada a manifestação da vontade. Ou no final do texto colocava-se o adendo. Todavia, impossível sanar nulidades absolutas, como a incapacidade para testar ou para receber em testamento. Inútil pretender que prevaleça o testamento se não suficientes as testemunhas.

Existiam também as cartas de consciência, nas quais velhos tratadistas alonga-vam-se em explicações, mas seu uso ficou esquecido no passado. Encaminhadas a um testamenteiro, visava-se o cumprimento de um desejo da pessoa, como a realização de um pagamento, a entrega de um bem a alguém, ou a distribuição de esmolas. Nelas, continha-se a informação de um testamento, ou mesmo do codicilo, recomendando-se o cumprimento. Mas não possuíam a força de alterar o testamento, pois, para tanto, vem previsto determinado procedimento na lei.

O testamento consular, lembrado doutrinariamente, não é conhecido no ordenamento jurídico brasileiro. Algumas legislações estrangeiras o admitem, destacando um determi-nado agente do corpo consular para lavrar o testamento dos cidadãos que se encontram no exterior.

Nas Ordenações Afonsinas e Manuelinas, conhecia-se o testamento rural, assim ex-plicado por Arnoldo Wald: "Tratava-se de um testamento de elaboração mais fácil e com menos formalidades, que se destinava ao pessoal do campo, o que se explica numa época de comunicações difíceis, mas não teria mais justificativa em nossos dias".[12]

Aliás, já nas Ordenações Filipinas não foi reeditado.

Lembram-se, por último, o testamento religioso, ou *ad pias causas*, admitido por antigos códigos canônicos, e feito perante a autoridade eclesiástica – no qual a pessoa destinava à Igreja Católica os bens disponíveis; e o testamento em tempo de peste, es-pecialmente vigente na Idade Média e também em grande parte da Idade Moderna, em vista do surgimento de certas epidemias que impediam o acesso dos doentes ao oficial público, e confeccionado na forma particular.

Nota-se, pois, que ao longo dos tempos foram abandonadas modalidades de exterio-rizar as disposições futuras dos bens, por força da evolução dos costumes, do surgimento de novas culturas ou criação de hábitos menos presos a fórmulas.

Quase nada de novo criou-se quanto aos testamentos, mesmo no Código de 2002, a não ser algumas simplificações, embora seja certo que o avanço da cultura e tecnologia

---

11 Ob. cit., vol. II, p. 32.
12 *Direito das Sucessões*, ob. cit., vol. VI, p. 116.

330 • Direito das Sucessões | *Arnaldo Rizzardo*

trouxe outros canais de expressão e comunicação das pessoas. Neste avanço do progresso, comum hoje a transmissão e conservação de ideias, das imagens e dos sons, mediante o armazenamento em instrumentos eletrônicos e a gravação em aparelhos de vídeo. Posteriormente tudo aquilo que foi gravado ou filmado é revelado.

Pode-se afirmar que estas técnicas devem ser postas à disposição do Direito, e tornam-se apropriadas, inclusive, para revelar e transmitir o testamento. Assim, como não dar credibilidade ou autenticidade a um testamento feito ao vivo, ou no vídeo, ou gravado, ou filmado? Conserva-se em vídeo aquilo que expressou a pessoa. Todos os lances ou o desenrolar do ato de dispor são gravados em disco e em filme. Posteriormente, através de um aparelho de vídeo, pode-se reproduzir a cena e ouvir o som das palavras.

Esta técnica de representar momentos, condutas, atos e coisas revela maior autenticidade que outros procedimentos, como a escrita. Daí concluir-se que a validade do testamento não depende tanto da forma de manifestação, mas da autenticidade do canal e do conteúdo do ato.

Não se pode, pois, em vista da evolução dos tempos, desprezar o testamento ao vivo, ou feito mediante a filmagem, e reproduzido em gravadoras de imagens (vídeos) e de sons.

Vendo-se a imagem de alguém expressar a sua vontade quanto aos bens, não há como negar a autenticidade e o valor, a menos que algum indício de falsidade haja, ou se não for identificado o testador.

Impor-se-ia, no entanto, que alguma legislação específica sobre o assunto, dando valor aos meios hoje existentes de exteriorizar os novos canais de manifestação do pensamento e da vontade.

XXIII
Testamento Marítimo e Testamento Aeronáutico

1. CONCEITO DE TESTAMENTO MARÍTIMO

Forma em total desuso, de raríssima aplicação e bastante desconhecida pelos cultores do Direito, mantida pelo atual Código Civil, considera-se o testamento feito a bordo ou no interior de navios de guerra, ou mercantes, ou de transporte, em viagens de alto-mar.

Em face de encontrar-se em determinada situação não comum, e diante da possibilidade de soçobrar no percurso marítimo, estabeleceu a lei um meio de alguém dispor quanto aos seus bens.

Estando a pessoa em viagem, em um navio mercante, ou de guerra, de simples transporte em um cruzeiro marítimo, e diante de um perigo, como uma tormenta, ou um incêndio, ou na iminência de um ataque naval por um submarino ou um bombardeio, nasce o pressuposto que autoriza esta espécie de testamento. Daí a definição por Itabaiana de Oliveira que, embora incompleta frente ao direito atual, mas que revela a ideia bem real desta forma de dispor: "Testamento marítimo é a declaração de última vontade, feita a bordo dos navios de guerra ou mercantes, em viagem de alto-mar".[1]

O art. 1.888, em texto mais simplificado que o correspondente art. 1.656 do Código anterior, ampliando a confecção do testamento também para viagens lacustres e em rios, assim define este testamento: "Quem estiver em viagem, a bordo de navio nacional, de guerra ou mercante, pode testar perante o comandante, em presença de duas testemunhas, por forma que corresponda ao testamento público ou cerrado".

Completa o parágrafo único, quanto ao registro do testamento: "O registro do testamento será feito no diário de bordo".

Veio a previsão mais de acordo com a realidade brasileira, em um país de extensos e largos rios, como a bacia amazônica, mas devendo-se reconhecer a dificuldade em se admitir um testamento fluvial, porquanto não se apresentam situações que comportam a sua realização em um naufrágio num rio.

---

1 *Tratado de Direito das Sucessões*, ob. cit., vol. II, p. 455.

332 • Direito das Sucessões | *Arnaldo Rizzardo*

2. REQUISITOS

Para se autorizar o testamento, cumpre se atente para os seguintes requisitos, desdobrados de acordo com a disciplina do Código de 2002 e os tempos atuais:

a) Deve ocorrer em navio nacional, porquanto considerado integrante do território nacional, malgrado se encontre em águas territoriais ou portos de outros países. Não poderia a lei nacional disciplinar o testamento, embora de brasileiros, em navios estrangeiros, eis que o território determina a competência em matéria de Direito Internacional.

b) Que se encontre o testador em navio de guerra ou mercante. Estas duas espécies de navios constam previstas na lei. E se for navio de transporte de pessoas? Não deixa de enquadrar-se como mercante. O transporte de pessoas é mercância, como os navios de excursões turísticas, ou mesmo aqueles que deslocam pessoas de um porto a outro. Assim, pensa-se que todos os navios podem ser palco da realização do testamento marítimo. Quanto aos que navegam em rios, ou lagos, ou canais, em princípio ficavam fora da previsão legal no Código de 1916, não fazendo, porém, o Código em vigor distinção, embora curtas as viagens e próximos os navios às margens.

Nada impede que ocorra um perigo em um rio de vastas dimensões, inclusive com naufrágio. Não se afigura essencial o motivo da longa duração da viagem, e sim o do perigo que surge.

A causa ou razão que autoriza esta espécie de testamento constitui o perigo em que se encontra o marinheiro, ou o navegador, ou mesmo o passageiro.

c) Que se encontre a pessoa em viagem a bordo do navio. Não é mais necessário, diferentemente do sistema do Código de 1916, que a embarcação esteja singrando em alto-mar quando do testamento, e nem que tenha estado ou se destinado a navegar para o mar alto.

Bem escrevia Ney de Mello Almada, quando do Código revogado, o que demonstra como evoluía o direito: "A expressão alto-mar não é inconciliável com o testamento feito em viagem fluvial ou lacustre. A rigor, ela significa que a testamentificação ordinária seja inacessível, porque para obtê-la o barco não pode retornar ao porto de origem. Se, no entanto, a viagem for de pequeno percurso, não tem sentido o testamento marítimo, preterido pelo de forma comum, sem obstáculo".[2]

d) A ocorrência em navio nacional de guerra ou mercante. Na verdade, há de se admitir o testamento em qualquer embarcação, de dimensões grandes, médias ou reduzidas, seja de guerra, mercante, de transporte, de recreação, de pesca e outras modalidades.

e) O registro do testamento em livro diário de bordo. Todos os navios possuem um livro diário, onde são lançadas as ocorrências que ocorrerem, desde que dignas de

---

2   Ob. cit., vol. II, pp. 65 e 66.

nota. Nesse livro, procede-se o registro, e não o testamento. Refere-se à realização do testamento, de seu autor, da data e de outros dados considerados importantes e que ocorrerem, como a razão do ato.

3. CONTEÚDO DO TESTAMENTO

O texto da declaração de vontade conterá os requisitos previstos para o testamento em geral. Ou seja, com a qualificação do testador, os nomes das testemunhas e as disposições acerca dos bens.

Mas é indispensável que se invoque a razão de se lavrar o testamento naquele momento. Por outras palavras, há de aparecer a justificativa do testamento marítimo, lacustre ou fluvial: refere-se o ponto onde se encontra o navio e coloca-se a razão que levou a pessoa a decidir naquele momento a respeito dos bens, como o perigo de vida que corre, ou a doença de que foi acometida, ou a iminência de um ataque etc.

Não é possível aceitar um testamento desta ordem, especialíssimo, se uma justificativa não for dada.

4. FORMAS DE TESTAMENTO MARÍTIMO

Duas as maneiras de externar a manifestação da vontade: através da forma pública ou por meio de escrito particular cerrado, feito pelo próprio testador ou por alguém a seu pedido.

a) *Forma pública*

Encontra-se prevista no próprio art. 1.888, vindo expressa a menção. Trata-se do testamento efetuado pelo comandante do navio ou embarcação, ao qual se atribui a função notarial. Justifica-se esta forma se o testador for analfabeto, lavrando o comandante a redação, que escreverá o texto após ouvir a expressão da vontade de quem dispõe.

Não mais se fala em escrivão de bordo, que aparecia no Código revogado. Entrementes, não se impede que seja convocado para proceder à escrita, mas sob as ordens ou a presidência do comandante. Ouvindo o testador, anotará as declarações, e depois as passará para um livro próprio existente no navio, ou em um documento apropriado.

Duas as testemunhas exigidas, recrutadas entre os passageiros, e que deverão apresentar certas qualidades, como honestidade, idoneidade e capacidade de compreensão. Os mesmos impedimentos que atingem as testemunhas nas modalidades ordinárias de testamentos aplicam-se aqui, não havendo nos dispositivos um tratamento diferenciado. É indispensável que saibam assinar, pois o ato conferirá autenticidade ao testamento.

Quanto ao testador, não se exige a assinatura se for ele analfabeto, ou em razão de uma deficiência física, mas impondo-se que conste esta circunstância. Uma das testemunhas o faz por ele, apondo-se esta particularidade no próprio testamento, com a observação de que assinou "a rogo de", ou "em nome de", ou "por conta de". Aponta-se a razão de assinar uma testemunha em nome do testador, isto é, em virtude de ser analfabeto o testador ou porque não está em condições de o fazer.

É o que se extrai do art. 1.865, que se aplica à espécie.

334 • Direito das Sucessões | *Arnaldo Rizzardo*

No texto, constará que o testador solicitou a realização de seu testamento, obedecendo-se as demais imposições estabelecidas para o testamento público, como a leitura e as assinaturas, inclusive das testemunhas.

b) *Escrito particular cerrado*

Vem permitida a forma cerrada do testamento no art. 1.888. O Código, no regramento específico, preferiu simplesmente indicar a possibilidade, sem manifestar como se fará, eis que já consta delineado o caminho da confecção nas disposições que disciplinam o testamento cerrado em geral.

Desta sorte, os requisitos são os que se encontram nos incisos do art. 1.868, como a presença de duas testemunhas quando da entrega ao comandante de bordo, a declaração de o escrito consistir o testamento que se quer aprovar, que o comandante lavre imediatamente o auto de aprovação na presença das duas testemunhas e leia esse ato, que ele e mais o testador e as testemunhas assinem o auto de aprovação.

Autoriza-se a escrita manual ou mecânica, desde que seu autor numere e autentique, com a sua assinatura, todas as páginas.

O testador fará a escrita, a menos que seja analfabeto, ou ignore como se escreve. Na última situação, encarregará alguém para redigir, não se impedindo que seja o comandante, observando-se, no final, o nome da pessoa, com a devida qualificação, a qual lançará sua assinatura.

Útil para o entendimento esta explicação de Antônio Macedo de Campos: "A outra forma de testamento é equivalente ao testamento cerrado, devendo ser a disposição escrita pelo testador ou por outrem. Se ele a escrever, deverá assinar e, na hipótese de outro tê-lo escrito, quem o escrever o subscreverá, declarando que o faz a rogo do testador. Este instrumento deverá ser datado e entregue ao comandante ou escrivão de bordo perante duas testemunhas que reconheçam e compreendam o testador, que apresentará o escrito afirmando ser aquele seu testamento".[3]

Se esta a maneira eleita, uma vez pronto o documento, far-se-á a apresentação ao comandante do navio, no que será acompanhado de duas testemunhas, que deverão presenciar a diligência. O procedimento está inserido no art. 1.890: "O testamento marítimo ou aeronáutico ficará sob a guarda do comandante, que o entregará às autoridades administrativas do primeiro porto ou aeroporto nacional, contra recibo averbado no diário de bordo".

Essencial é a declaração de que o escrito constitui o testamento do apresentante – tudo assistido e conferida a leitura do auto de aprovação pelas testemunhas, que devidamente a escutaram.

Realmente, tão logo ouvida a declaração, e recebido o documento, com outros esclarecimentos porventura feitos no próprio testamento, abaixo do escrito, ou em continuação, lançar-se-á o ocorrido, isto é, a apresentação, com o nome do testador, das testemunhas, e de quem redigiu e assinou; em seguida, após uma verificação da existência de irregularidades, como a presença de espaços em branco, de entrelinhas, ou rasuras, e, se for o caso, sanando-as, ou ordenando a redação de novo texto, prosseguirá o comandante, assinalando então que inexistem nulidades aparentes, para, em seguida, declarar a aprovação.

Pode-se afirmar que, embora mais simples, seguem-se as normas traçadas para o testamento cerrado.

---

3   *Direito das Sucessões*, 2ª ed., Bauru-SP, Jalovi, 1977, p. 128.

Cap. XXIII | Testamento Marítimo e Testamento Aeronáutico • 335

Posteriormente, se convalidado, far-se-á o cumprimento mediante a apresentação em juízo. Para isso, é importante a designação de um testamenteiro, a quem incumbem a apresentação e o cumprimento.

5. PESSOAS CAPACITADAS A TESTAR

A capacidade, como regra geral, rege-se pelos princípios que autorizam a testar.

Mas dentro da capacidade para testar na modalidade em exame, há outras limitações. Apenas aqueles que se encontram em um navio, ou em uma embarcação, ficam habilitados a testar. E não em um barco qualquer, sem comando ou organização hierárquica. Deverá existir uma estrutura organizacional, visto que somente ao comandante, e não a outras pessoas, autoriza-se lavrar o ato, ou efetuar o auto de aprovação. Exige-se, pois, que se encontrem na embarcação os registros do navio, com o lançamento de quem é o comandante, cuja prova será anexada ao testamento, para posterior averiguação, quando do cumprimento da disposição.

Aos oficiais, marinheiros, empregados, e mesmo passageiros é autorizado o testamento marítimo. Não se restringe aos que se dedicam à navegação, ou aos integrantes da embarcação. Mesmo aos pescadores abre-se a possibilidade, desde que o navio esteja navegando em mar, lago ou rio de proporções razoáveis, sem possibilidade de alcançar a margem em qualquer eventualidade, e se apresente uma situação de emergência.

6. CADUCIDADE DO TESTAMENTO

Este testamento, como é óbvio, pressupõe uma situação de perigo. Não é bastante se encontrar o testador em um navio.

O perigo pode surgir em função do próprio navio, ou da viagem, como ainda de um mal ou uma doença que acomete a pessoa, não sendo possível buscar socorro médico imediato.

Não teria sentido o testamento marítimo em casos normais, ou em vista da simples viagem que empreende a pessoa.

Daí o Código prever hipóteses de caducidade do testamento, se ausente aquele pressuposto, ou se não levar à morte a situação de perigo ou de doença.

Em suma, perderá seu efeito o testamento se a pessoa que o fez não morrer na viagem, ou durante os noventa dias subsequentes ao desembarque em terra.

É o que está no art. 1.891: "Caducará o testamento marítimo ou aeronáutico, se o testador não morrer na viagem, nem nos 90 (noventa) dias subsequentes ao seu desembarque em terra, onde possa fazer, na forma ordinária, outro testamento".

Vemos, pois, a perfeita finalidade desta espécie, que é assegurar a testamentificação em um momento especial de perigo da pessoa.

Assim, vindo a desembarcar, e subsistindo por mais de noventa dias, opera-se a perda de efeito do testamento. Outro terá que fazer o interessado, eis que surgiu oportunidade para tanto.

Mas, ultrapassando-se este lapso temporal e não providenciando em outro testamento dentro das formas ordinárias, admite-se que, em nova viagem, se refaça o testamento, ou novamente venha a testar a mesma pessoa?

336 • Direito das Sucessões | *Arnaldo Rizzardo*

A resposta é afirmativa, posto que não há limites sobre quantas vezes é permitido o testamento marítimo.

Por outro lado, também não valerá o testamento se em um porto estiver o navio quando da confecção, conforme art. 1.892: "Não valerá o testamento marítimo, ainda que feito no curso de uma viagem, se, ao tempo em que se fez, o navio estava em porto onde o testador pudesse desembarcar, e testar na forma ordinária".

A razão aparecia traduzida por Orlando de Souza, que, em alguns pontos, raciocina na literalidade do Código revogado: "O testamento marítimo só pode ser feito em viagem de alto-mar, isto é, de onde não se aviste terra. Ora, se o navio está em porto, onde o testador pode desembarcar, tem que se valer de uma das formas ordinárias do testamento, se tem o desejo de testar".[4]

Acontece que este tipo de testamento tem a finalidade de facilitar o ato de dispor daqueles que estão viajando, mas em situações que os impede de utilizar as formas comuns.

E se ancorou o navio em porto estrangeiro? Nesse local o passageiro ou navegador teria condições para realizar o ato de última vontade, ou seja, procurar algum cartório, ou o consulado nacional, e fazer o testamento por uma das formas ordinárias.

Apenas em circunstâncias especialíssimas é de admitir-se o testamento na embarcação, como na impossibilidade de sair da mesma, ou falta de passaporte, ou inexistência de tradutor do idioma do testador, ou ser a pessoa portadora de doença contagiosa, ficando proibida de desembarcar.

Em suma, é importante ressaltar que a finalidade é restrita a situações de grave perigo, não subsistindo se as mesmas inexistem ou desaparecem.

Mas se o testador reconheceu um filho, aí persistirá o ato. Não perderá o valor pela razão de não ter falecido nos noventa dias subsequentes. É que havendo, aí, um Direito de Família, outras regras sobressaem, como a de que o testamento servirá de escrito particular de reconhecimento da paternidade.

7. TESTAMENTO EM AERONAVE

Os autores já vinham admitindo o testamento em aeronaves antes do vigente Código Civil, que o disciplinou no art. 1.889: "Quem estiver em viagem, a bordo de uma aeronave militar ou comercial, pode testar perante pessoa designada pelo comandante, observado o disposto no artigo antecedente".

Em algumas legislações já estava introduzido o dito testamento, cognominado de "aeronáutico". No Direito argentino, leciona Héctor Roberto Goyena Copello: "El art. 80 del Cód. Aeronáutico declara: 'En las aeronaves destinadas al servicio de transporte aéreo el nombre de la persona investida de las funciones de comandante y los poderes especiales que le hayan sido conferidos, deben constar en la documentación de a bordo. La reglamentación establecerá los requisitos para desempeñarse en el cargo.'

Como se puede apreciar, se remite a las normas del testamento marítimo, por lo cual son aplicables las antes señaladas a su respecto".[5]

Embora difícil ocorrer o testamento em aeronave, pois quando sobrevêm perigos acontecem quase de imediato os desastres, há de ser admitido. Pontes de Miranda já

---

4 *Prática dos Testamentos*, 4ª ed., Rio de Janeiro, Editora Forense, 1981, p. 60.
5 Ob. cit., p. 375.

apresentava razões convincentes para a admissão, partindo de princípios do testamento marítimo: "A lei, a respeito de viagem marítima, diz alto mar (art. 1.656), mas em viagem de alto-mar, e não em alto-mar; o navio que, para aquela, zarpou, é navio em viagem de alto-mar (...) Quem vai para longe não volta para testar. Uma viagem começa com a partida para o navio. A morte não é certa, mas pode temer-se.

Ora, no domínio aéreo, dar-se-á o mesmo. Não se para em aeroplano para que o passageiro teste. Se a morte é de se esperar e não pode o testador recorrer, em terra, às formas ordinárias (como, por exemplo, se no porto de descida não há os meios, ou é demasiado curta a permanência, deve-se entender aplicável o disposto nos arts. 1.656-1.659)".[6] Os arts. 1.656 e 1.659 correspondem aos arts. 1.888 e 1892 do CC/2002.

É quase impossível a ocorrência de sua confecção, pois normalmente as viagens são rápidas. Seria de se cogitar da possibilidade nos voos transcontinentais, consumindo um período razoável de horas, e dando-se um mal súbito no passageiro, chamando, então, alguém de bordo, para comunicar a sua vontade, que a transmitirá ao comandante. Designa este uma pessoa, que lavrará o ato, se não o puder escrever o testador. Convocam-se testemunhas, que assistirão ao ato. Em seguida, o comandante o aprovará, lendo-se o ato para as testemunhas.

No entanto, está-se em um campo puramente teórico. Diante da repentina previsão de uma fatalidade, ou na ocorrência de um mal súbito em alguém que se encontra na aeronave, pode-se concluir que não existe ambiente e nem disposição para lavrar o ato.

Não pode o comandante fazer o testamento por estar envolvido na pilotagem. Assim, deve designar alguém para receber as informações do testador e lavrar o testamento, de acordo com o assinalado pelo art. 1.889.

A forma cerrada é quase inviável, por contingências várias. A única maneira possível está no lançamento da disposição de bens por escrito, com a assinatura do testador e de duas testemunhas. Não havendo testemunhas, é perfeitamente válido o ato, por aplicação do art. 1.879, dada a excepcionalidade da situação.

Sentindo-se mal o passageiro, não terá condições ou disposição para escrever, embora possível que alguém o faça por ele.

De qualquer modo, as regras são as do testamento marítimo, havendo alguns dispositivos que o referem, como o art. 1.890, estabelecendo que o comandante ficará com a guarda do documento; e o art. 1.891, prevendo a caducidade se o testador não morrer na viagem, nem no período de noventa dias subsequente ao desembarque em terra, viabilizando-se, então, que faça um testamento na forma ordinária.

---

6   *Tratado dos Testamentos*, ob. cit., vol. II, p. 366.

XXIV

Testamento Militar

1. CONCEITO

Temos aqui o testamento do militar enquanto se encontra em campanha de guerra. Mais amplamente, na definição do art. 1.893, em redação que apenas atualizou o art. 1.660 do Código pretérito em algumas palavras: "O testamento dos militares e demais pessoas ao serviço das Forças Armadas em campanha, dentro do País ou fora dele, assim como em praça sitiada, ou que esteja de comunicações interrompidas, poderá fazer-se, não havendo tabelião ou seu substituto legal, ante duas, ou três testemunhas, se o testador não puder, ou não souber assinar, caso em que assinará por ele uma delas".

O conteúdo aproxima do Direito estrangeiro, no caso o argentino, na lição de Héctor Roberto Goyena Copello: "... Sólo se puede testar en tiempo de guerra, y aun en éste, los que así testen deben hallarse en una expedición militar, en una plaza sitiada o en un cuartel o guarnición fuera del territorio de la República".[1]

Considera-se, pois, o testamento de quem se encontra a serviço militar, em campanha, dentro ou fora do País, funcionando o comandante da unidade, à qual está ligado o testador, como notário.

As Forças Armadas são compostas pela Marinha, pelo Exército e pela Aeronáutica, de acordo com o art. 142, *caput*, da Carta Federal. Não importa que se encontrem ou não mobilizadas para a guerra externa ou interna.

É difícil ocorrer este testamento, pelo menos no Brasil. No entanto, remotíssima sua origem, vindo do Direito romano, e inclusive sendo uma das primeiras manifestações de dispor por ato de última vontade. Adotou-o Júlio César, com o nome de testamento *in procintu*, feito perante o Exército. Copiado pelas Ordenações, que permitiam fosse inclusive escrito com o próprio sangue dos feridos.

Destaca-se a necessidade, para valer, que se encontre a pessoa em expedição de guerra, ou em quartel, ou em acampamento sitiado, de modo a não ter acesso ao tabelião oficial, ou a outras formas ordinárias de testar.

---

1   Ob. cit., p. 371.

340 • Direito das Sucessões | *Arnaldo Rizzardo*

2. REQUISITOS

Algumas condições ou exigências são reclamadas para admitir-se esta espécie:

a) Que a pessoa se encontre participando da guerra, ou em campanha, ou em praça sitiada. Deve estar em expedição, sem qualquer possibilidade de afastar-se das tropas, ou do campo de batalha.

Mas convém não restringir muito tal condição. Não significa que se encontre o testador participando obrigatoriamente de guerra ou campanha, bastando que esteja envolvido em missão pública a favor da defesa da pátria, às vezes sem qualquer ligação com fins bélicos. Ficando alguém numa missão de salvamento, impedido de se comunicar, deve-se permitir o testamento militar. Esta, ao que parece, já era a ideia de Pontes: "Se o militar foi, com o seu corpo, salvar população cujas comunicações estão cortadas por acidente (não bélico) e fica na mesma posição, pode usar a forma do art. 1.660? Se pode, também dela podem usar as outras pessoas: a lei diz 'militares' e 'outras pessoas' (...) A solução que os princípios superiores de direito nos aconselham é a seguinte: se o militar recebe ordem de trabalho de salvação pública é como se estivesse ao serviço do Exército em campanha. Onde pode o militar, pode qualquer pessoa, se mesmo o perigo".[2] Lembra-se que o citado art. 1.660 equivale ao art. 1.893 do vigente diploma civil.

b) Que não haja dentro da corporação ou local um tabelionato, para onde tenha condições de se locomover o interessado. Se uma cidade se encontra sitiada, e no seu interior exista liberdade de se locomoverem os que estão envolvidos na guerra, não se justifica o testamento militar.

c) Que haja uma situação de perigo, isto é, ante a possibilidade de não subsistir com vida após uma batalha ou até o término do conflito armado.

Parece que não é suficiente apenas integrar um acampamento, ou uma guarnição militar.

Exceto em situações raríssimas, como de doença, ou, mais frequentemente, no caso de ferimentos, sendo impossível a retirada do soldado ou pessoa ligada às Forças Armadas de um determinado local, por sua distância ou de acesso difícil, este testamento deve ocorrer durante uma guerra, ou em razão de um conflito.

Mais requisitos há, mas ligados à capacidade de testar em geral, os quais se aplicam a todas as formas de testamento, como a idade superior de dezesseis anos, a sanidade mental, e que não seja a pessoa surda-muda etc.

3. PESSOAS HABILITADAS A FAZER O TESTAMENTO

Todos quantos se encontrem envolvidos em uma missão bélica, ou de salvamento de pessoas por ataques, sem acesso a comunicação com as repartições judiciárias, encontram-se autorizados a fazer o testamento militar. Por exemplo, de modo geral, os militares, ou

---

2 *Tratado dos Testamentos*, ob. cit., vol. II, p. 373.

Cap. XXIV | Testamento Militar • **341**

os soldados, praças e oficiais, cujas vidas estão especialmente ligadas à defesa nacional e, nos conflitos, sujeitam-se a constantes perigos.

Neste âmbito, mais discriminadamente, incluem-se, além dos membros do Exército, da Marinha e da Aeronáutica, os convocados para serviços auxiliares, como enfermeiros, médicos, empregados para exercerem atividades civis, capelães, repórteres, engenheiros, telegrafistas, vivandeiros, capelões, prisioneiros, reféns, médicos, pastores etc., eis que enfrentam os mesmos riscos e perigos.

Arnoldo Wald estendia mais amplamente a capacidade de testar, numa interpretação correta, e que prevalece com o atual Código: "A interpretação que a jurisprudência e a doutrina deram às normas sobre testamento militar é no sentido de admitir, independentemente do estado de guerra, sempre que militares estejam trabalhando para a salvação pública, como pode ocorrer em caso de inundação, incêndio de grandes proporções etc. Amplia a própria lei a faculdade de fazer testamento militar aos civis a serviço do Exército. Alguns comentadores do Código Civil Brasileiro, atendendo ao espírito da lei, à *ratio legis*, e vendo, no caso, menos uma norma feita para favorecer determinada classe do que uma regra que atende à peculiaridade das circunstâncias perigosas em que a parte se encontra, têm entendido que podem recorrer ao testamento militar os civis que visitem parentes no campo de batalha, embora a letra da lei a eles não se refira. Haveria a aplicação analógica da lei por ser idêntica a situação".[3]

Desde, no entanto, que estejam impossibilitados de sair da guarnição, ou do campo de batalha, ou do local onde servem às Forças Armadas, embora não havendo conflitos. Isto tanto no território nacional como em outro país, mas servindo o Brasil, e sempre fazendo o testamento de acordo com as leis do país de onde são provenientes. Se se encontrarem no exterior, não se impede que procurem as autoridades locais, obedecendo, então, às leis que lá vigoram.

4. FORMAS DO TESTAMENTO

Três as modalidades deste testamento militar: a pública, a cerrada e a nuncupativa. Não que se identifiquem com as do testamento ordinário. Há, todavia, uma aproximação ou semelhança, divergindo pela maior simplicidade na sua instrumentalização.

Passa-se à análise de cada uma:

a) A forma pública. Constitui o testamento elaborado pelo comandante, ou pelo diretor do hospital; neste último caso, se se encontrar o testador internado em hospital ou enfermaria.

Vemos, portanto, que há três autoridades perante as quais faculta-se a confecção.

A primeira, perante o tabelião, constante no corpo do art. 1.893, que nem precisaria estar prevista, visto dificilmente haver um tabelião no acampamento ou no campo de guerra, conforme encerra parte do dispositivo: "(...) não havendo tabelião ou seu substituto legal, ante duas, ou três testemunhas".

Depreende-se que, se houver tabelião, perante ele se fará a disposição de última vontade. Mas, na hipótese, segue-se o formalismo do testamento ordinário público.

---

3 *Direito das Sucessões*, ob. cit., vol. V, p. 114.

342 • Direito das Sucessões | *Arnaldo Rizzardo*

Não seria propriamente um testamento militar. Unicamente é celebrado no campo de guerra, ou em praça sitiada.

Na segunda, atuará como tabelião o comandante da corporação ou da unidade a que pertence o testador. O § 1º do art. 1.893 prescreve: "Se o testador pertencer a corpo ou seção do corpo destacado, o testamento será escrito pelo respectivo comandante, ainda que de graduação ou posto inferior".

Nota-se que o tabelião ou comandante efetuará a escrita em um livro apropriado, ou papel destinado para tanto.

E se o oficial for o testador? Nesta situação, o oficial graduado logo abaixo ou substituto funcionará como escrivão ou tabelião. Esta solução está no § 3º: "Se o testador for o oficial mais graduado, o testamento será escrito por aquele que o substituir".

A terceira refere-se ao oficial de saúde (médico chefe), ou diretor do estabelecimento, caso encontrar-se ferido ou doente e em tratamento o testador. Assim consta no § 2º do art. 1.893: "Se o testador estiver em tratamento em hospital, o testamento será escrito pelo respectivo oficial de saúde, ou pelo diretor do estabelecimento".

O próprio médico desempenhará o papel de tabelião público, se este não se encontrar presente. Caso não houver médico, o chefe da enfermaria ou o encarregado dos doentes exercerá a função. Não se impede, porém, que mesmo nessas eventualidades o comandante da unidade militar elabore o testamento. Não é inviabilizado, também, que o faça algum oficial integrante do comando geral. Importa mais o desempenho de um cargo no destacamento militar, mesmo que em um grau apenas acima do testador, como capitão ou major, ou mesmo sargento – o que é suscetível de acontecer nas unidades pequenas, ou subunidades.

Duas testemunhas assistirão o testamento, ou três se o testador não puder, ou não souber assinar, conforme vem escrito no final do art. 1.893: "(...) ante duas, ou três testemunhas, se o testador não puder, ou não souber assinar, caso em que assinará por ele uma delas". Esta terceira assinatura virá acompanhada da observação "a rogo de", ou "em nome de", ou "por conta de".

Há, nesta modalidade, uma evidente dessolenização.

O oficial simplesmente escreverá, referindo a data, especificando o local e as circunstâncias verificadas em que é feito o testamento de determinada pessoa, qualificando-a, e especificando o estado mental e de saúde física do testador. Após, lançará as disposições sobre os bens e qualificará as testemunhas, com a observação de quem assina.

É necessário esclarecer a situação existente, de modo a ficar caracterizada a impossibilidade de não se efetuar o testamento por uma das formas ordinárias.

b) **A forma cerrada.** Trata-se do testamento feito pelo próprio testador, consoante autoriza o art. 1.894: "Se o testador souber escrever, poderá fazer o testamento de seu punho, contanto que o date e assine por extenso, e o apresente aberto ou cerrado, na presença de duas testemunhas ao auditor, ou ao oficial de patente, que lhe faça às vezes neste mister".

Claro está que deve ser escrito pelo próprio do disponente. Assim, indispensável que ele saiba escrever. Diz-se, daí, hológrafo o testamento.

Aberto ou cerrado, em seguida ou algum tempo depois, mas antes, evidente, do óbito, o próprio testador o apresentará ao auditor, encontrando-se presentes duas testemunhas, que deverão acompanhar o ato.

O auditor – aquele militar encarregado da Justiça no acampamento, ou juiz militar que julga os soldados –, recebendo o testamento, aberto ou já cerrado, anotará em qualquer parte, de preferência em seguimento ao escrito ou no verso, ou até no invólucro, o ato da apresentação, o local, a data, assinando ele, o testador, e as testemunhas logo em seguida. Assim está no parágrafo único do art. 1.893: "O auditor, ou o oficial a quem o testamento se apresente notará, em qualquer parte dele, lugar, dia, mês e ano em que lhe for apresentado, nota esta que será assinada por ele e pelas ditas testemunhas".

Como se percebe, cuida-se de um termo de aprovação, afigurando-se tanto mais seguro e válido o testamento quanto maiores os cuidados observados na confecção, de modo a evitarem-se dúvidas ou nulidades suscetíveis de ocorrer se verificados rascunhos, borrões, entrelinhas ou espaços em branco.

Decorre da própria natureza deste testamento que deverá, depois, ser fechado e lacrado da melhor maneira possível, embora na lei conste que o testador o apresentará aberto ou cerrado.

O oficial entregará o documento ao apresentante. Se nomeado um testamenteiro, nada impede que a ele seja confiado. A própria autoridade poderá ficar encarregada de dar-lhe posterior cumprimento, o que parece mais comum, diante da probabilidade de falecer o testador. Aliás, quem encontrar o documento deverá apresentá-lo às pessoas interessadas, como familiares ou parentes.

c) A forma nuncupativa. Como o próprio termo "nuncupativo", vindo do *nuncupatum testamentum*, indica, trata-se daquele testamento feito em momento de perigo, ou antes da morte, e através da palavra, de viva voz, *in articulo mortis*, perante testemunhas.

Admitido no Direito antigo (Ordenações Filipinas), subsiste como reminiscência atualmente apenas no testamento militar, sendo feito de viva voz por aquele que se encontra em combate, perante duas testemunhas, para as quais é transmitida a declaração de última vontade.

A previsão se encontra no art. 1.896: "As pessoas designadas no art. 1.893, estando empenhadas em combate, ou feridas, podem testar oralmente, confiando a sua última vontade a duas testemunhas".

Nota-se, pois, que todos quantos se encontram envolvidos na guerra – militares, enfermeiros, médicos, ajudantes, transportadores etc. – podem usar esta maneira de dispor de seu patrimônio.

Não é necessário que estejam combatendo, ou feridos, ou doentes, mas que participem da operação, como os médicos e enfermeiros que atendem aqueles que sucumbem ou são feridos, ou os que transportam alimentos e material bélico. Neste entendimento já se inclinara Carvalho Santos: "A expressão 'combate' não deve ser entendida restritivamente como a luta acesa, o entrechoque das armas. Mas deve ser razoavelmente interpretada como o serviço efetivo e atual da guerra: em fogo, o oficial que vai proceder a qualquer reconhecimento, expondo a vida, está em combate".[4]

___
4   Ob. cit., vol. XXIII, p. 208.

Caso o testador sobreviva à guerra, ou ao ferimento, não prevalecerá o testamento. Assim está no parágrafo único do dispositivo por último citado: "Não terá efeito esse testamento se o testador não morrer na guerra ou convalescer do ferimento".

Ou seja, tão logo sair a pessoa do campo de batalha, ou melhorar dos ferimentos, ou da doença contraída, perde a validade a declaração de última vontade. Isto porque cessados os motivos que ensejaram o testamento particular. Surgem as condições de renovar o ato mediante uma forma escrita.

Mas, impõe-se observar, não se admite a forma nuncupativa se não manifestada ao tempo das operações bélicas, enquanto se travavam os combates, ou durante o período em que se encontravam os testadores feridos ou doentes em razão das batalhas.

Está omisso o direito positivo acerca do procedimento para o registro e o cumprimento deste testamento. Todavia, deduz-se que, falecido o testador, devem as declarações das testemunhas ser reduzidas a termo ou converter-se em escrito. Para tanto, providencia-se no registro e confirmação, com a citação dos herdeiros, para assistirem o depoimento das testemunhas, que serão convocadas. Naturalmente, aquele que foi contemplado providenciará em ajuizar o pedido de cumprimento e confirmação, nomeando e fornecendo o endereço dos herdeiros, e seguindo-se os ditames dos arts. 735 a 737 da lei processual civil. O procedimento segue o de jurisdição voluntária, explicitado nos arts. 719 e seguintes do mesmo diploma.

5. CADUCIDADE DO TESTAMENTO

Em face do momento crucial da confecção do testamento, de extremo perigo de vida e das vicissitudes que suporta a pessoa, o testamento militar perde seu efeito ou deixa de existir se, após noventa dias seguidos, encontrar-se o testador em lugar onde possa fazer o testamento pela via ordinária. Conforme o art. 1.895: "Caduca o testamento militar, desde que, depois dele, o testador esteja noventa dias seguidos, em lugar onde possa testar na forma ordinária, salvo se esse testamento apresentar as solenidades prescritas no parágrafo único do artigo antecedente".

Encerrada a hostilidade, ou dela afastando-se o testador e permanecendo durante noventa dias onde haja tabelião ou em local seguro, sem perigo de perder a vida, não terá mais efeito a disposição. É como se não tivesse sido formulado.

Com uma exceção, porém, constante no final do dispositivo acima: "(...) salvo se este testamento apresentar as solenidades prescritas no parágrafo único do artigo antecedente". Isto é, caso a forma exteriorizar-se em testamento cerrado. Aí se mantém a validade, o que já era muito criticado na doutrina antiga. Carvalho Santos asseverava, no entanto, que se justificava a exceção com o fato de ser essa forma um modo suficientemente garantido de manifestação de vontade.[5] Não há por que dar essa justificativa. Mais seguro é aquele lavrado junto ao próprio comandante.

Mesmo por outros fatores não convém manter a exceção, visto ficar quebrado o princípio da necessidade da renovação dos testamentos especiais. Não encontra, de outro lado, respaldo o privilégio unicamente ao testamento cerrado, e não conceder idêntico favor ao público.

---

5   Ob. cit., vol. XXIII, p. 207.

6. EXECUÇÃO E CUMPRIMENTO DO TESTAMENTO

Cumpra-se ou executa-se o testamento militar de acordo com os regramentos instituídos para o testamento cerrado. As disposições de última vontade serão confirmadas em juízo, com a citação dos interessados e inquirição das testemunhas, tudo acompanhado pelo Ministério Público.

Na parte que aborda o procedimento judicial do inventário e o cumprimento das disposições testamentárias, a matéria será analisada mais amplamente.

No tocante ao nuncupativo, de rigor que o juiz designe audiência ouvindo as testemunhas e lavre, depois, o auto de testamento. Todos os herdeiros serão citados e avisados, podendo discordar do testamento e procurar a sua invalidade, já tendo a matéria merecido o devido exame.

7. RECONSTITUIÇÃO DO TESTAMENTO

Perdendo-se ou inutilizando-se o testamento, é possível a sua recuperação? Não é fácil a solução, posto que unicamente por instrumento escrito, público ou particular – exceto o testamento nuncupativo militar, que é oral – materializa-se a sua manifestação.

Quanto ao público, por ser lavrado em livro de notas, fácil conseguir uma certidão, desde que não destruído ou extraviado o livro.

Mas nesta última eventualidade, e quanto aos testamentos cerrado, particular, marítimo, aeronáutico e militar, em face de ser da substância do ato a forma escrita, há dificuldades para a reconstituição mediante prova oral ou testemunhal. Colocava bem a controvérsia Orlando Gomes: "Não é fácil justificar, em face dos princípios gerais, a reconstituição de um testamento. Sua forma escrita é da substância do ato. Não se exige apenas para a prova. Consequentemente, admitir que possa ser reconstituído mediante prova testemunhal implica em negar a essencialidade da forma escrita".[6]

No entanto, como nos contratos em geral, se nos próprios registros públicos e até em processos judiciais é admitida a reconstituição através de uma ação ordinária, não há como negar igual direito nos testamentos.

Mas não basta unicamente provar a existência do testamento. Todo o desencadeamento da perda ou extravio deve ficar esclarecido. Nesta ordem, impõe-se a demonstração da destruição ou perda do livro onde se lavrara o testamento; ou a subtração do testamento particular ou cerrado; ou a sua inutilização por incêndio e outras causas; ou a ocultação e mesmo destruição por um herdeiro prejudicado.

Os elementos de prova devem ser fortes e convincentes. Obviamente, não será com o depoimento de algumas testemunhas que se supre o testamento.

O teor ou conteúdo igualmente cumpre que venha a ser conhecido, em todas as dimensões. Inútil evidenciar a perda ou a existência se não vierem à tona os termos do testamento, com as disposições, os herdeiros contemplados e outras circunstâncias, inclusive as testemunhas – exigências estas que não são fáceis de serem conseguidas.

De outro lado, unicamente se já falecido o testador autoriza-se a reconstituição. Caso ainda viva, poderá ele refazer o ato, ou escrever outro, repetindo as disposições.

---

6 *Sucessões*, ob. cit., p. 126.

Embora viva, no entanto, e sobrevindo a incapacidade por loucura, aí não se afigura possível a constituição de um novo testamento pelo testador. Abre-se a faculdade da ação competente para ser provada a sua existência.

Quanto ao testamento cerrado, há as limitações do art. 1.972, que encerra: "O testamento cerrado que o testador abrir ou dilacerar, ou for aberto ou dilacerado com seu consentimento, haver-se-á como revogado".

Nota-se que a violação deve partir do testador para inviabilizar a ação de reconstituição. Ou seja, além da prova da perda, ou da abertura ou dilaceração, e do seu conteúdo, reclama-se a demonstração de que tal não partiu do testador.

Na ação, todos os herdeiros serão citados, com a participação do Ministério Público em todos os atos.

XXV
Disposições Testamentárias

1. FINALIDADES E CONTEÚDO DAS DISPOSIÇÕES TESTAMENTÁRIAS

Uma série de regramentos traz o Código Civil, que se aplica aos testamentos de forma geral, e envolvendo mais cláusulas ou disposições especiais inseridas ao longo do texto.

Quaisquer bens podem ser objeto do testamento, ou parte deles, ou mesmo situações jurídicas. Walter D'Avanzo sintetiza com clareza: "Il testamento, considerato come disposizione di volontà, può riflettere o l'intero patrimonio del testatore o una quota di esso o una cosa singola, sia del testatore medesimo sia di un terzo, o, in fine, situazioni giuridiche d'indole non patrimoniale".[1]

As disposições de última vontade referem-se, pois, à devolução dos bens aos herdeiros legítimos ou instituídos, abrangendo, também, outras finalidades, como o reconhecimento de um filho, a nomeação de tutores ou de testamenteiro, e mesmo a revogação de um testamento anteriormente feito.

Classifica Caio Mário da Silva Pereira em patrimoniais e pessoais as disposições: "As primeiras tão sobejamente superam as demais, que não faltam os que enxergam no testamento exclusivamente a disposição dos bens (Jair Lins). No campo extrapatrimonial, comporta o testamento a nomeação de tutor, o reconhecimento de filho (...), as recomendações a respeito de funerais, de enterro do corpo, e, ainda, referentes à educação do filho, ou disposição repercutindo no direito familiar".[2]

Nesta segunda categoria, podem-se incluir as manifestações sobre a doação de órgãos do corpo e sobre o destino do cadáver.

Orlando de Souza dava a seguinte classificação dos atos testamentários, que se mostra apropriada ao vigente Código Civil, útil para distingui-los e termos uma ideia de sua quantidade: atos propriamente testamentários e atos de mera administração.

Eis a discriminação dos atos propriamente testamentários:

"a) A expressa instituição de herdeiros ou legatários.

b) A atribuição da quota disponível (art. 1.576 do Código Civil)". O dispositivo mencionado equivale ao art. 1.789 do Código de 2002.

---

1 *Delle Successioni*, Firenze, 1941, tomo II, p. 850.
2 *Direito das Sucessões*, ob. cit., vol. VI, p. 178.

348 • Direito das Sucessões | *Arnaldo Rizzardo*

"c) A designação, dentre os herdeiros não necessários, dos que devam recolher a herança ou legado.

d) A entrega da coisa de propriedade do legatário a outrem (arts. 1.679 e 1.680)". Os artigos citados equivalem aos arts. 1.913 e 1.914 do atual Código.

"e) Legado de crédito ou de quitação de dívida, de que trata o art. 1.685 e seus parágrafos". Esse artigo e parágrafos equivalem ao art. 1.918 e parágrafos do Código vigente.

"f) Legado de alimentos (art. 1.687)". O art. 1.687 citado equivale ao art. 1.920 do Código em vigor.

"g) A instituição de fideicomisso (art. 1.733)". O art. 1.733 corresponde ao art. 1.951 do Código vigente.

"h) Reabilitação do excluído (art. 1.597)". O art. 1.597 equivale ao art. 1.818 do Código de 2002.

"i) Legado de usufruto (art. 1.688)." O art. 1.688 equivale ao art. 1.921 do Código da Lei nº 10.406.

Eis os atos de mera administração:

"a) O reconhecimento voluntário de filho ilegítimo (art. 357 do mesmo Código Civil)". O citado artigo corresponde ao art. 1.608 do atual Código.

"b) A nomeação de tutor para os filhos ou netos (arts. 384 e 407, parágrafo único)". Os arts. 384 e 407 correspondem aos arts. 1.634 e 1.729 do Código em vigor.

"c) A deserdação com expressa declaração da causa (art. 1.742)". O art. 1.742 equivale ao art. 1.964 do Código vigente.

"d) Confessar ou remir dívidas.

e) A instituição de fundações.

f) A conversão da legítima em outras espécies.

g) A cláusula de incomunicabilidade, confiando a livre disposição de bens à mulher herdeira.

h) O estabelecimento de cláusula de inalienabilidade temporária ou vitalícia (arts. 1.676 e 1.677)". Os arts. 1.676 e 1.677 equivalem ao art. 1.911 e seu parágrafo único do Código de 2002.

"i) A nomeação de testamenteiros.

j) Os preceitos quanto à nomeação de bens e sua partilha.

k) Excluir da partilha os parentes indignos.

l) Revogar, no todo ou em parte, testamentos anteriores".[3]

As disposições testamentárias contemplarão unicamente as pessoas naturais e jurídicas. Inviável que se destinem a animais, seres inanimados e entes espirituais, embora, em última instância, passem para os respectivos titulares, exceto os últimos. Não cabe deixar os bens a um cão, por mais que o testador o estimasse, pois não grafado pela legislação o direito de propriedade aos animais. Mas é admissível que a finalidade da deixa objetive o atendimento do animal. Por exemplo, o testamento que atribui os bens, ou certa quantia em dinheiro, a uma pessoa para o cuidado de um cão.

---

3 *Prática dos Testamentos*, ob. cit., pp. 64 e 65.

Nesta visão, não se concebe que o patrimônio vá para santos ou almas, ou para Deus, ou para determinado credo religioso – o que é diferente se destinado um patrimônio a fim de ser utilizado no pagamento de missas ou cultos em sufrágio da alma, ou para construção de uma capela a um santo nomeado, ou para ser investido na sustentação de um templo, desde que especificado e localizado.

Relativamente às pessoas, é indispensável que venham referidas, mesmo que ainda por surgirem. Aí necessária a discriminação da prole de alguém, o que não acontecerá na hipótese de se mencionarem os descendentes que comporão uma geração ainda não iniciada ou inexistente.

Quanto às estipulações negativas ou contumeliosas aos herdeiros, não possuem qualquer influência na disposição. De nada adianta expressar que é legado um bem de menor valor ou expressão econômica porque tal herdeiro foi injusto, ou mau, ou possui um péssimo caráter. Nem simplesmente relacionar que um herdeiro o explorou em vida, ou que praticou injustiças, narrando-as.

O testamento não ostentará validade na parte que proíbe que venha um herdeiro a receber herança, a menos que obedecida a forma de deserdação.

Seguindo sobre disposições inválidas, já em épocas passadas ressaltava Joaquim Gouvêa Pinto: "Também não pode ordenar que os herdeiros nunca partilhem a herança; ou que os filhos dotados, ou as filhas dotadas, se abstenham da herança, e se contentem com os dotes; que não se faça inventário, ou que o testamenteiro não seja obrigado a dar contas. E parece mesmo que o testador não pode conceder ao testamenteiro comprar bens da herança".[4]

Ainda em vista do patrimônio, pode abranger parte dele ou o seu todo. E a título universal classifica-se o testamento quando abrange a totalidade dos bens de uma quota-parte. Mas isto se restringindo a um ou mais bens, sem envolver toda a quota-parte, denominando-se, então, a título singular ou particular. Na primeira hipótese, os contemplados chamam-se herdeiros; na segunda, legatários.

Nada impede, porém, que se institua alguém como herdeiro e legatário, desde que se lhe atribua parte de uma quota e um bem particularizado. Mas somente se não ultrapassada a quota a que tem direito.

2. DISPOSIÇÕES PURAS E SIMPLES

Normalmente, no testamento há a atribuição de bens ou quotas pura e simplesmente, sem nada se exigir em troca. O testador destaca um bem de seu patrimônio, ou fixa uma quota-parte, atribuindo tudo ao testamentário. Não existe contraprestação. Apenas institui-se o herdeiro, contemplando-o com uma quota-parte ou um bem especificado.

Estas disposições denominam-se puras e simples, estando regradas no art. 1.897, juntamente com outras: "A nomeação de herdeiro, ou legatário, pode fazer-se pura e simplesmente, sob condição, para certo fim ou modo, ou por certo motivo".

Resta claro que é nomeado um herdeiro sem qualquer condição, ou sem nada se exigir em troca. Não se impõe alguma obrigação ao herdeiro ou legatário. Tanto quanto se abre a sucessão, de imediato opera-se a transmissão dos direitos testamentários concedidos. Não havendo encargos, ao herdeiro é permitida inclusive prontamente a administração

---

4   Ob. cit., p. 35.

do patrimônio. Orlando Gomes dava a explicação: "A disposição pura e simples torna-se eficaz no momento da abertura da sucessão e não impõe obrigação ao herdeiro, ou legatário. Em consequência, a posse e a propriedade da herança transmitem-se com a morte do testador. O herdeiro instituído investe-se, *ipso facto*, nesses direitos. Se falece, um minuto que seja depois do autor da herança, sucede".[5]

Mas o herdeiro legatário não sucede de imediato, pois terá que pedir os bens aos herdeiros nomeados, segundo Caio Mário da Silva Pereira, que aduz: "Em se dando a nomeação pura e simples, os efeitos não são iguais para o herdeiro instituído e para o legatário, porque aquele se investe de imediato na posse e propriedade da herança pela abertura da sucessão que se opera, instantaneamente, no ato da morte; e este terá que aguardar para pedi-la aos herdeiros nomeados.

Enquanto o herdeiro instituído, por força de lei, recebe no preciso momento da abertura da sucessão a transmissão do domínio e a posse da herança (art. 1.572), o legatário terá que pedi-la aos herdeiros nomeados".[6] O art. 1.572 corresponde ao art. 1.784 do Código de 2002.

3. DISPOSIÇÕES CONDICIONAIS

Estas tornam já um tanto complexo o testamento. O testador institui alguém como testamenteiro, mas sob certo compromisso, ou condição. Ele subordina o testamento a um evento futuro e incerto. Em princípio, nada impede submeter a atribuição do patrimônio a uma condição. Então, unicamente se realizada, efetivar-se-á a transmissão.

O regramento da condição está nos arts. 121 e seguintes do Código Civil, constituindo matéria bastante complexa, mas que, no testamento, interessam mais o conceito e a tipificação.

No art. 121 vem o conceito de condição: "Considera-se condição a cláusula que, derivando exclusivamente da vontade das partes, subordina o efeito do negócio jurídico a evento futuro e incerto".

Há uma disposição, ou, no caso de testamento, uma previsão, de se transmitir bens se ocorrer determinado evento, ou se acontecer um fato assinalado, ou se o herdeiro realizar um ato que exige o testador.

Necessário distinguir as condições, conforme a sua classificação tradicional, em "suspensivas" ou "resolutivas", "positivas" ou "negativas", "possíveis" ou "impossíveis", "potestativas", "causais" ou "mistas", "lícitas" e "ilícitas".

As "suspensivas" são aquelas em que fica protelada a realização de um certo ato até a efetivação de um acontecimento futuro e incerto. Suspende-se a transmissão, *v. g.*, enquanto não casar o beneficiado, ou enquanto não se formar em determinado curso superior. Uma vez realizada a condição, o efeito é retroativo, passando a ser havida como se herdeira fosse a pessoa desde a abertura da sucessão.[7]

As "resolutivas" têm por fim extinguir, depois de um acontecimento futuro e incerto, o direito criado pelo ato.[8]

---

5 *Sucessões*, ob. cit., p. 176.
6 *Direito das Sucessões*, ob. cit., vol. VI, p. 175.
7 Carvalho Santos, ob. cit., vol. XXIII, p. 218.
8 Washington de Barros Monteiro, *Curso de Direito Civil*, Parte Geral, 3ª ed., São Paulo, Editora Saraiva, 1962, p. 240.

Cap. XXV | Disposições Testamentárias • **351**

Institui-se, exemplificativamente, uma renda para um indivíduo, enquanto estudar; ou até que a pessoa cumpra uma obrigação, como sustentar um parente. Vindo o inadimplemento, a herança é devolvida a outra pessoa, tudo devendo vir prescrito na deixa.

Oportuna a conceituação apresentada por Orosimbo Nonato: "A condição suspensiva torna a liberalidade dependente, em sua execução, do acontecimento futuro e incerto previsto pelo testador. A condição resolutiva extingue e aniquila a liberalidade pela ocorrência do evento previsto.

A primeira faz depender de acontecimento futuro e incerto a eficácia total ou parcial do ato; a segunda faz depender de acontecimento futuro e incerto a continuação da eficácia total ou parcial do ato".[9]

As condições "positivas" subordinam a transmissão à realização de um fato, ou de um fato afirmativo. O recebimento da herança fica na dependência de atender o indivíduo favorecido um doente, ou se ele casar. "Negativas" serão caso houver abstenção de um fato ou ato – enquanto, *v. g.*, não sair do país o contemplado, ou não casar.

O entendimento de condições "possíveis" e "impossíveis" não enseja dificuldades. As primeiras são as realizáveis, ou que podem acontecer, segundo a capacidade humana e as leis da natureza – transmite-se uma área de terras se não for abandonada a mesma a intrusos, ou se o testamentário emancipar o filho. As segundas constituem-se se há impossibilidade de se realizarem, pois incapaz o ser humano, ou especificamente o testamentário. Assim, na hipótese de depender a transmissão da parte disponível à aquisição de uma frota de veículos de transporte por alguém paupérrimo; ou se vier a formar-se em medicina quem, já adulto, nem é alfabetizado.

As "potestativas" conceituam-se como aquelas que ficam subordinadas à vontade de uma pessoa apenas. O testador faz depender a transmissão da condição se casar o herdeiro com certa mulher já por aquele escolhida; ou submete a validade do testamento se houver concordância dos demais herdeiros legítimos não contemplados. Há um evidente arbítrio, vedado pelo art. 122.

As condições "causais" dependem de um acontecimento fortuito ou de força maior, desvinculado da vontade das partes. Sujeita-se a eficácia do testamento à não deflagração de uma guerra civil no país, ou à não emancipação política da localidade onde se encontra o bem.

Já as "mistas" envolvem um evento que depende da própria vontade do favorecido e de um terceiro indivíduo, o que dificilmente ocorrerá: dar-se-á a transmissão hereditária se assistir economicamente uma pessoa sucessível, e se a mesma concordar.

Finalmente devem apresentar-se como "lícitas", ou admitidas pelo Direito, as condições, que são justas, normais, e que não ofendem a moral social. Inadmissível exigir-se que a pessoa mude de religião, e mesmo de partido político, para receber a herança, eis que patente a ofensa da liberdade de credo e da consciência política.

As "ilícitas" constituem justamente aquelas que não compactuam com a ordem legal e jurídica que deve seguir qualquer indivíduo.

Isto era todos os sistemas, observando Julius Binder, quanto ao Direito alemão: "(...) por otra parte, el derecho no concede eficacia a ciertas condiciones, a fin de que la disposición sea, en lo posible, válida. Desde este punto de vista ha considerado el Derecho

---

9   *Estudos Sobre Sucessão Testamentária*, Rio de Janeiro, Editora Revista Forense, 1957, vol. II, p. 278.

romano como no escritas las condiciones imposibles e ilícitas impuestas al favorecido por acto de última voluntad".[10]

Existem outros tipos de condições, completamente desarrazoadas ou que impõem uma conduta inconcebível dentro da normalidade. Por exemplo, a persistência do testamento se permanecer residindo o filho contemplado com o progenitor sobrevivente, ou se o beneficiado permanecer celibatário, ou se não transferir o domicílio para outra cidade, ou se não tornar a casar o cônjuge supérstite, ou se o herdeiro não renegar o seu crédito religioso.

As estipulações deste teor não merecem acatamento. Vale o testamento, mesmo que não cumpridas. A respeito, eis o pensamento de Caio Mário da Silva Pereira, continuando a se aplicar, que discorda de ponderável corrente doutrinária: "Pela sua maior ocorrência, aludem os escritores (Orosimbo Nonato, Carlos Maximiliano, Itabaiana de Oliveira, Clóvis Beviláqua, Barassi) a certas cláusulas referentes ao *status* do herdeiro ou do legatário. E dizem da validade inequívoca da que assegura o benefício enquanto o favorecido permanecer em estado de viuvez (...), ou a que condiciona o legado à honestidade do legatário. Mas não podem prevalecer aquelas que atentam contra a moral, os bons costumes, a liberdade individual. Não vale a que impõe ou proíbe o casamento com determinada pessoa ou a que proíbe completar os estudos; não pode prevalecer a que impõe o celibato perpétuo ou determinada crença religiosa".[11]

No entanto, situações peculiares acontecem, como aquela em que a condição de receber por testamento está na dependência de não casar com alguém que foi inimigo do testador; ou de não se associar a uma pessoa que prejudicou, em vida, o mesmo testador, ou que atentou contra a sua vida. Há uma motivação justa. Não é absoluta a proibição, isto é, não proíbe o casamento com outra pessoa. Washington de Barros Monteiro bem explica a diferença: "Referida condição só é antijurídica quando imposta de forma absoluta, a coagir a liberdade; não assim se dela transparece sua relatividade. Exemplificativamente: instituo Maria minha herdeira, se ela não se casar com Paulo, meu inimigo, ou com Pedro, de condição social inferior. Nesses exemplos, não se violenta ou suprime a vontade livre da herdeira instituída, porque lhe resta a possibilidade de contrair núpcias com muitas outras pessoas; em consequência, válida será a estipulação".[12]

O testamento condicional assemelha-se àquele com encargos. Neste, ao herdeiro ou legatário incumbe uma obrigação de fazer. Desde logo transmite-se a herança, por força do próprio art. 1.784, pelo qual a herança transmite-se de imediato com a morte da pessoa, e do art. 136, que encerra: "O encargo não suspende a aquisição nem o exercício do Direito, salvo quando expressamente imposto no negócio jurídico, pelo disponente, como condição suspensiva". Assim, opera-se a transferência do patrimônio, não impedindo que o cumprimento do encargo venha a ocorrer no futuro. Nesta ordem, a exigência imposta de sustentar uma pessoa, que perdura indefinidamente, não impede o cumprimento imediato do testamento, com o inventário, atribuindo a propriedade do bem ao beneficiado.

E não cumprindo o herdeiro o encargo? Perderá a eficácia de imediato a transferência? Absolutamente. O instituído ou legatário sujeita-se a ser constrangido a satisfazer a obrigação. O desatendimento importa em sofrer o herdeiro uma ação de cumprimento, promovida não apenas pelo beneficiário do encargo, mas também pelos demais herdeiros do testador. Realmente, aqueles prejudicados pelo testamento, e que terão acrescida a

---

10 Ob. cit., p. 75.
11 *Direito das Sucessões*, ob. cit., vol. VI, pp. 181 e 182.
12 *Direito das Sucessões*, ob. cit., p. 129.

Cap. XXV | Disposições Testamentárias • **353**

legítima, habilitam-se a ingressar em juízo, e buscar tanto o cumprimento do testamento como as perdas e danos.

Não autorizada, porém, a rescisão do testamento. A propriedade já se transmitira ao herdeiro com a morte do testador. E não era condicional esta transferência, mas definitiva.

A matéria, porém, será examinada com mais atenção adiante, no item que trata das disposições modais.

4. DISPOSIÇÕES MOTIVADAS, MODAIS OU COM ENCARGOS

Consta no art. 1.897 a nomeação de herdeiro "para certo fim ou modo, ou por certo motivo" – querendo significar as disposições testamentárias com alguma finalidade, ou com encargos, ou para certo modo, ou por algum motivo.

Há, pois, uma razão determinante da disposição, ou uma justificação. Esta a característica geral, que dirige a vontade. Mas no dispositivo citado encontram-se três termos: "para certo fim ou modo, ou por certo motivo". Cada termo possui um sentido próprio. No fundo, porém, é comum, ou há um aspecto comum, que é a disposição propositada, ou visando um escopo.

"Para certo fim" considera-se o ato de vontade quando comina conseguir um objetivo, ou seja, ordenando o testamento que o favorecido atenda o sustento de uma pessoa, ou desde que assuma o pagamento dos estudos de alguém.

"Ou modo", segue o dispositivo. É a disposição modal, com o significado de encargos. Conceituava Orosimbo Nonato, permanecendo atual o sentido: "Modo é obrigação imposta àquele em cujo proveito se constitui um direito nos atos de liberalidade – testamento ou doação".[13] Há obrigações a serem cumpridas pelo testamentário. A ele incumbe-se atender um desejo, ou a vontade do testador. Por exemplo, para que construa uma casa aos descendentes menores; ou que invista uma importância em dinheiro, a fim de que advenham rendimentos, efetua-se a nomeação do herdeiro. No fundo, como se compreende ao ler o conteúdo da disposição para certa finalidade, há a mesma natureza entre uma e outra obrigação.

"Por certo motivo", finalmente pode pretender o testador. Aqui, diferentemente das anteriores causações, procura-se compensar com o testamento um favor feito pelo testamentário. Refere-se, pois, o motivo ao passado, e busca retribuir com gratidão a dívida moral ou o benefício recebido em vida pelo testador. Neste caso, verificada a falsidade do motivo, pensa-se que os demais herdeiros poderão invalidar o testamento, através da ação competente – o que não acontece nas disposições para certo fim ou com encargos.

Embora a dependência do cumprimento do encargo, ou da finalidade, ou do motivo, transmite-se desde logo o patrimônio. Não há suspensão da transmissão. Ou seja, o encargo não suspende a aquisição. Não é possível protelar indefinidamente a transmissão dos bens, em vista do conteúdo dos arts. 1.784 e 136. Este o ensinamento de Orosimbo Nonato, valendo lembrar a sua perfeita atualidade, dada a identidade da disciplina pelo anterior e pelo vigente Código: "De fora a hipótese de determinação explícita do disponente, o *modus* não suspende a aquisição nem o exercício do direito...

O beneficiado torna-se dono de sua parte quando se abre a sucessão.

---

13   Ob. cit., vol. II, p. 279.

354 • Direito das Sucessões | *Arnaldo Rizzardo*

Se, assim, ele mesmo vem a falecer antes do cumprimento do encargo, a herança ou o legado gravado passa aos seus herdeiros, a quem tocará aquele cumprimento.

É consequência da natureza mesma do *modus* e os documentos a pregoam, geralmente".[14]

É, também, a ideia de Eduardo de Oliveira Leite: "O *modus* ou encargo não se confunde com a condição. Enquanto a condição é suspensiva e não coercitiva, o modo é coercitivo e não suspensivo. Ninguém poderá obrigar o herdeiro ao adimplemento de uma condição, embora potestativa; mas qualquer interessado poderá constrangê-lo à execução do encargo".[15]

Não sendo cumprido o encargo, qual o caminho?

Unicamente caberá exigir o cumprimento por meio de ação judicial, pelo interessado ou por aquele a quem resulta algum resultado positivo com o adimplemento. Orlando Gomes discriminava as pessoas capazes de exigir o cumprimento, perdurando a lição com o Código de 2002: "a) Qualquer dos coerdeiros; b) a pessoa em favor da qual se instituiu o encargo; c) o testamenteiro; d) aqueles que serão chamados à herança no caso de caducar a disposição por não ter sido cumprido o encargo no prazo determinado pelo testador".[16]

O inadimplemento não determina a rescisão do testamento, a menos que tal se encontre prescrito em cláusula especial. A própria disposição testamentária deverá prever a resolução ou caducidade. Nada constando, o direito do beneficiário restringe-se a procurar o cumprimento, ou o ressarcimento por perdas e danos.

Diferente é o testamento condicional, cuja validade ou eficácia está na dependência da condição que encerra. Não se defendem encargos com a condição. Carvalho Santos fazia a distinção, também revelando compatibilidade do pensamento com o atual Código: "O modo (...) não se pode confundir com a condição. Enquanto a condição é suspensiva e não coercitiva, o modo é coercitivo e não suspensivo. Ninguém, em verdade, poderá obrigar o herdeiro ao cumprimento de uma condição, embora potestativa; mas qualquer interessado poderá constrangê-lo à execução do encargo".[17]

Alguma dificuldade existe para distinguir entre condição e encargo. Às vezes é confusa a redação, com peculiaridades que levam à indefinição. Por exemplo, quando se atribui a herança para que o favorecido pague os estudos de outros herdeiros. E se eles se recusam a estudar, ou se logram obter escolas gratuitas?

Transmite-se a herança, com a abertura do inventário, ficando sempre a obrigação do testamentário em cumprir aquela disposição.

Mesmo porque, na dúvida, prevalece a disposição com encargos, mais favorável ao herdeiro.

5. DISPOSIÇÕES A TERMO

Não se permite uma disposição de última vontade para o herdeiro receber a partir de um lapso de tempo depois da morte do testador, ou depois de um evento especificado. Assim está no art. 1.898: "A designação do tempo em que deva começar ou cessar o direito do herdeiro, salvo nas disposições fideicomissárias, ter-se-á por não escrita".

---

14 Ob. cit., vol. II, p. 287.
15 *Comentários ao Novo Código Civil*, ob. cit., vol. XXI, p. 442.
16 *Sucessões*, ob. cit., p. 180.
17 Ob. cit., vol. XXIII, pp. 229 e 230.

Cap. XXV | Disposições Testamentárias • 355

Nota-se que, com exceção do fideicomisso, é proibido designar o tempo ou a época do início ou da cessação do direito do herdeiro ou legatário. Aberta a sucessão, de imediato transmite-se a herança dentro do preceituado no art. 1.784. Do contrário, ficaria o patrimônio, durante o período designado para o recebimento, sem titular. Consideram-se, pois, sem efeito os escritos na parte que impõem tempo ou um termo para a aquisição do patrimônio. Não que se torne sem valor o testamento, ou fique nulo. Unicamente a cláusula não terá efeito, isto é, não vale a disposição que posterga a transferência do patrimônio para uma data futura. Exceto isto quanto ao legado, cuja transferência poderá demorar algum período, em vista do art. 1.924, com a seguinte redação: "O direito de pedir o legado não se exercerá, enquanto se litigue sobre a validade do testamento, e, nos legados condicionais, ou a prazo, enquanto esteja pendente a condição ou o prazo se não vença".

Assim já pensava Jefferson Daibert, que estende a exceção para outra hipótese: "Da proibição do artigo se exclui o legatário, posto que não indicado expressamente, como excluídas ficam as disposições fideicomissárias, exatamente porque nesta regulam-se os seus efeitos pelas condições suspensivas e resolutivas, não se falando em termo que apenas firma o tempo da execução ou da resolução".[18]

Além disso, ditam a impossibilidade das disposições a termo certos princípios prevalentes em Direito das Sucessões, como a perpetuidade do título de herdeiro – ele sempre é herdeiro, mesmo que não reconhecido de imediato, pois os efeitos são *ex tunc*; e a continuidade das relações entre o herdeiro e as coisas disputadas, sendo ele constantemente titular do domínio.

6. A DISPOSIÇÃO EM FAVOR DE POBRES E ESTABELECIMENTOS DE CARIDADE

Comum, nos testamentos, que se disponha o patrimônio, ou parte dele, aos pobres e instituições de caridade ou assistenciais. Isto em geral quando inexistem herdeiros necessários, o que é uma característica de pessoas de certa espiritualidade ou formação religiosa.

O regramento está no art. 1.902: "A disposição geral em favor dos pobres, dos estabelecimentos particulares de caridade, ou dos de assistência pública, entender-se-á relativa aos pobres do lugar do domicílio do testador ao tempo de sua morte, ou dos estabelecimentos aí sitos, salvo se manifestamente constar que tinha em mente beneficiar os de outra localidade".

Como se depreende do dispositivo, a destinação não poderá ser genérica, ou demasiadamente ampla. O autor da benemerência delimitará as pessoas, ou grupo de indivíduos, abrangendo máxime aqueles do lugar do domicílio do testador, quando de sua morte. A menos que haja expressa especificação de pessoas ou estabelecimentos de outras localidades, referindo os nomes, bem como dados identificadores.

Não sendo definido o domicílio, ou possuindo mais de uma residência, em locais distintos, havendo possibilidade ater-se-á à localidade onde mais tempo viveu a pessoa, ou, tal não se apurando, àquela em que predominavam os interesses, ou de maior concentração dos membros da família. Não é raro a pessoa residir numa cidade e possuir o centro de suas ocupações em outra distinta. O domicílio ainda é o lugar da residência definitiva. As relações pessoais e as ligações de ordem social normalmente envolvem pessoas de uma localidade onde a família mais se encontra e convive. Os atos de caráter humanitário se dirigem, em geral, às pessoas de tal circunscrição, não tendo sentido considerar aquelas

---

18 Ob. cit., p. 177.

do lugar onde o relacionamento é sobretudo profissional ou formal. Isto, conforme está no dispositivo, exceto se expressamente designados pobres ou instituições de um município ou lugar diverso.

Não indicando quais os pobres, ou aqueles de certo lugar, entende-se que devem ser beneficiados os que vivem no domicílio do testador quando de sua morte.

O parágrafo único do art. 1.902 explicita que, entre entidades privadas ou particulares, e as públicas, prevalecem as primeiras: "Nos casos deste artigo, as instituições particulares preferirão sempre às públicas".

Qual o motivo? Em princípio, por considerar que as particulares possuem mais necessidade e, às vezes, sobressaem na eficiência e organização, além de estimular o funcionamento e dar força à iniciativa privada nas obras de assistência social.

Mas, embora o exposto, difíceis de ocorrerem disposições de última vontade sem especificar ou nomear as entidades beneficiadas.

7. ERRO NA DESIGNAÇÃO DE PESSOA OU COISA

O erro na designação da pessoa do herdeiro, ou do legatário, ou da coisa, não anula o testamento se, pelo seu conteúdo, por outros documentos e até por fatos inequívocos, torna-se possível descobrir ou identificar aquele a favor de quem se procurou beneficiar. O art. 1.903 não enseja dúvidas: "O erro na designação da pessoa do herdeiro, do legatário, ou da coisa legada anula a disposição, salvo se, pelo contexto do testamento, ou por fatos inequívocos, se puder identificar a pessoa ou coisa a que o testador queria referir-se".

Em princípio, há a nulidade. Mas abre o Código a exceção de se descobrir o verdadeiro beneficiado – o que depende, sempre, do testamentário. E não era muito raro o equívoco em épocas remotas, máxime nos testamentos realizados em Portugal, favorecendo pessoas estabelecidas no Brasil.

Antes de tudo, o erro na designação não se restringe somente às pessoas naturais. Possível que alcance entidades civis ou pessoas jurídicas.

O erro deve ser substancial, isto é, pensou o testador ter contemplado um certo indivíduo, quando favorece alguém inteiramente distinto, ou um terceiro, que nada tem a ver com o testamento, ou com a vontade do testador.

É substancial o erro se se refere à natureza do ato, ou ao objeto principal da declaração, ou a alguma das qualidades a ele essenciais, ou às qualidades essenciais da pessoa, a quem se refira a declaração de vontade – art. 139.

No caso, o erro pode referir-se à pessoa. Erra o testador na designação da pessoa – *error in persona*. Beneficia-se uma pessoa pelos serviços que prestou ao testador, ou a alguém de sua família. Descobre-se, depois, ser outra a pessoa que prestou a ajuda. Ou institui-se um legado a favor de uma entidade, em vista de atender doentes crônicos. Mas sabe-se, tempos depois, não ser a que se dedica à atividade visada. Erra-se, inclusive, no nome da sociedade civil, ou na denominação do local onde se encontra estabelecida.

Por razões justas, eis que é importante observar a estrita obediência à vontade do testador, não ficará indene de nulidade o testamento. A menos que se descubra quem realmente o autor da liberalidade pretendia favorecer. Aí então se mantém a validade, com a participação do favorecido na herança. Simplesmente retira-se aquele que constava.

Possível que tenha o erro relação ao objeto, ou aos bens dados em testamento – mais especificamente ao legado. Insere-se, no testamento, uma área de terras, a qual não

Cap. XXV | Disposições Testamentárias • **357**

pertence ao testador. A que lhe pertence situa-se próxima do local. Ou destinam-se os rendimentos que advierem de um depósito bancário especificado – quando, na verdade, não há aquele depósito, mas sim outro.

Ressalte-se que os próprios motivos podem levar ao erro. Beneficia-se alguém por motivos de gratidão, por exemplo, por ter feito a doação, em vida, de um órgão de seu corpo, que foi implantado no do testador. Vem-se a descobrir, depois, que inexistiu a doação, ou o implante. Faltou, pois, a razão determinante do testamento. A nulidade então é proclamada, porque o testador não faria a disposição se conhecesse a sua falsidade. Orlando Gomes insiste neste aspecto: "O erro só é causa de anulação se expressa sob a forma de condição, de tal sorte que a disposição não se faria se o testador conhecesse a falsidade do motivo. Não basta ter sido a causa da declaração. Necessário é que a causa errônea seja determinada no testamento".[19]

No art. 1.903 não há referência ao erro dos motivos, o que não impede se proclame a nulidade, posto que viciada, sem dúvida, a vontade do testador.

Carvalho Santos, ao invés de erro de motivo, falava em erro de causa: "A disposição feita com invocação de falsa ou ilegal é sempre nula, desde que o testamento revele que o testador não teria feito tal disposição se conhecesse a falsidade da causa, por isso que a invocação de causa falsa ou ilegal é mais que erros de direito ou de fato sobre a causa".[20]

Não se deve levar à conta de erro o mero equívoco. Na designação de um herdeiro, coloca-se um prenome diferente daquele real, mas sem impedir a verdadeira identidade do instituído. No caso, entra-se na condição exigida no dispositivo para considerar válido o testamento: se, pelo contexto do testamento, por outros documentos, ou por fatos inequívocos, se puder identificar a pessoa ou coisa a que o testador queira referir-se.

Não existe, pois, erro, mas equívoco, nestas eventualidades.

Equívoco também haverá se no legado aparece o endereço com o número diferente do real no prédio, ou mesmo se não há coincidência entre o nome da rua constante no testamento, e aquele real onde se ergue o prédio.

Nesta linha, na hipótese de aparecer no testamento o nome de uma instituição de caridade que não existe na cidade onde residia o testador, e nem nas proximidades, mas havendo alguma com finalidades idênticas ou coincidentes com aquelas da entidade retratada no testamento, a troca de nome não passa de equívoco. Na mesma interpretação segue-se, se constar um legado em favor de um empregado com determinado nome, quando se verifica, posteriormente, que o único empregado existente tinha nome diferente.

A regra do preceito em comento faculta se busquem quaisquer meios de prova para chegar-se à verdade, ou ao real intuito do testador.

8. PLURALIDADE DE PESSOAS CONTEMPLADAS NO TESTAMENTO E DIVISÃO DA PARTILHA

Não uma só pessoa poderá constar no testamento. A duas ou mais admite-se ao testador instituir como herdeiras. Normal é a designação de vários herdeiros, tanto que o art. 1.904 prevê a hipótese, ao mesmo tempo em que dá instruções de como se proceder à divisão, caso não discriminada a parte de cada um: "Se o testamento nomear dois ou

---

19 *Sucessões*, ob. cit., p. 166.
20 Ob. cit., vol. XXIII, pp. 305 e 306.

mais herdeiros, sem discriminar a parte de cada um, partilhar-se-á por igual, entre todos, a porção disponível do testador".

O dispositivo não autoriza dúvidas. Todos os herdeiros serão contemplados igualmente, mas sempre tendo em conta a parte disponível. Carvalho Santos ponderava: "A nomeação de vários herdeiros, sem discriminação de cada um, importa em igualdade no direito sucessório. Mesmo que o testador tenha atribuído objetos singulares a algum ou a todos os herdeiros nomeados".[21]

Mas pode acontecer que o testador nomeie herdeiros individuais e herdeiros em grupos. Constituem-se os irmãos vivos e os filhos de um irmão morto, como herdeiros. Procede-se, no caso, à divisão de acordo com o número de herdeiros individuais e os grupos. O art. 1.905 conduz a esta solução: "Se o testador nomear certos herdeiros individualmente, e outros coletivamente, a herança será dividida em tantas quotas quantos forem os indivíduos e os grupos designados".

Percebe-se que cada grupo ou coletividade herdará a mesma quota que o indivíduo.

Se todos os herdeiros se encontrassem no mesmo grau de parentesco, sendo a sucessão hereditária, cada um receberia um quinhão igual. Mas na testamentária, há uma distinção: os indicados nominalmente recebem porções separadas e iguais; os restantes, a mesma quota recebida pelo herdeiro citado individualmente. Exemplificando, instituem-se herdeiros os filhos "A" e "B", e os demais filhos de uma certa pessoa. Em três quotas dividem-se os bens. Se a intenção do instituidor não era de aquinhoar melhor os dois primeiros filhos, não iria designá-los separadamente.

9. TESTAMENTO PARCIAL DO PATRIMÔNIO

Conforme o art. 1.857, ao testador autoriza-se testar no todo ou em parte o seu patrimônio. Já o art. 1.906 estabelece que as sobras do patrimônio não testado serão partilhadas aos herdeiros: "Se forem determinadas as quotas de cada herdeiro, e não absorverem toda a herança, o remanescente pertencerá aos herdeiros legítimos, segundo a ordem da vocação hereditária".

Nota-se que isto somente é possível se determinadas as quotas na transmissão hereditária. Não alcançando as quotas o valor da herança, ou restando remanescente, este se transmite aos herdeiros legítimos, "porque estes se entendem instituídos na parte não compreendida no testamento".[22]

Jamais se admite a distribuição da sobra em favor dos herdeiros instituídos.

Na verdade, a disposição quanto aos bens não testados, que se repartem aos herdeiros legítimos, já constava contemplada no art. 1.788, não carecendo que viesse novamente prevista em outro preceito.

10. TESTAMENTO EM MONTANTE SUPERIOR À PARTE DISPONÍVEL

O art. 1.967 encerra: "As disposições que excederem a metade disponível reduzir-se-ão aos limites dela, em conformidade com o disposto nos parágrafos seguintes". O cálculo das reduções não é simples, como se observará no momento oportuno.

---

21 Ob. cit., vol. XXIII, p. 310.
22 Tito Prates da Fonseca, ob. cit., p. 92.

Ensinava Pontes de Miranda, valendo a lição para o atual Código Civil: "O primeiro limite que se impõe à liberdade no testar é o das disposições legais garantidoras da porção destinada aos herdeiros necessários. Mais limite que restrição. O testar só se exerce no que sobra, na outra metade do patrimônio. Se o excede, constitui disposição lesiva do direito de expectativa dos herdeiros necessários; tanto assim que se não invalida o ato inteiro de dispor – deduz-se a metade disponível. Mais precisamente: tem-se por inexistente o que apanha o *quantum* inviolável".[23]

Dispondo, no testamento, o testador um montante em nível superior à parte disponível, há o que se denomina de redução proporcional das quotas, que será matéria de análise mais adiante.

Salienta-se, aqui, ser nulo o *quantum* da transmissão testamentária que sobrepuja o patrimônio disponível.

A redução, na existência de herdeiros necessários, se medirá de acordo com o direito à legítima.

11. DESIGNAÇÃO DE HERDEIROS COM QUOTAS E DE HERDEIROS SEM QUOTAS

Verifica-se, na situação em exame, que a uns herdeiros atribuem-se quotas ou quinhões; a outros, simplesmente é distribuída a herança na parte disponível. Ou seja, nomeiam-se diversos herdeiros, sendo uns com quotas ou quinhões, enquanto os demais são contemplados simplesmente com a participação na herança.

Primeiramente, distribuem-se os quinhões ou legados. Sobrando patrimônio do montante disponível, serão atendidos os demais herdeiros. Solução que vem ditada no art. 1.907: "Se forem determinados os quinhões de uns e não os de outros herdeiros, distribuir-se-á por igual a estes últimos o que restar, depois de completar as porções hereditárias dos primeiros".

Preferem, pois, os herdeiros contemplados com quotas ou quinhões.

Esta, também, era a doutrina de Tito Prates da Fonseca: "Desde que os quinhões somados alcancem o valor disponível, os instituídos sem quotas fixas nada têm a receber, pois o Código Civil, cortando dúvidas, manda aquinhoar os herdeiros, sem quota designada, no que restar, depois de completas as porções hereditárias dos herdeiros, cujos quinhões forem designados. Nada restando, nada recebem aqueles".[24]

Mesmo que determinados os quinhões, se ultrapassarem o disponível, processa-se a redução das quotas.

Desde que determinados os bens transmitidos, ou especificados, tem-se o legado. Na hipótese, porém, de se estabelecer um quinhão definido ou calculado proporcionalmente sobre o patrimônio, mesmo que incluídos bens individuados, não se considera legado – mas também não deixa de ser quinhão.

Em qualquer hipótese, sempre prevalece a primazia daqueles a quem se atribuíram quinhões.

12. DISPOSIÇÃO QUE EXCLUI DETERMINADOS BENS AOS HERDEIROS INSTITUÍDOS

Assim como é permitido instituir legados, ou destinar bens específicos aos herdeiros, ou estabelecer quotas, também cabe o inverso, pelo menos em parte: expressamente

---

23 *Tratado dos Testamentos*, ob. cit., vol. I, p. 77.
24 Ob. cit., p. 93.

excluem-se determinados bens da sucessão testamentária. Neste caso, estes bens serão partilhados aos herdeiros legítimos. É o que está no art. 1.908: "Dispondo o testador que não caiba ao herdeiro instituído certo e determinado objeto, dentre os da herança, tocará ele aos herdeiros legítimos".

Outra não poderia ser a solução. O objeto considera-se remanescente, com o mesmo destino prescrito no art. 1.906, no caso dos bens não abrangidos pelas disposições testamentárias.

Difícil de ocorrer a situação. Aconteceria ela no caso de o testador, sem herdeiros necessários, não pretendendo que todo o patrimônio fique com o cônjuge supérstite, instituir, via testamento, herdeiros seus sobrinhos, mas excluindo expressamente a casa residencial, ou as joias da família, ou o dinheiro que se encontra depositado. Ao cônjuge que ficou partilha-se o que foi excluído.

XXVI
Nulidades e Anulabilidades dos Testamentos

1. DISTINÇÕES

Cabe estabelecer que há diferença entre nulidade do testamento e nulidade das disposições testamentárias.

Na primeira, todo o ato torna-se inválido, e refere-se mais à sua exteriorização ou requisitos, ou elementos constitutivos, enquanto na segunda aborda-se sobretudo o conteúdo do testamento.

Neste primeiro momento, enfrentam-se a nulidade e a anulação do testamento.

Tem-se, na parte geral do Direito Civil, os regramentos que cuidam da invalidade ou ineficácia do ato jurídico (nulidades), e da imperfeição da vontade e incapacidade relativa do agente (anulabilidades). O Direito em geral, no entanto, cuida também da inexistência do ato jurídico, ou do contrato, ou da declaração da vontade. E justamente nesta parte inicia-se o estudo.

2. INEXISTÊNCIA DO ATO JURÍDICO

Quando faltar algum elemento constitutivo da relação contratual ou do ato de vontade, a consequência será a sua inexistência. Assim acontece se numa compra e venda não há o preço, ou a coisa. E, no testamento, faltando ou ausente algum de seus elementos constitutivos, como as testemunhas ou a presença do tabelião, ou mesmo se a exteriorização não se fez pela escrita, e sim mediante gravação oral, inexiste a disposição dos bens por ato de última vontade.

Não é necessário ir além, visto que a matéria já foi abordada no estudo dos elementos constitutivos do testamento, como pressupostos e requisitos, tanto de forma geral como nas várias espécies.

3. NULIDADE DO TESTAMENTO

Quanto à invalidade ou ineficácia, não há a obediência aos requisitos essenciais do testamento, estabelecidos pela lei. Ou, preenchendo os requisitos próprios, verifica-se infringência a disposições legais. Além disso, aparecem casos de ofensa à ordem pública, aos bons costumes, à forma prescrita em lei.

362 • Direito das Sucessões | *Arnaldo Rizzardo*

Decorre daí a nulidade de pleno direito, cuja declaração é obrigatória, e, assim, de aplicabilidade geral, impondo-se a sua decretação no interesse da própria coletividade.

Não se autorizando seja suprimida por pretensão das partes envolvidas, nem por decisão judicial, ao juiz ordena a lei a sua decretação de ofício, e ao órgão do Ministério Público o dever de suscitá-la, o oposto do que acontece com a anulabilidade, restrita a alegação a critério dos interessados diretos.

Pondera Pontes de Miranda: "O negócio jurídico nulo ou o ato jurídico *strictu sensu* nulo corresponde a suporte fático que, nulamente embora, entrou no mundo jurídico (...) como ato jurídico do suporte fático gravante a deficitário (...) Não nasceu morto, o que não seria nascer: nasceu impróprio à vida, por sua extrema debilidade".[1]

Por ser o testamento um ato jurídico, requer, para a sua validade, agente capaz, objeto lícito, possível, determinado ou determinável e forma prescrita ou não defesa em lei. É o que se extrai do art. 104 do Código Civil.

O art. 166 do mesmo Código considera nulo o negócio jurídico e, pois, o testamento quando:

"I – celebrado por pessoa absolutamente incapaz;

II – for ilícito, impossível ou indeterminável o seu objeto;

III – o motivo determinante, comum a ambas as partes, for ilícito;

IV – não revestir a forma prescrita em lei;

V – for preterida alguma solenidade que a lei considere essencial para a sua validade;

VI – tiver por objetivo fraudar lei imperativa;

VII – a lei taxativamente o declarar nulo, ou proibir-lhe a prática, sem cominar sanção".

Na simulação, igualmente opera-se a nulidade, nos termos do art. 167: "É nulo o negócio jurídico simulado, mas subsistirá o que se dissimulou, se válido for na substância e na forma".

Arrola o § 1º do mesmo dispositivo a simulação nos negócios jurídicos quando:

"I – aparentarem conferir ou transmitir direitos a pessoas diversas daquelas às quais realmente se conferem, ou transmitem;

II – contiverem declaração, confissão, condição ou cláusula não verdadeira;

III – os instrumentos particulares forem antedatados, ou pós-datados".

Relativamente à simulação, ainda, embora apareça uma pessoa no ato testamentário, na realidade outra será a beneficiada. Eis a exata explicação de Orlando Gomes: "Usa-se desse expediente para favorecer quem está proibido de suceder a outrem. A interposição com essa finalidade é proibida. Disposição em benefício de quem não pode ser favorecido é anulável, feita em nome de pessoa interposta. Tal a consequência dessa fraude. Presumem-se interpostas pessoas, salvo prova em contrário, os parentes em linha reta e os irmãos, não se devendo incluir nessa presunção os filhos da concubina, que também o sejam do testador.

---

1 *Tratado de Direito Privado*, Parte Geral, 3ª ed., Rio de Janeiro, Editor Borsoi, 1970, vol. IV, p. 28.

Cap. XXVI | Nulidades e Anulabilidades dos Testamentos • **363**

A simulação pressupõe acordo entre o testador e a pessoa designada no testamento".[2]

Nulo, ainda, o testamento conjuntivo, em qualquer de suas espécies, ou em uma forma não contemplada pelo Código Civil – art. 1.863.

Certas falhas, ou esquecimentos de formalidades, no entanto, como a omissão de mencionar o nome de uma testemunha, ou de referir que todas as exigências legais foram obedecidas e cumpridas, não acarretam a nulidade, a menos se comprometida fica a autenticidade do teor da disposição.

4. ANULABILIDADE DO TESTAMENTO

Já a anulabilidade decorre da incapacidade relativa do agente e da imperfeição da vontade – art. 171 do Código Civil –, que apresenta certas limitações impostas no momento, as quais conduziram ao assentimento. Em geral, são inquinados de anuláveis os testamentos advindos de um indivíduo relativamente incapaz, ou de uma vontade viciada.

Vêm atendidos todos os elementos essenciais, exigidos para a formação do ato, produzindo os efeitos e consequências, até serem os testamentos atacados e anulados pela ação do lesado. Distinguem-se dos atos nulos no teor da invalidade, baseados na menor gravidade da deficiência inserida em seu conteúdo.

Na incapacidade do agente, por apresentar alguma deficiência mental, a apreciação da anulabilidade requer que se observem certas ponderações.

Não é anulável o testamento em vida do testador, pois não há representação nesta espécie de declaração da vontade, que é pessoal e não admite sequer influência de terceiro. Mas se feito o testamento com idade aquém do limite de dezesseis anos, ou falecer antes de atingir tal idade, parece possível a legitimidade dos herdeiros diretamente atingidos ou prejudicados pelo testamento. É que, sem chegar à idade da capacidade, não se considera convalidado o ato.

Diferente, no entanto, o tratamento se incapaz a pessoa em razão de doença mental. A menos que adquira a sanidade enquanto viva, consideram-se habilitados os herdeiros para buscarem a anulação depois da morte do testador, eis que ausente a plena consciência do ato realizado.

A idade avançada do testador não justifica a anulação, se não se comprovarem sequelas ou deficiências na mente, posição esta presente em outros sistemas, doutrinando Puig Peña: "(...) Si la circunstancia de la senilidad, mientras ésta no lleva consigo la involución mental, no determina la incapacidad a los efectos de la validez del testamento (...), ya que ni el derecho ni la medicina consienten que, por el solo hecho de legar a la senilidad, equivalente a senectud o ancianidad, se haya de considerar demente al individuo".[3]

Acontece que, mesmo na decrepitude corporal, a experiência tem demonstrado a presença da sanidade mental. É comum depararmo-nos com pessoas de idade provecta tendo capacidade para gerir sua vida e seus bens. Não está em função de idade a presunção de incapacidade. Vem ainda a calhar a lição de Carvalho Santos: "A idade por mais avançada

---

2 *Sucessões*, ob. cit., p. 168.
3 *Compendio de Derecho Civil Español*, Sucesiones, Pamplona, Editorial Aranzadi, 1972, tomo VI, p. 212.

que seja não é causa de incapacidade. A incapacidade poderá resultar não da idade, mas da demência senil, e somente neste caso haverá incapacidade".[4]

Realmente, apenas sobrevindo uma enfermidade mental ou física que leve à falta de discernimento, como a arteriosclerose, acarreta um déficit intelectual, ou uma deficiência sensorial forte, que requer o decreto da interdição. Aí, sim, não revelaria validade o ato praticado.

A respeito do tema, ainda vale a lição de Afrânio Peixoto, esclarecendo que a demência senil, embora não presente na hipótese em análise, dificilmente poderá ser pronunciada como causa de incapacidade, mesmo valendo-se do recurso da perícia médico-legal, salvo nos casos especiais de ação absurda, atos incontrolados, comportamento pueril, doação fraudulenta entre vivos etc.[5]

Inclusive a jurisprudência afasta qualquer possibilidade de limitação da capacidade civil da pessoa em razão de sua idade avançada, como demonstram os seguintes arestos:

"Interdição. Requerida Octogenária. A interditanda, embora evidencie deficiências decorrentes da idade avançada, não tem afetada sua possibilidade de entendimento e manifestação de vontade em extensão tal que justifique a limitação de sua capacidade civil. É certo que, como toda pessoa idosa, necessita do apoio, da assistência e do aconselhamento dos familiares, porém isto pode ocorrer sem que venha a ser decretada a interdição".[6]

"Só se remove ou se substitui a viúva meeira, no exercício da inventariança, se existirem reais motivos para o seu afastamento, já que a velhice não significa incapacidade, pois idade é um estado de espírito, e por estar na terceira idade a pessoa não pode ser descartada da vida, como se fosse uma pilha gasta e sem valor".[7]

"Interdição. Tratando-se de decisão sobre a capacidade civil da pessoa, com gravíssimas consequências para o interditando e para terceiros, imprescindível prova cabal da incapacidade. A velhice, mesmo que a idade seja avançada, não induz necessariamente à incapacidade. Somente quando ocorre o comprometimento das faculdades mentais é que se justifica a interdição, que é instituto com caráter nitidamente protetivo da pessoa. Impressão pessoal do julgador corroborada por exame assegura segurança sobre a capacidade civil".[8]

Em suma, inexiste um limite de idade a vedar o exercício dos direitos da pessoa, inclusive de firmar contratos e assumir obrigações.

Em relação aos vícios da vontade, quanto ao erro, a matéria já esteve desenvolvida no estudo sobre o erro na designação de pessoa ou coisa, de que trata o art. 1.903. Aí, porém, há o erro na disposição testamentária, e não do testamento propriamente dito.

Seja como for, se interfere na vontade o erro, ou o dolo, ou a coação, ou o estado de perigo, ou a lesão no direito, ou a fraude contra credores, é anulável o testamento.

Já o dolo materializa-se na captação da vontade – art. 1.900, o que se abordará adiante.

A coação corresponde à violência que sofre quem faz o testamento – difícil de acontecer, ou de perdurar, pois admitida a revogação a qualquer tempo. É anulado o testamento

---

4 *Código Civil Brasileiro Interpretado*, 10ª ed., Rio de Janeiro, Livraria Freitas Bastos, 1963, vol. I, p. 258.
5 *Medicina Legal – Psicopatologia Forense*, 5ª ed., Rio de Janeiro, Livraria Francisco Alves, 1938, vol II, p. 311.
6 Apelação Cível nº 70001343201, 4º Grupo de Câmaras Cíveis, TJRGS, j. em 15.12.2000.
7 Agravo de Instrumento nº 596094896, 8ª Câmara Cível do TJRGS, j. em 05.09.1996.
8 Apelação Cível nº 598202745, 7ª Câmara Cível do TJRGS. j. em 07.10.1998.

se comprovada na sua confecção total. Se forçado o testador a incluir uma pessoa, dá-se a anulação apenas desta disposição.

Seja inexistente, nulo ou anulável o testamento, reclama-se a ação correspondente para a invalidade ou, no mínimo, que no processo de abertura, cumprimento e registro, alguém suscite o fundamento e requeira o veredicto judicial que o torna ineficaz.

Lecionava Orlando Gomes, quanto ao negócio inexistente: "O ato inexistente, salvo quando a inexistência jurídica corresponda à inexistência de fato, é uma aparência de ato. Essa aparência precisa ser desfeita, o que se há de verificar, necessariamente, mediante pronunciamento judicial, a despeito da opinião contrária dos partidários da teoria. O negócio inexistente equivalerá, portanto, ainda sob o aspecto prático, ao negócio nulo".[9]

5. A DISCRIMINAÇÃO DAS NULIDADES E ANULABILIDADES PELO CÓDIGO CIVIL

Aparentemente, na parte que trata dos testamentos não teria o Código disciplinado as nulidades ou anulabilidades do testamento. Diz-se aparentemente porque, na verdade, ao estabelecer uma série de normas sobre sua formação, sobre a capacidade de testar e de receber em testamento, sobre a forma, dentre outras disposições legais, implicitamente deixou entrever que a inobservância acarretará a nulidade ou a anulabilidade.

De modo que não se fazia necessária a discriminação de causas ou fenômenos ensejadores de nulidades ou anulabilidades.

Ao indicar, v. g., os incapazes de testar, ou ao elencar os requisitos de cada forma de testamento, induz o Código a concluir que, ao testar uma pessoa com menos de dezesseis anos, ou com a presença de apenas uma testemunha na forma pública, está praticando um ato nulo.

Assim, além da não obediência aos preceitos que tratam do testamento, outras causas se oferecem para a sua invalidade ou ineficácia, envolvendo, aí, a classificação das nulidades ou anulabilidades que integra a parte geral do Código Civil, aplicável a todos os atos jurídicos.

6. PRAZO PARA INVALIDAR O TESTAMENTO

É de cinco anos o prazo concedido para invalidar o testamento, segundo vem materializado no art. 1.859: "Extingue-se em cinco anos o direito de impugnar a validade do testamento, contado o prazo da data do seu registro".

Tem-se, pois, um lapso de tempo para a iniciativa da invalidade do ato de disposição de última vontade, numa exceção à regra do art. 169 da lei civil, a qual determina que o negócio jurídico nulo não é suscetível de confirmação, e nem convalesce pelo decurso do tempo. Na hipótese da sucessão testamentária, uma vez operado o transcurso do lapso de cinco anos, naturalmente iniciando não a partir da abertura da sucessão, mas sim do registro do testamento, não cabe mais qualquer medida judicial para a desconstituição. Não se aplica a regra de que inicia o prazo quando se dá o conhecimento do vício. Em relação aos incapazes, há a exceção do art. 198, inc. I, em obediência ao art. 208, levando a concluir que não se inicia o prazo até ser alcançada a capacidade plena.

---

9 *Introdução ao Direito Civil*, 3ª ed., Rio de Janeiro, Editora Forense, 1971, p. 429.

366 • Direito das Sucessões | *Arnaldo Rizzardo*

Trata-se de prazo decadencial, ou de caducidade, verificado em negócio jurídico *causa mortis*.

Abrange tanto os casos de nulidade – arts. 166 e 167 –, como de anulabilidade – art. 171 –, uma vez que o dispositivo assegura a ação para a invalidade, que é o gênero, compreendendo as duas espécies. Outrossim, nada impede que a invalidade envolva parte ou todo o ato de disposição.

Conforme resta claro do dispositivo, o registro do testamento, que se lança depois da abertura e confirmação, seguindo a tramitação dos arts. 735 e seguintes do CPC, marca o início do lapso temporal da caducidade, não comportando que se procure a via judicial ainda em vida do testador, por se tratar de negócio *causa mortis*.

XXVII

Caducidade do Testamento

1. ÂMBITO DE ABRANGÊNCIA

Além das nulidades e anulabilidades, há a caducidade do testamento, pela perda de sua eficácia, não ordenadamente disciplinada pelo Código Civil atual, cujos casos se extraem ao longo dos dispositivos que tratam da sucessão testamentária.

Isto exceto quanto aos legados, eis que, aí, sim, a caducidade ocorre em inúmeras situações, reguladas especialmente no art. 1.929, cujo estudo se fará oportunamente, e conhecida como caducidade específica.

Estuda-se, agora, apenas a caducidade das disposições testamentárias comuns, ou a caducidade genérica, onde não há a deixa de parte específica e determinada do patrimônio.

Caducar significa perder a eficácia ou a força originária da disposição, em razão de uma causa ou um fato posterior à confecção do testamento.

Luis de Gásperi fornece a ideia mais amplamente: "La idea de caducidad correspondiente, a la de extinción de un derecho, viene de la voz latina *caducus, a, um*, adjetivo de que los romanos se servían en relación a las herencias, *caducae haereditates*, para referirse a las que por faltar aquel a quien se debían por derecho civil, recaían en otro, conforme con las leyes llamadas caduciarias".[1]

Não se confunde com revogação, posto que esta se verifica quando há uma declaração de vontade, no sentido de não mais perdurar o testamento. Já a caducidade ocorre na perda da eficácia, total ou parcial, da disposição testamentária, ou do testamento, por causa ou fator alheio à vontade do testador.

Dois os casos principais e mais simples de caducidade: ausência de herdeiros sucessíveis e falta de bens para a composição da herança.

Mas em vários dispositivos constatam-se outras hipóteses, algumas que se referem à disposição testamentária, e outras ao próprio testamento.

Eis o resumo de Orlando Gomes, quanto às disposições, também aplicáveis aos legados:

"a) Se o instituído ou nomeado falecer antes do testador;
b) se morrem simultaneamente;

---

1 *Tratado de Derecho Hereditario*, Buenos Aires, Tipografica Editora Argentina, 1953, vol. IV, p. 157.

c) se a instituição ou nomeação depende de condição suspensiva e os instituídos ou nomeados falecem antes do seu implemento;

d) se não se realiza a condição aposta à instituição de herdeiro, ou nomeação de legatário;

e) se o instituído ou nomeado se torna incapaz de adquirir a herança ou o legado;

f) se renuncia à herança".

E quanto aos testamentos:

"a) Sobrevindo descendente sucessível ao testador, que o não tinha, ou não o conhecia, quando testou;

b) ignorando o testador a existência de outros herdeiros necessários;

c) não falecendo o testador na viagem, nem nos três meses subsequentes ao seu desembarque em terra, onde possa fazer, na forma ordinária, outro testamento, se fez o marítimo;

d) não falecendo o testador em campanha, nem tendo estado, nos três meses seguintes, em lugar onde pudesse testar na forma ordinária, se fez testamento militar".[2]

Analisam-se algumas hipóteses específicas de caducidade, muito embora, às vezes, venham contempladas pelo Código como revogação, apesar de ocorrerem independentemente da vontade do testador, ou de uma declaração de vontade.

2. SUPERVENIÊNCIA DE DESCENDENTE APÓS O TESTAMENTO

O art. 1.973 do diploma civil enuncia: "Sobrevindo descendente sucessível ao testador, que não o tinha, ou não o conhecia, quando testou, rompe-se o testamento em todas as suas disposições, se esse descendente sobreviver ao testador".

Quando do ato testamentário, não tinha ou não conhecia o testador seu descendente, o qual sobrevive a ele próprio. Consequentemente, deixa de existir o testamento.

Mas, observe-se, unicamente isto acontece se aparecer um descendente (não outro herdeiro), e descendente em qualquer grau, isto é, seja filho, ou neto, ou bisneto. Inclusive o filho adotivo, diante da regra constitucional de sua absoluta igualdade com o filho de sangue (art. 227, § 6º).

Deve ficar clara a inexistência de descendente anterior, ou conhecido, para determinar a caducidade: "No que se refere à ruptura do ato de última vontade, pela superveniência de filhos do testador, tem-se que o testamento só se rompe quando o testador não tinha descendentes, anteriormente; se os possuía, quando testou, o nascimento de outro filho não provoca a *ruptio testamenti* (cf. Washington de Barros Monteiro, *Curso de Direito Civil, Direito das Sucessões*, 4ª ed., p. 240).

No mesmo sentido é o magistério de Carvalho Santos: 'Como condição essencial para que o testamento seja revogado legalmente, é exigido que o testador, ao tempo em que testou, não tivesse filhos nem legítimos, nem legitimados, nem adotivos' (*Código Civil Brasileiro Interpretado*, XXIV/249, ed. 1976).

---

2 *Sucessões*, ob. cit., pp. 264 e 265.

Cap. XXVII | Caducidade do Testamento • **369**

No caso dos autos, o testador, ao fazer o testamento, já possuía filhos, e sendo assim, nascido outro, posteriormente, não se rompe o ato de última vontade (cf. Pinto Ferreira, in Tratado das Heranças e dos Testamentos)".[3]

Já Orlando Gomes esposava *ratio* diferente: "Não se exige inexistência anterior de descendente. Rompe-se o testamento, do mesmo modo, se aparece mais um descendente. Superveniência de outro filho determina a caducidade tal como se nenhum houvesse. A razão é que, se já o tivesse, testaria diferentemente, não deixando, presumivelmente, de o contemplar".[4]

Entrementes, a posição anterior é a que mais reflete unanimidade, e coaduna-se com a lei, ao condicionar a ruptura à inexistência ou ao não conhecimento.

A superveniência de descendente ou descendentes pode ocorrer não apenas pelo nascimento posterior, mas, também, pelo conhecimento depois da confecção do testamento. Daí chegar-se à sua inexistência ou seu desconhecimento em momento anterior. Unicamente depois de lavrado o ato de última vontade dá-se o nascimento ou a ciência da existência de filho – o que resulta em caducidade.

O conhecimento posterior não é incomum, e opera-se, em geral, nos reconhecimentos de paternidade mediante uma ação investigatória, ou qualquer ato judicial, ou mesmo através de reconhecimento voluntário do pai.

Não há superveniência, porém, se já grávida a mulher do testador na data da feitura da disposição testamentária. Sobre este aspecto, encontramos o seguinte excerto jurisprudencial: "Ocorre que, ao julgar o caso em consideração de sua peculiaridade, qual a de que o testador sabia da gravidez de sua companheira e previa o nascimento do filho" não se vulnera "a letra do art. 1.750 do Código Civil, senão que afastou sua incidência na espécie, acolhendo, no pormenor, o fundamento central de um precedente por ele citado (...)"

Como se lê na lição de Carlos Maximiliano (*Direito das Sucessões*, III, nº 1.344): "Se, ao contrário, o *de cujus*, na época em que declarou, pelos meios regulares, a sua última vontade, conhecia o estado de sua esposa, ou da consorte de filho, neto, trineto ou tetraneto; se estava informado da vinda de sucessor forçado ao mundo e carecia de motivos para o considerar entrado no mundo das sombras; o testamento prevalece em parte, só se reduzem as liberalidades, proporcionalmente ao seu valor, de modo que todas caibam na metade disponível do espólio".[5] Lembra-se que equivale o art. 1.750, retro citado, ao art. 1.973 do atual diploma civil.

A procedência de uma ação investigatória nem sempre importa em perder efeito o testamento: "A procedência da ação de investigação de paternidade não importa no rompimento do testamento deixado pelo investigado, se este não ignorava que o investigante era seu filho".[6]

A caducidade do testamento é explicada porque se presume que não haveria a disposição dos bens se o autor da transmissão possuísse ou conhecesse o descendente ou os descendentes. Com base no mesmo raciocínio, deduz-se que se manterá a vontade de testar caso ocorrer o falecimento antes do testador.

Entretanto, há a situação especial de o testador somente vir a reconhecer o descendente em adoção, após lavrar o testamento. Se já era conhecida e admitida a pessoa

---

3   Apel. Cív. nº 92003535-1, 2ª Câmara Cível do TJ da Paraíba, de 19.10.92, *RT*, 695/176.
4   *Sucessão*, 7ª ed., Rio de Janeiro, Editora Forense, 1997, p. 225.
5   *Ação Rescisória* 912-SP, Pleno do STF, de 17.08.77, *Revista Trimestral de Jurisprudência*, 83/677.
6   RE nº 105.538-RS, 2ª Turma do STF, de 03.09.85, *Revista Trimestral de Jurisprudência*, 116/335.

370 • Direito das Sucessões | *Arnaldo Rizzardo*

como filho no próprio testamento, o STJ convalidou o ato, não admitindo a caducidade. Veja-se a seguinte ementa:

"Direito civil. Sucessão testamentária. Conflito de normas. Primazia da vontade do testador.

I – Nos termos do artigo 1.750 do Código Civil de 1916 (a que corresponde o art. 1793 do Cód. Civil de 2002) 'Sobrevindo descendente sucessível ao testador, que o não tinha, ou não o conhecia, quando testou, rompe-se o testamento em todas as suas disposições, se esse descendente sobreviver ao testador'.

II – No caso concreto, o novo herdeiro, que sobreveio, por adoção *post mortem*, já era conhecido do testador que expressamente o contemplou no testamento e ali consignou, também, a sua intenção de adotá-lo. A pretendida incidência absoluta do art. 1.750 do Cód. Civil de 1916 em vez de preservar a vontade esclarecida do testador, implicaria a sua frustração.

III – A aplicação do texto da lei não deve violar a razão de ser da norma jurídica que encerra, mas é de se recusar, no caso concreto, a incidência absoluta do dispositivo legal, a fim de se preservar a *mens legis* que justamente inspirou a sua criação.

IV – Recurso Especial não conhecido".[7]

3. CONHECIMENTO DA EXISTÊNCIA DE OUTROS HERDEIROS NECESSÁRIOS APÓS O TESTAMENTO

Encontra-se esta causa de caducidade no art. 1.751: "Rompe-se também o testamento feito na ignorância de existirem outros herdeiros necessários".

Fica sem valor o testamento vindo o seu autor a saber, depois da lavratura, que viviam ou existiam outros herdeiros necessários, isto é, ascendentes.

Condição indispensável é que desconhecia estar vivendo, ou existindo, qualquer ascendente ou o cônjuge. Não se sabia da existência de algum deles. Isto em vista da presunção de que, se testou sabendo da existência de um ascendente, da mesma forma faria o testamento se tivesse conhecimento da existência de mais de um.

É pressuposto que esteja vivendo o testador quando aparecerem os demais herdeiros necessários. Se somente depois do seu falecimento surgirem os ascendentes, não há implicação no tocante à validade do ato. Unicamente procede-se à redução da disposição ao montante disponível.

O art. 1.975 excepciona a regra da caducidade plena, desde que o testador tenha disposto não contemplando os herdeiros necessários, mesmo conhecendo-os: "Não se rompe o testamento, se o testador dispuser da sua vontade, não contemplando os herdeiros necessários, de cuja existência saiba, ou quando os exclua dessa parte".

Nota-se que os herdeiros necessários são conhecidos. O testador dispõe de seus bens, mas não em favor de tais herdeiros, e sim de outros.

Aqui, por conhecer a existência dos descendentes, cônjuge e ascendentes, não se traz a consequência da ruptura, pois fica clara a intenção de favorecer outras pessoas. A disposição desta maneira não rompe o testamento porque, ciente o testador dos herdeiros necessários, e inclusive prevendo a possibilidade da existência ou superveniência de filhos, mesmo assim fez uso da liberdade de testar, o que lhe está reservado pela lei.

---

7 Recurso Especial nº 985.093/RJ, 3ª Turma, rel. para o acórdão Min. Sidnei Beneti, j. em 05.08.2010, *DJe* de 24.09.2010.

Cap. XXVII | Caducidade do Testamento • 371

Mas os herdeiros necessários terão reservada a metade do patrimônio disponível. Se o ato testamentário desrespeitou o limite, posteriormente, no inventário, procede-se à devida correção. Continua válido o testamento, sujeitando-se à modificação naquilo que concerne à legítima dos herdeiros, e leva-se a termo a redução daquilo que excede da metade disponível.

Carvalho Santos dava esta explicação: "O testamento, na hipótese prevista, pretere os herdeiros necessários. Não os contempla, não só na metade disponível, mas vai além, prejudicando-os na sua legítima. Nem assim, porém, o testamento é considerado roto. É válido o mesmo, sujeito apenas a ser modificado, de modo que seja respeitada a legítima dos herdeiros, reduzindo-se o que exceder da metade disponível dela".[8]

Não se rompe, segundo o cânone acima, mesmo que exclua os herdeiros necessários. Para haver a exclusão (deserdação), naturalmente menciona-se causa, embora não tenha constado essa exigência no vigente Código, mas que se impõe para possibilitar a defesa do excluído. Se não aparecer a causa de deserdação, no entanto, mantém-se o testamento. Ao deserdado cabe procurar seus direitos e batalhar para continuar como herdeiro, de modo a receber o que lhe cabe no inventário a título de herança.

4. CADUCIDADE POR INOCORRÊNCIA DAS CONDIÇÕES PARA A CONVALIDAÇÃO DOS TESTAMENTOS MARÍTIMO, AERONÁUTICO E MILITAR

Nestes dois testamentos, não basta a mera celebração. Não subsistirão se não falecer o testador, ou se outro, na forma ordinária, não vier a ser realizado.

Quanto ao marítimo e ao aeronáutico, diz o art. 1.891: "Caducará o testamento marítimo, ou aeronáutico, se o testador não morrer na viagem, nem nos 90 (noventa) dias subsequentes ao seu desembarque em terra, onde possa fazer, na forma ordinária, outro testamento".

Igualmente não valerá se lavrado enquanto o navio se encontra no porto, segundo o art. 1.892: "Não valerá o testamento marítimo, ainda que feito no curso de uma viagem, se, ao tempo em que se fez, o navio estava em porto onde o testador pudesse desembarcar, e testar na forma ordinária".

Já o militar encontra esta causa de rompimento no art. 1.895: "Caduca o testamento militar, desde que, depois dele, o testador esteja, noventa dias seguidos, em lugar onde possa testar na forma ordinária, salvo se esse testamento apresentar as solenidades prescritas no parágrafo único do artigo antecedente".

A exceção aqui trazida refere-se ao testamento militar cerrado, que tenha termo de apresentação feito e assinado pelo oficial público, pelo testador e duas testemunhas. Aí valerá, posto que praticamente cumpridas as formalidades previstas para a forma ordinária do testamento cerrado.

O art. 1.896, ao prever a única forma de testamento nuncupativo no Direito brasileiro, permite que confiem oralmente a sua última vontade a duas testemunhas todos quantos se encontrem empenhados num combate. Mas o parágrafo único subtrai o efeito se a pessoa, não morrendo na guerra, se restabelecer: "Não terá efeito esse testamento se o testador não morrer na guerra ou convalescer do ferimento".

Ou seja, caduca o testamento, devendo outro ser feito, pelos caminhos ordinários.

---

8   Ob. cit., 8ª ed., vol. XXIV, p. 257.

372 • Direito das Sucessões | *Arnaldo Rizzardo*

5. OUTRAS FORMAS DE CADUCIDADE

Se o herdeiro falecer antes do testador, ou não se verificar a condição da qual depende o testamento, ou se ele renuncia à herança, ou incorrer em indignidade, igualmente extingue-se o testamento, por ficar sem testamentário.

Tem-se, a respeito, o art. 1.943: "Se um dos coerdeiros ou colegatários, nas condições do artigo antecedente, morrer antes do testador; renunciar a herança ou legado, ou destes for excluído, e, se a condição sob a qual foi instituído não se verificar, acrescerá o seu quinhão, salvo o direito do substituto à parte dos coerdeiros ou colegatários conjuntos".

O artigo antecedente que refere estabelece que o direito de acrescer competirá aos colegatários, quando nomeados conjuntamente a respeito de uma só coisa, determinada e certa, ou quando o objeto do legado não puder ser dividido sem risco de desvalorização.

Também na eventualidade de sumir ou desaparecer o testamento – mais possível nas formas cerrada e particular –, simplesmente há a impossibilidade de ser cumprida a declaração de última vontade, com o que se dá a caducidade, ou o perecimento, menos na remota situação de reconstituição.

Mesmo, porém, que não haja o desaparecimento do testamento cerrado, e sim a sua vulneração, ou a abertura antes do momento devido, importa na perda do valor, ou caducidade. Anota sobre o assunto Tito Prates da Fonseca: "É requisito essencial do testamento cerrado que o oficial cerre e cosa, depois de concluído o instrumento de aprovação.

O testamento será aberto pelo juiz, que o fará registrar e arquivar no cartório, a que tocar, ordenando que seja cumprido, se lhe não achar vício externo que o torne suspeito de nulidade ou falsidade".[9]

Isto a menos que em juízo se encontre uma forte justificativa para explicar a dilaceração, com a citação de todos os herdeiros.

No tocante ao particular, no entanto, não é condição para a validade que o envelope esteja fechado. Admite-se que seja entregue aberto ao juiz, desde que não apresente indícios de violação ou falsidade em seu conteúdo.

Quanto ao testamento público, remota a hipótese do sumiço ou desaparecimento, o que se torna possível no incêndio do cartório, com a destruição dos livros, ou no furto dos mesmos. A impossibilidade da reconstituição importa na caducidade.

---

9 Ob. cit., p. 408.

XXVIII
Nulidades e Anulabilidades das Disposições Testamentárias

1. NULIDADES

Não se estuda, aqui, a nulidade do testamento, mas de disposições testamentárias. Inválida uma delas, não resta nulo o testamento em si. Continuará a valer naquilo que não apresenta vícios ou invalidades.

As nulidades constam previstas no art. 1.900: "É nula a disposição:

> I – que institua herdeiro ou legatário sob a condição captatória de que este disponha, também por testamento, em benefício do testador, ou de terceiro;
>
> II – que se refira a pessoa incerta, cuja identidade se não possa averiguar;
>
> III – que favoreça a pessoa incerta, cometendo a determinação de sua identidade a terceiro;
>
> IV – que deixe a arbítrio do herdeiro, ou de outrem, fixar o valor ao legado;
>
> V – que favoreça as pessoas a que se referem os arts. 1.801 e 1.802".

As hipóteses catalogadas fulminam de nulidade o testamento basicamente porque ferem a liberdade de dispor, inclusive estabelecendo uma convenção entre duas pessoas.

Estes são alguns dos casos de nulidade. Outros existem, configuráveis por incidirem as nulidades dos arts. 166 e 167. Incontáveis as situações de nulidade, sobressaindo as que inserirem contemplações ilícitas ou excessivas na atribuição do patrimônio.

De outro lado, aparecem as anuláveis, por inserirem algum vício de consentimento, como o erro, ou eivadas as disposições de contradições, ou duvidosas, ou mesmo obscuras, a serem examinadas adiante.

1.1. Disposição captatória

Como já analisado, existe a figura do testamento conjuntivo, proibida no Direito brasileiro, pela qual duas pessoas, num mesmo ato, dispõem conjuntamente em favor de terceira pessoa, ou uma em favor da outra, isto é, celebram um testamento recíproco.

No art. 1.900, inc. I, há algo semelhante. Institui-se alguém herdeiro, desde que esta pessoa faça a mesma coisa em favor daquela que a instituiu.

374 • Direito das Sucessões | *Arnaldo Rizzardo*

É o que se denomina de "disposição captatória", prevista naquele dispositivo, e assim redigida a sua inviabilidade: "É nula a disposição: I – que institua herdeiro ou legatário sob a condição captatória de que este disponha, também por testamento, em benefício do testador, ou de terceiro".

É perceptível a finalidade do preceito: evitar que uma pessoa constranja a outra a favorecê-la também com o testamento, mas com a possibilidade de conseguir um patrimônio bem mais substancioso. Por isso a proibição, visto que o sentido de "captação" corresponde a artifício tendente a obter de alguém uma liberalidade. Induz-se a vontade pela promessa de também testar, ou pela apresentação de um testamento já feito a seu favor. Mas para chegar a este ponto devem ter havido negociações, discussões e tratativas, que resultaram na realização de um testamento. A vontade do outro testador ficou sugestionada pela promessa, ou pelo testamento a que se chegou por meio das promessas e, talvez da negociação.

Parece que o dolo unicamente desta maneira pode anular o testamento, se configurado em seus elementos, assim elencados e explicados por Pontes de Miranda: "Para que o dolo vicie a disposição de última vontade, é preciso:

1. Que haja intenção de induzir o testador a testar, a deixar em herança ou legado ou *modus* – a beneficiar, em suma, ou deixar de beneficiar alguém.

2. Que os artifícios fraudulentos sejam graves: o direito não pode ofender a pureza da vida, a perfeita correção moral das relações humanas.

3. Que seja causa da celebração da vontade".[1]

Evidenciado o dolo, anula-se a disposição, lecionando Tito Prates da Fonseca: "A sugestão pode ser dolosa. O dolo, nas liberalidades, tem aspecto próprio. As manobras dolosas, para conseguir a disposição, consistem em inspirar ou desenvolver, no disponente, desafeição aos seus herdeiros ou àquele em cujo favor ia dispor, ou no provocar-lhe, em proveito do doloso, uma afeição fundada em causas fictícias. Se as manobras logram resultado, há sugestão".[2]

Orlando de Souza mostrava o cerne das manobras: "A captação é a ação de se apoderar habilmente do espírito de alguém, a fim de obter dele liberalidade por testamento ou por doação. Para consegui-lo, o captador, com fingida amizade, excessos de carinho, encômios, presentes, surpreende a inteligência do testador, com falsas aparências de verdade, e lhe obscura a razão com falsas deduções".[3]

A nulidade assenta também na proibição de pactos sucessórios, ou de convenções testamentárias, eis que perde a liberalidade o caráter de pessoalidade e de livre disposição, elementos essenciais nos testamentos.

A lei presume a captação da vontade em várias circunstâncias, proibindo terminantemente que determinadas pessoas apareçam como favorecidas. Assim acontece com o art. 1.801, que afasta da condição de herdeiros ou legatários a pessoa que, a rogo, escreveu o testamento, ou o seu cônjuge, ou companheiro, ou os seus ascendentes, descendentes e

---

1 *Tratado dos Testamentos*, ob. cit., vol. I, pp. 162 e 163.
2 Ob. cit., p. 142.
3 *Prática dos Testamentos*, ob. cit., p. 73.

Cap. **XXVIII** | Nulidades e Anulabilidades das Disposições Testamentárias • **375**

irmãos; as testemunhas do testamento; o concubino do testador casado; o tabelião, civil ou militar, ou o comandante, o escrivão, perante quem se fizer ou aprovar o testamento.

Afora estes casos, não se gera automaticamente a nulidade, mas sim a anulabilidade, isto é, o ato torna-se anulável, e será desconstituído desde que se prove que o testamento decorreu de outro testamento, ou de promessa de outro testamento, feito ou prometido fazer pelo que é contemplado, e ficando este mais aquinhoado que aquele já contemplado, ou que recebeu a promessa de ser contemplado. Tal situação é importante. Se inexiste desvantagem da pessoa que tem a vontade captada, não há lógica em se anular a disposição.

A captação, às vezes, consiste em levar a pessoa a criar, em sua mente, uma desafeição, ou um desamor, ou um rancor infundado aos seus herdeiros. Consequentemente, para não os favorecer, a mesma pessoa faz um testamento, beneficiando outro indivíduo, ou o próprio instigador.

Nesse caso, e mesmo que o favorecido não seja o agente do vício, ou alguém que ele pretendia favorecer, presente está a configuração do dolo, da instigação maldosa. Anula-se o testamento se provada a influência no desvio da vontade, com o decorrente prejuízo aos herdeiros legítimos.

1.2. Pessoa incerta

No inciso II do art. 1.900, também se comina de nula a disposição que se refere a pessoa incerta, não sendo possível averiguar a sua identidade. Ter-se-ia um testamento sem testamentário.

Por mais que se procure apurar, não se chega à conclusão de quem é o favorecido, mesmo que no documento venham colocados elementos para saber a identidade. Em verdade, nada impede que não venha referido o nome da pessoa, mas cumpre que se indiquem determinadas circunstâncias, ou um evento futuro, com aptidão para especificar e individuar a pessoa visada.

Condição primária consiste em designar o indivíduo com o prenome e o nome de família, a residência, a profissão, a relação de parentesco e até, caso possível, referir o número da cédula de identidade, além de outros dados. Normal, porém, que o testador diga o nome da pessoa e o parentesco.

No entanto, admite-se a instituição quando referido que se nomeia herdeiro o empregado doméstico que atender o testador quando de sua morte, ou o médico que o acompanha, ou o administrador de seus negócios. Mesmo que essas pessoas não desempenhem as funções quando da lavratura do testamento.

Há casos mais difíceis, com um superior grau de indefinição. Exemplificando, quando é designada a pessoa que mora com algum parente, ou que cuida de uma fazenda de propriedade do testador, e mesmo quem se dedica a atividades benemerentes, desde que possível se aferir o beneficiado, vale o testamento. Não importa que se deva fazer prova para identificação, e que surjam vários candidatos.

Mas, persistindo dúvidas, supõe-se a nulidade. Exemplo de solução inatingível aparece quando se nomeia herdeiro um sobrinho referido pelo prenome, havendo mais de um com igual prenome. Como provar qual deles foi visado pela liberalidade? Unicamente se, em vida, a preferência, a estima, a maior intimidade, a convivência eram com um deles, a eleição recairá nesta pessoa. Mas a prova da predileção deverá ser cabal e completa, sob pena de nulidade da disposição.

376 • Direito das Sucessões | *Arnaldo Rizzardo*

1.3. Pessoa incerta identificável por terceiro

O inc. III do art. 1.900 proíbe que o testador comine a terceiro a identificação do favorecido. É difícil acontecer a situação. Seja como for, o testamento é um ato pessoal, e não em conjunto com outra pessoa. Nem é delegável a função de designar herdeiro, e muito menos permite-se a representação do testador.

O princípio deve ser compreendido dentro do disposto no art. 1.901, inc. I: "Valerá a disposição:

I – em favor de pessoa incerta que deva ser determinada por terceiro, dentre duas ou mais pessoas mencionadas pelo testador, ou pertencentes a uma família, ou a um corpo coletivo, ou a um estabelecimento por ele designado".

Transparece que o testador incumbe a terceira pessoa, especialmente ao testamenteiro, a tarefa de nomear o favorecido – não, porém, qualquer indivíduo ou entidade. Há uma relação, ou a menção de possíveis contemplados, cabendo ao terceiro a opção.

Na ordem do dispositivo, quanto às pessoas, indispensável que venham citados os nomes de várias delas. Ao terceiro cabe destacar aquela que receberá a herança. Simplesmente decidirá quem será beneficiado. Não se exige justificação, ou a obediência a critérios.

De outro lado, se o testador dirigir-se aos membros de uma família, ou aos parentes de certo grau, como aos sobrinhos, ou aos irmãos, ou aos primos, o terceiro escolherá dentre eles aquele que ele preferir – também sem qualquer justificação. Encarrega-se, *v. g.*, o irmão para escolher, dentre os sobrinhos, o herdeiro.

Da mesma forma, é admitida a escolha por terceiro, se os candidatos à herança integram um corpo coletivo. Refere-se, no testamento, que os bens são destinados a entidades religiosas ou de cunho social de um município, ficando o testamenteiro, ou o pároco da cidade, ou o bispo da diocese, com o encargo de eleger uma ou mais das entidades.

Finalmente, também admitida a escolha por terceiro se as pessoas pertencerem a um estabelecimento pelo testador designado. Assim, comina-se ao testamenteiro, ou ao diretor do estabelecimento, o encargo de escolher quem mereça o legado ou a herança, como em uma instituição de cegos, ou em uma escola, onde há pessoas que efetuam ou não o pagamento das despesas. O terceiro escolherá quem se encontra em maiores dificuldades econômicas.

E se o terceiro negar-se a escolher?

Não será o juiz que fará a escolha, visto que não se instaura um litígio para a concorrência das pessoas, cada uma procurando demonstrar que possui mais direito; apesar de, no legado, negando-se o terceiro nomeado a indicar qual a coisa (e restringe-se a escolha quanto à coisa, não ao favorecido) que caberá ao legatário, a substituição da incumbência recai no juiz – art. 1.930.

Na decisão da escolha, leva-se em conta unicamente elementos objetivos, isto é, as qualidades que conduzem a tornar herdeiro o escolhido. Para não haver injustiças, o melhor caminho é estabelecer que todos os parentes da categoria, ou das pessoas dentre as quais incidiria a escolha, recebam partilhado entre elas o patrimônio. Ninguém ficará lesado, embora recebendo bem menos do previsto no testamento. Outra forma de solução não é perceptível. Nem a nomeação de um substituto para que faça a escolha, eis que a designação teve em conta a confiança do testador, não sendo admissível derrogar esse critério.

Quando e como se procederá o cumprimento desta designação do testador?

Cap. XXVIII | Nulidades e Anulabilidades das Disposições Testamentárias • **377**

A pessoa incumbida de cumprir o testamento pedirá a sua abertura e execução. Quem for escalado para eleger o favorecido será notificado para que atenda o desígnio do testador em um lapso de prazo marcado pelo juiz.

Depois, segue-se o procedimento regular da execução.

1.4. Fixação do valor do legado pelo herdeiro ou por terceiro

Não prevalecerá a disposição que incumbe ao próprio herdeiro, ou a terceira pessoa, ser recebido na herança. Haveria um arbítrio exagerado, que exaspera os limites do testamento, pois unicamente ao testador é reconhecida capacidade para atribuir o patrimônio em razão de sua morte.

Mas existe uma exceção, trazida pelo inc. II do art. 1.901, em que o terceiro pode fixar o valor do legado, ou do bem a ser transmitido: "Valerá a disposição: (...) II – em remuneração de serviços prestados ao testador, por ocasião da moléstia de que faleceu, ainda que fique a arbítrio de herdeiro ou de outrem determinar o valor do legado".

Exclusivamente para remunerar os serviços prestados, durante a moléstia, por médico, enfermeiros e outras pessoas que atenderam o testador, pode designar-se um parente, ou herdeiro, ou o testamenteiro, para arbitrar o valor ou bem transmissível. Desde, porém, que não tenha havido pagamento, ou satisfação das despesas.

No mais, completamente impossível outorgar a outrem fixar o quinhão transmissível, ou o legado.

Surgem casos especiais. O testador, para ajudar a um filho, poderá consignar que deixa a ele o necessário para a conclusão de seus estudos, ou para a construção de uma casa de moradia, ou para estabelecer-se com um negócio mencionado. Como se percebe, não são discriminadas as importâncias, ou a quantidade de bens.

Não há configuração, aqui, da hipótese do inc. IV do art. 1.900. Está prevista uma possibilidade de delimitação do valor, que não fica indefinido. De modo que, ao cumprir-se o testamento e fazendo-se a partilha, terá que vir aos autos uma estimativa daquilo que é necessário para aquela finalidade.

De igual modo, consignando o testador que lega os rendimentos de certa conta, ou de bem, até o montante para a subsistência do herdeiro. Aqui, procede-se a um levantamento, considerando o nível de vida mantido quando vivia o autor da liberalidade, e institui-se a reserva do bem ou do valor, de modo a atingir o *quantum* necessário. Desde, no entanto, que não ultrapasse a parte disponível.

Nessas situações, não se deixa ao arbítrio exclusivo de terceiro a determinação do valor legado.

1.5. Favorecimento de pessoas não legitimadas a receber herança

É nula a disposição que contemple pessoa não legitimada a receber.

As pessoas não legitimadas a receber estão elencadas no art. 1.801. Não podem figurar como herdeiras ou legatárias:

> I – a pessoa que, a rogo, escreveu o testamento, nem o seu cônjuge ou companheiro, ou os seus ascendentes e irmãos;

II – as testemunhas do testamento;

III – o concubino do testador casado, salvo se este, sem culpa sua, estiver separado de fato do cônjuge há mais de cinco anos;

IV – o tabelião, civil ou militar, ou o comandante ou escrivão, perante quem se fizer, assim como o que fizer ou aprovar o testamento.

O art. 1.802 tem como nulas as disposições em favor de pessoas não legitimadas a suceder: "São nulas as disposições testamentárias em favor de pessoas não legitimadas a suceder, ainda quando simuladas sob a forma de contrato oneroso, ou feitas mediante interposta pessoa".

Indica o parágrafo único quem se considera interposta pessoa: "Presumem-se pessoas interpostas os ascendentes, os descendentes, os irmãos e o cônjuge ou companheiro do não legitimado a suceder".

2. ANULABILIDADES

Em inovação relativamente ao Código de 1916, consta do art. 1.909 regra sobre as disposições testamentárias anuláveis: "São anuláveis as disposições testamentárias inquinadas de erro, dolo ou coação".

Essas causas de anulação já constam na Parte Geral do Código Civil, no Capítulo que cuida dos defeitos do negócio jurídico.

Assim, quanto ao erro, reza o art. 138: "São anuláveis os negócios jurídicos, quando as declarações de vontade emanarem de erro substancial que poderia ser percebido por pessoa de diligência normal, em face das circunstâncias do negócio".

Naturalmente, decorre a nulidade se induzido em erro substancial o testador, cuja caracterização envolve a natureza do testamento, o seu objeto principal, ou alguma das qualidades que lhe são essenciais. Pode dizer respeito, ainda, à identidade ou à qualidade da pessoa contemplada. Estende-se a possibilidade de sua verificação quando de direito o erro, sendo exemplo a pretensão de realizar um ato ou negócio diferente do testamento, mas acaba por realizar esta forma de transmitir o patrimônio, como na confusão entre o comodato e a disposição de bens, sendo que a vontade era o primeiro negócio.

Para ser admitido o erro, impende que venha demonstrado haver influído na determinação do querer. Consta a destinação de um imóvel em compensação de favor recebido de certa pessoa. Descobre-se, depois, que outro foi o autor daquele ato, e que a pessoa beneficiada tinha uma simples semelhança com aquela que efetivamente atendeu o testador.

Torna-se anulável a disposição, e não o testamento em si. Procura-se corrigir o nome do destinatário, colocando-se aquele que efetivamente praticou o ato.

O dolo também ingressa como fator de anulação. Para tanto, deve viciar a vontade livre do agente do ato de liberalidade, criando uma representação errônea das circunstâncias que conduzem a formar a vontade. Diferencia-se do erro porque a representação errônea advém dos artifícios ou ardis utilizados pelo beneficiado. O testador é induzido a favorecer uma pessoa de modo tal que cria em sua mente uma ideia equivocada ou enganada, pensando que determinado indivíduo é seu herdeiro, e vindo a incluí-lo no ato de última vontade.

Já a coação vicia a declaração da vontade quando incute um temor de dano iminente e considerável à pessoa de quem a emite, ou à sua família, ou aos seus bens, nos termos

Cap. XXVIII | Nulidades e Anulabilidades das Disposições Testamentárias • **379**

do art. 151. A violência à vontade apresenta-se como a causa determinante do testamento, não se revelando em simples impropérios ou ineficientes intimidações de agressões partidas de pessoas inaptas ao esforço físico (de indivíduos doentes ou idosos). Muito menos se ostentam apropriadas as meras insinuações de se arrepender a pessoa se não efetuar o ato, ou de se buscar as providências legais a respeito de um direito que julga lhe favorecer.

Para surtir os efeitos de anulação, deve exteriorizar-se a coação como uma verdadeira violência, ou uma extorsão à pessoa, à sua família ou aos seus bens, de sorte a incutir um real constrangimento da vontade, a justificar o temor, retirando a liberdade de agir. Pode revelar-se em ameaça direta, como de infligir males físicos, ou velada, consistente em insinuar uma consequência negativa se não conseguido ou realizar um ato ou negócio.

Outras causas de anulabilidade existem, como as deficiências de redação, as rasuras, as ininteligibilidades, a carência de dados na descrição dos bens ou na indicação dos favorecidos, o alcance desconexo da disposição, cuja aferição envolve o exame no momento oportuno, dentro do contexto do testamento e de elementos probatórios que se apresentarem.

3. PRAZO PARA INVALIDAR A DISPOSIÇÃO

Há de se distinguir o prazo para invalidar a disposição em razão da nulidade ou da anulabilidade.

Quanto à nulidade, não contempla o Código especificamente alguma norma. Nota-se, no entanto, que o art. 1.859 reserva o prazo de cinco anos para impugnar a validade do testamento, contado da data de seu registro. Embora dirigida a regra à invalidade do testamento, estende-se à nulidade da disposição testamentária, nas ocorrências do art. 1.900, analisadas no item 1 acima. Não se pode olvidar que a disposição é parte integrante do testamento. Se tal o prazo para buscar a invalidade do testamento em si, com maior razão quando se restringe a uma simples disposição.

Diferente o tratamento do prazo de decadência para invocar a anulabilidade da disposição inquinada de vício de erro, ou dolo ou coação.

É de quatro anos o prazo para promover a anulação da disposição, restritamente nas hipóteses do art. 1.909, de acordo com seu parágrafo único: "Extingue-se em 4 (quatro) anos o direito de anular a disposição, contados de quando o interessado tiver conhecimento do vício".

Trata-se de prazo de decadência ou caducidade, incidente restritamente à disposição anulável por vício de vontade indicado no dispositivo acima. Não abrange, pois, as nulidades da disposição discriminadas nos incisos do art. 1.900.

Conforme examinado em capítulo anterior, ressalta a diferença quanto ao prazo de decadência para invocar a nulidade do testamento, que aumenta para cinco anos, e inicia com o registro do testamento, incidindo a aplicação também nas situações do art. 1.900.

Se anulável a disposição, surge o direito a partir do momento da ciência, pelo interessado, da existência do vício, e evidentemente depois da morte do autor da disposição.

Consoante a redação da regra, a anulação sujeita-se a se viabilizar durante um longo período, que pode se estender até a aquisição do direito por outra causa, como o usucapião.

Há um contrassenso com a nulidade do testamento e da disposição nos casos do art. 1.900, invocável a sua nulidade até o decurso de cinco anos a contar do registro. Já a mera disposição sujeita à anulação por vício, de menor alcance que o testamento, fica na

380 • Direito das Sucessões | Arnaldo Rizzardo

possibilidade de se anular indefinidamente, pois inicia o lapso de tempo a partir de seu conhecimento, o que é suscetível de ocorrer vários anos depois do decesso do *de cujus*.

4. EXTENSÃO DA INEFICÁCIA DA DISPOSIÇÃO TESTAMENTÁRIA

A ineficácia da disposição testamentária atinge as demais disposições que dependem daquela para surtirem algum resultado. Está o princípio no art. 1.910, aparecendo como inovação em relação ao Código anterior. Eis seu teor: "A ineficácia de uma disposição testamentária importa a das outras que, sem aquela, não teriam sido determinadas pelo testador".

Atinge a norma tanto a disposição nula como a anulável. Ou seja, submete-se a seus efeitos as disposições discriminadas no art. 1.900, como as do art. 1.909, sendo que todas restaram examinadas nos itens anteriores.

Cumpre aduzir que se está diante de uma exceção quanto à invalidade dos atos ou negócios jurídicos em geral, constante na primeira parte do art. 184, firmando que a invalidade parcial de um negócio jurídico não o prejudicará na parte válida, se esta for separável. No testamento, se nula uma disposição, aquelas que se seguirem e dela decorrerem padecem do mesmo efeito, isto é, ficam nulas.

Nesta ordem, tendo havido disposição instituindo herdeiro ou legatário sob uma disposição captatória, isto é, no sentido de o favorecido também dispor em benefício do testador, decorre a nulidade da disposição seguinte, prevendo a forma de se proceder a transferência, ou instituindo gravames nos bens, como a inalienabilidade.

Contemplando o testamento uma pessoa incerta, a nulidade alcança aquela disposição seguinte que impõe um encargo a esse favorecido.

Prevendo o testamento que pessoa incerta fica contemplada, e que uma terceira pessoa deve indicar esta pessoa incerta, a sua nulidade reflete na previsão que elenca os bens que cabem no favorecimento.

Se incumbir-se ao herdeiro, ou a outrem, a fixação do valor do legado, a invalidade abrange as cláusulas que discriminam os bens que integram o legado.

Figurando como herdeiros ou legatários a pessoa que assina a rogo do testador ou seus parentes próximos, ou as testemunhas, ou o concubino do testador casado, ou tabelião, invalidam-se as cláusulas que introduzem restrições, ou separam o patrimônio transferível.

Verificado que a deixa aconteceu porque induzido em erro o testador, a nulidade atinge os atos posteriores, que tratam dos frutos pendentes ou a serem produzidos.

Se, através de ardil, foi o indivíduo induzido a contemplar na deixa uma pessoa que a teria auxiliado numa dificuldade, e vindo a se apurar que não aconteceu tal ajuda, a nulidade da disposição retira também a validade das disposições que estabelecem a maneira de se exercer o proveito dos bens.

Tendo sido obrigado o testador, através de violência ou ameaça, a legar seus bens a uma concubina, resta sem efeito a cláusula estabelecendo que, na falta dela, herdam seus filhos.

As disposições ou cláusulas subsequentes decorrem naturalmente de uma cláusula anterior, e considerada principal.

XXIX

Inalienabilidade, Impenhorabilidade e Incomunicabilidade no Testamento

1. CONCEITO E CARACTERIZAÇÃO DA INALIENABILIDADE, IMPENHORABILIDADE E DA INCOMUNICABILIDADE

O assunto já restou abordado quando se desenvolveu o item "herdeiros necessários" do Capítulo sobre "Agentes da Sucessão e Vocação Hereditária".

Por estas cláusulas, oriundas do vetusto Direito, fica o herdeiro proibido de transferir o bem, como igualmente perde o direito de dele dispor plenamente, seja a título gratuito, seja a título oneroso. Pode-se afirmar que geram a indisponibilidade, embora não de modo absoluto.

O art. 1.911 autoriza ao testador impor tal limitação: "A cláusula de inalienabilidade, imposta aos bens por ato de liberalidade, implica impenhorabilidade e incomunicabilidade". A restrição igualmente aparece prevista no art. 1.848: "Salvo se houver justa causa, declarada no testamento, não pode o testador estabelecer cláusula de inalienabilidade, impenhorabilidade, e de incomunicabilidade, sobre os bens da legítima".

Está-se diante de restrições impostas ao direito de propriedade, advindas da sucessão. O Código Civil de 2002 trouxe modificações significativas relativamente à disciplina do Código anterior. Não se manteve a extensão e severidade do direito antigo. Muito perderam estas restrições da importância que os juristas antigos e a própria lei civil revogada lhe concediam. A evolução das ideias e dos critérios de valorização do homem e dos bens levou a considerar relativo o instituto, não se colocando grandes óbices para a sua extinção, em casos de razoável necessidade, tanto que o Código atual coloca óbices na sua estipulação.

Embora as acerbas críticas que grande parte da doutrina lhe assaca, justifica-se a sua existência como forma de proteção ao patrimônio, para evitar a sua dissipação, e, assim, assegurando-se uma garantia no futuro do beneficiado. Em face da possível imprevidência do mesmo, ou da inexperiência no manejo com o dinheiro, visa o testador assegurar-lhe alguns bens, principalmente o imóvel residencial, para que tenha uma renda garantida e um lar onde possa se abrigar.

Necessário o delineamento de cada espécie.

Quanto à inalienabilidade, eis a definição de Sílvio Rodrigues: "A cláusula de inalienabilidade é a disposição imposta pelo autor de uma liberalidade, determinando que o beneficiário não pode dispor da coisa recebida. De sorte que o domínio que o beneficiário

382 • Direito das Sucessões | *Arnaldo Rizzardo*

recebe é um domínio limitado, pois, embora tenha ele a prerrogativa de usar, gozar e reivindicar a coisa, falta-lhe o direito de dela dispor".[1]

Pela impenhorabilidade, os bens não podem ser penhorados pelos credores, constituindo uma garantia em favor da pessoa, atribuída a certos bens patrimoniais.

Em relação à incomunicabilidade, define-se como a restrição que impede a comunicação de certos bens. Constitui-se ou consensualmente, através de uma cláusula por força da qual são excluídos da comunhão universal determinados bens, mediante pacto antenupcial ou testamento; ou decorre de lei, tornando alguns bens incomunicáveis, embora o casamento se firme pelo regime de comunhão universal.

A inalienabilidade importa em impenhorabilidade e incomunicabilidade. Todavia, a impenhorabilidade e a incomunicabilidade não trazem a inalienabilidade, dada a redação explícita do art. 1.911.

Como ressalta do preceito transcrito, que se refere a ato de liberalidade, pode ser imposta pelo doador e pelo testador, vindo ela a impedir a transferência do domínio dos bens, ou a oneração por gravames e encargos como a servidão, o usufruto, a penhora e a hipoteca.

Efetivamente, apenas o testador e o doador encontram-se gabaritados para impor qualquer uma das cláusulas, sendo que sempre a favor de terceiros, como donatários, herdeiros e legatários, e nunca do próprio instituidor.

Durante a existência da pessoa favorecida, a propriedade permanecerá duradouramente com a cláusula imposta, exceto nas hipóteses previstas no parágrafo único do art. 1.911, e que consistem na autorização judicial ou em razão de desapropriação, vindo a primeira repetida no § 2º do art. 1.848, mas devendo o produto ser investido na aquisição de outros bens, ou aplicado em fontes de rendimentos, dando-se a sub-rogação nos ônus que gravavam os bens vendidos ou desapropriados.

Antigamente, o Código de 1916 referia-se mais à restrição da inalienabilidade, fazendo referência à incomunicabilidade apenas no então art. 1.723. O que não ocorre com o vigente diploma civil, como se percebe de seu art. 1.848.

Era dogmática a indisponibilidade, sequer admitindo cogitação em contrário, exceto no caso de desapropriação ou de execução para a cobrança de impostos relativos aos respectivos imóveis. Os tribunais, no entanto, abrandaram o rigorismo, e em vista de situações especiais ou prementes, permitia-se a alienação, mas sub-rogando-se sempre o produto em outros bens que trouxessem mais rentabilidade. Maria Helena Diniz trilhava entendimento parecido em tal sentido: "Autoriza a norma jurídica, ante prova de premente necessidade, a transferência da cláusula de inalienabilidade para outros bens livres (imóveis ou títulos da dívida pública), sendo que o bem onerado será avaliado previamente, para ser, em seguida, subastado, e o produto da arrematação será aplicado na aquisição dos títulos, por meio da Bolsa Oficial de Valores, ou de outro imóvel do interessado, desde que seja de valor equivalente ou superior, caso em que o juiz, por mandado, ordenará que se grave o desonerado e se levante o vínculo que pesa sobre o imóvel clausulado".[2]

Tanto que ficou assentado em acórdão: "Como lembra Clóvis Beviláqua (CC VI/105, 1958), 'a inalienabilidade não pode ser perpétua, posto que imobiliza os bens, impede a circulação normal das riquezas; e, portanto, antieconômica do ponto de vista social'".[3]

---

1 *Direito Civil, Direito das Sucessões*, ob. cit., Max Limonad Editor, vol. VII, p. 150.
2 *Direito das Sucessões*, ob. cit., 6º vol., p. 154.
3 Apel. Cív. nº 586055204, 3ª Câmara Cível do TJRGS, de 22.10.87, *Revista de Jurisprudência do TJRGS*, 133/199.

Cap. XXIX | Inalienabilidade, Impenhorabilidade e Incomunicabilidade no Testamento • 383

Outrossim, não apenas em tais eventualidades ocorria a permissão de venda para aquisição de novos bens. Igualmente em vista de certas conveniências para o instituído, como a aquisição de outros bens mais em conta, ou próximos, ou que oferecessem uma rentabilidade maior.

Na doação era mais difícil a sub-rogação, pelo menos enquanto vivia o donatário. Unicamente a ele se reconhecia a autoridade para a venda, com o escopo de aquisição de outro bem, ou para própria subsistência. Depois que morresse, em princípio ficava irretratável a cláusula, excetuadas hipóteses especialíssimas, sempre com a autorização judicial, e mediante a sub-rogação em outros bens.

Pelo Código atual, substancial revelou-se a mudança de rumo. Tanto pelo art. 1.848 como pelo parágrafo único do art. 1911, além da hipótese da desapropriação, abriu-se a possibilidade de deslocar-se para outros bens a restrição, matéria que se estenderá abaixo. Acresce anotar que, se não tiver sido justa a causa que levou à instituição, abre-se campo para a pretensão anulatória.

Sem autorização judicial, ou fora do caso de desapropriação, ou se, em ação própria, não se provar a injustiça da causa, persiste a proibição, que se desdobra nas várias formas que importam em alienação, como venda, doação, permuta e dação em pagamento. Abrange os atos que podem levar à transferência, como hipoteca e penhor, pois, do contrário, viável o uso de expedientes para infringir a lei. As dívidas que surgirem não encontrarão no patrimônio suporte para a sua satisfação.

Nem por usucapião se dá a perda, conforme observava Orlando Gomes: "Não o perde, porém, deixando que outrem o adquira pelo usucapião, conquanto não ocorra, na hipótese, alienação. Do contrário, a proibição poderia ser frustrada mediante conluio entre o proprietário e o possuidor. Prevalece, de resto, o princípio de que o usucapião não é aplicável aos bens inalienáveis.

A imprescritibilidade é, com efeito, uma das consequências virtuais da inalienabilidade, que também se produz quando determinada pela vontade particular".[4]

No entanto, não é de supor que a presunção de conluio constitua o normal. Ao contrário, difícil admitir que dure uma combinação, entre duas pessoas, por um período de quinze ou mais anos, e se desenvolva em uma trama capaz de engendrar um usucapião.

O terceiro que exerce a posse *ad usucapionem* encontra-se, por exigência da lei, em situação de boa-fé, sendo estranho à relação criada entre o testador e o herdeiro.

Diante disso, em princípio, não é afastada a viabilidade do usucapião envolvendo bens clausulados com tal restrição, não se admitindo, de outra parte, a imprescritibilidade.

2. A JUSTA CAUSA PARA VALER A INSTITUIÇÃO

A justa causa, para valer a instituição, surgiu imposta no art. 1.848 do Código, e não vinha no art. 1.723 do Código revogado, que lhe correspondia: "Salvo se houver justa causa, declarada no testamento, não pode o testador estabelecer cláusula de inalienabilidade, impenhorabilidade, e de incomunicabilidade, sobre os bens da legítima".

Operada a instituição sem uma causa plausível, ou não despontando alguma conveniência, abre-se o caminho para a revogação.

---

4 *Sucessões*, ob. cit., p. 198.

384 • Direito das Sucessões | *Arnaldo Rizzardo*

Realmente, cumpre que, para justificar a instituição, deve existir uma razão ou um motivo convincente de parte do testador. Em geral, clausula-se o patrimônio porque o herdeiro é perdulário, ou porque está ele casado com um cônjuge dado a vícios e a gastos imoderados, ou simplesmente para manter-se o patrimônio nas mãos dos familiares do morto. Dentro desta ótica, desaparecendo a causa, cessa a cláusula, inteligência esta nada nova, eis que já imperava quando da vigência do antigo Código: "Uma vez que a causa foi de todo aclarada, uma vez que não mais subsiste, justificável liberar os bens (...). Deve (a cláusula) ser interpretada realmente como uma cláusula temporária, enquanto existisse aquele patrimônio determinado". Daí a ementa: "Desaparecendo a causa expressa das cláusulas de incomunicabilidade, inalienabilidade e impenhorabilidade, ou seja, a existência de marido tido irresponsável, extinguem-se todas restrições".[5]

Em outra manifestação: "Ficam livres e desembaraçados os bens de que trata a cláusula de inalienabilidade vitalícia imposta contra atos de alienação do marido de herdeira se este vem a falecer, eis que perecida a razão do ônus, o sustentáculo circunstancial da existência da cláusula. Prevalecem, no caso, o princípio *sublata causa tollitur effectus* e a vontade dos testadores".[6]

Não se apresentam admissíveis ou coerentes a instituição e a manutenção de cláusula por mero capricho, sem qualquer razão plausível. Há de existir certa sensibilidade na persistência ou não de uma restrição que não revela qualquer sentido.

Finalmente, pelo art. 2.042, celebrado o testamento sob a égide do Código de 1916, reservou-se o prazo de um ano para, em aditamento, inserir a justa causa no testamento, contado da entrada em vigor do Código em vigor: "Aplica-se o disposto no *caput* do art. 1.848, quando aberta a sucessão no prazo de 1 (um) ano após a entrada em vigor deste Código, ainda que o testamento tenha sido feito na vigência do anterior, Lei nº 3.071, de 1º de janeiro de 1916; se, no prazo, o testador não aditar o testamento para declarar a justa causa de cláusula aposta à legítima, não subsistirá a restrição".

Reservava-se, pois, ao testador o prazo de um ano para aditar o testamento, expondo motivos no mínimo razoáveis para a incidência da restrição. Decorrido o lapso de tempo, sem que se procedesse à justificação, não persistiria a cláusula. E se o testador faleceu dentro do interregno do prazo, isto é, sem que estivesse esgotado? No caso, prevaleceria a cláusula de acordo com o sistema do Código revogado, eis que não implementado o prazo, durante o qual se possibilitava a referência das razões da restrição. Essa a inteligência mais coerente, cabendo prestigiar, ademais, a vontade do testador, certamente movida a dispor de tal maneira em razão de sérios motivos. É como já decidiu o STJ:

> – Direito civil e processual civil. Sucessões. Recurso especial. Arrolamento de bens. Testamento feito sob a vigência do CC/1916. Cláusulas restritivas apostas à legítima. Inalienabilidade, impenhorabilidade e incomunicabilidade. Prazo de um ano após a entrada em vigor do CC/2002 para declarar a justa causa da restrição imposta. Abertura da sucessão antes de findo o prazo. Subsistência do gravame. Questão processual. Fundamento do acórdão não impugnado.
>
> – Conforme dicção do art. 2.042 c/c o *caput* do art. 1.848 do CC/2002, deve o testador declarar no testamento a justa causa da cláusula restritiva aposta à legítima, no prazo de um ano após a entrada em vigor do CC/2002; na hipótese de o testamento ter sido

---

5 Apel. Cív. nº 598004803, 1ª Câmara Cível do TJRGS, de 25.04.89, *Revista de Jurisprudência do TJRGS*, 139/194.

6 Apel. Cív. nº 79876-3, 2ª Câmara Cível do TJMG, de 05.12.89, *RT*, 650/168.

Cap. XXIX | Inalienabilidade, Impenhorabilidade e Incomunicabilidade no Testamento • **385**

feito sob a vigência do CC/1916 e aberta a sucessão no referido prazo, e não tendo até então o testador justificado, não subsistirá a restrição.

– Ao testador são asseguradas medidas conservativas para salvaguardar a legítima dos herdeiros necessários, sendo que na interpretação das cláusulas testamentárias deve-se preferir a inteligência que faz valer o ato, àquela que o reduz à insubsistência; por isso, deve-se interpretar o testamento, de preferência, em toda a sua plenitude, desvendando a vontade do testador, libertando-o da prisão das palavras, para atender sempre a sua real intenção.

– Contudo, a presente lide não cobra juízo interpretativo para desvendar a intenção da testadora; o julgamento é objetivo, seja concernente à época em que dispôs da sua herança, seja relativo ao momento em que deveria aditar o testamento, isto porque veio à óbito ainda dentro do prazo legal para cumprir a determinação legal do art. 2.042 do CC/2002, o que não ocorreu, e, por isso, não há como esquadrinhar a sua intenção nos 3 meses que remanesciam para cumprir a dicção legal.

– Não houve descompasso, tampouco descumprimento, por parte da testadora, com o art. 2.042 do CC/2002, conjugado com o art. 1.848 do mesmo Código, isto porque foi colhida por fato jurídico – morte – que lhe impediu de cumprir imposição legal, que só a ela cabia, em prazo que ainda não se findara.

– O testamento é a expressão da liberdade no direito civil, cuja força é o testemunho mais solene e mais grave da vontade íntima do ser humano.

– A existência de fundamento do acórdão recorrido não impugnado, quando suficiente para a manutenção de suas conclusões em questão processual, impede a apreciação do recurso especial no particular.

Recurso especial provido.[7]

3. INCIDÊNCIA DA RESTRIÇÃO

Incide a cláusula nas legítimas dos herdeiros, e não unicamente na porção disponível. Os herdeiros legítimos receberão seus quinhões gravados com a restrição, se estabelecida no testamento ou no ato da doação.

Persiste ela enquanto durar a pessoa que foi contemplada como herdeira, ou cujo patrimônio foi gravado. Mostra-se inconcebível a persistência após o decesso de quem teve o testador o cuidado de proteger. Simplesmente desaparece com a morte, devendo, então, ser requerida a averbação, no registro de imóveis, de sua extinção.

De outra parte, a sua instituição aparece de forma acessória, tornando inalienáveis, ou impenhoráveis, ou incomunicáveis os bens objeto do testamento; ou de forma autônoma, isto é, simplesmente estabelece-se no testamento que o patrimônio disponível ficará onerado com tal restrição. Parece evidente que poderá abranger a cláusula todo o patrimônio da herança, mesmo que acarrete uma indisponibilidade injustificável e contrária aos princípios da sucessão hereditária.

A inalienabilidade admite várias extensões e espécies, malgrado a omissão de referência no vigente Código, no que era diferente o diploma civil anterior. Poderá ser vitalícia, durando enquanto viver o favorecido; temporária, quando estabelecida por um determinado período de tempo; absoluta, em que prevalece frente a qualquer pessoa, e abrangendo todos os bens; e relativa, permitindo a alienação em certos casos, ou para certas pessoas, ou excluindo da venda apenas alguns bens, devidamente especificados.

---

7   REsp 1.049.354/SP, 3ª Turma, relatora Ministra Nancy Andrighi, j. em 18.08.2009, *DJe* 08.09.2009.

4. SITUAÇÕES DE AFASTAMENTO DAS RESTRIÇÕES

O parágrafo único do art. 1.911 aponta as exceções que afastam a obrigatoriedade das restrições: no caso de desapropriação e de alienação por conveniência econômica: "No caso de desapropriação de bens clausulados, ou de sua alienação, por conveniência econômica do donatário ou do herdeiro, mediante autorização judicial, o produto da venda converter-se-á em outros bens, sobre os quais incidirão as restrições apostas aos primeiros".

A desapropriação independe da vontade da parte. Há um ato de império do Poder Público, que sequer permite a oposição, a menos que presentes vícios ou infrações legais. Já a conveniência econômica importa um juízo de aferição se realmente é vantajoso ou não o afastamento da cláusula, o que se procede judicialmente, e em geral através da avaliação do bem gravado e daquele que será adquirido. Em qualquer eventualidade, emprega-se o valor advindo em outros bens, que ficarão sub-rogados nas restrições.

Existem mais casos em que os bens ou alguns deles ficam excluídos das cláusulas. Assim acontece com as dívidas contraídas antes de sua instituição. É inadmissível que o testador ou doador implante a cláusula da alienabilidade de seu patrimônio, sob pena de se presumir que a intenção engendrada nada mais objetivou que se eximir da obrigação existente. Pinto Ferreira aduzia, em acréscimo: "A cláusula de inalienabilidade não veda nem impede a ação de credores, pelas dívidas do *de cujus*. Os bens respondem pela dívida do falecido. Onde há débitos, não existe herança".[8]

A restrição não impede a penhora ou qualquer ato de restrição dos bens pelas dívidas do falecido, visto que os efeitos da limitação atingem somente os herdeiros instituídos.

Essa a inteligência manifestada pelo STJ:

"Os bens deixados em herança, ainda que gravados com cláusula de inalienabilidade ou de impenhorabilidade, respondem pelas dívidas do morto.

Por força do art. 1.676 do Código Civil de 1916, as dívidas dos herdeiros não serão pagas com os bens que lhes foram transmitidos em herança, quando gravados com cláusulas de inalienabilidade e impenhorabilidade, por disposição de última vontade. Tais bens respondem, entretanto, pelas dívidas contraídas pelo autor da herança.

A cláusula testamentária de inalienabilidade não impede a penhora em execução contra o espólio".[9] O dispositivo citado corresponde ao art. 1.911 do vigente diploma civil.

Também não retira do herdeiro a administração e o proveito dos frutos que advêm da coisa. O herdeiro administrará o patrimônio recebido, decidindo quanto à melhor forma de aproveitá-lo, sendo ele o verdadeiro titular ou proprietário.

A livre disposição dos bens não é atingida a não ser por testamento. Apenas esta forma de transmissão é válida. Quem foi contemplado está autorizado a dispor, e a instituir a mesma cláusula.

Todos os rendimentos podem ser usufruídos de imediato, ou aproveitados na aquisição de outros bens, os quais não suportarão qualquer restrição na disponibilidade por ato entre vivos.

Não mais persiste a quebra das cláusulas por dívidas decorrentes do imóvel, exceção que era contemplada no regime anterior. Mesmo porque, se continuasse a prevalecer, outras

---

8 *Tratado das Heranças e dos Testamentos*, ob. cit., p. 420.
9 REsp. 998.031, 3ª Turma, j. em 11.12.2007, *DJU* 19.12.2007.

Cap. XXIX | Inalienabilidade, Impenhorabilidade e Incomunicabilidade no Testamento • **387**

dívidas com maior preferencialidade existem, como as de natureza trabalhista e tributárias em favor da União e dos Estados.

5. DÍVIDAS DO SUCESSOR CONTEMPLADO COM A CLÁUSULA

Contraindo dívidas o herdeiro contemplado, e vindo a morrer, como ficará a cláusula? Ela desaparece? A solução mais apropriada inclina-se pela afirmativa. Sabe-se que a restrição visa atender ou ajudar uma pessoa escolhida. Em função dela veio a ser implantada – sempre com alguma motivação forte, ou para impedir a venda de um patrimônio histórico e artístico, ou para proteger economicamente alguém, mormente se dado a vícios ou prodigalidades.

Com a morte desta pessoa, desaparece o interesse que revelara o testador. Exceto esta exegese se o testador, expressamente, ostentara uma disposição contrária, no sentido de perdurar a cláusula aos membros da família.

As dívidas que forem contraídas após a instituição do testamento não serão garantidas pelo patrimônio. Quanto às que existiam antes, também ficam abrigadas pela impenhorabilidade, mesmo que imposta somente a inalienabilidade. Importa considerar o fato da inalienabilidade, que aparece em determinado momento e passa a valer e a regrar situações que iniciam a perdurar no tempo, mas abrangendo o período anterior. Tudo, porém, passando a valer após a morte da pessoa beneficiada. Em vida, com ou sem testamento, não se opera a transmissão.

6. DISTINÇÃO DO FIDEICOMISSO

Alguma proximidade parece existir entre a inalienabilidade e o fideicomisso. Tito Prates da Fonseca configurou as duas figuras: "Pela substituição fideicomissária, o direito de usar e dispor vem para o sucessor conjuntamente com a propriedade, nesta integrado. A propriedade, porém, é restrita e resolúvel. Há a obrigação de conservar o bem e transmiti-lo a outrem – o fideicomissário.

O fiduciário não pode alienar definitivamente a coisa, porque ela será de determinado sujeito, mais tarde.

Na cláusula de inalienabilidade, o sucessor é proprietário, usa e frui, mas não pode dispor, porque não tem o *jus abutendi*".[10]

No fideicomisso há o encargo de conservar e transmitir a coisa a uma pessoa determinada, quando advier o termo ou for realizada a condição.

Em se tratando de inalienabilidade, falta o elemento da transmissão em certo momento, ou quando da realização de uma condição. A propriedade ficará com o respectivo titular, até sua morte. O máximo permitido é a sub-rogação em outros bens.

7. A NÃO IMPLICAÇÃO DE INALIENABILIDADE PELA IMPENHORABILIDADE E IN-COMUNICABILIDADE

As duas últimas cláusulas decorrem da inalienabilidade, possuindo um sentido semelhante, no que se mostra expresso o art. 1.911: "A cláusula de inalienabilidade, imposta aos bens por ato de liberalidade, implica impenhorabilidade e incomunicabilidade".

---

10 Ob. cit., p. 199.

388 • Direito das Sucessões | *Arnaldo Rizzardo*

Pela impenhorabilidade, os bens não podem ser penhorados pelos credores, constituindo uma garantia em favor da pessoa, atribuída a certos bens patrimoniais.

Decorre esta restrição de lei ou de convenção. O Código de Processo Civil, no art. 833, estabelece inúmeros bens impenhoráveis, como os salários e os instrumentos de trabalho. A Lei nº 8.009, de 1990, em seus arts. 1º e 2º, também ressalva da constrição o imóvel residencial e os móveis que o guarnecem. Da mesma forma a Constituição Federal, no art. 5º, inc. XXVI, no tocante à pequena propriedade rural. Aqui, no entanto, interessa a impenhorabilidade convencional, estabelecida por disposição testamentária, a qual poderá acompanhar a transmissão de bens, ou ser autônoma, isto é, vir simplesmente instituída pelo testador sobre os bens disponíveis, e não sobre todo o patrimônio. Neste caso, em relação a todos ou a alguns herdeiros, estabelece-se que determinados bens não respondem pelas dívidas, nem se sujeitam à penhora.

Não há, aqui, a amplitude da inalienabilidade. Não se impede, pois, a alienação.

Nesta ótica, vê-se que a impenhorabilidade não provoca a inalienabilidade, mas esta determina aquela. Realmente, se penhorável um bem inalienável, fatalmente dar-se-ia a venda judicial, caindo por terra a restrição de não ser transmissível em vida do favorecido.

Quanto à incomunicabilidade, define-se como a restrição que impede a comunicação de certos bens. Constitui-se ou consensualmente, através de uma cláusula por força da qual são excluídos da comunhão universal determinados bens (arts. 1.639 e 1.657 do Código Civil), mediante pacto antenupcial ou testamento; ou decorre de lei, tornando alguns bens incomunicáveis – art. 1.668 do Código Civil, embora o casamento se firme pelo regime de comunhão universal.

Faculta-se que venha de modo acessório ou autônomo no testamento, como acontece com a impenhorabilidade.

Havendo a cláusula da inalienabilidade, implicitamente decorre a incomunicabilidade. Mas, como acontece com a impenhorabilidade, é mais extensa a inalienabilidade, determinando que não se comunicam os bens. Todavia, pactuando somente que não se comunicam, não decorre a proibição de sua alienação.

Resumindo, a impenhorabilidade e a incomunicabilidade decorrem da inalienabilidade, pois se um bem é inalienável não poderá se comunicar porque deve continuar exclusiva a propriedade. De igual modo, impede-se a penhora, eis que a venda em hasta pública, por efeito de uma execução, não deixa de ser uma alienação.

Assim, não é de rigor se incluam no testamento as três cláusulas. Para a proteção total, suficiente a inalienabilidade, eis que, como já vinha no teor da Súmula nº 49 do Supremo Tribunal Federal, preconizando o atual art. 1.911, "a cláusula de inalienabilidade inclui a incomunicabilidade de bens".

8. SUB-ROGAÇÃO E VENDA DOS BENS INALIENÁVEIS

Em princípio, mantém-se a cláusula da inalienabilidade durante toda a existência do herdeiro instituído. Os bens carregam esta limitação sem possibilidade de revogação. Caso desrespeitada a cláusula, o negócio envolvendo a transferência sujeita-se à anulação, promovível por qualquer interessado, a todo o tempo, enquanto não se operar a aquisição prescritiva, que inicia, obviamente, com o decesso do herdeiro.

Há, no entanto, alguns casos que autorizam a alienação com a finalidade de serem adquiridos outros bens com o valor obtido.

Cap. XXIX | Inalienabilidade, Impenhorabilidade e Incomunicabilidade no Testamento • **389**

O art. 1.911 abre tal possibilidade, embora restritamente às hipóteses do parágrafo único do art. 1.911: "No caso de desapropriação de bens clausulados, ou de sua alienação, por conveniência econômica do donatário ou do herdeiro, mediante autorização judicial, o produto da venda converter-se-á em outros bens, sobre os quais incidirão as restrições apostas aos primeiros".

Nota-se que duas são as situações que comportam a transferência da cláusula, e que acontecem com a transmissão do bem, levando a sub-rogar-se o valor conseguido em outros bens: a desapropriação e a alienação por conveniência econômica. No pertinente à última, vem reforçada pelo § 2º do art. 1.848: "Mediante autorização judicial e havendo justa causa, podem ser alienados os bens gravados, convertendo-se em outros bens, que ficarão sub-rogados nos ônus dos primeiros". Chega-se que basta a mera conveniência econômica para tipificar a justa causa.

No regime do Código anterior, ao invés da segunda situação, contemplava-se a execução por dívidas provenientes de impostos relativos aos respectivos imóveis.

Na verdade, o dispositivo acima simplesmente orienta o modo de aplicar o dinheiro obtido com a venda.

Há várias outras situações que não impedem a venda e sub-rogação. A casuística forense tem revelado a prática constante de autorizações judiciais, colhendo-se, como diretriz básica, a necessidade ou conveniência do titular do bem. Assim quanto ao imóvel improdutivo, ou sito em local distante, ou com o prédio em decomposição. Mesmo para investir o dinheiro em outro imóvel, que traga maiores rendimentos.

Sempre, no entanto, o valor será empregado em outro imóvel, ou em títulos da Dívida Pública da União.

O procedimento judicial para conseguir a autorização, afora os dois casos inseridos no dispositivo acima, eis que decorrem de lei, e seguem os trâmites da desapropriação ou execução, é singelo. Basta formular o pedido, com a devida justificação, indicando-se, desde já, qual o bem que será adquirido com o valor advindo da venda.

Citam-se os interessados, se existirem. Realiza-se, depois, uma perícia de avaliação para saber a estimativa ou o valor do bem a ser vendido e daquele que adquirirá o proprietário, culminando com a decisão do juiz, que aferirá, sempre, a conveniência da operação pretendida.

O caminho processual, porém, a teor do art. 725, inc. II, do CPC, obedecerá aos passos dos arts. 721 e seguintes do mesmo diploma, que, em última análise, não se afastam daquele esquema. É obrigatória a intervenção do Ministério Público, se houver interesse público ou incapaz presente no processo; também se chamará a Fazenda Pública, visto que exigível o imposto de transmissão, já que, na verdade, a sub-rogação envolve a venda de um e a compra de outro imóvel.

Segundo já observado, perdeu a inalienabilidade aquela sacralidade que tinha antigamente. As possíveis manobras que o herdeiro faz, depois do inventário, para a venda, atingem primeiramente ele próprio. Se passar por cima dos mecanismos judiciais, e vier a conseguir a autorização, o primeiro prejudicado será ele mesmo.

É prática constante, também, a transferência da restrição de um bem para outro. A pessoa contemplada com a cláusula busca a autorização judicial para a sua transferência em outro bem – que merece acatamento se caracterizada a equivalência de valor entre uma e outra coisa.

Não revela maior importância o bem indicado no testamento, mas a própria garantia instituída, que deve perdurar através dos tempos.

Propícia, ainda, a lição de Washington de Barros Monteiro: "A lei assegura ainda ao proprietário o direito de remir o imóvel vinculado. Para exercê-lo, bastar-lhe-á que, antes de assinado o auto de arrematação, ofereça, em substituição, apólices de valor igual ou superior ao do maior lanço acima da avaliação, ou ao desta, na falta de licitantes (Decreto-Lei nº 6.777, de 08/08/44, art. 2º). Pode fazê-lo igualmente mediante oferta de quantia em dinheiro correspondente a tais valores".[11]

De ponderar que não mais se leva ao extremo o rigorismo de épocas antigas, quando prevalecia o formalismo, desenvolvendo-se longas justificativas sobre o assunto. Mesmo porque raras são hoje as disposições testamentárias a respeito, muito tendo evoluído o Direito, e não se afigurando coerente que, em casos de grande necessidade, sem que se apresente extrema, negue o juiz o direito. Em face da finalidade do patrimônio, deverá o juiz autorizar não apenas a sub-rogação, mas até o cancelamento da cláusula. Não soa com o bom-senso se procure preservar o patrimônio para o futuro, ou se impeça a venda para dar garantias ao futuro, a preço da miséria ou de toda sorte de contingências no presente.

9. CONVERSÃO DOS BENS DA LEGÍTIMA

Conforme o art. 1.723 do Código revogado, permitia-se ao testador a conversão dos bens da legítima em outros. Vale afirmar que existia uma faculdade reconhecida ao testador em prescrever cláusulas aos seus beneficiados, de conversão dos bens em outras espécies. Não apenas o patrimônio disponível, mas as próprias legítimas submetiam-se a esta liberdade concedida ao testador.

O Código Civil em vigor alterou diametralmente a disposição, constando do § 1º de seu art. 1.848: "Não é permitido ao testador estabelecer a conversão dos bens da legítima em outros de espécie diversa". Não terá validade, pois, a disposição ordenando que a legítima de um filho seja integrada apenas por imóveis, ou por títulos que trazem rendimento, ou por participações em sociedades empresárias, ou por ações, ou por dinheiro depositado em investimentos bancários. Nem preponderará a estipulação mandando que os investimentos deverão ser transformados em imóveis, porquanto infundem estes maior segurança. Fica, ainda, suprimida a permissão de conversão de bens móveis em imóveis, ou vice-versa, ou de dinheiro em bens, de áreas rurais em apartamentos, de ações nominativas em preferenciais.

---

11 Ob. cit., *Direito das Sucessões*, p. 149.

XXX
Legados

1. CONCEITO

O legado refere-se à sucessão e é instituído no testamento.

Existe a sucessão legítima, sem testamento, figurando nela apenas herdeiros legítimos. Há, também, a sucessão testamentária, que se subdivide em duas espécies: aquela em que somente se instituem herdeiros, sem especificar os bens a eles atribuídos; e a que envolve a especificação dos bens aos mesmos. Nesta última hipótese, dá-se a sucessão testamentária com legados. Por outras palavras, as pessoas contempladas na sucessão testamentária ou sucedem numa quota ideal da herança, ou em bens determinados e específicos. No primeiro caso, tem-se um herdeiro universal, participando do monte-mor sem a individuação dos bens que lhe são transmitidos; já no segundo, herda-se na coisa singular ou individuada. Coerente, então, afirmar-se que o herdeiro comum, legítimo ou testamentário, envolve uma noção de sucessão a título universal, enquanto o legatário coaduna-se à sucessão a título singular.

Arnoldo Wald evidencia a figura do legado com rara clareza: "O legado é definido com bem certo e determinado, integrante da herança deixada pelo testador a alguém (legatário) a título singular".[1] Há uma disposição testamentária a título singular, onde consta que o testador deixa um ou mais bens particulares ou individualizados a uma pessoa estranha ou não à sucessão legítima. Diz-se a título singular, visto não contemplado o herdeiro na universalidade do patrimônio, mas em bens referidos ou destacados, não importando que formem uma ou várias individualidades.

Ainda presta-se a definição de Lacerda de Almeida, para bem tipificar esta espécie de disposição: "Legado é a deixa de bens a uma pessoa que é o legatário; é uma disposição direta, na qual o próprio testador se dirige ao legatário dando-lhe a coisa legada, ou ordena ao seu testamenteiro ou ao herdeiro que lha dê".[2]

Ressalta, pois, que o testador dirige sua liberalidade a alguém, dizendo quais os bens lhe tocam. Neste sentido, prima o esclarecimento de Sílvio Rodrigues: "No legado, a liberalidade tem por objeto uma coisa determinada, ou uma cifra em dinheiro, como no caso de o testador dispor que deixa a certa pessoa o prédio situado em tal lugar, ou uma importância em dinheiro, ou seu automóvel, ou seu avião, caracterizados no testamento. Na herança, ao

---

1 Ob. cit., *Direito das Sucessões,* vol. V, p. 124.
2 Ob. cit., p. 356.

contrário, o herdeiro sucede o *de cujus*, por força da lei ou de testamento, em uma universalidade, quer no tocante ao seu patrimônio, quer em parte dele".[3]

Alongam-se os autores em distinguir o legado da herança, salientando traços comuns, como pertencerem as duas espécies ao processo sucessório, mas distinguindo-se por corresponder o legado a uma coisa determinada e certa, enquanto a segunda envolve uma universalidade. Vai-se ao extremo de nem considerar o legado um fenômeno sucessório, mas apenas aquisitivo, nas palavras de Ney de Mello Almada: "Na herança, percebe-se um fenômeno sucessório; no legado, há tão só um fenômeno aquisitivo. Escreve Domênico Barbero haver na herança essencial e diretamente uma sucessão; eventualmente, como consequência, aquisição ou perda patrimonial. Diferentemente, no legado existe essencial e diretamente uma aquisição, e uma sucessão, não como causa, mas como efeito".[4]

Para Orlando Gomes, não vai além o legado de uma liberalidade *mortis causa* instituída numa disposição de última vontade.[5]

Todavia, é indiscutível que ocorre um processo sucessório, e que os bens deixados pelo *de cujus* formam a herança. Com a diferença apenas de que, no legado, individuam-se os bens. Na prática, as diferenças se esvaecem, pois o patrimônio, de um modo ou de outro, transfere-se aos herdeiros, instituídos ou legítimos.

Obviamente, despontam as diferenças, sem, no entanto, descaracterizarem a mesma origem e a natureza sucessória. A principal delas consiste na extensão da sucessão legítima ou testamentária. O herdeiro investe-se na propriedade dentro do todo, ou no acervo ativo e passivo, não ficando isento das obrigações, enquanto o legatário fica restrito unicamente aos bens transmitidos. Nesta ordem, a responsabilidade pelas dívidas é maior quanto ao patrimônio; já o segundo, embora não se eximindo, tem legitimada a responsabilidade proporcionalmente ao legado. De notar, ainda, a posse direta e imediata dos bens do espólio pelo herdeiro; já o legatário depende da partilha, ou deferimento da posse por decisão do juiz. Comum o recebimento dos bens apenas quando expedido o formal de partilha.

Entretanto, a regulamentação é a mesma daquela para o testamento em geral. Daí os idênticos princípios existentes para o testamento comum e para a própria sucessão legítima.

A diferença revela-se também entre o herdeiro instituído e o legado, a qual já vinha destacada por Orosimbo Nonato: "Distingue-se a instituição de herdeiro do legado. Na primeira, há a transmissão da totalidade de seu patrimônio, ou parte dele, abstrata e ideal. No legado, o titular é sucessor a título particular, é sucessor em objetos, em coisas limitadas pela quantidade ou situação".[6]

Lembra-se, ainda, que na sucessão legítima contemplam-se apenas os herdeiros legítimos, enquanto na testamentária há a bipartição na parte disponível e naquela dos legados, mas tudo dentro de um mesmo esquema.

2. ELEMENTOS HISTÓRICOS

Quando surgiu o legado, tinha-se o mesmo mais no sentido de uma doação ou de fideicomisso. Colhem os exegetas uma frase do jurisconsulto Modestino, que dizia: "*Legatum est donatio testamentum relicta*". Havia uma disposição de caráter particular, dirigida

---

3 *Direito Civil, Direito das Sucessões*, ob. cit., vol. VII, p. 157.
4 Ob. cit., vol. II, p. 165.
5 *Sucessões*, ob. cit., p. 204.
6 Ob. cit., vol. III, p. 10.

a fazer uma liberalidade através de uma coisa certa. Distinguia-se do testamento porque nele era nomeada uma pessoa para a sucessão após a morte, isto é, simplesmente para a sucessão *in genere*, e não em um bem determinado.

Lembram, de outro lado, os juristas Henri, Léon e Jean Mazeaud: "El trazo caracteristico del sistema sucesorio romano consiste en la liberdad testamentaria, que no conoció obstáculos a favor de los legitimarios sino a partir del fin de la República. El de cujus tenía el derecho a designar a su heredero, a quien se le creaba una situación idéntica, desde todos los puntos de vista, a la del heredero ab intestato".[7]

Teve o legado uma evolução, havendo escritos que se referiam a quatro espécies antigas e, inclusive, que era permitido o recebimento do bem antes da partilha. Uma das espécies consistia em ordenar ao herdeiro dar ou fazer algo em favor do legatário. Depois os jurisconsultos reduziram a duas as modalidades, e ao tempo de Justiniano ocorreu a unificação, permanecendo, sempre, então, como única forma, a de dar em vida para valer depois da morte, originando o legado moderno.

No Direito português, o tratamento era esparso em vários livros, evoluindo para uma proteção efetiva especialmente através do Alvará de 9 de novembro de 1754. No Brasil, a matéria veio desenvolvida na Consolidação de Teixeira de Freitas, com muita amplitude, praticamente transferida para o Código Civil de 1916, e dando-se a incorporação pelo Código de 2002, que manteve substancialmente o sistema de outrora, embora com melhoria e atualização da redação.

3. SUJEITOS QUE INTEGRAM O LEGADO

No legado, há três sujeitos: aquele que faz o legado; aquele que o recebe e aquele que fica obrigado a cumprir ou executar a vontade do testador.

Quem faz o legado é o testador, denominado legante. Obviamente, exigem-se os mesmos requisitos do testamento comum, especialmente no que concerne às coisas legadas e à capacidade de testar. Unicamente com a diferença de que os bens devem ser nomeados. Sendo um único o herdeiro, não restando sucessores legítimos necessários, de nada adianta a indicação dos bens, eis que, de qualquer sorte, todo o patrimônio irá para o herdeiro.

Quanto à pessoa que recebe o legado, ou legatário, muito também não há a dizer. Pode ela concorrer com outros herdeiros testamentários, a quem não se discriminam os bens a serem-lhes atribuídos, e com herdeiros necessários – estes contemplados com a parte não disponível. Mas primeiramente são favorecidos os legatários, dentro da meação disponível. O restante dentro deste *quantum* irá aos demais instituídos, tudo de acordo com o art. 1.907, aplicável ao caso, pois integra as disposições gerais dos testamentos: "Se forem determinados os quinhões de uns e não os de outros herdeiros, distribuir-se-á por igual a estes últimos o que restar, depois de completas as porções hereditárias dos primeiros".

No caso de atribuído ao herdeiro legítimo o legado, denomina-se "prelegado", ou "legado precípuo", passando a pessoa favorecida a ser herdeira e legatária.

Assim como ocorre no testamento, a qualquer pessoa autoriza-se figurar na qualidade de legatária – física ou jurídica, e, neste caso, civil ou comercial.

---

7   *Lecciones de Derecho Civil*, Parte 4ª, Buenos Aires, Ediciones Jurídicas Europa – América, 1965, vol. II, p. 318.

Necessário que exista a pessoa quando da abertura da sucessão, como orientam Ludwig Enneccerus, Theodor Kipp e Martín Wolff: "El legado es ineficaz cuando el designado ya no vive o cuando la persona jurídica ya se ha extinguido en el momento de la apertura de la sucesión. Evidentemente, hay que entender esta regla con la reserva de que podría existir válidamente un legatario sustituto vulgar".[8]

A pessoa obrigada a executar o testamento é aquela que se considera onerada. Mas onerada porque lhe incumbe executar a verba testamentária. Ou seja, porque a ela se transmite desde logo a herança, e, com o inventário, efetuando-se o cumprimento do testamento, deverá passar a parte do legado. Mais precisamente, a todos os herdeiros cumpre transmitir o legado, visto que os bens, com a morte do autor da herança, foram recebidos por eles.

Orlando Gomes esclareceu de modo a não deixar dúvidas: "É sobre o onerado que recai o ônus do legado. Tal ônus é imposto, de regra, aos herdeiros conjuntamente. Nada impede, entretanto, que o testador o atribua a um dos coerdeiros, expressamente designado na disposição. Na primeira hipótese, cada herdeiro está obrigado a satisfazer o legado na proporção de sua quota. Se o testador houver legado coisa pertencente a um herdeiro, o ônus pesará sobre todos, compensando-se o seu valor com dinheiro, proporcionalmente".[9]

Também segue importante a lição de Carvalho Santos: "O herdeiro sucedido no *universum jus defuncti*, representando-o, e continuando a sua pessoa, toma conta do patrimônio hereditário pela própria qualidade; em virtude desta passa a ter o direito à posse que adquiriu da coisa hereditária. O mesmo, porém, já não sucede com o legatário; ele deve receber o objeto do legado do herdeiro; como no caso de doação entre vivos teria recebido do doador".[10]

Ressalte-se que o próprio legatário, o favorecido, pode ficar onerado com um legado, no sentido de cumprir uma determinação para outra pessoa.[11]

A pessoa onerada, é bom insistir, fica apenas obrigada a atender o testamento, a cumpri-lo, a transferir o legado. E isto, em geral, cabe ao testamenteiro, ou ao inventariante, ou a quem o testador indicar.

A transmissão dar-se-á *in totum*, inclusive os frutos e rendimentos, pois na verdade, por direito, o inventário não passa da formalização do ato testamentário, que é o marco definidor da época da transmissão. Daí remontar o direito do legatário à data da transmissão, que é a do óbito do inventariado.

4. OBJETO DO LEGADO

Em regra, todos os bens que se encontram no domínio da pessoa podem ser objeto do legado. Há uma disposição de bens, a qual envolve unicamente o que se encontra no patrimônio do testador. Mas impõe-se que sejam individuados para caracterizar o legado.

Washington de Barros Monteiro discrimina a relação de bens: "Em regra, qualquer coisa no comércio é suscetível de legado: móveis, imóveis e semoventes; direitos e ações, créditos, haveres em sociedades comerciais, patentes de invenção, marcas de fábrica, títulos de estabelecimentos, dinheiro de contado ou em conta-corrente, títulos particulares e

---

8 *Derecho de Sucesiones*, tradução 8ª ed. alemã, Barcelona, Bosch – Casa Editorial, 1951, vol. II, p. 151.
9 *Sucessões*, ob. cit., p. 205.
10 Ob. cit., vol. XXIII, p. 351.
11 Enneccerus, Kipp e Wolff, ob. cit., vol. II, p. 147.

apólices da dívida pública; coisas presentes e futuras, corpóreas e incorpóreas; até mesmo prestação de fatos pode ser objetivada em legado, como, exemplificativamente, a construção de um prédio. Se o legado concernir à propriedade de marca, título de estabelecimento, insígnias e expressão ou sinal de propaganda, deverá compreender conjuntamente o respectivo gênero de comércio ou indústria".[12]

Os bens não precisam necessariamente apresentar valor econômico; basta que tenham alguma significação moral, artística ou religiosa. Em vista de ligações mais íntimas com algum herdeiro, procura o testador legar a ele o retrato de família, ou os objetos pessoais, e mesmo obras de arte e de cunho religioso.

Se não estimados economicamente, não há como fazer a conferência de valores na partilha final. Ocorre um envolvimento, no testamento, de coisas sem uma dimensão ou apreciação econômica.

Ao legatário autoriza-se a imposição de um encargo. Destina-se, *v. g.*, o valor com o fito de fornecer assistência médica a uma pessoa nomeada, ou de prestar alimentos a alguém necessitado. Ilustra Carvalho Santos: "O que é preciso, ainda, esclarecer é que, quando se diz que o objeto do legado deve consistir em coisas que estejam no comércio, a expressão 'coisa' abrange, igualmente, os fatos que sejam matéria de comércio. Poderá, por isso mesmo, o testador ordenar ao herdeiro: que à sua custa faça reparar a casa de fulano, ou construir para fulano um prédio em tal lugar. Poderá ordenar, igualmente, a ereção de um monumento a fulano, ou a canalização de água potável, para determinado imóvel etc."[13]

Os encargos, no entanto, devem ser compatíveis com o valor patrimonial do legado.

Não está o herdeiro contemplado obrigado a aceitar a disposição. A renúncia à herança, e, assim, ao legado, é um princípio que incide em todas as disposições.

Manifestada a renúncia, o bem entra na partilha comum, se outro destino não tiver ficado consignado no testamento. Mas isto não acarreta a obrigação de cumprir a vontade do testador pelos herdeiros que forem contemplados com o bem que era objeto do legado.

Orlando Gomes discriminou o que integra o objeto do legado: "O objeto do legado deve ser material e juridicamente possível. Em se tratando de coisas, a impossibilidade jurídica resulta de estarem fora do comércio. A incomercialidade pode ser relativa. Os direitos personalíssimos também não podem ser objeto de legado por impossibilidade jurídica.

Com referência às ações a serem praticadas pelo legatário, são juridicamente impossíveis as que contrariam a lei, a ordem pública e os bons costumes.

Pode o testador encarregar o legatário de fazer, ou não fazer, alguma coisa".[14]

O mais comum, porém, é o legado de coisa, ou de um bem determinado e que existe quando da lavratura do testamento. Não invalida a deixa se determinado genericamente o bem, tornando-se identificável pela qualidade e quantidade. Por exemplo, a menção de um cereal, ou de semoventes de uma raça específica.

Mas, conseguindo uma coisa inexistente, a qual posteriormente surge, mantém-se a validade da deixa; o mesmo sucede se, existente, some depois a coisa. Igualmente, quando não existir nem quando da instituição do legado, nem no momento do óbito. Unicamente torna-se incumprível o legado. Não se admite, porém, o legatário querer indenização, perante a sucessão, pelo fato da inexistência do bem.

---

12 Ob. cit., *Direito das Sucessões*, p. 155.
13 Ob. cit., vol. XXIII, p. 353.
14 *Sucessões*, ob. cit., p. 206.

5. ESPÉCIES DE LEGADOS

Em função do objeto, costuma-se dar uma classificação aos legados, cujo interesse no exame é mais acadêmico, eis que de difícil ocorrência.

5.1. Legado de coisa certa

Lega-se um bem certo a uma pessoa, que no Código anterior aparecia como o legado sem alguma condição ou algum encargo, isto é, o legado puro e simples. O direito ao bem passa ao legatário desde a morte do testador. Os frutos e rendimentos contam-se desde tal momento, mesmo que a posse não se verifique de imediato. Colin e Capitant ressaltam, referindo-se ao legado puro e simples: "Los legados puros y simples son los que producen efectos inmediatamente a la muerte del testador, y desde ese momento la propiedad de los objetos legados pasa al legatario. Desde ese momento también el derecho del legatario es transmisible a sus herederos; por consiguiente, si llega a morir, aun sin haber pedido la entrega de su legado, por el solo hecho, de haber sobrevivido, aunque sólo fuera unos instantes, al testador, transmite el derecho a sus herederos".[15]

O art. 1.923, com efeito, preceitua: "Desde a abertura da sucessão, pertence ao legatário a coisa certa, existente no acervo, salvo se o legado estiver sob condição suspensiva".

Retira-se que o legado de bem determinado passa ao legatário no momento em que se dá a abertura da sucessão, mesmo que se encontre submetido a termo, pois suspende o mesmo o exercício, e não a aquisição do direito.

Há a ressalva da parte final do dispositivo, que impede a imediata transferência, se o legado estiver sob condição suspensiva. Neste caso, permanece o direito ao legado. No entanto, a propriedade transmite-se se não se realizar tal condição. Colocando como condição a realização de uma obra, ou a consecução de uma profissão, sem o que não se transmite a propriedade, fica óbvio que se trata de um legado condicional.

O § 1º acrescenta que não se dá de imediato a transferência da posse: "Não se defere de imediato a posse da coisa, nem nela pode o legatário entrar por autoridade própria".

Lembra-se que uma coisa é a transferência do domínio, e outra a da posse. Para ocorrer a última, são necessários vários atos, como a abertura do testamento e o procedimento do inventário, com a definição ou especificação do legado. Mesmo assim, admite-se que se opere a transferência da posse mediata, o que dá ensejo ao exercício de certos direitos, como a defesa e o uso de ações apropriadas para a preservação do legado.

Depreende-se que os herdeiros ficam obrigados, a partir da morte do testador, à entrega dos bens. Daí chega-se ao direito reconhecido ao legatário de vindicar de imediato os bens, segundo será examinado.

Quanto à transferência dos frutos que produz a coisa certa, se dá ela de imediato, por ordem do § 2º do art. 1.923: "O legado de coisa certa existente na herança transfere também ao legatário os frutos que produzir, desde a morte do testador, exceto se dependente de condição suspensiva, ou de termo inicial".

Nota-se, pois, a atribuição ao imediato direito dos frutos. No entanto, a fruição depende da inexistência de condição suspensiva, ou de termo inicial, ou seja, desde que não se afigure condicional o testamento, e nem se coloque um evento futuro, ou uma certa data, para o início do proveito.

---

15 Ob. cit., tomo 8º, p. 57.

Não havendo condição ou termo, o direito nasce no momento em que se opera a transmissão.

Trouxe o código uma solução para as hipóteses de os demais herdeiros, ou o administrador, retardarem indefinidamente a entrega do quinhão: os rendimentos e frutos tornam-se devidos imediatamente.

5.2. Legado condicional

Configura-se quando se subordina a evento futuro e incerto, ou à ocorrência de um evento colocado como condição para se efetuar a transferência do legado. Nesta órbita, firma-se o legado dependente da existência de filhos de parte do legatário, a partir de uma idade fixada, e até certo período após o decesso do testador; ou da verificação de um evento, ligado à constituição do casamento; ou à mantença, por sua conta, de pessoas dependentes e incapazes; ou à realização de um certo fato, como a construção de um templo.

Diz Polacco: "Si se verifica la condición suspensiva, la disposición tiene efecto definitivo y ejecución con eficacia retroactiva; si no se verifica, es como si aquella persona no hubiese sido llamada nunca a la herencia o al legado".[16]

O testador condiciona, em mais uma exemplificação, a transmissão do legado à sobrevivência do legatário frente a determinados herdeiros. Não pode, entretanto, a condição revelar-se captatória, de modo ao legatário retribuir ao testador com outro legado.

5.3. Legado a termo

Como a própria denominação indica, condiciona-se a transmissão a um termo ou evento futuro, como, a título de exemplo, até o legatário casar, ou enquanto se mantiver estudando. Não se confunde com o legado condicional, o qual depende da realização de um determinado fato para se consumar. Manter-se-á usufruindo o patrimônio se revelar determinado comportamento, ou se realizar uma obrigação, cessando se cessar de cumpri-la.

Tanto o legado condicional como o a termo são difíceis de ocorrerem. A rigor, ou suspende-se a efetivação do testamento, com graves repercussões quanto ao patrimônio, ou não se opera a transmissão definitiva, eis que sempre possível a sua desconstituição. De qualquer forma, não se pode sobrestar a transferência definitiva, ou impor que se opere uma transmissão condicionada, e sujeita ao seu desfazimento. O que se reserva é a possibilidade de se buscar a "resolução" da transmissão, nas situações de aparecerem os eventos estabelecidos no testamento, previstos como interruptores da transmissão. A ação será intentada pelo herdeiro interessado, ou que ficará beneficiado com o inadimplemento do que se impôs.

5.4. Legado modal

Mais precisamente, é o legado que exige uma retribuição específica, ou acarreta um encargo ao herdeiro. Maria Helena Diniz trazia a seguinte explicação: "Caso em que a aceitação indica anuência ao ônus que acompanha a liberalidade, hipótese em que o

---

16 *De las Sucesiones*, 2ª ed., Buenos Aires, Ediciones Jurídicas Europa-América, Bosch y Cía. – Editores, 1950, vol. I, p. 535.

legatário será obrigado a prestar caução, se assim o exigirem os interessados no adimplemento do modo".[17]

O legatário obriga-se a cumprir a obrigação determinada pelo testador. No desatendimento, a pessoa prejudicada habilita-se a ingressar com uma ação para revogar a liberalidade, do mesmo modo como acontece na doação. É óbvio que a obrigação dirá respeito a um herdeiro, ou a terceira pessoa a quem se reconhece a legitimidade para a demanda. Não alcança a faculdade aos demais herdeiros, posto que unicamente o lesado será senhor do exame da conveniência ou não em preponderar o direito constituído no testamento.

Isto a menos que o legado reverta interesse a todos os herdeiros, ou à sucessão em si, ou à memória do *de cujus*, como um preito de homenagem, que o legatário não vem a cumprir posteriormente.

Pode haver dificuldade, às vezes, quando a cláusula encerra uma incumbência, um encargo, ou uma simples recomendação. Em princípio, a primeira hipótese reveste-se de fundo econômico, ou envolve um resultado econômico e patrimonial, enquanto a segunda não passa de uma conduta pessoal, não mensurável economicamente. Assim: "rogo que o beneficiário dê alimentos, ou uma prestação alimentícia mensal". Há um pedido de encargo, um *modus* consistente em obrigação. De outro lado: "rogo ou recomendo que meus filhos beneficiários se reconciliem". O pedido não possui uma ressonância de obrigação econômica. Mesmo na inexistência de reconciliação, não se admite impor a pretensão, ou a recomendação.

A distinção entre "encargo" e "conselho" ou "recomendação" é ditada na lição de Pontes de Miranda: "O *modus* é ônus juridicamente eficaz. Não se confunde com o *nudum praeceptum*, que é o simples conselho ou recomendação. A sanção desse é moral, não jurídica. Não pertence à ordem externa, mas à consciência (...) Aos intérpretes cabe dizer a que domínio pertence a recomendação: se ao direito, e será *modus*, ou só à moral, e será *nudum praeceptum*. 'Lego a *B* e quero que seja amigo de *C*.' 'Lego a *B* a quem recomendo continue a ser o bom filho que é' – são *nuda praecepta*. 'Lego a *B*, que acudirá *C*, por ocasião de sua formatura' – é *modus*: o testador crê em apertos econômicos, ou outras dificuldades de *C*, por ocasião de concluir o curso, e quer que *B* o auxilie. Juridicamente eficaz".[18]

Importa observar o conteúdo material do *modus*, diferente daquele de fundo unicamente moral.

Há condições impossíveis, ou que vão contra alguma lei. Por exemplo, o legado de um bem, mas com o encargo de atender obrigações difíceis ou complexas. As condições juridicamente impossíveis invalidam os atos. Trazem um prejuízo aos herdeiros ou legatários. Não é conveniente o recebimento da herança. Possível a anulação.

5.5. Legado de coisa alheia

Parece incontroverso que as pessoas só podem testar unicamente sobre aquilo que lhes pertence. Não é admissível que se transmitam bens pertencentes a outrem. O art. 1.912 reza: "É ineficaz o legado de coisa certa que não pertença ao testador no momento da abertura da sucessão".

---

17 *Direito das Sucessões*, ob. cit., vol. V, p. 199.
18 *Tratado de Direito Privado*, São Paulo, Editora Revista dos Tribunais, 1984, vol. LVI, § 5.708, p. 10.

Orosimbo Nonato dizia, em lição ainda pertinente: "A nulidade do legado da coisa alheia parece responder às imposições da moral e, ainda, da lógica jurídica, pois que, ao cabo de contas, o caso é de exercício do *jus disoponendi* e *nemo dat quod non habet, nemo plus jus in alium transferre potest quam ipse habet*".[19]

De rigor, pois, que o testador disponha sobre aquilo que lhe pertence. Na dicção do Código anterior, não era, de imediato, nula a disposição de um bem pertencente a outrem, mas valeria no caso de, posteriormente, ser adquirido, ou em seu nome vier a encontrar-se quando do falecimento. A situação permanece válida, pois, no caso, nem haveria interesse de se buscar a anulação.

Desde que verificada a aquisição posterior, por qualquer título, surge um efeito retrooperante, alcançando o momento do ato de última vontade ou convalidando-o como se lhe pertencesse a coisa desde aquele momento.

5.6. Legado de coisa do herdeiro ou do legatário

O Código prevê o legado de uma coisa que pertence ao herdeiro ou legatário, ordenando que seja entregue à terceira pessoa. Reza o art. 1.913 da lei civil: "Se o testador ordenar que o herdeiro ou legatário entregue coisa de sua propriedade a outrem, não o cumprindo ele, entender-se-á que renunciou à herança, ou ao legado".

Deve-se dizer, primeiramente, com suporte ainda em Itabaiana de Oliveira, que é válido o legado, embora envolva coisa alheia, "pois se considera a instituição de herdeiro ou legatário feita sob encargo ou condição – 'se entregar coisa sua ao legatário' – sem cujo implemento não pode adquirir à herança ou ao legado".[20]

O conteúdo não é simples.

Salienta-se que a coisa é do herdeiro, ou do legatário. Está aí uma condição obrigatória. Por isso tratar-se de testamento com encargo. O testador disporá sobre algo que sabe pertencer ao herdeiro ou ao testamentário, porquanto, não fosse assim, não ordenaria que se efetuasse a entrega.

Mas para que venha a ser cumprida a determinação, parece uma decorrência de ser contemplado o herdeiro ou o legatário com uma deixa testamentária. Do contrário, não figuraria como herdeiro ou legatário. Por isso, o dispositivo cognomina a pessoa de herdeira ou legatária.

Seguindo, o texto da regra dá a faculdade da recusa em atender a ordem recebida. Nesta eventualidade, a implicação é a renúncia da herança ou legado. Isto é, não entregando o bem a terceiro, automaticamente subentende-se o exercício da renúncia, nada recebendo o herdeiro ou legatário.

Claro, pois, ter-se aí uma disposição legatária com encargo, ou modal, como referido por Itabaiana de Oliveira. Deu a perfeita interpretação Washington de Barros Monteiro: "Trata-se, como se vê, de encargo imposto a herdeiro, ou legatário, que, diante de si, tem o seguinte dilema: ou aceita a herança, ou o legado, entregando, nesse caso, a coisa própria ao terceiro, de acordo com a determinação testamentária, ou prefere conservar dita coisa em seu patrimônio e, nesse caso, implicitamente, renuncia à herança, ou o legado.

---

19 Ob. cit., vol. III, p. 45.
20 *Curso de Direito das Sucessões*, 1954, p. 163.

400 • Direito das Sucessões | *Arnaldo Rizzardo*

Chamam-se 'sublegatário' o terceiro assim contemplado, e 'sublegado' a coisa que lhe deve ser entregue, por ordem do testador, pelo herdeiro, ou legatário".[21]

5.7. Legado de coisa comum

Este tipo está no art. 1.914. Somente em parte o bem pertence ao testador, ou ao herdeiro, ou ao legatário. Há um condomínio com outros proprietários. Não vem proibida a deixa, desde que restrita à quota do testador, ou do herdeiro, ou do legatário, segundo parâmetro do dispositivo acima, que reza: "Se tão somente em parte a coisa legada pertencer ao testador, ou, no caso do artigo antecedente, ao herdeiro ou ao legatário, só quanto a esta parte valerá o legado". A regra é uma decorrência do princípio de que a parte da coisa legada que não pertence ao testador, nem ao legatário, será de coisa alheia, o que leva a tornar nulo o legado. No pertinente à parte pertencente ao herdeiro ou ao legatário, não efetuando um ou outro a entrega àquele que foi contemplado na deixa, depreende--se que houve renúncia à herança ou legado. Neste caso, no testamento ordena-se que o favorecido entregue uma coisa de sua propriedade a outrem. Naturalmente, destinam-se bens a esse herdeiro favorecido. Não cumprindo ele o ordenado, a consequência será a renúncia à herança estabelecida no testamento.

Nota-se, pois, que a limitação envolve o bem do testador, e o do herdeiro ou legatário, quando aquele ordenar que o último entregue o bem.

A infração da regra importaria em dispor sobre coisa alheia.

Pode ocorrer a hipótese de testamento dispondo sobre a fração ideal que alguém tem sobre uma área de terras, ou mesmo em um apartamento. Desaparece, aqui, o direito de preferência dos demais herdeiros. O favorecido, no entanto, continuará com a indivisibilidade. A alienação que ele efetuar submete-se às implicações do art. 504.

De notar, ainda conforme Orosimbo Nonato, que "a divisão é que virá a definir o direito do legatário: simplesmente declarativa da propriedade, tem projeção retro-operante, entendendo-se, por uma *fictio iuris*, apresentar o direito de condomínio, desde o início, a extensão que lhe atribui a sentença da *communis devidundo* ou da *familiae erciscundae*".[22]

5.8. Legado de coisa móvel

O legado, aqui, não envolve coisa móvel determinada, mas determinável pelo gênero. Não havendo o bem assim determinável, cabe ao testamenteiro adquiri-lo desde que comporte a massa disponível, como consta no art. 1.915: "Se o legado for de coisa móvel, que se determine pelo gênero, será o mesmo cumprido, ainda que tal coisa não exista entre os bens deixados pelo testador".

Nota-se que a regra ordena o cumprimento independentemente da existência. Transparece uma contradição, ou impossibilidade. Não ocorre, porém, na prática. Assim, constando a deixa que envolve gado holandês, e inexistindo, adquirir-se-á dito semovente. Da mesma forma aparecendo o legado de um veículo automóvel, cuja mercadoria não é encontrada entre os bens que ficaram. Ao executar o testamento, incumbe a compra. Se, porém, insere-se cláusula relativa a um veículo determinado, com o número das placas

---

21 Ob. cit., *Direito das Sucessões*, p. 157.
22 Ob. cit., vol. III, p. 46.

Cap. XXX | Legados • **401**

e do chassis, e inexistindo, resulta aí a invalidade da disposição, caducando, posto que perfeitamente identificado o veículo.

Mas sempre alguma especificação deve existir. No art. 1.681 do Código de 1916, previa-se a determinação pelo gênero ou pela espécie. No art. 1.915 do atual, colocou-se unicamente a determinação pelo gênero, parecendo a desnecessidade de uma indicação mais definida da coisa. No entanto, a prática, para viabilizar esta espécie de legado, requer uma indicação que vai um pouco além que o mero gênero. Ainda aplicáveis, pois, as palavras de Itabaiana de Oliveira: "É preciso que a coisa móvel, embora indeterminada, seja, contudo, determinada pelo gênero ou pela espécie, porque, se a indeterminação se referisse, também, ao gênero ou à espécie, tratar-se-ia, ainda, de um *corpus ignotum*, como, por exemplo, um animal, uma árvore, e, portanto, inexequível".[23]

Em vista da necessidade de alguma especificação é que no Código de 1916 se exigia que viesse determinável pelo gênero ou pela espécie, revelando-se mais definidora a regra.

Se consignado no testamento, pois, simplesmente a referência a veículo, é impossível o cumprimento, visto a designação envolver caminhões, carretas, automóveis, e até carros de tração animal.

5.9. Legado de coisa singularizada

Neste tipo de legado, o testador individua, ou nomeia, ou singulariza a coisa. Há a especificação em suas características individuais. Para valer o testamento, deverá a mesma coisa existir entre os bens do espólio quando do falecimento.

Conhecido também como legado de coisa certa, explica Jorge O. Maffía: "El legado de cosa cierta es aquel por el cual se dispone de un objeto material, cierto y determinado (por ej.: mi casa, mi quinta, mi automóvil). Como se observa, no quedan comprendidas en esta categoría la disposición de bienes en su sentido especifico, porque son incorporales, ni tampoco las cosas designadas por su especie o genero exclusivamente (trigo, vina, etc.)".[24]

Existindo parcialmente o bem, somente na parte subsistente terá efeito o testamento. É o que se extrai do art. 1.916: "Se o testador legar coisa sua, singularizando-a, só terá eficácia o legado se, ao tempo do seu falecimento, ela se achava entre os bens da herança; se a coisa legada existir entre os bens do testador, mas em quantidade inferior à do legado, este será eficaz apenas quanto à existente".

O legado pressupõe a propriedade em nome do testador quando do falecimento. Não importa que não lhe pertença o bem ao lavrar a disposição. Caso o tenha, e depois venha a se desfazer do mesmo, pressupõe-se a revogação, com a ineficácia do legado. Não interessa que haja outro semelhante, ou da mesma natureza. A especificação, ou a referência particularizada, embora a possibilidade da substituição, não altera a situação, e nem permite que se compense a liberalidade. Admitir-se-ia se a indicação se determinasse pelo gênero ou pela espécie.

Sendo assim, restará sem valor o legado de um imóvel sito em um endereço certo, na hipótese de lá não existir. Igualmente se o disponente nomear uma obra de arte que não for encontrada no espólio.

---

23 *Curso de Direito das Sucessões*, ob. cit., 1954, p. 165.
24 Ob. cit., 1984, tomo III, p. 257.

Mas, apurando-se uma quantidade menor de bens daquela consignada, apenas no *quantum* apurado subsistirá a deixa. Em tal ótica, mencionando o autor da disposição o valor de uma cifra monetária certa, uma conta bancária, ou um número fixo de ações de sociedade industrial, exclusivamente na quantidade encontrada cumpre-se o testamento. Jamais se impõe à sucessão a complementação do que falta.

E se existir valor a mais, ou bens em número superior ao que está referido e declarado no testamento? Aí não se empresta o mesmo tratamento. Restringe-se a liberalidade no montante especificado, pois não é coerente prejudicar os herdeiros legítimos.

No legado de coisa singularizada está subsumido o legado de coisa certa, o que vinha previsto no art. 1.684 do Código revogado, prescrevendo a sua nulidade se, na época do testamento, o bem já pertencesse ao legatário, ou se depois lhe foi transferido: "Nulo será o legado consistente em coisa certa que, na data do testamento, já era do legatário, ou depois lhe foi transferida gratuitamente pelo testador".

A coisa, quando do disponente, deve-lhe pertencer. Constava do dispositivo, não reeditado pelo atual Código, o óbvio: não valeria o legado se a coisa já pertencesse ao legatário, ou se depois lhe foi transferida, eis que inútil assim dispor. É que ninguém pode dar a outrem aquilo que não possui.

A nulidade impera sempre, quer soubesse, quer ignorasse o testador que não era ele o titular do patrimônio legado.

5.10. Legado de coisa localizada

No caso vertente, há o legado de uma coisa que deve ser retirada de certo lugar. Valerá o testamento se for encontrado o objeto, ou a coisa, conforme previsão que está no art. 1.917: "O legado de coisa que deva encontrar-se em determinado lugar, só terá eficácia se nele for achada, salvo se removida a título transitório".

O texto do preceito não envolve maiores controvérsias. O testador lega a alguém os produtos que se localizam em um imóvel indicado, ou os livros de uma biblioteca, ou as joias guardadas em um cofre. Abrangerá o legado apenas aquilo que for encontrado no endereço apontado. Exemplos ocorrem na deixa de animais que se encontram na engorda de uma fazenda especificada, ou os imóveis situados num bairro expressamente citado.

É necessário que haja certa continuidade na mesma localização. Não subsistirá a deixa se esporadicamente são colocados bens no lugar indicado, ou se constantemente é verificada a mudança.

Ocorrendo a mudança constante das coisas, as quais variam na espécie e quantidade, nenhum direito fica assegurado, a menos que, quando do decesso do testador, coincidam com as arroladas no testamento.

A interpretação não se cinge à literalidade do texto. Induvidosamente admissível que, temporariamente, sejam colocados em lugar diverso os bens – como as obras de arte que são apresentadas numa exposição, ou os animais conduzidos a um campo mais rico de alimentos, mudanças estas que não desnaturam o lugar escolhido ou adotado para a permanência dos bens.

Outrossim, o deslocamento dos bens que pertencem a uma casa, ou a um cômodo, não desnaturam o legado. Basta que fique consignado o legado, *v. g.*, dos bens de um certo prédio, ou de uma sala, ou as peças de um museu, com a respectiva individuação, para valer a deixa, não decorrendo prejuízo se procedida a mudança para um lugar diferente.

5.11. Legado de crédito

O testador transfere um crédito ao herdeiro, que deverá recebê-lo de uma terceira pessoa. O legatário é contemplado com esse direito, recebendo-o oportunamente, ou quando do vencimento, que pode ocorrer antes ou depois da morte do testador. Impende, no entanto, que não o tenha recebido o testador. Eis a lição transparente de Maria Helena Diniz, perfeitamente afeita ao atual Código: "O legado de crédito é apenas o legado daquilo que se deve ao testador. O legado de crédito tem por objeto um título de crédito, do qual é devedor terceira pessoa, que é transferido pelo testador ao legatário, e que, entretanto, só valerá até a concorrente quantia do crédito ao tempo da abertura da sucessão".[25]

Não oferece maiores dificuldades a matéria, regendo-se pelos princípios da cessão de crédito. É como explicou Caio Mário da Silva Pereira: "O legado de crédito equivale a uma cessão *mortis causa* do mesmo, aplicando-se-lhe o princípio vigorante para a transferência *inter vivos*, segundo o qual o cedente não responde pela sua liquidez (*bonitas nominis*), senão pela sua existência (*veritas nominis*). Daí esclarecer a lei que o legado se cumpre mediante a simples entrega dos títulos ao legatário".[26]

Este legado consta regulado no art. 1.918, juntamente com o de quitação de dívida, que assegura a validade até o montante do crédito, existente quando do evento morte do testador: "O legado de crédito, ou de quitação de dívida, terá eficácia até a importância desta, ou daquele, ao tempo da morte do testador".

Era conhecido no Direito romano, segundo lembra De Gásperi: "Contemplado fué también por derecho romano el legado de todo crédito patrimonial, válido y subsistente, en favor del testador. Sin embargo, no era susceptible de ser legado ningún crédito emanado de la acción civil por indemnización de daños, debido, no por una lesión material, sino por una afrenta personal, capaz de inspirar venganza. (...) El legado de crédito daba al legatario el derecho de exigir su transferencia, la cual podía hacerse por novación".[27]

Por óbvio que o direito do favorecido começará a partir do decesso do *de cujus*. Os rendimentos lhe pertencem desde este termo. Mas, se não recebidos pelo titular, em vida, transferem-se ao legatário? Responde-se negativamente, visto que a transferência foi do crédito, e não dos rendimentos que iriam se acumulando, desde o testamento. A menos que o contrário venha disposto.

Pensava o contrário Orosimbo Nonato: "O *legatum nominis*, legado de crédito, tem por objeto coisa devida ao testador. Os juros irrecebidos nele se incluem, salvo disposição contrária do testamento. E quanto aos vencidos após a morte do autor da herança, nenhuma dúvida: pertencem ao legatário, como titular de crédito, por ato liberal do *reus credendi*".[28]

O novo titular do valor receberá o título, habilitando-se a promover a exigibilidade do crédito, inclusive com o caso dos meios judiciais admissíveis.

Qual a solução caso o testador, antes de falecer, tenha exercido o direito de receber a dívida, promovendo a respectiva ação? Presume-se que houve revogação? Parece que não, visto que não existia, ainda, a satisfação. De outra parte, não é inviável consigne o ato de última vontade o legado de todos os créditos pendentes de pagamento, não signi-

---

25 Ob. cit., *Direito das Sucessões*, 6º vol., pp. 202 e 203.
26 Ob. cit., vol. VI, *Direito das Sucessões*, p. 196.
27 Ob. cit., vol. IV, p. 124.
28 Ob. cit., vol. III, p. 61.

ficando a perda de efeito a disposição caso já promovida a cobrança, que, às vezes, se impõe para conseguir segurança na sua execução.

Como assinala o § 1º do art. 1.918, a mera entrega dos títulos equivale ao cumprimento do legado. Longe, assim, de se pensar deva o espólio satisfazer o crédito, caso o devedor seja insolvente, ou incapaz de honrar o título.

De outra parte, conforme o § 2º do mesmo artigo, os créditos compreendidos na deixa são os existentes à época do testamento, e não aqueles que foram criados posteriormente. Não poderia o testador ter incluído na liberalidade aquilo de que ainda não possuía a titularidade.

5.12. Legado de quitação de dívida

Admissível, também, que consista o legado na quitação de dívidas que possui o legatário para com o testador – previsão contemplada no abordado art. 1.918, que fala em legado de crédito, ou de quitação de dívida.

Denominado *legatum liberationis*, envolve uma relação entre testador e legatário, impondo que a dívida já se encontre constituída quando do testamento, ou tenha sido contraída na época de sua facção. Pressupõe o testador como credor, e o legatário como devedor.

Em última análise, há um perdão de dívida. Opera-se a quitação, devendo, quando do decesso do autor da disposição, ser entregue o título ao agraciado.

Incontroverso que o efeito do ato valerá a partir da morte do sucedido. Assim, a rigor, os rendimentos entre a data do testamento e a da morte não ficariam extintos. Todavia, uma vez não exigidos, entende-se que a época do pagamento fora postergada para quando do vencimento ou, também, que os mesmos ficaram incluídos na exoneração ou perdão. Do contrário, e se vencidos antes, exerceria o testador o direito de exigi-los.

Remida considera-se apenas a dívida existente quando do testamento, ou as anteriores. É inconcebível um legado de remissão de dívida ainda inexistente. O que não impede, porém, venha o testamento a abranger as obrigações futuras. Mas, em termos. Se provenientes da venda de bens do testador, a remissão não poderá ir além do montante disponível, visto que, sem o pagamento, não se configura a venda, sendo o preço um de seus elementos constitutivos.

Finalmente, o legado de quitação de dívida diz respeito ao crédito que tinha o testador quando da confecção do testamento, sem qualquer extensão a obrigações que vierem a ser contraídas posteriormente, a menos que venha consignado na devida forma.

Efetuando-se o pagamento do crédito depois da lavratura do testamento, não subsiste o legado, eis que o seu objeto já não mais perdura.

5.13. Legado de dívida

Nesta espécie de legado, encarrega o testador alguém (herdeiro, legatário, testamenteiro) de quitar uma dívida sua para com o legatário, ou com terceira pessoa, ou mesmo a dívida de outrem. Mas o cumprimento da obrigação ou encargo só é exigível se o legatário recebeu bens ou herança para tanto. Exclusivamente se presente suporte econômico advindo da herança é de rigor o atendimento, com possibilidade de ser imposto pelo testamenteiro ou inventariante.

A dívida não se resume a uma simples obrigação de pagar alguma quantia em dinheiro. Viável que consista no compromisso de realizar um ato, ou de prestar um encargo, ou de satisfazer uma promessa, como a construção de um prédio.

No entendimento de Carvalho Santos, independe o cumprimento da comprovação do débito. Basta a determinação, expedida pelo testador, para emergir o dever do atendimento, posto que a simples vontade expressando um encargo é suficiente para exigir-se a obediência à ordem: "Para a validade do legado de débito, não é essencial a existência deste, ao contrário do que ocorre com o legado de crédito ou de liberação. A doutrina tradicional sempre foi esta: o legado é válido, ainda que o débito não exista, desde que o testador indique, de modo a poder ser determinado, o objeto do débito. Assim, por exemplo, se diz que o débito é de um mil cruzeiros; embora esta quantia não seja devida, vale o legado, precisamente porque o testador deixou bem claramente evidenciado que queria que o legatário recebesse a quantia por ele indicada. Não importa o motivo da liberalidade, mesmo porque a menção feita pelo testador pode ser considerada como uma falsa demonstração, ou uma falsa causa, o que não prejudicará o legado".[29]

Trata-se mais de conjecturas hipotéticas, difíceis de ocorrerem. Mais provável é que o testador encarregue alguém de cumprir uma obrigação contraída durante a vida, a que estava impossibilitado de atendê-la por razões de foro íntimo. Despontam, nessas disposições, motivações religiosas, ou de fundo altruísta, não raramente para resolver problemas de consciência.

5.14. Legado compensatório de dívida do testador

Tendo o testador dívida com o legatário, não servirá o legado como forma de pagamento da mesma. Não se poderá arguir a impossibilidade da cobrança pelo credor, sob o argumento de que foi beneficiado com a deixa.

O art. 1.919, em seu *caput*, realmente conduz a tais princípios: "Não o declarando expressamente o testador, não se reputará compensação da sua dívida o legado que ele faça ao credor".

A única exceção, pois, para dar a finalidade de pagamento, é a referência no testamento ou a menção da verba para a finalidade de compensar uma dívida.

Mas, nesta eventualidade, nem legado propriamente dito existe, posto que a pessoa contemplada apenas recebe o seu crédito. Isto menos quanto ao que exceder o valor da obrigação, que terá o caráter de legado. Do contrário, não há como presumir a compensação, eis que, por sua natureza, constitui um negócio contratual, só valendo como pagamento quando as partes convierem, tendo capacidade e agindo consensualmente.

Infere-se, aí, que subsistirá o legado na constituição da dívida posteriormente ao testamento, tendo o disponente pago a mesma antes de ele morrer. Dando-se o óbito, porém, antes do pagamento, como ficará o legado? Subsistirá, assistindo, ainda, ao legatário o direito de cobrar o seu crédito. Em qualquer hipótese, não fica prejudicado o legado. Não se pode conceber o legado com uma finalidade de saldar obrigações, se a tanto não tiver sido disposto. É o que se extrai do parágrafo único do cânone acima: "Subsistirá integralmente o legado, se a dívida lhe foi posterior, e o testador a solveu antes de morrer".

---

29 Ob. cit., vol. XXIII, p. 403.

406 • Direito das Sucessões | *Arnaldo Rizzardo*

E morrendo o testador antes de solver a dívida que surgiu depois do testamento? Perdura o legado, não se alterando a sua natureza, e não se inferindo a natureza de compensação.

5.15. Legado de alimentos

Admite-se o legado de alimentos, ou a transmissão de bens e meios para o sustento de uma pessoa. Mais precisamente, destinam-se prestações periódicas, que deverão ser entregues ao legatário, para ter ele com o que viver. Em geral, beneficiam-se pessoas necessitadas, que não podem sustentar-se pelos próprios recursos, ou porque incapazes, ou por já não mais poderem desenvolver atividades produtivas, ou mesmo em vista de seus poucos ganhos.

Geralmente, o testador, em vida, já dava assistência ou amparava o favorecido, o que justifica a previsão de continuar o sustento após a sua morte.

Explicava Carvalho Santos como pode ser proveniente o legado: "O legado de prestações periódicas pode ser de rendas ou de alimentos, devendo ser executado com o capital que for separado no monte para tal fim, ou com os juros desse capital, tudo dependendo da vontade do testador. Pode ser pago, igualmente, pelo legatário com o que se tirar do quinhão do herdeiro onerado, ou pelo legatário ao sublegatário".[30]

Mas há a necessidade de alguns requisitos, como a existência de rendimentos que produzem os bens, ou de quantias depositadas em estabelecimentos bancários, ou de investimentos oriundos da aplicação de ações, fundos e letras financeiras. Nesta ordem, impõe-se cláusula determinando que os aluguéis ou quaisquer rendimentos de certo imóvel ou valores mobiliários redundem em favor de alguém, durante certo período de tempo, ou por toda a vida.

Para tanto, necessário que venha no testamento a nomeação de um herdeiro, ou do próprio testamenteiro, para cumprir a deixa, administrando o patrimônio, destacando a parte correspondente ao legado, e entregando-a ao destinatário. Se nada constar na disposição, interferirá o juiz, que destacará alguém para tal incumbência, nada impedindo que seja um indivíduo estranho à sucessão, segundo as conveniências que a situação exigir.

Caso não previsto o *quantum* na verba testamentária, igualmente ao juiz cabe a fixação, de acordo com a possibilidade das forças da porção disponível da herança e com as necessidades do alimentando, incidindo, aqui, os pressupostos para a fixação de alimentos.

Um único dispositivo do Código Civil trata do legado de alimentos, que é o art. 1.920: "O legado de alimentos abrange o sustento, a cura, o vestuário e a casa, enquanto o legatário viver, além da educação, se ele for menor".

Exsurge a ideia de compreensão dos alimentos: o sustento, a saúde, o vestuário, a moradia e a educação, não se descartando outras necessidades. Discrimina o dispositivo, mais exemplificativamente, as principais necessidades de uma pessoa, ou até onde pode ir o montante que for legado. Por outras palavras, vale o legado enquanto atende aquelas precisões ou carências. Se ultrapassar, ou exceder, admite-se a redução. Nada, porém, impede o atendimento de outras necessidades, como o transporte, a formação em um setor profissional, a aquisição de instrumentos de trabalho e o desenvolvimento de uma atividade de molde a aumentar os rendimentos, que podem ser considerados desmembramentos das previsões do dispositivo acima.

---

30 Ob. cit., vol. XXIII, p. 415.

Não apenas aos parentes cabe a concessão, a que estaria a pessoa obrigada por lei. Como no testamento admite-se a contemplação em favor de estranho, esta faculdade abrange os alimentos, asseverando Ney de Mello Almada: "Não é mister a existência de relação de parentesco entre o autor da herança e o legatário, que pode ser estranho a seu elenco familiar".[31]

Entretanto, inadmissível a destinação a quem não possui direito, ou em prejuízo de outrem que tenha mais direito. Por exemplo, quanto à pensão previdenciária, dividindo o testador o valor entre o ex-cônjuge e o concubino, quando o direito do último depende, às vezes, de definição judicial, ou da satisfação de requisitos legais. Além de restar prejudicado o ex-cônjuge, não cabe ao testador decidir se cabiam ou não alimentos à pessoa com a qual mantinha um relacionamento amoroso. A jurisprudência procurou, em situação parecida, firmar o entendimento acima: "Não pode o servidor público, sequer por disposição de última vontade, destinar a pensão nas proporções que entender adequadas, a quem simplesmente desejar, a seu bel-prazer. A lei, e somente ela, dispõe sobre os beneficiários em caso de morte". Seguindo, colocou-se que a "pretendida divisão da pensão em partes iguais, ditada expressamente pelo homem à mulher e à concubina, não pode ser aceita mesmo pelo que de imoralidade contém (...)".[32]

Segundo consta da regra, há um legado instituído a favor de alguém necessitado. Trata-se de legado de alimentos. Condição básica para valer é a necessidade do alimentando. Mas, acrescente-se, desde que ele não possa se sustentar por seus meios ou seu trabalho.

Jamais se convalidará a deixa caso o beneficiado tenha como se sustentar, disponha de moradia, e aufira rendimentos de modo a conseguir meios de tratar-se em caso de doença, ou atender necessidades próprias e naturais da subsistência. Não há sentido em estabelecer um legado de alimentos para quem não padece de carências econômicas.

Orlando Gomes, embora não muito incisivamente, e fazendo a distinção entre alimentos *jure sanguinis* e alimentos *jure testamenti*, admitia a cessação, em sendo genérico o legado: "Não se confundem, em suma, os alimentos *jure sanguinis* do Direito de Família, com os alimentos *jure testamenti*. Uns e outros são, porém, impenhoráveis. Daí que a eficácia do legado de alimentos não depende da necessidade relativa, mas, se o legado é genérico, sua eficácia pode cessar, provando-se que o beneficiado não precisa de alimentos, ou deixou de os necessitar".

E, quanto à possibilidade de alteração, prossegue: "Tal como os alimentos *jure sanguinis*, o montante da prestação fixado ao tempo da morte do testador pode ser alterado pelas causas que determinam ordinariamente sua variação, salvo se fixado no testamento".[33]

De outro lado, valerá o legado durante o tempo em que os bens trouxerem rendimentos.

Esgotando-se os bens ou a força da herança, cessa a obrigação. Orosimbo Nonato aduzia: "Pode, entretanto, cessar a prestação de alimentos, ainda em vida do beneficiado, em face de circunstâncias que envolvem o desaparecimento de sua fonte, como, por exemplo, quando o prédio cujas rendas se destinam ao seu pagamento sofre reivindicações ou desapareça por incêndio etc."[34]

De igual modo, se não mais persistir a necessidade, ou adquirir o favorecido a maioridade, posto que não é possível afastar-se, embora se trate de testamento, da natureza

---

31 Ob. cit., vol. 2°, p. 177.
32 Apel. Cív. n° 153.278-1/3, da 1ª Câmara Cível do TJSP, de 29.10.91, *RT*, 678/84.
33 Ob. cit., *Sucessões*, p. 210.
34 Ob. cit., vol. III, p. 71.

408 • Direito das Sucessões | *Arnaldo Rizzardo*

dos alimentos, que são estipulados em função da carência ou necessidade do alimentando. Realmente, as prestações com o caráter alimentário persistem pelo tempo em que perduram as carências materiais.

E se o destinatário do bem não cumpre o legado? Ou se aquele que recebe uma área de terras, ou um imóvel alugado, não faz a área produzir, ou não aluga o imóvel?

O herdeiro contemplado com o legado de alimentos, ou seus representantes, e mesmo o testamenteiro, podem reclamar o cumprimento do legado, através da ação competente.

Se não estabelecido na deixa o montante dos alimentos, pressupõe-se, antes, a fixação pelo juiz. Só depois emerge o direito de reclamação judicial.

O Direito estrangeiro orienta como se arbitrará o valor: "En ausencia de precisiones por la parte del testador, se deberá atender a la condición del legatario y a las fuerzas de la masa hereditaria".[35]

Não é possível restringir a disposição dos bens ao herdeiro, em face da instituição do legado. A quem deve prestar alimentos a uma pessoa designada no testamento não se impõe a inalienabilidade dos bens. Fosse o contrário, deveria a lei trazer a previsão. Não se deve, de outro lado, ampliar a extensão das cláusulas restritivas.

No entanto, se algum perigo de insolvência advier da venda dos bens, o legatário poderá assegurar seu direito com medidas constritivas, como a constituição de capital assecuratório das prestações, ou mesmo o sequestro dos bens em casos mais extremos, e até postular a medida de tutela provisória de proibição de venda.

Por último, dada a finalidade da destinação, é intuitiva a natureza de irrenunciabilidade do legado, sequer podendo proceder-se a transferência a qualquer título. Nem sofre as constrições da penhora, sequestro ou arresto.

5.16. Legado de usufruto

Embora transferido, pela deixa, o bem a uma pessoa, admite-se a instituição do usufruto em favor de outra; ou nada impede que, sobre a parte disponível, apenas se estabeleça o usufruto, ficando o bem para ser partilhado segundo a previsão da ordem hereditária constante do art. 1.829.

Pode-se aduzir que todos os direitos reais sujeitam-se ao legado. Nesta ótica, estão o domínio direto, a servidão real, o uso, a habitação, a hipoteca, o penhor, dentre outros. No caso de legado do usufruto, a nua propriedade passará para o herdeiro, ficando fora o usufruto que se transferirá ao legatário.

Jorge O. Maffía esclarece, quanto ao usufruto: "Es posible que la disposición testamentaria divida el beneficio, otorgando el usufructo a un legatario y llamando a otra persona a la propiedad. En el caso, se observa también una semejanza con el fideicomiso, ya que el segundo de los legatarios recibirá el goce pleno de los bienes a la muerte del usufructuario".[36]

Vislumbra-se, aqui, um direito real de fruição das utilidades e frutos de uma coisa, não interferindo sobre a propriedade em si. A finalidade tem natureza alimentar, pois, por evidente, objetiva-se com este testamento ajudar na subsistência do usufrutuário. Daí

---

35 Jorge O. Maffía, ob. cit., 1984, vol. III, p. 305.
36 Ob. cit., 1984, tomo III, p. 233.

Cap. XXX | Legados • **409**

aproximar-se do legado de alimentos, diferenciando-se, na prática, a fixação da ajuda nos rendimentos ou frutos que trazem o bem.

Tanto coisas móveis como imóveis prestam-se a suportar o mencionado proveito. Possível a incidência em depósitos bancários, ou em imóvel alugado, ou em uma área de terra explorada economicamente na produção rural, e mesmo arrendada. Igualmente, pode abranger todos os bens integrantes da porção disponível, ou um apenas – art. 1.390.

Só um dispositivo disciplina este legado, que é o art. 1.921: "O legado de usufruto, sem fixação de tempo, entende-se deixado ao legatário por toda a sua vida".

Depreende-se, daí, admitir-se a instituição temporária ou vitalícia. Uma vez não colocado qualquer termo quanto à sua duração, perdura por toda a vida, mesmo que o beneficiado não tenha necessidade dos rendimentos advindos, visto que, apesar de visar substancialmente suprir uma carência econômica de quem resta contemplado, não é condição de sua existência tal finalidade. Nem há de se cogitar da necessidade de alimentos para a sua perduração. Unicamente com a morte do usufrutuário extingue-se, ou com a dissolução da pessoa jurídica, se a favor dela instituído.

Quanto às pessoas inexistentes, é óbvia a impossibilidade de legar o usufruto. Mas, em vista do art. 1.799, inc. I, os filhos ainda não concebidos, de pessoas indicadas pelo testador, desde que vivas estas ao abrir-se a sucessão, constituem uma exceção.

Se instituído em favor de pessoa jurídica, a extinção do usufruto se dá pelo seu desaparecimento, ou, se ela perdurar, pelo decurso de trinta anos da data em que se começou a exercer – art. 1.410, inc. III.

De ressaltar, finalmente, a validade do testamento da nua-propriedade a terceiro, nada implicando no direito do usufrutuário. Ocorre, aqui, o duplo legado: do proveito e da propriedade despida do proveito.

Não é transmissível esse proveito do bem por sucessão testamentária do favorecido, nem por ato entre vivos. Está expresso no art. 1.921 que, no máximo, valerá o benefício durante toda a sua vida. Daí se dessume a instituição apenas em favor da pessoa nomeada, sem permissão para a transferência ou cessão.

5.17. Legado de imóvel

Bastante comum o legado de imóvel, ou de uma propriedade imobiliária. Atribui-se, mediante o testamento, um imóvel ao legatário – o que não oferece maiores problemas.

O art. 1.922 orienta o tratamento a ser dado na situação das novas aquisições levadas a efeito pelo testador, contíguas ou não, ao imóvel legado, após a confecção do escrito testamentário. Não aderem ao legado, ou não formam um todo com o disposto na cédula. Tal o conteúdo do dispositivo: "Se aquele que legar um imóvel lhe ajuntar depois novas aquisições, estas, ainda que contíguas, não se compreendem no legado, salvo expressa declaração em contrário do testador".

É como explicava Maria Helena Diniz: "As aquisições posteriores, contíguas ou não ao prédio legado, não se compreendem nele, por serem ampliações ou acréscimos que não se incorporam ao imóvel legado, por não estarem em seu patrimônio por ocasião da facção testamentária; delas não poderia cogitar o testador ao legar, a não ser que tenha disposto, no testamento, o contrário".[37]

---

37 Ob. cit., *Direito das Sucessões*, 6° vol., p. 206.

410 • Direito das Sucessões | *Arnaldo Rizzardo*

Por não se encontrarem as propriedades depois de adquiridas no patrimônio do testador, obviamente delas não podia cogitar ao redigir o legado.

Mas, e as benfeitorias feitas ou construídas? Parece natural que, por sua natureza de acessoriedade, seguem a propriedade, transferindo-se ao legatário. Mesmo que posteriores à facção, e anteriores à abertura da sucessão, a presunção é da transferência conjunta com o imóvel, diante da natureza de acessoriedade das mesmas. Esta a determinação que vem no parágrafo único do art. 1.922: "Não se aplica o disposto neste artigo às benfeitorias necessárias, úteis ou voluptuárias feitas no prédio legado". Obedece-se ao princípio de que o acessório segue o principal, no que encontra amparo no art. 1.937, prevendo que a coisa legada entregar-se-á ao legatário com seus acessórios. Assim, as partes integrantes do prédio, como instalações elétricas, canos de distribuição de água e gás, esgotos, reformas, acréscimos, melhoramentos, ficam incluídas no legado. Tendo o testador legado uma casa, e ampliando-a com mais um andar, ou instalando no terreno uma piscina, uma sala de jogos, um jardim, uma garagem ou qualquer outro adendo, tudo integra o legado, pois tudo se encontra inserido na unidade jurídico-econômica da casa, passando a formar um todo.

Unicamente aquelas que vieram depois de aberta a sucessão autorizam a pedir a indenização pelos herdeiros, já que impossível destacá-las do imóvel, e desde que desconhecido o legado quando de sua realização. Do contrário, nem a indenização cabe, em vista do art. 1.255.

Há de se considerar o preceito acima não de modo absoluto. Se depois da facção da cédula testamentária construir o testador um prédio ou edifício, não é possível tê-lo como acessório. Há, aí, uma acessão. No mínimo, assiste o direito à indenização em favor dos herdeiros, se as circunstâncias não levam a considerar revogado o testamento, porquanto razoável pensar que, diante das edificações feitas, de grande vulto e preço, tenha o testador desistido do mesmo. A liberalidade na interpretação enseja a prática de graves injustiças. Não é de bom-senso supor que o prédio erguido também se destina ao legatário, a quem se contemplou apenas com o terreno. Um edifício com vários andares possui uma apreciação econômica bem mais elevada que o terreno. Não é crível, pois, tenha objetivado o testador, ao erguer a construção, depois do testamento, incluí-la na liberalidade.

Discutia-se, outrora, se o testador, após o ato de disposição, adquirindo mais um imóvel, cercando-o junto com o anterior, praticamente tornando um bem único os dois terrenos, não estaria destinando também o segundo imóvel ao testamentário. Fazendo certas distinções, defendia-se que o fechamento dos cercados em volta de dois imóveis equivalia a uma junção do segundo ao primeiro, o que equivaleria a incluí-lo na disposição.

Não está a exegese correta. Viável que o cercado comum teve outros propósitos, como estabelecer um único cercado em vista de ambos os imóveis pertencerem ao mesmo titular; ou em vista de impedir invasões de terceiros; ou por acarretar menores despesas. A interpretação dos pactos ou contratos que concedem liberalidades deve ser restritiva, pois se mais visasse seu autor dar, naturalmente expressaria tal vontade. Isto a menos que o terreno adquirido se transformou em um quintal que o imóvel primitivo não tinha.

5.18. Legado de renda vitalícia ou pensão periódica

Há, como foi analisado, o legado de alimentos. Agora, entra-se no legado de renda vitalícia, ou de pensão periódica, que nem sempre possui um caráter alimentar. Assim como há a liberalidade de legar bens individuados, da mesma forma é possível favorecer uma pessoa com uma renda ou pensão periódica. Mas deverá existir uma fonte de onde

Cap. XXX | Legados • **411**

retirar a renda, como os rendimentos advindos dos aluguéis de bem imóvel, ou dos dividendos pagos por determinadas ações, ou, ainda, da participação acionária em empresas, e mesmo dos rendimentos auferidos em aplicações financeiras.

O art. 1.926 contempla este tipo de legado: "Se o legado consistir em renda vitalícia ou pensão periódica, esta ou aquela correrá da morte do testador".

Apenas refere-se ao termo inicial da renda ou pensão, o que era desnecessário, pois todas as disposições testamentárias possuem início com a abertura da sucessão. Se o contrário vier previsto no testamento, como um ou dois anos após a morte, é óbvio que os benefícios não se contam desde a abertura da sucessão.

Mas o preceito acima não visa propriamente tratar da natureza ou do caráter de um legado determinado. Cuida dos efeitos do legado de renda. Dispondo, porém, sobre os efeitos, automaticamente está admitindo o legado, ou prevendo um novo tipo de legado.

Não possuindo caráter alimentar a renda ou pensão periódica, não incide a impenhorabilidade. Admite-se até a transferência, pois não é possível afastar o princípio da livre disponibilidade, ínsito nos direitos decorrentes da propriedade.

5.19. Legado em dinheiro

Igualmente na parte que trata dos efeitos vem instituído o legado em dinheiro, rezando o art. 1.925: "O legado em dinheiro só vence juros desde o dia em que se constituir em mora a pessoa obrigada a prestá-lo".

Primeiramente, o testador estabelece um valor em dinheiro a ser recebido pelo beneficiado. Não são visados os rendimentos. Daí o efeito da mora dependente da notificação para a entrega do dinheiro. Não atendendo o herdeiro ou o espólio, desde então ou a partir da data que deveria ser entregue o dinheiro, e constante na notificação, iniciam a fluir os juros. Isto se o dinheiro não estiver depositado em conta bancária.

Responsável pela satisfação dos juros é o herdeiro com quem se encontra o dinheiro. Não é possível onerar todo o espólio, ou os demais herdeiros.

Da mesma forma, a quantia será atualizada pela correção monetária, que nada tem a ver com rendimentos. Inclusive opera-se dita correção para o efeito do cálculo dos juros, posto que se está apenas procurando manter o poder aquisitivo através do tempo. Esta a orientação que vinha da jurisprudência: "Disposição testamentária. Legado em dinheiro. Valor que deve ser monetariamente corrigido para preservar a vontade do testador, face as profundas e sucessivas transformações econômicas por que passou o País. A expressão 'coisa certa' deve ser entendida apenas para bens outros que não valor monetário".

Seguindo: "Ora, diante do processo inflacionário brasileiro, e das profundas e sucessivas transformações econômicas por que passou o País, não é possível manter o valor nominal de legado de dinheiro, sob pena de, manifestamente, frustrar a vontade da testadora que com o referido legado quis beneficiar, economicamente, os legatários".[38]

Se se instituir o legado de rendimentos, diversa é a situação. Estes vencem a contar da abertura da sucessão, pois constituem o objeto da deixa, como o dinheiro é o objeto, se o mesmo for instituído.

Os juros sobre os rendimentos naquela hipótese, entrementes, incidem do momento da constituição em mora para a entrega dos ditos rendimentos. Efetivamente, para surtir

---

38 Agr. Instr. nº 34/91, da 5ª Câmara Cível do TJRJ, 14.05.91, *RT*, 682/152.

412 • Direito das Sucessões | *Arnaldo Rizzardo*

juros o legado, impende que se constitua em mora a pessoa obrigada prestá-lo, o que se efetiva através da interpelação judicial.

5.20. Legado de quantidades certas em prestações periódicas

A disciplina, pelo Código Civil, restringe-se às épocas de pagamento de quantidades certas, a serem pagas em prestações periódicas.

Bem elucida Polacco: "El legado de prestaciones periódicas, a abonarse por cuotas (mensuales, anuales y similares), se lo considera, según la enseñanza del Derecho romano, como una serie de legados, tantos precisamente cuantas serían sucesivamente las cuotas a vencer, y por tanto puro el primero, conseguiéndolo el legatario que se encuentra en vida a la muerte del testador, y condicionales los otros, esto es, subordinados a la condición de que él continúe viviendo al llegar los vencimientos sucesivos (verdaderamente es, no condición en sentido propio de *conditio facti*, sino de *conditio iuris*)".[39]

Não se confunde a espécie com o legado de renda produzida por um bem.

Há a obrigação da entrega de quantias determinadas em dinheiro, o que se faz de época em época (parcelas mensais, bimestrais, trimestrais etc.), segundo o ordenado no testamento.

Conforme fazia ver Pinto Ferreira, "renda é a prestação periódica, temporária ou vitalícia, que uma pessoa deve a outra a que paga, seja em frutos, seja em dinheiro".[40]

As rendas vitalícias perduram durante toda a vida do beneficiado, enquanto as temporárias estão circunscritas a um termo prefixado.

O art. 1.927, sobre a matéria, estabelece as épocas da exigibilidade: "Se o legado for de quantidades certas, em prestações periódicas, datará da morte do testador o primeiro período, e o legatário terá direito a cada prestação, uma vez encetado cada um dos períodos sucessivos, ainda que venha a falecer antes do termo dele".

Ou seja, desde a morte iniciam-se os períodos. Uma vez vencido o primeiro período, começa o segundo, e desta maneira sucessivamente.

As determinações do dispositivo são óbvias. Normal que somente de período a período possam ser exigidas as quantias certas.

E, segundo está no final do preceito, morrendo o legatário antes de vencer o período, os seus herdeiros habilitam-se a receber aquilo que ficou pendente de pagamento. Não perdura, porém, o direito de receberem novos períodos, pois cessa a prestação com a morte do beneficiário. Orlando Gomes explicou claramente: "Se morre quando esse período está em curso, seus herdeiros fazem jus ao recebimento integral da prestação".[41]

O valor pendente de pagamento envolverá todo o período, mesmo no espaço de tempo que vence depois da morte do legatário. Isto porque consta no dispositivo em análise que o direito envolve cada prestação, uma vez encetado cada um dos períodos sucessivos. Carvalho Santos elucidava mais o assunto: "O legatário, ainda que no dia imediato venha a morrer, adire o direito à prestação integral correspondente ao período que se iniciou; por isso que a permanência do direito ao legado no patrimônio daquele que adquiriu em

---

39 Ob. cit., vol. I, p. 539.
40 *Tratado das Heranças e dos Testamentos*, ob. cit., p. 354.
41 *Sucessões*, ob. cit., p. 213.

Cap. XXX | Legados • **413**

nada depende da assistência do titular: adquirido que seja o direito, subsiste, se assim se pode dizer, por si mesmo.

Note-se bem: os herdeiros do legatário recebem toda a prestação do período em que o legatário morreu, e não apenas a parte proporcional ao tempo decorrido desde o início do período à morte do legatário".[42]

De outro lado, apenas ao término de cada período admite-se exigir a entrega ou o pagamento da prestação, mas somente após a morte do disponente. A partir daí conta-se o período previsto. Segue-se o ordenado no art. 1.928: "Sendo periódicas as prestações, só no termo de cada período se poderão exigir".

Tal procedimento não se limita no tocante às prestações periódicas, mas também quanto aos legados de rendas. Está-se, aqui, tratando dos efeitos, sendo necessária a referência em razão da visão completa que se deve ter do assunto. O pagamento antecipado torna-se exigível unicamente se a tanto autorizar o testamento, e no caso do legado de alimentos. Pertinente a este, dada a natureza de sustento a que se refere a própria subsistência, vem regra expressa no parágrafo único do art. 1.928: "Se as prestações forem deixadas a título de alimentos, pagar-se-ão no começo de cada período, sempre que outra coisa não tenha disposto o testador".

Tem-se, aqui, a necessidade quotidiana encarecendo a pronta satisfação daquilo que se precisa diariamente, sem muitas delongas ou postergações, pois diz a prestação com a própria vida.

Ressalva o dispositivo a exceção no caso de dispor o contrário o testador. Mesmo assim, entretanto, se premente a necessidade, não se impede que o juiz altere o momento para a entrega, antecipando-o.

5.21. Legado de coisa genérica

Neste legado, estabelece-se apenas o gênero das coisas. Aí caberá ao herdeiro decidir sobre a escolha, ficando sempre, entretanto, num meio-termo entre as coisas congêneres de melhor ou pior qualidade.

É o que ordena o art. 1.929: "Se o legado consiste em coisa determinada pelo gênero, ao herdeiro tocará escolhê-la, guardando o meio-termo entre as congêneres da melhor e pior qualidade".

Primeiramente, quais as coisas do mesmo gênero? São as dotadas de características comuns, como animais cavalares.

No Código anterior, dava-se a opção da escolha de coisas pelo critério da espécie. Incidia uma decisão por critério mais especificado. Assim, em vez de animais cavalares, permitia-se a opção levando em conta também a raça.

Ao herdeiro dá-se a liberdade de escolher o número de bens, ou um entre eles, segundo for mais equânime e vier determinado.

Faculta-se, pois, escolher os cavalos que as partes convierem, se o legado consistiu em dez cavalos, nada impedindo que a opção recaia naqueles que fazem parte a uma determinada raça, se tanto restou especificado no testamento.

---

42 Ob. cit., vol. XXIII, p. 455.

Não se impõe escolher os piores, e nem cabe ao espólio deliberar sobre os de qualidade inferior, como os mais velhos e maltratados. Há de prevalecer um meio-termo, ou de qualidade média, de modo que ninguém fique prejudicado.

Percebe-se, pois, que a liberdade de escolha é relativa, devendo-se obedecer ao critério da lei. Nesta ordem, admite-se que a opção recaia em alguns animais de boa qualidade e em outros de qualidade inferior.

Da mesma forma com produtos agrícolas, como cereais, ou minérios, porventura armazenados. Sempre se observará a média da qualidade, não valendo a pretensão de ficar com os melhores produtos.

Washington de Barros Monteiro acrescenta, com uma clareza que dissipa qualquer dúvida: "O legado deverá ser satisfeito com a entrega de coisa de valor médio. O obrigado guardará, por conseguinte, o meio-termo (*mediae estimationis*); nem a melhor nem a pior, nem ótima nem péssima".[43]

É possível que o testador designe, de modo expresso, terceira pessoa para fazer a escolha, isto é, para escolher as coisas a serem entregues ao beneficiado, dentre outras do mesmo gênero, ou de igual espécie, e existentes quando da morte.

Dificilmente tal ocorrerá. Mas, na eventualidade, o terceiro escolherá as coisas de valor médio, ou aquelas que se encontram no meio-termo, isto é, nem as melhores e nem as piores. Numa outra solução, separará uma de excelente e outra de péssima qualidade. Assim seguirá alternadamente. E se o terceiro recusar a incumbência, ou não puder cumpri-la, ao juiz compete fazer a escolha, ou mesmo designar quem a fará.

Tudo está no art. 1.930: "O estabelecido no artigo antecedente será observado, quando a escolha for deixada ao arbítrio de terceiro; e se este a não quiser ou não a puder exercer, ao juiz competirá fazê-la, guardado o disposto na última parte do artigo antecedente".

Atualmente, escasseiam substancialmente os legados. E muito mais os especiais, como o ora analisado. Daí a pouca serventia das regras acima.

Ao próprio legatário pode o testador deixar a incumbência da escolha, através de cláusula expressa, o que não se confunde com o inserido no art. 1.929, onde não se encarrega o legatário de optar. Mas, sendo a ele reservada a escolha, então equivale a deixa a autorizar a decisão pelo bem ou pelos bens, desde que da mesma natureza ou da mesma espécie, que ele quiser. Não se fala, aqui, em meio-termo na solução, posto que o disponente, introduzindo tal direito ao legatário, está permitindo, senão praticamente legando, os bens de melhor qualidade. Inexistindo, entretanto, os ditos bens, então outros se concederão da mesma congênere. Neste caso, observa-se a regra do meio-termo. Tal a exegese a que leva o art. 1.931: "Se a opção foi deixada ao legatário, este poderá escolher, do gênero determinado, a melhor coisa que houver na herança; e, se nesta não existir coisa de tal gênero, dar-lhe-á de outra congênere o herdeiro, observada a disposição na última parte do art. 1.929".

Se o testador dispõe de tal modo, está permitindo inequivocamente a escolha de qualquer coisa de seu patrimônio pelo legatário.

A liberdade vale na hipótese de haver bens de igual gênero. Tal não sucedendo, procuram-se os congêneres, ou parecidos, ou do mesmo tipo. Aí não se mantém a liberdade absoluta de se decidir o legatário pelos melhores, mas sujeita-se ele à restrição da última parte do art. 1.929, ou seja, ficando num meio-termo entre os melhores e os piores.

---

43 Ob. cit., *Direito das Sucessões*, p. 169.

Quais as coisas congêneres? Exemplificativamente, em se legando animais cavalares de uma raça específica, e nenhum deles havendo, busca-se encontrar outro animal do mesmo gênero, isto é, um cavalo, embora de raça diferente.

Assim, embora do mesmo gênero significe congênere, a interpretação não pode ser literal, admitindo-se a substituição dos bens por outros de valor equivalente – como de um equino por um bovino, ou de um anel por um bracelete.

De notar, ainda, malgrado pressupor a escolha uma certa quantidade de coisas, em havendo apenas uma desaparece a possibilidade de aplicar-se o exercício previsto no dispositivo. Então, assiste ao legatário unicamente aceitar o bem existente. A disposição converte-se em legado de coisa determinada, não se lhe permitindo esboçar qualquer reclamação. Não importa seja de excelente ou péssima qualidade.

E se inexistirem os bens? Aí tem aplicação o art. 1.915, já analisado no item concernente ao legado de coisa móvel. Será o herdeiro, ou o testamenteiro, obrigado a comprar bens da espécie constante no testamento, dentro das possibilidades da porção disponível.

5.22. Legado alternativo

Por meio deste legado, permite-se ao herdeiro a escolha entre dois ou mais bens, consignados no testamento. Prescreve, a respeito, o art. 1.932: "No legado alternativo, presume-se deixada ao herdeiro a opção". O princípio é idêntico ao estabelecido para as obrigações alternativas, e inseridas no art. 252 do Código Civil: "Nas obrigações alternativas, a escolha cabe ao devedor, se outra coisa não se estipulou".

A alternatividade verifica-se no oferecimento de um apartamento ou uma coisa, ficando na vontade do beneficiado a opção. Qualquer dos bens, uma vez operada a escolha, transmite-se ao herdeiro instituído, sem qualquer implicação o valor que possuir um ou outro bem.

Falecendo antes de exercitar o direito, transfere-se o mesmo aos herdeiros, de acordo com o art. 1.933: "Se o herdeiro ou legatário, a quem couber a opção falecer antes de exercê-la, passará este poder aos seus herdeiros".

Percebe-se, pois, que o poder de opção é transferível por herança. Mas, para haver o testamento, lembra-se que o falecimento há de ocorrer após a abertura da sucessão.

Acrescente-se, ainda, nas palavras de Carvalho Santos, plenamente aplicáveis, que "o direito de opção que se transmite, nos termos do artigo supra, é não somente o aludido no artigo anterior, quanto ao legado alternativo, mas também o referente à escolha no legado genérico, de que cogitou o art. 1.699".[44] O apontado art. 1.699 corresponde ao art. 1.931 do atual Código.

Por outras palavras, também se não exercida a escolha no testamento de coisas do mesmo gênero assiste aos herdeiros do legatário efetuá-la.

Embora omisso o atual Código, diferentemente do Código revogado, é irrevogável a escolha.

A irrevogabilidade da escolha atinge tanto a feita pelo legatário ou herdeiro como a exercida por seus sucessores universais. Isto para dar segurança às relações entre as pessoas e aos atos jurídicos, evitando que, posteriormente, fique prejudicado ou não con-

---

44 Ob. cit., vol. XXIII, p. 468.

valide aquilo a que livremente se decidiu o herdeiro, com possível prejuízo aos herdeiros universais ou legítimos.

Cabe, então, a execução do testamento. Todavia, ao se iniciar o cumprimento, o testamenteiro, ou aquele que apresentar ao juiz o testamento, requererá a citação do legatário, para exercer a escolha; igualmente, impõe-se a citação de todos os herdeiros, que poderão manifestar oposição à pretensão daquele, ou alegar o que for de seu direito.

Existindo, na herança, apenas uma das coisas oferecidas, obriga-se a aceitá-la o instituído, sob pena de presumir-se a renúncia, segundo lição de Itabaiana de Oliveira: "Se, na herança, só existir uma coisa da espécie alegada, somente esta será devida, sem que o herdeiro possa pretender dar outra, nem o legatário reclamá-la, salvo disposição diversa do testador; e se não existir nenhuma outra congênere, de qualidade média, não podendo, neste caso, o legatário exigir a melhor".[45]

6. CUMPRIMENTO DO LEGADO

Em disposição nova quanto ao Código revogado, traça o art. 1.934 as diretrizes sobre o cumprimento dos legados, se omisso o testamento a respeito: "No silêncio do testamento, o cumprimento dos legados incumbe aos herdeiros e, não os havendo, aos legatários, na proporção do que herdaram".

Assim, nada referindo o ato de última vontade, aos herdeiros incumbe que procedam ao cumprimento, realizando os atos ou negócios ordenados pelo testador. Devem eles atender as disposições, como a de exigir a prestação de alimentos, ou o pagamento de uma dívida com o legado deixado, e assim outras incumbências. Possível, porém, que o testador escale os herdeiros que devem desempenhar-se do cumprimento, ou prestar alimentos, individuando-os.

Cabe-lhes providenciar na destinação do legado, destacando ou separando o bem que constitui seu objeto.

Se não existirem herdeiros, passa a função aos legatários, sempre proporcionalmente ao que herdaram. Se a incumbência está em pagar uma dívida, o montante não pode ultrapassar o valor recebido.

Especifica mais detalhadamente o parágrafo único a quem obriga o encargo cometido: "O encargo estabelecido neste artigo, não havendo disposição testamentária em contrário, caberá ao herdeiro ou legatário incumbido pelo testador da execução do legado; quando indicados mais de um, os onerados dividirão entre si o ônus, na proporção do que recebam da herança".

Deve vir o herdeiro indicado pelo testador executar ou cumprir os legados, sob pena de se lhe exigir judicialmente o atendimento. Especialmente se o encargo é cumprido através do legado ou dos bens recebidos, e verificada a existência de vários legatários, divide-se proporcionalmente o ônus, ou seja, de conformidade da porção que se lhes passou na herança. Aparecendo dois legatários, a quem se reservam imóveis distintos, o encargo de prestar alimentos a um terceiro distribui-se na mesma correspondência dos legados recebidos.

---

45 *Curso de Direito das Sucessões*, ob. cit., 1954, p. 181.

XXXI
Efeitos dos Legados

1. ACEITAÇÃO E RENÚNCIA DO LEGADO

A aceitação do legado não precisa vir explícita. Basta a não manifestação em contrário para dar-se a transmissão e considerar-se presente a disposição em aceitar. Não há dispositivo legal que trate de impor a concordância do legatário, para efeito de valer o legado, ao contrário da herança, quando a matéria vem longamente disciplinada – arts. 1.805 e segs. do Código Civil.

É possível que haja desinteresse, ou falta de providências no sentido de receber, o que não importa em ausência de aceitação.

A recusa ou renúncia, no entanto, em princípio, deve ser expressa, a qual é perfeitamente admissível em nosso Direito.

Consiste ela, no conceito de Puig Peña, na "declaración de voluntad que hace la persona beneficiada con una manda, en cuya virtud expresa su intención de no querer gozar de la condición de legatario".[1]

Várias razões podem justificar a recusa, ou o repúdio ao legado, como os encargos impostos, a localização distante dos bens, as despesas de remoção ou transferência, as dívidas que pendem sobre eles, ou o simples desinteresse. Ninguém é obrigado a receber uma doação, ou uma herança e, assim, um legado. Se, todavia, o direito ao legado é adquirido *ipso jure* desde a morte do testador, já a renúncia deve manifestar-se expressamente, a ponto de não ensejar dúvidas, e para permitir que seja chamado o substituto, ou o acréscimo à herança do legado. Isto, porém, em termos, pois há ocasiões que obrigam a admitir-se a recusa tácita. Assim pode-se depreender quando, notificada, a pessoa mantém-se inerte, sem esboçar qualquer providência para receber os bens. Apesar das insistências desenvolvidas pelos herdeiros, ou pelo testamenteiro, no sentido de tomar posse nos bens, o legatário mostra-se arredio, não acudindo aos apelos formulados, e deixando os bens onde se encontram, os quais ficam abandonados. Mas, para tanto, necessário que haja algum ato notificatório no intento de que perderá o direito caso não vier a receber ou retirar o que lhe foi destinado.

De salientar, também, a viabilidade da renúncia de um legado e a aceitação de outro, ou de parte dos bens legados, se a manifestação for clara ou expressa. Mais difícil, aqui, o repúdio tácito, embora não impossível.

---

1 Ob. cit., tomo VI, p. 751.

418 • Direito das Sucessões | *Arnaldo Rizzardo*

O Código Civil, apenas no art. 1.913, faz presumir a renúncia: quando o testador ordenar que o herdeiro, ou legatário, entregue coisa de sua propriedade a outrem, sem que haja o atendimento. Aí decorre, mais como represália, a presunção da renúncia em aceitar aquilo que foi legado ou transmitido em herança. Como não atendeu o legatário, ou herdeiro, a disposição de entregar algo seu para alguém designado no testamento não receberá o legado ou a herança. Mais que uma presunção de renúncia, trata-se de uma cominação pelo não atendimento à última vontade do *de cujus*.

Como o testamento somente valerá a partir da morte do testador, a renúncia feita antes da abertura da sucessão não possui qualquer valor. Nesta linha, no testamento condicional, não possui efeito a formalização anterior, eis que nem se processara, ainda, a transmissão. Parece, no entanto, que não fica sem validade, pois admite a renúncia a simples expectativa de direito. Com mais razão, quando versar de legado a termo, ou verificável daí a certo tempo.

Aos sucessores do legatário, uma vez não manifestada ainda a renúncia, admite-se que seja exercida por eles.

Pode ser retratável a renúncia? Entende-se negativamente, em vista do art. 1.812: "São irrevogáveis os atos de aceitação ou de renúncia da herança" Unicamente admitir-se-ia a retratação se manifestada em razão de vício da vontade, ou de alguma nulidade devidamente comprovada.

2. TRANSMISSÃO DO DOMÍNIO E DA POSSE

A disciplina da matéria relativa a legados é longa e minuciosa, própria de uma época em que tinham preferência as disposições de última vontade, e quando os limites do Direito privado não iam muito além do contido nos códigos. Mesmo assim, mantiveram-se as particularidades com o Código da Lei nº 10.406.

Muitos dos aspectos tratados não possuem aplicação prática, visto que esporádicos os testamentos com legados, e mais ainda com legados especiais.

Com respeito à transmissão do domínio e da posse, segue-se o princípio geral de sua transmissão imediata. Não há um único momento em que fica sem titular o patrimônio. Dando-se o evento morte, opera-se automaticamente a mudança de titularidade da posse, princípio este que se aplica no caso dos legados.

Com a abertura da sucessão, o domínio e a posse se transmitem aos herdeiros legítimos e testamentários, nestes incluídos os legatários. No caso específico do legatário, a ele pertence a coisa legada, com os frutos e rendimentos produzidos, exceto no tocante ao legado de dinheiro, que vence juros desde a data da constituição em mora, de acordo com o já examinado.

A transmissão da posse, porém, na prática dificilmente acontece de imediato. É que o legatário não pode tomar posse do bem por autoridade própria. Somente depois de receber o título, habilita-se a possuir a coisa.

Por outras palavras, o domínio adquire-se com a abertura da sucessão; já quanto à posse, exige-se a partilha para operar-se a sua transmissão, a menos que voluntariamente lhe forem entregues os bens legados – diversamente do que acontece com o herdeiro legítimo, que recebe a posse logo que aberta a sucessão.

Em geral, no legado, formalizada a partilha, investe-se o legatário no direito de pedir a posse. Com o título à mão, gabarita-se para reclamar a entrega do bem.

Cap. XXXI | Efeitos dos Legados • **419**

Não se requer a manifestação expressa de aceitação da herança. A simples habilitação, ou os meios desenvolvidos para o recebimento do bem, representam a aceitação.

A recusa, ou a renúncia, é que depende de manifestação expressa.

Nem se há de cogitar de qualquer interferência do herdeiro legítimo, como sucedia no Direito romano, quando ficava a aquisição do legado subordinada à aceitação da herança pelo herdeiro comum.

3. O PROCESSAMENTO DA TRANSMISSÃO DA PROPRIEDADE

Segundo já anotado, por força do próprio art. 1.784, transmite-se a propriedade do legado com a abertura da sucessão. É o que também consta no art. 1.923: "Desde a abertura da sucessão, pertence ao legatário a coisa certa, existente no acervo, salvo se o legado estiver sob condição suspensiva".

No entanto, quanto à posse da coisa, em decorrência do § 1º do dispositivo acima, não se defere de imediato, nem nela pode o legatário entrar por autoridade própria.

Verificada, porém, a transmissão do domínio, o legatário adquire o direito de reivindicar a coisa certa e corpórea, nos termos do art. 1.228, se não entregue espontaneamente. O título aquisitivo é o testamento. Não apenas o instrumento do ato, mas já formalizado, ou cumprido, e transformado em formal de partilha. O titular do bem ingressará com a ação petitória, fornecendo a devida caracterização e descrição, ou a individuação física. Isto se não se dispuser o espólio a fazer a entrega espontânea.

Para ensejar a ação, reclama-se esteja definido o legado. Naquele de coisa alheia, nem se adjudica a propriedade ao legatário. Daí a inviabilidade da ação petitória. Envolvendo o direito coisa indeterminada, ou bens genéricos, ou em espécie, depende o pedido de entrega, ou o petitório, da definição dos bens, possível por meio de declaração nos próprios autos do inventário, se não demasiado controvertida a questão, ou de ação ordinária específica.

Nos legados de crédito, ou de quitação de dívida, ou de renda, ou de entrega de prestações periódicas, desde que manifesta a recusa dos herdeiros em atender o estipulado no testamento, obter-se-á o direito por meio de pedido apropriado, a ser aforado pelo interessado, ou mesmo pelo testamenteiro, em litisconsórcio ativo com aquele.

Em geral, porém, não há controvérsias maiores, posto que o legado não pode ser desconstituído. Os litígios acentuam-se nas questões que envolvem a validade do ato, ou excessos nas disposições, com necessidade de redução dos legados aos limites legais.

Não é afastada a responsabilidade pelos frutos e rendimentos pelo tempo da posse pelo testamenteiro ou inventariante, em vista do § 2º do mesmo art. 1.923: "O legado de coisa certa existente na herança transfere também ao legatário os frutos que produzir, desde a morte do testador, exceto se dependente de condição suspensiva, ou de termo inicial".

Havendo condição suspensiva, há de se examinar se diz respeito à execução, ou ao próprio legado. Na primeira hipótese, permanece hígido o legado: apenas aguarda-se determinado acontecimento ou a verificação de um evento para operar-se a transferência do bem; na segunda, a própria transmissão do bem que constitui o legado está em jogo, somente acontecendo desde que satisfeita a condição, ou advenha o evento previsto, como a formação em um curso de medicina para operar-se a transmissão de um consultório, ou a existência de um asilo de pessoas idosas para se efetuar a transferência de um imóvel.

4. O PROCESSAMENTO DA TRANSMISSÃO DA POSSE

Quanto à posse, em geral, confunde-se, na prática, com a entrega do bem. Mas, por direito, a propriedade transfere-se de titular com a abertura da sucessão, passando para o herdeiro, e, na hipótese em estudo, para o legatário. Diz-se, então, que ele tem a propriedade sem a posse. Não se opera a transferência da posse *ipso jure*, isto é, pelo fato da abertura da sucessão.

Há de se ter em conta o disposto no art. 1.923, § 1º: "Não se defere de imediato a posse da coisa, nem nela pode o legatário entrar por autoridade própria".

A rigor, ao gravado cabe cumprir o testamento e transmitir a posse. O gravado, em geral, confunde-se com o testamenteiro. Mas nada impede que outra pessoa receba o encargo, por ato do próprio disponente. Silenciando o testamento, ao espólio incumbe o cumprimento, por meio do inventariante. Ou a todos os herdeiros, se não iniciado o inventário.

Normalmente, mais conveniente abrir-se o inventário, seguindo-se nos seus trâmites, com a apuração de seu ativo e passivo. Pagam-se as obrigações primeiro, inclusive com os legados, se necessário, ou não bastar a parte componente das legítimas e indisponível.

Daí melhor aguardar-se a apuração do ativo, depois de liquidado o passivo, para efetuar-se a entrega dos legados, com o que se evitarão possíveis transtornos futuros, ao se pretender a devolução dos bens.

De modo algum se fará a entrega quando pender de julgamento ação sobre a validade, existência ou nulidade do testamento, máxime em aspectos relacionados aos legados, ao seu *quantum* e à qualidade do legatário. Há de se preservar a integridade do patrimônio, evitando riscos de ser entregue indevidamente. Sendo condicional o legado, ou pendendo condição suspensiva, ou determinado termo, também descabe a entrega imediata. Nestas hipóteses e naquela que envolve a validade, vem expressa a proibição no art. 1.924: "O direito de pedir o legado não se exercerá, enquanto se litigue sobre a validade do testamento, e, nos legados condicionais, ou a prazo, enquanto esteja pendente a condição ou o prazo se não vença".

A matéria, no entanto, virá estudada em item à parte, dada a sua importância e certa complexidade.

5. O DIREITO DE PEDIR O LEGADO

A transmissão do domínio e da posse fica mais no plano teórico. Recebe o legatário o domínio a partir da morte do disponente, já que a abertura da sucessão é uma das formas de transmissão da propriedade. A posse advém com a entrega do legado.

E para receber o legado, o comum é proceder-se o inventário, nele incluída a partilha. Efetivamente, com este último ato, na posse é investido o legatário, a menos que o bem lhe tenha sido entregue antes, o que é possível no legado de coisa certa, segundo será visto adiante.

Quem tiver sido contemplado, mune-se da prerrogativa de pedir a entrega do legado. O caminho comum para tanto é peticionar nos autos do inventário, se já iniciado. Do contrário, não havendo a entrega espontânea e regular, inclusive com a ciência e concordância de todos os herdeiros, nem se encontrando aberto o inventário, ao legatário assegura-se a iniciativa do processo de inventário, com a citação de todos os herdeiros e do testamenteiro.

Antes da entrega, o juiz ouvirá todos os interessados, a Fazenda Pública, o encarregado de cumprir a disposição, e o Ministério Público. Havendo concordância, ou atendendo o juiz o pedido, lavra-se termo de entrega nos autos, para que se documente a transferência.

Possível, no entanto, que se conceda a posse, ou a transferência, sem que atendam os herdeiros, ou não se localizando o patrimônio legado. Cabe, aí, providenciar em medidas que objetivem o cumprimento da ordem judicial, como a expedição de mandado de busca, ou o ajuizamento de ação própria (reivindicatória), especialmente se o bem tiver sido alienado para terceiro.

Surgindo dúvidas, ou apresentando-se várias questões ou litígios a conflitar o cumprimento do legado e o próprio inventário, a transferência efetiva-se depois da expedição dos formais de partilha.

Mais aprofundadamente, já havia exposto Itabaiana de Oliveira que não se faz a entrega "enquanto penda condição, porque, subordinando-se a eficácia do ato jurídico à condição suspensiva, enquanto esta não se verificar, não se terá adquirido o direito". Da mesma forma, prossegue, "enquanto se não vença o prazo, porque, embora adquirido o direito, o termo inicial suspende o seu exercício". Também "enquanto se litigue sobre a validade do testamento, porque, uma vez proposta a ação respectiva, o testamento não produzirá efeitos, e só depois de transitada em julgado a sentença que o julgar válido é que o legatário poderá pedir o legado".[2]

6. TRANSMISSÃO NO LEGADO NÃO SUBMETIDO A CONDIÇÕES E DE COISA CERTA

Já observado que o legado de coisa certa, não subordinado a um fato ou a encargo, não depende de uma condição ou de um termo, ou mesmo da aceitação do favorecido, para a transmissão.

O art. 1.923 fornece a ideia desse legado: "Desde a abertura da sucessão, pertence ao legatário a coisa certa, existente no acervo, salvo se o legado estiver sob condição suspensiva".

Nestas condições, a posse opera-se com a abertura da sucessão, armando-se o instituído do direito de postular de imediato a entrega do bem.

Sabe-se que, neste legado, simplesmente se transmite um bem, o qual se encontra perfeitamente individuado, sem qualquer exigência para ser entregue ao destinatário. Ou seja, obrigam-se os herdeiros a entregar o bem a partir da morte do testador, pois se opera a transmissão *ipso jure* com este evento.

No caso de condicional o legado, ou mesmo envolvendo coisas genéricas, ou um bem que deve ser definido, ou um crédito periódico, ou alimentos, ou coisa determinável pelo gênero ou pela espécie, dentre outros tipos, há um mero crédito junto à herança, exercitável o seu recebimento oportunamente, quando da distribuição das legítimas e dos legados.

Na situação do legado em epígrafe, autoriza-se postular logo o recebimento daquilo que foi reservado a uma pessoa.

Conclui-se, daí, que nascem instantaneamente, com a morte, a propriedade da coisa legada e a faculdade de pedir a entrega de tal coisa.

---

2 *Curso de Direito das Sucessões*, ob. cit., 1954, p. 176.

Mesmo que não exercitados esses direitos pelo legatário, transferem-se, com sua morte, aos respectivos sucessores, que podem, pois, reclamar a coisa.

Por sua vez, a pessoa contemplada tem a disponibilidade do patrimônio legado, ficando autorizado a aliená-lo, ou a transferir os direitos respectivos. Não se reclama que ofereça a opção aos herdeiros do testador, eis que não se consideram eles coproprietários, mas devedores daquilo que foi legado. Realmente, encontram-se obrigados a fazer a entrega tão logo solicitados, ou mesmo espontaneamente.

Nada impede, ainda, as medidas constritivas de penhora, arresto e sequestro, para garantir e satisfazer dívidas, ou evitar o perecimento de direitos.

Quem se encontra com o legado em tais condições, habilita-se a reclamá-lo desde logo junto aos herdeiros encarregados para a entrega, ou o cumprimento do testamento. Não havendo pessoas designadas para esta incumbência, pode reclamá-lo perante os herdeiros comuns, ou o inventariante, caso iniciado o inventário, ou o testamenteiro, se se encontrar na posse dos bens da herança.

Fazendo-se a entrega voluntariamente, não há maiores formalismos. Mas quem assim procede (herdeiro, inventariante, testamenteiro) deve consultar os demais interessados, para evitar que direitos alheios sejam feridos. Inquestionável que a entrega ficará assinalada nos autos, passando o legatário o competente recibo, ou documento equivalente.

Envolvendo imóvel o bem, depende o ato formal de partilha, ou de um auto de adjudicação, para fins de registro posterior.

Uma vez feita a entrega, verifica-se a renúncia a qualquer pretensão de se anular ou invalidar o testamento, de parte de todos aqueles que aquiesceram com o ato. Isto a menos que, posteriormente, vier a constatar-se alguma razão para tanto, desconhecida, ou não evidente, quando da entrega.

Não se procedendo amigavelmente à transferência do bem, ou de sua posse, o legatário pode exercitar a reclamação por meio da ação reivindicatória, dirigida contra o próprio espólio, ou contra quem detém injustamente o legado, mas sempre em litisconsórcio passivo com todos os interessados.

Cabe, também, a ação de natureza pessoal para a transferência dos bens, especialmente quanto a valores monetários, ou depósitos existentes em contas bancárias. Igualmente a ação pessoal de perdas e danos pela recusa, ou demora na entrega; ou de reparação pelos estragos e deteriorações nas coisas, e para o recebimento dos frutos e rendimentos.

O que não se permite é que o legatário arrebata o bem ou, por autoridade própria, tome conta do mesmo, ao arrepio dos meios judiciais. O § 1º do art. 1.923 não permite dúvidas: "Não se defere de imediato a posse da coisa, nem nela pode o legatário entrar por autoridade própria".

Em adendo a tudo quanto se disse, e que se resume na transmissão da propriedade com a abertura da sucessão e na exigibilidade da posse desde logo, aduz-se que o legatário deve pedir a coisa junto ao herdeiro onerado, ou ao espólio. É que, com a morte do *de cujus*, a posse transmite-se aos herdeiros legítimos ou aos testamentários. Estes, posteriormente, ou em seguida, entregarão os legados, se existentes, a quem de direito. Mesmo que seja legatário o herdeiro, não significa que entre de imediato na posse. Também ele deve postulá-la.

Nada altera a situação a hipótese de o testador inserir cláusula autorizando ao legatário a tomar posse da coisa legada. É que aos herdeiros se reserva o direito de examinar o testamento, e ver se foram observados os requisitos legais. Cabe-lhes conferir os limites

Cap. XXXI | Efeitos dos Legados • **423**

do legado, e mesmo aquilatar se necessário ou não o quinhão legado para suportar as obrigações do espólio.

Vê-se, pois, que há justificativas ponderáveis para impedir a posse por autoridade própria do legatário.

7. TRANSMISSÃO DO LEGADO CONDICIONAL, OU A PRAZO

Mais difícil e complexa a transmissão dos legados em epígrafe.

Sabe-se que, nestes tipos, há uma condição suspensiva ou resolutiva, da qual depende o testamento para se consumar. Ou estabeleceu-se um prazo, não ocorrendo a transmissão antes de sua ocorrência.

Sílvio Rodrigues trouxe a ideia de legado condicional e a prazo, ou a termo: "O legado condicional – e aqui o legislador se refere à condição suspensiva – para se incorporar ao patrimônio do legatário depende da ocorrência de um evento futuro e incerto, que é a condição. Enquanto esta não advier, o legatário tem apenas uma expectativa de direito e não um direito; ora, é evidente que não pode exigir a entrega de um bem sobre o qual não tem, ainda, qualquer direito deferido.

No legado a termo, o direito do legatário, após a morte do testador, é um direito deferido; todavia, trata-se de um direito inexigível enquanto não advier o termo. Por isso, ao reclamo do legatário, pode o herdeiro opor aquela alegação.

Entretanto, ocorrida a condição ou advindo o termo, o direito do legatário de pedir a entrega do legado se consubstancia".[3]

Para reclamar a entrega do bem, deve-se aguardar a ocorrência da condição, ou o termo. Não há a transmissão imediata, quer da propriedade, quer da posse – a qual se opera unicamente depois de verificada a condição, ou de seu implemento, ou da chegada do termo assinalado.

Enquanto tal não acontecer, apenas existe um direito, que não poderá ser exercido.

O art. 1.924 mostra com clareza a suspensão do direito: "O direito de pedir o legado não se exercerá, enquanto se litigue sobre a validade do testamento, e, nos legados condicionais, ou a prazo, enquanto esteja pendente a condição, ou o prazo se não vença".

A explicação de Carvalho Santos, mantendo-se atual, vem a calhar: "Titular do respectivo direito já o é o legatário desde o dia da morte, mas o seu direito de pedir o legado é que não poderá ser exercido, em regra, justamente porque há condição ou termo".[4]

O que não impede, porém, de exercer o legatário as ações e os meios necessários para a defesa de seu legado. Poderá ele ingressar com as ações possessórias, ou assecuratórias do direito, se ocorrer a turbação, ou pretensão à alienação fraudulenta. Mesmo ações conservatórias admitem-se, no intuito de evitar o desgaste ou o mau uso do patrimônio componente do legado.

Sendo suspensiva a condição, a autorização para as medidas de proteção está no art. 130: "Ao titular do direito eventual, nos casos de condição suspensiva ou resolutiva, é permitido praticar os atos destinados a conservá-lo".

---

3 *Direito Civil, Direito das Sucessões*, ob. cit., vol. VII, p. 168.
4 Ob. cit., vol. XXIII, p. 441.

8. DIREITO À PERCEPÇÃO DOS FRUTOS E RENDIMENTOS

Em princípio, desde o dia da morte do testador os frutos e rendimentos pertencem ao legatário. A regra está no § 2º do art. 1.923: "O legado de coisa certa existente na herança transfere também ao legatário os frutos que produzir, desde a morte do testador, exceto se dependente de condição suspensiva, ou de termo inicial".

Embora não se faça de imediato a entrega do legado, os seus rendimentos pertencem ao legatário, não se impedindo que sejam pagos imediatamente. Os aluguéis de um prédio, ou a paga de um arrendamento, já são da titularidade do contemplado no testamento. Assim, os rendimentos de um crédito objeto do legado, segundo a doutrina de Orosimbo Nonato: "Também quanto ao legado de crédito em que terceiro figura como *reus debendi*, tem o legatário direito aos respectivos juros desde a abertura da sucessão".[5]

Mas quanto aos juros que produzir uma quantia em dinheiro, existe regra específica sobre esta parte, o que se verá adiante.

Nos testamentos suspensivos, ou a prazo, os frutos e rendimentos devem ficar depositados com alguém, ou em um estabelecimento bancário, posto que não definida, ainda, a titularidade dos bens componentes do legado. Depois de implementada a condição, ou de ocorrido o termo, há de se fazer a entrega, se contemplado o legatário. Não parece justa a interpretação de que aos herdeiros legítimos, ou ao espólio, pertençam tais resultados. O efeito do legado retroagirá à data da abertura da sucessão. É errado pensar que a propriedade em favor do instituído apenas iniciou quando da realização do termo ou da condição. Como exsurge do regramento que trata da matéria, unicamente suspende-se o ato, ou a relação jurídica criada (condição suspensiva), remontando os efeitos ao tempo em que não vigia o contrato ou a declaração de vontade. Ou, vindo a ocorrer determinado evento, desfaz-se a relação jurídica (condição resolutiva). Mas tal não acontecendo no prazo previsto, permanecem os rendimentos com a pessoa agraciada testamentariamente.

No legado a termo, ou a prazo, com mais razão o entendimento acima, estabelecendo o art. 131: "O termo inicial suspende o exercício, mas não a aquisição do direito". Se o legado envolve os frutos e rendimentos, fica apenas suspensa a aquisição do direito, e não sem efeito a sua exigibilidade posterior.

No legado de coisa incerta, vindo, depois, a ser determinada, e tendo resultado rendimentos, pensa-se que podem estes ser reclamados, máxime se verificados ou existentes. Do contrário, haveria um enriquecimento indevido dos herdeiros, levando-se em conta, ainda, e também no legado condicional, que a transferência do domínio se opera desde a morte do autor da herança, ficando somente indefinido o titular por determinado período de tempo.

Em qualquer caso, os rendimentos somente podem ser exigidos se os bens os produziram no curso do tempo. Não se impõe ao espólio, ou aos herdeiros, que os façam produzir, se quando da morte do testador não se encontravam aplicados ou destinados a trazer frutos. Assim, não cabe postular a indenização da produção que poderia trazer uma área de terras, se os herdeiros não a destinaram a culturas agrícolas. No máximo, cabe reclamar a participação nos resultados das plantações que existiam quando da morte do autor da herança, e que foram aproveitadas.

---

5 Ob. cit., vol. III, p. 92.

Também não cabe a indenização em face da utilização do bem pelos herdeiros. Se estes ocuparem o imóvel objeto do legado, aproveitando-o para a moradia, nenhum direito compensatório assiste ao legatário, visto que o patrimônio e a posse, por força do art. 1.784, transferem-se aos herdeiros legítimos e testamentários. Já ao legatário assiste o recebimento dos frutos e, posteriormente, o bem, quando definida a situação do ativo, do passivo, e de cada pessoa contemplada.

Para haver frutos, pressupõe-se que o emprego do patrimônio era econômico, ou para trazer rendimentos. Se inexistia exploração econômica, não são exigíveis os resultados pretendidos. Encontram-se o espólio e os herdeiros obrigados a guardar o bem, mas não a fazer investimentos, ou a explorá-lo economicamente. Exceto, evidentemente, em bens que, não investidos, determinam a perda de seu valor. Por exemplo, quanto ao dinheiro, ou dividendos recebidos em ações e quotas em estabelecimentos comerciais.

9. DIREITO À PERCEPÇÃO DOS JUROS NO LEGADO EM DINHEIRO

Aqui, seguindo-se a metodologia imprimida à ordem dos assuntos desenvolvidos, torna-se a insistir, posto que já analisada a matéria na parte que tratou especificamente dos legados, que os juros de dinheiro são devidos a partir da notificação ou interpelação do herdeiro ou do espólio, que está com o valor legado. O art. 1.925 realmente assim impõe: "O legado em dinheiro só vence juros desde o dia em que se constituir em mora a pessoa obrigada a prestá-lo". Não há, pois, como entender na forma do § 2º do art. 1.923, onde se assegura a percepção dos frutos pelo legatário desde a morte do testador.

A distinção é injusta e discriminatória, lastimando-se que tenha sido mantida pelo Código de 2002. O dinheiro que está com o espólio, ou um herdeiro, constitui um bem, geralmente investido em aplicações bancárias. Se recebe juros (além da correção monetária), cumpre que a eles faça jus o agraciado, sob pena de se impor tratamento diferenciado em assuntos da mesma natureza, como no caso dos outros bens que redundem frutos. Ora, o dinheiro é um bem. Os frutos constituem rendimentos, ou frutos do capital empregado. O deslinde mais correto, pois, em questão sobre este assunto, é determinar o pagamento dos juros ao legatário.

10. DIREITO À PERCEPÇÃO DAS RENDAS E PRESTAÇÕES PERIÓDICAS

Quanto a esta matéria, já abordada, restritamente aos efeitos deve-se dizer que as rendas ou prestações periódicas são exigíveis apenas a contar da morte. Assim, o lega-tário dos dividendos ou dos rendimentos nas aplicações financeiras mune-se do direito à primeira distribuição de dividendos ou ao primeiro rendimento anual apurado, não importando que o testador ainda vivia durante considerável lapso do período no qual se formou o montante que receberá.

Mas se não estipulada a periodicidade das entregas, far-se-ão sempre que se acumular a renda em quantia significativa, ou quando ocorrer o recebimento de valor. Normalmente, proceder-se-á mês a mês o repasse, ou quando do pagamento das produções colhidas e dos bens vendidos.

A disciplina está no art. 1.926, que fala em renda vitalícia, ou pensão periódica: "Se o legado consistir em renda vitalícia ou pensão periódica, esta ou aquela correrá da morte do testador".

426 • Direito das Sucessões | *Arnaldo Rizzardo*

A renda passará, às vezes, ao destinatário em prestações periódicas, consoante entendeu o testador, obedecendo-se aos seus ditames nos repasses. Mas não se olvida o caráter assistencial imprimido à renda, ou prestação. Dependendo das circunstâncias, não é desarrazoável a alteração das épocas da entrega, atendendo-se as conveniências e a necessidade da pessoa agraciada. Estabelecido que as prestações decorrem dos rendimentos advindos de ações, ou de capitais aplicados, quando dos pagamentos dos dividendos, ou da remuneração, faz-se a entrega das prestações.

11. DIREITO À ESCOLHA NO LEGADO GENÉRICO

A determinação do bem é uma condição para viabilizar o testamento. Mas admite--se que o testador deixe a cargo do herdeiro, de um terceiro, ou do próprio legatário efetuar a escolha. Isto não quanto a qualquer tipo de bens, mas naqueles que pertencem ao mesmo gênero.

Na forma do art. 1.929, conforme já visto, delegando-se a incumbência a um herdeiro, procede-se à escolha nem entre as melhores e nem entre as piores coisas. Fica-se no meio-termo. Assim, se deixada ao favorecido uma joia dentre as existentes, opta-se pela que corresponde ao valor médio entre todas. Há, aqui, bens do mesmo gênero. No caso, porém, de especificarem-se ainda mais as joias, e destacando-se os anéis, de igual modo opta-se por um que corresponda ao meio-termo entre os melhores e os de qualidade inferior. Tocando a uma terceira pessoa o encargo, e recusando-se a mesma a aceitá-lo, o juiz a substituirá, sempre observando o meio-termo referido – art. 1.928.

E se cabe ao legatário, presume-se que o testador lhe deu liberdade para a escolha. Faculta-se-lhe que se decida pela coisa de melhor qualidade dentre as existentes. Mas, inexistindo, elegerá uma de outra congênere. Nesta eventualidade, incide o meio-termo – art. 1.931.

Falecendo o legatário, sem exercitar o direito, aos seus herdeiros cabe o cumprimento.

Sempre, em todos os casos, nos autos do inventário leva-se a efeito a escolha, a não ser que dependente o procedimento de provas, e exigir maiores discussões. Buscam-se, então, as vias ordinárias.

12. DIREITO À ESCOLHA NO LEGADO ALTERNATIVO

Neste legado, o testador oferece opções ao legatário na escolha entre dois ou mais bens, para escolher aquele que mais lhe interessar. Coloca as alternativas, *v. g.*, entre um apartamento e uma casa, cabendo a ele decidir qual o imóvel que quer, segundo o art. 1.932. Há, portanto, um direito que ninguém pode subtrair. Evidente que apenas um bem ser-lhe-á entregue. Falecendo antes de decidir-se na opção, aos herdeiros transmite-se o direito – art. 1.933.

Concretizada a escolha pelo legatário, ou por seus herdeiros, não mais é permitida a mudança, ou a alteração para outra coisa. Mesmo assim, considera-se irrevogável a escolha, porquanto, uma vez operada, o bem passa para o legatário, inviabilizando-se a mudança de propriedade. Isto inclusive porque o patrimônio restante vai para os demais herdeiros.

Temos, aqui, uma regra que evita alterações no ato de vontade, o que o tornaria vulnerável e sujeito a constantes modificações.

Cap. XXXI | Efeitos dos Legados • 427

13. DIREITO AO RECEBIMENTO DE QUANTIDADES CERTAS E PRESTAÇÕES PERIÓDICAS

Estabelecendo o pagamento de quantidades certas, em prestações periódicas, ou entregues de tempos em tempos, previsto no art. 1.917, o legado não se diferencia propriamente daquele que compreende rendas ou pensão periódica do art. 1.926.

Unicamente com a diferença de que aqui há quantidades certas, não dependendo da renda proveniente de investimentos, ou da exploração de um bem.

Os pagamentos são exigíveis no final de cada período, e não no seu começo, iniciando o primeiro na data da morte do *de cujus*, se diferentemente não vier ordenado no ato testamentário.

De outro lado, ao término do período se impõe o pagamento de toda a parcela. Falecendo no curso de sua duração, não cabe ordenar o pagamento de um valor proporcional ao tempo que falta para completar o período. Assim, mesmo que apenas iniciado novo período, o valor a ser entregue é o total da prestação.

Esta previsão de pagamento consta no art. 1.928. Se de natureza alimentar, porém, a quantia, admite-se a sua satisfação no começo de cada nova etapa.

14. RESPONSABILIDADE PELA ENTREGA DO LEGADO

A quem compete entregar, ou pagar o legado?

Evidente, não prevendo o testamento, que cabe aos herdeiros ou, não os havendo, aos legatários, na proporção daquilo que herdaram.

O Código trata da matéria com previsões e pormenores, como fazia o diploma de 1916, que, em geral, não ocorrem. Torna complexa uma providência que normalmente não envolve maiores indagações ou problemas.

Reza o art. 1.934: "No silêncio do testamento, o cumprimento dos legados incumbe aos herdeiros e, não os havendo, aos legatários, na proporção do que herdaram".

Presume-se, aqui, no silêncio da deixa, a atribuição a todos os herdeiros, ou legatários, não havendo aqueles, embora não venham referidos os nomes, para efetuar a entrega ou cumprir dos legados. Isto mesmo que o legado faça parte do quinhão que todos ou vários herdeiros vão herdar. A obrigação, então, de entregar é dos herdeiros, cujos quinhões são compostos pelos legados.

O dispositivo acima é realçado ou reforçado pelo seu parágrafo único: "O encargo estabelecido neste artigo, não havendo disposição testamentária em contrário, caberá ao herdeiro ou legatário incumbido pelo testador da execução do legado; quando indicados mais de um, os onerados dividirão entre si o ônus, na proporção do que recebam da herança".

Por esta regra, designam-se os herdeiros ou legatários com o encargo de efetuar a entrega. Apenas eles responderão pela sua efetivação.

Em face dos dispositivos acima, não existe um escalonamento entre as pessoas designadas. Por tal ordem, e combinando os seus conteúdos, conclui-se: em primeiro lugar, aos herdeiros, ou, não os havendo, aos legatários designados atribui-se a obrigação de efetuarem a entrega; não havendo designação, compete aos herdeiros ou legatários cujos quinhões são integrados pelos legados, pois se com eles se encontram os bens, obviamente obrigam-se a fazer a entrega.

428 • Direito das Sucessões | *Arnaldo Rizzardo*

Não param aí as regras.

O art. 1.935 refere-se ao herdeiro ou legatário a quem o testador ordena que entregue bem seu a outra pessoa instituída. Com toda a evidência, o herdeiro ou legatário obrigado, para efetuar a entrega de um bem seu a outra pessoa, também deverá ser beneficiado pelo testamento.

Neste caso – de entrega de algo do herdeiro ou legatário – indiscutível que a dita entrega competirá a este herdeiro ou legatário. Lendo-se o dispositivo, ficam dirimidas quaisquer dúvidas: "Se algum legado consistir em coisas pertencentes a herdeiro ou legatário (art. 1.913), só a ele incumbirá cumpri-lo, com regresso contra os coerdeiros, pela quota de cada um, salvo se o contrário expressamente dispôs o testador".

Na realidade, ao testamenteiro que é encarregado de executar o testamento cabe efetuar a entrega, ou providenciar ao cumprimento do legado. Efetivamente, diz o art. 1.978: "Tendo o testamenteiro a posse e a administração dos bens, incumbe-lhe requerer o inventário e cumprir o testamento".

E mesmo ao inventariante assiste providenciar na entrega, se tal não fora feito pelos próprios herdeiros, ou pelo testamenteiro.

Carvalho Santos, numa síntese clara, coloca a seguinte ordem de obrigados no cumprimento, que se adapta ao atual Código: "Assim, a coisa legada deve ser entregue: *a*) pelo testamenteiro quando tenha a posse e a administração da herança (art. 1.755); *b*) pelo herdeiro ou herdeiros designados pelo testador, que serão os únicos responsáveis para com o legatário (art. 1.703); *c*) pelo herdeiro a quem pertencer a coisa legada, nos termos do art. 1.679 (art. 1.704); e, ainda, *d*) pelos herdeiros instituídos, proporcionalmente ao que o silêncio do testamento faz presumir ter sido esta a intenção do testador".[6] Os artigos citados equivalem, na ordem que vêm nomeados, aos arts. 1.978, 1.934, parágrafo único, 1.907, e 1.935 do Código em vigor.

15. ENTREGA DO LEGADO E TITULARIDADE DOS ACESSÓRIOS E ENCARGOS

Onde se efetuará a entrega do legado?

É meridianamente claro que isto se fará onde estão os bens. As pessoas vão ao local e efetuam a tradição. Mas tratando-se de valores, procede-se à simples transferência de titular, em geral através de ordem judicial. Há, no Código Civil, uma norma a respeito – art. 1.937: "A coisa legada entregar-se-á, com seus acessórios, no lugar e estado em que se achava ao falecer o testador, passando ao legatário com todos os encargos que a onerarem".

Nota-se, pois, que seguiu o Código a ordem natural dos fatos. Nada melhor que se efetue a entrega onde se encontram os bens.

Ordena o dispositivo que efetuar-se-á a entrega com os respectivos acessórios. Assim deve ser, posto que, *v. g.*, sem eles ficaria prejudicado o uso, ou o emprego para a respectiva finalidade. O veículo deverá, portanto, vir acompanhado dos documentos correspondentes; o imóvel, com os comprovantes da propriedade, as acessões e benfeitorias, os prédios erguidos e até as servidões inerentes ou instituídas, como de passagem.

---

6   Ob. cit., vol. XXIII, p. 471.

Os móveis que guarnecem a casa formam bens autônomos, eis que distintos e removíveis sem alterar o prédio. Já uma propriedade rural envolverá as plantações, matas e prédios, eis que indestacáveis e acessórios – arts. 92 a 97.

No pertinente ao lugar, é necessário observar que as coisas móveis às vezes se encontram depositadas, acarretando despesas. Tratando-se de cereais armazenados em silos ou locais apropriados, os custos serão arcados pelo espólio até o momento da entrega, ou da notificação para a retirada. A recusa nas providências de satisfazer as despesas, ou de retirar, pode corresponder à renúncia ao legado, ou determinar a execução nos próprios bens para o pagamento das dívidas. Situação também verificável quando o legado consiste em um veículo, depositado em garagem ou estacionamento pagado.

A entrega efetuar-se-á no estado em que se acham os bens ao falecer o testador. Daí se nota que há propriamente uma obrigação de conservar ou de manutenção, de modo a não acarretar deterioração, a menos que seja natural e não provenha do desleixo ou falta de cuidados normais.

Nesta linha, há bens que impõem maiores providências, e mesmo uma atividade técnica, trazendo despesas, como no caso de máquinas especiais, veículos e aeronaves. Igualmente quanto aos produtos alimentícios, que não podem ficar estocados por muito tempo, e prédios, a necessitarem constantemente de reformas, reposição de materiais e pintura.

Em princípio, ao espólio compete a conservação. Mas, diante do legado, para afastar a responsabilidade pelos estragos e perda de valor, incumbe se entreguem os bens, notificando-se o legatário para o recebimento e incumbindo-o dos encargos exigidos para evitar a deterioração.

Complica-se a situação no caso de constituir-se o legado de semoventes, que exigem constante tratamento veterinário e alimentação, com vultosas despesas, e sendo próprio da exploração desta atividade, para trazer rendimentos, a comercialização dos animais e a substituição por outros.

Em princípio, obrigação do espólio será apenas garantir a conservação, com as providências que se fizerem necessárias. Compete, pois, ao responsável pelo espólio, em primeiro lugar, tomar as medidas de simples conservação, mesmo que envolvam despesas, e, em seguida, efetuar a entrega, ou reclamar o recebimento dos valores necessários que acarreta o custo da conservação.

Os bens passam ao legatário com todos os encargos que os oneram. Daí cumprir a ele o pagamento dos impostos devidos a partir da data do óbito. Não as obrigações anteriores, sendo estas, a rigor, do espólio. Mas justo, porém, seria exigi-las de quem foi contemplado com o bem que acarretou a obrigação. A ser coerente a solução, quem fica beneficiado com o bem deve suportar a obrigação advinda deste bem. Mostra-se injusto impor ao espólio um ônus que não lhe trará qualquer vantagem.

De igual modo, encontrando-se gravado o bem com algum ônus, como hipoteca por dívida contraída para pagá-lo, desta maneira passará para o legatário, que deverá satisfazer as prestações. Assim acontece com os imóveis financiados por bancos, segundo o Sistema Financeiro da Habitação. Mesmo que não haja esta garantia, mas procedendo-se o pagamento mediante prestações, a responsabilidade é de quem foi favorecido com o legado. E isto mesmo que pendam prestações de época anterior à abertura da sucessão. Como referido acima, não se considera justo debitar aos herdeiros a dívida, se proveniente da aquisição do bem que foi legado.

Quaisquer coisas que se encontrem sendo pagas transferem-se com as respectivas prestações ou dívidas.

Mas incidindo uma constrição judicial de penhora ou arresto por dívidas não decorrentes da aquisição dos bens, e sim contraídas pelo testador por outras causas, não se pode exigir do legatário a satisfação da obrigação. A herança responderá, arcando com o pagamento. Todavia, seguirá a execução, garantindo o bem penhorado a dívida, o qual sujeita-se a leilão. Não ficará o mesmo livre da expropriação em virtude de estar compondo o legado. Resta ao legatário unicamente procurar o ressarcimento do que pagou, junto ao espólio ou aos herdeiros, proporcionalmente ao que é partilhado a cada um. Mas ele também suportará parte da dívida, correspondente ao *quantum* do quinhão recebido. Não importa a existência de cláusula de impenhorabilidade, eis que a dívida foi constituída antes da abertura da sucessão.

Dentro deste assunto, também do espólio é a obrigação originada do bem que constitui o legado, se formada antes da abertura da sucessão, conforme a jurisprudência vigorante antes, mas que se coaduna ao sistema do atual Código: "A caução em dinheiro, dada pelo locatário a locador posteriormente falecido, com a extinção da locação passa a ser dívida da herança, incumbindo a esta o ônus de sua devolução e não ao legatário, que adquiriu a propriedade do imóvel locado sem o encargo expresso da restituição".

Procura-se justificar: "Na hipótese, o legatário sucedeu ao locador original na propriedade do bem. Não sucedeu, no entanto, como devedor pignoratício. Na medida em que não tenha participado do contrato de constituição da caução, e não lhe tendo sido conferida a posse dos objetos empenhados, não se vinculou à obrigação concernente.

Não lhe adveio tal condição, tampouco da simples aquisição da propriedade do imóvel, pois a garantia pignoratícia não constituiu direito real sobre ele pendente".[7]

16. DESPESAS E RISCOS NA ENTREGA DO LEGADO

Ao legatário incumbe pagar as despesas e assumir os riscos que impõe a entrega do legado. Responde, em princípio, pelo cumprimento a pessoa favorecida.

Esta responsabilidade está no art. 1.936: "As despesas e os riscos da entrega do legado correm à conta do legatário, se não dispuser diversamente o testador".

É natural que assim se ordene, visto parecer inconcebível deva o espólio, além de perder parte dos bens, arcar com as despesas de entrega e com os riscos.

Nesta linha, injusto se ordenem ao espólio o pagamento e o risco pelo extravio ou danos em atendimento a uma ordem testamentária.

Explicava Maria Helena Diniz, ao tempo do Código de 1916, mas lembrando que o sentido da disposição se repetiu com o atual Código: "Feita a entrega da coisa legada, o legatário assumirá todos os riscos oriundos de força maior ou caso fortuito; assim, se ela se deteriorar ou perecer, arcará com todas as consequências, salvo os casos de mora ou culpa da pessoa obrigada à entrega".[8]

Cabe ao legatário, pois, remover os bens, mesmo que vultosas as despesas, transportando, se for o caso, o gado recebido, removendo as mercadorias dos depósitos e armazéns, e retirando os móveis do prédio.

---

7   REsp. nº 26.871-4-RJ, da 4ª Turma do STJ, 17.11.92, *Revista do Superior Tribunal de Justiça*, 47/337.

8   *Direito das Sucessões*, ob. cit., 6º vol., p. 211.

As custas do processo de inventário, relativamente ao legado, incluídas taxas e impostos, e as do registro imobiliário são, pois, da responsabilidade do legatário. Inclusive as despesas de advogado, na medida da estimativa dos bens recebidos, também são de sua responsabilidade.

Nada impede, porém, que se disponha ao contrário no próprio ato de disposição de última vontade.

17. DESCUMPRIMENTO DOS ENCARGOS NO LEGADO

Há, conforme já foi analisado, legados com obrigações ou encargos, cujo cumprimento é da responsabilidade do legatário. Não satisfeito o que foi ordenado no testamento, admite-se até a desconstituição do ato, ou a cobrança através de ação competente, ou uma ação de cunho cominatório, sempre contra o legatário, admitida a legitimidade ativa, para tanto, do testamenteiro, dos herdeiros, do encarregado do encargo e do Ministério Público, havendo interesse geral ou público, ou de incapazes.

Estatui o art. 1.938: "Nos legados com encargo, aplica-se ao legatário o disposto neste Código quanto às doações de igual natureza".

Nota-se perfeitamente a menção aos legados com encargos, e não em outros tipos. Consta a remessa às regras sobre as doações. Nesse particular, o art. 553 trata da obrigatoriedade do cumprimento dos encargos nas doações: "O donatário é obrigado a cumprir os encargos da doação, caso forem a benefício do doador, de terceiro, ou do interesse geral". De modo que é inquestionável o atendimento das obrigações emanadas no testamento.

E se mantiver-se omisso, ou recusar-se o legatário?

A solução está art. 555: "A doação pode ser revogada por ingratidão do donatário, ou por inexecução do encargo".

A regra tem aplicação no legado.

Há um procedimento a ser obedecido. O primeiro passo está na notificação ou intimação do legatário para atender e satisfazer o encargo, em determinado prazo, que não poderá ser exíguo se complexo e demorado o cumprimento.

Faculta-se ao Ministério Público promover a medida de cumprimento do encargo, em vez de se buscar a revogação, no caso de haver interesse geral – art. 553, parágrafo único, ou se instituído em favor de menores e outros incapazes, ou de uma instituição pública.

Não é rara a falta de cumprimento, máxime após algum tempo da vigência do encargo, ficando o beneficiado ao desamparo e sem condições para promover as medidas cabíveis, o que acontece nas obrigações de dar assistência a pessoas idosas ou inválidas.

XXXII
Extinção dos Legados

1. CAUSAS GERAIS DE EXTINÇÃO

Estuda-se, aqui, a extinção dos legados, mas não determinando, sempre, a extinção do testamento. Um legado poderá fazer parte do testamento, ou ser incluído nas suas disposições, posto que possível que alguém atribua, dentro da meação disponível, especificamente alguns bens, destinando-os a uma ou mais pessoas.

Há causas de extinção do testamento em geral, matéria já amplamente estudada, e outras estabelecidas mais para a extinção apenas dos legados, mas aplicando-se algumas para extinguir também o testamento.

Os arts. 1.939 e 1.940 cuidam particularmente da caducidade dos legados. De observar, porém, que não somente a caducidade é causa da extinção. Existem outros fatores, de alguma frequência, e não menos importantes, como se verá.

Orlando Gomes classificava em gerais e especiais as causas, persistindo a distinção no atual regime, dada a igualdade de tratamento da matéria com o Código anterior.

Dentre as gerais, estão prescrição, a frustração da condição, a decadência, a incapacidade do legatário, a invalidade do testamento, ou a sua nulidade.[1]

Realmente, embora instituído o legado, se não procurado no lapso prescricional estabelecido por lei (*v.g.*, quinze anos para imóveis, ou três anos para móveis com justo título e cinco anos sem justo título − arts. 1.238, 1.260 e 1.261), fica o bem no poder daquele que exerceu a posse.

No legado condicional, não advindo a condição estabelecida, não se efetivará a transmissão, como quando subordinado o recebimento de determinados bens – num espaço especificado – à formatura em um curso profissional ou universitário.

Na decadência, verifica-se um prazo para o exercício de um direito, mantendo-se inerte o seu titular. Assim, se o legatário, notificado para receber os bens, não se manifestar no lapso concedido, terá sucumbido o direito de havê-los posteriormente, pois já incorporados ao patrimônio de outras pessoas.

No pertinente à incapacidade do legatário, tal acontece na indignidade. E quanto à invalidade ou mesmo à nulidade do legado, se inexiste o bem ou se viciada a vontade do testador.

---

1 *Sucessões*, ob. cit., p. 221.

434 • Direito das Sucessões | *Arnaldo Rizzardo*

2. CAUSAS ESPECIAIS DE EXTINÇÃO. CADUCIDADE

As causas especiais previstas em lei – art. 1.939 – independem da vontade do legatário, sendo supervenientes ao testamento, e levando à sua caducidade, termo este usado pelo Código. Há o desaparecimento de um ato jurídico, e que estaria apto a realizar os efeitos normais. Sobrevém uma circunstância ou um fato que faz desaparecer a liberalidade testamentária. No dizer dos Mazeaud, "ciertos acontecimientos constituyen una imposibilidad de cumplimiento; el legado pierde entonces toda sua eficacia: caduca".[2]

Eis a redação do mencionado art. 1.939, enumerando as causas:

> Caducará o legado:
>
> I – se, depois do testamento, o testador modificar a coisa legada, ao ponto de já não ter a forma nem lhe caber a denominação que possuía;
>
> II – se o testador, por qualquer título, alienar no todo ou em parte a coisa legada; nesse caso, caducará até onde ela deixou de pertencer ao testador;
>
> III – se a coisa perecer ou for evicta, vivo ou morto o testador, sem culpa do herdeiro ou legatário incumbido do seu cumprimento;
>
> IV – se o legatário for excluído da sucessão, nos termos do art. 1.815;
>
> V – se o legatário falecer antes do testador.

Pela sua importância, analisa-se cada uma das causas.

2.1. Modificação substancial do bem legado, procedida pelo próprio testador

A coisa objeto do legado sofre uma transformação que altera até sua denominação, passando a constituir uma nova realidade, e isto depois do ato testamentário.

Imagine-se que a liberalidade constante do testamento seja uma casa residencial. Mais tarde, embora não revogado o ato, é demolida, erguendo-se, com seus restos ou simplesmente em seu lugar, um edifício de inúmeros pavimentos, ou um centro comercial, ou um *shopping*, ou uma fábrica. Parece que há, evidentemente, a modificação substancial do bem, o que induz a concluir pelo propósito de cancelar a deixa, embora não se revogue o testamento.

Mas, de observar, como já fazia Sílvio Rodrigues: "Se a modificação, entretanto, não é fundamental, a ponto de alterar a substância da coisa, prevalece o legado. Se a fazenda de cultivo se modifica em fazenda de criação, ou se as ações ao portador são convertidas em ações nominativas, o legado não caduca, pois a propriedade agrícola continua a ser uma fazenda, e os títulos legados continuam a ser ações de sociedade anônima".[3]

Nesta linha, no exemplo anterior, legando uma casa de moradia especificada, e dando--lhe, depois, o uso de comércio, inclusive com adaptações e até aumento de área, pensa--se que permanece a possibilidade de uso existente quando do testamento, com algumas modificações a serem feitas.

Itabaiana de Oliveira elucidava com mais hipóteses a figura: "Assim, se o testador legou um colar de brilhante e, depois do testamento, atendendo à moda, mudou a colocação dos

---

2 Ob. cit., parte 4ª, vol. II, p. 455.
3 *Direito Civil, Direito das Sucessões*, ob. cit., vol. VII, pp. 178 e 179.

Cap. XXXII | Extinção dos Legados • **435**

brilhantes, alterando a ordem deles, não se dá, no caso, um fato que importe a transformação do legado e ele permanece eficaz; assim, também, se um incêndio derreteu toda a prata legada, a transformação, nesta hipótese, não torna ineficaz o legado, porque foi devida a caso fortuito. Mas se o testador, depois de feito o testamento, construir um prédio sobre o terreno legado, onde nada existia, não se deve, nem um, nem outro, porque não se trata de acréscimo, mas de transformação de coisa legada".[4]

Mesmo que parcial modificação, incide a caducidade, embora restritamente ao que se modificou, figurando como exemplo a construção de um prédio em parte de um terreno. Se possível se destacar a área do terreno, permanece o legado sobre a porção onde não ocorreu a construção.

2.2. Alienação da coisa legada

Seja qual for a maneira de se alienar (venda ou doação), depreende-se a mudança da vontade do testador. Mesmo porque o efeito do testamento terá início apenas com a abertura da sucessão. Antes, o bem pertence ao testador ou legante.

A caducidade se dá até o montante que deixou de pertencer ao testador, se alienada parte dos bens, apresentando Maria Helena Diniz esta e mais algumas particularidades: "Se a alienação for parcial, subsistirá a deixa até onde a coisa permanecer no patrimônio do autor da herança. Se a alienação for compulsória, como na hipótese de desapropriação, não acarreta caducidade do legado pela intenção de revogar a liberalidade. Esta, porém, não poderá subsistir, por ter desaparecido do patrimônio do testador o objeto do legado, passando para a propriedade do expropriante, sendo, portanto, nulo o legado de coisa alheia. Todavia, se o testador, tendo alienado o bem legado, guardar, em separado, num cofre ou mesmo em invólucro especial, em mãos de terceiro, o produto da venda, deixando indicada na quantia conservada a sua identificação com o legado feito, não haverá caducidade".[5]

2.3. Perecimento ou evicção da coisa

Realmente, se perece a coisa, caduca o testamento, eis que fica vazio e sem suporte econômico. Se consistir em joias o legado, o seu furto, ou a perda, retira-lhe o conteúdo ou a significação. De nada mais adiantará.

O perecimento deverá ocorrer antes do falecimento do autor da herança. Mesmo que ocorra após, não se altera a situação, com a diferença de, aqui, haver a possibilidade de se responsabilizar quem deu causa ao perecimento, com a obrigação de indenizar pelas perdas e danos.

Eis a explicação de Jorge O. Maffía: "La caducidad sólo tiene lugar si la cosa determinada en su individualidad perece antes de la muerte del testador, o después de ella y antes del cumplimiento de la condición. Si la cosa perece luego, se habrá perdido para el legatario que era ya su dueño. Por tanto, si el evento ha sido obra culposa o dolosa de un tercero, el legatario tendrá contra él las correspondientes acciones resarcitorias".[6]

Não havendo culpa, por desaparecimento em virtude de força maior ou caso fortuito, não cabe qualquer ressarcimento, a menos que presente a mora na entrega ao legatário.

---

4 *Curso de Direito das Sucessões*, ob. cit., 1994, p. 185.
5 *Direito das Sucessões*, ob. cit., 6º vol., p. 213.
6 Ob. cit., tomo III, p. 398.

436 • Direito das Sucessões | Arnaldo Rizzardo

A caducidade é apenas do bem ou da parte do legado que pereceu, perdurando a validade no restante.

No tocante à evicção, de notar que a caducidade se impõe em virtude de ser alheia a coisa legada. Há uma decisão judicial, declarando que é de terceiro o bem. Aliás, o art. 1.912 proclama ser ineficaz o legado de coisa que não pertença ao testador no momento da abertura da sucessão. Carvalho Santos fornecia duas razões para justificar a caducidade: "a) Porque a evicção prova que o legado foi de coisa alheia; b) porque torna o legado sem objeto. Além disso, é princípio geral que a evicção só acarreta responsabilidade nos atos onerosos (art. 1.107), e não nos atos de liberalidade, salvo exceções expressas".[7] O mencionado art. 1.107 tem seu conteúdo regulado no art. 447 do diploma civil em vigor.

2.4. Indignidade do legatário

Ao se estudar a indignidade, viu-se que o legatário não está excluído dela – art. 1.815. Exclui-se, por este instituto, da herança o herdeiro que tenha praticado, contra o *de cujus*, atos de ingratidão, relacionados no art. 1.814, como o atentado contra a sua vida; a calúnia irrogada em juízo, ou quaisquer crimes contra a honra; o uso de violência ou meio fraudulento na manifestação da vontade do testador, ao dispor livremente seus bens.

Os herdeiros, ou interessados, devem, pois, entrar com uma ação ordinária provando a prática de atos de indignidade. Mas desde que aconteceram depois do escrito do testamento. Se ocorreram antes, e assim mesmo houve o legado, entende-se que o testador perdoou o legatário, ou não levou em conta os atos perpetrados contra a sua pessoa. Sílvio Rodrigues, com a simplicidade que lhe é própria, aduzia, em vista do art. 1.595 do CC revogado, no Código vigente equivalente ao art. 1.814: "De modo que, se algum interessado provar que o legatário, após o testamento, praticou um dos atos relacionados no art. 1.595, do Código Civil, torna-se ineficaz a cláusula testamentária que o beneficia".[8]

Conforme o caso, em situações especiais, e desde que repugnem à média da consciência das pessoas, outros atos também podem determinar a invalidade, ou a não concessão do bem estabelecido no legado. Assim, como se admitir um favorecimento, ou contemplação em bens, se o legatário, depois do testamento, praticou atos de suprema maldade, que repugnam ao senso comum daquilo que é certo ou errado? Evidente que o abandono do testador, nos momentos derradeiros de sua vida, impõem a revogação ou a caducidade do ato de liberalidade, se o legatário nada fez para acudi-lo, ciente da situação em que se encontrava.

2.5. Premoriência do legatário

Falecendo o legatário antes do testador, naturalmente perde o efeito, para ele, o testamento, posto que a sua finalidade é beneficiar o legatário, que se trata de uma escolhida em consideração de razões especiais ou de foro íntimo do *de cujus*. Não é sucedido o legatário por seus herdeiros, o que aconteceria se morresse depois. Nem há de se falar em representação. Nenhum direito é transmitido aos seus descendentes, exceto no caso de substituição.

---

7 Ob. cit., vol. XXIV, p. 502.
8 *Código Civil, Direito das Sucessões*, ob. cit., vol. VII, p. 182.

Cap. XXXII | Extinção dos Legados • 437

Vigora o princípio de que o testador quer favorecer a quem ele designa. Do contrário, indicaria os filhos do testamentário como substitutos. Se pessoa distinta é nomeada em segundo lugar, é porque a vontade do disponente não visou favorecer os herdeiros do primeiro instituído. De modo que nem cabe falar em representação testamentária.

Em síntese, não havendo substituto, aos herdeiros legítimos acrescerá o legado.

A caducidade estende-se ao testamento em benefício de pessoas jurídicas que deixam de existir antes da morte do testador.

No caso de condicional o legado, ocorre a perda de efeito dando-se o falecimento antes de ocorrer a condição suspensiva, não importando que tal se verifique depois do óbito do testador.

Outros casos são suscetíveis de caducidade, ocorríveis quando não aceita o legatário o legado; na renúncia do legatário; na falta de ocorrência da condição; na incapacidade do legatário em receber legado com encargo; e na inexistência de substituição, em que não cabe o direito de acrescer.

3. EXTINÇÃO NO LEGADO ALTERNATIVO, E DE PARTE DO LEGADO

O art. 1.940 prevê, num primeiro momento, a extinção quando for alternativo o legado, e quando o testador ofereceu opção ao legatário em escolher uma ou outra coisa, e uma delas perecer; num segundo momento, quando parte de uma coisa desaparecer ou perecer.

Encerra o dispositivo: "Se o legado for de duas ou mais coisas alternativamente, e algumas delas perecerem, subsistirá quanto às restantes; perecendo parte de uma, valerá, quanto ao seu remanescente, o legado".

Nota-se que, perecendo uma das coisas, mantém-se o legado e valerá quanto à segunda. E perecendo parte da coisa legada, perdura a validade no tocante ao remanescente.

Assim, não há maior dificuldade em qualquer das duas hipóteses acima.

Parece que a solução, especialmente quanto à primeira parte, é a que já previra o art. 253: "Se uma das duas prestações não puder ser objeto de obrigação ou se tornada inexequível, subsistirá o débito quanto à outra".

De modo que, tanto nos legados alternativos quanto nos comuns, permanece a obrigação do espólio ou dos herdeiros, se o perecimento atingiu apenas uma das coisas, ou parte da que foi testada.

Se perecer todos os legados, sem culpa do onerado ou encarregado em cumprir o testamento, é natural que não subsiste o legado. Assistindo, porém, ação contra o culpado, nasce o direito à sub-rogação em favor do legatário para ressarcir-se dos prejuízos ocorridos. Sempre que o onerado ou obrigado a cumprir o testamento procedeu com culpa, assegura-se a ação indenizatória do legatário. Idêntico direito fica ressalvado na culpa do onerado pela inexequibilidade de ambas as prestações, oferecidas de modo alternativo.

4. OUTROS CASOS DE EXTINÇÃO

Havendo a revogação do testamento, não resta dúvida de que caducará o legado. Nada impede que o testador, até o último instante de sua vida, desde que perdure a lucidez, revogue aquilo que legou. Quanto a isto, lembra Federico Puig Peña: "La revocación puede tener lugar o porque se revoque al testamento en que aquél se ordenó o porque

438 • Direito das Sucessões | *Arnaldo Rizzardo*

se revoque concretamente el legado. La revocación por el cambio de testamento se rige per las reglas generales".[9]

O ato de revogação é expresso quando declaradamente vem escrito; considera-se tácito se um novo testamento aparece, e o mesmo bem é deferido a outra pessoa. Há uma disposição incompatível com a existência do legado. Explicava Orlando Gomes, ressaltando outras hipóteses, que a revogação tácita se dá: "a) Quando, em testamento posterior, omite o testador o legado; b) quando, em vida, dispor da coisa legada; c) quando a destrói ou transforma, mudando-lhe a espécie".[10]

A revogação decorre, ainda, de disposições que alteram as anteriores, como quando se dá outro destino ao bem legado, ou atribuindo-se bem diferente à pessoa favorecida.

Mas impõe-se a prova da convicção e certeza no ato, em todos os casos, no que se insiste de modo geral. Puig Peña, *v.g.*, ressalta: "La revocación del legado propiamente dicho supone un sustancial e inequívoco cambio de voluntad del testador, en orden al legado antes instituido".[11]

Além disso, a renúncia é um fator de extinção. O legatário simplesmente recusa ou repudia o testamento, matéria que já foi estudada.

O não implemento da condição e o falecimento do legatário antes de seu implemento, ou do termo estabelecido, importam, sem dúvida, na caducidade.

As causas que determinam a incapacidade de ser herdeiro ou legatário levam indiretamente à caducidade do testamento, se realizado. Consistem em beneficiar determinadas pessoas, que aparecem enumeradas no art. 1.801, assim discriminadas, embora já vista a matéria:

> I – a pessoa que, a rogo, escreveu o testamento, nem o seu cônjuge ou companheiro, ou os seus ascendentes e irmãos;
>
> II – as testemunhas do testamento;
>
> III – o concubino do testador casado, salvo se este, sem culpa sua, estiver separado de fato do cônjuge há mais de cinco anos;
>
> IV – o tabelião, civil ou militar, ou o comandante ou escrivão, perante quem se fizer, assim como o que fizer ou aprovar o testamento.

Estas pessoas são incapazes de receber em testamento. E, dentro do disposto no art. 1.802 e seu parágrafo único, incluem-se na incapacidade o pai, a mãe, os descendentes, os irmãos e o cônjuge ou companheiro de qualquer delas, isto é, da pessoa não legitimada a receber. No entanto, há a exceção do art. 1.803, pela qual "é lícita a deixa ao filho do concubino, quando também o for do testador".

Finalmente, tornam-se caducos os legados concedidos aos indivíduos não concebidos até a morte do testador, se os respectivos pais não estão vivos ao abrir-se a sucessão – art. 1.799, inc. I.

5. IMPRESCRITIBILIDADE DO DIREITO DE POSTULAR O LEGADO

---

9 *Sucesiones*, ob. cit., tomo IV, p. 754.
10 *Sucessões*, ob. cit., p. 222.
11 *Sucesiones,* ob. cit., tomo IV, p. 760.

Não há que se alegar a prescrição do direito de pedir o legado.

Jamais se pode cogitar a necessidade de pedir o legado para se operar a transmissão de bens, e que exista um prazo para o exercício desse direito.

Veja-se a disposição do art. 1.231 do Código Civil em vigor:

"A propriedade presume-se plena e exclusiva, até prova em contrário".

Corolário da disposição acima é que não se perde a propriedade pelo fato de não haver sido formalizada a postulação da entrega.

Por isso mesmo, é lição cediça a de que "não se perde a propriedade pelo não uso". Logo, jamais se poderá perder o domínio pela "prescrição extintiva". Não existe prescrição extintiva nos direitos reais.

Eis a lição sumária de Washington de Barros Monteiro:

"Como se vê do art. 589, o legislador não contempla a perda da propriedade pelo não uso. Até que se opere o usucapião, o domínio pertence ao proprietário desapossado. Aliás, em regra, direito algum se perde pelo não uso, que não se confunde com a prescrição".[12] O citado art. 589 corresponde ao art. 1.275 do Código Civil em vigor.

A prescrição aquisitiva (ou usucapião) materializa, aí sim, um ataque frontal ao direito de propriedade: cria-se, através da posse com os demais requisitos fixados na lei, uma nova propriedade, que extingue a anterior – dado que não podem coexistir dois direitos dominiais sobre a mesma coisa, ante o atributo da "exclusividade da propriedade".

Só esse "ataque" é que pode levar ao perecimento do domínio, jamais o não uso da propriedade! Pode-se deixar um imóvel sem uso por um século: se ninguém dele se "adonar" (expressão popular que bem caracteriza a posse *ad usucapionem*), continuará ele no poder jurídico do proprietário (ou de seus filhos, via sucessão).

O domínio é imprescritível. Embora possa o seu titular ser dele destituído pela prescrição aquisitiva de outrem, ou seja, o domínio não prescreveu, mas sobre este domínio outro se sobrepôs.

Essa posição tem o conforto da doutrina, como pode ser verificado do comentário de Maria Helena Diniz:

"A característica da perpetuidade do domínio resulta do fato de que ele subsiste independentemente do exercício, enquanto não sobrevier causa extintiva legal ou oriunda da própria vontade do titular, não se extinguindo, portanto, pelo não uso".[13]

---

12 *Curso de Direito Civil, Direito das Coisas*, Editora Saraiva, 1975, p. 168.
13 *Curso de Direito Civil Brasileiro, Direito das Coisas*, vol. 4º, Saraiva, 1997, p. 108.

XXXIII

Direito de Acrescer

1. DISPOSIÇÕES CONJUNTAS EM FAVOR DE HERDEIROS E LEGATÁRIOS

Estuda-se, aqui, o testamento contemplando vários herdeiros ou legatários para receberem, em conjunto, ou coletivamente, a herança ou o legado, sem determinação dos quinhões ou das partes, sendo que um deles não quer ou não pode receber, transferindo-se a sua parte aos demais. Todos são nomeados para participarem em comum, não se especificando, porém, as porções que lhes tocarão, vindo certo e determinado o bem apenas em se tratando de legado.

Interessa que haja a conjunção dos quinhões, ou a igualdade de cada herdeiro ou legatário, sem a sua caracterização. Com a diferença de que, no legado, há a individuação do bem.

Desta conjunção nasce o direito de acrescer (*jus acrescendi*), sendo, ainda, condição para o seu reconhecimento a impossibilidade ou a recusa em suceder. A respectiva parte vai para os outros herdeiros, ficando ressalvado o direito do substituto daquele que não pode ou não quer receber. Realmente, preceitua o art. 1.941: "Quando vários herdeiros, pela mesma disposição testamentária, forem conjuntamente chamados à herança em quinhões não determinados, e qualquer deles não puder ou não quiser aceitá-la, a sua parte acrescerá à dos coerdeiros, salvo o direito do substituto".

Não importa que a designação seja de herdeiros ou legatários. Em se tratando de legatários, há um ou mais bens especificados, mas todos são nomeados para o recebimento em comum do patrimônio determinado, em que não é possível a sua divisão, sob pena de se deteriorar.

O art. 1.942 a isto conduz: "O direito de acrescer competirá aos colegatários quando nomeados conjuntamente a respeito de uma só coisa, determinada e certa, ou quando o objeto do legado não puder ser dividido sem risco de desvalorização".

Verifica-se a disposição conjunta, operando-se, então, a distribuição por partes, ou por objetos, quando o testador designa a cada um dos nomeados a respectiva quota ou o objeto. Nota-se, com clareza, que não pode haver a referência de partes no ato testamentário. Mas, conforme já explicado, existem casos que a menção nada repercute na prática, como quando vêm indicadas as duas metades atribuídas a dois herdeiros, sem caracterizar cada uma.

Embora conste no art. 1.941 a nomeação pela mesma disposição testamentária, é possível que se façam os testamentos em atos separados ou distintos, instituindo os herdeiros nos mesmos bens, e não se determinando as porções ou o patrimônio que se destinarão a cada um, se ficar consignado que se manterá válida a disposição anterior. Num testamento, indica-se um herdeiro ou legatário; já no segundo, aparecem novos favorecidos – todos, porém, nos dois testamentos, tornam-se titulares de idênticas coisas, desde que mantidos os contemplados anteriormente. Inserindo-se a ressalva, não há inconveniente e muito menos nulidade em vir a nomeação em dois testamentos.

Isto contrariando o pensamento da doutrina antiga, como de Orosimbo Nonato, o qual insistia que se tornava "indispensável sejam os favorecidos nomeados na mesma disposição de um mesmo testamento para acolher o espólio ou fração dele".[1]

A nomeação dos herdeiros se dá em uma disposição estabelecendo, *v. g.*, que dois ficam numa metade, e outros dois na outra metade, em condomínio. Esta maneira de ordenar leva à indeterminação, pois as duas partes são iguais e, no final, cada instituído receberá porção indivisa e igual.

Apenas havendo testamento é possível o direito de acrescer. Não nas demais liberalidades, o que também ocorre em outros sistemas, como se depreende de De Gásperi: "Fundado, como está, el derecho de acrecer en la voluntad presunta del testador, mal puede tener lugar en la sucesión ab intestato, regida por disposiciones especiales. Tampoco puede tener lugar en el campo contractual, como, por ejemplo, en la donación".[2]

2. CONCEITO DO DIREITO DE ACRESCER

Com a ideia da disposição conjunta de um bem ou legado a vários herdeiros, parte-se para a compreensão do direito de acrescer. Consoante Orosimbo Nonato, "ocorre o direito de acrescer quando, chamadas várias pessoas à mesma herança ou ao mesmo legado, em partes não determinadas, falta, por qualquer motivo, um dos concorrentes".[3]

Consiste este direito em acrescentar às porções dos instituídos aquela porção do herdeiro, ou legatário, que, embora incluído no testamento, por uma razão ou outra não vem a participar na transmissão da herança ou do legado. "Il diritto de accrescimento", conceitua Walter D'Avanzo, "è il diritto riconosciuto, sotto determinate condizioni, a ciascuno dei coeredi o dei collegatori di far propria la quota del consuccessibile che non vuole o non può essere erede o legatario".[4]

Em primeiro lugar, em uma liberalidade são contempladas várias pessoas, recebendo elas a mesma herança ou legado em quinhões não determinados. Por morte de um dos favorecidos, ou por renúncia, ou por afastamento em razão da indignidade, ou por não se verificar a condição, a porção reservada vai para os demais, que permanecem no testamento. Mas, no caso do legado, tendo como pressuposto um daqueles eventos, reclama-se, ainda, a impossibilidade de se dividir, sob pena de se deteriorar o bem.

Prima pela compreensão o ensinamento de Sílvio Rodrigues: "Quando uma disposição testamentária caduca pela premorte do herdeiro ou do legatário; quando um dos beneficiários recusa sua parte na herança ou abre mão do legado; quando o herdeiro ou legatário é afastado da sucessão por indignidade, em todos esses casos a cláusula testamentária torna-se ineficaz e os bens que constituíam o objeto da liberalidade remanescem no espólio para serem partilhados entre os herdeiros legítimos ou testamentários".[5]

---

1 Ob. cit., vol. III, p. 228.
2 Ob. cit., tomo IV, p. 171.
3 Ob. cit., vol. III, p. 218.
4 Ob. cit., vol. I, p. 178.
5 *Direito Civil, Direito das Sucessões*, ob. cit., vol. VII, p. 185.

Tem-se, pois, o direito de acrescer com a incorporação do quinhão ou da parte da herança ou do legado, de quem nada receberá ou por morte, ou por renúncia, ou por indignidade, ou por não acontecida a condição imposta, às porções dos demais beneficiados, desde que o testamento tenha contemplado a todos os instituídos com porções indeterminadas, ou em conjunto no mesmo bem em caso de legado.

Como se opera o acrescimento?

Explicava Orosimbo Nonato, mantendo-se atualmente a fórmula, posto que não se afastou o Código de 2002 do sistema do Código de 1916, que se efetua proporcionalmente aos quinhões primitivos:

> Se um herda por cabeça e outro por estirpe, sob a mesma base é partilhada a quota que ficou vaga. Exemplo: Deixo a minha fazenda de criação a "Primus", "Secundus", "Tertius" e aos filhos de "Quartus" (premorto o "Secundus", um terço do seu quinhão aumenta o de "Primus"; outro terço cabe a "Tertius"; o terço restante é subdividido entre a prole de "Quartus").
>
> Observa-se a mesma regra, embora algum beneficiado seja ao mesmo tempo herdeiro e legatário: tem direito a duplo acréscimo quando resulta, na herança e no legado conjunto, uma quota vaga.[6]

Há quem use a denominação "direito de não decrescer", em vez de "direito de acrescer", em virtude de, pelo fato do afastamento de um dos herdeiros ou legatários, não diminuir o montante total do patrimônio, subdividindo-se a parte correspondente entre os demais.

Originou-se do Direito romano o instituto, que exigia liberalidades dadas em conjunto a duas ou mais pessoas, e admitia três modalidades distintas, sempre nos legados, de constituição em conjunto das liberalidades: a *re tantum*, em que se legava a coisa a pessoas diferentes, por meio de frases diferentes e separadas, como "deixo minha propriedade a tal pessoa", e mais adiante, "deixo a minha propriedade a outra pessoa"; a *verbis tantum*, quando, convocando vários herdeiros na mesma passagem do testamento, no entanto destacavam-se as partes distribuídas a cada pessoa; a *re et verbis*, considerada como a destinação de um ou mais bens a pessoas distintas, mas por meio de uma só frase.

Apenas nas duas primeiras formas reconhecia-se o direito de acrescer, como, aliás, acontece no Direito contemporâneo.

O direito de acrescer existe em outras situações. Assim, na sucessão legítima, em face da renúncia por um herdeiro, conforme o art. 1.810: "Na sucessão legítima, a parte do renunciante acresce à dos outros herdeiros da mesma classe, e, sendo ele o único desta, devolve-se aos da subsequente". Também na doação em conjunto ao marido e à mulher: falecendo um deles, subsistirá na totalidade a doação para o cônjuge sobrevivo. De igual modo no usufruto a favor de duas ou mais pessoas, se ficar estipulado que, em face da morte de uma delas, se estabelecer que o quinhão respectivo vai aos sobreviventes. Isto sem contar outros casos, observando-se que o art. 42, parágrafo único, da Lei nº 9.610, de 19.02.1998, a qual trata dos direitos autorais, prescreve que, falecendo o autor ou coautor de uma obra, sem deixar herdeiros ou sucessores, acrescer-se-ão aos coautores ou colaboradores sobreviventes os direitos respectivos.

---

6 Ob. cit., vol. III, p. 234.

3. FUNDAMENTOS DO DIREITO DE ACRESCER

Parece que se embasa o direito de acrescer na vontade presumida do testador em contemplar as pessoas especificadas no seu ato de última vontade, de modo que, na impossibilidade de uma delas, por circunstâncias alheias a ele, perdurar na designação feita, vá o que lhe cabia aos demais escolhidos. Se pretendesse a transmissão aos herdeiros da pessoa afastada, por evidente que os referiria. Assim, nota-se que o fundamento básico do direito de acrescer está em respeitar a vontade do testador, ou em obedecer seu presumível intento, que é o de recolher, pelo coerdeiro, ou colegatário, a parte que não recebeu aquele que ou morreu, ou renunciou, ou caiu em indignidade por sua conduta.

Orlando Gomes deu com perfeição o espírito da lei: "O acolhimento do direito de acrescer entre os coerdeiros ou colegatários é justificado sob a razão de que, depreendendo--se dos termos da disposição conjuntiva, ser a vontade do testador deixar a herança ou o legado aos instituídos, justo é que acresce aos outros a parte do que falta".[7]

Podem-se aduzir outras justificações, não decisivas mas importantes. É conveniente que não se pulverize a propriedade hereditária, distribuindo-se a um grande número de pessoas, como ocorrerá se, além dos instituídos, os sucessores ou representantes de um deles também viessem a participar do patrimônio do *de cujus*. Pouco resultado econômico traz um acentuado fracionamento da propriedade, que no final acabará por ser alienada, posto que geralmente indivisível.

Entretanto, não há dúvida que se trata o direito de acrescer de uma exceção à regra geral de transmissão aos herdeiros. O melhor seria que, não podendo receber o herdeiro instituído ou o legatário por morte, ou por renúncia, ou por indignidade, ou por não implemento da condição, volvesse o patrimônio aos herdeiros legítimos, seguindo os princípios naturais da transmissão hereditária, sem favorecimentos ou a introdução de estranhos em proporções exageradas na herança.

4. ESPÉCIES DE DIREITOS DE ACRESCER E PRESSUPOSTOS

Há duas espécies de direitos de acrescer: entre coerdeiros e entre legatários. Mas é possível, igualmente, verificar-se tal direito entre os usufrutuários e mesmo no fideicomisso.

Em todas estas espécies, no entanto, indispensável que se verifiquem alguns pressupostos, os quais podem ser assim considerados:

a) A conjunção das disposições, ou a atribuição de bens aos herdeiros ou legatários, sem discriminar as porções ou o *quantum*, mas discriminando, no caso de legado, o bem. É o requisito primeiro para determinar o direito de acrescer. Este princípio é geral, segundo se vê na lição de Jorge O. Maffía, que analisa a espécie sob o prisma do Direito argentino: "Está consagrado por el art. 3812, donde se dispone: 'Habrá acrecimiento en las herencias y legados, cuando diferentes herederos o legatarios sean llamados conjuntamente a una misma cosa en el todo de ella'. Como se ve, es necesaria la conexión de sujetos y la unidad de las cosas, esto es, lo que los romanos llamaban conjunción *re et verbis*".[8]

---

7 *Sucessões*, ob. cit., p. 186.
8 Ob. cit., vol. III, pp. 335 e 336.

Designam-se várias pessoas para receberem coletivamente a herança ou o legado. Se, todavia, o disponente ordenar a atribuição de todos os bens, ou parte deles, ou alguma coisa a duas ou mais pessoas, mas caracterizando o que receberá cada uma, não se dá o acréscimo do *quantum* que tocaria àquele que não recebe ou por morte, ou por renúncia, ou por ter sido excluído, ou por não acontecida a condição.

Relativamente ao legado, como será visto, refere-se, entretanto, o bem, sem se especificarem as partes.

b) A falta do herdeiro, ou legatário, instituído na disposição de última vontade, em conjunto com outros, segundo a lei, constitui outro requisito. Isto é, de acordo com as disposições do art. 1.943, um dos coerdeiros ou colegatários ou morre antes do testador, ou renuncia ao que lhe foi atribuído, ou incorreu em indignidade, ou a condição colocada para receber não se verificou. Reza o dispositivo: "Se um dos coerdeiros ou colegatários, nas condições do artigo antecedente, morrer antes do testador, se renunciar a herança ou legado, ou destes for excluído, e, se a condição sob a qual foi instituído não se verificar, acrescerá o seu quinhão, salvo o direito do substituto à parte dos coerdeiros ou colegatários conjuntos".

Daí colocar José de Oliveira Ascensão como pressuposto "um dos sucessíveis não poder ou não querer aceitar (...) O afastamento desse sucessível tanto se pode dar antes como depois da abertura da sucessão, ou antes ou depois da vocação hereditária".[9]

Não há outros casos além daqueles acima vistos de afastamento de herdeiro, que autorizem o direito de acrescer. Neste sentido, havendo um instituído que teve o testamento revogado, por descumprimento do encargo, ou em razão da anulação com fulcro na circunstância de ser o favorecido uma testemunha do testamento, não vai a parte que lhe era atribuída aos herdeiros restantes, nomeados todos conjuntamente.

c) A existência de coerdeiros ou colegatários, evidentemente, coloca-se como condição para operar-se o direito de acrescer. Daí impossível conjecturar-se da espécie se não existem mais pessoas nomeadas conjuntamente com aquele que foi afastado. Basta a presença de dois indivíduos no testamento. Falecendo um, o outro ficará com a parte que caberia àquele. José de Oliveira Ascensão destaca inexistir outro sucessível com o direito de suceder: "Com efeito, só a favor de quem tem um direito próprio à sucessão se pode dar um acrescimento, seja qual for a natureza deste".[10]

Mas se os dois forem afastados, os herdeiros legítimos serão contemplados.

d) A inexistência de substituto indicado pelo testador afigura-se como mais um pressuposto. Se indicada uma pessoa que ficará no lugar daquele que, nas referidas formas, vier a ser retirado do rol de contemplados, a porção correspondente passará a ela. Nada receberão os demais herdeiros ou legatários.

---

9   Ob. cit., p. 221.
10 Ob. cit., p. 221.

446 • Direito das Sucessões | *Arnaldo Rizzardo*

Com isto, depreende-se que não manifestou o testador a vontade de que outra pessoa fique favorecida, e que pretendia contemplar apenas aqueles que elegeu em seu testamento.

e) O momento em que é afastado o herdeiro ou o legatário, que decorre do texto do art. 1.943, ensejaria pequena dúvida quando há a morte, que deve ocorrer sempre antes da morte do testador. Se acontecer após, direito nenhum assiste aos demais contemplados, eis que a quota correspondente ao falecido transmite-se aos respectivos sucessores.

De outro lado, a renúncia e o afastamento do indigno só podem acontecer depois da abertura da sucessão. Quanto àquela, não é necessária a apresentação de alguma causa; já no que se refere à exclusão do indigno, o fato determinante, ou a causa, situa-se antes da morte, e depois da facção do testamento. Mas impõe-se uma ação para tanto, onde se alegue o motivo da indignidade e se declare a exclusão do herdeiro ou legatário.

Referente à condição suspensiva, no próprio testamento aparece a mesma. Deve constar referido que o testamento se consumará, ou efetivará, desde que ocorra determinada condição, como, *v. g.*, se o contemplado casar, ou formar-se em determinado curso superior, até uma época fixada.

Não há, pois, como ver alguma obscuridade no assunto. Estabelecida a condição no testamento, a partir da abertura da sucessão passará a ter efeito. Mas se, quando da morte do testador, já fora implementada, nada mais há a discutir. Será a pessoa contemplada, sem algo para acrescer.

f) Indivisibilidade do bem, no caso de legado, que virá o mesmo determinado e certo, mas não se especificando a porção de cada legatário. Tem-se, aí, mais um requisito no caso do legado, ao qual não se aplica a indeterminação, ou a indefinição no patrimônio deixado. Especifica-se o bem, ou descreve-se e situa-se. Não há a transmissão no universo da herança. Assim, em vista da própria natureza do legado, não se exige o requisito de chamarem-se os contemplados à herança em bens não determinados. Aqui, em vista art. 1.942, parte final, reclama-se que o bem determinado não pode ser dividido, sob pena de se desvalorizar. É o que acontece no legado de um apartamento, em favor de várias pessoas. Caso seja possível a divisão, nada acrescerá o legado do excluído a porção dos legatários que permanecem no testamento.

O que acontecerá, então?

O quinhão será recolhido pelos herdeiros legítimos.

Exemplificativamente, contemplando legatários em joias iguais, ou cada uma com valor equivalente, as do legatário que vier a ser afastado irão compor a herança indisponível e legítima. De igual modo quanto a semoventes, se distribuídos conjuntamente a pessoas nomeadas.

g) A identificação dos bens ou das quotas hereditárias, isto é, a referência dos bens ou da quota pelo testamento. Menciona-se, *v. g.*, que os herdeiros ficam contemplados em uma área de terras; ou que participarão em trinta por cento do montante disponível.

Cap. XXXIII | Direito de Acrescer • **447**

h) A indeterminação das quotas hereditárias especificadamente, posto que todos são nomeados e favorecidos numa determinada porção, ou numa quota indicada. Não cabe citar o *quantum* de cada herdeiro, mas o total que irá ser recebido − *v. g.*, trinta por cento do monte disponível.

5. DIREITO DE ACRESCER ENTRE COERDEIROS

O art. 1.941 menciona o direito de acrescer entre os herdeiros nomeados conjuntamente para participarem da herança. Conforme já visto, são chamados à herança em quinhões não determinados.

Os pressupostos já foram vistos, sendo aplicáveis também ao direito de acrescer entre colegatários, mas, então, com a peculiaridade analisada na letra 'f' do item anterior. Ou seja, para verificar-se este direito de acrescer, tratando-se de herdeiros, impõem-se a conjunção das disposições, ou a instituição dos herdeiros, numa só cláusula testamentária; a identificação dos bens ou quotas hereditárias; a retirada do herdeiro, ou o seu afastamento do testamento, ou por morte, ou por renúncia, ou por indignidade, ou por não verificada a condição de participar na disposição; a existência de outros herdeiros contemplados nos mesmos bens; a inexistência de substituto nomeado e a indeterminação das quotas hereditárias.

Presentes tais elementos, configura-se a incorporação da quota do que se afastou ou foi afastado às quotas dos outros herdeiros. É o que encerra o art. 1.943: "Se um dos coerdeiros ou colegatários, nas condições do artigo antecedente, morrer antes do testador; se renunciar a herança ou legado, ou destes for excluído, e, se a condição sob a qual foi instituído não se verificar, acrescerá o seu quinhão, salvo o direito do substituto à parte dos coerdeiros conjuntos".

Os requisitos do dispositivo são aqueles já indicados, não havendo quaisquer novidades a respeito.

O art. 1.944 revela a decorrência em caso de não se realizar o direito de acrescer: "Quando se não efetua o direito de acrescer, transmite-se aos herdeiros legítimos a cota vaga do nomeado".

Tem-se, aí, um resultado lógico. Nem seria possível ter destino diverso a quota daquele que é afastado da herança, embora contemplado no testamento. Não carecia de explicitação a consequência. É natural que a quota respectiva irá para os herdeiros legítimos.

Outrossim, há o parágrafo único do art. 1.943, dispondo a respeito do encargo que existia sobre a quota do que se retira: "Os coerdeiros ou colegatários, aos quais acresceu o quinhão daquele que não quis ou não pôde suceder, ficam sujeitos às obrigações e encargos que o oneravam".

Nada mais normal que os demais contemplados assumam o encargo, que antes incidia no quinhão daquele que não quis ou não pôde suceder. Além de beneficiados com o acréscimo em suas porções, há de se cumprir a vontade do testador.

Dispensa-se, todavia, o encargo eminentemente pessoal, como o de ministrar conhecimentos técnicos a uma pessoa, ou acompanhá-la em seu estado de saúde, posto que era médico o herdeiro afastado.

Não se dá, outrossim, o direito de acrescer nos casos de incapacidade de receber em testamento, encontrando-se as hipóteses indicadas no art. 1.801, posto que a numeração do art. 1.943 é taxativa, não admitindo outros casos. Ademais, tem-se uma previsão no direito de acrescer, que atenta contra os caminhos normais da sucessão legítima, o que impede uma exegese ampliativa.

6. DIREITO DE ACRESCER ENTRE OS COLEGATÁRIOS

Os mesmos pressupostos previstos para o direito de acrescer em favor dos herdeiros exigem-se no caso dos legatários.

Mas com um adendo, consistente na impossibilidade de se dividir o legado sem que fique deteriorado.

Reconhece-se o direito quando se verificarem a nomeação conjunta dos favorecidos; a identidade das quotas ou bens; o afastamento de um colegatário por morte anterior à abertura da sucessão, ou porque renunciou, ou em razão de ter caído em indignidade, ou por não ocorrida a condição suspensiva; a não indicação de substituto pelo testador; a indeterminação das quotas legadas a cada instituído e a existência de outros legatários.

Mais um requisito vem exigido no art. 1.942: a impossibilidade de se dividir o objeto, sem risco de se desvalorizar.

O dispositivo acima, que se refere aos legados, contém a expressão da nomeação em 'uma só coisa', parecendo que não podem ser incluídos vários ou mais de um bem. Entretanto, quer o legislador significar que a nomeação se faça particularmente sobre cada bem. Não cabe, pois, a designação conjuntamente em duas coisas, com valores distintos. Impende que se faça em cada bem. Este o pensamento de Washington de Barros Monteiro, que perdura em face do atual Código, eis que mantida tal condição: "A expressão 'uma só coisa', apesar de sua literalidade, não impede o direito de acrescer quando o legado consista em muitas coisas certas e determinadas. 'Uma só coisa', disse o legislador, por certo para exigir somente que sobre o mesmo objeto e em todo ele recaia o direito de cada colegatário".[11]

Outrossim, os encargos e obrigações que oneraram o quinhão ou o bem transmitem-se aos legatários contemplados com a parte transferida, exceto no caso de serem de natureza pessoal, não possuindo os contemplados condições para tanto. Nesta ordem, exemplificava Arnoldo Wald: "O beneficiado pelo direito de acrescer recebe a quota alheia com todos os seus encargos, salvo se forem de caráter personalíssimo (art. 1.714). 'Deixo os meus bens a Pedro e Paulo, ficando este obrigado a escrever a minha biografia'. É evidente que, sendo Paulo, sendo um historiador ou um biógrafo, tendo falecido antes da abertura da sucessão, a Pedro não cabe o encargo, que tinha o caráter personalíssimo. O mesmo lhe incumbiria, todavia, se se tratasse de fornecer alimentos a um amigo ou parente do testador, pois não seria um dever vinculado a qualidades pessoais do herdeiro".[12] O citado art. 1.714 corresponde ao parágrafo único do art. 1.943 do Código vigente.

Não atendidos os pressupostos para dar-se o direito de acrescer, vai a quota ou porção para quem recebeu encargos. Nenhum encargo existindo, distribui-se para os herdeiros em geral, preferentemente para aqueles a cujos quinhões foi deduzido o legado. Com efeito, estipula o parágrafo único do art. 1.944: "Não existindo o direito de acrescer entre os colegatários, a quota do que faltar acresce ao herdeiro ou ao legatário, incumbido de satisfazer esse legado, ou a todos os herdeiros, na proporção dos seus quinhões, se o legado se deduziu da herança".

Em verdade, o legado sempre se deduz da herança. Há aqueles consistentes de obrigações, mas, em geral, vêm acompanhados de um patrimônio. Então, receberá a porção do legatário que se retirou daquela pessoa que tiver o encargo para cumprir, o que é justo, pois representa uma compensação pelo encargo recebido.

---

11 Ob. cit., *Direito das Sucessões*, p. 188.
12 Ob. cit., *Direito das Sucessões*, pp. 143 e 144.

7. DIREITO DE ACRESCER NO LEGADO DE USUFRUTO

Permitido o direito de acrescer no legado de usufruto. Vem instituído no testamento o exercício do usufruto a favor de duas ou mais pessoas. Uma vez preenchidos os pressupostos legais, a parte daquele que faltar ou for retirado acrescerá aos demais legatários.

Prescreve o art. 1.946: "Legado um só usufruto conjuntamente a duas ou mais pessoas, a parte da que faltar acresce aos colegatários". Efetivamente, procedido conjuntamente o usufruto a duas ou mais pessoas, a porção do beneficiado que faltar ou falecer vai acrescer à parte do colegatário. O outro usufrutuário, isto é, aquele que permanece, recebe a porção que caberia ao colegatário que não recebe por morte, ou por renúncia, ou por indignidade. Mas, é de relevância lembrar, dando-se a morte do usufrutuário depois da abertura da sucessão, a herança ou o legado não vai aos seus sucessores. Dá-se, aí, a extinção do usufruto, conforme resulta do art. 1.410, inc. I.

Já o parágrafo único do art. 1.946 complementa: "Se não houver conjunção entre os colegatários, ou se, apesar de conjuntos, só lhes foi legada certa parte do usufruto, consolidar-se-ão na propriedade as quotas dos que faltarem, à medida que eles forem faltando". Por outros termos, na medida em que falecerem os colegatários, o nu-proprietário passa a exercer o uso e gozo da coisa.

Deve-se destacar em partes o conteúdo da norma.

Em primeiro lugar, impende que haja a nomeação conjunta, sem especificar as frações em que incide o usufruto com a existência de dois ou mais legatários. Sempre incidirá a constituição do usufruto em um ou mais bens individuados. O afastamento do legatário opera-se pelas mesmas causas estabelecidas nas outras hipóteses do direito de acrescer.

Em segundo lugar, inexistindo conjunção, ou se delimitando para cada legatário o usufruto sobre partes do bem, com a retirada de um deles desaparece tal gravame. Fica o bem livre e consolida-se a propriedade.

Nem precisaria que viesse um regramento específico sobre o assunto, posto que o conteúdo alardeado dessume-se do ordenamento do direito de acrescer em geral.

O resultado, pois, na inexistência de conjunção entre os legatários, é comum para qualquer caso. Com a morte da pessoa beneficiada, desaparece o encargo.

O mesmo acontece se o usufruto ficou distribuído entre vários beneficiários, sucedendo algum caso de afastamento do legatário, na ordem prevista no art. 1.943.

8. DIREITO DE ACRESCER NO FIDEICOMISSO

O Código Civil, na parte específica do direito de acrescer, nada fala quanto ao fideicomisso. No Capítulo IX, Título III, do Livro V, que trata das substituições, há o art. 1.956, o qual permite o direito de acrescer: "Se o fideicomissário aceitar a herança ou o legado, terá direito à parte que, ao fiduciário, em qualquer tempo acrescer".

Para a compreensão da matéria, importa se façam algumas colocações.

Primeiramente, quanto ao fideicomisso, trata-se de uma substituição testamentária. O herdeiro ou legatário recebe a herança ou legado, sob a condição de transmiti-la, por sua morte, ou em outro tempo determinado, a seu substituto. A pessoa é chamada à propriedade, ou recebe um legado, mas com a incumbência de, após, por sua morte, ou em vida, transmitir a outra pessoa, inclusive sob certa condição.

Atuam três agentes no fideicomisso: o fideicomitente, que é o instituidor, como testador e doador; o fiduciário, ou gravado, que recebe o bem e, após certo tempo, ou por testamento, deve efetuar a transmissão a outro beneficiado; e o fideicomissário, ou substituto, pessoa que, em segundo grau, recebe a coisa, ou por morte do fiduciário, ou a certo tempo, ou pelo implemento da condição.

Assim, relativamente ao direito de acrescer, devem ser aplicadas as disposições dos arts. 1.941 a 1.946, no que forem pertinentes.

Num primeiro momento, há a disposição conjunta de um bem a vários herdeiros, sem especificação de partes. Aos herdeiros ou legatários, incumbe o encargo de transmitir o bem. Falecendo um dos contemplados, ou renunciando, ou caindo em indignidade, a parte respectiva irá para os demais que restam. E, na forma do art. 1.956, se o fideicomissário aceitar a herança ou legado, terá direito a receber também aquilo que acresceu aos fiduciários. Por outras palavras, aquilo que acresceu, ou aumentou, também é transferido ao fideicomissário.

Observa-se ainda: apenas um herdeiro ou legatário tem a obrigação de transmitir. Falecendo, seu quinhão indeterminado acresce àquele dos demais. Estes ficam obrigados a transmitir ao fideicomissário apenas a porção do acréscimo.

Diferente, porém, o seguinte quadro: se um dos legatários favorecidos recebeu com o encargo de fideicomisso, a parte que lhe acresce, embora sem qualquer vinculação, também será transmitida. Isto está no dispositivo acima citado. Os demais legatários ou herdeiros, é óbvio, não possuem qualquer vinculação.

9. REPÚDIO PELO BENEFICIÁRIO DO ACRÉSCIMO

Em disposição que não tem similar no Código Civil de 1916, originado ao que parece do direito português, o art. 1.945 autoriza a recusa ou o repúdio da parte do acréscimo unicamente se vier a renúncia da herança em si, a menos que traga encargos o acréscimo. Neste caso, ou aportando encargos, e verificada a não aceitação, o acréscimo vai para a pessoa em cujo favor se instituíram os encargos. Eis o teor do dispositivo: "Não pode o beneficiário do acréscimo repudiá-lo separadamente da herança ou legado que lhe caiba, salvo se o acréscimo comportar encargos especiais impostos pelo testador; neste caso, uma vez repudiado, reverte o acréscimo para a pessoa a favor de quem os encargos foram instituídos".

Conforme se depara, o herdeiro beneficiário do acréscimo, em face da recusa ou impossibilidade em receber por outros herdeiros, somente lhe é facultado repudiá-lo se renunciar o recebimento da herança ou do legado que lhe cabe. Todavia, se o acréscimo contiver encargo, como prestar uma obrigação a outra pessoa (assistência econômica ou alimentos, ou pagar uma dívida, ou cuidar de uma pessoa doente), autoriza-se o repúdio do mero acréscimo advindo, sem que se lhe exija a renúncia da herança ou do legado. Dando-se o repúdio, neste caso, isto é, se acompanhado de encargo o acréscimo, reverte o mesmo para a pessoa em cujo favor se instituiu o encargo.

Em termos práticos, imagine-se que o autor da herança faz o legado de um imóvel a um herdeiro, ficando ele com o encargo de dar alimentos a uma pessoa. Havendo a recusa, o bem passa para um outro herdeiro. Este, porém, em face do encargo, também está autorizado a repudiar o recebimento do bem, em face do encargo que acompanha, sem que renuncie à herança ou ao legado em si. O imóvel vai, portanto, para a pessoa beneficiária do encargo.

XXXIV

Redução das Disposições Testamentárias

1. OS LIMITES DAS DISPOSIÇÕES TESTAMENTÁRIAS

Muito se falou sobre o quanto pode prometer a pessoa por meio do testamento. A liberalidade existe enquanto as relações entre as pessoas, em todos os setores, obedecem a regras e padrões normais. Ou seja, desde que não infrinjam a lei, a qual, embora não reflita a melhor solução para inúmeras situações, constitui o elemento de segurança e tranquilidade. E isto principalmente em testamento, quando se impõe um rigorismo exacerbante, com vistas a respeitar a fidelidade da vontade humana.

Neste sentido, a liberdade de testar somente é total se inexistirem herdeiros necessários. Havendo herdeiros desta ordem, isto é, descendentes, ascendentes e cônjuge, a liberdade de testar restringe-se à metade dos bens, já que a outra se destina a eles como vem fixado expressamente na lei, art. 1.846, podendo, no entanto, não atingir a metade disponível o ato de liberalidade. Do princípio que traça o limite acima advém também o ditame do art. 1.966: "O remanescente pertencerá aos herdeiros legítimos, quando o testador só em parte dispuser da quota hereditária disponível".

E precisamente em vista desse direito aos herdeiros necessários, traz a lei instrumentos que fazem cumpri-lo caso desrespeitado pelo testador. Como conseguem os herdeiros o cumprimento? É através da chamada redução das disposições testamentárias, pela qual se afastam as excessivas liberalidades do finado.

Os Mazeaud assim resumem tal solução, admitida pelo direito universal: "Cuando una liberalidad exceda de la parte de libre disposición, la sanción no es la nulidad: la liberalidad es solamente reducible".[1]

Dois os primados que dominam na matéria: o respeito à legítima e a liberdade adstrita à porção disponível, que, na verdade, envolvem o mesmo assunto, consistente no limite das disposições testamentárias.

Não se anula o testamento, segundo visto. Reduz-se a liberalidade aos limites permitidos, na clara explicação de Orosimbo Nonato, ainda vigorante: "O excesso não anula o ato: salva a legítima dos herdeiros, distribui-se o resto em proporção, pelos legatários, se o contrário (sobre a proporcionalidade) não dispuser o testador. Se ocorre um só legado excessivo, tira-se-lhe o excesso, que vai integrar a legítima".[2]

---

1   Ob. cit., Parte 4ª, vol. II, p. 318.
2   Ob. cit., vol. II, p. 372.

2. CONCEITO

Tem-se, aqui, que a redução das disposições testamentárias consiste na possibilidade de se reduzirem os excessos da quota disponível do testador. É o ajustamento da última vontade do testador à legítima e à metade disponível, ou constitui um procedimento pelo qual se acomodam as disposições testamentárias aos limites estabelecidos por lei, em obediência ao *quantum* da legítima e da porção disponível.

Nos primórdios do Direito romano, predominava a liberdade total de testar, sem qualquer restrição em favor de certos herdeiros. Não se impunha a reserva de parte dos bens a certos parentes. E isto envolveu inclusive a época do império. Só com a república começaram a surgir as restrições, exigindo que não se ignorassem os parentes próximos. Admitiam-se as *querelae inofficiosi testamenti*, para reclamar parte da herança. Pensava-se já que uma pessoa sã de espírito não esqueceria os seus, relegando-os ao desamparo. As questões eram julgadas por um tribunal de centúnviros, formando-se uma jurisprudência a respeito, como lembra Sílvio Rodrigues, que acrescenta: "Fixou-se, então, terem direito à reserva os descendentes, os ascendentes e, com muitos limites, os colaterais; e, quanto à legítima, entendeu-se carecer de ação o herdeiro daquelas classes que recebia por testamento pelo menos a quarta parte do que receberia, se houvesse sucedido *ab intestato*".[3]

Assim, declarava-se *inofficiosum* o testamento que esquecia os parentes, até que Justiniano proibiu aquele que olvidava os descendentes, ou que envolvia todo o patrimônio, de modo a nada restar a eles.

Praticamente, depois de estendido aos ascendentes o direito à redução, persistiu o instituto da redução até o Direito contemporâneo, sem grandes modificações, até que abrangeu o cônjuge sobrevivente.

Uma vez verificado o desrespeito à legítima, não fica anulado o ato de última vontade, mas corrigem-se os excessos, levando as disposições aos limites da lei.

Não se restringem os princípios apenas aos testamentos, mas abrangem todas as formas de alienações, feitas a herdeiros descendentes, que afetam ou sacrificam as legítimas dos herdeiros necessários. Assim a partilha entre vivos, prevista no art. 2.018, quando o pai prefere um filho, e prejudica outros. Também nas doações, se desrespeitada a legítima, em consonância com o art. 549.

3. LIBERALIDADES INOFICIOSAS

Tanto por testamento como por doação, pois, pode a liberalidade ultrapassar a metade disponível. Quanto ao primeiro, são incisivas as regras dos arts. 1.789 e 1.846, já muitas vezes analisadas.

---

3 *Direito Civil, Direito das Sucessões*, ob. cit., vol. VII, pp. 219 e 220.

Cap. XXXIV | Redução das Disposições Testamentárias • **453**

Relativamente às doações, a norma do art. 549 igualmente dá o limite: "Nula é também a doação quanto à parte que exceder à de que o doador, no momento da liberalidade, poderia dispor em testamento".

Várias questões emergem dos dispositivos que tratam das liberalidades inoficiosas, ou acima do teto permitido.

Em primeiro lugar, quando da redução, não serão atacadas apenas as liberalidades levadas a termo via testamento. Também as doações submetem-se à depuração do excesso, de modo a ficarem dentro do *quantum* autorizado. Mas, concernentemente a estas, admite-se que sejam reduzidas em vida. Não há razão para se aguardar a morte do doador, como ocorre no testamento.

Qual o momento de aferir os limites?

No testamento, somente ao dar-se a morte do disponente. Com tal evento abre-se a sucessão, e os bens então existentes computam-se para medir os limites – art. 1.847.

Da mesma forma ocorre com as doações, ao tempo em que se efetuaram. Não é possível se aguardar o óbito do autor da liberalidade, visto não ser fora de cogitação que, neste momento, nada mais possua, ou que tenha aumentado o patrimônio. Do contrário, nada seria levado à redução, ou a conferência ensejaria concluir a existência de um monte-mor superior à metade. Especificamente em relação às doações, assim manda o § 1º do art. 2.007: "O excesso será apurado com base no valor que os bens doados tinham, no momento da liberalidade".

Mas se há doações sucessivas, todas devem ser computadas para aferir o montante, sob pena de tornar inútil ou sem efeito a norma. A não ser desta maneira, prováveis as repetidas doações, levando ao esvaziamento do patrimônio, e burlando-se totalmente a lei. Todas as doações, pois, contam-se, conforme a perfeita explicação de Orlando Gomes, plenamente vigorando com o Código de 2002: "Conquanto se refira a lei a esse momento, no pressuposto de doação única, não se pode aplicar a regra isoladamente no caso de sucessivas doações, sob pena de se tornar irrisória a proteção da legítima. Para os efeitos da redução, devem levar-se em conta todas as liberalidades, somando-se seus valores para a verificação do excesso em relação ao conjunto dos bens deixados (...) Desse modo, se o doador já tiver feito outra doação, devem esses bens doados se reunirem também à massa dos existentes para o efeito de calcular a metade disponível, porque, evidentemente, influem na apuração da parte que o doador poderia, no momento da liberalidade, dispor em testamento".[4]

E vindo, posteriormente, o doador a empobrecer?

Nem ele, e nem seus herdeiros, podem procurar a redução do que foi dado. Mesmo que se torne pobre, ou nada deixe para os sucessores, não se altera o tratamento.

Há uma observação a ser feita, relativamente aos frutos produzidos pelos bens.

Pertencem ao donatário ou favorecido, até a morte do doador. Depois, passam para a herança, se produzidos pela porção formadora do excesso. Assim pensa Polacco: "En cuanto a los fructos, todos los percebidos en vida del causante quedan definitivamente para el donatario (...) Pero, *quid juris* desde la muerte de él en adelante, cuando había ya nacido la acción de reducción? Responde el art. 1.094, pero solamente respecto del donatario, disponiendo: 'El donatario debe restituir los fructos de lo que excede de la

---

4 *Sucessões*, ob. cit., p. 101.

454 • Direito das Sucessões | *Arnaldo Rizzardo*

porción disponible desde el día de la muerte del donante, cuando sea judicialmente pedida la reducción dentro de año, y en su defecto, desde el día de la demanda'".[5]

4. A REDUÇÃO NA METADE DISPONÍVEL

O caminho, pois, para corrigir as possíveis violações à legítima, é a redução, desta maneira constante no art. 1.967: "As disposições que excederem a parte disponível reduzir-se-ão aos limites dela, de conformidade com o disposto nos parágrafos seguintes".

Vemos, aí, que os exageros nas disposições deverão ser corrigidos, o que se atinge pela redução, desfazendo-se, assim, a ofensa à legítima.

A redução obedece ao princípio da proporcionalidade. E isto, justificava Itabaiana de Oliveira, porque "a regra da redução proporcional das disposições testamentárias tem por fundamento a presunção, no silêncio do testador, de que este quis que todas elas fossem tratadas, sem exceção, da mesma maneira. Para elas não há prioridade, não se atendendo se umas foram escritas primeiro do que as outras; devendo, portanto, ser reduzidas todas elas, proporcionalmente, guardada, apenas, a ordem estabelecida na lei".[6]

Como se procede a redução?

Há duas maneiras previstas nos §§ 1º e 2º do art. 1.967. Segue-se uma ordem que explica de onde serão retiradas as partes que ultrapassaram a legítima.

a) Redução em proporção aos quinhões.

O § 1º do dispositivo citado ordena a redução de cada herdeiro instituído, se não especificar o testamento como se procede.

Eis sua redação: "Em se verificando excederem as disposições testamentárias a porção disponível, serão proporcionalmente reduzidas as cotas do herdeiro ou herdeiros instituídos, até onde baste, e, não bastando, também os legados, na proporção do seu valor".

Neste caso, importa que as quotas, ou as porções, atinjam um montante superior ao disponível e que se faça a atribuição da herança em quotas ou frações da herança, o que permite a diminuição proporcional. Além disso, não deve vir estabelecido na disposição um modo de se levar a efeito a redução.

Nota-se, pois, que os herdeiros instituídos sofrerão o processo de redução, ou recomposição, do montante da legítima.

Se não bastarem os quinhões dos testamentários, prossegue-se à redução nos legados, sempre proporcionalmente.

Importa que se recupere a legítima, primeiramente à custa dos quinhões dos herdeiros. Só depois, se não atingida a parte disponível, mesmo que nada reste aos herdeiros testamentários, vai-se buscar o que falta perante os legatários. Mas, proporcionalmente, em todas as hipóteses, ao que falta. Sendo o patrimônio do falecido em algo correspondente a duzentos, e apurando-se unicamente oitenta, nota-se que resta vinte por cento para alcançar-se o equilíbrio, percentual este que se ressarcirá perante cada herdeiro instituído. Assim, favorecido alguém com uma porção igual a cinco, o equivalente a vinte por cento incidirá sobre cinco. E desta maneira nos demais quinhões, sem dúvida todos aferidos

---

5 Ob. cit., vol. I, p. 603.
6 *Curso de Direito das Sucessões*, ob. cit., 1954, p. 217.

Cap. XXXIV | Redução das Disposições Testamentárias • **455**

em cifras. Não influi a ordem em que aparecem nomeados os herdeiros, porquanto não dá essa circunstância preferência na redução, fazendo-se oportuna a anotação de Carlos Maximiliano: "A ordem em que estejam nomeados no ato *causa mortis*, nem o fato de figurarem em cláusulas ou testamentos diversos, e válidos, não revogados implícita ou explicitamente: nem, tampouco, o objeto, a causa, a forma ou o fim da liberalidade. A data de qualquer das deixas é uma só – a do falecimento do disponente".[7]

Por que os legados gozam de preferência, ou respondem em segundo lugar? Sílvio Rodrigues explica a razão, que se adapta ao atual Código, por manter a redação correspondente do diploma de 1916: "O legatário goza de preferência em relação ao herdeiro, porque sendo o legado como que uma doação *causa mortis*, entende-se que o testador ordenou ao herdeiro que a efetivasse. Contudo, como o testador só pode gratificar até o montante de sua quota disponível, é óbvio que se os legados a ultrapassam, devem ser reduzidos. O propósito liberal do testador encontra barreira na lei".[8]

Impõe-se uma exemplificação mais pormenorizada.

Suponha-se que corresponda a duzentos o patrimônio líquido. Atingem as liberalidades a cento e cinquenta, num excedente indevido de cinquenta. No entanto, as quotas dos herdeiros instituídos vão a trinta, restando, ainda, vinte para implementar a legítima. Por conseguinte, esta porção faltante será descontada dos legados, em percentuais equivalentes ao faltante, eis que os legatários receberam bem mais que os instituídos.

Instituindo herdeiros com frações determinadas e herdeiros sem frações, aconselha Carvalho Santos, baseado em Pontes, que se atribua, para descontar, o correspondente ao herdeiro com menor fração. Assim: "A, 1/3; B, 1/2; C, 1/5; D e E, sem designação do quanto; solução: A, 10/43; B, 15/43; C, D e E, 6/43".[9]

Supõe-se que o total em excesso na disposição atingiu 43%.

Mas se as partes recebidas por A, B e C encontram-se discriminadas, somam-se e verifica-se quanto atingem. Após, diminui-se a quantidade a que se chegou do montante que foi disposto. O resultado será aquilo que se atribuiu àqueles que não tiveram quotas definidas, e que se dividirá pelo número de herdeiros não favorecidos por tais quotas não definidas. No exemplo de duzentos, e abrangendo a disposição cento e cinquenta, três herdeiros receberam quarenta cada um, somando cento e vinte. Os outros dois herdeiros, em conjunto, perceberam trinta.

Calcula-se o percentual do excesso sobre cento e cinquenta, o que resulta 33,33%. Após, calcula-se este percentual sobre a quota de quarenta de cada um, encontrando-se 13,332%, chegando-se aos três contemplados com quarenta a 39,996%.

No tocante aos instituídos com trinta, e cada um com quinze, atinge-se 4,999% para cada um, no total de 9,998%.

Com a soma do número anterior, encontra-se o resultado final de praticamente cinquenta.

Concluindo, aos herdeiros que receberam quarenta, retira-se o equivalente a 13,332% de cada um; aos restantes, também de cada um, o equivalente a 4,999%, daquilo que receberam.

Este mesmo método de cálculo aplica-se para encontrar qualquer redução das quotas distribuídas em excesso, como, aliás, foi explicado no capítulo referente à interpretação dos testamentos.

---

7   *Direito das Sucessões*, ob. cit., p. 42.
8   *Direito Civil, Direito das Sucessões*, ob. cit., vol. VII, p. 221.
9   Ob. cit., vol. XXIV, p. 132.

b) A redução em quinhões determinados pelo testador.

No item anterior, não dizia o testador, na falta do *quantum* da legítima, onde se buscaria o patrimônio para completá-la. Daí todos os herdeiros testamentários deverem suportá-la; apenas na insuficiência de herança recorrer-se-ia aos legados.

Agora, muda a maneira de se buscar a complementação da legítima. Reconhece-se ao testador a liberdade de expressar sua vontade no sentido de que os primeiros a sofrerem a redução sejam determinados herdeiros, passando-se, em seguida, a se operar a redução em outros herdeiros, para, finalmente, alcançar-se os legatários. O testador fornece o caminho, como proclama o § 2º do art. 1.967: "Se o testador, prevenindo o caso, dispuser que se inteirem, de preferência, certos herdeiros e legatários, a redução far-se-á nos outros quinhões ou legados, observando-se a seu respeito a ordem estabelecida no parágrafo antecedente".

A redação parece um pouco difícil. Mas mostra-se claro o conteúdo. O testador antevê que resultará um desfalque das legítimas em suas disposições. Por isso, já ordena a maneira de serem complementadas, ou indica quais os quinhões de herdeiros ou legatários que se prestarão para inteirar a parte indisponível.

É a explicação de Itabaiana de Oliveira, plenamente atual: "Se o testador, prevenindo o caso, dispuser que se inteirem, de preferência, certos herdeiros e legatários, a redução far-se-á nos outros quinhões ou legados, observando-se, a seu respeito, a ordem estabelecida na regra antecedente, isto é, reduzindo-se, primeiramente, as quotas do herdeiro ou herdeiros instituídos, e depois os legados, na proporção de seu valor".[10]

Como se fará?

Em primeiro lugar, pela referência de quinhões testamentários ou legatários, que se manterão inteiros, sem diminuição ou retirada de porções para serem levadas às legítimas. Daí os não referidos prestarem-se para aquela finalidade, a que assim se conclui por exclusão.

Em segundo lugar, vem a menção dos quinhões, com o nome dos herdeiros ou legatários, dos quais se retirarão partes para integralizar as legítimas. Carvalho Santos observou: "O que nos parece evidente, diante do texto legal, é que ao testador é lícito expressar de qualquer forma a sua vontade de que os últimos a sofrerem a redução sejam tais herdeiros ou tais legatários, operando-se, por conseguinte, a redução primeiramente nos quinhões dos herdeiros restantes e, se não bastar, nos legados dos outros legatários".[11]

5. REDUÇÃO DAS DOAÇÕES

Foram antes abordadas as doações inoficiosas, ou aquelas que excedem a metade dos bens do doador.

Esclarece-se que todas serão levadas à colação, independentemente da quantidade ou extensão. Mas isto quando do inventário. No entanto, desde que presente a inoficiosidade, ou o excesso à metade do patrimônio computado quando do ato da liberalidade, em vida é permitida a anulação do que ultrapassa o limite previsto no art. 549, segundo já visto o que não impede, seguramente, que se promova a medida após a abertura da sucessão, no devido tempo, ou concomitantemente ao inventário, ou antes dele.

---

10 *Curso de Direito das Sucessões*, 1954, ob. cit., p. 218.
11 Ob. cit., vol. XXIV, p. 133.

Melhor proceder a distinção entre a colação e a redução.

Todas as doações vão ser levadas à colação, para o desconto na distribuição da herança. Conferem-se as mesmas, eis que significam a antecipação da legítima, exceto se a tanto dispensar o testador, por testamento ou ato entre vivos. A redução significa levar a liberalidade ao quanto permitido, isto é, à metade dos bens existentes quando do ato.

A explicação de Caio Mário da Silva Pereira revela-se oportuna: "Não há, porém, confundir a colação com a redução das liberalidades. A colação é mera conferência de valores, como antecipação de legítima, para o fim de serem igualados os quinhões, completando-se as quotas hereditárias dos que tenham sido prejudicados pelas doações do defunto. Diversamente, a redução traduz, como visto acima, a anulação do excedente, podendo alcançar em parte apenas a liberalidade, ou fulminá-la totalmente".[12]

O que não importa em vedar que a redução se proceda no próprio momento da colação, em se verificando um excesso à legítima do herdeiro, ou à metade dos bens existentes quando da liberalidade, se a matéria não se tornar demasiado controvertida, o que imporia a utilização das vias ordinárias.

A previsão está no art. 2.007: "São sujeitas à redução as doações em que se apurar excesso quanto ao que o doador poderia dispor, no momento da liberalidade".

O § 2º do mesmo artigo delineia como se fará a redução: "A redução da liberalidade far-se-á pela restituição ao monte do excesso assim apurado; a restituição será em espécie, ou, se não mais existir o bem em poder do donatário, em dinheiro, segundo o seu valor ao tempo da abertura da sucessão, observadas, no que forem aplicáveis, as regras do Código sobre a redução das disposições testamentárias".

De notar, ainda, que apenas as liberalidades feitas em favor dos descendentes serão levadas à colação. A conferência, porém, envolve todas, para o fim de manter o teto consignado no art. 1.789.

6. IMPUTAÇÃO DAS LIBERALIDADES

Justamente por se haverem as liberalidades como adiantamento da herança aos descendentes sobre a parte disponível, há a imputação, mas não se resumindo aí o sentido. Existe uma outra dimensão de grande importância: mesmo que não favorecendo aos descendentes, imputam-se, na parte disponível, também as demais doações. Não fosse assim, presente a possibilidade de fraudar os herdeiros necessários, pois uma parte seria objeto de doação e a outra de testamento. Diz Maria Helena Diniz, em lição sempre oportuna: "Com a abertura da sucessão, ordenado o cumprimento do testamento, dever-se-ão balancear as liberalidades *causa mortis* e *inter vivos*, para verificar se o testador excedeu a metade disponível, que se obtém adicionando-se as liberalidades presentes e passadas, não podendo a sua soma exceder o total dos bens que, no momento, compreenderem o patrimônio do autor da herança".[13]

Não importa a qualidade dos herdeiros legítimos, no que se distingue do testamento, em que há a obrigação de se respeitar a legítima unicamente se concorrerem à herança herdeiros necessários.

---

12 *Direito das Sucessões*, ob. cit., vol. VI, p. 261.
13 *Direito das Sucessões*, ob. cit., 6º vol., p. 165.

458 • Direito das Sucessões | *Arnaldo Rizzardo*

Nesta ordem, se a trezentos correspondia o patrimônio quando da doação, até cento e cinquenta vai a legalidade. Vindo a falecer o doador, e havendo bens numa proporção de duzentos, conclui-se que o patrimônio alcançava a trezentos e cinquenta, isto é, a parte da doação e aquela verificada quando do decesso. Assim, considera-se válido o testamento até vinte e cinco, que é o resultado da diminuição da metade do patrimônio pelo montante da liberalidade.

Numa outra hipótese, consistindo a doação de duzentos, mas sobrando apenas cem quando da morte, não haverá redução e muito menos subsistirá um testamento, se o patrimônio, naquela ocasião, era de quatrocentos. Pelo contrário, sendo de trezentos o valor do acervo total no momento da realização da doação, a qual foi de duzentos, impõe-se a restituição em cem, pois admitida somente a liberalidade em metade dos bens. E se restou, quando do falecimento, um patrimônio de cem, na mesma situação? A restituição, de qualquer forma, é devida, visto que o patrimônio ativo, na ocasião, equivalia a trezentos. Mas, mesmo assim, não perdurará outro ato de última vontade, eis que o acervo existente adicionado àquele verificado quando do decesso iguala-se ao dobro do valor da liberalidade.

7. FORMALIZAÇÃO JUDICIAL DO PEDIDO DE REDUÇÃO

Já referido que a redução das doações, ou, mais propriamente, a anulação da parte inoficiosa, pode ser exercitada em vida do autor da liberalidade, não se impedindo, todavia, que se desenvolva durante o inventário, e até nos mesmos autos.

A redução das disposições testamentárias só pode ser procurada *post mortem testatoris*, já que possível a revogação até o último momento de vida, e surtindo efeitos o testamento unicamente após o decesso do autor da herança.

Nos próprios autos do inventário se promoverá a reposição, exceto em controvérsias complexas, de alta indagação e dependentes de provas, quando se buscará a solução por meio de processo ordinário, ficando suspenso o inventário até a solução.

Quem sentir-se prejudicado intentará a medida, que poderá ser determinada pelo juiz se interesses de incapazes encontrarem-se em jogo. Merece transcrita a lição de Maria Helena Diniz, mantendo-se válida com o atual Código: "A ação de redução pode ser proposta pelo herdeiro necessário ou pelo sub-rogado nos seus direitos por cessão ou sucessão, desde que tenha aceito a herança, ou, ainda, pelos credores do herdeiro lesado, para reclamar a integralidade de sua legítima hereditária pelo *auctor successionis* mediante atos *inter vivos* ou *causa mortis*. Tal ação, porém, só aproveitará ao herdeiro que a intentou; os demais que, embora prejudicados, não a propuseram, não sofrerão os seus efeitos; assim, as liberalidades do finado serão reduzidas na proporção do que se insurgiu contra o excesso, presumindo-se que os outros pretenderam respeitar as doações e disposições testamentárias feitas pelo *de cujus*".[14]

Mas ao próprio inventariante assiste a iniciativa, já que representa o espólio e cumpre defender e preservar os direitos de todos os herdeiros. Evidente que, então, o resultado a todos aproveitará, exceto quanto aos herdeiros que discordarem expressamente, ou tiverem constituído procurador individual e não comum aos demais herdeiros.

De modo algum se assegura o direito aos credores do defunto. A este respeito, escreveram os juristas Mazeaud: "Los acreedores del difunto no disponen de la acción de

---

14 *Direito das Sucessões*, ob. cit., 6º vol., pp. 165 e 166.

Cap. XXXIV | Redução das Disposições Testamentárias • **459**

reducción: ni como representantes del difunto, puesto que éste no disponía de aquélla; ni a título personal, porque la acción de reducción tiene por única finalidad la protección de la legítima de la familia. Los bienes que hayan salido regularmente del patrimonio de su deudor, incluso por donación, han dejado definitivamente de constituir prenda para ellos salvo en fraude pauliano".[15]

8. A REDUÇÃO DE LEGADOS EM IMÓVEIS

Disciplina o Código a redução em imóveis divisíveis e indivisíveis.

Primeiramente, aparece a redução em prédios divisíveis. A redução se fará proporcionalmente. Examina-se o quanto constituiu o legado, buscando-se o percentual do excesso sobre o total da disponibilidade. Depois, encontra-se o percentual apurado em cada legado, diminuindo-se daquilo que recebeu o legatário. A exemplificação está acima, no item nº 4, sobre "a redução na metade disponível", letra "a".

O art. 1.968 não deixa dúvidas: "Quando consistir em prédio divisível o legado sujeito à redução, far-se-á esta dividindo-o proporcionalmente".

Mais complexa a hipótese se indivisível o prédio. Deve-se observar, de início, se o excesso do legado atinge mais ou menos de um quarto do valor do bem. Imperando este limite, o imóvel ficará inteiro na herança, assistindo, no entanto, ao legatário o direito ao recebimento do valor que for encontrado na sua parte. Ficando abaixo do *quantum* o excesso, o legatário receberá o imóvel, ressarcindo em dinheiro o correspondente aos herdeiros. Isto porque menor a porção restituível, o que determinará que fique com porção maior o legatário.

O art. 1.968, em seu § 1º, traz com evidências as conclusões acima: "Se não for possível a divisão, e o excesso do legado montar a mais de um quarto do valor do prédio, o legatário deixará inteiro na herança o imóvel legado, ficando com o direito de pedir aos herdeiros o valor que couber na parte disponível. Se o excesso não for de mais de um quarto, aos herdeiros fará tornar em dinheiro o legatário, que ficará com o prédio".

Não parece difícil a redução do legado, embora a hipótese raramente ocorra. Em suma, ficará com o imóvel o legatário unicamente se o excesso for menos de um quarto. Do contrário, procede-se à avaliação da porção atribuída ao legatário, após retirar o excesso.

O § 2º prevê a solução quando o legatário reuniu também a qualidade de herdeiro necessário. Permite-se, aí, receber o imóvel, se a porção da legítima e o legado resultante da redução subsistirem no imóvel, absorvendo o valor. Isto, mesmo que tenha o favorecido que ressarcir os demais herdeiros e legatários. Numa interpretação ampla, concede-se-lhe o imóvel se lhe couber uma extensão maior que os demais herdeiros. Eis a redação do § 2º: "Se o legatário for ao mesmo tempo herdeiro necessário, poderá inteirar sua legítima no mesmo imóvel, de preferência aos outros, sempre que ela e a parte subsistente do legado lhe absorverem o valor".

Como ressoa, a preferência em contemplar no imóvel é a favor do herdeiro e legatário, ficando os outros preteridos. Mas há de se entender o conteúdo da regra. Existe um legado, ou a disposição que atribui parte de um imóvel a alguém. Nota-se que o legado não envolve todo o imóvel. Há, portanto, um condomínio com herdeiros. Mas o legatário, figurando igualmente como herdeiro necessário, ao invés de receber em outros imóveis

---

15 Ob. cit., Parte 4ª, vol. II, p. 321.

460 • Direito das Sucessões | *Arnaldo Rizzardo*

ou bens a porção que lhe cabe nesta qualidade, será contemplado no próprio bem sobre o qual se instituiu o legado. É evidente que se aconselha concentrar sempre as porções atribuídas a um herdeiro no mesmo bem. Isto inclusive na inexistência do legado. Ao invés de completar a quota em vários bens, distribuindo uma parcela em cada um, o mais conveniente será a atribuição do total, dentro do possível, em um único imóvel, ou até se completar a quota.

9. DISPOSIÇÃO PARCIAL DOS BENS

Havendo testamento, é destinada a parte disponível às pessoas designadas. A legítima, ou metade da herança, cabe de direito aos herdeiros necessários.

Mas admite-se que nem toda a porção disponível seja dada em testamento, ou que somente parte dela se disponha, sobrando a outra que, então, irá acrescer a legítima, distribuindo-se aos herdeiros. Tal vem asseverado no art. 1.966: "O remanescente pertencerá aos herdeiros legítimos, quando o testador só em parte dispuser da quota hereditária disponível".

Contrariamente a certa inteligência, não se pressupõe a existência de herdeiros necessários. Não havendo, a totalidade dos bens é disponível. Mas, não abrangendo a sua totalidade, o que sobrar vai para os herdeiros legítimos.

Nota-se que, detendo o poder de dispor da metade, não o fazendo sobre este *quantum*, surge a presunção de instituição dos herdeiros legítimos sobre o restante.

Nem precisaria vir estabelecida alguma regra a respeito. É natural que os herdeiros legítimos acolhem a porção que ficou fora do testamento, embora integrante do monte do disponível. Não havendo testamento, a eles devolve-se toda a herança. E se unicamente uma parte integra o testamento, obviamente o restante vai aos herdeiros legítimos. Inexistindo, opera-se a herança jacente.

XXXV
Substituição Testamentária

1. O CONTEÚDO DE SUBSTITUIÇÃO

O significado de substituição não oferece dificuldades. Uma pessoa ocupa o lugar de outra, ou executa uma atividade que caberia a outrem.

Comum que se designe um indivíduo para certo encargo, ou para receber um bem, ou ser beneficiado com determinada liberalidade. Mas não está fora da normalidade que a pessoa contemplada não venha a receber por várias razões, como por exemplo por não querer, ou não poder aceitar.

Ou, simplesmente e aqui se afina mais com o direito testamentário em razão de constar no testamento hipóteses que levam a ocorrer a substituição. Realmente, há o direito de assim estabelecer no ato de última vontade.

Nomeiam-se substitutos aos sucessores designados no testamento. Primeiramente, vêm as pessoas beneficiadas, com o nome e dados qualificadores, às quais caberá a herança ou o legado. Na ausência destas, ou se elas não mais existirem, seguem-se outras, para quem será atribuído o patrimônio.

Assim se processa a substituição testamentária: no próprio testamento consta escrito o nome de pessoas a quem tocará a herança ou o legado, na ausência, impossibilidade ou morte dos favorecidos.

É o sentido de substituição aplicado em direito testamentário, e que remonta ao mais antigo Direito romano, onde a ideia revelava um sentido doméstico e religioso: se falecesse o *pater* sem um continuador para dirigir o culto doméstico, e para que não ficasse vaga a função, indicava-se uma pessoa que deveria substituir. Mais tarde, o instituto evoluiu para o significado que chegou ao Direito contemporâneo, centrado na ideia de que uma pessoa é chamada na falta e em lugar de outra.

Ainda valem essas justificações, que primavam no Direito em formação, e que eram reflexo das leis reinícolas, conforme Felício dos Santos, na lembrança de Orosimbo Nonato: "Nada mais justo que se permitir ao testador substituir uma pessoa ao seu herdeiro ou legatário, quando não possa ou não queira aceitar a herança ou legado. Não há quem não queira aceitar a herança ou legado. Não há quem não queira que seus bens depois da sua morte sejam distribuídos conforme suas afeições, sentimentos filantrópicos ou religiosos. Pode acontecer que depois da morte do testador não possam ou não queiram receber seus

462 • Direito das Sucessões | *Arnaldo Rizzardo*

benefícios as pessoas lembradas no testamento, e nada mais conforme à razão que lhe permitir substituí-las por outras".[1]

2. CONCEITO E FINALIDADE

Já com os elementos acima se depreende o conceito de substituição testamentária: a indicação de alguém para receber ou recolher a herança ou o legado, na falta ou em lugar de uma pessoa instituída no testamento. Em outras palavras, é a designação da pessoa para quem deve ir a herança ou o legado, na falta de herdeiro ou legatário.

Não é raro que, depois de formalizado o testamento, faleça o favorecido. Se não há um substituto, fica sem efeito a deixa. Mas se constar contemplada em segundo lugar uma outra pessoa, esta substitui o falecido.

Denomina-se substituto o herdeiro que fica no lugar de outro anterior, ocupando ele uma posição de suplente. Já aquele que não quis, ou não pôde receber a herança, designa-se substituído.

Procura-se justificar a substituição em razões de ordem pessoal do disponente. Com a preferência revelada na relação dos contemplados, mostra a sua predileção por outro herdeiro. Destaca-se, também, o intento de não ficarem vagos os bens, com a transferência ao Poder Público. Estas ideias são apontadas por Ney de Mello Almada: "Demais, a designação de substituto efetiva no disponente a faculdade de graduar suas predileções eletivas, atendido o nível da estima pessoal que lhe suscitam os gratificados. Tal recurso testamentário garante-lhe mais, evitar a herança vacante, que apresenta, como defeito, a extinção do fenômeno sucessório em suas linhas normais".[2]

Tem, pois, a sua importância o instituto, visto procurar levar sempre em alto respeito a liberdade da pessoa, que deve nutrir fortes motivos para que os herdeiros naturais ou legítimos venham a receber a herança.

3. PRINCÍPIOS DETERMINANTES DA SUBSTITUIÇÃO

Há alguns princípios que regem a substituição.

Inicialmente, necessário se encontre presente a capacidade para receber a herança ou o legado, observando-se a capacidade exigida para o testamento em geral. Exemplificativamente, cogita-se da capacidade segundo as regras dos arts. 1.798 e 1.799: são capazes de receber em testamento aqueles nascidos ou já concebidos no momento da abertura da sucessão; os filhos ainda não concebidos de pessoas indicadas pelo testador, desde que vivas estas ao abrir-se a sucessão; as pessoas jurídicas; as pessoas jurídicas cuja organização for determinada pelo testador sob a forma de fundação. Incluem-se, ainda, aqueles que não são impedidos para receber pelo Código Civil, isto é, quem se enquadra nas hipóteses dos arts. 1.801 e 1.802: quem escreveu a rogo o instrumento testamentário, seu cônjuge, companheiro, ascendentes, descendentes em irmãos; as testemunhas; o concubino do testador casado, a menos que este, sem culpa sua, estiver separado de fato do cônjuge há mais de cinco anos; o tabelião, civil ou militar, ou comandante ou escrivão, perante quem fez o testamento, assim como o que o fizer ou aprovar; as pessoas não legitimadas

---

1 Ob. cit., vol. III, p. 139.
2 Ob. cit., vol. II, p. 206.

Cap. XXXV | Substituição Testamentária • **463**

a suceder, ainda quando simuladas sob a forma de contrato oneroso, ou feitas mediante interposta pessoa.

Há outros casos, já analisados em capítulo correspondente.

Acrescente-se que a capacidade deve existir ao tempo da abertura da sucessão. Se era capaz quando da lavratura do ato, mas depois perdeu tal capacidade o herdeiro ou legatário, não valerá a nomeação, como, por exemplo, se caiu em indignidade o instituído.

As hipóteses de caducidade – art. 1.939 provocam a perda de objeto do testamento, ou do próprio testamento, como, *v.g.*, a modificação da substância da coisa, ou o perecimento, ou se vier a ser alienada, ou a exclusão do legatário da sucessão, ou o falecimento do legatário antes do testador.

A um herdeiro é facultado nomear vários substitutos sempre se colocando todos em primeiro grau, isto é, todos conjuntamente, apesar de muitos entenderem o contrário. De outro lado, se há vários herdeiros, nada impede que se nomeie apenas uma pessoa que os substituirá.

Não é admissível que se estabeleça uma ordem em que serão contemplados se dois ou mais os substitutos. Todos figurarão em primeiro grau. Não convalescerá a designação de um substituto de outro se o anterior não puder receber, ou em grau sucessivo. Adverte Orosimbo Nonato: "Não é, porém, permitido fazer substituição de mais de um grau".[3]

Permite-se a substituição condicional, ou dependente de uma condição, como, por exemplo, se a pessoa para tanto nomeada encontrar-se casada, ou se não subsistirem herdeiros com determinado parentesco; de igual modo a termo, ou para daí a certo tempo, ou, ainda, mais comumente, com encargo.

Não se exige que a nomeação se proceda no mesmo testamento da indicação do herdeiro ou legatário. Em um ato posterior é válida, nada havendo para desconsiderá-la.

Se existe algum ônus, ou encargo atribuído ao instituído, é transferido para o substituto. Mas nada impede que o gravame se restrinja a este último.

4. ESPÉCIES DE SUBSTITUIÇÃO

A substituição decorre basicamente de não aceitar ou não poder o herdeiro nomeado ou o legatário suceder. Em outros termos, estar impossibilitado de querer ou de aceitar a herança o que se dá com a morte, ou ausência, indignidade ou renúncia.

O motivo que determina a substituição leva às respectivas espécies. Nos primórdios do Direito romano, conheciam-se dois tipos peculiares, que ainda são lembrados. Havia a substituição pupilar, quando o *pater familias*, ou o pai, se encarregava de escolher um ou mais herdeiros para o filho menor, no caso de falecer sem prole, ou na menoridade. Conhecia-se, igualmente, a quase pupilar, ou exemplar, deferida pelo ascendente que nomeava herdeiro ao descendente impedido de realizar testamento por doença ou insanidade mental.

Presentemente, temos a substituição vulgar, a recíproca, a fideicomissária, que aparecem no vigente Código encabeçando as Seções I e II do Capítulo que trata da matéria, o que constitui novidade relativamente ao Código anterior, embora a doutrina já houvesse consolidado as espécies, a compendiosa, também implantada no direito antigo.

Cada tipo requer uma análise.

---

3   Ob. cit., vol. III, p. 142.

464 • Direito das Sucessões | *Arnaldo Rizzardo*

4.1. Substituição vulgar

Também denominada ordinária, ou comum, revela-se como a mais suscetível de aparecer. Frequente no Direito romano (e daí o nome "vulgar"), pois de fácil formalização, corresponde à simples indicação de um herdeiro, ou qualquer pessoa, para vir receber a herança ou o legado no lugar de alguém que não a quer ou não a pode receber. O art. 1.947 encerra seu conteúdo: "O testador pode substituir outra pessoa ao herdeiro ou ao legatário nomeado, para o caso de um ou outro não querer ou não poder aceitar a herança ou o legado, presumindo-se que a substituição foi determinada para as duas alternativas, ainda que o testador só a uma se refira".

Em resumo, há a designação, pelo testador, de quem deve substituir o herdeiro, ou o legatário, se ele não puder ou não quiser a herança ou o legado. Orosimbo Nonato assim conceitua a espécie: "Dá-se a substituição vulgar ou direta quando o substituto recebe a liberalidade na falta do substituído, que não quis ou não pôde aceitar a herança ou o legado".[4]

Ressalta a condicionalidade da disposição, visto que chamado o herdeiro ou legatário na eventualidade de não poder ou não querer o recebimento. Por não haver qualquer intermediário, ou meio de ligação, entre o testador e o substituto, diz-se que é direta, situação diferente no fideicomisso, conforme se analisará. Vem a propósito o seguinte exemplo, formalizado por Washington de Barros Monteiro: "Instituo 'A' herdeiro universal e, na sua falta, 'B' tornar-se-á o sucessor. Quer dizer, 'B' somente herdará se 'A', instituído em primeiro lugar, não aceitar a herança, ou não puder herdar".[5]

No testamento, não se exige que se especifique a causa da substituição, ou que se diga se é em razão de não querer o herdeiro a herança, ou do motivo de não querer. Seja qual for a hipótese que leva a afastar quem foi instituído, opera-se automaticamente a substituição, como vem inserido na parte final do cânone citado, isto é, "presumindo-se que a substituição foi determinada para as duas alternativas". Tal ocorre mesmo que no testamento venha prevista a hipótese, visto que impõe a lei para validar esta figura a simples nomeação do substituto, sem a limitação dos casos em que deve ser admitida.

Vige a plena liberdade na designação de substituto, tanto podendo recair em parente, em herdeiro sucessor necessário, ou em estranho, e até em uma pessoa jurídica. Ao próprio cônjuge admite-se a escolha, que receberá, então, a sua meação, se for o caso, e mais a porção ou o legado que ficar reservado no testamento.

Na designação de vários substitutos, todos compartilharão no patrimônio. Mas, volta-se à questão de vários substitutos. Já esposado o entendimento de que todos ficam no mesmo grau, não cabendo, pois, estabelecer uma ordem, ou uma escala, exceto no seguinte exemplo: "Na morte de Carlos, substituirá Pedro; e na morte deste, caberá a herança a João". Não havendo especificação, todos receberão em partes iguais o quinhão que era destinado a um herdeiro.

Ao tratar do assunto, observava Sílvio Rodrigues: "Na substituição vulgar, não há empecilho a que o testador nomeie mais de um substituto sucessivo, para o herdeiro instituído em primeiro lugar. Assim, pode o testador declarar que no caso de 'A' não poder ou não querer aceitar a herança, será seu substituto 'B'; se 'B' não quiser ou não puder aceitá-la, será substituído por 'C'. Porque, nesta substituição, ao contrário do que

---

4 Ob. cit., vol. III, p. 142.
5 Ob. cit., *Direito das Sucessões*, p. 213.

Cap. XXXV | Substituição Testamentária • 465

ocorre na substituição fideicomissária, a cláusula não fica pendente após o falecimento do testador, e até que se extinga o fideicomisso".[6]

Na verdade, não há razão para impedir a designação sucessiva.

O art. 1.948 faculta a nomeação de um ou vários substitutos, embora sem referir a ordem sucessiva, ou um depois do outro: "Também é lícito ao testador substituir muitas pessoas por uma só, ou vice-versa, e ainda substituir com reciprocidade ou sem ela". Aqui, a referência envolve a substituição conjunta: todos substituem o instituído, no dizer de Carvalho Santos: "Nesta hipótese, sendo um só o instituído, e dois ou mais os substitutos, claro que, verificada a substituição por qualquer das causas possíveis, herdarão os substitutos em partes iguais, salvo se o testador tiver estabelecido partes desiguais".[7]

Quanto à substituição recíproca, observar-se-á o assunto adiante.

No mais, a matéria deve ser interpretada de modo a atender a vontade do testador. Não referindo ele a ordem, entende-se que todos os substitutos receberão aquilo que se destinara ao instituído, interpretação a qual comunga Arnoldo Wald: "Pode haver diversos substitutos para um substituído, sem que se fixe uma ordem sucessiva, ou seja: sem que fique claro que cada um só será chamado na sucessão em falta do outro, a quota do substituído divide-se entre os substitutos. Um substituto pode também substituir vários herdeiros ou legatários, sem que surjam maiores dificuldades práticas".[8]

Já assinalado que o substituto assume os encargos ou compromissos atribuídos ao herdeiro testamentário, como o de fornecer alimentos a uma pessoa, ou praticar obras de benemerência. O art. 1.949 traz esta obrigação: "O substituto fica sujeito à condição ou encargo imposto ao substituído, quando não for diversa a intenção manifestada pelo testador, ou não resultar outra coisa da natureza da condição ou do encargo".

O simples fato de se encontrar obrigado o herdeiro é suficiente para transferir o encargo. Exclusivamente se inserir uma ordem contrária há a isenção. Isto também no tocante à condição, como se dependente o direito de substituir da inexistência de determinado herdeiro legítimo vivo, ou do atingimento da maioridade de um herdeiro menor. Não se transmite, no entanto, o encargo se personalíssimo, ou não fungível. Por exemplo, na eventualidade de o herdeiro instituído ter conhecimentos da profissão que exercia, quando o substituto não a desempenha e nem possui conhecimentos técnicos; ou de erguer uma estátua do busto do testador, ou fazer uma pintura de seu rosto, o que foge das habilidades do substituto.

Nada impede que o testador modifique a situação do substituto, liberando-o de parte das obrigações.

Mais situações peculiares surgem. Valerá a substituição na hipótese de ser nula a disposição em favor dos herdeiros? Entende-se negativamente, visto não se tratar, aqui, de não poder, ou não querer a pessoa herdar ou receber o legado. A sua própria nomeação não vale, como por incapacidade do testador. Diferente a hipótese de ser o herdeiro incapaz de receber – v.g., os casos do art. 1.801, quando então é chamado o substituto. Dá-se, aqui, a nulidade da designação, e não do próprio testamento.

De modo geral, afere-se a capacidade quando da abertura da sucessão. Mesmo que viciado o ato de última vontade na ocasião de sua facção, a sanidade posterior do testador, sem que ele revogue a deixa, convalida-a, ou depura-a dos vícios.

---

6 *Direito Civil, Direito das Sucessões*, ob. cit., vol. VII, p. 229.
7 Ob. cit., vol. XXIV, p. 145.
8 *Direito das Sucessões*, ob. cit., vol. V, p. 163.

466 • Direito das Sucessões | *Arnaldo Rizzardo*

4.1.1. Caducidade da substituição vulgar

Já foi salientado que a substituição vulgar configura-se com a nomeação de pessoa ou pessoas a quem se assegura o direito de assumir a posição de herdeiro ou legatário, na hipótese de um ou outro não querer ou não poder aceitar a herança ou o legado.

Assim, havendo a aceitação, e nenhum óbice se apresentando para a transmissão ao instituído, é óbvio que fica afastado o substituto.

Há, no entanto, situações em que, fique ou não o instituído afastado do recebimento, não ocorre, mas caduca a substituição. O elenco está no art. 1.939. Isto, *v.g.*, quando se procede a total modificação da coisa legada, ou quando morrer o substituto antes do substituído e do testador. Nem se dá, aí, a transmissão aos herdeiros do mesmo substituto. Da mesma forma, na incapacidade hereditária do substituto, pelos mesmos fatores da incapacidade do herdeiro ou do legatário, como nos casos de indignidade.

A renúncia constitui mais um caso, bem como o não implemento da condição suspensiva da qual depende a transmissão.

O perecimento da coisa, a venda para outra pessoa, a modificação total da substância do bem, entre outras situações, impedem a substituição.

4.2. Substituição recíproca

Trata-se esta substituição mais de uma variante da vulgar, tendo a mesma estrutura, mas agregando-se algumas particularidades.

Como a palavra indica, instituído e substituto se substituem reciprocamente, por expressa disposição do testador.

Está noticiada esta modalidade na parte final do art. 1.948, vindo mais pormenorizadamente estatuída no art. 1.950, que assim reza: "Se, entre muitos coerdeiros ou legatários de partes desiguais, for estabelecida substituição recíproca, a proporção dos quinhões fixada na primeira disposição entender-se-á mantida na segunda; se, com as outras anteriormente nomeadas, for incluída mais alguma pessoa na substituição, o quinhão vago pertencerá em partes iguais aos substitutos".

O dispositivo, de redação extensa, disciplina basicamente como se faz a substituição recíproca, entre muitos coerdeiros e legatários em quinhões não iguais. Isto em sua primeira parte.

Se atribuídas porções iguais, não há problema. Quem subsistir recebe a porção destinada ao que faleceu, ou todos receberão porções iguais.

Mas quando destinada a um herdeiro ou legatário uma certa quantidade, e a outro já uma quantidade diferente, manter-se-á, para os substitutos, a quantidade fixada na primeira disposição, ou que fora estabelecida pelo testador. Não é fácil a matéria de ser entendida, mas torna-se compreensível através de exemplos, partindo-se, sempre, do *quantum* recebido pelos herdeiros, que será convertido em uma proporção.

Este cálculo de transformação das partes recebidas em proporção é indispensável, pois consta previsto no dispositivo citado. No caso de cem, e recebendo uma pessoa o correspondente a dez, a segunda a quarenta e a terceira a cinquenta, temos que a proporção é, respectivamente, quatro décimos e cinco décimos. Se falecer quem recebeu um décimo, este montante será partilhado entre os outros dois herdeiros na proporção, agora, de quatro e cinco nonos para cada um.

Cap. XXXV | Substituição Testamentária • **467**

Antônio José de Souza Levenhagen apresenta exemplos bem claros, na distribuição tanto de partes iguais, como de partes desiguais: "Assim, se entre vários herdeiros ou colegatários de partes iguais é ordenada uma substituição recíproca, cada um se entende substituído em partes também iguais. Vindo, portanto, por exemplo, a serem instituídos herdeiros e substitutos reciprocamente José, Antônio e Valter, e se José vem a faltar, a herança será dividida em partes iguais entre Antônio e Valter, recebendo, cada um destes, dois sextos como instituídos e um sexto como substitutos.

Na hipótese, porém, de substituição recíproca entre coerdeiros com quinhões desiguais, presumir-se-á repetida, para a substituição, a mesma proporção fixada originariamente na disposição. Por exemplo: José foi instituído em um sexto; Antônio em dois sextos e Valter em três sextos. Se vier a faltar José, e sendo recíproca a substituição, o sexto que lhe deveria caber será dividido na seguinte proporção: duas partes tocarão a Antônio e três a Valter. Se, porém, vier a faltar Antônio, os dois sextos que lhe foram destinados originariamente serão divididos da seguinte forma: uma parte caberá a José e três a Valter. Finalmente, se quem vier a faltar for Valter, os três sextos que lhe tocariam originariamente serão distribuídos do seguinte modo: um dos três sextos caberá a José e os outros dois sextos caberão a Antônio. Obedecer-se-á, portanto, à mesma proporção".[9]

Há a segunda parte do art. 1.950, para a hipótese de se incluir mais uma pessoa na substituição com as outras anteriormente nomeadas. Neste caso, o quinhão vago, por não poder ou não querer o herdeiro recolher a porção destinada, será partilhado em partes iguais aos substitutos. Não importa a desigualdade de quinhões. Presume-se a igualdade, em vista de aparecer substituto estranho, sem quota para servir de base para o cálculo da proporção.

4.3. Fideicomisso e substituição fideicomissária

A substituição é uma modalidade de fideicomisso, cujo entendimento requer um esclarecimento inicial.

Envolve o fideicomisso a ideia de uma dupla disposição. Esta duplicidade, no entanto, não é no sentido de designar o testador alguém para a eventualidade do herdeiro ou legatário não poder ou não querer suceder, e que ficaria, por sua vez, obrigado a transferir os bens para outra pessoa, expressamente designada. Teríamos, aí, mais caracterizada a substituição compendiosa. Realmente, na substituição fideicomissária designa-se quem vai receber, ou traçam-se critérios para a transmissão posterior por aquele que recebe em primeiro lugar.

O fideicomisso abrange um conteúdo diferente, inclusive quanto à ideia de substituição. Institui-se um herdeiro ou legatário, o qual terá que transferir o que recebe a um terceiro. Nota-se, então, que nas substituições anteriores o herdeiro ou legatário era substituído por alguém designado. Não havia a transmissão para o instituído, se ocorrida uma das situações que impediam o recebimento, mas sim para o substituto.

No fideicomisso, a disposição contempla alguém com certo patrimônio, mas devendo esta pessoa transmitir, por sua morte, ou daí a algum tempo, ou em verificando-se uma condição, para um terceiro, na forma ordenada no testamento. É o que os italianos chamam de "la vocacione con l'obbligo di restituire i beni".

A diferença entre fideicomisso e substituição fideicomissária está apenas no fato de, na segunda, se indicar quem vai receber por último, embora não indicado o nome da

---

9   Ob. cit., p. 155.

468 • Direito das Sucessões | *Arnaldo Rizzardo*

pessoa, mas apenas o critério. Todavia, não passa de um fideicomisso com um elemento a mais, que é a indicação do último favorecido.

4.3.1. Conceito de substituição fideicomissária

A partir da distinção acima, torna-se fácil compreender que a figura em exame significa a deixa de um legado ou quinhão hereditário a uma pessoa, mas ficando esta obrigada, depois de certo tempo, ou em razão de condição, ou em virtude da morte, a transmitir a outra pessoa os bens, seja ela física ou jurídica.

Destaca Walter D'Avanzo três elementos no *fidecommesso*: "a) una disposizione doppia o multipla, avente per oggetto la proprietà delle cose ereditarie o del legato; b) l'onore, imposto all'istituito, con qual si voglia espressione, di conservare e restituire l'eredità o il legato ad una terza persona; da tale punto di vista considerato il fedecommesso priva l'istituito del diritto di disporre dei beni e per atto tra vivi e per testamento; c) l'ordo successivo, inteso nel senso che il momento del passaggio delle sostanze dall'una all'altra persona designata era quello della morte del primo istituito".[10]

Armando Dias de Azevedo, em monografia específica, com apoio em Carlos Maximiliano, considera o fideicomisso como "um instituto jurídico em virtude do qual se adquire a propriedade com a inerente obrigação de conservar o recebido e, por morte, depois de certo tempo ou sob determinada condição, transmitir a outra pessoa, física ou jurídica".[11]

O núcleo da figura está na dupla transmissão, não favorecendo uma pessoa no lugar de outra, mas uma após a outra. Apresenta-se uma dupla liberalidade, mas no sentido de duas pessoas sucederem.

Não se trata de fideicomisso, mas de substituição testamentária, quando, não realizada uma condição, é estipulado que os bens vão a outra pessoa, já vindo indicada ou esclarecido quem irá receber. Há, aí, testamento sob condição, como aparece neste caso: "O testador demonstrou ser de sua vontade que os bens correspondentes fossem aos filhos consanguíneos de sua filha, se ela os tivesse; se não os tivesse, os bens iriam a seus netos, dele testador (verificados ao tempo de sua morte ou da abertura da sucessão, numa clara disposição em favor da prole eventual de seus outros filhos). Não verificada a condição resolutiva, os bens postos sob fideicomisso passavam (como passaram) à propriedade definitiva dos fideicomissários".[12]

Desponta, na exemplificação, a simples substituição testamentária, atrás estudada, eis que nomeada a pessoa a quem tocaram os bens, na impossibilidade ou morte da pessoa indicada.

A origem do fideicomisso remonta ao Direito romano, proveniente da expressão *fidei tua committo*, com o significado literal de "confio na tua fidelidade". Servia esta modalidade de testar em favor de pessoas que não podiam figurar como herdeiras testamentárias. Da mesma forma quanto aos peregrinos, ou escravos de guerra. Contemplava-se alguém que tinha esta capacidade, mas incumbindo-se-lhe o encargo de transmitir a deixa a outra pessoa. Perdurou o princípio até os tempos atuais, com um lapso no Direito francês, ao tempo da Revolução, em vista de suas raízes no domínio da propriedade pelos senhores feudais. Realmente, ao tempo da Idade Média, era um instrumento para manter a

---

10 Ob. cit., tomo II, p. 746.
11 *O Fideicomisso no Direito Brasileiro*, São Paulo, Editora Saraiva, 1973, p. 20.
12 RE nº 99.589-MG, da 1ª Turma do STF, 06.11.84, *Revista Trimestral de Jurisprudência*, 118/993.

Cap. XXXV | Substituição Testamentária • **469**

propriedade nas mãos de poucas famílias, tanto que se tornavam obrigadas as pessoas a transmitir sucessivamente as propriedades aos membros do clã, ou a determinados parentes. Orosimbo Nonato traz esta passagem: "Na Idade Média, tomou ele (o fideicomisso) grande desenvolvimento em França até o meio do Século XVI, vindo a perpetuidade a ser admitida em toda a Europa. Exemplo histórico famoso de fideicomisso registrado em muitos autores foi a deixa da coroa de esmeralda da rainha Santa Isabel: recebeu-a D. Beatriz, sua nora, para transmitir a uma filha da legatária".[13]

As próprias formas de fideicomisso eram diferentes, sobressaindo as de cunho perpétuo e aristocrático. Introduzido no Direito luso desde os primórdios, perdurou pelas várias Ordenações que se sucederam, vindo, no Brasil, a ser incorporado no art. 1.034 da Consolidação das Leis Civis de Teixeira de Freitas.

Na verdade, o fideicomisso é e sempre foi uma decorrência do individualismo econômico ou capitalismo, tendo sofrido fortes ataques nos sistemas socialistas. Em verdade, apresenta-se mais como velharia do passado, não merecendo maior atenção nas manifestações jurídicas atuais, mesmo porque outras são hoje as grandes questões que envolvem o direito.

4.3.2. Designações e capacidade

Os mesmos nomes ou designativos de séculos atrás ainda persistem hoje.

"Fideicomitente" denomina-se quem transmite os bens, isto é, o testador. Tem-se o "fiduciário", ou aquele que é honrado com a herança ou legado, e com o encargo de efetuar a transferência para outra pessoa.

Itabaiana de Oliveira explicita a definição deste último: "É o primeiro herdeiro ou legatário, instituído com a obrigação de, por sua morte, a certo tempo, ou sob certa condição, transmitir os bens fideicometidos a outro herdeiro ou legatário. O herdeiro fiduciário deve ter a capacidade testamentária passiva, que se regula pela lei em vigor ao tempo da abertura da sucessão".[14]

Há o "fideicomissário", considerado aquele que recebe o bem do fiduciário, ou o último contemplado, ou o substituto. Já assim ensinava Antônio Joaquim de Gouvêa Pinto, no Século XIX: "Na substituição fideicomissária, ou simplesmente fideicomisso, a pessoa que recebe os bens com o encargo de os transmitir, ou por sua morte, ou em outro caso determinado, chama-se fiduciário ou gravado; e a pessoa, para quem os bens devem passar, chama-se fideicomissário ou substituído".[15]

Importante inovação veio com o Código atual, que limitou a instituição da substituição fideicomissária em favor de pessoa ainda não concebida.

Eis, a respeito, o art. 1.952: "A substituição fideicomissária somente se permite em favor dos não concebidos ao tempo da morte do testador". Daí se depreende a raridade da instituição desta forma de testamento. Não se faculta ao testador eleger qualquer pessoa para quem recai a herança ou o legado depois do fiduciário. Será o fideicomissário pessoa ainda não concebida, o que deve ocorrer quando da morte do testador.

E se já nascido o fideicomissário quando do decesso do testador? A solução vem do parágrafo único: "Se, ao tempo da morte do testador, já houver nascido o fideicomissário,

---

13 Ob. cit., vol. III, p. 172.
14 *Curso de Direito das Sucessões*, ob. cit., 1954, p. 193.
15 Ob. cit., pp. 325 e 326.

adquirirá este a propriedade dos bens fideicometidos, convertendo-se em usufruto o direito do fiduciário". Opera-se, pois, de imediato a transmissão da herança ou legado.

Observa Maria Aracy Menezes da Costa uma aparente contradição entre o *caput* do art. 1.952 e seu parágrafo único, como realmente se encontra: "O art. 1.952 apresenta uma aparente contradição, pois seu parágrafo único dispõe que a hipótese de 'se ao tempo da morte do testador já houver nascido o fideicomissário...' A contradição se encontra no fato de que, se o testamento com substituição fideicomissária somente se permite a favor dos 'não concebidos' ao tempo da morte do testador, ou seja, prole eventual, como poderá ser contemplado o beneficiário que já deixou de ser 'prole eventual'? (...) A hipótese provável é que, por ocasião da morte do testador, esteja ele incapaz, sem condições de modificar o testamento válido, aplicando-se no caso a regra de que a incapacidade superveniente não invalida o testamento eficaz. Caso contrário, nascendo a prole destinatária do legado, o próprio testador poderia modificar o seu testamento, não mais dispondo sob a forma de substituição fideicomissária, mas com legado puro e simples; ou, então, instituindo o usufruto – no qual se transforma, pelo novo Código, o fideicomisso".[16]

De modo geral, porém, é mais comum a substituição fideicomissária aos não concebidos ao tempo da morte do testador. É estabelecida em favor da outrora chamada prole eventual, a quem o art. 1.718 do Código de 1916 autorizava testar, e ficou mais ampliado o poder com o art. 1.799, inc. I, do vigente Código Civil. Conforme se depreende, porém, fica retratado como ou a quem se fará a transmissão.

De outro lado, todas as pessoas capazes de testar podem instituir o fideicomisso. Da mesma forma, quem tem capacidade para ser herdeiro instituído ou legatário habilita-se para figurar como fiduciário, isto é, nada impede que qualquer pessoa receba a propriedade ou o bem com a incumbência de efetuar a transferência a outrem.

Evidente que a capacidade, seja para constituir ou para ser fiduciário, regula-se pelos princípios e pelos dispositivos que tratam da capacidade testamentária ativa e passiva. Daí não se permitir, *v.g.*, aos incapazes de dezesseis anos fazer o testamento com fideicomisso, e muito menos aos que assinaram a rogo do testador serem nomeados fiduciários.

As pessoas jurídicas estão afastadas de atuarem como fiduciárias, posto que a transmissão a outrem é um ato pessoal, o qual se realizará após a morte do gravado. A pessoa jurídica termina com a sua dissolução, que não se equipara à morte, pois nada proíbe que a mesma ressurja, ou venha novamente a se constituir. Tal ocorrendo, a rigor readquiriria o bem situação que não se coaduna com o fideicomisso. Ney de Mello Almada apropriadamente desenvolve o assunto, apesar de englobar na impossibilidade o fideicomisso: "Embora não conste da lei exclusão taxativa, infere-se de seus enunciados ser impossível a inserção da pessoa jurídica em qualquer dos polos subjetivos do fideicomisso. O disponente há de ser pessoa física, defluindo dos arts. 1.733 e 1.738 idêntica conclusão no tocante ao fiduciário e ao fideicomissário. Com efeito, o Código Civil alude à morte desses protagonistas, ao passo que a pessoa jurídica não é sujeita à morte, à qual não equivale a sua extinção por via dissolutória. A própria índole do instituto repele tal possibilidade, pois é patente que o disponente, ao criar a substituição, acode ao desejo de contemplar, com intuito pessoal, tanto ao fiduciário como ao fideicomissário".[17] Os arts. 1.733 e 1.738 referidos correspondem aos arts. 1.951 e 1.958 do Código atual.

---

16 *O Direito das Sucessões no Novo Código Civil Brasileiro*, trabalho citado, pp. 263 e 264.
17 Ob. cit., vol. II, p. 212.

Cap. XXXV | Substituição Testamentária • 471

4.3.3. Elementos da substituição fideicomissária

É a substituição fideicomissária um instituto jurídico complexo, com a necessidade de vários elementos para a sua caracterização, retirados do conceito de fideicomisso.

Primeiramente, impende transcrever a noção do art. 1.951: "Pode o testador instituir herdeiros ou legatários estabelecendo que, por ocasião de sua morte, a herança ou o legado se transmita ao fiduciário, resolvendo-se o direito deste, por sua morte, a certo tempo ou sob certa condição, em favor de outrem, que se qualifica de fideicomissário".

Ressalta que, ao expressar a obrigação assumida por um herdeiro ou legatário de transmitir ao outro a herança ou o legado, traz o cânone a definição de fideicomisso, matéria já estudada.

Importa, aqui, destacar os requisitos, ou elementos constitutivos:

a) Integra o Direito das Sucessões, não sendo admitida a figura por ato entre vivos, como na doação. No dispositivo acima vem autorizada a instituição de herdeiros ou legatários, com o encargo de transferir após a morte do herdeiro ou legatário. E a instituição de herdeiros ou legatários opera efeitos com a abertura da sucessão.

Longas discussões doutrinárias travaram-se em torno do assunto, sem muita objetividade prática. A maioria, em vista de ser uma forma de substituição o fideicomisso, inclina-se para restringi-lo à sucessão (Caio Mário da Silva Pereira, Carlos Maximiliano, Itabaiana de Oliveira). Orosimbo Nonato traz o pensamento de Cunha Gonçalves: "Não se trata, apenas, da colocação do preceito concernente ao assunto; a própria letra do Código Civil é decisiva: o art. 1.733 unicamente se refere a herdeiros ou legatários instituídos por meio de fideicomisso; reduz a matéria ao campo das sucessões hereditárias. A corrente latina é contrária às substituições fideicomissárias; portanto, se o repositório de normas civis lhe deu expressa acolhida só na parte concernente às sucessões, o faz em deliberado caráter especial, instituindo uma exceção, que se não estende aos atos *inter vivos*".[18] Aduz-se que o atual art. 1.951, como fazia o acima citado art. 1.733, também restringe o benefício a herdeiros ou legatários, o que não torna cogitável o instituto a ato *inter vivos*.

b) Três os agentes que participam no fideicomisso; ou devem intervir apenas o fideicomitente, o fiduciário e o fideicomissário.

O fideicomitente é o instituidor, ou o testador.

Considera-se fiduciário, ou gravado, o beneficiário em primeiro grau, o que receberá a herança ou o legado, incumbindo-se-lhe, findo o fideicomisso, entregar o bem recebido ao beneficiado em segundo grau.

Já o fideicomissário, ou substituto, tido como o beneficiado em segundo grau, recebe a coisa por morte do fiduciário, ou a certo tempo, ou pelo implemento da condição. Está explícito que se institui a favor do mesmo o legado, o qual, no entanto, sequer deve estar concebido quando da morte do testador, dada a inovação do art. 1.952 do Código de 2002.

---

18 Ob. cit., vol. III, p. 165.

472 • Direito das Sucessões | *Arnaldo Rizzardo*

c) A dupla vocação é a grande particularidade do instituto, que se manifesta pela transmissão, em ordem sucessiva, a duas pessoas. O fiduciário é chamado a suceder em primeiro lugar. Já o fideicomissário sucede em segundo lugar, a ele transferindo-se a herança, ou o legado, o que acontece somente depois da morte do fiduciário, ou do advento do termo constante do testamento. No entanto, é necessário bem esclarecer que o fideicomissário sucede ao testador e não ao fiduciário.

Daí exigir-se duas vezes o imposto: "Ocorrendo na substituição fideicomissária duas transmissões sucessivas, cada qual delas está sujeita à incidência tributária própria".[19]

O fideicomitente fixará a duração do fideicomisso, ou durante certo tempo, ou até que se verifique certa condição, ou enquanto viver o fiduciário. É temporária a propriedade. E fala-se em propriedade, posto que o fiduciário é um verdadeiro proprietário, só que de modo restrito e resolúvel. Aí está a grande característica da propriedade do fiduciário, que exsurge do art. 1.953, nestes termos: "O fiduciário tem a propriedade da herança ou legado, mas restrita e resolúvel".

Todos os poderes derivados do art. 1.228 asseguram-se ao fiduciário. A transmissão é permitida, mas enquanto não ocorrer a morte do transmitente, ou não se verificar a condição, ou simplesmente durante certo tempo. Permanece íntegro o testamento. As restrições e a resolubilidade acompanham o ato de dispor. Como decorre do dispositivo, a propriedade é restrita e resolúvel. Daí, quanto à resolubilidade, torna-se sem efeito a transmissão que eventualmente vier a ser feita, quando da transmissão definitiva ao fiduciário. Acompanham as alienações a cláusula da condição resolutiva, em face do princípio de que a ninguém se permite transmitir mais direitos do que tem.

É permitida, no entanto, a inclusão da cláusula de inalienabilidade, com o que se impede alienar os bens recebidos em fideicomisso.

Já o fideicomissário recebe a herança ou o legado por último, mas do fideicomitente. Ele tem a propriedade sob condição suspensiva, isto é, acolherá a coisa daí a certo tempo. Herda os bens deixados ou legados pelo testador.

d) A ordem sucessiva da propriedade da substituição fideicomissária constitui outro elemento. Primeiro, o fiduciário terá o bem; depois, cabe o mesmo ao fideicomissário, em cujo benefício se dá a instituição, o que acontecerá com a morte daquele, ou dentro de certo tempo, ou depois de verificado o implemento de determinada condição, quando, então, resolve-se o direito do fiduciário, conforme veio expressamente no texto do vigente art. 1.951. Não verificada uma dessas eventualidades, o direito do fideicomissário é simplesmente eventual, contingente e hipotético. Apenas depois de se realizar o direito, por uma daquelas situações, emerge a possibilidade para a promoção de medidas judiciais, como a reivindicação e as providências conservatórias necessárias. O evento de qualquer das condições para a transmissão constitui o marco para a contagem dos prazos prescricionais.

e) A conservação da herança ou legado para depois restituir, ou transferir, apresenta-se como outro elemento essencial. A própria origem da palavra induz à confiança,

---

19 Agr. Instr. nº 590066973, da 6ª Câmara Cível do TJRGS, 05.03.91, *Revista de Jurisprudência do RGS*, 151/349.

Cap. XXXV | Substituição Testamentária • **473**

ou à fidelidade na entrega. Fideicomisso vem de *fidei tua committo*, que se traduz em "confio na tua fidelidade". Daí a palavra "fidúcia" ou confiança, que levou a fiduciário. Em outros termos, uma pessoa deposita a confiança, ou a fidúcia, em alguém, ao qual são entregues os bens para que, depois, os transfira a outra pessoa designada. Daí o dever de conservar ou manter o bem.

Não impede, porém, a *restitutio hereditatis* que se proceda a alienação pelo fiduciário, mas sob condição resolutiva. Os bens passarão para o fideicomissário quando se der a morte, ou advier o termo final previsto no testamento, ou se implemente a condição suspensiva.

f) A substituição fideicomissária vai até o segundo grau, ou seja, não é permitido instituir fideicomisso sucessivo ou transformar o fideicomissário em fiduciário para que este entregue o bem a novo fideicomissário, por morte daquele. Do próprio art. 1.959 emana a limitação até o segundo grau, isto é, transfere-se a propriedade ao fiduciário, que fica no primeiro grau, e depois deste já constando do testamento a outra pessoa. Nada impede, no entanto, que figurem vários fiduciários e vários fideicomissários, mas todos em união ou condomínio. Caio Mário da Silva Pereira já explicava em termos exatos: "Não é lícita a instituição além do segundo grau. Nada obsta, todavia, a nomeação plúrima de fideicomissários conjuntos, caso em que vigora entre eles o direito de acrescer. O que se não tolera é a nomeação de substituto para o fideicomissário (...) A contagem dos graus para o efeito desta limitação leva em conta o fato da designação ou instituição: o fiduciário é o instituído em primeiro grau e o fideicomissário em segundo. E aí termina a substituição fideicomissária".[20]

4.3.4. O objeto da substituição fideicomissária

Todos os bens suscetíveis de transmissão testamentária são objeto da substituição fideicomissária: bens corpóreos ou incorpóreos, móveis ou imóveis, ações ou direitos. Não há discriminação, ou distinções, desde que se encontrem no mundo fático e pertençam ao fideicomitente.

Inclusive os encargos e obrigações prestam-se para a transmissão fideicomissária, uma vez que acompanhem o legado. Da mesma forma, os vários tipos de legados, como os de crédito, de quitação de dívida, de usufruto, de dinheiro, de coisa singularizada, de prestações periódicas, de renda etc.

Sempre se respeitará a legítima. Não ultrapassará a substituição mais da metade da parte testamentária, se existirem herdeiros necessários. Neste sentido, lê-se em um julgado: "A parte indisponível da herdeira não pode ser atingida pela substituição fideicomissária, sob pena de malferir-se a regra do art. 1.721 c/c os arts. 1.623, 1.723 e 1.724 do Código Civil. A restrição permitida no art. 1.723 não abrange os casos de fideicomisso. As opiniões citadas nos autos de Arnoldo Wald e Carvalho Santos, além da expressiva lição de Barros Monteiro, já encontravam ressonância na jurisprudência, como se vê do acórdão publicado na *RT*, 161/159".[21] Os arts. 1.623, 1.721, 1.723 e 1.724 correspondem aos arts. 1.854, 1.846, 1.848 e 1.849 do Código em vigor.

---

20 *Direito das Sucessões*, ob. cit., vol. VI, pp. 212 e 213.
21 RE nº 95.745-MG, da 1ª Turma do STF, 27.08.82, *Revista Trimestral de Jurisprudência*, 105/315.

474 • Direito das Sucessões | *Arnaldo Rizzardo*

Arnoldo Wald apresenta este quadro de bens, objeto do fideicomisso e, assim, da substituição fideicomissária: "O fideicomisso pode ser instituído em relação a todos os bens da herança, excluída a legítima, ou a alguns deles. Pode haver fideicomisso tanto em relação à herança propriamente dita como quanto aos legados. Todos os móveis ou imóveis podem ser objeto de fideicomisso. Admite-se que haja um fideicomissário e diversos fiduciários ou vice-versa".[22]

4.3.5. Direitos e deveres do fiduciário

Em princípio, o fiduciário é herdeiro ou legatário, como em qualquer testamento. Recebe os bens que lhe foram destinados, podendo usufruí-los ou aproveitá-los da maneira como entender. Mas em vista da condição imposta, há algumas decorrências que influem nos direitos e deveres.

Quanto aos direitos, sobressaem estes, dentro da peculiaridade do instituto:

a) Há a propriedade sobre a herança ou legado, com os direitos de usar, gozar e dispor do bem fideicometido. Considera-se o fiduciário um herdeiro ou legatário como nos demais casos de transmissão, com apenas limitação no tempo. Nesta ordem, há de se fazer o inventário, dentro do procedimento normal da abertura da sucessão comum. Temos no art. 1.953: "O fiduciário tem a propriedade da herança ou legado, mas restrita e resolúvel". O parágrafo único, quanto à obrigação do fiduciário em proceder ao inventário: "O fiduciário é obrigado a proceder ao inventário dos bens gravados, e a prestar caução de restituí-los se o exigir o fideicomissário".

Escreve sobre o assunto Antônio José de Souza Levenhagen: "O fiduciário, apesar de seu domínio sobre a herança, ou legado, ser restrito e resolúvel, tem ele todas as prerrogativas do *dominus*, podendo, portanto, usar, gozar, dispor e reivindicar a coisa. Pode, assim, inclusive vendê-la. Como, porém, o seu domínio é resolúvel, a alienação que vier a fazer poderá tornar-se ineficaz, como, por exemplo, se vier a falecer antes do fideicomissário. Nesse caso, a alienação que tiver feito tornar-se-á ineficaz, devendo o adquirente devolver a coisa ao fideicomissário, que passou a ser o proprietário pleno, com direito, inclusive, de reivindicar a coisa que passou a lhe pertencer".[23]

b) A transmissão, o que decorre do direito acima, e já abordado. As limitações próprias da resolubilidade acompanham a transmissão, com evidente possibilidade de resolução e restituição, em falecendo o fiduciário antes do fideicomissário.

De notar, aqui, que a transferência de um para o outro opera-se pela morte, ou pelo advento do termo, ou pela superveniência da condição. Afora estas previsões, não há a transmissão para o fideicomissário. Daí não se pensar que, falecendo este antes do fiduciário, o direito transmite-se aos herdeiros.

---

22 *Direito das Sucessões*, ob. cit., vol. V, pp. 167 e 168.
23 Ob. cit., p. 156.

Cap. XXXV | Substituição Testamentária • **475**

c) O direito à propriedade plena unicamente nasce se o fideicomissário renunciar o seu direito, ou se ele falecer antes do testador, ou do fiduciário, e se também falecer antes de realizar-se a condição resolutória, ou do advento do termo, que constaram do testamento.

d) A percepção dos frutos e rendimentos, advindos do uso ou proveito do bem. Não exsurge ao fideicomissário o direito ao ressarcimento. Tal decorre do domínio que incide nos bens, em nada impedindo a sua resolubilidade futura.

e) O recebimento de indenização pelas benfeitorias úteis e necessárias, desde que aumentado o valor do bem, com o direito de retenção, o que está assegurado pelo art. 1.219, eis que possuidor de boa-fé. As voluptuárias poderão ser levantadas, ou retiradas, não prevendo a lei a obrigação de serem indenizadas.

f) A renúncia aos bens fideicometidos, como, aliás, é permitido na sucessão em geral.

g) A sub-rogação dos bens fideicometidos em outros, com a autorização do fideicomissário.

h) Exercitar quaisquer ações para assegurar a posse dos bens, como a reivindicatória, as possessórias, a prestação de contas, a petição de herança etc.

Quanto aos deveres, despontam os seguintes:

a) A obrigação de conservar a coisa fideicometida, com a finalidade de, mais tarde, efetuar a entrega ao fideicomissário no mesmo estado em que foi recebida. Maria Helena Diniz leciona, a respeito: "O fideicomitente deposita sua confiança no fiduciário, entregando-lhe bens com o encargo de conservá-los para depois restituí--los, de maneira que, se o testador permitir, expressamente, a alienação da coisa fideicometida por parte do fiduciário, não se terá fideicomisso. Entretanto, embora o fiduciário tenha de conservar o bem recebido, isso não significa inalienabilidade absoluta, uma vez que a lei autoriza a sua alienação pelo fiduciário, sob condição resolutiva; só que, com a abertura do fideicomisso, o fideicomissário poderá reivindicar do adquirente a coisa alienada, tornando sem efeito a alienação feita pelo fiduciário".[24]

A conservação, que não impede a alienação, é de suma importância, autorizando--se ao fiduciário final do bem, posteriormente, demandar a sucessão do fiduciário caso deteriorado o bem, ou não servir para a utilidade que lhe é própria. Uma vez feita a alienação, responde pelos danos o adquirente, não solidariamente com o fiduciário, eis que perfeitamente admitida a alienação.

b) A realização do inventário dos bens fideicometidos. Este encargo decorre da própria abertura da sucessão, sendo condição inclusive para o fiduciário receber a herança ou legado. O parágrafo único do art. 1.953 ordena, a respeito: "O fiduciário é obrigado a proceder ao inventário dos bens gravados, e a prestar caução de restituí-los se o exigir o fideicomissário".

---

24 *Direito das Sucessões*, ob. cit., 6º vol., p. 230.

476 • Direito das Sucessões | *Arnaldo Rizzardo*

O normal é que algum herdeiro promova a abertura do inventário, nomeando-se, depois, um inventariante. Cabe ao herdeiro instituído, ou ao legatário, abrir e cumprir o testamento. Na omissão de outros interessados, ele deve dar iniciativa ao processamento do inventário, com o que se materializará a sua participação no patrimônio do falecido.

c) Prestar caução ou oferecer garantias de que entregará os bens ao fideicomissário. Do parágrafo único do art. 1.953 emana esta exigência, sempre dependente do fideicomissário. A caução abrangerá bens ou valores com montante suficiente para indenizar o último favorecido, caso necessário.

d) Exercer uma administração que resulte em proveito para a coisa, e não desgastá-la, ou levá-la à ineficiência. Com isto, manter em funcionamento, *v. g.*, a indústria, de modo a não se deteriorarem os equipamentos. As despesas de administração, e mesmo as de conservação e reparos comuns, de pagamento de impostos, não ficam sujeitas ao reembolso, eis que, enquanto detiver o bem, o fiduciário é seu proprietário e aproveita as vantagens.

e) Entregar a coisa ao fideicomissário em advindo o termo ou verificando-se a condição. Com a morte, este encargo incumbe aos herdeiros do fiduciário.

Os frutos inerentes ao bem se transferem também ao favorecido último, desde que não consumidos ou aproveitados pelo fiduciário. A entrega far-se-á no estado em que se encontra o bem, com as deteriorações naturais, sem qualquer indenização, a menos que decorrentes os estragos da culpa ou desídia do fiduciário.

4.3.6. Direitos e deveres do fideicomissário

Vários os direitos assegurados ao fideicomissário. Conforme já ressaltado, a sua individuação só aparece após a morte do testador, mas devendo continuar o fiduciário até que ele viva, ou até o termo, ou o tempo colocado pelo fideicomitente.

Primeiramente, de ressaltar a sua posição, que é de herdeiro ou legatário instituído em segundo lugar, logo depois do fiduciário, que é o herdeiro em primeiro lugar. Em última instância, distribui-se o tempo do exercício da propriedade entre duas pessoas. No entanto, o fideicomissário tornar-se-á o proprietário definitivo, isto, porém, somente depois do advento do termo ou da condição que extingue o direito do fiduciário.

Especificamente, há os seguintes direitos do fideicomissário:

a) Assegura-se-lhe exigir que o fiduciário faça o inventário dos bens fideicometidos. Ou, mais propriamente, exigir que seja aberto o inventário. Mas se há omissão de quem de direito, ele mesmo tem legitimidade para tanto, pois evidente o interesse econômico na expectativa futura dos bens.

b) Também lhe cabe pedir que preste o fiduciário caução, para a eventualidade de causar danos nos bens, e poder, assim, ter um suporte econômico numa possível pretensão indenizatória futura.

c) Inclusive assiste ingressar com as necessárias ações visando a conservação dos bens fideicometidos. Nesta ordem, a ação para impedir a utilização nociva de um bem imóvel, como quando utilizado para o depósito de lixo, ou nele se fizerem escavações, descaracterizando sua utilidade. O art. 130, efetivamente, concede

Cap. XXXV | Substituição Testamentária • 477

ao titular de direito eventual tal legitimidade: "Ao titular de direito eventual, nos casos de condição suspensiva ou resolutiva, é permitido praticar os atos destinados a conservá-lo".

d) O recebimento da parte aumentada da herança, em virtude do direito de acrescer conforme art. 1.956: "Se o fideicomissário aceitar a herança ou o legado, terá direito à parte que, ao fiduciário, em qualquer tempo acrescer".

Lembra-se que o direito de acrescer ocorre quando, nomeados conjuntamente dois ou mais herdeiros, um deles falecer antes do testador, ou renunciar, ou for impedido de herdar, ou não se realizar a condição suspensiva.

e) A renúncia da herança ou do legado constitui outro direito, quando, então, caduca o fideicomisso. Não pode a mesma ser tácita. Impõe-se que venha expressa, através de escritura pública ou termo nos autos.

Os bens consolidam-se na propriedade do fiduciário, a menos que o contrário disponha o testador, através da nomeação de outro substituto.

Realmente, estabelece o art. 1.955: "O fideicomissário pode renunciar a herança ou o legado, e, neste caso, o fideicomisso caduca, deixando de ser resolúvel a propriedade do fiduciário, se não houver disposição contrária do testador".

Percebe-se da parte final da regra que ao testador assiste nomear outra pessoa na eventualidade de renunciar o fideicomissário.

f) O recolhimento da herança ou legado ocorre plenamente e de imediato, se falecer o fiduciário antes do testador; igualmente se o fiduciário renunciar à herança, ou dela for excluído, ou não se realizar a condição da qual dependia a transmissão.

No que diz com os deveres ou obrigações, de modo geral se identificam aos casos comuns de compromissos atribuídos aos herdeiros.

Assim, em primeiro lugar, responde o fideicomissário pelos encargos ainda pendentes da herança, como dívidas, e que não foram satisfeitos pelo fiduciário. O art. 1.957 realmente determina esta responsabilidade: "Ao sobrevir a sucessão, o fideicomissário responde pelos encargos da herança que ainda restarem".

De outra parte, cabe-lhe pagar as benfeitorias úteis e necessárias erguidas pelo fiduciário, ou os beneficiamentos substanciais, como os indispensáveis para a conservação e aqueles que possibilitaram um melhor proveito. As acessões tornam-se indenizáveis desde que revertam em valorização do imóvel.

Não cabe a indenização por despesas de conservação, ou de impostos, exigidas ao tempo da propriedade em nome do fiduciário, porquanto ele aproveita as suas utilidades.

Mas há situações especiais. Existindo dívidas, cujo pagamento se impunha sob pena de responder o bem, através de execução, com a consequente expropriação, e tendo pago o fiduciário, parece justo que a parte dos bens correspondentes às dívidas pagas se consolida definitivamente em seu domínio, sem se operar a transferência. Do contrário, ficaria beneficiado o fideicomissário, levando ao empobrecimento o fiduciário.

478 • Direito das Sucessões | *Arnaldo Rizzardo*

4.3.7. Nulidade e caducidade da substituição fideicomissária

Há casos de nulidade ou de perda de efeito da substituição fideicomissária, acarretando a sua extinção.

A nulidade não oferece maiores especificações, eis que verificável nas mesmas hipóteses de nulidade do testamento, como incapacidade do testador ou do instituído. Aplicável apenas à substituição fideicomissária é a nomeação além do segundo grau, expressamente vedada pelo art. 1.959. Vale, no entanto, o testamento até o fideicomissário.

Para o perfeito entendimento, necessário ver os termos do mencionado dispositivo: "São nulos os fideicomissos além do segundo grau".

Apenas além do segundo grau, isto é, daqueles em terceiro grau, os fideicomissos afrontam a lei. Valerão até o segundo grau. O terceiro nomeado, ou, naturalmente, segundo substituto, constitui infração à lei.

O art. 1.960 também deve ser observado: "A nulidade da substituição ilegal não prejudica a instituição, que valerá sem o encargo resolutório".

Quer dizer que a nulidade atinge apenas o terceiro grau, ou aquele substituto em segundo grau.

Temos a lição de Tito Prates da Fonseca, quanto ao conteúdo do art. 1.739 do Código anterior, que corresponde ao art. 1.959 do vigente diploma, eis que iguais os textos: "O fideicomisso supõe dois herdeiros: um do primeiro grau, que é o instituído, com o encargo de entregar a herança à pessoa designada; e o outro do segundo grau, que é a pessoa designada para receber a herança, e que deve recebê-la do instituído ou de seus herdeiros.

O fiduciário é herdeiro em primeiro grau, e o fideicomissário é herdeiro em segundo grau. Além deste segundo grau não admite o Código fideicomisso. A obrigação de entregar a herança não pode ser imposta ao fideicomissário".[25]

E quanto ao art. 1.740 do Código de 1916, ilustrava Carvalho Santos, lembrando que tal dispositivo tem idêntica redação que o vigente art. 1.960: "Em outras palavras, quer isto significar: a) será considerada como não escrita a cláusula que estende o fideicomisso além do segundo grau, e, por isso mesmo; b) tal cláusula não prejudicará a instituição, que valerá como instituição de um só grau; c) nem tampouco a nulidade do segundo fideicomisso prejudicará a validade do primeiro".[26]

A expressão do final do dispositivo "valerá sem o encargo resolutório" encerra a validade da nomeação do substituto, embora o segundo substituto não surta validade.

Mas não infringe a inteligência acima a disposição do testador prevendo a designação de um segundo substituto para a hipótese do primeiro renunciar, ou morrer antes do testador, ou ficar impedido de receber, ou não se realizar determinada condição. Não existe, na verdade, um segundo substituto, ou a determinação de um substituto transferir para outro. Há somente a previsão de uma pessoa, em certas circunstâncias, em substituir a designada, o que leva a manter-se uma substituição.

Novamente traz-se à colação o ensinamento de Tito Prates da Fonseca, que perdura com o atual Código: "Se o testador, prevendo a hipótese de renúncia do fiduciário, designar o destino a se dar aos bens, ou, no caso de renúncia do fideicomissário, instituir um substituto a este, não cria um terceiro grau de instituição. Este terceiro grau torna-

---

25 Ob. cit., p. 170.
26 Ob. cit., vol. XXIV, p. 217.

Cap. XXXV | Substituição Testamentária • 479

-se segundo, pois que o fideicomissário, que formaria o segundo grau, desaparece pela renúncia".[27]

Destacam-se, ainda, os casos do art. 1.801 e incisos, mas que não absorvem a totalidade de situações: por incapacidade do fiduciário em suceder, como, *v.g.*, se ele assinou como testemunha o testamento; ou é progenitor, ou filho, ou cônjuge, ou companheiro de quem assinou ou escreveu a rogo o testamento; ou é concubino do testador casado, a menos que este, sem culpa sua, se encontrar separado de fato do cônjuge há mais de cinco anos; ou funcionou como tabelião ou escrivão.

A incapacidade é aferida no momento da abertura da sucessão, ou quando se verificar a condição ou o termo.

No tocante à caducidade, de modo geral ocorre semelhantemente às hipóteses do testamento em geral. Assim:

a) Em face da modificação da coisa em sua substância ou essência; da alienação à coisa legada; do perecimento ou da evicção da coisa, sem culpa do fiduciário, e desde que impossível a sub-rogação no seguro ou na indenização; da exclusão do legatário da sucessão; pelo falecimento do fiduciário e do fideicomissário antes do testador.

b) Pela renúncia do fideicomissário, conforme já analisado, o que é uma faculdade sua, consolidando-se, então, a propriedade na pessoa do fiduciário. Da mesma forma, se o fiduciário e o fideicomissário renunciarem.

c) Pela renúncia do fiduciário, passando os bens diretamente ao fideicomissário, notando Caio Mário da Silva Pereira que, "nessa hipótese, não chega a ocorrer a aquisição da herança pelo fiduciário, sucedendo o fideicomissário como se fosse um substituto vulgar, isto é, o que é chamado a suceder porque o nomeado em primeiro lugar repudiou a herança".[28]

d) Pela renúncia da herança ou do legado pelo fiduciário, e não houver a aceitação pelo fideicomissário, por aplicação do art. 1.954.

e) Pelo falecimento do fideicomissário antes do fiduciário, desde que não indicado um substituto, e nem instituídos outros herdeiros concomitantemente, o que importaria, então, no direito de acrescer. Se falecer antes do fiduciário, neste ficará consolidada a propriedade.

O art. 1.958 vem consignando claramente essa caducidade, estendendo-a à hipótese de morte do fiduciário antes de realizar-se a condição resolutiva: "Caduca o fideicomisso se o fideicomissário morrer antes do fiduciário, ou antes de realizar-se a condição resolutória do direito deste último; nesse caso a propriedade consolida-se ao fiduciário nos termos do art. 1.955".

O STJ ressaltou essa decorrência no REsp nº 820.814/SP, da 3ª Turma, j. em 09.10.2007, *DJU* de 25.10.2007: "A substituição fideicomissária caduca se o fideicomissário morrer antes dos fiduciários, caso em que a propriedade destes consolida-se, deixando, assim, de ser restrita e resolúvel (arts. 1.955 e 1.958, do CC/2002).

---

27 Ob. cit., p. 171.
28 *Direito das Sucessões*, ob. cit., vol. VI, p. 218.

480 • Direito das Sucessões | *Arnaldo Rizzardo*

Afastada a hipótese de sucessão por disposição de última vontade, oriunda do extinto fideicomisso, e, por consequência, consolidando-se a propriedade nas mãos dos fiduciários, o falecimento de um destes sem deixar testamento impõe estrita obediência aos critérios da sucessão legal, transmitindo-se a herança, desde logo, aos herdeiros legítimos, inexistindo herdeiros necessários".

Antes da condição resolutiva, nada adquire o fideicomissário. Ou falecendo enquanto não realizada a condição, nem qualquer transmissão de bens aos herdeiros verifica-se.

E se o decesso for primeiro do fiduciário, irá diretamente para o fideicomissário o bem. Não ficará sem efeito o testamento.

f) Na declaração de indignidade.

De modo geral, a gama de situações é a mesma daquela prevista para o legado, e discriminada no art. 1.939.

4.3.8. A prescrição e renúncia na substituição fideicomissária

A falta do exercício do direito pode levar à prescrição do fideicomisso, nada podendo ser reclamado posteriormente.

Encontrando-se na posse o fiduciário, a prescrição inicia a partir da morte do mesmo, e não quando é aberta a sucessão. Aos sucessores do fiduciário reconhece-se a prescrição aquisitiva.

O prazo é de quinze anos, isto é, aquele do art. 1.238.

Subordinando-se a uma condição o fideicomisso, o lapso temporal para a contagem inicia no momento da exigibilidade da condição. O fideicomisso de uma fazenda, *v. g.*, a efetuar-se quando atingir a maioridade o favorecido, terá o seu prazo prescricional iniciado no momento do advento da condição, não sendo exercido o direito.

Quanto à renúncia, é possível que se dê pelo fiduciário, quando se transfere de imediato a herança ou o legado ao fideicomissário. Também permitida a renúncia pelo fideicomissário, consolidando-se, então, a transmissão na pessoa do fiduciário, por inteligência do art. 1.955: "O fideicomissário pode renunciar a herança ou o legado, e, neste caso, o fideicomisso caduca, deixando de ser resolúvel a propriedade do fiduciário, se não houver disposição contrária do testador".

Se o fiduciário manifestar a renúncia, ao fideicomissário se defere o poder de aceitar, nos termos do art. 1.954: "Salvo disposição em contrário do testador, se o fiduciário renunciar a herança ou o legado, defere-se ao fideicomissário o poder de aceitar". Não aceitando, opera-se naturalmente a caducidade da disposição.

4.3.9. Substituição fideicomissária e usufruto

Longas distinções fazem alguns autores entre a substituição fideicomissária e o usufruto. Não há, porém, muito a discutir.

A substituição fideicomissária compreende o exercício da propriedade por dois titulares: primeiro o fiduciário e depois o fideicomissário. Não existe, contudo, separação do uso e gozo da propriedade. O domínio, o uso, o gozo e a disposição do bem pas-

Cap. XXXV | Substituição Testamentária • **481**

sam de um titular para o outro. Quanto ao usufruto, ocorre essa separação. Um possui o uso e gozo, enquanto ao outro se reserva a nua-propriedade. Arnoldo Wald faz a distinção com bastante clareza, não havendo alteração em relação ao Código de 2002: "Na realidade, os dois institutos são totalmente distintos. Quando o testador estabelece que o uso e o gozo pertencerão a determinada pessoa e a propriedade a outra, ou seja, quando existem dois titulares simultâneos e direitos reais (nua-propriedade para um e usufruto para outro), temos o usufruto. Quando, ao contrário, a instituição cria titulares sucessivos do direito de propriedade, há um fideicomisso. Os efeitos práticos são, também, muito diferentes. O usufruto é intransferível. O fiduciário, ao contrário, pode ceder os seus direitos, embora a resolução dos mesmos venha a alcançar os terceiros que adquiriram os bens dados em fideicomisso. O nu-proprietário no caso do usufruto pode dispor do seu direito. O fideicomissário não o pode fazer, sendo lícito tão somente que exija caução do fiduciário, a fim de evitar a destruição ou o perecimento dos bens dados em fideicomisso".[29]

4.4. Substituição compendiosa

Não consta a espécie nomeada pelo Código.

Como o próprio nome indica, é assim chamada a substituição porque, por meio de um resumo ou compêndio de palavras, compreende várias substituições, de natureza diferente, feitas no mesmo testamento. Já Orosimbo Nonato dizia: "A substituição compendiosa encerra em um só resumo ou compêndio várias substituições".[30]

Uma das substituições compreendidas na compendiosa é a fideicomissária, ou institui-se o fiduciário, devendo, depois de sua morte, serem os bens transferidos ao fideicomissário. A outra se equipara ou se iguala à vulgar, pois o testador nomeia um substituto para o caso do fideicomissário não poder ou não querer acolher o que lhe é destinado.

Nota-se que o substituto, em face do destino do bem com a sua morte, é fiduciário, enquanto a pessoa para quem irá o bem se chama fideicomissário. Nesta ordem, incumbe reiterar que, relativamente ao herdeiro ou legatário último, a substituição é vulgar; fideicomissária apresenta-se no concernente à do fiduciário.

Maria Helena Diniz estende esta substituição para o fiduciário: "A substituição compendiosa constitui um misto de substituição vulgar e de substituição fideicomissária. É o que se verifica na hipótese em que o testador dá substituto ao fiduciário ou ao fideicomissário, prevendo que um ou outro não queira ou não possa aceitar a herança ou o legado, hipótese essa que não viola o Código Civil, art. 1.740, visto que tal substituição continua sendo de segundo grau".[31] O citado art. 1.740 equivale ao art. 1.960 do atual Código.

---

29 *Direito das Sucessões*, ob. cit., vol. V, p. 165.
30 Ob. cit., vol. III, p. 152.
31 *Direito das Sucessões*, ob. cit., 6º vol., p. 237.

XXXVI
Revogação e Rompimento dos Testamentos

1. A MUTABILIDADE DA VONTADE HUMANA E REVOGAÇÃO

Ao se falar em revogação dos testamentos, necessariamente estão incluídos a herança e os legados.

Nada tem a ver o assunto com a caducidade, quando o ato perde a validade por uma causa que o esvazia, ou em razão de um fato que lhe retira o objeto, como no perecimento da coisa. Nem com a ineficácia, por nulidade ou anulabilidade, onde há, v.g., um vício do consentimento, ou se contempla alguém incapaz de herdar. Reserva o Código, no que se alinhou com o Direito universal, a faculdade da pessoa em alterar aquilo que decidira sobre seu patrimônio no futuro. E isto em vista da mutabilidade que caracteriza seu comportamento, pois é da natureza humana a mudança ou a modificação de ideias e decisões. As variações do pensamento nem sempre refletem a pusilanimidade; às vezes, decorrem de uma maior reflexão, ou da evolução das circunstâncias, ou mesmo do surgimento de novos fatos. É realmente difícil trancar a espontaneidade da vontade, que tende a variar segundo os impulsos recebidos através dos sentidos, e provenientes do mundo externo. Alterando-se a realidade, naturalmente tendemos a mudar as impressões da pessoa, quando não as próprias ideias de toda uma filosofia jurídica ligada à personalidade humana.

Quanto aos testamentos, exsurgem motivos ou razões para o testador alterar aquilo que decidira antes. Desde a inimizade que advém quando já elaborado o testamento, até as ingratidões e as injustiças, muitos são os fatores que justificam a revogação daquilo que antes se decidira. Tanto isto que leva a afirmar que é da essência do testamento a sua revogabilidade. Até o desenlace final, não é tolerada a inibição de reconsiderar aquilo que se dispôs, ficando sem a menor validade ou eficácia cláusula proibitória desse direito. O Código de 2002 enfatizou esse caráter, no art. 1.858: "O testamento é ato personalíssimo, podendo ser mudado a qualquer tempo".

2. CONCEITO DE REVOGAÇÃO

O próprio termo revela o significado de revogação: a modificação ou desconstituição do testamento, através de ato de vontade daquele que dispôs. Ou a resilição do ato de última vontade, declarando o testador que não mais tem efeito. Assim como é reconhecida aptidão para a pessoa dispor em testamento, de igual modo se admite o poder de cance-

484 • Direito das Sucessões | *Arnaldo Rizzardo*

lar o ato de disposição. Daí a definição de Caio Mário da Silva Pereira: "Revogação do testamento é o ato pelo qual se manifesta a vontade do testador, tornando-o ineficaz".[1]

Há um novo ato de vontade, que sucede àquele que instituiu alguém na herança, desfazendo esta sucessão. Por isso, a denominação *voluntas novissima*, usada pelos doutrinadores para expressar esta vontade, que desfaz a anterior. Para isso, tanto faz que tenha ou não justo motivo o testador. A lei não exige qualquer justificação para o exercício do direito de revogar. Em geral, porém, sempre há alguma motivação interior ou um fator subjetivo. Mesmo, porém, que nada se apresente, ou por simples capricho, há permissão para o exercício da revogação.

A origem da palavra está no vocábulo latino *revocare*, o qual se decompõe no prefixo *re* e no verbo *vocare* expressando as palavras "chamar contra, volver a chamar, retrair, desdizer-se, retratar-se, infirmar". Desde quando surgiu o testamento, sempre esteve presente a revogação, sendo, pois, consagrada no Direito romano, lembrando Luis de Gásperi: "(...) desde el derecho romano a esta parte le fué siempre conferido el derecho de llevarla a cabo ipso facto mediante un testamento posterior válido, siquiera este último no haya de producir efectos. El testamento revocado decíase *ruptum*, o también *irritum*, anulado, o sin ningún valor ni efecto, aun cuando el primero de estos vocablos designase igualmente toda invalidación y especialmente la originada por la superveniencia de un hijo después de la confección del testamento".[2]

3. INVALIDADE E REVOGAÇÃO

Embora distintas as formas de desconstituir o testamento, eis que uma decorre, *v.g.*, de vício do consentimento ou de forma, e a outra de um ato de vontade, as consequências são idênticas: deixa de existir a disposição testamentária, ou se invalida, ou perde todo o efeito. Mas, enquanto a invalidade depende da comprovação do vício, e da declaração por ato judicial, a revogação apresenta-se como um ato unilateral, dependendo unicamente da decisão do disponente, desde, porém, que absolutamente livre a vontade. Assim como se mostra indispensável aferir a capacidade quando do testamento, o mesmo há de se dizer no caso da revogação. As regras, aliás, de validade são as previstas para a facção do testamento.

4. NATUREZA DA REVOGAÇÃO

Apenas algumas considerações sobre o assunto.

Constitui a revogação um ato de disposição da vontade livre, sem quaisquer interferências das partes envolvidas. É livre e soberana a vontade para dispor e revogar o que se dispôs.

Mas, tanto quanto o testamento, tem a índole *causa mortis*, ou existe em função da morte. Com isso, autoriza-se a perda de efeito, como acontece com o testamento, desde que manifestada a vontade. Há, então, a revogação da revogação.

Revela-se como ato essencialmente pessoal, dependente apenas da vontade do testador. Nada poderá fazer em contrário o instituído, posto que o testamento não lhe confere

---

1 *Direito das Sucessões*, ob. cit., vol. VI, p. 248.
2 Ob. cit., IV vol., pp. 195 e 196.

nenhum direito atual. Acrescenta De Gásperi: "Siendo así, como lo es, los instituídos no podrán quejarse a los conubios que el testador haya hecho en su primer testamento, pues no les habría privado de ningún derecho".[3]

O direito à revogação é de ordem pública, não valendo a estipulação de renúncia. Não surtirá efeito cláusula inserida no testamento onde se compromete o disponente a não revogar a sua vontade. A promessa feita de não mudar a vontade revela-se nula.

Tudo em face do primado da liberdade de testar, a qual decorre da autonomia da vontade privada neste campo. Por isso, em face do princípio da revogação, diz-se que o testamento não passa de um ato de eventual última vontade. Caso se manifestar a revogação, há uma volição real do testador que retira o testamento da posição de ato de última vontade.

5. CONTEÚDO DA REVOGAÇÃO

Logicamente, encerra este ato uma expressa manifestação de tornar sem efeito o testamento. Em termos claros e afirmativos, estabelece-se que o testamento deixa de existir.

Todavia, há vários modos de revogação, que se referem especialmente ao conteúdo ou à extensão de seu alcance. Alguém pode revogar todo ou parte do testamento, o que é válido e surtirá efeitos.

Há diversas maneiras de revogar, como:

a) A declaração, em novo testamento, da revogação do anterior, não fazendo qualquer limitação, ou reserva. Depreende-se, daí, a revogação pura e simples, não ficando qualquer reminiscência ou parte aos herdeiros então instituídos. Havendo total silêncio sobre a ressalva ao dispositivo, a revogação é total.

b) A revogação de um testamento, mas existindo outro, sem que a este se faça alguma referência, leva a concluir quanto à revogação de apenas um, perdurando o outro. Dando-se a referência dos testamentos revogados, somente estes são desconstituídos. Admite-se, porém, a revogação de todos se generalizada a cláusula, com a menção de todos os testamentos.

c) A revogação parcial não atinge todo o ato de última vontade. Limita-se ao tópico atingido. Está aqui a regra do art. 1.970: "A revogação do testamento pode ser total ou parcial". Revela-se, aí, uma disposição clara, proclamando mais uma vez a liberdade dentro dos testamentos.

No entanto, segue o parágrafo único: "Se parcial, ou se o testamento posterior não contiver cláusula revogatória expressa, o anterior subsiste em tudo que não for contrário ao posterior".

Vemos, no preceito, que há uma revogação parcial. Depois, aparece novo testamento. Esta nova disposição não atinge ou não revoga a anterior. Não importa que venha uma nova manifestação testamentária.

Diferente este tratamento daquele dado se não houvesse a revogação parcial, eis que, então, inteiramente revogado o anterior. Isto, a menos que consignados limites, ou se especificações vierem introduzidas.

---

3   Ob. cit., IV vol., p. 198.

486 • Direito das Sucessões | *Arnaldo Rizzardo*

Mas, vindo no testamento novo uma disposição sobre os bens não atingidos pela revogação parcial, então inclusive nestes bens dá-se a revogação. A incompatibilidade entre as disposições do primeiro testamento e as do segundo, embora parcial a revogação, faz que prevaleçam as disposições do último, posto que subentendido que revogadas as outras.

A matéria não é fácil, citando Carvalho Santos exemplos de incompatibilidade, conhecida como material: "A instituição de dois herdeiros na plena propriedade de uma só coisa, pois é fisicamente impossível que ela pertença, ao mesmo tempo e por inteiro, a duas pessoas; a instituição de herdeiro puro e simples no primeiro testamento e sob condição suspensiva no segundo; o legado da plena propriedade no anterior e a instituição do herdeiro no usufruto somente dos mesmos bens, no segundo, porque, estando o usufruto contido na plena propriedade, a disposição posterior restringiu a anterior".[4]

d) O novo testamento universal não atinge os legados, pois estes são especificações dos bens. O herdeiro é universal porque nomeado para receber a herança, isto é, o universo do patrimônio. Admite-se a convivência do legado com a herança, instituídos no mesmo testamento. Como o testador indica partes do patrimônio a pessoas determinadas, para destituí-las do benefício reclama-se a referência expressa. Havendo omissão na designação do herdeiro universal, por uma lógica que parece razoável pensa-se que a intenção é manter as designações em bens destacados.

Se, porém, aqueles bens concedidos ao legatário forem atribuídos a um outro herdeiro, parece coerente concluir que não mais subsistirá o legado. A vontade do testador, neste caso, é expressa, o que afasta dúvidas.

e) A revogação do testamento de reconhecimento do filho é válida. Mas, observa-se: está-se revogando o testamento, e não a declaração de reconhecimento, que é intangível. Apropriada a lição de Levenhagen: "Um testamento, cuja revogação tenha sido total, perde toda a sua eficácia, inclusive quanto à parte não patrimonial das disposições. Se, por exemplo, o testador tiver reconhecido um filho ilegítimo e posteriormente vier a revogar totalmente o testamento, o reconhecimento do filho estará também revogado, juntamente com todo o testamento. Todavia, a declaração quanto ao reconhecimento do filho continuará a ter validade, mas tão somente com o começo de prova por escrito, numa possível ação de investigação de paternidade que venha a ser feita".[5]

Será uma declaração que dificilmente comporta revogação.

6. ESPÉCIES DE REVOGAÇÃO

Costuma-se dividir a revogação em expressa e em tácita, segundo proveniente de manifestação escrita, ou decorrente de um outro testamento, que não se coaduna com as disposições anteriores.

Abordar-se-á cada tipo.

---

4   Ob. cit., vol. XXIV, p. 236.
5   Ob. cit., p. 167.

Cap. XXXVI | Revogação e Rompimento dos Testamentos • 487

6.1. A revogação expressa

Dá-se mediante a confecção de novo testamento, no qual menciona-se especificamente a revogação, no todo ou em parte, de um testamento anterior, podendo ser mediante forma diferente daquela do testamento revogado. Eis a explicação de Caio Mário da Silva Pereira: "Necessariamente, revestindo forma testamentária, procederá o declarante à facção de testamento novo, pelo qual declara revogado o antigo, na sua totalidade ou apenas nas disposições mencionadas. Não há, porém, fórmula sacramental ou consagrada. Basta inserir em nova cédula declaração contrária à vigência do anterior, ou de certas de suas cláusulas".[6]

Um elemento mostra-se indispensável: o testador menciona, no testamento posterior, a revogação do anterior, ou parte dele, naquilo que não quer permaneça valendo. Evidente que haverá de ser através de alguma forma de testamento. Observa-se a mesma solenidade para a celebração, segundo já dizia Vittorio Polacco, em tradução espanhola: "Consiste en la declaración explícita y solemne del testador de quitar eficacia en todo o en parte a sus anteriores disposiciones. Digo solemne, además de explícita, porque no se la puede hacer con un acto cualquiera, y mucho menos verbalmente, sino por un testamento o por un acto autorizado por un notario".[7]

Mas basta que se revogue, sem mencionar o conteúdo. A simples referência do ato anterior é suficiente, ou do aspecto que se pretende desapareçam os efeitos.

6.2. Revogação tácita

Não consta, neste tipo, a menção de que se revoga. Decorre, porém, a revogação do surgimento de um novo testamento, cujos dizeres e o conteúdo apresentam-se incompatíveis com o anterior. Não se afeiçoa a nova disposição com a que existia. Ou infere-se da contradição resultante entre uma disposição e outra, prevalecendo sempre a última, ou a mais recente. O mesmo objeto é legado a duas pessoas distintas. Simplesmente isto aparece. Como é impossível a execução concomitante, depreende-se que o testador modificou seu modo de pensar a respeito do destino dos bens.

O ato de vontade mais recente prevalece porque decorre justamente da mudança de decisão do testador.

Há uma particularidade quanto à revogação tácita do testamento cerrado, constante do art. 1.972, presumindo-se a desconstituição quando aberto ou dilacerado pelo testador, ou com o seu consentimento: "O testamento cerrado que o testador abrir ou dilacerar, ou for aberto ou dilacerado com o seu consentimento, haver-se-á como revogado".

Sabe-se que a incolumidade desta forma de manifestação da vontade é requisito imprescindível para a sua validade. Por conseguinte, ele procedendo à abertura, ou à dilaceração, ou consentindo que outrem assim o faça, está automaticamente revogando aquilo que decidiu sobre seu patrimônio para depois de seu decesso.

O mesmo deve concluir-se no pertinente ao testamento particular, caso venha ele riscado, ou rasgado, em pontos substanciais do texto.

---

6 *Direito das Sucessões*, ob. cit., vol. VI, p. 250.
7 Ob. cit., vol. I, p. 642.

Unicamente se vier provada a produção dos vícios por terceiro cogita-se da validade do testamento em tais condições. Ou se decorreram de um acidente, de uma inundação, de um incêndio, ou mesmo da falta de cuidados na conservação.

Sempre impende a demonstração da voluntariedade da vulneração material ônus que é do encargo daquele que tem interesse no cumprimento da disposição, ou do beneficiado.

Admitem-se como formas de revogação tácita a modificação substancial do bem, ou a sua alienação, ou a destruição – art. 1.939, incs. I, II e III, embora aí se tem mais a caducidade, como já estudado.

E se o testamento tiver vários exemplares, a destruição de um provoca a revogação do testamento em si? Parece que a resposta é negativa, pois se presume que, se pretendesse o instituidor a revogação, teria referido, em um documento próprio, desde que as cópias tenham passado por ele, ou constem referidas no testamento. Esta a conclusão de Polacco: "Puede ocurrir que el testamento hubiese sido escrito en varios ejemplares. Entonces, anulados uno o varios de ellos, dejando subsistir otros, es racional adoptar lo que dispone el Código austríaco en el § 721: 'Si de varios documentos conformes ha sido anulado un solo, no se puede inducir de ello que la disposición haya sido revocada'".[8]

6.3. Revogação presumida

Opera-se, nesta modalidade, não propriamente a revogação, mas o rompimento do testamento porque aparece, após a sua elaboração, um fato que faz presumir ou concluir a modificação da vontade externada na declaração testamentária. Surge um acontecimento que faz deduzir a modificação do ato de disposição anteriormente elaborado. Tal se dá ao sobrevir um descendente sucessível do testador, ou se tornar conhecido um herdeiro necessário já existente, o que não era de seu conhecimento quando testou. São as hipóteses dos arts. 1.973 e 1.974.

Reza o primeiro: "Sobrevindo descendente sucessível ao testador, que não o tinha ou não o conhecia quando testou, rompe-se o testamento em todas as suas disposições, se esse descendente sobreviver ao testador".

O segundo: "Rompe-se também o testamento feito na ignorância de existirem outros herdeiros".

A presunção retirada dos dispositivos é *juris tantum*, porquanto possível que seja arredada no próprio testamento, através de declaração que afasta a ruptura na hipótese de surgirem ou existirem novos filhos; e mesmo pela prova de que o testador tinha conhecimento de que havia mais herdeiros necessários. No entanto, aparecendo novos herdeiros, ou se surgirem os que haviam sido cientemente omitidos, autoriza-se a redução das disposições, de modo a ficarem resguardadas as legítimas.

Não se dá, entrementes, o rompimento se o testador já tinha descendente conhecido quando da lavratura do testamento, e os exclua, se surgirem outros depois. É o que se apreende do art. 1.975: "Não se rompe o testamento, se o testador dispuser da sua metade, não contemplando os herdeiros necessários de cuja existência saiba, ou quando os exclua dessa parte".

Dando-se o reconhecimento forçado após a abertura da sucessão, não importa em ruptura, a menos que se prove o completo desconhecimento pelo autor da herança.

A matéria voltará a ser abordada adiante.

---

8 Ob. cit., vol. I, p. 639.

Cap. XXXVI | Revogação e Rompimento dos Testamentos • 489

7. FORMAS DE REVOGAÇÃO

Procura-se estabelecer como deve manifestar-se a revogação. De acordo com o Código Civil, art. 1.969, a única forma é o testamento, ou pela mesma forma como veio externado: "O testamento pode ser revogado pelo mesmo modo e forma como pode ser feito". Vindo a existir através da forma pública, observar-se-á tal solenidade para a desconstituição. O mesmo acontece com o testamento cerrado e o particular. Mas sempre mediante outro testamento.

Isto em princípio. Nada impede que um testamento público fique desfeito ou revogado por um testamento cerrado ou particular, ou vice-versa, isto é, estas modalidades de exteriorização tornam-se revogáveis por testamento público. Em vista do que admitiu um acórdão que o testamento posterior, "ainda que cerrado, é hábil para revogar o testamento público anterior".[9]

Segundo as concepções tradicionais, importa que seja um testamento. Não bastaria uma simples escritura pública, ou uma declaração, ou um termo lançado em seguida ao testamento.

Nesta visão, não admitiu o Superior Tribunal de Justiça a revogação através de procuração: "A revogação parcial do testamento, para substituir a herdeira anteriormente nomeada e já falecida, deve dar-se pelo mesmo modo e forma anterior..., não tendo a procuração *ad judicia* por instrumento particular esse condão revogador".[10]

A interpretação, no entanto, não deve ser rigorosa. Caso apareça a denominação de escritura pública, ou de termo de revogação, empresta-se validade ao instrumento, desde que observados os requisitos para a modalidade de testamento a que mais se assemelhar o documento público ou o escrito.

Washington de Barros Monteiro vai mais longe: "Em tais condições não se revoga testamento por simples escritura pública, nem se pode provar revogação por testemunhas, a menos que, por essa prova, se demonstre o firme propósito de tornar sem efeito o ato de última vontade, o que não chegou a fazer, todavia, por dolo ou violência de terceiros. Como esclarecem Aubry et Rau, tal prova pode ser feita por intermédio de testemunhas e, uma vez ministrada, induz revogação do testamento".[11]

Importa se observe o ato de vontade. Neste sentido, "a simples omissão da denominação 'testamento' no ato revocatório não lhe modifica a natureza: a revogação nua é, em última análise, uma retratação da vontade manifestada anteriormente, que repõe as coisas no estado preexistente, isto é, restaura a modalidade legal da sucessão. Nada há que se exigir senão o rigor formal estabelecido para cada uma das maneiras de testar admitidas em direito".[12]

Por isso, mesmo a alteração social, transferindo a terceiro as quotas, quando se estabelecera o testamento em favor do sócio, surte efeitos, com a revogação do testamento: "Indiscutível que o doador, quando da alteração contratual, pretendeu excluir, como de fato excluiu, as cotas sociais da abrangência dos bens que seriam entregues à legatária. Clara a intenção do testador e essa manifestação de vontade do *de cujus*, por posterior àquela do testamento, derrogou parcialmente este".[13]

---

9   RE nº 79.504-RJ, 11.11.75, *Revista Trimestral de Jurisprudência*, 77/880.
10   REsp. nº 147.959-SP, da 4ª Turma, de 14.12.2000, *DJU* de 19.03.2001.
11   *Direito das Sucessões*, ob. cit., p. 236.
12   Apel. Cív. nº 590084505, 6ª Câmara Cível do TJRGS, 02.04.91, *Revista de Jurisprudência do TJRGS*, 152/486.
13   Apel. Cív. nº 159.525-1/9, 3ª Câmara Cível do TJSP, 26.05.92, *RT*, 690/72.

490 • Direito das Sucessões | *Arnaldo Rizzardo*

Já o codicilo parece não se prestar para tanto, eis que destinado para disposições de menor importância, ou de valor mais reduzido que o testamento. A rigor mesmo, no entanto, desde que observadas as solenidades próprias, não se vislumbra um motivo que explique satisfatoriamente a impossibilidade. É que há de dar realce à disposição da vontade.

Não aceita a doutrina a utilização de testamentos especiais para a revogação. Embora a discussão seja mais teórica, pensa-se que, nas hipóteses legais, justificativas daquelas modalidades de disposições, nada há que impeça a revogação por meio do testamento marítimo ou militar.

Os requisitos para o testamento aplicam-se à revogação, eis que esta também se aperfeiçoa por testamento. De modo que, vindo de um incapaz o ato, não traz efeitos ou resultados, mantendo-se hígida a disposição.

8. REVOGAÇÃO DO TESTAMENTO CERRADO

Já anotado que a abertura, ou o dilaceramento, pelo testador, ou com o seu consentimento, constitui caso de revogação tácita – art. 1.972. Isto mesmo quando incompreensível em sua escrita, ou tornar-se ilegível pela ação do tempo embora estas duas situações caracterizem mais a caducidade. Também observado que os vícios de forma estendem-se ao hológrafo, ou particular, para dar margens à revogação.

Pensa-se que se estende a mesma causa de revogação para o testamento particular porque não pode manter-se válido se dilacerado ou rasgado, ou é feito em pedaços o documento, a menos que provada a ausência da participação do testador nesses atos.

Não sendo intencionais os atos de dilaceração, obviamente não se opera o desfazimento, conclusão que se estende quando a laceração ou abertura foi acidental.

Quanto ao testamento cerrado, mesmo que somente aberto decorre a sua ineficácia. Todavia, no caso de procedida a abertura por terceiros, a revogação se dá se decorrente de ato de vontade do testador. Advindo a violação por iniciativa de estranhos, deve subsistir, desde que possível depreender com segurança o conteúdo de seus termos e a autenticidade, recaindo o ônus da prova ao herdeiro contemplado.

9. REVOGAÇÃO DO TESTAMENTO POR PESSOA INCAPAZ

Não se pode tirar de cogitação a possibilidade de o testador se tornar incapaz depois de feito o testamento.

Como sabemos, o testamento é um ato essencialmente revogável, nos termos expressos do art. 1.861. E o ato revocatório é livre, imotivado, permitindo-se que nenhuma razão exista para a sua manifestação.

A eficácia do testamento somente se aperfeiçoa ou se consome com a morte de seu autor. Por isso, a revogação tem lugar a qualquer tempo, conforme já dizia Pontes de Miranda: "É essencial aos atos de última vontade a livre e geral revogabilidade; para revogá-los, não precisa de fundamentos o disponente".[14]

De modo que a revogação é inerente ao testamento, com efeitos *ex tunc*, ou desde o momento de sua celebração, e dependente unicamente do poder de discricionariedade do testador.

---

14 *Tratado de Direito Privado*, 3ª ed., São Paulo, Editora Revista dos Tribunais, 1984, vol. 56, p. 183.

Cap. XXXVI | Revogação e Rompimento dos Testamentos • **491**

Mas, e se a pessoa fica incapaz depois de celebrada a liberalidade? Não resta dúvida de que ninguém tem o direito de perscrutar a vontade do testador, ou para saber dos motivos determinantes da revogação.

No entanto, o normal é que alguma motivação subjacente sempre exista, como o desencantamento com as pessoas favorecidas, ou a aproximação maior com as pessoas ligadas pelo parentesco necessário.

Daí que, havendo a incapacidade, a revogação deve ser judicial, ou autorizada pelo juiz, com referência de alguma causa ou razão que a justifique. Far-se-á o testador representar por curador.

Como todos os atos que se referem com a disposição dos bens submetem-se à autorização judicial, da mesma forma tal deve ocorrer com a revogação do testamento.

E isto pelo procedimento de jurisdição voluntária, sem se permitir a contestação, eis que suficiente apenas provar a existência de alguma razão para a desconstituição, sem entrar no mérito da mesma. É como afirma o mestre Sérgio de Andréa Ferreira:

> O testador tem o poder e o interesse de revogar seu testamento, e ninguém, nem herdeiros, nem legatários, têm direito contra ele, mas, apenas, interesses.
>
> Devem, por isso, herdeiros testamentários e legatários e herdeiros legais, ser citados para virem, querendo, ao processo como interessados, bem como o Ministério Público, nos termos do disposto no art. 1.105 do Código de Processo Civil (...). Nas ações de jurisdição voluntária, não há réu; portanto, não há vencidos.[15]

O art. 1.105 corresponde ao art. 721 do vigente CPC, o qual, em redação diferente, fixa o prazo de quinze dias para os interessados se manifestarem.

Assim, no procedimento instaurado admitem-se a citação dos interessados, e a sua intervenção na produção de provas. Mas não há como instaurar um processo contencioso. Posteriormente depois que se der o óbito, é possível a ação anulatória do motivo, ou da razão, que desencadeou a revogação. Não do ato judicial de homologação, ou de autorização, e sim do motivo invocado, visto que o mérito da decisão restringe-se à existência da invocação do motivo, e não de sua qualidade.

10. EFEITOS DA REVOGAÇÃO

Naturalmente, os efeitos resumem-se na desconstituição do testamento. Priva-se o mesmo de qualquer eficácia, se total a revogação, ou de eficácia na parte atingida, se parcial.

Ficando resolvida a sucessão testamentária, passa a vigorar, em toda a plenitude, a hereditária, isto é, o patrimônio transmite-se aos herdeiros legítimos.

A revogação, uma vez alicerçada nas disposições legais, traz efeito imediato, podendo ser concebida como um ato até independente do testamento, embora se manifeste através dele. Por isso, não é afastada, muito embora o testamento perca o valor por certas razões, conforme retrata o art. 1.971: "A revogação produzirá efeitos, ainda quando o testamento, que a encerra, vier a caducar por exclusão, incapacidade ou renúncia do herdeiro nele nomeado; não valerá, se o testamento revogatório for anulado por omissão ou infração de solenidades essenciais, ou por vícios intrínsecos".

---

15 "Revogação de Testamento por Pessoa Interditada", *Revista Forense*, 301, p. 291.

492 • Direito das Sucessões | *Arnaldo Rizzardo*

Duas as partes do dispositivo.

Pela primeira, caducando o testamento que encerra a revogação, em virtude de exclusão, incapacidade ou renúncia do herdeiro, valerá a revogação, a qual atingirá seus efeitos, com a resolução do testamento anterior, e o recolhimento dos bens pelos herdeiros legítimos.

A regra é cogente. Mantém-se a revogação, mesmo que o herdeiro nomeado não possa ou não queira receber, em face da exclusão por indignidade, ou renúncia, ou incapacidade. Possível que decorra a revogação tácita, com a indicação de novo herdeiro nos bens antes atribuídos a outra pessoa. Mas impedida esta de ser herdeira, nem assim vale ou restabelece-se a disposição anterior. O mesmo ocorre, e com mais razão, no caso de vir expressa a revogação, com a instituição de novo beneficiário. Não surtindo efeitos a nomeação, desde que não se encontrem vícios no ato, não tornarão os herdeiros anteriores à condição de instituídos.

De acordo com a segunda parte da norma transcrita, porém, a própria revogação perderá a validade se alguma nulidade atingir o testamento. Na falta de requisitos ou solenidades essenciais, ou por vícios intrínsecos, rompe-se igualmente a destituição. É que a própria autenticidade do testamento fica comprometida. A invalidade por vício do consentimento ou por infração à lei conduz a dúvidas do ato revogatório, diferentemente do que sucede se não recebe o novo herdeiro em vista da indignidade, ou da incapacidade, ou da renúncia, quando não fica comprometido o testamento em si. O não recebimento da herança não emana da infração de requisitos constitutivos do ato. Não encontrando-se, *v.g.*, lúcido o disponente, ao formalizar o destino de seu patrimônio para depois da morte, também viciada está a sua vontade, no tocante à revogação. A incapacidade para testar, em vista de vícios da vontade, engloba as demais manifestações levadas a termo na mesma ocasião.

11. REVOGAÇÃO DA REVOGAÇÃO

Estudam os autores a revogação da revogação, ou a desconstituição da revogação. É ela perfeitamente possível, mas nenhum efeito trará, quanto ao restabelecimento da deixa anterior. Ou seja, não revigora o testamento. Para que voltem os instituídos a receber a herança ou os legados, novo testamento cumpre venha a ser elaborado. É que unicamente através de testamento pode a pessoa dispor de seus bens para depois da morte. Os bens ficam na mesma situação, como se não resolvida a revogação.

Mas diferente o resultado, se nulo o ato. Não surtindo efeitos, posto que invalidado, será restabelecido o testamento, como ressalta Luis de Gásperi: "(...) Si el segundo testamento fuese anulado por vicio de forma, tales como la incapacidad de los testigos, o la omisión de su lectura al testador en presencia de los testigos, mas podría revocar al primero, porque lo que es nulo, no produce efecto alguno".[16]

De notar que do mesmo modo como é possível invalidar o testamento, também admite-se impugnar a validade da revogação. É o que se dá com os atos jurídicos em geral. Aos interessados é facultado, pois, o pleito objetivando declarar a nulidade do ato revogatório.[17]

12. ROMPIMENTO DO TESTAMENTO

Há situações, consistentes do surgimento de novos descendentes, e da ignorância quanto à existência de outros herdeiros necessários, que o Código as considera como rompimen-

---

16 Ob. cit., vol. IV, p. 208.
17 *Revista de Jurisprudência do TJRGS*, 152/486.

Cap. XXXVI | Revogação e Rompimento dos Testamentos • **493**

to do testamento, tendo optado por essa denominação no Capítulo que trata da espécie. Não se dá propriamente a revogação, como na casuística anterior, em que se manifesta a vontade do testador no sentido de não perdurar o testamento. No rompimento, o ato de vontade fica roto, cai completamente, não surtirá efeitos, dominando que o testador não teria disposto quanto aos seus bens, ou não faria o testamento do modo que o fez, na hipótese de haver descendentes seus, ou se não ignorasse a sua existência.

A doutrina colocava esta maneira de se desconstituir o testamento como revogação presumida, com o significado que passou a ter o rompimento. As causas para aventar a possibilidade de rompimento levam a presumir que não surgiria o ato se fossem conhecidas do testador.

Não se está, pois, manifestando a vontade, no sentido de se averbar a revogação. O desfazimento advém automaticamente de determinado fato, mas devendo ser buscada a iniciativa judicial para o reconhecimento da causa que se procura impor.

13. SUPERVENIÊNCIA DE DESCENDENTE SUCESSÍVEL

Está-se diante de uma situação peculiar, originada do princípio que deve imperar nas relações familiares, que é a preferência dos descendentes relativamente a outras pessoas. Tanto que constituem herdeiros necessários, juntamente com os ascendentes e o cônjuge.

Embora feito o testamento, aparecendo descendentes, ou vindo a ser conhecidos, se antes ignorados, fica o mesmo automaticamente sem efeito. Efetivamente, encerra o art. 1.973: "Sobrevindo descendente sucessível ao testador, que o não tinha ou não o conhecia quando testou, rompe-se o testamento em todas as suas disposições, se esse descendente sobreviver ao testador".

Tal é possível de ocorrer quando nasce um filho, ou se promove uma adoção, ou for conhecido um descendente antes ignorado. Isto inclusive quanto aos netos, e independentemente da vontade do testador. A jurisprudência adotava o rompimento, apesar de nominar de revogação tácita quando adotivo o filho: "Testamento. Ruptura resultante da adoção superveniente de filho sucessível pelo testador. Presunção *juris et de jure* de revogação tácita".

A respeito do assunto, foi explicitado: "As fontes do dispositivo encontram-se no Direito romano, e sua justificativa reside no fato de que o advento posterior de descendente sucessível é de tamanha importância que haverá de atingir e relativizar-se necessariamente a manifestação de vontade do testador expressa nos legados anteriores. Daí a ruptura ou revogação tácita de todo o testamento, imposta como presunção legal absoluta pelo art. 1.750 (...). Do Supremo Tribunal Federal vale assinalar acórdão relatado pelo Min. Nelson Hungria: 'Entre os descendentes sucessíveis, para efeito de rompimento do testamento, inclui-se o filho adotivo, que é equiparado ao filho legítimo' (*Revista Forense*, 154/165)".[18] Lembra-se que o art. 1.750 citado equivale ao art. 1.973 do Código Civil vigente.

A previsão, aqui, do dispositivo pressupõe a inexistência, ou o não conhecimento, quando do testamento, de qualquer descendente. Ou seja, não havia, ou não se conhecia, o descendente. Mas a situação é irrelevante, em face do art. 1.974, como será visto adiante. Carvalho Santos mostrava-se firme a respeito: "Vale dizer: como condição essencial para

---

18 Apel. Cív. nº 587028457, 3ª Câmara Cível do TJRGS, 10.03.88, *Revista de Jurisprudência do TJRGS*, 131/379.

494 • Direito das Sucessões | *Arnaldo Rizzardo*

que o testamento seja revogado legalmente, é exigido que o testador, ao tempo em que testou, não tivesse filhos nem legítimos, nem legitimados, nem adotivos".[19]

Assim acontecendo, dá-se automaticamente a ruptura, eis que presumida, ou legal.

Excetua-se a o rompimento caso o descendente venha a morrer antes do testador, eis que aí não existe o testamento.

Tem a lei em conta a presunção de que outras seriam as disposições testamentárias na situação de prever a superveniência de prole, ou de conhecer a existência de descendentes já nascidos. Todos estão ligados por sentimentos mais estreitos de afeto quanto aos filhos e netos, que levam a colocá-los, normalmente, numa ordem de preferência relativamente aos outros herdeiros.

Alguns consideram o rompimento como revogação por força de lei.

Eis o resumo do assunto, feito por Levenhagen: "Assim, portanto, e nos exatos termos do preceituado no artigo em estudo, se o testador fez seu testamento e, posteriormente, vem a ter filhos e netos, rompe-se automaticamente o testamento feito. O mesmo ocorrerá quando o testador, não tendo filhos, descobre a existência de um, que lhe era inteiramente ignorado, ou vem a saber que um seu descendente, tido como morto, na verdade está vivo. Em nenhum desses casos, o testador precisará cuidar de revogação, pois a revogação se dá por força de lei".[20]

Não se dá o rompimento se conhecidos os herdeiros descendentes e outros herdeiros necessários, e assim mesmo o testador dispôs da quota disponível, segundo consta do art. 1.975.

O Superior Tribunal de Justiça trilha nessa linha, em análise ao art. 1.750 do anterior Código Civil, e que equivale ao art. 1.973 do vigente diploma: "Constitui condição estabelecida no art. 1.750 do Código Civil, para o rompimento do testamento, não possuir ou não conhecer o testador, ao tempo do ato de disposição, qualquer descendente sucessível, de sorte que se ele já possuía vários, como no caso dos autos, o nascimento de um novo neto não torna inválido o testamento de bens integrantes da parte disponível a terceira pessoa".[21]

Igualmente não se verifica o rompimento na eventualidade de haver o reconhecimento voluntário de filho depois de celebrado o testamento, ou de surgir através de investigação de paternidade. Se voluntário o reconhecimento, ou advindo de decisão judicial declaratória da paternidade, e não surgindo a revogação, desponta o ato de adesão da vontade, manifestado no favorecimento de alguns herdeiros relativamente a outros. Se, porém, o reconhecimento se deu depois da morte, a presunção é do desconhecimento da existência do descendente.

A simples propositura da ação não importa em conhecimento, permitindo que se rompa a disposição. Consoante Sílvio Rodrigues, ao salientar que "a própria atitude hostil, ou mesmo indiferente de seu pai, revela o propósito de não alterar seu testamento, para proporcionar-lhe excessivo benefício".[22]

Finalmente, não se revoga unicamente a parte disponível, mas todo o testamento, em face do pressuposto de que, havendo descendente, todo o patrimônio deixaria a ele o testador.

---

19 Ob. cit., vol. XXIV, p. 249.
20 Ob. cit., p. 254.
21 REsp. nº 240.720-SP, da 4ª Turma, j. em 21.08.2003.
22 Citação no REsp. nº 240.720-SP, da 4ª Turma, j. em 21.08.2003.

Cap. XXXVI | Revogação e Rompimento dos Testamentos • **495**

14. ROMPIMENTO DIANTE DO APARECIMENTO DE HERDEIROS NECESSÁRIOS IGNORADOS, DEPOIS DO TESTAMENTO

Um tanto diferente é a situação presente em relação à do art. 1.973.

No caso que se abordará, fez-se o testamento na ignorância da existência de outros herdeiros necessários já existentes. No art. 1.973, além de não haver descendente, desconhecia o testador que existisse algum, mas restrita a hipótese a descendente. Agora, alarga--se a possibilidade da revogação também para os ascendentes e o cônjuge sobrevivente.

Com efeito, estipula o art. 1.974: "Rompe-se também o testamento feito na ignorância de existirem outros herdeiros necessários".

Como na hipótese da situação anterior, a ruptura é presumida ou legal. Opera-se independentemente da iniciativa da parte interessada, ou de qualquer ação para tal finalidade.

A seguinte relação de casos pode levar à revogação:

I – o surgimento de descendentes desconhecidos pelo testador;

II – o nascimento de novos filhos ou netos;

III – o aparecimento de um ascendente ou cônjuge que pensava o herdeiro estivesse falecido;

IV – o reconhecimento posterior ao decesso de filhos, feito mediante ação de investigação de paternidade.

Percebe-se que o conteúdo do art. 1.974 é mais extenso que o do art. 1.973, o qual, aliás, está abrangido no anterior.

Três os pressupostos básicos para o rompimento:

I – que o herdeiro necessário sobreviva ao testador;

II – que não era ele conhecido do testador, não sabendo este de sua existência, quando do testamento;

III – que o herdeiro necessário não sobrevenha ou se torne conhecido depois de feito o testamento, e antes da morte do testador, o que envolve, também, a adoção e o reconhecimento da filiação. Realmente, se o reconhecimento e a investigação da paternidade ocorrem em vida do investigado, tornou-se conhecido o herdeiro. Não havendo a revogação ou a alteração do testamento, é porque efetivamente pretendeu o testador beneficiar algum herdeiro.

15. SUBSISTÊNCIA DO TESTAMENTO SE CONHECIDA A EXISTÊNCIA DE HERDEIROS NECESSÁRIOS

Estabelece o art. 1.975 uma conclusão que se deduz dos dispositivos anteriores, arts. 1.973 e 1.974. Eis sua redação: "Não se rompe o testamento, se o testador dispuser da sua metade, não contemplando os herdeiros necessários de cuja existência saiba, ou quando os exclua dessa parte".

De certa maneira, a norma é clara, não comportando dúvidas: efetuado o testamento, dentro da quota disponível, e sabendo da existência de herdeiros necessários, valerá o ato, produzindo os efeitos legais.

Há uma preterição dos herdeiros necessários, mas dentro da liberdade em alguém dar em testamento. As disposições que tratam da liberdade de testar, havendo herdeiros necessários – arts. 1.846 e ss., são limitadas. Não há impossibilidade alguma de destinar a quota disponível para quem preferir o testador, mesmo que os herdeiros necessários fiquem prejudicados, mas não lesados na metade a que têm direito.

A disposição de quota superior à disponível não é autorizada nem na exclusão de herdeiros necessários. A legítima é intangível e pertence de pleno direito aos herdeiros necessários. A porção que cabe por lei aos excluídos ou não contemplados não poderá entrar na quota disponível, ou engrossá-la. Os demais herdeiros é que ficarão beneficiados porque é aumentada a porção de cada um com aquela retirada dos excluídos, desde que não afetadas as respectivas legítimas. Isto ocorre como princípio geral.

Não precisando que o testador referira a causa ou motivo.

Realmente, a parte final do art. 1.975 não coloca como condição a menção da causa se a exclusão acontece na quota disponível. No testamento, pois, autoriza-se que se excluam herdeiros necessários, não dando a causa determinante, desde que afastados da herança restritamente na porção que a lei permite ao testador que disponha em testamento. Se ao testador assiste o direito de colocar em testamento determinada quota de seus bens, de igual modo não há impedimento para se afastar herdeiros na mesma porção disponível, sem fornecer os motivos desta atitude, o que constava expressamente no art. 1.752 do Código revogado.

XXXVII
Deserdação

1. DISPOSIÇÃO TESTAMENTÁRIA DE CARÁTER NEGATIVO

Normalmente, ao realizar um testamento, decide-se quanto ao destino dos bens no futuro, partilhando-os na porção disponível, entre pessoas preferidas pelo proprietário. Há também deliberação para valerem depois da morte relativamente ao reconhecimento de filhos, ou à nomeação de tutor.

Em todas estas hipóteses, há um caráter positivo, ou concedendo parte do patrimônio a alguém, ou trazendo uma definição a respeito da vida de uma pessoa.

Disposições testamentárias há, no entanto, que envolvem um aspecto negativo, ou que privam o herdeiro necessário da herança. Impedem que ele participe da herança, em razão de determinados fatos.

A deserdação constitui justamente o afastamento de uma pessoa da herança. Em vez de ser beneficiado, como é comum, pelo recebimento de novo patrimônio, declara-se que não faz jus a figurar no rol de herdeiros, o que é profundamente grave, requerendo, por isso, causas sérias para justificar tão pesada decisão de parte do testador.

Alguns entendem que deveria ser abolida de nosso Direito esta forma de perpetuar os ressentimentos, ou de levar para depois da morte as vicissitudes dos relacionamentos humanos. Representaria a deserdação uma maneira vil de vindita, por ter eficácia ou produzir efeitos somente depois da morte do testador, ou autor da herança. Ademais, atentaria contra os valores e princípios cristãos, que pregam o perdão e a condescendência para com os outros. Para os que a defendem, representa um meio de manter o respeito entre pais e filhos, e refreia o comportamento daqueles que participarão da herança.

Bem ou mal, desde o tempo do Direito romano vem sendo mantido o instituto, onde maior era o direito de deserdar, nem se exigindo se fundamentasse em determinadas causas. Recorda De Gásperi: "Investido por derecho quiritario el padre romano de omni modo poder sobre la vida y bienes de sus hijos, al punto de poderlos vender y aun matar, qué mucho hay que también le fuese concedida la facultad de excluir de su sucesión a sus parientes, y aun a sus hijos, sin más que instituir por testamento a un extraño, sin restricción alguna (...) No le hacía falta expresar los motivos".[1]

---

1 Ob. cit., vol. IV, p. 1.

498 • Direito das Sucessões | *Arnaldo Rizzardo*

No Brasil, sempre vigorou a deserdação, ao contrário das legislações de inúmeros países, que a abandonaram.

2. CONCEITO

Deu já para perceber que o conceito do instituto envolve o afastamento de um herdeiro necessário da herança. Mais tecnicamente, "vem a ser o ato pelo qual o *de cujus* exclui da sucessão, mediante testamento, com expressa declaração da causa, herdeiro necessário, privando-o de sua legítima, por ter praticado quaisquer atos taxativamente enumerados no Código Civil, arts. 1.595, 1.744 e 1.745".[2] Os citados dispositivos correspondem, por ordem, aos arts. 1.814, 1.962 e 1.963 do Código Civil vigente.

Como está claramente definido, em razão de certas causas, autoriza-se alguém a deserdar um herdeiro descendente, ascendente ou cônjuge (quanto a este fica sem efeito a sua inclusão, eis que não trazidas as causas que importam em deserdação, conforme se observará adiante), nada recebendo o mesmo na herança do testador.

Há de se estabelecer uma diferença com a mera exclusão do herdeiro legítimo, quando simplesmente se distribui, na porção disponível, a herança a outras pessoas, sendo o afastamento sintomático. Na deserdação, exige-se a expressa referência do afastamento do herdeiro necessário, posto que este obrigatoriamente participa da herança. Ideia que se encontra no direito universal, referindo, a respeito, o mestre argentino Juan Carlos Rébora: "Por medio de condigna declaración formulada en acto testamentario, el otorgante del mismo acto puede desheredar a aquel de sus descendientes legítimos o de sus hijos naturales que lo haya injuriado de hecho, que haya atentado contra su vida o que lo haya acusado criminalmente de delito cuya represión no sea inferior a cinco años de prisión".[3]

3. ELEMENTOS INTRÍNSECOS

Alguns elementos ou requisitos apresentam-se na deserdação. Não se analisam os requisitos para deserdar, mas aqueles que caracterizam ou compõem a figura.

Em primeiro lugar, reserva-se unicamente aos herdeiros necessários, isto é, os ascendentes podem deserdar os descendentes, e vice-versa, o mesmo se estendendo quanto ao cônjuge relativamente ao outro cônjuge, o que não acontecia, nesta parte, com a lei Civil de 1916, pois o cônjuge não era herdeiro necessário. No entanto, não enumera o Código as causas para a deserdação entre os cônjuges. Não se pode estender a ele as causas elencadas para os descendentes ou ascendentes, eis que específicas para cada caso. Dada a omissão do Código, parece que por esquecimento do legislador, não há como estender ao cônjuge a deserdação.

Nota-se, pois, que se trata de um meio de afastar da herança os parentes mais chegados do testador, ou seu cônjuge (se advier regra que especifique as causas). Aos demais herdeiros legítimos não tem aplicação, eis que basta, conforme foi dito, simplesmente omitir seus nomes da disposição testamentária para excluí-los.

Há obrigatória necessidade de testamento para dar validade ao afastamento. Não serve como instrumento uma declaração ou uma simples escritura pública. O art. 1.964

---

2   Maria Helena Diniz, *Direito das Sucessões*, ob. cit., vol. 6°, p. 125.
3   Ob. cit., tomo I, pp. 182 e 183.

contempla expressamente a exigência: "Somente com expressa declaração de causa pode a deserdação ser ordenada em testamento".

A forma de testamento é livre: pode-se utilizar a pessoa de testamento público, ou cerrado, ou particular, ou as modalidades especiais – marítimo, aeronáutico e militar. Obviamente, seja qual for o tipo de instrumento, hão de ser observados os requisitos específicos para ter validade.

Deve ocorrer a causa antes da instituição do testamento, exigência destacada pelo STJ: "Acertada a interpretação do tribunal de origem quanto ao mencionado art. 1.744 do CC/1916, ao estabelecer que a causa invocada para justificar a deserdação constante de testamento deve preexistir ao momento de sua celebração, não podendo contemplar situações futuras e incertas".[4] O referido art. 1.744 corresponde ao art. 1.962 do CC/2002.

No voto, invoca-se a lição de Sílvio Rodrigues:

> Sobre o tema preleciona Sílvio Rodrigues: "A deserdação é ato do testador visante a afastar herdeiro necessário que se revelou ingrato, privando-o até mesmo de sua legítima. Embora todas as causas de exclusão o sejam, também, de deserdação, nem todas as causas de deserdação servem para caracterizar a indignidade.
>
> Aliás, enquanto a indignidade tem sua força geradora na lei, a deserdação repousa na vontade do *de cujus*, que a manifesta em seu testamento.
>
> Enquanto a indignidade afasta da sucessão todos os sucessores, legítimos ou testamentários, necessários ou não, a deserdação serve apenas para privar da herança os herdeiros necessários. Finalmente, enquanto por sua natureza a deserdação só se pode basear em fatos ocorridos antes da morte do *de cujus*, pois este os deve articular em seu testamento, a indignidade pode se fundar em atos posteriores, ou simultâneos, à morte do hereditando, como hipótese de causá-la o homicídio de que este é vítima, e o herdeiro o autor" (*Direito das Sucessões*, São Paulo, Atlas, p. 211).

Do mesmo modo, torna-se imprescindível se funde a exclusão em uma causa específica, segundo o citado art. 1.964 prevê. No testamento, virá dita a causa com clareza, e mesmo narrando-a, o que facilitará examinar suas dimensões, especialmente se houver posterior impugnação em juízo.

Ademais, a causa deve enquadrar-se naquelas hipóteses previstas no Código Civil. Embora impute o testador um fato grave contra herdeiro, se não se incluir na relação discriminada pela lei, não se consuma a deserdação. Não se admite arbítrio em a pessoa decidir quando cabe o afastamento. E justamente porque o Código omitiu as causas quanto ao cônjuge, não resta espaço para ele deserdar.

É claro que os fatos atribuídos e que representam a causa devem ser verdadeiros, ou representar dados reais e acontecidos. Não valerá a disposição se lhe faltar fundo real.

Ao herdeiro instituído, que é o beneficiado com a exclusão, incumbirá provar a veracidade da causa, como está no art. 1.965: "Ao herdeiro instituído, ou àquele a quem aproveite a deserdação, incumbe provar a veracidade da causa alegada pelo testador".

Isto corresponde a afirmar que os herdeiros necessários que restaram, e, assim, com os quinhões acrescidos, deverão ingressar com a ação própria na Justiça, e provar a causa alegada no testamento. Não basta a mera inserção no testamento da vontade de deserdar.

---

4 REsp nº 124.313-SP, da 4ª Turma, j. em 16.04.2009, *DJe* de 08.06.2009.

Haverá o herdeiro de ajuizar a ação de deserdação, com a citação e a produção de prova. Do contrário, não valerá o testamento deserdatório.

O pedido, mesmo não havendo maiores indagações, terá curso não no próprio feito de cumprimento da verba testamentária. Em vista da necessidade de produção de prova, por vias ordinárias busca-se convalidar o ato.

Não promovida no período de quatro anos desde a abertura da sucessão, dá-se a decadência, consoante o parágrafo único do art. 1.965: "O direito de provar a causa da deserdação extingue-se no prazo de quatro anos, a contar da data da abertura do testamento".

Finalmente, é imprescindível a existência de herdeiro necessário. Havendo apenas herdeiros legítimos de outras classes, que não são obrigatoriamente contemplados na herança, conforme já restou esclarecido, basta a não referência no testamento para excluí-los, ou atribuir a herança a outras pessoas.

Distingue-se da indignidade, como já observava Walter Moraes: "Diversamente do que ocorre com o indigno, o deserdado não se priva da herança por faltar-lhe legitimidade. O indigno é designado para a sucessão e tem personalidade hereditária; para o deserdado, a pré-exclusão da necessidade é anterior ao requisito da capacidade, porquanto o chamamento à herança existente na lei desaparece por força da revogação do testador".[5]

Em outra passagem: "A deserdação não constitui, como a indignidade, ilegitimidade ou incapacidade, já que não se reconhecem incapacidades postas pela vontade de um sujeito. Deserdação é disposição testamentária que remove a vocação hereditária de um sucessível (...) A indignidade é estabelecida pela lei. Resulta de causa impessoal, conquanto se funde em vontade presumida (que justifica o instituto), podendo o autor apenas arredar a causa de incapacidade. A deserdação vem da vontade direta do testador, limitando-se a lei a reconhecer e regular o exercício do poder de deserdar atribuído ao autor da herança".[6]

4. CAUSAS DE DESERDAÇÃO

Cuida-se, aqui, de matéria das mais importantes dentro da deserdação, fornecendo a casuística que permite definir até onde se autoriza o testador a afastar os herdeiros próximos da herança.

Torna-se a observar que não se encontram previstas as causas de deserdação no pertinente ao cônjuge, razão que importa na inviabilidade de sua aplicação a ele, porquanto inviável criar tipos de sanções, na omissão da lei.

A enumeração do Código Civil é *numerus clausus*, não permitindo ampliar as causas por mais justas que possam parecer.

Justamente em vista do cerceamento do direito de herdar é que a interpretação se apresenta restritiva.

Vários dispositivos do Código Civil discriminam as causas relativamente a ascendentes e descendentes, a começar pelo art. 1.961: "Os herdeiros necessários podem ser privados de sua legítima, ou deserdados, em todos os casos em que podem ser excluídos da sucessão".

---

5   Ob. cit., p. 158.
6   Ob. cit., pp. 100 e 101.

Cap. XXXVII | Deserdação • **501**

A deserdação é uma pena civil, aplicável aos herdeiros necessários, em todos os casos de exclusão da herança.

Quais são estas hipóteses?

Assim consideram-se as causas de indignidade, que aparecem no art. 1.814, às quais somam-se as dos arts. 1.662 e 1.963.

Algumas delas são comuns, enquanto outras vêm discriminadas ora para a deserdação de ascendentes, ora para a dos descendentes.

4.1. Causas comuns para a deserdação de descendentes e de ascendentes

Primeiramente, examinam-se as comuns, ou aquelas que também servem para a indignidade, e que justificam a deserdação para descendentes e para ascendentes, as únicas categorias de herdeiros necessários deserdáveis, já que não instituída uma relação para a deserdação do cônjuge.

Constam previstas no art. 1.814. Por este dispositivo, ficam excluídos da sucessão os herdeiros ou legatários que tiverem incidido num dos seguintes atos:

> I – que houverem sido autores, coautores ou partícipes de homicídio doloso, ou tentativa deste, contra a pessoa de cuja sucessão se tratar, seu cônjuge, companheiro, ascendente ou descendente.
>
> II – que houverem acusado caluniosamente em juízo o autor da herança ou incorrerem em crime contra a sua honra, ou de seu cônjuge ou companheiro;
>
> III – que, por violência ou meios fraudulentos, inibirem ou obstarem o autor da herança de dispor livremente de seus bens por ato de última vontade.

Restaram estudadas as situações quando do exame da indignidade, o que se aplica na sucessão hereditária e testamentária. Observa-se apenas que veio no inc. I do dispositivo acima a extensão da causa no caso de homicídio doloso ou sua tentativa não apenas contra o autor da herança, mas também contra seu cônjuge, companheiro, ascendente ou descendente.

A deserdação, como é óbvio, restringe-se aos testamentos, como acontecia no Código anterior.

Carvalho Santos fornece a distinção das consequências entre as causas de indignidade e de deserdação, para um e outro caso: "A distinção que existe entre as duas consequências dos atos reprováveis é que, enquanto a deserdação exige declaração expressa, que incumbe ao autor da herança, a indignidade independe da declaração, cabendo ao interessado na sucessão mover a ação tendente à exclusão. A faculdade de deserdar, nos casos do art. 1.595, não fica prejudicada pela prescrição do procedimento criminal, nem pela absolvição do autor do delito, nem pelo indulto. Também não está sujeita à prescrição".[7] Equivale o art. 1.595 ao art. 1.814 do vigente Código.

Anota-se, ainda, que a indignidade se estende a todos os herdeiros, enquanto a deserdação, segundo já referido, restringe-se aos herdeiros necessários.

---

7   Ob. cit., vol. XXIV, p. 229.

4.2. Causas específicas de deserdação dos descendentes pelos ascendentes

Além das hipóteses destacadas no item anterior, estabelece o Código situações específicas para a deserdação, fora das quais não aparecem autorizadas outras. Já era esta a lição de Gouvêa Pinto, ao tempo do Direito precodificado, e que seguiu no Código de 1916: "(...) os pais não podem deserdar seus filhos ao seu arbítrio, mas somente tendo alguma das causas, que a aponta a Ord. Liv. 4°, Tít. 88; sendo necessário declarar a causa legítima, pela qual os deserdam".[8]

Vasta era, no entanto, a relação de casos ensejadores da pena.

Presentemente, resume-se em quatro, conforme enumeração do art. 1.962, enquanto sob a regência do art. 1.744 do Código revogado eram em número de cinco, tendo ficado excluída a causa do inc. III, relativa à desonestidade da filha que vivesse na casa paterna.

Segue a relação, com a devida explicação:

I – Ofensa física.

Não interessa a gravidade ou a época. Independe da instauração de inquérito policial, ou processo na Justiça, e muito menos condenação. Desde que, posteriormente, reste provada, dá-se ensejo à exclusão do herdeiro. Nem importa que tenha resultado uma lesão, ou ferimentos. Qualquer agressão, ou mesmo tentativa, ou até gesto de hostilidade física, é suficiente para aceitar o alijamento do herdeiro da herança.

É que revela o ato uma atitude contrária aos deveres de gratidão, respeito e afeto que devem votar os filhos ou netos aos pais ou avós.

II – Injúria grave.

É aquela injúria capaz de afetar a honra, a reputação, a dignidade do testador, proferida verbalmente, ou por escrito, desde que venha ao conhecimento do ofendido. Não se prestam as irrogações ou ofensas dirigidas a pessoas próximas e parentes do testador.

De outra parte, a concepção da injúria grave ou capaz de atingir a honra deve corresponder a um padrão normal da ideia de ofensa. Não são levadas a esse ponto as simples altercações, ou os impropérios proferidos em momento de alteração do ânimo. Para justificar o veto à herança, cumpre representem um consenso geral comum de gravidade. Às vezes, não se resumem a palavras ou expressões. Podem decorrer de atitudes injustas ou condutas ímprobas relativamente aos ascendentes, como total abandono, falta de consideração, ingratidão, desvio de bens, pedido infundado de interdição, inverdades colocadas em processos judiciais ou administrativos, constantes discussões, e até o simples descaso, desde que perdure e reiterado. Em suma, deve-se considerar a questão mais em nível de ingratidão, de desumanidade e desconsideração, ou mesmo de exploração econômica e afetiva dos sentimentos dos pais.

III – Relações ilícitas com a madrasta ou o padrasto.

Difícil de ocorrer esse relacionamento incestuoso. Na eventualidade de se verificar, por existir um parentesco afim, em linha reta, entre o padrasto e a enteada, e entre a madrasta e o enteado, justifica-se a deserdação. Além de repugnável em face da natureza

---

8 Ob. cit., p. 57.

Cap. XXXVII | Deserdação • **503**

do parentesco, o relacionamento trai a confiança doméstica entre pais e filhos, revelando uma situação sórdida, merecendo, realmente, a grave sanção prescrita na lei. O vínculo da afinidade não se extingue nem com a dissolução do casamento que o originou, em função do § 2º do art. 1.595, prescrevendo: "Na linha reta, a afinidade não se extingue com a dissolução do casamento ou da união estável".

IV – Desamparo do ascendente em alienação mental ou grave enfermidade.

Nas situações mais difíceis dos pais é que devem acorrer os filhos. E uma delas é na enfermidade ou alienação mental, quando a pessoa fica impotente de fazer frente, sozinha, à vida. Da mesma forma que recebeu o filho amparo e todos os cuidados quando menor e incapaz, por uma justa razão de reciprocidade de tratamento exige-se a colaboração nas contingências referidas acima dos pais. Ficando eles não propriamente na mendicância, ou em estado de doença grave, mas em abandono material e desamparados, já se apresentam motivos para convalidar-se a deserdação. Nesta ordem de compreensão, o mesmo deve entender-se quando, em extrema velhice, ficam as pessoas inteiramente abandonadas, sendo necessário o socorro de entidades assistenciais para ampará-los. A interpretação, nestas situações, deve ser extensiva, pois repugna à consciência humana o abandono. Até porque a velhice importa em degenerescência do organismo humano, que retira a capacidade.

Incompreensível é que o Código tenha limitado de tal maneira a hipótese de deserdação.

Não há outras causas além das acima especificadas que dão guarida à deserdação. Nem se os filhos lograrem economicamente os pais, ou forem causa de constante sofrimento por sua conduta à margem da lei; ou se se unirem a delinquentes, e praticarem crimes graves; ou se constituem motivo de humilhação por seus costumes e aberrações sexuais. É que o comportamento, em situações tais, não se dirige propriamente contra os pais.

Como referido, o inc. III do art. 1.744 do Código de 1916 incluía a filha que vivesse desonestamente na casa paterna, revelando a discriminação contra a mulher. O sentido da palavra "desonestidade" levava a concluir que ela não podia ter uma conduta liberal, desde que residisse com os pais, sob pena de sofrer o afastamento da herança, mas nada consignando quanto ao homem.

4.3. Causas específicas de deserdação dos ascendentes pelos descendentes

É mais difícil a deserdação dos ascendentes pelos descendentes. Normalmente os pais sempre dão amparo aos filhos. Difícil é que procurem prejudicá-los, ou que pratiquem atentados contra eles.

O Código arrola causas que justificam o afastamento da herança.

Em primeiro lugar, estão as causas do art. 1.814, que já restaram examinadas. Em seguida, aparecem as específicas, discriminadas no art. 1.963, na ordem abaixo explicada semelhantes às indicadas para a deserdação dos descendentes:

I – Ofensa física.

Não aquelas ofensas de caráter mais educativo, mas as oriundas de desavenças, ou de rancores, e injustificadas. Aduz Juan Carlos Rébora haver a necessidade de um elemento

504 • Direito das Sucessões | *Arnaldo Rizzardo*

intencional. Por isso, o demente e o absolutamente incapaz não cometem a lesão ainda que verificada a agressão.[9]

II – Injúria grave.

É aquela injúria que ofende e atinge a honra, propositalmente proferida. Indispensável a presença do *animus* de ofender, e lançada em momentos de plena consciência do ofensor.

III – Relações ilícitas com a mulher ou companheira do filho ou a do neto, ou com o marido ou companheiro da filha ou o da neta.

Isto, em reforço ao que foi dito antes, porque as relações sexuais espúrias ou incestuosas ofendem a moral comum da sociedade e revelam um desrespeito ao filho ou à filha, ou aos netos, sendo reflexos de decadência moral, ou de uma personalidade em decomposição.

Como se depreende do texto, houve a introdução do companheiro ou da companheira, que decorre da inserção da união estável como entidade familiar, que merece a mesma proteção que o casamento.

As relações concupiscentes ou de ordem sexual entre pessoas ligadas por vínculos familiares revelam o desrespeito aos mais elementares princípios estruturais da família, minando o respeito e a moralidade.

IV – O desamparo do filho ou neto com deficiência mental ou grave enfermidade.

Esta última é uma das causas mais suscetíveis de ocorrer, embora dificilmente se justifica o testamento pelos filhos ou netos. Mas não se aplica quando menor o descendente e incapaz de testar. Assim, os pais que abandonam os filhos, ou que não lhes dão o sustento, ou que simplesmente os rejeitam, não se encontram em perigo de serem deserdados, se não atingida a capacidade de testar.

Conforme referido anteriormente, não é permitido invocar causas diferentes.

5. EFEITOS DA DESERDAÇÃO

Importante questão é definir o alcance dos efeitos da deserdação.

Segundo é sabido, há dois momentos para se consumar: aquele do testamento, quando o testador a decreta, declarando a causa na qual se funda; e aquele que se processa em juízo, depois de aberta a sucessão, em que deve ser provada a causa determinante da exclusão.

Aberta a sucessão, opera-se a transmissão imediata da herança, isto é, dos bens. Assim, o deserdado recebe a sua parte indivisamente. Mas recebe sob condição resolutiva. Com o trânsito em julgado da sentença que decreta a validade da deserdação, desde que provada a causa, será o herdeiro excluído da sucessão, como se conclui da lição de Juan Carlos Rébora: "La deserdación es un pronunciamiento motivado que priva al heredero forzoso de su vocación sucesoria".[10]

Retroagem os efeitos até a data da abertura da sucessão. E o herdeiro é considerado como se tivesse morrido antes do testador.

---

9 Ob. cit., tomo I, p. 183.
10 Ob. cit., tomo I, p. 188.

Mas não se afastam seus herdeiros da sucessão. A deserdação tem caráter personalíssimo, não atingindo terceiros. Os descendentes do excluído substituem-no, ou ficam no seu lugar por direito de representação. Malgrado os que pensam o contrário, fazendo construções em cima da inexistência de dispositivos que tratam da deserdação de igual conteúdo aos que regulam a indignidade, repugna pensar que pode o castigo atingir pessoas diversas dos que infringiram a lei, ou descendentes delas, que são herdeiros, e nada tiveram com os atos de improbidade ao testador.

A jurisprudência, do tempo do antigo Código, endossa a mesma exegese: "De acordo com a moderna dos que o são também do desamoroso, não se lhes tolhe o receber. A indignidade é passivamente personalíssima (cf. Orosimbo Nonato, *Estudos sobre a Sucessão Testamentária*, Rio de Janeiro, *Revista Forense*, 1957, vol. II, p. 125)".[11]

Em época remota, em igual sentido decidira o STF: "Exclusão e deserdação. São pessoais os efeitos de uma e de outra, os quais, assim, não se estendem aos descendentes do excluído ou do deserdado. Prevalece o direito de representação, e os descendentes do herdeiro excluído ou do deserdado sucedem, como se ele morto fosse. A acusação caluniosa que faz perder o direito hereditário é a que se formula em juízo criminal. A herdeiro a quem aproveita a deserdação incumbe provar a veracidade da causa alegada pelo testador. O proveito só pode ser o econômico, não havendo lugar para o interesse puramente moral".[12]

De outro lado, há causas comuns tanto para a indignidade como para a deserdação. E, para a indignidade, existe o art. 1.816, que expressamente refere serem pessoais os efeitos da exclusão. Ora, estabelecendo os arts. 1.962 e 1.963 que inclusive as causas mencionadas no art. 1.814 autorizam a deserdação, e encontrando-se o dispositivo num capítulo onde há um artigo que restringe os efeitos, necessariamente também para a deserdação pelo menos fundada nas causas do art. 1.814 os efeitos são pessoais. Indo-se mais adiante, não soa juridicamente admitir a deserdação para alguns casos o efeito pessoal, e para outros não, de onde se conclui impor-se sempre a pessoalidade dos efeitos.

Orosimbo Nonato mostra que o próprio deserdado, por via indireta, pode ser contemplado com os bens da deserdação: "O castigo da deserdação descomporta irradiações. Ele se abaliza na exclusão da herança de quem o legalmente infligiu.

O filho deserdado (...) pode suceder a seus outros parentes, ainda àqueles do lado de quem o deserdou.

Pode suceder a seus irmãos, posto encontre na herança destes bens do ascendente por quem foi deserdado.

A deserdação priva o deserdado de suceder diretamente de quem o deserdou apenas e não impede suceda ele, na condição de herdeiro, a seus outros parentes".[13]

À guisa de compreensão do resultado da sentença, explica-se que, não provada a causa, no competente processo, fica improcedente a deserdação. O excluído retorna à sucessão, recebendo a quota a que tem direito. Não significa afirmar, com isso, que não terá efeitos o testamento. A invalidade restringe-se unicamente quanto à deserdação. De outro lado, somente se houver testamento revogando expressamente a deserdação, ficará esta sem efeito. Nada adianta a reconciliação, ou o perdão do testador, posto que um ato testamentário somente deixará de existir através de ato de igual natureza.

---

11 Apel. Cív. nº 174.577-1/1, da 6ª Câmara Cível do TJSP, 24.09.92, *RT*, 691/89.
12 RE nº 16.845, 1ª Turma, j. em 10.07.1950, *DJ* de 17.08.1950.
13 Ob. cit., vol. II, p. 148.

506 • Direito das Sucessões | Arnaldo Rizzardo

6. PROCESSAMENTO DA DESERDAÇÃO

Como é sabido, unicamente através de testamento se admite a deserdação, o qual poderá ser público, particular ou cerrado, e também mediante formas especiais, como marítimo, aeronáutico, ou militar, se presentes os pressupostos para tanto. Refere-se, sempre, à causa, segundo se encontra no art. 1.964.

Mas não basta o testamento. Depois de aberta a sucessão, ingressará o herdeiro favorecido, ou aquele que, em vista da deserdação, tiver obtido proveito, com a ação ordinária tendente a provar a causa, e objetivando a sentença consolidar a dita exclusão, posto que lhe compete o ônus, em razão do art. 1.965.

A exigência constitui uma tradição de nosso direito. Para Orlando Gomes, "a eficácia da disposição testamentária de deserdação subordina-se à comprovação da veracidade da causa arguida pelo testador (...) Não comprovada a veracidade da causa da deserdação, é ineficaz a disposição testamentária que a preserva (...). Enquanto não se comprove a veracidade da causa determinante da deserdação, a posse da herança deve ficar com o inventariante. Cabimento não tem que se atribua ao deserdado ou ao herdeiro instituído, porquanto aquele foi excluído e este ainda não tem direito à herança".[14]

A exigência da prova é questão de primária condição, segundo a jurisprudência: "Testamento e deserdação. Anulação e eficácia. A anulação do testamento decorre das causas de nulidade e/ou anulabilidade dos atos jurídicos em geral; a decorrência da improvação, exigida pelo art. 1.743 do Código Civil, é a ineficácia do testamento, no que se refere à deserdação; se, concomitantemente, houve instituição de herdeiro, essa instituição é nula".[15] Lembra-se que o art. 1.743 equivale ao art. 1.965 do Código da Lei nº 10.406.

Todos os herdeiros, de uma forma ou de outra, possuem legitimidade para a ação. Inclusive o inventariante, embora questionável a possibilidade, eis que o próprio deserdado é herdeiro até que se defina a sua situação, mediante sentença. E, aí, estaria representado pelo inventariante. Justamente por isso, coloca-se em dúvida a capacidade postulatória.

Os herdeiros ingressarão com uma ação ordinária, buscando demonstrar a realidade da causa apontada no testamento. Para tanto, dispõem do prazo de quatro anos, contado a partir da abertura da sucessão, sob pena da própria decadência do direito, conforme consta do parágrafo único do art. 1.965.

O ingresso da ação ocorrerá no mesmo juízo onde tramita o inventário, ou naquele do último domicílio do testador, ficando até suspenso se em andamento o inventário, enquanto tramita o feito, pois se trata de questão de alta prejudicialidade.

Dá Arnoldo Wald as linhas quanto à responsabilidade pela prova: "Aberta a sucessão, a prova da causa da deserdação é apresentada perante a autoridade judiciária, fora do inventário, por se tratar de questão de alta indagação. Implica ação ordinária, intentada pelos herdeiros ou por aqueles a quem aproveita a deserdação, contra o deserdado. Aos autores incumbe a prova da causa da deserdação (...). Em outros sistemas legislativos, como o português, estabelece-se, nesta matéria, uma inversão do ônus da prova, presumindo *juris tantum* ser verdadeira a alegação do testador quanto à causa da deserdação, e cabendo ao deserdado provar a inexistência ou insuficiência do motivo apresentado para excluí-lo da herança. O Direito pátrio é mais rígido, exigindo que a prova seja feita pelos autores,

---

14 Ob. cit., *Sucessões*, pp. 249 e 250.
15 Apel. Cív. nº 591021944, da 4ª Câmara Cível do TJRGS, 16.10.91, *Revista de Jurisprudência do TJRGS*, 155/242.

Cap. XXXVII | Deserdação • **507**

visando, assim, a evitar que as deserdações sejam levianas, sem um motivo evidente e ostensivamente justo. Se a prova da causa da deserdação não se fizer ou não for julgada suficiente pelo magistrado, a deserdação torna-se nula, como também se anulam todas as disposições do testamento que prejudiquem a legítima do deserdado".[16]

No contexto prático, nota-se que há um testamento, contendo a deserdação, o qual deverá ser cumprido. É apresentado ao juiz, que o mandará autuar e processar. Uma vez efetuado o registro, quem tiver interesse, e inclusive o testamenteiro, mune-se da competente certidão, ingressando com a respectiva ação, chamada de deserdação, requerendo a citação do herdeiro deserdando e a intimação dos demais herdeiros para acompanharem o processo, querendo, e providenciando na produção da prova da causa que levou o testador a editar a sua vontade.

---

16 *Direito das Sucessões*, ob. cit., vol. V, p. 159.

XXXVIII

Execução dos Testamentos

1. O TESTAMENTO NO PLANO TEÓRICO E NO PLANO PRÁTICO

Enquanto viver o testador, não surtem quaisquer efeitos suas disposições de última vontade. Os bens permanecem livres em sua constrição, como ocorria antes da lavratura ou facção do ato. Nada impede a sua alienação ou a destinação que convier ao titular do domínio.

Depois do decesso, há já certa indisponibilidade do patrimônio comprometido no testamento, exceto no que for necessário para suportar as obrigações do espólio.

Como se processa o cumprimento do que foi determinado em seu conteúdo?

Esta a questão a ser estudada, posto que, enquanto não levada a termo a disposição, ficará no plano teórico, sem refletir efeitos reais ou trazer proveito para o beneficiário. Não, evidentemente, que seja ele afastado de todos os efeitos, porquanto faculta-se-lhe a defesa dos bens, e o exercício de ações assecuratórias, e mesmo a reivindicação se um terceiro e estranho investir contra seus direitos. Todavia, há alguma restrição no tocante à posse imediata, não se aplicando, aqui, de todo a norma do art. 1.784.

Várias providências existem para serem desenvolvidas, tão logo se verifique o decesso do autor da herança, com o que se iniciará a transferência da posse para a pessoa do instituído. Processa-se o cumprimento da disposição mediante o que se chama de "execução do testamento", uma das partes de real significação, e que efetivamente leva a resultados práticos o testamento.

Mas esta fase envolve mais o exame da validade e regularidade da forma, ou da obediência aos requisitos intrínsecos e extrínsecos do testamento. Depois, trilha-se uma etapa seguinte, esta sim a última, quando o herdeiro ou legatário recebe os bens.

Todas as medidas traçadas para levar a termo o testamento compõem a execução testamentária, constituindo-se de uma série de formalidades ou solenidades mais de ordem processual, e que, na prática, vão até o momento derradeiro do formal de partilha.

Assim, pode-se afirmar que a execução testamentária visa à concretização do ordenamento de última vontade; ou considera-se o conjunto de atos e medidas que a lei estabelece para o cumprimento daquilo que dispôs o testador. Esta gama de atos e providências compete unicamente aos herdeiros instituídos e legatários, estando à frente um testamenteiro, sem a obrigatória instauração de um litígio com os herdeiros necessários ou legítimos, exceto se voluntariamente intervirem, ou se exsurgir alguma nulidade ou vício de vontade no testamento.

510 • Direito das Sucessões | *Arnaldo Rizzardo*

Em suma, adentra-se no campo de cumprimento do testamento, passando as disposições de mero projeto de liberalidades em atribuições patrimoniais concretizadas, como diz Ney de Mello Almada.[1]

2. O TESTAMENTEIRO

O primeiro passo é o encaminhamento do testamento ao juiz. E isto, basicamente, incumbe ao testamenteiro, não importando qual seja a forma do instrumento.

Testamenteiro denomina-se a pessoa física, capaz, que tem a incumbência de dar cumprimento às disposições testamentárias, nomeado pelo testador. Enneccerus, Kipp e Wolff traduzem com simplicidade o significado: "Conforme a su nombre, es el ejecutor de un testamento, o sea, tiene la misión de ejecutar las últimas disposiciones del testador".[2]

É quem recebe a incumbência de executar aquilo que o testador ordenou. Mas para se chegar a esta figura, indispensável ver as razões. Se uma ou várias pessoas constassem contempladas no testamento, normalmente compreensível que elas próprias tomassem as providências para levar a termo aquilo que foi imposto. Elas seriam as maiores interessadas. Ocorre, porém, a possibilidade da existência de menores dentre os nomeados, ou incapazes, ou pessoas que não dão a menor importância ao testamento. Além disso, diante da eventualidade de má interpretação das cláusulas, ou da ganância de alguns dos nomeados, a ponto de pretenderem prejudicar os outros, resolveu o legislador instituir a figura do testamenteiro. Em geral, trata-se de pessoa estranha, sem vínculo com os herdeiros, e mesmo dos legados, mas da confiança do testador. Assim, tem-se uma pessoa com a incumbência de levar o testamento ao conhecimento do juiz, ou de encaminhar o seu cumprimento. Após, inicia-se o inventário, não mais intervindo o testamenteiro. Designa-se um inventariante, com a função de levar adiante a repartição do patrimônio.

Como se verá mais aprofundadamente adiante, várias teorias procuram explicar a natureza do cargo. As discussões a nada levam, pois indiscutível a finalidade do testamenteiro, com funções próprias reguladas por lei, e que divergem, *v.g.*, daquelas exercidas pelo mandatário, posto que o mandato cessa com a morte do testador, enquanto a testamentaria começa a vigorar depois da morte do mesmo. Todavia, muitos dos encargos ou poderes contidos numa e noutra espécie se identificam, como a representação perante terceiros. Nem há de se cogitar de alguma equiparação à tutela ou curatela, posto que, nestas figuras, pressupõe-se a existência de órfãos ou incapazes.

Tem-se, na testamentaria, um instituto *sui generis*, ou peculiar, ou com tipicidade própria, regulado por normas específicas, no qual prevalece a vontade unilateral do testador, e objetivando uma representação *post mortem*, embora isto não se admita em qualquer outra figura jurídica. Em verdade, o testamento procura, se não representar, pelo menos revelar a vontade de alguém depois de sua morte.

No Direito romano, conhecia-se a *mancipatio*, figura pela qual delegava-se ou entregava-se a alguém a execução da vontade testamentária. Tinha-se, aí, porém, um alcance diferente do atual: os próprios bens eram entregues ao testamenteiro, mas apenas formalmente, para, após a morte do testador, serem passados para as pessoas nomeadas. Daí afirmarem Enneccerus, Kipp e Wolff que "el ejecutor testamentario era desconocido en Derecho romano".[3]

---

1   Ob. cit., vol. II, p. 235.
2   Ob. cit., vol. II, p. 213.
3   Ob. cit., vol. II, p. 216.

Já no Direito germano, ao testamenteiro incumbia-se a liquidação, com o significado de execução do patrimônio hereditário, algo bastante semelhante ao sistema atual. No começo, porém, passava-se a ele a posse do patrimônio que, mais tarde, o distribuía aos herdeiros e legatários.

No Direito canônico, ao começo da Idade Média, foi importante o papel da Igreja, quando os testamentos descambaram mais para finalidades religiosas, como sufrágio às almas dos mortos.

No Direito brasileiro, mesmo ao tempo das Ordenações, permaneceu estático o regime que trata do testamenteiro, sem maiores mudanças no Código da Lei nº 10.406, até porque a matéria é de ordem processual.

3. A NOMEAÇÃO DO TESTAMENTEIRO

Está claro que o testamenteiro é uma pessoa da confiança do testador. Unicamente ele reveste-se do poder de nomeação. Mas, é óbvio, se omisso o testamento, no tocante à nomeação, ao juiz incumbe designar alguém para essa finalidade.

Examina-se cada hipótese. Primeiro, quanto à nomeação pelo testador. O art. 1.976 reza: "O testador pode nomear um ou mais testamenteiros conjuntos ou separados, para lhe darem cumprimento às disposições de última vontade".

Em segundo lugar, quando ao juiz incumbe nomear, o que está no art. 1.984, assim redigido: "Na falta de testamenteiro nomeado pelo testador, a execução testamentária compete a um dos cônjuges, e, em falta destes, ao herdeiro nomeado pelo juiz".

Portanto, a nomeação de testamenteiro ou se faz pelo testador, ou pelo juiz. Mas na esteira do dispositivo por último transcrito, também a um dos cônjuges cabe a execução. De perceber a peculiaridade: a execução e não a nomeação. É importante ressaltar que a execução incumbe a qualquer um dos cônjuges, isto é, ao cônjuge que sobreviver, ou inventariante. Este o significado que se deve dar ao preceito.

Se, todavia, aquele que consta no testamento não puder exercer o cargo, ou recusar-se, também ao juiz incumbe esta nomeação.

Havendo cônjuge supérstite, não é necessária a designação prévia para o cargo. Simplesmente requererá o interessado o cumprimento, devendo, então, o juiz nomear. Acrescenta-se que, mesmo providenciando o sobrevivente a abertura e cumprimento, é indispensável a nomeação, eis que inúmeros atos exigem o cumprimento pelo testamenteiro, conforme virá abordado adiante.

A qualidade para a função não oferece maiores dificuldades. Todas as pessoas capazes, no exercício de seus direitos, ou desde que não menores e não interditadas, podem ocupar o cargo.

Enneccerus, Kipp e Wolff, a respeito, revelam que "es ineficaz el nombramiento de ejecutor testamentario si el nombrado no tiene la capacidad de obrar, o la tiene limitada, en el momento en que debiera entrar en el cargo, o bien se le ha nombrado un curador para el cuidado de sus asuntos patrimoniales a causa de senelidad... Esto se refiere a todo nombramiento, incluso a aquel que procede del tribunal del caudal relicto".[4]

Não cabe a nomeação de pessoas jurídicas, porquanto personalíssima a testamentaria, pressupondo, em princípio, a confiança do nomeante. Ressalta Ney de Mello Almada

---

4   Ob. cit., vol. II, p. 213.

512 • Direito das Sucessões | *Arnaldo Rizzardo*

que o ente coletivo, com personalidade distinta da de seus membros, não apresenta o elemento fidúcia.[5]

Mas nada impede que um estrangeiro, um falido, um insolvente, alguém com os direitos políticos cassados, e mesmo um condenado criminalmente, venham a ser designados, porquanto a lei não estabelece este tipo de ressalva.

Elencam-se as seguintes pessoas que não podem ser nomeadas para o cargo:

a) os menores de dezesseis anos – art. 3º do Código Civil. Realmente, apenas os que têm plena capacidade podem ser testamenteiros, devendo a capacidade ser verificada ao tempo em que deve ser assinado o termo de compromisso;

b) os interditados mediante sentença;

c) os ausentes, julgados como tais pelo juiz – arts. 22 e seguintes do Código Civil;

d) as pessoas jurídicas.

Deve-se levar em conta o disposto no art. 4º do Código Civil, com redação da Lei 13.146/2015:

> Art. 4º São incapazes, relativamente a certos atos ou à maneira de os exercer:
>
> I – os maiores de dezesseis e menores de dezoito anos;
>
> II – os ébrios habituais e os viciados em tóxico;
>
> III – aqueles que, por causa transitória ou permanente, não puderem exprimir sua vontade;
>
> IV – os pródigos.

A incidência das hipóteses enumeradas não incapacita a nomeação, menos a do inciso III, desde que provada a causa transitória que impeça a expressão da vontade.

A incapacidade dos surdos-mudos deve ser examinada em função do inciso III acima. Se puderem exprimir o ato de vontade não se reconhece impedimento.

Impedimento inexiste, em geral, para o herdeiro. Todavia, verificam-se algumas exceções. Quem assinou a rogo pelo testador não poderá aparecer beneficiado, ou com alguma relação quanto ao espólio.

Para o herdeiro, o legatário, o cônjuge, o parente do testador, nenhum inconveniente legal há no tocante ao exercício da função, visto que não aparecem eles na lei integrando uma relação de impedidos. Mas, para Washington de Barros Monteiro, desde que renunciem à vintena, posto que "a lei considera imoral que o indivíduo se gratifique a si mesmo com bens oriundos da herança, o que acontece com o testamenteiro, normalmente remunerado por seus serviços".[6]

O devedor junto ao espólio, ou o credor, e quem litiga ou litigou contra algum dos herdeiros instituídos ou legatários, e aquele que era inimigo do testador, ou assim mantém-se relativamente a herdeiros da mesma forma devem ser excluídos da nomeação pelo juiz. Mesmo se uma daquelas incompatibilidades notar-se na pessoa do nomeado pelo testador, cumpre ao juiz destituí-la, com a designação de outra diversa.

---

5 Ob. cit., vol. II, p. 228.
6 Ob. cit., *Direito das Sucessões*, p. 245.

Cap. XXXVIII | Execução dos Testamentos • **513**

A função de testamenteiro revela, de fato, um caráter de importância relativa, com várias atribuições facilmente executáveis por outras pessoas, não acarretando a matéria, na verdade, controvérsias maiores.

No caso de incidir a nomeação pelo juiz, denomina-se dativo o testamenteiro. Não apenas a omissão do testador enseja tal nomeação. A morte presumida, um súbito mal, a ausência prolongada, o endereço equivocadamente fornecido, a recusa da pessoa nomeada e a doença elencam-se entre as hipóteses que ensejam o ato do juiz, encarregando alguém, que pode ser parente ou estranho, para dar execução ao testamento. Em geral, a escolha recai em um advogado, ou no próprio inventariante, se já iniciado o inventário, e se não se manifestar colidência de interesses. Tanto o art. 1.976 quanto o art. 1.986 autorizam a nomeação de um ou até mais testamenteiros, tal ocorrendo unicamente no próprio testamento, não havendo praticidade alguma que assim ocorra quando a nomeação se dá pelo juiz. Dispõe o último dispositivo: "Havendo simultaneamente mais de um testamenteiro, que tenham aceitado o cargo, poderá cada qual exercê-lo, em falta dos outros; mas todos ficam solidariamente obrigados a dar conta dos bens que lhes forem confiados, salvo se cada um tiver, pelo testamento, funções distintas, e a elas se limitar".

Nota-se, pois, que o exercício do cargo não se opera simultaneamente. Na designação, aparece a ordem e, em geral, quem desempenhará em primeiro lugar a testamentaria. Havendo omissão, presume-se que a ordem inicia na pessoa que está em primeiro lugar.

A responsabilidade pelos bens, de acordo com a regra transcrita, recai na pessoa a quem foram confiados. Naturalmente, se, por algum motivo, era de se concluir que tinha o nomeado obrigação de exercer a guarda, ou a tanto fora encarregado. Evidente que a responsabilidade apenas incide naquele que está designado em primeiro lugar, e desde que lhe fora confiado o patrimônio. Não se pense que, retendo os herdeiros algum bem, e consumindo-o, vá o testamenteiro suportar a correspondente indenização.

Para valer a regra, incumbe que o nomeado exerça o cargo, e que lhe tenham sido entregues os bens, ou com ciência de onde os mesmos se encontram.

Finalmente, não apenas através de testamento se faz a nomeação, mas também mediante o codicilo, eis que dispõe o art. 1.883: "Pelo modo estabelecido no art. 1.881, se poderão nomear ou substituir testamenteiros". Isto é, mediante escrito particular, datado e assinado, como se elabora o codicilo, e está no art. 1.881.

Nota-se, pois, a ausência de maiores formalidades para a instituição do testamenteiro por ato de última vontade. Há plena liberdade concedida ao testador, não apenas quanto às pessoas que designa, mas igualmente na forma, não se reclamando maiores requisitos. Nem se exigem palavras solenes, ou sacramentais, bastando a simples referência, com dados identificantes, e podendo consistir em uma solicitação para dar cumprimento à cédula testamentária. A modificação de uma pessoa para outra, e a simples revogação, apresentam-se possíveis, como acontece no testamento em geral.

4. CARACTERÍSTICAS DA FUNÇÃO DO TESTAMENTEIRO

Alguns aspectos peculiares marcam esta figura, sendo conveniente referi-los:

a) A pessoalidade da nomeação posto que inspirada na confiança do testador no testamento. Esta a marca principal, revelada por certas qualidades, como a confiança, a probidade, a idoneidade, o equilíbrio etc.

514 • Direito das Sucessões | *Arnaldo Rizzardo*

b) A voluntariedade do ato, nada se apresentando que obrigue o testador a indicar determinada pessoa, ou mesmo a nomear testamenteiro. De outra parte, reflete dita característica a liberdade do nomeado em aceitar, podendo recusar o múnus.

c) A indelegabilidade do múnus, com a proibição e a total vedação em passar o cargo para outros parentes ou estranhos. Não é transmissível a função justamente em vista do *intuitu personae*, que lhe é inerente. O art. 1.985 bem expressa: "O encargo da testamentaria não se transmite aos herdeiros do testamenteiro, nem é delegável; mas o testamenteiro pode fazer-se representar em juízo e fora dele, mediante mandatário com poderes especiais".

A regra, dada sua singeleza, não comporta maiores indagações. Simplesmente não é delegado ou transmitido o múnus. Observa-se que a representação do testamenteiro, no entanto, seja por advogado ou mesmo outra pessoa, não equivale a delegar o cargo, mantendo-se em sua pessoa o ônus da responsabilidade civil pelos prejuízos que causar.

d) A autonomia, na medida em que não participa o testamenteiro da herança. Mesmo que nenhuma relação haja com o testador, ou o inventariante, ou os herdeiros, permanece no cargo, visto que sua função tem em conta a defesa da sociedade, e não participar da herança. Mas, como foi analisado, nada impede que seja herdeiro.

e) A permissão em desistir ou recusar o cargo. Nada pode obrigar a permanecer ou a manter-se o testamenteiro no múnus até o cumprimento final da disposição de última vontade. E nem seria conveniente impor a obrigação, pois o desempenho ficaria comprometido na sua eficiência, com possibilidade até de prejuízos para os herdeiros ou legatários. Na verdade, pelo art. 1.141 do Código de Processo Civil de 1973, deveria ser declinada a causa legítima: "O testamenteiro que quiser demitir-se do encargo poderá requerer ao juiz a escusa, alegando causa legítima. Ouvidos os interessados e o Órgão do Ministério Público, o juiz decidirá". Não é, porém, reproduzida a regra pelo CPC/2015.

Na prática, qualquer escusa merece acatamento. Mais fácil é designar outra pessoa que se manter alguém forçadamente no cargo, com possíveis resultados negativos para os interessados.

5. TESTAMENTARIA

Dos estudos precedentes deflui que testamentaria compreende o conjunto de funções e encargos que decorrem da nomeação de alguém como testamenteiro, ou envolve todas as atribuições que lhe competem. As atribuições se materializam em direitos e obrigações, que correspondem, por sua vez, a todos os atos realizáveis pelo testamenteiro, até o seu final cumprimento.

Existem inúmeros atos a serem feitos, ou medidas pendentes de cumprimento, que surgem com a morte do testador, e que precisam da iniciativa justamente do testamenteiro, a fim de se dar execução ao que foi disposto no testamento. Por isso, a afirmação de que há obrigações de fazer, sem, no entanto, esgotar-se aí a função. Ao lado desses encargos, como encaminhar o testamento, intervir nas demandas existentes, administrar

Cap. XXXVIII | Execução dos Testamentos • **515**

os bens, cobrança de dívidas em favor dos herdeiros instituídos, há o dever de entregar os bens aos contemplados no testamento. Isto, porém, quando incontroversas as relações com os herdeiros legítimos, ou com outros herdeiros instituídos, e até que o inventariante tome posse do cargo. Realmente, depois deste ato, haverá a administração única do inventariante, sendo que os legados ou a porção reservada no testamento serão entregues aos destinatários unicamente depois da partilha.

De importância se ressalvarem, porém, algumas distinções entre testamentaria e inventariança. As funções de cada figura mostram-se bastante diferentes. Aquelas compreendem mais levar à concretização o disposto em testamento. Incumbe ao testamenteiro finalizar e controlar o cumprimento das disposições de última vontade. Já a inventariança revela um campo de atuação mais amplo. Além de envolver a administração do espólio, o que raramente acontece na testamentaria, compreende atos de promover a distribuição ou partilha do patrimônio; de representação do espólio ativa e passivamente; de levar à colação os bens, conforme as situações jurídicas permitidas; de efetivação de pagamentos e realização de negócios em nome do espólio, além de inúmeros outros, que serão oportunamente abordados.

6. NATUREZA DA TESTAMENTARIA

Longos estudos desenvolveram-se em torno da natureza da testamentaria. Várias as teorias formuladas, ou os pontos de vista sob os quais procura-se justificar os encargos ou atribuições do testamenteiro.

Presentemente, não se encontra uma utilidade maior em se pesquisar a fundo a matéria. Observa-se, tão somente, que há uma relação de mandato, o que se apresenta incontestável, em vista da representação exercida pelo testamenteiro. Há atividades ou funções realizadas em nome do herdeiro ou legatário, como a administração do espólio reservado no quinhão transmitido. Muitas das funções do mandato são realizadas pelo testamenteiro. Não que apareça esta aproximação em vista dos encargos ou deveres ordenados pelo testador, que escolhe alguém a fim de dar cumprimento ao que ele determina para depois de sua morte. Entrementes, surgem atividades que são próprias do mandato, como a defesa dos bens compreendidos no testamento, e assim procedendo em favor dos contemplados na verba testamentária. Encontram-se as funções abrangidas genericamente no comando do § 5º do art. 735 do CPC: "O testamenteiro deverá cumprir as disposições testamentárias e prestar contas em juízo do que recebeu e despendeu, observando-se o disposto em lei". Subsume-se, na regra, uma função peculiar do mandato: a defesa daqueles bens destinados aos herdeiros instituídos. Esse dever, que decorre da função da testamentaria e que se revela também específica do mandato, é realçado no art. 1.978 do Código Civil. E abrange o requerimento da abertura do inventário e do cumprimento do testamento – art. 1.978. Embora saiba-se que a abertura do inventário é da competência do herdeiro, a nomeação como testamenteiro, pelo juiz, autoriza o pedido de abertura do inventário – encargo significativo do caráter de mandato.

Colhe-se, daí, a existência de elementos próprios do mandato na testamentaria. Não se deduza, no entanto, a identificação das duas figuras. As diferenças são várias, como o exercício da testamentaria somente depois da morte do testador, enquanto, na outra figura, a morte traz automaticamente a cessação do mandato. Levenhagen aponta esta e outras diferenças, plenamente verificáveis sob a regência do Código de 2002, dada a identidade de tratamento com o Código de 1916: "1) Entre mandatários não se presume

516 • Direito das Sucessões | *Arnaldo Rizzardo*

a solidariedade, o que acontece entre testamenteiros; 2) enquanto o mandato termina com a morte do mandante, a função do testamenteiro tem início justamente nesse momento; 3) o mandato é um contrato gratuito de modo geral, enquanto a testamentaria comumente é remunerada; 4) o testamenteiro age em seu nome individual, já o mandatário age em nome e sob a responsabilidade de terceiros; 5) o testamenteiro somente pode ser constituído por testamento ou codicilo; o mandatário o pode ser por qualquer forma".[7]

De outra parte, numa construção parecida com a que vê na testamentaria uma relação de mandato, muitos defendem a presença de elementos da representação, o que efetivamente acontece. Em verdade, exerce o testamenteiro atos de representação, realizando providências em nome e no interesse dos herdeiros instituídos, e em atendimento da vontade daquele que dispôs para depois da morte. Embora não estabelecida convencionalmente, queiram ou não os exegetas reconhecer esta forma para justificar a atuação, constata-se uma série de ações em favor dos instituídos, visando concretizar a disposição testamentária. Por exemplo, quando se procura a conservação do patrimônio, e se efetivam medidas para a sua transferência aos herdeiros. Nota-se, nesta configuração, pouca diferença relativamente ao mandato. Mas nem sempre atua o testador unicamente como representante. Incumbe-lhe atender, é verdade, aquilo que está no testamento, o que não significa que seja exclusivamente a favor dos herdeiros, ou do próprio testador. Cabe-lhe, acima de tudo, observar os ditames da lei, mesmo que vá contrariar os beneficiados com a deixa, ou a vontade de seu autor. Impõe-se, em primeiro lugar, o atendimento dos preceitos legais, seguramente muitos de ordem pública, como aqueles que protegem a legítima e os interesses de incapazes.

Alguma semelhança encontra-se com a tutela – o testamenteiro figuraria como um tutor, agindo e tomando providências em benefício dos herdeiros instituídos, protegendo-os e cuidando para que seja verificada a vontade do testador. Haveria um múnus público, ou de interesse público – o que não deixa de ser verdade. Mas, obviamente, não esquecendo que a tutela foi criada para os órfãos, enquanto incapazes, tal não se dando no testamento, ou nem sempre ocorrendo, máxime se não há menores. Embora incontestável voltar-se a função do testamenteiro para a execução do testamento, levando a cumprir-se a deixa, a atividade desenrola-se num quadro diferente daquele, que se verifica na tutela de órfãos, onde maior é a responsabilidade do tutor.

Constitui a testamentaria um instituto especial, com suas características próprias, não se confundindo com as figuras citadas, ou afins. Encerra elementos do mandato, ou da representação, e mostra alguma proximidade com a tutela. Ressalte-se, entretanto, a natureza especial, ou a tipicidade peculiar, formando uma figura regulada por normas distintas das previstas para os institutos acima. Há uma administração dos bens do testador, enquanto não assume o inventariante sua função, ou enquanto a posse não se transfere aos designados. Ao mesmo tempo, procura encaminhar o testamento ao juízo, de modo a ser cumprido. Cabe-lhe exigir dos herdeiros os meios de ser executado o testamento, e defendê-lo nas ações judiciais.

Percebe-se que a série de funções está mais ligada ao cumprimento do conteúdo testamentário, e não propriamente bater-se em defesa dos herdeiros instituídos. Por isso, não se identificam todos os elementos inerentes às figuras citadas, malgrado presentes uns ou outros.

Correto, também, o pensamento de Pontes, que se aproxima desta visão, quando salienta que "no Direito brasileiro, à semelhança do Direito inglês, do alemão etc., a testamentaria é um cargo privado, se quiserem, mas, irrecusavelmente, cargo".[8]

---

7 Ob. cit., pp. 171 e 172.
8 *Comentários ao Código de Processo Civil*, ob. cit., tomo XVI, p. 232.

Cap. XXXVIII | Execução dos Testamentos • **517**

Um cargo para desempenhar uma atividade neutra – nem do interesse dos herdeiros, nem do próprio –, aspecto que bem desenvolve Clóvis do Couto e Silva, com base em teoria alemã de Hans Dölle, "que criou o conceito de 'atividade neutra', segundo a qual os atos do síndico, inventariante ou testamenteiro, não obedeciam aos princípios da representação, mas resultavam da faculdade de administrar um patrimônio. Agir de modo 'neutro', segundo Dölle, não é operar em nome próprio ou alheio, em benefício próprio ou de outrem. A ação deve estar vinculada ao objeto sobre o qual recai, e não aos sujeitos, pois quem age de modo 'neutro' não faz em benefício próprio ou alheio. Não representa os interesses de uma pessoa determinada (...) Manifesta-se um tipo de administração que difere da do mandatário. Constitui-se por direito próprio, e com finalidades específicas".[9]

7. PRAZO PARA O CUMPRIMENTO DAS DISPOSIÇÕES TESTAMENTÁRIAS

Continha o disposto no art. 1.135 da lei processual civil anterior disposições sobre o cumprimento, regra que não teve correspondência no CPC de 2015, pois a matéria é de direito material, conforme encerram os arts. 1.980 e 1.983 do Código Civil. Dispunha o art. 1.135: "O testamenteiro deverá cumprir as disposições testamentárias no prazo legal, se outro não tiver sido assinado pelo testador, e prestar contas, no juízo do inventário, do que recebeu e despendeu".

Estava expresso, com transparência inconfundível, que o testamenteiro teria de cumprir no prazo legal o testamento.

Qual o prazo legal atualmente?

A rigor, é o que se encontra nos arts. 1.980 e 1.983. Reza o primeiro: "O testamenteiro é obrigado a cumprir as disposições testamentárias, no prazo marcado pelo testador (...)". Já o segundo: "Não concedendo o testador prazo maior, cumprirá o testamenteiro o testamento e prestará contas em cento e oitenta dias, contados da aceitação da testamentaria".

Quanto ao período para o cumprimento do inventário, vem a previsão no art. 611 do Código de Processo Civil: "O processo de inventário e de partilha deve ser instaurado dentro de 2 (dois) meses, a contar da abertura da sucessão, ultimando-se nos 12 (doze) meses subsequentes, podendo o juiz prorrogar esses prazos, de ofício ou a requerimento de parte".

Defluem as seguintes conclusões:

a) Consignando o testamento o prazo, será o nele previsto.

b) Nada referindo o testamento, fica em cento e oitenta dias o prazo para o seu cumprimento, lembrando-se que, no Código anterior, se alongava para um ano.

Na realidade, porém, as normas acima, não possuem efeito prático, no que se refere ao cumprimento da verba testamentária. A isto se chega na medida em que raramente o testamenteiro promoverá, por iniciativa própria, o cumprimento da declaração testamentária. Tal compete a quem está com a posse e a administração dos bens, isto é, em geral ao cônjuge supérstite ou aos herdeiros necessários. Basicamente, se há a incumbência estabelecida pelo disponente na deixa, ou se a posse e a administração se concentram

---

9 *Comentários ao Código de Processo Civil*, São Paulo, Editora Revista dos Tribunais, 1977, vol. XI, p. 271.

518 • Direito das Sucessões | *Arnaldo Rizzardo*

na pessoa do testamenteiro, a ele recai a responsabilidade de promover o inventário. Em outras ocasiões, raramente lhe cabe esta função, como, *v.g.*, quando permanecem inertes o cônjuge sobrevivente ou herdeiro com quem se encontram os bens.

Assim, nota-se que, sendo da responsabilidade de outras pessoas promover o inventário, não há prazo algum reservado ao testamenteiro. Pode-se lhe imputar a obrigação de tão somente encaminhar o testamento para a apresentação e abertura em juízo.

Na prática, qual o significado de cumprir as disposições testamentárias? Corresponde a passar os bens aos herdeiros, o que se objetiva com o inventário e subsequente partilha. Então, teria o testamenteiro cento e oitenta dias para levar a efeito esta incumbência, o que nem sempre depende dele, mas submete-se a inúmeras contingências, como a demorada tramitação do processo.

De outro lado, há o prazo constante no art. 1.796, que ordena iniciar dentro de trinta dias, a contar da abertura da sucessão. Esta regra é totalmente ineficaz, dados os percalços que marcam o inventário.

Como combinar, então, o lapso temporal de cento e oitenta dias, assinalado no art. 1.983, e aquele do art. 1.796?

Os autores que trataram da matéria, sob a égide do Código de 1916, muito escreveram e pouco disseram. Convém lembrar que a regulamentação do atual Código, na essência, coincide com a do Código revogado, sobressaindo a diferença mais saliente o prazo para o cumprimento, que é de cento e oitenta dias, enquanto no regime antigo se alongava para um ano. Na prática, deve-se entender que o testamenteiro terá o prazo de cento e oitenta dias a fim de procurar o encaminhamento do testamento, a contar da aceitação do cargo, para tanto encetando todas as providências necessárias a esta finalidade.

De qualquer forma, sempre é admitida a prorrogação, que se justifica por vários fatores, sendo alguns lembrados na lição de Edson Prata:

> "a) Litígio sobre os bens da herança, como, por exemplo, o da validade ou nulidade do testamento, contando-se o tempo desde que findou a ação por sentença transitada em julgado.
>
> b) Impossibilidade de cumprimento por dificuldade de liquidação.
>
> c) Impedimento que evidentemente tenha impossibilitado a execução do testamento, não provindo ele de culpa, mora, ou negligência do testamenteiro".[10]

Realmente, não começa a correr o lapso de tempo enquanto pende litígio a respeito da herança, que se desenvolve em lide judicial. Conta-se unicamente com o trânsito em julgado da sentença que trouxe solução à controvérsia. Se durante o curso do prazo surge alguma contenda, opera-se a interrupção do curso do prazo, recomeçando a fluir depois da solução definitiva.

8. ATRIBUIÇÕES DO TESTAMENTEIRO

Muitas são as obrigações de quem aparece para levar ao cumprimento as disposições testamentárias. Nos direitos e obrigações desenvolvem-se as atribuições, ou os atos que competem ao testamenteiro, e que objetivam a execução das disposições testamentárias.

---

10 Ob. cit., vol. VII, p. 182.

Do Código Civil exsurgem várias obrigações ou incumbências, que se referem à posse e administração dos bens ou da herança, o que lhe dá ensejo, então, de iniciar o inventário. No Código de Processo Civil de 1973, vinham discriminados os encargos mais especificamente, envolvendo o próprio exercício da função, como os do art. 1.137. A regra não foi reproduzida pelo CPC/2015, eis que os encargos ou obrigações constam no Código Civil.

Salienta Edson Prata: "Recebe o testamenteiro a incumbência. Não é representante do falecido, da herança, de herdeiro ou interessados. Cumpre as últimas vontades do testador. Essas obrigações são as impostas pelo testador e pelos textos legais reguladores da última vontade das pessoas".[11]

Elencam-se os seguintes encargos:

a) Posse e administração da herança.

A posse e administração decorre de cláusula testamentária, segundo propalado pelo art. 1.977: "O testador pode conceder ao testamenteiro a posse e administração da herança, ou de parte dela, não havendo cônjuge ou herdeiros necessários".

Do testamento emana a transmissão da posse, ou é autorizada a administração, sempre dependente, todavia, da inexistência de cônjuge ou herdeiros necessários, que possuem primazia para tais funções.

Exercendo a posse e administração, reveste-se de capacidade de promover as ações que forem necessárias para a defesa dos bens. As ações possessórias, ou a reivindicação, entre outras, não raramente tornam-se necessárias para reaver a posse, ou os próprios bens. Não ficam, entrementes, afastados os herdeiros de igual direito, posto que detêm a posse indireta.

Assim, o testamenteiro revestido desses direitos encontra-se numa posição de controle da herança, o que não o exime, porém, de promover desde logo a abertura do inventário. Não lhe é tolerado que fique indefinidamente com os bens. A respeito, preconiza o parágrafo único do art. 1.977: "Qualquer herdeiro pode requerer a partilha imediata, ou devolução da herança, habilitando o testamenteiro com os meios necessários para o cumprimento dos legados, ou dando caução de prestá-los".

Nota-se que assiste a faculdade a qualquer herdeiro, desde que forneça ao testamenteiro meios para pedir a abertura do inventário.

Na realidade, qualquer herdeiro possui legitimidade de postular a abertura, sem necessidade de fornecer os meios ao testamenteiro. Basta que ingresse com o pedido, e requeira o chamamento daquele, mais para acompanhar o feito.

Nos termos da regra acima, se não fornecer os meios, incumbe-lhe que dê caução de prestá-los, isto é, que forneça ao juízo uma garantia de que satisfará os encargos decorrentes do inventário.

Na qualidade de administrador, ao mesmo testamenteiro cabe zelar pela conservação, e procurar manter a produção que antes era conseguida. Compete a ele, também, o recebimento de rendas, aluguéis e créditos pendentes de pagamento, envidando atenção e cuidados para que não reste prejudicado o espólio. Responderá, daí, pelos prejuízos decorrentes da culpa na gerência.

---

11 Ob. cit., vol. VII, p. 185.

b) Abertura do inventário e cumprimento do testamento.

Esta incumbência lhe assiste se, uma vez aberto o testamento, os herdeiros não providenciarem no inventário, ou caso se mantenham omissos.

O art. 1.978 assenta: "Tendo o testamenteiro a posse e a administração dos bens, incumbe-lhe requerer o inventário e cumprir o testamento". No que não discrepa do art. 615 do Código de Processo Civil: "O requerimento de inventário e de partilha incumbe a quem estiver na posse e na administração do espólio, no prazo estabelecido no art. 611".

Extrai-se, daí, uma regra de importância relativa, eis que a qualquer interessado descortina-se esta possibilidade.

Mas a importância resulta no fato de que não é comum tal prerrogativa, isto é, do testamenteiro encaminhar o processamento do inventário. Em primeira mão, deve buscar o cumprimento do testamento, com a sua abertura e o registro. Depois, com o termo do cumprimento, providenciará no inventário, sendo nomeado, inclusive, inventariante. Nesta qualidade, assiste-lhe atender quaisquer interesses do espólio, inclusive cobrar as dívidas e efetuar pagamentos de encargos. A venda de bens para o atendimento de despesas impostergáveis é permitida, desde que assim convenha o juiz, após a intimação ou audiência dos herdeiros.

Há mais uma situação em que incumbe ao testamenteiro a função de inventariante, assinalada no art. 1.990: "Se o testador tiver distribuído toda a herança em legados, o testamenteiro exercerá as funções de inventariante".

Como se verifica, toda a herança é distribuída em legados.

Quando tal ocorrerá?

Quando não existirem herdeiros necessários, porquanto, já é sabido, em havendo, unicamente a metade dos bens do *de cujus* constitui a parte disponível.

Neste caso, o próprio testamenteiro figurará como inventariante. Mas, também, se não há cônjuge nem companheiro supérstite, visto que, por força do art. 617, I, da lei processual a sua pessoa se designará desde que casado ou convivendo (companheiro) com o *de cujus* ao tempo de sua morte. É que normalmente o sobrevivente desempenha a função de cabeça-de-casal.

A administração dos bens do espólio fica com o inventariante, não passando diretamente aos legatários, como ocorre no caso de existirem herdeiros não instituídos.

c) Exigência de meios para a abertura do inventário

Não tendo a posse e administração, já não se lhe exige a abertura ou início do inventário. Cabe-lhe, todavia, postular ao juiz a fim de que cite os herdeiros e venham eles a iniciar o processo, ou forneçam os meios para o cumprimento do testamento e a abertura do inventário.

Várias funções lhe estão afetas, sobressaindo aquela referida, de exigir os meios para cumprir as disposições testamentárias. Sobre este assunto, escreveu Alcides de Mendonça Lima, matéria perfeitamente atual: "Ao juiz competirá deferir ou indicar providência que permita aquele objetivo: venda ou locação de bens; aplicação de numerário em fontes de renda (caderneta de poupança, aquisição de títulos rentáveis) etc. Como dificilmente o testamenteiro exerce suas funções sem que o inventário já esteja em andamento, deverá haver coordenação entre ele e o inventariante, com a ouvida dos interessados e, em especial, do Ministério Público, para que o juiz melhor resolva o impasse".[12]

---

12 Ob. cit., vol. XII, p. 286.

Cap. XXXVIII | Execução dos Testamentos • 521

Arrolava Carvalho Santos, ainda, as seguintes atribuições, que devem ser seguidas frente ao Código Civil vigente: "Entregar os legados aos respectivos legatários, independentemente de intervenção do juiz; tomar as medidas conservatórias com respeito ao espólio e evitar abusos e usurpações, contra os bens a ele pertencentes; requerer a inscrição e especialização da hipoteca legal antes de entregar o legado a pessoa incapaz; promover a nomeação de curador da herança vaga ou jacente; interromper a prescrição; exigir caução do legatário ou usufrutuário; cuidar dos funerais do testador, promovendo as exéquias de acordo com a determinação deste, e na falta de instruções, conforme as ideias e crenças do disponente; sustentar a validade do inventário; fazê-lo registrar, se o tem em seu poder; velar pela execução das disposições testamentárias; fornecer aos herdeiros os elementos para o inventário e facultar-lhes o exame do testamento".[13]

d) Prestação de contas

Deve o testamenteiro prestar contas, desde que tenha administrado os bens, ou exercido a posse. Mas, convém ressaltar, não havendo o recebimento de valores, ou frutos, ou rendimentos, a mera posse ou administração não importa em obrigatoriedade de prestar contas. A não especificação do acervo recebido também enseja que dê conta do patrimônio, explicando o estado, a localização, as despesas e os resultados econômicos advindos.

O art. 1.980 imprime a obrigação nestes casos: "O testamenteiro é obrigado a cumprir as disposições testamentárias, no prazo marcado pelo testador, e a dar contas do que recebeu e despendeu, subsistindo sua responsabilidade enquanto durar a execução do testamento".

Recebendo valores, ou rendimentos dos bens, apresentará o testamenteiro uma discriminação, parcela por parcela, de tudo quanto foi recebido, e daquilo que foi gasto, com a anexação dos comprovantes. Por outros termos, escriturar-se-á o débito e crédito durante o período do exercício do cargo – dentro das regras comuns e estabelecidas para quem administra patrimônio alheio, no que se obedece ao art. 551 do Código de Processo Civil que dá a forma a observar-se: "As contas do réu serão apresentadas na forma adequada, especificando-se as receitas, a aplicação das despesas e os investimentos, se houver". Assemelha-se a regra ao art. 917 do diploma processual de 1973, explicando Alcides de Mendonça Lima, em lição ainda apropriada: "A forma mercantil deverá ser utilizada na prestação, a exemplo do que ocorre com casos similares – inventariante, tutor, curador, depositário e de outro qualquer administrador (nesse incluído o testamenteiro, que, aliás, deveria aparecer expressamente no texto), ex vi dos arts. 919 e 917 deste Código. O testamenteiro poderá servir-se de contador ou de outro profissional técnico, e cuja remuneração deve ser autorizada pelo juiz, a quem será submetida a proposta, ouvindo-se os interessados".[14] Os citados arts. 919 e 917 equivalem aos arts. 553 e 551 do CPC de 2015:

Não apenas tais recomendações ao testamenteiro universal – que está com a posse e administração dos bens, mas também ao particular, desde que tenha exercido alguma custódia, ou se recebeu valores.

O art. 1.983 do Código Civil limita em cento e oitenta dias o prazo para desincumbir-se da obrigação, contado da aceitação da testamentaria, desde que diferentemente não tenha decidido o testador: "Não concedendo o testador prazo maior, cumprirá o testamenteiro o testamento e prestará contas em cento e oitenta dias, contados da aceitação da testamentaria".

---

13 Ob. cit., vol. XXIV, p. 271.
14 Ob. cit., vol. XII, p. 271.

522 • Direito das Sucessões | *Arnaldo Rizzardo*

Mas, por motivo relevante, permite-se prorrogar o prazo, como aponta o parágrafo único: "Pode esse prazo ser prorrogado se houver motivo suficiente".

Conta-se o prazo a partir da aceitação do cargo, equivalendo a afirmar que desde o decesso do testador – sempre no caso de os bens se encontrarem com o testamenteiro. Não havendo este pressuposto, sequer exigível a prestação de contas.

No próprio inventário se fará a demonstração. No caso de impugnação, e tornando-se complexas as questões, abre-se processo incidental, isto é, apenso ao processo de inventário.

Deve-se interpretar que a forma instrumental somente adquire um procedimento autônomo se se expandir a questão para um alto grau de litigiosidade.

Não se presta valor à cláusula testamentária que dispensa a prestação de contas, pois ordenado o dever de prestar contas pelo art. 1.980 do Código Civil: "O testamenteiro é obrigado a cumprir as disposições testamentárias, no prazo marcado pelo testador, e a dar contas do que recebeu e despendeu, subsistindo sua responsabilidade enquanto durar a execução do testamento".

Isto, evidentemente, em termos, visto que, sendo maiores os interessados, e eles convindo, todas as controvérsias podem ser equacionadas pelos mesmos, inclusive com a dispensa da medida em exame.

Quem arca com as despesas exigidas pelo desempenho do cargo e a execução do testamento?

A responsabilidade recai nos herdeiros, podendo ser adiantadas pelo testamenteiro.

No exercício do cargo, muitos gastos decorrem naturalmente, em face de compromissos inadiáveis, e que o testamenteiro se vê constrangido a satisfazê-los. Posteriormente, ele se reembolsará junto aos herdeiros, ou ao espólio. Quanto às quantias gastas indevidamente, ou valores não utilizados em favor da herança, a devolução é obrigatória, além de a ilicitude acarretar a destituição do cargo, revertendo à herança o prêmio pelo exercício da testamentaria, previsto no art. 1.987 do Código Civil. É o que decorre do art. 1.989 do mesmo diploma: "Reverterá à herança o prêmio que o testamenteiro perder, por ser removido ou por não ter cumprido o testamento".

A decorrência pela desonestidade do testamenteiro, ou pelos gastos incomprovados e imoderados, decorre das regras gerais que disciplinam o descumprimento das obrigações atribuídas aos mandatários e aos que executam atividades em nome de outrem. Levenhagen esclarece o assunto: "Despesas ilegais feitas pelo testamenteiro, e mesmo as legalmente por ele feitas, mas que não tenham sido devidamente comprovadas, ou, ainda, as decorrentes de negligência do testamenteiro, podem ser impugnadas por qualquer dos interessados e apurada a procedência da impugnação. Tais despesas serão glosadas, ficando o testamenteiro obrigado a fazer a respectiva restituição. Além disso, será ele destituído do cargo, perdendo, ainda, o prêmio (vintena) a que tiver direito consoante arts. 1.766 do Código Civil e 1.138 do Código de Processo Civil".[15] Lembra-se de que o art. 1.766 invocado equivale ao art. 1.987 do Código Civil de 2002, e o citado art. 1.138 não tem dispositivo equivalente no atual CPC.

e) Defesa do testamento

A defesa da validade do testamento, em qualquer esfera judicial ou extrajudicial, é inerente à função de testamenteiro. Mas não a defesa desarrazoada, ou sem fundamentos, e sim aquela exercida dentro da realidade da textura testamentária.

---

15 Ob. cit., p. 176.

Consta do art. 1.981: "Compete ao testamenteiro, com ou sem o concurso do inventariante e dos herdeiros instituídos, defender a validade do testamento".

Temos, aí, uma exigência que deve sujeitar-se a uma exegese comedida, visto que a presença de nulidade absoluta, plenamente visível, não comporta a defesa sistemática.

Numa ação de nulidade, os instituídos serão citados, juntamente com o testamenteiro. Mas, quanto a este, sua presença não se limita a que fique no polo passivo. É possível aceitá-lo no polo ativo, ajuizando uma ação em favor da herança, ponderando Carvalho Santos: "Assim, o testamenteiro poderá figurar como autor ou réu, assistente ou opoente, apresentar-se em qualquer estado da causa, intervir em quaisquer incidentes, como o de habilitação de herdeiros contra o disposto no testamento, e recorrer da sentença de partilha contra a vontade do testador, podendo contratar advogado no desempenho dessa atribuição por conta do espólio".[16]

O Código de Processo Civil de 1973, no art. 1.137, inc. II, também assinalava esta atribuição: "Incumbe ao testamenteiro: (...) II – Propugnar a validade do testamento". Regra omitida no CPC/2015, pois a obrigação está na lei civil.

Pontes de Miranda vai longe quanto à posição do testamenteiro: "Nas ações negativas sobre a existência, validade ou eficácia do testamento e das disposições testamentárias, o testamenteiro é réu. O art. 12, V, que só se refere à representação da herança pelo inventariante, nada tem com essas ações. É direito e dever precípuo do testamenteiro pugnar pela existência, validade e eficácia do testamento. Quem não está disposto a fazê-lo, não pode continuar no cargo de testamenteiro".[17] O art. 12, inc. V, equivale ao art. 75, inc. VII, do atual CPC.

Interpreta-se este dever com certa temperança, posto que o testamenteiro não é obrigado inclinar-se para aquilo que não revela lógica, ou manifestar uma posição desprovida de convicção em virtude das falhas do testamento.

f) Providência no registro do testamento

Não se faz o registro no ofício de imóveis, mas em juízo, o que leva ao cumprimento daquilo que ordenou o testador.

Vem a ordem no art. 1.979 da lei civil: "O testamenteiro nomeado, ou qualquer parte interessada, pode requerer, assim como o juiz pode ordenar, de ofício, ao detentor do testamento, que o leve a registro".

Os §§ 2º e 3º do art. 735 do CPC tratam do registro:

> § 2º Depois de ouvido o Ministério Público, não havendo dúvidas a serem esclarecidas, o juiz mandará registrar, arquivar e cumprir o testamento.
>
> § 3º Feito o registro, será intimado o testamenteiro para assinar o termo da testamentária.

Vale repetir que o registro envolve o cumprimento, no sentido de postular a parte a apresentação, a abertura se for o caso, o registro, bem como os demais trâmites.

No entanto, o procedimento requer inúmeras outras questões, que serão examinadas adiante.

---

16 Ob. cit., vol. XXIV, p. 282.
17 *Comentários ao Código de Processo Civil*, ob. cit., tomo XVI, p. 247.

524 • Direito das Sucessões | *Arnaldo Rizzardo*

g) Especialização de hipoteca

Pelo regime do Código de Processo de 1973, o testamenteiro deveria providenciar na especialização da hipoteca dos bens atribuídos a certas pessoas. É o que ordenava o art. 1.136 do Código de Processo Civil revogado: "Se dentro de três (3) meses, contados do registro do testamento, não estiver inscrita a hipoteca legal da mulher casada, do menor e do interdito instituídos herdeiros ou legatários, o testamenteiro requerer-lhe-á a inscrição, sem a qual não se haverão por cumpridas as disposições do testamento".

O atual CPC não tem norma a respeito, não mais se impondo a inscrição. As normas sobre a especialização eram inócuas, não colocadas em prática, e raramente exigíveis.

A finalidade da providência era a garantia contra prejuízos decorrentes da má administração, ou mesmo pela não entrega dos bens, como observava Alcides de Mendonça Lima: "Não se pode falar em credor hipotecário, pois, normalmente, o obrigado à hipoteca nada deve por antecipação aos herdeiros e legatários. (...) A garantia é puramente eventual: se ocorrer dívida proveniente de administração irregular, com ou sem má-fé. Assim sendo, a mulher casada, o menor e o interdito devem ser considerados favorecidos por força de lei (arts. 837, 839 e 840, todos do CC), termo apropriado à situação de cada um".[18] O art. 837 referido corresponde ao art. 1.495 do Código de 2002, enquanto os arts. 839 e 840 não foram reproduzidos pelo mesmo Código.

Há, ainda, as obrigações que ditar o testador, de acordo com a permissão do art. 1.982: "Além das obrigações exaradas nos artigos antecedentes, terá o testamenteiro as que lhe conferir o testador, nos limites da lei". Nota-se, com a disposição, que a enumeração constante do Código não constitui *numerus clausus*. Permite-se ao *de cujus* impor obrigações que entenda necessário ao bom desempenho das funções, desde que não revele exorbitância, ou incoerências com o próprio instituto do testamento. Inconcebível exigir que permaneça em constante presença no interior do imóvel legado, ou que não permita o ingresso de qualquer pessoa em seu interior. Não é aceitável que se lhe comine o encargo de escolher o herdeiro, ou de apurar a sua localização, ou de definir a sua identidade; muito menos que fixe o valor do legado, ou escolha quais os bens comporão o monte da deixa.

9. A REMUNERAÇÃO DO TESTAMENTEIRO

Seguidas controvérsias têm trazido a remuneração ao testamenteiro. Havia, no regime do Código de Processo Civil/1973, normas que se contradiziam com o Código Civil, pois os dois estatutos disciplinavam a matéria diferentemente. No entanto, o CPC de 2015, introduzido pela Lei 13.105/2015, não mais trata do assunto.

Primeiramente, justo que se remunere ou pague a atividade do testamenteiro, eis que o exercício da função não pode ser gratuito, já que exige uma série de atos e atividades que demandam tempo, responsabilidade e preocupações.

Haverá o arbitramento pelo juiz unicamente na ausência ou omissão do testador na fixação. Constando um valor ou percentual na deixa, não caberá a intervenção do juiz. O art. 1.987 prevê realmente a condição para o arbitramento: "(...) se o testador não o houver fixado".

Em tese, desde que se revele coerente a taxação feita pelo testador, não cabe ao juiz decidir a respeito. Mostrando-se, porém, insignificante a quantia estabelecida pelo testa-

---

18 Ob. cit., vol. XII, p. 275.

Cap. XXXVIII | Execução dos Testamentos • **525**

dor, ou totalmente exagerada, parece incorreto afastar uma decisão a respeito, alterando o montante. De um lado, comportando o encargo muitas atribuições, não é admissível impor sacrifícios e mesmo desgastes quase gratuitamente; de outro, não cabe manter uma gratificação que praticamente enseja a equipará-la a um legado. A questão, pois, merece um exame cuidadoso e atilado do juiz. Presume a lei a existência de uma paga coerente com a lógica para dispensar a intervenção judicial.

Denomina-se prêmio, ou vintena, a remuneração. A palavra "vintena" origina-se do costume, ao tempo das Ordenações do Reino, de se fazer o pagamento no correspondente à vigésima parte da herança ou do legado, o que levou a manter-se o nome, embora a variação, que se mantém desde o Código Civil de 1916, do montante entre um e cinco por cento sobre a herança líquida do testamento.

Questão importante refere-se à natureza do pagamento. Parece corresponder mais a uma gratificação compensatória. Não representa a retribuição de toda a atividade, ou o pagamento por serviços profissionais prestados. Assim, pela defesa do testamento ou do legado, não está incluída a contraprestação, assistindo ao testamenteiro o pagamento em separado. Muito menos por outros trabalhos realizados, no que parece convir Carvalho Santos: "A vintena é recompensa do trabalho do testamenteiro, e não se confunde com serviços profissionais prestados pelo testamenteiro ou por ele contratados para a defesa do testamento".[19]

Já Pontes parece estar no mesmo ponto de vista, quando diz: "O testamenteiro não pode reclamar paga pelos serviços que prestou como advogado, ou como guarda-livros, contabilista etc. Está incluída na vintena. Os serviços funcionam como elemento aumentativo. Os serviços fora da função testamentária, como a defesa em ações contra a herança, contam-se à parte da vintena".[20]

Desde que necessitou contratar advogado para o exercício da testamentaria, ou realizar cálculos através de pessoa técnica, incluem-se os custos na remuneração.

O *quantum* da fixação é de grande relevância. Procura-se ver apenas o percentual previsto no Código Civil.

O art. 1.987 do citado estatuto dispõe: "Salvo disposição testamentária em contrário, o testamenteiro, que não seja herdeiro ou legatário, terá direito a um prêmio que, se o testador não o houver taxado, será de um a cinco por cento, arbitrado pelo juiz, sobre a herança líquida, conforme a importância dela e maior ou menor dificuldade na execução do testamento".

O arbitramento terá em conta o valor da herança e o trabalho de execução. Quanto maior o acervo, deve refletir na diminuição do percentual, a fim de manter certa moderação na verba. Mas exigindo grande empenho e trabalho na execução, com várias medidas e cuidados junto à herança, tenderá a elevar-se a taxação. Segue-se ainda, pois, a lição de Carvalho Santos: "O prêmio tem de ser arbitrado de conformidade com o esforço despendido pelo testamenteiro, e, até o máximo de cinco por cento sobre toda a herança líquida, será maior ou menor, segundo mais ou menos apreciável tal esforço".[21]

Está no art. 1.987 a possibilidade de variação entre um e cinco por cento. Mesmo em grandes fortunas respeitar-se-á o percentual, porque a interpretação se fará de acordo com o preceito – que manda oscilar o quanto entre duas quantidades determinadas.

Avalia-se o patrimônio para o cálculo, reconhecendo-se a legitimidade e o interesse do testamenteiro para requerer tal providência no inventário: "O testamenteiro, na qualidade de

---

19 Ob. cit., vol. XXIV, p. 308.
20 *Comentários ao Código de Processo Civil*, ob. cit., tomo XVI, pp. 261 e 262.
21 Ob. cit., vol. XXIV, p. 307.

parte no processo, a fim de defender a sua vintena, pode requerer a avaliação dos bens, mesmo em se tratando de arrolamento, de acordo com o art. 1.138, § 1º, do CPC (...). Se o art. 1.036 do CPC prevê a avaliação judicial no caso de impugnação por uma das partes, esse é o caminho processual para afastar as divergências surgidas".[22] O art. 1.138, § 1º, não tem regra equivalente no atual CPC, enquanto o art. 1.036 corresponde ao art. 664 do mesmo estatuto.

Sobre qual o patrimônio incide o prêmio?

Eis uma indagação importante, que necessita de uma perfeita configuração.

Primeiramente, é inquestionável que incide apenas sobre o patrimônio objeto do testamento. Inconcebível a incidência, para efeitos de cálculo, sobre toda a herança. O art. 1.987 fala no cálculo "sobre a herança líquida, conforme a importância dela". Mas, "a herança líquida" compreende unicamente aquela restringida no parágrafo único do mesmo artigo, ou seja, "será pago à conta da parte disponível, quando houver herdeiro necessário". Por aí se vê que a herança excluída da disposição fica afastada ou livre para efeitos de cálculo da vintena. Mostra-se incompreensível que se onere quem não participa do testamento. Em segundo lugar, há importante ilação a ser extraída do art. 1.987), acima citado.

O dispositivo é enfático ao dizer que, quando o testamenteiro não for herdeiro ou legatário, terá direito a um prêmio. Portanto, se for herdeiro ou legatário, não lhe assiste o direito ao prêmio.

Admite-se, por outro lado, a opção pela vintena, ao invés do legado, pois assim estipula o art. 1.988: "O herdeiro ou o legatário nomeado testamenteiro poderá preferir o prêmio à herança ou ao legado". Constitui uma alternativa apenas ao herdeiro ou ao legatário nomeado testamenteiro. Permite-se optar pelo prêmio, em detrimento da herança, no caso de herdeiro nomeado, ou pelo legado, se vier indicado como favorecido um legatário.

Cabe salientar, também, que pode o testamenteiro ficar sem remuneração se o patrimônio fica todo envolvido no pagamento das obrigações. Acontece que preferências no atendimento são as mesmas. Considerado o prêmio mais como uma compensação, ou gratificação, não há nada que justifique a preterição de outros credores.

Também de observar o disposto no art. 1.986, que prevê a nomeação de mais de um testamenteiro. Prescreve o dispositivo: "Havendo simultaneamente mais de um testamenteiro, que tenha aceitado o cargo, poderá cada qual exercê-lo, em falta dos outros; mas todos ficam solidariamente obrigados a dar conta dos bens que lhes forem confiados, salvo se cada um tiver, pelo testamento, funções distintas, e a elas se limitar".

Há dois ou mais testamenteiros, os quais dificilmente exercem o cargo conjuntamente, o que nem se revelaria possível. Cada um o desempenhará numa ordem sucessiva, sempre na falta do anteriormente designado. É difícil, porém, senão impossível, configurar-se a hipótese do dispositivo.

Cabe, aqui, definir a questão do pagamento pela atividade que for prestada. No caso de cada um ficar no cargo numa escala sucessiva, remunera-se proporcionalmente ao tempo de exercício. Se for comum o desempenho, divide-se a remuneração entre os executores da deixa, em partes iguais, com a interferência do juiz, quando presente alguma divergência entre eles.

A dificuldade agrava-se na rara eventualidade de destacar o testador as tarefas para cada testamenteiro. Procura-se, então, divisionar a importância da atividade exercida, que servirá de base para estabelecer a proporção do pagamento.

---

22 Agr. Instr. nº 23.631, da 1ª Turma do TJMS, 29.05.90, *RT*, 664/142.

Cap. XXXVIII | Execução dos Testamentos • **527**

O preceito procura, igualmente, traçar uma diretriz quanto à responsabilidade pelos danos provocados nos bens, que corresponderá à proporção do montante administrado pelo respectivo testamenteiro.

Mas não parece que aconteçam as hipóteses aventadas. Em geral, se diversos os testamenteiros, o exercício dá-se, como referido, dentro de uma ordem sequencial.

Acontecem hipóteses em que o testamenteiro perde o direito à remuneração. Isto ocorre quando removido do cargo, por não cumprir a contento as funções, ou por efetuar despesas indevidas; quando deixar de cumprir as disposições testamentárias; e quando se afastar voluntariamente do cargo; o desvio das verbas ou bens da herança, sob o cuidado do testamenteiro; o caso de exceder culposamente o prazo.

As situações permitem a compensação com a verba de gratificação, sem que, no entanto, se verifique obrigatoriamente uma equivalência de valores.

O prêmio reverterá, na remoção ou destituição, à herança – assim preceituando o art. 1.989: "Reverterá à herança o prêmio que o testamenteiro perder, por ser removido ou por não ter cumprido o testamento".

Seja qual for a causa da remoção, como em razão de fazer despesas ilegais, ou não comprovadas, ou por desídia, negligência, desinteresse, ou desobedecendo a vontade do testador – como omissão em destinar certa quantia de dinheiro a entidades beneficentes, a vintena vai para a totalidade da herança, beneficiando os herdeiros não contemplados especificamente através de testamento.

Na verdade, o prêmio transfere-se para o outro testamenteiro, caso houver nomeação, como salienta Pontes: "Se for nomeado outro testamenteiro, ou assumir o cargo o imediato designado pelo testador, tem direito à paga dos seus serviços (pode não ser o mesmo prêmio, se não há meio de ser restituído), ou se for de um só a culpa, porque então o outro ou os outros se legitimam eventualmente, ao todo – não se dá reversão".[23]

10. CESSAÇÃO DA TESTAMENTARIA

Procura-se examinar quando cessa a testamentaria.

Naturalmente, numa primeira ordem, dá-se a extinção com o término do inventário, ou com a efetivação da partilha, ficando nela incluída a disposição testamentária. Não se extingue quando é registrado o testamento, eis que, depois, deve-se levar a termo o seu conteúdo.

Isto porque incumbe ao testamenteiro acompanhar o processamento do inventário, arrolando os herdeiros instituídos e legatários, com a reserva dos bens testados e os legados, embora os maiores interessados na observância do cumprimento da disposição testamentária sejam os seus beneficiários.

Ocorre, aí, uma forma natural de extinção da testamentaria, que se dá com a normal finalização do inventário.

Possível, no entanto, que antes de tal momento se opere a cessação da testamentaria, por alguns fatores previstos no Código. Como também que nem se efetive o seu início, relativamente ao testamenteiro nomeado, conforme acontece quando não é aceito o encargo, ou tenha a pessoa nomeada falecido antes do testador, e mesmo depois, sem o início do cumprimento.

---

23 *Comentários ao Código de Processo Civil*, ob. cit., tomo XVI, p. 267.

528 • Direito das Sucessões | *Arnaldo Rizzardo*

Não é incomum, também, a renúncia ao cargo enquanto se processa o cumprimento, ou durante o processo sucessório.

Comum é a destituição do testamenteiro por decisão do juiz, em vista de conduta não condizente com as atribuições, ou desídia no atendimento dos deveres.

E várias situações comportam a destituição, ou remoção, neste âmbito. O art. 1.980 assinala que o testamenteiro é obrigado a cumprir as disposições testamentárias, no prazo marcado pelo testador, e a dar contas do que recebeu e despendeu, subsistindo sua responsabilidade enquanto durar a execução do testamento. Em vista desta norma, o atraso injustificado no cumprimento, ou a não apresentação ao juiz do instrumento, a falta de descrição dos bens que se encontram no poder do testamenteiro, a sua sonegação, arrolam-se como algumas das razões justificativas para afastar o testamenteiro.

Aduzem-se como causas frequentes a realização de despesas ilegais e as desligadas do testamento.

Define Pontes as despesas ilegais: "A expressão 'ilegais' foi empregada em sentido amplo e pode ocorrer que alguma regra jurídica proíba que algo se dispenda ou que para algum fato se dispenda; o simples fato de serem desnecessárias ou evidentemente supérfluas as despesas justifica que se glosem; se o testamenteiro pagou 'x' e recebeu comissão com a compra, ou com outro negócio jurídico, há ilegalidade, em sentido largo; outrossim, se não lhe cabia, no caso, a função de dispender. No que, por ser fora da atividade testamentária, não pode ser pago pelo testamenteiro, há causa para a remoção, posto que possa acontecer que, diante do atraso do pagamento dos impostos de bens que não cabem nas disposições testamentárias, resolva o testamenteiro pagá-los porque as multas e outras consequências poderiam atingir a parte de que o testador dispôs".[24]

Em suma, pode-se resumir que a destituição é admissível sempre quando não proceder a contento o testamenteiro; quando revelar negligência, ou retardar injustificadamente o cumprimento; se não promover o registro e a especialização da hipoteca legal; se não revelar zelo na guarda e administração dos bens; se não promover a defesa dos herdeiros e legatários; se não pagar as despesas do espólio; se se tornar inimigo dos herdeiros; se litigar contra eles; se mantiver conduta incompatível com o encargo; se for estelionatário, perdulário, ou desbaratador de fortunas; se tornar-se incapaz ou tiver decretada a interdição, além de inúmeras outras hipóteses, como arrola Orosimbo Nonato, com escólio em vários outros autores.[25]

Também cessa a testamentaria com a anulação do testamento – o que é uma decorrência normal. Ainda se inexistem bens, ou simplesmente desaparecer o objeto do testamento, tendo-se, aí, a caducidade.

Em situações graves, como de prevaricação, ou conduta de má-fé, ou mesmo culposa, de ofício, sem provocação das partes interessadas, admite-se a destituição.

Normalmente, incumbe venha formulado o pedido pelos herdeiros, ou legatários, e mesmo pelo Ministério Público, processando-se o incidente nos próprios autos de cumprimento da cédula testamentária, ou naqueles do inventário. Raramente exige-se que as partes se socorram das vias ordinárias. Por analogia aos ditames que disciplinam a remoção de inventariante, o melhor caminho é formar um incidente, processado em apenso aos autos do inventário (art. 623, parágrafo único, do CPC), com o direito de defesa obviamente assegurado, e intervindo o Ministério Público.

---

24 *Comentários ao Código de Processo Civil*, ob. cit., tomo XVI, p. 266.
25 Ob. cit., vol. III, pp. 398 e 399.

XXXIX

Conferência e Aprovação Judicial dos Testamentos

1. APRESENTAÇÃO DOS TESTAMENTOS

Cuida-se de traçar o caminho que leva o testamento ao conhecimento judicial.

Utilizou-se o título "Conferência e aprovação judicial" porque representa o procedimento de verificação do testamento, ou de exame, pelo menos na sua aparente validade, o que requer a apresentação em juízo.

Não se pense que a verba testamentária simplesmente é trazida ao inventário para proceder-se ao levantamento do patrimônio do *de cujus*, e conduzir a termo a posterior partilha, segundo a vontade manifestada pelo testador, de conformidade com a tradição jurisprudencial: "Nulos são o inventário e a partilha processados sem a apresentação de testamento, oculto por conveniência dos herdeiros".[1]

Existe uma fase preliminar, em um procedimento distinto e próprio, que antecede ao processo sucessório propriamente dito.

Esta fase diz com a apresentação ou exibição do testamento, seja qual for a forma de sua exteriorização. É preciso que se conheça a vontade do testador, e como veio ela instrumentalizada. Este momento se faz em juízo e seguindo-se um rito especial, com disciplina própria para cada tipo de testamento. Mais precisamente explica Pinto Ferreira: "Na parte procedimental, já o Código de Processo Civil procura estabelecer as normas básicas que permitam o conhecimento do testamento, com as providências adequadas e de pronta execução para permitirem a manifestação da última vontade do testador".[2]

Sabe-se que existem o testamento público, o testamento cerrado, o particular ou hológrafo, e os tipos especiais, desdobrados em marítimo, aeronáutico, militar, nuncupativo e o codicilo.

O Código Civil apresenta a constituição dos diversos testamentos, o que já foi longamente desenvolvido. Agora, interessa a fase processual, para levar ao conhecimento geral a disposição. Somente depois far-se-á a distribuição do patrimônio, seguindo-se os rumos delineados pela vontade do testador.

De modo que se explicita o que fará o testamenteiro, ao encontrar o testamento, ou quando recebe o patrimônio para administrá-lo.

---

1 *Revista Forense*, 286/276.
2 *Inventários, Partilhas e Ações de Herança*, ob. cit., p. 535.

530 • Direito das Sucessões | *Arnaldo Rizzardo*

O Código de Processo Civil anterior iniciava com o testamento cerrado, prosseguindo-se, depois, com o testamento público e o particular, e concluindo com os testamentos especiais. O atual Código de Processo Civil, também iniciando com o testamento cerrado, resumiu extremamente a regulamentação, nada dispondo sobre a apresentação dos tipos especiais (marítimo, militar, aeronáutico, nuncupativo e codicilo), concluindo-se que se aplicam as regras comuns do testamento cerrado

Sobre a apresentação, estabelece o art. 735 do CPC: "Recebendo testamento cerrado, o juiz, se não achar vício externo que o torne suspeito de nulidade ou falsidade, o abrirá e mandará que o escrivão o leia em presença do apresentante".

Nem há propriamente normas sobre a apresentação do testamento em juízo. Na prática, quem é portador de um testamento deve ingressar com a ação de registro e cumprimento. É o que se extrai do art. 736: "Qualquer interessado, exibindo o traslado ou a certidão de testamento público, poderá requerer ao juiz que ordene o seu cumprimento, observando-se, no que couber, o disposto nos parágrafos do art. 735".

Tendo alguém ciência da existência do testamento, em que é favorecido, e o portador não o apresentando ao juízo, cabe a competente medida de tutela provisória de urgência, de caráter antecedente, para que o juiz ordene a busca e apreensão.

A recusa na entrega, ou subtração do testamento, ou o obstáculo à execução representa um acinte à atividade jurisdicional, cominando o art. 1.814, inc. III do diploma civil pátrio, pesada consequência ao causador, que é a exclusão da herança.

2. COMPETÊNCIA DO JUÍZO PARA A APRESENTAÇÃO DO TESTAMENTO

Seja qual for a modalidade em que vem expresso o testamento, a regra aplicável é a do art. 48 do Código de Processo Civil: "O foro de domicílio do autor da herança, no Brasil, é o competente para o inventário, a partilha, a arrecadação, o cumprimento de disposições de última vontade, a impugnação ou anulação de partilha extrajudicial e para todas as ações em que o espólio for réu, ainda que o óbito tenha ocorrido no estrangeiro".

Segundo o parágrafo único, não possuindo o autor da herança domicílio certo, a competência define-se pelo local da situação dos bens imóveis; se em diferentes foros localizarem-se bens imóveis, em qualquer um deles poderá se estabelecer o foro. Na inexistência de bens imóveis, define-se a competência pela localização de qualquer bem (naturalmente móvel) do espólio.

Assim, o atual CPC não mais define o foro do lugar onde ocorreu o óbito, se não havia domicílio certo e verificada a existência de bens em lugares diferentes (como vigorava no regime da lei processual anterior). Veja-se o dispositivo: "Se o autor da herança não possuía domicílio certo, é competente:

I – o foro de situação dos bens imóveis;

II – havendo bens imóveis em foros diferentes, qualquer destes;

III – não havendo bens imóveis, o foro do local de qualquer dos bens do espólio".

Há um entendimento que fixa a competência pelo local onde se fez o testamento, especialmente em se tratando de abertura de testamento cerrado, tendo em conta o ordenamento do Código de 1973, que poderia ser aplicado ao atual CPC, defendido por Alcides de Mendonça Lima: "Tal fato decorre da circunstância de que o testamento tem de ser

Cap. XXXIX | Conferência e Aprovação Judicial dos Testamentos • 531

resguardado de possível ou eventual extravio, mesmo que não doloso, para permitir que a vontade do testador prevaleça (...) A doutrina se tem manifestado, sem discrepância, pelo foro onde esteja o documento. Estabelecido o mesmo, o Código de Organização Judiciária indicará o juiz (ou vara), para então serem obedecidas as formalidades dos arts. 1.125 e 1.127 deste Código determinadas por aquele magistrado".[3] Os artigos citados correspondem, respectivamente, aos arts. 735 e 735, § 3º, do CPC em vigor.

Embora a justificação do motivo – evitar o extravio –, não é possível trilhar por este caminho, visto a maior dificuldade que produzirá a duplicidade de foros para um único objetivo, que é o processo sucessório, o qual envolve vários atos e mesmo várias ações. A norma do art. 48 do CPC é precisa, e, na prática, traz mais utilidade que a solução alvitrada acima. Aliás, o próprio doutrinador cita fontes (Carvalho Santos e Edson Prata), cuja *ratio* é a preconizada pelo pelas disposições que vieram com o Código de 1973, adotadas na sua maior parte pelo CPC/2015.

Não se trata, porém, de competência absoluta. Nesta ótica, não decorre a nulidade dos atos processados se aforado o testamento em juízo diferente daquele do domicílio do autor da herança, no que se encontra respaldo em precedentes do Superior Tribunal de Justiça, como o seguinte: "A competência para o processo sucessório é relativa, não podendo ser arguida de ofício".[4]

3. ABERTURA, REGISTRO E CUMPRIMENTO DO TESTAMENTO CERRADO

O Código de Processo Civil, ao versar sobre o assunto, já prevê o que fará o juiz quando recebe o testamento cerrado.

Convém, no entanto, explicar que, falecido o testador, quem tiver o instrumento em seu poder o apresentará ao juiz. Esta pessoa, geralmente, é o testamenteiro, ou um parente próximo, ou um herdeiro.

Leva-se a efeito a apresentação por meio de advogado, que dirigirá uma petição ao juiz, anexando o testamento e cópia da certidão de óbito, e efetuando a entrega em mãos. Mas não se exige que se faça obrigatoriamente mediante procurador.

A entrega levar-se-á a efeito na distribuição. Somente depois de distribuído e autuado, faz-se a leitura e lavra-se o termo. Havendo vários juízes competentes, é de rigor a distribuição do pedido, com a posterior abertura e leitura. Ou seja, distribuída a inicial, autuada, designará o juiz data e hora para a abertura e a leitura.

Eis o texto do art. 735 da lei processual civil: "Recebendo testamento cerrado, o juiz, se não achar vício externo que o torne suspeito de nulidade ou falsidade, o abrirá e mandará que o escrivão o leia em presença do apresentante".

A primeira medida é, pois, examinar o invólucro, ou envelope, ou a capa externa, com lacre e costurado, para verificar a existência de violação ou não. Constatando a possibilidade de leitura no modo como é entregue, constitui motivo para a invalidade.

Notando a sua perfeição externa, abrirá o documento, passando-o ao escrivão, que fará a leitura, sempre em presença da pessoa que fez a entrega.

Seguem-se as seguintes etapas:

---

3   Ob. cit., vol. XII, p. 223.
4   Conflito de Competência nº 13.646-6-PR, 2ª Seção do STJ, j em 09.08.1995, *DOU* de 25.09.1995.

532 • Direito das Sucessões | *Arnaldo Rizzardo*

a) O auto de abertura

Depois disto, conforme os dizeres do texto, em livro próprio lavra-se um termo, que é o auto de abertura, onde assinará ou rubricará o juiz, e, logo depois, o mesmo farão o apresentante e o escrivão. No auto, anotam-se todas as circunstâncias dignas de registro, inclusive quanto à sua inteireza, ou ausência de vício externo.

Eis as diretrizes do § 1º do art. 735 CPC: "Do termo de abertura constarão o nome do apresentante e como ele obteve o testamento, a data e o lugar do falecimento do testador, com as respectivas provas, e qualquer circunstância digna de nota".

É utilizada a palavra "termo", e discrimina os elementos que constarão no auto de abertura, omitindo a data e o lugar da abertura, eis resta óbvio que é quando da entrega, na repartição judiciária onde se encontra.

Narram-se no assento de apresentação e abertura todas as circunstâncias e fatos dignos de nota. Evidentemente, o histórico do momento, com o local, data (elementos estes inerentes aos assentos de qualquer ato judicial) e nome das pessoas presentes, individuando-as. Quanto ao apresentante, deve-se assinalar se é testamenteiro, ou o grau de parentesco, e como chegou a ele o testamento. Esta parte é de suma importância, levando a firmar um juízo sobre a autenticidade do testamento. É de rigor a menção do local onde ocorreu o falecimento, bem como da data, não se olvidando outros elementos, como a naturalidade, o estado civil, a idade, a existência de herdeiros e bens.

Na parte final do § 1º do art. 735, vêm exigências de inquestionável utilidade, pelas repercussões ou consequências futuras. Assim, observar-se-ão o estado do testamento, a sua autenticidade, a existência de vício, e o termo de aprovação pelo tabelião. Constará do auto, ainda, a referência de não haver vício ou indícios de falsidade, ou de que se encontrava em perfeito estado de conservação.

Pontes de Miranda mostrava-se rigoroso no tocante aos dados, ao escrever: "No auto de abertura tem-se de dizer qual a data e o lugar em que o testamento foi aberto, quem o apresentou, se o fez por si, ou a mando de outrem, quais as relações entre o apresentante e o testador, ou entre ele e os herdeiros, ou entre o guardador, o apresentante e o testador, a razão para ter havido do testador o testamento, isto é, como lhe chegou às mãos o testamento. Também do auto de abertura e leitura há de constar a data da morte, nome por inteiro, estado civil, naturalidade, filiação, domicílio e residência do testador. É indispensável mencionar-se se foi achado e apresentado intato, cosido e lacrado, se os pontos estavam sem irregularidade, ou se estavam desfeitos, cortados ou forçados, se havia emendas, rasuras, rasgaduras dentro e fora do testamento, e se foram encontrados outros defeitos".[5] Algumas minúcias revelam-se exageradas, como as concernentes às relações entre aquele que o apresenta e o testador.

Se, por acaso, vier escrito em idioma estrangeiro o texto, nomeia-se um tradutor, que prestará compromisso, e somente depois verterá o escrito para o português. Mesmo que compreensível o idioma por sua semelhança ao nacional, é obrigatória a tradução.

b) A decisão de aprovação

Uma vez escritos os elementos que identificam o testamento, e colhidas as assinaturas, dar-se-á vistas ao testamenteiro, aos interessados e, finalmente, ao Ministério Público para opinar a respeito da matéria.

---

5   *Comentários ao Código de Processo Civil*, ob. cit., tomo XVI, p. 160.

Cap. XXXIX | Conferência e Aprovação Judicial dos Testamentos • **533**

Poderá haver impugnação, inclusive do Ministério Público. Instaura-se, então, um sumário para aferir os elementos trazidos aos autos.

Unicamente se não encontrado defeito externo, ordenará o juiz o cumprimento. Tem-se no § 2º do art. 735 do CPC: "Depois de ouvido o Ministério Público, não havendo dúvidas a serem esclarecidas, o juiz mandará registrar, arquivar e cumprir o testamento".

Nota-se a restrita função jurisdicional do juiz. Observará unicamente se apresenta o escrito alguma irregularidade, ou vício, ou falsidade, ou violação externa. Nem cabe ordenar a citação dos herdeiros necessários ou legítimos. Tudo como já orientava a lição de Pontes: "Para a abertura dos testamentos não é preciso citarem-se os interessados: ainda não se trata de exercício de pretensão, ainda não se está no plano das *actiones*, mas sim da integração da forma do negócio jurídico à causa da morte".[6]

Simplesmente ao exame exterior, ou à verificação das formalidades essenciais, restringe-se sua atividade. Não será nos autos de aprovação que se discutirão as importantes questões relativas à capacidade testamentária ativa ou passiva, ou à redução das disposições aos limites legais. Exceto, evidente, se não se tornar controvertida ou litigiosa a matéria, mas verificar-se certa concordância das partes.

As nulidades absolutas, porém, devem ser decretadas. Por exemplo, a falta do número legal de testemunhas, ou de assinaturas, ou de aprovação pelo tabelião. Será ineficaz a deixa, visto que se afirma a existência desde que presentes os requisitos de sua constituição. Igualmente, sem qualquer efeito se o testador era pessoa absolutamente incapaz, ou transparece flagrante a violação. Esta a orientação da antiga jurisprudência: "E, citando Carlos Maximiliano e Odilon de Andrade, assinala José Olympio de Castro Filho que, neste momento, a competência do juiz é muito limitada: o que dele se requer é apenas uma inspeção do testamento para verificar se o mesmo contém as formalidades extrínsecas essenciais. Só deve ele negar o 'cumpra-se' quando visível a falta de requisito essencial, como, por exemplo, se não há o número legal de testemunhas no auto de aprovação. Não se cogita, neste momento, da existência ou não de nulidades outras que a seu tempo poderão ser alegadas, e que não podem ser apreciadas no processo sumaríssimo da apresentação do testamento".[7]

Em outra decisão: "(...) É coerente o entendimento de que tal procedimento somente se destina a examinar os requisitos extrínsecos ou formais e não os atinentes à formação e manifestação da vontade do autor do testamento. Estes, sim, devem ser apreciados em sede própria, qual seja, o inventário, quando se trata de cumpri-lo, ou através de ação de anulação, quando se pretendeu desconstituí-lo".[8]

A aprovação não possui o condão de evitar futura ou posterior ação de nulidade, ou de invalidade.

Realmente, com a citação de todos os herdeiros, no inventário, é que se oferecem margens para o conhecimento do texto e do conteúdo da deixa.

A decisão do juiz é proferida em juízo de jurisdição voluntária, sem se abrir o contencioso em seu real significado. Trata-se mais de uma decisão homologatória, não surtindo os efeitos de coisa julgada formal ou material, e suscetível de modificação a qualquer tempo, como permite o art. 966, § 4º, do CPC.

---

6 *Comentários ao Código de Processo Civil*, ob. cit., tomo XVI, p. 160.
7 Apel. Cív. nº 92.003535-1, da 2ª Câmara Cível do TJ da Paraíba, 19.10.92, *RT*, 695/176.
8 Apel. Cív. nº 149.999-1/9, da 2ª Câmara Cível do TJSP, 20.12.91, *RT*, 681/93.

534 • Direito das Sucessões | *Arnaldo Rizzardo*

Com efeito, não se pode dar um alcance maior à natureza da decisão que deve ser proferida nesse momento. Nada impede que um testamento tenha sofrido violação por terceira pessoa. Observa-se a seguinte ilustração de Alcides de Mendonça Lima, ainda pertinente e esclarecedora: "Não se pode afirmar que a apresentação e entrega de um testamento aberto – que deveria estar cerrado – por si acarretem, obrigatoriamente, a revogação da verba. Aquele dispositivo indica três situações, que diferem e geram consequências diversas: *a*) o próprio testador abriu e dilacerou o testamento; *b*) o próprio testador deu consentimento para que terceiro o abrisse e o dilacerasse; *c*) o próprio testador não sabia que terceiro o abriu e o dilacerou. Observa-se, pois, que somente nas hipóteses '*a*' e '*b*' o testamento tem de ser considerado revogado: 'haver-se-á como revogado'. O ato, em última análise, partiu do testador, quer diretamente, quer implicitamente, com sua anuência para a atitude de terceiro. Já na hipótese '*c*', o testador não participou da destruição jurídica do documento, quer tenha ocorrido ainda em sua vida, quer, sobretudo, após seu óbito. É, portanto, questão de fato em cada espécie, sem solução geral *a priori*".[9]

Difícil é na apresentação do testamento obter a prova da causa de violação, mesmo porque o tipo de procedimento não abre caminho para tanto. Então, o despacho que não ordenou o "cumpra-se" é mais ordenatório, ou de simples jurisdição voluntária, não impedindo que a questão seja levada ao juízo pelo caminho da ação ordinária, culminando a reconstituição da deixa. Exceto, é evidente, se pelos meios oferecidos no processo de apresentação e conferência tornou-se possível uma apreciação profunda do assunto, dentro do contencioso.

Mesmo que negada a aprovação pelo juiz, em ação posterior permite-se a rediscussão, quando os interessados serão chamados ao processo. Exceto, evidente, se já apreciada a questão, no âmbito das mesmas partes envolvidas na demanda nova.

Pontes de Miranda emprestava muita força à decisão, quando escreve: "O juiz primeiro verifica se o testamento cerrado se acha intato e se não contém vício extrínseco que o torne suspeito de nulidade ou de falsidade. Se o testamento não está intato, o juiz deve mandar que se diga no auto qual o seu estado (art. 1.125). Se contém vício extrínseco, ou se esse vício é causa a) de inexistência, ou b) de falsidade, ou c) de nulidade ou d) de anulabilidade. Se ocorre a), b) ou c), o juiz pode negar o 'cumpra-se', fundamentando a decisão, posto que dificilmente possa o vício extrínseco evidenciar a falsidade. Se ocorre d), a ação de cumprimento, que é ação constitutiva, com eficácia mandamental imediata, não é adequada à desconstituição (...). O juiz não pode apreciar mais do que o que se refere ao extrínseco e o que resulta de sentença sobre a capacidade do testador, ou de documento de fé pública (*v.g.*, certidão de idade do testador). O que ele declarar, dentro do que lhe cabe decidir, terá de ser desconstituído em recurso, ou em ação rescisória, se algo há para se lhe arguir".[10] O citado art. 1.125 corresponde ao art. 735 do vigente CPC.

Por evidente que as questões atacadas ficam resolvidas. Não, porém, apreciadas no âmbito restrito desenvolvido entre o testamenteiro e o Ministério Público, ou um herdeiro e alguns dos interessados apenas. Verificando-se que uma das assinaturas é falsa, faculta-se à parte ingressar com a ação anulatória, embora a aprovação, ou o "cumpra-se", dentro dos termos do art. 503 do CPC, onde é afirmado que a sentença "tem força de lei nos limites da questão principal expressamente decidida".

---

9   Ob. cit., vol. XII, p. 220.
10 *Comentários ao Código de Processo*, ob. cit., tomo XVI, pp. 157, 158 e 159.

Cap. XXXIX | Conferência e Aprovação Judicial dos Testamentos • 535

c) Registro e arquivamento, e testamenteiro dativo

O registro faz-se no cartório onde se deu a apresentação. No mesmo cartório arquiva-se o testamento, isto é, nos respectivos autos de confirmação, com a remessa de cópia à repartição fiscal. Consta do § 2º do art. 735 do CPC: "Depois de ouvido o Ministério Público, não havendo dúvidas a serem esclarecidas, o juiz mandará registrar, arquivar e cumprir o testamento".

d) Compromisso do testamenteiro

Mesmo que a pessoa nomeada pelo testador tenha providenciado na apresentação do testamento, exige-se que preste o compromisso, posto que, desde então, resta evidente a responsabilidade pelo cargo, com todas as decorrências daí advindas.

Não constando testamenteiro indicado, ou se ele encontrar-se ausente, ou recusar o cargo, o juiz nomeará alguém, que prestará compromisso.

O CPC trata da matéria nos §§ 3º e 4º do art. 735, sem especificar o prazo para o testamenteiro assinar o termo, o qual virá fixado pelo juiz:

§ 3º: "Feito o registro, será intimado o testamenteiro para assinar o termo da testamentária".

§ 4º: "Se não houver testamenteiro nomeado ou se ele estiver ausente ou não aceitar o encargo, o juiz nomeará testamenteiro dativo, observando-se a preferência legal".

O significado de "ausência", quanto ao testamenteiro nomeado pelo testador, deve ater-se ao que não se encontra na comarca, ou está domiciliado em local distante daquele onde ocorreu a abertura da sucessão. Mostra-se impróprio e contrário ao andamento célere do testamento que seja aceita uma pessoa de outra localidade, o que dificulta inclusive o exercício da função, como a administração e defesa dos bens da herança, quando for o caso.

A nomeação recairá de preferência nas pessoas que designa o art. 1.984 do Código Civil: em primeiro lugar, no cônjuge sobrevivente que se encontra com a administração dos bens; ou em algum herdeiro, e merecendo preferência aquele que é instituído. Inclui-se, entre os preferidos, o convivente que mantinha efetiva união estável.

Depois disso, o escrivão extrairá cópia do testamento, autenticando-a, e recebendo-a o testamenteiro ou o herdeiro interessado. O CPC não contém regra específica. Todavia, o disposto no § 5º do art. 735 abrange tal conteúdo: "O testamenteiro deverá cumprir as disposições testamentárias e prestar contas em juízo do que recebeu e despendeu, observando-se o disposto em lei". Ao ordenar que o testamenteiro deve cumprir as disposições testamentárias, pressupõe a assinatura do termo de aceitação, e mais a extração de cópia.

Juntamente com a cópia do testamento e do termo de aprovação, possibilita-se o encaminhamento do inventário, isto é, o cumprimento. O herdeiro, ou o testamenteiro, ou os interessados no processo sucessório, apresentam legitimidade para essa providência.

Sem a verificação judicial do testamento, através do procedimento acima, nem o inventário pode o herdeiro ou legatário pretender. Constitui esta medida uma condição para o seu cumprimento, devendo o juiz, uma vez sabendo que o *de cujus* fez a disposição testamentária, sustar o andamento do inventário, aguardando a providência da juntada da referida cópia, e certidão do registro e arquivamento. Não é possível suprimir uma fase do processamento, integrante, sem dúvida, dos atos que levam ao cumprimento.

4. ABERTURA, REGISTRO E CUMPRIMENTO DO TESTAMENTO PÚBLICO

Tendo em conta as regras atinentes ao testamento cerrado, nenhuma dificuldade se oferece para o público, eis que aplicável o mesmo procedimento.

Não se dispensam a leitura e o exame de sua integridade e da não violação. No mais, receberá o juiz o testamento, já acompanhado de petição, onde se pede o registro e arquivamento. É necessário, pois, que o apresentante, em geral o testamenteiro, se dirija ao juiz, por meio de petição que será devidamente distribuída e autuada, para aqueles atos. Recebido o pedido, lavrado o termo, serão abertas vistas ao Ministério Público e, depois, profere-se despacho de aprovação, encerrando-se as formalidades com o registro e arquivamento.

Aconselhava Pontes: "O procedimento é o mesmo que se estabelece para o testamento cerrado (arts. 1.125 e 1.126). Portanto, recebendo-o, o juiz verifica se está intato, se dele constam a data e o lugar em que foi feito, e a competência do tabelião. Tem de ser lido, rubricado pelo juiz e lavrado o auto de apresentação, no que o apresentante tem de mencionar a data, o seu nome e como houve o herdado ou a certidão, o lugar do falecimento do testador e qualquer outra circunstância que mereça ser exposta (*e.g.*, os herdeiros foram buscá-lo, mas o testador lhes deixara uma carta em que disse onde se achava o traslado ou a certidão)".[11] Os arts. 1.125 e 1.126 correspondem ao art. 735 e ao seu § 2º do CPC/2015.

Depois de lavrado o termo de apresentação, intima-se o testamenteiro para prestar o devido compromisso e assumir o cargo. No entanto, se ele for o apresentante, já com o termo de apresentação toma-se o compromisso.

O procedimento acima extrai-se do 736 do CPC: "Qualquer interessado, exibindo o traslado ou a certidão de testamento público, poderá requerer ao juiz que ordene o seu cumprimento, observando-se, no que couber, o disposto nos parágrafos do art. 735". O art. 735 disciplina o testamento cerrado.

Ou seja, percorre-se o caminho delineado para o testamento cerrado, assim sintetizado por Sérgio Sahione Fadel, que aborda a matéria ao tempo da vigência do Código de 1973, mas que tem pertinência com a nova ordem:

"a) O juiz manda intimar o apresentante e fará com que o escrivão o leia em sua presença;

b) o juiz mandará lavrar em seguida o ato de abertura de conformidade com o parágrafo único do art. 1.125;

c) o juiz ouve o órgão do Ministério Público;

d) não havendo nulidade ou irregularidades essenciais, mandará o magistrado registrar, arquivar e cumprir o testamento".[12] O art. 1.125 corresponde ao art. 735 do vigente CPC.

5. CONFIRMAÇÃO DO TESTAMENTO PARTICULAR

Enfocam-se, neste assunto, a existência e validade do testamento particular – o qual não traz qualquer ato oficial a ensejar uma credibilidade em tão alto grau como nas outras formas existentes.

---

11 *Comentários ao Código de Processo Civil*, ob. cit., tomo XII, p. 183.

12 *Código de Processo Civil Comentado*, atualizado por J. E. Carreira Alvim, 7ª ed., Rio de Janeiro, Forense, 2003, p. 1.304.

Cap. XXXIX | Conferência e Aprovação Judicial dos Testamentos • **537**

Por ser esta modalidade de mais fácil elaboração, sem muitas solenidades ou formalidades, bastando a sua confecção pelo testador, com a presença de pelo menos três testemunhas, deve ser aferida em juízo, num procedimento que levará a trazer certeza e a remontar a sua facção.

Com efeito, ocorrendo o decesso do testador, deve-se confirmar o testamento, ou publicá-lo em juízo, com a intimação dos interessados e inquirição de, no mínimo, três testemunhas, as quais devem ter ouvido a sua leitura, e assinaram.

A confirmação, pois, impõe-se porque não intervém o tabelião, quer na aprovação, como acontece no testamento cerrado, quer na elaboração, que se verifica na forma pública. Clara a justificação ainda aplicável de José Olympio de Castro Filho: "Porque falta ao testamento particular a aprovação por tabelião, existente no testamento cerrado, ou a colaboração do tabelião, existente no testamento público, que são elementos reputados idôneos para a verificação de que o ato de última vontade foi efetuado espontaneamente, sem coação, e por pessoa capaz de exprimir sua vontade, torna-se necessária a comprovação em juízo desses requisitos mínimos para a sua validade, o que se faz através do procedimento de jurisdição voluntária a que foi dado o nome impróprio de confirmação do testamento particular".[13]

A crítica à denominação procede pelo menos parcialmente, eis que a finalidade do procedimento judicial, de jurisdição voluntária, não objetiva tanto provar o conteúdo do testamento, mas sim se foi elaborado livre e espontaneamente, e se as testemunhas realmente o assinaram.

Destacam-se os seguintes passos no procedimento para o seu reconhecimento judicial:

a) Intimação dos interessados.

O interessado – testamenteiro, ou herdeiro, ou legatário – ingressará com uma petição, anexando o testamento e a certidão de óbito do *de cujus*, requerendo a confirmação através das formalidades constantes na lei. O CPC condensa todo o processamento no art. 737, com a alteração de alguns dos elementos: "A publicação do testamento particular poderá ser requerida, depois da morte do testador, pelo herdeiro, pelo legatário ou pelo testamenteiro, bem como pelo terceiro detentor do testamento, se impossibilitado de entregá-lo a algum dos outros legitimados para requerê-la". Não se estabelece a leitura, posto que a exigência decorre da redação do art. 1.878 do Código Civil: "Se as testemunhas forem contestes sobre o fato da disposição, ou, ao menos, sobre a sua leitura perante elas, e se reconhecerem as próprias assinaturas, assim como a do testador, o testamento será confirmado". Dizendo "se as testemunhas forem contestes (...) ou, ao menos, sobre a sua leitura", e constituindo uma condição para a validade, decorre a necessidade da leitura e da ouvida das testemunhas pelo juiz.

Está, aí, o cerne da confirmação: a inquirição das testemunhas que, no mínimo, ouviram a leitura e assinaram. Não é exigido que elas remontem o conteúdo das disposições, ou o objeto do testamento. Sem relembrarem que ouviram a leitura e reconhecerem as assinaturas como próprias, não se logrará a confirmação.

Evidentemente, a petição virá instruída com a cédula do testamento particular, exigência que constava no regime processual anterior, e sendo uma consequência da publicação.

A publicação se faz em juízo, como consta do art. 1.877 do Código Civil: "Morto o testador, publicar-se-á em juízo o testamento, com citação dos herdeiros legítimos".

---

13 Ob. cit., pp. 165 e 166.

538 • Direito das Sucessões | *Arnaldo Rizzardo*

Intimam-se os herdeiros que não participaram do pedido de publicação, a teor do § 1º do art. 737: "Serão intimados os herdeiros que não tiverem requerido a publicação do testamento". Quanto ao testamenteiro, é indispensável porque deverá assumir o encargo. Já o Ministério público, a sua participação advém do § 2º do art. 737 do vigente CPC.

Justifica-se a indispensabilidade da intimação das pessoas referidas porque diretamente interessadas, e que são: os herdeiros que ficaram prejudicados com a deixa, ou que tiveram os quinhões diminuídos em razão do testamento; aqueles que foram instituídos, mas que não formularam o pedido de confirmação; o testamenteiro nomeado, e que também não teve participação no requerimento; e o representante do Ministério Público, existam ou não herdeiros menores ou incapazes. Não parece que existam outros interessados, exceto os representantes de incapazes.

Expunha Sérgio Sahione Fadel a razão da presença ou ciência dos interessados, com o depoimento das testemunhas: "A presença dos interessados é importante porque à vista dos depoimentos das testemunhas firmarão sua impressão pessoal para efeito de manifestação sobre o conteúdo do testamento".[14]

A intimação possui o sentido mais de citação, eis que se abre, posteriormente à inquirição, a oportunidade para a impugnação. Por isso, de rigor que se incluam no mandado a advertência do prazo de impugnação, que será de cinco dias, e a data da audiência, a partir da qual iniciará a fluir o prazo.

Se não conhecidas tais pessoas, ou algumas delas, leva-se a termo a intimação mediante edital, embora omisso a respeito o diploma processual civil, o que não acontecia no regime anterior.

Conveniente que se faça o encaminhamento da intimação por carta com aviso de recebimento, notificando a pessoa do testamento e das providências para a confirmação. Unicamente se não recebida a intimação, providencia-se a realização do ato por mandado judicial e, constatada a inexistência do endereço, ou a não localização da pessoa, o caminho será a efetivação por edital. De ressaltar que a intimação por edital dos herdeiros não encontrados constitui exigência para a regularidade da publicação e conformação do testamento ao devido processo legal.

Como se procederá a intimação por edital? No silêncio de explicitação, entende-se que servirá qualquer veículo de imprensa, tendo proeminência a imprensa do local onde é domiciliado ou residente o interessado. Na hipótese de pouca divulgação de um jornal da localidade, ou da região, utiliza-se a imprensa oficial, sempre obedecendo-se as regras processuais.

Não se requer a repetição ordenada para a citação constando do art. 257, inc. II, da lei processual civil: "São requisitos da citação por edital: (...) II – a publicação do edital na rede mundial de computadores, no sítio do respectivo tribunal e na plataforma de editais do Conselho Nacional de Justiça, que deve ser certificada nos autos".

b) Audiência de inquirição das testemunhas

Tal audiência é de real importância. Constava do art. 1.132 do CPC de 1973: "Inquiridas as testemunhas, poderão os interessados, no prazo de cinco 5 (cinco) dias, manifestar-se sobre o testamento".

---

14 *Código de Processo Civil Comentado*, Rio de Janeiro, José Konfino Editor, 1974, tomo V, p. 311.

Ilustrava Sérgio Sahione Fadel: "Para a inquirição das testemunhas que ouviram do testador a leitura do testamento particular e que o assinaram serão intimados: a) aqueles a quem caberia a sucessão legítima *ab intestatio*; b) o testamenteiro, os herdeiros e os legatários que não hajam requerido a publicação; o representante do Ministério Público".[15]

É omisso o CPC de 2015. A necessidade da ouvida emana do art. 1.878 do Código Civil, antes transcrito. Constando a dependência da confirmação de serem contestes as testemunhas sobre o fato da disposição, ou, ao menos, sobre a sua leitura perante elas, depreende-se a imprescindibilidade da inquirição, em audiência.

Por óbvio que devem ser notificadas todas as testemunhas, se existentes, ou se não comparecerem espontaneamente, para a sua inquirição.

Desde que existentes e conhecidas, é obrigatória a intimação e ouvida.

Qual o conteúdo de sua inquirição?

Como consta do art. 1.878, a confirmação depende da comprovação de requisitos, que se colhem de seu texto, o qual torna a ser transcrito para facilitar o entendimento: "Se as testemunhas forem contestes sobre o fato da disposição, ou, ao menos, sobre a sua leitura perante elas, e se reconhecerem as próprias assinaturas, assim como a do testador, o testamento será confirmado".

Eis os elementos que emergem:

I – a ouvida da leitura feita pelo testador;
II – a assinatura por elas da cédula;
III – o reconhecimento da autenticidade do testamento.

Ao condicionar a confirmação à exigência de serem contestes as testemunhas (indiscrepantes, uniformes), pressupõe-se a ouvida. Exige o dispositivo o reconhecimento da assinatura, o que somente é possível se realmente assinaram. E impondo que deponham sobre o fato da disposição, naturalmente se dá o reconhecimento da autenticidade.

Não se reclama que se lembrem do conteúdo da disposição testamentária, mas, também, é inadmissível que, se indagadas, refiram um objeto da disposição completamente distinto daquele que aparece na cédula. O reconhecimento da autenticidade não se resume apenas em reafirmar a ouvida da leitura, e do lançamento das assinaturas. Compreensível o esquecimento dos bens indicados como legados. Todavia, inadmissível a referência de coisas completamente distintas daquelas nomeadas no instrumento.

E para se chegar à autenticidade, indagará o juiz sobre os três itens acima, isto é, procurará aferir se ouviram a leitura; se as assinaturas lhes pertencem, conferindo-as com as outras; e se ainda recordam o conteúdo da disposição. Perguntará quanto à época da lavratura do ato, ao local onde ocorreu, e ao relacionamento com o testador.

Alcides de Mendonça Lima estendia para mais dados a inquirição, cujo atendimento enseja maior credibilidade: "Tudo o que for necessário esclarecer deverá ser objeto da inquirição, isto é, o que antes constava e qualquer outra matéria, a critério do juiz ou dos interessados, formulando perguntas a serem respondidas pelas testemunhas. A própria data do testamento, omitida no art. 1.645 do CC, entre os requisitos, e, também, no citado art. 532 do Código de 1939, deverá ser esclarecida, tanto quanto possível, ao menos

---

15 *Código de Processo Civil Comentado*, 7ª ed., atualizado por J. E. Carreira Alvim, ob. cit., p. 1.306.

540 • Direito das Sucessões | *Arnaldo Rizzardo*

por aproximação, para elucidar a idade do testador à época da elaboração do documento. Não houve, portanto, lacuna do Código, mas adoção de uma técnica que não pode ser censurada, pois prejuízo algum ocasiona para ser, ou não, confirmado o testamento".[16] Esclarece-se que o citado art. 1.645 equivale ao art. 1.876 do Código vigente.

Já Edson Prata ilustrava com um esquema prático os pontos de inquirição: "O juiz inquirirá as testemunhas, informando-se delas:

I – se o escrito é o testamento do *de cujus*;

II – se a assinatura nele contida é do testador;

III – se é sua a assinatura no testamento;

IV – se assinou juntamente com mais quatro testemunhas, além do testador;

V – se o testamento lhe foi lido em voz alta;

VI – em que data foi lido e assinado o testamento;

VII – se o testador estava em perfeito juízo ao testar".[17]

Acresce notar que não ficam impedidas as partes presentes de formular perguntas.

c) A impugnação pelos interessados

De acordo com o art. 1.132 do CPC/1973, no prazo de cinco dias oportunizavam-se as impugnações, que se restringiriam aos elementos necessários para a confirmação. Ou seja, pela lei anterior, as oposições limitavam-se à ouvida da leitura, ao lançamento das assinaturas e à autenticidade do testamento. Não significava que, posteriormente, ficassem alijados aqueles que tivessem interesse de ingressar com a anulação da verba testamentária, por vício de consentimento, ou quaisquer outras nulidades, não oportunizadas a sua aferição no momento do simples ato de confirmação.

O CPC em vigor não trouxe alguma norma a respeito. No entanto, subsidiariamente se aplicam as regras relativas ao procedimento de jurisdição voluntária, em obediência ao parágrafo único do art. 725: "As normas desta Seção aplicam-se, no que couber, aos procedimentos regulados nas seções seguintes". Ora, o procedimento de publicação e confirmação dos testamentos encontra-se na Seção V, que integra o mesmo Capítulo dos procedimentos de jurisdição voluntária. De modo que o prazo para a manifestação dos interessados é de quinze dias, de acordo com o art. 721 do atual CPC.

Acrescente-se, ainda, que, se atinente à matéria suscetível de alegação, ou enquadrada no âmbito de suscitação, não podem ser vedadas provas a serem produzidas para a demonstração das teses levantadas, como falsidade das assinaturas, ou ausência de leitura, ou inautenticidade do conteúdo do testamento. Até a prova pericial, visando confirmar que as assinaturas do testador e das testemunhas são verdadeiras.

Embora de jurisdição voluntária o procedimento especial, não é admissível a subtração ou o cerceamento do direito de produzir prova.

Aduz-se, outrossim, que em se omitindo os interessados na impugnação, dentro do prazo fixado, e nos limites permitidos para a controvérsia, opera-se evidente preclusão, não se admitindo, posteriormente, a suscitação – o que se estende ao Ministério Público.

---

16 Ob. cit., vol. XII, p. 261.
17 Ob. cit., vol. VII, p. 170.

Cap. XXXIX | Conferência e Aprovação Judicial dos Testamentos • 541

Estando previsto o momento para a contestação nas matérias assinaladas, desaparece o direito de nova oportunidade (art. 507 do CPC), mesmo porque a tolerância geraria intranquilidade nas relações jurídicas.

d) A decisão confirmatória

No sistema do Código de Processo de 1973, deviam existir três testemunhas contestes, isto é, conhecedoras dos fatos e idôneas, daquelas que ouviram a leitura e assinaram o testamento, que reconheçam a autenticidade do mesmo, com o que o juiz proferirá decisão confirmatória.

Assim vinha no então art. 1.133: "Se pelo menos três (3) testemunhas contestes reconhecerem que é autêntico o testamento, o juiz, ouvido o órgão do Ministério Público, o confirmará, observando-se quanto ao mais o disposto nos arts. 1.126 e 1.127". O atual CPC não reproduz a disposição do art. 1.133, eis que tem a mesma natureza de direito material, vindo disciplinada no art. 1.878 do Código Civil, exceto quanto ao número de testemunhas, que não aparece mencionado. Preceitua o dispositivo: "Se as testemunhas forem contestes sobre o fato da disposição, ou, ao menos, sobre a sua leitura perante elas, e se reconhecerem as próprias assinaturas, assim como a do testador, o testamento será confirmado".

Embora o ideal para a segurança da autenticidade do testamento reclame a confirmação por algumas testemunhas, o parágrafo único do art. 1.878 torna suficiente apenas uma testemunha, desde que a mesma reconheça o testamento: "Se faltarem testemunhas, por morte ou ausência, e se pelo menos uma delas o reconhecer, o testamento poderá ser confirmado, se, a critério do juiz, houver prova suficiente de sua veracidade".

A dispensa das outras duas depende do falecimento ou da ausência das mesmas, devendo entender-se esta como o desconhecimento do endereço, ou a sua não localização.

Deve incluir-se na mesma situação se as testemunhas tiverem perdido a capacidade ou o discernimento.

E se nenhuma testemunha for encontrada, ou existir, ou tiver discernimento? Ficará sem efeito o testamento?

O problema é delicado e exige reflexão. O melhor é remeter a matéria para as vias ordinárias, e lá procurar a reconstituição do testamento, posto que o testemunho não é prova insuprível. Isto desde que a morte, ou a incapacidade, ou qualquer outro fato que impossibilite o depoimento não era do conhecimento do testador, pois, do contrário, tinha ele condições de sanar a falta de elemento superveniente ao ato.

Não verificadas essas causas, torna-se imprescindível a ouvida das três testemunhas.

Por outras palavras, basta uma se desconhecidas ou não viverem mais as restantes, ou se perderam a capacidade, ou se não revelarem suficiente discernimento.

O testamento em circunstâncias excepcionais, como o isolamento do testador, o seu confinamento em razão de uma situação de perigo, o cárcere privado, o sequestro, dispensa a presença de testemunhas, porquanto inviabilizada a sua presença, vindo a previsão no art. 1.879 do Código Civil: "Em circunstâncias excepcionais declaradas na cédula, o testamento particular de próprio punho e assinado pelo testador, sem testemunhas, poderá ser confirmado, a critério do juiz".

Como regra geral, pois, somente reconhece-se a validade do testamento desde que as testemunhas reafirmem os requisitos impostos pela lei. Desde que prestem o depoimento, sendo elas conhecidas e lembrem do testamento, todas se consideram contestes.

542 • Direito das Sucessões | *Arnaldo Rizzardo*

Isto se ostenta fundamental, posto que se alguma delas desconhecer ou não identificar a sua assinatura, já induz a não confirmar o testamento. Não se pode pensar diferentemente, como pretendiam alguns intérpretes do estatuto civil revogado, que defendiam ser essencial o depoimento de três testemunhas sérias sobre a ouvida da leitura e as assinaturas, não importando que desconhecessem a natureza do ato a que assistiram, ou que não se identificassem reciprocamente.

Isto a menos que se provar que a testemunha mente, no dizer de Pontes de Miranda: "Pode ocorrer que uma das testemunhas não confirme a assinatura (...). Ora, provado que a testemunha mente, que é sua, pelo exame pericial, a assinatura que ela nega, e verdadeiros os fatos que procura inquinar de falsos, como fazer-se dependente de criminoso proceder de outrem a validade de fato tão relevante como o testamento? Se nega, e não há prova contrária, nem circunstâncias apreciáveis, então sim, não pode ser confirmado o ato".[18]

É natural que, proferida a decisão favorável à validade do testamento, mande o juiz registrar, arquivar e cumprir a disposição.

Não importa que não traga o diploma processual civil alguma disposição sobre a matéria.

Consoante já referido, apropriado é seguir o procedimento de jurisdição voluntária, em razão do parágrafo único de seu art. 725.

Mesmo que o testamenteiro tenha apresentado o testamento, a prestação de compromisso é necessária, visto que propriamente aí inicia o cargo, com a administração dos bens, se não há cônjuge supérstite, ou herdeiros necessários, e se em sua posse estiverem.

Na eventualidade de inexistir testamenteiro, ou de não aceitar o cargo aquele que foi nomeado, ou de encontrar-se o mesmo ausente, não sendo localizado, outro receberá a incumbência, competindo ao juiz fazer a nomeação – tudo de acordo com o procedimento ditado para o testamento cerrado.

6. CONFIRMAÇÃO DO TESTAMENTO MARÍTIMO, AERONÁUTICO, MILITAR, NUNCUPATIVO E DO CODICILO

Estas formas testamentárias foram suficientemente analisadas, restando, agora, estudar a sua confirmação judicial. Todas elas são particulares, ou predomina a instrumentalização particular, embora a possibilidade de serem o testamento marítimo, o aeronáutico e o militar escritos pelo comandante do navio, ou pelo comandante da aeronave, ou pelo comandante da tropa, ou outra pessoa que desempenhe a função de chefia, e que se encontre presente na embarcação, na aeronave ou em missão de guerra – arts. 1.888, 1.889 e 1.893, § 1º, da lei civil, o que não retira a característica de instrumentos particulares – arts. 1.890 e 1.893, ou de cerrados – arts. 1.890 e 1.894.

As regras para a confirmação do testamento particular aplicam-se às modalidades em questão, segundo decorre § 3º do art. 737 do CPC, que expressa: "Aplica-se o disposto neste artigo ao codicilo e aos testamentos marítimo, aeronáutico, militar e nuncupativo".

Deve acrescentar-se o testamento aeronáutico, introduzido pelo art. 1.889 do Código Civil de 2002, nestes termos: "Quem estiver em viagem, a bordo de aeronave militar ou comercial, pode testar perante pessoa designada pelo comandante, observado o disposto

---

18 *Comentários ao Código de Processo Civil*, ob. cit., tomo XVI, p. 203.

Cap. XXXIX | Conferência e Aprovação Judicial dos Testamentos • **543**

no artigo antecedente". O artigo antecedente cuida do testamento marítimo, autorizando o testamento perante o comandante, em presença de duas testemunhas.

Explica Sérgio Sahione Fadel segundo as regras do CPC/1973, mas com pertinência ao atual regime: "Aos testamentos marítimo, militar, nuncupativo e ao codicilo se aplicam as regras dos arts. 1.130 a 1.133, isto é, deverão ser lidos perante o juiz, na presença das testemunhas, citados os interessados e o órgão do Ministério Público. Uma vez inquiridas as testemunhas e ouvidos os interessados, no prazo comum de cinco dias, o juiz decidirá, confirmando ou não o testamento".[19] Os arts. 1.130 a 1.133 regulamentam o testamento particular, correspondendo ao art. 737 do atual CPC.

É razoável, nas modalidades marítima, aeronáutica e militar, o procedimento delineado para o testamento particular ou hológrafo, com a inquirição de testemunhas, para a finalidade de comprovar se estiveram ou não presentes, ouvindo a leitura do texto, ou assistindo a apresentação à autoridade que previu a lei encontrar-se no local, e para confirmarem se realmente assinaram o instrumento.

A comprovação da autenticidade do escrito requer rigor no exame dos elementos que vieram apresentados, máxime na inquirição das testemunhas.

Se o comandante de bordo ou a autoridade militar escreveu as declarações, há de se demonstrar que as mesmas foram realmente ditadas pelo testador, e na presença das testemunhas.

No caso de o testador haver escrito o documento, ou de outrem o ter escrito a rogo dele, as testemunhas devem narrar especificadamente a apresentação ao comandante de bordo, ou à autoridade então presente. Em se cuidando de militar, três serão as testemunhas, na hipótese de não constar a assinatura do testador por ser analfabeto ou encontrar-se impossibilitado na ocasião de assinar; bastam duas se souber assinar, ou não estiver impossibilitado de fazê-lo – art. 1.893 do Código vigente; se for marítimo ou aeronáutico, bastam duas testemunhas – art. 1.888.

Indispensável, também, a indagação das circunstâncias existentes quando da confecção do escrito, do local, da data, do momento, e demais dados, e inclusive quanto ao conteúdo do texto, para aferir a autenticidade.

De acordo com o modo de elaboração procura-se dirigir a produção da prova – o que, naturalmente, envolve a caracterização do tipo de testamento.

Nesse sentido, propugnava Alcides de Mendonça Lima, em magistério ainda aplicável: "Evidentemente que o juiz, ao receber o testamento especial, para mandar cumpri-lo e, consequentemente, executá-lo, terá de verificar se foram obedecidas as regras relativas à confirmação do testamento particular, nas quais se englobam, *mutatis mutandi*, as da seção anterior – da abertura, do registro e do cumprimento. Tanto faz o testamento ser ordinário (público, cerrado e particular), como especial (marítimo, aeronáutico e militar, inclusive o nuncupativo), como ser um codicilo, a atividade do juiz é a mesma no sentido de aferir a observância dos requisitos intrínsecos e extrínsecos em cada caso, para poder aplicar as normas procedimentais, ordenando, ou não, o cumprimento e posterior execução".[20]

Já consignava Leão Vieira Starling o conteúdo da sentença, e o procedimento ordinário em caso de alguma impugnação: "O juiz inquirirá, ele próprio, as testemunhas, e a

---

19 *Código de Processo Civil Comentado*, ob. cit., 2003, p. 1.309.
20 Ob. cit., vol. XII, p. 266.

544 • Direito das Sucessões | *Arnaldo Rizzardo*

sentença deverá declarar expressamente as disposições testamentárias a serem cumpridas. Se alguém contestar o testamento, o processo tornará o curso ordinário".[21]

No concernente ao testamento nuncupativo, feito perante duas testemunhas, durante o combate ou encontrando-se o disponente ferido, não há escrito algum, demandando, pois, uma prova segura, escorreita de dúvidas, precisa e clara – o que é difícil, principalmente para a apuração da vontade do testador. É, inquestionavelmente, complexa a situação, dada a real possibilidade de falcatruas e falsidades.

Já com referência ao codicilo, onde se dispõe sobre bens e assuntos de pouca importância, na verdade nem se impõe a confirmação em juízo, se aberto, diante da norma do art. 1.885 do Código Civil, que restringe a abertura em juízo unicamente se se encontrar fechado.

A confirmação, no entanto, constitui uma cautela que afastará qualquer dúvida, evitando futuras controvérsias. Vindo fechado, o procedimento mais apropriado será o alinhado para o testamento cerrado.

---

21 *Inventários e Partilhas*, 4ª ed., São Paulo, Saraiva, 1951, p. 247.

XL

O Inventário Judicial

1. A TRANSMISSÃO HEREDITÁRIA E A ENTREGA DOS BENS

Após o estudo de todas as questões atinentes à transmissão hereditária, passa-se agora ao procedimento judicial ou extrajudicial, através do qual o conjunto dos bens hereditários é entregue aos herdeiros. Em última instância, será analisada, no plano prático, a entrega de cada quinhão a quem possui direito, com a dedução prévia da parte exigida para a satisfação de obrigações e encargos.

Ressalte-se esta característica: não se trata de estudo da transmissão, mas sim da entrega, com a partilha, do patrimônio. Isto porque, pelo fenômeno da abertura da sucessão, os bens se transferem imediatamente de titularidade e da posse do falecido para a titularidade e a posse dos herdeiros, formando eles um condomínio ou uma comunhão na propriedade hereditária.

Apesar disso, na realidade apenas com o inventário efetua-se a transmissão concretamente, como lembra esta passagem de um antigo julgado, fulcrado na exegese do art. 1.572 do revogado Código Civil, cuja versão atual, mantendo o sentido, encontra-se no art. 1.784 do Código de 2002: "Pouco importa que entre os herdeiros existam menores, e que o art. 1.572 do Código Civil disponha que, aberta a sucessão, o domínio e a posse da herança transmitem-se, desde logo, aos herdeiros legítimos e testamentários, porque este princípio, ditado por motivo filosófico, qual o de se não conceber domínio e posse em suspenso, não estabelece uma transmissão real, mas apenas uma transmissão puramente jurídica e condicional, que alguns escritores consideram até mera ficção de direito, e que se pode desvanecer no decurso do inventário. Haja vista a hipótese do repúdio de herança, caso em que o repudiante se considera nunca ter sido herdeiro. Assim também no caso de o passivo exceder as forças da herança".[1]

Busca-se a apuração do patrimônio que ficou com a morte do *de cujus*, procedendo-se, depois, a sua divisão entre os herdeiros. Com a posterior partilha, opera-se a divisão dos bens, entregando-se as porções a cada herdeiro.

Esta a real importância do inventário: apurar o total dos bens que eram do falecido. Paga-se a totalidade das dívidas e dos encargos, para só depois chegar-se ao resultado líquido do monte partilhável.

---

1   RE nº 85.910-RJ, 03.04.79, *Lex – Jurisprudência do Supremo Tribunal Federal*, 7/148.

546 • Direito das Sucessões | *Arnaldo Rizzardo*

Em outro sentido, com a abertura da sucessão estabelece-se uma comunhão hereditária e com o inventário procura-se pôr termo a essa situação, o que se consegue mediante a partilha. Sérgio Sahione Fadel aprofundou a finalidade do inventário: "A abertura da sucessão em virtude do falecimento de uma pessoa que tenha bens e deixa herdeiros estabelece um estado de comunhão entre os herdeiros e sucessores quanto à herança. Estabelece-se, então, uma verdadeira comunhão de interesses e de interessados sobre um monte, até aí individido, que é a herança. Para pôr fim a tal situação, cujos inconvenientes são notórios à primeira vista, e restabelecer a propriedade do seu estado normal, a providência judicial que tem lugar é a partilha, através da qual se realiza a divisão da herança, ou seja, dos bens deixados pelo *de cujus*".[2]

2. DEFINIÇÃO DE INVENTÁRIO JUDICIAL

O próprio termo revela o significado de inventário: o levantamento de um patrimônio, ou de uma realidade, tudo se relacionando e descrevendo. O sentido etimológico, e mesmo comum, da palavra "inventário", por todos conhecida, sabe-se que expressa registro, rol, relação, catálogo, demonstrativo ou descrição de coisas ou atos. Mais aprofundadamente, estende-se Pontes para considerar o inventário como "a numeração e descrição dos bens móveis e de raiz, títulos, papéis, e dívidas ativas e passivas do defunto".[3]

Inventaria-se descrevendo um patrimônio, para, equitativamente, partilhá-lo depois.

Clóvis do Couto e Silva iniciou o estudo da matéria com esta consideração: "Inventário, em si mesmo, é a descrição de algo, pois inventariar, na acepção vulgar, é descrever alguns bens ou algumas dívidas". Mas, alcançando a real finalidade do inventário, acrescenta: "Através dele (do inventário), faz-se a descrição dos bens, verifica-se a existência de herdeiros e tudo é preparado para que se possa realizar a partilha. A importância maior está em considerar o inventário como um procedimento através do qual a massa de bens hereditários, que se constituem num patrimônio especial, em face do patrimônio de cada um dos herdeiros, é submetida a esse modo de apuração, de verificação e de pagamento, a fim de que se possa entregar aos herdeiros a herança livre de dívidas".[4]

O sentido etimológico da palavra é descrever ou numerar o que é encontrado, pois *venire* é "vir", "encontrar", "chegar". O prefixo *in* exprime "em", que unido ao verbo, resulta *invenire*, traduzindo-se como "achar-se em", "encontrar-se em". Já "inventário" compreende o resultado da ação de "encontrar-se", ou "achar-se", ou "chegar em" uma realidade e trazê-la à tona. No sentido próprio, é chegar em um bem e descrevê-lo, arrolá-lo e revelá-lo.

No processo sucessório, há um sentido amplo, abrangendo a descrição dos bens, a verificação dos herdeiros, e mesmo a posterior partilha.

Pontes estende-se na explicação dos termos, dentro da nomenclatura deste instituto: "Inventário significa, em geral, a descrição de alguma coisa (...) Ao ato de inventariar chama-se 'inventariação'; o cargo é de 'inventariante'; a função, 'inventariança', de formação recente, termo muito usado no Brasil, e não incluído, antes, em vocabulários oficiais".[5]

No sentido específico da lei, temos a única forma de instrumentalizar a transmissão dos bens que se dá com a morte de seu titular. Compreende o conteúdo vários atos, ao

---

2 *Código de Processo Civil Comentado*, vol. V, p. 124.
3 *Comentários ao Código de Processo Civil*, ob. cit., vol. XIV, 1977, p. 5.
4 Ob. cit., vol. XI, tomo I, p. 259.
5 *Comentários ao Código de Processo Civil*, ob. cit., vol. XIV, p. 3.

Cap. XL | O Inventário Judicial • **547**

cabo dos quais se dá a formalização da transmissão, e que se desenvolvem na descrição dos bens, na avaliação, liquidação e partilha entre os herdeiros e legatários, passando, também, pelo pagamento das obrigações e recolhimento dos impostos.

Na prática, ingressa-se com a ação de inventário, pedindo-se a sua abertura, a nomeação de inventariante, e procede-se à descrição dos herdeiros e do patrimônio ativo e passivo, com as citações dos que têm direito à herança, se não vier em conjunto o pedido. Prossegue-se, com as avaliações ou estimativas do patrimônio, a apresentação de negativas fiscais, o pagamento do imposto de transmissão *causa mortis*, a formulação dos pedidos de quinhões, a formalização do esboço de partilha, as últimas declarações e o lançamento definitivo da partilha, indo, depois de pago o imposto, para a homologação pelo juiz. Por último, extraem-se os formais. À ação se dá o valor correspondente ao montante do preço dos bens, excluída a meação, se houver, conforme orienta o STJ: "No processo de inventário, a Taxa Judiciária deve ser calculada sobre o valor dos bens deixados pelo *de cujus*, excluindo-se a meação do cônjuge supérstite. Não se enquadra no conceito legal de herança a meação pertencente ao cônjuge sobrevivo".[6]

Acontece que a meação não integra o patrimônio do *de cujus*, não podendo, inclusive, servir de base para o cálculo das custas.

3. CARÁTER DA AÇÃO DE INVENTÁRIO JUDICIAL

Parece que há uma preponderância de imprimir o caráter de jurisdição voluntária ao inventário judicial, posto que as questões de alta indagação serão resolvidas em outro processo, ou nas vias ordinárias, segundo o art. 612 do Código de Processo Civil.

No entanto, inúmeros os atos com predominância da natureza contenciosa que reclamam um juízo próprio distinto. Assim, a impugnação até de herdeiros, o ato da perícia de avaliação, a inquirição de testemunhas etc. Ademais, todos os herdeiros e interessados serão citados, não se adaptando para tanto o processo de inventário. Sob este aspecto, ou seja, da remessa a um procedimento próprio da questão controvertida, a matéria merecerá exame em momento posterior.

Sérgio Sahione Fadel sustenta, apoiado na doutrina então vigente, o caráter misto, com partes de natureza administrativa ou voluntária, e aspectos de natureza contenciosa: "A verdadeira natureza do processo judicial de inventário é mista, ou seja: administrativa, na parte da apuração da monta; contenciosa, com base na controvérsia entre os herdeiros, embora as contestações não tornem a forma de litígio, própria das ações comuns, e principalmente no referente à partilha, dadas as consequências da sentença respectiva, em nada importando o fato de se processar tudo *inter volentes*".[7]

Ressalta, também, a natureza cognitiva, visto que há as declarações iniciais, feitas pelo inventariante, nominando-se os herdeiros, descrevendo-se os bens, relacionando-se as dívidas, e elencando os credores e os devedores. Não parece, pois, tratar-se uma ação unicamente declaratória, ou condenatória.

Encontra-se a matéria na Parte Especial, Livro V, Título IV, do Código Civil.

No Código de Processo Civil, a matéria está desenvolvida na Parte Especial, Livro I, Título III, Capítulo VI.

---

6   REsp. n° 343.718/SP, da 2ª Turma, j. em 19.05.2005, *DJU* de 20.06.2005.
7   *Código de Processo Civil Comentado*, ob. cit., 2003, vol. V, p. 125.

4. INVENTÁRIO E PARTILHA

Já se observou quanto ao sentido de "inventário". Em relação à "partilha", o significado é do conhecimento comum. Compreende, numa primeira percepção, a divisão de um patrimônio a várias pessoas.

No entanto, no caso do processo de inventário, do qual é parte integrante, existem nuances próprias.

Sabe-se que, ocorrendo a morte de uma pessoa, os seus sucessores recebem a universalidade do patrimônio. Todos participam do monte-mor, sem a individuação da parte de cada um.

Depois, com o inventário, a herança fraciona-se entre os herdeiros, embora conservando-se em comunhão os quinhões, geralmente de modo indiviso. Realmente, cada herdeiro receberá uma parte dentro do todo. Daí afirmar Pontes de Miranda: "Partilha é a atribuição da parte de cada comuneiro (...) Não há confundi-la, portanto, com a divisão, que atinge o bem e o faz dois ou mais".[8] Também perfeita a definição de Pinto Ferreira: "Partilha é a repartição da herança em quinhões entre todos os herdeiros ou legatários do finado".[9]

Este aspecto mostra-se essencial. Enganam-se os que veem na partilha uma divisão. Nem sempre há divisão. Esta compreende o desfazimento da comunhão na universalidade, não nos bens; ou ocorre quando se reparte um bem, e entregam-se as porções a quem tem direito a elas. Pode-se conceber como divisão quando se entregam bens a cada titular, ou quando os bens são divisíveis. Mesmo assim, porém, destaca-se um bem, ou uma fração, dentro do todo ou do monte hereditário.

Com a partilha, opera-se a extinção da comunhão dentro da herança, pois os herdeiros recebem as frações, ou individualizam-se os montantes. Mas não cessa a comunhão no bem, ou nos bens. No mínimo, a divisão não é a regra.

Ocorre normalmente a atribuição de quotas sobre o patrimônio. Daí aparecer, no formal de partilha, uma quota, em valor econômico, sobre o total do patrimônio líquido, e que será satisfeito em um ou mais bens. Mas a quota tem em conta a universalidade do patrimônio, fazendo com que cesse a comunhão pelo fato de se destacarem as frações – o que nada repercute na divisão dos bens, exceto se há um único herdeiro, ou herdeiro universal, quando todo o patrimônio lhe cabe. Não existe comunhão com um só titular.

De acrescentar que a partilha necessariamente faz parte do procedimento do inventário, como lembra Ney de Mello Almada.[10] Com efeito, uma vez realizado o inventário, com a descrição do patrimônio, a relação dos herdeiros, das dívidas ativas e passivas, apresenta-se o esboço da partilha, lavrando-se, depois, o competente termo – tudo nos mesmos autos, ou no mesmo procedimento processual.

5. A OBRIGATORIEDADE DO INVENTÁRIO

Não mais se apresenta controvertida a matéria quanto ao inventário extrajudicial, e quanto à partilha feita em vida do titular do patrimônio. A partilha pelo proprietário não passa de doação, devendo revestir a forma desta figura.

---

8 *Comentários ao Código de Processo Civil*, ob. cit., vol. XIV, p. 6.
9 *Inventários, Partilhas e Ações de Herança*, ob. cit., p. 101.
10 Ob. cit., vol. II, p. 249.

Cap. XL | O Inventário Judicial • **549**

O art. 982 do Código de Processo Civil de 1973, em redação da Lei nº 11.441, de 4 de janeiro de 2007, impunha o inventário, que seria judicial ou extrajudicial:

"Havendo testamento ou interessado incapaz, proceder-se-á ao inventário judicial; se todos forem capazes e concordes, poderá fazer-se o inventário e a partilha por escritura pública, a qual constituirá título hábil para o registro imobiliário".

O Código de Processo Civil de 2015, no art. 610 e em seu § 1º, reproduz, com palavras diferentes, a regra, ao mesmo tempo que acrescenta mais uma modalidade de confecção, que é a escritura pública:

"Havendo testamento ou interessado incapaz, proceder-se-á ao inventário judicial.

§ 1º Se todos forem capazes e concordes, o inventário e a partilha poderão ser feitos por escritura pública, a qual constituirá documento hábil para qualquer ato de registro, bem como para levantamento de importância depositada em instituições financeiras".

A citada Lei nº 11.441 autorizou a realização de inventário, partilha, separação consensual e divórcio consensual pela via administrativa. Restritamente ao inventário, finalmente permitiu que se fizesse de forma extrajudicial, ou seja, administrativamente, sem a necessidade do referendo judicial, acatando-se uma tendência que já era defendida desde o começo da vigência do Código Civil anterior. Parte considerável da doutrina sempre propugnou pela dispensa da via judicial, mas encontrava oposição especialmente de órgãos de advogados, por motivos ligados à atividade profissional, que ficaria reduzida se não admitida a participação do advogado. No entanto, a sua presença era exigida no § 1º do art. 982 do estatuto processual revogado, e também é imposta no § 2º do art. 610 do atual CPC, fator que afastou ou diluiu as resistências, rezando: "O tabelião somente lavrará a escritura pública se todas as partes interessadas estiverem assistidas por advogado comum ou advogado de cada uma delas ou por defensor público, cuja qualificação e assinatura constarão no ato notarial".

Atualmente, o inventário extrajudicial tem significado diferente do que vigorava antes, quando expressava a partilha amigável, feita por escritura pública, ou termo nos autos, ou mediante escrito particular, mas que dependia do ato homologatório do juiz. Sentido este que consta no art. 2.015 do Código Civil: "Se os herdeiros forem capazes, poderão fazer partilha amigável, por escritura pública, termos nos autos do inventário, ou escrito particular, homologado pelo juiz". Explicava Clóvis do Couto e Silva que "estas modalidades constituíam um contrato, cujo conteúdo, por serem capazes as partes, depende única e exclusivamente de seu alvedrio. Na partilha convencional pode, em consequência, haver transferência de direitos hereditários de todos os herdeiros a um só deles, ou a um terceiro, cessão gratuita dos aludidos bens, ou até mesmo composição com o credor, com a cessão, para ele, de todos os herdeiros, do patrimônio hereditário, reposições que são consideradas conceitual e fiscalmente como compra e venda, e cuja validade sempre se admitiu".[11]

O Código de Processo Civil de 1939, no art. 512, parágrafo único, também autorizava essa forma extrajudicial.

O art. 1.031 do Código de Processo Civil de 1973, em texto da Lei nº 11.441, dirimiu quaisquer dúvidas, ao referir o disposto no art. 2.015 do vigente Código Civil, e ao impor a homologação pelo juiz: "A partilha amigável, celebrada entre partes capazes, nos termos do art. 2.015 da Lei nº 10.406, de 10 de janeiro de 2002 – Código Civil, será homologada

---

11 Ob. cit., vol. XI, tomo I, p. 262.

de plano pelo juiz, mediante a prova da quitação dos tributos relativos aos bens do espólio e às suas rendas, com observância dos arts. 1.032 a 1.035 desta Lei".

A versão correspondente, no CPC de 2015, está no art. 659: "A partilha amigável, celebrada entre partes capazes, nos termos da lei, será homologada de plano pelo juiz, com observância dos arts. 660 a 663". O art. 660 trata dos elementos que terá o pedido de inventário. O art. 661 dispensa a avaliação, exceto quando necessária a reserva de bens para atender os credores. O art. 662 afasta a discussão relativamente a questões ao lançamento, ao pagamento ou à quitação de taxas judiciárias e de tributos incidentes na transmissão. O art. 663 autoriza a homologação da partilha mesmo existindo credores, desde que reservados bens suficientes para o pagamento das dívidas.

De acordo com a Lei nº 11.441/2007, tendo se consolidado no CPC de 2015, não se faz mais necessário o ingresso judicial da abertura de inventário, facilitando em muito a partilha e a concretização da transferência do patrimônio do *de cujus* aos herdeiros. Não se aboliram, no entanto, as formas do transcrito art. 2.015, mas que ficaram esvaziadas ou sem finalidade, já que mais facilmente se alcança o mesmo resultado com a mera escritura pública.

A fim de evitar confusão, a súmula da Lei nº 11.441/2007 utilizou a expressão "via administrativa". Em verdade, nas hipóteses do art. 2.015, a partilha é extrajudicial, e não o inventário propriamente dito.

Unicamente quando da existência de testamento, ou de incapazes, ou de falta de acordo, é obrigatória a via judicial.

Na existência de testamento, entretanto, passou a entender-se a possibilidade da escritura pública, bastando, em passo posterior, a mera homologação pelo juiz.

Numa exegese mais coerente, nem se faz necessária a homologação judicial. Desde que devidamente cumprido e registrado na via judicial o testamento, admite-se o processamento extrajudicial, sempre se atendendo as disposições testamentárias.

Os herdeiros, por meio de um único advogado, ou através de advogado próprio de cada herdeiro, ou que alguns nomearem, ou por defensor público, encaminharão minuta ao tabelião, com os mesmos elementos exigidos para o inventário ou arrolamento judicial, isto é, com a narrativa dos fatos, consistente na morte do autor da herança, na indicação dos herdeiros e do cônjuge (se for o caso), na descrição dos bens, na sua estimativa econômica, e com a previsão ou o plano de partilha. Apresentam-se as negativas fiscais e colhe-se a estimativa dos bens perante a Fazenda Pública, com o posterior recolhimento do tributo devido. Somente após essas providências lavra-se a escritura pública da partilha, tal como acontece nos atos das escrituras de compra e venda.

Como se retira do art. 610 do CPC, depreendem-se destacadas as situações que exigem o processamento judicial. Não configuradas, o § 1º autoriza a opção pela escritura pública, não importando o valor do patrimônio, e nem se existem cessões, desistências ou renúncias, desde que esses atos representem a expressa manifestação das vontades, e importem o recolhimento do imposto devido.

A função do tabelião não se apresenta fácil. Cabe-lhe examinar a minuta, os documentos apresentados, a vontade das partes, a capacidade dos interessados ou herdeiros, a existência da igualdade na partilha, a incidência do tributo, a verificação do recolhimento do imposto, exigir a prova da situação fiscal, e outras formalidades, de modo a não permitir qualquer irregularidade. A desconformidade com a lei importará na recusa em elaborar a escritura, encaminhando-se as partes à busca de solução judicial.

Cap. XL | O Inventário Judicial • 551

Seja o procedimento judicial ou extrajudicial (administrativo), desponta a unicidade no inventário e na partilha. Na prática, um único é o processo ou o ato, e tem-se a partilha como etapa do inventário, embora a discordância e as críticas de Pontes: "Alguns escritores, diante da referência a inventário e partilha e da fase final em que se partilham os bens (Código de Processo Civil, arts. 1.022 e 1.045), caem no erro de considerar 'inventário' o inventário e a partilha, como se o fato de ser um só processo fundisse as duas ações. Há inventários em que não se chega à partilha. O inventário é, necessariamente, judicial, ao passo que a partilha pode ser amigável (art. 1.029)".[12] Os arts. 1.022 e 1.045 correspondem aos arts. 647 e 673 do CPC atual.

A ninguém escapa a diferença entre inventário e partilha, processando-se esta depois daquele, ou depois de historiar a situação dos herdeiros e patrimonial, exceto em alguns casos, quando se faz conjuntamente. Mesmo assim, sempre são descritos os herdeiros e os bens. Depois parte-se para a atribuição das porções, isto é, para a partilha, que é uma sequência do inventário.

6. INVENTÁRIO NEGATIVO

Muito se comenta sobre a necessidade ou não de ingressar com o inventário, quando não há patrimônio, nem dívidas ou obrigações.

O processualista Aldyr Dias Vianna conceitua o inventário positivo ou negativo: "O inventário é positivo ou negativo. Positivo, quando há bens a inventariar e partilhar; negativo, quando inexistem bens".[13]

A única finalidade, ou a mais comum, do inventário negativo é eliminar um impedimento matrimonial. Em consonância com o art. 1.641, inc. I, combinado com o art. 1.523, inc. I, do Código Civil, impõe-se o regime obrigatório de separação de bens do viúvo ou da viúva, que tiver filhos do cônjuge falecido, a menos que procedido o inventário, e partilhados os bens herdados. Permite-se, pois, a escolha do regime de comunhão universal unicamente se já procedido o inventário e se partilhados os bens.

E caso não haja patrimônio, como se faz a prova? Através do inventário negativo. O cônjuge ou companheiro supérstite ingressa com uma petição, historiando o decesso do outro cônjuge, referindo os herdeiros filhos e observando a completa inexistência de bens.

Após algumas providências, o juiz proferirá uma decisão, na qual declarará a inexistência de bens, ou a negatividade do inventário. Constitui uma decisão declarativa quanto ao seu objeto. O aparecimento de bens não ofende a coisa julgada material. Admite-se a abertura de inventário, então positivo.

Pinto Ferreira traça as linhas do procedimento processual: "Ele consiste na petição inicial, instruída devidamente com a certidão de óbito, que será despachada pelo juiz, nomeando também o inventariante, termo de declarações preliminares, ouvindo-se em seguida os curadores de órfãos e de ausentes, ou o curador geral, caso não exista especialização de curadores, e se existem órfãos ou ausentes sucessíveis. O representante do Ministério Público também deve ser ouvido. No inventário negativo pode haver prova testemunhal. Não havendo reclamação nem impugnação, os autos serão conclusos ao juiz, para julgar por sentença como encerrado o inventário por falta de bens".[14]

---

12 *Comentários ao Código de Processo Civil*, ob. cit., tomo XIV, p. 10.
13 *Lições de Direito Processual Civil*, Rio de Janeiro, Editora Forense, 1985, vol. 2, p. 895.
14 *Inventários, Partilhas e Ações de Herança*, ob. cit., p. 7.

Esclarecedora, ainda, a descrição de Dionysio Gama: "O cabeça-de-casal ou qualquer herdeiro, a quem isso possa interessar, deve comparecer em juízo, requerendo ao respectivo juiz sejam tomadas por termo as declarações referentes ao nome do falecido, dia, hora, e lugar do falecimento, constante da respectiva certidão de óbito, que exibirá para ficar junto aos autos; nomes, idades e estado civil dos filhos do casal e a afirmação da não existência de quaisquer bens para serem inventariados e partilhados. Deferida a petição, o escrivão lavrará o termo das declarações".[15]

Presta-se, também, a providência para demonstrar a inexistência de qualquer patrimônio em nome do falecido, se um credor procurar receber algum crédito, ou ressarcir-se de obrigação pendente quando da morte do devedor.

Não há dispositivo de lei que imponha o chamado inventário negativo – figura que surgiu ou se consagrou por uma praxe forense. Nesta ordem, não se mostra legal a exigência de apresentação de documento comprovando o inventário negativo, caso o cônjuge sobrevivente pretenda contrair novas núpcias pelo regime de comunhão de bens. Basta unicamente a declaração de inexistência de bens, posto que merece crédito a afirmação neste sentido. Presumem-se de boa-fé as manifestações das pessoas, até prova em contrário.

Aliás, há quem não admite tal inventário, se não presente algum motivo ou interesse bem definido, como se depreende das seguintes passagens de um julgamento: "A exigência legal para que possam ser contraídas segundas núpcias sob o regime de comunhão é a feitura do inventário dos bens do casal e dação de partilha aos herdeiros. Não havendo bens, não há condição a satisfazer. O chamado inventário negativo não é condição para que as segundas núpcias possam ser convoladas sob o regime de comunhão (...)

Em determinados casos, em situações particularíssimas, pode haver necessidade do chamado inventário negativo, pois os fatos da vida são muito mais ricos e variados do que podemos imaginar". Todavia, "na hipótese em que o requerente não aponta nenhum fato concreto e objetivo que demonstre seu interesse em processar o inventário", há "falta de interesse processual", sequer devendo seguir o processo.[16]

7. A INSOLVÊNCIA DO ESPÓLIO

Tantas podem ser as dívidas e obrigações do espólio, que não bastem os bens para o devido pagamento. A caracterização da insolvência vinha delineada a partir do art. 748 do Código de Processo Civil de 1973, sendo que as disposições não vieram repetidas no CPC de 2015. Todavia, o seu art. 1.052 estabelece que, até a edição de lei específica, as execuções contra devedor insolvente, em curso ou que venham a ser propostas, permanecem reguladas pelo Livro II, Título IV, do CPC de 1973 – arts. 748 a 786-A, sendo desenvolvido longamente o procedimento. Dentre os habilitados a pedir a declaração de insolvência, segundo o preceituado nos incs. II e III do art. 753, encontram-se o devedor e o inventariante do espólio do devedor. Por conseguinte, os herdeiros acham-se na posição do devedor, pois a eles transmitem-se os bens e as dívidas desde o momento da abertura da sucessão. Salienta-se, numa antiga decisão, que o "patrimônio do devedor é a garantia comum dos credores. Com seu falecimento, não se altera o direito destes, pelo qual responde a herança, como um devedor solidário. Como ensina Dias Ferreira, citado

---

15 *Inventários e Partilhas*, 2ª ed., São Paulo, Livraria Acadêmica Saraiva & Cia, 1926, pp. 35 e 36.
16 Apel. Cív. nº 587009101, da 1ª Câmara cível do TJRGS, 25.08.87, *Revista de Jurisprudência do RGS*, 126/336.

Cap. XL | O Inventário Judicial • 553

por Astolpho de Rezende, 'enquanto a sucessão forma uma entidade indivisa, respondem pela totalidade da dívida os herdeiros do devedor solidário, porque à dívida por inteiro era obrigado o autor da herança; e porque a ação, neste caso, se dirige, não contra os herdeiros, mas contra a sucessão' (*Manual do Código Civil Brasileiro*, vol. XX/422, nº 257). Somente depois da partilha é que o direito de cada coerdeiro fica caracterizado e se transforma em propriedade de coisas certas, propriedade que, pelo efeito declaratório da partilha, retroage à data da abertura da herança".[17]

Como princípio básico e pressuposto da insolvência, está o fato de que os débitos são superiores ao valor dos bens.

Os herdeiros não respondem por encargos superiores às forças da herança. Não se confundem o patrimônio próprio do herdeiro com o havido por via hereditária. Ambos não formam um único todo. A insolvência, pois, envolve apenas o patrimônio havido por sucessão – o que é regra de direito material.

Se a insolvência, porém, for do herdeiro, os bens que entram no concurso abrangem os hereditários, ou aqueles a partilhar. E tanto o credor, quanto o próprio herdeiro, que é o devedor, legitimam-se para pedir a insolvência. Mas se o espólio for o devedor, e caracterizando-se a insolvência, aí o herdeiro, o inventariante, o credor e o próprio testamenteiro colocam-se na posição de habilitados ao pedido. Nessa linha a doutrina de Clóvis do Couto e Silva: "Nosso CPC permite que possam requerer a declaração de insolvência o devedor, o inventariante do espólio, sendo o espólio sinônimo de herança, e, naturalmente, o credor.

Admitindo-se que o devedor possa requerer a declaração de insolvência, é fora de dúvida que também pode fazê-lo o herdeiro, sobretudo se ainda não tiver sido requerido o inventário, devendo citar-se os demais coerdeiros.

Afora o herdeiro, pode fazê-lo o inventariante, desde que não seja dativo, e também o testamenteiro, na hipótese do art. 1.754 do CC, isto é, se está na posse e administração da herança".[18] Advirta-se que o art. 1.754 corresponde ao art. 1.977 do CC/2002.

Credor pode ser também o herdeiro, desde que credor da herança. Do mesmo modo o legatário, se credor do espólio por dívida constituída, e não do legado. Cabe-lhe o direito ao legado somente depois que forem satisfeitas as obrigações junto a terceiros.

A insolvência não se desenvolverá nos autos do inventário, mas no mesmo juízo onde é processado. Fica sobrestada unicamente a partilha – eis que inútil a sua realização, já que os bens serão todos absorvidos no pagamento das dívidas.

8. O FORO DO INVENTÁRIO

Cumpre detalhar várias situações, posto que a matéria apresenta nuances nem sempre de fácil solução. É preciso especificar a questão do domicílio, ou da residência, ou do local do óbito. Há ocasiões em que domina um ou outro desses fatores, além de outros, como na hipótese de bens de estrangeiro, sitos no Brasil ou no exterior.

8.1. Competência pelo domicílio, ou pela residência, ou pelo local da situação dos bens

O último domicílio do *de cujus* determina onde se processará o inventário. A respeito, constava do art. 1.770 do Código Civil de 1916 previsão específica, ordenando a

---

17 RE nº 85.910-RJ, 03.04.79, *Lex – Jurisprudência do Supremo Tribunal Federal*, 7/148.
18 Ob. cit., vol. XI, tomo I, p. 274.

554 • Direito das Sucessões | *Arnaldo Rizzardo*

obediência às leis em vigor no domicílio do falecido, no que não veio adotado no Código de 2002, por se tratar de regra processual.

No entanto, manteve-se uma norma de cunho processual, sobre o lugar da abertura da sucessão, que está no art. 1.785 do Código Civil: "A sucessão abre-se no lugar do último domicílio do falecido".

De modo claro, está a matéria disciplinada no Código de Processo Civil. Seu art. 48 adiciona as hipóteses de tal competência: "O foro de domicílio do autor da herança, no Brasil, é o competente para o inventário, a partilha, a arrecadação, o cumprimento de disposições de última vontade, a impugnação ou anulação de partilha extrajudicial e para todas as ações em que o espólio for réu, ainda que o óbito tenha ocorrido no estrangeiro".

De modo que a competência define-se pelo lugar do domicílio.

A caracterização de domicílio é de importância. Constitui o mesmo o lugar onde a pessoa estabelece a sua residência com ânimo definitivo.

Há inúmeras regras, além das referidas, que determinam o domicílio, em cuja circunscrição judiciária se fará o inventário. Vêm elas resumidas por Wilson de Oliveira, revelando-se ainda pertinentes:

"Os incapazes têm por domicílio o dos seus representantes (Código Civil, art. 36)." O dispositivo teve a regra reproduzida no parágrafo único art. 76 do atual Código.

"A mulher casada tem por domicílio o do marido, salvo se estiver desquitada, ou lhe competir a administração do casal (Código Civil, art. 36, parágrafo único)." Por revelar-se discriminatória a regra, não consta reproduzida pelo atual Código.

"Os funcionários públicos reputam-se domiciliados onde exercem as suas funções, não sendo temporárias, periódicas ou de simples comissão, porque, nestes casos, elas não operam mudança no domicílio anterior (Código Civil, art. 37)." O teor do preceito consta no parágrafo único do art. 76, do Código de 2002, em forma mais sintetizada, pois estabelece que o domicílio é determinado pelo exercício permanente das funções.

"O domicílio do militar em serviço ativo é o lugar onde servir (Código Civil, art. 38)." Encontra-se esta espécie de competência no parágrafo único do art. 76 do Código em vigor, com a especificação de que sendo o militar da Marinha ou da Aeronáutica, a competência se dá pelo lugar da sede do comando a que se encontrar imediatamente subordinado; já no caso do pessoal marítimo, ou de classe diferente da Marinha, dá-se a competência do lugar onde o navio estiver matriculado.

(...)

"O preso, ou desterrado, tem o domicílio no lugar onde cumpre a sentença, ou desterro (Código Civil, art. 40)." No Código de 2002, no parágrafo único do art. 76, consta idêntico conteúdo da competência quanto ao preso, que é o lugar onde cumprir a sentença.

"O ministro ou agente diplomático do Brasil que, citado no estrangeiro, alegar extraterritoriedade, sem designar onde tem no país o seu domicílio, poderá ser demandado no Distrito Federal ou no último ponto do território brasileiro, onde o teve (Código Civil, art. 41)".[19] O Código em vigor repete no art. 77 a regra, mas referindo-se unicamente ao agente diplomático.

Como se percebe, a determinação do domicílio envolve situações especiais.

---

19 *Inventários e Partilhas*, 5ª ed., São Paulo, Editora Saraiva, 1987, p. 8.

Cap. XL | O Inventário Judicial • 555

Sendo diversas as residências nas quais alguém intercala sua moradia, ou afigurando-se vários centros de ocupações habituais, define-se o domicílio por qualquer das residências, ou dos centros de ocupações, de acordo com o art. 71 do Código Civil, redigido nestes termos: "Se, porém, a pessoa natural tiver diversas residências, onde, alternadamente, viva, considerar-se-á domicílio seu qualquer delas". Regra aplicada pela jurisprudência: "Possuindo o de cujus vários domicílios, qualquer das comarcas é competente para a abertura e processamento do inventário dos bens por ele deixados".[20]

Destaca-se, ainda, o art. 73 da lei civil: "Ter-se-á por domicílio da pessoa natural, que não tenha residência habitual, o lugar onde for encontrada".

Para efeito sucessório, deve-se entender o lugar onde se deu o óbito, pois a interpretação do dispositivo se dá em combinação com o art. 96, parágrafo único, inc. II, do diploma processual civil de 1973. No CPC que sobreveio pela Lei nº 13.105, havendo diversas residências, ou não sendo o domicílio certo, apresenta o parágrafo único do art. 48 três situações, com a respectiva solução: "Se o autor da herança não possuía domicílio certo, é competente:

I – o foro de situação dos bens imóveis;

II – havendo bens imóveis em foros diferentes, qualquer destes;

III – não havendo bens imóveis, o foro do local de qualquer dos bens do espólio".

Melhor é considerar que as regras dos arts. 71 e 73 e mesmo outras, não se aplicam em Direito sucessório.

Assim, não existindo domicílio certo, quando diversas as residências, ou vários os centros de ocupações habituais, o foro competente não será qualquer uma das residências, ou dos centros de ocupações habituais; define-se a competência do foro pelo lugar "da situação dos bens", eis que assim ordena o art. 48, parágrafo único, incs. I e II, do atual CPC.

E localizando-se bens em diversos locais, mas não imóveis, não havendo domicílio certo, firma-se o foro "do local de qualquer dos bens do espólio", de acordo com o inc. III do parágrafo único, do mesmo art. 48. Afastado, pois, o art. 73 da lei civil, que estabelece o domicílio do lugar onde a pessoa é encontrada, se não possuir residência certa.

Resumindo, o foro será: o do domicílio, ou o do lugar onde se encontrem os bens, se não há domicílio certo. A definição da competência, pois, segue as situações do parágrafo único do art. 48.

O juiz que primeiro conhecer do inventário define a competência se há bens em vários lugares, como orienta a jurisprudência: "Determina-se a competência por prevenção do juiz que primeiro conheceu do inventário, quando, ante a existência de duplo domicílio do autor da herança, com bens em vários municípios de diferentes Estados, com óbito verificado em comarca diversa das dos domicílios e da situação dos bens, se conflitam positivamente os juízes dos dois domicílios do falecido".[21]

Se os juízes em conflito tomaram conhecimento da inicial no mesmo dia, prevalece a competência do juízo onde primeiro foi prestado o compromisso de inventariante.[22]

---

20 *Revista dos Tribunais*, 674/92.
21 Conflito de Competência nº 6.539-9-RO, da 2ª Seção do STJ, j. em 9.03.1994, *DJU* de 11.04.1994. Seguindo a orientação, também o Conflito de Competência nº 23.773-TO, da 2ª Seção do STJ, j. em 10.02.1999, *DJU* de 05.04.1999.
22 Conflito de Competência nº 7.487-PA, do TFR da 1ª Seção, j. em 27.03.1989, *DJU* de 03.05.1989.

556 • Direito das Sucessões | *Arnaldo Rizzardo*

Útil lembrar que, em matéria de sucessões, a competência é relativa, na esteira de decisão do STJ, nos seguintes termos: "A competência para o processo sucessório é relativa, não podendo ser arguida de ofício".[23]

8.2. Competência relativamente a estrangeiros com bens no Brasil e relativamente a brasileiros com bens no exterior

Quanto aos bens de estrangeiro, situados no Brasil, busca-se definir a competência no art. 5º, inc. XXXI, da Constituição Federal: "A sucessão de bens de estrangeiros situados no País será regulada pela lei brasileira em benefício do cônjuge ou dos filhos brasileiros, sempre que lhes seja mais favorável a lei pessoal do *de cujus*". No que observa o advogado cearense Wagner Barreira: "Precisamente por haver sido intento do legislador pátrio o de evitar para o brasileiro qualquer dano em seu patrimônio é que tem vigorado no País o princípio que permite em favor do cônjuge e do filho brasileiro do estrangeiro falecido a aplicação do estatuto deste, sempre que seja ele mais favorável a tais sucessores que a lei brasileira. E esse princípio ainda agora pode ser havido como basilar no complexo dos direitos individuais assegurados ainda constitucionalmente a quem for brasileiro. Isso pode ser apurado à leitura do art. 5º da CF/1988. Pois no nº XXXI dessa norma, acha-se de novo inscrito que a sucessão de bens de estrangeiros situados no País será regulada pela lei brasileira em benefício do cônjuge ou dos filhos brasileiros, sempre que não lhes seja mais favorável a lei pessoal do *de cujus*".[24]

E quanto ao lugar onde deve ser feito o inventário, a solução é trazida pelo art. 23, inc. II, do CPC: "Compete à autoridade judiciária brasileira, com exclusão de qualquer outra (...) II – em matéria de sucessão hereditária, proceder à confirmação de testamento particular e ao inventário e à partilha de bens situados no Brasil, ainda que o autor da herança seja de nacionalidade estrangeira ou tenha domicílio fora do território nacional".

O art. 10, § 1º, da Lei de Introdução às Normas do Direito Brasileiro, guarda o conteúdo do art. 5º, inc. XXXI, da Carta Federal.

No que interessa ao inventário, portanto, processa-se no foro onde se encontram os bens. Igualmente isto quanto a qualquer outra demanda que envolver a sucessão. José da Silva Pacheco expõe, a respeito: "Toda ação, relativamente ao relacionamento dos bens deixados no Brasil, por proprietário que venha a falecer, há de ser ajuizada no Brasil. A competência para o processo é do juízo brasileiro, sempre que se vise inventariar bens situados no Brasil, por motivo de morte do seu titular (...). Não se distinguem os bens. Logo, quaisquer que sejam eles. Pouco importa se móveis ou imóveis, de direitos, valores mobiliários, ações, créditos. Situando-se no Brasil, seu inventário, por motivo de morte do titular, há de ser judicialmente feito no Brasil. O termo 'situados' tem levado a equívoco de só referir-se a imóveis. Basta que estejam em nosso País. Os incorpóreos devem estar incorporados a documentos ou títulos incorporantes".[25]

A jurisprudência dá o respaldo à norma acima e à doutrina: "Quanto à competência, dispõe o art. 89, inc. II, do CPC, que cabe à autoridade judiciária brasileira, com a exclusão de qualquer outra, proceder a inventário e partilha de bens, situados no Brasil, ainda que o autor da herança seja estrangeiro e tenha residido fora do território nacional.

---

23 Conflito de Competência nº 13.646-6-PR, j. em 09.08.1995, *DJU* de 25.09.1995.
24 "Sucessão do Estrangeiro no Brasil", *RT*, 683, p. 263.
25 *Inventários e Partilhas*, 1ª ed., Rio de Janeiro, Editora Forense, 1980, pp. 365 e 366.

Cap. XL | O Inventário Judicial • **557**

Portanto, seja o falecido brasileiro ou estrangeiro, e ainda que ultimamente domiciliado fora do país, desde que tenha deixado bens aqui, o foro competente é inegavelmente o da Justiça brasileira.

Por certo que a competência local se restringe a esses bens. Havendo outros fora do Brasil, serão arrecadados e partilhados pelo juízo de sua situação, operando-se, então, a chamada pluralidade de juízos sucessórios".[26] O citado 89, inc. II, corresponde ao art. 23, inc. II, do CPC vigente.

De longa data o Supremo Tribunal Federal definiu, na hipótese, a competência da justiça brasileira.[27]

Extrai-se de uma decisão que não é homologável a sentença estrangeira que trata do inventário de bens situados no Brasil: "Não se pode homologar sentença estrangeira que, em processo relativo à sucessão *causa mortis*, dispõe sobre bem imóvel situado no Brasil (art. 89, I, do CPC)". O art. 89, inc. I, citado corresponde ao art. 23, inc. I, do atual CPC.

No voto, acrescenta-se, com base na lição de Pontes: "A regra jurídica do art. 89, II, mostra que se teve por finalidade evitar-se a intromissão do juízo do exterior nas ações de inventário e partilha de bens, situados no Brasil, sem se ter de averiguar se estrangeiro o *de cujus*, mesmo se domiciliado e residente fora do território brasileiro (*Comentários ao Código de Processo Civil*, Rio de Janeiro, Editora Forense, 1974, vol. II, p. 195)".[28] O art. 89, inc. II, referido no texto equivale ao art. 23, inc. II, do atual CPC.

Como já referido, se em vários locais estiverem os bens, em qualquer das comarcas respectivas poderá abrir-se o inventário.

Em suma, o inventário processa-se sempre no Brasil – art. 23, inc. II, do CPC. A lei aplicável é que poderá ser a estrangeira, ou aquela do domicílio do *de cujus*, se mais favorável ao cônjuge ou aos filhos brasileiros.

O STJ manteve a inteligência acima: "Nos termos do art. 89, incisos I e II, do Código de Processo Civil, a competência para 'conhecer de ações relativas a imóveis situados no Brasil' e 'proceder a inventário e partilha de bens situados no Brasil, ainda que o autor da herança seja estrangeiro e tenha residido fora do território nacional' é exclusiva da Justiça brasileira, com exclusão de qualquer outra. Diante disso, nega-se o *exequatur* a pedido rogatório de inscrição de adjudicação de bem imóvel situado em território brasileiro. Agravo regimental a que se nega provimento".[29] Corresponde o apontado art. 89, incs. I e II, ao art. 23, incs. I e II, do atual CPC.

Inviável a efetivação do inventário no exterior, e procurar o *exequatur* ou a homologação da sentença estrangeira perante o Supremo Tribunal Federal, como foi visto acima.

Com mais razão se o *de cujus* era brasileiro, e residia no exterior. Regula-se a competência pela regra do domicílio. Encontrando-se domiciliado em outro país, o local da situação do patrimônio importará na determinação do foro. Se se encontrarem em territórios de mais de uma comarca, e diante do decesso no exterior, elege-se o foro que melhor convém aos herdeiros.

---

26 Apel. Cív. nº 171.197-1/5, da 1ª Câmara cível do TJSP, 11.08.92, *RT*, 693/129.

27 *Revista Trimestral de Jurisprudência*, 121/924, 124/905, 125/72.

28 Sentença Estrangeira 3.780, do STF, 06.05.87, *Revista Trimestral de Jurisprudência*, 121/924.

29 AgRg nos EDcl na CR 2.894/MX (Agravo Regimental nos Embargos de Declaração na Carta Rogatória), por meio da Corte Especial, julgamento feito na data de 13.03.2008, publicação no *DJe* de 03.04.2008.

558 • Direito das Sucessões | *Arnaldo Rizzardo*

O estrangeiro e o brasileiro, domiciliados no Brasil, e com patrimônio no exterior, ficam jungidos à lei do país onde se encontram os bens. Não cabe o inventário aqui, juntamente com o espólio sito no Brasil. A menos que a lei externa permita o contrário. De modo geral, porém, domina o princípio universal pelo qual a sucessão por morte ou ausência obedece à lei do país em que se encontra o patrimônio.

Esta conclusão é a mais real, apesar de dispor o contrário o art. 10 da Lei de Introdução às Normas do Direito Brasileiro: "A sucessão por morte ou por ausência obedece à lei do país em que era domiciliado o defunto ou o desaparecido, qualquer que seja a natureza e a situação dos bens".

Apropriada a seguinte decisão do STJ: "O inventário e a partilha devem ser processados no lugar da situação dos bens deixados pelo falecido, não podendo o juízo brasileiro determinar a liberação de quantia depositada em instituição financeira estrangeira".[30]

Às vezes, dispositivos correspondentes de outros países dizem justamente o contrário. Tal ocorre com o art. 2.400 do Código Civil do Uruguai: "A lei do lugar da situação dos bens hereditários, ao tempo do falecimento da pessoa de cuja sucessão se trata, rege todo o relativo à sucessão legítima ou testamentária".

Assim, evidente o conflito, e a ninguém se impõe a abnegação da própria soberania. Já advertia Clóvis, comentando o art. 14 da Lei de Introdução às Normas do Direito Brasileiro, que então vigia, e que corresponde ao atual art. 10: "O estrangeiro, nas condições previstas pelo artigo, falece no estrangeiro onde era domiciliado. O juiz estrangeiro não atenderá à lei brasileira, que é mero dispositivo da lei interna, e aplicará a sucessão à lei processual nacional do sucedendo ou a do seu domicílio. Possuía, porém, este indivíduo bens situados no Brasil. Não podem nossas justiças atender a essa lei pessoal do autor da herança, porque o Código expressamente lhe ordena o contrário".[31] No caso de residir no exterior, onde está seu domicílio, já se disse, inventariam-se os seus bens sitos no Brasil.

Destina-se a lei a regular as relações humanas dentro dos limites territoriais de um Estado. Impede a soberania que se estenda a lei a outros Estados soberanos. E "como nosso ordenamento jurídico não tolera que uma disposição legal de procedência estrangeira lhe seja imposta, o mesmo acontece com relação à legislação estrangeira (...)", assinala uma passagem de um julgamento, que invoca o ensinamento de Wilson de Souza Campos Batalha: "Não paira dúvida, a nosso ver, que constituindo as normas de Direito internacional privado interno de cada país, vinculativas apenas para seus juízes e tribunais, qualquer pronunciamento que se refira a bens situados no estrangeiro (quer móveis, quer imóveis), dependerá para sua eficácia prática da lei do *situs*. Se esta adotar princípio diverso de Direito internacional privado, paralisará os efeitos de qualquer pronunciamento estrangeiro a propósito de sucessões relativas a bens situados em seus territórios. Destarte, o princípio da unidade da sucessão ou da sua pluralidade dependerá das leis dos países em que estiverem situados os bens. Não há, como se verifica, qualquer violação à liberal disposição de lei".[32]

Isto em vista da falta da extraterritorialidade das leis. Efetivamente, como exigir que a lei brasileira disponha sobre bens que estão em outro país?

Em suma, parece sem efeito o art. 10 da Lei de Introdução.

---

30 REsp nº 510.084-SP, da 3ª Turma, j. em 04.08.2005, *DJU* de 05.09.2005.

31 *Código Civil dos Estados Unidos do Brasil Comentado*, 6ª ed., Rio de Janeiro, Livraria Francisco Alves, 1940, vol. I, p. 143.

32 Ação Rescisória nº 586007486, do 1º Grupo de Câmaras Cíveis do TJRGS, 01.06.90, *Revista de Jurisprudência do TJRGS*, 149/360.

Cap. XL | O Inventário Judicial • 559

8.3. Competência para as ações que envolvem a sucessão

De modo geral, o regramento do revogado estatuto processual civil coincide com o vigente sistema.

Por força do art. 48 do CPC, a competência para o inventário e a partilha atrai a competência para "a arrecadação, o cumprimento de disposições de última vontade, a impugnação ou anulação de partilha extrajudicial e para todas as ações em que o espólio for réu, ainda que o óbito tenha ocorrido no estrangeiro".

Nota-se, em primeiro lugar, que a unidade da competência restringe-se às ações em que o espólio for réu, e não autor – o que está referido no art. 48 do CPC.

De observar que "o art. 96 do estatuto processual é expresso em outorgar ao juiz, no processo do inventário, o poder (e o dever) de decidir todas as questões de direito e também as questões de fato, quando este se achar provado por documento, só admitindo a remessa às vias ordinárias dos que demandarem alta indagação ou dependerem de outras provas".[33] Corresponde o art. 96 ao art. 48 do CPC de 2015.

Depreende-se daí admitir-se que as ações sejam promovidas pelo espólio, no próprio juízo onde se faz o inventário.

Sendo o espólio réu, impõe-se o juízo do inventário: "A execução de dívida do espólio e por força de título judicial oriundo do inventário, sem que exista informação de que tenha, na época do ajuizamento, havido partilha homologada, será realizada no foro do inventário".

Adiante: "Trata-se de competência absoluta (*RJTJSP* 100/278), cuja *vis attractiva* das ações a serem propostas contra o espólio ocorre enquanto não julgada a partilha (cf. Celso Agrícola Barbi, *Comentários ao Código de Processo Civil*, Rio de Janeiro, Editora Forense, 1975, p. 434, nº 552), porque, daí por diante, réus seriam cada um dos herdeiros, que passaram a ser donos dos quinhões que lhes couberam".[34]

O foro do inventário atrai para o mesmo juízo o testamento e as ações conexas. Todas as ações que ingressarem, seja qual for sua natureza, vão para a vara ou o juízo onde tramita o inventário. José da Silva Pacheco observa: "Nesse caso, estão as ações em que o espólio for réu. Não se há de indagar qual a natureza da ação ou qual o tipo de procedimento ou de sentença. Basta que o espólio seja réu.

Portanto, abrange, por exemplo, a ação executiva contra o espólio, ainda que seja despejo, a dissolução de condomínio, a cobrança de aluguéis ou de outras quantias. Há regras especiais para a ação executiva fiscal, ação trabalhista, falência e concordata etc."[35]

Não há que se admitir exceções. Todos os tipos de lides – desde que dirigidas contra o espólio – vão distribuídas para o mesmo juízo, ou mesma vara, onde está o inventário. Correm em apenso, seguindo o rito próprio de cada uma, com a sustação do inventário, se de seu resultado depender condição que influa no mesmo.

Dá-se o apensamento, ou a atração pelo juízo do inventário, mesmo que outros réus apareçam ao lado do espólio. Pelo art. 94, § 4º, do CPC (art. 46, § 4º, do atual CPC), no foro do domicílio de qualquer dos requeridos permite-se a propositura da ação. Todavia, dada a especialidade da regra do art. 96, deve a mesma prevalecer frente à do art. 94, § 4º.

---

33 RE nº 102.376-RS, da 1ª Turma do STF, 24.02.89, *Revista Trimestral de Jurisprudência*, 129/270.
34 Agr. Instr. nº 487.107-4, da 3ª Câmara cível do TJSP, 15.10.91, *RT*, 684/110.
35 Ob. cit., p. 371.

560 • Direito das Sucessões | *Arnaldo Rizzardo*

Em tudo, porém, há exceções.

Nas demandas dirigidas contra o espólio, e que envolvem direito real, o que se verifica nas de usucapião, a competência regula-se pelo art. 47 e seu § 1º do CPC, isto é, a competência se dá pelo foro da situação da coisa.

Os fundamentos constam dos seguintes tópicos de uma decisão:

> Há que ponderar, em primeiro lugar, a natureza real da ação de usucapião, regulada pelos arts. 941-944 do CPC, que impõem não só a citação do proprietário, como a dos confinantes, terceiros, Ministério Público e da Fazenda (...).
>
> Ora, tal processo está a indicar que o juízo deve ser uno, o da situação do imóvel, pois nele se processam os atos antecedentes à contestação, e nele se colhem as provas necessárias ao deslinde da controvérsia.
>
> De fato, o Código é expresso ao estabelecer o foro do domicílio para as ações fundadas em direito pessoal e em direito real sobre bens imóveis, art. 94, mas, nas ações fundadas em direito real sobre imóveis, é competente o foro da situação da coisa, art. 95. Pode o autor, entretanto, optar pelo foro do domicílio ou eleição, não recaindo o litígio sobre direito de propriedade, vizinhança, servidão, posse, divisão e demarcação de terras e nunciação de obra nova (...).
>
> A verdadeira exegese do art. 96 é a que diz respeito às ações relativas à herança, como a de sonegados, de petição de herança, de anulação de testamento, e outras diretamente ligadas ao direito sucessório, bem como às ações cuja competência se regula pelo domicílio do réu, art. 94.

Nas ações fundadas em direito real sobre imóveis, é competente o foro da situação da coisa, art. 95, ainda que réu seja um espólio.[36] Os arts. 941-944, citados no texto, disciplinado o procedimento da usucapião de terras particulares, não vieram reproduzidos no CPC de 2015, sendo que a tramitação processual seguirá o procedimento comum. Já os arts. 94, 95 e 96, também referidos, correspondem aos arts. 46, 47 e 48 do atual CPC.

Inclusive na ação de desapropriação prevalece a exceção, consoante decidiu o STJ, dada a regência por lei especial.[37]

8.4. Competência em imóveis que abrangem o território de mais de uma comarca

Cuida-se da hipótese de duas ou mais ações serem aforadas em comarcas diferentes sobre o mesmo imóvel, que se estende pela área territorial de ambas as comarcas, ou de Estados diferentes.

Domina, aqui, a lei da prevenção. O art. 60 do Código de Processo Civil resolve qualquer dúvida: "Se o imóvel se achar situado em mais de um Estado, comarca, seção ou subseção judiciária, a competência territorial do juízo prevento estender-se-á sobre a totalidade do imóvel". Ou seja, competente é o juízo onde a ação foi por primeiro despachada.

Não se trata propriamente de um critério de fixação, mas de modificação da competência, o que não admite a suscitação, em momento posterior, como causa de

---

36 RE nº 84.056-MT, da 2ª Turma do STF, 03.09.76, *Revista Trimestral de Jurisprudência*, 79/304.

37 Conflito de Competência nº 6.579-2-RJ, da 1ª Seção do STJ, j. em 23.11.1993, *DJU* de 23.11.1993.

Cap. XL | O Inventário Judicial • 561

nulidade. De observar, ainda, que, na eventualidade da indefinição dos limites territoriais, a competência também é determinada pela prevenção.

Há, na verdade, a absorção da competência no juiz da situação de parte da coisa, pelo juiz da prevenção para o julgamento das ações conexas. Decorre uma conexão, com a reunião das ações.

8.5. Competência no inventário do cônjuge supérstite ou do companheiro e do herdeiro

O regramento é bastante idêntico no regime do CPC/1973 e no do CPC/2015, embora alterada a redação, mormente diante da inclusão do companheiro no inventário.

Quanto ao cônjuge ou companheiro supérstite, o inventário processa-se no mesmo juízo onde corre o do cônjuge que morreu antes – o que traz, sem dúvida, evidente economia processual. Aproveitam-se as declarações do anterior inventário. Mesmo os documentos podem ser comuns.

Não se nomeia mais um inventariante. Mantém-se aquele que já exerce o cargo. Na incompatibilidade de atuar nos dois espólios, a solução está em nomear uma pessoa idônea que satisfaça os herdeiros das duas sucessões.

Regras essas que estão nos arts. 672, inc. II, e 673, do CPC.

Eis o texto do art. 672, inc. II:

"É lícita a cumulação de inventários para a partilha de heranças de pessoas diversas quando houver: (...) II – heranças deixadas por dois cônjuges ou companheiros".

Por sua vez, o art. 673:

"No caso previsto no art. 672, inciso II, prevalecerão as primeiras declarações, assim como o laudo de avaliação, salvo se alterado o valor dos bens".

Não se conclua, no entanto, que os bens sejam os mesmos. Se não for de comunhão universal o regime de casamento, no segundo inventário aparecerão bens que não se encontram no anterior.

Entendeu já o Superior Tribunal de Justiça que o único requisito para o inventário conjunto de duas heranças é, em ambas, os herdeiros serem os mesmos; admitindo-se, pois, a existência de bens diversos.[38]

E se o herdeiro falecer enquanto tramita o inventário? A resposta está nos arts. 672, e incisos, e 673:

> É lícita a cumulação de inventários para a partilha de heranças de pessoas diversas quando houver:
>
> I – Identidade de pessoas entre as quais devam ser repartidos os bens;
>
> II – heranças deixadas pelos dois cônjuges ou companheiros;
>
> III – dependência de uma das partilhas em relação à outra.
>
> Parágrafo único. No caso previsto no inciso III, se a dependência for parcial, por haver outros bens, o juiz pode ordenar a tramitação separada, se melhor convier ao interesse das partes ou à celeridade processual.

---

38 REsp. nº 311.506-AL, da 3ª Turma, j. em 18.06.2002, *DJU* de 09.09.2002.

Art. 673. No caso previsto no art. 672, inciso II, prevalecerão as primeiras declarações, assim como o laudo de avaliação, salvo se alterado o valor dos bens.

Na prática, são três as situações mais comuns do art. 672 do CPC:

I – Não pode surgir outra pessoa além daquelas que se encontram no inventário;

II – Inexistindo patrimônio próprio em nome do herdeiro, o seu quinhão partilha-se no próprio inventário aos seus herdeiros. Não é necessário abrir novo inventário;

III – Se o falecido tiver outros bens, diferente a solução: é possível impor o ajuizamento de um inventário próprio, onde se arrolam os bens deixados pelo herdeiro e aqueles que integram o monte a ser recebido no inventário em andamento.

No entanto, encontrando-se encerrado o primeiro inventário, não se aplicam as normas acima.

9. QUESTÕES DE ALTA INDAGAÇÃO

Conforme já observado, o procedimento do inventário é predominantemente de natureza contenciosa. Encontra-se regulamentado na Parte Especial, Livro I, Título III, do CPC, onde são tratados os procedimentos especiais de jurisdição contenciosa. No entanto, muito se aproximam as regras ao procedimento de jurisdição voluntária. Não apresentam as disposições grandes controvérsias, ou uma litigiosidade acentuada. Pelo contrário, nem é tolerada a discussão de matérias difíceis e dependentes de instrução pericial e testemunhal. Admite-se o contraditório, mas restritas as discussões às questões fáticas e de direito que ostentam os autos e aos documentos anexados, tudo consoante o art. 612 do CPC, em redação mais sintética e aperfeiçoada que o art. 984 do CPC de 1973, mandando para as vias ordinárias as questões que dependem de outras provas: "O juiz decidirá todas as questões de direito desde que os fatos relevantes estejam provados por documento, só remetendo para as vias ordinárias as questões que dependerem de outras provas".

Pela norma transcrita, ater-se-á o juiz, no processo de inventário, a apreciar controvérsias que não demandarem a procura de provas mediante inquirição ou perícia. Servem de exemplos casos como estes, apontados alguns pela doutrina, embora anteriormente ao vigente diploma processual civil, que merecem a pronta solução no inventário:

– A existência de prescrição de bens.

– A revogação de doação feita em vida pelo autor da herança.

– As formalidades extrínsecas dos testamentos, como o instrumento, as assinaturas e a compreensão do texto.

– A nulidade de doação ou partilha feita pelo ascendente a descendente.

– A anulação de cláusula testamentária por írrita de pleno direito, como a que ordena ao herdeiro retribuir pela herança recebida.

– A exclusão de herdeiros cuja vocação hereditária não está comprovada.

– A participação do concubino no recebimento da meação.

Cap. XL | O Inventário Judicial • **563**

Podem revelar tais matérias alta complexidade, mas se a prova documental carreada aos autos se mostra elucidativa, não há porque exigir a solução da controvérsia em outro processo. De notar, ainda, que não é a complexidade da questão, ou as divergências doutrinárias e jurisprudenciais, que levam ao caminho de outro feito, e sim a necessidade de novas provas, com a inquirição de testemunhas e a confecção de perícia.

Pondera-se, num julgamento, aplicável ao atual ordenamento: "Convém esclarecer que 'questões de alta indagação' são as questões em que aparecem elementos de fato que exigiriam processo à parte, com rito próprio, conforme Pontes de Miranda, em *Comentários ao CPC*, Rio de Janeiro, Editora Forense, 1977, tomo XIV, p. 19. Por outro lado, questões só de direito são questões puras, em que não se precisa investigar fato, ou apurar provas, ainda conforme Pontes de Miranda, ob. cit., p. 19. Numa palavra, Pontes perfilha o entendimento de que as questões de alta indagação são questões que envolvem o exame de fatos, e nunca a pura questão de direito. Os fatos a demandarem a remessa às vias ordinárias são os que demandam a produção de outras provas".[39]

Em acréscimo, decidiu o Superior Tribunal de Justiça relativo a matérias complexas: "Consoante a doutrina de melhor tradição, questões de direito, mesmo intrincadas, e questões de fato documentadas resolvem-se no juízo do inventário, com desprezo da via ordinária".[40]

De notar, nesta linha: "As questões de fato fundadas em trabalhos técnicos, como, por exemplo, as suscitadas por impugnação de laudo pericial, não podem ser consideradas questões de alta indagação e devem, em regra, ser apreciadas no próprio inventário". Daí que: "Todas as questões de direito, por mais complexas que sejam, devem ser decididas no inventário. E as de fato, quando fundadas em trabalhos técnicos, apresentados por perito e assistente técnico, como regra, não podem ser qualificadas de alta indagação, desde que não dependam de prova a ser colhida em outro processo. São questões (de fato) de alta indagação as que exigem outras averiguações e coleta de provas. Mas tal não se pode falar em apuração de haveres, para a qual o Código de Processo prevê prova pericial, no próprio processo de inventário".[41]

Neste contexto, a discussão em torno da filiação, que reclama inclusive a investigação da paternidade; ou a contestação ao testamento, por vício de consentimento; a participação do companheiro na meação, quando é duvidosa a sociedade conjugal de fato; a caracterização de um bem como aquesto, ou adquirido na constância do casamento – dentre outras situações – reclamam a pesquisa em uma lide própria, que poderá determinar a suspensão do processo de inventário, ou a reserva de bens, para garantir o quinhão a que tem direito o herdeiro que pretende ingressar na sucessão, ou anular o testamento.

A reserva de quinhão perdurará até a decisão final: "Reserva de quinhão. É possível a reserva de quinhão hereditário na pendência de Recurso Extraordinário, em face da morte do inventariado e precipitação do inventário e partilha, sem mencionar a filha reconhecida pelo acórdão recorrido".[42]

No pedido de habilitação do ex-companheiro, por intentar ação de dissolução de sociedade conjugal, unicamente se provas fortes e decisivas fizerem-se presentes admite-se a

---

39 Ação Rescisória nº 586000770, do 1º Grupo de Câmaras Cíveis do TJRGS, 07.10.88, *Revista de Jurisprudência do TJRGS*, 136/110.
40 REsp. nº 4.625-SP, da 4ª Turma, j. em 16.04.1991, *DJU* de 20.05.1991.
41 Agr. Instr. nº 119.438-1, da 1ª Câmara cível do TJSP, 22.08.89, *RT*, 546/77.
42 Apel. Cív. nº 590012308, da 3ª Câmara cível do TJRGS, 24.05.90, *Revista de Jurisprudência do TJRGS*, 149/506.

564 • Direito das Sucessões | *Arnaldo Rizzardo*

reserva. A rigor, porém, por não se enquadrar como herdeiro, descabe o pedido: "Os arts. 1.000 e 1.001 do CPC (arts. 627 e 628 do atual CPC) não são aplicáveis à concubina, ainda que esta ação direta pretenda reconhecimento de sociedade de fato com o autor da herança, por isso que mesmo assim não passará a ostentar a qualidade de herdeiro.

A reserva de bens só pode ser deferida àquele que se julgar preterido no inventário ou arrolamento, a exemplo do que acontece quando da disputa sobre a aludida qualidade de herdeiro".[43]

Ainda: "Não podem os bens do inventário ser reservados em favor da concubina porque não ostenta ela a qualidade de herdeiro, ainda que postule ação própria de reconhecimento da sociedade de fato com o autor da herança".[44]

Roberto Barcellos de Magalhães traz um elenco de situações a ensejarem o conhecimento nas vias ordinárias, e outras no próprio inventário, que revelam coerência com o art. 612: "São questões de alta indagação as que se referirem: a) à filiação; b) à qualidade de herdeiro; c) à validade do testamento; d) à validade da cessão de direito hereditário; e) à legitimidade das doações feitas em vida; f) às questões de domínio; g) à validade de alienações feitas em prejuízo das legítimas.

Não se incluem nessa categoria, admitindo, pois, discussão na esfera do inventário, as questões fundadas em prova documental, que se referirem: a) à filiação; b) à qualidade de herdeiro, para o fim de habilitação; c) à nulidade do testamento; d) à qualidade do filho; e) e à incapacidade do testamenteiro".[45]

Como se percebe, requer-se a existência de prova documental quanto ao segundo elenco de situações.

Em outro exemplo, colhido perante o Superior Tribunal de Justiça: "Na sede do processo de inventário, não tem lugar ação de invalidar documentos públicos, tais como certidões de nascimento destinadas à habilitação de herdeiros no inventário. Adequação das vias ordinárias para tal entendimento, onde a amplitude das discussões permite contestar-se a validade dos documentos".[46]

Sem dúvida, a decisão que manda a questão às vias ordinárias, ou que se inclina para a solução nos próprios autos do inventário, é recorrível por meio de agravo. Não é aceitável que o despacho do juiz se enquadre dentre os irrecorríveis, visto ser possível que o entendimento do juiz de primeira instância se revista de alta carga de subjetividade.[47]

Uma vez solucionada a questão de alta indagação, como a relativa à existência de bens, torna-se ao inventário, para levar-se a termo a partilha, ou a redistribuição da herança: "Resolvida na via declaratória a questão de alta indagação, relativa à existência de bens do espólio e indicação do respectivo responsável, cumpre às partes retornar aos autos do inventário, para a partilha de ditos bens ou do respectivo valor, como crédito da herança contra o responsável, descabido o procedimento na via ordinária encerrada, ou sua assimilação à ação de depósito".[48]

---

43 Agr. Instr. nº 21.920-7, da 3ª Câmara cível do TJSP, 25.08.92, *RT*, 695/152.
44 Agr. Instr. nº 21.920-7, da 8ª Câmara cível do TJ do Paraná, 25.08.92, *Revista Forense*, 320/148.
45 *Comentários ao Novo Código de Processo Civil*, ob. cit., vol. V, p. 61.
46 *Revista do Superior Tribunal de Justiça*, 53/165.
47 *Revista do Tribunal de Justiça do Estado de São Paulo*, 34/135 e 202/228.
48 Apel. Cív. nº 586024549, da 3ª Câmara cível do TJRGS, 09.10.86, *Revista de Jurisprudência do TJRGS*, 125/411.

Cap. XL | O Inventário Judicial • **565**

10. ADMINISTRAÇÃO PROVISÓRIA DA HERANÇA

É princípio positivado no art. 613 do CPC, que a administração dos bens da herança passa, desde a morte do titular, para um administrador provisório: "Até que o inventariante preste o compromisso, continuará o espólio na posse do administrador provisório".

Infere-se que o espólio ficará na posse do administrador provisório sem especificar quem possui titularidade para o cargo.

Observava, todavia, Sérgio Sahione Fadel: "O Código não define quem seja o administrador provisório, mas entende-se, partindo-se de uma situação de fato estabelecida, que o seja aquele que detiver a posse e a administração do espólio".[49]

Em princípio, o cônjuge ou o companheiro supérstite exercerá a administração, e ficará na posse, não importando o regime de bens do casamento. Já que, na convivência com o autor da herança, de certa forma tinha a posse, permanecerá na mesma situação, só que, agora, sozinho. Parece óbvia a condição da existência de sociedade conjugal, pois, do contrário, falta o requisito da confiança. A separação dos cônjuges, em geral, traz uma carga de ressentimentos, o que pode afetar o exercício da administração, máxime se não há descendentes.

O art. 1.797 do Código Civil contém norma mais flexível sobre o assunto, dando margem para o exercício conforme as situações práticas: "Até o compromisso do inventariante, a administração da herança caberá, sucessivamente:

> I – ao cônjuge ou companheiro, se com o outro convivia ao tempo da abertura da sucessão;
>
> II – ao herdeiro que estiver na posse e administração dos bens, e, se houver mais de um nessas condições, ao mais velho;
>
> III – ao testamenteiro;
>
> IV – à pessoa de confiança do juiz, na falta ou escusa das indicadas nos incisos antecedentes, ou quando tiverem de ser afastadas por motivo grave levado ao conhecimento do juiz".

Aplicável a regra mais apropriadamente quando outros herdeiros existirem, em condições de exercer a administração.

O cônjuge é o administrador natural, desde que se mantenha na posse dos bens.

Apesar de a herança ser transmitida ao tempo da morte do *de cujus* (princípio da *saisine*), os herdeiros ficarão apenas com a posse indireta dos bens, pois a administração da massa hereditária restará, inicialmente, a cargo do administrador provisório, que representará o espólio judicial e extrajudicialmente, até ser aberto o inventário, com a nomeação do inventariante, a quem incumbirá representar definitivamente o espólio (art. 75, inc. VII, do CPC). Não há falar em nulidade processual ou em suspensão do feito por morte de uma das partes se a substituição processual do falecido se fez devidamente pelo respectivo espólio (art. 110 do CPC), o qual foi representado pela viúva meeira na condição de administradora provisória, sendo ela intimada pessoalmente das praças do imóvel.[50]

Entretanto, necessário que o cônjuge ou companheiro se encontrasse convivendo com a pessoa falecida, salvo prova de que a convivência se tornara impossível sem culpa sua.

---

49 *Código de Processo Civil Comentado*, ob. cit., tomo V, p. 130.
50 REsp. nº 777.566/RS, da 3ª Turma, j. em 27.04.2010, *DJe* de 13.05.2010.

No plano prático, o regime de comunhão universal dá o direito de desempenhar conjuntamente a posse. A separação de fato não retira a posse jurídica, sendo, pois, irrelevante para efeitos da administração provisória.

E, em outros regimes de casamento, observar-se-á cada situação, máxime se os herdeiros necessários são menores ou incapazes.

O herdeiro mais próximo ficará na administração, na inexistência, impossibilidade ou inconveniência do cônjuge ou companheiro sobrevivente.

O melhor é não considerar uma ordem de preferência indicada na lei. A situação de fato é que determinará a administração. Em geral, tudo se amolda a cada realidade. Assim, falecendo a pessoa com filhos menores, e mesmo que separada, o cônjuge sobrevivente assumirá a administração, sendo irrelevante a convivência marital.

Quanto ao cônjuge supérstite, não se investia desse encargo, salvo se, de fato, estivesse na posse da massa hereditária.[51]

Se houver testamenteiro, e na falta de parentes próximos que estivessem também na posse, ele deve assumir a administração.

O inc. VIII do art. 617 do CPC abre ensanchas para a nomeação, pelo juiz, de pessoa estranha ao rol constante dos incisos anteriores, se motivos ponderáveis impuserem, ou se afastada por motivos graves. Na casuística, pode-se apontar o desvio de bens, o seu abandono, a falta de capacidade gerencial ou administrativa, a menoridade ou incapacidade por doença mental, a desídia, a sua transferência desnecessária, a conduta desregrada. Para a escolha, devem ponderar alguns requisitos mínimos, como seriedade, o equilíbrio, a honorabilidade, o passado, a experiência, dentre outras virtudes, da pessoa.

Haverá o devido termo de compromisso, equivalendo a função a de depositário, se entregues os bens ou colocados à sua disposição.

Quanto às funções do administrador provisório, prevê o art. 614 do diploma processual civil: "O administrador provisório representa ativa e passivamente o espólio, é obrigado a trazer ao acervo os frutos que desde a abertura da sucessão percebeu, tem direito ao reembolso das despesas necessárias e úteis que fez e responde pelo dano a que, por dolo ou culpa, der causa".

Todavia, todos os herdeiros devem estar no polo ativo e passivo nas ações promovidas ou suportadas pelo espólio.

Nota-se a extensão da responsabilidade, sobressaindo a representação ativa e passiva do espólio, a obrigação de entregar os frutos e rendimentos, e a responsabilidade pelos prejuízos a que der causa, desde que proceda com dolo ou mesmo culpa na sua função.

A representação não é judicial.

Todos os herdeiros devem participar na promoção de um pleito judicial, e serem chamados por citação, se a sucessão é demandada. Aliás, não atingem as obrigações assumidas os herdeiros que não as contraíram, exceto se demonstrado que redundaram em benefício de todos. Neste sentido, a inteligência quanto ao ressarcimento das despesas exigidas.

De outro lado, todos os frutos advindos acrescerão o monte-mor. E isto quanto às rendas, aos semoventes nascidos, às colheitas, aos juros, aos aluguéis, às remunerações de capital etc.

---

51 *Revista do Superior Tribunal de Justiça, 20/333.*

Cap. XL | O Inventário Judicial • **567**

A posse do administrador provisório é mais no sentido de guarda dos bens, ou posse em nome de outrem, ou de quem guarda os bens até a nomeação do inventariante, o qual, aliás, prossegue a exercê-la do mesmo modo.

Isto sem esquecer a posse dos demais herdeiros, dentro do conceito de que a herança é uma universalidade indivisível, até se ultimar a partilha. O herdeiro tem uma posição de condômino, pois titular de uma parte ideal do espólio, individualizando-se o quinhão somente no momento da partilha. Mesmo nessas condições, não se demite da posse direta que vinha usufruindo, com a morte. Além de poder reivindicar o imóvel total, que se encontra em poder de estranhos, não é possível alijá-lo do direito de aproveitar alguma vantagem. Não é justo que todos os bens fiquem na posse única do administrador provisório, ou do inventariante, com as decorrências daí advindas, inclusive de proveito, como a ocupação, ou a utilização de bens imóveis.

Finalizando, salienta-se que a incumbência de monta é requerer a abertura do inventário, se a tanto não se antecipar algum herdeiro ou pessoa com parentesco mais próximo ao *de cujus*.

11. ADMINISTRAÇÃO DEFINITIVA DA HERANÇA

Com a nomeação do inventariante, assume ele a administração do espólio, cessando a atividade do administrador provisório. Eis, a respeito, a explicação de José da Silva Pacheco: "Morto o *de cujus*, seus bens constituem a massa indivisa, a herança, a *universitas juris*, até que venha a se dar a partilha. Nesse estado, permanece durante o período que vai desde a abertura da sucessão, antes, pois, da abertura do inventário até a adjudicação dos bens. A princípio, até o compromisso do inventariante, fica responsável, como administrador provisório, o cabeça-de-casal, ou o cônjuge sobrevivente, ou o herdeiro que detiver a herança. Após o compromisso do inventariante nomeado, tem-se o administrador definitivo".[52]

O inventariante, pois, é o responsável pela herança, em princípio. No entanto, se alguns bens se encontram com os herdeiros, em sua posse, e havendo conivência a respeito, a responsabilidade não recairá na pessoa do inventariante, e sim do herdeiro que obtiver o bem.

12. PRAZO PARA O AJUIZAMENTO E O TÉRMINO DO INVENTÁRIO

Há, no Código de Processo Civil, uma regra estabelecendo o prazo para entrar com o inventário e para concluí-lo. No diploma anterior, prescrevia o art. 983, em redação da Lei nº 11.441, de 4.01.2007: "O processo de inventário e partilha deve ser aberto dentro de 60 (sessenta) dias a contar da abertura da sucessão, ultimando-se nos 12 (doze) meses subsequentes, podendo o juiz prorrogar tais prazos, de ofício ou a requerimento de parte". O vigente CPC, no art. 611, alterou o prazo da instauração de sessenta dias para dois meses: "O processo de inventário e de partilha deve ser instaurado dentro de 2 (dois) meses, a contar da abertura da sucessão, ultimando-se nos 12 (doze) meses subsequentes, podendo o juiz prorrogar esses prazos, de ofício ou a requerimento de parte".

O Código Civil, no art. 1.796, em conteúdo bastante inovador quanto ao art. 1.770 da lei civil de 1916, fixara o prazo de trinta dias para o aforamento. Quanto à conclusão,

---

52 Ob. cit., p. 376.

568 • Direito das Sucessões | *Arnaldo Rizzardo*

porém, nada previu, ao passo que o preceito anteriormente vigente restringia para três meses o período de tempo.

Em face do novo prazo vindo desde a alteração pela Lei nº 11.441, prevalece o mesmo sobre o estabelecido pelo Código Civil, até porque a regra é de natureza processual.

Outrossim, como se nota do preceito, a previsão restringe-se ao processo de inventário e partilha, isto é, ao ajuizamento do processo na justiça, e não ao inventário e partilha por escritura pública. Não prevalece, pois, a exigência de aplicar-se idêntico prazo e cominar as sanções cabíveis no descumprimento.

Na verdade, a regra constitui uma disposição ineficiente, dada a morosidade no funcionamento da justiça, aliada à quantidade de feitos, à complexidade de questões levantadas, às protelações das partes por meio dos patronos, aos incidentes suscitados. Dificilmente se consegue a ultimação no prazo acima de doze meses.

Como acontecia na época em que se impunha o início no prazo de um mês, a norma fatalmente será desconsiderada. Não é sempre que se consegue encaminhar o inventário dentro de dois meses, a contar da morte do autor da herança. Em primeiro lugar, nos tempos que seguem ao óbito, os herdeiros ficam emocionalmente afetados pelo impacto da perda do ente querido; em segundo lugar, nem sempre é fácil reunir os documentos e preparar o processo – e isto sem levar em conta a série de controvérsias que não raramente atinge aos herdeiros, exigindo algum tempo para o acertamento dos interesses patrimoniais.

Está visto, pois, que inaplicáveis, em concreto, aquelas limitações de tempo.

Não há, de outra parte, consequências graves, incidentes no caso de descumprimento. Se chegar ao conhecimento do juiz, ou do Ministério Público, e existindo incapazes, possível que seja determinada ou requerida a abertura, com a nomeação posterior de inventariante dativo. Na existência de apenas herdeiros capazes, também ao juiz autoriza-se que promova a abertura, agindo de ofício. Quem fica prejudicado revela, todavia, maior interesse para o processamento. E, neste caso, estaria a Fazenda Pública, eis que ficaria sem o recebimento do imposto devido. Daí reconhecer-se a ela legitimidade para buscar a abertura, com a nomeação do inventariante pelo juiz.

O não atendimento do prazo de sessenta dias para aforar o pedido não redunda em maiores consequências, visto que a máxima de se abrir nesse prazo e de se ultimar nos doze meses subsequentes (art. 611 do CPC) constitui um preceito sem força cogente. Sujeita-se o espólio a sanções de natureza fiscal, advertindo Wilson de Oliveira sobre o assunto: "Ocorrendo isso, o imposto será acrescido da multa de vinte por cento, mesmo se recolhido no prazo de quinze dias do trânsito em julgado da sentença homologatória".[53] Sendo o imposto *causa mortis* devido aos Estados (art. 155, inc. I, letra *a*, da Constituição Federal), a eles vem se admitindo a faculdade de, através de leis, estabelecer multa, sempre que houver desrespeito, quanto ao prazo, no ajuizamento do inventário. O Supremo Tribunal Federal emitiu a Súmula nº 542, nestes termos: "Não é inconstitucional a multa instituída pelo Estado-membro, como sanção pelo retardamento do início ou da ultimação do inventário". Todavia, há de se sopesar os motivos do retardamento, os quais, sendo justificáveis, podem afastar o fato gerador, muito embora o que importa é o simples pedido de abertura. Muitas dificuldades ocorrem se aplicada a penalidade, como quanto à definição do sujeito passivo, que só poderá ser o espólio, e não aquele que está na administração de fato da herança.

---

53 Ob. cit., p. 178.

13. LEGITIMIDADE PARA REQUERER O INVENTÁRIO E PARTILHA

Todo o interessado na herança, e inclusive o cessionário e o credor do espólio, revelam capacidade jurídica de intentar a instauração do processo de inventário.

Em princípio, porém, a obrigação incumbe a quem estiver na posse e administração do espólio. Mas, concorrentemente, a várias outras pessoas assiste o mesmo direito – tudo de acordo com os arts. 615 e 616 do diploma processual, na seguinte ordem:

I – o cônjuge ou companheiro supérstite;

II – o herdeiro;

III – o legatário;

IV – o testamenteiro;

V – o cessionário do herdeiro ou do legatário;

VI – o credor do herdeiro, do legatário ou do autor da herança;

VII – o Ministério Público, havendo herdeiros incapazes;

VIII – a Fazenda Pública, quando tiver interesse;

IX – o administrador judicial da falência do herdeiro, do legatário, do autor da herança ou do cônjuge ou companheiro supérstite.

Naturalmente, ao companheiro se reconhece a legitimidade, se existiu a união estável.

Cumpre aduzir que, desde a Lei nº 12.195/2010, que alterou o art. 990 do CPC/1973, ficou autorizada a nomeação de inventariante do cônjuge ou companheiro sobrevivente sem importar o regime de bens escolhido.

Como foi referido, a legitimação é concorrente, e não subsequente. Não se impõe a obediência à ordem constante no art. 616 do CPC. Suficiente que não tome iniciativa, no prazo de sessenta dias, o possuidor ou administrador, para justificar o pedido de qualquer outro herdeiro ou interessado. Mas, não que seja de rigor o aguardo daquele lapso. Se porventura se antecipar algum herdeiro, nenhum dos privilégios perde o administrador provisório.

De idêntica maneira, o simples fato de um parente mais distante adiantar-se no aforamento da petição não basta para a sua designação de inventariante. Mesmo que ultrapassado o prazo de trinta dias, mas não excessivamente, ou além de alguns meses, mantém-se a preferência da lei para a nomeação, segundo a sequência do art. 617 do CPC.

Quanto ao cônjuge sobrevivente, é despiciendo o regime matrimonial, visto que nada impõe o Código. Não interessa se ficar com a sua meação, ou se não é herdeiro.

O herdeiro possui igual capacidade, afigurando-se irrelevante que seja legítimo ou testamentário – faculdade que se estende ao legatário, não havendo de se cogitar da exigência da posse ou administração.

Quanto ao testamenteiro, a lei concede a titularidade ativa, a qual decorre da própria função, visando a concretização das disposições de última vontade. Desdobrando-se a herança unicamente em legados, já maior é a obrigação, posto que ausentes herdeiros legítimos, que teriam interesse no pedido do inventário. Uma vez encontrando-se na administração do espólio, acumulará, também, o cargo de inventariante, conforme ordena o art. 617, inc. V, do CPC.

O cessionário, por receber os direitos do herdeiro cedente e participando da herança, tem real interesse econômico em promover o inventário. Se lhe fosse recusado este

570 • Direito das Sucessões | *Arnaldo Rizzardo*

direito, ficaria prejudicado na cessão, ou obrigado a aguardar a boa vontade dos demais herdeiros e interessados. Também nessa linha o credor do espólio, do herdeiro, do cônjuge meeiro ou do legatário. Para tanto, suficiente que prove o crédito, através de meios e documentos idôneos. Não há que se reclamar de uma sentença executória. Apresentando o título, requererá a abertura do inventário, sem, com isto, significar que esteja definido o crédito, ou que não possa haver impugnação.

No momento oportuno, antes da partilha e depois das citações, abre-se o prazo para as habilitações de crédito, que se autuarão em apenso. Formado o processo em apenso, dá-se vistas ao inventariante e às partes interessadas para a impugnação.

Por conseguinte, o pedido de inventário não importa em certeza do crédito, ou na obrigação do espólio em pagar.

No tocante ao síndico da massa falida do autor da herança, do herdeiro, do legatário ou do cônjuge supérstite, a possibilidade advém do direito no recebimento do crédito e para, também, evitar o enriquecimento indevido, em troca do empobrecimento dos credores.

Na insolvência civil, ao administrador e a qualquer credor coloca-se igual direito, não podendo haver restrições.

Ao Ministério Público reserva-se a legitimidade ativa se constatarem-se incapazes como beneficiados ou herdeiros, e inclusive legatários. Nomeará o juiz, de preferência, um inventariante. Acompanhará, daí por diante, o agente do Ministério Público o processo na qualidade de fiscal da lei.

E quanto ao companheiro?

A sua habilitação depende da prova escorreita e definida da convivência, bem como da formação de um patrimônio comum. Se há direitos ao companheiro, não pode a lei impedir o cumprimento da disposição. Na inexistência da prova, condição primordial é a prévia ação declaratória do reconhecimento da união estável. Já quanto ao concubinato, por si mesmo, não gera direitos. Somente na hipótese de um dos concubinos, pelo seu trabalho e apoio, ensejar crescimento ao patrimônio do outro, sem compensação adequada, cabe cogitar-se de partilha do acervo.

No que diz com a Fazenda Pública, sempre que tiver créditos a receber, habilita-se a promover o inventário. Esta qualidade a tornará parte legítima também com base no inc. VIII do art. 616, visto que credora não apenas do espólio, mas igualmente do cônjuge supérstite, do herdeiro e do legatário. A habilitação envolve a Fazenda Pública Federal, Estadual e Municipal.

No caso da Fazenda Federal, existindo pendentes dívidas fiscais em favor da União, como imposto de renda.

A Fazenda Pública Estadual, para forçar o pagamento do imposto de transmissão *causa mortis*.

No tocante ao Município, se for credor, *v.g.*, do imposto territorial urbano.

Ao pedido de iniciativa do inventário, anexam-se todos os documentos necessários para a prova do óbito e da relação entre os herdeiros ou interessados e o autor da herança.

14. FORMAS DE INVENTÁRIO

Formas ou tipos procedimentais de inventários – assunto que leva ao estudo de regras processuais específicas, variando conforme a capacidade ou incapacidade civil dos herdeiros, à concordância ou não de todos eles na partilha, e ao valor dos bens inventariados.

Surge, daí, uma divisão das formas, as quais podem ser, por ora, explicadas da seguinte maneira, que, oportunamente, serão analisadas em pormenores:

a) Inventário comum, ou tradicional, ou solene, adotado quando há menores ou incapazes, ou maiores e capazes que não concordarem com a partilha amigável.

As regras processuais aplicáveis vão desde o art. 610 ao art. 658, e desde o art. 668 ao art. 673, todos do CPC. Este tipo é o comum, que, em geral, empresta seus regramentos aos dois subtipos seguintes, com algumas simplificações.

b) Arrolamento sumário, quando todos os herdeiros são maiores e capazes, e estiverem de acordo no tocante à partilha. Não interessa o valor do monte-mor. Regulam este procedimento os arts. 659 a 663 do CPC.

c) Arrolamento comum, aceito para inventários de até mil salários mínimos. A regulamentação está nos arts. 664 e 665 do CPC.

d) Existe, finalmente, o inventário administrativo ou extrajudicial que veio com a Lei nº 11.441/2007, dando nova versão ao art. 982 do CPC/1973, e cujo regramento se encontra nos §§ 1º e 2º do art. 610 do CPC vigente. Confecciona-se mediante escritura pública, sendo capazes e concordes os interessados. Leva-se ao registro imobiliário a escritura, que somente se efetua depois de pagos os tributos devidos. De acordo com os arts. 98 a 102 do diploma processual civil, fica abrangida, além de outros atos, a gratuidade da escritura pública e do registro, desde que haja pertinência com processo judicial. Não havendo pertinência, como acontece no inventário administrativo, a Resolução CNJ nº 35/2007 autoriza, no art. 6º, o direito à isenção de custas: "A gratuidade prevista na Lei nº 11.441/07 compreende as escrituras de inventário, partilha, separação e divórcio consensuais". E o art. 7º: "Para a obtenção da gratuidade de que trata a Lei nº 11.441/07, basta a simples declaração dos interessados de que não possuem condições de arcar com os emolumentos, ainda que as partes estejam assistidas por advogado constituído". A matéria, no entanto, passa a ser controvertida, já que a Lei nº 11.441/2007 alterou o Código de Processo Civil de 1973, que deixou de existir com a entrada em vigor do diploma processual de 2015.

A forma mais complexa é, sem dúvida, o inventário na primeira espécie, que antes das outras será estudada. Muitas das suas disposições se aplicam, no entanto, às demais, como no que se refere ao inventariante. Clara a compreensão feita por Cristiano Chaves de Farias e Nelson Rosenvald:

> O *inventário tradicional* é o mais complexo rito procedimental sucessório, sendo tratado como uma hipótese de jurisdição contenciosa pelo Código de Processo Civil. A complexidade é maior, dividindo o seu andamento em duas fases: i) a inventariança propriamente dita, dizendo respeito à avaliação do patrimônio deixado pelo finado, bem como o pagamento de suas dívidas e recolhimento fiscal; ii) a partida dos bens entre os beneficiários.
>
> Trata-se do tipo padrão de procedimento, mais cadenciado e com cognição mais ampla e vertical. Inicia-se através de petição inicial, seguindo-se com a nomeação do inventa-

572 • Direito das Sucessões | *Arnaldo Rizzardo*

riante, primeiras declarações, citações e impugnações, avaliação e cálculo de imposto, últimas declarações, pagamento de dívidas, até desaguar na partilha ou adjudicação.[54]

De lembrar que os arrolamentos sumários sofreram profundas modificações com a Lei nº 7.019, de 31.08.1982.

Salienta-se, ainda, que certos bens, de pequeno valor, ou mais de natureza assistencial, ou previdenciária, ou restituições de imposto de renda e outros tributos, dispensam o inventário ou arrolamento. Habilitam-se os interessados junto à entidade devedora, ou ao órgão público próprio, que efetuarão os pagamentos. Admite-se, também, o levantamento mediante simples alvará – tudo de acordo com a Lei nº 6.858, de 24.11.1980. A matéria será estudada em item especial.

---

54 *Curso de Direito Civil – Sucessões*, vol. 7. São Paulo, Atlas, 2015, p. 442.

XLI

Sonegação de Bens

1. CONCEITUAÇÃO

Como é fácil de depreender, a sonegação, no inventário, corresponde à ocultação ou falta de descrição de bens do espólio, por ocasião das declarações do inventariante. Omite-se parte do patrimônio com o objetivo provável de se apropriar indevidamente da mesma. Mais simplesmente, define-se como a ocultação dolosa de bens da herança.

Conforme a regra do art. 620, inc. IV, do Código de Processo Civil, incumbe ao inventariante apresentar a relação completa e individuada de todos os bens do espólio e dos alheios que nele forem encontrados, inclusive aqueles que devem ser conferidos à colação, descrevendo-se:

a) os imóveis, com as suas especificações, nomeadamente local em que se encontram, extensão da área, limites, confrontações, benfeitorias, origem dos títulos, números das matrículas e ônus que os gravam;

b) os móveis, com os sinais característicos;

c) os semoventes, seu número, suas espécies, suas marcas e seus sinais distintivos;

d) o dinheiro, as joias, os objetos de ouro e prata e as pedras preciosas, declarando--se-lhes especificadamente a qualidade, o peso e a importância;

e) os títulos da dívida pública, bem como as ações, as quotas e os títulos de sociedade, mencionando-se-lhes o número, o valor e a data;

f) as dívidas ativas e passivas, indicando-se-lhes as datas, os títulos, a origem da obrigação e os nomes dos credores e dos devedores;

g) direitos e ações;

h) o valor corrente de cada um dos bens do espólio.

Não se deve aguardar o final do inventário para tanto, ou apresentá-la somente por ocasião das últimas declarações, pois se destinam estas para complementar a relação de bens, ou fornecer dados que apenas se formaram no curso do inventário. As últimas declarações vêm prestadas após a avaliação. Por isso, é imprescindível que todos os bens já se encontrem avaliados, para dito ato.

574 • Direito das Sucessões | *Arnaldo Rizzardo*

2. MOMENTO DA CARACTERIZAÇÃO

Determina o art. 621 do CPC o momento da caracterização da figura: "Só se pode arguir de sonegação ao inventariante depois de encerrada a descrição dos bens, com a declaração, por ele feita, de não existirem outros por inventariar".

Esta ocasião é a das primeiras declarações, configurando-se a espécie se há a afirmação da inexistência de outros bens. A questão, porém, chega a certa controvérsia, se no final das declarações protesta-se pela descrição de outros bens, porventura existentes.

Não é admissível o protesto pela descrição de novos bens que se fará quando das últimas declarações, pois tornaria sem utilidade os atos anteriormente realizados, como os de avaliação. Apenas os frutos ou rendimentos produzidos no curso do inventário são acrescentados nesta última oportunidade. A inteligência de que o art. 1.996 do diploma civil somente torna possível a sonegação depois das últimas declarações constitui uma válvula para a protelação do compromisso de revelar o patrimônio e mesmo colocá-lo à disposição de todos os herdeiros. Eis o texto: "Só se pode arguir de sonegação o inventariante depois de encerrada a descrição dos bens, com a declaração, por ele feita, de não existirem outros por inventariar e partir, assim como arguir o herdeiro, depois de declarar-se no inventário que não os possui".

Já era assim ao tempo do diploma civil anterior.

O Superior Tribunal de Justiça endossa a regra e decidiu deslocar a ação para depois das últimas declarações: "A ação de sonegados deve ser intentada após as últimas declarações prestadas no inventário, no sentido de não haver mais bens a inventarias. Sem haver a declaração no inventário, de não haver outros bens a inventariar, falta à ação de sonegados uma das condições, o interesse processual, em face da necessidade de utilização do procedimento".[1]

Na hipótese de não constar na declaração a inexistência de outros bens, deverá o juiz ordenar a manifestação expressa para que se evitem protelações ou manobras escusas de enriquecimento indevido à custa do empobrecimento dos demais herdeiros.

3. POSSE DOS BENS PELO SONEGADOR

Encontrando-se o inventariante na posse do patrimônio, desde já é reconhecida a sonegação, com a aplicação das cominações legais. É prática condenável a apresentação de bens somente quando denunciada a omissão, ficando desvalido de argumentos o responsável para negar a apropriação.

Tendo o patrimônio à disposição, presumem-se a má-fé e o dolo com o simples silêncio no tocante aos bens não descritos.

4. CONHECIMENTO DOS BENS

Não estão presentes os elementos constitutivos da sonegação se não conhecidos os bens quando das primeiras declarações, ou se apareceram posteriormente.

O próprio herdeiro pode incorrer na figura, quando intencionalmente não descreve determinados bens, ou omite o local onde se encontram.

---

1 REsp. nº 265.859-SP, da 4ª Turma, *DJU* de 07.04.03, *Boletim ADCOAS*, nº 26, p. 407, 2003.

Cap. XLI | Sonegação de Bens • 575

Conforme se analisará no item seguinte, requisito primordial para o uso da ação de sonegação está na ocultação dolosa do bem pertencente ao espólio. Somente existirá conhecimento no caso de verificada a intenção dolosa. Recebendo o herdeiro algum bem em vida, e não se lhe solicitando a conferência, não há a caracterização da sonegação, pois falta o conhecimento da exigência em trazer ao inventário, o que se infere da lição de Salomão Cateb: "Não se aplica a pena, se o herdeiro receber o bem em vida, não lhe sendo solicitada a conferência, nem esclarecida a necessidade em colacionar o bem... É preciso comprovar que o herdeiro, agraciado antecipadamente, sabia de sua responsabilidade e obrigação de colacionar o bem".[2]

5. COMINAÇÕES AO SONEGADOR

O Código Civil traz vários dispositivos a respeito do assunto, preponderantemente de direito material. O art. 1.992 comina a sanção de perda para quem ocultar os bens, seja a pessoa do inventariante ou a do herdeiro: "O herdeiro que sonegar bens da herança, não os descrevendo no inventário quando estejam em seu poder, ou, com o seu conhecimento, no de outrem, ou que os omitir na colação, a que os deva levar, ou o que deixar de restituí-los, perderá o direito, que sobre eles lhe caiba".

Sendo inventariante o sonegador, assume maior gravidade a falta, eis que praticada por quem está revestido da obrigação de cuidar e zelar pelo patrimônio. O art. 1.993 prevê a pena de exoneração do cargo, que deverá ocorrer sem o menor constrangimento: "Além da pena cominada no artigo antecedente, se o sonegador for o próprio inventariante, remover-se-á, em se provando a sonegação, ou negando ele a existência dos bens, quando indicados".

Assim, duas são as cominações, na eventualidade de se concretizar a sonegação, em vista das normas acima:

I – a perda do direito sobre os bens sonegados ou não apresentados, ou não colacionados, no inventário;

II – a remoção do cargo de inventariante, em sendo este o sonegador.

Pressupõe que tenha agido com dolo ou má-fé o sonegador, consoante o ensinamento de Roberto Barcellos de Magalhães: "A pena de sonegação consiste em ser o sonegador excluído na partilha do bem sonegado que lhe deveria caber. Essa pena tem sido, porém, condicionada à prova de dolo ou de má-fé do inventariante ou de manifesta desídia sua, quando, por exemplo, não toma conhecimento de indicação feita nos autos".[3]

Mas a simples ocultação ou mesmo a omissão revela o dolo, eis que presente a vontade de não restituir. Não se requer a má-fé, que é a manobra desenvolvida para a ocultação, linha esta a que se filia a jurisprudência: "Acrescenta-se que não exige a lei a má-fé escancarada e afrontosa, bastando, realmente, a omissão dolosa, isto é, eivada do propósito de subtrair da partilha o bem comum. Basta recordar a letra do art. 1.780 do Código Civil (...). Com muita clareza acentua Clóvis, em comentário ao art. 1.780: 'Não exige o Código que a ocultação seja dolosa, porque a sonegação, segundo conceito deste artigo, pressupõe o dolo. A intenção maliciosa é elemento constitutivo dessa modalidade

---

2 *Direito das Sucessões*, 4ª ed., São Paulo, Atlas, 2007, p. 242.
3 *Comentários ao Código de Processo Civil*, Rio de Janeiro, José Konfino Editor, 1974, vol. V, p. 92.

576 • Direito das Sucessões | *Arnaldo Rizzardo*

de subtração do alheio. Defere, assim, o conceito atual do que do mesmo fato nos dava o direito anterior, que exigia a prova da má-fé'".[4] Lembra-se que o citado art. 1.780 equivale ao art. 1.992 do vigente estatuto civil.

O STJ reconheceu a existência de dolo se interpelado o herdeiro: "A ação de sonegados não tem como pressuposto a prévia interpelação do herdeiro, nos autos do inventário. Se houver a arguição, a omissão ou a negativa do herdeiro caracterizará o dolo, admitida prova em contrário. Inexistindo arguição nos autos do inventário, a prova do dolo deverá ser apurada durante a instrução. Admitido o desvio de bens, mas negado o dolo, não é aplicável a pena de sonegados, mas os bens devem ser sobrepartilhados".[5]

Sujeita-se o infrator, ainda, à indenização pelos danos causados, verificáveis pela não utilização ou não percepção dos frutos.

6. RECUPERAÇÃO DOS BENS

Como agirão os herdeiros ou credores da herança, para recuperar ou reaver o patrimônio?

Pelo art. 1.994, impõe-se a necessidade de se promover uma ação judicial: "A pena de sonegados só se pode requerer e impor em ação movida pelos herdeiros ou pelos credores da herança".

Mas nos próprios autos admite-se denunciar a existência de outros bens, desde que haja prova documental irrefutável ou a questão não exija longas discussões. Reclamando o pedido maiores indagações, ou a elaboração de provas, intenta-se o pedido através de ação judicial, como estabelece o dispositivo acima.

A remoção do inventariante, todavia, uma vez caracterizada a falta voluntária na descrição ou omissão intencional, promover-se-á nos próprios autos do inventário. Ou em apenso, se algum elemento depender da prova a ser produzida (art. 623, parágrafo único, CPC).

Ressalte-se que sempre deverá estar caracterizado o pressuposto da sonegação, para aplicar-se a pena de remoção. Mas vindo a comprovação através de documentos, admite-se o pedido direto nos autos do inventário.

Devem-se aferir os bens quando das doações, para efeitos da sonegação. É o ponto de vista de Silvio de Salvo Venosa: "(...) Só se considera inoficiosa a doação no que exceder a legítima, no momento da doação (art. 1.176), porque é essa a época do exame da inoficiosidade estampada pelo legislador".[6] O dispositivo invocado é do CC/1916, que corresponde ao art. 549 do CC/2002.

7. MOMENTO E PRAZO PARA O INGRESSO DO PEDIDO

Basta que um herdeiro alegue a sonegação, ou ingresse com a ação correspondente, para que a decisão aproveite a todos os demais interessados. No pedido, não se requererá a restituição da parte ou quinhão partilhável apenas ao herdeiro que ingressou com a postulação, mas sim de todos os bens sonegados – parágrafo único do art. 1.994.

---

4 RE nº 85.108-SP, 2ª Turma do STF, de 26.09.78, *Revista Trimestral de Jurisprudência*, 88/227.
5 REsp nº 163.195, da 4ª Turma, j. em 12.05.1998, *DJU* de 29.06.1998.
6 *Direito Civil*, Direito das Sucessões, 3ª ed., São Paulo, Atlas, 2003, p. 168, vol. 7.

Cap. XLI | Sonegação de Bens • **577**

O prazo para o ingresso estende-se, atualmente, por quinze anos, a contar do momento oportunizado para o arrolamento do patrimônio. A utilização desse prazo decorre de ser o prazo estabelecido para a aquisição prescritiva de direitos imobiliários, previsto para o usucapião extraordinário. Justamente por constituir o lapso temporal máximo que a lei fixou a fim de reconhecer o domínio em favor de quem exerce a posse, transpõe-se essa inteligência para aquele que está na posse de bens sonegados. Nesta linha há uma antiga decisão do STF, apreciando matéria submetida ainda ao Código de 1916: "A ação de sonegados nasce para os herdeiros ou para os credores do espólio, concluída pelo inventariante a descrição dos bens no inventário, com as últimas declarações. Se se trata de herdeiro menor à época do inventário, o prazo de prescrição começa a fluir alcançada a maioridade. Hipótese em que o inventário foi concluído em 1935, havendo a autora, herdeira do espólio, adquirido a maioridade em 1949. Contando-se o prazo a partir desse ano, é de reconhecer a prescrição da ação de sonegados em 1969".

Quanto ao momento inicial: "Pontes de Miranda, acerca do momento inicial para a arguição, anota: 'O herdeiro inventariante somente se expõe à ação de sonegados depois de se ter encerrado a descrição, com a declaração, que é pressuposto necessário do encerramento, de não haver outros bens para inventariar' (*Tratado de Direito Privado*, 2ª ed., tomo 60/280, § 6.002, nº 2, p. 280)".

Ainda o próprio Pontes esclarece, no mesmo acórdão: "Além disso, anota Pontes de Miranda (*Tratado das Ações*, tomo III/123, § 28, 1): 'O demandante, se o demandado é o inventariante, há de referir-se ao encerramento da descrição dos bens, de que não consta o bem que entende ter sido sonegado, ou de que não constam os bens que entende terem sido sonegados'".[7]

Existe entendimento diferente, defendendo que o prazo começa a partir do momento em que o herdeiro toma ciência da sonegação, sendo o prazo prescricional de 10 anos. Em tal linha, a doutrina de Leonardo de Faria Beraldo: "Concluímos, assim, no sentido de que o prazo prescricional, na ação de sonegados, é de 10 anos, contado do dia em que o herdeiro lesado teve ciência da existência do bem ocultado, existindo presunção *juris tantum* em favor da vítima, quanto à data em que descobriu a sonegação perpetrada pelo inventariante ou herdeiro. E, tudo isso que foi dito sobre o *dies a quo* do prazo prescricional na ação de sonegados, por certo, se aplica à sobrepartilha em decorrência de separação, divórcio ou extinção de união estável".[8]

O Superior Tribunal de Justiça, em uma decisão, que não convence, entendeu que o prazo inicia com o ato de transferência do bem: "Se a aquisição dos imóveis em nome dos herdeiros varões foi efetuada com recursos do pai, em doação inoficiosa, simulada, em detrimento dos direitos da filha autora, a prescrição da ação de anulação é vintenária, contada da prática de cada ato irregular".[9]

De outra parte, como já salientado, se converterá em indenização o pedido, caso já consumidos os bens, ou não mais existirem no poder do sonegador – art. 1.995.

Sabendo-se o paradeiro, a busca efetuar-se-á por meio de mandado, não se admitindo a alegação de boa-fé do herdeiro. A presunção é a conivência na transferência ilícita, pois

---

7   RE nº 85.944-6-RJ, 1ª Turma do STF, de 15.12.87, rel. Min. Néri da Silveira, *RT*, 645/208.

8   O termo inicial da prescrição da ação de sonegados e algumas questões práticas de ordem processual e material, *Revista Forense*, vol. 415, jan.-jun. 2012, p. 274.

9   REsp 259.406/ PR, 4ª Turma do STJ, rel. Min. Aldir Passarinho Junior, j. em 17.02.2005, *DJ* de 04.04.2005.

578 • Direito das Sucessões | *Arnaldo Rizzardo*

não exigida, pelo adquirente, a comprovação do domínio, que se assentava na pessoa do *de cujus*.

Não é possível equiparar a sonegador ao depositário, e impor-lhe a pena de prisão prevista no art. 652. Ele administra o patrimônio e mantém a posse, sem, no entanto, assumir o compromisso de depositário.

Finalmente, não cabe a ação na hipótese de todos os herdeiros conhecerem a sonegação, e omitirem esta circunstância no inventário: "A existência dos bens não levados ao inventário era do conhecimento de todos os herdeiros; a qualquer destas cabia interpelar o inventariante para que declarasse os bens tidos como sonegados, posto que a recusa ou a omissão após a interpelação é que caracterizaria o propósito malicioso de ocultar, o que ensejaria a ação".

Invocando-se a lição doutrinária: Ensina Caio Mário da Silva Pereira, *Instituições de Direito Civil*, VI/294: "Nunca se presumindo, o dolo deverá ser provado, demonstrando-se a intenção maliciosa (...) Cabe, então, ao interessado que tenha conhecimento da existência de outros bens interpelar o inventariante para que os declare, apontando-os. E, na recusa ou omissão, caracteriza-se o propósito malicioso e punível, que ensejará a ação".[10]

Este corolário decorre da presunção da partilha entre os cônjuges quanto aos bens que não vieram arrolados.

---

10 Apel. Cív. nº 200.058-1/6, 1ª Câmara Cível do TJSP, de 23.11.93, *RT*, 704/111.

XLII

O Inventariante

1. CONCEITO E NATUREZA

Tem o inventariante suma importância em todo o procedimento a ser desenvolvido com a transmissão da herança. É ele quem dirige e organiza o espólio, arrecadando os bens, conservando-os e administrando-os até a entrega de cada porção aos herdeiros.

Pontes de Miranda conceitua desta maneira o inventariante: "É o que faz a relação dos bens e dos herdeiros, administra os bens da herança e a representa, até que passe em julgado a sentença".[1]

Para uns, é considerado o inventariante um depositário, ou uma figura aproximada ao depositário, embora ressaltando as diferenças, especialmente aquelas atinentes às obrigações, mais rígidas e complexas no depósito, tanto que a transgressão resulta em pesadas punibilidades, inclusive com a cominação da pena coercitiva da liberdade. Por mais relapso que seja o inventariante, e mesmo que desbarate os bens, não se lhe pode aplicar a pena de prisão prevista no art. 652 do Código Civil. No máximo, se vulnerados os deveres, é destituído do cargo, e sequestráveis tornam-se os bens sob sua administração.

O mesmo ocorre com o mandato em relação à inventariança, já que o inventariante representa os demais herdeiros, sendo um mandatário ou procurador dos mesmos, agindo em nome deles e decidindo em inúmeras questões, inclusive manifestando-se por todos. Aumenta a semelhança ou afinidade quando chamado o espólio a manifestar-se, ou obrigado a ingressar em juízo, no polo ativo ou passivo.

Mas neste caso as diferenças são maiores, afastando a identidade entre uma e outra função. Com efeito, no mandato os poderes são, geralmente, mais amplos, já que em todos os assuntos o mandatário está autorizado a decidir, sempre que convirjam as intervenções aos interesses do mandante. No inventário, o representante do espólio não tem poder de decisão tão amplo, eis que, às vezes, é obrigado a agir mesmo contra as pretensões dos herdeiros. De outra parte, o inventariante não alcança o cargo em razão da confiança que os demais herdeiros nele depositam, e sim, sobretudo, em razão de uma ordem legal, ou em vista de indicadores específicos. Não é destituível o inventariante por contrariar alguns interesses, como é comum no mandato, mas por agredir regras de direito.

Ao que parece, e que mais se coaduna às atividades e funções exercidas, tem-se na inventariança um encargo, um múnus, com alto teor público, tanto que deve se sujeitar

---

1 *Comentários ao Código de Processo Civil*, ob. cit., tomo XIV, p. 41.

à fiscalização do juiz. Vale transcrever este texto, de Jefferson Daibert: "O inventariante desempenha as funções de auxiliar da Justiça, tendo, simultaneamente, poderes de guarda, administração e assistência do acervo hereditário".[2]

Ressalte-se, dentro desta ótica, que o art. 622 do Código de Processo Civil arrola hipóteses ensejadoras da remoção ou substituição quando infringidas determinadas obrigações, como se verá adiante.

2. NOMEAÇÃO PARA O CARGO

Mesmo que já abordados aspectos referentes à nomeação, cumpre se examine sistematicamente o assunto.

O juiz nomeia o inventariante para representar o espólio judicial e extrajudicialmente, ativa e passivamente, segundo todos entendem. Assume o nomeado todas as responsabilidades pela guarda e conservação dos bens. Cabe-lhe, além disso, diligenciar para atender as determinações expedidas no processo, em especial aquelas relacionadas a pagamentos de taxas, impostos e despesas processuais.

Releva destacar as pessoas nas quais recai a nomeação – matéria regulada no inc. I do art. 617 do Código de Processo Civil, onde a precedência está no "cônjuge ou companheiro sobrevivente, desde que estivesse convivendo com o outro ao tempo da morte deste".

A regra requer uma interpretação comedida, visto que, além de cercear a liberdade do juiz na escolha e nomeação, ignora que não apenas no casamento pelo regime de comunhão universal se dá a aquisição de patrimônio comum. No regime de comunhão parcial, os bens adquiridos entram na partilha, daí ser aplicável o seguinte aresto: "Tem direito à inventariança o cônjuge sobrevivente casado sob o regime de parcial comunhão de bens, quando detém a administração do espólio em razão do direito à meação nos bens adquiridos na vigência do matrimônio".[3]

O cargo de inventariante é mais pertinente com a administração, e por ser permitida a nomeação até de pessoa estranha (inc. VIII do art. 617 do CPC), não se vê razões para impedir a nomeação do cônjuge, que está a par dos negócios da família, presumindo-se seu interesse em administrar satisfatoriamente os bens, especialmente se existirem filhos, sobre os quais detém o poder familiar.

Dentro deste princípio, mesmo no casamento com separação de bens, em certos casos, é conveniente nomear o cônjuge supérstite, na lição de Pontes: "Se o casamento fora com separação de bens e o cônjuge sobrevivente herda, pode pedir a nomeação com fundamento de que é herdeiro e estava na administração dos bens, ou por ser o herdeiro mais idôneo. Se não há testamenteiro, o cônjuge sobrevivente, que não é herdeiro, nem era casado sob o regime matrimonial da comunhão de bens, pode ser nomeado pelo juiz".[4]

Nesta concepção, já em tempos primórdios decidiu o STF que cabe a nomeação da inventariança ao "cônjuge sobrevivente que, não obstante casado sob o regime de separação legal de bens, tinha a posse e administração do espólio, em razão do direito à meação de bens adquiridos durante o matrimônio".[5]

---

2   Ob. cit., p. 52.
3   Agr. Instr. nº 587047325, da 1ª Câmara Cível do TJRGS, 22.12.87, *Revista de Jurisprudência do TJRGS*, 127/200. Igualmente, no mesmo sentido, em *Revista do Superior Tribunal de Justiça*, 58/344.
4   *Comentários ao Código de Processo Civil*, ob. cit., tomo XIV, pp. 43 e 44.
5   *Revista Trimestral de Jurisprudência*, 89/895.

Cumpre aduzir que, com a Lei nº 12.195, de 14.01.2010, havia ficado alterado o então art. 990 do CPC/1973, dispositivo que veio a corresponder ao art. 617 do atual, para autorizar a nomeação de inventariante na pessoa do cônjuge sobrevivente, sem importar o regime de bens escolhido, ou na pessoa do companheiro.

Em segundo lugar, desde que não haja cônjuge ou companheiro supérstite, ou se estes não puderem ser nomeados, o cargo recairá na pessoa do herdeiro que se achar na posse e administração do espólio.

Clóvis do Couto e Silva procura esclarecer o sentido de posse, para ensejar a escolha do herdeiro: "É preciso não confundir dois conceitos: todo herdeiro tem, por força da *saisine*, o domínio e a posse da herança. E, se houver mais de um herdeiro, todos têm--na em caráter individual. A posse de que se trata no nº II do art. 990 é a posse fática, ou seja, a circunstância de estar administrando a herança. Se assim for, o herdeiro será investido na condição de inventariante. Se nenhum deles estiver na posse da herança ou na sua administração, então caberá ao juiz nomear qualquer herdeiro: ele tem, portanto, discrição".[6] Sabe-se que o referido inciso II do art. 990 equivale ao inciso II do art. 617 do vigente CPC.

Mesmo assim, é difícil, às vezes, decidir, caso não haja consenso, visto que todos ou mais de um herdeiro se encontram na posse. Mas preferirá aquele que tinha maiores ligações com o de cujo, ou que administrava seus bens, ou que vivia na mesma moradia. Recomenda Christiano Almeida do Valle: "Deve ter preferência o herdeiro mais idôneo, e o que está na posse dos bens, não se podendo invocar o grau de parentesco. O que difere é a posse dos bens".[7]

A disposição do inc. II do art. 617 do Código de Processo Civil coincide, em seu conteúdo, com a norma do art. 1.797, inc. II da lei civil, que traz um adendo no sentido de que, em havendo mais de um herdeiro que se encontra na posse e administração dos bens, a nomeação recairá no mais velho. Não preponderam tanto as incompatibilidades entre os herdeiros, ou as desavenças pessoais, muitas vezes comuns. Nem se pense que o advogado do cônjuge meeiro, ou de algum herdeiro, possa merecer a designação, pois se encontra o mesmo numa posição de defesa dos interesses de quem o constituiu, e não do espólio.

Em terceiro lugar, o inc. III do mesmo art. 617 contempla a possibilidade de se nomear qualquer herdeiro, se nenhum se encontra na posse e administração do espólio. No caso, porém, não há total falta de critério na escolha. Observar-se-ão alguns elementos, como a idoneidade, a experiência, a proximidade e o domicílio onde ficavam centralizados os interesses e negócios do autor da herança, ou se situava seu domicílio.

Em quarto lugar, cabe a nomeação ao herdeiro menor, por seu representante legal. Na eventualidade, pois, de menoridade do herdeiro, na prática recai a nomeação na pessoa de seu representante, podendo ser o progenitor ou a progenitora, desde que não conflitantes os interesses. É o que veio previsto no inciso IV do art. 617 do vigente CPC. Na hipótese, inclusive a jurisprudência já admitiu a nomeação do avô.[8] Pensa-se que não se apresentam inconvenientes para a nomeação de tutor ou curador de um incapaz. Se admissível que em pessoa estranha recaia a designação, não se justifica de modo algum a restrição a tais pessoas. Realmente, aconselha Orlando de Souza a nomeação de tutor

---

6   Ob. cit., vol. XI, tomo I, p. 294.
7   Ob. cit., p. 11.
8   REsp nº 4.128-ES, da 4ª Turma do STJ, j. em 30.10.1990, *DJU* de 10.12.1990.

582 • Direito das Sucessões | *Arnaldo Rizzardo*

ou curador, em vez do incapaz: "No caso de ser menor ou interdito o único herdeiro existente (...), o cargo de inventariante dativo deve, preferentemente, ser exercido pelo respectivo tutor ou curador".[9]

Apesar das divergências doutrinárias[10] sobre a nomeação, para a escolha preponderarão mais os critérios do representante. Mas, a rigor, a incapacidade não impede o cargo, visto poder ele realizar os atos da vida civil, desde que devidamente representado ou assistido.

Em quinto lugar, na inexistência das pessoas acima, ou na falta de condições para as mesmas desempenharem o cargo, nomeará o juiz, conforme o inc. V do mesmo artigo, o testamenteiro, se lhe foi confiada a administração do espólio, ou se toda a herança estiver distribuída em legados. No entanto, não é aconselhável se reclamar, embora o texto legal, para a nomeação, as condições da administração do espólio, ou a distribuição da herança em legados. Basta a simples falta de cônjuge, ou herdeiro, o que parece mais correto, pois se deve facilitar o desenvolvimento dos atos processuais, não colocando uma série de entraves e complicações de incerta eficácia. Se existente outro herdeiro escalado com precedência, não cabe a nomeação do testamenteiro, mesmo que tenha constado a indicação em testamento, na lição do Superior Tribunal de Justiça: "Não se vê, nos elementos que instruem este recurso, motivo plausível para que se mantenha um estranho no cargo de inventariante, sem embargo de ser ele o testamenteiro escolhido pelo *de cujus*. Este, na verdade, avançou além do que lhe seria lícito, ao nomeá-lo, também, para o cargo de inventariante, sujeita que está a nomeação a critérios contemplados pela lei civil e pela instrumental".[11]

Mais diretamente, reafirmou o STJ a preferência dos herdeiros, não importando se testamentários:

> Para efeitos de nomeação de inventariante, os herdeiros testamentários são equiparados aos herdeiros necessários e legítimos.
>
> (...)
>
> Os herdeiros testamentários, maiores e capazes, preferem ao testamenteiro na ordem para nomeação de inventariante.
>
> Existindo herdeiros maiores e capazes, viola o inciso III do art. 990 do CPC (inc. III do art. 617 do atual CPC), a nomeação de testamenteiro como inventariante. Recurso especial conhecido e provido.[12]

Em sexto lugar, a ordem recai no cessionário do herdeiro ou do legatário, isto é, aquela pessoa para a qual se operou a transferência ou cessão dos direitos hereditários.

Em sétimo lugar, ao juiz cabe, na inviabilidade de desempenhar o cargo uma das pessoas precedentes, nomear o inventariante judicial, o que acontecerá nas comarcas onde exista tal agente, que é de rara frequência (inc. VII do art. 617 do CPC).

Finalmente, em vista das mesmas impossibilidades de se escolher o cônjuge ou algum herdeiro, a nomeação incidirá em pessoa estranha idônea se não houver inventariante judicial (inc. VIII do art. 617 do CPC). Isto é, qualquer pessoa, naquela condição,

---

9 *Inventários e Partilhas*, ob. cit., p. 59.
10 Washington de Barros Monteiro, *Direito das Sucessões*, ob. cit., p. 32; Hamilton de Moraes e Barros, ob. cit., p. 174.
11 REsp. nº 3.99.442-RJ, da 3ª Turma do STJ, de 20.08.2002.
12 REsp nº 658.831, da 3ª Turma, j. em 15.12.2005, *DJU* de 1º.02.2006.

sem relevância quanto a parentesco, e de preferência advogado. Oportuna a observação de Hamilton de Moraes e Barros, dada a equivalência da previsão atual à previsão do Código revogado: "Caso inexista o inventariante judicial ou não possa esse merecer a investidura, por qualquer motivo, ou por ter interesses conflitantes com o espólio ou com algum herdeiro, a escolha será livre do juiz, mas deverá ele observar, para a nomeação, os requisitos indispensáveis da idoneidade moral, econômica, específica – e as aptidões pessoais daquele que irá receber tão importante múnus".[13]

Denomina-se este inventariante "dativo", e seus poderes são mais reduzidos que aqueles dos demais herdeiros, quando nomeados para o cargo. Não representa ele o espólio ativa e passivamente, impondo-se, aí, a presença de todos os herdeiros, ou a citação, se réus numa demanda judicial. Neste sentido, o CPC, no art. 75, § 1º, ordena a intimação dos sucessores: "Quando o inventariante for dativo, os sucessores do falecido serão intimados no processo no qual o espólio seja parte".

No caso, a providência se estende tanto nas nomeações do inventariante judicial como naquelas do inventariante dativo (incs. VII e VIII do art. 617 do atual CPC).

Em vista do art. 75, § 1º, os sucessores serão partes do feito, em um tipo de litisconsórcio ativo ou passivo, conforme a posição que ocuparem no processo.

Realmente, afigurar-se-ia pelo menos temerário admitir que um estranho se revestisse de poderes mais amplos, com possibilidade de não revelar o interesse e o zelo que teriam os herdeiros ou cônjuge meeiro.

Todavia, cabe-lhe defender e mesmo zelar pelos bens do espólio, ressaltando Christiano Almeida do Valle: "Embora o inventariante dativo não represente o espólio, pode perpetrar todos os atos imprescindíveis à proteção e à posse dos bens do espólio, bem como aqueles indispensáveis à sua administração.

É dever do inventariante exigir dos herdeiros os bens que pertencem ao espólio, igualmente agindo contra terceiros que os detenham indevidamente. Nestas condições, é-lhe lícito veicular as ações competentes. Fica, porém, obrigado a trazer à colação os bens recebidos por herdeiros ausentes, ou renunciantes, ou excluídos".[14]

Por configurar-se evidente conflito com as funções a serem executadas, não é aceitável a nomeação de credor ou devedor do espólio, ou de um dos respectivos herdeiros. Parece claro que faltará, aí, um mínimo de imparcialidade, sugerindo que, na hipótese, o empenho é o recebimento do crédito, ou a isenção da dívida. Há uma incompatibilidade que ressalta incontroversa, estendendo-se a mesma também ao herdeiro credor ou devedor.

A resistência em se nomear o credor do inventariante encontrou eco também no STJ: "O conteúdo normativo do artigo 988 do Código de Processo Civil é insuficiente para desconstituir o acórdão recorrido, visto que não autoriza o credor do *de cujus* a imitir-se na condição de inventariante, autorizando-o somente a requerer abertura do processo de inventário.

A análise do artigo 990 do Código de Processo Civil revela-se desinfluente, no caso concreto, para determinar a manutenção do credor, ora recorrente, no cargo de inventariante. É que, ainda quando se admita que a expressão 'pessoa estranha idônea' constante do inciso VI daquele artigo, possa alcançar terceiro interessado na causa, tal como o credor, ele não exclui a possibilidade de a autoridade judiciária, apreciando as circunstâncias do

---

13 *Comentários ao Código de Processo Civil*, Rio de Janeiro, Forense, vol. IX, pp. 175 e 176.
14 Ob. cit., p. 93.

caso concreto, nomear aquele com melhores condições para o exercício de tal mister".[15] Os arts. 988 e 990 mencionados correspondem aos arts. 616 e 617 do CPC em vigor.

Mesmo no companheiro ou companheira pode recair a nomeação, por ter a administração dos bens, o que já se admitia mesmo antes da regulamentação da união estável: "Separado judicialmente o extinto e colaborando a concubina na administração dos bens, nada impede aquela de ser considerada a pessoa estranha e idônea a que alude o item VI do art. 990 do regramento processual civil, máxime quando não há inventariante judicial na comarca e os filhos menores, portanto incapazes, se encontram impossibilitados de exercer o importante múnus, que não permite sejam representados ou assistidos para esse encargo".[16] O citado inc. VI do art. 990 corresponde ao inc. VIII do art. 617 do vigente CPC.

Nada há o que impeça a nomeação de herdeiro que resida no exterior, ou em local distante daquele que era o domicílio do falecido, na falta de outros em condições mais vantajosas. A inconveniência, em tal situação, não equivale a impedimento.

Volta-se a referir a exigência, em todas as nomeações, da idoneidade, qualidade esta com inúmeros desdobramentos. Assim, a pessoa perdulária, a irresponsável com suas obrigações familiares, aquela que responde a inúmeras dívidas e ações judiciais, a insolvente, ou titular de estabelecimento falido, a condenada por delitos relativos ao patrimônio, ou a pervertida nos costumes, a viciada e desocupada, não trazem suporte para o cargo.

Em exposição sintética, são indicados por Orlando de Souza alguns exemplos significativos de impossibilidades de se nomear inventariante:

> "a) Quem é credor do inventariado e foi seu procurador, sujeito à prestação de contas (...);
>
> b) quem move ação contra o espólio;
>
> c) o devedor do espólio;
>
> d) o cessionário da viúva-meeira que está denunciada como coautora do assassinato do marido;
>
> e) o réu pronunciado e preso;
>
> f) o liquidante da firma de que era sócio o de cujus;
>
> g) quem tem interesse oposto à herança por ser parte contrária num pleito judicial por ela movido;
>
> h) o menor herdeiro, por não ter capacidade para exercer a função, mesmo por intermédio do representante legal respectivo".[17]

Mas nada impede, também, a nomeação de inventariante analfabeto, porquanto não é o analfabeto incapaz, mas encontra-se no mesmo plano jurídico de capacidade que as pessoas desenvolvidas culturalmente. Nesta mesma ordem, encontram-se os cegos e as pessoas com defeitos físicos.

O cessionário de direitos hereditários, a rigor, não é nomeável. Mas admitem-se exceções, por exemplo quando ele adquiriu tais direitos de todos os herdeiros. Ou em situações especiais, como quando os herdeiros restantes não revelam o menor interesse em assumir o inventário. Preferível, então, nomear-se o cessionário, que evidentemente levará o feito agilmente, dado o seu interesse.

---

15 AgRg nos EDcl no REsp. nº 804.559-MT, da 3ª Turma, j. em 16.03.2010, *DJe* de 14.04.2010.
16 Agr. Instr. nº 4.739, 11.04.89, 1ª Câmara Cível do TJSC, *RT*, 652/134.
17 *Inventários e Partilhas*, ob. cit., pp. 62 e 63.

3. COMPROMISSO DO INVENTARIANTE

Uma vez consumada a nomeação, e somente após ter prestado o compromisso pela pessoa nomeada, poderá ela exercer o cargo. Isto porque é o compromisso prestado que significa a investidura, sendo que o respectivo termo representa a promessa do inventariante de bem e fielmente desempenhar o cargo. Conforme o parágrafo único do art. 617 do CPC: "O inventariante, intimado da nomeação, prestará, dentro de 5 (cinco) dias, o compromisso de bem e fielmente desempenhar a função".

Geralmente, o termo de compromisso é assinado pelo advogado que representa o inventariante, desde que poderes específicos constem inseridos na procuração. Do contrário, a intimação será pessoal, e impõe-se de rigor o compromisso do nomeado.

Aliás, todas as partes serão intimadas do despacho de nomeação. Na medida em que se efetuam as citações, os herdeiros tomam conhecimento do processo e, evidentemente, da nomeação.

Possível, entretanto, a inconformidade com a nomeação, autorizada no art. 627, inc. II, do CPC, que se formalizará através de reclamação, nos próprios autos, visto que, aí, há uma oposição ao ato de nomeação. Não se está promovendo a remoção. Impugna-se simplesmente a designação. E, se mantido o despacho, o recurso cabível é, insofismavelmente, o agravo (art. 1.015, parágrafo único, do CPC).

Com o mesmo recurso se ingressa no caso de não manter o juiz a nomeação ou, acatando a impugnação, se escolher outro nome para o múnus.

Nesse momento, a discussão não versa propriamente quanto à destituição, que envolve a falta de condições para o exercício do cargo, mas procura, sobretudo, a substituição em vista da não observância da ordem legal contida no art. 617 do estatuto processual.

Não comparecendo o inventariante nomeado, o juiz designará outro, removendo aquele, como já orientava Pinto Ferreira: "Caso o inventariante nomeado não venha a prestar o compromisso no prazo legal, salvo motivo devidamente justificado, poderá o próprio juiz removê-lo; porém, decretada a remoção por falta de assinatura do termo de compromisso, o juiz nomeará outro inventariante, seguindo sempre a ordem de preferência legal. Esta providência de remoção do inventariante pode ser tomada *ex officio* pelo juiz, evidentemente, pois decorre dos próprios poderes, deveres e responsabilidades, previstos no art. 125 do CPC, do que lhe compete dirigir o processo, promovendo, portanto, o andamento do feito".[18] O citado art. 125 corresponde ao art. 139 do CPC.

4. ATRIBUIÇÕES DO INVENTARIANTE

Nas inúmeras atribuições que competem ao inventariante concentram-se, na realidade, as principais, em dar início ao inventário, promover todos os atos atinentes ao mesmo e cuidar e administrar os bens do falecido que se encontram em seu poder ou guarda, se prolongando até o trânsito em julgado da sentença de partilha, tornando-se nulos os atos praticados pelo ex-inventariante, em nome do espólio, após tal momento.

Uma das mais precisas e práticas descrições das funções do inventariante é dada por Milhomes (*Manual*, vol. III, pp. 319/320), a que se reporta Sérgio Sahione Fadel:

---

18 *Inventário, Partilha e Ações de Herança*, ob. cit., pp. 37 e 38.

"Satisfaz aluguéis, arrendamentos, impostos, salários, ordenados e outros encargos ordinários da sucessão, de pagamento imediato; exerce todos os direitos e deveres conservatórios; colhe ou arrecada os frutos, naturais, industriais ou civis e os dá à partilha, abatidas as despesas de cultura, colheita, conserto e aquisição de instrumento de trabalho; vende o que é destinado à imediata alienação (cereais, produtos de hortas e pomares, aves, ovos, gado gordo, por exemplo) e traz ao juízo divisório o respectivo preço, deduzidos os gastos de embalagem, remessa, comissão aos vendedores etc. despede e despeja locatários faltosos ou cujo arrendamento caducar ou cessou, ainda que sejam coerdeiros, se possuem só a título de locação; cobra amigável ou judicialmente as dívidas ativas; se morava com o *de cujus*, continua a residir no mesmo prédio sem pagar aluguel, até ser julgada a partilha, porém, não pode mudar-se para casa até então destinada à renda; aluga ou arrenda prédios rústicos e urbanos, por tempo certo e não demasiado longo, pelo prazo habitual na locação de imóveis de tal natureza".[19]

O art. 618 do CPC traz um longo rol de incumbências, desta maneira redigidas e explicadas:

> I – representar o espólio ativa e passivamente, em juízo ou fora dele, observando-se, quanto ao dativo, o disposto no art. 75, § 1º.

Cabe a regra ao mais primordial dos encargos, a representação ativa e passiva do espólio, independente de alvará judicial, exceto em relação ao dativo, conforme o art. 75, § 1º, do CPC, quando todos os herdeiros e sucessores deverão estar presentes, como autores ou réus, nas ações em que o espólio for parte. Todavia, envolvendo alienação ou oneração do patrimônio, revela-se imprescindível a autorização do juiz.

Sabe-se que o espólio nem é uma pessoa jurídica, nem uma pessoa física, mas constitui uma massa patrimonial autônoma, com legitimidade *ad causam*, podendo figurar, assim, na relação processual das ações judiciais.

Tão logo iniciado o inventário, cabe ao inventariante dar o impulso processual sempre que permanecer parado no cartório, atendendo as diligências ordenadoras, efetuando os pagamentos fiscais e providenciado na juntada das certidões negativas de dívidas ou obrigações perante a Fazenda Pública.

> II – Administrar o espólio, velando-lhe os bens com a mesma diligência como se seus fossem.

A esta função, que é exercida fora do processo, mais no âmbito administrativo, o inventariante deverá dedicar zelo e seriedade, tanto ou mais caso se tratasse dos seus próprios bens.

Cabe-lhe, pois, cuidar do patrimônio de modo a não ser desfalcado, ou a não vir a deteriorar-se, anotando Hamilton de Moraes e Barros: "Deve, entretanto, seguir os trabalhos e iniciativas do morto, tanto quanto baste para a colheita dos resultados úteis pretendidos. Deve recolher os frutos naturais ou civis, sendo responsável por sua inércia ou omissão. As despesas que forem necessárias para a manutenção ou o funcionamento

---

19 *Código de Processo Civil Comentado*, ob. cit., 2003, p. 1.192.

dos empreendimentos econômicos do inventariado, despesas gerais e ordinárias, essas o inventariante pode fazer ou ordenar, dentro do seu encargo de administrador".[20]

Neste aspecto, necessário que os bens não fiquem inertes, mas que produzam rendas, especialmente quando se tratar de terras.

Mas não é permitido ao inventariante tomar decisões que comprometam o uso, como a locação de prédios ou o arrendamento de terras. O espólio, aí, deverá ter a autorização judicial, ou o consentimento de todos os herdeiros.

III – Prestar as primeiras e últimas declarações pessoalmente ou por procurador com poderes especiais.

Tão logo prestado o compromisso, apresentará o inventariante, por meio do procurador, as declarações iniciais, estabelecendo o art. 620 da lei processual: "Dentro de 20 (vinte) dias contados da data em que prestou o compromisso, o inventariante fará as primeiras declarações, das quais se lavrará termo circunstanciado, assinado pelo juiz, pelo escrivão e pelo inventariante, no qual serão exarados: (...)".

Nessas declarações – que virão através de petição assinada pelo advogado desde que contenha a procuração poderes especiais para tanto, limitando-se o cartório a lavrar o termo de ratificação das mesmas – constarão todos os dados acerca do inventariado, do cônjuge meeiro, dos herdeiros, dos bens, das dívidas, dos valores depositados e com a estimativa de avaliação de cada bem.

Pinto Ferreira assim expôs o momento da apresentação: "As primeiras declarações ou declarações iniciais do inventariante antecedem a citação dos herdeiros, da Fazenda Pública e do Ministério Público, caso haja herdeiro incapaz ou ausente, ou ainda do testamenteiro, se o *de cujus* deixou testamento (CPC de 1973, art. 999).

O prazo para as declarações iniciais é de 20 dias (art. 993 do CPC de 1973), a contar da assinatura do termo de compromisso do inventariante.

Em tais declarações preliminares, o inventariante, como representante legal do espólio, deverá declarar em juízo tudo o que seja relativo ao *de cujus*, aos herdeiros e bens".[21] Os citados arts. 993 e 999 equivalem aos arts. 620 e 626 do vigente CPC.

As últimas declarações serão apresentadas quase ao final do inventário, após a confecção do laudo de avaliação e resolvidas todas as controvérsias, sendo permitido ao inventariante emendar, aditar ou completar as primeiras declarações. É admissível virem retificações, ou que sejam suprimidas omissões. Este também será o momento de se trazer aos autos a demonstração dos rendimentos ou frutos havidos no curso da administração.

Discrimina o art. 636 do Código de Processo Civil os atos que envolvem as últimas declarações, matéria a ser desenvolvida em outro capítulo.

IV – Exibir em cartório, a qualquer tempo, para exame das partes, os documentos relativos ao espólio.

Em princípio, presume-se que as declarações espelham a realidade. Qualquer inverdade ou falsidade determina a responsabilidade da pessoa que as presta. Se dúvidas surgirem,

---

20 *Comentários ao Código de Processo Civil*, ob. cit., vol. IX, p. 178.
21 *Inventário, Partilha e Ações de Herança*, ob. cit., p. 48.

588 • Direito das Sucessões | *Arnaldo Rizzardo*

ou por simples ordem judicial, apresentará o inventariante, seja qual for a fase do processo, os documentos comprobatórios, principalmente os relativos ao inventariado e aos herdeiros, os que dizem respeito às dívidas, aos rendimentos e à existência de bens. Não se admite a recusa em atender a tal exigência, sob pena de se colocar em suspeição ou dúvida a veracidade do afirmado, isto que aos interessados assiste o direito de analisar os documentos concernentes a tudo o que veio nas primeiras declarações.

V – Juntar aos autos certidão do testamento, se houve.

Natural que venha a certidão, o que é uma explicitação do ordenado no inciso IV, e permite ter uma posição do real patrimônio disponível aos herdeiros. Daí decorre que, fica sobrestado o inventário, enquanto não aberto, conferido, aprovado e registrado o testamento.

VI – Trazer à colação os bens recebidos pelo herdeiro ausente, renunciante ou excluído.

Tais bens acrescerão aos dos herdeiros que constam no inventário. Óbvio que não ficarão sem titular, ou à mercê do inventariante.

Clóvis do Couto e Silva explica como se realiza a colação: "A colação, no Direito brasileiro, faz-se, em princípio, *in natura*, embora existisse alguma discussão no particular, sobretudo antes do advento do Código Civil de 2002, mas isto, agora, parece fora de dúvida.

Não sendo possível, porque alienado o bem, a colação atenderá o seu valor".[22]

VII – Prestar contas de sua gestão ao deixar o cargo ou sempre que o juiz assim determinar.

As contas serão prestadas em apenso aos autos, como ordena o art. 553 do CPC, e decorre do simples fato de gerir ou ter à mão coisas e valores de terceiros. Mas admite-se, também, a prestação em lide autônoma. Assim se decidiu: "A sistemática processual estabeleceu a possibilidade de se exigir a prestação de contas do inventariante tanto pela via própria, contenciosa, da ação de prestação de contas, como pela via administrativa, enquanto incidente do inventário. Nesta hipótese, a finalidade é tão somente apurar o estado dos bens administrados e pode ser determinada pelo juiz sempre que, provocado ou não, repute necessário, conforme o art. 991, VII, do CPC". (Corresponde o art. 991, inc. VII, do CPC de 1973 ao art. 618 do atual CPC).

Pode a parte escolher a via que mais lhe convém. Entretanto, se a prestação tem mais caráter administrativo, apropriado que se faça em apenso aos autos.[23]

Normalmente a prestação de contas vem com as últimas declarações e ocorre em geral quando os bens dão rendimentos, como, por exemplo, se locados, ou se existentes depósitos bancários.

Devem as contas obedecer a forma mercantil, segundo, aliás, delineou a jurisprudência: "O art. 919 do CPC ordena que as contas do inventariante sejam prestadas em apenso aos autos do processo em que tiver sido nomeado, enquanto o art. 917 manda que sejam prestadas em forma mercantil, com os documentos justificativos das receitas e

---

22 Ob. cit., vol. XI, tomo I, p. 301.
23 Agr. Instr. nº 132.705-1, 2ª Câmara Cível do TJSP, 07.08.90, *Revista Forense*, 314/96.

despesas (...) Essa forma mercantil, é sabido, exige a organização das diversas parcelas que compõem as contas em colunas distintas para débito e crédito, fazendo-se todo o lançamento segundo um método histórico, que revele a origem de cada recebimento e de cada pagamento, em ordem cronológica, e instruídas com documentos justificativos".[24] Os arts. 919 e 917, citados acima, correspondem aos arts. 553 e 551 do CPC em vigor).

Qual o momento de prestar contas?

Como se sabe, tal deve se dar no encerramento do cargo. Assim, "o inventariante não está sujeito a prestar contas sempre que lhe pede qualquer herdeiro; sob esse motivo, a lei estatui momentos próprios: ao término da gestão, ou em ação de sonegados, cabível após as últimas declarações (art. 994 do CPC).

Fora desses momentos, a obrigação do inventariante em prestar suas contas somente será admissível quando o juiz, de ofício, as requisite (...). Destituída a recorrente do cargo de inventariante, surge-lhe a obrigação de prestar contas. A destituição é fato superveniente, que não se pode ignorar, em face de sua influência do veredicto da causa (art. 462 do CPC)".[25] Os arts. 994 e 462 equivalem, respectivamente, aos arts. 621 e 493 do CPC/2015.

Sobre a matéria, orientou, ainda, o Superior Tribunal de Justiça: "A circunstância de poder o juiz determinar, a qualquer tempo, prestar contas o inventariante, em via administrativa, não exclui a possibilidade de a isso ser compelido jurisdicionalmente, a pedido de quem tenha seus bens por ele geridos".[26]

VIII – Requerer a declaração de insolvência.

A insolvência somente pode ser requerida quando o patrimônio ativo do espólio não é suficiente para arcar com as obrigações, ou o passivo. Ou seja, a soma das dívidas excede o total dos bens. Nada mais resta, então, a não ser o pagamento proporcional das obrigações, em consonância com o total do valor dos bens.

5. ATRIBUIÇÕES DEPENDENTES DE AUTORIZAÇÃO JUDICIAL

Além das atribuições vistas no subtítulo anterior, outras ainda existem, discriminadas no art. 619 do CPC, mais relacionadas aos aspectos econômicos, por serem referentes ao patrimônio. Coincidem com as que vinham no art. 992 do CPC/1973.

Distinguem-se daquelas do art. 618 não apenas pela natureza, mas também por dependerem da autorização do juiz. Expunha Clóvis do Couto e Silva: "As competências previstas no art. 991 e seus incisos são independentes da audiência dos interessados, ou seja, dos próprios herdeiros e de autorização do juiz; as previstas no art. 992, ao contrário, seriam dependentes dessas providências.

Ainda que todos os interessados houvessem concordado, se o juiz não o autorizasse o ato não poderia ser praticado.

---

24 Apel. Cív. nº 591004551, 8ª Câmara Cível do TJRGS, 06.06.91, *Revista de Jurisprudência do TJRGS*, 152/537.
25 Apel. Cív. nº 593015159, 7ª Câmara Cível do TJRGS, 01.12.93, *Revista de Jurisprudência do TJRGS*, 163/299.
26 REsp. nº 80.478-SP, da 3ª Turma, j. em 16.04.1996, *DJU* de 13.05.1996.

Nas hipóteses do art. 991, teríamos legitimação plena do inventariante para a prática dos atos ali consignados, livre da autorização judicial.

Nos casos alinhados pelo art. 992, não se exige a concordância dos interessados, mas se impõe a audiência deles, e, mais do que isso, é pressuposto fundamental a autorização do juiz. Antes da realização desta última providência, o ato não poderia ser praticado, pois faleceriam poderes ao inventariante".[27] Os referidos arts. 991 e 992 correspondem aos arts. 618 e 619 do CPC de 2015.

Estabelece o art. 619, com os respectivos incisos, que serão transcritos no curso das respectivas análises: "Incumbe ainda ao inventariante, ouvidos os interessados e com autorização do juiz":

I – Alienar bens de qualquer espécie.

Nota-se, num primeiro passo, ser imprescindível a autorização do juiz. Não importa que todos os herdeiros sejam maiores e capazes. Encontrando-se o patrimônio em fase de partilha judicial, e antes de se proceder a transferência aos herdeiros, qualquer alienação a terceiros demanda a previsão judicial do juiz.

Além disso, a venda terá como título o alvará expedido por ordem do juiz. Somente assim existirá o documento que dá materialidade à transação.

Mas, convém distinguir, a autorização judicial diz com os bens imóveis e móveis, estes de certo valor. As vendas dos frutos, como colheitas, e mesmo de animais, correspondem, sobretudo, aos atos inerentes à atividade do inventariante. Dispensam a permissão do juiz, bastando tão somente, no momento oportuno, trazer aos autos a prestação de contas.

Não se requer a concordância de todos os herdeiros para o *placet* do juiz. Leva-se em consideração a razoabilidade da pretensão.

II – Transigir em juízo ou fora dele.

Em outras palavras, quaisquer decisões envolvendo compromissos ou valores econômicos, quer em processos judiciais que tramitam, quer em questões comuns, como junto ao comércio, a estabelecimentos bancários, ou perante qualquer pessoa, todos com repercussão no patrimônio inventariado, dependem, sempre, do juízo judicial e do aval dos herdeiros. Quanto a estes, dispensa-se a audiência se outorgaram poderes para tanto no mandato.

Nesse sentido, assim ficou assentado em decisão da 8ª Câmara Cível do TJ do RGS: "O inventariante não pode praticar atos além dos conservativos e defensivos que possam comprometer os bens da herança, ou vinculá-los a contratos, senão quando detenha anuência dos demais herdeiros e da meeira. Tal se qualifica de excesso, como a parceria e o arrendamento rural, negócios jurídicos submetidos a uma legislação especial e rigorosa, que torna difícil a retomada do imóvel, para propiciar a entrega do quinhão na ultimação do inventário".[28]

Mas as decisões simples ou acordos que não envolvem grande valor patrimonial, e que são decorrência da administração, dispensam a autorização judicial. Acordos como,

---

27 Ob. cit., vol. XI, tomo I, pp. 303 e 304.
28 Mandado de Segurança nº 591021381, 8ª Câmara Cível do TJRGS, 25.05.91, *Revista de Jurisprudência do TJRGS*, 152/289.

por exemplo, em rescisões trabalhistas, ou em prestações de serviços, ou mesmo no pagamento de dívidas, são perfeitamente válidos quando apenas o inventariante decide ou se compromete.

III – Pagar dívidas do espólio.

Em princípio, a autorização é imprescindível quando vultosas as dívidas, ou não representadas por título líquido e certo.

Aquelas documentalmente provadas, que ensejam o procedimento executório, especialmente as relativas às despesas médicas e às que foram contraídas para a alimentação, podem ser pagas diretamente, com a devida demonstração posterior. Quanto às provenientes de honorários advocatícios, predomina a *ratio* de que, "não havendo conflito entre os herdeiros, os honorários do advogado contratado pela inventariante constituem encargo da herança".[29]

IV – Fazer as despesas necessárias para a conservação e o melhoramento dos bens do espólio.

Segundo o *caput* do art. 619, deve o inventariante obter a prévia permissão judicial para tais despesas. Pensa-se, no entanto, que esta autorização é imprescindível somente para as despesas que envolvem grandes somas, não consideradas aí aquelas normais de simples manutenção dos bens, que não importam em uma valorização dos mesmos. Tornar-se-ia impraticável a administração se todas as despesas com a aquisição de alimentos, de medicamentos e restaurações de prédios ficassem sempre dependentes da autorização do Poder Judiciário.

No exercício da administração, várias outras providências são da competência, senão da obrigação, do inventariante, como aquelas que envolvem a contratação de empregados, os pagamentos de salários, as movimentações de dinheiro nos depósitos bancários, a aquisição de bens para a subsistência dos herdeiros que eram dependentes do *de cujus*, e o promover as ações judiciais em defesa do espólio, mas sempre este aparecendo como parte. São notórios os casos de créditos pendentes de pagamento, bem como de imóveis alugados, ou as obrigações em atraso. O inventariante deve agir de imediato, contratando advogado e encetando as demais providências para a solução de questões não resolvidas.

Para os levantamentos de valores em bancos, sempre é necessária a autorização judicial, conforme está assente nos pretórios: "Basta que se leia, com a devida atenção, o art. 992 do CPC, onde o legislador definiu deveres do inventariante a serem cumpridos com autorização judicial, referidos nos incisos I, III e IV, e, sempre que trouxer ônus ao espólio, também a transação de que fala o inc. II. Assim sendo, não vejo como poderia o inventariante levantar a importância, sem obter a necessária autorização judicial". E isso, mesmo que seja o levantamento para adiantar uma legítima: "Bom é ressaltar que o levantamento de pecúnia não foi requerido pela aqui inventariante, mas por uma herdeira, para futuro desconto em sua legítima. E se me parece que não se trata, assim, de um simples alvará de levantamento, mas de deferimento de adiantamento de quinhão, assunto

---

29 REsp. nº 210.036-RJ, da 3ª Turma do STJ, j. em 19.02.2001, *DJU* de 09.04.2001.

que, a toda evidência, depende de deferimento e autorização judiciais".[30] O aludido art. 992 corresponde ao art. 619 do atual CPC.

Além de todas as atribuições estabelecidas, há funções de caráter mais obrigacional, que vão além do ajuizamento das ações exigíveis para a proteção do patrimônio, mas que decorrem, não raramente, do próprio múnus de administrador.

Desnecessário insistir que o inventariante procurará haver-se com total diligência, mostrando-se vigilante e cioso de seus compromissos, pois tal é inerente a qualquer encargo. Cuidará para que os bens não se deteriorem, estraguem ou simplesmente sejam desviados do monte-mor, inclusive, buscará as melhores formas de tornar produtivo o patrimônio e cercará de todas as garantias os contratos de arrendamento, de locação, bem como as aplicações bancárias que fizer. Não se descurará dos impostos e encargos pendentes, dando real prioridade às obrigações já vencidas, e na iminência de serem executadas. Providenciará a aproximação de herdeiros descontentes, e dirimirá as dúvidas que geralmente surgem.

Importante ressaltar que não se faculta ao inventariante, enquanto agindo nesta qualidade, pleitear medidas de seu exclusivo interesse, como a venda de bens, adiantamento de legítima e defesa de um herdeiro, prejudicando os demais. É ele o representante da massa e dos herdeiros, cujos interesses apresentam-se, às vezes, maiores que os das demais pessoas. Enfatizou-se, nesta linha: "Sendo o inventariante mero administrador que recebe os poderes de gestão para agir no interesse da herança, devendo mover as ações que julgar necessárias ou contestar as que forem propostas contra o espólio, independentemente de autorização do juiz do inventário, não pode ele, portanto, em nome próprio requerer a alienação judicial dos bens antes de ultimada a partilha, acionando os demais herdeiros. Agindo desta forma, foge ele ao cargo. Pouco importa que sua parte, quanto aos direitos da herança, seja maior que a dos demais herdeiros. Até ser liquidada e partilhada a herança, permanece ela como um conjunto de bens indivisos, que precisa ser administrado".[31]

6. AS PRIMEIRAS DECLARAÇÕES

Juntamente com a petição de abertura do inventário, ou no prazo de vinte dias após a assinatura do compromisso, prestará o inventariante as chamadas primeiras declarações, através de advogado, desde que constem poderes para tanto no instrumento procuratório.

Com efeito, reza o art. 620 da lei instrumental civil: "Dentro de 20 (vinte) dias contados da data em que prestou o compromisso, o inventariante fará as primeiras declarações, das quais se lavrará termo circunstanciado, assinado pelo juiz, pelo escrivão e pelo inventariante, no qual serão exarados".

Em seguida, aparecem os elementos que devem ser declarados. Pela redação do cânone, constarão no termo as declarações. No entanto, como vêm expostas na petição, o termo inserirá a sua ratificação, ou se reportará às mesmas, dispensando a repetição.

Normalmente, ao apresentar a petição com as declarações, de imediato colhem-se as assinaturas no termo de compromisso e naquele referente às primeiras declarações. Ressalte-se que não é de rigor a assinatura do segundo termo. Suficiente que venham expostas na inicial, seguindo-se nos demais atos o processo. Na verdade, justifica-se o termo se inexistente uma petição com os elementos que possibilitam o inventário.

---

30 Agr. Instr. nº 590089686, 7ª Câmara Cível do TJRGS, 20.02.91, *Revista de Jurisprudência do TJRGS*, 151/333.

31 Agr. Instr. nº 148.223-2, 13ª Câmara Cível do TJSP, 06.12.89, *RT*, 650/92.

Em vista do múnus que exerce o inventariante, a presunção é da seriedade e da veracidade das declarações: "As declarações do inventariante são 'comunicações de conhecimento' e gozam da presunção de verdade, merecendo ser acreditadas, até prova em contrário".[32] Apurando-se, no entanto, falsidades, ou ocultação de bens, incidem as penas de sonegados ou do crime de apropriação indébita, conforme seja a declaração de inexistência ou haja a apropriação.

Importante que as declarações sejam completas, com a maior clareza, e trazendo todos os dados necessários quanto ao falecido, aos herdeiros, ao cônjuge-meeiro e aos bens. Os vários incisos do preceito referido discriminam minuciosamente o que deverão conter as declarações.

6.1. Quanto ao inventariado

Reza o inc. I do art. 620 do CPC: "O nome, o estado, a idade e o domicílio do autor da herança, o dia e o lugar em que faleceu e se deixou testamento".

Nota-se que se esclarecerá por completo a identificação do inventariado. Cumpre, por ser claramente inarredável, que, no tocante ao estado civil, em sendo casado, seja nomeado o cônjuge supérstite, bem como se refira o regime de casamento e, também, a quem se encontra na posse dos bens. Quanto ao testamento, impõe-se a descrição de seu tipo, com a indicação do testamenteiro e dos beneficiários.

Indispensável, também, a identificação pelo número do registro civil (carteira de identidade) e do Cadastro das Pessoas Físicas no Ministério da Fazenda (CPF).

Havendo pacto antenupcial, virá a menção, com a juntada de cópia da escritura pública.

6.2. Quanto aos herdeiros

O inc. II do mesmo art. 620 encerra: "O nome, o estado, a idade, o endereço eletrônico e a residência dos herdeiros e, havendo cônjuge ou companheiro supérstite, além dos respectivos dados pessoais, o regime de bens do casamento ou da união estável".

Novamente a identificação virá a mais completa possível, com a discriminação de todos os dados existentes, como está no dispositivo, e inclusive os números da carteira de identidade e do Cadastro das Pessoas Físicas no Ministério da Fazenda. Não serão consideradas completas as declarações enquanto na qualificação faltar algum elemento. Assim, não se dispensa a indicação da idade, com a data de nascimento, e nem a referência à capacidade de todos os herdeiros. Havendo herdeiro incapaz, participará do feito o Ministério Público, além de atos processuais próprios serem necessários, como a avaliação dos bens e a nomeação de curador.

O estado civil virá mencionado, consignando-se o nome do cônjuge, se casado o herdeiro, sem, no entanto, a necessidade de colocar os demais elementos identificadores.

Caso não possuir o herdeiro o número de sua identidade, ou o CPF, é indispensável referir a filiação, o que atenderá à exigência do art. 176, § 1º, II, nº 4, letra *a*, da Lei dos Registros Públicos.

---

32 Agr. Instr. nº 591015029, 7ª Câmara Cível do TJRGS, 25.05.91, *Revista de Jurisprudência do TJRGS*, 152/425.

6.3. Quanto à qualidade dos herdeiros

Consta do inc. III do mesmo art. 620: "A qualidade dos herdeiros e o grau de seu parentesco com o inventariado".

Referirá o inventariante, nas declarações, a qualidade do parentesco, isto é, o tipo de parentesco, ou seja, se classificam os herdeiros como legítimos ou testamentários. No caso de parentesco legítimo, a linha reta ou colateral. Na linha reta, o vínculo se dá entre ascendentes e descendentes: os filhos dos mesmos pais e os netos dos avós. Já na linha colateral ou transversal, contam-se as pessoas que têm um tronco comum, mas sem descenderem umas das outras. Dois irmãos são parentes colaterais porque provêm do mesmo tronco, ou dos mesmos pais, mas não descende um do outro. De igual modo os sobrinhos, cujos pais eram irmãos.

6.4. Quanto aos bens

No inc. IV está consignado o que é exigido nas declarações sobre os bens: "a relação completa e individualizada de todos os bens do espólio, inclusive aqueles que devem ser conferidos à colação, e dos bens alheios que nele forem encontrados, descrevendo-se (...)".

A descrição dos bens constitui o levantamento do patrimônio que ficou após a morte do *de cujus*, ou o inventário propriamente dito daquilo que for encontrado, tanto na residência, como em outros locais, com a análise de registros, anotações, inscrições e lançamentos em repartições públicas.

Mesmo os bens não pertencentes ao falecido, quando em vida, serão discriminados, com a posterior devolução ao proprietário. Se não houver a devolução, cabíveis os embargos de terceiro, da mesma forma quando arrolam-se bens como pertencentes ao espólio: "A descrição de bens alheios em inventário reflete, de fato, uma iminência de lesão, contra a qual é lícito aos embargantes recorridos se pronunciarem por meio de embargos de terceiro".[33]

Não é suficiente a simples relação. Reclama-se que venha a individualização, com a descrição e referência de marcas caracterizadoras. Outrossim, faz-se a descrição completa, mesmo que em comunhão com o cônjuge, e não apenas da parte ideal que lhe pertence. Ordena o CPC, ainda, que venha a descrição dos bens que devem ser conferidos à colação, desde que sejam do conhecimento do inventariante.

Em vários itens do inciso, orienta o Código a forma de se fazer a descrição.

A letra "a" dá os parâmetros quanto aos imóveis: "Os imóveis, com as suas especificações, nomeadamente local em que se encontram, extensão da área, limites, confrontações, benfeitorias, origem dos títulos, números das matrículas e ônus que os gravam".

O melhor é repetir a descrição constante no ofício imobiliário, o que não ensejará dúvida para o posterior registro. Não basta simplesmente indicar o imóvel ou os imóveis. Cada um virá descrito em todas as suas minúcias, com vistas, também, à Lei dos Registros Públicos (Lei nº 6.015, de 1973), em seu art. 225, que indica os elementos a serem observados: "Os tabeliães, escrivães e juízes farão que, nas escrituras e nos autos judiciais, as partes indiquem, com precisão, os característicos, as confrontações e as localizações dos imóveis, mencionando os nomes dos confrontantes e ainda, quando se tratar só de

---

33 Apel. Cív. nº 153.586-1/9, 1ª Câmara Cível do TJSP, 11.02.92, *RT*, 679/87.

terreno, se esse fica do lado par ou do lado ímpar do logradouro, em que quadra e a que distância métrica da edificação ou da esquina mais próxima, exigindo dos interessados certidão do registro imobiliário".

Em suma, a descrição deverá coincidir com a anterior, sob pena de ser considerada irregular.

Obviamente, é imprescindível a referência ao número da matrícula ou do registro, não bastando a mera juntada de fotocópia do registro.

A letra "b" do inc. IV mostra como deverá ser a descrição dos bens móveis: "Os móveis, com os sinais característicos". Assim, insuficiente a simples indicação, *v.g.*, de um veículo de certa marca. Importa se aponham o número do chassi e o das placas, com outros dados quanto à cor, ao ano de fabricação, à capacidade e até ao seu estado de conservação.

Na letra "c", ordena-se o mesmo relativamente aos semoventes, com a referência ao seu número, às suas espécies, às marcas e aos sinais distintivos, inclusive a raça, se for o caso.

Os animais devem, pois, ser individuados em lotes e naquilo em que se diferenciam. Indica-se o número de reses, mas por raça, ou peso aproximado, pois naturalmente estas diferenças importam em estimativas econômicas diferentes.

Segundo a letra "d", enumeram-se o dinheiro encontrado ou depositado em bancos, as joias, os objetos de ouro e prata e as pedras preciosas, declarando-se-lhes especificadamente a qualidade, o peso e a importância.

Nesta orientação, quanto às joias, *v.g.*, constarão o tipo, os quilates em ouro, e a destinação.

Pela letra "e", arrolam-se também os títulos da dívida pública, bem como as ações, as quotas e os títulos de sociedades, mencionando-se-lhes o número, o valor e a data.

A clareza dos dados fornecidos dispensa maiores considerações. Acrescenta-se que, no tocante aos títulos da dívida pública, constarão os valores, a natureza dos títulos, isto é, se nominativos ou ao portador, os juros inseridos em seu conteúdo e as épocas de resgate.

A letra "f" trata das dívidas ativas e passivas, indicando-se-lhes as datas, os títulos, a origem da obrigação e os nomes dos credores e dos devedores.

Basta que se faça a relação com os dados acima e esclarecendo quais estão sendo pagas, ou se encontram ajuizadas para a cobrança.

Já a letra "g" cuida dos direitos e ações, como as dívidas ativas, o usufruto, o uso, a habitação, as servidões, os foros, as pensões, os direitos a linha telefônica, as posses em imóveis, e os créditos em bens. Especifica Roberto Barcellos de Magalhães, entre os direitos e ações, as seguintes hipóteses: "*a*) As ações eventuais, que ainda dependem de se verificar a condição, como, por exemplo, o fideicomisso e o legado condicional; *b*) o usufruto, uso e habitação, bem como quaisquer outras servidões transferíveis aos herdeiros, precisamente porque, se eram limitadas à vida do *de cujus*, acabarão com ela, tornando-se, assim, completamente sem valor".[34]

De acordo com a letra "h", dará o inventariante o valor corrente de cada um dos bens do espólio, isto é, o valor que estiver mais próximo da realidade, o qual será conferido

---

34 Ob. cit., vol. V, p. 89.

posteriormente pela Fazenda Pública. Se divergências surgirem quanto à estimativa desta, definir-se-ão as avaliações através de perícia judicial.

Mas, por certo, tal relação não absorve a matéria. Os frutos sejam civis, naturais ou industriais que advieram desde a abertura da sucessão serão trazidos para o inventário, exigência do art. 2.020 do Código Civil, o qual ordena: "Os herdeiros em posse dos bens da herança, o cônjuge sobrevivente e o inventariante são obrigados a trazer ao acervo os frutos que perceberam, desde a abertura da sucessão; têm direito ao reembolso das despesas necessárias e úteis que fizeram e respondem pelo dano a que, por dolo ou culpa, deram causa". Por isso, a necessidade da descrição, pois representam vantagens, que devem ser conferidas, eis que pertencem aos herdeiros.

De modo que tudo quanto advier dos bens ao monte-mor é somado, com a posterior partilha; mas quanto aos frutos naturais, apenas se houve comercialização, ou proveito econômico do inventariante.

Normas especiais disciplinam o patrimônio formado por estabelecimento empresário, por quotas ou ações da sociedade.

No caso de estabelecimento em nome de empresário individual (§ 1º, I, do art. 620), o juiz determinará, nos próprios autos, que se proceda ao seu balanço. Tal providência não oferece problemas, pois não haverá litígios com outras pessoas. Virão contabilmente relacionados todos os bens e haveres do inventariado, como dinheiro, títulos de crédito, produtos ou mercadorias, imóveis, móveis, semoventes, direitos creditícios etc. Após devidamente assinado, virá o balanço aos autos, ouvindo-se os interessados.

Se o morto era sócio de uma sociedade empresária que não anônima (§ 1º, II, do art. 620), opera-se a apuração do valor da participação, ou procede-se à apuração de haveres.

Arrolam-se, para fins de conhecimento do patrimônio, todas as quotas ou ações tituladas em nome do falecido ou mesmo do casal. Depois, procede-se à separação da meação, se for o caso: "Em processo de inventário, tendo sido a viúva e o inventariado casados sob o regime da comunhão universal de bens e havendo quotas sociais a serem partilhadas de firma na qual os dois figuravam como sócios, deverão aquelas ser arroladas em sua totalidade, vez que pertencentes ao casal". Isto porque, no regime de comunhão universal, "todos os haveres da sociedade serão inicialmente repartidos em duas partes iguais, uma delas correspondente à meação da viúva e a outra destinada à partilha entre os herdeiros".[35]

Sempre que a liquidação, a dissolução de sociedade, ou a apuração de haveres demandar questionamentos litigiosos, o procedimento será fora dos autos do inventário, em cujo bojo se anexará unicamente o balanço ou o extrato da apuração de haveres. Não é possível desenvolver no processo de inventário uma discussão paralela, de contornos e procedimentos específicos e diferentes do rito do inventário.

De observar que trouxe o Código Civil em vigor uma regulamentação especial sobre a matéria, a que era alheio o diploma civil de 1916.

A dissolução ocorre mais quando são dois os sócios, e se afigura impossível a sua continuação. Consoante o art. 1.033, inc. IV, do Código Civil, somente se opera a dissolução se a falta de pluralidade de sócios não é reconstituída de cento e oitenta dias. Com a morte do sócio liquida-se a quota, sem dissolver-se a sociedade, em obediência ao art. 1.028 da lei civil.

---

35 Agr. Instr. nº 125.402-1, 5ª Câmara Cível do TJSP, 23.11.89, *RT*, 549/67.

Sobretudo se vários os integrantes, faz-se simplesmente a apuração de haveres, de acordo com o número de quotas e seu valor. Não se justifica a dissolução, mesmo porque nenhuma vantagem advirá aos herdeiros do sócio morto.

Nem se admite que os sucessores do sócio falecido possam substituí-lo na sociedade, visto tal ser possível somente com a alteração dos estatutos sociais, de conformidade com os arts. 999 e segs. do diploma civil, a menos que se trate de sociedade em comandita simples, na qual o art. 1.050 autoriza a continuação com os sucessores do sócio falecido, que designarão quem os represente.

Do contrário, para ingressarem os herdeiros na sociedade, impõe-se a alteração dos estatutos sociais, o que será feito após o levantamento do valor da participação social ou das quotas. Não lograda essa permissão, faz-se o pagamento aos herdeiros, após procedida a apuração dos haveres. Não procedido o pagamento, tornam-se os herdeiros credores da sociedade.

Esta já era a lição de Hamilton de Moraes e Barros, antes do Código Civil de 2002: "Devendo continuar a sociedade mercantil depois da morte do sócio, os herdeiros desse não se transformam em seus sucessores na sociedade, ocupando o que seria o seu lugar. São e serão apenas credores pelos haveres apurados. Não podem, por isso, pedir a dissolução ou a liquidação da sociedade, mas tão somente reclamar os fundos a eles pertencentes.

Ocorrendo a dissolução da sociedade por morte de um sócio, terá lugar sua liquidação, que se processará no juízo comercial. A liquidação poderá ser amigável, com a intervenção do inventariante, do representante do incapaz e do seu curador. Havendo divergência, a liquidação deve fazer-se judicialmente".[36]

De todo o exposto, conclui-se que se declarará o montante dos haveres através de balanço, com a posterior partilha. Convindo todos os herdeiros, não haverá problemas com o arrolamento do crédito que caberá aos mesmos. Mas não havendo concordância, a dissolução da quota social do falecido, ou a apuração dos haveres, será contenciosa, demandando uma ação própria. Além disso, transmitem-se aos herdeiros não propriamente as quotas, e sim o resultado econômico que trouxeram, em geral apurado em balanço. Ressalte-se que é dispensável o procedimento judicial se os estatutos preveem que a apuração seguirá os valores apurados no balanço.

Faculta o § 2º do art. 620 que as declarações sejam prestadas mediante petição, firmada por procurador com poderes especiais, à qual o termo se reportará.

7. REMOÇÃO DO INVENTARIANTE

São frequentes os casos de remoção do inventariante, em razão da desídia ou do desinteresse no encaminhamento e na devida condução do processo. Faltas inescusáveis, ou condutas totalmente injustificáveis, como a displicência no atendimento dos deveres do cargo, a incúria em aspectos primários, e o desinteresse em atender diligências simples e comuns, exigem constante intervenção do juiz para que o processo não fique parado indefinidamente. Os pretórios, em tal quadro, admitem a remoção: "Justifica-se a remoção quando o inventariante não presta, no inventário, contas de alvará concedido, no prazo marcado, e não justifica a demora no término do processo, iniciado há doze anos".[37]

---

36 Ob. cit., vol. IX, p. 189.
37 *RT*, 688/138.

598 • Direito das Sucessões | *Arnaldo Rizzardo*

Não raras vezes os bens não são devidamente descritos, ou omitem-se alguns, verificando-se, inclusive, a sonegação. Se o inventariante se encontra na administração do patrimônio, utilizando-o ou obtendo benefícios e mostra-se relapso no cumprimento dos atos processuais, afora as situações anteriores, não pode ficar impassível o juiz. A lei, além de outros casos, considera tais condutas como ensejadoras da remoção.

O art. 622 do CPC prevê a remoção em várias situações, mas que não exaurem todas as possibilidades:

I – Se não prestar, no prazo legal, as primeiras e as últimas declarações.

Não resta a menor dúvida de que o inventário não terá prosseguimento se não oferecidos os elementos que o possibilitem. A não apresentação das primeiras declarações, que compreendem especialmente a relação dos herdeiros e dos bens, é inescusável, não merecendo a menor consideração o inventariante autor de tal displicência.

As primeiras declarações se fazem no prazo de 20 (vinte) dias a contar da assinatura do termo de compromisso; as últimas devem vir aos autos no prazo de 05 (cinco) dias após a aceitação do laudo de avaliação. Não dispõe o Código de Processo Civil de um prazo específico, razão que leva a incidir seu art. 218, § 3º, do CPC, que fixa em cinco dias o prazo para a prática do ato processual, na omissão de preceito legal ou de fixação diferente pelo juiz.

No entanto, deve estar presente a desídia ou culpa de parte do inventariante. Do contrário, a simples demora não justifica a remoção.

II – Se não der ao inventário andamento regular, se suscitar dúvidas infundadas ou se praticar atos meramente protelatórios.

Promover o andamento do inventário é um dos principais deveres do inventariante para que se chegue à partilha, interesse imediato de todos os herdeiros.

Mas, conforme está no conhecimento geral, é longo o processo de inventário, não tanto em vista da dificuldade dos atos, mais de caráter administrativo, mas sim pela deficiência técnica dos órgãos públicos encarregados de atender as postulações dos interessados. Quase sempre, a demora é causada pelo emperramento da máquina judiciária, ou por circunstâncias que não dizem respeito ao inventariante.

A desídia ou o desinteresse do inventariante, suscetível de remoção, traduzem-se na sua omissão ante a inércia dos serviços cartorários, ou na falta de providências no atendimento de ordens exigidas pela lei ou emanadas da autoridade judiciária.

III – Se, por culpa sua, bens do espólio se deteriorarem, forem dilapidados ou sofrerem dano.

Tal situação é comum quando simplesmente relegado ao esquecimento o patrimônio como também se os rendimentos deixam de ser exigidos, como por exemplo nas locações, quando o inventariante não promove a competente ação de despejo por falta de pagamento. É passível também de ocorrer se o inventariante não ajuíza a ação própria nas dívidas impagas, o que ensejaria a causa de remoção prevista no inc. IV, mas que também encontra respaldo no inc. III do art. 662.

Cap. XLII | O Inventariante • **599**

O significado literal do texto da previsão em análise, porém, leva mais ao simples abandono dos bens, ao esquecimento em circunstâncias que prejudicam sua consistência, seu funcionamento ou sua utilidade. Assim, é inexplicável o descaso com as plantações, ou com veículos que ficam largados sem uso, ao relento, em local não resguardado das intempéries do tempo e do assédio de delinquentes.

IV – se não defender o espólio nas ações em que for citado, se deixar de cobrar dívidas ativas ou se não promover as medidas necessárias para evitar o perecimento de direitos.

Grande é a responsabilidade do inventariante nas questões judiciais ou ações promovidas contra o espólio, responsabilidade esta que diz respeito inclusive à qualidade do advogado que contrata e ao tipo de defesa apresentado nas controvérsias.

Neste aspecto, deverá o inventariante indenizar os herdeiros do prejuízo causado se não ingressa com determinada ação no devido tempo. Prescrevendo um direito, como o de exigir uma indenização securitária, além da remoção suportará a competente ação de reparação dos danos resultantes da omissão.

Ressalte-se, quanto ao inventariante dativo ou judicial, que não lhe cabe a representação ativa ou passiva do espólio. Os herdeiros devem figurar na qualidade de autores, em qualquer ação, ou de réus, quando demandado o espólio. Ponderou, sobre o assunto, Hamilton de Moraes e Barros: "A legitimação ativa é dos herdeiros e sucessores e não do inventariante dativo, ante a necessidade de ingressar em juízo, como, por exemplo, para cobrar dívidas à véspera da prescrição; propor renovatória ou impetrar segurança, às vésperas da decadência; defender a posse etc., o que lhe cumpre é requerer ao juiz a intimação dos interessados – todos eles – pois que é deles e só deles a *legitimatio ad causam*, a fim de que eles exerçam em juízo, querendo, a defesa de tais direitos ou o uso dos remédios".[38]

Não valerá a citação do herdeiro dativo, e nulo será o processo. Mesmo assim, porém, incumbe-lhe recusar o recebimento da citação, peticionando ao juiz, se necessário.

V – Se não prestar contas ou se as que prestar não forem julgadas boas.

A remoção se processa desde que não comunicados, na medida em que ocorrerem, todos os gastos efetuados pelo inventariante, seja dativo ou nomeado, bem como os recebimentos ingressados em nome do espólio.

Torna-se necessária a prestação de contas se a administração envolve o recebimento de valores, como de aluguéis, ou arrendamentos, ou de rendimentos de títulos e ações; igualmente, se há pagamentos de encargos, com a retirada de valores depositados.

Em geral, até o momento da partilha deverá vir a contabilização de todos os valores gastos ou percebidos – o que não impede que se proceda mensalmente, ou nas oportunidades ordenadas pelo juiz.

O desatendimento a este dever leva o inventariante a não merecer a confiança dos demais herdeiros, supondo-se que esteja se apropriando de valores, ou gerindo mal o patrimônio.

---

38 Ob. cit., vol. IX, p. 198.

600 • Direito das Sucessões | *Arnaldo Rizzardo*

VI – Se sonegar, ocultar ou desviar bens do espólio.

Constitui esta uma das mais graves violações dos deveres, ou seja, omitir valores nas declarações ou fornecer montantes monetários inferiores aos percebidos. Igualmente, a má condução do patrimônio, com gastos desmedidos, ou pagamentos incomprovados e superfaturados, situações evidentemente repudiadas pelo inventariante se estivesse tratando de bens pessoais.

A sonegação e ocultação verificam-se na falta de comunicação ao juízo quanto às importâncias pagas ao espólio, enquanto o desvio é detectável na referência de quantia superior à devida, especialmente no que se refere a custas, taxas, impostos e, inclusive, pagamentos a terceiros.

Evidente uma conduta de comprometimento se pagamentos ocorrem mediante a apresentação de documentos duvidosos, sem liquidez e certeza.

Mais fatores exsurgem para a remoção, embora não previstos, como, por exemplo o aparecimento, no curso do inventário, de total incompatibilidade entre herdeiros e inventariante, ou entre este e alguns deles, transparecendo atitudes de evidentes manobras para prejudicá-los; ou a não tolerância e nem permissão em visitar e examinar os bens do espólio; a retenção de valores recebidos por períodos longos, sem o devido investimento; a constante demora em atender os compromissos do espólio; e mesmo a constituição de procurador sem a devida capacidade profissional, trazendo dificuldades no prosseguimento do inventário. Enfim, todo o comportamento recriminável e inadequado na gestão do patrimônio de terceiros.

Emana do Supremo Tribunal Federal esta antiga máxima: "Remoção de inventariante (...) Não é exaustiva a enumeração do art. 995 do Código de Processo Civil, nada impedindo que outras causas que denotem deslealdade, improbidade, ou outros vícios, sejam válidas para a remoção do inventariante". O art. 995 corresponde ao art. 622 do atual CPC.

Em citação de Hamilton Moraes e Barros, sustenta o voto: "Afigura-se indefensável a tese de que tal enumeração é taxativa, rígida, inaplicável, exaustiva.

Não se pretende que o legislador tenha previsto as únicas faltas arguíveis do inventariante. Outras faltas podem ocorrer, outros casos podem autorizar e até mesmo impor a medida de remoção. Não exclui o legislador outras hipóteses em que se imponha a providência. Tudo que revelar negligência, omissão, desídia, improbidade, deslealdade, rebeldia, falta de informações necessárias ou imprescindíveis, gestão ruinosa ou, em outras palavras, a má administração, a falta de zelo, de guarda, de cuidado, de interesse com o espólio, tudo isso é causa válida de remoção. As contraindicações para o cargo são de atuação permanente, e a qualquer momento podem ser arguidas pelos interessados, ou conhecidas e consideradas de ofício pelo juiz (*in Comentários*, vol. IX/195-196)".[39]

Na sequência de situações, acrescenta-se a alienação dos bens fora dos padrões normais, segundo este julgado: "Cabe a remoção de inventariante que administra empresa pertencente a espólio onde aliena bens fora do padrão de mercado, tendo em vista que todos os seus atos, diante do interesse dos demais beneficiários da gestão, devem seguir sempre o norte da razoabilidade, que exige, *in casu*, conduta compatível com o mesmo, voltada para a saúde financeira da empresa e, consequentemente, para o interesse do espólio, como também a preservação do seu patrimônio".[40]

---

39 RE nº 88.166-RJ, 15.04.80, *Lex – Jurisprudência do Supremo Tribunal Federal*, 10/136.
40 Agravo nº 2865/2002, do Grupo III da 1ª Câmara Cível do TJ do Sergipe, j. em 21.10.2002, *in Boletim ADCOAS*, nº 11, p. 167, 2003.

8. PROCEDIMENTO PARA A REMOÇÃO

Estabelece o Código de Processo Civil um singelo procedimento para a remoção. O pedido constitui um incidente, que será autuado em apenso – art. 623, parágrafo único, do CPC.

Mas, isto, quando há iniciativa dos interessados na remoção.

Em certos casos, o juiz encontra-se na contingência de decretar a remoção de ofício, ou sem a provocação de alguém – especialmente quando alarmante ou grave a falta do nomeado e se figurarem menores ou incapazes no processo. Percebida a retenção de importâncias em poder do inventariante ou o desvio das finalidades autorizadas, convém que o juiz, de pronto, afaste o inventariante e nomeie outro. Não apenas quando há incapazes. Se transparece uma conduta ilegal incontroversa, a fim de se evitarem maiores prejuízos ou delongas que não levam a nada, nos próprios autos do inventário o juiz despachará a remoção, independente da iniciativa de algum herdeiro.

Entendimento este que partiu ainda do Supremo Tribunal Federal: "Reveste-se de indiscutível razoabilidade e, portanto, sob o pálio da Súmula 400 do STF, a interpretação fixada no acórdão do Tribunal de Justiça de Goiás que considerou admissível a remoção de inventariante, pelo juiz, de ofício, independentemente, assim, de requerimento dos herdeiros, à luz do disposto nos arts. 995 e 996 do CPC. Ao juiz compete sempre a direção do processo, e não é de exigir-se fique ele inerte se entende que o inventariante vem procedendo incorretamente, prejudicando o processo de inventário".[41] Os arts. 995 e 996 citados correspondem aos arts. 622 e 623 do atual CPC.

Normalmente, porém, instaura-se um contencioso em apenso, com a ouvida do inventariante em quinze dias, produzindo-se um sumário probatório seguido da decisão pelo juiz. É o previsto no art. 623: "Requerida a remoção com fundamento em qualquer dos incisos do art. 622, será intimado o inventariante para, no prazo de 15 (quinze) dias, defender-se e produzir provas".

A intimação far-se-á por nota de expediente ao advogado, e não pessoalmente, como se entendia ao tempo do anterior diploma processual civil: "Tratando-se de incidente a remoção do inventariante, em que a resposta-defesa será escrita e, portanto, efetuada por advogado, este será intimado na forma do art. 996 do CPC, e não a parte, pois é do sistema processual que a parte somente será intimada pessoalmente se tiver ela de praticar o ato pessoalmente. Retardamento reiterado na prática de atos justifica a remoção". O mencionado art. 996 corresponde ao art. 623 do CPC de 2015.

Isto porque, tendo já a pessoa procurador, em todos os processos, dos atos judiciais intima-se o advogado, segundo vem na fundamentação do aresto acima: "A questão, em verdade, deve ser analisada à luz do sistema adotado pelo CPC para a comunicação de atos processuais".

A regra é a de que o processo somente se inaugura com a citação do demandado pessoalmente ou, excepcionalmente, por procurador, se tiver poderes especiais, ou, ainda, por edital, se estiver em lugar incerto e não sabido.

A partir dessa comunicação pessoal da existência do processo, os atos serão comunicados ao advogado, que é o profissional indispensável, segundo o art. 133 da Constituição Federal, à administração da justiça.

---

41 RE nº 99.567-GO, 2ª Turma do STF, 14.06.83, *Revista Trimestral de Jurisprudência*, 109/751.

602 • Direito das Sucessões | *Arnaldo Rizzardo*

A razão é muito simples: "Justifica-se que os atos sejam comunicados ao advogado e não à parte, porque convém que o profissional tome conhecimento dos atos praticados no processo e dos atos a praticar, pois melhor que a parte saberá ele agir".[42]

No caso, tendo já advogado a parte, nem a citação inicial é necessária, posto que a remoção é um incidente do inventário.

Adverte, sobre as provas, Pinto Ferreira: "Como as provas de modo geral abrangem também a prova testemunhal, a doutrina admite que podem ser ouvidas testemunhas; contudo, em tal caso, se a prova não for a documental, a ser apresentada em cinco dias, mas o inventariante pretende apresentar prova testemunhal, ele deve requerer, dentro do prazo de cinco dias, tal prova testemunhal, e então o juiz deverá designar audiência para a inquirição das testemunhas, decidindo após".[43]

A sumariedade do procedimento está contemplada no art. 624: "Decorrido o prazo, com a defesa do inventariante ou sem ela, o juiz decidirá".

Conclui seu parágrafo único: "Se remover o inventariante, o juiz nomeará outro, observada a ordem estabelecida no art. 617".

Constata-se, pois, a simplificação nas linhas procedimentais, emergindo como necessária certa discricionariedade do juiz, posto que não se justificam longas discussões que resultem em atraso no inventário.

Da decisão, o recurso cabível é o agravo, conforme já decidido: "Decisão que rejeita requerimento de remoção de inventariante é interlocutória, impugnável mediante agravo de instrumento. É que se trata de decisão proferida em incidente, não pondo fim ao processo em si".[44]

A previsão do recurso de agravo de instrumento está consignada no art. 1.015, parágrafo único, do CPC.

Naturalmente que da remoção decorre a automática entrega dos bens à pessoa nomeada. Qualquer reticência ou recusa por parte do removido imporá a expedição de mandado de busca e apreensão, em se tratando de bens móveis, ou de imissão de posse, se forem imóveis, com a incidência de multa a ser fixada pelo juiz, em um percentual de até 3% sobre o valor do patrimônio inventariado. Eis o cânone: "O inventariante removido entregará imediatamente ao substituto os bens do espólio; e caso deixe de fazê-lo, será compelido mediante mandado de busca e apreensão, ou de imissão de posse, conforme se tratar de bem móvel ou imóvel sem prejuízo da multa a ser fixada pelo juiz em montante não superior a três por cento do valor dos bens inventariados".

A devolução efetuar-se-á de imediato, não se aguardando que a decisão transite em julgado, dada a inserção do termo "imediatamente" na regra, que também vinha inserido na norma do diploma processual anterior, em seu art. 998, escrevendo, a respeito, Sérgio Sahione Fadel:

"Se houver decisão no sentido da remoção, como o agravo de instrumento cabível, deverá o inventariante, intimado da decisão que o destituiu, entregar imediatamente ao seu substituto os bens do espólio.

---

42 Agr. Instr. nº 393140155, 7ª Câmara Cível do TJRGS, 01.12.93, *Revista de Jurisprudência do TJRGS*, 164/247.

43 *Inventário, Partilha e Ações de Herança*, ob. cit., pp. 61 e 62.

44 Apel. Cív. nº 275/91, 5ª Câmara Cível do TJRJ, 02.04.91, *Revista Forense*, 312/130. Na mesma linha seguiu o Superior Tribunal de Justiça, conforme se pode ver em *Revista do Superior Tribunal de Justiça*, 59/175, e *RT*, 709/206.

'Imediatamente' quer dizer no próprio ato da intimação, desde que o novo inventariante acompanhe a diligência, ou na primeira oportunidade em que estiverem juntos.

Não cabe pleitear prazo para a entrega, que não tem sentido. O removido entrega as coisas como estão.

Deixando de entregar os bens ao novo inventariante, o removido corre o risco de sofrer busca e apreensão, se se tratar de bens móveis, ou de imissão na posse, se imóvel".[45]

9. SUBSTITUIÇÃO DE INVENTARIANTE

A substituição de inventariante distingue-se da remoção, embora também envolva a perda do cargo, ou o afastamento daquele que exerce a inventariança.

A distinção está na causa que determina o afastamento.

Na remoção, há a ocorrência de uma falta no desempenho do encargo, ou violação dos deveres que exige a inventariança.

Na substituição, há elementos que também ordenam a remoção, mas não ligados ao ofício da inventariança. Exemplificativamente, ocorrem situações que desaconselham a manutenção no cargo. Como a condenação em processo criminal, ou a decretação da insolvência, ou o envolvimento em escândalo financeiro, ou o próprio desentendimento com os herdeiros. Nada existe, nestes casos, de vulneração dos deveres inerentes ao cargo.

A doutrina de Pinto Ferreira oferecia mais dados de distinção: "Não se deve confundir a substituição de inventariante com a remoção de inventariante, esta última sendo prevista no art. 995 do Código de Processo Civil. No caso de substituição, a parte interessada fará mediante advogado a petição no próprio processo de inventário, devendo ser ouvido o herdeiro já nomeado. Havendo divergências entre herdeiros que pleiteiem a inventariança, o juiz poderá escolher aquele que lhe pareça melhor, pela idoneidade, e mesmo, havendo dificuldade na escolha, nomear pessoa estranha idônea".[46] O mencionado art. 995 corresponde ao art. 622 do vigente CPC.

O art. 627, inc. II, do CPC, constitui norma disciplinadora da substituição: "Concluídas as citações, abrir-se-á vistas às partes, em cartório e pelo prazo comum de 15 (quinze) dias, para que se manifestem sobre as primeiras declarações, incumbindo às partes: (...) II – reclamar contra a nomeação do inventariante".

Obviamente, o interregno do prazo inicia com a ciência, ao herdeiro, da nomeação do inventariante. Deve, pois, o herdeiro ser intimado. E as causas que podem existir contra a sua nomeação para o cargo de inventariante referem-se à sua qualidade de ocupar a vocação hereditária numa escala preferencial, a ponto de o conduzir a uma situação antecedente frente aos demais herdeiros.

Daí que o prazo de quinze dias se conta, em apenas uma oportunidade, da intimação do ato de nomeação, enquanto, na remoção, sempre é oportuna a providência, desde que surja qualquer causa, não havendo preclusão do direito por decurso de prazo. De outra parte, nos próprios autos do inventário discute-se a substituição, devendo as provas serem trazidas por quem as alega, e contrariáveis pelo inventariante.

De acordo com o § 2º do art. 627, se o juiz atender ao pedido de reclamação contra a nomeação do inventariante, nomeará outro inventariante, observada a preferência legal.

---

45 Ob. cit., vol. V, p. 150.
46 *Inventário, Partilha e Ações de Herança*, ob. cit., p. 37.

XLIII
Citações e Impugnações

1. MOMENTOS PROCESSUAIS DO INVENTÁRIO

O primeiro momento do inventário resume-se no encaminhamento para a sua abertura, mediante uma petição onde constem a descrição da morte do *de cujus* e a relação de herdeiros, bens e obrigações existentes, indicando-se, ainda, quem exercerá a inventariança. No final, requerer-se-á, além dos atos processuais de distribuição, registro e autuação do feito, a citação dos herdeiros não representados e a nomeação de inventariante.

Essas providências cabem, em primeiro lugar, a quem estiver na posse e administração do espólio. Na sua omissão, qualquer herdeiro ou interessado tem legitimidade para desenvolver o procedimento do inventário.

O primeiro ato do juiz consiste em nomear o inventariante e ordenar que preste o compromisso. Após cumprir este ato, o inventariante virá com as primeiras declarações. Uma vez apresentadas, far-se-ão as citações, se todos os herdeiros não postularem conjuntamente o inventário.

O momento de se chamar todos os herdeiros é da maior importância, eis que indispensável a ciência de cada interessado sobre o inventário já iniciado.

2. CITAÇÕES

Citam-se todos quantos tenham interesse consistente na participação da herança no inventário: cônjuge sobrevivente, o companheiro, os herdeiros e os legatários. Além disso, intimam-se o Ministério Público na hipótese da existência de herdeiro incapaz ou ausente, e a Fazenda Pública, bem como o testamenteiro, naturalmente, em existindo testamento. A finalidade da ciência está, quanto ao Ministério Público (art. 178 do CPC), nas atribuições conferidas, de velar pelos interesses dos incapazes e dos ausentes; e no pertinente à Fazenda Pública, para a conferência do patrimônio e o recebimento dos tributos que lhe são devidos pela transmissão hereditária, e também daqueles devidos e pendentes de pagamento.

Eis a diretriz do art. 626 do Código de Processo Civil:

> Feitas as primeiras declarações, o juiz mandará citar, para os termos do inventário e da partilha, o cônjuge, o companheiro, os herdeiros e os legatários e intimar a Fazenda

606 • Direito das Sucessões | *Arnaldo Rizzardo*

Pública, o Ministério Público, se houver herdeiro incapaz ou ausente, e o testamenteiro, se houver testamento.

Alguns esclarecimentos fazem-se necessários.

Em primeiro lugar, citam-se aqueles que não já se encontram representados nos autos.

O cônjuge sobrevivente é a pessoa que mais interesse revela, não apenas quando meeiro, mas também se distinto o seu patrimônio, sem nada se alterar a sua situação com o processo de inventário. A propósito, esta já era a lição de Pontes de Miranda: "A citação do cônjuge é de interesse evidente, porque, mesmo se o regime era de separação, podia ter sido nomeado inventariante, ou haver contas bancárias em comum, ou bens comuns, uma vez que há regras jurídicas especiais (*e.g.*, Código Civil, arts. 259, sobre aquestos, e 260, administração dos particulares do cônjuge supérstite pelo cônjuge que faleceu)".[1] Os arts. 259 e 260 citados equivalem, em parte, aos arts. 1.640 e 1.652 do Código vigente.

Principalmente se casados pelo regime de comunhão universal, indispensável a citação dos respectivos cônjuges, embora a lei nomeie apenas os herdeiros. O interesse exsurge da comunhão que advém dos bens adquiridos na constância do casamento, não importando sua procedência, excetuadas as hipóteses do art. 1.668.

Configurada a união estável, ao companheiro que ficar procede-se a citação, para que venha se manifestar sobre seus direitos, prevenindo, assim, a parte que lhe é assegurada pela sua formação durante a convivência.

No tocante aos herdeiros, tanto os legítimos como os testamentários – posto que a eles é transmitida a herança – são partes no processo.

Wilson de Oliveira lembra a posição que defende a necessidade da citação unicamente se houve a aceitação da herança, no regime de comunhão universal: "Quando o herdeiro aceita a herança, só participará dela o seu cônjuge meeiro se o casamento tiver sido realizado sob o regime da comunhão universal de bens.

Nessa eventualidade, entendem muitos, deve haver a citação do cônjuge meeiro para acompanhar o inventário e a partilha. Isso sucede porque, com a aceitação da herança pelo cônjuge herdeiro, o outro adquire, de imediato, a metade dos bens herdados.

Sendo outro o regime de bens, não será necessária a citação do cônjuge não herdeiro".[2]

Entretanto a renúncia deverá fazer-se acompanhar do consenso do cônjuge, visto que a herança transmite-se de imediato com a morte da pessoa. Desde esse momento, havendo a transmissão, no mesmo instante opera-se a aquisição, pelo cônjuge do herdeiro, da metade do quinhão herdado. Neste sentido já era o ensinamento de José da Silva Pacheco, ao enfocar a transmissão sob o prisma dos arts. 1.572 e 262 do Código Civil de 1916, mas que mantêm os conteúdos nos arts. 1.784 e 1.667 do vigente Código, salientando que, "no instante seguinte ao óbito do *de cujus*, abre-se a sucessão, transmitindo-se ao herdeiro o domínio e a posse da herança e, no mesmo instante, ao cônjuge, por meação e pelo princípio da comunicação que o referido art. 262 consagra. Assim, meeira dos bens da herança deixada pelo sogro, indispensável o chamamento da mulher do herdeiro ao processo do inventário e, conseguintemente, legítimo o seu direito de manifestar-se sobre o esboço da partilha.[3]

---

1 *Comentários ao Código de Processo Civil*, ob. cit., tomo XIV, p. 102.
2 Ob. cit., p. 75.
3 Ob. cit., pp. 411 e 412.

A falta de citação, no entanto, não anula o inventário, se não resultar qualquer prejuízo ao cônjuge. Se, todavia, não participou ele de atos que repercutem no patrimônio comum, como renúncia, ou cessão, ou desistência, há evidente nulidade, visto serem significativos de transmissão.

A Fazenda Pública será comunicada como interessada, resumindo-se o seu interesse unicamente no tocante ao imposto de transmissão e de eventuais tributos devidos pelo espólio. Mas a omissão do ato é suprida pela sua participação, quando da estimativa econômica que faz para efeitos tributários.

Inclusive a Fazenda Municipal cientifica-se, em caso de renúncia translativa onerosa, ou de partilha diferenciada com reposição em dinheiro, pela incidência de imposto de transmissão de bens *inter vivos*.

Já o Ministério Público tem participação obrigatória se presentes menores ou incapazes, visto que lhe compete velar por seus interesses, e mesmo postular em favor deles.

Os legatários igualmente colocam-se na relação processual na qualidade de partes.

A omissão no tocante aos cessionários e credores importa em nulidade da partilha, posto que esta deverá envolver todos aqueles que ostentam direito à herança.

O testamenteiro, diante da incumbência reservada de levar ao cumprimento as disposições, será chamado a acompanhar o feito. A sua presença é em função dos herdeiros instituídos, principalmente se menores. A ausência da citação, no entanto, se prejuízo inexistir, e presentes os herdeiros testamentários, não leva a qualquer anulação.

Aos mandados de citação, juntam-se cópias das primeiras declarações – de acordo com o § 2º ("Das primeiras declarações extrair-se-ão tantas cópias quantas forem as partes") e com o § 3º, ambos do art. 626 do CPC ("A citação será acompanhada de cópia das primeiras declarações").

Cabe ao escrivão remeter cópia à Fazenda Pública e ao Ministério Público, fazendo-se apenas a intimação, visto que a posição dos mesmos é mais de resguardo aos interesses da Fazenda Pública e dos incapazes. O mesmo procedimento aplica-se ao testamenteiro, se houver, e aos advogados porventura já constituídos. Neste sentido, ordena o § 4º do art. 626 do CPC, com sua aplicação a todos os entes referidos: "Incumbe ao escrivão remeter cópias à Fazenda do Estado, ao Ministério Público, ao testamenteiro, se houver, e ao advogado, se a parte já estiver representada nos autos".

Procede-se à citação na modalidade ordenada no § 1º do mesmo art. 626: "O cônjuge ou o companheiro, os herdeiros e os legatários serão citados pelo correio, observado o disposto no art. 247, sendo, ainda, publicado edital, nos termos do inciso III do art. 259".

O referido art. 247 elenca as hipóteses da obrigatoriedade da citação por mandado:

I – nas ações de estado, observado o disposto no art. 695, § 3º;

II – quando o citando for incapaz;

III – quando o citando for pessoa de direito público;

IV – quando o citando residir em local não atendido pela entrega domiciliar de correspondência;

V – quando o autor, justificadamente, a requerer de outra forma.

Cabe observar, também, o disposto no art. 249 do CPC: "A citação será feita por meio de oficial de justiça nas hipóteses previstas neste Código ou em lei, ou quando frustrada a citação pelo correio".

608 • Direito das Sucessões | *Arnaldo Rizzardo*

Prevê-se a citação por edital, com o prazo de vinte a sessenta dias, por força do art. 257, inc. III do CPC. Conforme o art. 257, inc. II, do mesmo diploma, a citação por edital se fará por meio da publicação do edital na rede mundial de computadores, no sítio do respectivo tribunal e na plataforma de editais do Conselho Nacional de Justiça, que deve ser certificada nos autos; pelo inc. III do citado dispositivo, passará a fluir o prazo da data da publicação única ou, havendo mais de uma, da primeira.

Procede-se à citação por edital nos seguintes casos, ditados pelo art. 256 do estatuto processual civil:

I – quando desconhecido ou incerto o citando;

II – quando ignorado, incerto ou inacessível o lugar em que se encontrar o citando;

III – nos casos expressos em lei.

Regras especiais constam em parágrafos sobre o lugar inacessível, a divulgação da notícia da citação quando inacessível o lugar, e os elementos para ter-se como em local ignorado ou incerto o réu:

§ 1º Considera-se inacessível, para efeito de citação por edital, o país que recusar o cumprimento de carta rogatória.

§ 2º No caso de ser inacessível o lugar em que se encontrar o réu, a notícia de sua citação será divulgada também pelo rádio, se na comarca houver emissora de radiodifusão.

§ 3º O réu será considerado em local ignorado ou incerto se infrutíferas as tentativas de sua localização, inclusive mediante requisição pelo juízo de informações sobre seu endereço nos cadastros de órgãos públicos ou de concessionárias de serviços públicos.

Aos menores e outros incapazes efetuam-se as citações através dos respectivos representantes legais, ou da pessoa com a qual vivam, caso inexistirem ou desconhecidos os representantes (art. 71 do CPC).

Aos relativamente capazes também se procede à citação, vindo eles assistidos por seus responsáveis, conforme lembra Pontes: "O menor de dezesseis anos tem de ser citado (...) Bem assim quaisquer relativamente incapazes. A nulidade do ato é, em todas as espécies de simples assistência, nulidade não cominada, à diferença do que se passa a respeito da falta de citação ou da citação nula do representante do incapaz. Quem não foi citado não se fez parte. A relação jurídica não se formou quanto a essa pessoa que não foi citada ou o foi nulamente".[4]

Tanto aos menores e outros incapazes, como aos citados por edital e mediante hora certa, e aos presos, nomeia-se curador especial (art. 72 e incisos do CPC).

Evidentemente, com relação aos que receberam a citação por edital, ou mediante hora certa, e aos presos, a nomeação de curador se dá caso ocorra a revelia, ou o não comparecimento aos autos.

Nada impede que o curador seja o oficial, ou o encarregado na comarca. Aos menores e demais incapazes admite-se que se nomeie um dos progenitores, desde que não verificada a colidência de interesses, isto é, desde que pais e menores ou incapazes não concorram na mesma sucessão – art. 1.692 da lei civil.

---

4   *Comentários ao Código de Processo Civil*, ob. cit., tomo XIV, p. 107.

3. IMPUGNAÇÕES

A todas as pessoas citadas ou comunicadas assegura-se o direito de impugnar as primeiras declarações feitas pelo inventariante e os demais atos praticados até aquele momento. No art. 627 do estatuto processual civil consta esta garantia, pelo prazo de 15 (quinze) dias: "Concluídas as citações, abrir-se-á vista às partes, em cartório e pelo prazo comum de 15 (quinze) dias, para que se manifestem sobre as primeiras declarações (...)".

Nos incisos que seguem, indicam-se as matérias que serão objeto das impugnações:

I – arguir erros, omissões e sonegação de bens;

II – reclamar contra a nomeação de inventariante;

III – contestar a qualidade de quem foi incluído no título de herdeiro.

Não se resume, aí, no entanto, a relação de assuntos que um herdeiro, ou interessado, está autorizado a trazer para o conhecimento do juiz. Permite-se que reclame, *v.g.*, contra a estimativa econômica dos bens fornecida pelo inventariante; ou contra o proveito econômico que o mesmo vai usufruindo; ou contra a precária administração dos bens. Mas somente o exame caso a caso apontará as situações que comportam contrariedade, se bem que ampla a extensão oferecida pelo inc. I do art. 627 do CPC. Toda série de equívocos, enganos, falhas e omissões pode ser levantada, como a qualificação errada de herdeiros, a falta de alguns bens na relação, a sua especificação insuficiente, a não referência do estado de conservação etc. Ilustra Clóvis do Couto e Silva as hipóteses, sem esgotá-las: "Não é fácil dizer em que podem consistir esses erros. São de toda a sorte; por exemplo, a inclusão de bens alheios como próprios do *de cujus*; ou a referência de dívidas ou créditos que não existam, ou, ainda, haver-se como comum dívida que é simplesmente particular (incomunicável) e, neste caso, deverão ser descritos os bens que responderão por essas dívidas. São as hipóteses de dívidas incomunicáveis anteriores ao casamento, cuja solução far-se-á com os bens trazidos à comunhão pelo cônjuge devedor (CC, arts. 263, nº VII, e 264)".[5] O citado art. 263, nº VII, equivale ao art. 1.668, III, do vigente Código, enquanto o art. 264 não teve reproduzida a regra.

É frequente a não descrição de todo o patrimônio, ou dos rendimentos. Embora somente no final, com a partilha, verifica-se a transferência efetiva da posse, é de máxima relevância a descrição, com a apresentação dos dados, rendimentos, encargos, estado de conservação, pendências etc.

A resolução de falhas ou de omissões abrange esclarecimentos quanto a elementos dos herdeiros, como nomes, estado civil, idade e residência, a existência de cônjuge, os números de cadastros na Receita Federal e no Registro Geral das Pessoas Naturais, o regime de bens do casamento, a qualidade dos bens que herdam e o grau de parentesco com o inventariado. No que se refere aos bens, a omissão de dados descritivos é frequente, principalmente quanto ao álbum registrário, ao número de lançamento, à área, às confrontações e à situação em relação às vias e origem.

A reclamação contra a pessoa escolhida como inventariante constitui outro motivo de controvérsias, em especial na hipótese de transgredida a ordem do art. 617 do CPC, onde é especificada a preferência na nomeação.

---

5   Ob. cit., vol. XI, tomo I, p. 327.

É comum citar defeitos ou tipo de conduta imprópria do designado, quando vêm descritos procedimentos que atentam contra o espólio.

No inc. III, define-se a possibilidade de impugnar a qualidade de herdeiro. Dúvidas podem surgir quanto ao direito à herança, sendo exemplo a inexistência do registro de nascimento. Questões como a indignidade, ou a deserdação, devidamente reconhecidas em juízo, determinam automaticamente o afastamento.

A impugnação de filiação pode ser suscitada no inventário, se incontroversa a prova. Do contrário, a solução é remetida para as vias ordinárias, sem que fique suspenso o inventário. Apenas certifica-se ou comunica-se a existência da ação, com a finalidade de prevenir possíveis direitos.

A oposição à qualidade do herdeiro testamentário, por ser nula a deixa, ou em razão de lide em andamento contestando sua validade, também deve ser deduzida nos autos do inventário.

Em princípio, unicamente os herdeiros legítimos, os testamentários e os legatários refletem legitimidade ativa para as reclamações: "Inventário. O marido, separado ou em vias de separação, não desfruta da qualidade de herdeiro e não pode intervir como parte, no inventário do sogro, para discutir direito da mulher, ou mesmo o próprio, em relação a ele".[6] Todavia, admissível que o cônjuge do herdeiro tenha interesse, em face do regime de comunhão de bens e se persistir a sociedade conjugal. A herança refletirá no patrimônio do casal, aumentando a meação de cada cônjuge. Nesta ótica, evidente o interesse patrimonial, autorizando a intervenção.

O ingresso de uma ação de investigação de paternidade não tranca obrigatoriamente o inventário, embora aconselhável fique sobrestado. Prosseguirá, mas perdendo qualquer efeito se procedente aquela demanda enquanto não julgada a partilha. Se já decidida, a única forma para desconstituí-la será a ação anulatória. O Superior Tribunal de Justiça já entendeu que nem é necessário ingressar com a ação visando a anulação. Opera-se de imediato a anulação, "afigurando-se dispensável a propositura de ação específica que tenha por objeto apenas vê-la reconhecida expressamente. A execução da decisão de procedência proferida em autos de petição de herança faz-se, como regra, por meio de simples pedido de retificação de partilha, uma vez que a sentença homologatória de partilha não faz coisa julgada em relação ao herdeiro não convocado ao processo de inventário".[7]

Revelando-se complexa a definição da qualidade de herdeiro, inclusive com a necessidade de provas, remete-se o incidente às vias ordinárias. Pelo menos o *quantum* correspondente ao quinhão impugnado ou pretendido será resguardado.

Os §§ 1º, 2º e 3º do art. 627 estabelecem as providências a serem ordenadas pelo juiz, em caso de atender as reclamações: julgando procedente a impugnação, mandará retificar as primeiras declarações; se acolher o pedido contra a nomeação do inventariante, nomeará outra pessoa, observada a preferência legal; verificando que a disputa sobre a qualidade de herdeiro constitui matéria de alta indagação, remeterá a parte para os meios ordinários, sobrestando, até o julgamento da ação, a entrega do quinhão que na partilha couber ao herdeiro admitido.

Para tornar mais claros os efeitos da procedência da impugnação, faz-se o seguinte elenco:

a) Reconhecendo a sentença erros e omissões, determinar-se-á a retificação das primeiras declarações.

---

6 *Revista de Jurisprudência do TJRGS*, 137/130.
7 *Revista do Superior Tribunal de Justiça*, 74/204.

Cap. XLIII | Citações e Impugnações • 611

b) Procedendo a reclamação contra a nomeação do inventariante, nomeará outro inventariante.

c) Admitindo a impugnação à qualidade do herdeiro, ordenará a sua inclusão ou exclusão no respectivo rol. Mostrando-se complexa a solução, exigindo produção de prova que não a documental, remeterá a solução aos meios ordinários, ficando sobrestada a entrega do quinhão até o julgamento final.

Estas regras, na verdade, depreendem-se da própria redação do art. 627 do CPC.

4. ADIANTAMENTO DE LEGÍTIMAS

Embora em andamento o inventário, e não se tendo chegado sequer à partilha, ou à avaliação, e mesmo logo após a sua abertura, se necessidades prementes surgirem, autoriza-se a um herdeiro pleitear o adiantamento da parte, ou de uma parcela do que lhe cabe, o que se torna possível de buscar inclusive mediante tutela provisória de urgência antecipada ou cautelar (art. 294 do CPC), de caráter antecedente ou incidente, fazendo--se necessários os pressupostos da verossimilhança da alegação, do *fumus boni juris* e do *periculum in mora*. Impondo-se a obrigação de acudir a despesas de doença, ou mesmo de subsistência, procura-se encontrar o quinhão que lhe tocará, e entregar-lhe imediatamente o mesmo, ou vendê-lo, a fim de obter o numerário indispensável para o herdeiro atender a uma situação crítica. Assim acontece na doença, ou no internamento hospitalar, ou no desemprego. Não se concebe que se aguarde até a decisão da partilha. Esta a exegese já reconhecida pela jurisprudência: "Se os demais herdeiros concordam, e o MP nada tem a opor, não há nenhuma razão lógica em se negar adiantamento de legítimas a herdeiros necessitados, quando a destinação do numerário é nobre, com a finalidade de defender a saúde do herdeiro".[8]

Mesmo discordando os demais interessados, é possível a autorização, se preponderarem as razões invocadas pelo necessitado.

5. RECLAMAÇÃO DE HERDEIRO PRETERIDO

Omitido algum herdeiro, sem qualquer justificação, enseja o Código de Processo Civil, no art. 628 e §§ 1º e 2º, do CPC, a formulação de pedido de admissão no inventário:

> Aquele que se julgar preterido poderá demandar sua admissão no inventário, reque-rendo-a antes da partilha.
>
> § 1º Ouvidas as partes no prazo de 15 (quinze) dias, o juiz decidirá.
>
> § 2º Se para solução da questão for necessária a produção de provas que não a docu-mental, o juiz remeterá o requerente às vias ordinárias, mandando reservar, em poder do inventariante, o quinhão do herdeiro excluído até que se decida o litígio.

Difícil que um herdeiro não seja incluído no inventário. Entretanto, há hipóteses especiais que nem sempre revelam má-fé. Por exemplo, quando o herdeiro falece depois

---

8   Agr. Instr. nº 592068282, 7ª Câmara Cível do TJRGS, 18.11.92, *Revista de Jurisprudência do TJRGS*, 158/181.

612 • Direito das Sucessões | *Arnaldo Rizzardo*

do autor da herança e deixa herdeiros, que são omitidos. Mesmo que falecido antes, os seus herdeiros diretos, por representação, também sucedem.

Mas agrava-se o caso nas hipóteses quando se investiga, ainda, a filiação de um sedizente herdeiro; ou se pretende que alguém seja incluído, embora a documentação oferecida não se apresente suficiente; ou, mesmo, se a exclusão decorre de falsidade no ato declaratório, e procura-se, no inventário, já desconsiderar o herdeiro, sem que previamente se declare a falsidade. Nos dois primeiros casos, reserva-se patrimônio ao quinhão almejado, solução que já era propugnada por Pontes: "Prossegue-se no inventário, reservando-se em mãos do inventariante o quinhão do herdeiro impugnado até que se decida, com coisa julgada formal e material, sobre a questão".[9] Tal procedimento justifica-se visto que a solução definitiva será procurada mediante as vias ordinárias.

No último caso, segue também o inventário, com a inclusão do herdeiro contestado, cuja qualidade hereditária igualmente depende de um processo ordinário. Vingando a demanda, o quinhão atribuído a ele se redistribuirá aos herdeiros efetivos e incontestes, à moda de uma sobrepartilha.

Na omissão do nome de um herdeiro nas declarações apresentadas pelo inventariante, em primeira mão cabe ao excluído a impugnação da declaração, com a pretensão de se ver incluído. Não se oferecendo maiores dificuldades na prova, a decisão processa-se nos autos do inventário, depois de ouvidas as partes no prazo de dez dias. Neste caso, os elementos apresentados e os existentes permitem a decisão imediata.

Somente se não provada a filiação é que se buscará o caminho das vias ordinárias.

Ordenará o juiz, então, a reserva de bens. Mas procederá com cuidado, deferindo a medida desde que bastante convincente a prova a favor do pretendente. Neste sentido aconselhava Ernane Fidélis dos Santos: "A reserva de bens, todavia, é medida cautelar e, como tal, deverá ser tratada. Daí o juiz conceder a cautela apenas nas hipóteses em que ocorrerem os requisitos necessários para tal, ou seja, o *fumus boni iuris* e o *periculum in mora*. O perigo da demora é presumido, pois os bens estão sendo partilhados, mas a aparência do bom direito só existirá quando o habilitante for titular do direito de ação que objetiva a petição de herança ou direito sobre bens do espólio. Assim, quem não tem a paternidade reconhecida por uma das formas previstas em lei (CC, arts. 357 e 363), não terá direito à cautela, já que é parte ilegítima ainda a pleitear o direito à sucessão, embora até possa fazê-lo cumulativamente com a investigação de paternidade. Da mesma forma, a concubina não é parte legítima para pleitear direito sobre bens do espólio, quando ainda sua situação depende de reconhecimento judicial".[10] O referido art. 357 corresponde ao art. 1.609, incs. I a III, do CC/2002, enquanto o art. 363 não tem norma correspondente.

Se transitada em julgado a sentença, com prejuízo ao herdeiro, reserva-se a ele o direito à posterior ação de petição de herança, devendo ser proposta no juízo competente, isto é, no domicílio do *de cujus*, ação que é de natureza executória, posto que já definida a qualidade de herdeiro.

Leciona, sobre a matéria, Pinto Ferreira: "Assim sendo, até a partilha, quem se julgar preterido tem legitimação ativa para reclamar a sua admissão no inventário. Depois de realizada a partilha, tal reclamação não é mais admissível, pois tanto o inventário como a partilha já estão encerrados, e somente com uma ação específica e autônoma, que é

---

9 *Comentários ao Código de Processo Civil*, ob. cit., vol. XIV, p. 113.
10 *Manual de Direito Processual Civil*, São Paulo, Editora Saraiva, 1994, vol. 3, p. 105.

a ação de petição de herança (*petitio hereditatis*), pode a pessoa que se sentir preterida postular a sua pretensão jurídica à parte da herança".[11]

Se devidamente preenchidos os pressupostos e requisitos da tutela provisória de urgência antecipada ou cautelar, ou da evidência, na ação de reconhecimento da união estável, igualmente ao companheiro preterido reserva-se o direito de buscar a reserva de bens, que perdurará enquanto corre a ação. Não, porém, ante a mera alegação de direito vago, como a de quem se diz herdeiro e propõe uma ação de nulidade de registro.

Pensa-se que o recurso contra a decisão que admite ou rejeita o herdeiro nos autos do inventário, e contra a remessa da controvérsia para uma ação ordinária, é o agravo, eis que, embora se verifique o termo final do litígio, não é decisão final do inventário, ou não o extingue, mas resolve unicamente um incidente que surgiu durante o seu andamento.

---

11 *Inventário, Partilha e Ações de Herança*, ob. cit., p. 73.

XLIV
Avaliação ou Estimativa dos Bens

1. INFORMAÇÕES ESTIMATIVAS DA FAZENDA PÚBLICA SOBRE OS BENS E IMPOSTO DE TRANSMISSÃO

Tem-se, aqui, a estimativa para fins de recolhimento do imposto de transmissão *causa mortis*, incidente sobre imóveis, direitos a ele relativos e sobre bens móveis.

Ressalta-se o art. 155, inc. I, e seu § 1º, incs. I, II e III, *a* e *b*, da Constituição Federal:

> Compete aos Estados e ao Distrito Federal instituir impostos sobre:
>
> I – transmissão causa mortis e doação, de quaisquer bens ou direitos;
>
> (...)
>
> § 1º O imposto previsto no inciso I:
>
> I – relativamente a bens imóveis e respectivos direitos, compete ao Estado da situação do bem, ou ao Distrito Federal
>
> II – relativamente a bens móveis, títulos e créditos, compete ao Estado onde se processar o inventário ou arrolamento, ou tiver domicílio o doador, ou ao Distrito Federal;
>
> III – terá competência para sua instituição regulada por lei complementar:
>
> a) se o doador tiver domicilio ou residência no exterior;
>
> b) se o de cujus possuía bens, era residente ou domiciliado ou teve o seu inventário processado no exterior;
>
> (...).

Conclui-se, pois, que aos Estados, ou ao Distrito Federal, cabe o imposto que incide sobre imóveis, direitos a eles relativos, e sobre bens móveis, títulos e créditos. Antes da vigente Constituição, incidia o imposto apenas sobre imóveis e direitos a eles relativos.

Quanto ao momento do fato gerador, foi decidido que não será no momento da abertura da sucessão, mas quando da partilha dos bens: "O fato gerador do imposto não é o óbito do inventariado e sim o negócio jurídico consubstanciado na partilha. Destarte, se a partilha se ultimou depois da entrada em vigor do sistema tributário instituído pela Constituição da República de 5.10.1988, isto é, depois de 1º de março de 1989 (art. 34 do Ato das Disposições Constitucionais Transitórias), o imposto de reposição é devido ao Município e não ao Estado, por força do disposto no art. 156, inc. II, da Carta Magna".

Isto porque, no caso, o imposto de reposição decorre de atos *inter vivos* e tem como fato gerador o negócio jurídico (partilha) em que os herdeiros pactuam a distribuição dos bens do espólio.[1] A reposição se deve em razão de uns herdeiros terem recebido mais que outros, importando, na parte excedente, em transmissão.

Entrementes, para os efeitos de incidência, o momento do fato gerador é sempre a morte do *de cujus*, não havendo como ignorar a lei. Nessa esteira, a orientação do STJ: "O fato gerador do imposto *causa mortis* dá-se com a transmissão da propriedade ou de quaisquer bens e direitos e ocorre no momento do óbito. Aplicação da lei vigente à época da sucessão. Afasta-se a aplicação do art. 106 do CTN, em razão de que o imposto cobrado não se enquadra em qualquer de suas hipóteses".[2]

Em outro julgamento: "O fato gerador do imposto *causa mortis* dá-se com a transmissão da propriedade ou de quaisquer bens e direitos e ocorre no momento do óbito. Aplicação da lei vigente à época da sucessão".[3]

Serve de base para o cálculo a herança líquida, e não o total do patrimônio. A parte utilizada para o pagamento do imposto não pode acarretar o imposto, eis que não é transmitida.

Daí partir-se para outra conclusão: os herdeiros são os responsáveis pelo recolhimento, e não o espólio, se bem que, em última análise, resulta no mesmo, pois se distribui o *quantum* proporcionalmente às quotas partilhadas. Mas, perante o fisco, o responsável é aquele a quem se transmite a herança.

A estimativa virá no prazo de quinze dias, a contar do prazo constante do art. 627, que é também de quinze dias, assegurado para as impugnações – tudo conforme o art. 629: "A Fazenda Pública, no prazo de 15 (quinze) dias, após a vista de que trata o art. 627, informará ao juízo, de acordo com os dados que constam de seu cadastro imobiliário, o valor dos bens de raiz descritos nas primeiras declarações".

A disposição, quanto ao prazo, não possui caráter cogente. Não revela boa técnica a inserção de iniciar o prazo após os quinze dias assegurados para as impugnações. Comumente acontece que a Fazenda remete os dados avaliativos quando recebe as declarações do inventário.

Somente muito tempo depois é recolhido o tributo, posto que, antes, todas as impugnações e incidentes devem ser resolvidos. Elabora-se o cálculo do tributo, levando-se a efeito a respectiva intimação, com a expedição de guias.

O valor, portanto, quando do recolhimento, nem sempre corresponderá àquele da estimativa, dado o decurso de tempo transcorrido. Para manter o poder aquisitivo, procede-se à atualização monetária.

A avaliação terá em conta o valor venal do imóvel, que consiste no valor de mercado, ou o provável que alcançará o imóvel no mercado imobiliário. Mas, em geral, os municípios possuem um cadastramento por zona, consideradas as estimativas em cada região, de acordo com a valorização de mercado, e aumentando ou diminuindo o imposto segundo o maior ou menor padrão nobre que vigora na oferta e procura. Os próprios lançamentos fiscais do imposto territorial urbano constituem fator de fixação do tributo.

---

1 Agr. Instr. nº 251/91, 5ª Câmara Cível do TJRJ, 18.06.1991, *Revista Forense*, 318/192.
2 REsp nº 679.463-SP, da 2ª Tuma do STJ, j. em 14.12.2004, *DJU* de 21.03.2005.
3 AgRg no Ag. nº 721.031, da 2ª Turma do STJ, j. em 07.02.2006, *DJU* de 20.02.2006.

Cap. XLIV | Avaliação ou Estimativa dos Bens • 617

2. ALÍQUOTA DO IMPOSTO DE TRANSMISSÃO

A alíquota fixada pelos Estados é, em geral, de quatro por cento.

Mas é comum, com amparo em leis estaduais, estabelecer taxas maiores, que chegam a oito por cento sobre o monte partilhável, o que, até certa época, era totalmente ilegal. Pretendiam os erários estaduais, a partir de leis próprias, que as alíquotas fossem mais elevadas. A Resolução nº 99/81, do Senado Federal, estipulava em quatro por cento a taxa. A Constituição Federal, no art. 155, § 1º, inc. IV, atribuiu àquela Casa legislativa a fixação das alíquotas máximas do tributo em questão. Mesmo a ordem constitucional anterior, de idêntico modo, acatava a competência do Senado para estabelecer o *quantum* percentual.

Através da Resolução nº 9, de 5.05.1992, o Senado autorizou a alíquota máxima em até oito por cento, como se vê de seu art. 1º: "A alíquota máxima do imposto de que trata a alínea 'a', inciso I, do art. 155 da Constituição Federal, será de oito por cento a partir de 1º de janeiro de 1992".

O § 2º permite o cálculo progressivo, em função do valor da herança: "As alíquotas dos impostos, fixadas em lei estadual, poderão ser progressivas em função do quinhão que cada herdeiro efetivamente receber, nos termos da Constituição Federal".

Não poderia o art. 1º estender os efeitos para 1º de janeiro de 1992. O fato gerador do imposto é a transmissão hereditária, que se dá com a abertura da sucessão, e esta ocorre com o passamento ou decesso do titular dos bens. Assim fixado o momento da ocorrência do fato gerador, quando passa a ser exigível o tributo, fica estabelecida a alíquota vigente quando da ocorrência do fato gerador.

A competência dos Estados para legislar a respeito não alcança a fixação de alíquotas além da prevista pelo Senado Federal.

Não importa que após a abertura da sucessão venha a ser alterada a alíquota. Prevalece aquela vigente na época da abertura, na forma da Súmula nº 112 do Supremo Tribunal Federal: "O imposto de transmissão *causa mortis* é devido pela alíquota vigente ao tempo da abertura da sucessão".

A respeito da alíquota, o STF reconheceu a repercussão geral da matéria, condição para o conhecimento do recurso. É o que se constata do seguinte julgamento: "Constitucional. Imposto sobre Transmissão *Causa Mortis* – ITCD. Alíquota progressiva. Existência de repercussão geral. Questão relevante do ponto de vista econômico, social e jurídico que ultrapassa o interesse subjetivo da causa".[4]

De observar, ainda, a necessidade de a lei estadual fixar as alíquotas, consoante os valores dos bens, e não a mera imposição no momento da exigibilidade, até o máximo admitido pela Resolução do Senado nº 9. Assim decidiu o mesmo STF: "Direito constitucional, tributário e processual civil. Recurso Extraordinário. Alíquota do Imposto de Transmissão *Causa Mortis* e *Inter Vivos* (Doação), no Estado de Pernambuco. Alegação de ofensa ao art. 155, I, da Constituição Federal. 1. Como salientado na decisão agravada, 'inexistem as alegadas ofensas aos arts. 155 e 1º da Carta Magna Federal, porquanto o acórdão recorrido não negou que o Estado-membro tenha competência para instituir impostos estaduais, nem que o Senado seja competente para fixar a alíquota máxima para os impostos de transmissão *mortis causa* e de doação, mas, sim, sustentou corretamente que ele, por força do art. 150, I, da Carta Magna só pode aumentar

---

4   RE-RG 562.045/RS, *DJe-036*, divulg. 28.02.2008, public. 29.02.2008, Ement Vol. 02309-05, pp. 01070, j. em 1º.02.2008.

618 • Direito das Sucessões | *Arnaldo Rizzardo*

tributo por lei estadual específica e não por meio de lei que se atrele genericamente a essa alíquota máxima fixada pelo Senado e varie posteriormente com ela, até porque o princípio da anterioridade, a que está sujeita essa lei estadual de aumento, diz respeito ao exercício financeiro em que ela haja sido publicada e não, *per relationem*, à resolução do Senado que aumentou o limite máximo da alíquota'. 2. Precedentes de ambas as Turmas do STF, no mesmo sentido. 3. Agravo improvido".[5]

A fim de entender plenamente a decisão, conveniente fornecer os conteúdos dos artigos da Constituição referidos.

O art. 155 relaciona os tributos da competência dos Estados e do Distrito Federal, sendo um deles o decorrente da transmissão *causa mortis* e da doação.

O art. 1º da mesma constituição trata da formação da República Federativa do Brasil, através da união indissolúvel dos Estados, Distrito Federal e Municípios, com as respectivas garantias e competências.

O art. 150, I, traz regras básicas sobre a exigibilidade dos tributos, como a proibição do aumento sem lei que o estabeleça ou permita. Daí que, embora estabelecido um lastro dentro do qual se fixe a alíquota, a lei deve disciplinar as diversas faixas de incidência.

Na linha acima, também o aresto que segue: "Agravo regimental em Recurso Extraordinário. Imposto de Transmissão *Causa Mortis*. Artigo 8º da Lei nº 10.260/89. Competência estadual. Fixação da alíquota máxima pelo Senado Federal. Observância da Resolução dessa Casa Legislativa e necessidade de lei específica para sua majoração. Ao Senado Federal compete a fixação da alíquota máxima para a cobrança do imposto de transmissão *causa mortis*, cabendo aos Estados a definição da alíquota interna exigível, mediante lei específica, observada a resolução expedida por essa Casa Legislativa. Agravo regimental não provido".[6]

Na verdade, a discussão sobre a alíquota progressiva vem de longe. A progressividade, em vista do art. 145, § 1º, da CF, segundo certa inteligência, é admitida exclusivamente para os impostos de caráter pessoal. No entanto, todos os impostos têm o caráter pessoal, nos termos do citado § 1º: "Sempre que possível, os impostos terão caráter pessoal e serão graduados segundo a capacidade econômica do contribuinte, facultado à administração tributária, especialmente para conferir efetividade a esses objetivos, identificar, respeitados os direitos individuais e nos termos da lei, o patrimônio, os rendimentos e as atividades econômicas do contribuinte".

De acordo com discussão que se travou no RE nº 562.045/RS, sendo rel. o Min. Ricardo Lewandoswski, a controvérsia foi levantada pelo Min. Eros Grau, que esposou a tese acima, sendo acompanhado pelo Min. Marco Aurélio. O resultado final foi a progressividade da alíquota de imposto sobre a transmissão *causa mortis* e doação de bens e direitos.

A seguinte passagem do voto do Min. Eros Grau revela o entendimento que prevaleceu: "Todos os impostos podem e devem guardar relação com a capacidade contributiva do sujeito passivo e não ser impossível aferir-se a capacidade contributiva do sujeito passivo do ITCD. Ao contrário, tratando-se de imposto direto, a sua incidência poderá expressar, em diversas circunstâncias, progressividade ou regressividade direta. Todos os

---

5 RE-AgR 218.086/PE, da 1ª Turma, *DJ* de 17.03.2000, pp. 00021, Ement. Vol. 01983-04 pp. 00804, j. em 08.02.2000.

6 RE-AgR 224.786/PE, da 2ª Turma do STF, j. em 24.08.1999, *DJU* de 04.02.2000, Ement Vol. 01977-02, pp. 305.

Cap. XLIV | Avaliação ou Estimativa dos Bens • **619**

impostos – repito – estão sujeitos ao princípio da capacidade contributiva, especialmente os diretos, independentemente de sua classificação como de caráter real ou pessoal; isso é completamente irrelevante.

Daí por que dou provimento ao recurso, para declarar constitucional o disposto no art. 18 da Lei nº 8.821/1989 do Estado do Rio Grande do Sul (...).

(...) O § 1º do art. 145 da Constituição da República prevê: '§ 1º Sempre que possível, os impostos terão caráter pessoal e serão graduados segundo a capacidade econômica do contribuinte, facultado à administração tributária, especialmente para conferir efetividade a esses objetivos, identificar, respeitados os direitos individuais e nos termos da lei, o patrimônio, os rendimentos e as atividades econômicas do contribuinte'".

Oportuno destacar a distinção entre impostos pessoais e reais, que servia de base para a proibição da progressividade, que predominava perante os pretórios estaduais.

Os impostos pessoais são aqueles em que o fato gerador é uma manifestação direta e objetiva da capacidade de contribuir do sujeito passivo. Na definição do fato gerador desses impostos, são levadas em consideração as condições pessoais do sujeito passivo. Assim, nos impostos pessoais há uma relação direta entre o fato tributável, a sua dimensão econômica (base de cálculo) e as condições pessoais do contribuinte. A grandeza econômica do fato gerador é a própria mensuração objetiva da riqueza e da capacidade de contribuir do sujeito passivo.

Já os impostos reais consideram-se aqueles em que a definição do fato gerador leva em conta apenas a realidade tributável sem qualquer vinculação com a pessoa e as condições do sujeito passivo. O fato gerador e sua expressão econômica não têm vinculação direta com as condições pessoais do contribuinte porque a quantificação econômico-financeira do fato tributado não é um dado objetivo de mensuração e nem de expressão direta da capacidade de contribuir. O fato gerador significa, no máximo, um dado indireto e mediato da capacidade contributiva, ou um sinal exterior de riqueza que pode não corresponder à realidade da capacidade de contribuir, ao contrário do que ocorre nos impostos pessoais.

A progressividade tributária somente seria, então, possível, diante dos termos do § 1º do art. 145 da CF/1988, nos impostos pessoais porque neles o fato gerador já é a própria expressão direta e imediata da capacidade contributiva. Nos impostos reais, cujo fato gerador não está assentado na manifestação objetiva da capacidade de contribuir, não cabe a progressividade tributária, a qual constitui mecanismo que se liga diretamente à capacidade contributiva. Condição para a progressividade extrafiscal ser adotada nos tributos reais assenta-se unicamente na autorização constitucional expressa e decorrente do Poder Constituinte Originário. Existiria, daí, vedação de progressividade para os impostos reais, constante do § 1º do art. 145 da CF/88.

Entretanto, com a nova interpretação que está se dando ao art. 145, § 1º, da Carta Federal, o caráter pessoal é no sentido da inerência da capacidade contributiva em todos os impostos. Por isso, a tendência culminou em aceitar a progressividade no imposto de transmissão de imóveis.

3. BENS EXCLUÍDOS DA INCIDÊNCIA DO IMPOSTO

Evidente que o imposto não recairá sobre a meação do cônjuge supérstite. Igualmente quando ocorre renúncia, pelas razões apresentadas por Pinto Ferreira: "(...) Se há renúncia, que é em favor do monte hereditário, não há imposto de transmissão *causa mortis*, a ser pago pelo renunciante, que devolveu seu quinhão ao acervo hereditário, e, destarte, o imposto *causa mortis* recairá sobre a totalidade da herança, incluindo o quinhão do herdeiro renunciante, este nada pagando, porque nada recebeu. Caso, entretanto, o herdeiro só renuncie em benefício de determinados herdeiros, cabe o imposto de transmissão *causa mortis* sobre o valor dos bens renunciados, além do imposto *inter vivos*, por se tratar também de doação".[7]

A parte do monte-mor que for utilizada para o pagamento de honorários não se inclui para a incidência do imposto, eis que estes são encargos ou despesas da massa. Representando o advogado o espólio, por conta do monte-mor paga-se a despesa. O Supremo Tribunal Federal, pela Súmula nº 115, já pontificara que, "sobre os honorários do advogado, contratado pelo inventariante, com a homologação do juiz, não incide o imposto de transmissão *causa mortis*".

A contratação particular por um herdeiro não é beneficiada por esta isenção. De seu quinhão sairá o necessário para o pagamento, não podendo exigir-se que todo o espólio arque, a menos que, em litígio contra este, haja a fixação da sucumbência.

As promessas de compra e venda, as cessões de direitos hereditários e outras formas de transmissão depois de aberta a sucessão, enquanto se processa o inventário, comportam a exigência do imposto de transmissão *inter vivos* (art. 156, inc. II, da Carta Federal). O fato gerador, aí, não é a morte do titular, mas um ato negocial entre pessoas vivas.

A não concordância com os valores atribuídos pela Fazenda Pública importa em se proceder à avaliação através de perícia, com a designação de *expert* pelo juiz. Neste caso, a avaliação não possui por finalidade única a divisão do patrimônio em quotas, mas também a fixação do valor para a incidência do imposto, tema este que se examinará a seguir.

4. A AVALIAÇÃO JUDICIAL DOS BENS

A avaliação consiste no ato judicial por meio do qual são atribuídos os valores aos bens componentes do acervo positivo do inventário. Pontes traz uma definição bem apropriada: "Avaliação é o ato de fazer corresponder a valor em dinheiro algum bem".[8]

Unicamente através da avaliação chega-se a uma distribuição equitativa e justa dos bens. Mensura-se quantitativamente o monte-mor, o que se consegue com a sua conversão em um padrão estimativo universal. Alcança-se uma grandeza econômica geral de todo o patrimônio. Posteriormente, a divisão se procede em unidades que se agrupam, constituindo os quinhões.

Reveste-se de dupla finalidade a avaliação: estabelecer o valor quantitativo da herança e fixar as bases de cálculo para efeitos de cobrança do imposto de transmissão.

Procede-se à avaliação através de perito, preenchendo-se as exigências dos arts. 156 a 158 e seguindo-se os trâmites dos arts. 464 a 480 do Código de Processo Civil, inclusive com possibilidade das partes indicarem assistente técnico, devendo arcar com os devidos custos.

Torna-se possível a renovação, se ficar defasada a estimativa procedida, como dá ensejo a jurisprudência: "Consoante jurisprudência pacífica desta Corte e do Pretório Excelso, é cabível a realização de nova avaliação dos bens inventariados, para o cálculo do

---

7 *Inventário, Partilha e Ações de Herança*, ob. cit., p. 92.
8 *Comentários ao Código de Processo Civil*, ob. cit., vol. XIV, p. 119.

pagamento do imposto *causa mortis*, se os valores tributáveis já se encontram defasados".[9] No entanto, a solução que tem predominado consiste na atualização monetária do valor da avaliação, por aplicação da velha Súmula n° 113 do STF: "O imposto de transmissão 'causa mortis' é calculado sobre o valor dos bens na data da avaliação".

5. CASOS DE DISPENSA DA AVALIAÇÃO

Apenas se não convierem os herdeiros quanto ao valor dos bens, ou se existirem incapazes, ou se houver dissenso das estimativas da Fazenda Pública, leva-se a termo este ato complexo, palco de inúmeros incidentes e demoras processuais. É a conclusão a que se chega pela análise do art. 633 do CPC: "Sendo capazes todas as partes, não se procederá à avaliação se a Fazenda Pública, intimada pessoalmente, concordar de forma expressa com o valor atribuído, nas primeiras declarações, aos bens do espólio".

A concordância determina sempre a dispensa da avaliação se nada opuserem os herdeiros e sendo todos eles capazes. Não importa a forma de intimação, visto que é de rigor o encaminhamento à Fazenda Pública de cópia das primeiras declarações (art. 626, § 4°, do CPC).

Ressalte-se, porém, que nem sempre a presença de menores implica a necessidade de se fazer a avaliação. Sabe-se que a finalidade do ato é também alcançar a maior igualdade possível na distribuição dos bens. Se todos os incapazes receberem quinhões iguais dentro da herança, e formando-se um condomínio, ou se a partilha se faz atribuindo-se quinhões a todos os herdeiros em todos os bens do espólio, fica atendido de forma absoluta o princípio da igualdade, tornando-se desnecessária a avaliação.

Já o art. 634 do CPC restringe a avaliação aos bens sobre os quais verifica-se a discordância com a estimativa da Fazenda Pública: "Se os herdeiros concordarem com o valor dos bens declarados pela Fazenda Pública, a avaliação cingir-se-á aos demais". Mas não se limita a dispensa da avaliação apenas quando há concordância com a Fazenda; se concordes todos os herdeiros, também se torna desnecessária a medida, conforme ressalta do art. 633 do CPC.

Embora haja conformidade no tocante aos valores atribuídos pela Fazenda Pública, nada impede que os herdeiros soberanamente atribuam estimativa diferente, pois a finalidade daquela avaliação se restringe aos efeitos tributários.

De modo geral, todos os herdeiros arcam com as despesas exigidas na avaliação, eis que o ato favorece a todos: "Havendo discordância entre os herdeiros quanto ao valor dos bens inventariados, a avaliação torna-se necessária, como única forma de atingir o escopo principal da partilha, que é a igualdade dos quinhões. Assim, a avaliação beneficia a todos os herdeiros e atende à vontade da lei, não se confundindo com a mera prova judicial no interesse da parte que a requer. Em tais circunstâncias, os honorários periciais devem ser suportados pelo espólio, e não pelo herdeiro requerente".[10]

6. ASPECTOS FORMAIS DA AVALIAÇÃO

Realiza-se a diligência por meio de avaliador judicial, se existente na comarca, ou de perito, com a faculdade de se acompanharem as partes de assistentes – tudo de acordo com as normas processuais dos arts. 464 e seguintes do CPC.

---

9 REsp. n° 14.880-0-MG, da 1ª Turma do STJ, j. em 1°.05.1995, *DJU* de 18.06.1995.
10 Agr. Instr. n° 115.782-1, 8ª Câmara Cível do TJSP, 08.03.89, *RT*, 642/121.

Sempre que for complexa a situação, contravertendo-se as relações, com suscitação de dúvidas no tocante ao estado dos bens ou à sua própria existência, admite-se, inclusive, a diligência mediante a inspeção judicial, que é uma medida já direcionada para o processo em geral.

A requisição da presença de profissionais para a avaliação deverá ser fundamentada, indicando os motivos. Tendo o avaliador ou perito fé pública, e constituindo-se em auxiliar do juiz, os dados que levantar somente são contestáveis provando-se a má-fé, ou algum comprometimento com uma das partes. Os impasses nas estimativas resolver-se-ão por meio de outro perito ou dos laudos dos assistentes.

Pelo art. 631 do CPC, "ao avaliar os bens do espólio, o perito observará, no que for aplicável, o disposto nos arts. 872 e 873". As regras dos dispositivos citados traçam o prazo, a ser fixado pelo juiz, para a elaboração do laudo, os requisitos que o mesmo deverá ter, as orientações para a avaliação, e as situações que comportam a repetição da avaliação, sendo as seguintes: I – a ocorrência de erro na avaliação ou dolo do avaliador; II – se verificar, posteriormente à avaliação, que houve majoração ou diminuição no valor do bem; III – o juiz tiver fundada dúvida sobre o valor atribuído ao bem na primeira avaliação.

7. MOMENTO DE SE REALIZAR A AVALIAÇÃO

O momento de se desenvolver a perícia é após as primeiras declarações, ou da decisão que apreciar as impugnações, como vem expresso no art. 630 da lei processual civil: "Findo o prazo previsto no art. 627 sem impugnação ou decidida a impugnação que houver sido oposta, o juiz nomeará, se for o caso, perito para avaliar os bens do espólio, se não houver na comarca avaliador judicial".

Alguns critérios são estabelecidos para se proceder à avaliação. Em primeiro lugar, deve-se considerar o valor atual, e não aquele vigente quando da abertura da sucessão. Não se justifica apurar uma estimativa já defasada, a menos que, na data da abertura da sucessão, se apurarem os adiantamentos feitos, e se incidir a correção monetária sobre a diferença encontrada.[11]

Em princípio, o oficial de justiça realizará a avaliação. Nomeia-se perito se exigidos conhecimentos especializados. Aplica-se à matéria o disposto no art. 870 e em seu parágrafo único: "A avaliação será feita pelo oficial de justiça. Parágrafo único. Se forem necessários conhecimentos especializados e o valor da execução o comportar, o juiz nomeará avaliador, fixando-lhe prazo não superior a 10 (dez) dias para entrega do laudo".

Avalia-se separada e isoladamente cada bem, quando não sejam todos do mesmo gênero e da mesma espécie.

Os imóveis são avaliados tendo em vista a extensão, a situação, as confrontações e as benfeitorias, sendo permitida, em certos casos, nova avaliação, em obediência ao inserido nos arts. 872 e 873, aplicáveis por ordem do art. 631, ambos do CPC.

Eis o disposto no art. 631: "Ao avaliar os bens do espólio, o perito observará, no que for aplicável, o disposto nos arts. 872 e 873".

> Art. 872. A avaliação realizada pelo oficial de justiça constará de vistoria e de laudo anexados ao auto de penhora ou, em caso de perícia realizada por avaliador, de laudo apresentado no prazo fixado pelo juiz, devendo-se, em qualquer hipótese, especificar:

---

11 RE nº 89.256, 06.05.88, *Lex Jurisprudência do Supremo Tribunal Federal*, 20/154.

Cap. XLIV | Avaliação ou Estimativa dos Bens • 623

I – os bens, com as suas características, e o estado em que se encontram;

II – o valor dos bens.

(...)

Art. 873. É admitida nova avaliação quando:

I – qualquer das partes arguir, fundamentadamente, a ocorrência de erro na avaliação ou dolo do avaliador;

II – se verificar, posteriormente à avaliação, que houve majoração ou diminuição no valor do bem;

III – o juiz tiver fundada dúvida sobre o valor atribuído ao bem na primeira avaliação.

Se imóvel integrar o patrimônio, e, se extenso, apresentando configurações setorizadas, com possibilidade de divisão, a avaliação far-se-á por partes, caracterizando as extensões mais ou menos valorizadas.

8. AVALIAÇÃO DO ESTABELECIMENTO EMPRESARIAL

Quanto ao estabelecimento empresarial, o CPC, no parágrafo único do art. 630, exige a avaliação das quotas sociais ou a apuração dos haveres, não sendo suficiente a apresentação do mero balanço contábil, exceto no caso do empresário individual: "Na hipótese prevista no art. 620, § 1º, o juiz nomeará perito para avaliação das quotas sociais ou apuração dos haveres".

Realmente, o § 1º do art. 620, mencionado acima, permite o balanço do estabelecimento unicamente se o autor da herança era empresário individual; se figurava como sócio, impõe-se a apuração de haveres:

O juiz determinará que se proceda:

I – ao balanço do estabelecimento, se o autor da herança era empresário individual;

II – à apuração de haveres, se o autor da herança era sócio de sociedade que não anônima.

No caso de o autor da herança deixar quota social, o procedimento envolve a técnica e prática de uma verdadeira dissolução e liquidação de sociedade. A matéria está regulamentada nos arts. 1.033 a 1.038 do Código Civil, incidindo para qualquer sociedade. No pertinente à liquidação, o procedimento está delineado nos arts. 1.102 a 1.112, do mesmo diploma. No entanto, se possível manter-se a sociedade, e assim convier aos demais sócios, dá-se apenas a resolução da sociedade em relação a um sócio, encontrando-se ditado o procedimento nos arts. 1.028 a 1.032.

Nesta ordem, tendo em vista as disposições que disciplinam a resolução da sociedade quanto à quota do sócio falecido, ou a dissolução e liquidação da sociedade em si, apenas quanto ao levantamento do patrimônio aplicam-se regras do Código Civil. Por exemplo, o art. 1.031, que manda levantar a estimativa dos bens com base na situação patrimonial à data da resolução, verificada em balanço especialmente levantado. A esta finalidade é conduzida a liquidação, sem necessidade de se trilhar o complexo caminho dos arts. 1.102 e seguintes da lei civil, que incidem quando realmente se procede a dissolução da sociedade. Do contrário, leva-se a termo um mero levantamento da situação patrimonial.

A melhor solução é admitir que continue a sociedade, apurando-se simplesmente o valor da quota, segundo já deixava entrever Ernane Fidélis dos Santos: "Se o falecido fazia parte de sociedade que não a anônima, duas hipóteses poderão ocorrer: ou a sociedade se desfará com relação ao espólio, ou prosseguirá com o sucessor. Na primeira, há de se fazer o procedimento de liquidação na forma comum, inclusive sem importar em privilégio de foro para o espólio; na segunda, avalia-se a quota do falecido, através de apuração de haveres, se não houver acordo entre os interessados. Neste último caso, procede-se ao balanço, que servirá apenas para aferir o valor da quota, devendo a sociedade permitir a perícia, como dever de colaboração com a Justiça".[12]

Se o estabelecimento empresário for sociedade anônima, o *de cujus* possui a titularidade em ações. A apuração faz-se, então, pela bolsa de valores, na lição dos tratadistas, como José da Silva Pacheco: "O valor dos títulos da dívida pública, das ações das sociedades e dos títulos de crédito negociáveis em bolsa será o da cotação oficial do dia, provada por certidão ou publicação no órgão oficial".[13]

Partilham-se os títulos ou as ações entre todos, pois a cotação é mutável a cada dia, a menos que se verifique concordância em um ou mais herdeiros completarem suas quotas ou quinhões em tais valores mobiliários. Aliás, neste sentido, o inc. III do art. 871 do CPC estabelece que o valor dos títulos da dívida pública, das ações das sociedades e dos títulos de crédito negociáveis em bolsa, será o da cotação oficial do dia, não se procedendo a avaliação: "Não se procederá à avaliação quando: (...) III – se tratar de títulos da dívida pública, de ações de sociedade e de títulos de crédito negociáveis em bolsa, cujo valor será o da cotação oficial do dia, comprovada pela certidão ou publicação no órgão oficial".

Observa-se o valor real, e não pelo que podem significar no comando da sociedade: "A lei manda avaliar as ações independentemente de seu número e do poder de influir nas decisões societárias".[14] Deve-se entender que a avaliação observará a cotação do dia na bolsa.

9. AVALIAÇÃO DOS BENS SITUADOS FORA DA COMARCA

Em princípio, o perito ou avaliador apreciará todo o patrimônio, não importando o lugar onde se encontrar, especialmente se de pequeno valor e conhecidos os bens. Deslocar-se-á ele para o município da situação – tudo em consonância com o art. 632 do CPC: "Não se expedirá carta precatória para a avaliação de bens situados fora da comarca onde corre o inventário, se eles forem de pequeno valor ou perfeitamente conhecidos do perito nomeado".

O dispositivo deve ser interpretado com certa cautela. Pelos seus termos, parece que fica dispensada a inspeção *in loco*, o que se concebe com alguma reserva, pois difícil avaliar sem examinar o bem, especialmente quanto ao seu estado.

O exame não é dispensado, exceto se os bens são do conhecimento de todos, aferindo-se o preço pela cotação no mercado ou mesmo pela sua simples descrição, assim se chegando quando, por exemplo, se constituem de semoventes ou utensílios domésticos.

Mas, em se tratando de imóveis, virá também a estimativa da Fazenda Pública. Havendo divergência, torna-se complexa a questão, impondo a inspeção e avaliação no local.

Situando-se em outro Estado os bens, diz Antônio Ferreira Inocêncio: "Quando, porém, os bens se situarem em outro Estado da Federação, há a necessidade da expedição de

---

12 *Manual de Direito Processual Civil*, ob. cit., vol. 3, p. 102.
13 Ob. cit., 1994, p. 435.
14 RE nº 83.744-2, 17.09.82, *Lex – Jurisprudência do Supremo Tribunal Federal*, 47/31.

Cap. XLIV | Avaliação ou Estimativa dos Bens • **625**

carta precatória, atendendo a que, no Estado em que se situam os bens a serem avaliados, deve ser ouvido o Fisco para o cálculo do imposto *causa mortis*, e aí recolhido; os demais interessados, após a devolução da precatória, serão ouvidos no juízo deprecante".[15]

Ouve-se o representante da Fazenda Pública naquela Unidade, a quem caberá fiscalizar a execução das diligências, manifestar-se sobre a avaliação e ser intimado quanto ao cálculo. Devolver-se-á a precatória unicamente depois do recolhimento do imposto.

Todavia, havendo consenso unânime, na própria unidade fiscal onde está situado o bem, é providenciada a avaliação, com o recolhimento do imposto, e a posterior juntada, aos autos, da guia do depósito do valor.

10. MANIFESTAÇÕES SOBRE A AVALIAÇÃO

Como é normal em todos os atos que se sucedem nos processos, as partes são intimadas da avaliação dos bens. Devem elas conhecer o valor atribuído ao patrimônio em todas as minúcias, podendo se manifestar em quinze dias, nos termos do art. 635 da lei processual: "Entregue o laudo de avaliação, o juiz mandará que as partes se manifestem no prazo de 15 (quinze) dias, que correrá em cartório".

Apesar de geralmente haver consenso entre todos os herdeiros quanto à atribuição do *quantum* estimativo, as impugnações não são raras, principalmente quando não se consideram especificamente os bens, e isto de modo acentuado em se tratando de imóveis, que podem ser de grandes dimensões e conter valores diferenciados entre uma parte e outra.

O § 1º do art. 635 dispõe sobre o momento da decisão pelo juiz, em face dos elementos existentes no processo: "Versando a impugnação sobre o valor dado pelo perito, o juiz a decidirá de plano, à vista do que constar dos autos".

Justamente quanto ao valor encontrado pelo perito é que surgem as maiores discussões. Pela regra citada, o juiz decidirá de plano, à vista do que está no processo. Mas os elementos existentes, de modo geral, resumem-se no laudo e nos documentos que apresentar o perito, para corroborar suas afirmativas. De modo que, em face da regra referida, incumbe ao impugnante a apresentação de provas e documentos que comportem o conteúdo de sua irresignação.

Por outro lado, encontra-se no § 2º do art. 635 a decorrência, no caso de ser procedente a impugnação: "Julgando procedente a impugnação, o juiz determinará que o perito retifique a avaliação, observando os fundamentos da decisão".

A norma ordena que se faça a mera retificação. Isto, porém, se possível localizar o erro, e determinar o preço exato ou aproximado. Nem sempre tal é alcançável. Situações ocorrem em que se nota estar viciada a avaliação, pouco ou nada dela se aproveitando. Indispensável, aí, a realização de nova perícia.

11. REPETIÇÃO DA PERÍCIA

O Código de Processo Civil não encerra regras específicas sobre o assunto. Entretanto, dispondo o art. 631 que na avaliação se observem as regras dos arts. 872 e 873, e contendo este último preceito a disciplina sobre quando cabe nova avaliação, é de se admitir a sua incidência. Permite-se, daí, a sua repetição quando:

---

15 *Inventários e Partilhas – Ações de Herança*, Bauru-SP, Jalovi, 1981, p. 232.

626 • Direito das Sucessões | *Arnaldo Rizzardo*

I – qualquer das partes arguir, fundamentadamente, a ocorrência de erro na avaliação ou no dolo do avaliador;

II – se verificar, posteriormente à avaliação, que houve majoração ou diminuição no valor do bem;

III – o juiz tiver fundada dúvida sobre o valor atribuído ao bem na primeira avaliação.

De modo geral, considera-se nula a avaliação quando não representa dados reais ou verdadeiros, já que a vontade do avaliador foi viciada, não agindo livremente ou de acordo com os elementos técnicos fornecidos pela pessoa responsável. O perito não agiu livremente ou porque foi induzido em erro, examinando, *v. g.*, um bem diverso daquele inventariado, ou porque deliberadamente fixou uma estimativa falsa. Neste caso, é obrigatória a nomeação de outro perito. O mesmo aconselha-se se agiu por erro facilmente constatável, a menos que evidente a impossibilidade de perceber as manobras de terceiros.

Igualmente se o erro consistir em falta de conhecimentos técnicos, ou em inobservância correta dos bens, ou por seguir critérios desajustados da realidade, ou porque não realizou a pesquisa e coleta de elementos comparativos – situações que impõem, igualmente, a renovação da perícia –, nomeia-se outro *expert*.

Também autorizam nova avaliação a ocorrência, depois da avaliação, de majoração ou redução do valor do bem; e a suscitação, pelo exame dos elementos do laudo, de dúvida quanto à estimativa dada pelas partes ou apurada pelo perito.

Não cabe limitar àquelas hipóteses a segunda avaliação. Comumente, porém, é imposta a renovação caso conseguir-se demonstrar o comprometimento do *expert* com algum herdeiro, ou o interesse no inventário, ou ainda a falta de qualificação técnica o que é admitido pelos tribunais: "Inventário. Avaliação de terras, por servidor não especializado em assuntos fazendários. Para que seja deferida nova avaliação – art. 1.010 do CPC, basta que o requerente alinhe razões ponderáveis indicativas da possibilidade de erro no laudo impugnado".[16] O dispositivo citado não tem correspondência no atual CPC; todavia, é aplicável seu art. 873 à nova avaliação.

Verificada a alteração de valores, por decurso de tempo após a anterior estimativa, a nova avaliação constitui o meio mais coerente para aferir a atual realidade, eis que a simples correção monetária nem sempre corresponde à variação dos preços dos bens, em especial os de raiz, se decorrido algum tempo da avaliação efetuada. Esta a inteligência jurisprudencial sobre o assunto: "A avaliação para efeito de partilha deve ser renovada se, pelo decurso de longo tempo, tiver ocorrido grande alteração dos valores atribuídos inicialmente aos bens. Da reavaliação não podem ser excluídos os imóveis, se o monte--mor compreende, além de dinheiro e outros bens, vários prédios de características e localizações diferentes e os quinhões não foram contemplados em todos os imóveis com partes iguais".[17]

O Superior Tribunal de Justiça ratificou o entendimento: "Consoante jurisprudência pacífica desta Corte e do Pretório Excelso, é cabível a realização de nova avaliação dos bens inventariados, para o cálculo do pagamento do imposto *causa mortis*, se os valores tributáveis já se encontram defasados".[18]

---

16 Agr. Instr. nº 586055873, 1ª Câmara Cível do TJRGS, 18.08.87, *Revista de Jurisprudência do TJRGS*, 124/231.

17 RE nº 101.622-RJ, 1ª Turma do STF, 03.04.84, *Revista Trimestral de Jurisprudência*, 110/416.

18 REsp. nº 14.880-O-MG, da 1ª Turma, j. em 1º.06.1995, *DJU* de 18.06.1995.

12. DECISÃO DO JUIZ SOBRE A AVALIAÇÃO E ÚLTIMAS DECLARAÇÕES

Com o oferecimento das impugnações sobre o laudo, o juiz decidirá de plano, em vista dos elementos contidos no processo, ou ordenará a realização de nova avaliação, nas hipóteses cabíveis, segundo examinado. Vindo o segundo laudo, se for o caso, e tendo à mão as impugnações, profere-se a decisão, de modo a solucionar todas as controvérsias a respeito da matéria. Esta fase, portanto, deverá restar sanada de pendências ou litígios, adequando-se o agravo como recurso apropriado para qualquer inconformidade.

No mesmo despacho, mandará o juiz que venham oferecidas as últimas declarações, na ordem do art. 636 do CPC: "Aceito o laudo ou resolvidas as impugnações suscitadas a seu respeito, lavrar-se-á em seguida o termo de últimas declarações, no qual o inventariante poderá emendar, aditar ou completar as primeiras".

As finalidades constantes das declarações finais vêm claras: emendar as declarações anteriores, acrescentando os dados faltantes; aditar ou completar as anteriores, quando houve a omissão de algum bem, ou inclusive de herdeiro. Mas vasto é o campo para esta oportunidade. Arrolam-se os rendimentos e frutos advindos dos bens, ou os lucros resultantes de sua exploração, os possíveis aluguéis de imóveis, o aumento do número de semoventes, o valor dos depósitos bancários, os resultados conseguidos na cobrança de créditos, as despesas efetuadas, os pagamentos a empregados e múltiplas outras ocorrências – de modo a ter-se, nesta etapa quase derradeira, um quadro da realidade do espólio. Torna-se possível, então, separar o patrimônio líquido, sujeito à partilha, após o destaque do montante passivo.

A rigor, se novos bens forem descobertos, unicamente por sobrepartilha se fará a posterior divisão, embora, por praxe, admita-se sempre a complementação – o que retarda o prosseguimento do inventário. Ilustra Antônio Ferreira Inocêncio: "Nas declarações finais fará o inventariante a exibição da conta de rendimentos dos bens do espólio, a relação das despesas efetuadas com o custeio e conservação dos bens.

É praxe, ainda, protestar o inventariante trazer ao inventário, a todo o tempo, quaisquer outros bens porventura omitidos e que sejam da propriedade do espólio".[19]

Os novos bens arrolados serão avaliados, com a consequente intimação das partes.

As últimas declarações serão lavradas através de termo, consoante ensinamento de Pinto Ferreira, que descreve, também, os passos seguintes: "Lavrado o termo, as partes serão ouvidas no prazo comum de dez dias, abrindo-se-lhes vistas dos autos em cartório. Poderão ser feitas impugnações às últimas declarações, que serão decididas de plano pelo juiz, e sendo matéria de alta indagação remeterá as partes para as vias ordinárias. Não havendo impugnações, ou ninguém se pronunciando, o juiz ordenará a remessa dos autos ao contador, para que proceda ao cálculo do imposto (CPC, art. 1.012)".[20] O dispositivo citado corresponde ao art. 637 do CPC de 2015, com igual redação, exceto quanto ao prazo, que é de 15 dias.

Resolvidas todas as questões das últimas declarações, segue o inventário praticamente para os atos de sua execução.

13. O CÁLCULO DO IMPOSTO

O interesse, aqui, restringe-se ao cálculo do imposto, visto estudadas já as várias questões quanto à sua incidência e alíquota, no item que tratou das informações e estimativas da Fazenda Pública sobre os bens.

---

19 Ob. cit., p. 237.
20 *Inventário, Partilha e Ações de Herança*, ob. cit., p. 91.

628 • Direito das Sucessões | *Arnaldo Rizzardo*

Como já observado, o fato gerador principal é a morte do autor da herança.

Sérgio Sahione Fadel, no entanto, salienta outros fatos geradores, com suporte no art. 35 da Lei nº 5.172, de 1966 (Código Tributário Nacional):

> I – A transmissão, a qualquer título, da propriedade ou domínio útil de bens imóveis por natureza ou por acessão física, como definidos na lei;
>
> II – a transmissão, a qualquer título, de direitos reais sobre imóveis, exceto os direitos reais de garantia;
>
> III – a cessão de direitos relativos a transmissões referidas nos incisos I e II.[21]

Sabe-se, ainda, em vista do parágrafo único do art. 35 da mesma lei, que nas transmissões *causa mortis*, ocorrem tantos fatos geradores distintos quantos sejam os herdeiros ou legatários, visto que a transmissão se opera para cada herdeiro. Daí incidir o tributo sobre o quinhão.

O lançamento se faz nos autos do inventário, diferentemente de outros tributos, que se leva a efeito em sede administrativa. Assim, nos autos é elaborado o cálculo, a cargo do escrivão ou contador judicial, assistindo ao Fisco a faculdade de impugnar ou refazer o valor devido. Uma vez homologado, simplesmente expede-se guia para o devido recolhimento.

Percebe-se, pois, que todo o procedimento é desenvolvido não por agentes administrativos da Fazenda, mas por auxiliares da Justiça, desde o cálculo, segundo ordena o art. 637 do CPC, com igual redação, exceto quanto ao prazo, que é de 15 dias): "Ouvidas as partes sobre as últimas declarações no prazo comum de 15 (quinze) dias, proceder-se-á ao cálculo do imposto".

Tendo-se em vista o valor atualizado dos bens, se já procedida a avaliação há mais de meses, leva-se a efeito a atualização monetária;[22] mas se decorrido um longo lapso temporal, renova-se a avaliação.

A alíquota incidente é, em geral, de quatro por cento, como já observado, estabelecida pelos Estados, eis que autorizados a legislar suplementarmente nas questões omissas da Constituição Federal. Vale ela para o momento da abertura da sucessão. Não cabe a majoração posterior, ou mesmo sua redução, para efeitos de atrelar o imposto às novas cifras.

Há uma série de não incidências, bem discriminadas por Sérgio Sahione Fadel, como sobre as colações e as obrigações passivas: "Também não incidirá o imposto sobre os bens que o herdeiro haja trazido à colação e sobre os quais fora anteriormente paga a transmissão *inter vivos*, desde que ditos bens lhes sejam atribuídos em pagamento do respectivo quinhão.

O imposto só incide sobre os bens líquidos do espólio a serem partilhados, uma vez pagas as dívidas do *de cujus*, e que hajam de ser suportadas pela herança".[23]

Já se ressaltou que a renúncia pura e simples não importa em incidência do imposto de transmissão, mesmo que reste um beneficiário, tendo pontificado no STJ: "Se todos os filhos do autor da herança renunciam a seus respectivos quinhões, beneficiando a vi-

---

21 Ob. cit., vol. V, p. 166.
22 REsp nº 17.132-0-PR, da 2ª Turma do STJ, j. de 22.02.1995, *DJU* de 20.03.1995.
23 Ob. cit., vol. V. p. 166.

Cap. XLIV | Avaliação ou Estimativa dos Bens • **629**

úva, que era a herdeira subsequente, é incorreto dizer que a renúncia foi antecedida por aceitação tácita da herança. Não incidência do imposto de transmissão".[24]

Evidentemente, conforme observado antes, fica fora a meação do cônjuge supérstite, e incluem-se no cálculo os bens móveis, face à nova ordem constitucional.

Disciplinam o art. 638 e parágrafos do CPC o processamento da intimação e impugnações. Reza o artigo: "Feito o cálculo, sobre ele serão ouvidas todas as partes no prazo comum de 5 (cinco) dias, que correrá em cartório, e, em seguida, a Fazenda Pública".

Define o § 1º o caminho caso acolhida a impugnação: "Se acolher eventual impugnação, o juiz ordenará nova remessa dos autos ao contabilista, determinando as alterações que devam ser feitas no cálculo".

E o § 2º, sobre o julgamento do cálculo: "Cumprido o despacho, o juiz julgará o cálculo do imposto".

Nota-se um procedimento comum a qualquer processo onde haja cálculo, e se leva a efeito a intimação das partes. Abre-se o prazo de cinco dias, para as oposições ou reclamações, correndo o prazo em cartório. Após, intima-se a Fazenda, que terá o mesmo prazo. Uma vez acolhida a impugnação, o contador refaz o cálculo, em obediência às determinações emanadas da decisão.

---

24 REsp. nº 20.183-8-RJ, da 1ª Turma, j. em 1º.12.1993, *DJU* de 07.02.1994.

XLV
Colações

1. CONFERÊNCIA DOS BENS DADOS EM VIDA AOS HERDEIROS

Vários artigos do Código Civil disciplinam o instituto da colação, termo este que significa trazer ao inventário os bens recebidos em vida, a título gratuito. Vem a propósito, ainda, a colocação de Washington de Barros Monteiro: "O que os sucessores receberam em vida de seus ascendentes, direta ou indiretamente, se devolve ao acervo, que assim se recompõe, para depois partilhar-se novamente entre os herdeiros".[1]

Daí a presente definição, trazida por Aldyr Dias Vianna: "Colação é o ato pelo qual os herdeiros descendentes, concorrendo à sucessão do ascendente comum, são obrigados a conferir, sob pena de sonegados, as doações e os dotes que dele em vida receberam, a fim de serem igualadas as respectivas legítimas".[2] Adverte-se que, com o Código da Lei nº 10.406, não mais ingressam os dotes no direito, eis que abolido o instituto.

A palavra provém do latim *collatio*, com o significado de ajuntamento, encontro, agregação, originado o substantivo, conforme Pinto Ferreira, do supino latino *collatum*, termo derivado do verbo *conferre*, que se traduz por reunir, trazer juntamente, ajuntar, agregar. Daí equivaler a "conferir" e "trazer à colação".[3] Todos os bens dados em vida devem vir relacionados e descritos no inventário, a fim de serem computados na atribuição das quotas hereditárias.

Não importa o regime de bens de quem fez a doação, segundo revela o seguinte aresto, em decisão do STJ: "É irrelevante o regime de bens do casamento, para a definição acerca da existência de comunhão de vontades de ambos os cônjuges em doar bem a herdeiro. O comando esculpido no artigo 1.795 do Código Civil de 1916, por exigir essa comunhão de vontades, não se aplica à espécie, em virtude de a doação ter se dado por ato exclusivo do *de cujus*".[4]

Comum é a doação, não apenas para obsequiar alguém, mas também para favorecer uns ou mais herdeiros frente aos outros.

Em geral, os ascendentes têm preferência por um ou mais descendentes (mais os pais em relação a um ou mais filhos), e demonstram esta maior afetividade dando presentes.

---

1   Ob. cit., *Direito das Sucessões*, p. 291.
2   Ob. cit., vol. 2, p. 904.
3   *Inventário, Partilha e Ações de Herança*, ob. cit., p. 83.
4   AgRg no Ag. nº 1001208-RS, da 3ª Turma, j. em 19.02.2009, *DJe* de 09.03.2009.

632 • Direito das Sucessões | *Arnaldo Rizzardo*

Entretanto, não se deve expressar sentimentos ou afetividades através de doações, posto que profundamente precários seriam os critérios determinantes de atribuição do patrimônio.

Eis a regra do art. 544 do Código Civil: "A doação de ascendentes a descendentes, ou de um cônjuge a outro, importa adiantamento do que lhes cabe por herança". Não prevalece, aqui, ou no caso de doações, o direito em dispor até metade do patrimônio – assegurado no art. 1.846 do diploma civil. Nas doações, qualquer que seja o valor correspondente, terá que ser conferido quando do inventário, no que se revela peremptória a orientação do STJ:

"Recurso especial. Sucessões. Inventário. Partilha em vida. Negócio formal. Doação. Adiantamento de legítima. Dever de colação. Irrelevância da condição dos herdeiros. Dispensa. Expressa manifestação do doador.

Todo ato de liberalidade, inclusive doação, feito a descendente e/ou herdeiro necessário nada mais é que adiantamento de legítima, impondo, portanto, o dever de trazer à colação, sendo irrelevante a condição dos demais herdeiros: se supervenientes ao ato de liberalidade, se irmãos germanos ou unilaterais. É necessária a expressa aceitação de todos os herdeiros e a consideração de quinhão de herdeira necessária, de modo que a inexistência da formalidade que o negócio jurídico exige não o caracteriza como partilha em vida.

A dispensa do dever de colação só se opera por expressa e formal manifestação do doador, determinando que a doação ou ato de liberalidade recaia sobre a parcela disponível de seu patrimônio. Recurso especial não conhecido".[5]

Tem-se em conta justamente preservar a igualdade das legítimas, como acentuava antiga jurisprudência, revelando a tradição do direito, sendo que os antigos princípios do Código anterior são renovados no atual diploma, com exceção no fato da inclusão do cônjuge na obrigação de colacionar, eis que também passou a concorrer com os descendentes: "Consoante dispõe o art. 1.785 do Código Civil (...), a colação tem por finalidade igualar as legítimas dos herdeiros. Sem dúvida, deve haver igualdade entre pessoas de direitos hereditários idênticos. Este é o alcance da regra.

Diz Itabaiana de Oliveira: 'Quanto à colação dos bens partilhados em vida, cumpre distinguir se houve, ou não, perfeita igualdade na distribuição dos quinhões entre os donatários:

a) Se houve, não tem lugar a colação porque esta só se efetua para assegurar a igualdade das legítimas, nos termos do art. 1.785 do Código Civil; *b*) se não houve, devem os herdeiros donatários trazer o bem à colação, a fim de ser cumprido o preceito legal da igualdade, pouco importando, neste caso, que o filho prejudicado tenha aceitado a partilha feita pelo pai quando da respectiva partilha, porque o Código Civil exige, expressamente, no art. 1.776, que a partilha, para ser válida, não prejudique a legítima dos herdeiros necessários' (*Tratado de Direito das Sucessões*, vol. III, nᵒˢ 946 e 952)".[6] Os citados arts. 1.785 e 1.776 correspondem aos arts. 2.003 e 2.018 do Código vigente.

A colação visa justamente a dar aplicação ao art. 544: todos os bens recebidos pelos descendentes, pelos ascendentes ou por um cônjuge pelo outro devem acrescer o monte-mor para, depois, levar-se em condições iguais a partilha. Para isso, manda o art. 2.002 que "os descendentes que concorrerem à sucessão do ascendente comum são obrigados,

---

5   REsp. nº 730.483-MG, da 3ª Turma, j. em 03.05.2005, *DJU* de 20.06.2005.
6   RE nº 90.812-RJ, 16.12.80, *Lex – Jurisprudência do Supremo Tribunal Federal*, 32/95.

para igualar as legítimas, a conferir o valor das doações que dele em vida receberam, sob pena de sonegação".

As disposições do Código Civil tratam do direito material sobre o assunto, na sua configuração e abrangência, enquanto os dispositivos da lei processual procuram delinear o procedimento para levar a termo a colação.

2. NATUREZA DA COLAÇÃO

Em primeiro lugar, esclareça-se que os bens trazidos à conferência, ou acrescentados aos existentes quando do decesso do *de cujus*, não são adicionados à parte partilhável, mas somados a todos os bens deixados. Depois, divide-se o todo pelo número de herdeiros, para chegar-se a um denominador sobre a quota de cada herdeiro. De outro lado, não se objetiva encontrar aquilo que poderia dispor o falecido. Não se leva à colação, em outras palavras, unicamente aquilo que excedeu o montante disponível, mas tudo o que constituiu objeto de doação. Uma vez ocorrendo o falecimento do doador, a herança ou o patrimônio então existente é acrescido dos bens entregues à prole em vida do *de cujus*.

Ressalte-se que há a obrigação da igualdade na distribuição do patrimônio, pois, em princípio, os herdeiros possuem o mesmo direito.

Assenta-se, daí, a natureza no princípio da igualdade de todos os herdeiros, o que leva à obrigação de trazerem os bens ao inventário, tendo-se por objetivo mensurar-se cada quinhão em razão do direito de cada um.

Parece haver um equívoco naqueles que colocam a natureza da colação na vontade presumida do falecido, a fim de manter a igualdade de tratamento para com os descendentes, e mesmo com o cônjuge em relação a eles. Ora, fosse assim, contemplaria, em vida, todos os descendentes e o cônjuge. Se apenas um ou mais descendentes são favorecidos, é porque pretendeu o titular dos bens favorecê-los em relação aos outros.

Então deduz-se que a natureza da colação está na obrigação dos coerdeiros de partilharem inclusive aquilo que receberam para atingir-se o direito de todos à igualdade absoluta na partilha dos bens. E aí se chega ao fundamento determinante deste instituto, isto é, à igualdade, a qual decorre da lei, especificada no art. 2.003, que preceitua: "A colação tem por fim igualar, na proporção estabelecida neste Código, as legítimas dos descendentes e do cônjuge sobrevivente, obrigando também os donatários que, ao tempo do falecimento do doador, já não possuírem os bens doados". Isto porque o ato do disponente que, contemplando, a título gratuito, um dos herdeiros, prejudica o princípio da igualdade. E a colação é o meio de emendar a ofensa à igualdade.

3. DADOS HISTÓRICOS

Lembra-se somente que este instituto revelou-se como um expediente para impedir favorecimentos pessoais injustificáveis. Esta finalidade foi a que objetivaram os pretores, no Direito romano, que mandavam conferir inclusive os bens que recebiam os *emancipati*, ou filhos emancipados pelos pais. É que a estes, com a emancipação, reconheciam-se como próprios todos os bens que recebiam, mesmo os doados. Já os demais, ou os *sui*, que ficavam na família, adquiriam para o *pater* o patrimônio que conseguissem.

Era, sem dúvida, um tratamento injusto, posto que a *emancipatio* decorria de uma faculdade do pai, não ficando ele obrigado a concedê-la. Acrescenta Ney de Mello Almada: "Para profligar tal iniquidade, o pretor compeliu os emancipados e, genericamente, todos os filhos não sujeitos à potestade paterna no momento de morrer a fazerem aportar à massa hereditária os bens próprios, para divisão entre todos. Era a *collatio bonorum*".[7]

Inclusive o dote dado por força do casamento não era excluído da obrigação de conferir, e compensar, na hora da partilha.

O princípio evoluiu para formas mais aperfeiçoadas, havendo sistemas que incluíram a colação inclusive nos testamentos, por exemplo, Direito germânico.

Além disso, nos seus primórdios, a *collatio* processava-se *in natura*, isto é, os bens eram trazidos para o espólio; no Direito romano, pelo menos ao tempo dos pretores, fazia-se por estimação. O Direito brasileiro dá preponderância à obrigação de trazer os bens. Apenas na impossibilidade de estes serem colacionados admite-se a apresentação do valor correspondente, espécie que se chama colação por estimação, ou pelo valor dos bens recebidos a mais. Observa-se, realmente, que o art. 2.002 manda conferir as doações. Excepciona o parágrafo único do art. 2.003, permitindo a descrição do valor: "Se, computados os valores das doações feitas em adiantamento de legítima, não houver no acervo bens suficientes para igualar as legítimas dos descendentes e do cônjuge, os bens assim doados serão conferidos em espécie, ou, quando deles já não disponha o donatário, pelo seu valor no tempo da liberalidade".

De outra parte, igualmente os bens doados ao cônjuge são objeto de colação, posto que passou ele a concorrer com os descendentes, por força do art. 1.829, inc. I, do Código Civil, o que não acontecia com o correspondente art. 1.603 do diploma civil de 1916. A matéria será mais bem desenvolvida adiante.

4. CAMPO DE APLICAÇÃO E OBJETO DAS COLAÇÕES

Unicamente na sucessão legítima cabe exigir a colação, inadmissível na sucessão testamentária. Se o inventário envolve apenas legados, ou herdeiros testamentários, ninguém se gabarita a pretender que se considere, para o cálculo do monte disponível, aquilo que foi objeto de doação. Realmente, o art. 2.003 cita a finalidade do instituto: igualar, na proporção estabelecida no Código, as legítimas dos herdeiros. A menção das legítimas afasta a parte do patrimônio que foi objeto da porção disponível.

Cumuladas as sucessões legítima e testamentária, apenas ao quanto do patrimônio reservado obrigatoriamente aos herdeiros necessários, e se houver descendentes, cabe pedir a colação.

Da forma que unicamente as doações constituem objeto de colação, conforme está inserido no art. 2.002, e não as outras formas de transmissão, como a venda particular ou judicial. Assim já ensinava Mário de Assis Moura: "A lei civil menciona, como objeto da colação, somente a doação e os dotes. Cumpre entender estas expressões com certa amplitude, para abrangerem todas as liberalidades com que a pessoa, de cuja sucessão se trata, tenha direta ou indiretamente gratificado o herdeiro ou aquele a quem o herdeiro representa. Assim, as quantias com que os pais solvem, gratuitamente, as dívidas do filho, devem ser computadas na legítima deste".[8] Lembra-se que os dotes, mencionados no texto, não mais constam contemplados no direito positivo.

---

7 Ob. cit., vol. II, p. 373.
8 Inventários e Partilhas, 2ª ed., São Paulo, Saraiva & Cia., pp. 204 e 205.

Outrossim, se a doação foi em dinheiro, o respectivo valor se conferirá. No caso de adquirir o favorecido um bem imóvel com a quantia recebida, não trará à colação tal bem, pois a lei declara que o descendente deve conferir aquilo que recebeu em doação do ascendente, e se o objeto da doação foi dinheiro, é a pecúnia que deve ser restituída, e não o bem que com ela se adquiriu.

Sílvio Rodrigues não deixa dúvida a respeito:

> "A ideia deflui diretamente da lei e é de lógica inocultável. Se a lei declara que o descendente deve conferir aquilo que recebeu em doação do ascendente, e se o objeto da doação foi dinheiro, é a pecúnia que deve ser restituída, e não o bem que com ela se adquiriu. (...)
>
> De resto, esse entendimento se encontra consagrado na jurisprudência, como se vê das ementas de alguns arestos, a seguir copiadas:
>
> 'No caso de compra e venda feita em nome de filhos com dinheiro dos pais, somente o preço pago, e não a coisa, é que é trazido à colação no inventário (RT, 169:801)'.
>
> 'O filho que recebeu dinheiro de genitor, como adiantamento de legítima, não está obrigado a trazer à colação, no inventário daquele, os bens adquiridos com o adiantamento, o que acabaria por resultar em proveito inadmissível dos demais herdeiros, mas o equivalente à importância adiantada, esta sob correção monetária (RT, 375:107)'.
>
> 'No mérito, a questão deve ser resolvida contra a autora. Trata-se de compra de imóvel, feita em nome do descendente com dinheiro fornecido pelo ascendente. Tal venda é válida, obrigando, apenas, o primeiro a conferir no inventário do último o dinheiro recebido para o pagamento do bem, e não o próprio bem (Trecho do acórdão, RT, 420:333)'".[9]

Não é diferente o pensamento de Washington de Barros Monteiro:

> "(...) Assim, também, em se tratando de compra e venda, realizada em nome do descendente, mediante numerário fornecido pelo ascendente, só o preço pago, e não a própria coisa, deve ser trazido à colação (...)".[10]

Dispensa-se a colação caso assim venha disposto no ato da liberalidade, ou em testamento, especificando o testador que saia a doação da sua metade, desde que não a exceda.

Realmente, pontifica o art. 2.005: "São dispensadas da colação as doações que o doador determinar que saiam da parte disponível, contanto que não a excedam, computado o seu valor ao tempo da doação". E, no art. 2.006, incluindo o testamento como instrumento para a dispensa: "A dispensa da colação pode ser outorgada pelo doador em testamento, ou no próprio título de liberalidade".

Ainda que não em palavras sacramentais, deverá estar explícita a dispensa no ato.

As doações não aparecem, às vezes, em formas diretas, mas vêm dissimuladas em pagamentos de dívidas, ou de aquisição de bens em nome de um descendente. Estes meios de se revestirem constam discriminadas por Ney de Mello Almada:

> "Assim, em nosso direito positivo, são colacionáveis as doações... feitas pelo ascendente e descendente; as dívidas dos filhos pagas pelos genitores; as doações indiretas ou

---

9 *Direito Civil Aplicado*. São Paulo, Saraiva, 1981, pp. 16 e 17. 1º vol.
10 *Curso de Direito Civil, Direito das Sucessões*, 5. ed., São Paulo, Saraiva, pp. 297 e 298.

636 • Direito das Sucessões | *Arnaldo Rizzardo*

simuladas; as quantias adiantadas para que o descendente adquira coisas (cumprindo seja colacionada apenas a soma, e não os bens com ela adquiridos); os rendimentos de bens do pai desfrutados pelo filho; somas, não módicas, dadas de presente; perdas e danos pagos pelo pai como responsável pelos atos do menor, ou quaisquer indenizações ou multas; dinheiro posto a juros pelo pai em nome do filho; pagamento consciente de uma soma não devida ao legitimário; pagamento de débitos ou fianças ou avais do filho; numerário mutuado ao progenitor; quitação ou entrega do título de dívida contraída pelo filho para com o pai; a remissão de dívida do descendente".[11]

Quanto ao pagamento de dívidas, idêntico o entendimento de Planiol e Ripert: "Si se trata de un heredero mayor de edad y de deudas civilmente eficaces, en todo caso serán colacionables las sumas pagadas por el difunto; puesto que constituyen una verdadera liberalidad".[12]

5. PESSOAS OBRIGADAS À COLAÇÃO

Não são todos os herdeiros obrigados a trazer os bens para a conferência e inclusão no monte-mor, para fins de compensar a legítima com aquilo já recebido. Apenas os descendentes e o cônjuge sobrevivente (como se desenvolverá logo abaixo, neste mesmo item) devem colacionar as doações, de acordo com os arts. 544 e 2.002, os quais restringem a obrigação apenas ao cônjuge e aos descendentes que concorrem à sucessão do ascendente comum. Enquadram-se no rol de descendentes os filhos, netos e bisnetos. Inclusive os cessionários destes herdeiros, como acontecia no Código anterior e refere Wilson de Oliveira, que cita Carlos Maximiliano: "O cessionário e qualquer outro adquirente da herança havida por descendente ficam sub-rogados nos direitos e sujeitos às obrigações deste; são compelidos à colação e podem reclamá-la dos sucessores legítimos do defunto".[13]

Daí que outros herdeiros, por maiores que tenham sido as doações (com exceção do cônjuge, como abaixo se analisará), estão livres de trazer ao inventário aquilo que receberam. Portanto, os herdeiros testamentários, os legatários, os ascendentes, os colaterais, os que renunciaram à herança ou foram excluídos, e aqueles descendentes dispensados pelo doador podem receber integralmente sua quota no inventário, sem nada compensar com aquilo que receberam antes.

Nem aos herdeiros testamentários cabe exigir a colação. A seguinte ementa trata do assunto:

> "A finalidade da colação é a de igualar as legítimas, sendo obrigatório para os descendentes sucessivos (herdeiros necessários) trazer à conferência bem objeto de doação ou de dote que receberam em vida do ascendente comum, porquanto, nessas hipóteses, há a presunção de adiantamento da herança (arts. 1.785 e 1.786 do CC/1916; arts. 2.002 e 2.003 do CC/2002).
>
> O instituto da colação diz respeito, tão somente, à sucessão legítima; assim, os bens eventualmente conferidos não aumentam a metade disponível do autor da herança, de sorte que benefício algum traz ao herdeiro testamentário a reivindicação de bem não colacionado no inventário.
>
> Destarte, o herdeiro testamentário não tem legitimidade ativa para exigir à colação bem sonegado por herdeiro necessário (descendente sucessivo) em processo de inventário e partilha".[14]

---

11 Ob. cit., vol. II, p. 376.
12 Ob. cit., tomo 4º, p. 87.
13 Ob. cit., p. 105.
14 REsp. nº 400.948-SE, da 3ª Turma do STJ, j. em 23.03.2010, *DJe* de 09.04.2010.

Cap. XLV | Colações • **637**

No curso do julgamento, desenvolve-se a matéria:

"No mais, cinge-se a controvérsia em saber se o herdeiro testamentário tem legitimidade e direito de exigir à colação bem sonegado por herdeiro necessário, em processo de inventário. Consoante Sílvio de Salvo Venosa, 'a lei denomina colação a esse procedimento de o descendente, bem como o cônjuge sobrevivente e o convivente no regime do presente Código, trazerem à partilha o bem anteriormente recebido em vida do *de cujus*, por doação.

Colação é o ato de reunir ao monte partível quaisquer liberalidades recebidas do *de cujus*, pelo herdeiro descendente, antes da abertura da sucessão (Leite, 2003: 749). (...) A colação é, portanto, obrigação do herdeiro necessário, que recebeu doação do autor da herança.

Salvo vontade expressa do doador, como veremos, toda doação feita em vida pelo autor da herança a um de seus filhos (ou netos, que concorram com outros netos, por exemplo) presume-se como um adiantamento da herança. (...) A colação não toca na doação, salvo se inoficiosa, nem aumenta a metade disponível do testador' (in: *Direito Civil* – Direito das Sucessões, 8ª ed., São Paulo, Editora Atlas, 2008, vol. 7, pp. 360-361).

Outrossim, como preleciona Orlando Gomes, 'são pressupostos da colação: a) a ocorrência de doação de ascendente comum ou de um cônjuge ao outro; b) a participação do donatário na sucessão do doador; c) o concurso entre o donatário e outros descendentes do doador, do mesmo grau' (In: *Sucessões*, 14ª ed., Rio de Janeiro, Editora Forense, 2007, p. 290).

Depreende-se, assim, que a finalidade do instituto da colação é a de igualar as legítimas, sendo obrigatório para os descendentes sucessivos (herdeiros necessários) trazer à conferência bem objeto de doação ou de dote que receberam em vida do ascendente comum, haja vista a existência de presunção, nessas hipóteses, de adiantamento da herança (arts. 1.785 e 1.786 do CC/1916; arts. 2.002 e 2.003 do CC/2002). Como a colação diz respeito, tão somente, à sucessão legítima, os bens eventualmente conferidos não aumentam a metade disponível do autor da herança, de sorte que benefício algum traz ao herdeiro testamentário a reivindicação de bem não colacionado no inventário. Desta feita, em tais casos, deve-se reconhecer a sua ilegitimidade processual.

Sobre o tema, a 3ª Turma desta Corte Superior, quando do julgamento do REsp. nº 170.037/SP (*DJ* de 24.05.99), rel. Min. Waldemar Zveiter, assim se pronunciou: 'A tese que aí se delineia (aplicada ao quadro fático emergente dos autos) está correta, até porque, em outras oportunidades, mormente quando do julgamento dos REsps. nⁿᵒˢ 5.325 e 10.428, ambos de minha relatoria, substanciando os mesmos aspectos fáticos, sufraguei interpretação, tocante ao art. 1.785 do Código Civil, em tudo coincidente com a deste acórdão, consignando lá, como aqui também consigno, que o instituto da colação consubstancia um direito, cujo exercício regular há de ser deferido ao herdeiro necessário, que é seu legítimo titular, tendo aquele instituto o fim precípuo de igualar a legítima, ou seja, o fim isonômico de preservar a integridade da legítima. Assim dizendo a *colação*, *conferência* ou *imputação* unicamente aos filhos ou descendentes, falta legitimidade tanto ao testamenteiro quanto à herdeira testamentária para a pretensão deduzida.

(...) Nem os ascendentes nem os colaterais estão obrigados à colação, logo, não a podem reclamar. O mesmo ocorre com os estranhos, pois, naturalmente, são sucessores instituídos. Em qualquer desses casos, ainda que a liberalidade exceda, em valor, a cota disponível, não se dá conferência, porém simples redução.

638 • Direito das Sucessões | *Arnaldo Rizzardo*

No entanto, há uma grave incongruência do Código relativamente ao cônjuge, eis que, pelas várias normas que tratam da matéria, também ele (conforme acima referido) deve colacionar. Ocorre que, pelo art. 544 do Código Civil, a doação ao cônjuge importa em adiantamento. Além disso, o art. 2.003 impõe que se igualem as legítimas dos descendentes e do cônjuge sobrevivente. Daí a imposição de se levar à colação a doação que favoreceu o cônjuge, malgrado a restrição do art. 2.002 aos descendentes. Bem expõe a matéria Eduardo de Oliveira Leite:

"A questão que se impõe aqui é a de saber se o cônjuge sobrevivente virá colacionar os bens que lhe foram doados pelo *de cujus*, uma vez que o Código Civil silenciou sobre a questão de ser o cônjuge obrigado ou não a colacionar, se recebeu alguma liberalidade do falecido. Mas não é só, diante da leitura do texto dos artigos 2.002 e 2.003 ressalta veemente uma contradição normativa, de resto, aumentada se atentarmos ao disposto no art. 544 do Código Civil, quando estabelece que 'a doação de ascendentes a descendentes, ou de um cônjuge a outro, importa adiantamento, do que lhes cabe por herança'.

Ora, o artigo 2.002 dispõe que os 'descendentes' são obrigados, para igualar as legítimas, 'a conferir o valor das doações', que dele em vida receberam, e o artigo 2.003 dispõe que a colação tem por fim igualar as legítimas dos 'descendentes' e do 'cônjuge sobrevivente'. Ou seja, o artigo 2.002 refere-se tão somente aos descendentes, mas no artigo subsequente reporta-se ao cônjuge sobrevivente, resgatando a ideia da necessidade de conferência das liberalidades feitas também ao cônjuge sobrevivente e que por disposição legal (art. 544) são considerados 'adiantamento'.

A impressão inicial, dada pela lei civil, é a de que apenas os descendentes e o donatário deveriam colacionar. O cônjuge sobrevivente teria o direito de exigir a conferência das liberalidades para resguardar a sua quota legitimária, mas, tal como o ascendente, não estaria compelido a conferir o valor da doação recebida em vida pelo *de cujus*.

Entretanto, se atentarmos ao disposto no já citado artigo 544 do Código Civil, a exegese pende, necessariamente, em direção oposta: se estão obrigados a conferir os que receberam adiantamento da legítima, tanto o descendente quanto o cônjuge sobrevivente, por força dos artigos 544, 2.002 e 2.003, são obrigados a colacionar o valor da doação.

Com efeito, conforme procedentemente apontado por Maria Helena Diniz, há aqui 'um defeito de técnica legislativa e uma contradição normativa entre os artigos 2.002, 2.003 e 544', concluindo a civilista paulista que sempre haverá colação quando houver adiantamento da legítima. É a correta interpretação dos artigos sob análise, e de acordo com o sistema sucessório brasileiro".[15]

No tocante aos netos, colacionarão se representam os pais, visto que, sendo eles contemplados na ausência dos pais, naturalmente presume-se que as doações feitas aos últimos reverteram a seu favor. Não trazem à colação aquilo que receberam do ascendente, e sim o que a este foi doado. E cabe a obrigação, mesmo que não contemplados com as doações.

O art. 2.009 encerra, a respeito: "Quando os netos, representando seus pais, sucederem aos avós, serão obrigados a trazer à colação, ainda que o não hajam herdado, o que os pais teriam de conferir".

---

15 *Comentários ao Novo Código Civil*, ob. cit., vol. XXI, pp. 758 a 760

Eis a explicação de Antônio Levenhagen, valendo lembrar a atualidade da matéria, dada a identidade de redação dos dispositivos do antigo e do atual Código sobre o assunto: "O direito de representação não se restringe aos bens, mas compreende, também, as obrigações afetas ao representado. Se, portanto, cabia ao pai ou à mãe premortos a obrigação de fazer a colação, essa obrigação se transmite aos filhos que os substituíram, ainda que os bens, ou parte deles, não mais existam. Se assim não fosse, prejudicados seriam os demais coerdeiros, pois iriam eles receber o excesso da liberalidade, que somente deixou de existir por ter sido dissipado pelo herdeiro premorto".[16]

Acrescenta Wilson de Oliveira: "Também na hipótese de herdarem a título do direito de transmissão devem conferir. Cabe aduzir que, concorrendo à sucessão do avô com outros netos, por direito próprio devem conferir doações... dele recebidos".[17]

Ou seja, mesmo que eles tenham recebido as doações diretamente do avô, incumbe-lhes que as arrolem, a fim de compensar com a legítima que lhes cabe.

Todos os descendentes são obrigados a trazer à colação, inclusive os nascidos posteriormente ao ato da doação, segundo o STJ:

"Todo ato de liberalidade, inclusive doação, feito a descendente e/ou herdeiro necessário nada mais é que adiantamento de legítima, impondo, portanto, o dever de trazer à colação, sendo irrelevante a condição dos demais herdeiros: se supervenientes ao ato de liberalidade, se irmãos germanos ou unilaterais. É necessária a expressa aceitação de todos os herdeiros e a consideração de quinhão de herdeira necessária, de modo que a inexistência da formalidade que o negócio jurídico exige não o caracteriza como partilha em vida.[18]

A matéria é realçada no voto da relatora, Ministra Nancy Andrighi:

"Os ora recorrentes, em suas razões, procuraram excluir o dever de colação, argumentando que, na ocasião da doação da fazenda Santa Cândida, em 1965, a recorrida nem sequer havia nascido (o que se deu em 1971), de modo que não teria direito à parcela do referido bem. Quanto a outra fazenda, aduziram os recorrentes que foi objeto da separação de bens por ocasião do desquite, e que, por esse motivo, não poderia ser atribuída parcela do bem à recorrida. E, argumentam por fim que, se dever de colação existir, ele só deve incidir sobre 25% dos bens, considerada esta a parcela indisponível dos bens do falecido.

Primeiramente, 'não importa o tempo em que foi feita a liberalidade, se doada antes de ter nascido o filho, ou antes do casamento do de cujo com o genitor do herdeiro necessário' (Pontes de Miranda, *Tratado de Direito Privado*, Parte Especial, tomo LV, p. 318, Direito das Sucessões: Sucessão em Geral. Sucessão legítima, 3ª ed., Rio de Janeiro, Editor Borsoi, 1972). Ou seja, é irrelevante o fato de a recorrida ter nascido após a doação. Para cumprir-se o dever de colação, também, não existe diferença entre os descendentes, sejam irmãos germanos ou unilaterais, e mesmo supervenientes à separação ou divórcio do doador.

Nos moldes dos princípios estatuídos pela Constituição Federal, não há qualquer distinção entre os filhos: é irrelevante falar em irmãos, filhos dos mesmos pais ou de pais diferentes, supervenientes à liberalidade, supervenientes à separação judicial ou divórcio do doador, ou mesmo os havidos fora do casamento. Já não se fala sequer em herdeiros legítimos e ilegítimos. O dever de colação é imperioso para aquele herdeiro descendente que recebeu qualquer bem do doador/falecido, a título de liberalidade ou

---

16 Ob. cit., p. 211.
17 Ob. cit., p. 371.
18 REsp. nº 730.483-MG, da 3ª Turma, j. em 03.05.2005, *DJU* de 20.06.2005.

640 • Direito das Sucessões | Arnaldo Rizzardo

doação, que, como dito, nada mais é que adiantamento de legítima. Nesse sentido, REsp. nº 9.081-SP, desta 3ª Turma, de relatoria do Ministro Cláudio Santos, publicado no *DJ* de 20.04.1992, assim ementado: 'Recurso Especial. Inventário. Doação. Colação. Provimento. Devem os herdeiros donatários trazer à colação os bens recebidos em doação a fim de ser mantida a igualdade das legítimas. Recurso especial provido'.

Importante destacar que o dever de colacionar os bens recebidos a título de liberalidade só se dispensa por expressa manifestação do doador, determinando que a doação seja extraída da parte disponível de seus bens, o que também não ocorreu na hipótese presente, conforme noticiado no acórdão recorrido".

6. COLAÇÃO PELO RENUNCIANTE OU EXCLUÍDO DA HERANÇA

No tocante aos que renunciaram ou foram excluídos, cumpre se examine o montante objeto da doação. Possível que tenham recebido, por liberalidade, um total que ultrapasse ao quinhão reservado com a abertura da sucessão. Nesta ordem, cabe-lhes restituir a parte excedente. Com ou sem renúncia ou exclusão, nada receberiam na partilha por inventário. Mas qual a quantidade restituível, e objeto da colação? Será unicamente a porção que excedeu ao quinhão por direito reservado na abertura da sucessão, ou a legítima e mais a parte disponível.

A conclusão é retirada do art. 2.008: "Aquele que renunciou à herança ou foi dela excluído, deve, não obstante, conferir as doações recebidas, para o fim de repor o que exceder o disponível".

O § 3º do art. 2.007 também impõe a redução da parte inoficiosa: "Sujeita-se a redução, nos termos do parágrafo antecedente, a parte da doação feita a herdeiros necessários que exceder a legítima e mais a quota disponível". Ocorre que, enfatizou o Superior Tribunal de Justiça, "a doação a descendente, naquilo que ultrapassa a parte de que poderia o doador dispor em testamento, no momento da liberalidade, é de se qualificar como inoficiosa e, portanto, nula".[19]

Nota-se, nas hipóteses de renúncia e exclusão, que o sentido de liberalidade inoficiosa não se restringe ao que excedeu o permitido para dispor, mas que exceder também a legítima. O disponível compreende a metade do patrimônio pessoal. A legítima equivale à porção resultante de divisão da outra metade pelo número de herdeiros legítimos.

Nestas duas situações – renúncia e exclusão –, portanto, impende que a doação tenha ultrapassado a metade disponível e atingido a legítima, para ensejar o direito à colação. Estes montantes, mesmo com a renúncia, ou exclusão, ultrapassaram aquilo que corresponderia à legítima e à metade disponível.

Acrescenta Antônio Levenhagen, em explicação válida, eis que o princípio é o mesmo no antigo e no atual Código: "De maneira que os herdeiros renunciantes e os excluídos da sucessão não perdem o que lhes foi dado com a liberalidade (dote ou doação). Perderão apenas o que, da liberalidade, exceder do que tinham direito como legítima, e a parte que exceder a metade disponível do *de cujus*, excessos esses que, retornados ao espólio pela colação, só irão beneficiar os herdeiros remanescentes".[20]

O Código de Processo Civil, no art. 640, contém norma equivalente aos regramentos acima, encerrando: "O herdeiro que renunciou à herança ou que dela foi excluído não se

---

19 REsp. nº 86.518-MS, da 4ª Turma, j. em 1º.09.1998, *DJ* de 03.11.1998.
20 Ob. cit., p. 210.

Cap. XLV | Colações • **641**

exime, pelo fato da renúncia ou da exclusão, de conferir, para o efeito de repor a parte inoficiosa, as liberalidades que obteve do doador".

Mas ao donatário cabe escolher os bens que devem perfazer a legítima e a metade disponível. Os demais são objeto de divisão entre os herdeiros, como está no § 1º do mesmo art. 640: "É lícito ao donatário escolher, dentre os bens doados, tantos quantos bastem para perfazer a legítima e a metade disponível, entrando na partilha o excedente para ser dividido entre os demais herdeiros". Em outras palavras, escolherá ele aquilo que lhe interessa. O que sobra entrará na partilha.

O § 2º do art. 640 trata da colação, naquelas hipóteses, se o bem doado tiver sido imóvel que não comportar divisão cômoda: "Se a parte inoficiosa da doação recair sobre bem imóvel que não comporte divisão cômoda, o juiz determinará que sobre ela se proceda a licitação entre os herdeiros".

Ao donatário, o § 3º confere o direito de concorrer na licitação, em igualdade de condições com os demais herdeiros, com preferência em relação a eles: "O donatário poderá concorrer na licitação referida no § 2º e, em igualdade de condições, terá preferência sobre os herdeiros".

A venda por licitação corresponde, na explicação de Mário de Assis Moura, "à oferta ou proposta feita para as adjudicações expressamente facultadas ao cônjuge meeiro e a qualquer herdeiro para receber o imóvel que não caiba num só quinhão, e não admita divisão cômoda, e tende a evitar o praceamento desses bens entre estranhos (...)". Ou é "o ato pelo qual se põe a lanço os bens da herança, que não admitem cômoda divisão, para se adjudicarem àquele dos herdeiros que mais oferecer".[21]

Em síntese, o juiz determinará a venda, pelo maior preço, com a apresentação de cartas contendo ofertas, a serem abertas pelo juiz, em data aprazada. Preferirá, sempre, o herdeiro beneficiado com a liberalidade.

Lembra-se que, tratando-se de outros herdeiros (não renunciantes ou excluídos), a reposição efetua-se desde que se constate serem os bens doados superiores ao que lhes caberia a título de legítima.

7. LEGITIMIDADE PARA PEDIR A COLAÇÃO

Unicamente os descendentes e o cônjuge sobrevivente podem pedir a colação de bens recebidos por outros descendentes. E assim é, posto que, havendo descendentes e cônjuge, somente eles herdam, sendo afastadas as outras categorias de contemplados na ordem do art. 1.829 do Código Civil.

Se os herdeiros receberam doações, mesmo que acima da parte disponível, com o decesso do autor das liberalidades não significa que as pessoas colocadas na classe seguinte (ascendentes) possam merecer a herança existente, e pedir a colação. Os descendentes e o cônjuge habilitam-se no inventário, a quem se partilhará o patrimônio restante.

Quanto ao cônjuge sobrevivente, a sua legitimidade depende da condição de vir a acrescer o seu quinhão a porção doada pelo cônjuge. Ou seja, se o cônjuge herdar, o que ocorre se o casamento não se deu pelo regime de comunhão universal de bens; ou da separação obrigatória; ou se, no regime de comunhão parcial, o autor da herança não houver deixado bens particulares (art. 1.829, I); ainda, desde que, quando da morte do marido

---

21 Ob. cit., p. 209.

642 • Direito das Sucessões | Arnaldo Rizzardo

autor da herança, não havia separação legal e nem separação de fato por tempo superior a dois anos por culpa do sobrevivente (art. 1.830). Não há interesse econômico em se reconhecer a legitimidade se o resultado não trouxer algum acréscimo ao seu patrimônio.

Dentro desta visão, ficam excluídos de pedir a colação os ascendentes, os colaterais, os credores, os herdeiros testamentários, os legatários, os que renunciaram à herança ou que foram dela excluídos.

Nem aos credores da herança, a rigor, é assegurado o direito, apesar da possibilidade de não ressarcimento do crédito. Mas entende-se que, se provada a má-fé ou fraude, diferente a solução a ser dada. Com efeito, contraídas as dívidas, e transferindo o devedor os bens, admite-se que os credores habilitam-se não propriamente a pedir a colação, e sim a ingressar com a competente ação pauliana, anulando-se as liberalidades e mesmo as vendas – tudo conforme disposições estatuídas nos arts. 158, 159 e 161 da lei civil, desde que o façam no prazo de quatro anos – art. 178, inc. II, do diploma civil.

Quanto aos herdeiros testamentários e legatários, nenhuma prerrogativa há, mesmo que, após o testamento, seu autor tenha efetuado liberalidades que atingiram a parte disponível. Ocorre que, com as doações posteriores, automaticamente revogado ficou o testamento, pelo menos na parte abrangida por aquele tipo de liberalidade. Ressalte-se que a disposição testamentária é revogável até o momento do decesso do testador.

O testamenteiro não possui legitimidade para reclamar a colação, embora alguns defendam o contrário, posto que o ato é pessoal, dependente da decisão única do herdeiro. Essa a exegese do STJ: "O direito de exigir a colação é privativo dos herdeiros necessários, a teor do art. 1.785 do CCB – Ilegitimidade de o testamenteiro exigir a colação, a fim de possibilitar imputação legitimária – Recurso provido".[22]

Equivale o mencionado art. 1.785 ao art. 2.003 do atual Código Civil.

"A finalidade da colação é a de igualar as legítimas, sendo obrigatório para os descendentes sucessivos (herdeiros necessários) trazer à conferência bem objeto de doação ou de dote que receberam em vida do ascendente comum, porquanto, nessas hipóteses, há a presunção de adiantamento da herança (arts. 1.785 e 1.786 do CC/1916; arts. 2.002 e 2.003 do CC/2002).

O instituto da colação diz respeito, tão somente, à sucessão legítima; assim, os bens eventualmente conferidos não aumentam a metade disponível do autor da herança, de sorte que benefício algum traz ao herdeiro testamentário a reivindicação de bem não colacionado no inventário.

Destarte, o herdeiro testamentário não tem legitimidade ativa para exigir à colação bem sonegado por herdeiro necessário (descendente sucessivo) em processo de inventário e partilha".[23]

Não se estende a ilegitimidade ao ausente, ao renunciante ou ao excluído – segundo o art. 618, inc. VI, da lei processual, que expressa: "Incumbe ao inventariante (...) VI – trazer à colação os bens recebidos pelo herdeiro ausente, renunciante ou excluído". Com referência a tais pessoas, tendo elas recebido a mais do que permitia a legítima, e também acima da metade disponível quanto aos renunciantes ou excluídos, cabe ao inventariante conferir o excesso, postulando a reposição.

Inclusive aos bisnetos aplicam-se as disposições acima. Representam eles os pais e os avós, já falecidos, ou participam por direito próprio, se a eles feitas as doações.

---

22 REsp. n° 170.037-SP, da 3ª Turma, j. em 13.04.1999, *DJU* de 24.05.1999.
23 REsp. n° 400.948-SE, da 3ª Turma, j. em 23.03.2010, *DJe* de 09.04.2010.

Cap. XLV | Colações • 643

8. DISPENSA DE COLAÇÃO

A regra geral é que as doações sejam levadas à colação. Mas há exceções, admitindo-se a dispensa nas seguintes hipóteses:

I – Por determinação do autor da herança. Partilha em vida.

O art. 2.005 ostenta claramente que se dispensam de colação as doações quando o testador expressamente "determinar saiam da parte disponível, contanto que não a excedam, computado o seu valor ao tempo da doação".

Esta é uma das exceções, e assenta-se no princípio sucessório de que a parte disponível pode ser destinada livremente pelo autor da herança a quem lhe aprouver, e na proporção que quiser. Desde que exceder a metade disponível, impõe-se, nesta parte, o procedimento da colação. Reduz-se a liberalidade aos limites legais.

Segundo Pontes de Miranda, ao enfrentar a matéria, "o de cujo pode determinar que não se sujeite à colação o que ele está atribuindo, gratuitamente, ao herdeiro descendente, ou mesmo se já o atribuíra. Se, após a doação da liberalidade, o de cujo quer que não haja o dever de colacionar, pode fazê-lo em cláusula expressa ou legando ao herdeiro legítimo necessário aquilo que lhe doara".[24]

Ademais, se faz necessário gizar, ainda quanto ao tema, que as doações havidas, mesmo em favor do descendente ou do cônjuge, e desde que não superem a metade disponível, não importam em adiantamento de legítima, como obtempera Ney de Mello Almada: "A dispensa de colação quebra o princípio legal de que as doações implicam adiantamento de legítima, explicitado no art. 1.171, que enuncia, a final, uma presunção relativa, à vista da indispensável igualação das legítimas. Como se expôs em acórdão, em tais termos a colação não é uma operação necessária e automática".[25] O art. 1.171 citado equivale ao art. 544 do Código atual.

Novamente Pontes de Miranda, a respeito, assim leciona: "O que se doa, ou se dá em dote, ou se dá em outro ato de benefício, ao descendente, herdeiro legítimo necessário, tem de ser colacionado, porque se entende em adiantamento. Para que se afaste a incidência do princípio, basta que no próprio título da liberalidade ou no testamento se diga que o objeto do benefício é tirado daquilo que podia dispor, no momento da liberalidade, o doador ou beneficente".[26]

J. M. de Carvalho Santos, sobre o tema, mostra o mesmo caminho:

> "A liberalidade dispensada de vir à colação é considerada fora da herança. O testador tem absoluta liberdade quanto à disposição da sua metade e tem direito de deixá-la a um descendente, assim como a um estranho. Só não pode prejudicar as legítimas dos descendentes, isto é, determinar liberalidades que, excedendo a metade disponível, incidam na cota necessária, destinada ao pagamento daquelas. Ocorrendo a hipótese, e verificado que a doação não excede a metade disponível, não há colação".[27]

---

24 *Tratado de Direito Privado*, 3ª ed., São Paulo, Editora Revista dos Tribunais, 1983, tomo LV, p. 324.

25 *Direito das Sucessões*, ob. cit., Sucessão Testamentária, vol. II, p. 377.

26 *Tratado de Direito Privado*, ob. cit., tomo LV, p. 323.

27 *Código Civil Brasileiro Interpretado*, ob. cit., vol. XXV, 34/35.

644 • Direito das Sucessões | *Arnaldo Rizzardo*

Um fator importante é o valor a ser atribuído, que se computará ao tempo da doação. Avalia-se, conforme o Código Civil, no momento do ato de liberalidade, e, a partir daí, se corrigiria, diante da realidade atual da economia.

No entanto, o Código de Processo Civil dispõe diversamente no tocante à época da avaliação. Estabelece a data da abertura da sucessão, segundo o art. 639, parágrafo único: "Os bens que devem ser conferidos na partilha, assim como as acessões e as benfeitorias que o donatário fez, calcular-se-ão pelo valor que tiverem ao tempo da abertura da sucessão".

Depois da abertura, até a conferência, levar-se-á a efeito a correção monetária.

Deve prevalecer o momento assinalado pelo Código Civil. A partir do tempo da doação, a maneira justa para aferir o real valor assenta-se na correção monetária da estimativa da avaliação. O assunto tornará a ser observado no item 10 abaixo.

Pela descrição dos bens, atribui-se a estimativa correspondente.

Um adendo consta no parágrafo único do art. 2.005 da lei civil: "Presume-se imputada na parte disponível a liberalidade feita a descendente que, ao tempo do ato, não seria chamado à sucessão na qualidade de herdeiro necessário".

Como se percebe, não é fácil entender o conteúdo. Extrai-se que a doação é feita a um descendente, o qual não seria chamado à sucessão na qualidade de herdeiro necessário quando do ato porque vivo um descendente com prioridade. Assim acontece se contemplado, pelo avô, o neto cujo pai ainda está vivo quando se deu a liberalidade. A doação ao neto, pois, presume-se imputada na parte disponível. Não se afere o respectivo montante no monte indisponível. Não se pode impor que o neto que traga à colação essa doação, e nem o filho precisa trazer, na sucessão do pai, aquilo que este doou ao neto.

Em suma, a doação recebida por um descendente mais distante do *de cujus*, antes do falecimento do descendente mais próximo, não é trazida à colação.

Como se exterioriza a dispensa da colação?

A resposta está no art. 2.006: "A dispensa de colação pode ser outorgada pelo doador em testamento, ou no próprio título de liberalidade". Ou seja, em testamento, ou no próprio título de liberalidade. Vê-se a necessidade de que seja expressa.

Mas acrescenta-se uma outra modalidade: por ato entre vivos em momento após a doação. Desde que válido o ato, não há como impugná-lo. Não é admissível cercear a liberdade da pessoa em escolher a forma para dispor dos bens. Se a doação reveste-se de escritura pública, através de nova escritura parece possível vir dispensada a colação, posto que sua validade está em pé de igualdade com o testamento.

Interessa que exista a manifestação de vontade, seja em que momento acontecer. Ficou bem delineada a matéria na seguinte decisão do STJ:

> Colação. Escritura de ratificação. Possibilidade. Manifestação de vontade do autor da herança. Preservação. Artigos 82, 148, 149 e 1.789 do Código Civil.
>
> 1. Realizada a escritura de ratificação das doações, que não ultrapassaram o limite da parte disponível, dispensando a colação, tudo compatível com a realidade vivida entre doador e donatário, pai e filho, não deve ser maculada a vontade do autor da herança.
>
> 2. A ratificação retroage à data das doações, preenchido, assim, o requisito do art. 1.789 do Código Civil.
>
> 3. Recurso especial conhecido e provido.[28]

---

28 REsp nº 440.128, da 3ª Turma do STJ, j. em 03.06.2003, *DJ* de 1º.09.2003, p. 279, rel. Min. Carlos Alberto Menezes Direito.

Cap. XLV | Colações • **645**

O voto revela a validade da dispensa mesmo que efetuada em momento posterior ao ato de doação, sendo de suma importância a transcrição:

> Não se discute que exista a escritura de rerratificação, lavrada em Cartório, ou seja, escritura pública. O que, sim, se discute é que a escritura estaria eivada de vício na forma do seu registro, seja porque não foi distribuída por bilhete próprio, seja porque lavrada em livro de procurações. Ora, na verdade, o que vale, pelo menos na minha compreensão, é a existência de um ato formal, uma escritura, atestada pelo Tabelião, que confirma as doações e indica que as mesmas não devem ser levadas à colação. O que significa tal gesto é que a vontade do doador, do pai do autor da ação, era mesmo liberar a colação, para isso tendo o cuidado de preservar as doações com uma escritura de rerratificação que as confirmasse e, também, que permitisse a manifestação de sua vontade no sentido de que as mesmas estariam livres da exigência da colação. Nenhum dos óbices postos pelo Acórdão recorrido sobre a eventual irregularidade da escritura tem força para vencer a consideração da vontade do autor da herança nessa direção.
>
> O art. 82 ventilado pelo Acórdão recorrido não foi aplicado corretamente, porque é perfeitamente possível a feitura de uma escritura de rerratificação de doação, que, efetivamente, retroage à data do ato que se está rerratificando, tornando a manifestação de vontade do autor da herança sobre a colação integrante do ato de doação. Não existe, em tal situação, nenhuma agressão ao art. 1.789 do Código Civil porque com a rerratificação, necessariamente posterior ao ato, o doador manifestou expressamente a sua vontade de que as doações não fossem levadas à colação. Não tem outro alcance do art. 148 do Código Civil que admite ser o ato anulável ratificado, com retroação à data do mesmo, e do art. 149 do mesmo Código sobre o conteúdo do ato de ratificação. O que se tem, em tal situação, é que a ratificação espanca eventual vício do ato, capaz de torná-lo suscetível de anulação.
>
> Não bastasse toda essa argamassa, em casos de manifestação da vontade do autor da herança, deve sempre ser considerada a compatibilidade entre o ato e a situação vivida. E, neste feito, sem dúvida, não há o que contrarie a realidade, tornando perfeitamente lógico o ato de doação e de dispensa de colação.

De igual modo a exegese do TJ/RS:

> Apelação. Sucessões. Doação ao filho. Parte disponível. Colação. Desnecessidade. A mãe declarou expressamente, através de escritura pública, que a doação feita ao filho tinha saído de sua parte disponível e que ele estava liberado do dever de colacionar o bem. Escritura pública serve para tal fim, não havendo necessidade de averbá-la junto ao Registro de Imóveis. A doação feita pela mãe a apenas um dos filhos não enseja discriminação entre herdeiros, desde que essa doação tenha saído da parte disponível. O que importa para fins de evitar discriminação é a preservação da legítima. Negaram provimento.[29]

No voto do Relator, quando transcreve parte da escritura pública, percebe-se perfeitamente que a dispensa de colação aconteceu em uma escritura pública posterior ao ato de doação da parte disponível. Basta conferir:

> A declaração foi feita através de escritura pública (fls. 91 e verso).
>
> Na parte que aqui interessa, esse documento consigna:

---

29 Apelação Cível nº 70010288298, 8ª Câmara Cível, Tribunal de Justiça do RS, Relator: Rui Portanova, j. em 10.03.2005.

646 • Direito das Sucessões | *Arnaldo Rizzardo*

"(...) que ainda, quando do falecimento de seu esposo, cinquenta por cento (50%) do imóvel, ou seja, a área de duzentos e dezessete hectares e oitenta ares (217ha, 80a) foi levado à colação, de vez que o dinheiro necessário para a aquisição do imóvel foi doado por seu casal; que por um lapso não ficou consignado na referida escritura que a importância doada a seus filhos Afonso H.N.O. e Ozorio W.N.O., e era da parte disponível dos bens de seu casal; razão porque não deveria seu valor ser trazido à colação; que, pela presente escritura, na melhor forma de direito e consoante lhe permite a legislação em vigor, declara que o remanescente do imóvel acima descrito, ou seja, a área de duzentos e dezessete hectares e oitenta ares (217ha e 80a), correspondente à sua meação da época seja considerada como doação da parte disponível de seus bens e não adiantamento de legítima, e, consequentemente, por isso, dispensado da colação; (...)".

Interessa, como se depreende, a manifestação da vontade. Retroage a rerratificação ao momento do ato. Não é diferente o entendimento da doutrina, como se vê em texto de Paulo Lobo:

Admitindo-se que a dispensa da colação possa ser feita em ato posterior à doação, discute-se se, nesta hipótese, haveria necessidade de consentimento do donatário. Entendemos que não, porque a dispensa da colação é negócio jurídico unilateral, inserido em negócio jurídico bilateral (doação), ou em outro negócio jurídico unilateral (testamento), ou em ato isolado autônomo. O negócio jurídico unilateral caracteriza-se justamente por ingressar no mundo jurídico a partir da vontade unilateral de quem o declara, sem necessidade de manifestação de outra pessoa que o aceite.[30]

Em outro ponto, havendo doação para todos os herdeiros, em ato constitutivo de partilha em vida, possível que absolutamente nada se refira quanto à dispensa de colação.

Mesmo assim, devido ao caráter preponderante de partilha em vida, não se realiza a colação posterior, se há igualdade na distribuição do patrimônio: "Havendo partilha em vida e distribuição equânime dos bens entre os herdeiros (CC, art. 1.776), não se justifica a colação, ainda que faltando a dispensa expressa, pelo doador, no ato da liberalidade".

É que, "no caso do que vulgarmente se denomina doação-partilha, não existe dádiva, porém inventário antecipado, em vida; não se dá colação; rescinde-se ou corrige-se a partilha, quando ilegal ou errada (Carlos Maximiliano, *Direito das Sucessões*, 5ª ed., vol. III/23, nº 1.179) (...) Estando todos concordes na equivalência de valores, inexiste razão para que se busque discriminação ensejadora de outra avaliação futura, para eventual discussão quanto a reposições decorrentes de diversidade de valores (*RJTJSP*, 114/298)".[31] O art. 1.776 corresponde ao art. 2.018 do atual Código Civil.

O Superior Tribunal de Justiça, em caso de haver partilha em vida, também decidiu pela total desnecessidade da colação: "Inventário. Partilha em vida/doação. Pretensão de colação. Assentado tratar-se, no caso, de partilha em vida (partilhados todos os bens dos ascendentes, em um mesmo dia, no mesmo cartório e mesmo livro, com o expresso consentimento dos descendentes), não ofende os arts. 1.171, 1.785, 1.788 e 1.776 do Código Civil acórdão que confirmou sentença indeferitória da pretensão de colação. Não se cuidando, portanto, de doação, não se tem como aplicar princípio que

---

30 Dever de colação na sucessão legítima, disponível em: <https://jus.com.br/artigos/25360/dever-de--colacao-na-sucessao-legitima>.
31 Agr. Instr. 130.745-1, 6ª Câmara cível do TJSP, 09.08.90, *RT*, 662/83.

lhe é próprio". A par disso, "o clássico Carlos Maximiliano, por seu turno (*Direito das Sucessões*, 4ª ed., vol. III, p. 23, nº 1.179), pondera: 'No caso do que vulgarmente se denomina doação-partilha, não existe dádiva, porém inventário antecipado, em vida; não se dá colação; rescinde-se ou corrige-se a partilha, quando ilegal ou errada'".[32] Os citados arts. 1.171, 1.785, 1.788 e 1.776 equivalem aos arts. 544, 2.003, 2.005 e 2.018 do Código Civil vigente.

II – As despesas ordinárias do ascendente com o descendente, enquanto menor.

O art. 2.010 garante a dispensa de colação nos montantes despendidos sobretudo com a finalidade de criação e educação do menor: "Não virão também à colação os gastos ordinários do ascendente com o descendente, enquanto menor, na sua educação, estudos, sustento, vestuário, tratamento nas enfermidades, enxoval, assim como as despesas de casamento, ou as feitas no interesse de sua defesa em processo-crime.

As doações referem-se, pois, à criação e à formação do menor, e as exigidas para o casamento, até o seu encaminhamento para se autossustentar.

Não se incluem neste favorecimento os maiores, e mesmo aqueles menores que tenham renda própria, posto que a finalidade da regra é de cunho social e protetivo.

III – As doações remuneratórias de serviços prestados aos ascendentes.

A exceção vem assegurada no art. 2.011: "As doações remuneratórias de serviços feitos ao ascendente também não estão sujeitas à colação". Desde, evidentemente, que provada a destinação das liberalidades, e demonstrados os serviços.

Há o caráter remuneratório, o que lhe empresta mais a tipificação de pagamentos e não de doações. Mas se exacerbado o montante, ou muito acima da estimativa dos serviços, sobressai a doação, pelo menos na parcela excedente, impondo a colação.

IV – Os frutos produzidos pelos bens doados até a data do falecimento do autor da herança.

Parece que a doutrina vê esta dispensa por analogia ao art. 2.020, onde consta que os herdeiros, o cônjuge sobrevivente e o inventariante "são obrigados a trazer ao acervo os frutos que perceberam, desde a abertura da sucessão".

Como a obrigação não envolve o período anterior, também não existirá a obrigação no caso de colação.

A questão é complexa. A rigor, não cabe nem a colação dos frutos e rendimentos posteriores ao decesso do *de cujus*, a menos que presente a posse de má-fé. No mínimo, era o favorecido um possuidor de boa-fé, ficando abrigado na regra do art. 1.214, que assegura o direito aos frutos percebidos ao possuidor de boa-fé.

Até porque, se lhe era conhecida a necessidade da devolução, mesmo que em parte, dos frutos e rendimentos, provável a recusa no recebimento dos bens.

---

32 REsp. nº 6.528-RJ, 3ª Turma, 11.06.91, *Revista do Superior Tribunal de Justiça*, 27/342.

V – As benfeitorias introduzidas nos bens doados.

É o que vem garantido no § 2º do art. 2.004: "Só o valor dos bens doados entrará em colação; não assim o das benfeitorias acrescidas, as quais pertencerão ao herdeiro donatário, correndo também à conta deste os rendimentos ou lucros, assim como os danos e perdas, que eles sofrerem".

Os melhoramentos ou benfeitorias, e quaisquer acessões, são acréscimos, que não compunham os bens. De rigor, pois, o seu afastamento da colação.

VI – As pequenas doações, ou favorecimentos com quantias não elevadas e bens mais estimativos de apreço e gratidão.

Correspondem a uma prática comum, que mais significa sentimento de afeto e apoio aos filhos e ao cônjuge. Entram nesta ordem as doações de móveis, de instrumentos profissionais, de eletrodomésticos, roupas, e coisas de uso diário.

VII – Os seguros de vida, instituídos em favor dos descendentes e do cônjuge.

Não se levam à colação nem os prêmios pagos e nem o próprio seguro a ser recebido pelo beneficiário, eis que celebrado o contrato sem a participação do mesmo.

Quanto aos prêmios, além de se constituírem os valores de quantias módicas, nenhuma lei os considera como adiantamento de legítima. E no pertinente ao seguro em si, o pagamento efetua-se pela seguradora, não repercutindo no patrimônio do *de cujus*.

VIII – Empréstimos gratuitos de bens.

Todos eles são excluídos, não importando o tipo ou a natureza. Assim, o usufruto, o comodato, o uso, as servidões temporárias, não levam a qualquer cobrança de aluguéis ou valores pela utilização, compensando-os com a legítima reservada ao herdeiro favorecido.

Além de não refletirem doações, torna-se difícil uma estimativa de quanto refletiram economicamente sobre a legítima reservada ao herdeiro.

IX – Por ato de vontade dos coerdeiros, em favor do donatário.

Podem os coerdeiros liberar os donatários da colação, se capazes e livremente manifestarem a vontade. Neste sentido, Carlos Maximiliano: "A prerrogativa de conceder a dispensa é do autor da liberalidade, embora possam os herdeiros capazes libertar da exigência legal do donatário, transigindo sobre o assunto, deixando de exigir a colação, ou renunciando à reclamação já iniciada".[33]

9. COLAÇÃO PELO VALOR DOS BENS

Não raramente, quando da morte do autor das doações não mais existem os bens, ou por seu desgaste, ou pela alienação, ou pelo perecimento, ou por terem sido consumidos. Como proceder, então?

---

33 Carvalho Santos, Direito das Sucessões. In: *Código Civil Brasileiro Interpretado*, 9ª ed., ob. cit., vol. XXV, p. 36.

Leva-se à colação o respectivo valor, se não possível conferir os bens doados em espécie. De outro lado, procura-se trazer ao momento da partilha a avaliação do bem, encontrando apoio no § 1º do art. 2.007 do Código Civil: "O excesso será apurado com base no valor que os bens doados tinham, no momento da liberalidade".

Em mais dois dispositivos encontram-se subsídios para a matéria. O primeiro – parágrafo único do art. 2.003 – ordena que "se, computados os valores das doações feitas em adiantamento da legítima, não houver no acervo bens suficientes para igualar as legítimas dos descendentes e do cônjuge, os bens assim doados serão conferidos em espécie, ou, quando deles já não disponha o donatário, pelo seu valor ao tempo da liberalidade".

O segundo – art. 639 do diploma processual – enfatiza que, se os bens já não existirem, ou forem para as mãos de outrem, trar-se-á o valor.

Ter-se-á em conta o valor estabelecido devidamente corrigido quando da colação, embora com base na estimativa feita no momento da doação. Se constar do ato de liberalidade, às vezes é suficiente a simples correção monetária. Do contrário, procura-se avaliar no momento atual o valor ou preço do bem, levando em conta o estado em que se encontrava quando da doação.

Não se mostra coerente, e muito menos justa, a fixação do valor pelo momento do ato da liberalidade – art. 2.004, ou da abertura da sucessão – parágrafo único do art. 639 do CPC, desacompanhada da correção monetária.

Existindo o bem, o mesmo retornará à herança, não cabendo efetuar-se a colação mediante a compensação do correspondente valor, no que é conformado pelo STJ:

"Se a aquisição dos imóveis em nome dos herdeiros varões foi efetuada com recursos do pai, em doação inoficiosa, simulada, em detrimento dos direitos da filha autora, a prescrição da ação de anulação é vintenária, contada da prática de cada ato irregular.

Achando-se os herdeiros varões ainda na titularidade dos imóveis, a colação deve se fazer sobre os mesmos e não meramente por seu valor, ao teor dos arts. 1.787 e 1.792, § 2º, do Código Civil anterior.

Excluem-se da colação as benfeitorias agregadas aos imóveis realizadas pelos herdeiros que os detinham (art. 1.792, parágrafo 2º)".[34] O art. 1.785 corresponde ao art. 2.003 do CC/2002, enquanto o art. 1.792, § 2º, não tem dispositivo correspondente no atual Código Civil.

Explicita-se no voto do relator: "Afirmam os recorrentes que o bem não pode ser levado à colação, mas seu valor em dinheiro e excluídas as benfeitorias feitas pelos mesmos. Ocorre, porém, que se houve simulação e o imóvel ainda se acha em mãos dos réus, deve, mesmo, o próprio bem ser colacionado, inexistindo motivo para que o seu valor é que o seja. Isso somente se dá quando já vendido o imóvel, a teor do art. 1.787 da lei substantiva civil, que reza: 'No caso do artigo antecedente, se ao tempo do falecimento do doador, os donatários já não possuírem os bens doados, trarão à colação o seu valor'. Destarte, como a situação é o contrário, não há razão para se colacionar o valor dos bens e não os próprios". O conteúdo do art. 1.785 vem contemplado no art. 2.003 do CC/2002.

10. ESTIMATIVA DO VALOR NA COLAÇÃO

Como encontrar o valor dos bens na colação?

---

34 REsp. nº 259.406-PR, da 4ª Turma, j. em 17.02.2005, *DJU* de 04.04.2005, em *RDR* vol. 34, p. 383

650 • Direito das Sucessões | *Arnaldo Rizzardo*

Existindo, ainda, os bens, são eles descritos, da mesma forma como se faz com o patrimônio remanescente. Procede-se, depois, a avaliação, para saber o valor a que correspondem.

No entanto, o art. 2.004 do Código Civil ordena que a avaliação deve remontar à época da data da liberalidade. E o parágrafo único do art. 639 do Código de Processo Civil manda que o cálculo se faça pelo valor que tiverem os bens ao tempo da abertura da sucessão.

Nem uma nem outra forma faz justiça, se encaradas literalmente, visto que permitem a intercalação de um período de tempo sem reajuste do valor, numa realidade inflacionária, embora não acentuada, que determina a mudança de preços em quase todos os meses, a qual nem sempre é reposta pelos índices da correção monetária. De modo que o valor para fins de conferência das legítimas será o vigente na mesma data em que se dá o valor aos demais bens.

Desde época antiga o Supremo Tribunal Federal admitia a avaliação ao tempo da abertura da sucessão, corrigindo-se, a partir de então, os valores: "O art. 1.792 do Código Civil não pode afastar o que dispõem os arts. 1.775 e 1.785 do mesmo Código, tanto porque na partilha há de se observar a maior igualdade possível, quanto porque a colação tem por fim igualar as legítimas. Para que a partilha seja feita mediante igualdade rigorosa e as legítimas também sejam igualadas, é indispensável que os bens colacionados e os outros tenham valor estabelecido na mesma ocasião, pois do contrário a nossa inflacionada moeda não permitirá se faça justa partilha nem igualação das legítimas. O art. 1.792 do Código Civil adotou orientação condizente com a moeda firme do tempo em que foi elaborado, mas inaceitável nestes dias de moeda que se desvaloriza constantemente".[35] Os arts. 1.775, 1.785 e 1.792, mencionados acima, correspondem aos arts. 2.003, 2.004 e 2.017 do atual CC.

No mesmo entendimento o STJ: "Os bens trazidos à colação, para efeito de acertamento das legítimas, devem ser avaliados com base no valor que possuírem à época da abertura da sucessão, conforme o disposto no art. 1.014, parágrafo único, do CPC, dispositivo esse que corresponde à norma vigente à época da abertura das sucessões examinadas nos presentes autos".[36] O art. 1.014, parágrafo único, citado corresponde ao art. 639, parágrafo único, do vigente CPC.

Hamilton de Moraes e Barros analisa a regra processual civil acima, de igual teor nos Códigos processuais de 1973 e 2015:

"Ressalte-se, por fim, que o parág. único deste art. 1.014, dentro da escorreita competência legislativa, revogou o art. 1.792 do Código Civil. Pela disposição da lei civil, nesse passo revogada, os bens doados ou dotados, imóveis ou móveis, seriam conferidos pelo valor certo, ou pela estimação, que deles houvesse sido feita na data da doação. O § 1º do art. 1.792 ainda reforçava a disposição de que o valor do bem conferido fosse o do tempo do ato de liberalidade".[37] O art. 1.014, parágrafo único, citado corresponde ao art. 639, parágrafo único, do atual CPC.

J. M. de Carvalho Santos é do mesmo pensamento: "O valor das doações se calcula sempre pelo tempo que foram feitas. Quanto à metade disponível, verifica-se pelo valor

---

35 RE nº 76.454-SP, 20.04.82, *Lex – Jurisprudência do Supremo Tribunal Federal*, 43/138. Na mesma linha há outros julgamentos: REsp. nº 10.428, da 3ª Turma do STJ, *RT*, 683/185, e *Revista do Superior Tribunal de Justiça*, 37/405.
36 REsp. nº 595.742/SC, da 3ª Turma, j. em 06.11.2003, *DJU* de 1º.12.2003.
37 *Comentários ao Código de Processo Civil*, ob. cit., vol. IX, p. 228.

Cap. XLV | Colações • 651

do patrimônio do doador, se se tratar de liberalidades a estranhos ou herdeiros não descendentes; se o donatário é herdeiro descendente, a cota disponível se calcula pelo valor dos bens do doador, no dia de sua morte".[38]

Nesta linha também Carlos Maximiliano: "No tocante à dádiva aos herdeiros descendentes, o valor dos bens que a compõem é o do momento da liberalidade, porém a cota disponível se calcula pelo método acima exposto, isto é, em relação ao patrimônio e ao respectivo valor no dia do óbito...

(...) Cumpre esclarecer bem a matéria: avaliados os bens do ascendente ao tempo da morte, deve deduzir-se a metade, que será a cota disponível. À outra metade será obrigatório adicionar as doações e os dotes conferidos; desta soma resulta um todo, que se divide igualmente como legítima dos filhos. A quota disponível não aumenta pelo fato da colação".[39]

Lembra-se de que o art. 1.792 citado nos textos equivale ao art. 2.004 do vigente Código Civil, ordenando que o valor de colação dos bens doados será o do ato de liberalidade; já o art. 1.775 foi repetido pelo art. 2.017, também do atual diploma civil, pelo qual deve-se observar igualdade possível na partilha dos bens; o art. 1.785 equivale ao art. 2.003 do Código Civil em vigor, que trata da igualdade nas legítimas dos descendentes e do cônjuge objetivada pela colação.

Como se depreende da corrente tradicional, o correto é levar a avaliação procedida à época da liberalidade para o momento da partilha, o que se consegue pela devida correção monetária. Quer o dispositivo expressar que se faz a avaliação quando do ato de doação, para dimensionar a repercussão sobre o patrimônio existente então, e levando-se a respectiva significação para a ocasião da partilha, inclusive mediante uma nova avaliação do significado econômico do patrimônio doado, considerado no momento da abertura da sucessão.

De outro lado, merece uma interpretação que não dispensa a atualização monetária o disposto no § 1º do art. 2.004: "Se do ato de doação não constar valor certo, nem houver estimação feita naquela época, os bens serão conferidos na partilha pelo que então se calcular valessem ao tempo da liberalidade".

Busca-se todo o patrimônio existente à época do ato de liberalidade e leva-se para o momento do decesso, procedendo-se à avaliação, a fim de verificar se as doações ultrapassaram a metade do patrimônio disponível.

É óbvio que, para calcular a parte disponível, imprescindível a avaliação de todo patrimônio. Unicamente desta forma pode-se aquilatar a obediência à exigência da doação dentro da porção disponível.

11. COLAÇÃO NAS DOAÇÕES REALIZADAS POR AMBOS OS CÔNJUGES

Ambos os cônjuges podem fazer doações. A colação envolve, então, os bens de cada cônjuge. No inventário de cada um se conferirão os respectivos bens, ou a repercussão na metade que lhe pertence, segundo se depreende do art. 2.012: "Sendo feita a doação por ambos os cônjuges, no inventário de cada um se conferirá por metade".

Por metade, diz o dispositivo, o que, embora simples de entender, requer uma abordagem mais profunda.

---

38 *Código Civil Brasileiro Interpretado*, vol. XXV, p. 35.
39 *Direito das Sucessões*, ob. cit., vol. III, pp. 411/412.

652 • Direito das Sucessões | *Arnaldo Rizzardo*

Em primeiro lugar, se o casamento foi celebrado pelo regime de comunhão, cada cônjuge tem a sua meação. A doação sairá da respectiva metade, dentro da parte disponível. Assim, apenas vinte e cinco por cento do patrimônio do casal torna-se disponível, ou metade da meação de cada cônjuge, se houver herdeiros necessários. Realmente, é expressa a norma legal no sentido de que, se feita a doação por ambos os cônjuges, a conferência será efetuada, por metade, no inventário de cada um deles.

No casamento pelo regime de separação total, não se cogita de meação. As liberalidades atingem unicamente metade dos bens de cada cônjuge. Mas sendo de comunhão parcial ou de participação final nos aquestos o casamento, são toleradas as doações em metade dos bens particulares e em vinte e cinco por cento daqueles comuns, adquiridos na constância do casamento, eis que estes se dividem entre o marido e a mulher.

Como mencionado, no inventário de cada cônjuge proceder-se-á ao exame das colações, sendo consideradas para efeito da partilha. Computam-se as doações para o cálculo das legítimas, sendo as mesmas descontadas. Mas as colações procedem-se no inventário do cônjuge que fez a doação, e não apenas no patrimônio deixado por um dos cônjuges.

12. CÁLCULO DAS COLAÇÕES NA PARTILHA E A DECORRÊNCIA DA REDUÇÃO

Depois de tudo quanto já foi visto, chega-se ao objetivo das colações: reconstituir o patrimônio hereditário. Acresce-se a massa hereditária com os bens entregues em vida à prole. Ou incluem-se os bens no inventário, como se ainda pertencessem ao doador. Mas unicamente para calcular as legítimas.

De que maneira se procede ao cálculo dos quinhões?

Para encontrar a conclusão, deve-se observar algumas regras, embora não bastem para explicar toda a sistemática do cálculo. Assim, o art. 2.003, do qual se depreende que a colação visa a igualar as legítimas, e o parágrafo único do art. 2.002, prevendo que os bens trazidos não aumentam a parte disponível.

Reza o art. 2.003: "A colação tem por fim igualar, na proporção estabelecida neste Código, as legítimas dos descendentes e do cônjuge sobrevivente, obrigando também os donatários que, ao tempo do falecimento do doador, já não possuírem os bens doados".

O parágrafo único do art. 2.002: "Para cálculo da legítima, o valor dos bens conferidos será computado na parte indisponível, sem aumentar a disponível".

Pelos conteúdos, referente ao assunto em exame, conclui-se que, antes de proceder à partilha, devem ser descritos e somados ao patrimônio existente os bens que foram objeto de doações. Mas unicamente acrescem o montante das legítimas, isto é, a parte indisponível, e não da parte disponível. Está aí um aspecto delicado e especial: a parte disponível calcula-se em função do acervo existente quando do decesso; já as legítimas têm em vista aquele montante e mais as colações.

Os bens que vêm à colação, observa Carvalho Santos, "não fazem parte do patrimônio do *de cujus*; constituem doações que já produziram a transferência do patrimônio para os donatários (Código Civil, art. 1.786), e cujo valor só é conferido para um fim especial de igualdade entre os herdeiros. Por esse motivo, os bens que vêm à colação não respondem pelos encargos da herança, salvo se a doação tiver sido feita em fraude de credores".[40] Recorda-se que o art. 1.786 corresponde ao texto do art. 2.002 do vigente estatuto civil.

---

40 Ob. cit., 8ª ed., vol. XXV, p. 20.

Chega-se, então, à finalidade da colação: num primeiro momento, conferir o quanto cabe a cada herdeiro; após, na atribuição das legítimas, destacar unicamente o que falta àqueles que foram beneficiados com doações. Se, por exemplo, a legítima equivale a cem, e a doação correspondeu a setenta, receberá o herdeiro apenas o equivalente a trinta.

Mas antes de tudo, para reconstituir o patrimônio com vistas ao cálculo, sendo casado o doador pelo regime de comunhão universal, ou de comunhão parcial, ou no de participação final nos aquestos – e importa nestas últimas duas hipóteses restritamente aos bens adquiridos durante a sociedade conjugal a título oneroso –, deve-se verificar em quanto montava o patrimônio do casal, visto que a metade dos bens pertence a cada cônjuge. À importância dos bens de ambos os cônjuges existentes por ocasião do falecimento adiciona-se a dos bens por eles retirados das respectivas meações para doações aos filhos, ou ao cônjuge. Feito isto, ou encontrada a meação de cada cônjuge, inicia-se o cálculo das legítimas. Se o monte dos bens existentes por ocasião do falecimento, mais as doações, equivaleram a mil e quinhentos, divide-se por dois, chegando-se a setecentos e cinquenta, que cabe a cada cônjuge. Tendo um deles doado trezentos e cinquenta, segue-se que os bens existentes na ocasião da morte, e partilháveis, chegavam a quatrocentos. O fato de, com as colações, atingirem a setecentos e cinquenta não significa que a sua metade disponível atinja a trezentos e setenta e cinco. Tendo havido testamento, o monte disponível se reduzirá a duzentos, eis que calculável sobre quatrocentos, patrimônio este existente quando do falecimento, e não setecentos e cinquenta.

A tanto conduz a interpretação do art. 1.847. Eis a redação: "Calcula-se a legítima sobre o valor dos bens existentes na abertura da sucessão, abatidas as dívidas e as despesas do funeral, adicionando-se, em seguida, o valor dos bens sujeitos a colação".

Daí resulta que, no cálculo do montante a ser distribuído pelo testamento, conta-se unicamente a metade do que restou, isto é, de quatrocentos.

E quanto ao quinhão dos herdeiros?

Exemplifica-se uma situação em que não há testamento. Segundo anotado acima, o acervo ativo de cada cônjuge foi de setecentos e cinquenta. O *de cujus*, em doações, adiantou trezentos e cinquenta.

Conforme já referido, divide-se o patrimônio do *de cujus*, acrescido das colações pelo número de herdeiros. Sendo três os herdeiros, caberá a cada um a grandeza quantitativa de duzentos e cinquenta.

Se um herdeiro recebera a doação de duzentos, resta-lhe cinquenta; já o segundo, beneficiado com cento e cinquenta, cabe-lhe o correspondente a cem. O terceiro, a quem nada se antecipou, auferirá a quota integral considerada no inventário.

Na hipótese de, concomitantemente às doações, existir testamento, subtrai-se o *quantum* disponível, aferido sobre o acervo que restar no momento do decesso. A parte disponível, para efeitos de cálculo, limita-se a duzentos, ou seja, a metade do patrimônio verificado quando do decesso, descontada a porção doada.

Adicionam-se aquelas doações já vistas aos outros duzentos, importando uma soma de quinhentos e cinquenta, que será dividida pelos três herdeiros, o que leva a um resultado aproximado de cento e oitenta e três. Ao herdeiro que nada recebeu caberá este valor. Aquele que ficou contemplado em duzentos, incumbe que reponha dezessete. E a quem se agraciou com cem, restam oitenta e três unidades.

Zeno Veloso apresenta outro exemplo de cálculo: "Assim, por exemplo, se o pai tem bens no valor de trezentos e possui três filhos, a legítima de cada um equivale a

654 • Direito das Sucessões | *Arnaldo Rizzardo*

cinquenta; todavia, o pai pode dispor livremente de sua metade, correspondente a cento e cinquenta. E se doa a um dos filhos bem no valor de duzentos, tal doação não está sujeita à redução, pois não ultrapassou a metade dos bens do doador (cento e cinquenta) mais a legítima do donatário (cinquenta)".[41]

Em síntese, autorizam-se a doação e o testamento. A parcela que exceder a quota da legítima e mais a porção disponível sujeita-se à redução, nos termos do § 3º do art. 2.007: "Sujeita-se à redução, nos termos do parágrafo antecedente, a parte da doação feita a herdeiros necessários que exceder a legítima mais a quota disponível".

Resta evidente que a colação leva para a redução. Assim está no art. 2.007: "São sujeitas à redução as doações em que se apurar excesso quanto ao que o doador poderia dispor, no momento da liberalidade".

Sempre se faz a redução, não importando a qualidade do donatário, isto é, se parente ou estranho do doador.

Esclarece o § 1º como se apura o excesso: "O excesso será apurado com base no valor que os bens doados tinham, no momento da liberalidade". Somente assim torna-se possível notar se ocorreu ou não excesso. Leva-se em conta o total do patrimônio verificado no momento da doação, o que serve de orientação para apurar a exata medida da porção disponível.

Esta matéria já ficou analisada no item nº 9 acima.

Procede-se à redução pela restituição do excesso ao monte, que será em espécie ou em dinheiro, em consonância com o § 2º do mesmo artigo: "A redução da liberalidade far-se-á pela restituição ao monte do excesso assim apurado; a restituição será em espécie, ou, se não mais existir o bem em poder do donatário, em dinheiro, segundo o seu valor ao tempo da abertura da sucessão, observadas, no que forem aplicáveis, as regras deste Código sobre a redução das disposições testamentárias".

Não se viabilizando a restituição em espécie, procede-se mediante a entrega do valor equivalente, calculando-se o montante ao tempo da abertura da sucessão, e atualizando-se até a efetiva entrega ao herdeiro. Naturalmente, opera-se a restituição apenas do excesso verificado na liberalidade. Para chegar, no entanto, à estimativa, deve-se apurar o *quantum* das doações quando estas ocorreram, relativamente à totalidade dos bens que tinha o doador. E isso se torna viável unicamente com a constatação no momento de sua efetivação. A cada momento de uma doação se procura encontrar a medida, e não em momento posterior, pois necessário que se tenha em conta sempre o patrimônio existente quando da liberalidade. Somente assim chega-se a constatar se o autor da liberalidade ultrapassou ou não a parte disponível.

Feita a aferição, leva-se a porção calculada para a avaliação ao momento da abertura da sucessão, a que se chega também por correção monetária, ou através de nova perícia, para ver a estimativa neste último momento do bem doado em momento anterior.

Por último, cuida o § 4º da situação da existência de várias doações, feitas em diferentes datas: "Sendo várias as doações a herdeiros necessários, feitas em diferentes datas, serão elas reduzidas a partir da última, até a eliminação do excesso". Há uma ordem cronológica para a redução das liberalidades. Começa pela última e prossegue na penúltima, na antepenúltima e vai até chegar à primeira, isto é, à mais antiga, que leva à eliminação do excesso. Nota-se a configuração de uma redução progressiva. Primeiro,

---

41 *Novo Código Comentado*, ob. cit., p. 1.810.

Cap. XLV | Colações • **655**

procura-se afastar o excesso da última, e reduz-se o tanto necessário para preservar a parte indisponível. Na penúltima, também se retira aquilo que excedeu a porção indisponível, de sorte a ficar a mesma preservada. E assim continua-se de doação em doação. Em cada uma delas, não podia o doador exceder o limite autorizado.

E se procedidas em um só ato ou negócio as várias doações, ou em mais de um ato ou negócio, mas na mesma data, de modo a não se provar a precedência sucessiva? Procede-se à redução de modo simultâneo e proporcional, atingindo todos os favorecidos. Esta a única forma de se fazer justiça, de modo a não prejudicar os herdeiros.

13. MOMENTO DA COLAÇÃO E PROCEDIMENTO JUDICIAL

É importante estabelecer quando deve ser feita a colação.

Na verdade, desde o momento da abertura do inventário deveriam os donatários comunicar tudo quanto receberam. Mas normalmente isto não ocorre. Geralmente tenta-se ocultar os favores e bens recebidos gratuitamente. Várias as contendas judiciais a respeito, que tumultuam o andamento do inventário.

O Código de Processo Civil traz diretrizes estabelecendo o momento de se revelarem as doações, ou oferecendo caminhos processuais se for mantida a recusa de colacionar.

O art. 639 enuncia que o prazo para colacionar é aquele do art. 627, devendo o favorecido conferir por termo nos autos os bens recebidos: "No prazo estabelecido no art. 627, o herdeiro obrigado à colação conferirá por termo nos autos ou por petição à qual o termo se reportará os bens que recebeu ou, se já não os possuir, trar-lhes-á o valor".

Vê-se do art. 639 que é facultada a conferência dos bens por petição.

Em primeiro lugar, deve-se lembrar que o prazo de quinze dias, segundo o art. 627 do CPC, é a contar da citação procedida após a apresentação das primeiras declarações, cuja contagem inicia no dia seguinte à da juntada do mandado ou da carta de citação nos autos. Extrai-se da regra que o prazo para falar sobre as primeiras declarações também constitui o prazo para a execução do dever de colacionar. Espontaneamente deve comparecer o herdeiro, e declarar a colação. A simples citação, ou cientificação, de que iniciou o inventário, a rigor seria suficiente para o comparecimento nos autos e comunicar as liberalidades ou favores.

Este prazo é para tão somente referir as doações. Não para conferir – o que se dará depois, com as avaliações ou perícias, quando se chegará ao valor total do patrimônio hereditário e dos bens transferidos aos herdeiros antes do decesso.

Assim, com a citação abre-se a oportunidade de trazerem os herdeiros a descrição daquilo que receberam. É um dever inato à condição de herdeiro, pois a ninguém passa despercebido que não se admitem favorecimentos particulares, quando todos os herdeiros, da mesma classe, possuem o mesmo direito.

Pontes de Miranda realça este dever do herdeiro: "O herdeiro tem o dever de colacionar, intrínseco à sua qualidade de herdeiro, que está no caso do art. 1.785 ao art. 1.795 do Código Civil, seja ou não herdeiro e inventariante. Dever de direito material, a que o Código poderia deixar de aludir. Se é inventariante, tem a oportunidade de relacioná-los ao fazerem-se as primeiras declarações em comunicação inclusa e o dever de levar à colação os bens recebidos pelo herdeiro ausente, renunciante ou excluído (art. 991, VI). Falam os interessados sobre as primeiras declarações e desde já lhes é possível provocar a remoção do inventariante faltoso. Se o sonegador não é inventariante, o art. 994 não se lhe aplica.

656 • Direito das Sucessões | *Arnaldo Rizzardo*

Ou foram relacionados os bens ou valores, ou não foram".[42] Os arts. 1.785 a 1.795 citados no texto equivalem aos arts. 2.002 a 2.012 do atual diploma civil. Os citados arts. 991, inc. VI, e 994 correspondem aos arts. 618, inc. V, e 621, ambos do vigente CPC.

Previsto no texto acima o dever, também, do inventariante de noticiar as doações que recebeu, quando figure na posição de herdeiro no grau de descendente. Igualmente trará, mas não por dever, e sim por incumbência do cargo, as colações de bens recebidos por herdeiros ausentes, renunciantes ou excluídos (art. 618, inc. VI, do CPC).

Não havendo, porém, o pronunciamento espontâneo do herdeiro, manda o juiz que venham as colações devidamente descritas. O inventariante ou qualquer herdeiro provocará o incidente, requerendo a citação do obrigado a colacionar. Mas, ao receber a citação, não raramente o herdeiro dirige-se aos autos do inventário e nega qualquer recebimento ou procura apresentar outra causa de exclusão de sua responsabilidade, como a finalidade remuneratória da doação, a dispensa de colação e o não recebimento dos bens.

Ao verificar o juiz o teor da recusa, mandará ouvir as partes em quinze dias. Proferirá, a seguir, a decisão, tudo em consonância com o art. 641 do CPC: "Se o herdeiro negar o recebimento dos bens ou a obrigação de os conferir, o juiz, ouvidas as partes no prazo comum de 15 (quinze) dias, decidirá à vista das alegações e das provas produzidas".

Cabe ao juiz decidir de conformidade com os elementos que estão no processo. Se, porém, houver necessidade de produção de prova ampla, não é possível a solução nos autos do inventário. Remeter-se-á o caso para o procedimento comum, porque, como se sabe, a cognição no procedimento do inventário não é plena. Muitas questões comportam a solução pelo rito comum, em ação de conhecimento. Não é compreensível a conversão do inventário em um processo conturbado.

Uma vez proferida a decisão, definindo se é ou não caso de colação, intimam-se todos os interessados, no lapso de tempo de quinze dias. O recurso cabível para modificar a decisão é o agravo, visto que não findo o processo de inventário (art. 1.015, parágrafo único, última parte, do CPC).

Se improcedente a oposição ao pedido de colacionar, incumbe que se tragam os bens em quinze dias, sob pena de sequestro – tudo em consonância com § 1º do art. 641 do CPC: "Declarada improcedente a oposição, se o herdeiro, no prazo improrrogável de 15 (quinze) dias, não proceder à conferência, o juiz mandará sequestrar-lhe, para serem inventariados e partilhados, os bens sujeitos à colação ou imputar ao seu quinhão hereditário o valor deles, se já não os possuir".

Nota-se que a lei prescreve medidas severas para o cumprimento da colação. O sequestro dos bens revela-se eficaz, pois torna executável o princípio da colação, não dando oportunidades a manobras de ampla cognição, que apenas dificultam o ajuste na distribuição dos bens.

O sequestro é requerido nos autos do inventário, e formaliza-se com um mero pedido, que poderá ser cumprido no local onde se encontram os bens.

O § 2º, além de estabelecer a remessa da controvérsia às vias ordinárias quando depender da produção de prova diversa da documental – o que já ficou ressaltado –, exige que o herdeiro preste caução de devolver o quinhão que lhe foi adiantado, caso perder a ação ajuizada para obrigar à colação: "Se a matéria exigir dilação probatória diversa da documental, o juiz remeterá as partes às vias ordinárias, não podendo o herdeiro receber

---

42 *Comentários ao Código de Processo Civil*, ob. cit., vol. XIV, pp. 148 e 149.

Cap. XLV | Colações • **657**

o seu quinhão hereditário, enquanto pender a demanda, sem prestar caução correspondente ao valor dos bens sobre os quais versar a conferência".

O herdeiro obrigado à colação e demandado ficará, em princípio, sem receber o seu quinhão, até que se resolva a lide que trata da obrigação de colacionar. Mas, preferindo o quinhão, ser-lhe-á entregue desde que apresentadas garantias da restituição se perder a ação, e constituir-se o quinhão com os bens da doação.

Finalmente, os bens trazidos com a colação não respondem por dívidas do espólio, mas servem unicamente para igualar as legítimas dos herdeiros, segundo já ressaltava Wilson de Oliveira: "(...) Os descendentes que concorrem à sucessão do ascendente comum são obrigados a conferir as doações, que dele em vida receberam.

É claro, pois, que os bens doados e sujeitos à colação não respondem pelas dívidas do espólio, visto já pertencerem a outrem, mesmo sem o caráter de definitividade, por ocasião da morte do autor da herança".[43]

Tal situação não impede uma ação pauliana, para anular as doações, se configurar-se fraude ou simulação, e vier algum credor a ser prejudicado.

Enquanto pender a ação de nulidade das doações, e mesmo aquelas que procuram colacionar as liberalidades, prossegue o inventário, ficando unicamente a possibilidade de posterior alteração dos quinhões.

Cumpre salientar que não se afasta o direito de ingressar com a ação judicial para buscar a nulidade das doações, ou declarar o direito à colação, mesmo que concluído o inventário. Enquanto não prescreve a ação para a pretensão, sempre é possível o seu ajuizamento. Salienta-se que o prazo de prescrição é de dez anos, por força do art. 205 do Código Civil.

A matéria seguirá desenvolvida no item seguinte.

14. A PRESCRIÇÃO DA AÇÃO PARA A ANULAÇÃO

Tem-se defendido a aplicação da Súmula nº 494 do STF, a qual estabelece que o prazo prescricional para propor a ação visando trazer à colação os bens sonegados ou adiantados pelo autor da herança aos herdeiros é de vinte anos (dez anos a começar da vigência do Código de 2002), contado a partir da data do ato, e revogando a Súmula nº 152, que previa o lapso temporal de quatro anos para a prescrição, iniciado da abertura da sucessão. Eis a redação:

"A Ação para anular venda de ascendente a descendente, sem consentimento dos demais, prescreve em vinte anos, contados da data do ato, revogada a Súmula nº 152".

Em face do Código Civil de 2002, art. 205, como observado, considera-se de dez anos o prazo. Com a Súmula nº 494, afastou-se o princípio da *actio nata*, pelo qual a prescrição somente tem início no momento em que se oferece ao seu titular o direito de ajuizar a ação, que é o momento da prática ostensiva ou pública do ato, isto é, do registro imobiliário da transferência.

O entendimento vem consubstanciado no seguinte aresto do STJ:

"(...) Se a aquisição dos imóveis em nome dos herdeiros varões foi efetuada com recursos do pai, em doação inoficiosa, simulada, em detrimento dos direitos da filha autora, a prescrição da ação de anulação é vintenária, contada da prática de cada ato irregular.

---

43 Ob. cit., p. 114.

658 • Direito das Sucessões | *Arnaldo Rizzardo*

Achando-se os herdeiros varões ainda na titularidade dos imóveis, a colação deve se fazer sobre os mesmos e não meramente por seu valor, a teor dos arts. 1.787 e 1.792, § 2º, do Código Civil anterior.

Excluem-se da colação as benfeitorias agregadas aos imóveis realizadas pelos herdeiros que os detinham (art. 1.792, § 2º).

Sucumbência recíproca redimensionada, em face da alteração decorrente do acolhimento parcial das teses dos réus".[44]

No voto do relator, encontram-se os fundamentos de tal *ratio*:

"O Supremo Tribunal Federal ao revogar pela Súmula nº 494, a Súmula nº 152, para os casos de anulação de venda de ascendente para descendente, alterou o prazo de quatro anos para a prescrição contados da abertura da sucessão, para vinte anos contados da data do ato (...).

No caso dos autos, houve doação inoficiosa, simulada pelo próprio *de cujus*, a seus filhos homens, de glebas de terras, segundo se verifica do acórdão às fls. ..., onde, no exame do quadro probatório efetuado pelas instâncias ordinárias, a compra efetuada pelos herdeiros varões teria, na verdade, sido realizada pelo pai, embora em nome dos réus, irmãos da autora.

Destarte, a prescrição é a vintenária, contada dos atos respectivos, de sorte que correta a sentença de 1º grau, ao acolher os aclaratórios dos réus, nessas letras (fls. ...): 'Assiste razão ao requerido... quando propugna em suas alegações finais de fls. ... pela improcedência do pedido em face de prescrição descrita no artigo 177 do Código Civil, verifica-se que o caso em espécie versa sobre direito pessoal onde o prazo prescricional é de vinte (20) anos, porque a pretensão da autora visa à relação obrigacional realizada com vício de consentimento quando da realização do negócio, deste modo, incide na hipótese a prescrição vintenária, entendimento participado pela jurisprudência quando se trata de anulabilidade de transcrição de registro de imóvel:

'Anulação de ato jurídico. Preliminar de prescrição do direito de ação. Ato nulo. Aplicação do artigo 177 do Código Civil. Direito pessoal. Rejeição. Visando a demanda a nulidade de ato de transcrição do imóvel no registro competente, cuja ação é de direito pessoal, a prescrição se perfaz em 20 anos. Transferência de imóvel. Venda por mandatário a cônjuge, em regime de comunhão de bens. Artigo 1.133, II, do Código Civil. Restando por demonstrado que a venda feita pelo cônjuge virago ao varão dissentou em desvantagens ao outorgante, caracterizando a real vontade de auferir vantagens ao outorgado casado em comunhão universal de bens, nulo é o ato' (TA/PR, Ap. Cível nº 0076880-3, Comarca de União da Vitória, Ac. 6173, unân. 2ª Câmara Civ., rel. Juiz Fernando Vidal de Oliveira, j. em 29.11.95. Fonte: *DJ*-PR, 15.12.95, p. 29-30).

Deste modo, deveria a sentença ter declarado a prescrição referente àqueles atos praticados há mais de 20 anos a contar da propositura da ação, ou seja, a sentença deveria ter declarado a prescrição para aqueles atos anteriores a 06 de novembro de 1971.

Ressalto ainda que o termo inicial da prescrição se inicia a partir da transcrição do registro de imóveis, haja vista que tal circunstância é exigência da lei como substância do ato praticado e ora impugnado'.

Destarte, restabeleço, no ponto, a r. sentença monocrática".

---

44 REsp. nº 259.406-PR, da 4ª Turma, rel. Min. Aldir Passarinho Junior, j. em 17.02.2005, *DJU* de 04.04.2005.

Cap. XLV | Colações • **659**

No entanto, há a corrente entendendo que a ação de sonegados possui prazo prescricional de dez anos, e o início do seu prazo para a ação é, para o inventariante, a data em que prestadas as últimas declarações – momento final em que poderia ter o herdeiro prejudicado retificado o rol de bens apresentado, diante da não inclusão do bem dito como sonegado; e para os herdeiros, a data da abertura da sucessão. Neste sentido há a doutrina de Carlos Maximiliano: "Quer se trate de doações, quer de algum legado, o legitimário, ou representante seu, pode reclamar e acionar, só depois da abertura da sucessão. O seu direito advém da herança, e esta não existe enquanto vive o disponente: *nulla viventis haereditas* – 'não há herança de pessoa viva'. Pode se agir antes do óbito, sobre outro fundamento – incapacidade do doador ou donatário, nulidade da escritura etc., jamais por não caber a dádiva na cota disponível no patrimônio do benfeitor".[45]

Destacam-se as correspondências dos dispositivos citados, em relação ao atual Código Civil: o art. 1.785 ao art. 2.003; o art. 1.792, § 2º, ao art. 2.004, § 2º; o art. 177 ao art. 205; o art. 1.133, II, sem correspondência.

Prevalece, pois, no STJ o início do prazo o momento do ato registrário, conforme outros precedentes, destacados no voto da Ministra Relatora do acórdão que vai transcrito no ponto que interessa:

> Civil e processual. Agravo regimental no agravo em recurso especial. Doação de ascendente a descendente. Nulidade. Prescrição. Marco inicial. Data da liberalidade.
>
> 1. Nos termos da jurisprudência desta Corte Superior de Justiça, no caso de ação em que se busca invalidar doação inoficiosa, o prazo prescricional é vintenário e conta-se a partir do registro do ato jurídico impugnado. Precedentes.
>
> 2. Agravo regimental a que se nega provimento.[46]

No voto, são citados inúmeros precedentes, revelando a indissonância do entendimento:

> (...) Esta Corte Superior já se pronunciou em sentido contrário ao do pleito de reforma, no sentido de que o marco inicial da prescrição para a ação que tem por objeto o reconhecimento e a efetivação dos direitos do herdeiro sobre os bens objeto de doação do ascendente aos demais descendentes é o da data da prática da liberalidade.
>
> Confiram-se:
>
> "Recurso especial. Direito civil. Doação inoficiosa feita por ascendente a descendentes. Ação anulatória. Prescrição. Termo inicial. Registro das doações. Precedentes.
>
> 1. Esta Corte Superior de Justiça há muito firmou entendimento no sentido de que, no caso de ação de nulidade de doação inoficiosa, o prazo prescricional é vintenário e conta-se a partir do registro do ato jurídico que se pretende anular.
>
> 2. Tendo sido proposta a ação mais de vinte anos do registro das doações, é de ser reconhecida a prescrição da pretensão autoral.
>
> 3. Recurso especial provido para restabelecer a sentença" (REsp. 1049078/SP, Rel. Ministro Ricardo Villas Bôas Cueva, Terceira Turma, j. 18.12.2012, *DJe* 01.03.2013).
>
> "Agravos regimentais – Ação de sonegados – Inventário – Doação inoficiosa travestida de compra e venda – Ofensa ao art. 535 do CPC – Inexistência – Prescrição – Prazo

---

45 *Direito das Sucessões*, 5ª ed., ob. cit., pp. 39 e 40.
46 AgRg. no AREsp 332.566/PR, da 4ª Turma do STJ, j. em 16.09.2014, *DJe* de 24.09.2014, rel. Min. Maria Isabel Gallotti.

660 • Direito das Sucessões | *Arnaldo Rizzardo*

vintenário, contado da prática de cada ato irregular – Reexame do conjunto fático-probatório – Impossibilidade – Súmula 7/STJ – Ausência de dissídio jurisprudencial – Decisão agravada mantida – Improvimento.

I. A jurisprudência desta Casa é pacífica ao proclamar que, se os fundamentos adotados bastam para justificar o concluído na decisão, o julgador não está obrigado a rebater, um a um, os argumentos utilizados pela parte.

II. A prescrição, na ação de sonegados, é vintenária, e conta-se a partir do ato irregular. Precedentes.

III. O acolhimento das alegações dos agravantes não dispensa o reexame de prova. Rever a conclusão a que chegou o Tribunal a quo demandaria a incursão no conjunto probatório para concluir-se da forma requerida pelo Recorrente. Incide nesse ponto a Súmula 7/STJ.

IV. Não houve demonstração de dissídio jurisprudencial, diante da falta do exigido cotejo analítico entre os julgados mencionados, bem como pela ausência de similitude fática, de maneira que inviável o inconformismo apontado pela alínea 'c' do permissivo constitucional.

V. Os agravos não trouxeram nenhum argumento novo capaz de modificar a conclusão alvitrada, a qual se mantém por seus próprios fundamentos. Agravos Regimentais improvidos" (AgRg nos EDcl no REsp. 1196946/RS, Rel. Ministro Sidnei Beneti, Terceira Turma, j. 18.11.2010, *DJe* 21.03.2011).

(...)

"Venda de ascendente para descendente. Interposta pessoa. Anulação. Prescrição. Data inicial. Doação inoficiosa.

– A prescrição da ação de anulação de venda de ascendente para descendente por interposta pessoa é de quatro anos e corre a partir da data da abertura da sucessão. Diferentemente, a prescrição da ação de nulidade pela venda direta de ascendente a descendente sem o consentimento dos demais, é de vinte anos e flui desde a data do ato de alienação.

– A prescrição da ação de anulação de doação inoficiosa é de vinte anos, correndo o prazo da data da prática do ato de alienação. Arts. 177, 1778, 1132 e 1176 do C. Civil.

– Primeiro recurso não conhecido; conhecimento parcial do segundo e seu provimento, também parcial" (REsp. 151.935/RS, Rel. Ministro Ruy Rosado De Aguiar, Quarta Turma, julgado em 25.06.1998, *DJ* 16.11.1998, p. 96).

Realmente, encerra maior razoabilidade a inteligência do início do prazo no momento do registro, em se tratando de imóveis. E isto até porque, em se proclamando o começo do prazo a contar da abertura da sucessão, ou das últimas declarações, assegura-se ao favorecido a alegação do seu direito com base no período da posse apta a ensejar o reconhecimento do domínio.

XLVI

O Pagamento das Dívidas

1. AS OBRIGAÇÕES DO ESPÓLIO

Desde tempos antigos assentava-se como princípio fundamental: "A herança responde pelo pagamento das dívidas do falecido; mas, feita a partilha, só respondem os herdeiros – cada qual na proporção da parte, que na herança lhe coube – art. 1.796 do Código Civil".[1] O art. 1.796 citado tinha o texto igual ao art. 1.997 do Código Civil vigente.

Ao procederem-se às primeiras declarações, é requerida a citação dos herdeiros e interessados, com o que se abre o prazo para impugnar as colações e para os credores procurarem receber seus créditos.

Não significa, porém, que não se possa requerer posteriormente o pagamento, e mesmo quando já encerrado o inventário.

Se os bens respondem pelas dívidas, ou não pagarem os herdeiros com outros recursos, a liquidação efetua-se depois da avaliação, mas antes da partilha. Reservam-se bens suficientes para cobrirem as dívidas.

O Código Civil estabelece a responsabilidade do espólio, até o limite do seu montante. Se partilhados os bens, a obrigação dos herdeiros vai até o limite dos respectivos quinhões, como consta no art. 1.997: "A herança responde pelo pagamento das dívidas do falecido; mas, feita a partilha, só respondem os herdeiros, cada qual em proporção da parte que na herança lhe coube".

Depreende-se que, antes da partilha, a responsabilidade assenta-se na herança; uma vez efetuada ou definida a divisão entre os herdeiros, cada um deles responde individualmente, na proporção da quota que recebeu, ficando definido, então, o encargo que deverá satisfazer. A responsabilidade atém-se a um modo justo de arcar, não podendo ser *ultra vires hereditatis*.

Todavia, desde que não ultrapassada a quota autorizada para o autor da herança dispor, permite-se-lhe que determine o pagamento por um dos herdeiros, ou por vários deles. Assim como se garante a faculdade de dar em testamento, dentro dos limites da parte disponível, o favorecimento a certos herdeiros é no sentido de não sofrer a respectiva legítima o ônus das dívidas. Conveniente, porém, insistir, desde que o herdeiro encarregado não

---

1 Ob. cit., p. 332.

662 • Direito das Sucessões | *Arnaldo Rizzardo*

fique com um ônus superior ao *quantum* que perderia se tivesse o testador contemplado com disposições em favor de outros herdeiros.

Já o Código de Processo Civil cuida, em uma seção específica, do pagamento das dívidas originadas de créditos, e não do próprio inventário, como custas e honorários, e mesmo de encargos derivados da administração do espólio. Traça o procedimento para o reconhecimento e a satisfação dos créditos devidos pelo espólio.

Dentro de uma série de obrigações ou dívidas que podem ser exigidas, destacam-se as seguintes, todas aptas a desencadear o procedimento específico para a exigibilidade: as dívidas cobradas antes da partilha, vencidas e mesmo por vencerem; as tributárias ou relativas a impostos; as garantidas com hipoteca ou penhor, ou privilegiadas; aquelas que decorrem de indenizações por atos ilícitos, ou do incumprimento de um contrato; as resultantes do não adimplemento de uma obrigação de dar, fazer ou não fazer; as provenientes das despesas ou encargos do espólio ou do monte; as dívidas pessoais dos herdeiros.

Há várias formas de serem exigidas, como será desenvolvido adiante.

Ressalte-se, no entanto, que existem obrigações de ordem estritamente pessoal, que não se transferem, como, por exemplo, um contrato de fazer uma obra de arte. Planiol e Ripert observam, a respeito: "Sin embargo, existen ciertas obligaciones del difunto que no se transmiten a sus heredeiros. Son las derivadas de los contratos de tracto sucesivo que obligan al deudor a realizar determinados actos durante más o menos tiempo. Eses contratos quedan resueltos por la muerte de cualquiera de las partes, siempre que hayan sido celebrados en consideración a la persona, por ejemplo: il arrendamiento de serviços, la sociedad, el mandato. Los heredeiros no quedan obligados a continuar la ejecución de esos contratos, pero los efectos ya cumplidos en la persona del difunto subsisten y los sucesores quedan sujetos a las obligaciones que resultaran para aquél, como, por ejemplo, en caso di ejecución incompleta o defectuosa".[2]

2. AS DÍVIDAS COBRADAS ANTES DA PARTILHA

São tais obrigações aquelas que não decorrem dos encargos do espólio em virtude da abertura da sucessão, mas já existiam, ou foram contraídas pelo *de cujus*.

Qualquer credor se habilita a exigi-las, comprovando-as, nada impedindo que a cobrança se faça nos próprios autos do inventário, desde que o espólio as reconheça. Não se utiliza o caminho da habilitação, visto que este se impõe quando não há convergência de vontades para a solução da lide.

O art. 642 da lei processual expressa a permissão de exigibilidade em fase anterior à partilha: "Antes da partilha, poderão os credores do espólio requerer ao juízo do inventário o pagamento das dívidas vencidas e exigíveis".

Tão logo constatadas as obrigações, os credores têm a liberdade de acionar as vias judiciais, dirigindo-se contra todos os herdeiros, se não aberto o inventário; ou pedindo a citação apenas do inventariante, se iniciado o cumprimento.

O § 1º do art. 1.997 do Código Civil firma a responsabilidade do espólio pelas obrigações já vencidas: "Quando, antes da partilha, for requerido no inventário o pagamento de dívidas constantes de documentos, revestidos de formalidades legais, constituindo prova bastante da obrigação, e houver impugnação, que se não funde na obrigação de pagamento,

---

2   Ob. cit., tomo 4º, pp. 409 e 410.

Cap. XLVI | O Pagamento das Dívidas • **663**

acompanhada de prova valiosa, o juiz mandará reservar, em poder do inventariante, bens suficientes para solução do débito, sobre os quais venha a recair oportunamente a execução".

Em suma, nas dívidas documentadas, isto é, literalmente provadas, desde que não alegado o pagamento, e que forem impugnadas, reserva-se capital para a respectiva cobertura, de acordo com o dispositivo acima. Uma exigência é a não alegação de pagamento, condição muito subjetiva e que revela a possibilidade de manobras falsas, de má-fé e protelações.

Nos próprios autos do inventário procura-se pedir a reserva, salientando o crédito existente. Nesse caráter a dívida alimentícia: "Embora seja certo que a obrigação de alimentos seja personalíssima e se extingue com a morte do alimentado, também é certo que, havendo parcelas passadas que não foram pagas quando devidas, devem ser destinadas ao espólio após a morte do mesmo. O que não se pode é permanecerem impagas, sob pena de enriquecimento ilícito. Portanto, deve prosseguir a execução para fins de pagamento destinado ao espólio".[3]

O credor, porém, deve ingressar de imediato com a ação, ou no prazo de trinta dias. Não é suficiente, pois, a simples reserva, de acordo com o conteúdo do § 2º do art. 1.997: "No caso previsto no parágrafo antecedente, o credor será obrigado a iniciar a ação de cobrança dentro do prazo de trinta dias, sob pena de se tornar de nenhum efeito a providência indicada".

Ressalte-se que a ação de cobrança faz-se imprescindível apenas se não convierem os herdeiros no pagamento espontâneo e oportuno da obrigação.

Não havendo acordo no pagamento, nos próprios autos do inventário deve o credor ingressar com a ação executória ou de cobrança, a qual correrá no mesmo juízo do inventário, em apenso, de conformidade com o estabelecido no § 1º do referido art. 642: "A petição, acompanhada de prova literal da dívida, será distribuída por dependência e autuada em apenso aos autos do processo de inventário".

Não significa, porém, que obrigatoriamente se deva aguardar a abertura do inventário, sendo permitido o seu ingresso em juízo de imediato.

Mesmo que não siga o inventário, ou fique paralisado, a execução terá andamento, como entende antigo aresto do STJ: "Penhora de direito hereditário no rosto dos autos de inventário. Possibilidade de a execução prosseguir, embora não feita a partilha, com a alienação do direito do herdeiro. A arrematação recairá não sobre determinado bem do acervo, mas sobre o direito a uma cota da herança".[4]

Humberto Theodoro Júnior comenta: "Ao credor é que deve ser ressalvada a opção entre levar o simples direito hereditário à arrematação ou aguardar a concretização da partilha, a fim de que o praceamento se refira especificamente ao bem que tocar ao devedor no inventário.

Eleita a primeira alternativa, o que não será permitido é a arrematação de bens determinados do acervo hereditário, pois antes da partilha não se fixou ainda o direito do herdeiro sobre qualquer bem do monte. A arrematação versará, pois, tão somente sobre o direito do devedor a participar na partilha".[5]

Nem se impõe que a cobrança de dívida sempre se proceda na forma de habilitação, como está no mencionado dispositivo (art. 642, § 1º, do CPC), ponderando José da Silva

---

3 Apel. nº 11028/02, da 12ª Câmara Cível do RJ, registro em 1º.11.2002, *Boletim ADCOAS*, nº 16, p. 245, 2003.
4 REsp. nº 2.709, 3ª Turma do STJ, *RT*, 667/180.
5 *Comentários ao Código de Processo Civil*, Rio de Janeiro, Editora Forense, vol. IV, p. 439.

Pacheco, em lição atual, pois idêntico o ordenamento vigente ao do diploma processual de 1973: "Independente de habilitação ou reserva, nos autos do inventário, pode o credor propor, no juízo competente, a ação de cobrança de seu crédito. Pode, inclusive, propor ação de execução, baseada em título executivo judicial ou extrajudicial, citando-se o inventariante. Nesse caso, faz-se penhora em tantos bens quantos bastem para atender à execução e intima-se o inventariante".[6]

Realmente, no art. 642 do CPC está prevista uma faculdade, ao constar que os credores "poderão" requerer medidas executórias.

Há obrigações, como aquelas com garantia real, que dispensam sempre a habilitação, segundo mostra Aldyr Dias Vianna:

"Nem todos os credores, porém, necessitam habilitar seu crédito ou podem fazê-lo. Assim, a Fazenda Pública não se sujeita ao juízo da falência, ao da concordata e ao do inventário.

Os credores com garantia real também não dependem de habilitação em inventário para receberem o que lhes é devido. Não correm eles perigo maior, pela garantia real que possuem e o direito de sequela que têm, por isso que quem ficar com o bem imóvel hipotecado assume com isso a obrigação de liquidação do ônus real que pesa sobre o bem imóvel, já que tal ônus acompanha o imóvel, ainda que o seu domínio passe de mão para mão".[7]

Quanto ao crédito tributário, o art. 187 do Código Tributário Nacional é expresso em dispensar a cobrança judicial. Entrementes, deve-se entender se a tanto concordarem os herdeiros, e se não controvertida a sua exigibilidade, conforme se retira do parágrafo único do art. 189 do mesmo diploma.

Inexistentes ou afastadas as controvérsias, opera-se o pagamento preferencialmente, por ordem do *caput* do mesmo dispositivo: "São pagos preferencialmente a quaisquer créditos habilitados em inventário ou arrolamento, ou a outros encargos do monte, os créditos tributários vencidos ou vincendos, a cargo do *de cujus* ou de seu espólio, exigíveis no decurso do processo de inventário ou arrolamento".

2.1. Concordância dos herdeiros no pagamento

Correndo em apenso a ação, que se considera, então, uma habilitação, e havendo acordo no pagamento ou não aparecendo alguma oposição ou embargos, satisfaz-se desde logo o crédito, ou reservam-se bens suficientes. O § 2º do art. 642 da lei de processo a tanto permite: "Concordando as partes com o pedido, o juiz, ao declarar habilitado o credor, mandará que se faça a separação do dinheiro ou, em sua falta, de bens suficientes para o seu pagamento".

Eis a tramitação, desde o começo, mostrada por José da Silva Pacheco, sendo o ensinamento apropriado ao sistema do Código processual vigente, já que a disciplina coincide com a do estatuto de 1973: "Ao se instaurar o inventário, descrevem-se-lhe as dívidas, com a indicação dos vencimentos, títulos que lhes der causa, nome do credor etc., uma vez que por eles responde a herança.

A habilitação dos credores deve ser feita antes da partilha. Autuada em apenso ao inventário, há de estar instruída com a prova da dívida.

---

6 Ob. cit., p. 1.180.
7 Ob. cit., vol. 2, p. 905.

Cap. XLVI | O Pagamento das Dívidas • 665

Se houver concordância de todos os herdeiros, mandará o juiz separar: a) o dinheiro suficiente para o atendimento, quando existir; b) os bens para produzir o numerário suficiente. No caso da letra 'b', ordenará: 1) a venda dos mesmos em praça ou leilão para deles extrair o valor; 2) a adjudicação do próprio bem ao credor, se este o requerer e as partes concordarem".[8]

Indispensável a unanimidade de assentimentos para o pagamento. Mas cumpre que a oposição, para se positivar, se apresente séria e convincente. A simples discordância, ou a recusa infundada, não impede que o juiz ordene o pagamento ou mesmo a reserva de bens.

De igual modo, se apenas um ou a minoria dos herdeiros se opuser, não trazendo elementos que justifiquem a oposição, manda-se pagar, ou reservar bens. As simples protelações não devem ser acolhidas.

O § 3º do art. 642 do CPC autoriza a venda desde que a alienação se faça de acordo com as disposições relativas à expropriação, isto é, ao art. 825, pelo qual a expropriação consiste em adjudicação, alienação e apropriação de frutos e rendimentos de empresa ou de estabelecimentos e de outros bens.

Assim, sem impugnações e convindo todos os herdeiros quanto às dívidas, ordena o juiz a venda, ou outras medidas de satisfação do crédito pelo seu titular, que estão indicadas no art. 825 do CPC. As medidas preconizadas, porém, mesmo que existam menores, são desnecessárias. Verificando-se a concordância dos herdeiros em relação à dívida, viável a venda particular a alguém interessado, sempre que o valor corresponda ao preço do bem, aferido através de avaliação.

A concordância, se concorrerem à herança incapazes e ausentes, deve fincar-se nos documentos apresentados. De modo algum valerá a aquiescência se não demandada a dívida. Do contrário, facilitar-se-iam as fraudes e simulações. Eis o ensinamento ainda aplicável de Wilson de Oliveira: "Inexistindo documento ou não estando provada a dívida, conforme exige a lei, não poderá ser paga, desde que haja interessados menores ou incapazes ou ausentes, pois os tutores e curadores não podem transigir sem autorização do juiz".[9]

O mesmo não ocorre se todos os herdeiros forem capazes. Neste caso, mesmo sem a prova da obrigação, permite-se o pagamento, visto que lhes assiste a faculdade da livre disponibilidade do patrimônio e dos direitos.

Na venda judicial, aplicam-se os regramentos da arrematação.

O § 4º, também do art. 642, disciplina o pagamento mediante a adjudicação de bens, visto que, em vez da praça ou do leilão, ou as demais formas de expropriação, assegura-se a franquia de escolher o credor outro meio de satisfazer seu crédito: "Se o credor requerer que, em vez de dinheiro, lhe sejam adjudicados, para o seu pagamento, os bens já reservados, o juiz deferir-lhe-á o pedido, concordando todas as partes".

A entrega de bens pela dívida – esta a solução do Código –, o que é plausível, e não raramente fica mais em conta, evita uma série de formalidades e despesas.

Mesmo que divirjam os herdeiros, se não apresentarem uma razão plausível, não se impede a adjudicação. A diretriz para as soluções terá sempre em conta as conveniências do espólio, ou da maioria dos herdeiros.

Acredita-se, nesta linha, que a presença de incapazes, bem avaliados e considerados os seus interesses, não afasta o caminho da adjudicação.

---

8   Ob. cit., p. 466.
9   Ob. cit., p. 133.

666 • Direito das Sucessões | *Arnaldo Rizzardo*

De modo que os atos processuais terão por objetivo o maior proveito da sucessão, embora arranhados certos preceitos procedimentais.

2.2. A discordância dos herdeiros no pagamento

Se não estiverem unanimemente de acordo os herdeiros, a regra é a remessa da habilitação às vias ordinárias.

Este é o sentido do art. 643 do CPC: "Não havendo concordância de todas as partes sobre o pedido de pagamento feito pelo credor, será o pedido remetido às vias ordinárias".

Obviamente, isto desde que a discordância venha fundamentada, não bastando a mera recusa, ou se não escudada em razões e motivos bem delineados, que requer a produção de prova, e enseja a perquirição de questões complexas. Nestes casos, mostra-se impróprio desenvolver a discussão nos autos do inventário, paralelamente aos assuntos relativos aos bens e partilha.

Há certa tendência a considerar literalmente o art. 643: "Por outro lado, é consabido que basta que haja impugnação de um só interessado para que fique obstado o reconhecimento administrativo de dívida, levando o credor às vias ordinárias e contenciosas.

Também é consabido que a impugnação não precisa ser fundamentada, bastando a simples manifestação de vontade, como ensina Hamilton de Moraes e Barros (*Comentários ao CPC*, Editora Forense, 1974, p. 241). Quando a impugnação se fundar em pagamento, aí o herdeiro irá alegá-lo, exibindo prova da quitação, para evitar sejam reservados bens em poder do inventariante, como previsto no parágrafo único do art. 1.018 do CPC".[10] O preceito referido equivale ao parágrafo único do art. 643 do atual CPC.

Às vias ordinárias, aponta o dispositivo acima transcrito, que se remeta a exigibilidade da dívida, o que não se resume na ação ordinária, ou de conhecimento. Possível que se use a execução, se o crédito vem formalizado em título executivo.

O parágrafo único assegura a separação de bens: "O juiz mandará, porém, reservar em poder do inventariante bens suficientes para pagar o credor quando a dívida constar de documento que comprove suficientemente a obrigação e a impugnação não se fundar em quitação".

A previsão de reserva está, igualmente, no art. 1.997, § 1°, do Código Civil, que a prevê se a impugnação não se fundar em pagamento, enquanto na regra acima transcrita condiciona o cabimento à não sustentação de quitação.

Como dizia Pontes de Miranda, "o juiz apenas examina se há prova documental da obrigação e se não há prova de solução".[11]

Constatando-se ser precária a prova da dívida, ou vislumbrando-se elementos de que houve o pagamento, não cabe a reserva. Importante examinar os elementos carreados ao processo. Raramente não se garantirá o pagamento pretendido, quando procurado pelos meios ordinários, ou regulares, desde que alguma possibilidade se ofereça para considerar

---

10 Apel. Cív. n° 587036716, 6ª Câmara Cível do TJRGS, 13.10.87, *Revista de Jurisprudência do RGS*, 127/361.

11 *Comentários ao Código de Processo Civil*, ob. cit., tomo XIV, p. 178.

Cap. XLVI | O Pagamento das Dívidas • **667**

devida a obrigação. Daí ser de fundamental importância o exame de cada situação, e não o tipo de matéria aventada.

Conclui-se que, mandando o juiz o pedido para as vias ordinárias, e reservando bens como garantia, o credor terá a obrigação de ingressar em juízo para o recebimento do crédito. Além disso, a ordem de reserva não fica indefinida, ou perdurará pelo tempo que entender o credor. Cabe a ele providenciar no ingresso da ação. Em geral, o prazo será de trinta dias, de acordo com o art. 668 do CPC, observando-se que também se opera a extinção da reserva no caso de o juiz extinguir o processo de inventário:

> Cessa a eficácia da tutela provisória prevista nas Seções deste Capítulo:
>
> I – se a ação não for proposta em 30 (trinta) dias contados da data em que da decisão foi intimado o impugnante, o herdeiro excluído ou o credor não admitido.
>
> II – se o juiz extinguir o processo de inventário com ou sem resolução de mérito.

Sem dúvida, a reserva não possui uma duração indefinida, ou dependente da disposição de iniciar o processo de cobrança. O caráter provisório decorre não apenas da lei (art. 668, inc. I, do CPC), mas também da inconveniência de manter-se por muito tempo indisponível parte do patrimônio.

3. AS DÍVIDAS COBRADAS DEPOIS DA PARTILHA

Uma vez realizada a partilha, recebendo cada cônjuge o respectivo quinhão, não se impede a ação do credor que, não utilizando o momento oportuno para reclamar o pagamento, mantém seu crédito em aberto.

Cabe-lhe, então, voltar-se contra cada herdeiro, para exigir o pagamento, mas até o limite do quinhão de cada um. A jurisprudência já orienta nesta forma em tempo bastante antigo: "No processo de inventário, o pedido de habilitação do crédito somente poderá ser feito até a homologação da partilha. Qualquer cobrança a partir deste momento, deverá ser feita contra os sucessores do inventariado e não mais contra o espólio".[12]

Este o ensinamento de José da Silva Pacheco: "O patrimônio do devedor assegura o pagamento de suas dívidas, e quando o devedor falece não se altera o direito dos credores; a herança, que é patrimônio do falecido, responde por suas dívidas. Os herdeiros recebem os bens da herança com esse encargo e por ele respondem na proporção da parte que lhes couber na partilha".[13]

Ingressará o credor contra todos os herdeiros ou apenas contra um – aquele que mais lhe convier? Não está fora de cogitação que o quinhão de um dos herdeiros seja suficiente para cobrir a dívida.

Quem responde pela dívida, todavia, são os quinhões de todos os favorecidos. Assim como, se não aberto o inventário, cabe ao credor voltar-se contra todos os herdeiros, o mesmo se entende para depois do inventário. Ressalta-se, também, que seria injusto e discriminatório que apenas uma pessoa arcasse com toda a responsabilidade, e, para ter satisfeito o seu direito de regresso, tivesse que esperar um longo período de tempo para reembolsar-se da parte proporcional que caberia aos demais pagar.

---

12 Apel. Cív. nº 139.516-1/8, 4ª Câmara Cível do TJSP, 01.08.91, *RT*, 673/58.
13 Ob. cit., p. 464.

668 • Direito das Sucessões | *Arnaldo Rizzardo*

Mas existem ainda outras questões. Por exemplo, caso um herdeiro tenha alienado um quinhão recebido, outros bens seus responderão pela dívida. Mas e se outros bens não existirem, ou nada mais tiver este herdeiro? Na hipótese, permite-se que a satisfação seja procurada perante aqueles herdeiros com os quais ainda resta o patrimônio, sempre até o montante do quinhão.

Aqueles que pagam, porém, terão o direito de regresso contra o insolvente, tão logo revele suporte econômico.

No caso de um herdeiro ser insolvente, e pagando outro ou outros herdeiros, autoriza-se o direito de regresso contra aqueles que, porventura, ficaram fora do pagamento. É o que assegura o art. 1.999 do Código Civil: "Sempre que houver ação regressiva de uns contra outros herdeiros, a parte do coerdeiro insolvente dividir-se-á em proporção entre os demais".

Se alguém pagou sozinho a dívida, ou mais que os restantes herdeiros, tem garantida a faculdade de exigir, proporcionalmente, o montante que excedeu à parte que lhe cabia pagar.

Se indivisível a dívida, a obrigação do pagamento integral volta-se contra qualquer um dos herdeiros, sub-rogando-se no direito do credor, e podendo, assim, reaver dos outros coerdeiros a parte que lhes cabia.

Distribuindo-se a um herdeiro um bem gravado com algum encargo hipotecário, e efetuando ele o pagamento da dívida, também se reserva a ele o direito de reembolsar-se satisfaz-se das quotas que cabiam aos demais herdeiros.

4. PREFERÊNCIA NO PAGAMENTO DOS CRÉDITOS

Muitas dívidas, com diferentes causas, podem surgir depois da abertura da sucessão, não sendo inviável a incapacidade do patrimônio em suportá-las.

Há uma ordem de preferencialidade para a sua satisfação, devendo-se atender primeiramente os créditos a que a lei concede primazia.

No art. 965 da lei civil, assim vêm relacionados os créditos preferenciais, ou com privilégio geral, ficando os credores comuns na expectativa do recebimento unicamente se restarem bens ou dinheiro: "Goza de privilégio geral, na ordem seguinte, sobre os bens do devedor:

> I – o crédito por despesas de seu funeral, feito segundo a condição do morto e o costume do lugar;
>
> II – o crédito por custas judiciais, ou por despesas com a arrecadação e liquidação da massa;
>
> III – o crédito por despesas com o luto do cônjuge sobrevivo e dos filhos do devedor falecido, se forem moderadas;
>
> IV – o crédito por despesas com a doença de que faleceu o devedor, no semestre anterior à sua morte;
>
> V – o crédito pelos gastos necessários à mantença do devedor falecido e sua família, no trimestre anterior ao falecimento;
>
> VI – o crédito pelos impostos devidos à Fazenda Pública, no ano corrente e no anterior;
>
> VII – o crédito pelo salário dos empregados do serviço doméstico do devedor, nos seus derradeiros 6 (seis) meses de vida;
>
> VIII – os demais créditos de privilégio geral".

Cap. XLVI | O Pagamento das Dívidas • **669**

Nota-se, pois, que somente as dívidas que se enquadrarem entre os itens acima gozam de privilégio. Os créditos comuns, e mesmo que garantidos por hipoteca, ou penhor, não se qualificam para uma melhor classificação na ordem do pagamento. Mas, evidentemente, são preferenciais àqueles sem garantia, uma vez superada a ordem do dispositivo acima.

Quanto às despesas de funeral, a previsão da responsabilidade a cargo do monte-mor também consta no art. 1.998, que a amplia para as de sufrágio pela alma do falecido, desde que assim ordenado em testamento ou codicilo: "As despesas funerárias, haja ou não herdeiros legítimos, sairão do monte da herança; mas as de sufrágio por alma do falecido só obrigarão a herança quando ordenadas em testamento ou codicilo".

Vemos, pois, que os gastos exigidos em cultos ou missas pela alma do falecido, para obrigarem o montante da herança, deverão aparecer ordenados no testamento ou codicilo.

Dificilmente surgem litígios envolvendo o assunto.

Relativamente ao crédito enumerado no inc. VII (que se refere a salários de empregados domésticos), incluem-se todos os que desempenhavam trabalhos junto à residência e em benefício do falecido.

Em relação ao inc. VIII, deverá haver uma lei que contemple outros casos de privilégio geral.

5. A COBRANÇA DE DÍVIDAS AINDA NÃO VENCIDAS

O art. 644 e seu parágrafo único do CPC disciplinam a exigibilidade de dívidas não vencidas quando da morte do testador.

Pode dar-se o vencimento automático?

Naturalmente, a resposta é negativa, o que não impede a habilitação do respectivo titular.

O art. 644 e seu parágrafo único estatuem, a respeito:

> O credor de dívida líquida e certa, ainda não vencida, pode requerer habilitação no inventário.
>
> Parágrafo único. Concordando as partes com o pedido referido no *caput*, o juiz, ao julgar habilitado o crédito, mandará que se faça separação de bens para o futuro pagamento.

Percebe-se que, em se autorizando o pedido de habilitação, necessariamente existe a impugnação. Tornando-se litigiosa a exigibilidade, com impugnação e outras controvérsias, o caminho é a remessa das partes para os meios ordinários, devendo o pretenso credor ajuizar uma ação ordinária ou de execução.

Desde que se mostre razoável o direito ao crédito, conveniente a separação de bens, que se distingue da reserva, embora mais doutrinariamente. Pela separação, destinam-se alguns bens para o pagamento de credores habilitados, medida possível mediante adjudicação, ou a simples entrega a quem de direito. Já a reserva equivale a uma tutela provisória, que perde a eficácia se não promovida a providência de recebimento em um prazo fixado. Neste sentido, se no período de trinta dias não vier a ação que procura anular o processo, além da extinção do processo do inventário pelo juiz, decorre que se dá o perecimento do eventual direito de manter a reserva de bens para a garantia da dívida – conclusão a que leva o art. 668 do CPC:

670 • Direito das Sucessões | *Arnaldo Rizzardo*

Cessa a eficácia da tutela provisória prevista nas Seções deste Capítulo:

I – se a ação não for proposta em 30 (trinta) dias contados da data em que da decisão foi intimado o impugnante, o herdeiro excluído ou o credor não admitido.

II – se o juiz extinguir o processo de inventário com ou sem resolução de mérito.

A separação de bens para cobrir um crédito revela um caráter eminentemente satisfativo, ou com objetivos de já se realizar um crédito, enquanto a reserva não passa de uma medida de tutela provisória cautelar, no sentido bastante acentuado de garantir possível direito.

No caso de concordância em relação ao crédito tem-se, pois, a separação de uma quantidade de bens suficiente para a cobertura da obrigação.

Mas se não há concordância, porém vislumbra-se certo o direito, então se busca unicamente acautelar os interesses, razão porque procede-se à reserva.

Ocorrendo a separação, de imediato o juiz manda proceder-se à venda, ou a adjudicação. Na reserva, aguarda-se o trânsito em julgado de todas as ações. Só depois se ordena o pagamento.

Não há sentido em se aguardar que o processo chegue ao fim para o pagamento, desde que o consenso abranja também o valor dos bens. Clóvis do Couto e Silva, porém, é do ponto de vista contrário: "Concordando as partes, o juiz julgará habilitado o crédito, e determinará a separação de bens para o pagamento. Não se fará desde logo o pagamento, pois ter-se-á de esperar o vencimento da dívida".[14]

6. PARTICIPAÇÃO DO LEGATÁRIO NO PAGAMENTO

Deve participar o legatário no pagamento das obrigações passivas quando afetado o seu legado. Este é o princípio básico que se extrai do art. 645 do diploma processual:

O legatário é parte legítima para manifestar-se sobre as dívidas do espólio:
I – quando toda a herança for dividida em legados;
II – quando o reconhecimento das dívidas importar redução dos legados.

O dispositivo discrimina os casos em que responde o legatário pelas obrigações. Se toda a herança é dividida em legados, é inquestionável a legitimidade em participar do procedimento que leva a liquidar as obrigações, posto que reduzidos ficarão os bens proporcionalmente ao valor do legado. Igualmente, se os bens disponíveis e não integrantes dos legados mostrarem-se insuficientes para fazer frente aos encargos e dívidas, impende que se complete o saldo no valor dos legados. Daí haver direito próprio, eis que o interesse direto e imediato decorre do envolvimento do patrimônio a ele destinado na satisfação de dívidas.

Nota-se que os legados entram no pagamento apenas se o montante do disponível – considerado este sem a parte transmitida em legados – não for capaz de cobrir as obrigações.

Nesta linha a explicação de Clóvis do Couto e Silva, aplicável já que o regramento é idêntico nos Códigos de 1973 e de 2015: "Primeiro, far-se-á a redução nas cotas dos

---

14 Ob. cit., vol. XI, tomo I, p. 1.056.

Cap. XLVI | O Pagamento das Dívidas • 671

herdeiros instituídos, mas, não sendo suficiente, o mesmo sucederá com os legados, salvo se o testador tiver expressamente determinado quais os herdeiros ou legatários que por último sofreriam a redução.

Com o reconhecimento da dívida, diminui-se o monte partilhável, e, consequentemente, se a redução for de tal monta que possa atingir o próprio legado, tem o legatário de ser ouvido sobre a habilitação do crédito".[15]

Mas como se retira parte dos legados?

Impõe-se ver cuidadosamente a maneira de se retirar aquilo que for necessário para satisfazer as obrigações.

Suponha-se o total do patrimônio em cem. A porção disponível compreende cinquenta. O de cujo, em vida, instituiu dois legatários e um herdeiro. Ou seja, àqueles dois foram atribuídos bens determinados, enquanto ao último ficou instituída uma quota ou alíquota sobre o patrimônio deixado.

As dívidas importam em quarenta, sendo que os legados equivaliam a trinta.

Como se procede o cálculo do montante partilhável?

Subtrai-se, primeiro, o *quantum* das dívidas, restando um valor líquido de sessenta. Reduz-se a porção disponível a trinta. Consequentemente, apenas os legatários serão contemplados, e não o herdeiro instituído.

Altera-se, agora, o acervo passivo para trinta. Resulta um valor ativo de setenta, com o disponível de trinta e cinco. Ao herdeiro instituído caberá o correspondente a cinco.

Se, todavia, o passivo sobe para cinquenta, sobra cinquenta para a distribuição, baixando para vinte e cinco o *quantum* disponível. Considerando que o quantitativo dos legados atingia a trinta, conclui-se que, além de nada receber o instituído, os legatários arcaram com dois e meio do valor conferido aos bens recebidos.

Percebe-se que o primeiro passo é sempre descontar o necessário do patrimônio para cobrir o passivo, ou as obrigações.

Em todas as hipóteses em que repercute nos legados a satisfação das dívidas, ouvem--se os respectivos titulares, o que ocorre após o cálculo, através de mandado, se ainda não representados nos autos.

7. CREDORES DA HERANÇA E DO HERDEIRO

Poderá complicar-se a situação quando há credores da herança e do herdeiro. O Código Civil, no art. 2.000, dá preferência aos primeiros: "Os legatários e credores da herança podem exigir que do patrimônio do falecido se discrimine o do herdeiro, e, em concurso com os credores deste, ser-lhes-ão preferidos no pagamento".

Num primeiro momento, tanto os legatários como os credores da herança têm a fa- culdade de pedir ao juiz que fique destacado o patrimônio recebido da herança daquele que é próprio do herdeiro. Isto para não se confundirem os bens. Havendo concurso entre credores da herança e do herdeiro, a preferência recai em favor daqueles. Unicamente depois de pagos assiste aos credores do herdeiro a satisfação de seus créditos com o quinhão do herdeiro. A tais credores não se reconhece o direito de pedir a separação do patrimônio, de modo a garantir seus créditos, eis que a prioridade está no crédito contra a herança.

---

15 Ob. cit., vol. XI, tomo I, p. 369.

672 • Direito das Sucessões | *Arnaldo Rizzardo*

A mesma preferência admitida em favor dos credores da herança se estende aos legatários, se o herdeiro ficou incumbido de satisfazer o legado. Não se admite que o mesmo patrimônio, objeto do legado, seja utilizado para satisfazer os créditos do herdeiro, em detrimento do legatário. Retira-se a conclusão de que os credores do herdeiro ficam postergados na realização de seu direito, já que preteridos, conforme acima visto.

8. DÍVIDAS DO HERDEIRO

Consideram-se aqui as dívidas para com terceiros e aquelas para o espólio.

No tocante às primeiras, não se oferece a menor dificuldade, visto que a cobrança pode efetuar-se em qualquer momento, isto é, no curso do inventário ou depois. Os credores ingressam com a ação competente, não no juízo da herança, mas naquele definido para as cobranças e execuções em geral, normalmente no do domicílio do devedor.

Procede-se, após os trâmites da citação, quando se tratar de execução, à penhora do quinhão reservado ao herdeiro inadimplente, com a averbação no rosto dos autos.

O Código Civil disciplina especificamente as dívidas do herdeiro para com a herança ou sucessão. No caso, a dívida partilha-se igualmente entre todos os herdeiros, a cada um reservando-se uma parte do crédito a ser paga com a herança que for recebida. Isto a menos que um herdeiro aceite ser contemplado, em seu quinhão, com o montante da dívida, que se transforma em crédito para ele. Mas também possível que aceite o herdeiro devedor obter sua dívida no quinhão. Em consequência, o quinhão, na parte abatida, aumentará o quinhão dos outros herdeiros. Neste sentido o art. 2.001: "Se o herdeiro for devedor ao espólio, sua dívida será partilhada igualmente entre todos, salvo se a maioria consentir que o débito seja imputado inteiramente no quinhão do devedor".

Importante ressaltar o poder que possuem os herdeiros. Desde que a maioria opte para que integre o quinhão do herdeiro devedor o montante da dívida, até seu limite, prevalece esta disposição. Obriga-se ao herdeiro receber unicamente a diferença entre a sua dívida e o valor do quinhão.

Esta a diretriz do artigo, cuja interpretação não oferece maiores dificuldades, e deve ensejar a conclusão da obrigatoriedade de aceitar o herdeiro a imputação, na sua legítima, do montante devido. No entanto, em geral os juízes e tribunais obrigam cada herdeiro credor a ingressar com a ação cível para o recebimento do crédito.

9. SEPARAÇÃO DE BENS PARA O PAGAMENTO DE DÍVIDAS

Incontroverso que os bens da herança respondam pelas dívidas, bens que serão alienados para formarem o montante líquido destinado aos pagamentos. Aos herdeiros assiste o direito de escolherem os bens que o inventariante oferecerá à penhora, para serem levados à venda posteriormente. Este o conteúdo revelado pelo art. 646 do estatuto processual: "Sem prejuízo do disposto no art. 860, é lícito aos herdeiros, ao separarem bens para o pagamento das dívidas, autorizar que o inventariante os indique à penhora no processo em que o espólio for executado".

Há uma aplicação da regra que permite ao devedor indicar bens à penhora, embora também se reconheça ao credor a indicação de bens a serem expropriados. No entanto, prevalece a regra especial do art. 646 do CPC. Nesta previsão, tão logo feitas as primeiras declarações, e até a determinação do juiz para a separação de bens a fim de servirem ao

Cap. XLVI | O Pagamento das Dívidas • **673**

pagamento de dívidas, aos herdeiros assiste a faculdade de indicarem a parte do patrimônio que responderá pelas dívidas.

De acordo com esta disposição, os herdeiros autorizam que o inventariante nomeie determinados bens, sendo que os próprios herdeiros podem, através de uma petição ao juiz, indicar os bens, sem que venha dirigida pelo inventariante, figura esta que, aos poucos, perde importância, dada a autoridade reservada ao juiz de intervir decisivamente quando uma das partes é prejudicada, não mais concebendo-se a sua posição como mero aplicador técnico da lei.

O art. 646 faz referência ao art. 860 do CPC, dispositivo que permite averbar-se a penhora no rosto dos autos:

> Quando o direito estiver sendo pleiteado em juízo, a penhora que recair sobre ele será averbada, com destaque, nos autos pertinentes ao direito e na ação correspondente à penhora, a fim de que esta seja efetivada nos bens que forem adjudicados ou que vierem a caber ao executado.

Vale dizer que a incidência da constrição ficará anotada no próprio inventário, com o fim de preservar direitos e prevenir interesses de terceiros. Ressalte-se que quaisquer penhoras, mesmo que dirigidas contra herdeiros, devem ficar retratadas no inventário. Os respectivos quinhões praticamente restam indisponíveis, até que, de uma forma ou de outra, seja solvida a dívida.

Não se pense, entrementes, que a precedência da penhora, devidamente elaborada sobre o patrimônio inventariado, sempre importe em primazia na satisfação do crédito. Gozam de preferência os créditos trabalhistas e os tributários, desde que habilitados ou vierem a ser postulados.

10. RESPONSABILIDADE PELOS HONORÁRIOS DO ADVOGADO DA SUCESSÃO

Em inúmeros inventários surgem discussões sobre quem deve pagar os honorários do advogado no processo de inventário.

Lembra-se, primeiramente, que é obrigação do inventariante promover o andamento do inventário, devendo ele constituir advogado. Não possuindo capacidade postulatória, torna-se uma exigência legal a contratação de causídico. Mesmo, no entanto, que tivesse habilitação profissional, pelo exercício da atividade advocatícia assistir-lhe-ia reclamar a remuneração pelo serviço prestado.

Mas, para definir a quem toca a responsabilidade, importa que se faça a seguinte distinção: se o procurador do inventariante exerce seu múnus para fins exclusivos gerais do processo, os honorários são da responsabilidade do espólio, devendo ser suportados por todos os herdeiros na proporção dos respectivos quinhões. Embora alguns tenham contratado procurador para acompanhá-lo, participam no pagamento. *Ratio* que está de acordo com a orientação do STF.[16]

Isto, porém, só é admissível quando a pretensão dos herdeiros não se conformar com a do inventariante, ou forem divergentes os interesses, importando em a razão para a contratação de advogado distinto.

---

16 RE nº 85.201, 13.12.77, *Lex – Jurisprudência do Supremo Tribunal Federal*, 8/124.

674 • Direito das Sucessões | *Arnaldo Rizzardo*

Por outros termos, se o advogado constituído procurador pelo inventariante restringe-se a defender os direitos e os interesses apenas deste, e isto mesmo contra os demais herdeiros, o encargo de pagar os honorários concentra-se unicamente na pessoa que contratou.

Este o ensinamento antigo do STF: "Não é razoável respondam os herdeiros nem a massa pelos honorários do inventariante, advogado em causa própria, quando os mesmos herdeiros constituíram outros advogados, pugnando por interesses antagônicos e contra a atuação daquele".

Invoca-se, no voto, a lição de Carlos Maximiliano (*Direito das Sucessões*, II/nº 1.522): "Embora sem a anuência de todos os interessados e aprovação do juiz, podem ser incluídas no inventário as despesas que o inventariante fez com o advogado representante do espólio, provada a prestação dos serviços e que estes teriam beneficiado a todos os herdeiros. Mas se no próprio inventário alguns herdeiros constituíram outro advogado, não é razoável que esses herdeiros paguem os honorários a esse seu advogado e ainda concorram para o pagamento do profissional contratado pelo inventariante. Pagariam, assim, duas vezes os serviços advocatícios".[17]

Não ocorrendo litígios, a responsabilidade é de todos: "Inexistindo real litígio entre inventariante e herdeiros, caracterizada a controvérsia em torno de direitos e obrigações contrapostos, os honorários do procurador do inventariante são da responsabilidade de todos, cada qual na proporção do quinhão, e se incluem nas despesas do processo".[18]

De modo geral, no inventário não se nega o direito da parte contrária, o que impede que qualquer delas seja considerada vencedora, e, portanto, tenha direito a honorários. O que ocorre nesse tipo de procedimento, apenas, é a divergência quanto a quais bens ficarão com cada parte e a valoração econômica que uma e outra atribuem, podendo existir, aí sim, divergências, mas não significando isso que possa haver direito à sucumbência.

A jurisprudência há muito vem decidindo que, havendo disputa no inventário, cada parte deve arcar com os honorários de seu advogado, eis que contratado para defender seus próprios interesses. Os seguintes arestos bem demonstram o entendimento dos Tribunais:

"Honorários de advogado, constituindo encargo do inventário, devem ser deduzidos do monte da herança. Porém, se há dissídio entre os herdeiros e o inventariante, cada interessado pagará os honorários de seu advogado. Recurso extraordinário não conhecido".[19]

"Inventário. Honorários de advogado. Interesses divergentes entre meeira e herdeira. Evidenciando-se a divergência entre a meeira e a herdeira e não concordando esta com a contratação de advogado escolhido por aquela, não deve a última suportar o ônus com os honorários daquele causídico, já que teria – como teve – de contratar outro advogado para a defesa de seus interesses. Recurso extraordinário conhecido pela letra 'd' e provido. Precedentes".[20]

"Honorários de advogado. Inventário. Interesses divergentes entre as duas únicas herdeiras.

---

17 RE nº 94.716-7-MG, 26.10.82, *Lex – Jurisprudência do Supremo Tribunal Federal*, 50/97. A mesma interpretação é dada, desde que evidenciada a divergência entre a meeira e os herdeiros, no RE nº 110.432-RJ, *Revista Trimestral de Jurisprudência*, 125/804.
18 Agr. Instr. nº 587027657, 5ª Câmara Cível do TJRGS, 10.08.87, *Revista de Jurisprudência do TJRGS*, 124/228. Ainda, na mesma linha, *Revista Forense*, 321/253.
19 Recurso Extraordinário nº 93.881-8, da 2ª Turma do STF, rel. Min. Djaci Falcão, j. em 13.03.1981, *DJ* de 22.04.1981, p. 3.486, *RTJ* 102/316.
20 Recurso Extraordinário nº 110.432-5, da 2ª Turma do STF, rel. Min. Aldir Passarinho, j. em 11.12.1987, *in RT* 634/210.

Cap. XLVI | O Pagamento das Dívidas • **675**

Evidenciando-se o antagonismo entre os herdeiros, a contratação de advogado pela herdeira inventariante não deve onerar o espólio, mas apenas a contratante, no que se refere a verba honorária correspondente ao patrocínio no processo de inventário...".[21]

Dessa forma, mesmo que se torne litigiosa a demanda, em face de divergência quanto aos bens a partilhar e seus respectivos valores – mas nunca quanto ao direito que assiste à parte –, inexiste condenação, mas apenas divisão dos bens, não permitindo o procedimento de inventário o arbitramento de sucumbência de uma parte em favor da outra, devendo cada qual ser responsabilizada pelo pagamento de seu advogado. A sentença que fixa honorários em desacordo com essa norma está em completo desacordo com o sistema legal vigente, impondo-se a sua modificação e adequação à realidade jurídica.

De outro lado, mesmo que possível a condenação no pagamento de honorários, não pode ela recair sobre todo o patrimônio a partilhar, mas apenas sobre a parte da controvérsia.

Entender de outro modo seria assentar que quem promove a ação de partilha, apesar de sua natureza de jurisdição necessária e graciosa, faz jus à sucumbência sobre o valor de todo o patrimônio, inclusive sobre o que faz jus a parte contrária, tese insustentável e irreal, posto que tal somente despontaria possível se o inventariante recusasse a entrega da meação que cabe a um herdeiro. Ademais, seguindo o conceito que se tem do próprio nome, apenas se partilha o que pertence a mais de uma pessoa, não podendo a sucumbência, destarte, referir-se ao todo.

Mas o problema é, às vezes, complexo. Muitos advogados mostram-se desidiosos, tanto nas petições quanto no promover o andamento do inventário: a descrição dos bens vem falha, com a ausência de elementos indispensáveis; imprecisão no tocante à menção de todos os bens; omissão de benfeitorias; desleixo em atender determinações judiciais; permanência com os autos em carga indefinidamente etc. O inventário fica quase sempre paralisado, justamente por falta de dinamismo do advogado. Não raramente, os herdeiros obrigam-se a constituir novo advogado para chegar ao término o inventário. Nessas eventualidades, parece incabível suportarem eles as despesas com o advogado nomeado pelo inventariante.

11. LIQUIDAÇÃO DAS OBRIGAÇÕES

Vem a liquidação a significar todas as providências que são tomadas para o pagamento dos tributos devidos em face da transmissão imobiliária.

Após todos os trâmites legais da abertura do inventário, das primeiras declarações, da avaliação, das colações e últimas declarações, procede-se ao cálculo do imposto, a cargo do contador.

Uma vez realizado o cálculo, todos os interessados serão intimados, inclusive a Fazenda Pública e o Ministério Público, concedendo-se o prazo de 05 (cinco) dias para as manifestações. Não se apresentando alguma impugnação, o juiz homologará a conta, o que não significa que ficará dispensado de um exame atento sobre os valores e a alíquota aplicada. Oferecidas contrariedades, ou discordando os interessados, novamente será colhido o parecer do Ministério Público. Comum as retificações pretendidas pela Fazenda Pública, especialmente quanto ao prazo de validade da estimativa que se procedeu sobre os bens. No entanto, óbvio que se atualizará o valor pelos índices da correção monetária.

---

21 REsp. nº 2.791-RJ, da 4ª Turma do STJ, rel. Min. Athos Gusmão Carneiro, j. em 12.06.1990, *DJ* de 06.08.1990, p. 7.342.

676 • Direito das Sucessões | *Arnaldo Rizzardo*

Constatando alguma procedência nas impugnações, remeterá o juiz o processo a novo cálculo. Repete-se, a seguir, o ritual das intimações, e prolata-se a decisão, encerrando as controvérsias. Se inconsistentes as impugnações, de imediato apreciará o juiz as questões levantadas.

Na própria decisão homologatória, ordenará a expedição de guias para o pagamento do imposto. Recolhido o tributo, novamente terá vista a Fazenda, com o fito de certificar--se quanto à correção do pagamento, e inclusive o espaço de tempo decorrido entre o cálculo e o recolhimento.

Contra qualquer decisão de incidente cujo resultado não agrade à parte, o recurso admissível será sempre o agravo, visto que tais decisões não põem termo ao processo de inventário.

Conforme já referido, cada herdeiro é responsável pelo imposto incidente sobre seu quinhão. Não há, desta maneira, estrita necessidade de venda do patrimônio para apurar o valor referente ao pagamento do tributo – o que não se impede, porém, caso outra solução não seja encontrada.

O formal de partilha, para ser pedido, dependerá da prova da satisfação da obrigação tributária. Mesmo que extraído, impede-se o registro imobiliário da transmissão.

Leis estaduais existem que concedem a isenção do imposto desde que abaixo da estimativa de determinado padrão monetário, ou a certa equivalência da moeda. Frente a seus dispositivos decidirá o juiz sobre a dispensa do recolhimento, na orientação do Superior Tribunal de Justiça: "O art. 179 do Código Tributário Nacional, ao regular a concessão da isenção pela autoridade administrativa, não ofende a regra inserida no art. 1.013 do Código de Processo Civil aplicável à atividade jurisdicional no processo de inventário, onde compete ao juiz, depois de ouvida a Fazenda Pública, julgar o cálculo do imposto de transmissão *causa mortis*. Assim, o juiz do processo de inventário, além de determinar o cálculo do valor do imposto, é competente para declarar sua isenção, porquanto a competência da autoridade administrativa fiscal prevista pelo Código Tributário Nacional não exclui a competência do magistrado".[22] O citado art. 1.013 corresponde ao art. 638 do vigente CPC.

Ressalte-se que o imposto incide unicamente sobre a herança líquida – descontados os honorários advocatícios, o pagamento das dívidas e as despesas processuais. O valor correspondente a estes itens não é transmitido a qualquer herdeiro, sendo que se leva em consideração que, recaindo na pessoa deste a obrigação tributária, a sua responsabilidade pelo pagamento restringe-se à quota recebida resultante da divisão do patrimônio após o pagamento de todos os encargos. Assim, unicamente a parte equivalente à quota transmitida é da obrigação do herdeiro, não a dos outros contemplados na herança.

No tocante aos honorários advocatícios, desde longa data entende-se que são excluídos para efeitos do cálculo do imposto, como se infere deste julgamento: "Os honorários do advogado, o qual o inventariante, para exercer o seu múnus, é obrigado a constituir, são despesas judiciais, que se deduzem para que se apure a herança líquida (...) É na herança líquida que incide o imposto *causa mortis*".[23]

Contra argumenta-se, no entanto, com a constatação de que os honorários advocatícios e as custas não são dívidas do espólio, mas dos herdeiros. Realmente, surgem depois da

---

22 REsp. nº 173.505-RJ, da 2ª Turma, j. em 19.03.2003, *DJ* de 23.09.2002.
23 Acórdão do STF, 12.10.50, rel. Min. Orosimbo Nonato, *Revista Forense*, 135/131.

Cap. XLVI | O Pagamento das Dívidas • **677**

morte do inventariado, não sendo o fato gerador a morte, como acontece com o imposto de transmissão.

Entretanto, a formalização da transferência do patrimônio requer a atuação do advogado, sem o qual nem o inventário pode ser iniciado. Da abertura da sucessão resultam várias consequências, inclusive encargos, como o pagamento de despesas na conservação e guarda dos bens. Sendo a transmissão do patrimônio uma decorrência, envolve a mesma necessariamente os custos correspondentes. A Súmula nº 115, do STF, a respeito, define nestes termos: "Sobre os honorários do advogado contratado pelo inventariante, com a homologação do juiz, não incide o imposto de transmissão *causa mortis*".

Não é o caso, porém, de não incidência quanto aos honorários do advogado contratado individualmente pelo herdeiro, eis que não obrigatória a contratação. Se as divergências com os demais participantes determinaram a representação por advogado distinto daquele do inventariante, a responsabilidade é de quem deu causa à constituição, ou ao espólio, ou ao próprio nomeante, o que se decidirá com a procedência ou não das reclamações apresentadas. Assim, inviável abater-se do montante as despesas correspondentes.

Ainda quanto à matéria, o arbitramento, para efeito de cálculo da herança líquida, não fica na livre estipulação dos herdeiros, sob pena de se permitir argúcias visando prejudicar o erário público. Há de ser a verba fixada pelo juiz, dentro de critérios legais e moderados.

Permite-se, ainda, a reposição do valor atribuído a cada herdeiro em numerário, com o que se evita o desconto da parcela correspondente a cada herdeiro no quinhão que lhe cabe.

Várias as formas de transmissão, que exigem o pagamento:

– A transmissão, a qualquer título, dos direitos reais sobre imóveis, menos os de garantia.
– A cessão de direitos relativos à aquisição de bens.
– A desistência ou renúncia da herança ou legado, com a determinação de beneficiários.
– A instituição ou transferência do usufruto, seja convencional ou testamentária.
– A torna ou reposição que acontece nas partilhas em virtude de falecimento, quando qualquer interessado receber, dos imóveis situados no Estado, quota-parte cujo valor seja maior do que o valor da quota-parte que lhe é devida da totalidade dos bens, incidindo sobre a diferença.[24]
– A instituição do fideicomisso.

Na promessa de compra e venda, falecendo o promitente vendedor, a incidência é pelo valor que falta pagar. Isto, porém, calculando-se o percentual que representa o valor devido sobre a avaliação do imóvel, visto que somente a parte não recebida se transmitirá. Aquela cujo valor já foi recebido está consolidada no domínio do comprador. Os herdeiros receberão as parcelas vincendas. Neste sentido, a Súmula nº 590, do STF: "Calcula-se o imposto de transmissão *causa mortis* sobre o saldo credor da promessa de compra e venda de imóvel, no momento da abertura da sucessão do promitente-vendedor".

O contrário ocorre, em caso de falecer o promitente comprador: a transmissão se efetiva no quantitativo representado pelo que foi pago. Avalia-se o bem e calcula-se a

---

24 Wilson de Oliveira, ob. cit., pp. 174 e 175.

678 • Direito das Sucessões | *Arnaldo Rizzardo*

proporção das prestações satisfeitas sobre a estimativa total. A incidência do imposto é sobre a parte já consolidada com o pagamento, eis que esta é transmitida.

A exegese realmente representa a melhor solução, encontrando eco na jurisprudência: "(...) Em se tratando de compromisso de compra e venda, estão os herdeiros do *de cujus* apenas obrigados a satisfazer os impostos *causa mortis* relativos à quantia paga, porque a transmissão, no caso, não é da propriedade compromissada, mas tão somente dos direitos concretizados na importância das prestações já recebidas".[25]

No entanto, de forma equivocada, decidiu o STJ: "No direito brasileiro, somente a transcrição transfere juridicamente a propriedade. A promessa particular de compra e venda não transfere o domínio senão quando devidamente registrada.

O imposto de transmissão *mortis causa*, entretanto, findo o enfoque eminentemente civil, grava o benefício econômico deixado aos herdeiros, guiando-se pelo critério do fenômeno econômico.

O imóvel vendido por compromisso de compra e venda não registrado, com pagamento do preço fixado pelo *de cujus*, não gera imposto de transmissão *causa mortis*".[26]

Basta ler o art. 155, inc. I, § 1º, da Carta Federal que o fato gerador recai sobre os imóveis e respectivos direitos que se transferem com a morte do proprietário.

Não há imposto *causa mortis* se efetuada a venda, embora não formalizada, antes da morte do *de cujus*. Neste sentido, a jurisprudência: "Sobrepartilha. Venda de imóveis, antes do falecimento do *de cujus*. Prova de propriedade. Necessidade (...) Se a transmissão de propriedade dos imóveis resulta de ato celebrado *inter vivos*, não incide o imposto *causa mortis*, embora a escritura seja lavrada após a morte da vendedora, desde que tudo se encontre devidamente provado, pela competente averbação".[27]

Sempre que houver cessão, transferência, renúncia em benefício de pessoas determinadas, ou quaisquer modalidades de transmissão feita por herdeiros, incide duas vezes o imposto, eis que dois os fatos geradores: a morte do autor da herança e a transferência feita pelo herdeiro. Mas aquele referente à transferência é *inter vivos*.

Na promessa de compra e venda, posteriormente, quando se operar a outorga de escritura definitiva, implementando-se o pagamento das prestações, incide a obrigação tributária pela transferência, que se consuma.

Como já referido, a alíquota é sempre a do tempo da abertura da sucessão.

---

25 *Revista dos Tribunais*, 326/566.
26 REsp. nº 177.453-MG, da 2ª Turma, j. em 3.04.2001, *DJU* de 27.08.2001.
27 Agr. Instr. nº 29.304-5, 1ª Turma do TJMS, 17.03.92, *RT*, 685/145.

XLVII

Partilha dos Bens

1. A DISTRIBUIÇÃO DO PATRIMÔNIO AOS HERDEIROS

A análise, aqui, diz respeito à partilha judicial, e não à administrativa ou extrajudicial feita por meio de escritura pública no Tabelionato, que posteriormente será levada a registro, nos termos do § 1º do art. 610 do CPC.

Feitos os pagamentos das dívidas e encargos, inicia-se um novo passo do inventário, que é a distribuição do acervo aos herdeiros e legatários.

Há uma nova etapa de um mesmo processo, vinculada ao do inventário, já se pressupondo no pedido de inventário o exercício da ação de partilha. Expõe Clóvis do Couto e Silva: "Em consequência, a ação de partilha está subordinada ao procedimento de inventário, não se facultando o exercício isolado desta ação. Em outros sistemas jurídicos, a ação de partilha pode ser cumulada com os procedimentos de pagamento de dívidas, de colação etc., chegando-se, através dessa cumulação de ações, ao mesmo resultado obtido em nosso sistema, através do procedimento de inventário e de partilha. É claro que, inexistindo inventário no sentido que temos, nesses sistemas não se cogita da questão de alta indagação, o que permite uma cumulação de um número maior de ações e cognição plena dos problemas suscitados".[1]

Procede-se à repartição do patrimônio, não propriamente à divisão, visto que, na maioria dos casos, continuam os bens indivisos.

Define-se juridicamente o que pertence a cada herdeiro. Parte-se para um processo de separação do acervo em quotas-partes, procurando-se, dentro do possível, separar os bens que integram cada quota.

Com efeito, há um valor, ou um pagamento, representado por uma cifra monetária, e calculado em vista do todo. Mas, não se impõe que esta quota, frente à estimativa de cada bem, alcance uma parcela proporcional em cada bem. Ela pode absorver-se, ou completar-se, em um ou dois itens do acervo.

Com a partilha, pois, procura-se extinguir a comunhão, o que se faz mediante atribuição de porções aos herdeiros. A coisa não mais será comum, mas especificada em partes.

Constitui o ato de maior relevo de todo o inventário, e revela-se como o ápice de um procedimento que se iniciou com a abertura do inventário, e seguiu com o termo de compromisso, as primeiras declarações, as citações e intimações, a avaliação, a facção do cálculo, a liquidação de despesas, impostos e outros encargos.

---

1 Ob. cit., vol. XI, tomo I, p. 374.

680 • Direito das Sucessões | *Arnaldo Rizzardo*

A herança passa do estado de comunhão *pro indiviso*, estabelecido pela morte e pela transmissão por força de lei, ou de cláusula testamentária, ao estado de quotas completamente separadas.[2]

Na verdade, é comum continuar a comunhão. Mais grave revela-se a impossibilidade de divisão, ou porque os bens não comportam a separação, ou por força de impedimentos legais, quando então a comunhão é um fato consumado. As quotas correspondem a uma parte dos bens, mas dentro do todo. Neste sentido, há mensuração de parte do patrimônio, sem que isto venha a extinguir a comunhão ou a convivência de todos os herdeiros.

Envolve a partilha tanto o ativo como o passivo da herança. No primeiro caso, simplesmente distribui-se o patrimônio. No segundo, que existe unicamente se não pagas ainda as dívidas, atribui-se a cada herdeiro uma parcela da dívida, que passa a ser individual; antes era comum, isto é, de todos os herdeiros. Desde que perfectibilizada a partilha, responde o herdeiro na proporção da parte que, na herança, recebeu. Não se exige o consentimento do credor para essa transferência de responsabilidade – ou passagem do espólio para o herdeiro. Ressalte-se que a cobertura vai até o montante a que chegou o quinhão, de modo que não pagará o herdeiro com meios próprios a parcela que lhe coube.

2. NATUREZA JURÍDICA DA PARTILHA

Não há unanimidade na definição da natureza jurídica da partilha. Mas a tese que melhor se afeiçoa à realidade é a que defende a natureza declaratória: simplesmente declara-se aquilo que já é dos herdeiros desde a abertura da sucessão, nos termos de Carlos Maximiliano: "A partilha tem só o efeito declarativo, não atributivo ou transmissivo de domínio, que é adquirido pelo simples fato de falecer o *de cujus*".[3]

Existe, é verdade, uma modificação do estado em que se encontravam os bens. Extingue-se a comunhão hereditária e especifica-se o quinhão de cada sucessor. No entanto, não é este o efeito principal da partilha, visto que, não raramente, perdura a indivisão ou a comunidade em muitos casos depois da expedição do formal de partilha a cada herdeiro. Daí não corresponder à realidade a natureza constitutiva, porque se extingue, com ela, a comunidade hereditária. Nada constitui, nesse ponto. Declara mais o novo estado, destacando o quinhão de cada herdeiro, o que já era um direito antes de sua efetivação. Não se pode olvidar que, aberta a sucessão, o domínio e a posse transmitem-se, desde logo, aos herdeiros legítimos ou testamentários. Dá-se a aquisição da propriedade pelo herdeiro. Com a partilha, formaliza-se ou instrumentaliza-se essa atribuição de propriedade. Extrai-se o formal visando à transcrição no Registro Imobiliário e para fins de permitir a disponibilidade. Entretanto, mesmo antes não se impede que o herdeiro transfira, via cessão, o seu quinhão. Vê-se, daí, que os direitos já existem antes da efetivação da partilha. Daí o caráter declaratório como o mais preponderante.

3. EFEITOS DA PARTILHA

Procura-se estabelecer, com a partilha, o fim da comunhão hereditária *pro indiviso*. Deixa de existir o espólio, ou simplesmente um acervo, um montante. Surgem partes especificadas, com a individuação da titularidade.

---

2 Pontes de Miranda, *Comentários ao Código de Processo Civil*, ob. cit., tomo XIV, p. 191.
3 *Direito das Sucessões*, ob. cit., vol. III, p. 173.

Cap. XLVII | Partilha dos Bens • **681**

Este, talvez, o efeito prático mais importante, ou seja, a atribuição de cada parte dos bens aos herdeiros. Assim, a responsabilidade pelas obrigações retardatárias transfere-se para o titular do quinhão – até o montante equivalente ao valor da porção transferida.

Define-se a titularidade dos herdeiros, cessando, em tese, a comunhão. Mas a cessação se dá no monte-mor, e nem sempre termina a indivisibilidade. Se os bens não comportarem a distribuição individual em cada quinhão, permanece a comunhão quanto aos herdeiros neles contemplados. Assim, possível a partilha sem divisão, se alguns ou todos os bens ficarem indivisos. Na prática, não é incomum dar-se a partilha continuando a comunhão. Daí preponderar mais o caráter de tirar a hereditariedade da comunhão. Ou seja, cessa apenas a comunhão hereditária, mantendo-se a comunhão de fato.

Um outro efeito aparece: concretizar ou materializar a posse de cada herdeiro nos bens. Em geral, tão logo ocorra a abertura da sucessão, acomodam-se os sucessores em posses especificadas, ou localizadas, conforme os interesses de cada um e o consenso geral. Entretanto, um dos pontos de extrema vulnerabilidade diz respeito à localização da posse, ou aos bens atribuíveis. Inúmeros os litígios que grassam nos inventários e que se exacerbam justamente quando da partilha, momento de se definir o que tocará a cada herdeiro.

Com a partilha, mesmo que depois de longos embates, definem-se as posses e, pelo menos, diluem-se as controvérsias.

Não havendo um consenso, tendo em conta os valores particularizados e setorizados dos bens, simplesmente se atribui a quota do herdeiro em cada bem, deixando-se a solução quanto à localização da posse, ou à extinção do condomínio, para uma etapa posterior, em demanda própria.

Não se pode atribuir uma porção, dentro de uma área, unicamente porque vinha o herdeiro ocupando antes do decesso do *de cujus* a parte pretendida: "A circunstância de os herdeiros e cessionários terem posses localizadas, alegadamente há mais de vinte anos, não obsta à partilha, pois o inventário foi aberto logo após o óbito do autor da herança e, embora os incidentes e as demoras processuais, os interessados na partilha nunca estiveram inertes durante tempo bastante para o reconhecimento, a uma primeira vista, do usucapião".[4]

Efetuada a partilha e registrado o formal, opera-se a consolidação do domínio. O titular contemplado será o único com legitimidade para as ações judiciais que forem promovidas. Não mais interferirá o inventariante, visto cessada a sua representação. Apenas o seu quinhão será objeto do litígio, em nada se atingindo as outras pessoas que participaram da herança.

Finalmente, desfeita a comunhão que antes vigia, desaparece qualquer responsabilidade pelos encargos exigidos pela conservação do monte-mor. A responsabilidade do herdeiro restringe-se às decorrências advindas dos bens de seu quinhão. Antes da partilha, todo o acervo hereditário pertencia aos herdeiros. Os danos advindos do mau uso de um bem eram suportados pelos herdeiros, porquanto eles tornaram-se titulares da herança indivisamente. Não sendo o acervo suficiente para cobrir as indenizações, os bens próprios dos herdeiros completariam o montante reclamado. Com a partilha, cessa a responsabilidade causada pelo mau uso dos bens.

4. OBJETO DA PARTILHA

Embora já referido o que entra na partilha, necessário aprofundar alguns aspectos.

---

4 RE nº 108.137-RS, 1ª Turma do STF, 21.03.89, *Revista Trimestral de Jurisprudência*, 131/734.

682 • Direito das Sucessões | *Arnaldo Rizzardo*

A partilha, conforme já foi citado, integra o processo do inventário, que se desenvolve, assim, em duas fases. Na primeira, requer-se a sua abertura; descrevem-se os bens, os herdeiros e legatários; procedem-se às avaliações e às colações; seguem-se as habilitações de crédito; faz-se o cálculo e pagam-se as obrigações, inclusive o imposto.

Na segunda fase é que entra a partilha, ou delibera-se a distribuição da herança líquida, ou do montante partilhável, entre os titulares de direitos hereditários.

Chega-se à herança líquida através de um processo de exclusão.

Todos os bens do espólio formam o monte-mor. Deduzem-se as despesas, as custas, os encargos, as dívidas.

Assim se processa se for pago este passivo com os bens existentes. Após os pagamentos, que se fazem inclusive com a venda de parte do patrimônio, é deduzida a meação do cônjuge sobrevivente. Sendo as obrigações do casal, a meação também arcará com os encargos, exceto, é verdade, a parte das despesas do inventário, que será suportada unicamente pelos bens do acervo partilhável, visto decorrer da abertura da sucessão.

Atingido o resultado, se houver testamento, procura-se encontrar o correspondente às legítimas, intocáveis pelas disposições testamentárias e de direito reservadas aos herdeiros necessários.

De modo que a partilha limita-se à parte líquida, ou ao que restou após os pagamentos referidos, à separação do patrimônio destinado à meação, e à porção que foi consumida em testamentos e legados.

Incluem-se, evidentemente, os frutos e rendimentos advindos dos bens, como ordena o art. 2.020: "Os herdeiros em posse dos bens da herança, o cônjuge sobrevivente e o inventariante são obrigados a trazer ao acervo os frutos que perceberam, desde a abertura da sucessão; têm direito ao reembolso das despesas necessárias e úteis que fizeram, e respondem pelo dano, a que, por dolo ou culpa deram causa".

5. ESPÉCIES DE PARTILHA

De acordo com a lei e conforme já analisado, unicamente através de inventário procede-se à partilha. Entretanto, isto não impede que a partilha venha aos autos elaborada pelos próprios herdeiros, ou que seja feita em vida pelo autor da herança. Sempre, porém, reclama-se a apresentação da formalização em juízo, com a competente ação.

Há três tipos de partilha, quanto à sua origem, ou a quem a faz: a amigável, aquela feita em vida pelo ascendente e a elaborada pelo partidor do juízo.

Cabe lembrar que os tipos aqui estudados são apresentados aos autos do inventário ou mesmo de arrolamento, não envolvendo a partilha extrajudicial ou administrativa, introduzida pela Lei nº 11.441, de 04.01.2007, e pela Lei nº 11.965, de 03.07.2009, dando nova redação ao então art. 982, que corresponde ao art. 610 do CPC de 2015, e que será estudada no Capítulo XLVIII.

5.1. Partilha amigável

É a apresentada aos autos por todos os herdeiros, havendo unanimidade quanto à maneira de se partilharem os bens, não se utilizando, aqui, o voto da maioria. Permite-se, desde que capazes os herdeiros e, obviamente, se não há divergências – o que não

Cap. XLVII | Partilha dos Bens • **683**

exige que o procurador seja o mesmo. Utiliza-se tanto no processo de inventário como no arrolamento, e valerá como uma convenção entre os herdeiros.

O Código de Processo Civil de 1973, no art. 1.031, em redação da Lei nº 11.441, disciplinava esta modalidade de partilha, reservando ao juiz a mera homologação: "A partilha amigável, celebrada entre partes capazes, nos termos do art. 2.015 da Lei nº 10.406, de 10 de janeiro de 2002 – Código Civil, será homologada de plano pelo juiz, mediante a prova da quitação dos tributos relativos aos bens do espólio e às suas rendas, com observância dos arts. 1.032 a 1.035 desta Lei". O CPC de 2015, no art. 659, conservou a essência da regra, com remissões a dispositivos próprios: "A partilha amigável, celebrada entre partes capazes, nos termos da lei, será homologada de plano pelo juiz, com observância dos arts. 660 a 663".

Esta partilha proporciona o inventário sumário, na forma de arrolamento, como se verá no Capítulo XLVIII.

Já admitida no Direito pré-codificado, assim se pronunciavam a respeito Carlos Alberto de Menezes e José Tavares Bastos: "Entre os maiores de vinte e cinco anos, e livres de administração, podem fazer-se partilhas amigáveis, por escrito particular, sendo parentes, e assinando todos a partilha; o parentesco vem a ser entre pai e filho; entre sogros, genros e noras; entre sobrinhos e tios. Além do parentesco, é necessário escritura pública por tabelião com duas testemunhas, ou três, quando o tabelião não conhecer todos os herdeiros".[5]

É amigável porque representa o consenso geral, ou existe a concordância na maneira de se distribuir o patrimônio, ou domina o consensualismo.

Mas se procedida corretamente a partilha, com a atribuição de partes iguais do patrimônio, não importa que não venha formulada pela generalidade dos herdeiros. Assim, não significa que, uma vez firmada por todos, seja alterada a forma deduzida nos autos, por um ou alguns herdeiros.

O art. 2.015 do Código Civil reza: "Se os herdeiros forem capazes, poderão fazer partilha amigável, por escritura pública, termo nos autos do inventário, ou escrito particular, homologado pelo juiz".

Há, no dispositivo, três formas amigáveis. A primeira delas é a escritura pública. Os herdeiros comparecem no tabelionato e deliberam a divisão do patrimônio. Posteriormente, junta-se o instrumento nos autos, sendo intimada a Fazenda Pública. Procede-se à conferência ou verificação se as porções são iguais para todos os herdeiros. Constatando-se alguma diferença, naturalmente tem-se uma cessão da parcela recebida a mais, incidindo, pois, sobre ela o imposto *inter vivos*.

A segunda modalidade é o termo nos autos, quando então os herdeiros apresentam uma petição, onde descrevem como resolveram a divisão dos bens entre eles. Tendo em conta o que está na petição, com a especificação da porção que toca a cada herdeiro, os formais simplesmente repetem as deliberações dos herdeiros.

Como na forma anterior, conferem-se as porções, incidindo novo imposto se alguém recebe alguma parcela a mais que os outros.

Já a partilha mediante escrito particular (terceira modalidade) praticamente é igual à anterior. A rigor, a deliberação virá na estrutura de um contrato, assinando todos os herdeiros. Em geral, porém, desde que outorgados poderes na procuração, os advogados

---

5 *Prática dos Inventários, Partilhas e Contas*, 7ª ed., Rio de Janeiro, Jacintho Ribeiro dos Santos – Livreiro e Editor, 1914, p. 58.

684 • Direito das Sucessões | *Arnaldo Rizzardo*

dirigem uma petição ao juiz, propondo a forma de partilha. O juiz profere o despacho de homologação, ou, também, nada impede que estas declarações fiquem reduzidas a termo nos autos.

5.2. A partilha feita em vida pelos ascendentes

Não é muito comum esta espécie. Enquanto vivem, os pais fazem a partilha, que será por meio de escritura pública, se imóveis os bens. A respeito, estabelece o art. 2.018 do CC: "É válida a partilha feita por ascendente, por ato entre vivos ou de última vontade, contanto que não prejudique a legítima dos herdeiros necessários".

Em um primeiro momento, mister se confronte o dispositivo com o art. 426 do Código Civil: "Não pode ser objeto de contrato a herança de pessoa viva". Está obstada a realização de um negócio jurídico tendo como objeto a herança de pessoa viva, o que é diferente de fazer a partilha ou dispor em testamento, que constitui um ato gratuito.

Em segundo lugar, quanto ao art. 2.018, de modo diferente que no regime anterior, o ascendente está revestido da faculdade de realizar esta partilha, e não somente o progenitor.

Questão de extrema relevância, tanto por ato entre vivos quanto por ato de última vontade, prende-se aos limites que envolvem os beneficiados. Se o dispositivo fala em "ascendentes", decorre que a partilha em vida destina-se unicamente aos descendentes. Embora as discussões que geram o cânone, se admissível a destinação do patrimônio a qualquer pessoa, não teria o legislador restringido essas formas de destinação patrimonial unicamente aos ascendentes, mas referiria a pessoa de modo geral. De sorte que não se encontram abrangidas pessoas estranhas não enquadradas como herdeiras necessárias.

Não se confundem as formas por ato entre vivos e por ato de última vontade.

Se envolver imóveis, conforme já foi dito, indispensável a escritura pública, no ato entre vivos. Sendo através de testamento, serão observadas as solenidades próprias dos testamentos, de acordo com a forma escolhida.

O princípio do respeito às legítimas dos herdeiros necessários é considerado: em qualquer caso fica proibido se dispor mais do que permite a porção disponível.

Se facultada a partilha, é porque se está autorizando que se disponha sobre o patrimônio. Transfere-se o patrimônio. Não se pense em necessidade de cláusula dispensando a colação. Desde logo procede-se à transmissão. A esse entendimento leva o seguinte trecho da obra já citada de Cristiano Chaves de Farias e Nelson Rosenvald: "Evidentemente, realizada a partilha em vida, inclusive com o necessário recolhimento dos impostos incidentes, torna--se despicienda a abertura de inventário, por conta do esvaziamento patrimonial provocado. É dizer: não será necessária a instauração de um procedimento de inventário (...)".[6]

Como se disse, faculta o dispositivo estabelecer a partilha também mediante testamento. Neste aspecto, embora um tanto redundantemente, e em inovação no tocante ao estatuto civil revogado, o art. 2.014 reafirmou a possibilidade, ou pelo menos a envolveu: "Pode o testador indicar os bens e valores que devem compor os quinhões hereditários, deliberando ele próprio a partilha, que prevalecerá, salvo se o valor dos bens não corresponder às quotas estabelecidas". Aparece prevista mais diretamente no cânone a hipótese de o próprio testador indicar os valores e bens que irão compor os quinhões hereditários. O intuito é facilitar a fase da liquidação do inventário. Está a pessoa, no testamento, dis-

---

6 *Curso de Direito Civil – Sucessões*, vol. 7, ob. cit. p. 453.

Cap. XLVII | Partilha dos Bens • 685

pondo dos bens, mesmo que indique as quotas que cabem aos beneficiados. A disposição testamentária já envolve a partilha. Existe uma atribuição de bens.

No aspecto acima é que se diferencia do testamento comum, mas não se retirando a possibilidade de revogação. Vale dizer: há uma atribuição do patrimônio disponível sujeito à revogação. Inconcebível ver na partilha mediante testamento sob a ótica de modificar a natureza do instituto. Nada existe no art. 2.018 que leve a tal exegese.

Uma e outra maneira de dispor em vida constituem uma antecipação da abertura da sucessão, mas divergem quanto aos efeitos. Na instrumentalização por meio da escritura pública, há uma verdadeira doação, tornando-se irrevogável. Falecendo o descendente, os bens não retornam ao ascendente, mas transmitem-se aos sucessores do descendente premorto. A irrevogabilidade, no entanto, é limitada. Se previstos encargos, o descumprimento leva à revogação, especialmente no caso de ingratidão.

Se vier por meio de testamento, em que somente nasce a eficácia com o falecimento do ascendente, não resta dúvida de que se deve obedecer às regras e aos princípios estabelecidos para os testamentos. Isto quanto à forma do ato, à caducidade, à revogação etc. Não se impede ao testador que modifique, posteriormente, a sua deliberação, ou que disponha diferentemente dos bens. Tem-se um testamento, cujo objeto é a partilha de bens, e como testamento é tratada a matéria. Também aqui se deve respeitar a legítima, se houver herdeiros necessários. Quando for exigido o cumprimento da partilha, no testamento, abre-se a oportunidade de se colocar nos limites legais o ato de última vontade.

A aferição deve ter em conta a totalidade dos bens no momento da escritura pública ou do testamento. Não se incluem, no oferecimento, as aquisições posteriores.

Na hipótese inversa, se vendidos ou alienados alguns bens depois do testamento, evidentemente reduzem-se as disposições para o acervo que ficou. Não ingressa na relação o bem que foi adquirido.

Observa-se que não se equipara em todos os sentidos a partilha amigável à doação. Fossem iguais os efeitos, não precisaria o legislador falar na partilha em vida. Assim, se decorre do ato da partilha a indisponibilidade dos bens, não se faria necessário o posterior inventário. De imediato tornar-se-ia o filho proprietário.

Importantes observações acrescenta Maria Berenice Dias, que em muito ajudam na compreensão do assunto:

> Na partilha entre os herdeiros da parte disponível, não é necessário respeitar a igualdade que a lei impõe somente com relação à legítima. Podem ser contemplados todos ou alguns herdeiros e com quinhões diversos. O titular pode fazer a divisão do modo que lhe parecer mais justo, distribuindo os bens entre os seus herdeiros em quinhões iguais ou desiguais, quer sob o aspecto da qualidade ou da quantidade (...).
>
> (...) Essa modalidade de partilhamento abre a possibilidade de ser afastado o direito de concorrência sucessória do cônjuge ou do companheiro sobrevivente. Cabe figurar a hipótese de o titular do patrimônio doar a integralidade de seus bens particulares. Com isso afasta o direito de concorrência do cônjuge, se casados pelo regime de comunhão parcial ou separação convencional de bens. De outro lado, se vive em união estável, se partilhar em vida a metade dos bens comuns, se quando de seu falecimento, não haverá bens para serem atribuídos ao companheiro sobrevivente a título de concorrência sucessória (...).
>
> (...) Levada a efeito a partilha em vida, a transferência de bens se sujeita ao pagamento de imposto de transmissão. Como se trata de ato de disposição gratuito, incide o imposto sobre doação.[7]

---

7 *Manual das Sucessões*, ob. cit., pp. 286 e 297.

5.3. A partilha pelo partidor do juízo

Comumente, levando-se em consideração a estimativa aceita por todos os envolvidos no inventário, o partidor do juízo realiza ou elabora a partilha, sendo bastante comum tal procedimento, cujo ato se inicia com o cálculo do monte-mor somado aos encargos, destacando-se estes, e discriminando-se em seguida. Após, procura-se separar os legados e a porção objeto da disponibilidade testamentária.

Assim, chega-se ao monte líquido ou partível, que se dividirá em tantos pagamentos quantos são os herdeiros.

Especialmente se presentes incapazes entre os herdeiros, ou se não convierem estes na distribuição do patrimônio, impõe-se a partilha pelo partidor, procedimento que recebe então o nome de partilha judicial.

O art. 2.016 ordena: "Será sempre judicial a partilha, se os herdeiros divergirem, assim como se algum deles for incapaz".

A determinação de que se faça judicialmente é visando afastar possível causa de divergência entre os herdeiros, e para evitar prejuízos aos incapazes.

Dada a impessoalidade do funcionário judicial, mais remota a ocorrência de eventuais favorecimentos a alguns herdeiros, com prejuízo aos demais, especialmente aos desprovidos de capacidade plena.

No entanto, nada impede que se apresente um esboço de como deverá ser a partilha. Se não resulta prejuízo algum aos incapazes, nada opondo o Ministério Público e o curador, não se mostra nulo o despacho homologatório, ou aquele que manda reduzir a termo o instrumento particular de partilha, pois sobre as propostas e os dados dirigidos ao juiz intimam-se previamente todos os participantes do inventário.

Várias as regras de como se proceder à partilha. A sua confecção segue um procedimento bastante complexo, segundo o Código de Processo Civil, mas que, na prática, é mais simplificado. As partes fazem as suas opções, e o partidor apresenta o esboço, do qual os interessados são intimados. Não ocorrendo nenhuma contrariedade, segue-se a homologação pelo juiz. Se aparecerem controvérsias, submetem-se ao juízo do inventário.

O desenvolvimento processual da partilha obedece a várias exigências e pormenores, objeto de estudo pormenorizado, em local mais adiante.

6. PESSOAS HABILITADAS A PEDIR A PARTILHA

Há um certo rigorismo nas regras que procuram traçar o caminho para a partilha, lembrando que no regime do Código anterior eram mais rigorosas na discriminação das pessoas habilitadas a pedir seu processamento.

Sabe-se que, com a abertura da sucessão, opera-se a comunhão na propriedade do patrimônio. Já a partilha significa uma operação na qual são conferidas as quotas exclusivas e determinadas aos titulares comuns de quotas ideais na sucessão.

O Código Civil dispõe a respeito dos legitimados a pedir o inventário no art. 2.013: "O herdeiro pode sempre requerer a partilha, ainda que o testador o proíba, cabendo igual faculdade aos seus cessionários e credores".

Tem-se em conta, aqui, a separação entre o inventário e a partilha. Não possui sentido, porém, fazer-se o inventário e continuarem em comum os bens, ou perdurando a comunhão, ou mesmo a posse apenas pelo inventariante. Não é possível conceber uma etapa sem a outra.

Cap. XLVII | Partilha dos Bens • **687**

Seja como for, nos termos precisos do Código, ninguém, nem mesmo o testador, pode colocar óbices à pretensão da partilha. Depois de inventariados os bens e pagos os impostos, assegura-se o direito de pedir o fim do estado de comunhão, ou pôr termo à indivisão, com a especificação das quotas.

Chegando o inventário até a liquidação das obrigações, nos mesmos autos pedir-se-á a partilha.

Além do herdeiro, outros interessados colocam-se na posição de legitimados a promover a medida: os cessionários e credores.

Mas não apenas estes; também os testamentários e os legatários, mas estes para conseguirem seus legados, embora não dependam da partilha. No auto de esboço, aferir-se-á a obediência ao limite do disponível. Sem que outros participem, perfeitamente admissível a adjudicação dos legados.

7. DECADÊNCIA DO DIREITO DE PEDIR A PARTILHA

O § 2º do art. 1.772 da lei civil anterior impedia a petição de partilha, se os bens se encontrassem na posse de um ou mais herdeiros por tempo superior a vinte anos desde a morte do proprietário. Não, porém, se por tempo inferior: "Não obsta à partilha o estar um ou mais herdeiros na posse de certos bens do espólio, salvo se da morte do proprietário houver decorrido 20 (vinte) anos". Não veio regra equivalente no Código de 2002, eis que o princípio decorre naturalmente dos princípios gerais que tratam da aquisição da propriedade pela via do usucapião.

Sabe-se que têm o herdeiro e outras pessoas autorizadas em lei o direito de requerer a partilha dos bens. Arreda-se esse direito em relação aos bens, ou à totalidades dos mesmos, se já estiverem eles na posse exclusiva de outros herdeiros ou terceiros pelo prazo mínimo de quinze anos.

A rigor, há uma forma indireta de reconhecer o usucapião: quem se encontra na posse durante tanto tempo pode se opor à partilha. No entanto, não basta ingressar no inventário, e afirmar que exerce a posse há quinze ou mais anos. Nem cabe, aliás, fazer prova a este respeito em um processo que nada tem a ver com a posse. Seria impróprio desenvolver uma instrução sobre matéria fática bem distinta daquela que envolve o inventário.

De modo que, apesar dos termos do dispositivo, parece incabível impedir a partilha sob a alegação da existência da posse, em benefício de outro herdeiro, por aquele período de tempo. O mais coerente é processar-se a partilha, devendo a questão da posse resolver--se em outra ação, seja de usucapião, seja possessória.

Isto a menos que, nos autos do inventário, reste incontroverso que os herdeiros pleiteantes da partilha não se encontram na posse, e que outras pessoas a exerçam por aquele lapso de tempo, fato que não é incomum. Existem espólios ou heranças abandonadas, com ocupações de estranhos durante longos períodos de tempo, já estabelecidos com construções e toda série de benfeitorias, daí exsurgindo uma impossibilidade fática da partilha. Cabível, para o caso, a seguinte passagem de um julgado:

"A demora, o desleixe, a desídia do titular de um direito em exercitá-lo tem como consequência a sanção legal conhecida como decadência, que extingue o direito diretamente e, com ele, a ação que o protege.

Uma das características da decadência é a possibilidade de ser conhecida de ofício pelo juiz (Moacyr Amaral dos Santos, *Primeiras Linhas de Direito Processual Civil*, 7ª

688 • Direito das Sucessões | *Arnaldo Rizzardo*

ed., São Paulo, Saraiva, 2º/108). Tal possibilidade se reveste de certa importância (...) Pacífico o entendimento de que a decadência pode ser pronunciada de ofício (...) Robora o escorreito entendimento Carlos Maximiliano que, no pertinente, assim leciona: 'Se o imóvel é possuído em separado há mais de trinta anos e, portanto, está fora da comunhão há tanto tempo, só em ação comum, não no inventário, os sucessores universais liquidam o seu direito, porventura ainda existente, com referência ao mesmo' (*Direito das Sucessões*, 5ª ed., Editora Freitas Bastos, 1964, III/298, nº 1.463).

Nada mais elucidativo no sentido de que os recorrentes devam perseguir em ação comum seu direito. De igual modo, destaca Wilson de Oliveira: 'Se o inventário for requerido mais de vinte anos depois do falecimento do autor da herança, haverá partilha dos bens se existir ainda o condomínio, pois a *familiae eriscundae* é imprescritível enquanto durar a comunhão. Dada a hipótese, porém, de determinados bens se acharem na posse de um ou mais herdeiros por mais de vinte anos, a contar da morte do autor da herança, não poderão ser partilhados entre os demais herdeiros (...)' (*Inventários e Partilhas*, Editor Borsoi, 1957, p. 45/57)".[8]

Opera-se, efetivamente, a decadência, visto que, embora nascido o direito, não se tornou efetivo, já que não exercido. Não se dá a suspensão ou a interrupção do prazo, porquanto os prazos decadenciais são peremptórios, contínuos e preclusivos. Assim, indiferente a presença de menores entre os herdeiros – como está analisado no julgamento anterior citado, que se reporta a outro acórdão: "É de vulgar sabença, porém, que os prazos de decadência, ao contrário dos de prescrição, são peremptórios e contínuos, não se suspendendo nem se interrompendo, com a presença de menores ou incapazes. Daí por que sem nenhuma consequência, para a validade da sentença, a presença de menores no feito (...) Segundo o mestre Pontes de Miranda, à ação de partilha é que se refere o § 2º do art. 1.772 do CC, ação que se extingue, hoje, passados vinte anos e que nada tem com a ação de usucapião ou qualquer outra em defesa da propriedade (*Tratado*, 60/241). De que se trata de prazo de natureza preclusiva, insuscetível de suspensão ou interrupção, demonstra longa e suficientemente a doutrina e a jurisprudência (...)".[9] Conforme já observado, o § 2º do art. 1.772 não veio reproduzido em regra específica no atual Código.

8. O ESBOÇO DE PARTILHA

Uma vez efetuados os pagamentos das dívidas, ou procedida a liquidação, inicia-se a partilha. Na prática, apesar das várias regras procedimentais a respeito, encaminham-se os autos ao partidor, que em geral é o próprio contador, ou o escrivão, para lançar-se a partilha.

No entanto, de acordo com o Código de Processo Civil, são várias as formalidades.

O passo inicial é possibilitar-se o pedido de quinhão. Eis o texto do art. 647 do CPC: "Cumprido o disposto no art. 642, § 3º, o juiz facultará às partes que, no prazo comum de 15 (quinze) dias, formulem o pedido de quinhão e, em seguida, proferirá a decisão de deliberação da partilha, resolvendo os pedidos das partes e designando os bens que devam constituir quinhão de cada herdeiro e legatário".

---

8   Apel. Cív. nº 587011818, 2ª Câmara Cível do TJRGS, 19.08.87, *Revista de Jurisprudência do TJRGS*, 131/350.
9   *Revista de Jurisprudência do TJRGS*, 103/456.

Cap. XLVII | Partilha dos Bens • **689**

A primeira colocação que se deve fazer é sustentar o regramento diferente do Código Civil. Conforme examinado antes, os interessados devem pedir a partilha. Já o dispositivo citado estabelece que os herdeiros formulem o pedido de quinhão, isto é, indiquem a preferência dos bens para a composição das partes a que têm direito.

"Cumprido o disposto no art. 642, § 3º", diz o preceito do art. 647.

O que encerra o mencionado § 3º do art. 642? O texto refere-se à separação de bens necessários para o pagamento dos credores habilitados, e à sua alienação: "Separados os bens, tantos quantos forem necessários para o pagamento dos credores habilitados, o juiz mandará aliená-los, observando-se as disposições deste Código relativas à expropriação".

A alienação pelas normas que a disciplinam se faz por meio da adjudicação, alienação e apropriação de frutos e rendimentos de empresa ou de estabelecimentos e de outros bens segundo o art. 825.

Em síntese, os pedidos de quinhões serão formulados depois de separados os bens necessários para o pagamento das dívidas e de sua alienação. É necessário que sejam alienados, e apurada a quantia numerária suficiente. Realmente, é recomendável que já se tenha operado a venda, com o que se revela a dimensão exata do patrimônio partilhável.

Concluído está, então, o inventário – assim considerada a fase processual da apuração do ativo e passivo, e que se constitui em premissa para a partilha.

O art. 647 do CPC encerra que os herdeiros formulem o pedido do quinhão. Cada pessoa com direito à herança deve dirigir-se ao juiz e manifestar a preferência. Não significa, porém, que se reconheça o direito ao bem pretendido, principalmente se dois ou mais herdeiros o pretenderem.

De outra parte, nada impede que os herdeiros resolvam de comum acordo, embora uns recebendo mais que os outros, desde que todos capazes. Apenas no campo tributário há repercussão, o que importa no recolhimento do imposto sobre aquilo que recebem a mais os herdeiros favorecidos. Não poderá o juiz impedir que um herdeiro seja contemplado com maior volume de bens que outro:

"Plano de partilha considerado certo pelo juiz. Herdeiros maiores e capazes (...) O plano de partilha apresentado por herdeiros maiores e capazes não pode ser recusado pelo juiz.

Tal procedimento é cabível porque os herdeiros maiores e capazes têm a faculdade de ceder seus direitos hereditários a quem lhes aprouver, independentemente da autorização judicial".[10]

Entretanto, naquilo que receber a mais o herdeiro, incide o imposto de transmissão entre vivos.

O juiz abre o prazo de quinze dias para o pedido da quota. Depois, intimam-se os demais interessados, ouvindo-se as reclamações e aferindo o juiz se condizem com a partilha pretendida.

Caso procedente a inconformidade dos reclamantes, novo esboço realizar-se-á.

O Código não prevê a hipótese de se abrirem vistas aos outros interessados, mas é obrigatória tal providência, para evitar uma decisão baseada apenas na versão de uma das partes.

Proferirá o juiz a decisão. Ordenará os bens que irão compor cada quinhão, observadas, dentro do possível, as preferências.

---

10 Agr. Instr. nº 120.760-9, 3ª Turma do TJSP, 30.09.91, *RT*, 676/158.

No art. 651 do CPC, estão indicados alguns componentes a serem obedecidos na organização do esboço: "O partidor organizará o esboço da partilha de acordo com a decisão judicial, observando nos pagamentos a seguinte ordem:

I – dívidas atendidas;

II – meação do cônjuge;

III – meação disponível;

IV – quinhões hereditários, a começar pelo coerdeiro mais velho".

Esta ordem não é obrigatória, visto que provável a existência de outros elementos, como dívidas, se perdurarem ou encontrando-se sob discussão judicial. Nada impede que não tenham sido satisfeitas por haver dificuldade no atendimento, ou porque não concordem os herdeiros em pagá-las.

Segundo consta na regra transcrita, o partidor apresenta um plano de partilha. Em primeiro lugar, colocará o montante do monte-mor partilhável, isto é, todo o acervo sem nada descontar ou subtrair. Em seguida, especificará todas as dívidas. Se forem pagas sem o comprometimento do patrimônio, não efetuará o desconto. Ao contrário, abaterá o montante do patrimônio, chegando-se ao acervo líquido. Perdurando, ainda, as dívidas, serão distribuídas conforme o número de herdeiros.

Na meação do cônjuge supérstite, debitar-se-á a metade do total que resultou, exceto se, comprovadamente, e convindo todos os herdeiros, reconhecer-se que as dívidas eram particulares do falecido, e não representarem gastos em favor do casal, ou da família.

Feito o abatimento, se for o caso, retira-se a meação do cônjuge supérstite. Subtrai-se, igualmente, a parte disponível e compreendida nas disposições testamentárias.

Só então se procede à divisão pelo número de herdeiros, para encontrar a respectiva quota. Os quinhões – que se denominam pagamentos – iniciam pelos herdeiros mais velhos, na mesma classe.

Terão quinze dias as partes para se manifestarem, como ordena a lei processual, art. 652: "Feito o esboço, as partes manifestar-se-ão sobre esse no prazo comum de 15 (quinze) dias, e, resolvidas as reclamações, a partilha será lançada nos autos".

É importante a intimação das partes, seja quem for que apresentar o esboço, sob pena de se anular a homologação. É o que se decidiu antes do vigente diploma processual, mas lembrando que o regramento do anterior diploma processual equivale à disposição do atual: "O plano de partilha, apresentado pelo inventariante, equipara-se a um 'documento'. Assim, a menos que todos os herdeiros e o meeiro, se houver, estiverem representados pelo mesmo patrono do inventariante, dele se deverá dar vistas àqueles herdeiros, não representados no processo pelo procurador do inventariante – pena de nulidade do processo, por infringência do art. 398 do Código de Processo Civil".[11]

Um dos pontos de grandes controvérsias reside na escolha ou preferência dos bens. Em geral, todos os herdeiros preferem o bem mais cômodo ou em melhores condições, podendo ocorrer, então, impossibilidade de divisão, e mesmo de definição do herdeiro a quem se atribui.

Nestes casos, diante da manifesta vontade de todos pretenderem o mesmo bem, e sendo o mesmo indivisível, a solução está na venda, com a posterior distribuição do preço alcançado.

---

11 Agr. Instr. nº 593068315, 7ª Câmara Cível do TJRGS, 01.12.93, *Revista de Jurisprudência do TJRGS*, 163/233.

Da decisão do juiz que resolve as reclamações ou pendengas cabe o recurso de agravo, procedimento inquestionável, posto que há uma decisão que se revela importante para o futuro no que diz respeito ao lançamento da partilha, que obedecerá a decisão que repeliu ou resolveu as impugnações.

A decisão do juiz orientará as diretrizes da partilha futura. Se se manifestarem conformes as partes, com o início do ato seguinte, que é o ato da partilha, precluem futuras inconformidades relativas ao lançamento da partilha.

9. CRITÉRIOS E DIRETRIZES PARA A PARTILHA

Na confecção do esboço e na solução das controvérsias, procura-se encontrar um consenso que satisfaça a todos os herdeiros. Nem sempre, porém, isto é possível. Vários herdeiros podem exigir o mesmo bem, ou ser contemplados em bem indivisível.

O Código Civil delineia algumas regras, orientando o modo de serem partilhados os bens, e indicando a diretriz para os casos de indivisibilidade.

A maior igualdade possível é o princípio básico, que vem no art. 2.017: "No partilhar os bens, observar-se-á, quanto ao seu valor, natureza e qualidade, a maior igualdade possível".

Todos os herdeiros possuem o mesmo direito na herança. Não se justifica o favorecimento a alguns. Isto sob pena de se anular a posterior partilha, e em especial se menores os herdeiros, e não acompanhando o feito o Ministério Público, como já assentado na jurisprudência:

"Partilha. Interesse de menor. Falta de intimação do Ministério Público do respectivo esboço, e violação do princípio da igualdade, de vez que, tratando-se de dois imóveis, o de maior valor foi atribuído ao viúvo meeiro, e o menos valioso aos dois herdeiros, um dos quais menor... Nulidade do processo a partir do momento em que o Ministério Público deveria ter sido intimado do esboço da partilha".[12]

Já ensinava José Pereira de Carvalho que a igualdade não se configura quando se dá a cada herdeiro uma parte igual da herança, em vista do valor conferido ao patrimônio total, mas sim quando se atribui uma parte igual no imóvel, na raiz, no bom, no mau, no certo, no duvidoso, com o que todos participam em todo o acervo, ou em cada um dos seus componentes.[13]

Realmente, se assim for traçada a partilha, remoto o prejuízo a alguma das partes. Mas, para tanto, cada herdeiro receberia no imóvel rural, no prédio urbano, no veículo, nos bens que guarnecem a casa, nas joias, ou seja, em tudo. Estabelecer-se-ia a comunhão em cada coisa, impedindo, inclusive, o proveito ou a utilidade do quinhão. É o tipo de partilha explicado por Ernane Fidélis dos Santos: "A partilha pode ser feita em partes ideais, de tal forma que, proporcionalmente, todos os herdeiros e o meeiro participem, *pro indiviso*, de todos os bens. Muito embora os aquinhoados adquiram o direito de disposição das partes ideais que lhe foram conferidas, partilha, no rigor dos termos, não se terá por feita, podendo fazer-se por qualquer momento, mesmo após o trânsito em julgado da sentença homologatória. A partilha, ou pseudo-partilha, alcança apenas o poder de disposição que dá ao aquinhoado o direito de dispor individualmente das partes ideais,

---

12 Apel. Cív. nº 16.009-0, 2ª Câmara Cível do TJPR, 16.10.91, *RT*, 684/138.
13 *Primeiras Linhas sobre o Processo Orfanológico*, Rio de Janeiro, Editora J. Ribeiro dos Santos, 1915, § 104, nota 189.

de dividir qualquer dos bens ou vendê-lo como coisa comum, mas, enquanto permanecer o estado primitivo, a herança permanece indivisa, com possibilidade de partilha de todos os bens em conjunto".[14]

Combate-se a praxe de distribuir a cada herdeiro uma parte ideal e aritmética em cada uma das propriedades da herança, eis que se estaria aumentando a indivisão. A própria jurisprudência já assentou que a atribuição de uma parte ideal em cada imóvel à viúva e a todos os herdeiros não é partilha e não deve ser homologada, desde que impugnada por qualquer interessado.[15] No entanto, aparecem situações em que não se viabiliza forma diferente de distribuição da herança, tamanho o grau de litigiosidade entre os herdeiros, cada um querendo a parte que o outro também pretende, ou porque díspares as estimativas nas diversas porções.

Em verdade, inexistem regras, e nem poderiam existir, que forneçam uma diretriz para uma solução que agrade aos herdeiros na sua unanimidade.

A orientação acima, portanto, alça-se apenas como princípio a direcionar a partilha.

Bens aparecem que não cabem no quinhão de um único herdeiro, ou que não permitem a divisão cômoda. Assim, é provável que um apartamento exceda a quota do herdeiro. Ou que o veículo seja insuficiente para integralizar uma outra quota, a qual se complementará com uma parte correspondente a determinado percentual sobre um imóvel.

Nestas comuns situações, a única via que se abre para os herdeiros está na venda dos bens, em hasta pública, ou a adjudicação por um dos herdeiros. É o que orienta o art. 2.019 do Código Civil: "Os bens insuscetíveis de divisão cômoda, que não couberem na meação do cônjuge sobrevivente ou no quinhão de um só herdeiro, serão vendidos judicialmente, partilhando-se o valor apurado, a não ser que haja acordo para serem adjudicados a todos".

A diretriz mantém, em tese, antiga orientação do Supremo Tribunal Federal: "O imóvel que, na partilha, não cabe no quinhão de um herdeiro, nem admite divisão cômoda, nem a respeito dele se chega a acordo quanto à reposição pelo herdeiro, nem quanto à inclusão no pagamento de dois ou mais herdeiros, que fiquem em comum, tem de ser vendido *necessitatis causa*".

Recitando o ensinamento de Clóvis, consta no voto do relator, com base no art. 1.777, atualmente substituído pelo art. 2.019: "A providência consignada no art. 1.777 é um modo adequado a solver uma dificuldade. Em primeiro lugar, a providência refere-se, exclusivamente, aos imóveis; depois, o recurso da hasta pública só se verifica se algum dos coerdeiros não requerer lhe seja adjudicado o bem, repondo aos outros, em dinheiro, o que exceder do seu domínio; finalmente, para a arrematação concorrem herdeiros e estranhos (Código Civil, p. 267, nota 1, Editora Livraria Francisco Alves, 3ª ed., 1935)".[16]

No Superior Tribunal de Justiça, se mantém a solução, com amparo ainda naquela norma do Código anterior, atualmente substituída pelo art. 2.019: "Segundo estabelece o art. 1.777, CC, 'o imóvel que não couber no quinhão de um só herdeiro, ou não admitir divisão cômoda, será vendido em hasta pública, dividindo-se-lhe o preço, exceto se um ou mais herdeiros requererem lhe seja adjudicado, repondo aos outros, em dinheiro, o que sobrar'. Ocorrendo as condições fáticas pertinentes, é de deferir a adjudicação à pos-

---

14 *Manual de Direito Processual Civil*, ob. cit., vol. 3, p. 109.
15 *RT*, 488/70, 537/51.
16 RE nº 89.364-4-BA, 09.09.80, *Lex – Jurisprudência do Supremo Tribunal Federal*, 26/125.

Cap. XLVII | Partilha dos Bens • **693**

tulante, que por aproximadamente trinta anos, como companheira, conviveu *more uxorio* com o *de cujus*".[17]

A venda é a saída mais comum para as hipóteses acima, o que se faz mediante venda particular pelo valor da avaliação dos bens, ou em hasta pública, com a prévia publicação de edital, na forma do art. 887 e de seus parágrafos do estatuto processual civil.

Todavia, os herdeiros podem requerer a adjudicação, sempre que houver acordo, na dicção do dispositivo transcrito. Entende-se, porém, mesmo que não cheguem a um denominador comum os herdeiros, não se justifica a recusa ao pedido de adjudicação, desde que se faça pelo valor da avaliação.

O § 1º do art. 2.019 da lei civil dá guarida à adjudicação: "Não se fará a venda judicial se o cônjuge sobrevivente ou um ou mais herdeiros requererem lhes seja adjudicado o bem, repondo aos outros, em dinheiro, a diferença, após avaliação atualizada".

E se for acirrada a disputa, vários herdeiros pretendendo a adjudicação isoladamente? Pensa-se que a solução está nas linhas do art. 1.322 do Código Civil, que discrimina situações, dando a solução para cada uma: "Quando a coisa for indivisível, e os consortes não quiserem adjudicá-la a um só, indenizando os outros, será vendida e repartido o apurado, preferindo-se, na venda, em condições iguais de oferta, o condômino ao estranho, e entre os condôminos, aquele que tiver na coisa benfeitorias mais valiosas, e, não as havendo, o de quinhão maior".

O caminho está reproduzido no art. 730 do Código de Processo Civil, com o seguinte texto: "Nos casos expressos em lei, não havendo acordo entre os interessados sobre o modo como se deve realizar a alienação do bem, o juiz, de ofício ou a requerimento dos interessados ou do depositário, mandará aliená-lo em leilão, observando-se o disposto na Seção I deste Capítulo e, no que couber, o disposto nos arts. 879 a 903".

A referida Seção I disciplina o procedimento de jurisdição voluntária para certas pretensões. Os arts. 879 a 903 dão as linhas e as formas da alienação por imposição judicial.

Efetua-se a preferência nos moldes do art. 1.322 do Código Civil, acima transcrito.

Caso não se manifestar a preferência, ou sendo todos iguais os quinhões, não resta alternativa senão a venda, repartindo-se o preço. Mas, havendo a mera discordância para que alguém adjudique, sem também exercer o mesmo direito, atende-se a quem postulou a adjudicação.

Parece que aí está a diferença quanto ao art. 1.322, em relação ao art. 2.019: sob a situação da primeira regra, mais de um condômino quer a adjudicação. Aplica-se, no entanto, o art. 2.019 se a discordância não envolver pedido concomitante de dois ou mais herdeiros na adjudicação.

Se vários herdeiros concorrerem em condições de absoluta igualdade, a solução está em conceder o direito ao que oferecer maior lanço, o que constitui uma forma de licitação. A previsão se encontra no § 2º do art. 2.019: "Se a adjudicação for requerida por mais de um herdeiro, observar-se-á o processo de licitação". Opera-se a solução de acordo com as melhores condições e vantagens que o herdeiro apresentar.

Em suma, dos vários preceitos extrai-se que a venda será o caminho, exceto se preferir alguém a adjudicação e havendo concordância dos outros herdeiros. A condição para a adjudicação é o pedido, mesmo que discordem os demais sucessores. E concorrendo vários interessados na adjudicação, tem-se que dar a preferência para o condômino, e,

---

17 REsp. nº 91.976-SP, da 4ª Turma, j. em 23.09.1998, *DJU* de 18.12.1998.

694 • Direito das Sucessões | *Arnaldo Rizzardo*

dentre eles, o que tiver benfeitorias no imóvel, ou aquele cujo quinhão for maior; se absolutamente iguais as condições, adjudica o que ofertar maior valor.

Entretanto, não é o juiz obrigado a observar o critério da legalidade estrita, podendo adotar em cada caso a solução que reputar mais conveniente ou oportuna. Não que julgue contra a lei, mas formando a convicção segundo o direito mais aplicável à situação apresentada. A tanto parece que dispôs o art. 723 da lei processual, ao simplesmente ordenar que "o juiz decidirá o pedido no prazo de dez dias".

Como já referido, em processo especial segue a alienação (art. 730 do CPC, obedecendo-se o procedimento dos arts. 879 a 903, disciplinando a alienação de bens no processo de execução por quantia certa). Se, todavia, os herdeiros envolvidos convierem, admite-se que seja feita nos autos do inventário.

Mas outros problemas surgem, podendo acontecer de nenhum herdeiro aceitar especificado bem, por razões múltiplas, como a distância, má conservação, envolvimento em litígio, ou inutilidade de sua serventia. Difícil obrigar a um herdeiro a aceitação. O caminho será, então, partilhá-lo a todos os herdeiros.

De preferência, se um dos herdeiros for proprietário de um imóvel confinante a outro, concede-se-lhe este com o qual confina.

Conveniente, sempre, nos imóveis divisíveis, fixar a localização dos quinhões – situação possível não apenas quando tiverem o mesmo valor em toda sua extensão, mas também se diversas as valorações, ou se estas se fazem por setores. Quanto mais subir a estimativa, diminuirá proporcionalmente a extensão que comporá o quinhão.

Aos incapazes atribuem-se, dentro do possível, imóveis, eis que mais garantidas a preservação e a manutenção do valor.

Impossível nova licitação ou oportunidade para ofertas de preço: "Direito de preferência. Herdeiros. Se presentes os únicos herdeiros à licitação e um deles ofereceu maior lance que o outro, não cabe promover-se nova licitação entre os dois, o que só se justificaria se tivesse lance de terceiro, maior". Nesta perspectiva, mesmo que o herdeiro perdedor apresente nova proposta, e requeira outra licitação, mantém-se a primeira licitação, adjudicando-se os bens ao vencedor. Observe-se esta passagem do acórdão que importou na ementa acima: "Quanto ao mérito, por certo que tem razão a recorrida. Esta – e o fato é incontroverso – ofereceu o maior lance pelo imóvel, e sendo ela um dos herdeiros, não havia como pretender-se que entre os dois houvesse manifestação de direito de preferência, pois tal direito somente caberia, no caso, se o maior lance tivesse sido feito por terceiro. Como poderia falar-se em direito de preferência entre os dois únicos herdeiros, se um deles já fizesse lance maior?".[18]

Havendo bens situados em locais distantes, ou em Unidades da Federação diversas daquela onde corre o inventário, ou litigiosos, ou de liquidação morosa e difícil, podem ficar para uma sobrepartilha posterior, prevendo o art. 2.021 do diploma civil sobre o assunto: "Quando parte da herança consistir em bens remotos do lugar do inventário, litigiosos, ou de liquidação morosa ou difícil, poderá proceder-se, no prazo legal, à partilha dos outros, reservando-se aqueles para uma ou mais sobrepartilhas, sob a guarda e a administração do mesmo ou diverso inventariante, e consentimento da maioria dos herdeiros".

Os bens distantes importam em despesas elevadas de viagens e conservação, nem sempre suportáveis de imediato.

---

18 RE nº 113.366-RJ, 2ª Turma do STF, 13.03.90, *Revista Trimestral de Jurisprudência*, 133/394.

Cap. XLVII | Partilha dos Bens • 695

Aqueles que se encontram *sub judice*, ou envolvidos em processo, cujo destino está na dependência de uma sentença, exigem longa duração de tempo para a definição. Por conseguinte, nem sempre comportam um sobrestamento do inventário daquele patrimônio que se encontra mais à mão.

Já no antigo direito era assim: "No inventário se descreve tudo quanto havia no casal partilhável, as mesmas coisas litigiosas se descrevem com as declarações necessárias; porém, não entram em partilha estando litigiosas, e se reservam para quando se finalizar a demanda, fazendo-se a partilha nos outros bens".[19]

Especial atenção merece o resultado ativo na liquidação das sociedades empresárias. O processo de liquidação é demorado, com a nomeação de um liquidante, e a realização de levantamento ou perícia de todo o ativo e passivo, cujo procedimento é o comum, conforme o art. 1.046, § 3º, do CPC, e obedecendo-se os princípios que estão nos arts. 1.102 a 1.112 do vigente Código Civil. O melhor, pois, é prosseguir no inventário, deixando o ativo das sociedades para momento posterior.

Isto, e já assim entendia Carvalho Santos, porque impera a "necessidade de não se retardar a partilha dos bens líquidos e presentes, com a apuração dos ilíquidos e remotos. O que é possível, faz-se no prazo legal, que não se prolonga por motivos das dificuldades naturais oferecidas pela liquidação dos bens remotos, litigiosos, ou ilíquidos".[20]

Igualmente em momento posterior leva-se a inventário a parcela de patrimônio reservada em razão de uma ação investigatória de paternidade, julgada improcedente.

Por sua vez, esta a redação do art. 2.022: "Ficam sujeitos a sobrepartilha os bens sonegados e quaisquer outros bens da herança de que se tiver ciência após a partilha".

A regra estabelece o óbvio. Não existe, pelo menos na esfera do estatuto processual, outra maneira de solucionar o problema.

O patrimônio, em todas as situações examinadas, submete-se à administração do inventariante ou dos herdeiros, ou do ex-cônjuge.

10. O LANÇAMENTO OU CONFECÇÃO DA PARTILHA

Ponto realmente importante é aquele que segue o esboço de partilha.

Uma vez apresentado o plano, ouvem-se as partes, em cinco dias. O juiz poderá determinar diligências. Em seguida, depois de ouvidas as partes, mandará que seja lançada nos autos a partilha.

Daí se notar que o esboço é ato distinto da partilha propriamente dita, o qual dela precede.

Como se faz o lançamento?

Desenvolve-se em dois atos: por meio do auto do orçamento e das folhas de pagamento, tantas quantos forem os herdeiros.

Cumpre, pois, observar a sequência da partilha: o esboço, as reclamações, as retificações ordenadas pelo juiz e o lançamento da partilha. Mas unicamente depois de solucionadas as reclamações processa-se o lançamento, que envolve o auto de orçamento e uma quantidade de folhas de pagamento igual ao número das pessoas contempladas na sucessão.

---

19 Carlos Alberto de Menezes e José Tavares Bastos, ob. cit., p. 95.
20 Ob. cit., vol. XXIV, p. 435.

696 • Direito das Sucessões | *Arnaldo Rizzardo*

O auto de orçamento converte-se em um escrito lançado numa ou mais folhas, indicando os interessados ou herdeiros, com a qualificação e o montante de cada herdeiro. O art. 653, inc. I, da lei processual encerra, numa primeira parte:

> A partilha constará:
>
> I – de auto de orçamento, que mencionará:
>
> a) os nomes do autor da herança, do inventariante, do cônjuge ou companheiro supérstite, dos herdeiros, dos legatários e dos credores admitidos;
>
> b) o ativo, o passivo e o líquido partível, com as necessárias especificações;
>
> c) o valor de cada quinhão.

Naturalmente, impõem-se as assinaturas do escrivão e do juiz.

Nota-se a semelhança com o esboço, divergindo dele em função dos nomes de várias pessoas que obrigatoriamente virão nomeadas no esboço.

A partilha conterá, a seguir, as folhas de pagamento, que correspondem à formalização documental da aquisição da parcela de herança atribuída a cada herdeiro.

Haverá uma folha de pagamento para cada parte. Em cada uma delas, declarar-se-á a quota do herdeiro, isto é, a quota que será paga a ele.

A respeito, indicado observar uma ordem nos pagamentos, iniciando com o cônjuge supérstite, conforme já orientava Dionysio Gama: "O primeiro pagamento será o da meação, depois o dos interessados hereditários, a começar pelo herdeiro mais velho, e dos legados, e finalmente, o das dívidas passivas".[21]

O Código de Processo Civil é explícito sobre os elementos da folha de pagamento, no art. 653, inc. II:

> A partilha constará: (...)
>
> II – de folha de pagamento para cada parte, declarando a quota a pagar-lhe, a razão do pagamento e a relação dos bens que lhe compõem o quinhão, as características que os individualizam e os ônus que os gravam.

A folha de pagamento será o instrumento que servirá de título, materializado, após, no formal de partilha. Nela consta realizado o direito do herdeiro, ou a parte líquida que lhe resta. É confeccionada com os seguintes dados: o nome e qualificação do herdeiro; a quota a pagar; a razão ou motivo do pagamento, isto é, a qualidade do herdeiro, ou a que título se dá a herança; a relação dos bens que compõem o quinhão – este vindo fixado em uma cifra econômica, e integrado pelos bens até o montante que completem a quota; caracteriza-se cada bem, com a devida descrição e colocação de elementos de molde a possibilitar o registro; e os ônus que os gravam, como hipoteca, penhora, usufruto etc.

Quando um bem abrange várias quotas, sua descrição faz-se em uma única vez. Nos pagamentos seguintes, refere-se a quota ao bem descrito no primeiro pagamento. Quando constituído de imóvel divisível, nada impede que o pagamento corresponda a determinada extensão de área, dando-se as dimensões e características. É, aliás, conveniente que se caracterizem e se avaliem as partes de alguma terra, sem se afastar a individualização e a avaliação do todo. Pode até acontecer que a soma dos valores atribuídos a cada parte não corresponda ao valor do total, o que permite – diante do art. 631 do Código de Processo

---

21 Ob. cit., p. 117.

Civil, que remete aos arts. 872 e 873 – que o perito, quando o imóvel for suscetível de cômoda divisão, o avalie em suas partes, sugerindo os possíveis desmembramentos.

Feita a partilha, segundo já salientado, todas as peças serão assinadas pelo juiz e pelo escrivão (parágrafo único do art. 653 do CPC).

11. A DIVISÃO GEODÉSICA

Sempre que admitida a divisão de um imóvel, nada impede que se faça a divisão geodésica, ou a demarcação. No regime do diploma processual de 1939, era a mesma assegurada expressamente depois da partilha. Assegurava o art. 506, § 1º: "Na divisão das terras que tiverem o mesmo valor, a partilha fixará, quando possível, a localização dos quinhões".

O art. 515 do citado estatuto estabelecia: "Feita a partilha, qualquer dos herdeiros poderá requerer, nos mesmos autos, a divisão geodésica das terras partilhadas ou, se feita esta, a demarcação dos quinhões".

Mesmo nos processos com a presença de menores admitia-se tal forma de divisão ou demarcação, como autorizava o parágrafo único do apontado art. 515: "Nos inventários em que houver incapazes, poderá ser promovido o processo divisório ou demarcatório".

Como se fazia a divisão?

A resposta está no art. 516, também do Código de Processo Civil de 1939: "A divisão e demarcação serão feitas por profissional, ou prático, escolhido pelos interessados ou nomeado pelo juiz, e serão julgadas por sentença".

Outras regras havia, tudo para tornar o inventário uma solução efetiva aos proprietários, sem a necessidade de novas demandas.

No sistema atual e no CPC de 2015, nada impede que os herdeiros, ou alguns deles, peçam a divisão geodésica, ou mesmo a demarcação, com o georreferenciamento em se tratando de imóveis rurais, cuja obrigatoriedade para imóveis inferiores a 500 hectares foi sendo sucessivamente prorrogada. O momento para exteriorizar este pedido é quando as partes se manifestam sobre a avaliação, ou formulem pedidos de quinhões. De fato, decidiu-se, a respeito da divisão geodésica: "Pode ser procedida nos próprios autos do inventário. Não se trata de ação nova de divisão ou demarcação, mas a continuação da mesma, a fim de individualizar os quinhões".[22]

Entende-se, no entanto, que inexistindo aquiescência de todos os herdeiros, a questão há de ir para as vias ordinárias, através da competente ação de divisão, visto ser impossível embutir, no inventário, um litígio que abranja uma discussão de natureza totalmente distinta.

12. O PAGAMENTO DOS IMPOSTOS E A APRESENTAÇÃO DE CERTIDÕES NEGATIVAS

Uma vez lançada a partilha, intimam-se os interessados para alegarem o que entenderem de errado ou equivocado no auto elaborado da partilha. Intimam-se igualmente para os efeitos do art. 654 do CPC, isto é, para os pagamentos dos tributos e a juntada de certidões negativas: "Pago o imposto de transmissão a título de morte, e juntada aos

---

22 *Revista de Jurisprudência do TJRGS*, 117/389.

698 • Direito das Sucessões | *Arnaldo Rizzardo*

autos certidão ou informação negativa de dívida para com a Fazenda Pública, o juiz julgará por sentença a partilha".

Vemos, pois, que o julgamento não prescinde da realização de certos atos, e que se relacionam com o fisco. As guias são expedidas, com a pronta juntada aos autos, portando o timbre ou carimbo mecanizado do recolhimento. Ressalte-se que tão logo efetuado o cálculo cabe a efetivação do recolhimento.

As certidões negativas – municipal, estadual e federal – de dívidas para com a Fazenda igualmente virão aos autos, constituindo-se de condição para a devida homologação, nos rigores da lei. Precisa, sobre o assunto, a lição de Ernane Fidélis dos Santos: "As quitações estadual e municipal são sempre necessárias e serão fornecidas pelo órgão competente do local onde os bens estejam situados, do local onde se processa o inventário e, se houver duplo domicílio, de ambos, pois poderá haver imposto de natureza pessoal, devido pelo *de cujus*".[23]

Salienta, ainda, José da Silva Pacheco: "É condição indispensável para o julgamento da partilha ou da adjudicação a certidão negativa dos impostos predial e territorial a que estão sujeitos os imóveis. É imposição do art. 1.026 do CPC, que não poderá ser dispensada pelo juiz".[24] O referido art. 1.026 corresponde ao art. 654 do vigente CPC.

O Superior Tribunal de Justiça reforçou: "É lícita a exigência de certidões negativas, porque só se cumpre o testamento se 'lhe não achar vício externo que o torne suspeito de nulidade ou falsidade' (Cód. de Pr. Civil, art. 1.126)".[25] O referido art. 1.126 corresponde ao art. 735, § 2º, do atual CPC.

Deve a Fazenda Federal prestar informações sobre o espólio, a teor do art. 883 do Decreto nº 3.000, de 26.03.1999: "Para efeito do julgamento de partilha ou de adjudicação, relativamente aos bens do espólio ou às suas rendas, o Ministério da Fazenda, por intermédio da Secretaria da Receita Federal, prestará ao juízo as informações que forem solicitadas".

O parágrafo único: "A apresentação de certidão poderá ser feita pelo próprio interessado diretamente ao juízo".

Inclusive a certidão de cadastro do imóvel rural junto ao INCRA se apresenta, em obediência ao art. 22, § 2º, da Lei nº 4.947, de 06.04.1966, que reza: "Em caso de sucessão *causa mortis* nenhuma partilha, amigável ou judicial, poderá ser homologada pela autoridade competente, sem a apresentação do Certificado de Cadastro, a partir da data referida neste artigo".

No entanto, não se pode levar ao extremo a exigência das certidões negativas. Havendo dívidas pendentes, ou processo em andamento, não será concedida uma certidão negativa, mas positiva.

O que fará o juiz?

Homologará a partilha. Leva-se em conta que o fisco está ciente da existência do inventário. E, havendo dívida, se não ocorreu pronto atendimento para pagar, não podia o mesmo manter-se omisso. Poderia ingressar com a ação apropriada ao recebimento do crédito. O Supremo Tribunal Federal já se manifestou sobre o assunto, admitindo que "não pode ser exigida, no inventário, prova de pagamento de tributos em outro processo", principalmente se não esclarecido o débito. Nesta ordem, "não pode ser o inventário paralisado até a prova do eventual pagamento de tributos à Fazenda em outro processo", havendo "meios legais para exigi-los no referido processo".[26]

---

23 *Procedimentos Especiais*, São Paulo, Editora Universitária de Direito, 1976, p. 217.
24 *Inventários e Partilhas na Sucessão Legítima e Testamentária*, ob. cit., 1980, p. 477.
25 REsp. nº 95.861-RJ, da 3ª Turma do STJ, j. em 04.03.1999, *DJU* de 21.06.1999.
26 RE nº 96.379-RJ, 2ª Turma, 02.03.1982, *Revista Trimestral de Jurisprudência*, 103/856.

Por outro lado, os quinhões respondem pelas dívidas do espólio, até o limite de seu montante.

Mesmo que a certidão não seja fornecida em um prazo determinado, lança-se a sentença.

Quanto ao pagamento do tributo, o art. 192 do Código Tributário Nacional prescreve: "Nenhuma sentença de julgamento de partilha ou adjudicação será proferida sem prova da quitação de todos os tributos relativos aos bens do espólio, ou às suas rendas".

Assim, de inquestionável exigência apenas o pagamento do imposto de transmissão. Todavia, formou-se um entendimento de que a concessão da justiça gratuita abarca também a isenção do imposto de transmissão *causa mortis*, como revela o presente julgado: "Cabe ao juiz do inventário, à vista da situação dos herdeiros, miseráveis na forma da lei, por isto ao apanágio da Justiça Gratuita, declará-los isentos do pagamento do imposto de transmissão *causa mortis*. Providência que independe de burocrático requerimento na esfera administrativa para o reconhecimento judicial". Outros dois julgados são citados na decisão, que são o REsp. nº 111.566-RJ, *DJU* de 09.08.1999, e REsp. nº 114.461-RJ, da 4ª Turma, *DJU* de 18.08.1997, ambos do STJ, respectivamente da 1ª e da 4ª Turmas.[27]

Para ensejar esse entendimento, invoca-se também o art. 179 do Código Tributário Nacional, que expressa: "A isenção, quando não concedida em caráter geral, é efetivada, em cada caso, por despacho da autoridade administrativa, em requerimento com o qual o interessado faça prova do preenchimento das condições e do cumprimento dos requisitos previstos em lei ou contrato para sua concessão".

Apesar do caráter social da exegese, não existe essa concessão. Se permitida a isenção em face da justiça gratuita, cumpria que viesse mencionada especificamente. Lembra-se que a lei enumera expressamente as isenções, o fazendo, normalmente, em lei municipal.

Ademais, para o deferimento do benefício, urge que se atendam aos requisitos do cânone acima, e que se procure o favor perante a autoridade administrativa. Ademais, as isenções ou imunidades devem constar em lei específica.

No pertinente às informações em certidão negativa de dívidas federais, dispõe o art. 1º, § 3º, do Decreto-Lei nº 1.715, de 22.11.1979: "Para efeito do pagamento de partilha ou de adjudicação, relativamente aos bens do espólio, ou às suas rendas, o Ministério da Fazenda prestará ao juízo as informações solicitadas".

As informações deveriam ser prestadas em trinta dias, como constava do art. 666, parágrafo único, do Decreto nº 85.450, de 04.11.1980, que cominava penalidades ao funcionário fiscal que desatendesse o pedido de informação, no prazo referido. Mas de acordo ainda com o Decreto nº 1.041, de 11.01.1994, que aprovava o Regulamento para a cobrança e fiscalização do Imposto sobre a Renda e Proventos de Qualquer Natureza, ficou revogado, pelo seu art. 3º, o Decreto nº 85.450. Por sua vez, veio o Decreto nº 1.041 a ser revogado pelo Decreto nº 3.000/1999.

Rege a matéria, atualmente, o art. 883 do Decreto nº 3.000/1999, obrigando a prestação de informações, mas não especificando o prazo:

> Para efeito do julgamento de partilha ou de adjudicação, relativamente aos bens do espólio ou às suas rendas, o Ministério da Fazenda, por intermédio da Secretaria da Receita Federal, prestará ao Juízo as informações que forem solicitadas (Decreto-Lei nº 1.715, de 1979, art. 1º, § 3º).

---

27 REsp. nº 238.161-SP, da 2ª Turma do STJ, de 12.09.2000, *DJU* de 09.10.2000.

700 • Direito das Sucessões | *Arnaldo Rizzardo*

Parágrafo único. A apresentação de certidão poderá ser feita pelo próprio interessado diretamente ao Juízo.

Não mais é previsto o prazo para a Receita Federal informar. Mesmo assim, não pode a parte aguardar indefinidamente por tais informações. Conveniente que, ao requisitá-las, estabeleça o juiz um prazo para o atendimento, em torno de trinta dias. Faltando a certidão negativa, por descumprimento da requisição para o seu fornecimento, não se impede ao juiz de homologar a partilha.

Envolvendo a herança bens imóveis, impõe-se a juntada do certificado de cadastro atualizado, onde consta o pagamento do imposto anual. O art. 22, § 2º, da Lei nº 4.947, de 06.04.1966, estatui: "Em caso de sucessão *causa mortis*, nenhuma partilha, amigável ou judicial, poderá ser homologada pela autoridade competente sem a apresentação do certificado de cadastro, a partir da data referida neste artigo".

As regras especiais impõem a total normalidade do espólio perante o fisco.

Entretanto, conforme afirmado, a persistência de encargos ou ônus não impede a homologação e expedição de formais, se omissa a Fazenda Pública em reclamar o seu crédito.

Não se pode, também, para fins de homologação, impor o pagamento de dívidas se com elas não concordam os herdeiros. De qualquer forma, não ficará o credor sem poderes ou condições de posteriormente realizar o crédito. Assiste-lhe a cobrança perante o herdeiro contemplando com a herança.

Ressalte-se que Pontes de Miranda, relativamente à falta de participação da Fazenda Pública e do pagamento do imposto, não considera nula a sentença de partilha, mas unicamente inexistente quanto à Fazenda: "Os impostos têm de ser pagos antes. Se o não foram, a sentença de partilha não é nula (...) É apenas rescindível. Se a Fazenda Pública não foi ouvida, nem intimada, a sentença é ineficaz contra ela. Portanto, pode a Fazenda Pública executar os herdeiros. Se transitou em julgado, em relação à Fazenda Pública, a sentença em que os impostos não foram devidamente pagos, tem de ser proposta a ação rescisória, salvo se se alega anulabilidade".[28]

13. O JULGAMENTO DA PARTILHA

Como foi referido, o art. 654 do CPC estabelece que o juiz julgará a partilha após o pagamento do imposto e a juntada de certidões negativas do fisco.

Ao proferir a decisão, analisará ou apreciará eventuais reclamações que vieram formuladas no prazo da intimação dos herdeiros para falarem sobre a partilha. Estas reclamações não podem envolver matéria preclusa, ou já decidida em anteriores momentos, como, por exemplo, quando do exame do esboço de partilha.

Outrossim, caso repita a partilha os termos do esboço, e se, intimados deste ato, os herdeiros ficaram em silêncio, parece que se opera, aí, a preclusão.

A decisão simplesmente caracteriza-se como homologatória, se nada a decidir. Mas se existirem questões pendentes em relação à partilha, deverá examiná-las, aceitando-as ou repelindo-as.

---

28 *Comentários ao Código de Processo Civil*, ob. cit., vol. XIV, p. 242.

O recurso próprio consiste sempre de apelação, visto tratar-se de decisão que define a partilha.[29]

Cabe destacar algumas considerações a respeito da natureza da sentença, que é declarativa, eis que ela não atribui a propriedade. Com a abertura da sucessão ocorre a dita atribuição. Operada a sucessão, entre os coerdeiros verifica-se simples declaração dos quinhões. A aquisição operou-se com a morte.

Clóvis Beviláqua, com a autoridade de elaborador do Código de 1916, ponderava: "Como já ficou afirmado no Comentário nº 1 ao art. 1.722, a partilha, em Direito pátrio, não é como alguns entendem que era no Direito romano, atributiva da propriedade, e, sim, meramente declarativa. Não o declara o Código Civil neste artigo, mas no art. 631, onde se determina o efeito da divisão entre condôminos. Quer isso dizer que proferida a sentença que julga a partilha, cessa o estado de comunhão, em que se achavam os herdeiros, consenhores e compossuidores dos bens da herança, e cada um investido na propriedade e na posse da porção que lhe toca se considera como tendo sido proprietário exclusivo dessa porção, desde o momento em que se abriu a sucessão".[30] O art. 1.722 invocado no texto corresponde ao art. 1.847 do atual Código Civil, enquanto o art. 631 não possui regra equivalente.

A sentença não divide, ou, pelo menos, nem sempre divide. Ela parte o patrimônio. Embora seja um dos seus objetivos extinguir a comunhão, em muitas ocasiões os herdeiros não se livram da indivisão, e, daí, de uma nova comunhão, o que se dá quando dois ou mais deles recebem quinhões dentro do mesmo bem.

Ela tem o condão de extinguir a herança. Efetivamente, com a sentença transitada em julgado, não há mais herança. O Direito das Sucessões deixa de reger as relações, as quais ficam sob o domínio do Direito das Coisas.

Por último, proferida a decisão, com o trânsito em julgado, cessa a atividade do inventariante, e possíveis ações que ingressarem não podem dirigir-se contra o espólio: "Inventário. Pedido de alvará para lavratura da escritura de compra e venda. Significado do termo a ensejar, no caso, a interposição de recurso extraordinário. Preliminar repelida. Transitada em julgado a sentença de partilha, cessadas se acham as funções do inventariante (...) As reclamações, ações e pretensões de terceiro não podem ser desenvolvidas em processo findo, que não subsiste mais (...), mesmo porque já não se encontra nenhuma representação a tomar providências com situações retardatárias".[31]

14. FORMAL OU CERTIDÃO DE PARTILHA

O formal de partilha constitui o título de domínio do quinhão hereditário, ou o instrumento comprobatório da partilha. Através dele, a pessoa comprova que se tornou proprietária de determinados bens vindos de uma herança. Ou, ainda, serve o formal para documentar a atribuição dominial de bens aos herdeiros, conforme o antigo Direito luso, na doutrina de Eduardo J. da S. Carvalho: "O formal de partilha é uma carta de sentença para título que contém o auto de juramento do cabeça de casal, a descrição dos bens que o interessado indicar dos que lhe tiverem cabido em pagamento, com a designação dos

---

29 *RT*, 603/63.
30 *Código Civil dos Estados Unidos do Brasil Comentado*, Rio de Janeiro, Editora Livraria Francisco Alves, 1947, vol. VI, p. 307.
31 RE nº 86.620-RS, 01.12.77, *Lex – Jurisprudência do Supremo Tribunal Federal*, 5/116.

702 • Direito das Sucessões | *Arnaldo Rizzardo*

valores em algarismos, a sentença que tiver julgado a partilha, e, além disso, só o que for expressamente requerido pelo interessado".[32]

Enquadra-se, ainda, juntamente com a certidão da partilha, como um título executivo judicial, previsto no art. 515, inc. IV, do CPC, embora exclusivamente em relação ao inventariante, aos herdeiros e aos sucessores a título universal ou singular. Está no rol de títulos executivos judiciais porque, por meio dele, se executa a partilha, isto é, promove-se o seu registro no ofício imobiliário, e serve como título para qualquer pretensão relativamente aos bens recebidos pelo herdeiro.

Mas por meio dele não se recebe o domínio, que vem com a abertura da sucessão, em vista do disposto no art. 1.784 do CC. Possível formar-se alguma dúvida, diante da redação do § 1º do art. 1.245 (art. 533 do Código Civil revogado), que estabelece não se transferir o domínio enquanto não se registrar o título translativo, dentre os quais estão as sentenças de inventários e partilhas, materializadas mediante os formais. A exata exegese já vinha de Carvalho Santos, citado em uma decisão tratando do art. 533 do Código revogado, cujo sentido se encontra no § 1º do art. 1.245 do vigente Código: "Ao comentar o art. 533, já dissera o eminente autor: 'O que este artigo quer significar é que, em alguns casos, os atos sujeitos à transcrição não transferem o domínio, senão da data em que se transcreverem. Mas outros há em que a transferência do domínio já se verificou antes mesmo da transcrição, em que esta, como consequência, não pode importar em transferência do domínio, mas é, todavia, exigida para o efeito da alienação, que porventura pretende fazer o herdeiro, ou, como diz o Prof. Philadelfo de Azevedo, para que os interessados possam apreciar o direito do transmitente, é preciso que ele esteja registrado (...)

O certo é que o dispositivo (a referência é ainda ao art. 533) não pode ser entendido isoladamente, mas em combinação com os demais artigos do Código, que com ele se relacionam' (cf. *Código Civil Brasileiro Interpretado*, 2ª ed., Freitas Bastos, 1938, v. VII/345)".[33]

Qual a estrutura de composição do formal?

O art. 655 do CPC discrimina como deve compor-se:

> Transitada em julgado a sentença mencionada no art. 654, receberá o herdeiro os bens que lhe tocarem e um formal de partilha, do qual constarão as seguintes peças:
>
> I – termo de inventariante e título de herdeiros;
>
> II – avaliação dos bens que constituíram o quinhão do herdeiro;
>
> III – pagamento do quinhão hereditário;
>
> IV – quitação dos impostos;
>
> V – sentença.

Não há a menor dificuldade para organizar o formal. Simplesmente encabeça-se o objeto do documento, refere-se o nome da sucessão ou herança, e anexam-se cópias das peças acima indicadas, assinando o juiz e o escrivão.

Cada um dos elementos acima foram estudados. Assim, o termo do inventariante corresponde ao documento onde consta o compromisso do exercício da inventariança. A avaliação

---

32 *Manual do Processo de Inventário*, 3ª ed., Porto, Tipográfica Minerva de Gaspar Pinto de Souza e Irmão, 1914, p. 365.

33 Agr. Instr. nº 122/396-7, 6ª Câmara Cível do TAMG, 31.10.91, *RT*, 689/232.

virá representada pelo respectivo laudo, ou pela estimativa da Fazenda Pública, se logrou o acordo de todos. No tocante ao pagamento do quinhão, equivale à descrição dos bens que comporão o dito quinhão; aliás, a palavra "pagamento" expressa como será satisfeita a quota do herdeiro. No pertinente à quitação dos impostos, representa-se por meio da cópia da guia do recolhimento dos tributos devidos. Em relação à sentença, óbvio que será a cópia da decisão final que homologou a partilha, e transitada em julgado. Caso tenha havido recurso, a cópia será do acórdão, também transitado em julgado.

Se de pequeno valor o quinhão, não ultrapassando o equivalente a cinco salários mínimos, em vez de formal, admite o parágrafo único do art. 655 do CPC que seja fornecida apenas a certidão da partilha: "O formal de partilha poderá ser substituído por certidão do pagamento do quinhão hereditário, quando este não exceder cinco vezes o salário mínimo vigente na sede do juízo; caso em que se transcreverá nela a sentença de partilha transitada em julgado".

Percebe-se que a certidão substitui o formal, especialmente quando o quinhão é constituído de bens móveis, sem, no entanto, afastar os imóveis. Unicamente há de se observar o valor do quinhão, aferido quando de sua composição, com valores atualizados desde o tempo da avaliação.

Na hipótese, transcreve-se na mesma o pagamento do quinhão hereditário, que se constitui dos bens partilhados ao herdeiro e da sentença.

Na verdade, considerando que os documentos do formal são fornecidos por simples cópia, torna-se trabalhoso expedir a certidão.

Não exige a lei que se transcrevam outros elementos, além do pagamento do quinhão e da sentença com trânsito em julgado. Desta forma, não se faz necessária a referência ao pagamento dos tributos, à menção do valor da avaliação, e às demais exigências estabelecidas para a expedição do formal.

Com o título do formal ou da certidão, assegura-se ao seu titular o direito de receber o conteúdo do quinhão, assim como o direito de vindicar a coisa que indevidamente se encontrar na posse de outro coerdeiro, ou do inventariante, ou dos sucessores, a título universal ou singular. O mesmo direito garante-se para vindicar o bem se o mesmo estiver na posse de outras pessoas. Conforme o art. art. 515, inc. VII, do CPC, restringe-se a natureza de título executivo judicial ao inventariante, aos coerdeiros e sucessores em geral, contra os quais se faculta ao portador do título executar o formal, isto é, a ingressar com uma ação de execução, seja de fazer, seja de entregar, ou de exigir quantia certa. Não se impede, porém, o direito de vindicar ou reclamar o recebimento, se terceiro detém injustamente a posse.

Esta a lição de Ney de Mello Almada: "Achando-se o bem herdado em poder de terceiro, o titular do formal não poderá utilizar-se diretamente da execução forçada, exigindo-se-lhe prévia condenação no cognitivo".[34]

Assim, não é possível postular a entrega imediata do bem. Impende se reclame a devolução em processo de conhecimento, onde se proferirá sentença condenatória, para só então admitir-se a execução.

As mesmas prerrogativas asseguram-se ao auto de adjudicação, que substitui o formal ou a certidão, na sucessão constituída por um único herdeiro.

---

34 Ob. cit., vol. II, p. 343.

704 • Direito das Sucessões | *Arnaldo Rizzardo*

15. EMENDAS À PARTILHA

Muitas dificuldades podem aparecer ao se efetuar o registro do formal de partilha advindas, em geral, de deficiências na descrição dos bens ou de erros na própria partilha. Frequentes as inexatidões materiais, ou a falta de dados qualificadores dos herdeiros. Faculta-se aos interessados postular a emenda à partilha, com o acréscimo de dados ou complementação na descrição, mesmo que transitada em julgado a sentença que homologou ou julgou a partilha, desde que todos os herdeiros sejam acordes, ou o juiz determine de ofício as emendas.

A respeito, assinala o art. 656 do CPC:

> A partilha, mesmo depois de transitada em julgado a sentença, pode ser emendada nos mesmos autos do inventário, convindo todas as partes, quando tenha havido erro de fato na descrição dos bens, podendo o juiz, de ofício ou a requerimento da parte, a qualquer tempo, corrigir-lhe as inexatidões materiais.

De acordo com o disposto acima, nos mesmos autos proceder-se-ão às retificações, ainda que estiverem arquivados. Para tanto, procede-se à reativação do processo, mediante um simples pedido dirigido ao juiz. Não se exige, pois, ação especial, nem se requer o pagamento de novas taxas judiciárias, ou a intimação da Fazenda Pública, a não ser quando a emenda corresponda a acréscimo de área.

Os erros mais comuns envolvem metragens, confrontações, designações de imóveis, nomes equivocados dos herdeiros, extensão de áreas, e, especialmente, omissões que constam no registro originário. A respeito de erro de confrontação, ementou o Superior Tribunal de Justiça: "Pode ser processado nos próprios autos do inventário o pedido de retificação da partilha, para nela constar o nome do atual confrontante, sucessor daquele que figurava na matrícula do imóvel partilhado, conforme prova fornecida pelo Registro de Imóveis".[35]

Não basta a mera discordância de herdeiros, ou interessados, para impedir a retificação. A oposição deverá vir fundamentada, evidenciando os prejuízos decorrentes aos demais herdeiros. Qualquer alteração de extensão de área importará em pagamento da taxa judiciária e do imposto de transmissão sobre a parcela acrescentada. Deve-se, também, traçar o plano de partilha do excedente de área acrescentado, impondo-se, aí, a intimação de todos os herdeiros.

Intervirá, nesta situação, a Fazenda Pública, que estimará o valor do bem para efeitos do cálculo do imposto de transmissão.

Não é permitido, no entanto, a pretexto de retificação, alterar o plano de partilha, ou excluir um herdeiro, ou discutir a titularidade de um imóvel, ou procurar invalidar a partilha feita e homologada; e nem invocar a nulidade do testamento, ou algum vício na partilha. Estas e outras matérias que afetam a estrutura do inventário e da partilha serão objeto de uma ação ordinária, ou de uma ação rescisória, se for o caso.

16. ANULAÇÃO DA PARTILHA AMIGÁVEL

Já foi visto que a partilha poderá ser amigável, que se é feita em vida do ascendente, ou elaborada pelo partidor do juízo.

---

35 REsp. nº 35.873-6-SP, da 4ª Turma, j. em 28.03.1995, *DJU* de 29.05.1995.

Cap. XLVII | Partilha dos Bens • **705**

Há, também, a partilha administrativa ou extrajudicial, confeccionada por meio de escritura pública, em Tabelionato, introduzida no art. 982 do CPC/1973 pela Lei nº 11.441, de 04.01.2007, e regida presentemente pelo art. 610 e § 1º do CPC.

O art. 657 do CPC disciplina a anulação da partilha amigável realizada no inventário ou arrolamento. Mas as outras formas também podem ser anuláveis, se algum vício se manifestar.

Em relação à partilha realizada no processo, há três modalidades: aquela lavrada por escritura pública, a elaborada por termo nos autos e a mediante escrito particular. Todas elas são anuláveis, assim como a administrativa ou extrajudicial, cuja normatização se encontra no art. 610, § 1º, do diploma processual civil.

O art. 657 do CPC preceitua sobre a anulação: "A partilha amigável, lavrada em instrumento público, reduzida a termo nos autos do inventário ou constante de escrito particular homologado pelo juiz, pode ser anulada por dolo, coação, erro essencial ou intervenção de incapaz, observado o disposto no § 4º do art. 966".

Esclarece-se que há a determinação de observar o disposto no § 4º do art. 966, o qual prevê que também "os atos de disposição de direitos, praticados pelas partes ou por outros participantes do processo e homologados pelo juízo, bem como os atos homologatórios praticados no curso da execução, estão sujeitos à anulação, nos termos da lei".

Além destas causas citadas, existem outras e, dentre elas, bastante comuns são as anulações por não ter participado o herdeiro em todos os atos do inventário, ou por falta de intimação, ou porque não se fez validamente a avaliação.

O Código Civil, no art. 2.027, na redação trazida pelo art. 1.068 do CPC/2015 tratando do mesmo assunto, considera, no entanto, mais amplamente a possibilidade de anulação: "A partilha é anulável pelos vícios e defeitos que invalidam, em geral, os negócios jurídicos".

Pelo art. 171 do Código Civil, incluem-se como causas de anulação do negócio jurídico e, assim, inclusive daquele levado à homologação judicial, a incapacidade relativa, o erro, o dolo, a coação, o estado de perigo, a lesão e a fraude contra credores.

Empresta-se um caráter negocial à partilha amigável, porquanto revela uma acentuada fisionomia contratual.

Vemos, daí, a extensão de causas de anulação da partilha.

Um dos fulcros para admitir-se a anulação está nos limites da sentença. O juiz não decidiu ou se manifestou sobre a controvérsia que deu origem à ação anulatória; ele simplesmente homologou o esboço de partilha.

Porém, se uma decisão aparecer a respeito de alguma alegação de ataque à partilha, já não será de homologação à decisão, mas de solução do mérito. Não cabe, então, a ação anulatória, e sim a rescisória, se presente alguma das hipóteses que a autoriza. Neste sentido a lição de José da Silva Pacheco: "O art. 486 do Código de Processo Civil dispõe que os atos judiciais que não dependem de sentença, ou em que esta for meramente homologatória, podem ser rescindidos, como os atos jurídicos em geral, nos termos da lei civil. Por esse motivo, o art. 1.029 dispôs, expressamente, sobre a anulação da partilha amigável, quer precise ou não de homologação. Não abrange as partilhas julgadas por sentença, às quais se aplica o disposto no art. 1.030 do Código de Processo Civil".[36] Os artigos referidos 486, 1.029 e 1.030 correspondem, respectivamente, aos artigos 966, § 4º, 667 e 658 do atual CPC.

---

36 Ob. cit., p. 575.

Suponha-se que o juiz tenha homologado uma partilha amigável, na qual participou um menor ou incapaz sem representante; ou em que não se incluiu herdeiro ausente ou revel; ou na qual houve divergência de algum herdeiro. Há evidente nulidade, reconhecível mediante sentença de anulação. O fundamento último está no art. 966, § 4º, do Código Processual, pelo qual "Os atos de disposição de direitos, praticados pelas partes ou por outros participantes do processo e homologados pelo juízo, bem como os atos homologatórios praticados no curso da execução, estão sujeitos à anulação, nos termos da lei".

A atuação do juiz não tem maior relevo, visto que ele não decidiu alguma questão, mas apenas homologou, ou deu seu beneplácito àquilo que as partes decidiram. No caso, já ilustrava Clóvis do Couto e Silva: "A sentença homologatória não processualiza o negócio jurídico homologado, e nem o regime jurídico para os efeitos de invalidade é peculiar ao da sentença de mérito. Criou-se uma forma através da qual pouco valor se deu à sentença simplesmente homologatória, tratando-se como se fora simples ato administrativo. Em consequência, a sentença proferida por juiz incompetente é sentença ineficaz, podendo ser desconstituída em ação comum, sem necessidade da rescisória".[37]

A anulação submete-se a limitações. Tem o interessado um prazo para ajuizar a ação, que é de um ano, calculado de modo próprio, de acordo com o tipo de vício ou de causa de anulação, conforme está no art. 657, parágrafo único, do Código de Processo Civil:

> O direito à anulação de partilha amigável extingue-se em 1 (um) ano, contado esse prazo:
>
> I – no caso de coação, do dia em que ela cessou;
>
> II – no de erro ou dolo, do dia em que se realizou o ato;
>
> III – quanto ao incapaz, do dia em que cessar a incapacidade.

O início do prazo não será a data da homologação da partilha amigável. A homologação, a rigor, é exigida apenas quando formalizada a partilha por escrito particular; não quando lançada por termo nos autos, ou feita mediante escritura pública, a menos que exista, neste último caso, testamento.

Verificado o motivo que ensejou a partilha viciada, o prazo de prescrição inicia unicamente quando cessa o vício, isto é, a coação se verificada; ou quando da realização do ato, em se tratando de erro ou dolo; ou da cessação da incapacidade, se envolvido um incapaz na partilha. No entanto, se esses eventos ocorreram antes da homologação, parece natural que o início se dá com a ciência da homologação.

No mesmo sentido quanto ao prazo veio o parágrafo único do art. 2.027 do Código Civil: "Extingue-se em um ano o direito de anular a partilha". No entanto, a extinção prevista no dispositivo equivale à decadência ou à caducidade do direito. Este o efeito que passa a vigorar, com o que desaparece qualquer faculdade de remediar a situação, ou de procurar alguma providência para restaurar o direito anterior.

Este dispositivo restringe-se à partilha amigável, que foi homologada pelo juiz. Qualquer nulidade relativa que apareça, e que não restou enfrentada em decisão judicial, é suscetível unicamente no prazo de um ano. Não se considera amigável a partilha se a decisão a julgou, enfrentando pontos controvertidos. Aí o único ataque será por meio de ação rescisória, como se verá adiante.

---

37 Ob. cit., vol. XI, tomo I, p. 392.

A hipótese de ambos os dispositivos – art. 657, parágrafo único, do CPC, e art. 2.027, parágrafo único, do Código Civil –, restringe-se às nulidades relativas, na forma do art. 171 da lei civil, com a ocorrência da extinção do direito de se anular se decorrido um ano da verificação das situações estampadas nos citados dispositivos.

Mas não será de um ano o prazo para as causas de nulidade, embora em sentença meramente homologatória. Em se verificando evento que importa em nulidade absoluta, como os constantes dos arts. 166 e 167, não se dá a prescrição ou decadência, em virtude do art. 169, que introduziu preceito novo no Código Civil, proclamando que o negócio jurídico nulo não é suscetível de confirmação, nem convalesce pelo decurso do tempo, assunto que merecerá exame adiante. Pode-se aduzir que a parte pode se beneficiar com a prescrição aquisitiva, isto é, pelo usucapião, se exerce a posse do bem com os pressupostos e requisitos exigidos para tanto.

Importa configurar os casos do prazo reduzido, iniciado antes da sentença de homologação, se houver.

É viciada pelo dolo a partilha quando se ludibriou um herdeiro, diminuindo-se seu quinhão, ou valorizando-o sobremaneira.

No erro, incluem-se bens que não eram da herança; ou figura na partilha alguém que não tinha direito; ou considera-se herdeiro quem era legatário; ou não se exclui um bem objeto de legado.

Já a coação ou violência resulta do cerceamento da liberdade na partilha amigável. Por constrangimento físico ou moral, por ameaça de morte, de agressões, de divulgação de fato desonroso, força-se o herdeiro a aceitar um plano de partilha que lhe é prejudicial.

No tocante à incapacidade, refere-se o dispositivo à relativa, ou seja, aos herdeiros relativamente incapazes, como os situados entre dezesseis e dezoito anos – art. 171, inc. I –, e não aos absolutamente incapazes.

A lei expressamente determina que será sempre judicial a partilha, se algum herdeiro for menor ou incapaz – art. 2.016 do Código Civil. Considerando, no entanto, a restrição do parágrafo único, inc. III, do art. 657 do CPC, sobrevindo a capacidade, e não se tendo promovido a anulação, convalesce a partilha depois de um ano do início da capacidade plena. Mas, mantendo-se a incapacidade, perdura a possibilidade de se anular.

De acordo com o entendimento de Pontes de Miranda, a superveniência da capacidade plena tem o efeito de convalidar o ato se não era total a incapacidade quando da partilha.[38]

17. RESCISÃO DA PARTILHA JUDICIAL

O significado de rescisão envolve a desconstituição da sentença. Portanto, pressupõe-se a existência de uma sentença que resolveu questões suscitadas por dois ou mais litigantes, relativamente a um determinado assunto. Em síntese, no direito das sucessões há uma decisão definitiva sobre controvérsias de herdeiros, e que define a partilha. Posteriormente, descobre-se que houve dolo, ou coação, ou erro essencial, ou intervenção de incapaz, dentre outros fatores, na determinação da herança. E justamente porque a decisão define questões controvertidas, se aparecer depois que existiu algum vício de consentimento na influência da decisão, cabe a ação rescisória.

---

38 Ob. cit., vol. XIV, p. 273.

708 • Direito das Sucessões | *Arnaldo Rizzardo*

O pressuposto básico fulcra-se na sentença. Se homologada simplesmente a partilha, a ação anulatória seria a cabível, nos termos do art. 657, e por aplicação do princípio geral do art. 966, § 4º, ambos da lei instrumental. Conforme é da tradição jurisprudencial, eis o caráter dado a esse tipo de decisão: "A sentença que adjudica bens a um único herdeiro em inventário ou arrolamento, sem que algum interessado compareça para impugnar a qualidade a que se atribui o requerente, é meramente homologatória da declaração manifestada, reclamando para a sua desconstituição a ação anulatória e não a ação rescisória".

Transcreve-se na decisão um acórdão do Tribunal de Justiça do Paraná: "A decisão homologatória de adjudicação escapa ao âmbito da ação rescisória e, dando cabimento à ação anulatória, ou à de rescisão do ato judicial, desloca a competência ao juiz de primeira instância".[39]

Impende para admitir a rescisória que se faça sempre judicialmente a partilha. Nesta parte, impõe-se lembrar que se classifica a mesma como judicial quando há divergências entre os herdeiros, ou participarem herdeiros incapazes – art. 2.016 da lei civil. Mas o princípio é maleável, visto não ser inviável tenha o juiz proferido uma decisão, resolvendo controvérsias, em uma partilha amigável. Se para tanto se tornou necessária a decisão do juiz, conclui-se que houve a modificação da partilha, que de amigável, num primeiro momento, converteu-se em judicial, em face do rumo que tomou o inventário. É a linha que segue a jurisprudência: "Impugnado o esboço de partilha, o procedimento de arrolamento e partilha (ou sobrepartilha) torna-se manifestamente contencioso e a sentença que o homologa delibera a respeito, deixando de ser meramente homologatória. A sentença assim prolatada fica sujeita à coisa julgada e à ação rescisória, carecendo a parte interessada da ação anulatória (arts. 1.029, 1.030 e 486 do CPC)".[40] Os dispositivos citados – arts. 1.029, 1.030 e 486 – correspondem, respectivamente, aos arts. 657, 658 e 966, § 4º, do CPC.

E caso presentes herdeiros incapazes, e se o juiz simplesmente homologou a partilha? Tendo todos os herdeiros concordado, inclusive aqueles representados, leva-se em conta a natureza de homologação do *decisum*. Não enfrentando questões controvertidas, e todos demonstrando aquiescência, induvidosamente classifica-se como homologatória a sentença, comportando apenas a ação anulatória. É como foi decidido: "A simples inclusão, no Código de Processo Civil, do inventário e partilha entre as ações de jurisdição contenciosa, não pode, absolutamente, obrigar a que toda desconstituição de partilha seja feita via ação rescisória. Cada caso concreto é que determinará a via adequada. Havendo litigiosidade, a ação será rescisória; não havendo, cabe a ação de nulidade.

Se a partilha foi feita tomando-se o plano apresentado pelo inventariante com a alegação de acordo geral, e o magistrado limitou-se a homologá-la, dita homologação, especialmente tendo em vista a existência de menores, para ser desconstituída, seguirá o procedimento da ação anulatória, intentável no prazo de um ano – que se haverá de contar a partir da data em que cessar a incapacidade absoluta do herdeiro, beneficiando-se os demais herdeiros litisconsortes".[41]

Na existência de decisão resolvendo controvérsia, como referido, a parte ingressa como uma ação rescisória, nos moldes processuais previstos para a ação rescisória em geral.

As hipóteses cabíveis são as elencadas no art. 658 do CPC, assim redigido: "É rescindível a partilha julgada por sentença:

---

39 Ação Rescisória nº 1.276/4, das Câmaras Reunidas do TJ de Minas Gerais, 27.10.92, *RT*, 697/144.
40 Apel. Cív. nº 587032772, 5ª Câmara Cível do TJRGS, 29.03.88, *Revista de Jurisprudência do TJRGS*, 128/450.
41 Apel. Cív. nº 68.802, 4ª Câmara Cível do TJMG, 24.04.86, *Revista Forense*, 300/215 e 216.

I – nos casos mencionados no artigo 657;

II – se feita com preterição de formalidades legais;

III – se preteriu herdeiro ou incluiu quem não o seja".

Complexas as questões que surgem. Em primeiro lugar, há de se insistir que a demanda é rescisória. Não cabe a declaração de nulidade. Com vistas a isso, insta deixar claro que a ação de nulidade é cabível se se enfocar em causa de decidir diversa daquela que foi decidida.

Para admitir-se a ação anulatória, mesmo de decisão de caráter não homologatório, deve a mesma se estribar em uma razão não definida na decisão que decidiu a partilha – ou seja, não se deve reprisar o pedido no objeto da decisão anterior, sob pena de envolver a ocorrência da coisa julgada. Foi ementado, neste sentido: "Não havendo identidade da *causa petendi*, no processo de inventário e na ação de nulidade, inexiste, no caso, a ocorrência da coisa julgada".[42]

A ação rescisória não requer tal exigência, visto se fundar num aspecto que foi julgado, mas existindo um ou mais dos vícios apontados especificamente na lei.

Terá a parte o lapso de tempo de dois anos para propor esta ação, a contar do trânsito em julgado da sentença (art. 975 do CPC).

Além disso, conclui-se que, ao lado do elenco de situações discriminadas no art. 658, que são as do art. 657 (dolo, coação, erro essencial ou intervenção de incapaz, observado o disposto no § 4º do art. 966, isto é, menos os atos do juiz de mera homologação), existem, também, as do art. 966, ambos do Código de Processo Civil, enumeradas em vários itens. Assim, a parte lesada pode invocar um dos fundamentos do art. 966, ou um daqueles do art. 658. Daí que, na partilha, há bem mais hipóteses de rescindir a sentença do que em outras demandas.

Ressalte-se, ainda, o rito procedimental, que é aquele da ação rescisória. De outro lado, desde que comprovados um ou mais elementos justificadores da ação, como os discriminados, procede a rescisória.

Ou seja, não sendo caso de decisão vindo ou conseguindo-se a prova da existência, *v.g.*, de dolo, ou coação, ou erro essencial, ou intervenção de incapaz (art. 658, inc. I, do CPC), e não tendo a sentença que julgou a partilha examinado essas questões, fica garantido o direito de promover a ação rescisória.

Se preterida alguma formalidade legal (art. 658, inc. II, do CPC), também se mostra cabível a rescisória. Mas o tipo de formalidade deve ser aquela essencial para a partilha. Exemplificativamente, falta de citação de um herdeiro, ou ausência de cálculo, ou não pagamento de tributos, ou omissão de herdeiros.

Finalmente, a preterição de herdeiros, ou a inclusão de quem não possua tal qualidade (art. 658, inc. III, do CPC), enseja a rescisória. Mas, sendo terceiro o herdeiro, isto é, não havendo ele participado no inventário, a sentença é nula relativamente ao mesmo. Mais precisamente, é inexistente, ou ineficaz, assegurando-se-lhe o prazo atualmente de dez anos para anular a partilha. Este o entendimento de Clóvis do Couto e Silva: "Uma das hipóteses de rescisão da partilha é a inclusão de herdeiro que não o era (herdeiro aparente), ou a exclusão de quem o é. Ambos os casos autorizam a rescisão. O herdeiro

---

42 RE nº 94.184-3-RS, 15.09.81, *Lex – Jurisprudência do Supremo Tribunal Federal*, 37/164.

que não for incluído em inventário é terceiro, e, neste particular, há dúvida a respeito de como se deverá contar o prazo para impugnação.

O prazo tem de ser o da ação de petição de herança, o qual, segundo a jurisprudência assente, é bem maior do que dois anos (prazo da ação rescisória). É de vinte anos (Súmula nº 149).

Quem não participou do procedimento de inventário não pode ser atingido por sentença de partilha, devendo-se obedecer à disposição do art. 472 do CPC, segundo a qual a sentença não beneficia nem prejudica a terceiros, de modo que a eles não são aplicáveis as regras a respeito do prazo da rescisória de sentença".[43] O art. 472 corresponde ao art. 506 do atual CPC.

Assim, a rescisória é admitida para os casos em que há participação dos herdeiros no inventário e na partilha. Contempla-se alguém que não era herdeiro, e exclui-se um herdeiro, o qual se encontrava presente no processo, com procurador constituído.

18. SOBREPARTILHA

No caso de ficarem fora do inventário alguns bens, serão eles sobrepartilhados, em um procedimento igual ao da partilha, podendo ser nos mesmos autos existentes, ou até em um novo processo.

Conceitualmente, entende-se a sobrepartilha como a repartição de bens posteriormente à partilha, por terem ficado fora do inventário. Orlando Fida e Carlos A. M. Guimarães caracterizam em termos mais completos a espécie: "A sobrepartilha é o procedimento via do qual, encerrado o inventário e julgada ou homologada a partilha, bens ou direitos outros, pertencentes ao *de cujus*, não conhecidos ou identificados, ou, ainda, sendo conhecidos, por motivos indicados como prejudiciais à celeridade do feito, não se incluíram nos quinhões dos interessados. É mesmo uma outra partilha. Tem curso nos próprios autos do inventário, em apenso".[44]

Sob este aspecto, observa-se que se trata de outra partilha. Mas alguns problemas ou questões complexas podem surgir. Em primeiro lugar, a rigor tem-se uma nova ação, ou um novo inventário. E assim deve ser tratada a sobrepartilha. Em consequência, seguem-se os trâmites do inventário, com a nomeação de inventariante, as primeiras declarações, as citações, participação da Fazenda Pública, nomeação de curador a menores, intervenção do Ministério Público etc., até o final. Neste sentido, encerra o art. 670 do Código Processual Civil: "Na sobrepartilha dos bens, observar-se-á o processo de inventário e de partilha".

Não é possível, ainda, admitir o mesmo instrumento procuratório aos advogados, se já findo o inventário, eis que cessados os poderes de representação concedidos.

Entretanto, é comum admitir-se a simplificação da sobrepartilha, com uma petição juntada aos autos, descrevendo-se os bens esquecidos no momento da descrição anterior, e sem exigir-se nova representação. Isto principalmente quando há uma sequência próxima entre a partilha e a sobrepartilha, pois se presume que a outorga de mandato teve a finalidade da representação até se concluir totalmente a repartição do patrimônio deixado pelo *de cujus*.

---

43 Ob. cit., vol. XI, tomo I, pp. 396 e 397.
44 *Inventários, Arrolamentos e Partilhas*, São Paulo, Livraria e Editora Universitária de Direito Ltda. – LEUD, 1978, pp. 77 e 78.

Cap. XLVII | Partilha dos Bens • **711**

Nesta concepção, não é vista a sobrepartilha como ação autônoma ou independente, mas no sentido de um desdobramento do inventário prolongado no tempo, ou que se processa em mais de um momento. Entendimento este que prepondera, e levando a admitir o desenvolvimento do novo rateamento de bens nos mesmos autos do inventário.

É como, aliás, está no parágrafo único do art. 670 do CPC: "A sobrepartilha correrá nos autos do inventário do autor da herança". Eis o entendimento adotado pela jurisprudência: "Findo o inventário, pode ocorrer prorrogação de atribuições ao inventariante para dar cumprimento a obrigações do espólio ou retificações nos moldes estabelecidos no art. 1.028 do CPC". O citado art. 1.028 corresponde ao art. 656 do vigente CPC.

Adiante: "Ensinam Sebastião Luiz Amorim e Euclides Benedito de Oliveira (*Inventários e Partilhas*, 2ª ed., LEUD, p. 184): 'Pode ocorrer prorrogação de atribuições ao inventariante, findo o inventário, para dar cumprimento a obrigações do espólio, mediante alvará, que requeira, ou seja reclamado por terceiros. O encerramento formal do inventário não impede o processamento de medidas daquela espécie, havendo que reabrir-se o processo para o cumprimento da obrigação deixada pelo morto'. Igualmente, não se afasta a possibilidade no concernente a pequenos reparos ou retificações, bastando que se atenda a que o inventariante não tenha falecido, quando outro será nomeado".[45]

Discrimina o art. 669 do Código de Processo Civil os bens sujeitos à sobrepartilha:

São sujeitos à sobrepartilha os bens:
I – sonegados;
II – da herança que se descobrirem após a partilha;
III – litigiosos, assim como os de liquidação difícil ou morosa;
IV – situados em lugar remoto da sede do juízo onde se processa o inventário.

Sintetizando, entram na sobrepartilha os bens que ficaram fora da partilha, seja porque desconhecidos na ocasião, seja em razão de que haviam sido sonegados ou se encontravam em litígio, e seja em virtude da liquidação difícil e localização distante em relação à sede do juízo onde corria o inventário.

Os bens sonegados constituem aqueles ocultos ou não revelados pelo inventariante ou herdeiro, e que pertencem ao espólio, sendo descobertos e mesmo arrecadados no curso ou depois do inventário. Elucidativa a definição de Aldyr Dias Vianna: "A sonegação consiste em ato negativo, omissão, no tocante a bem que devia ter sido descrito e entrado no inventário e partilha. Basta que o herdeiro ou o inventariante saiba que o bem não foi declarado, inventariado, arrolado e partilhado".[46]

Não raramente, depois do inventário, encontram-se bens que pertenciam ao *de cujus*, até então desconhecidos. Nada mais normal que se levem os mesmos a uma partilha.

Como litigioso classifica-se o patrimônio que está sendo discutido em juízo, ou se encontra não definido quanto à posse, ou à sua titularidade. Nesta classe estão os bens objeto de usucapião, de ações possessórias e reivindicatórias, e mesmo aqueles onerados, em via de execução, ou ainda em discussão judicial.

Aqueles de liquidação difícil ficam para uma posterior divisão pelo fato de não se conhecer, ainda, o seu valor definitivo, ou o equivalente em expressão econômica. Tais

---

45 Agr. Instr. nº 139.177-1, 3ª Câmara Cível do TJSP, 18.12.90, *Revista Forense*, 217/237.
46 Ob. cit., vol. 2, p. 910.

712 • Direito das Sucessões | *Arnaldo Rizzardo*

casos acontecem, também, na dissolução de uma sociedade comercial, na ação de prestação de contas, e mesmo em uma ação indenizatória, cujo valor está na dependência de uma liquidação por artigos.

Os haveres particulares situados em local distante da comarca onde se processa o inventário também entram na sobrepartilha, dadas as dificuldades para estimá-los economicamente.

Inclusive os advindos da anulação de uma venda de ascendente a descendente, na orientação do Superior Tribunal de Justiça: "A ação de anulação de venda realizada pelo ascendente a descendente pode ser proposta por qualquer dos lesados, independentemente do consentimento dos demais; se procedente a demanda, os efeitos da sentença aproveitarão ao espólio, refletindo-se, pela sobrepartilha, nos outros interessados, embora inertes, por se tratar de litisconsórcio unitário".[47]

Sobre estas diversas classes de bens, reforça o art. 2.021 da lei civil a possibilidade de ficarem para uma partilha posterior: "Quando parte da herança consistir em bens remotos do lugar do inventário, litigiosos, ou de liquidação morosa ou difícil, poderá proceder-se, no prazo legal, à partilha dos outros, reservando-se aqueles para uma ou mais sobrepartilhas, sob a guarda e administração do mesmo, ou diverso inventariante, e consentimento da maioria dos herdeiros".

Em continuação, o art. 2.022: "Ficam sujeitos a sobrepartilha os bens sonegados e quaisquer outros bens da herança de que se tiver ciência após a partilha".

Assim, aparecendo mais patrimônio depois da partilha, leva-se à sobrepartilha, com o recolhimento do competente imposto de transmissão.

Em vista dos novos bens que aparecem, não cabe, a rigor, anular a anterior partilha, para fins de se elaborar uma única, inclusive com possibilidade de ficarem mais bem distribuídos, principalmente se discordarem os herdeiros. Mas havendo concordância e considerando-se o direito da livre disponibilidade, não há óbice legal para a reformulação daquilo que antes fora estabelecido, mesmo quando incapazes alguns herdeiros, e se forem mais bem atendidos com a nova distribuição.

19. FALECIMENTO DO CÔNJUGE SUPÉRSTITE, OU DO HERDEIRO, ANTES DA PARTILHA

É comum o falecimento do cônjuge supérstite, ou de um herdeiro, enquanto se processa o inventário, e antes do julgamento ou da homologação, da partilha.

Em princípio, prossegue-se o inventário, sendo que os bens ou o quinhão que tocava ao que faleceu passam para os respectivos herdeiros. Os antigos comentaristas já entendiam dessa maneira, segundo referia Eduardo J. da S. Carvalho: "O inventário do cônjuge supérstite, quando instaurado na mesma comarca, será na dependência daquele do outro cônjuge. Se não existirem outros bens além dos avaliados e descritos no primeiro inventário, neste mesmo se processarão os termos para a segunda partilha. No segundo inventário, quando tenha lugar, só se descreverão os bens que não constarem da descrição do primeiro".[48]

Esta a ideia geral, mas surgem dificuldades.

---

47 REsp. nº 58.470-ES, j. em 24.06.1999, da 3ª Turma, *DJU* de 30.08.1999.
48 Ob. cit., p. 302.

Cap. XLVII | Partilha dos Bens • **713**

A matéria é regulada distintamente em duas hipóteses.

Primeiramente, vindo a falecer pessoas diversas, estabelecem o art. 672 e seu parágrafo único do diploma processual:

"É lícita a cumulação de inventários para a partilha de heranças de pessoas diversas quando houver:

I – identidade de pessoas entre as quais devam ser repartidos os bens;

II – heranças deixadas pelos dois cônjuges ou companheiros;

III – dependência de uma das partilhas em relação à outra.

Parágrafo único. No caso previsto no inciso III, se a dependência for parcial, por haver outros bens, o juiz pode ordenar a tramitação separada, se melhor convier ao interesse das partes ou à celeridade processual".

Os dois inventários reúnem-se em um só; ou, mais claramente, as duas heranças serão partilhadas em apenas um inventário. Justifica-se a reunião pela economia processual e pecuniária, como enfatizavam Orlando Fida e Carlos A. M. Guimarães: "A reunião dos dois inventários, além de constituir uma medida mais rápida, torna-se um fator de relevante economia pecuniária. Aconselha-se que seja distribuído por dependência, processado em apenso ao primeiro, com um só inventariante para ambos os inventários; isto se os herdeiros forem os mesmos".[49]

A mesma ideia colhe-se dos pretórios: "Falecendo o cônjuge meeiro supérstite antes da partilha dos bens do premorto e também falecidos os filhos do casal, retardados os requerimentos de inventário em virtude da pendência de usufruto em favor dos pais, só possível sua extinção com a morte da esposa, admissível, nas circunstâncias, a cumulação das duas heranças ainda que não sejam os mesmos os herdeiros. Afinal, em primeiro, o princípio da economia processual. Em segundo, prepondera que os bens são os mesmos, e os herdeiros embora não o sejam, há uma identidade, dentro da linha de herança, provinda da mesma cessação do usufruto, aplicando-se o art. 1.043 do CPC".[50] O art. 1.043, referido no aresto, está abrangido pelo art. 672 do vigente CPC.

É indispensável, em princípio, que haja bens comuns, o que acontece, *v. g.*, no casamento pelo regime universal de bens, ou pelo regime de comunhão parcial, ou no de participação final nos aquestos, em que se comunicam, nos dois últimos, os bens adquiridos onerosamente durante a sua constância, e, no primeiro, opera-se a comunicação da totalidade dos bens já existentes e dos adquiridos.

Mas, o princípio delineado no dispositivo deve ser considerado em termos, ou relativamente. Mesmo que outro o regime, parece não existir inconveniente para se inventariarem os bens das duas heranças, cumprindo venham aos autos as primeiras declarações e se realize a série de medidas e diligências previstas para o inventário do primeiro que faleceu. Tal o ensinamento de Ney de Mello Almada: "O cúmulo sucessório tem lugar ainda que o regime de bens, adotado no extinto matrimônio, seja o de separação, haja ou não aquestos, e ainda que o supérstite tenha adquirido bens próprios após o falecimento do outro cônjuge. A condição de incidência do art. 1.043 é que os herdeiros sejam comuns".[51] O art. 1.043, citado, corresponde ao art. 672 do atual CPC.

---

49 Ob. cit., p. 78.
50 Agr. Instr. nº 119.869-1, 7ª Câmara Cível do TJSP, 14.09.89, *RT*, 644/79.
51 Ob. cit., vol. II, p. 279.

714 • Direito das Sucessões | *Arnaldo Rizzardo*

De modo que se inventariam, ou arrolam-se, os bens componentes da meação do cônjuge, mais os bens componentes do patrimônio particular ou reservado, os adquiridos antes do matrimônio, e os conseguidos depois da morte do primeiro cônjuge.

No regime de comunhão universal, quando é considerado todo o patrimônio como pertencente ao casal, uma avaliação é suficiente. Nem se repetem as primeiras declarações. A meação já se encontra aferida, bastando que se faça o cálculo do imposto sobre a nova herança. A seguir, leva-se a efeito o esboço de partilha, compreendendo a totalidade dos bens para deduzir os quinhões.

Tendo os cônjuges falecidos filhos diferentes, já não recebem os herdeiros de um cônjuge o patrimônio que ficou pela morte do outro.

Importa que os herdeiros sejam os mesmos em ambas as heranças, não obstando o inventário conjunto a existência de bens diversos.[52] No entanto, se não surgir forte litigiosidade, e não de monta o patrimônio, não se desaconselha o inventário conjunto, mesmo que apareça novo herdeiro, como quando o cônjuge até então supérstite vem a falecer, tendo ele um filho fruto de uma união diversa daquela mantida com o ex-cônjuge falecido.

Ressalte-se, ainda, conforme já lembrado, que sobre bens incide o imposto de transmissão, visto haver um fato gerador, que é a transmissão da propriedade.

Não impede o aproveitamento do mesmo inventário se a morte acontece quando se processa a sobrepartilha. Em vista de admitida a reabertura do inventário, por expressa disposição de lei, entende-se que se realiza um outro passo do inventário. Nestas condições, perdurando o processo sucessório, segue-se a inclusão dos bens do cônjuge supérstite, para fins de também serem incluídos na distribuição aos herdeiros.

Todavia, se encerrado o inventário, não cabe o processamento conjunto, em face da morte do cônjuge supérstite.

E falecendo algum herdeiro?

Desde que inexistentes outros bens a não ser aqueles da herança, procede-se à partilha nos mesmos autos. Esta previsão está abrangida no art. 672, inc. III, do CPC, estabelecendo a cumulação de inventários quando houver a dependência de uma das partilhas em relação à outra.

Nesse rumo, se dá a orientação jurisprudencial, já antiga: "Não pode existir dois processos distintos de inventário, quando são os mesmos os bens a serem conferidos aos herdeiros", mostrando-se "descabida a ideia de haver dois processos distintos de inventário. Nada impede que, ocorrendo dupla sucessão, seja aberto um só inventário, de modo que os bens passem diretamente da avó falecida para os herdeiros-netos, conforme se verifica na espécie e autoriza a lei (CPC, arts. 1.043 e 1.044)".[53] As normas citadas estão incluídas no art. 672 do atual CPC.

É claro que, sucedendo os herdeiros do falecido, devem ser citados, se espontaneamente não se fizerem representar. Não pode seguir o inventário sem a habilitação. Todavia, no caso de infringência à disposição da lei, não transparece maior prejuízo aos herdeiros, visto que o quinhão permanece reservado.

Há situações que merecem uma atenção especial. Constitui princípio orientador dos inventários a celeridade no processamento. A morte de um herdeiro acarreta, em certos

---

52 REsp. nº 311-506-AL, da 3ª Turma do STJ, j. em 18.06.2002, *DJU* de 09.09.2002.
53 Agr. Instr. nº 153.216-1/1, 6ª Câmara Cível do TJSP, 19.09.91, *RT*, 677/120.

Cap. XLVII | Partilha dos Bens • 715

casos, transtornos incontornáveis, acentuados nas hipóteses de se exigir a citação de cada sucessor, e de desavenças entre eles na preferência das partes do quinhão.

Quando for difícil a habilitação e se tornarem complexas as relações entre os chamados, nada mais coerente que seja ordenado o processamento da partilha em inventário próprio, de modo a não ficarem prejudicados os sucessores do primeiro *de cujus*.

Nem é necessário lembrar que permanece o mesmo inventariante, valendo, também, as declarações apresentadas e a avaliação já levada a efeito. No mesmo inventário segue-se a partilha se outros bens não tiver o herdeiro que falecer. Do contrário, o quinhão que lhe cabe entra na partilha encetada quanto aos bens particulares do herdeiro que morreu posteriormente.

Para efeitos do art. 672 CPC, sem relevância o domicílio diverso daquele do primeiro sucedido. O foro do inventário deste atrai a competência, o que não se dá se mais bens existirem.

Possível que fique mais complexa a situação se, antes do falecimento do cônjuge supérstite, tiver falecido um herdeiro, ou falecendo o herdeiro depois do cônjuge supérstite. Seguem-se as orientações traçadas anteriormente. Com o falecimento do herdeiro após a morte do inventariando, os bens vão aos seus sucessores. Vindo depois, mas antes da partilha, a ocorrer o decesso do cônjuge supérstite, seus bens transmitem-se aos respectivos herdeiros, inclusive aqueles porventura recebidos pela morte do herdeiro. A par do quinhão, se for o herdeiro titular de bens particulares, deverá abrir-se novo inventário.

Já no caso de falecimento do cônjuge supérstite, e depois do herdeiro, antes da partilha, o patrimônio do primeiro vai para seus herdeiros, e inclusive um quinhão para os sucessores do herdeiro pré-falecido, tudo no mesmo inventário, exceto se o herdeiro falecido for titular de bens próprios, visto ser exigência legal a realização de inventário próprio.

Na situação de renúncia, ou de indignidade, ou deserdação, opera-se a substituição pelos herdeiros respectivos, na mesma forma acima, se inexistentes bens próprios.

O art. 673 do CPC restringe a possibilidade do aproveitamento de vários atos processuais para a hipótese de falecimento, no curso do inventário, do outro cônjuge ou companheiro, estabelecida no art. 672, inc. II, que é nas heranças deixadas pelos dois cônjuges ou companheiros. Diz o art. 673: "No caso previsto no art. 672, inciso II, prevalecerão as primeiras declarações, assim como o laudo de avaliação, salvo se alterado o valor dos bens".

A conclusão a que chega o dispositivo quanto aos inventários das heranças deixadas pelos dois cônjuges ou companheiros é óbvia. Não poderia ser outra. Com efeito, não haveria sentido a permissão de se utilizar do mesmo inventário, se repetidas as principais etapas processuais do inventário. Quanto à avaliação, repete-se caso transcorrer um período de tempo demasiadamente longo. Igualmente, na morte do cônjuge supérstite, se aportados bens particulares, ou outros adquiridos depois do falecimento do *de cujus*.

Acrescentava o parágrafo único do art. 1.045 do CPC/1973 a seguinte permissão: "No inventário a que se proceder por morte do cônjuge herdeiro supérstite é lícito, independentemente de sobrepartilha, descrever e partilhar bens omitidos no inventário do cônjuge premorto". Não trouxe o CPC de 2015 regra equivalente, por desnecessária. Sempre se oportuniza a complementação da descrição de bens omitidos, até o momento derradeiro, antes da partilha. Há, então, a complementação.

De acordo com o parágrafo único do art. 672, no caso previsto no inciso III, isto é, na cumulação de inventários para a partilha de heranças de pessoas diversas, se a depen-

716 • Direito das Sucessões | *Arnaldo Rizzardo*

dência for parcial, por haver outros bens, o juiz pode ordenar a tramitação separada, se melhor convier ao interesse das partes ou à celeridade processual.

20. GARANTIAS DOS QUINHÕES HEREDITÁRIOS

Todos os herdeiros são iguais na partilha. Não recebem uns mais que os outros, ou bens de melhor qualidade. Mas, uma vez julgada a partilha, cada herdeiro fica titular do quinhão recebido. Não mais cabem reclamações, ou pretender modificações. O art. 2.023 do Código Civil é expresso a respeito: "Julgada a partilha, fica o direito de cada um dos herdeiros circunscrito aos bens do seu quinhão".

Em um antigo escrito advertia N. Tolentino Gonzaga: "Pela partilha cessa o estado de indivisão entre os herdeiros, estado esse criado pela transmissão da herança, logo que se abrir a sucessão.

O domínio e posse dos bens, que tocarem a cada um dos herdeiros, ficam declarados nos respectivos quinhões, dos quais deverá o herdeiro pedir o competente formal, ou fazer extrair simples certidão com a sentença de julgamento".[54]

É possível que, posteriormente, nos bens recebidos por um herdeiro, se encontre algum vício, ou defeito, que retire os bens do seu domínio e poder, declarando uma sentença judicial que os mesmos sequer pertenciam ao *de cujus*.

A partilha tem a função de integração e circunscrição dos bens nos patrimônios individuais de cada herdeiro, como bem coloca Carlos Alberto Bittar.[55] E se verificar-se a evicção nos bens integrados ao patrimônio do herdeiro? Ficará ele, herdeiro, prejudicado, sem qualquer repercussão quanto aos demais herdeiros?

Absolutamente. Sabe-se que a evicção tem o significado de perda do bem, oriunda de sentença fundada em motivo jurídico anterior. Este o conceito correto da espécie, apresentado por Sílvio Rodrigues: "Dá-se a evicção quando o adquirente de uma coisa se vê dela total ou parcialmente privado, em virtude de sentença judicial que a atribui a terceiro, seu verdadeiro dono. Portanto, a evicção resulta sempre de uma decisão judicial".[56]

Nesta situação, de virem alguns herdeiros a perder, depois de feita a partilha, os bens, os demais devem indenizá-los proporcionalmente. Não se afigura justo que apenas uns restem prejudicados. O art. 2.024 dispõe a respeito: "Os coerdeiros são reciprocamente obrigados a indenizar-se, no caso de evicção dos bens aquinhoados".

Como deflui da regra, não pode a perda recair apenas no herdeiro a quem coube o bem evicto. Do contrário, restaria ferido o princípio fundamental da igualdade da partilha, com ofensa ao art. 2.017 do diploma civil. Todos os herdeiros são chamados a participar do rateio, isto é, dividindo-se entre todos o prejuízo.

Carvalho Santos dava a razão da indenização com clareza: "Justifica-se tal indenização porque, ocorrendo a evicção, demonstrado fica que o bem evicto não pertencia ao espólio, que, portanto, não podia ser partilhado na proporção em que o foi, levando em conta uma coisa que nele não podia incluir-se".[57]

---

54 *Juízo Divisório*, Rio de Janeiro, 1921, 2º vol., p. 60.
55 *Curso de Direito Civil*, Rio de Janeiro, Editora Forense Universitária, 1994, vol. 2º, p. 1.311.
56 *Direito Civil – Dos Contratos e das Declarações Unilaterais da Vontade*, 3ª ed., São Paulo, Max Limonad Editor, vol. III, p. 133.
57 Ob. cit., 8ª ed., 1972, vol. XXV, p. 79.

Cap. XLVII | Partilha dos Bens • **717**

A indenização efetuar-se-á em dinheiro ou, se os herdeiros concordarem, em bens. Esse princípio leva a concluir que a partilha abre uma exceção à regra da intocabilidade dos quinhões depois do julgamento. Permitidas, ainda, alterações diante da saída de um bem que compunha o quinhão, por força de uma decisão judicial, a qual atribui a outrem o mesmo bem.

Admite-se, no entanto, afastar esta responsabilidade dos coerdeiros, de modo a manterem-se intactos os quinhões, não repondo proporcionalmente o bem, ou não indenizando, nas seguintes eventualidades: desde que haja convenção em contrário, ou o vício se caracteriza por culpa do evicto, ou em vista de fato posterior à partilha. Assim está no art. 2.025: "Cessa essa obrigação mútua estabelecida no artigo antecedente, havendo convenção em contrário, e bem assim dando-se a evicção por culpa do evicto, ou por fato posterior à partilha".

Por outros termos, três as situações que excluem a responsabilidade.

A primeira, existindo cláusula expressa, o que pode se efetuar no próprio inventário. Mas admite-se que resulte implícita em algum elemento da partilha.

A segunda, se a evicção ocorre por culpa do evicto, não tendo ele procurado afastá--la. Exemplifica Carvalho Santos estas situações: "Caracterizam a culpa do evicto, por exemplo: a) não interromper a prescrição contra si, ou não a alegar a seu favor, como, *v. g.*, no caso de usucapião já consumado; b) não chamar à autoria os coerdeiros, quando o possa fazer; c) não esgotar os recursos contra a sentença; d) deixar correr à revelia a ação, ou descurar das providências da defesa etc."[58]

Finalmente, a terceira, em razão de fato posterior à partilha, com o abandono do bem, depois de recebido o quinhão, ou a inércia ante a invasão de terceiros. Igualmente se, estando o bem na posse de outrem, mantiver-se inerte o herdeiro, quer não interrompendo a prescrição, quer não reivindicando a sua restituição.

O art. 2.026 estabelece a responsabilidade proporcional na indenização: "O evicto será indenizado pelos coerdeiros na proporção de suas quotas hereditárias; mas, se algum deles se achar insolvente, responderão os demais na mesma proporção, pela parte desse, menos a quota que corresponderia ao indenizado".

Como regra geral, todos os herdeiros acorrerão para a indenização. Havendo um herdeiro insolvente, a divisão do valor a ser reposto envolverá os demais herdeiros. Não se exclui aquele prejudicado pela evicção, no cômputo do valor. Nesta ordem, sendo cinco os herdeiros, e perdendo um deles sua quota, por decisão judicial, o atingido pela perda receberá quatro partes somente, eis que ele também participa do rateio.

De modo que, se um ou mais herdeiros forem insolventes, a divisão se procederá pelo número de herdeiros restantes, nele incluído o atingido pela evicção. A insolvência de um aumenta, pois, a responsabilidade dos demais na indenização a ser prestada ao evicto. Sofrendo cada herdeiro a redução proporcionalmente à sua quota, restabelece-se a igualdade, com a retificação da partilha pela exclusão, de seu acervo, do bem evicto, o qual não fazia parte do mesmo em vida do falecido.

Daí a necessidade de citação de todos os herdeiros, ou a denunciação, promovida pelo demandado, dos restantes herdeiros, o que já constava no começo da vigência do Código Civil pelo autor N. Tolentino Gonzaga: "O herdeiro evicto é obrigado a chamar os

---

58 Ob. cit., vol. XXV, p. 77.

718 • Direito das Sucessões | *Arnaldo Rizzardo*

coerdeiros à autoria na ação, em que a coisa lhe for evicta, isto é, tê-los feito citar antes da contrariedade, para a virem defender, porque podem ter meios de defesa particular".[59]

O insolvente não fica livre de indenizar aqueles que assumiram a sua parte, que conservam a ação contra ele. Melhorando de fortuna, ou adquirindo bens, deve repor aquilo que os coerdeiros prestaram em seu lugar.

21. CESSAÇÃO DAS MEDIDAS DE TUTELA PROVISÓRIA CONCEDIDAS NO INVENTÁRIO

Tem-se, aqui, outro assunto de certa importância e frequência nos inventários.

Sabe-se que as medidas de tutela provisória de urgência ou da evidência visam antecipar ou resguardar e proteger direitos e bens, antecedente ou incidente a uma ação principal, a ser proposta em certo prazo. Constituem um dos mais úteis instrumentos de pretensões em casos prementes ou de urgência, que não podem aguardar o demorado procedimento de uma ação pelo rito comum.

No inventário, também pode ser utilizada a tutela de urgência antecipada ou cautelar.

Mas no pertinente à matéria regulada especificamente, o sentido da medida consiste na reserva de bens ordenada pelo juiz, porque não resolvida, *v.g.*, a qualidade de herdeiro, ou a impugnação de uma obrigação. Nesta linha, a rigor, apenas algumas as hipóteses de tutela existem no inventário, e admitidas para preservar quinhões ou garantir valores pretendidos. O juiz ordena a separação de bens – num exemplo prático –, porque remeteu às vias ordinárias a solução do pedido de habilitação de herdeiro, feito por uma pessoa. O interessado deverá ingressar com a ação o mais breve possível, ou seja, em trinta dias a contar do despacho que ordenou a solução do problema pelas vias ordinárias.

Sintetizando, aplicam-se algumas medidas de tutela provisória, mais cautelarmente, prevendo-se, porém, que se ingressará com uma outra ação, a qual envolverá a matéria de mérito.

A respeito, o art. 668 do Código de Processo Civil peremptoriamente diz que cessa a eficácia da tutela provisória em duas situações.

> Cessa a eficácia da tutela provisória prevista nas Seções deste Capítulo:
> I – se a ação não for proposta em 30 (trinta) dias contados da data em que da decisão foi intimado o impugnante, o herdeiro excluído ou o credor não admitido;
> II – se o juiz extinguir o processo de inventário com ou sem resolução de mérito.

As tutelas provisórias que mais se aplicam, e que cessam se não proposta a ação principal em trinta dias, ou se o juiz declarar extinto o inventário, são as que a lei autoriza a concessão no inventário.

Em primeiro lugar, aquela que se concede em vista do art. 627, § 3º, do CPC, isto é, na disputa sobre a qualidade de herdeiro. O juiz remete às vias ordinárias a solução da questão. Consiste a tutela provisória na reserva de bens ou sobrestamento da entrega do quinhão, em face da disputa sobre a qualidade do herdeiro. A fim de não o prejudicar, coloca-se à parte um quantum do patrimônio, suficiente para formar o quinhão do

---

59 Ob. cit., 2º vol., p. 60.

Cap. XLVII | Partilha dos Bens • **719**

reclamante. Como a solução depende de uma ação ordinária, terá o interessado o prazo de trinta dias para ajuizar esta lide ordinária, sob pena de ficar sem efeito a reserva efetuada.

Em segundo lugar, no caso do art. 628 e §§ 1º e 2º, do CPC, ou seja, quando o juiz remete às vias ordinárias a solução de litígio onde alguém, preterido, procura ser admitido no inventário. Reservam-se bens no equivalente ao quinhão a que entende a pessoa ter direito. Também aqui o prazo para ingressar com a ação ordinária se estende por trinta dias. Uma vez decorrido sem o aforamento do pleito, fica sem efeito a reserva.

Exemplo comum até de suspensão do inventário está no pedido formulado pelo companheiro, que pretende receber parte do patrimônio, ou a meação daquilo que foi constituído ou adquirido no curso da união estável ou marital de fato. Atende-se a postulação se presentes elementos e provas fortes da vida em comum, não bastando meras afirmações ou indícios.

Finalmente, o art. 643 do CPC encerra mais um caso de reserva: quando o juiz manda para as vias ordinárias o pedido de pagamento de dívidas, por não concordarem o inventariante e os herdeiros com o valor ou seu montante. Mais precisamente, quando não há concordância de todas as partes sobre o pedido de pagamento feito pelo credor. Ao interessado concedem-se trinta dias para o ajuizamento da ação principal.

De notar, também, a hipótese do inc. II do art. 668, constando que cessará a eficácia da tutela provisória, no caso de se declarar extinto o inventário. Realmente, não possui a menor justificativa manter-se a medida, se extinto o inventário.

Hamilton de Moraes e Barros exemplifica a previsão acima de cessação da tutela na hipótese de "encerramento do inventário de comerciante individual se, depois de aberto e já em curso, é decretada a falência de seu espólio (Decreto-Lei nº 7.661, art. 39, parágrafo único). Todas as medidas preventivas destinadas a acautelar os interesses dos herdeiros irão desaparecer de uma só vez, pois que não mais haverá herança a partilhar, como sempre acontece. Os bens inventariados, arrecadados pela falência, irão para o pagamento dos credores do espólio falido e não para formar os eventuais quinhões dos herdeiros".[60]

Caindo as reservas de bens, não se deduz que perde o pretenso herdeiro, ou o credor, o seu direito. Apenas torna-se mais demorado, e até difícil, o recebimento do quinhão ou do crédito. Sabe-se que é admitida até a nulidade da partilha se contemplada pessoa que não é herdeira, o que leva a persistir o direito.

22. NOMEAÇÃO DE CURADOR AO AUSENTE E AO HERDEIRO INCAPAZ

Aos ausentes e incapazes nomeia-se curador. O art. 671 da lei processual desta forma ordena:

> O juiz nomeará curador especial:
> I – ao ausente, se não o tiver;
> II – ao incapaz, se concorrer na partilha com o seu representante, desde que exista colisão de interesses.

Nem careceria de regramento a matéria, visto que as disposições comuns que tratam da nomeação de curador também abrangem o inventário. Sabe-se que os incapazes são

---

60 Ob. cit., IX vol., p. 277.

representados por seus pais, pelos tutores e curadores, conforme está previsto no art. 71 do CPC. Nesta mesma classe, incluem-se os ausentes, cuja nomeação de curador encontra-se imposta no art. 671, I, do mesmo diploma. Ademais, é preciso advertir que o "ausente" considerado para fins de inventário não se resume naquele declarado ausente em sentença judicial. Envolve também o réu preso revel, o citado por edital, e que não compareceu aos autos, ou o citado por hora certa, segundo disciplina vinda art. 72, inc. II, do CPC).

Ao nascituro cabe nomear curador, ilustrando Leão Vieira Starling, em lição ainda válida: "Dar-se-á curador ao nascituro, se o pai falecer, estando a mulher grávida e não tendo o pátrio poder. Se a mulher estiver interdita, seu curador será o do nascituro – arts. 458, 462 e parágrafo único, do Código Civil".[61] Os artigos atrás nomeados equivalem, respectivamente, aos arts. 1.778 e 1.779 e seu parágrafo único, da lei civil em vigor. Anote-se, também, que a expressão "pátrio poder" passou para "poder familiar".

O incapaz terá curador unicamente enquanto durar a incapacidade e se aparecer colidência de interesses com os respectivos representantes naturais: o filho que também concorre com os pais, em virtude de testamento; ou o incapaz com o tutor, por ser este credor do espólio.

Entendem alguns que apenas no caso de incapacidade total, não na relativa, se nomeará curador. José da Silva Pacheco segue nesta linha: "'Representar' e 'assistir' são noções que o Direito distingue, consoante o Código Civil, art. 384, V. Isso permite observar que, quando o Código de Processo, no art. 1.042, II, refere-se ao 'representante' do incapaz, não tem em mira senão o incapaz sujeito à representação e não à assistência. A exigência de curador especial restringe-se aos impúberes; os púberes não são destinatários da norma".[62] O art. 384, V, referido acima, corresponde ao art. 1.690 do Código em vigor. Já o art. 1.042, inc. II, corresponde ao art. 671, inc. II, do vigente CPC.

Atualmente, em face da Lei nº 13.146/2015, a incapacidade é para determinados atos. Não mais se dá a interdição total. Daí concluir, quanto ao incapaz (afora o menor de dezesseis anos), a nomeação de curador depende da extensão da interdição na gerência ou administração do patrimônio, ou da decretação da curatela na previsão das hipóteses do art. 1.767 do CC.

Outra condição para a nomeação é a verificação da colidência de interesses.

A questão não apresenta dificuldades, visto que, nomeando-se ou não curador, ou representante, constatando-se prejuízos, anula-se a partilha. No sentido reverso, mesmo que não se faça a nomeação, se inexistir prejuízo patrimonial descabe a anulação.

O caminho mais correto é a nomeação, inclusive se relativamente incapaz o herdeiro. Existindo progenitores, são eles os representantes naturais, sequer exigindo-se a sua nomeação.

Carlos Alberto de Menezes e José Tavares Bastos ensinavam: "O curador, ou promotor, tem a obrigação de apontar e indicar os erros que há no inventário, promover a sua expedição, examinar a descrição dos bens, os títulos e documentos, a natureza dos prazos, requerendo tudo quanto for a favor dos menores, ausentes e desassistidos, instruindo a partilha de modo que ajude o juiz para a determinação; logo que o inventário é concluído, gozam os herdeiros do seu benefício".[63]

---

61 Ob. cit., p. 244.
62 Ob. cit., p. 409.
63 Ob. cit., p. 114.

Cap. XLVII | Partilha dos Bens • **721**

23. O IMPOSTO DE RENDA E TRANSMISSÃO HEREDITÁRIA

De acordo com o art. 1.784 do Código Civil, o domínio e a posse da herança transmitem-se aos herdeiros imediatamente após o falecimento do proprietário dos bens, quando se dá a abertura da sucessão. A transferência opera-se a título gratuito. Assim, não incide o imposto de renda na sucessão, como ocorre nas outras formas de transmissão de bens, o que se dá sobre os ganhos líquidos. A respeito do imposto nestas transferências, escreve Ava Nicole Dranoff Borger, especialista na matéria: "Os ganhos de capital na alienação de imóveis e de participações societárias, bem como os lucros nas aplicações em bolsas de valores e no mercado de renda variável, são taxados a uma alíquota exclusiva de 25%. Na determinação do ganho de capital os custos são corrigidos monetariamente com base na variação dos valores da UFIR (Unidade Fiscal de Referência) mensal. Já para efeitos de cálculo dos lucros tributáveis nas operações em bolsas de valores e/ou mercado de renda variável, a correção monetária dos valores aplicados dar-se-á com base nas variações da UFIR diária".[64]

Mas declaram-se, presentemente, não pelo valor histórico os bens, e sim pelo montante atual. Em consonância com o art. 96, § 5°, da Lei n° 8.383/1992, ordenada a reavaliação dos bens das pessoas físicas, de acordo com valores de mercado. E a partir de 01.01.92, os bens adquiridos terão seu custo convertido em UFIR. Isto a partir da aquisição, seguindo--se as estimativas, em todos os anos, até a alienação.

Assim se procede para aferir se houve um ganho de capital, ganho que será tributável.

Mas os rendimentos que advêm dos bens recebidos na herança passam a sofrer tributação. Embora inexistam ônus no momento do recebimento dos bens, as consequências virão posteriormente, quando o herdeiro iniciar a perceber rendimentos, ou quando efetuar a alienação. Neste caso (alienação posterior), conferem-se as diferenças, em UFIR, entre o valor quando do recebimento e o valor quando da alienação.

Entretanto, a tributação inicia-se não com a abertura da sucessão, e sim com o final do inventário. Ou seja, os bens só passam a pertencer ao herdeiro com a sentença que decide ou homologa a partilha. Enquanto perdura o inventário, mantém-se a responsabilidade tributária do espólio, que se considera, para esses efeitos, uma extensão da pessoa física falecida. Os rendimentos auferidos pelo espólio são tributados do mesmo.

No ano seguinte ao do falecimento, o inventariante, pois, apresentará a declaração de rendimentos do espólio. E isto sucessivamente, enquanto não se encerrar o inventário.

Encerrando-se o inventário no decurso do exercício financeiro, ou antes do vencimento do prazo normal da entrega das declarações, far-se-ão duas declarações, como explica Ava Nicole Dranoff Borger: "Duas declarações deverão ser apresentadas, sendo uma para o ano base anterior e outra compreendendo o período de 1° de janeiro do ano em curso até a data do encerramento. Nessa hipótese, o prazo de entrega da declaração intermediária será antecipado para coincidir com o prazo de entrega da declaração final, vencendo-se igualmente nessa data os prazos para pagamento dos impostos apurados em ambas as declarações".

E, mostrando a rotina do preenchimento da declaração: "Na declaração final do espólio, somente será preenchida a coluna 'ano anterior' da declaração de bens, e na coluna de 'discriminação' mencionar-se-ão o nome e o CPF de cada herdeiro, na descrição dos

---

64 Aspectos Fiscais Relativos ao Patrimônio e à Sucessão. *O Patrimônio e Sucessão*, São Paulo, Maltese, 1993, p. 61.

bens que, respectivamente, cabem a cada qual. Os herdeiros, por sua vez, ao prepararem suas próprias declarações de rendimentos referentes ao ano de encerramento do inventário, preencherão a declaração de bens incluindo, na coluna de discriminação, as descrições, os dados dos bens recebidos, e, no item relativo aos rendimentos isentos, o valor total dos bens herdados".[65]

Ressalte-se, ainda, que o Supremo Tribunal Federal, levando em conta o princípio da incomunicabilidade das penas, tem afastado a exigência das multas junto aos herdeiros, por infração ou mora ao tempo de vida do inventariado: "Imposto de renda. A multa prevista na alínea *c* do art. 21 do Decreto-lei nº 401, de 1969 (tal como a da letra *b* do mesmo dispositivo) tem caráter primitivo e, por esse motivo, não pode ser aplicada aos sucessores do contribuinte".

No voto: "(...) Só se admite, como acréscimo do crédito fiscal, a cobrança do que for puramente indenizatório, assim os juros pela demora do devedor relapso. Tudo o que daí extravasar e que não implique indenização, mas pena, como são estas multas, quer tenham nome de simplesmente moratórias, ou outra denominação qualquer, está fora do âmbito da cobrança permitida pelo art. 23 da Lei de Falência".[66]

24. TAXA JUDICIÁRIA, CUSTAS E MEAÇÃO

A taxa judiciária e as custas somente devem incidir sobre o valor líquido partível, e não sobre a meação, a qual não se confunde com a meação. Ocorre que a meação enquadra-se como patrimônio já pertencente ao cônjuge supérstite, ficando fora da transmissão decorrente do falecimento do outro cônjuge. Inconcebível, daí, a tributação, como se retira do art. 38 do CTN (Lei nº 5.172, de 25.10.1966): "A base de cálculo do imposto é o valor venal dos bens ou direitos transmitidos".

Mais especificamente sobre a taxa judiciária, revela-se reiterativa a jurisprudência do STJ, consoante os seguintes exemplos:

"No processo de inventário, a Taxa Judiciária deve ser calculada sobre o valor dos bens deixados pelo *de cujus*, excluindo-se a meação do cônjuge supérstite.

Não se enquadra no conceito legal de herança a meação pertencente ao cônjuge sobrevivo".

Claras as razões delineadas no voto da Ministra Eliana Calmon:

"(...) Inicialmente, sobreleva notar que a Taxa Judiciária tem por fato gerador a prestação de serviços públicos de natureza forense. Sua cobrança visa à remuneração de serviços processuais, sendo que sua base de cálculo é o conteúdo econômico objeto da causa, ou seja, o valor do benefício que se vai auferir com a prestação jurisdicional.

Sendo assim, no processo de inventário, a Taxa Judiciária não deve ser calculada sobre o monte-mor, neste incluindo o montante relativo à meação do cônjuge supérstite, pois tal parcela não constitui patrimônio do *de cujus*, não se enquadrando no conceito legal de herança. Por essa razão, não é objeto do serviço público prestado e, consequentemente, da base de cálculo da citada Taxa.

A meação, no regime de comunhão de bens, é a parte que cabe ao cônjuge sobrevivente, sendo apurada por corriqueira divisão, depois de abatidos os encargos e dívidas

---

65 Ob. cit., pp. 62 e 63.
66 RE nº 104.993-RS, 1ª Turma do STF, 06.12.85, *Revista Trimestral de Jurisprudência*, 116/1.219.

Cap. XLVII | Partilha dos Bens • **723**

comuns. É um direito decorrente da dissolução da sociedade conjugal, não implicando herança. Por isso mesmo, não incide Imposto de Transição *causa mortis* sobre a meação, visto que não houve fato gerador, pois nada se transmitiu.

Por sua vez, a herança é a outra parte que competia ao *de cujus* e que, em razão da sua morte, se transmitiu aos seus sucessores. A incidência do tributo é, pois, sobre a legítima dos herdeiros, tão somente.

Ora, se a meação não se submete ao pagamento de imposto, pois não há transmissão de bens, de igual forma não deve ser computada para fins de pagamento de custas processuais e Taxa Judiciária, porquanto o meeiro nada adquiriu com o falecimento de seu consorte. Ao contrário, apenas continuou com os bens que já lhe pertenciam, em razão do regime de bens adotado.

Nesse sentido, cumpre mencionar a lição de Silvio Rodrigues: *"É óbvio que só aquilo que constituía seu patrimônio é transmitido a seus herdeiros. Portanto, se o defunto era casado pelo regime da comunhão, separa-se, antes da partilha, a meação do cônjuge sobrevivente. Essa meação não se confunde com a herança, e o cônjuge sobrevivente apenas conserva aquilo que já era seu e que estava no condomínio do casal"* (Silvio Rodrigues, *Direito das Sucessões*, 26ª ed., São Paulo, 2003, p. 124).

Assim, o monte-mor não corresponde simplesmente à herança, tomada a palavra na acepção estrita de patrimônio transmitido *causa mortis* e, como tal, objeto específico do processo de inventário ou arrolamento. Nele, é mister distinguir e separar as duas massas patrimoniais resultantes da dedução das dívidas e encargos comuns, uma pertencente aos herdeiros e outra ao cônjuge meeiro.

No processo de inventário, o objeto não é a segregação da meação do cônjuge, mas a apuração da herança e a consequente partilha entre os herdeiros. Desse modo, sendo a meação apenas consequência prática do processo de inventário, não há como pretender que o valor dela seja computado para fins de determinação do valor da causa, e, logo, da base de cálculo da Taxa Judiciária. Nesse sentido, estão os seguintes precedentes desta Corte:

'Processual civil. Recurso especial. Arrolamento. Taxa judiciária. Art. 1.034 do CPC. Precedentes.

1. A teor do art. 1.034 e seus parágrafos do CPC, nos processos de inventário sob forma de arrolamento não cabe apreciação e decisão sobre taxa judiciária que deve ser calculada com base no valor atribuído pelos herdeiros.

2. A rigor, a meação do cônjuge supérstite não se insere no conceito de herança.

3. Recurso especial conhecido e provido' (REsp. nº 252.850-SP, 2ª Turma, rel. Min. Francisco Peçanha Martins, j. em 20.11.2003, *DJ* de 02.02.2004).

'Tributário e processual civil. Decisão lastreada em dois fundamentos, inatacada em um deles. Manutenção. Inventário.

Taxa judiciária. Base de cálculo. Meação. Inclusão.

1. O efeito devolutivo do recurso especial implica que, fundada a decisão em dupla motivação, deve ser mantida quando o recorrente logra infirmar apenas um deles, restando o outro inatacado.

2. A Taxa Judiciária tem por fato gerador a prestação de serviços públicos, de natureza forense, por isso que sua cobrança visa à remuneração de serviços processuais e a sua base de cálculo é o conteúdo econômico objeto da causa.

724 • Direito das Sucessões | *Arnaldo Rizzardo*

3. A Taxa Judiciária, no processo de inventário, não deve ser calculada sobre o monte-mor, neste incluído o montante relativo à meação do cônjuge supérstite, a qual, não constituindo patrimônio do *de cujus*, não se enquadra no conceito legal de herança não é objeto do serviço público prestado, e, consequentemente, da base de cálculo da citada Taxa.

4. Recurso Especial provido' (REsp. nº 437.525-SP, 1ª Turma, rel. Min. Luiz Fux, j. em 09.12.2003, *DJ* de 20.11.2003)".[67]

"Processual civil. Recurso especial. Processo de inventário. Taxa judiciária. Base de cálculo. Não inclusão da meação do cônjuge supérstite. Precedentes. Recurso especial provido."[68]

Igual inteligência estende-se às custas, porquanto a meação do cônjuge supérstite não integra a universalidade da herança, já fazendo parte de seu patrimônio. Inexistindo transmissão, ilegal exigir quaisquer encargos processuais.

---

67 REsp. nº 343.718-SP, da 2ª Turma, j. em 19.05.2005, *DJU* de 20.06.2005.
68 REsp. nº 469.613-SP, da 1ª Turma, j. em 16.05.2006, *DJU* de 25.05.2006.

XLVIII

Arrolamento, Inventário e Partilha pela Via Administrativa ou Extrajudicial

1. DISTINÇÕES

O próprio termo "arrolamento" induz o significado: inscrever numa lista, fazer relação de, ou, mais especificamente, o ato de colocar em rol de, ou numa relação, tudo em determinada ordem; ou, mais completamente, o ato de dar um ordenamento às coisas ou aos bens.

Affonso Dionysio Gama já dizia: "Se a herança for de pequeno valor, o processo de inventário e partilha será substituído por um simples arrolamento dos bens, o que sempre foi aceito, admitido e praticado no foro".[1]

De um lado, conforme já foi longamente examinado, há o inventário – procedimento contencioso e desenvolvido num encadeamento de atos sucessivos; e, de outro, o arrolamento, quando então se descreve tudo o que existe e delineia-se a destinação dos bens.

Numa concepção técnica, tem-se o inventário quando se faz a descrição completa e individualizada de todo o acervo, isto é, dos bens, das obrigações e dos herdeiros que ficam com a morte de uma pessoa. Mas não se esgota aí o processamento, seguindo-se outros atos, como a ouvida dos interessados, a avaliação, os cálculos, os pagamentos de obrigações e tributos etc., até chegar-se à partilha, objetivo e etapa final do inventário.

Tem-se, ainda, o arrolamento, onde quase insignificante é a atuação do Judiciário, visto que as partes envolvidas trazem a destinação do acervo já definida, inclusive com o pagamento de tributos.

Nesta forma, uma inicial é dirigida ao juiz, com a descrição do inventariado, dos herdeiros e dos bens, apontando quem exercerá o cargo de inventariante, e mais o pedido de homologação daquilo que decidiram os herdeiros.

No âmbito do arrolamento, encontram-se duas formas procedimentais. Na primeira – arrolamento sumário –, não importa o valor do patrimônio que ficou, mas há um acordo de todos os herdeiros no modo de se partilhar. Na segunda – arrolamento comum –, os bens não ultrapassam mil salários mínimos.

Passa-se ao estudo da primeira espécie, que envolve um pouco mais de complexidade.

---

1   Ob. cit., p. 31.

726 • Direito das Sucessões | *Arnaldo Rizzardo*

Convém lembrar a distinção do arrolamento aqui tratado daquele que figura como tutela provisória, também denominado arrolamento de bens, estatuído no art. 301 do Código de Processo Civil (incluindo o arrolamento como tutela de urgência mais de natureza cautelar), e admitido nas situações de perigo de danos ou lesão nos bens. Esta espécie não tem pertinência com o inventário ou arrolamento por morte de uma pessoa, e justifica-se tal medida quando da separação judicial e da dissolução de uma sociedade mercantil, dentre outras hipóteses mais raras. Em caso de morte, admite-se para fazer prova da existência do patrimônio, a fim de evitar possível desbaratamento ou alienação por algum herdeiro.

Depois do estudo do arrolamento, aborda-se o inventário, com a partilha pela via administrativa ou extrajudicial, vindo com a Lei nº 11.441, de 4.01.2007, e atualmente na regulamentação do CPC/2015.

2. ARROLAMENTO SUMÁRIO

Mais simples e comum é o arrolamento descrito nos arts. 659 a 663 do CPC. Corresponde ao arrolamento com partilha amigável, sem importar o valor dos bens, desde que acordes, maiores e capazes todos os herdeiros, não havendo nenhum ausente.

A formalização da partilha amigável processa-se de três formas, em consonância com o art. 2.015 do Código Civil: "Se os herdeiros forem capazes, poderão fazer partilha amigável, por escritura pública, termo nos autos do inventário, ou escrito particular, homologado pelo juiz".

Em outros termos, segue-se esse arrolamento para a homologação da partilha amigável:

a) elaborada por escrito particular;

b) feita por termo nos autos; e

c) confeccionada mediante escritura pública.

O pressuposto é a partilha amigável, admitindo-se várias formas, sendo a mais comum aquela redigida por escrito particular.

Utiliza-se também no caso de um único herdeiro, ou cessionário, quando se lavra somente um termo de adjudicação, formado por todos os documentos que instruem o arrolamento.

O art. 659 do CPC exprime a síntese do processamento deste tipo de arrolamento: "A partilha amigável, celebrada entre partes capazes, nos termos da lei, será homologada de plano pelo juiz, com observância dos arts. 660 a 663".

Os citados arts. 660 a 663 serão analisados no curso do estudo.

Quanto à adjudicação, reservada à hipótese na existência de um único herdeiro, estipula o § 1º do mesmo artigo: "O disposto neste artigo aplica-se, também, ao pedido de adjudicação, quando houver herdeiro único".

Assegura-se este caminho para qualquer valor do patrimônio. Os herdeiros, ao requerer-se o arrolamento, já dizem o valor dos bens inventariados, indicam o inventariante e apresentam a partilha, que o juiz homologará de plano.

Requisito indispensável, em princípio, para o arrolamento está na concordância por todos os herdeiros, que devem ser capazes. No entanto, nada impede a sua conversão em inventário, se faltar tal pressuposto; de modo igual, no seu curso, se dada a forma

Cap. XLVIII | Arrolamento, Inventário e Partilha pela Via Administrativa ou Extrajudicial • 727

de inventário, aceita-se que se transforme em arrolamento, se presentes os pressupostos, fazendo-se as devidas adaptações.

2.1. Requisitos da petição inicial

O art. 660 da lei processual civil é claro ao discriminar os requisitos da inicial:

> Na petição de inventário, que se processará na forma de arrolamento sumário, independentemente da lavratura de termos de qualquer espécie, os herdeiros:
>
> I – requererão ao juiz a nomeação do inventariante que designarem;
>
> II – declararão os títulos dos herdeiros e os bens do espólio, observado o disposto no art. 630;
>
> III – atribuirão valor aos bens do espólio, para fins de partilha.

Descrevem Cristiano Chaves de Farias e Nelson Rosenvald os elementos que conterá a petição inicial: "Para tanto, apresenta-se ao juiz para homologação uma proposta de partilha dos bens deixados pelo *de cujus*, com a petição inicial, acompanhada de comprovação de quitação tributária e da certidão de óbito do extinto".[2]

O inc. II do art. 660 remete ao art. 630 do mesmo diploma, o qual tem o seguinte texto: "Findo o prazo previsto no art. 627 sem impugnação ou decidida a impugnação que houver sido oposta, o juiz nomeará, se for o caso, perito para avaliar os bens do espólio, se não houver na comarca avaliador judicial".

O prazo previsto no art. 627 é de quinze dias, sendo destinado para a impugnação das primeiras declarações.

Importa em concluir que se fará a avaliação dos bens por perito, se lavrar discordância com a estimativa dada pela Fazenda Pública.

Tudo o que diz com o arrolamento – desde os elementos informativos até a deliberação de partilha – virá na inicial.

Orlando de Souza explicita os passos do processamento, mostrando-se atual a explicação, já que o arrolamento existia no regime processual anterior: "Recebido o pedido de arrolamento sumário instruído com a certidão de óbito do autor da herança, a partilha amigável dos bens do espólio, assinada por todos os herdeiros, a procuração dos herdeiros, legatários e cônjuge sobrevivente, se houver, e, ainda, a certidão do Registro de Imóveis da comarca referente ao registro dos bens imóveis que foram objeto da partilha, o juiz, deferindo o pedido, nomeará inventariante o indicado na petição, mandando distribuir, autuar e registrar o pedido".[3]

2.2. Certidões da regularidade perante o fisco

Juntam-se à petição as certidões negativas de débitos dos tributos federais, estaduais e municipais, que incidirem sobre os imóveis inventariados.

---

2   *Curso de Direito Civil – Sucessões*, vol. 7, ob. cit., p. 443.
3   *Partilhas Amigáveis*, 2ª ed., São Paulo, Editora Saraiva, 1987, p. 24.

728 • Direito das Sucessões | *Arnaldo Rizzardo*

Não é indispensável que as certidões negativas de tributos e os comprovantes de pagamento do imposto venham com a inicial, embora recomendável. No sistema do CPC de 1973, o art. 1.031 fazia depender a homologação da partilha amigável, celebrada entre partes capazes, da apresentação da prova da quitação dos tributos relativos aos bens do espólio e às suas rendas. Já pelo § 2º do mesmo artigo, a expedição dos formais, da carta de adjudicação ou da certidão da homologação, bem como do alvará dos bens abrangidos pelo formal, ficava na dependência da comprovação, verificada pela Fazenda Pública, do pagamento de todos os tributos. De modo que não podia o herdeiro encontrar-se com dívidas para com o Fisco.

Não ficava de fora qualquer tributo, inclusive os atrasados, como o Imposto sobre a Propriedade Predial e Territorial Urbana – IPTU, o de transmissão *causa mortis* e o de transmissão *inter vivos*, se houvesse cessão de direitos hereditários. Isto, no entanto, desde que ausentes controvérsias ou divergências que reclamam uma solução judicial.

Entrementes, o tratamento foi modificado com o CPC de 2015. Não mais se exige a comprovação, verificada pela Fazenda Pública, do pagamento de todos os tributos. Observe-se a redação do § 2º do art. 659: "Transitada em julgado a sentença de homologação de partilha ou de adjudicação, será lavrado o formal de partilha ou elaborada a carta de adjudicação e, em seguida, serão expedidos os alvarás referentes aos bens e às rendas por ele abrangidos, intimando-se o fisco para lançamento administrativo do imposto de transmissão e de outros tributos porventura incidentes, conforme dispuser a legislação tributária, nos termos do § 2º do art. 662".

O § 2º do art. 662 vem assim redigido: "O imposto de transmissão será objeto de lançamento administrativo, conforme dispuser a legislação tributária, não ficando as autoridades fazendárias adstritas aos valores dos bens do espólio atribuídos pelos herdeiros". Não se inseriu a condição do prévio pagamento para a expedição dos formais, da carta de adjudicação ou de certidões e alvarás de pagamentos de quinhões, o que não significa a dispensa ou que seja possível o registro sem o pagamento dos tributos.

Tanto que está contido no § 2º do art. 659 a intimação do fisco para o lançamento administrativo do imposto de transmissão, o que importa tão somente que não haverá celeuma na esfera judicial sobre tal matéria. Cabe à parte acertar-se com o fisco quanto ao tributo, mesmo que se instaure um procedimento administrativo ou judicial. Somente depois da satisfação do tributo é que se lavrarão os competentes registros imobiliários.

Inclusive não se dispensa a apresentação das certidões negativas de débitos fiscais, cuja finalidade, conforme Maria Berenice Dias, consiste em provar a "quitação dos tributos relativos aos bens do espólio e as suas rendas, reproduzindo a exigência do art. 192 do CTN. Tais comprovantes, que buscam tão só dar certeza da disponibilidade plena dos bens do *de cujus*, referem-se somente aos débitos tributários existentes antes da abertura da sucessão, e não aos decorrentes desta, que é fato gerador de nova tributação, como o imposto de transmissão *causa mortis*, segundo o disposto no parágrafo único do art. 35 do CTN".[4]

2.3. O imposto de transmissão

Dentro do possível, o mais conveniente é que a guia comprovante do pagamento do imposto acompanhará a petição.

---

4 "Considerações sobre o Arrolamento em Face da Lei nº 7.019, de 31.08.82", *in AJURIS – Revista da Associação dos Juízes do RGS*, nº 28, Porto Alegre, p. 204, 1983.

Cap. XLVIII | Arrolamento, Inventário e Partilha pela Via Administrativa ou Extrajudicial • **729**

Várias dificuldades surgem.

A primeira, quanto ao valor dos bens, que poderá divergir da estimativa exigida pela Fazenda Pública. A controvérsia não será resolvida no juízo do inventário, mas na esfera administrativa. Se não concordar o fisco, recolhe-se o tributo de acordo com a estimativa dos bens oferecida pelos herdeiros. À Fazenda assiste, tão unicamente, utilizar-se de um procedimento judicial posterior, com o fim de receber aquilo que entenda valerem os bens.

Não há outra solução. Inteiramente incongruente se obrigue o contribuinte a ingressar com uma ação, para definir a avaliação dos bens. O tributo ficará em um percentual sobre a estimativa dos herdeiros, e se não se atribuísse ao Estado o encargo de definir judicialmente o valor do patrimônio, ficaria o mesmo com uma arma para inviabilizar o registro.

Os pretórios já aplicavam tal exegese antes do CPC de 2015: "Em processo de arrolamento, com base nos arts. 1.031 a 1.035 do CPC, é descabida qualquer intervenção e/ou avaliação da Fazenda Pública; os pagamentos fiscais são feitos com base nos valores dados pelo inventariante e herdeiros. Eventuais discordâncias da Fazenda Pública são discutidas na área administrativa".[5] Os arts. 1.031 a 1.035 correspondem aos arts. 659 a 663 do CPC/2015.

> "É cediço o entendimento, tanto doutrinário quanto jurisprudencial, no sentido de que nos inventários processados sob a modalidade de arrolamento, procedimento de rito sumário, não se admite questionamento pela Fazenda Estadual acerca do pagamento de tributos relativos à transmissão (cf. REsp. nº 36.758-SP, *DJU* de 13.02.1995)".[6]

O art. 662 não permite dúvidas: "No arrolamento, não serão conhecidas ou apreciadas questões relativas ao lançamento, ao pagamento ou à quitação de taxas judiciárias e de tributos incidentes sobre a transmissão da propriedade dos bens do espólio". Nos termos do § 2º do art. 662, a Fazenda fará o lançamento administrativo do imposto: "O imposto de transmissão será objeto de lançamento administrativo, conforme dispuser a legislação tributária, não ficando as autoridades fazendárias adstritas aos valores dos bens do espólio atribuídos pelos herdeiros".

De acordo com este dispositivo, desnecessário que se anexe aos autos, ou à inicial, a guia comprovando o recolhimento do tributo. Posteriormente, já com a certidão da partilha, providenciará a parte na regularização do imposto.

No entanto, não se conclua que dispensado o recolhimento do tributo:

> "No arrolamento não se admite suscitação de questões de Direito Tributário, nem se concede vistas à Fazenda Pública. Porém, isto não significa que se possa dispensar o recolhimento do imposto *causa mortis* nos próprios autos, pois se trata de requisito básico para a prolação da sentença de partilha, devendo ser feito mediante lançamento por homologação, sendo cabível a atualização do valor pela correção monetária por determinação do magistrado".

Isto porque, conforme segue o acórdão, "continua em pleno vigor o art. 192 do CTN, que impede seja proferida sentença de partilha, ou de adjudicação, sem a quitação dos

---

5   Agr. Instr. nº 591052535, 7ª Câmara Cível do TJRGS, 30.10.91, *Revista de Jurisprudência do TJRGS*, 155/202.
6   REsp. nº 466.790-SP, da 2ª Turma do STJ, de 10.06.2003, *DJU* de 08.09.2003.

730 • Direito das Sucessões | *Arnaldo Rizzardo*

impostos relativos aos bens do espólio, ou às suas rendas. Como esse diploma constitui lei complementar à Constituição, é evidente que não pode ser derrogado pelo Código de Processo Civil, por ser esta lei ordinária, ou seja, situada hierarquicamente em nível inferior àquele. Nestes termos, deve-se considerar o lançamento administrativo de que trata o art. 1.034, § 2º, deste último Código, como lançamento por homologação (CTN, art. 150), e não como dispensa do recolhimento nos autos do arrolamento, por ser isso vedado pela lei complementar tributária".[7] O art. 1.034, § 2º, citado acima, equivale ao art. 662, § 2º, do CPC/2015.

Entende-se que, de uma forma ou outra, o recolhimento do imposto é indispensável, levando-se a efeito a exigibilidade por meio do lançamento administrativo: "Segundo a regra do art. 1.034, *caput*, e seu § 2º do CPC, não impede a homologação da partilha no inventário, sob a forma de arrolamento, a falta de comprovação do recolhimento do ITBI. É facultado à Fazenda Pública estadual o lançamento do tributo, na forma administrativa, como dispuser a legislação tributária".[8] O referido art. 1.034, *caput*, e seu § 2º, têm idêntico conteúdo do art. 662, *caput*, e de seu § 2º, do CPC/2015.

Seja como for, mesmo que o § 2º do art. 659 tenha sentido diferente do art. 192 do Código Tributário Nacional (Lei nº 5.172/1966), o imposto há de ser pago previamente ao registro, e em seguida à expedição dos formais. Eis o pensamento de Maria Berenice Dia, sobre o assunto: "De posse da certidão é que o herdeiro, cessionário ou legatário (pois em todas estas hipóteses cabível a adoção deste rito), providenciará no recolhimento do imposto de transmissão, pelo valor atribuído pela Fazenda Pública, através de procedimento deferido pelo § 2º do art. 1.034 do CPC, e à complementação da taxa judiciária, se houve divergência com o valor apontado na partilha, conforme o § 1º, do mesmo artigo. Com Registro Imobiliário se perfectibiliza a transmissão da propriedade dos bens imóveis, não restando qualquer possibilidade de serem reclamados tributos de nenhuma ordem".[9] No atual CPC, os §§ 1º e 2º do art. 662 possuem a mesma redação dos citados §§ 1º e 2º do art. 1.034.

Quanto à taxa judiciária, o § 1º do art. 662 da lei de processo acrescenta:

"A taxa judiciária, se devida, será calculada com base no valor atribuído pelos herdeiros, cabendo ao fisco, se apurar em processo administrativo valor diverso do estimado, exigir a eventual diferença pelos meios adequados ao lançamento de créditos tributários em geral".

Daí, já se decidia antes do CPC de 2015: "Se é menor o recolhimento, fica garantido à Fazenda o procedimento fiscal para haver a diferença. É o lançamento regrado no art. 150 do CTN, isto é, por homologação. Havendo saldo, com ou sem o acréscimo de penalidade tributária, ele é apurado (art. 150, § 4º).

Verifica-se, então, que o lançamento por homologação se pode converter em revisão de lançamento, conforme a regra do art. 149, *caput*, do mesmo Código, se houver diferença a pagar".[10]

2.4. Pagamento das dívidas e avaliação dos bens

Normalmente não se faz a avaliação dos bens. Existe uma exceção, contemplada no art. 661 CPC: "Ressalvada a hipótese prevista no parágrafo único do art. 663, não se procederá à avaliação dos bens do espólio para nenhuma finalidade".

---

7   Agr. Instr. nº 183.936-1/1, 7ª Câmara Cível do TJSP, 11.11.92, *RT*, 694/98.
8   Agr. Instr. nº 25.423-9, 1ª Turma Cível do TJMS, 18.09.80, *RT*, 670/155.
9   Ob. cit., p. 205.
10 Agr. Instr. nº 132.390-1, 2ª Câmara Cível do TJSP, 21.08.90, *RT*, 665/77.

Cap. XLVIII | Arrolamento, Inventário e Partilha pela Via Administrativa ou Extrajudicial • 731

Qual a hipótese do parágrafo único do referido artigo?

Revela-se a mesma quando se faz a reserva de bens para o pagamento de dívidas. Não concordando o credor, e impugnando a estimativa, promove-se a avaliação e a seguir junta-se o laudo aos autos do inventário, com a indicação da quota a ser reservada.

A existência de dívidas não impede a homologação da partilha ou da adjudicação, se reservados bens suficientes para o pagamento. É o que contempla o art. 663 do CPC: "A existência de credores do espólio não impedirá a homologação da partilha ou da adjudicação, se forem reservados bens suficientes para o pagamento da dívida".

Na petição inicial já se reserva a quota necessária, se for o caso da existência de credores do espólio, sendo de rigor a sua intimação. Se manifestada a discordância do montante do patrimônio reservado, permite-se a avaliação, juntando-se, depois, o laudo e proferindo o juiz o *decisum*, contra o qual se apresenta admissível o agravo.

2.5. A decisão homologatória

A decisão homologatória segue-se ao pagamento das custas e da taxa judiciária, desde que preenchidos todos os requisitos que a lei indica. O art. 659 ordena que o juiz homologará de plano a partilha, mas omitindo-se quanto à prova da quitação dos tributos, mantendo a coerência com o tratamento reservado ao arrolamento, de que a taxa judiciária e o imposto são objeto de lançamento administrativo, com a exigibilidade pela via própria.

Na praxe forense, contados e preparados os autos, providencia-se junto aos órgãos da Fazenda Pública a solução das questões tributárias. Não se impõe a quitação dos tributos como requisito para a homologação, o que ficou expresso com o art. 659 do CPC. A atuação envolve o exame do preenchimento dos requisitos e o proferimento do despacho homologatório.

Possível, no entanto, que alguma questão exija um maior prolongamento deste tipo de inventário.

Assim, se a maioria dos herdeiros postula em conjunto, à exceção de um ou dois, não significa que se impeça este tipo de arrolamento. Simplesmente segue-se no arrolamento sumário se, citados todos os demais herdeiros, nenhuma oposição oferecerem, ou se as impugnações não revelarem qualquer consistência jurídica ou fática. Poderá haver uma mera contestação, com o prolongamento do processo, mas sem que seja suficiente para mudar o rito.

Transitada em julgado a homologação, expedem-se os formais ou a certidão do despacho homologatório, sempre acompanhando as declarações e a forma de partilha, além de outros documentos, como as procurações e decisões do juiz, o ato de nomeação do inventariante, o termo de compromisso, os documentos de propriedade etc. Mais apropriada, para Maria Berenice Dias, a certidão: "Atendidos os requisitos legais suprarreferidos, o despacho judicial que mandar registrar e autuar o pedido já nomeará o inventariante indicado, homologando o juiz, nessa mesma oportunidade, a partilha, dando por ultimado o procedimento. Da decisão homologatória serão extraídas certidões, uma vez que dispensáveis os formais de partilha, pressuposto estabelecido pelo art. 1.027 do CPC, para a extração de formais".[11] A disposição do art. 1.027 citado corresponde à do art. 655 do atual CPC.

---

11 Ob. cit., p. 205.

732 • Direito das Sucessões | Arnaldo Rizzardo

Deve-se admitir ampla maleabilidade na forma procedimental. Nada impede, pois, a opção por atos do inventário, como a avaliação dos bens pela Fazenda, a fim de evitar futuras discussões que possam levar a uma demora ou desgaste maior que aquela simples medida.

3. ARROLAMENTO COMUM

Já existente antes dos códigos processuais dos Estados, lembra Orlando de Souza que esta modalidade era conhecida mesmo quando ainda não existia o Código Civil anterior, posto que mencionada no Aviso de 20 de agosto de 1830.[12] Mas nenhuma referência lhe fez o Código Civil de 1916, e nem o vigorante.

Apareceu regulamentado nos arts. 1.036, 1.037 e 1.038 do Código de Processo Civil de 1973 e se encontra previsto nas disposições dos arts. 664 e 665 do atual diploma.

A regulamentação própria encontra, como máxima razão de ser, o valor patrimonial do acervo hereditário, estabelecido em até mil salários mínimos.

Eis como trata a espécie o art. 664: "Quando o valor dos bens do espólio for igual ou inferior a 1.000 (mil) salários mínimos, o inventário processar-se-á na forma de arrolamento, cabendo ao inventariante nomeado, independentemente de assinatura de termo de compromisso, apresentar, com suas declarações, a atribuição de valor aos bens do espólio e o plano da partilha".

O limite do valor dos bens é o fator determinante para esta modalidade processual de formalizar a transmissão hereditária. Não se impede que integrem menores, ou incapazes, e mesmo ausentes, na relação de herdeiros, na previsão do art. 665, mas desde que inexistentes discordâncias, inclusive do Ministério Público: "O inventário processar-se-á também na forma do art. 664, ainda que haja interessado incapaz, caso concordarem todas as partes e o Ministério Público".

Ressalta a dispensa de alguns atos, como o termo de compromisso de inventariante e as últimas declarações. Na prática, o interessado ingressa com o pedido, indicando o *de cujus*, o cônjuge supérstite e os herdeiros, e arrola o patrimônio. Explicará a existência ou não de testamento, e discriminará as dívidas, bem como a forma do pagamento, com ou sem a separação de parte dos bens, e apresentará de imediato a partilha ou, no mínimo, o projeto.

Na descrição dos herdeiros e do acervo, obedecem-se aos dados exigidos nos vários incisos do art. 620 da lei instrumental civil, tal como ocorre no inventário comum. Vindas as declarações, procedem-se às citações dos herdeiros ainda faltantes ou que não compareceram.

Os §§ 1º, 2º e 3º do art. 664 dão o caminho no caso de inexistência de concordância, pelos herdeiros e mesmo pelo Ministério Público, quanto à estimativa econômica dos bens.

Pelo § 1º, havendo impugnação, determina-se a avaliação: "Se qualquer das partes ou o Ministério Público impugnar a estimativa, o juiz nomeará avaliador, que oferecerá laudo em 10 (dez) dias".

Já relativamente ao § 2º, em audiência o juiz definirá o valor, depois de apresentado o laudo, com a prévia intimação de todas as partes: "Apresentado o laudo, o juiz, em au-

---

12 *Partilhas Amigáveis*, ob. cit., p. 20.

Cap. XLVIII | Arrolamento, Inventário e Partilha pela Via Administrativa ou Extrajudicial • **733**

diência que designar, deliberará sobre a partilha, decidindo de plano todas as reclamações e mandando pagar as dívidas não impugnadas".

Embora a previsão da audiência, mostra-se razoável entender a sua dispensabilidade, se oportunizada a manifestação das partes, decidindo o juiz pelos elementos existentes nos autos.

De acordo com o § 3º, lavra-se termo das ocorrências na audiência: "Lavrar-se-á de tudo um só termo, assinado pelo juiz, pelo inventariante e pelas partes presentes ou por seus advogados". Resta óbvio que os dissensos serão resolvidos na audiência, sendo recorrível de agravo de instrumento a decisão prolatada se ater-se a resolver um ou alguns incidentes. No caso de deliberar já sobre a partilha, isto é, se resolver o processo, o recurso será de apelação.

Relativamente à taxa judiciária e ao imposto, o § 4º do art. 664 ordena que se apliquem as disposições do art. 672: "Aplicam-se a essa espécie de arrolamento, no que couber, as disposições do art. 672, relativamente ao lançamento, ao pagamento e à quitação da taxa judiciária e do imposto sobre a transmissão da propriedade dos bens do espólio". Ora, o art. 672 permite que se processe no mesmo inventário, ou autoriza a cumulação de inventários, para a partilha a pessoas diversas, quando houver: I – identidade de pessoas entre as quais devam ser repartidos os bens; II – heranças deixadas pelos dois cônjuges ou companheiros; III – dependência de uma das partilhas em relação à outra.

Por sua vez, o parágrafo único do art. 672 faculta, no caso previsto no inciso III, se a dependência for parcial, por haver outros bens, ao juiz ordenar a tramitação separada, se melhor convier ao interesse das partes ou à celeridade processual.

Daí se extrai que incidem as regras detalhadas para o arrolamento comum à cumulação de inventários nas hipóteses discriminadas no art. 672, que não disciplinam assuntos pertinentes a tributos ou taxas. Relativamente a esses encargos – tributos e taxas –, seguem-se os ditames do art. 662 e de seus parágrafos, efetuando a Fazenda Pública o lançamento administrativo, junto à qual o espólio acertará o pagamento, anexando a guia de pagamento quitada nos autos do arrolamento.

No tocante, porém, à prova da inexistência de obrigações tributarias, providenciará o inventariante na juntada das certidões negativas, consoante se retira do § 5º do art. 664: "Provada a quitação dos tributos relativos aos bens do espólio e às suas rendas, o juiz julgará a partilha".

Se todos concordarem, inclusive o Ministério Público, o juiz simplesmente homologará a partilha.

Entretanto, a existência de incapazes e ausentes impõe a nomeação de curador, desde que verificada colidência de interesses.

Não impede este rito a existência de testamento. O valor dos bens testados, com aqueles das legítimas, no entanto, não pode ultrapassar o limite do art. 664 do CPC.

Finalmente, fica livre a parte para escolher este procedimento, ou aquele do inventário.

4. ADJUDICAÇÃO DA HERANÇA

Conforme já foi ressaltado, havendo apenas um herdeiro, ou todos cedendo para uma pessoa, pede-se a adjudicação dos bens, nos termos do § 1º do art. 659 do CPC. Dirige-se uma petição ao juiz, afirmando que faleceu o autor da herança, já contendo as declarações sobre a pessoa do *de cujus* e sobre o acervo patrimonial.

734 • Direito das Sucessões | *Arnaldo Rizzardo*

O juiz, no primeiro despacho, nomeará o próprio requerente no cargo de inventariante. Examinará os documentos anexados, as certidões, e guias de pagamento do imposto e determinando as diligências, se necessárias. A seguir, simplesmente homologará o pedido, ordenando a formação da respectiva carta. Serão obedecidos, em tudo, os trâmites para o arrolamento sumário. Não existem diferenças, exceto no instrumento a ser entregue à parte.

Observa-se, ainda, que para a adjudicação se operar não importa o valor ou a estimativa dos bens, sempre incidindo o imposto sobre a totalidade do patrimônio.

5. VALORES NÃO DEPENDENTES DE ARROLAMENTO

Para o recebimento de pequenas importâncias que se encontram depositadas em bancos, ou junto a estabelecimentos públicos, e mesmo privados, é dispensado o arrolamento, ou o inventário, visto tratar-se de quantias devidas a título do PIS, do PASEP, FGTS, de salários, de imposto de renda e outros tributos, de pensões, seguros, aposentadorias e depósitos bancários. Os herdeiros habilitam-se perante a instituição, com os documentos que provem a sua qualidade, a quem será paga a quota correspondente.

Reza o art. 666 do Código de Processo Civil: "Independerá de inventário ou arrolamento o pagamento dos valores previstos na Lei nº 6.858, de 24 de novembro de 1980".

A lei a que o dispositivo remete dispõe sobre o pagamento, aos dependentes ou sucessores, de valores não recebidos em vida pelos respectivos titulares.

Quanto aos fundos relativos ao FGTS e PIS-PASEP, o art. 1º da Lei nº 6.858/1980 encerra: "Os valores devidos pelos empregadores aos empregados e os montantes das contas individuais do Fundo de Garantia por Tempo de Serviço e do Fundo de Participação PIS-PASEP, não recebidos em vida pelos respectivos titulares, serão pagos, em cotas iguais, aos dependentes habilitados perante a Previdência Social ou na forma da legislação específica dos servidores civis e militares, e, na sua falta, aos sucessores previstos na lei civil, indicados em alvará judicial, independentemente de inventário ou arrolamento".

Extraem-se dois caminhos para o pagamento: ou a prova da dependência perante a Previdência Social, ou o alvará judicial. Se for o herdeiro dependente previdenciário, já constará no documento, como carnê de pagamento, a qualidade da dependência. Se inexistir a dependência, então impende que se peça alvará, instrumento este que habilita o recebimento junto ao estabelecimento, ou a repartição competente. Segue-se, aí, a ordem da vocação hereditária. Sobre o levantamento mediante alvará, o STJ convalidou a permissão, em decisões como a seguinte: "Os montantes das contas individuais do FGTS e do Fundo de Participação PIS-PASEP, não recebidos em vida pelos respectivos titulares, devem ser liberados aos dependentes habilitados, independentemente de inventário ou arrolamento; o levantamento só depende de autorização judicial se não houver dependentes habilitados, hipótese em que serão recebidos pelos sucessores previstos na lei civil, mediante alvará a ser requerido ao juízo competente para o inventário ou arrolamento".[13]

A competência para ajuizar o pedido de alvará é a justiça estadual, conforme definiu o STJ,[14] e se consolidou na Súmula nº 161: "É da competência da Justiça Estadual autorizar o levantamento dos valores relativos ao PIS-PASEP e FGTS, em decorrência do falecimento do titular da conta".

---

13 Conflito de Competência nº 15.367-SC, 1ª Seção, j. em 14.11.1995, *DJU* de 04.12.1995.
14 Conflito de Competência nº 9.338-4-SC, da 1ª Seção, j. em 09.08.1994, *DJU* de 29.08.1994.

Cap. XLVIII | Arrolamento, Inventário e Partilha pela Via Administrativa ou Extrajudicial • 735

O art. 2° da mesma lei estende o recebimento por aquelas formas também referentemente ao imposto de renda, a outros tributos e a depósitos bancários: "O disposto nesta Lei se aplica às restituições relativas ao imposto de renda e outros tributos, recolhidos por pessoa física, e, não existindo outros bens sujeitos a inventário, aos saldos bancários e de contas de caderneta de poupança e fundos de investimento de valor até 500 (quinhentas) Obrigações Reajustáveis do Tesouro Nacional".

Se os valores forem superiores àquele patamar de quinhentas ORTNs corrigidas, parece que se deve ingressar com o inventário ou arrolamento. De igual modo, na existência de outros bens. Esta a conclusão a que também leva o Decreto n° 85.845/1981, regulamentador da Lei n° 6.858/1980, em seu art. 1°, parágrafo único, inc. V.

Mas, observa-se a redação atual do art. art. 666 do CPC, já transcrita: independerá de inventário ou arrolamento o pagamento de valores previstos na Lei n° 6.858/1980. Conclui-se, daí, que não se exige inventário ou partilha, diante do cânone acima, que implicitamente alterou o art. 2° da Lei n° 6.858/1980. Constando independentemente de inventário ou arrolamento, em qualquer hipótese admite-se o levantamento mediante simples alvará, ou habilitação, neste caso se os dependentes estiverem habilitados perante a Previdência Social. Esta a exegese dada por Maria Berenice Dias: "A nova redação dada ao art. 1.037 do CPC parece ter revogado, portanto, o disposto no art. 2°, *in fine*, da Lei n° 6.858/1980, e as regras pertinentes do Decreto que a regulamentou. Doravante, em consequência, mesmo existindo outros bens sujeitos a inventário e mesmo sendo os saldos bancários, de cadernetas de poupança e de fundos de investimento, superiores a quinhentas ORTNs, poderão os sucessores previstos na lei civil levantar tais valores independentemente de inventário ou arrolamento, desde que, obviamente, comprovem a qualidade de sucessores".[15] Equivale o art. 1.037, citado acima, ao art. 666 do atual CPC.

Sobre o levantamento por alvará, o próprio STJ já admitiu a possibilidade:

> A Lei n. 6.858/80 pretendeu desburocratizar o levantamento de pequenos valores (até quinhentas OTNs), não recebidos pelos seus titulares em vida, valendo-se, para tanto, de critério objetivo, qual seja, a condição de dependente inscrito junto à Previdência Social e a inexistência de outros bens a serem inventariados.
>
> Assim, os valores relativos a restituições de imposto de renda não recebidos pelo falecido em vida, observado o teto legal, devem ser levantados pelos dependentes habilitados junto a Previdência Social, nos termos dos arts. 1° e 2° da Lei n. 6.858/80.
>
> Recurso especial não provido.[16]

Os valores eventualmente pertencentes a menores ficam depositados em cadernetas de poupança, consoante o art. 1° da Lei n° 6.858/1980: "As cotas atribuídas a menores ficarão depositadas em caderneta de poupança, rendendo juros e correção monetária, e só serão disponíveis após o menor completar 18 (dezoito) anos, salvo autorização do juiz para aquisição de imóvel destinado à residência do menor e de sua família, ou para dispêndio necessário à subsistência e educação do menor".

Deve estender-se a permissão de sacar as importâncias a outros incapazes, assim como é importante deixar ampla liberdade ao juiz para, segundo seu justo discernimento, decidir sobre os levantamentos. Não existindo dependentes ou herdeiros, qual o destino das somas

---

15 Ob. cit., p. 209.
16 REsp. 1.085.140/SP, da 4ª Turma, Rel. Min. Luis Felipe Salomão, j. em 07.06.2011, *DJe* de 17.06.2011.

736 • Direito das Sucessões | *Arnaldo Rizzardo*

depositadas em poder de entes públicos e particulares, e devidas pelos empregadores aos empregados, ou a título de FGTS e PIS-PASEP?

Indica o § 2º do apontado artigo a quem se atribuirão ditas importâncias: "Inexistindo dependentes ou sucessores, os valores de que trata este artigo reverterão em favor, respectivamente, do Fundo de Previdência e Assistência Social, do Fundo de Garantia por Tempo de Serviço ou do Fundo de Participação PIS-PASEP, conforme se tratar de garantias devidas pelo empregador ou de contas do FGTS e do Fundo PIS-PASEP".

Estão aí indicados os fundos para quem irão os valores, desde que inexistam herdeiros ou dependentes. Ocorre que nem sempre conhecidos os administradores destes fundos, e mesmo a sua existência em todas as localidades onde aberta a sucessão. Sendo assim, não é de rigor que se ordene a transferência para o nome dos mesmos. Melhor, e mais proveitoso, apresenta-se que o juiz, segundo sua percepção, e ouvido o Ministério Público, destine os valores a entidades de cunho social e caritativo, como as de atendimento a menores, doentes, idosos e viciados.

O certo é que não entram na classe de bens jacentes, visto que a lei prevê uma destinação especial.

Quanto às importâncias relativas ao imposto de renda e a outros tributos, e aquelas que restaram depositadas em bancos, reverterão para o Fundo de Previdência e Assistência Social, como está no parágrafo único do art. 2º, também da Lei nº 6.858/1980: "Na hipótese de inexistirem dependentes ou sucessores do titular, os valores referidos neste artigo reverterão em favor do Fundo de Previdência e Assistência Social".

Procura-se, como nos casos anteriores, utilizar os depósitos para uma finalidade social. No entanto, se este propósito é mais bem atendido por uma outra entidade, deve-se conceder ampla liberdade para o juiz dispor a respeito da destinação.

No tocante aos valores concernentes a seguros e benefícios previdenciários, não recebidos em vida pelo segurado ou favorecido, o pagamento aos herdeiros obedece ao mesmo procedimento acima, segundo vem disposto na Lei nº 8.213, de 24.07.1991, que trata dos Planos de Benefícios da Previdência Social. Reza seu art. 112 que "o valor não recebido em vida pelo segurado só será pago aos seus dependentes habilitados à pensão por morte ou, na falta deles, aos seus sucessores na forma da lei civil, independentemente de inventário ou arrolamento". No entanto, se submetido a inventário o montante, não se prescinde da ordem judicial, na linha traçada pelo STJ: "O preceito contido no art. 112 da Lei nº 8.213/1991, cinge-se à esfera administrativa, limitando-se a afirmar que os valores previdenciários devidos e não recebidos em vida pelo *de cujus* podem ser pagos administrativamente, e prioritariamente, aos dependentes habilitados à pensão por morte, e, na ausência destes, aos demais sucessores na forma da lei civil, independentemente de inventário ou arrolamento. Portanto, refere-se ao direito material".

Diversa é a questão quando o *quantum* é submetido à apreciação do Poder Judiciário, sendo imprescindível a habilitação (cf. arts. 1.055 a 1.062 do CPC").[17] Os citados arts. 1.055 a 1.062 correspondem aos arts. 687 a 692 do atual CPC.

Se não há controvérsia, nem dúvidas sobre a titularidade ao direito, paga-se administrativamente: "Em sendo certo, para a administração pública, a titularidade do direito subjetivo adquirido *mortis causa* e a sua representação, no caso de pluralidade, tem in-

---

17 REsp. nº 440.327-PB, da 5ª Turma, j. em 17.12.2002. Apontam-se os seguintes precedentes no voto: REsp. nº 268.485-SC, *DJU* de 24.06.2002; REsp. nº 261.673-RS, *DJU* de 02.10.2000; REsp. nº 163.735, *DJU* de 09.11.1998.

Cap. XLVIII | Arrolamento, Inventário e Partilha pela Via Administrativa ou Extrajudicial • **737**

cidência o art. 112 da Lei nº 8.213/91, que dispensa a abertura de inventário, nomeação de inventariante ou alvará judicial de autorização".[18]

Quanto a quem efetuará dito pagamento, cita José da Silva Pacheco: "O pagamento das quantias devidas será feito pelo empregador, repartição, entidade, órgão ou unidade civil ou militar, estabelecimento bancário, fundo de participação ou em geral por pessoa física ou jurídica a quem caiba efetuá-lo".

Assim, efetua-se o pagamento, prossegue o autor: "1º) Aos dependentes, conforme declaração constante do Instituto de Previdência ou órgão encarregado de processar o benefício por morte. 2º) Aos sucessores, na falta de dependentes declarados".[19]

6. INVENTÁRIO OU ARROLAMENTO DE BENS MÓVEIS DE VALOR NÃO ELEVADO E LEVANTAMENTO POR MEIO DE ALVARÁ

Bastante frequente que se constitua a herança de alguns bens móveis, como veículos, utensílios, mobília, joias e mesmo animais.

Nestas situações muito comuns e de grande importância prática, recomenda-se a formalização da transferência por simples alvará, dispensando-se todos os trâmites da partilha. Nada aconselha que se promova o inventário, sendo cabível, por meio de um alvará, que se faça a transferência a um herdeiro, ou aos interessados, ou a terceira pessoa, com a divisão entre os demais quanto ao valor alcançado. Igualmente é permitida a venda de tais bens, mesmo na existência de imóveis, repartindo-se o produto advindo.

Cumpre ao juiz não dificultar a livre disponibilização do patrimônio, que desde a abertura da sucessão pertence aos herdeiros. Havendo a concordância de todos, ou não justificáveis as oposições, sempre convém autorizar as vendas – o que é um direito de todos os titulares de patrimônios. Inclusive se menores ou incapazes participarem da sucessão, desde que procedida a real estimativa dos bens, e depositada a parte respectiva em estabelecimento bancário, com rendimentos, ou investida em outros setores. Evidentemente que não se dispensam a prova da relação entre herdeiros e sucedido, e a representação processual.

O levantamento de importâncias, sem o inventário, constitui uma praxe salutar na jurisprudência: "Alvará. Importância irrisória existente em nome do falecido em agência bancária. Deferimento do pedido de levantamento em favor da viúva. Inexistência de bens. Desnecessidade de abertura de inventário. Deixando o *de cujus* pequena importância em estabelecimento bancário e o estado de penúria da viúva-meeira e filhos autorizam o deferimento de alvará para levantamento da importância independentemente de abertura de inventário, mesmo porque, afirmando a viúva que o casal não possuía bens, suas afirmações devem ser recebidas como verdadeiras, até prova em contrário".[20]

De outro lado, notória, também, a existência de vários encargos e obrigações, como o compromisso de venda de um imóvel, ou com prestações pendentes, mas que estão sendo cumpridas, e que venham a completar-se no curso do inventário. Ainda, a falta de transferência do certificado de um veículo já vendido, ou da cessão de uma linha telefônica.

Tem sido admitida a venda de bens móveis (especialmente veículos), por meio de pedido de alvará, sem necessidade de se abrir o inventário, se todos os herdeiros con-

---

18 REsp. nº 461.107-PB, da 6ª Turma, j. em 07.11.2002.
19 *Inventários e Partilhas*, ob. cit., 8ª ed., 1994, p. 592.
20 Apel. Cív. nº 12.879, 1ª Câmara Cível do TJMT, 07.05.90, *RT*, 669/146.

738 • Direito das Sucessões | *Arnaldo Rizzardo*

cordarem, e não havendo prejuízo a algum deles: "Apelação Cível. Sucessões. Alvará judicial. Venda de único bem do *de cujus* (automóvel). Desnecessidade de ajuizamento de inventário. Necessidade de declaração dos demais herdeiros, todos maiores e capazes, a fim de que demonstrem a concordância com a venda do bem".[21]

Elucidativa a seguinte passagem do voto:

"Possível se mostra o pedido deduzido, a fim de que seja autorizada, mediante alvará judicial, a venda do único bem (automóvel) deixado pelo *de cujus*, seu esposo, que não possuía outros bens a partilhar (fl. 10).

Há comprovação nos autos de que o veículo, além de possuir um baixo valor de mercado, está quitado e sem dívidas pendentes, conforme se depreende dos documentos juntados às fls. 11-13, bem como demonstração de que a demandante é viúva do falecido (fls. 09-10).

Assim, sendo o automóvel o único bem do *de cujus* e em se tratando de família humilde, o que se verifica pela declaração de pobreza da demandante aliada ao seu demonstrativo de proventos de aposentadoria do INSS (fls. 06-07), desnecessária se mostra a abertura de inventário, podendo ser autorizada, mediante alvará judicial, a venda do bem, desde que haja comprovação de que os herdeiros-filhos, todos maiores e capazes, concordam com a venda do veículo, conforme declarou em sua petição inicial.

Neste sentido, são os julgados desta Corte:

'Agravo de instrumento. Pedido de alvará judicial. Automóvel. Único bem a partilhar. Desnecessidade de inventário. Mostra-se cabível a concessão de alvará para a venda de automóvel, pois é este o único bem a ser inventariado, sendo o herdeiro, de família humilde, e com a cessão, o único beneficiado da sucessão. Agravo provido monocraticamente' (Agravo de Instrumento nº 70024456022, Oitava Câmara Cível, Tribunal de Justiça do RS, rel. José Ataídes Siqueira Trindade, j. em 08.07.2008).

'Apelação cível. Pedido de alvará judicial. Único bem a partilhar. Desnecessidade de inventário. Existindo concordância expressa de todos os herdeiros quanto à alienação do único bem a partilhar (um automóvel VW/Fusca, ano 1973), e tratando-se de família humilde, mostra-se adequada a venda por alvará, a fim de se evitar burocracia e gasto de tempo. Recurso provido' (Apelação Cível nº 70021661335, Oitava Câmara Cível, Tribunal de Justiça do RS, rel. Claudir Fidelis Faccenda, j. em 29.11.2007)".

7. CUMPRIMENTO DE OBRIGAÇÕES DO ESPÓLIO POR MEIO DE ALVARÁ

Admissível que o espólio não cumpra as obrigações que eram do *de cujus*, ou que se formaram no curso do inventário.

O terceiro que cumpriu as prestações não pode ficar desprotegido. Na qualidade de credor, faculta-se-lhe buscar a concessão do alvará, e até mesmo a abertura do inventário, com a finalidade de satisfazer seu direito.

Prossegue Euclides Benedito de Oliveira: "Os requerimentos de alvará formulados por terceiros são distribuídos por dependência, registrados, autuados e processados em apenso ao inventário. No Estado de São Paulo, há norma específica da Corregedoria Geral da

---

21 Apelação Cível nº 70048392997, 7ª Câmara Cível do TJRGS, rel. Des. Roberto Carvalho Fraga, j. em 14.08.2012.

Justiça, ordenando que assim se proceda (Cap. IV, item 27, das Normas de Serviço, com a redação do Prov. 20/89).

Como tivemos ocasião de expor em obra de parceria com Sebastião Luiz Amorim, 'não havendo razões que justifiquem o descumprimento da obrigação repassada aos sucessores, nada impede seja cumprida mediante iniciativa direta do inventariante, ouvidos os demais, através de alvará requerido nos próprios autos. Ou a procedência poderá ser intentada pelo terceiro interessado (promitente comprador ou cessionário), mas aí mediante petição em apartado, que se processará em apenso ao inventário' (*Inventários e Partilhas*, 6ª ed., LEUD, p. 235)".[22]

Coloca o autor as dificuldades possíveis de ocorrer, no caso de negar-se o inventariante a cumprir a autorização contida no alvará. Na hipótese, aponta a solução, que seria a adjudicação compulsória. Na verdade, constitui realmente o alvará uma autorização, e não uma ordem. Entretanto, se a questão não se apresenta controvertida e notar-se que a oposição do inventariante não aparece fundamentada, no próprio alvará poderá constar a determinação da transferência à autoridade onde se efetuará o ato.

8. INVENTÁRIO E PARTILHA PELA VIA ADMINISTRATIVA OU EXTRAJUDICIAL

Com a Lei nº 11.441/2007, além de outras alterações, vieram introduzidas no cenário jurídico nacional as vias administrativas ou extrajudiciais de inventário e partilha, de separação e divórcio consensuais. Cumpre lembrar, no caso, a Emenda Constitucional nº 66, de 13.07.2010, suprimindo o requisito da prévia separação judicial por mais de um ano ou de comprovada separação de fato por mais de dois anos, para o divórcio.

Celebram-se tais atos através de escritura pública, perante o Tabelionato que as partes envolvidas elegerem, que deverá ser um daqueles onde se deu a abertura da sucessão, ou seja, o do último domicílio do *de cujus*, em face do art. 1.785 do CC.

No que é pertinente ao inventário, a regra matriz está § 1º do art. 610 da lei processual civil: "Se todos forem capazes e concordes, o inventário e a partilha poderão ser feitos por escritura pública, a qual constituirá documento hábil para qualquer ato de registro, bem como para levantamento de importância depositada em instituições financeiras".

A matéria já restou observada no item 5 do Capítulo XL, sendo de se realçarem os pontos que seguem.

Do conteúdo do preceito extrai-se que serão realizados o inventário e a partilha por meio de escritura pública, importando se inventariarem e se repartirem os bens. Pelo inventário, descrevem-se o elenco dos herdeiros ou interessados, com a devida qualificação, e o patrimônio existente, com as onerações ou encargos incidentes, não se afastando a referência das obrigações pendentes, descrevendo a forma de seu pagamento. Em relação à partilha, apresenta-se a repartição do patrimônio entre os herdeiros ou interessados, inclusive com a menção da parte que é do cônjuge sobrevivente, se for o caso.

Em uma minuta, colocam-se todos os dados necessários, inclusive quanto ao *de cujus*, instruindo-a com os documentos necessários, relativamente à pessoa falecida, às procurações aos advogados (se apresentadas), aos bens, aos interessados ou herdeiros, à situação fiscal, às obrigações, às cessões (se existirem), às colações e à expressa concordância em todos os elementos e na partilha.

---

22 "Terceiro Pode Requerer Alvará em Inventário", *RT*, nº 692, p. 206.

As partes (herdeiros e outros interessados) serão assistidas por advogado comum ou individual, ou por defensor público na carência de recursos. No entanto, não se torna necessário o instrumento de mandato, já que a obrigatoriedade é que se assinale no ato a sua presença, lançando a assinatura, e com a menção das pessoas assistidas ou acompanhadas. Assim externa o § 2º do art. 610 do CPC: "O tabelião somente lavrará a escritura pública se todas as partes interessadas estiverem assistidas por advogado ou por defensor público, cuja qualificação e assinatura constarão do ato notarial".

Naturalmente, todos os interessados devem ser capazes e estar concordes, não podendo haver qualquer divergência, e nem faltar qualquer dos herdeiros ou titular de direitos na sucessão. Eventual divergência, ou dúvida sobre o patrimônio, ou discordância relativamente à avaliação para fins de partilha ou de incidência de tributos, conduz à via judicial, porquanto não se atribuiu ao tabelião competência para dirimir conflitos. Deverão, então, os interessados ingressar com o pedido de abertura de inventário, assumindo todas as decorrências próprias de um processo litigioso.

No ato da escritura pública, constarão os elementos constantes da minuta, se houver, ou a descrição dos fatos que compreendem a morte do *de cujus* e a sua qualificação, os herdeiros e interessados, o patrimônio, a estimativa econômica, a situação fiscal e outros eventos pertinentes.

Uma vez pago o imposto de transmissão *causa mortis*, lavra-se a escritura pública, com o posterior encaminhamento ao registro imobiliário.

Deliberada a partilha e efetuada a escritura pública, revela-se ilegal a atitude de instituições financeiras, negando a entrega de valores partilhados, conforme já decidido: "Sucessões. Escritura pública de partilha amigável. Lei nº 11.441-2007. Movimentação de valores depositados em instituição bancária. Direito dos herdeiros. Optando os sucessores pelo inventário extrajudicial, na modalidade contemplada na Lei nº 11.441-2007, e atendidos todos os requisitos, na elaboração da respectiva escritura pública de partilha, inclusive com o recolhimento dos tributos devidos, revela-se temerário e ilegal o agir de instituição bancária que se nega a autorizar a movimentação dos valores nela deixados pela *de cujus*. De posse do instrumento público os herdeiros tornam-se exclusivos proprietários do bem, possuindo título hábil para promover sua movimentação definitiva, se assim o quiserem".[23]

Injustificável a negativa, sobretudo, em vista da parte final do § 1º do art. 610, que expressamente reconhece a escritura pública como documento que autoriza o levantamento de importância depositada em instituições financeiras.

Uma série de regras foi emitida pelo Conselho Nacional de Justiça, por meio da Resolução 35, de 24.04.2007, com alterações das Resoluções 120/2010, 179/2013 e 220/2016, visando facilitar e padronizar o procedimento administrativo, conforme ressalta de seus considerandos.

Primeiramente, são trazidas normas comuns para o inventário e partilha, a separação e o divórcio consensuais. Interessa realçar as seguintes:

– Não se faz necessária qualquer intervenção do Judiciário, nem mesmo a homologação. A escritura de partilha serve de título para o registro. O art. 3º da Resolução citada assim dispõe: "As escrituras públicas de inventário e partilha, separação e divórcio consensuais não dependem de homologação judicial e são

---

23 Apelação Cível nº 70046389508, 7ª Câmara Cível do TJRGS, rel. Des. Roberto Carvalho Fraga, j. em 29.08.2012.

Cap. XLVIII | Arrolamento, Inventário e Partilha pela Via Administrativa ou Extrajudicial • **741**

títulos hábeis para o registro civil e o registro imobiliário, para a transferência de bens e direitos, bem como para promoção de todos os atos necessários à materialização das transferências de bens e levantamento de valores (DETRAN, Junta Comercial, Registro Civil de Pessoas Jurídicas, instituições financeiras, companhias telefônicas, etc.)".

– Em relação aos emolumentos, deve-se obedecer às tabelas estabelecidas pela legislação estadual e ter em conta o efetivo custo dos atos e não o valor do negócio jurídico objeto dos serviços notariais e de registro. Assegura-se a gratuidade aos que se declararem pobres. As disposições encontram-se nos arts. 4º, 5º e 6º da Resolução nº 35.

– Quanto à presença de advogado, se as partes não dispuserem de condições para a contratação, recomendará o tabelião que se socorram da Defensoria Pública, onde houver, ou, na sua falta, a Seccional da Ordem dos Advogados do Brasil. Norma do art. 9º.

Em regramentos específicos, destacam-se os ordenamentos que vão abaixo:

– É obrigatória a nomeação de interessado, na escritura pública de inventário e partilha, para representar o espólio, com poderes de inventariante, no cumprimento de obrigações ativas ou passivas pendentes, sem necessidade de seguir a ordem prevista no art. 990 do Código de Processo Civil – art. 617 do vigente CPC (art. 11).

– Admitem-se o inventário e a partilha extrajudiciais com viúvo(a) ou herdeiro(s) capazes, inclusive por emancipação, representado(s) por procuração formalizada por instrumento público com poderes especiais, vedada a acumulação de funções de mandatário e de assistente das partes (art. 12, alterada pela Res. CNJ 179/2013).

– É permitida a retificação da escritura pública, desde que haja o consentimento de todos os interessados. Os erros materiais poderão ser corrigidos, de ofício ou mediante requerimento de qualquer das partes, ou de seu procurador, por averbação à margem do ato notarial ou, não havendo espaço, por escrituração própria lançada no livro das escrituras públicas e anotação remissiva (art. 13).

– É admitida a escritura pública para as verbas previstas na Lei nº 6.858, de 24.11.1980, isto é, para a partilha dos valores das contas individuais do Fundo de Garantia do Tempo de Serviço (FGTS), e do Fundo de Participação PIS-PASEP, não recebidos em vida pelos respectivos titulares (art. 14). Parece normal que esta forma de decisão se estenda a outros valores depositados em bancos, servindo a escritura pública, onde consta a divisão, de documento para os saques.

– O recolhimento dos tributos antecede a lavratura da escritura (art. 15).

– Estende-se ao cessionário de direitos hereditários a forma extrajudicial do inventário e partilha, desde que satisfeitos os devidos pressupostos legais da capacidade e concordância das partes (art. 16).

– É necessária a presença dos cônjuges dos herdeiros na renúncia ou algum tipo de partilha que importe em transmissão, exceto no casamento sob o regime de separação absoluta dos bens (art. 17).

– O(A) companheiro(a) pode promover o inventário e partilha extrajudicialmente, desde que todos os herdeiros e interessados estejam de acordo, e, no caso de

742 • Direito das Sucessões | *Arnaldo Rizzardo*

inexistir outro sucessor, apresentar decisão judicial reconhecendo a união estável e o direito à participação (arts. 18 e 19).

– As partes e respectivos dos cônjuges devem estar, na escritura, nomeados e qualificados (nacionalidade; profissão; idade; estado civil; regime de bens; data do casamento; pacto antenupcial e seu registro imobiliário, se houver; número do documento de identidade; número de inscrição no CPF/MF; domicílio e residência) (art. 20).

– A escritura pública de inventário e partilha conterá a qualificação completa do autor da herança; o regime de bens do casamento; pacto antenupcial e seu registro imobiliário, se houver; dia e lugar em que faleceu o autor da herança; data da expedição da certidão de óbito; livro, folha, número do termo e unidade de serviço em que consta o registro do óbito; e a menção ou declaração dos herdeiros de que o autor da herança não deixou testamento e outros herdeiros, sob as penas da lei (art. 21).

– Apresentam-se os seguintes documentos, no original ou em cópia autenticada, exceto os das identidades que sempre serão originais, quando do encaminhamento do inventário e partilha, com a expressão menção na escritura pública: a) certidão de óbito do autor da herança; b) documento de identidade oficial e CPF das partes e do autor da herança; c) certidão comprobatória do vínculo de parentesco dos herdeiros; d) certidão de casamento do cônjuge sobrevivente e dos herdeiros casados e pacto antenupcial, se houver; e) certidão de propriedade de bens imóveis e direitos a eles relativos; f) documentos necessários à comprovação da titularidade dos bens móveis e direitos, se houver; g) certidão negativa de tributos; e h) Certificado de Cadastro de Imóvel Rural – CCIR, se houver imóvel rural a ser partilhado (arts. 22, 23 e 24).

– Permitida a sobrepartilha por escritura pública, ainda que referente a inventário e partilha judiciais já findos, mesmo que o herdeiro, hoje maior e capaz, fosse menor ou incapaz ao tempo do óbito ou do processo judicial (art. 25).

– Na existência de um único herdeiro, maior e capaz, com direito à totalidade da herança, não haverá partilha, lavrando-se a escritura de inventário e adjudicação dos bens (art. 26).

– A existência de credores do espólio não impedirá a realização do inventário e partilha, ou adjudicação, por escritura pública (art. 27). Evidente que qualquer execução ou cobrança se faz nos bens inventariados e partilhados.

– Permite-se o inventário negativo por escritura pública (art. 28), não se permitindo, no entanto, referente a bens localizados no exterior (art. 29).

– Mesmo nos óbitos ocorridos antes da vigência da Lei nº 11.441 é autorizada a forma extrajudicial do inventário e partilha (art. 30).

– A qualquer tempo permite-se a escritura pública, cabendo ao tabelião fiscalizar o recolhimento de eventual multa, conforme previsão em legislação tributária estadual e distrital específica (art. 31).

– Deve o tabelião se negar a lavrar a escritura de inventário ou partilha se houver fundados indícios de fraude ou em caso de dúvidas sobre a declaração de vontade de algum dos herdeiros, fundamentando a recusa por escrito (art. 32).

Quanto ao inventário extrajudicial em havendo testamento, porém, é de observar a possibilidade, desde que previamente processados, pela via judicial, a abertura, o cumpri-

Cap. XLVIII | Arrolamento, Inventário e Partilha pela Via Administrativa ou Extrajudicial • **743**

mento e o registro. Exige-se a posterior homologação judicial da partilha, como disciplinam, de modo geral, as Consolidações Normativas Notariais e Registrais das Corregedorias-Gerais da Justiça dos Estados, como é exemplo a do TJ do Estado do Rio Grande do Sul, no art. 619-B:

> "Havendo testamento, e efetuado o registro, o inventário será judicial, mas a partilha de bens poderá ser feita por instrumento público e deverá ser homologada judicialmente de acordo com o artigo 1.031 e seguintes do CPC e art. 2.015 do CC.
>
> Parágrafo único - O pedido de homologação judicial da escritura pública de partilha a que se refere o *caput* será acompanhado da certidão de óbito do inventariado."

A rigor, porém, a homologação constitui um ato desnecessário, não havendo uma razão que a exija.

É como assentou o seguinte julgado:

> "Agravo de instrumento. Ação de abertura, Registro e cumprimento de testamento. Decisão que indeferiu o pedido de processamento extrajudicial da sucessão sob fundamento de que o art. 610 do CPC/2015 é impositivo ao estabelecer que havendo testamento o inventário se dará pela via judicial. Necessidade de reforma da decisão guerreada. Interessados capazes e concordes. Possibilidade de inventário extrajudicial quando existir testamento. Provimento ao agravo de instrumento.
>
> 1. O *caput* do art. 610 do CPC/15 deve ser conjugado com seu parágrafo único. Ou seja, o requisito para que se proceda à lavratura da escritura pública de inventário é que os interesses envolvam partes maiores e capazes, bem como a concordância entre elas.
>
> 2. Enunciado nº 600 do Conselho da Justiça Federal: Após registrado judicialmente o testamento e sendo todos os interessados capazes e concordes com os seus termos, não havendo conflito de interesses, é possível que se faça o inventário extrajudicial. 3. Enunciado nº 16 do Instituto Brasileiro de Direito de Família (IBDFAM): Mesmo quando houver testamento, sendo todos os interessados capazes e concordes com os seus termos, não havendo conflito de interesses, é possível que se faça o inventário extrajudicial. 4. Provimento CGJ/RJ nº 24/2017, que, à luz das disposições do Novo Código de Processo Civil acerca do tema, alterou a Consolidação Normativa da Corregedoria Geral da Justiça (Parte Extrajudicial) para permitir a realização de inventário extrajudicial quando existir testamento, após expressa autorização do juízo sucessório competente, nos autos da apresentação e cumprimento de testamento (art. 286, § 1º, incisos I e II). 5. Parecer do Ministério Público de 2º grau opinando a favor da pretensão do agravante. 6. Agravo de instrumento a que se dá provimento a fim de autorizar a realização de escritura de inventário e partilha extrajudicial."[24]

---

24 AI 00253421820178190000 Rio de Janeiro-Capital. 5ª Vara de Órfãos e Suc. Órgão Julgador: Décima Nona Câmara Cível. Publicação: 13.07.2017. Julgamento 11 de Julho de 2017. Relator: Juarez Fernandes Folhes.

XLIX
Nulidade de Partilha

1. DISTINÇÕES

Conforme já focalizada, a anulação da partilha amigável é aquela simplesmente homologada pelo juiz, ou da partilha feita por escritura pública pela via administrativa, ou quando ausente uma decisão do mesmo sobre controvérsias. Resolvendo a sentença aspectos litigiosos, a desconstituição depende de ação rescisória, a ser proposta no prazo de dois anos.

O objeto do estudo, aqui, é diferente. Não se procura enfocar a desconstituição somente da partilha amigável afetada por causas de anulabilidade, mas também de nulidade, desde, porém, que não decidida numa sentença que enfrentou discussões e controvérsias.

Lia-se no Código Civil, art. 2.027: "A partilha, uma vez feita e julgada, só é anulável pelos vícios e defeitos que invalidam, em geral, os negócios jurídicos". É de se lembrar que o art. 1.068 do CPC/2015 deu nova redação ao art. 2.027, nos seguintes termos, tornando possível a anulação da partilha feita extrajudicialmente, por escritura pública: "A partilha é anulável pelos vícios e defeitos que invalidam, em geral, os negócios jurídicos".

Por sua vez, o parágrafo único do mesmo art. 2.027 encerra que "extingue-se em um ano o direito de anular a partilha".

O assunto é profundamente vasto, posto que as nulidades e as anulabilidades compreendem inúmeros artigos do Código Civil. De um modo ou de outro, toda a matéria tem incidência neste ponto.

Desde logo cumpre adiantar que o art. 2.027, na redação dada pelo art. 1.068 do vigente CPC, se refere apenas à partilha anulável, afetada por vícios e defeitos de consentimento ou da vontade, indicados no art. 171 do Código Civil. A jurisprudência e as construções da doutrina ao tempo do Código de 1916 sistematicamente haviam consolidado que, havendo nulidade, o prazo alongava-se para vintes anos, que se reduziu, perante o atual Código, para dez anos. Acontece, no entanto, que se firmava aquele prazo porque era o previsto para a aquisição por usucapião, servindo, então, para definir a prescrição aquisitiva que se operava para a aquisição pelo usucapião. Assim, nessa exegese, presentemente o prazo fica em quinze anos, se a nulidade incide sobre negócios envolvendo imóveis, e desde que alegada a exceção de usucapião.

Pode-se estabelecer o seguinte esquema de ações para atacar a partilha:

746 • Direito das Sucessões | *Arnaldo Rizzardo*

a) A de anulação da partilha amigável – art. 657 do Código de Processo Civil, e que está incluída na ação de anulação do art. 2.027 do Código Civil (na redação trazida pelo art. 1.068 do CPC/2015), já tendo sido abordada no capítulo que tratou da partilha dos bens. Parte das causas de anulação, num e em outro dispositivo, coincide.

Eis o art. 657, que manda observar o disposto no § 4º do art. 966: "A partilha amigável, lavrada em instrumento público, reduzida a termo nos autos do inventário ou constante de escrito particular homologado pelo juiz, pode ser anulada por dolo, coação, erro essencial ou intervenção de incapaz, observado o disposto no § 4º do art. 966". Trata--se de regra autorizando a anulação de atos de disposição de direitos, isto é, de atos em que as partes podem dispor, não envolvendo, obviamente, *v.g.*, direitos de personalidade.

Diante da introdução do inventário e partilha pela via administrativa ou extrajudicial através da Lei nº 11.441, que deu nova redação ao art. 982 do CPC de 1973, e posteriormente pelo art. 610 do atual CPC, é passível de anulação também a partilha lavrada por escritura pública em Tabelionato.

Já o art. 2.027 (em nova redação pelo art. 1.068 do vigente CPC), subsumindo as causas do dispositivo acima, e acrescentando outras, encontra base nos vícios e defeitos que invalidam, em geral, os negócios jurídicos, e que estão arrolados no art. 171, o qual reza: "Além dos casos expressamente declarados na lei, é anulável o negócio jurídico: I – por incapacidade relativa do agente; II – por vício resultante de erro, dolo, coação, estado de perigo, lesão ou fraude contra credores".

b) A ação de rescisão, ou rescisória, com fulcro no art. 658 do CPC também analisada.

c) A ação de nulidade, fundada nas hipóteses do art. 166: "É nulo o negócio jurídico quando: I – celebrado por pessoa absolutamente incapaz; II – for ilícito, ou impossível ou indeterminável o seu objeto; III – o motivo determinante, comum a ambas as partes, for ilícito; IV – não revestir a forma prescrita em lei; V – for preterida alguma solenidade que a lei considere essencial para a sua validade. VI – tiver por objetivo fraudar lei imperativa; VII – a lei taxativamente o declarar nulo, ou proibir-lhe a prática, sem cominar sanção".

As ações nas alíneas "a" e "c" interessam ao presente capítulo.

De inquestionável importância, antes, delimitar o campo de incidência da ação rescisória. Sempre que a sentença não é meramente homologatória, mas enfrenta alguma questão e a decide, então cabível é a ação rescisória, já que se opera a coisa julgada. Pertinente esta doutrina de Bueno Vidigal, colacionada em um acórdão do STF: "Bueno Vidigal (na monografia *Da Ação Rescisória*) escreve: 'A adjudicação pode ser anulada nas mesmas condições da arrematação. O fato de depender necessariamente de sentença não influi nessa possibilidade. Ou a sentença é simplesmente homologatória da vontade das partes ou é proferida depois da discussão entre os interessados. No primeiro caso, é ato de jurisdição graciosa porque visa impedir que o credor se loiuplete à custa do devedor; a sentença é necessária para que o juiz, protegendo o devedor, verifique a ocorrência dos requisitos necessários para a adjudicação. Portanto, como ato de jurisdição graciosa, não faz coisa julgada, e pode ser rescindida como os atos jurídicos em geral. No segundo

Cap. XLIX | Nulidade de Partilha • **747**

caso, é ato de jurisdição contenciosa porque, além desse objetivo, tem o juízo de compor o conflito entre os diversos interessados. A sentença proferida neste último faz coisa julgada e somente pode, pelas partes, ser atacada por ação rescisória'".[1]

2. A DECADÊNCIA DO DIREITO NA PARTILHA ANULÁVEL E NA PARTILHA NULA

Este é um ponto realmente delicado e complexo quanto ao prazo da decadência para o exercício do direito através de uma ação própria.

Deve-se observar novamente o campo de aplicação do art. 2.027 do Código Civil, com redação dada pelo art. 1.068 do atual CPC: "A partilha é anulável pelos vícios e defeitos que invalidam, em geral, os negócios jurídicos".

O conteúdo do dispositivo merece atenção especial, visto definir que a partilha só é anulável por vícios e defeitos que invalidam os negócios jurídicos.

Ora, os vícios e defeitos vêm discriminados no Código Civil. Tornam eles apenas anulável o negócio – conforme o art. 171.

Todavia, o parágrafo único do art. 2.027 estabelece o prazo de extinção de um ano para o exercício do direito visando anular a partilha. Prevê este dispositivo o prazo para a anulabilidade, a qual está inserida no art. 2.027, diferentemente do art. 178, § 6º, inc. V, a que remetia o art. 1.805 da lei civil pretérita, que estabelecia a prescrição para a ação de nulidade. Tinha-se, daí, que, enquanto um dispositivo daquela lei civil preceituava que os vícios de consentimento, dentre outras causas, tornavam anulável a partilha, havia uma regra que apontava a prescrição, mas no sentido de decadência, para a nulidade. Ou, mais corretamente, para efeitos de prescrição, a lei não distinguia entre partilha nula e partilha anulável. Uma e outra eram fulminadas por idêntico prazo decadencial.[2] Esta falta de clareza e o emprego indistinto de palavras acarretavam fortes discussões doutrinárias e dissídios jurisprudenciais que atormentavam sobre a incidência do prazo de um ano ou de vinte anos para promover a ação de anulação ou de nulidade.

Isto porque o art. 1.805 tratava da partilha anulável – e remetia ao art. 178, § 6º, inc. V, o qual cuidava da nulidade. Daí que o prazo de um ano, segundo uma corrente mais apegada à letra, seria para a nulidade relativa e a absoluta, mas passando a predominar o pensamento que se restringia o lapso de tempo para anular a partilha se verificadas nulidades relativas, como vícios e defeitos de consentimento. Para os casos de nulidade absoluta, enfeixados no art. 145 do estatuto civil de então, era de vinte anos o prazo, e assim porque, diante da falta de regra específica, regulavam-se pelo art. 177 do mesmo diploma as situações sem a menção de prazos próprios.

A dificuldade de interpretação decorria do termo "nulidade", usado no art. 178, § 6º, inc. V, do Código Civil.

Com o texto do art. 2.027 (com redação dada pelo art. 1.068 do vigente CPC) e de seu parágrafo único, desaparece a controvérsia, já que especificado restou restringir-se o prazo à extinção do exercício do direito, ou seja, à decadência, em um ano quando anulável a partilha.

---

1 RE nº 85.916-MT, 29.05.79, *Lex – Jurisprudência do Supremo Tribunal Federal*, 12/127.
2 Caio Mário da Silva Pereira, *Instituições de Direito Civil, Direito das Sucessões*, ob. cit., vol. VI, p. 321.

748 • Direito das Sucessões | *Arnaldo Rizzardo*

E não poderia ser diferente. Inconcebível que objetivasse dar a lei o mesmo tratamento para situações de intensidade diferente. Os fatores que ensejam a nulidade são de conteúdo bem mais grave. Realmente, quem não participou do inventário, ou teve um bem particular incluído na partilha, ou, mesmo participando, era menor ou totalmente incapaz, e não foi regularmente representado, não se encontra no mesmo pé de igualdade da pessoa que, participando, veio a ser enganada na distribuição do patrimônio.

Ainda válida esta conclusão de João Alberto Leivas Job, seguramente o único autor que escreveu um tratado sobre a matéria, ao tempo do Código precedente, mantendo-se, porém, ainda oportunas suas palavras, advertindo que os conteúdos dos dispositivos citados estão no art. 2.027 e seu parágrafo único: "O art. 1.805 (...) do Código Civil Brasileiro apenas determina as condições em que a partilha é ato jurídico anulável, permanecendo o mesmo capítulo omisso a uma referência especial aos casos de partilha enquanto ato nulo. Qualquer hipótese que pretenda incluir, como veremos, o conceito de ato jurídico nulo, no corpo do art. 1.805, incorrerá em contradições insuperáveis, em virtude da remissão que ele estabelece com o art. 178, § 6º, nº V, que, então, determinará o prazo prescricional ânuo para um ato jurídico nulo de pleno direito".[3]

Na mesma posição pontificava o Supremo Tribunal Federal, tomando por base os dispositivos citados do Código revogado, e equivalentes ao art. 2.027 e seu parágrafo único do Código de 2002: "I – Prescrição ânua do art. 178, § 6º, V, do Código Civil para a partilha simplesmente anulável e não a nula. II – Os prazos do art. 178 não se aplicam aos atos nulos, mas apenas aos anuláveis (...) Nesses casos, há a prescrição ordinária e não a breve e excepcional de um ano, nem a decadência inerente à rescisória".[4]

O STJ repetiu a linha de entendimento: "Não há nulidade absoluta, se a hipótese em exame não integra a relação contida no art. 145 do Código Beviláqua. A ação para anular homologação de partilha amigável prescreve em um ano a contar do trânsito em julgado da sentença homologatória".[5]

Para a nulidade, no entanto, não se estenderá o prazo ao período de dez anos constante do art. 205, diante da norma do art. 169, com o seguinte texto: "O negócio jurídico nulo não é suscetível de confirmação, nem convalesce pelo decurso do tempo".

Efetivamente, não há prazo de decadência. Todavia, pode dar-se a prescrição aquisitiva em favor daquele que exerce algum direito de posse ou fruição sobre o bem, ou reconhece-se o direito por usucapião, circunstância que leva a afastar ou a tornar inútil a ação de nulidade. Aquele que é demandado em uma ação de nulidade, com suporte em causa de invalidade absoluta, como a inclusão de um bem que não pertencia ao espólio, encontra amparo em sua defesa a alegação de prescrição aquisitiva sobre o bem, pelo exercício da posse durante quinze anos – art. 1.238; ou de dez anos se a posse incidia em imóvel destinado para a moradia – parágrafo único do art. 1.238; ou de cinco anos em imóvel com destinação rural – art. 1.239 do Código Civil e art. 191 da Constituição Federal; ou também de cinco anos se se assentar a posse em área urbana utilizada para moradia e não for superior a duzentos e cinquenta metros quadrados – art. 1.240 (art. 183 da Constituição Federal); ou de dez anos em qualquer imóvel se houver justo título e boa-fé, reduzindo-se para cinco anos se a aquisição se deu onerosamente por meio de título que foi depois cancelado e destinar-se para a moradia o imóvel – art. 1.242 e seu parágrafo único; ou de dois anos, em favor daquele que exercer a posse ininterrupta, di-

---

3   *Da Nulidade da Partilha*, 2ª ed., São Paulo, Editora Saraiva, 1986, pp. 5 e 6.
4   RE nº 94.302-1-SC, 17.09.82, *Lex – Jurisprudência do Supremo Tribunal Federal*, 48/108.
5   REsp. nº 279.177-SP, da 3ª Turma, j. em 04.04.2006, *DJU* de 14.08.2006.

Cap. XLIX | Nulidade de Partilha • **749**

reta, com exclusividade e sem oposição, sobre imóvel de até duzentos e cinquenta metros quadrados, cuja propriedade divida com o ex-cônjuge ou ex-companheiro que abandonou o lar, utilizando-o para sua moradia ou de sua família, desde que não seja proprietário de outro imóvel urbano ou rural – art. 1.240-A, introduzido pela Lei nº 12.424, de 16.06.2011; ou de três anos em se tratando de bem móvel, se a aquisição da posse se deu por justo título e boa-fé – art. 1.260; ou de cinco anos, também consistindo em móvel o bem, adquirido sem título ou boa-fé – art. 1.261.

Lembra-se, todavia, que sob a égide do Código revogado, dominava jurisprudência da ocorrência da prescrição se decorrido o período de vinte anos: "É de vinte anos o prazo de prescrição da ação de nulidade do herdeiro que não foi parte no ato de partilha".[6]

3. INÍCIO DO PRAZO DE DECADÊNCIA

Quando inicia o prazo de extinção do direito de um ano para anular a partilha pela ocorrência de nulidade relativa?

A indagação mereceu discussões.

Naturalmente, trata-se da partilha simplesmente homologada pelo juiz.

O início do prazo, conforme o art. 657, parágrafo único, do Código de Processo Civil, se dá, no caso de coação, no dia em que a mesma cessou; no de erro ou dolo, no dia em que se realizou o ato; quanto ao incapaz, no momento em que cessar a incapacidade.

Como se percebe, não se encontram presentes as causas de anulação consistentes no estado de perigo, na lesão e na fraude. Entretanto, por lógica e analogia, é de se estender a aplicação do prazo para todos os casos de anulabilidade, vindos contemplados nas Seções do Capítulo IV do Título I do Livro V da Parte Geral do Código Civil (estado de perigo, lesão e fraude contra credores).

Embora a disciplina do art. 657 do CPC restrinja-se à anulação da partilha amigável, impõe-se a sua extensão à anulação da partilha desde que homologada, sem que se tenha proferido uma decisão enfrentando situações conflitantes, solucionando divergências das partes.

Para Leivas Job, em todos os casos de vícios ou defeitos, exceto a coação, impõe-se o início a contar do momento em que o prejudicado tiver conhecimento do vício ou defeito, por ser a solução mais lógica: "Enquanto, por exemplo, não houver conhecimento de um determinado erro, por referência à intersubjetividade das consciências que o definam, ele não existe para ninguém, e não pode, *a fortiori*, ser proposto como fundamento de um conceito jurídico que institui o início do prazo prescricional que começará, porém, a decursar quando conhecido; e se considerarmos também a exiguidade do prazo, este poderá estar vencido no instante em que o erro passou a ser uma realidade existente enquanto tal. Toda a ação processual pressupõe na consciência sua causa, e sem o conhecimento de um erro jamais poderá existir fundamento para uma ação de defesa".[7]

Realmente, mostra-se inconcebível o início de um prazo enquanto a pessoa não tiver ciência do vício.

Entende-se que o início estabelecido no dispositivo incide quando ocorrer o conhecimento do vício, ou da cessação da coação, e de outros vícios. Nunca começará antes

---

6   REsp. nº 45.693-2-SP, da 4ª Turma do STJ, de 28.11.1994, *DJU* de 13.02.1995.
7   Ob. cit., p. 74.

750 • Direito das Sucessões | *Arnaldo Rizzardo*

desse momento. Entrementes, tendo o herdeiro conhecimento antes da sentença, o mais coerente é que se estabeleça o *dies a quo* a partir do trânsito em julgado da sentença homologatória, consoante já orientou o Superior Tribunal de Justiça.[8] Realmente, havendo a homologação por sentença, o começo do prazo inicia com o seu trânsito em julgado, no que se pacificou a jurisprudência, valendo citar o seguinte exemplo: "Ainda que decorrente de acordo, como ele somente produz efeitos jurídicos quando de sua homologação pelo juízo, é dessa data que deve ser contado o prazo prescricional de um ano, previsto no art. 1.029, parágrafo único, inc. II, do CPC".[9] O art. 1.029, parágrafo único, inc. II, citado no aresto, corresponde ao art. 657, parágrafo único, inc. II, do atual CPC.

Explicitando o começo no trânsito em julgado: "A ação para anular homologação de partilha prescreve em um ano e conta-se o prazo extintivo a partir da data em que a sentença homologatória transitou em julgado. Para esse fim, considera-se proposta a ação pela entrega da petição ao juiz, ou por sua distribuição, não tendo qualquer efeito o depósito da mesma na escrivania, se levada ao juiz após o prazo prescricional previsto em lei".[10]

Em relação às nulidades, por força do art. 169 da lei civil, em regra nova quanto ao Código anterior, enquanto não se dá a aquisição pelo usucapião, se há negócio envolvendo patrimônio, sempre é oportuna a tentativa de invalidar a sentença que homologou a partilha. De modo que a qualquer tempo se autoriza o ingresso da demanda visando a nulidade.

Mas, cumpre observar, não cabe a ação de nulidade quando a questão foi resolvida na decisão. Unicamente viável, aí, a ação rescisória, como impõe o art. 658 do Código de Processo Civil, matéria amplamente examinada.

4. A PARTILHA ANULÁVEL

Temos no art. 2.027 (na redação dada pelo art. 1.068 pelo vigente CPC), no que coincide com o texto que vinha no art. 1.805 do Código revogado, perdurando, pois, a doutrina formada outrora, a possibilidade de se anular a partilha, pois inicia com a oração principal que encerra: "A partilha (...) só é anulável pelos vícios e defeitos (...)". O sufixo "ável" do vocábulo "anulável", na hermenêutica de Leivas Job, "sempre indica sentido ou condição de possibilidade. Anulável é o que pode ser anulado", enquanto "nulo" "é o que é e sempre foi nulo. Anulado é o que antes foi válido em substância ou aparência e num determinado momento posterior deixa de sê-lo; sem a anulação persiste a validez do que é anulável, enquanto o ato nulo possui a absoluta invalidade em si".[11]

Portanto, parte-se de uma ação que, em determinado momento, tem o condão de tornar sem efeito o ato. Enquanto persistia, produzia efeitos, ao contrário do "nulo", proveniente do latim *nullum*, com o significado de "nenhum", isto é, de inexistência de efeito.

Interessa, agora, a anulação, prescrita no art. 2.027 (na redação trazida pelo art. 1.068 do atual CPC), que absorve as situações de anulabilidade constantes no art. 657 do Código de Processo Civil, e que tem por causa um dos vícios ou defeitos do art. 171

---

8   *Revista do Superior Tribunal de Justiça*, 96/253, 102/261 141/367; *RT*, 745/212; ainda, REsp. nº 209, 707-CE, da 3ª Turma, j. em 09.11.2000, *DJU* de 12.02.2001, colacionados os exemplos por Theotonio Negrão, *Código de Processo Civil e Legislação Complementar*, 35ª ed., São Paulo, Saraiva, 2003, p. 921.

9   REsp. nº 168.399-RS, da 4ª Turma, j. em 03.05.2002, *DJU* de 13.08.2001. Em outros casos, citados no aresto referido: REsp. nº 83.642-SP, *DJU* de 29.04.1996; REsp. nº 68.198-SP, *DJU* de 23.06.1997.

10 REsp. nº 209.707-CE, da 3ª Turma do STJ, j. em 09.11.2000, *DJU* de 12.02.2001.

11 Ob. cit., pp. 3 e 4.

Cap. XLIX | Nulidade de Partilha • 751

do Código Civil, isto é, a incapacidade relativa do agente, ou o vício resultante de erro, dolo, coação, estado de perigo, lesão, fraude contra credores.

A incapacidade relativa do agente é vista em função do art. 4º, no texto da Lei nº 13.146/2015, que estatui:

> São incapazes, relativamente a certos atos ou à maneira de os exercer:
> I – os maiores de dezesseis e menores de dezoito anos;
> II – os ébrios habituais e os viciados em tóxico;
> III – aqueles que, por causa transitória ou permanente, não puderem exprimir sua vontade;
> IV – os pródigos.

Quanto aos indígenas, expõe o parágrafo único, a capacidade "será regulada por legislação especial".

Os menores entre dezesseis e dezoito anos devem ter a autorização dos respectivos assistentes, que em geral são os pais ou curador. Quanto aos pródigos e aos indígenas, a assistência é dada pelos representantes designados por lei, ou também por um curador especial.

É indispensável essa presença de assistentes ou representantes porque não possuem tais pessoas a aptidão para a prática válida dos atos ou negócios da vida civil.

Uma partilha, na qual participaram pessoas relativamente incapazes, sujeita-se à anulação caso não assistidos tais herdeiros, mas desde que restar provado o prejuízo a eles resultante. Não se anula o negócio pela mera desobediência às formalidades legais.

No tocante aos vícios do consentimento, tem-se, em primeiro lugar, o erro substancial que, no texto do art. 139 do Código Civil, deve interessar à natureza do negócio, ao objeto principal da declaração, ou a alguma das qualidades a ele essenciais; ainda, quando concerne à identidade ou à qualidade essencial da pessoa a quem se refira a declaração de vontade, desde que tenha influído nesta de modo relevante; e quando, sendo de direito e não implicando recusa à aplicação da lei, for o motivo único ou principal do negócio jurídico.

Evidente que não comporta, neste momento, a abordagem jurídica de cada vício. Somente apontam-se as causas que ensejam a anulação, com a ideia do significado. No caso de erro, entra na partilha um bem quando se objetivava outro diferente. Há a noção falsa a respeito de um objeto ou de determinada pessoa. Nesta espécie, inclui-se também a ignorância, que é o desconhecimento de um objeto ou de uma pessoa.

Já no tocante ao dolo, define-se como o artifício ou expediente astucioso que se emprega para induzir outrem à prática de um negócio que o prejudica, e aproveita ao autor do dolo ou de terceira pessoa. Constitui-se de manobras ou maquinações feitas com o fim de obter uma declaração de vontade que não seria emitida se o declarante não fosse enganado.[12]

Presente, aí, a intenção de enganar. O herdeiro é induzido a aceitar um bem, apresentado com características que, na verdade, não possui.

Relativamente à coação, força-se, mediante violência física ou moral, a praticar um negócio. Desaparece a espontaneidade do querer, por temor de dano à pessoa do sujeito passivo, ou à sua família, ou aos bens – dano este iminente, ou atual e grave.

---

12 Orlando Gomes, *Introdução ao Direito Civil*, ob. cit., p. 419.

752 • Direito das Sucessões | *Arnaldo Rizzardo*

No pertinente ao estado de perigo, que não constava no Código Civil anterior, passou a integrar as causas que podem anular o negócio. Envolve o ambiente em que se encontra uma pessoa, quando celebra um negócio, que tolhe a sua vontade, agindo basicamente pela pressão que vive. Corresponde a uma situação de fato, pela qual uma pessoa, para se livrar de um perigo desencadeado e que a pressiona, assente em um negócio, celebrando-o, não medindo os excessivos efeitos nocivos que lhe causa. Defronta-se o contratante com um perigo iminente e grave, levando-a a celebrar o negócio para livrar a si ou a pessoa de sua família de um grave dano que a parte que com ela contrata conhece e dele se beneficia. A previsão encontra-se no art. 156 do Código Civil: "Configura-se o estado de perigo quando alguém, premido da necessidade de salvar-se, ou a pessoa de sua família, de grave dano conhecido pela outra parte, assume obrigação excessivamente onerosa".

A lesão ao direito, introduzida pelo Código de 2002, teoria esta que sempre atraiu interessados e que merecia a aplicação como instituto de direito, consiste, no dizer de Paul Ossipow, "en el perjuicio económico experimentado por una de las partes, en el momento de la conclusión del contrato, consistente en la desproporción evidente entre las prestaciones intercambiadas, determinada por la explotación de su miseria, legereza o inexperiencia".[13]

A configuração desse instituto é controvertida, dependente de três requisitos:

I – A desproporção evidente entre as prestações, isto é, entre o valor do bem e o preço.

II – A miséria ou necessidade, a inexperiência e a leviandade de quem contrata na posição de parte mais fraca.

III – A exploração de parte do lesionante.

Finalmente, há a fraude, que consiste no artifício, ou as manobras maliciosas, encetadas por um dos herdeiros, para prejudicar os demais. Cedem-se os direitos, com o propósito de não participar no rateio de dívidas que pesam sobre o espólio. Mesmo sem prejudicar os coerdeiros, configura-se a fraude, desde que objetive a insolvência relativamente a obrigações pessoais. Renuncia-se, assim, à herança, ou cede-se o quinhão a que alguém tem direito.

O Código Civil enuncia alguns casos de fraude – art. 158, como os contratos de transmissão gratuita de bens encontrando-se o alienante já insolvente; e a remissão de dívidas não pagas, desde que pronunciado o estado de insolvência, embora ignorado pelo devedor.

A legitimidade para pedir a anulação é de todos os lesados, isto é, dos demais herdeiros prejudicados. Esse o entendimento do STJ no REsp. nº 54.519-SP, da 4ª Turma, j. em 14.06.2005, p. no *DJU* de 22.08.2005: "Os herdeiros têm legitimidade ativa para propor ação declaratória de nulidade de ato processual praticado pela inventariante e viúva meeira, em detrimento dos seus direitos no espólio de seu pai, consubstanciado pela venda, a terceiros, de ações ao portador de sociedade comercial a todos pertencente, ante o princípio da universalidade que rege os bens deixados pelo *de cujus*, até a sua partilha. Ilegitimidade passiva, de outro lado, da sociedade anônima cujas ações foram negociadas, por não haver praticado qualquer ato atinente à controvérsia jurídica *sub judice*.

A venda de bens sonegados a terceiros e o direito às perdas e danos dos lesados em relação ao inventariante, prevista no art. 1.783 do Código Civil anterior, não exclui a

---

13 *De la Lesiona – Étude de Droit Positif et de Droit Comparé*, tradução ao espanhol, Paris, Sirey, 1940, p. 291.

Cap. XLIX | Nulidade de Partilha • 753

pretensão de nulificação da venda a terceiros e a recomposição do patrimônio do espólio, se esta foi a via legal escolhida pelos herdeiros".

5. A PARTILHA NULA

Conforme já esclarecido, na partilha nula há infrações ou ofensas à lei bem mais graves que na anulação.

Pelo art. 166 da lei civil, elencam-se várias causas de nulidade: a celebração do negócio por pessoa absolutamente incapaz; a ilicitude, ou impossibilidade, ou a indeterminabilidade do objeto; a ilicitude do motivo determinante comum a ambas as partes; não revestir o negócio a forma prescrita em lei; a preterição de alguma solenidade que a lei considere essencial para a sua validade; a existência de objetivo dirigido a fraudar lei imperativa; e a declaração expressa, pela lei, de nulidade do negócio ou proibir a prática sem cominar sanção.

O art. 167 acresce o rol de nulidades com a simulação: "É nulo o negócio jurídico simulado, mas subsistirá o que se dissimulou, se válido for na substância e na forma". Considera-se simulado o negócio, segundo o § 1º, quando: aparentar ou transmitir direitos a pessoas diversas daquelas às quais realmente se confere, ou transmite; contiver declaração, confissão, condição ou cláusula não verdadeira; os instrumentos particulares forem antedatados, ou pós-datados. Ressalvam-se, em face do § 2º, os direitos de terceiros de boa-fé em face dos contraentes do negócio jurídico simulado.

A matéria é bem complexa, pelo conteúdo que encerra cada causa de nulidade, mas cujo estudo integra mais a parte geral do Código Civil. Nas causas, pelo menos para efeitos conceituais, incluem-se os negócios inexistentes, configurados quando carecem de um elemento essencial, como o preço, ou o próprio objeto, ou o ato da vontade. Inventaria-se um bem que não existe. Ou inclui-se um herdeiro que jamais se soube tenha existido. Como não há objeto na partilha, fica vazio o negócio, isto é, ele não existe.

Quanto aos negócios nulos, são aqueles que existem; todavia, a sua perpetração se dá infringindo disposições de lei, contrariando a ordem pública, os bons costumes, ou não observando a forma prescrita em lei. Não podem ser sanados pela vontade das partes, pois não se permite a estas se sobrepor à vontade do legislador. Opera a nulidade de pleno direito, eis que de ordem pública, de aplicabilidade geral, impondo-se a sua decretação no interesse da própria coletividade.

Exemplificam-se alguns casos de nulidade no inventário, por aplicação do regramento da lei civil:

a) Quando praticados os negócios por pessoa absolutamente incapaz: no caso de haver entrado na partilha herdeiro ou legatário excluído da sucessão, por força do art. 1.814, como exclusão da herança por indignidade; ou no caso de ser contemplada uma pessoa que não é herdeira.

b) Quando ilícito ou impossível o objeto: a inclusão de bens particulares dos herdeiros, ou do cônjuge supérstite, ou vendidos já pelo autor da herança. Igualmente, coisas produtos de crime, ou sobre as quais detinha o inventariado a simples posse.

c) Quando não revestir a forma prescrita em lei: pelo art. 104, a validade do negócio jurídico requer agente capaz, objeto lícito, possível, determinado ou determinável, e forma prescrita ou não defesa em lei. Exemplo típico é a participação na

754 • Direito das Sucessões | *Arnaldo Rizzardo*

partilha amigável de herdeiro incapaz, ou proceder-se o pagamento dos tributos sem a ouvida prévia da Fazenda Pública.

d) Quando for preterida alguma solenidade que a lei considere essencial para a sua validade: procede-se à partilha sem a avaliação, embora todos os herdeiros concordem, mas existindo incapazes. Da mesma forma, a ausência de instrumento procuratório de algum herdeiro. Ou na omissão de curador de menor, conflitando seus interesses com os do responsável.

e) Quando a lei taxativamente o declarar nulo ou lhe negar efeito: como na falta de citação de herdeiros; no testamento feito sob a condição captatória de que o herdeiro, também por testamento, disponha em benefício do testador ou de terceiro.

As hipóteses acima não passam de alguns exemplos. A enumeração dos arts. 166 e 167 não é exaustiva. A prática traz várias outras situações, como a inclusão de pessoa, na relação de herdeiros, que não possuía qualificação para tanto; ou a falta de arrolamento de herdeiro que, na verdade, desfruta desta situação. Tanto assim que se decidiu: "Decorre da marginalização processual de herdeiros que dele não participaram de forma alguma, independentemente de qualquer indagação quanto a ter sido equitativa ou não a partilha. Não é o direito à igualdade dos quinhões que se vê lesado, mas o direito à participação no processo".[14]

Nesta ordem, também a petição de herança é admitida para que se devolva ao herdeiro o que lhe cabia, conforme doutrinava Orlando de Souza: "A jurisprudência tem decidido que ao herdeiro, não contemplado na partilha, cabe a ação de petição de herança, cuja prescrição é vintenária (...); que a ação, no caso de a partilha abranger bens estranhos ao espólio, é a ordinária, que pode ser proposta no prazo de vinte anos".[15]

Cita-se um exemplo de antiga decisão pretoriana, em tal rumo: "Partilha. Herdeiro necessário excluído (art. 1.030, III, do CPC). Para anular a partilha, os herdeiros dela excluídos, que não participaram do inventário, devem utilizar-se da ação de nulidade ou petição de herança vintenária, e não da rescisória". E trazendo o apoio na doutrina: "Couto e Silva, ao comentar o art. 1.030 do CPC, assegura que quem não participou do procedimento do inventário não pode ser atingido pela sentença de partilha, devendo-se obedecer à disposição do art. 472 do CPC, segundo a qual a sentença não beneficia nem prejudica a terceiros, de modo que a eles não são aplicáveis as regras a respeito do prazo da rescisória da sentença (Comentários, XI/397)".[16] Os arts. 1.030, inc. III, 1.030 e 472 equivalem, respectivamente, aos arts. 658, inc. III, 658 e 506 do vigente CPC.

6. A AÇÃO DE NULIDADE OU DE ANULAÇÃO

Melhor seria considerar a anulação e a nulidade sob o mesmo nome – ação de nulidade –, eis que, em última instância, procura-se anular a partilha, ou melhor, declarar a sua invalidade, seja qual for o fundamento. Verdade que, se nulo o ato ou negócio, ele não surtiu efeitos, enquanto, na hipótese de anulável, remanescem os efeitos pretéritos,

---

14 Apel. Cív. nº 586040354, 6ª Câmara Cível do TJRGS, 28.10.1986, *Revista de Jurisprudência do TJRGS*, 121/306.

15 *Inventários e Partilhas*, ob. cit., p. 226.

16 RE nº 93.700-GO, da 1ª Turma do STF, 01.10.1982, *Revista Trimestral de Jurisprudência*, 108/217.

se de boa-fé aquele que teve partilhados para si os bens. No entanto, na prática, com a ação deixa de existir a partilha, a partir de um determinado momento.

Visando a nulidade ou a anulação, ordinária considera-se a ação.

Pede-se, se visada a nulidade, que seja declarada sem efeito a partilha, por se verificarem situações que a lei comina de inexistentes, ou nulas, como se praticado o negócio por pessoa absolutamente incapaz, ou se ilícito, impossível ou indeterminável o objeto da herança, ou a ilicitude do motivo comum a ambas as partes determinante da herança, ou não revestida a partilha da forma prescrita em lei, ou se preterida alguma solenidade essencial para sua validade, ou se objetivou fraudar lei imperativa, ou se cominado taxativamente de nulo o ato ou negócio de recebimento da herança por lei.

Postula-se a anulação caso notar-se vício ou defeito essencial na partilha, como participação de menor relativamente incapaz sem a devida assistência, ou dolo, ou coação, ou erro, ou estado de perigo, ou lesão, ou fraude.

Todas as pessoas e os herdeiros prejudicados estão habilitados para o ingresso com a ação, inclusive o inventariante representando a herança: "A herança, representada pelo inventariante, embora já julgada a partilha e encerrado o inventário, tem legitimidade para propor a nulidade de transferência de bens do *de cujus* porque, se vitoriosa, haverá sobrepartilha no mesmo processo de inventário e com o mesmo inventariante".[17]

O negócio nulo não produz efeito algum, conforme já foi dito. *Quod nullum est nullum effectum producit*. Nem ratificado pode ser, ou suprido judicialmente. Possível ser declarada a nulidade de ofício pelo juiz, assim como admite-se o ajuizamento da ação pelo Ministério Público, e mesmo por qualquer pessoa interessada.

Quanto à anulação, produz efeitos enquanto não invalidada por sentença a partilha, permitindo-se a ratificação, ou a convalidação, sendo exclusivamente da iniciativa dos interessados diretos o ajuizamento.

Seja qual for a ação, deverá ser proposta no domicílio do *de cujus*, conforme o art. 48 da lei processual civil. Raramente admite-se que o pedido seja embutido nos autos do inventário. Será tolerado apenas se não concluído o processo, e não aparecer impugnação justificável dos demais herdeiros. A possibilidade de controvérsias, ou de serem necessárias provas, importa a remessa da questão aos meios comuns ou ordinários.

Desde que possuidores de boa-fé, pertencerão aos herdeiros aquinhoados os frutos dos bens, não entrando em nova partilha – art. 1.214 do Código Civil; anulada a partilha, em vista do art. 182, voltam os herdeiros, no tocante aos bens, ao estado em que antes se achavam. Caso impossível o retorno do patrimônio, resta unicamente a indenização aos interessados prejudicados.

Conforme Orlando de Souza, "os bens que perecerem sem culpa dos herdeiros não serão levados à conta destes, aos quais tinham sido adjudicados. Porque o possuidor de boa-fé não responde pela perda, ou deterioração da coisa, a que não der causa. Nesta hipótese, o prejuízo será da herança, pois a coisa perece sempre por conta de seu dono. Mas o possuidor de má-fé responde pela perda, ou deterioração da coisa, ainda que acidental, salvo se provar que do mesmo modo se teria dado, estando ela na posse do reivindicante".[18]

---

17 Apel. Cív. nº 588013792, 1ª Câmara Cível do TJRGS, 24.05.88, *Revista de Jurisprudência do TJRGS*, 133/312.
18 *Inventários e Partilhas*, ob. cit., p. 228.

756 • Direito das Sucessões | *Arnaldo Rizzardo*

Se transferidos a terceiros os bens, devem ser restituídos, desde que anulado ou declarado nulo o ato da partilha, visto que não podia haver transferência, tanto que ao transmitente não pertencia o bem, em vista da nulidade declarada, com efeitos *ex tunc*.

Mas na ação de anulação os efeitos produzem-se a partir da sentença transitada em julgado, ou *ex nunc*. Se, *v. g.*, por coação concordou o herdeiro com uma partilha, é certo o direito de exigir uma distribuição da herança mais justa. Não cabe buscar junto ao terceiro a indenização pelos frutos que produziu o bem. Exceto na presença de má-fé na conduta ilegal.

Ao possuidor de boa-fé, se for obrigado a devolver, assiste o direito de indenização pelas benfeitorias necessárias e úteis. Quanto às voluptuárias, cabe o levantamento, ou a retirada das mesmas. Reconhece-se, igualmente, a retenção enquanto não indenizadas – art. 1.219 da lei civil.[19]

---

19 REsp. nº 45.693-2-SP, da 4ª Turma do STJ, de 28.11.1994, *DJU* de 13.02.1995.

BIBLIOGRAFIA

ADV JURISPRUDÊNCIA, boletim semanal.

AJURIS – Revista da Associação dos Juízes do RGS, Porto Alegre, tomo I.

ALMADA, Ney de Mello. *Direito das Sucessões*, 2ª ed., São Paulo, Brasiliense Coleções Livros Ltda., 1991, vols. I e II.

ARIAS, José. *Derecho Sucesorio*, 2ª ed., Buenos Aires, Editorial Guillermo Kraft Limitada, 1950.

ASCENSÃO, José de Oliveira. *Direito Civil das Sucessões*, Lisboa, Coimbra Editora Limitada.

AVANZO, Walter d'. *Delle Successioni*, Firenze, 1941, tomos I e II.

AZEVEDO, Armando Dias de. *O Fideicomisso no Direito Brasileiro*, São Paulo, Saraiva, 1973.

BARREIRA, Wagner. "Ação de Petição de Herança", em *RT*, n° 659.

_____. "Sucessão do Estrangeiro no Brasil", em *RT*, n° 683.

BARROS, Hamilton de Moraes e. *Comentários ao Código de Processo Civil*, 1ª ed., Rio de Janeiro, Forense, 1977, vol. IX.

BARROS MONTEIRO, Washington de Barros. *Curso de Direito Civil, Direito das Sucessões*, 4ª ed., São Paulo, Saraiva, 1962.

_____. *Direito de Família*, 3ª ed., 1962.

_____. *Parte Geral*, 5ª ed.

_____. *Direito das coisas*, 1975.

BERALDO, Leonardo de Faria. O termo inicial da prescrição da ação de sonegados e algumas questões práticas de ordem processual e material, em *Revista Forense*, Rio de Janeiro, vol. 415, jan.-jun. 2012.

BEUDANT, Robert. *Cours de Droit Civil Français*, 2ª ed., Paris, Librairie Arthur Rousseau, 1936, tome V--bis.

BEVILÁQUA, Clóvis. *Código Civil dos Estados Unidos do Brasil Comentado*, 6ª ed., Rio de Janeiro, Livraria Francisco Alves, 1940, vol. 1°; 1945, vol. 2°; 1947, vol. 6°; edição histórica, Rio de Janeiro, Editora Rio, 1958.

_____. *Direito das Sucessões*, 3ª ed., Rio de Janeiro, Livraria e Editora Freitas Bastos, 1938.

BINDER, Julius. *Derecho de las Sucesiones*, tradução da 2ª ed. alemã, Barcelona, Editorial Labor S.A., 1953.

BITTAR, Carlos Alberto. *Curso de Direito Civil*, Rio de Janeiro, Forense Universitária Ltda., 1994, vol. 2°.

_____. *Direito das Sucessões*, Rio de Janeiro, Forense Universitária Ltda., 1992.

BITTENCOURT, Edgard de Moura. *O Concubinato no Direito*, 2ª ed., Rio de Janeiro e São Paulo, Editora Jurídica e Universitária Ltda., 1969, vol. II.

BOLETIM ADCOAS. Informações Jurídicas e Empresariais.

BORGER, Ava Nicole Dranoff. *Aspectos Fiscais Relativos ao Patrimônio e à Sucessão*, São Paulo, Maltese, 1993.

758 • Direito das Sucessões | *Arnaldo Rizzardo*

BULHÕES CARVALHO, Francisco Pereira de. *Incapacidade Civil e Restrições de Direito*, vol. II, Rio de Janeiro, Borsoi, 1957.

CAHALI, Yussef Said. "A comunhão dos Aquestos no Regime da Separação de Bens", em *Família e Casamento*, coordenação de Yussef Said Cahali, São Paulo, Saraiva, 1988.

CAMBIASSO, Susana. "La Petición de Herencia y la Publicidad Registral", *Cuadernos de Derecho Inmobiliario*, nº 5, Montevideo, 1981.

CAMPOS, Antônio Macedo de. *Direito das Sucessões*, 2ª ed., Bauru – SP, Jalovi Ltda., 1977.

CARRIL, Julio J. Lopez del. *Derecho Sucesorio*, Buenos Aires, Abelardo-Perrot, 1970.

CARVALHO, Eduardo J. da S. *Manual do Processo de Inventário*, 3ª ed., Porto, Tipográfica Minerva, de Gaspar Pinto de Souza e Irmão, 1914.

CARVALHO, José Pereira de. *Primeiras Linhas sobre o Processo Orfanológico*, Rio de Janeiro, J. Ribeiro dos Santos, 1915.

CARVALHO SANTOS, J. M. de. *Código Civil Brasileiro Interpretado*, 10ª ed., Rio de Janeiro, Livraria Freitas Bastos S.A., 1963, vol. I; 9ª ed., 1963, vol. V; 8ª ed., 1963, vol. XXII; 7ª ed., 1962, vol. XXIII; 8ª ed., 1963, vol. XXIV; 8ª ed., 1972, vol. XXV; 9ª ed., 1964, vol. XXVI.

CASTRO FILHO, José Olympio de. *Comentários ao Código de Processo Civil*, 1ª ed., Rio de Janeiro, Forense, 1976, X vol.

CATEB, Salomão. *Direito das Sucessões*, 4ª ed., São Paulo, Atlas, 2007.

CEJAS, Horacio E. *Sucesiones*, Buenos Aires, Libreria Editorial Macchi Hnos, 1950, tomo I.

CHAVES, Antônio. *Adoção, Adoção Simples e Adoção Plena*, 3ª ed., São Paulo, Revista dos Tribunais, 1983.

CHAVES DE FARIAS, Cristiano; ROSENVALD, Nelson. *Curso de Direito Civil – Sucessões*, vol. 7. São Paulo, Atlas, 2015.

COLIN, Ambrosio; CAPITANT, H. *Curso Elemental de Derecho Civil*, 2ª ed., Madrid, Instituto Editorial Reus, 1981, tomo 8º.

COPELLO, Héctor Roberto Goyena. *Procedimiento Sucesorio*, 5ª ed., Buenos Aires, Editorial Astrea, 1987.

COUTO E SILVA, Clóvis do. *Comentários ao Código de Processo Civil*, Revista dos Tribunais, 1977, vol. XI, tomo I.

COVELLO, Sérgio Carlos. *Contratos Bancários*, São Paulo, Saraiva, 1981.

DAIBERT, Jefferson. *Direito das Sucessões*, Rio de Janeiro, Forense, 1974.

DIAS, Adahyl Lourenço. *A Concubina e o Direito Brasileiro*, 2ª ed., São Paulo, Saraiva, 1975.

DIAS, Maria Berenice. "Considerações sobre o Arrolamento em face da Lei nº 7.019, de 31/08/82", em *AJURIS – Revista da Associação dos Juízes do RGS*, nº 28, Porto Alegre, 1983.

_____. *Manual das Sucessões*. São Paulo. 4ª ed. São Paulo, Revista dos Tribunais, 2015.

DINIZ, Maria Helena. *Curso de Direito Civil Brasileiro, Direito das Sucessões*, 3ª ed., São Paulo, Saraiva, 1987, 6º vol.; *Direito de Família*, 3ª ed., 5º vol., 1987; *Direito das coisas*, 4º vol; Saraiva, 1997.

ENNECCERUS, Ludwig; KIPP, Theodor; WOLFF, Martín. *Derecho de Sucesiones*, tradução da 8ª ed. alemã, Barcelona, Bosch, 1951, vol. II.

FADEL, Sérgio Sahione. *Código de Processo Civil Comentado*, Rio de Janeiro, José Konfino, 1974, tomo V; 7ª ed., Rio de Janeiro, Forense, 2003.

FERNANDES, Mílton. "Efeitos jurídicos da dissolução do concubinato", em *AJURIS – Revista da Associação dos Juízes do RGS*, nº 31, Porto Alegre, 1984.

FERREIRA, Luís Pinto. *Inventário, Partilha e Ações de Herança*, São Paulo, Saraiva, 1986.

_____. *Tratado das Heranças e dos Testamentos*, 2ª ed., São Paulo, Saraiva, 1990.

FERREIRA, Sérgio de Andréa. "Revogação de Testamento por Pessoa Interditada", em *Revista Forense*, nº 301.

BIBLIOGRAFIA • **759**

FIDA, Orlando; GUIMARÃES, Carlos A. M. *Inventários, Arrolamentos e Partilhas*, São Paulo, Livraria e Editora Universitária do Direito Ltda. – LEUD, 1978.

FONSECA, Arnoldo Medeiros da. *Investigação de Paternidade*, 3ª ed., Rio de Janeiro, Forense, 1958.

FONSECA, Tito Prates. *Sucessão Testamentária*, São Paulo, Livraria Acadêmica Saraiva & Cia. Editores, 1928.

GAMA, Affonso Dionysio. *Inventários e Partilhas*, 2ª ed., São Paulo, Livraria Acadêmica Saraiva & Cia. Editores, 1926.

GÁSPERI, Luis de. *Tratado de Derecho Hereditario*, Buenos Aires, Tipografica Editora Argentina, 1953, IV vol.

GOMES, Orlando. *Introdução ao Direito Civil*, 3ª ed., Rio de Janeiro, Forense, 1971.

_____. *Sucessões*, 1ª ed. e edições de 1973 e 1984, Rio de Janeiro, Forense, 1970; 7ª ed.,1997.

GONZAGA, N. Tolentino. *Juízo Divisório*, Rio de Janeiro, 1921, 2º vol.

GOUVÊA PINTO, Antônio Joaquim. *Tratado dos Testamentos e Sucessões*, Rio de Janeiro, B. L. Garnier – Livreiro e Editor, 1881.

INOCÊNCIO, Antônio Ferreira. *Inventários e Partilhas – Ações de Herança*, Bauru, Jalovi, 1981.

JOB, João Alberto Leivas. *Da Nulidade da Partilha*, 2ª ed., São Paulo, Saraiva, 1986.

LACERDA DE ALMEIDA, Francisco de Paula. *Sucessões*, Rio de Janeiro, Edições Livraria Cruz Coutinho, 1915.

LEVENHAGEN, Antônio José de Souza. *Código Civil – Comentários Didáticos (Direito das Sucessões)*, São Paulo, Atlas, 1983.

LEX. Jurisprudência do Supremo Tribunal Federal.

LOBO, Paulo. Dever de colação na sucessão legítima, disponível em: <https://jus.com.br/artigos/25360/dever-de-colacao-na-sucessao-legitima>.

MAFFÍA, Jorge O. Tratado de las Sucesiones, Buenos Aires, Ediciones Depalma, 1981, tomo I; tomo III, 1984.

MAGALHÃES, Roberto Barcellos de. *Comentários ao Código de Processo Civil*, Rio de Janeiro, José Konfino Editor, 1974, vol. V.

MAXIMILIANO, Carlos. *Direito das Sucessões*, Rio de Janeiro, Livraria e Freitas Bastos, 1937; 5ª ed., 1941.

_____. *Hermenêutica e Aplicação do Direito*, 9ª ed., Rio de Janeiro, Forense, 1979.

MAZEAUD, Henri, Léon e Jean. *Lecciones de Derecho Civil*, Buenos Aires, Ediciones Jurídicas Europa--América, 1965, Parte 4ª, vol. II.

MENDONÇA LIMA, Alcides de. *Comentários ao Código de Processo Civil*, São Paulo, Revista dos Tribunais, 1982, vol. XII.

MENEZES, Carlos Alberto de; BASTOS, José Tavares. *Prática dos Inventários, Partilhas e Contas*, 7ª ed., Rio de Janeiro, Jacintho Ribeiro dos Santos – Livreiro e Editor, 1914.

MENEZES DA COSTA, Maria Aracy. "Direito das Sucessões no Novo Código Civil Brasileiro", em *AJURIS – Revista da Associação dos Juízes do RGS*, Porto Alegre, nº 88, tomo I, dez. 2002.

MODESTO, Paulo. "Hermenêutica do Testamento", em *RT*, nº 676.

MORAES, Walter. *Adoção e Verdade*, São Paulo, Revista dos Tribunais, 1974.

_____. *Teoria Geral e Sucessão Legítima*, São Paulo, Revista dos Tribunais, 1980.

MOURA, Mário Aguiar. *Tratado Prático da Filiação*, 2ª ed., Rio de Janeiro, Aide, 1984, vol. II.

MOURA, Mário de Assis. *Inventários e Partilhas*, 2ª ed., São Paulo, Saraiva & Cia.

NONATO, Orosimbo. *Estudos sobre Sucessão Testamentária*, Rio de Janeiro, Revista Forense, 1957, vols. II e III.

760 • Direito das Sucessões | *Arnaldo Rizzardo*

NUNES, Pedro. *Do Usucapião*, Rio de Janeiro, Livraria Freitas Bastos, 1964.

OLIVEIRA, Arthur Vasco Itabaiana. *Tratado de Direito das Sucessões*, São Paulo, Max Limonad – Editor, 1952, vols. I e II.

_____. *Curso de Direito das Sucessões*, Rio de Janeiro, Editorial Andes Ltda., 1954.

_____. *Elementos de Direito das Sucessões*, Rio de Janeiro, Oficinas Gráficas do Jornal do Brasil, 1918.

OLIVEIRA, Euclides Benedito de. "Terceiro Pode Requerer Alvará em Inventário", em *RT*, nº 692.

_____; AMORIM, Sebastião Luiz. "Destinação da Herança Vacante", em *RT*, nº 689.

_____; _____. *Inventários e Partilhas*, 6ª ed., São Paulo, Livraria e Editora Universitária de Direito Ltda. – LEUD, 1992.

OLIVEIRA, José Lamartine Corrêa de; MUNIZ, Francisco José Ferreira. *Direito de Família (Direito Matrimonial)*, Porto Alegre, Sérgio Antônio Fabris, 1990.

OLIVEIRA, Wilson de. *Inventários e Partilhas*, 5ª ed., São Paulo, Saraiva, 1987.

OLIVEIRA LEITE, Eduardo de. *Comentários ao Novo Código Civil – Do Direito das Sucessões*, Rio de Janeiro, Forense, 2003, vol. XXI.

OSSIPOW, Paul. *De la Lésion. Étude de Droit Positif et de Droit Comparé*, Paris, Sirey, 1940, tradução ao espanhol.

PACHECO, José da Silva. *Inventários e Partilhas na Sucessão Legítima e Testamentária*, Rio de Janeiro, Forense, 1980; 8ª ed., 1994.

PEIXOTO, Afrânio. *Medicina Legal – Psicopatologia Forense*, 5ª ed., Rio de Janeiro, Livraria Francisco Alves, 1938, vol. II.

PEREIRA, Caio Mário da Silva. *Instituições de Direito Civil, Direito das Sucessões*, Rio de Janeiro, Forense, 1974, vol. VI e ed. de 1976; *Direito de Família*, 2ª ed., 1975, vol. V.

PEREIRA, Tarlei Lemos. *Direito Sucessório dos Conviventes na União Estável*, São Paulo, Letras Jurídicas, 2013.

PLANIOL, Marcelo; RIPERT, Jorge. *Tratado Práctico de Derecho Civil Francés*, Havana, Cultural Havana S.A., 1945, tomo 4º.

POLACCO, Vittorio. *De las Sucesiones*, 2ª ed. Buenos Aires, Ediciones Jurídicas Europa-América – Bosch y Cía Editores, 1950, vol. I.

PONTES DE MIRANDA, Francisco Cavalcanti. *Comentários ao Código de Processo Civil*, 1997, vol. XIII; 1ª ed., Rio de Janeiro, Forense, 1977, volumes XIV e XVI.

_____. *Tratado de Direito Privado*, Parte Geral, 3ª ed., Rio de Janeiro, Borsoi, 1970; 3ª ed., Rio de Janeiro, Borsoi, 1970, vol. IV; Revista dos Tribunais, São Paulo, 1974, vol. VI; 4ª ed., São Paulo, Revista dos Tribunais, 1983, vol. IX; 3ª ed., 2ª reimpressão, São Paulo, Revista dos Tribunais, vol. 46; 3ª ed., São Paulo, Revista dos Tribunais, vol. 55; 2ª ed., Rio de Janeiro, Borsoi, 1956, vol. 56 e 3ª ed., São Paulo, Revista dos Tribunais, 1984; 1ª ed., Rio de Janeiro, Borsoi, 1973, vol. 58; 1ª ed., Rio de Janeiro, Borsoi, 1969, vol. 59.

_____. *Tratado dos Testamentos*, Rio de Janeiro, Livraria Pimenta de Mello & Cia., 1930, vols. I e II.

PORTO, Mário Moacyr. "Ações de Investigação de Paternidade Ilegítima e Petição de Herança", em *RT*, nº 645.

_____. "Concubinato e as Súmulas nos 35 e 380 do STF", *apud AJURIS – Revista da Associação dos Juízes do RGS*, Porto Alegre.

PRATA, Edson. *Comentários ao Código de Processo Civil*, 1ª ed., Rio de Janeiro, Forense, 1978, vol. VII.

PUIG PEÑA, Federico. *Compendio de Derecho Civil Español, Sucesiones*, Pamplona, Editorial Aranzali, 1972, tomo VI.

QUINTEROS, Federico D. *Petición de Herencia*, Buenos Aires, Editorial Depalma, 1950.

BIBLIOGRAFIA • **761**

REALE, Miguel. *O Projeto do Novo Código Civil – situação após a aprovação pelo Senado Federal*, São Paulo, Saraiva, 1999.

RÉBORA, Juan Carlos. *Derecho de las Sucesiones*, 2ª ed., Buenos Aires, Editorial Bibliográfica Argentina, 1952, tomo I.

REVISTA FORENSE.

REVISTA DE JURISPRUDÊNCIA DO TRIBUNAL DE JUSTIÇA DO RGS.

REVISTA DO SUPERIOR TRIBUNAL DE JUSTIÇA.

REVISTA DOS TRIBUNAIS.

REVISTA TRIMESTRAL DE JURISPRUDÊNCIA.

RODRIGUES, Sílvio. *Direito Civil, Dos Contratos e das Declarações Unilaterais da Vontade*, 3ª ed., São Paulo, Max Limonad, vol. III; *Direito de Família*, 13ª ed., São Paulo, Saraiva, 1987, vol. VI; *Direito das Sucessões*, São Paulo, Max Limonad, vol. VII e São Paulo, Saraiva, 1972.

SANTOS, Ernane Fidélis dos. *Manual de Direito Processual Civil*, São Paulo, Saraiva, 1994, vol. 3.

_____. *Procedimentos Especiais*, São Paulo, Editora Universitária de Direito, 1976.

SANTOS, Ulderico Pires dos. *Inventários e Partilhas*, São Paulo, Paumape, 1989.

SILVA, Maria Beatriz Nizza da. *Vida privada e quotidiana no Brasil* (na época de D. Maria I e D. João VI), São Paulo, Referência/Editorial Estampa, 1993.

SOUZA, Orlando de. *Inventários e Partilhas*, 10ª ed., Rio de Janeiro, Forense, 1981.

_____. *Partilhas Amigáveis*, 2ª ed., São Paulo, Saraiva, 1987.

_____. *Prática dos Testamentos*, 5ª ed., Rio de Janeiro, Forense, 1981.

_____. *Teoria e Prática do Direito Sucessório*, Rio de Janeiro, Forense, 1984.

STARLING, Leão Vieira. *Inventários e Partilhas*, 4ª ed., São Paulo, Saraiva, 1951.

TAQUINI, Carlos H. Vidal. *Régimen de Bienes en el Matrimonio*, 2ª ed., Buenos Aires, Editorial Astrea, 1978.

TAVARES BORBA, José Edwaldo. *Direito Societário*, 5ª ed., Rio de Janeiro, Renovar.

TELLES, Inocêncio Galvão. *Apontamentos para a História do Direito das Sucessões*, Lisboa, 1963.

_____. *Direito das Sucessões*, 2ª ed., Lisboa, Coimbra Editora Ltda., 1973.

THEODORO JÚNIOR, Humberto. "A Petição de Herança Encarada Principalmente Dentro do Prisma do Direito Processual Civil", em *Revista Jurídica Mineira*, nº 8.

_____. *Comentários ao Código de Processo Civil*, Rio de Janeiro, Forense, vol. IV.

VALLE, Christiano Almeida do. *Teoria e Prática do Direito Sucessório*, Rio de Janeiro, Forense, 1984.

VELOSO, Zeno. *Novo Código Civil Comentado*, coordenação de Ricardo Fiúza, 1ª ed., 2ª tiragem, São Paulo, Saraiva, 2002.

VENOSA, Silvio de Salvo. *Direito Civil, Direito das Sucessões*, 3ª ed., São Paulo, Atlas, 2003, vol. 7.

VIANA, Marco Aurélio S. *Da Ação de Petição de Herança*, São Paulo, Saraiva, 1986.

VIANNA, Aldyr Dias. *Lições de Direito Processual Civil*, Rio de Janeiro, Forense, 1985, vol. 2.

WALD, Arnoldo. *Curso de Direito Civil Brasileiro – Direito de Família*, 5ª ed., São Paulo, Revista dos Tribunais, 1985; *Direito das Sucessões*, 9ª ed., São Paulo, Revista dos Tribunais, 1992.

Impressão e Acabamento: